《上海工会年鉴》2004年在第三届全国年鉴编纂出版质量评比中荣获综合奖二等奖

上海总工会诞辰八十周年

(1925–2005)

上海工会年鉴

2005

THE YEARBOOK OF SHANGHAI TRADE UNIONS

《上海工会年鉴》编纂委员会

上海社会科学院出版社

图书在版编目(CIP)数据

上海工会年鉴.2005 /《上海工会年鉴》编纂委员会编.—上海:上海社会科学院出版社,2005

ISBN 7-80681-733-6

Ⅰ.上… Ⅱ.上… Ⅲ.地方工会—工会工作—上海市—2005—年鉴

Ⅳ.D412.851-54

中国版本图书馆 CIP 数据核字(2005)第 079147 号

上海工会年鉴(2005)

编　　者　《上海工会年鉴》编纂委员会
责任编辑　晓　放
特邀编辑　王新建
封面设计　萧　阳
装帧设计　殳兆工作室
出版发行　上海社会科学院出版社
(200020)上海淮海中路 622 弄 7 号 021-63875741
http://www.sassp.com　E-mail:sassp@sassp.org.cn
经　　销　新华书店
印　　刷　浙江新华印刷技术有限公司印刷
开　　本　890×1240　1/16 开
印　　张　38
字　　数　1150 千字
版　　次　2005 年 8 月第 1 版　2005 年 8 月第 1 次印刷
印　　数　0001-3550

ISBN　7-80681-733-6/Z·040　　定价:180 元

7 月 26 日，中共中央总书记、国家主席胡锦涛在上海视察工作时，亲切看望职工群众

（郭天中摄）

5 月 24 日，中共中央政治局常委、国务院总理温家宝在沪亲切慰问上海第六丝织厂退休劳模史林珍

（郭天中摄）

1 月 25 日，中共中央政治局常委、国务院副总理黄菊视察上海机动车检测中心

（张培新摄）

5 月 12 日，中共中央政治局委员、全国人大常委会副委员长、中华全国总工会主席王兆国到上海液压泵厂亲切看望全国劳模李斌

（冯克华摄）

1月7日，中共中央政治局委员、中共上海市委书记陈良宇在上海市重点工程实事立功竞赛表彰大会上亲切接见建设功臣代表

（吴良荣摄）

7月12日，全国人大常委会副委员长顾秀莲到静安区总工会调研《工会法》贯彻实施情况

（金大元摄）

9月6日至11日，全国人大常委会副委员长成思危率全国人大常委会《工会法》执法检查组来上海检查

（甘党生摄）

1月11日，中华全国总工会副主席、书记处第一书记张俊九亲切慰问十七棉困难职工

（徐志康摄）

1 月 20 日，中共上海市委副书记、上海市市长韩正视察东海大桥建设工地

（陈志民摄）

8 月 2 日，上海市人大常委会主任龚学平视察上海东方艺术中心

（殷淑荣摄）

6 月 30 日，上海市政协主席蒋以任视察 500KV 顾路变电站

（申卫星摄）

6 月 15 日，中共上海市委副书记刘云耕到北海中学调研法制教育工作

（汪　昊摄）

9 月 9 日，中共上海市委副书记、市纪委书记罗世谦在市公安局静安分局调研时亲切看望公安民警

（王建国摄）

5 月 18 日，中共上海市委副书记殷一璀出席“知识工人的楷模”——李斌先进事迹报告会并讲话，市委常委、宣传部长王仲伟宣读了关于学习李斌的通知

（费大伟摄）

7月8日，中共上海市委副书记王安顺到上海市职工保障互助会和市工人文化宫调研

（陈红康摄）

4月20日，上海市副市长冯国勤到上海市总工会调研

（费大伟摄）

3月9日至13日，市人大常委会副主任、市总工会主席陈豪率上海市工会代表团赴浙江省总工会学习考察。图为代表团在杭州一股份制企业生产车间参观调研

（孙明敏摄）

4月27日，上海市副市长杨晓渡为上海市医务职工第六届文化艺术节开幕揭牌

（钱菊敏摄）

上海工会组建工作蓬勃发展。图为进城务工人员拿到工会会员证后笑逐颜开

（查建华摄）

①市总工会副主席吴申耀为上海震旦集团成立联合工会揭牌

（陆保芳摄）

②黄浦区新新集团工业园区为进城务工人员颁发会员证

（曹志平摄）

③青浦区纺织行业工会联合会成立

（徐志康摄）

④徐汇区成立社区商务楼工会联合会

（虞　蔚摄）

⑤ 三航浦东分公司召开首届劳务工工会代表大会

（唐钧达摄）

新新集团工业园区
进城务工人员入会颁证仪式
②

徐家汇社区商务楼工会
联合会成立大会
④

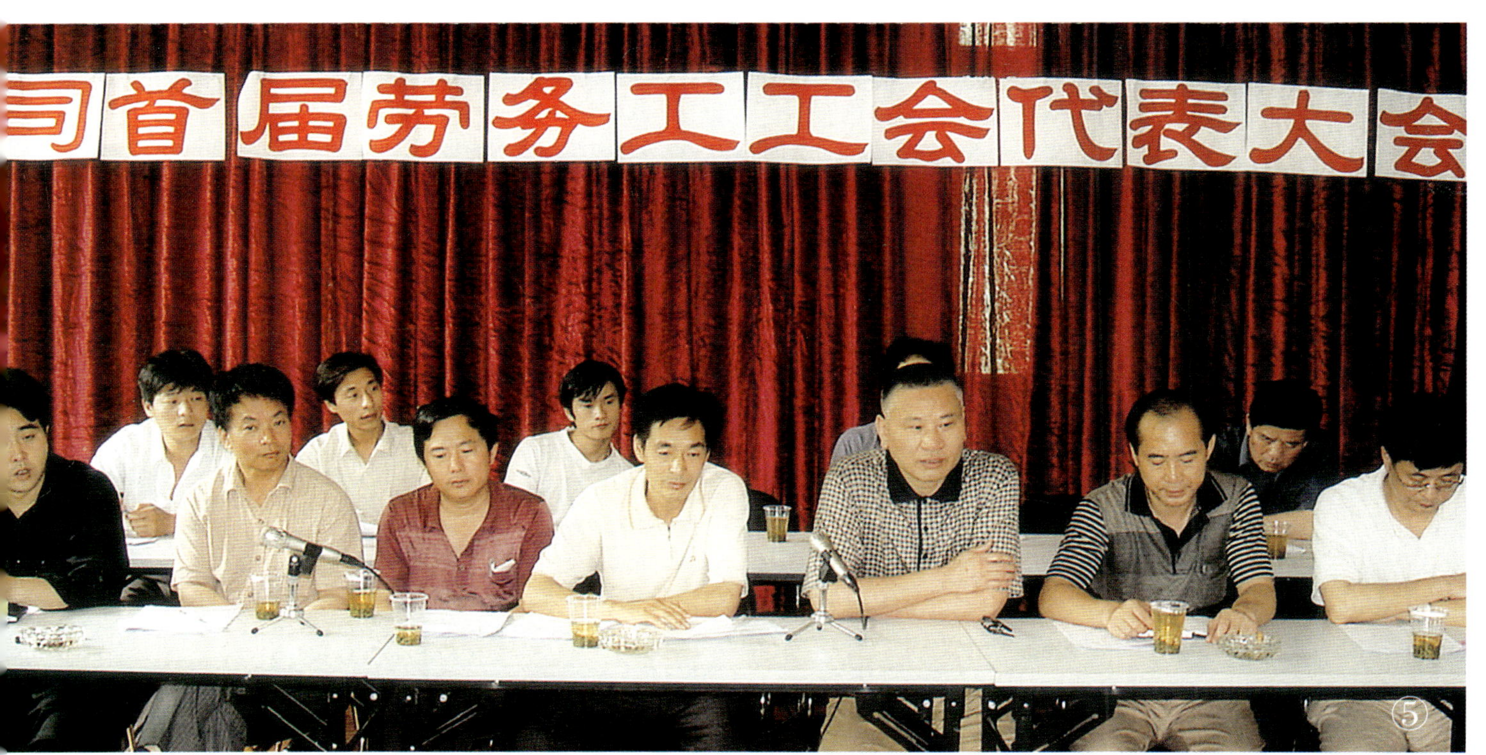
司首届劳务工工会代表大会
⑤

①市总工会召开工运研究会第七次会员大会暨2004年年会

（费大伟摄）

②崇明县工会召开“科教兴县与工会工作”研讨会

（陈进修摄）

③高桥石化举办工会干部学习班，学习党的十六届四中全会精神

（陈龙亭摄）

7 月 19 日，市人大常委会副主任、市总工会主席陈豪慰问复兴东路隧道建设者

（吴良荣摄）

10 月 19 日，城建系统职工庆祝翔殷路越江隧道南线工程段准确进入浦西工作区

（陆　政摄）

全国劳模李斌为青年职工传授数控机床操作技术

（冯克华摄）

上海工会举办上海技师风采报告会，推进万名技师育高徒活动

（吴良荣摄）

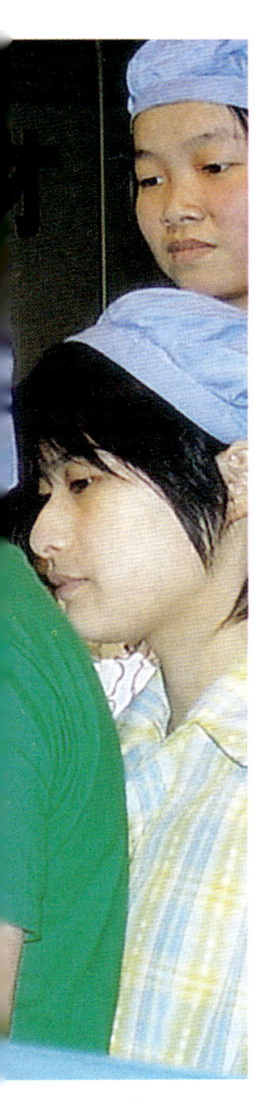

市总工会副主席张兴淮为上海电气李斌技师学院(附属)务工人员技术培训学校成立揭牌

(冯克华摄)

为建设上海国际航运中心，东海大桥建设者奋力拼搏，“万丈蛟龙”初现雄姿

(陈志民摄)

①上电二公司职工踊跃参加技能登高立功竞赛活动

（龚洁庆摄）

②全国劳模、烟草集团公司职工程杰与参加技能竞赛的选手研究技术难题

（张佩华摄）

③中远集团船员切磋船舶机械操作技能

（钱　华摄）

④上海职工职业道德"十佳"标兵、农工商出租汽车公司驾驶员杨志明与同行交流安全行车经验

（周沅生摄）

⑤长江轮船公司工会到船舶上进行安全生产调研

（章　伟摄）

③

④

⑤

①机电系统职工踊跃参加“创新、创优、创效”劳动竞赛。图为班组职工在商讨作业工艺

（秦季殿摄）

②航空工业系统职工积极投入“确保重点型号任务”竞赛活动。图为上飞厂职工认真操作，提高波音平尾上速率

（竺海华摄）

③9 月 27 日，上海市劳模代表光荣赴北京参加建国 55 周年庆祝活动

（吴良荣摄）

④黄浦区总工会慰问在民营企业工作的进城务工人员

（吕诚陆摄）

⑤中海集团工会登船慰问生产一线职工

（邱明和摄）

1月30日，市人大常委会副主任、市总工会主席陈豪到崇明县慰问农村特困劳模和职工

（陈进修摄）

市总工会副主席谢峰为长宁区总工会职工援助服务中心成立揭牌

（吴志华摄）

市总工会女职工委员会举行上海工会女职工特殊利益专项集体合同签约仪式

（费大伟摄）

市总工会副主席侯其彬在上海工会助学送温暖行动计划启动仪式上，为《点亮心灯——上海工会十年帮困助学记述》一书首发揭幕

（费大伟摄）

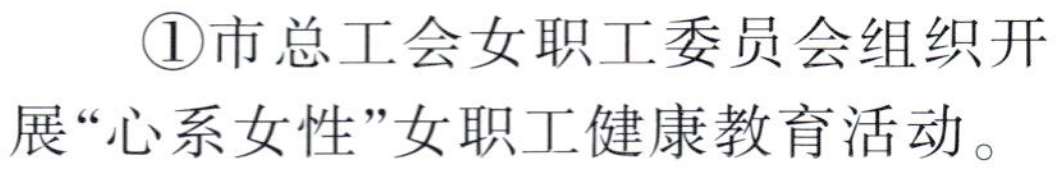

①市总工会女职工委员会组织开展“心系女性”女职工健康教育活动。

（徐梅瑾摄）

②上海电信工会为困难职工子女赠送助学金和书籍

（朱东亚摄）

③上海工会广泛开展帮助万名职工再就业活动

（吴良荣摄）

④纪念上海市职工医疗互助保障会成立10周年，各级工会举行医疗保障咨询服务活动

（张鸿祥摄）

⑤静安区进城务工人员权益保障服务站热情帮助务工人员维护合法权益

（陈继烈摄）

⑥农工商集团万人就业项目——长江林业养护服务社成立

（周沅生摄）

业
③

服务
暨软件展示会
文明单位
妇产科
外科
④

静安区进城务工人员
权益保障服务站
⑤

集团万人就业项目林业养护服务社
长江林业养护服务社
⑥

上海市厂务公开民主管理工作会议于7月23日在上海展览中心召开

（费大伟摄）

崇明工业园区建立区域性劳动关系三方协商机制

（陈进修摄）

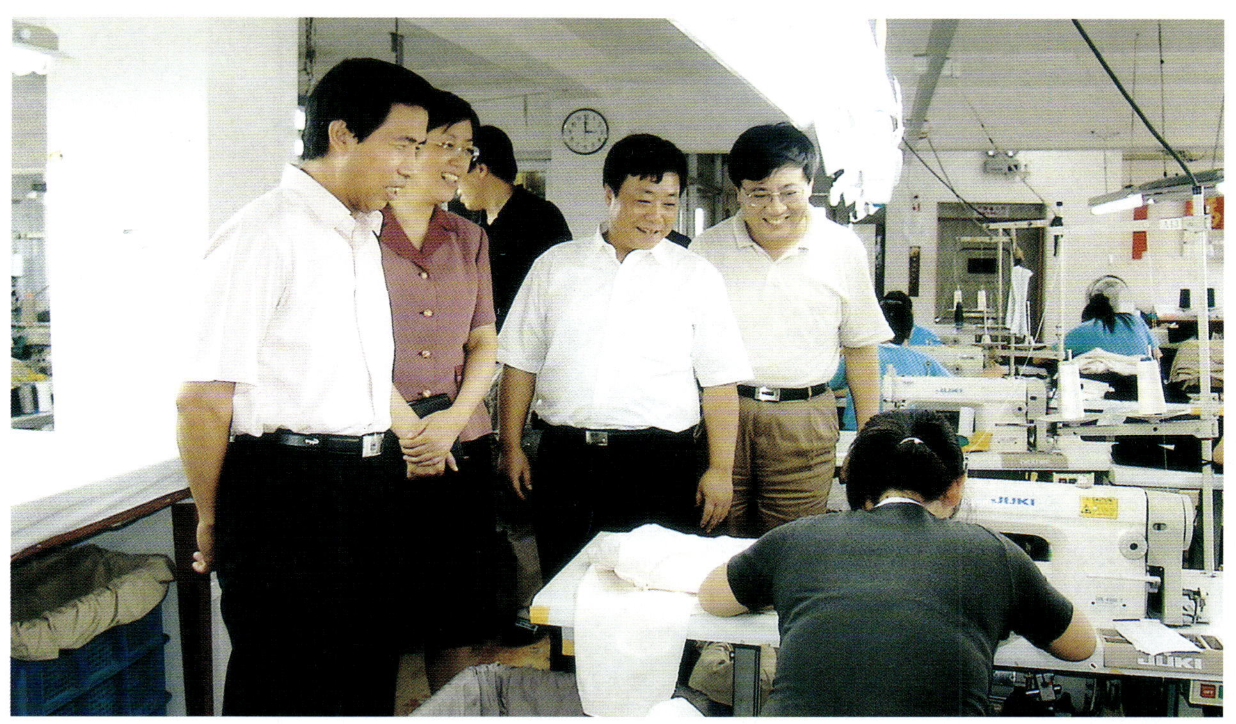

市总工会副主席杜仁伟到闵行区合资企业调研民主管理工作

（刘　煜摄）

上海大众汽车有限公司举行集体合同签字仪式

（孙幼峰摄）

①上海高桥石油化工公司工会与行政举行第七次平等协商

(陈龙亭摄)

②崇明县总工会组织职工代表对基层厂务公开、民主管理工作进行巡检

(陈进修摄)

③在建工集团公司职代会上,公司工会和行政签订在岗职工最低工资标准协议

(缪云明摄)

④普陀区召开厂务公开民主管理总结表彰会

(金　今摄)

⑤上海仪电工会和行政举行第八次集体协商

(蔡立辉摄)

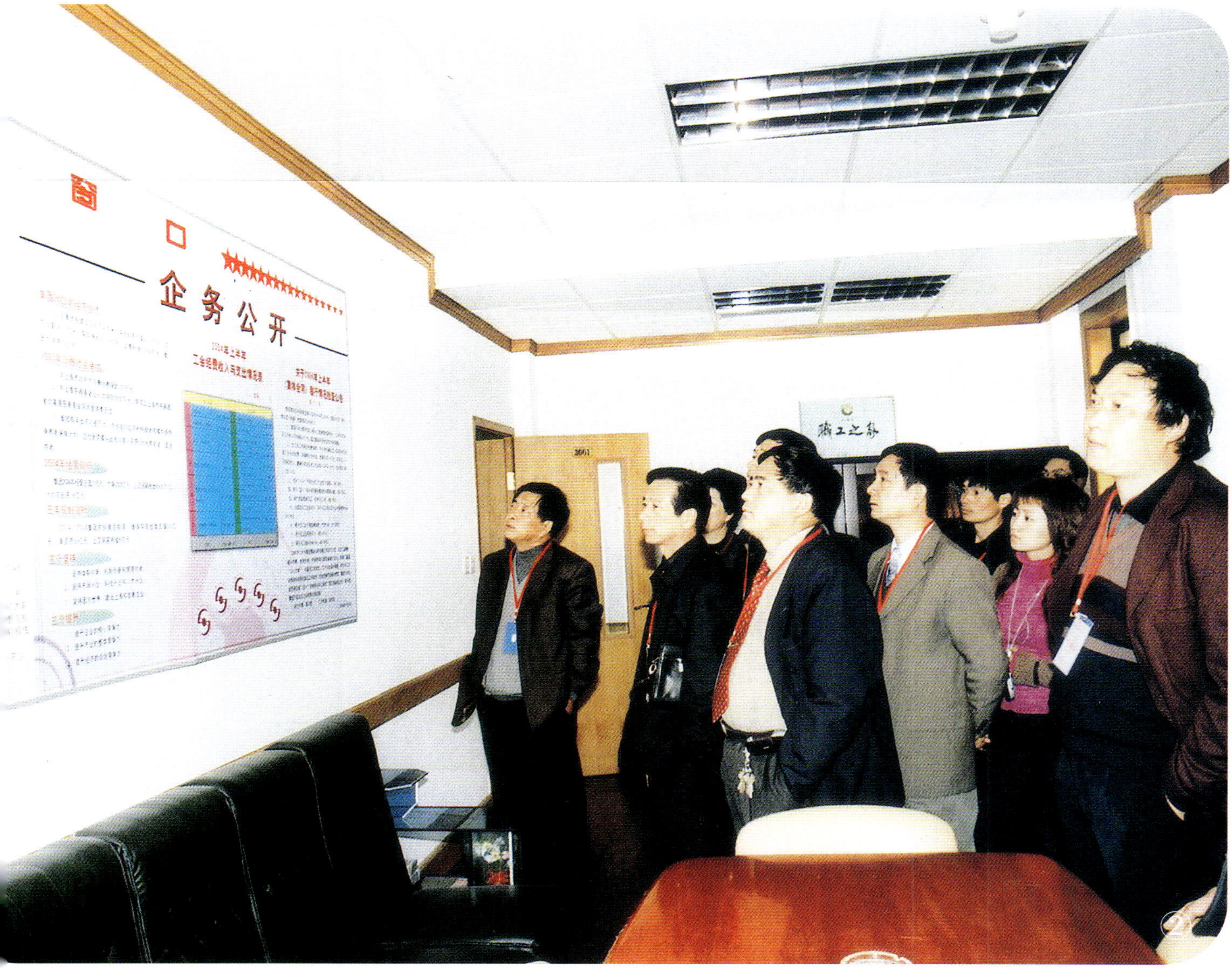
企务公开
②

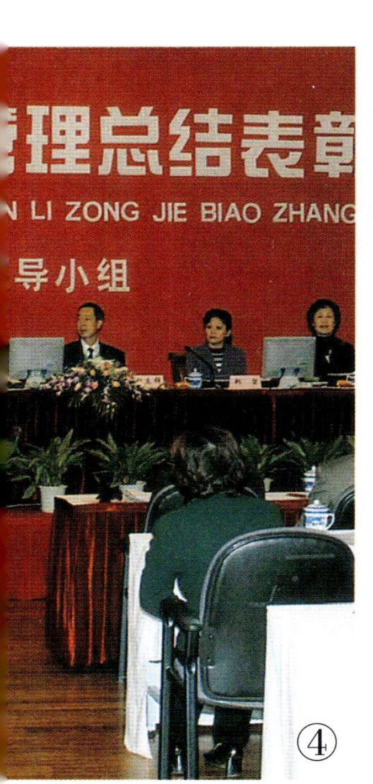

理总结表章
N LI ZONG JIE BIAO ZHANG
导小组
④

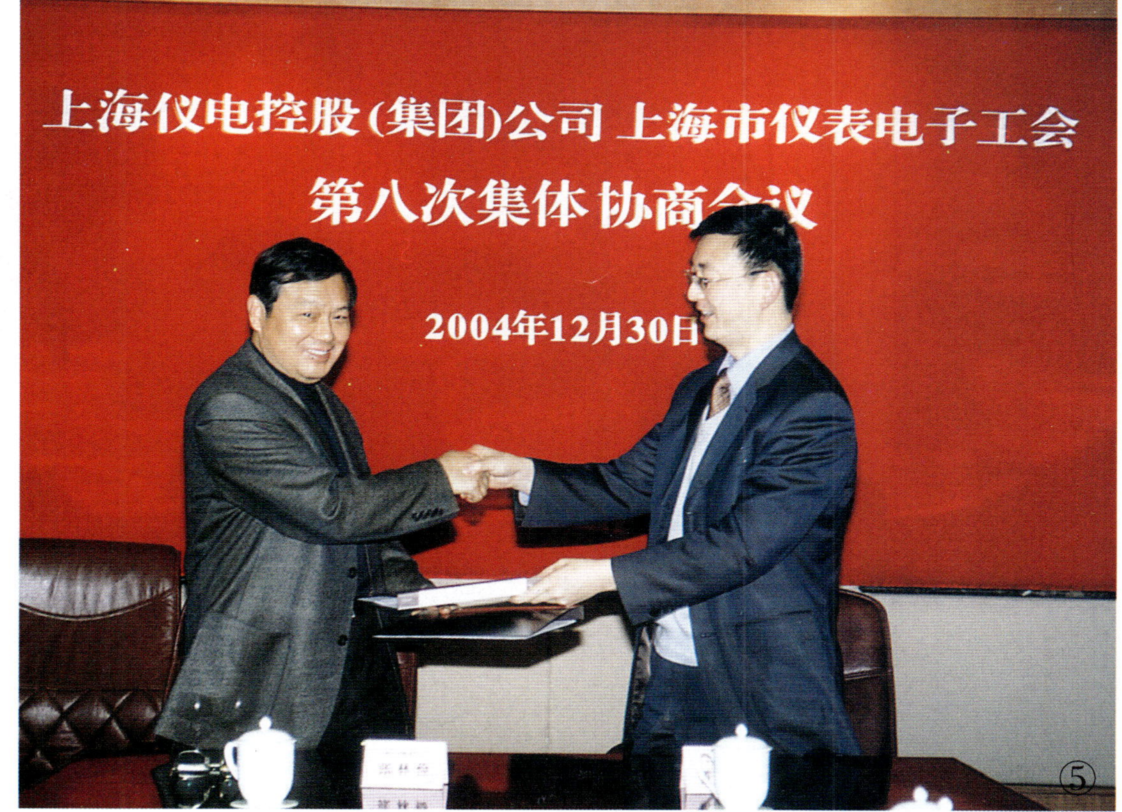

上海仪电控股(集团)公司 上海市仪表电子工会
第八次集体 协商会议
2004年12月30日
⑤

在上海市“SVA”杯首届上海职业女性迎世博英语风采大赛开幕式上，市人大常委会副主任、市总工会主席陈豪向大赛评委颁发聘书

（吴良荣摄）

市总工会副主席汪兰洁向2004年上海读书节各专场主办单位授旗

（徐　赜摄）

①5月27日，市总工会和解放日报社联合召开“知识工人的楷模，学习李斌的时代意义”座谈会

（费大伟摄）

②大众交通职工以实际行动履行“做可爱的上海人”誓言

（林　平摄）

③2004年上海读书节举办“读书、人生、发展”新上海人读书成果展示活动

（徐　赜摄）

①长江计算机集团职工参加拓展素质培训活动

（朱毅敏摄）

②进城务工人员在参加“提高法律素质，做新一代上海人”法律知识电视决赛

（费大伟摄）

③市政系统职工参加市政道路收费服务窗口行业技术大比武

（经根宝摄）

④ 闵行区总工会举办“新时代的职业精神”职工发展论坛

（俞龙祥摄）

⑤移动通信工会组织职工学习新业务知识竞赛

（隋 奕摄）

⑥化学系统深入开展“创争”活动。图为职工参与班组文明建设

（虞仲义摄）

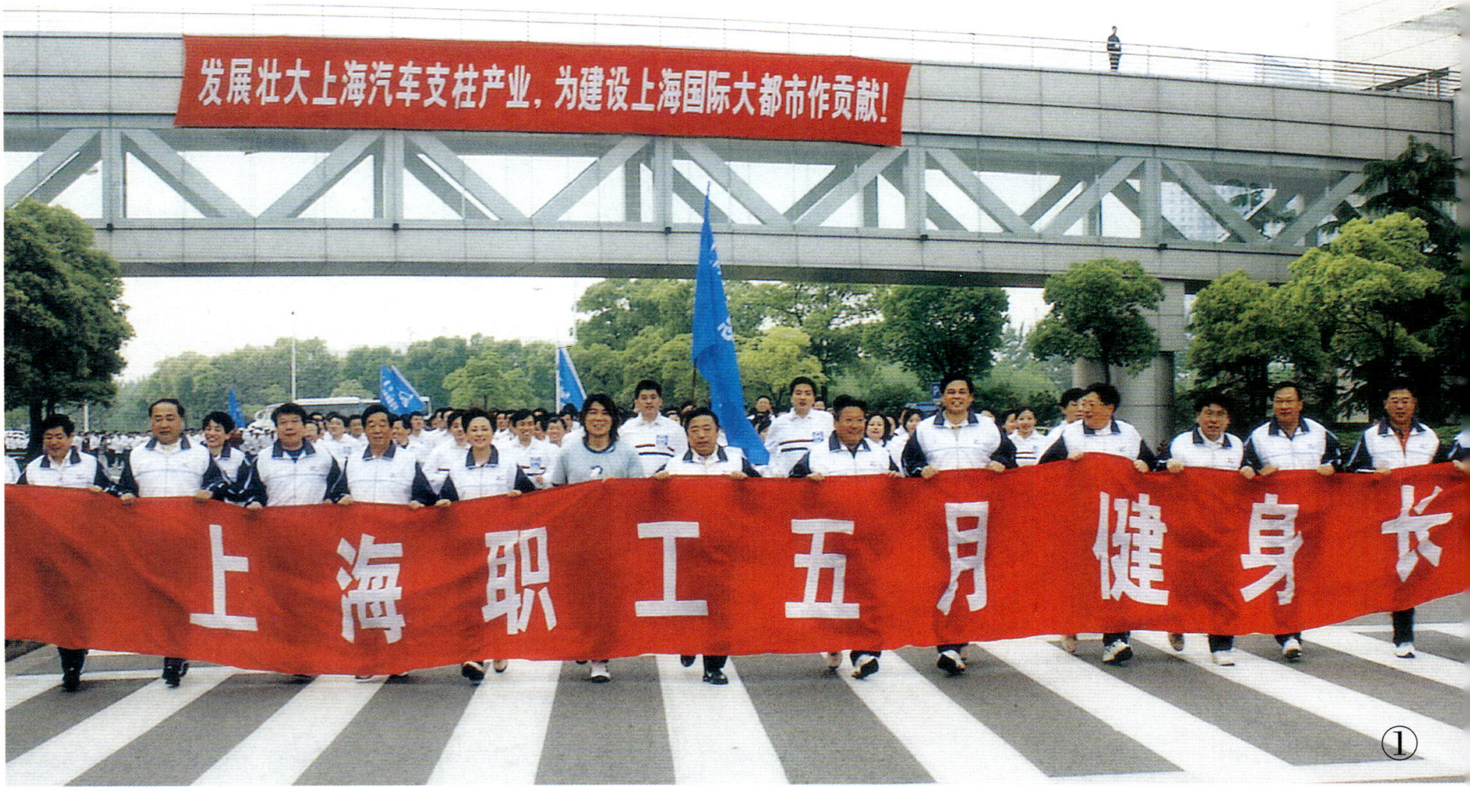
发展壮大上海汽车支柱产业，为建设上海国际大都市作贡献！
上海职工五月健身长
①

③

11
④

团结 参与 拼搏
发展体育运

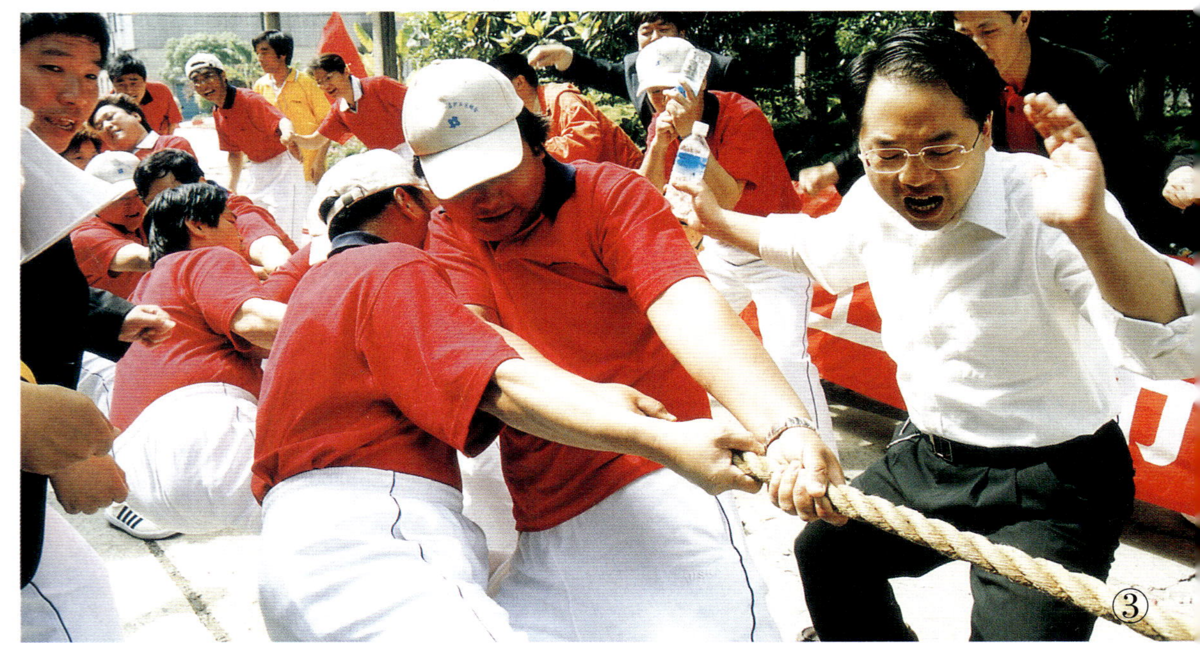

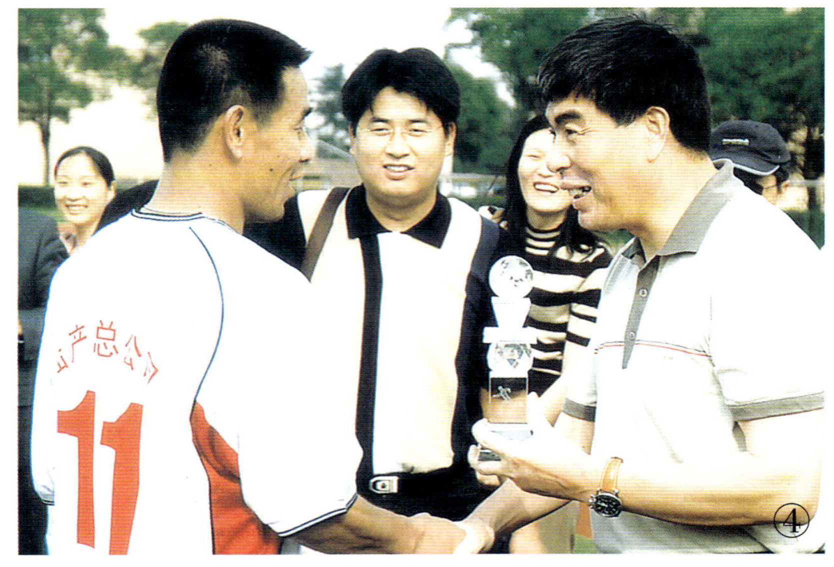

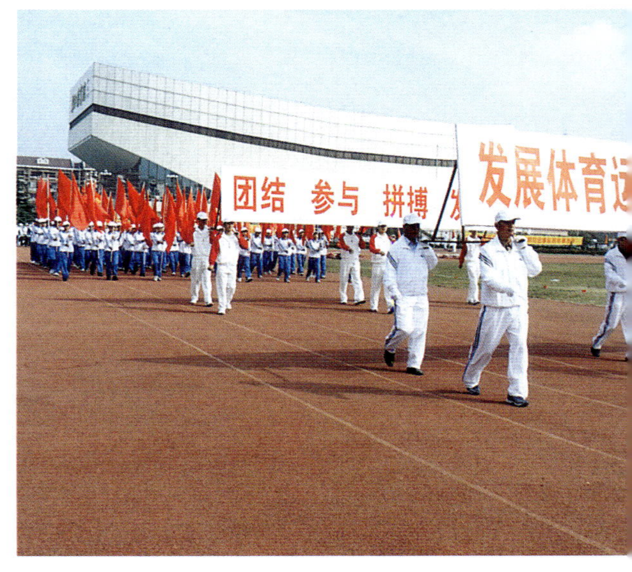

①市总工会领导和职工群众一起参加上海职工五月健身长跑活动

（张培新摄）

②10 月 30 日，世界著名在华企业健身大赛在东方明珠广场拉开序幕

（应启跃摄）

③水务系统职工踊跃参加大众体育活动

（陶　诚摄）

④中远集团工会为“中远劳务杯”职工足球比赛冠军队颁奖

（陆　涛摄）

⑤10 月，松江区总工会举行第二届职工运动会

（莫永涛摄）

⑥上海电信职工参加水上运动项目——龙舟赛

（朱东亚摄）

①上海工会举办庆“五一”国际劳动节文艺晚会

（吴良荣摄）

②上海职工庆祝中华人民共和国成立55周年“祖国·母亲”文艺专场演出

（金大元摄）

③船舶工业公司职工自编自演民族舞蹈

（林创廷摄）

④市供电公司工会开展“我爱我家”读书活动

（梁忠明摄）

⑤上海教师绿叶艺术团喜庆建团10周年和第20届教师节，组织"绿叶情怀"文艺晚会

（姜培庆摄）

⑥"春天节奏"——普陀区职工踢踏舞大赛

（金　今摄）

⑦"劳模颂"——崇明县职工文化艺术节

（陈进修摄）

⑧嘉定区总工会举办"建设者之歌"歌咏大会

（陆保芳摄）

⑨浦东新区总工会举办"选择浦东、共绘蓝图"中外企业员工文化展演

（蔡雪康摄）

①5月7日,38位在沪的全国劳模参加了“劳模看嘉定”活动。图为劳模在参观新建成的F1赛车场

(吴良荣摄)

②市直属机关工会组织机关干部参加“上海公务员万人健步行”活动

(王建国摄)

③烟草集团工会组织职工游览江南水乡

(张佩华摄)

④纺织工会举办“做一个可爱的上海人”——2004年上海集邮节纺织分会场邮展

（徐志康摄）

⑤市烟糖集团公司工会举办“前进中的烟糖”职工歌咏活动

（梅凯年摄）

⑥闵行区总工会举办庆“五一”职工文艺演出

（陈红铭摄）

⑦百联集团举行职工文艺汇演

（吴志明摄）

市人大常委会副主任、市总工会主席陈豪会见希腊比雷埃夫斯劳工中心代表团

（张国峰摄）

市总工会副主席吴申耀率上海市工会代表团访问加拿大

（李　庆供）

11月3日,由上海市总工会主办的亚洲五城市工会工作研讨会在上海召开,市总工会副主席吴申耀出席大会并作专题发言

（张国峰摄）

市总工会副主席张兴淮率上海市工会代表团访问中国台湾

（施雅南供）

①乌拉圭总工会代表团参观宝钢原材料码头

（张国峰摄）

②市教育工会访美代表团在洛杉矶一所小学参观访问

（刘　瑞供）

③北京、天津、上海、重庆四市化工工会在上海进行工会工作交流

（虞仲义摄）

编辑说明

1. 《上海工会年鉴》由上海市总工会编纂出版，是一部汇聚记录上年度工会工作成果和经验的资料性工具书。对各级工会拓展工作思路，借鉴有益经验具有指导参考作用。本年鉴由上海市总工会主办，各区县局（产业）工会及市总直管单位供稿，《上海工会年鉴》编辑部负责编纂出版。

2. 本年鉴框架体例采用分类编排的架构，设置栏目、分目、条目三级结构层次。以栏目为基本单元，栏目内设置若干分目，并以条目（包括短信息、照片、图表等）为主要信息载体。2005 卷年鉴共设 28 个栏目，72 个分目，选辑 1400 个条目（短信息、照片、图例），总字数为 115 万字。

3. 本年鉴卷首专设宣传彩照，用以概要地记录工会工作的重要活动、重要会议和重要工作等方面的信息。正文部分设“特载”、“专文”、“专记”等栏目，为特约、特辑重要的署名文章。“特载”用以辑载党和国家领导以及全国总工会、上海市委领导的重要文章（讲话）；“专文”则特约上海市总工会领导对上海工会工作全局或某一领域、工作方面所作的总结性、综合性、指导性的文章（讲话）。

4. 各相关栏目中凡属机关部室、基层工会和直管单位提供的录用条目，其编排顺序按机关部室、区县局（产业）工会、直管单位的次序排列。

5. 各相关记事栏目之首设“综述”，区县局（产业）工会及市总直管单位设“概况”，用以综合记述工会重要工作以及各地区（系统）、单位工作的总体情况，便于考察和比较各年度工作的连续性和发展变化的脉络。

6. 本年鉴根据上年度工会工作的变化情况，对记事栏目、分目作适当调整。增设的栏目有“专记”、“劳模”；新设的分目有“民主管理评估制度”、“参与企业改革”等。

7. 本年鉴录用的市总工会机关部室、区县局（产业）工会、市总工会直管单位提供的文章、照片、图表等资料，其记录时间为 2004 年 1 月 1 日至 2004 年 12 月 31 日。

8. “统计”栏目中辑录的所有统计数据均由市总工会统计部门提供；其余相关数据由撰稿单位的作者提供。

9. “附录”栏目选辑市总工会及区县局（产业）工会文件目录及辑录《劳动报》、《工会理论研究》重要新闻、理论文献的目录，目的在于增加年鉴两次文献检索信息量。

10. 本年鉴的目录索引采用主题词分析索引方法，即按条目主题词首字汉语拼音字母顺序排列。

11. 本年鉴将全书内容制作成 CD－R 电子光盘，并附于年鉴封三随年鉴赠送，便于使用者检索、查找和下载年鉴中相关条目、数据等信息。

特 载

王兆国 在全国总工会十四届二次执委会议上的讲话 …… 1

张俊九 在全总十四届二次执委会议预备会议上的讲话 …… 4

殷一璀 在李斌同志事迹报告会上的讲话 …… 5

王安顺 在市总工会十一届五次全委(扩大)会议上的讲话 …… 7

专 文

陈　豪 大力弘扬求真务实精神　树立和落实科学发展观　努力开创上海工会工作新局面 …… 11

陈　豪 认真学习贯彻四中全会精神　努力推动工会工作新的发展 …… 17

吴申耀 当前《工会法》实施中的问题及对策思考 …… 20

张兴淮 深化创新活动　推进科教兴市　造就高技能人才聚集的高素质职工队伍 …… 22

汪兰洁 以强烈的责任感、使命感做好新形势下的职工宣传教育工作 …… 25

杜仁伟 着眼全局　服务基层　强化工会经审工作 …… 27

谢　峰 依靠职工　发挥优势　努力缓解职工生活困难 …… 30

侯其彬 正确认识新形势下工会法律工作重要性　积极探索并着力构建依法维权机制 …… 32

专 记

工会组建实现新发展　会员总数逾452万 …… 34

上海工会广泛开展宣传学习李斌先进事迹的活动 …… 36

上海市职工保障互助会成立十周年 …… 38

大 事 记

2004年大事记 …… 40

概 况

组织概况 …… 45

上海市总工会领导及各部室负责人名录…… 45
上海市总工会工作综述…… 46
上海市总工会经审委员会工作综述…… 46
上海市总工会女职工委员会工作综述…… 47
上海市职工技术协会工作综述…… 47
上海市退管会工作综述…… 48

重 要 会 议

市总工会十一届三次全委(扩大)会议 …… 49
市总工会十一届四次全委会…… 49
市总工会十一届五次全委(扩大)会议 …… 50
市总工会召开贯彻全国工会促进再就业经验交流会工作会议…… 50
上海召开厂务公开民主管理工作会议…… 50
市总工会召开创争活动推进会…… 51
亚洲五城市工会工作研讨会在沪举行…… 51
市总工会召开开发区工会工作座谈会…… 51
市总工会召开工会组建工作总结表彰会议…… 51

重 要 工 作

上海工会认真学习贯彻党的十六届四中全会精神…… 52
市总开展“组织起来、切实维权”大调研工作 …… 52
上海工会开展《工会法》实施情况大检查 …… 52
上海工会全面实施《职工素质工程实施纲要》 …… 53
市总工会表彰首届上海市“职工最满意的企业” …… 53
市总工会表彰“2003年上海市员工信赖的好经理(厂长)” …… 53
在进城务工人员中开展“提高法律素质,做新一代上海人”宣传教育活动 …… 53
市总工会女职工委员会推动女职工特殊利益专项集体合同签约工作…… 54
市总工会评选表彰上海市职工先进操作法、上海市职工优秀创新成果…… 54
上海职工技术成果转化服务中心成立…… 54
金山区总工会与市纺织工会缔结友好工会…… 54

重 要 视 察

曾庆红视察上海船舶企业　对产业工人提出殷切期望 …… 55
王兆国视察浦东新区工会…… 55
王兆国到静安区视察工建工作…… 56
王兆国、陈良宇盛赞李斌精神 …… 56
全国人大常委会《工会法》执法检查组在浦东检查并召开座谈会…… 56
全国人大常委会对上海《工会法》实施情况进行执法检查…… 57

重要工作图示

上海职工队伍分布图(1) …… 58
上海职工队伍分布图(2) …… 59
工会会员示意图…… 59
工会组织示意图…… 60
初级工商管理(EBA)资格培训图…… 60
上海市职工技术革新发明成果图…… 61
上海职工合理化建议成果图…… 61
上海市职工技术成果获奖示意图…… 62
上海读书节示意图…… 62
上海工会开展职工文体活动示意图…… 63
公有制企事业单位职代会建制图…… 63
公有制企事业单位厂务公开实施图…… 64
非公有制企业厂务公开实施图…… 64
非公企业联合职代会建制图…… 65
非公企业独立职代会建制图…… 65
工会直接帮助职工就业图…… 66
工会帮助困难职工脱贫图…… 66
工会帮困送温暖示意图…… 67
四项互助医保计划给付图…… 67
工会与政府有关部门联合执法监督检查图…… 68
法律维权示意图…… 68
实施法律援助(咨询)图 …… 69
上海工会为困难女职工提供免费妇科体检统计图…… 69

推进经济建设

综述…… 70
创建学习型组织　争做知识型职工…… 70
劳动竞赛…… 76
技能培训、竞赛 …… 82
合理化建议…… 87
技术创新…… 89
技术协作…… 93

劳　　模

综述…… 95
学习宣传劳模…… 96
培育提高劳模…… 98
关心服务劳模…… 99

工会组织建设

综述 …… 102
工会组建 …… 103
工作机制 …… 116
职工之家 …… 120
志愿者 …… 122
双爱双评 …… 122

职工素质工程

综述 …… 123
思想道德和职业精神 …… 123
人才培育 …… 129
班组建设 …… 132
职工培训 …… 135
群众文化 …… 137
读书活动 …… 142
体育活动 …… 144

协调劳动关系

综述 …… 147
参与立法 …… 148
三方协商机制 …… 148
集体合同制度 …… 150
劳动争议调处 …… 154
劳动法律法规监督检查 …… 156
法律援助 …… 158

维护民主权利

综述 …… 164
职工代表大会 …… 165
厂务公开 …… 171
职工董监事 …… 180
非公企业民主管理 …… 180
民主管理评估制度 …… 184
参与企业改革 …… 185

保障经济权益

综述 …… 188
再就业 …… 189
帮困送温暖 …… 191
互助保障 …… 202
劳动保护 …… 208
女职工权益 …… 214
退休职工权益 …… 216
职工疗休养 …… 219

加强自身建设

综述 …… 220
组织体制 …… 220
干部管理 …… 223
干部教育培训 …… 225
转变机关作风 …… 228
信息化管理 …… 228

理论与调研

综述 …… 230
工运研究会 …… 230
课题调研 …… 233
调研论文简介 …… 238

信息与信访

综述 …… 249
信息 …… 249
督查工作 …… 250
新闻工作 …… 251
信访 …… 252

财务与经审

综述 …… 256
财务 …… 256
经审 …… 258

工会经济事业

综述 …… 263
工会经济事业 …… 264

友好交往

综述 …… 265
上海工会出访 …… 266
工会和友好团体来访 …… 268
国际工运动态 …… 270

区县工会

概况 …… 275
区、县总工会主席(主任)、副主席(副主任)名录 …… 284

局(产业)工会

概况 …… 285
局(产业)工会主席(主任)、副主席(副主任)名录 … 320

市总工会直管单位

概况 …… 324
上海市总工会直管单位法人代表名录 …… 328

表彰

上海市"全国五一劳动奖状获得单位"(集体)20个 …… 330
上海市"全国五一劳动奖章"(个人)46名 …… 330
上海市劳动模范(872名) …… 330
上海市劳模集体(380个) …… 335
2004年上海市工会组建工作先进单位(10个) …… 342
2004年上海市工会组建工作优秀单位(25个) …… 342
第十九届上海市职工精神文明"十佳"好事 …… 342
2004年度双爱双评十佳先进企业 …… 342
2004年度双爱双评先进企业(26家) …… 342
2004年度双爱双评优秀员工之友(58名) …… 343
2004年度双爱双评优秀员工(32名) …… 343
2004年上海市职工职业道德先进个人(45名) …… 344
2004年上海市职工职业道德先进单位(33家) …… 344
2003年上海市"职工最满意的企业" …… 345
2003年上海市"职工最满意的十佳企业" …… 345
2003年上海市员工信赖的好经理(厂长) …… 346

统计

工会组织一览表 …… 347
工会组织建设状况(一) …… 351
工会组织建设状况(二) …… 356
工会组织建设状况(三) …… 357
工会组织建设状况(四) …… 358
工会保障工作(一) …… 360
工会保障工作(二) …… 361
工会保障工作(三) …… 362
工会保障工作(四) …… 364
工会保障工作(五) …… 365
工会集体合同工作(一) …… 366
工会集体合同工作(二) …… 368
民主管理工作(一) …… 369
民主管理工作(二) …… 370
民主管理工作(三) …… 372
工会劳动保护工作(一) …… 373
工会劳动保护工作(二) …… 375
工会法律工作(一) …… 376
工会法律工作(二) …… 378
工会经济技术工作(一) …… 379
工会经济技术工作(二) …… 381
工会经济技术工作(三) …… 382
职工文化体育工作 …… 384
工会经审和财务工作 …… 385

附录

法律、法规 …… 387
文件选编 …… 397
2004年《劳动报》有关工会报道一览表 …… 408
《工会理论研究》2004年要目 …… 414
上海市总工会职工保障互助会各区县总工会服务处、街道工会服务点一览表 …… 416

索引

索引 …… 421

在全国总工会十四届二次执委会议上的讲话

（2004 年 12 月 21 日）

王兆国

同志们：

全国总工会召开十四届二次执委会议，深入学习贯彻党的十六届四中全会和中央经济工作会议精神，回顾总结今年的工作，研究部署明年的任务，很及时、也很必要。开好这次会议，对于各级工会组织进一步认清形势、明确任务，不断开创工会工作新局面，更好地团结动员广大职工在全面建设小康社会的历史进程中建功立业，必将起到积极的推动作用。

以胡锦涛同志为总书记的新一届中央领导集体对工会工作高度重视。前不久，曾庆红同志主持召开中央书记处办公会议，专门听取全总党组的工作汇报，对一年多来的工会工作给予了充分肯定，对下一步的工会工作作出了明确指示。同志们一定要认真学习、深刻领会，并切实贯彻到今后的工作中去。

工会十四大以来，各级工会组织坚持以邓小平理论和“三个代表”重要思想为指导，认真学习贯彻胡锦涛总书记在同全总新一届领导班子成员和工会十四大部分代表座谈时的重要讲话精神，全面落实工会十四大提出的各项任务，进一步理清工作思路，突出工作重点，完善工作机制，夯实工作基础，特别是在组织职工开展经济技术创新、帮助职工提高整体素质、维护职工合法权益和加强工会自身建设等方面，取得了显著成绩。借此机会，我代表党中央，向各级工会组织和广大工会干部致以亲切的问候！

近来，中央先后召开了党的十六届四中全会和中央经济工作会议，对当前和今后一个时期党和国家各项工作特别是加强党的执政能力建设和明年的经济工作作出了全面部署。深入学习贯彻这两个重要会议精神，是工会组织当前一项首要任务。下面，我着重就工会如何学习贯彻党的十六届四中全会和中央经济工作会议精神，进一步做好今后的各项工作，讲四点意见。

一、站在提高党的执政能力的高度，充分认识做好新形势下工会工作的重要意义

加强党的执政能力建设，是关系中国社会主义事业兴衰成败、关系中华民族前途命运、关系党生死存亡和国家长治久安的重大战略课题。我们党在执政条件下要成为思想上政治上组织上完全巩固、始终站在时代前列带领人民团结奋进的坚强领导核心，就必须把执政能力建设作为一项根本建设抓紧抓好。

胡锦涛总书记在十六届四中全会上强调，提高做群众工作的能力和水平，是加强党的执政能力建设的重要内容。这深刻揭示了做好群众工作与提高执政能力之间的内在联系。应当看到，做好群众工作是实践党的执政理念的必然要求。我们党要坚持立党为公、执政为民，真正做到权为民所用、情为民所系、利为民所谋，实现好、维护好、发展好最广大人民群众的根本利益，就必须遵循马克思主义的群众观点和党的群众路线，卓有成效地开展群众工作，了解群众意愿、体察群众情绪、关心群众疾苦，尽最大努力为群众办实事、解难事、做好事。又应当看到，做好群

众工作是巩固党的执政基础的重要途径。我们党要始终保持同人民群众的血肉联系,紧紧依靠广大人民群众来推动党和国家的事业,就必须坚持和发挥善于做群众工作这个政治优势,努力运用说服教育、示范引导和提供服务等方法,最大限度地把人民群众团结凝聚在党和政府周围,使我们事业的发展获得强大而不竭的动力。还应当看到,做好群众工作是完善党的执政方式的客观需要。我们党要更好地实行政治、思想和组织领导,切实做好总揽全局、协调各方的工作,真正做到科学执政、民主执政、依法执政,就必须高度重视群众团体在国家政治、经济和社会生活中不可替代的重要位置,切实加强和改善对群众团体的统一领导,充分发挥它们在联系群众方面的桥梁纽带作用和巩固国家政权方面的社会支柱作用。总之,把组织群众、宣传群众、教育群众、服务群众的工作做好了,对提高党的执政能力、巩固党的执政地位、完成党的执政使命至关重要。

工人阶级是先进生产力和生产关系的代表,是我们党的阶级基础,是我们国家的领导阶级。只有切实加强职工群众工作,把工人阶级的伟大历史作用充分发挥出来,我们党所领导的事业才能不断从胜利走向胜利。各级工会组织和广大工会干部都要从加强党的执政能力建设的高度出发来审视工会工作,充分认识工会工作在全局中的重要位置和在战略上的重要意义,进一步增强做好工会工作的光荣感、责任感、使命感,努力把新世纪新阶段的工会工作提高到一个新水平。

二、坚持以科学发展观为统领,进一步动员组织广大职工在推动经济社会发展中充分发挥主力军作用

科学发展观是我们党以邓小平理论和“三个代表”重要思想为指导,从新世纪新阶段党和国家事业发展全局出发提出的重大战略新思想和指导方针。科学发展观为我们提出了抓住机遇、加快发展的世界观和方法论,提出了应对更加复杂的国际国内环境和各种新挑战的强大思想武器。在全面建设小康社会和推进社会主义现代化的整个进程中,都必须坚持科学发展观这一重要指导思想。各级工会组织一定要深刻认识用科学发展观统领经济社会发展全局的重要性和必要性,切实增强贯彻落实科学发展观的自觉性和坚定性,紧紧围绕全面建设小康社会这个当代中国工人运动的主题,动员组织广大职工投身改革开放和现代化建设实践,为推动经济社会全面协调可持续发展建功立业,并在作贡献的过程中实现包括职工在内的广大人民群众的根本利益。

中央关于明年经济社会发展的主要任务已经明确。工会组织要根据这些主要任务,广泛开展多种形式的建功立业活动,把广大职工的积极性、主动性和创造性引导到推动经济社会发展、完成“十五”计划目标上来。要围绕提高企业核心竞争力,广泛开展劳动竞赛、合理化建议、技术革新、技术协作、发明创造等多种形式的职工经济技术活动,认真实施职工经济技术创新工程,推动企业依靠科技进步来增加效益、获得发展。要围绕建设节约型社会,组织开展各种节能降耗活动,引导广大职工增强节约能源、资源的意识,大力推动循环经济发展,积极倡导节约型的生产方式和消费方式,为缓解能源、资源约束的矛盾发挥应有的作用。要围绕促进区域经济协调发展,激励各地职工立足本职创一流,在推进西部大开发、振兴东北地区等老工业基地、实现中部老区崛起、加快东部地区发展中大显身手。要围绕深化经济体制改革,帮助广大职工深刻认识推进改革的重要性和必要性,自觉站在改革的前列,积极支持和主动参与改革,尤其要为推进国有企业改革、确保国有资产保值增值作出积极贡献。要围绕发展社会主义先进文化,在职工中大力开展群众性精神文明创建活动,重点推动企业文化建设和职业道德建设,努力用工人阶级的先进思想和模范行动影响全社会。在带领职工群众为经济社会发展作贡献的同时,还要着眼于加快工人阶级队伍知识化进程,进一步深化“创建学习型组织、争做知识型职工”活动,提高广大职工的学习热情,引导他们刻苦学习科学理论,学习文化知识,学习劳动技能,学习业务本领,努力使广大职工的思想道德素质和科学文化素质迈上新的台阶。

劳动模范是共和国的功臣,是工人阶级的骄傲。工会组织要认真贯彻尊重劳动、尊重知识、尊重人才、尊重创造的重大方针,进一步营造崇尚劳模、学习劳模、争当劳模、关爱劳模的良好社会氛围,充分发挥劳模的骨干带头作用和示范导向作用,激励广大职工把劳动热情充分焕发出来,把聪明才智充分展现出来,以强烈的主人翁责任感,推动经济社会又快又好地发展。

三、致力于构建社会主义和谐社会,更好地表达和维护职工群众的合法权益

我国改革发展正处在关键时期,社会利益关系更为复杂,新情况新问题层出不穷。中央针对这一实际,提出了构建社会主义和谐社会的要求。对工会来说,推动社会主义和谐社会建设,就是要以建立稳定协调的劳动关系为着力点,进一步实现好、维护好、发展好职工群众的切身利益,保护好、引导好、发挥好职工群众的积极性,努力保持工人阶级队伍的团结统一,保持社会的稳定和谐。

最近,胡锦涛总书记作出重要批示,指出完善在工会组织领导下的维权机制很有必要。要求工会组织注意总结经验,不断强化职能,更好地为职工服务。各级工会组织要认真学习贯彻这一重要批示精神,切实加强维护职工合法权益的工作,使维权工作声音更响一些、力度更大一些、措施更得力一些,并贯穿于推动改革、促进发展、积极参与、大力帮扶的全过程,真正在维护全国人民总体利益的同时维护好职工群众的具体利益。一是要从解决突出问题入手。在国有、集体企业改制过程中,要充分发挥职代会和工会组织的作用,改革方案必须经职代会讨论审议,企业裁员和分流安置等涉及职工切身利益的重大方案必须经职代会审议通过。在非公有制企业,要加强工会劳动法律监督工作,指导和帮助职工与企业签订劳动合同,确保职工工资不被拖欠、劳动条件有改善、人身安全有保障,对一些严重侵犯职工权益、性质特别恶劣的违法行为,要配合有关部门依法予以严肃处理。当前,要特别重视关

系职工生命和健康的劳动安全卫生问题,发现重大事故隐患、职业危害和危及职工生命安全的情况,要及时向有关方面反映,并主动提出处理意见和建议。二是要从帮扶困难职工入手。要积极参与扩大就业、完善社会保障体系、理顺分配关系等有关政策的研究制定,积极推进《破产法》、《集体合同法》和《公司法》等有关法律的制定完善,从源头上帮助职工解决可能发生的生产生活问题。同时,要加大对特困职工群体的帮扶力度,充分发挥工会帮扶中心的窗口作用,努力构建困难职工帮扶体系。元旦、春节就快到了,各级工会组织要大力开展"送温暖"活动,为困难职工雪中送炭、排忧解难,帮助他们过上一个欢乐、祥和的新年。三是要从完善维权机制入手。要建立健全职工生产生活状况调查分析机制、劳动关系矛盾预警机制、劳动关系三方协商机制、劳动合同制度、平等协商与集体合同制度、劳动争议调解和仲裁制度等,把解决劳动关系中的矛盾和问题纳入规范化、制度化的轨道。四是要从加强思想引导入手。要把解决实际问题与解决思想问题结合起来,做好深入细致的思想政治工作,帮助广大职工认清形势,顾全大局,正确对待改革发展中的利益关系调整,十分珍惜来之不易的安定团结局面,学会通过正常的渠道、运用合法的形式来表达利益要求、解决实际问题。要让大家都懂得,只有不断增进生产者与经营者、劳动者与建设者的理解合作,努力实现企业与职工的互利双赢,才能形成共谋经济发展、共建和谐社会、共享改革成果、共创美好生活的良好局面。

四、抓住开展保持共产党员先进性教育的有利时机,全面加强工会组织的自身建设

为进一步推进新世纪新阶段党的建设,中央决定从明年开始,在全党开展一次以实践"三个代表"重要思想为主要内容的保持共产党员先进性教育活动,引导广大党员学习贯彻党章,坚定理想信念,坚持党的宗旨,增强党的观念,发扬优良传统,认真解决党员和党组织在思想、组织、作风以及工作方面存在的突出问题,促进影响本地区本部门本单位改革发展稳定、涉及群众切身利益的实际问题的解决,不断增强党员队伍和党组织的创造力、凝聚力、战斗力,为实现全面建设小康社会的宏伟目标提供坚强的政治保证和组织保证。工会系统的各级党组织要按照中央的统一部署,精心组织开展保持共产党员先进性教育活动。同时,各级工会组织要抓住这一有利时机,坚持以党建带工建,全面提高工会自身建设水平。

要大力加强基层工会组织建设。基层工会组织是工会全部工作和战斗力的基础。改革开放以来,随着我国经济社会的深刻变革,职工队伍的构成、分布都发生了重大变化。基层工会组建的任务极为繁重,开展工作面临的情况更加复杂。我们要下更大的气力推进新形势下的工会组建工作,适应产业结构、所有制结构的变化,创新工会组织形式,力争在非公有制企业职工和进城务工人员中组建工会的工作取得明显进展,并及时防止和纠正国有、集体企业在改制过程中随意撤并工会组织和机构、造成工会会员大量流失的现象。我们还要下更大的气力增强基层工会组织的活力,不断改进活动方式,提高工作实效,更好地为职工群众服务,真正把基层工会办成"职工之家"。各级工会领导机关要牢固树立面向基层、服务基层的思想,坚持把工作重点放在基层,加强调查研究,尊重基层创造,总结新鲜经验,搞好分类指导,推动建立基层工会工作的新格局。千千万万基层工会干部奋斗在第一线,任务重、难度大、工作辛苦。一定要给他们以格外的重视、格外的关怀、格外的爱护,满腔热忱地支持他们做好工作,想方设法地帮助他们解决实际困难,把广大基层干部的积极性、主动性、创造性充分调动起来。

要大力加强工会干部队伍建设。干部是推动工会事业发展的骨干力量,必须采取有力措施把这支队伍建设好。在这方面,要抓好两个重点。一个是抓好各级工会领导班子建设,要求每一个领导班子认真贯彻民主集中制原则,充分发扬民主,实行正确集中,增强议大事、抓大事的意识和本领,并要求每一位班子成员严格要求自己,在各方面为广大工会干部作出表率,从而把工会各级领导班子真正建设成为政治坚强、作风过硬、团结合作、清正廉洁的好班子,建设成为有朝气、有活力、想干事、能干事的好班子。再一个是抓好干部队伍作风建设,在工会干部中大兴求真务实之风,引导各级工会干部勤于学习、注重思考,热爱本职、兢兢业业,迎难而上,锐意创新,任劳任怨、甘于奉献,尤其要加深对职工群众的感情,密切与职工群众的联系,多到生产经营困难大的企业去,到困难职工多的地方去,扎扎实实地为职工群众办事,以实际行动赢得他们的拥护和爱戴。

加强党的领导是做好工会工作的根本保证。各级党委和政府要坚定不移地贯彻全心全意依靠工人阶级的指导方针,高度重视和大力推动工会工作,尊重工会对涉及职工切身利益的重大事项的意见,支持工会依照法律和章程创造性地开展工作,帮助工会解决遇到的实际困难,为工会履行职责创造更为有利的条件。

同志们,新的形势和任务向各级工会组织和广大工会干部提出了新的更高的要求。让我们紧密地团结在以胡锦涛同志为总书记的党中央周围,在邓小平理论和"三个代表"重要思想指引下,与时俱进,求真务实,团结带领广大职工群众为实现全面建设小康社会的宏伟目标而不懈奋斗!

再过几天,新的一年就要到来。我在这里给大家拜个早年,祝同志们身体健康、工作进步、家庭幸福!

在全总十四届二次执委会议预备会议上的讲话

（2004 年 12 月 20 日）

张 俊 九

各位执委，同志们：

全总十四届二次执委会议明天上午正式召开。今天晚上，我们先开个预备会议，主要是传达胡锦涛总书记近日关于工会工作重要批示、中央书记处在听取全总党组汇报后的重要指示，并就会议的有关事项作说明。

首先传达胡锦涛总书记的重要批示。最近，胡锦涛同志对新华通讯社《国内动态清样》刊载的《浙江义乌市探索职工维权社会化新模式》一文作出重要批示，批示中指出：完善在工会组织领导下的维权机制很有必要。要注意总结经验，不断强化职能，更好地为职工服务。

近日，曾庆红同志主持召开中央书记处会议听取了全国总工会党组的工作汇报。中央书记处领导同志出席会议并分别讲了话。王兆国同志列席会议。会上，曾庆红同志作了总结讲话。

会议认为，去年工会十四大以来，各级工会组织以“三个代表”重要思想和党的十六大精神为指导，紧紧围绕实现全面建设小康社会的宏伟目标，认真贯彻落实工会十四大确定的各项任务，特别是深入开展职工经济技术创新、“创建学习型组织、争做知识型职工”和“组织起来、切实维权”大调研等活动，取得了显著成绩，为维护改革发展稳定大局作出了积极贡献。

会议指出，2005 年是完成“十五”计划、向全面建设小康社会宏伟目标继续迈进的重要一年。全国总工会关于明年工作的安排，指导思想明确，工作重点突出，具体措施有力，符合中央精神和工会工作的实际，关键是要认真抓好落实。

会议强调，在新的一年里，各级工会组织要着重做好以下四个方面工作：

一、要在认真学习贯彻党的十六届四中全会精神、提高工会工作能力上作出新的努力。各级工会组织要在前一阶段工作的基础上，紧密结合工会工作的实际，紧密结合职工群众的实际，深入学习贯彻好十六届四中全会精神。要着眼于推动社会主义物质文明、政治文明和精神文明的协调发展，着眼于维护职工群众的合法权益和社会政治稳定，着眼于密切同职工群众的联系，着眼于巩固党的阶级基础和扩大党的群众基础，切实把十六届四中全会精神落实到工会各项工作中去，不断提高新形势下做好工会工作的能力和水平。

二、要在贯彻落实中央经济工作会议精神、促进经济社会全面协调可持续发展中创造新的业绩。各级工会组织要认真贯彻中央经济工作会议精神，引导广大职工群众充分发挥工人阶级的主力军作用，为全面完成“十五”计划的各项任务而奋斗。要筹备和召开好全国劳模表彰大会，努力使评选表彰劳模的过程，成为大力宣传工人阶级历史功勋、大力弘扬劳模精神的过程，成为动员广大职工“创建学习型组织、争做知识型职工”、不断发展工人阶级先进性的过程，成为激励广大职工群众为全面建设小康社会建功立业的过程。要按照促进区域经济协调发展的要求，组织广大职工积极参与西部大开发和东北地区等老工业基地振兴，在青藏铁路等国家重点工程建设中继续开展劳动竞赛活动。要通过开展各种形式的教育培训活动，进一步提高广大职工的素质。

三、要在维护职工合法权益、构建社会主义和谐社会中作出新的贡献。构建社会主义和谐社会是贯彻落实十六届四中全会精神的一项重要内容。从当前来看，积极扩大就业，努力完善社会保障体系，逐步理顺分配关系，加快社会事业发展，是维护群众利益、促进社会公平、构建社会主义和谐社会的重要任务。工会组织要把协调劳动关系、维护职工合法权益，作为构建社会主义和谐社会的一个重要切入点。要推动工会法的贯彻实施；协助党和政府做好促进就业再就业和工资清欠等各项工作，维护广大职工的正当权益；督促企业依法认真执行劳动合同和集体合同制度，坚持和完善职工代表大会制度，加强劳动争议调处工作，参与处置群体性事件；建立健全困难职工帮扶机制，关心职工群众特别是困难职工、困难劳模的生产生活，及时向党和政府反映情况，切实为职工群众说话办事。

四、要在密切联系职工群众、进一步加强工会自身建设中取得新的成效。要按照十六届四中全会关于加强和改进新形势下群众工作的要求，结合开展保持共产党员先进性教育活动，加强工会组织的班子建设、队伍建设和作风建设，不断提高做好工会工作的能力和水平。着眼于推动工会组织群众化、民主化、法制化进程，进一步转变作风，克服行政化、机关化的倾向，切实做好组织职工、动员职工、依靠职工、服务职工的工作。进一步深入基层、深入群众，加强调查研究，努力做好维护职工正当权益、维护社会稳定的工作。会议强调，各级党委要按照十六届四中全会的要求，切实加强和改善对工会工作的领导，各级政府要进一步帮助和支持工会工作，努力为工会开展工作创造良好的条件。必须切实重视并积极化解职工群众中的不稳定因素，高度关注、高度关心、高度关爱普通职工特别是困难职工，想方设法解决好就业、社会保障和分配三个难点问题，有效预防和遏制职工群体性事件的发生，保持社会稳定。

会议同意全国总工会召开十四届二次执委会议，请王兆国同志出席会议并讲话。

胡锦涛总书记的重要批示和中央书记处的重要指示，对工会工作作了充分肯定，提出了明确要求，完全切合工会工作的实际，为我们指明了方向，对全国广大工会干部是一个很大的鼓舞。我们一定要认真学习贯彻，抓好落实。

我们这次会议是工会十四大闭幕后召开的一次重要会议。开好这次会议，对于深入学习贯彻党的十六大和十六届三中、四中全会及中央经济工作会议精神，做好明年的工作，团结动员广大职工为全面完成“十五”计划目标而努力奋斗，具有重要的意义。中央对我们这次会议很重视。中央书记处对开好这次执委会议有明确指示，王兆国同志将代表党中央作重要讲话。会议还将认真学习讨论王兆国同志的重要讲话，审议通过工作报告，审议通过《中华全国总工会关于进一步加强基层工会工作的决定》，讨论通过有关人事事项。会议日程已印发给大家，我不再重复了。

兆国同志要求我们，每次执委会议要研究一、两个工会工作的重大问题。这次执委会议的重要任务之一就是审议通过进一步加强基层工会工作的决定。今年以来，我们举全会之力，开展了“组织起来、切实维权”大调研，在此基础上，形成了进一步加强基层工会工作的决定。这个决定，请大家认真审议讨论。我们还将把大调研的总报告及所有调研成果，汇编成册，印发给大家。

在这次执委会议前，召开了全总十四届五次主席团会议，兆国同志主持会议并发表了重要讲话。全总经审会召开了十四届三次经审会议。会议开得都很好。兆国同志在讲话中，要求我们要从加强党的执政能力建设的高度，进一步提高对新形势下工人阶级和工会工作重要性的认识；要深刻认识当代中国工会的时代特征和发展趋势，进一步明确当前和今后一个时期的工作方针和目标任务；要加强领导、狠抓落实，推进工会各项工作向前发展。兆国同志的重要讲话，对我们开好这次执委会议具有重要指导意义。会议期间，希望与会的全体同志，一要认真学习领会中央书记处关于工会工作的重要指示和兆国同志的重要讲话精神，统一思想，明确工会工作方针、指导思想和明年工作的总体要求及其主要任务。二要认真审议讨论会议文件，解放思想，实事求是，开动脑筋，畅所欲言，思考问题，结合工会工作实际，充分发表意见和建议，力求把文件修改好。三是严格按照会议日程的安排，集中精力开好会议。没有特殊情况，请不要在会议结束前离会。四是希望各组召集人切实负起责任，珍惜时间，组织引导好讨论，并安排好记录，协助做好会务工作。我们相信，在大家的共同努力下，这次会议一定能够取得圆满成功。

最后，祝同志们在会议期间，身体健康，精神愉快！

在李斌同志事迹报告会上的讲话

（2004 年 5 月 18 日）

殷一璀

同志们：

今年五一前夕，中共中央宣传部、中华全国总工会联合发出了《向许振超和李斌同志学习的决定》。近来，全国各行各业都在广泛宣传、深入学习许振超、李斌两位同志的先进事迹。今天，我们召开李斌同志先进事迹报告会，目的就是要在上海兴起这一学习活动的新高潮。

刚才，李斌同志和他的领导及身边同事作了生动感人的报告，从不同侧面介绍了李斌同志的成长经历和先进事迹，使我们深受教育和鼓舞。李斌同志是在改革开放和现代化建设中成长起来的新一代劳模群体的代表，在他身上集中体现了新时期工人阶级鲜明的时代特征，为广大职工群众树立了一个很好的学习榜样。会上我们还宣读了《中共上海市委关于学习李斌同志先进事迹的通知》，希望全市共产党员和职工群众认真学习李斌同志的先进事迹，为上海率先基本实现现代化、率先全面建成小康社会作出新的贡献。下面，我就推进这一学习活动提三点要求。

一、认真贯彻中央领导同志的重要讲话精神，提高对学习李斌同志先进事迹重要性的认识

最近，胡锦涛同志在南京会见全国劳动模范时发表了重要讲话，高度评价了我国工人阶级在改革开放和现代化建设中发挥的主力军作用，要求在全社会大力弘扬伟大的劳模精神，重视发挥劳动模范的作用，热情关心劳动模范的工作、学习和生活。曾庆红同志五一前在上海考察工作时，殷切希望上海和全国产业工人都能积极投身到向许振超和李斌同志学习的活动中。王兆国同志在庆祝五一国际劳动节大会上代表党中央、国务院所作的讲话中，高度赞扬许振超、李斌同志是新时代产业工人的优秀典型，要求大力弘扬劳动模范的主人翁责任感和艰苦创业精神。中央领导同志的重要讲话充分体现了党中央对工人阶级和劳动模范的高度重视和亲切关怀，为进一步发挥劳模的典型示范作用，开展学习、宣传劳模的各项工作指明了方

向。对此,我们一定要深刻领会,认真落实。

开展向李斌同志学习活动是保持和发展工人阶级先进性,增强和巩固党的阶级基础和执政基础的迫切需要。工人阶级是我们党最坚实、最可靠的阶级基础,是推动先进生产力发展和社会全面进步的基本力量。保持和发展党的先进性,首先要保持和发展工人阶级的先进性。以李斌同志为代表的新时期劳动模范是当代工人阶级的杰出代表,我国经济发展和社会进步所取得的每一项成就都凝聚着他们的无私奉献和创造性劳动,都体现着他们的时代精神和崇高品格。学习李斌同志的先进事迹,就要造就一支真正具有崇高理想、社会主义道德、现代科学文化知识和严格组织纪律的强大工人阶级队伍,不断夯实党的阶级基础。

开展向李斌同志学习活动是上海推进科教兴市和人才强市战略,建设一支高素质职工队伍的迫切需要。把上海建成现代化国际大都市和国际经济、金融、贸易、航运中心之一,是党中央、国务院对上海发展的战略定位。当前,我们正在大力实施科教兴市主战略,实现城市发展模式和经济增长方式的转变。在这一过程中,以传统加工业为主体的产业构成正向以先进制造业和现代服务业为主体的复合型产业体系转换,这对上海广大职工的知识结构和技能素质提出了更高更新的要求。从当前上海职工队伍的构成情况看,高层次、高技能的专业技术人才还相当缺乏,这已在一定程度上影响到产业结构的升级。上海要实现"四个中心"的发展目标,亟需一大批像李斌同志那样具有一流技术水平的产业工人。我们开展向李斌同志学习活动,就是要树立和落实科学人才观,使广大职工成为李斌式的知识型、高技能型劳动者,造就一支适应时代发展要求的高素质职工队伍。

开展向李斌同志学习活动是培育和实践城市精神,加强上海精神文明建设的迫切需要。新时期劳模精神,既是城市精神的生动体现,更是城市精神不可或缺的重要组成部分。李斌同志的先进思想和模范行为正是当代劳模精神的现实写照,是激励和带动全社会共同进步的强大精神动力。我们要以开展向李斌同志学习活动为抓手,把传承中华民族传统美德、革命精神与弘扬新时期劳模精神统一起来,引导全市人民自觉实践城市精神,加强以诚信为重点的职业道德建设,充分展示当代工人阶级的精神风貌。

各级党组织和工会组织要从战略高度,充分认识开展学习劳模活动的重要意义,做到思想上重视、措施上有力、方法上创新,切实把这项学习活动抓出成效。

二、大力弘扬新时期劳模精神,兴起学习李斌同志先进事迹的热潮

李斌同志是当代中国工人阶级的优秀代表,他立足平凡岗位创造出的不平凡业绩,他从普通操作工人成长为专家型工人的不平凡经历,无不显示出工人阶级高度的主人翁精神、高度的政治责任感和高度的历史主动性。我们开展向李斌同志学习活动,就是要在全社会大力弘扬以李斌同志为代表的新一代劳模的先进思想和奉献精神,动员全市人民,为建设现代化国际大都市而努力奋斗。

要大力弘扬爱岗敬业、艰苦奋斗的精神,进一步发挥职工群众在改革发展稳定中的主力军作用。李斌同志作为一名具有多项荣誉称号的先进模范人物,多年来始终立足平凡岗位,不改一线工人的本色,把个人命运与企业发展紧紧联系在一起,以自己良好的职业道德和忘我的劳动热情,为企业的振兴和发展埋头苦干、艰苦创业。我们学习李斌同志的先进事迹,就是要自觉站在改革前列,理解和支持改革,为产业结构调整和企业机制转换出谋划策;就是要动员职工群众真正做到干一行、爱一行、专一行、精一行,为现代化建设事业建功立业;就是要教育职工群众识大体、顾大局,坚决拥护党和政府的各项方针政策,共同维护上海心齐、气顺、劲足的良好局面。

要大力弘扬刻苦钻研、岗位成才的精神,进一步加强职工队伍的能力建设。多年来,李斌同志立足一线岗位,从一名操作工人成长为全国同行业公认的数控技术应用专家,从一名技校毕业的普通工人成长为上海乃至全国屈指可数的同时拥有工程师和高级技师职称的知识型工人,这靠的正是他二十多年如一日在本职岗位自学成才的拼劲和钻劲。我们学习李斌同志的岗位成才精神,就是要在提高自身的岗位技能和综合素质上狠下功夫。开展这一学习活动,就是要确立起人人都可以成才的观念,增强职工群众岗位学习、自主学习、终身学习的意识;就是要继续深化职工素质工程建设,进一步完善职业教育体系,加大培养高层次、高技能人才的力度,加快形成一支知识化、技能化的产业工人队伍。

要大力弘扬开拓创新、争创一流的精神,进一步推进群众性技术创新活动的蓬勃开展。李斌同志被誉为掌握全工种技能、全机种操作、全方位工艺的"三全"技术工人,这正体现了他勇于创造、敢于创新、学赶一流、追求卓越的可贵精神,他的创造性劳动为企业赢得了显著经济效益。我们开展向李斌同志学习活动,就是要激发和挖掘广大职工群众的创新热情和创造潜能,使他们在各自的工作岗位上学习新知识、钻研新技术、应用新技能、创造新方法,积极投身群众性技术创新活动,把聪明才智不断转化为现实生产力。

要大力弘扬团结协作、无私奉献的精神,进一步提高群众性精神文明创建活动的整体水平。这些年来,李斌同志虽然取得了显著成绩,获得了多项荣誉,但他仍保持谦虚谨慎、不骄不躁,坚守在数控机床旁,奉献在普通岗位上,不计报酬地为身边同事传授技能,不图名利地为企业辛勤耕耘。在他的言传身教下,电气集团职工学技术、学知识蔚然成风,比学赶帮成为自觉行动,涌现出一批先进集体和先进个人。开展向李斌学习活动,就是要将这种先进模范的示范效应延伸到各行各业,把劳模的先进事迹作为宣传群众、教育群众、凝聚群众的生动教材;把学习活动纳入群众性精神文明创建活动中,广泛宣传劳模的理想追求和精神境界,用劳模的先进思想和模范行为影响、带动全社会共同进步。

三、加强领导,把学习宣传劳模的活动不断引向深入

做好新时期劳模工作是党委工作的一项重要内容。

各级党委要以“三个代表”重要思想为指导，认真学习贯彻中央领导同志的重要讲话精神，根据市委《通知》精神，加强对学习活动的领导。要结合实际，突出重点，研究确定学习计划和活动方式。宣传部门和新闻媒体要在前一阶段集中宣传的基础上，充分运用各种宣传形式，通过各种宣传渠道，形成强大的宣传声势，在全社会营造尊重劳模、爱护劳模、学习劳模、争当劳模的良好风尚。要加强对劳模的培养、使用和管理，热情关心和爱护劳模，为劳模的学习进修提供更多机会，要制定落实劳模政策，提高劳模待遇，在分配激励机制上体现劳模的价值和贡献。要细致入微地为劳模排忧解难，对遇到特殊困难的劳模和退休劳模的实际问题，有关方面要满怀热情地帮助解决。我们要通过对劳模的宣传和服务，努力在全社会形成尊重劳动、尊重知识、尊重人才、尊重创造的良好氛围。

各级工会、共青团、妇联等群众团体要在党委的领导下，积极配合，形成合力，发挥群众团体的优势，采取多种形式，广泛发动职工群众投身到向李斌同志学习活动中，兴起学习新知识、掌握新技能、争作新贡献的热潮。特别是各级工会组织要主动配合党委和政府，深入研究当前劳模工作的新特点、新情况，不断探索完善新的发展阶段培养和选树劳模的工作机制，关心劳模的学习、工作和生活，当好劳模的贴心人。

榜样的力量是无穷的。我们要紧密团结在以胡锦涛同志为总书记的党中央周围，高举邓小平理论和“三个代表”重要思想伟大旗帜，在市委、市政府的领导下，在劳模精神的引领和激励下，与时俱进，开拓进取，求真务实，勇攀高峰，进一步为上海改革开放和现代化建设事业建功立业。

在市总工会十一届五次全委(扩大)会议上的讲话

(2004 年 12 月 26 日)

王 安 顺

同志们：

市委八届六次全会刚刚闭幕，市总工会就组织召开十一届五次全委(扩大)会议，深入学习贯彻党的十六届四中全会、中央经济工作会议和市委八届六次全会精神，回顾总结今年的工作，研究部署明年的任务，很及时、很有必要。开好这次会议，对于上海各级工会组织在新的一年里，进一步认清形势、明确任务，更好地团结动员广大职工，不断开创工会工作新局面，必将起到积极的作用。

在即将过去的一年中，上海各级工会组织在市委和全总的领导下，坚持以邓小平理论和“三个代表”重要思想为指导，牢固树立和落实科学发展观，紧紧围绕上海新世纪新阶段的发展目标，全面履行工会的各项职能，在许多方面进行了新的探索和实践，取得了明显成绩。特别是在服务科教兴市主战略，促进上海经济社会发展中发挥了积极作用；在加强维权机制建设，构筑全方位的维权格局上取得了新进展；在加强工会组织建设，拓展党的群众工作覆盖面上取得了新突破；在创新方式方法，提高工会工作整体水平上取得了新成效。对一年来全市工会组织卓有成效的工作，市委是肯定的，满意的。借此机会，我代表市委，向全市各级工会组织和广大工会干部致以亲切的问候和崇高的敬意！

下面，我围绕学习贯彻党的十六届四中全会、中央经济工作会议和市委八届六次全会精神，进一步做好明年的工会工作，讲三点意见。

一、充分认清新形势下工会肩负的重要使命，更好地发挥在提高党的执政能力，促进经济社会发展中的重要作用

近来，中央先后召开了党的十六届四中全会和中央经济工作会议，着重就加强党的执政能力建设和做好明年的经济工作作出了全面部署。最近，市委召开了八届六次全会，对做好明年上海的各项工作提出了明确要求。上海各级工会组织要把学习贯彻党的十六届四中全会、中央经济工作会议和市委八届六次全会精神，作为当前的首要任务来抓，力求学习领会得更深一些，联系工会工作的实际更紧一些，同工会自身建设结合得更实一些。通过学习，充分认清工会在全局中的重要位置和在战略上的重要意义，牢固树立政治观念和大局观念，坚持围绕中心、服务大局，更好地发挥工会在提高党的执政能力、促进上海经济社会发展等方面的重要作用。

要充分认清工会在加强党的执政能力方面肩负的重要使命。胡锦涛总书记在十六届四中全会上强调，提高做群众工作的能力和水平，是加强党的执政能力建设的重要内容。这深刻揭示了做好群众工作与提高执政能力之间的内在联系。应当看到，做好群众工作是实践党的执政理念的必然要求。我们党要坚持立党为公、执政为民，真正实现好、维护好、发展好最广大群众的根本利益，就必须遵循马克思主义的群众观点和党的群众路线，卓有成效地开展群众工作，了解群众意愿、体察群众情绪、关心群众疾苦，尽最大努力为群众办实事、解难事、做好事。又应当看到，做好群众工作是巩固党的执政基础的重要途径。良好的党群、干群关系是我们党最大的优势所在，处理得不好也是我们最大的风险所在。我们党要始终保持同人民群众的血肉联系，就必须坚持和发挥善于做群众工作这个政治优势，努力运用说服教育、示范引导和提供服务等方法，把最广大的人民群众团结凝聚在党和政府周围为我们事业的发展提供不竭的强大动力。还应当看到，做好群众工作是完善党的执政方式的客观需要。我们党要切实做好总揽全局、协调各方的工作，更好地体现科学执政、民主执政、依法执政，就必须高度重视群众团体在国家政治、经济和社会生活中不可替代的重要位置，切实加强和改善对群众团体的统一领导，充分发挥它们在联系群众方面的桥梁纽带作用和巩固国家政权方面的社会支柱作用。

总之，把组织群众、宣传群众、教育群众、服务群众的工作做好，对提高党的执政能力、巩固党的执政地位、完成党的执政使命至关重要。工会作为党领导下的工人阶级的最广泛的群众组织，是党的群众工作的重要组织载体和工作力量，在实践党的执政理念、巩固党的执政基础、完善党的执政方式等方面，都有着极其重要的作用。各级工会组织和广大工会干部应当自觉从全面加强党的执政能力建设的高度来审视工会工作，积极发挥优势、履行职能，切实做好新形势下的职工群众工作，努力担负起提高党的执政能力的共同责任。

要充分认清工会在促进上海经济社会发展中担负的重要职责。陈良宇同志在市委八届六次全会结束时的讲话中指出：当前，上海已经进入新阶段发展的关键时期，正处于体制机制转轨、经济结构提升、社会结构转型、城市功能转换的历史关口，机遇与挑战并存，机会和风险同在，动力和压力都有。这一时期，既是充分发挥市场配置资源基础性作用的关键时期；又是市场经济负面影响逐渐凸现时期；既是加快建设"四个中心"、不断缩小与国际先进水平差距的关键时期，又是人口、资源、环境、基础设施约束的凸现时期；既是提升产业结构和城市综合服务功能的关键时期，又是各种历史性、结构性、体制性矛盾的凸现时期，既是服务全国、增强发展优势的关键时期，又是金融风险、城市安全和社会稳定问题的凸现时期。这个发展阶段的新特征，启示我们要进一步增强忧患意识和紧迫感，切实做到"四个善于"（善于突破发展中的瓶颈制约，善于把发展速度与稳定程度有机统一起来，善于把市场经济负面效应降到最低程度，善于化压力为动力），其中最根本的是要按照"三个代表"重要思想的要求，毫不动摇地树立和落实科学发展观，一以贯之地实施科教兴市主战略。要把市委八届六次全会提出的各项任务落到实处，保持上海持续协调健康发展的良好势头，需要全市人民的共同努力，特别需要上海工人阶级继续发挥好"带头羊"和主力军的作用。全市各级工会组织和广大工会干部应当进一步把所从事的工作放到全市工作大局中来思考和谋划，真正使工会组织成为全面贯彻"三个代表"重要思想和科学发展观的重要主体，成为推进科教兴市主战略、加快上海经济社会发展的重要力量。

二、积极表达和维护职工群众的合法权益，推进科教兴市主战略的落实，致力于构建社会主义和谐社会

2005 年是上海全面完成"十五"计划、谋划"十一五"发展承前启后的一年；是全面启动中国 2010 年上海世博会建设的重要一年；是贯彻党的十六大和十六届三中、四中全会精神，进一步推进改革开放、促进全面发展十分重要的一年。新的形势和任务，对上海工会工作提出了新的更高要求。全市各级工会组织和广大工会干部要发扬务实开拓、奋发进取的精神，着眼于推动上海三个文明协调发展，着眼于更好地表达和维护职工群众的合法权益，着眼于密切同职工群众的联系，着眼于巩固党的阶级基础和扩大党的群众基础，动员和组织广大职工群众，努力在实施科教兴市主战略，促进上海经济社会发展中创造新的业绩，在构建社会主义和谐社会中作出新的贡献，在加强工会自身建设中取得新的成效。

1. *更好地把职工群众组织起来，推进上海科教兴市主战略的落实。*实施科教兴市主战略是上海贯彻落实科学发展观的核心举措和关键所在，是科学发展观的具体化、上海化。各级工会组织和广大工会干部要充分认识实施科教兴市主战略对实现上海经济社会全面协调可持续发展的重大意义，按照市委的要求，自觉把科教兴市主战略融合渗透到工会工作之中，发挥工会优势，破除各种障碍，调动上海工人阶级的聪明才智和创造活力，推进科教兴市主战略的深化和落实。要不断深化"职工素质工程"，在坚持用邓小平理论和"三个代表"重要思想武装职工群众，提高职工思想道德素质的同时，着眼于加快工人阶级知识化进程，继续深化"创建学习型组织、争做知识型职工"活动，提高广大职工的学习能力、创新能力、竞争能力和创业能力，提高广大职工的科学文化素质。要围绕提高企业的核心竞争力、提升产业能级，深入实施"职工经济技术创新工程"和"职工技能登高计划"，广泛开展劳动竞赛、合理化建议、技术革新、技术练兵、技术协作、发明创造等群众性经济技术活动，不断提高知识和科技的含量，推动企业依靠科技、依靠人才来增加效益、提升发展。要针对上海人口众多、自然资源缺乏、环境容量有限的特点，围绕建设节约型社会，组织开展各种节能降耗活动，引导广大职工增强节约资源、能源的意识，大力推动循环经济发展，积极倡导节约型的生产方式和消费方式，为缓解上海能源、资源约束的矛盾发挥应有的作用。要围绕上海破除发展瓶颈、加快经济体制改革，加强对职工的教育引导，帮助他们深刻认识推进改革的重要性和必要性，自觉站在改革的前列，积极支持和主动参与改革，尤其要为推进上海国资国企改革、确保国有经济主导竞争力的增强作出积极贡献。要围绕发展工人阶级的先进性、形成职工群众共同的价值观念，大力弘扬劳动模范的时代精神和优秀品质，充分发挥劳模的骨干带头作用和示范导向作用，激励广大职工把劳动热情充分焕发出来，把聪明才智充分展现出来，以强烈的主人翁责任感，推动经济社会又快又好地发展。

2. *更好地表达和维护好职工群众的合法权益，努力构建和谐社会。*我们现在所处的发展阶段，既是"黄金发展期"，也是"矛盾凸显期"，社会利益关系更为复杂，统筹各方面利益的难度进一步加大，新情况新问题层出不穷。

中央针对这一实际,提出了构建社会主义和谐社会的要求,这是有着重要的现实意义和深远的历史意义的。特别是上海作为改革开放的前沿和窗口,保持社会和谐稳定,营造积极向上的社会环境和心齐、劲足、风正、气顺的政治局面,尤为重要。对工会来说,推动社会主义和谐社会建设,切实维护社会稳定,关键是要以建立稳定协调的劳动关系为着力点,努力表达好和维护好群众利益,促进社会公平。

最近,胡锦涛总书记作出重要批示,指出完善在工会组织领导下的维权机制很有必要,要求工会组织注意总结经验,不断强化职能,更好地为职工服务。全市各级工会组织要认真学习贯彻这一重要批示精神,切实加强维护职工合法权益工作,使维权工作声音更响一些、力度更大一些、措施更得力一些,并贯穿于推动改革、促进发展、积极参与、大力帮扶的全过程,真正在维护全体人民总体利益的同时维护好职工群众的具体利益。要健全维权机制,突出源头维护,积极参与扩大就业、完善社会保障体系、理顺分配关系等有关政策和立法的研究制定,使各项政策和法律能够切实体现和维护职工群众的正当权益。要进一步加大参与协调劳动关系的力度,进一步健全集体合同制度,推行工资协商制度、专项集体谈判和上级代表下级谈判制度,完善市、区(县)和街道、乡镇三方协商机制和联席会议制度,提高协商的质量和水平,提高协商的实际效果。要进一步加大厂务公开和以职代会为基本形式的职工民主管理的力度,针对突出问题,抓住工作重点,加强督促检查,狠抓工作落实。在国有、集体企业改制过程中,要充分发挥职代会和工会组织的作用,切实做到改革方案必须经职代会讨论审议,企业裁员和分流安置等涉及职工切身利益的重大方案必须经职代会审议通过;在非公企业,要加强工会劳动法律监督工作,指导和帮助职工与企业签订劳动合同,确保其工资不被拖欠、劳动条件有改善、人身安全有保障,对一些严重侵犯职工权益、性质特别恶劣的违法行为,要配合有关部门依法予以严肃处理。当前,要特别重视关系职工生命和健康的劳动安全卫生问题,发现重大事故隐患、职业危害和危及职工生命安全的情况,要及时向有关方面反映,并主动提出处理意见和建议。要进一步加大帮扶困难职工群体的力度,落实工会就业救助、生活救助、医疗救助、教育救助等制度,提高送温暖工程社会化程度,切实为职工做好事、办实事、解难事。要重视研究和探索不同职工利益群体的维权问题,在表达好、维护好下岗失业等弱势群体权益的同时,要研究其他职工群体的不同需求,处理好职工内部矛盾,使各个职工群体都能各尽其能、各得其所,形成共建和谐社会,共享改革成果、共创美好生活的良好局面。

3. *更好地动员和团结职工群众,进一步密切与职工群众的联系*。把职工群众组织到工会中来,不仅是在经济全球化和对外开放背景下维护工人阶级团结统一的需要,是工会组织广大职工积极参与国家社会事务管理、发挥工会作为国家政权重要社会支柱作用的需要,也是做好党的群众工作,巩固党的阶级基础和扩大党的群众基础的需要。改革开放以来,随着经济社会的深刻变革,职工队伍的思想状况和构成、分布情况都发生了重大变化,基层工会组建的任务极为繁重,开展工作面临的情况更加复杂。各级工会组织要进一步认识加强工会组建工作的重要性和必要性,增强覆盖意识和阵地意识,下更大的力气推进新形势下的工会组建工作。要适应产业结构、所有制结构的变化,不断创新工会组织形式,力争在外资企业、私营等非公有制企业和进城务工人员中组建工会的工作取得新的明显进展,并及时防止和纠正国有、集体企业在改制过程中随意撤并工会组织和机构、造成工会会员大量流失的现象。组建工作不但要有数量,更要有质量。上级工会要切实加强对新建工会的指导和服务,帮助建立必要的工作制度,帮助解决人员经费等各种实际困难,使新建的基层工会能够活起来、转起来,切实发挥实际作用。要改革创新工会组织体制,顺应国资国企改革和非公经济大量涌现的新情况,加强街道、社区、乡镇工会的建设,探索行业工会建设的新路子,形成条块结合、网络健全、全面覆盖的工会组织格局。

三、抓住开展保持共产党员先进性教育的有利时机,全面加强工会组织的自身建设

为进一步推进新世纪新阶段党的建设,中央决定从明年开始,在全党开展一次以实践"三个代表"重要思想为主要内容的保持共产党员先进性教育活动,以不断增强党员队伍和党组织的创造力凝聚力战斗力,为实现全面建设小康社会的宏伟目标提供坚强的政治保证和组织保证。12 月 24 日,市委常委会已讨论了上海保持党员先进性教育活动的安排。明年 1 月初,中央还将召开电视电话会议,作全面动员和部署。工会系统的各级党组织要按照中央和市委的部署,精心组织开展保持共产党员先进性教育活动。同时,各级工会组织要抓住这一有利时机,坚持以党建带工建,全面提高工会自身建设水平。

加强工会自身建设,必须以加强基层工会工作,增强基层工会活力为中心环节。工会的主要工作在基层,工作的基础在基层,基层工会组织是工会全部工作和战斗力的基础。各级工会领导机关要牢固树立面向基层、服务基层的思想,坚持把重点放在基层一线,加强调查研究,尊重基层创造,总结新鲜经验,搞好分类指导,推动建立基层工会工作的新格局。广大基层工会干部奋斗在第一线,任务重、难度大、工作辛苦,上级工会一定要给他们以格外的重视、格外的关怀、格外的爱护,满腔热情地支持他们做好工作,想方设法地帮助他们解决实际困难,把广大基层工会干部的积极性主动性创造性充分调动起来。

加强工会自身建设,必须大力加强工会干部队伍建设。工会工作有没有生命力和活力,很大程度上取决于工会干部有没有能力和战斗力。要努力适应新形势新任务的需要,采取有力措施把工会干部队伍建设好。要抓住两个重点,一个是要加强各级工会领导班子建设,使各级工会领导班子和领导干部都能不断增强党的观念、大局观念、群众观念,增强议大事、抓大事的意识和本领,自觉在各方面作出表率,争做让人民高兴、让党放心的好班子、好

干部。另一个要抓好干部队伍作风建设，在工会干部中大兴求真务实之风，引导他们深入基层、深入群众，把真心实意维护职工群众利益作为一切工作的出发点和归宿，扎扎实实地为职工群众说话办事，以实际行动赢得职工群众的拥护和爱戴。

加强党的领导是做好工会工作的根本保证。各级党委和政府要坚定不移地贯彻全心全意依靠工人阶级的指导方针，高度重视和大力推动工会工作，支持工会依照法律和章程创造性地开展工作，帮助工会解决遇到的实际困难，为工会履行职责创造更好的条件。

同志们，上海工会工作基础比较好，干部队伍整体素质比较高，有市委和全总的正确领导、广大职工的信赖拥护及社会各界的密切配合，上海工会一定能够顺应时代和社会发展的潮流，努力做好各项工作，不断开创工作的新局面，为我国工运事业的发展作出新的贡献。让我们紧密地团结在以胡锦涛同志为总书记的党中央周围，高举邓小平理论和“三个代表”重要思想伟大旗帜，在市委的领导下，同心同德、埋头苦干、求真务实、开拓创新，为实现上海现代化建设的宏伟目标而努力奋斗！

再过5天，新的一年就要到了。各级工会组织要积极行动起来，做好帮困送温暖的工作，切实关心好职工群众特别是其中的困难群体，全力以赴确保节日的欢乐、祥和气氛。在新年即将来临之际，我在这里给大家拜个早年，祝同志们身体健康、工作进步、家庭幸福！

大力弘扬求真务实精神　树立和落实科学发展观
努力开创上海工会工作新局面

——上海市总工会十一届三次全委(扩大)会议主题报告

(2004 年 7 月 2 日)

陈　豪

上海市人大常委会副主任、市总工会主席　陈　豪

各位委员、同志们:

今天,我们召开市总全委(扩大)会议,学习贯彻市委八届五次全会精神,进一步解放思想、提高认识,认清新形势、明确新任务,努力在全会上下形成以“三个代表”重要思想统领工会工作全局,以科学发展观指导工运新实践,以求真务实精神开创工作新局面的共识,不断把上海工运事业推向前进。

今年以来,在市委和全总的领导下,上海各级工会认真贯彻党中央和市委关于工会工作的一系列重要指示精神,紧紧围绕党的工作大局,切实履行工会的基本职能和各项社会职能,按照年初全会制定的目标任务,开展了大量卓有成效的工作,各项工作得到扎实推进。同时,在工作实践中,我们又切实感受到工会工作面临着新形势和新任务,面临着新机遇和新挑战,如何在党的领导方式转变和执政能力建设中,更加积极主动地承担起工会的历史使命;如何在上海扩大开放、深化改革、加快发展和维护稳定的大格局中,更加充分地发挥工会的作用;如何在完善社会主义市场经济体制的进程中,更加全面地履行工会的各项职能;如何在多种所有制经济发展和职工队伍利益主体多元化的格局中,更加有效地表达和维护不同职工群体的合法权益等,都是我们必须认真研究的新情况和新问题。

工会要在新形势下更好地发挥党联系职工群众的桥梁纽带作用、国家政权重要的社会支柱作用、职工利益代表者和维护者的作用,就必须大力弘扬求真务实精神,在科学发展观的指导下,认清新形势,明确新思路,研究新情况,解决新问题,努力使工会工作在新时期取得新发展。

一、树立和落实科学发展观,不断开拓新时期工会工作的新思路和新境界

科学发展观是我们党解放思想、实事求是、与时俱进、理论创新的重大成果，是对经济社会发展规律认识上的重要升华，是我们党从新世纪新阶段党和国家事业发展全局出发提出的重大战略思想，是深入贯彻"三个代表"重要思想的具体体现，也是全面建设小康社会和实现现代化的指导方针。牢固树立和认真落实科学发展观，是全面贯彻"三个代表"重要思想和党的十六大精神的必然要求，关系党和国家工作的大局，对于我国建成完善的社会主义市场经济体制，实现全面建设小康社会的宏伟目标，具有重大而深远的意义。

全面建设小康社会是新时期工运事业的主题，科学发展观是全面建设小康社会和实现现代化的指导方针，因此也必然是新时期工会把握和推进工运事业的指导方针。自觉地用科学发展观来指导工会的各项工作，是上海工会以"三个代表"重要思想统领工作全局的内在要求和具体体现，是上海工会工作与时俱进、开拓创新的内在要求和具体体现。

（一）始终坚持以经济建设为中心的发展观，充分发挥上海工人阶级的主力军作用

科学发展观是以经济建设为中心的发展观。马克思主义把解放和发展生产力，作为人类社会发展的最终决定力量。社会主义的本质，就是要解放生产力和发展生产力。我们党始终把发展作为执政兴国的第一要务，把发展放在一切工作的首位，把发展作为中国解决一切问题的关键所在。胡锦涛总书记指出："科学发展观是用来指导发展的，不能离开发展这个主题，离开了发展这个主题就没有意义了。发展首先要抓好经济发展。"只有坚持以经济建设为中心，不断推进先进生产力的发展，才能为社会全面进步和人的全面发展提供坚实的物质基础。同样，只有经济发展了，广大职工的根本利益和具体利益的实现才能得到切实的保障。因此，只有深刻认识发展是党执政兴国的第一要务，才能牢牢把握工会围绕和服务大局的准确定位；只有始终坚持把全面建设小康社会作为新世纪新阶段工人运动的主题，才能牢牢把握工会正确的发展方向。任何时候任何情况下，我们都要牢记"发展是硬道理"，紧紧扭住经济建设这个中心不放松。

工人阶级是先进生产力的代表，是经济建设和深化改革的主力军。经济发展离不开工人阶级的巨大作用。各级工会要充分调动和切实保护广大职工加快发展、促进发展的积极性、主动性和创造性，引导和凝聚全市职工自觉地投身于上海现代化建设的伟大实践。要进一步加强新时期工人阶级的历史使命教育，加强工人阶级先进的阶级意识教育，不断提高职工群众的组织归属感，增强促进经济发展的主人翁责任感，要不断提高职工的知识水平和技能水平，增强职工科教兴国、科教兴市的主动意识，广泛组织群众性经济技术创新活动，动员职工在技术比武、技术发明、技术革新、技术协作中出成果、比贡献；要坚持开展适应科学发展观要求的各种形式的劳动竞赛，赋予工会传统的工作方式以鲜明的时代特征，以高科技、支柱、新兴产业和重大工程、实事项目为重点，在立功竞赛中充分焕发广大职工群众的创造热情，同时要积极组织非公企业职工共同参与立功竞赛，把促进企业发展和维护自身合法权益紧密结合起来；要积极拓宽职工科技成果转化的服务平台，展示、交流、推介职工技术发明成果，推进职工的原创性科技成果转化为现实生产力，合理化建议转化为经济效益。

当前和今后一个时期，工会以经济建设为中心开展的一切工作和活动，都必须适应经济体制改革，适应产业结构的调整和经济增长方式的转变，适应科教兴市主战略的实施，适应科学发展观的新要求；同时，工会以经济建设为中心开展的一切工作和活动，还必须体现以人为本，着眼于工人阶级队伍综合素质的培养和提高，着眼于工人阶级先进性的发挥和发展，着眼于职工群众自我价值的实现和人的全面发展。

（二）始终坚持全面、协调、可持续的发展观，共同营造和谐稳定的劳动关系和发展环境

全面、协调、可持续发展是科学发展观的基本内容。全面发展、协调发展、可持续发展，是相互联系的整体，是经济发展、社会发展和人的全面发展的统一。

科学发展观为我们提供了一个全新的大局观，不仅对工会履行维护的基本职能提出了更高要求，也使我们进一步明确了突出维护职能是工会履行其他各项社会职能的基础，履行好维护职能和其他社会职能，是工会服务和服从大局的主要任务和有效途径。落实全面、协调、可持续的科学发展观，不仅对工会工作提出了新要求和新任务，也为工会工作拓展了新视野和新空间。

工会要注重维护大局与维护职工权益的有机统一。市委八届五次全会审议通过的《关于贯彻"三个代表"重要思想，树立和落实科学发展观，进一步完善社会主义市场经济体制的若干意见》，是贯穿着科学发展观和求真务实精神的重要文件，是上海实现两个根本性转变，实现可持续发展，进一步深化改革、扩大开放的纲领性文件。加快国资国企改革，不断完善社会主义市场经济体制，已经成为当前和今后一个时期上海改革的重头戏和攻坚战。工会在服务和服从这一大局的过程中，要从正确认识和把握改革、发展、稳定三者关系的高度出发，既旗帜鲜明地支持改革、促进发展，又旗帜鲜明地维护职工的合法权益，并努力使二者统一起来。要统筹考虑改革的力度、发展的速度和职工可承受的程度，从加强源头参与、规范民主程序、提供法律援助、落实职工经济利益、建立协商和监督机制等多种渠道，全面履行工会的各项职责，带领职工共创良好的改革发展环境。要本着一切为了职工、一切依靠职工的宗旨，着眼于职工的长远利益和根本利益，从维护职工实实在在的具体利益做起，以切实保护好、调动好、发挥好职工群众的积极性和创造性，使广大职工群众不仅是上海发展的建设者，更是上海发展的受益者，共享经济社会全面、协调、可持续发展的丰硕成果。

工会要正确把握产权与劳动者权益的关系。在市场经济条件下，工会是经济关系、特别是劳动关系矛盾产物的特征亦日益凸现。随着产权的逐步明确，劳动者权益亦随之凸现，资本与劳动、产权与劳动者权益在所有制形式

多样化和公有制实现形式多样化的条件下，呈现出既统一又矛盾的复杂局面，劳动关系已逐步成为主要的社会矛盾之一。因此，代表、表达和维护好以经济利益、政治民主权益、精神文化权益和发展诉求为主要内容的劳动者权益，既是《劳动法》、《工会法》、《上海市工会条例》等法律赋予工会的法律地位和职责，也是工会以此促进经济发展、社会发展和人的全面发展相统一的主要任务与途径，是新时期工会服务大局的重要职责。落实全面、协调、可持续的科学发展观，要求我们辩证地认识和把握产权与劳动者权益的相互关系。要防止把产权与劳动者权益绝对对立起来，因而给改革改制、生产经营和职工权益等方面带来损害。在社会主义市场经济条件下，产权关系与劳动关系密不可分，统一性是两者关系的基本特征。工会作为劳动关系中劳动者一方的代表及其在党的领导下承担的社会职能，其协调劳动关系不可或缺的地位和作用，不仅仅体现在维护了职工的合法权益上，也直接、间接地体现在维护了企业的利益上。

工会要注重协调企业利益和职工利益的关系。社会主义事业需要处在不同社会阶层和不同职业岗位的广大劳动者和建设者的共同奋斗。深入研究并处理协调好劳动者与建设者之间的关系，是落实尊重劳动、尊重知识、尊重人才、尊重创造这一方针的体现，是团结各阶层人士共建小康社会的要求，也是协调处理好新时期人民内部矛盾的需要。面对当前大力发展混合所有制经济、非公有制经济的新形势，各级工会要充分认识新时期企业的所有者、经营者和职工之间所存在的辩证统一关系。他们之间在大目标一致的前提下，既有共同利益的一面，又有矛盾对立的一面。这种矛盾和冲突，从总体上分析，不同于传统意义上带有强烈对抗色彩的劳资冲突，更多地表现为经济利益的纠纷和部分劳动者权益受到的侵害，调解处理的主、客观空间较大，工会要在扩大共性、缩小差异、化解矛盾上，发挥不可替代的作用。既要旗帜鲜明地代表和维护劳动者的合法权益，又要通过开展"双爱双评"活动、"职工最满意企业"评选活动、参与和推进企业文化建设、探索现代企业制度下职代会作用发挥、创新职工民主管理的多种形式，使企业更加关注员工的满意度，使员工更好地围绕企业的可持续发展贡献力量，从而增强职工投身企业生产经营的积极性和内在动力，实现职工与企业的同向发展、全面发展，在双方关系的协调上达成良性互动，共谋企业发展，共享发展成果，探索一条实现"双赢"的持续发展之路。

同时我们又必须清醒地看到，由于我们缺乏处理新时期人民内部矛盾的经验，尤其缺乏在混合经济和非公经济企业内开展工会工作的经验，加之大部分民营、私营企业和部分外资中小企业尚处于初创阶段，经营者的素质参差不齐，容易引发各种劳资纠纷，一旦关系处理不当，可能激化矛盾，引发群体性冲突，影响职工利益和社会稳定。因此，各级工会要切实增强政治敏感性和工作责任心，努力改进工作方法，增强协调能力，提高工作水平。既要学会稳妥处理工会组织与企业经营者的关系、协调企业与不同职工群体的关系，积极促进建立和谐、稳定的新型劳动关系，又要与无视职工权益、严重损害职工利益的违法行为作坚决的斗争，切实维护职工的合法权益，努力维护社会稳定、企业稳定和职工队伍的稳定，共同为改革发展创造良好的环境。

（三）始终坚持以人为本的发展观，最大限度地满足和实现职工全面发展的需求

以人为本是科学发展观的本质和核心。马克思说过，未来新社会是"以每个人的全面而自由的发展为基本原则的社会形式"。我们从事的是建设中国特色社会主义的伟大事业，理所当然要坚持以人为本，以人为本就是要一切为了人民，一切依靠人民，切实把表达和维护广大职工群众的利益，作为工会一切工作的出发点和落脚点。落实科学发展观，各级工会就要把以人为本的理念体现在实际工作中，增强自觉性，努力实现广大职工全面发展的需求。

要站在立党为公、执政为民的高度，尊重和保障职工群众的经济、政治和文化权益，着力于让发展的成果惠及全体职工。以以人为本为核心内容的科学发展观，揭示了"发展仅仅是手段，而人是目的"，强调了必须实现共同富裕，揭示出共同富裕既是目标，也是过程。在社会主义市场经济条件下，不同职工群体有着不同的利益诉求，而且有着不同的表现形式。尊重职工的合理诉求，是尊重以人为本的科学理念、保障和维护好职工权益、工会履行基本职能的必然要求。各级工会要始终牢记"群众利益无小事"，不断强化落实科学发展观就要树立人民群众的利益观、职工群众的利益观的理念；要加强分类指导，突出维权重点，表达好、维护好职工劳动就业权、收入分配权、民主参与权、精神文化权、学习发展权等多层次、多方面的合法权益，尽可能满足职工多方面的发展需求。职工利益的多层次性和不同时期所表现出的利益诉求侧重点的不同，需要我们在党的领导下，积极协助政府建立和完善多层次的利益诉求的制度性平台，为职工诚心诚意办实事，尽心竭力解难事，坚持不懈做好事，解决职工关心的热点难点问题，帮助职工提高生产工作条件、生活质量、健康素质，获得平等的社会地位。

以以人为本为核心内容的科学发展观，还要求我们当前在支持和推进改革中，代表好和表达好广大职工的愿望和呼声，尤其是在利益格局不断调整的过程中，积极倡导尊重劳动和劳动者地位、尊重利益主体多元化，倡导分配公平、社会公正，推动完善社会保障制度、规范劳动力市场、不断提高就业率和提高就业质量，逐步提高职工的收入水平，切实保障困难职工的基本生活。

要站在实施人才强国战略的高度，深刻认识与科学发展观密切联系的科学人才观，着力于加强职工队伍的素质和能力建设。工会实施人才强国战略的重点，是不断加快工人阶级的知识化进程，培养和造就一大批适应社会主义现代化建设需要的知识型职工。在劳动力相对富余的今天，知识职工相对稀缺，技术工人成为宝贵的人力资源。我们要在职工群众中进一步掀起学习李斌的热潮，强化技术工人也是人才的理念，大力宣传人人都可以成才的观念，增强职工岗位学习、自主学习、终身学习的意识，争当

知识型职工；要在企业中推动完善人才的培养和选拔机制，破除唯学历、唯职称、唯资历、唯身份的陈旧观念，确立以知识、技能、能力、业绩考核人才的衡量指标，把职工群众中蕴藏着的创造能量和成才热情释放出来；要不断深化职工素质工程，配合政府、企业进一步健全职业教育体系，保障职工得到教育和培训的权利和平等的发展机会，使职工获得所需的适用技术和提高自身经济活动水平的知识，不断增强职工自身发展的能力和参与竞争的能力，推动建设一支宏大的高素质的职工人才队伍，形成人尽其才、才尽其用、人才辈出的生动局面，为上海现代化建设提供高素质的劳动者大军和人才资源。

（四）始终坚持统筹兼顾的发展观，最广泛地维护工人阶级的团结统一

统筹兼顾是科学发展观的根本要求，是我们党在执政过程中的一条重要历史经验，也是我们党在新的历史条件下必须要长期坚持的战略方针。对于执政党来说，统筹兼顾对提高党的领导水平和执政能力，具有极端重要的意义。随着所有制结构和产业结构的调整，随着工业化、城市化进程的加快，上海新的社会阶层人员和职工群众的社会流动不断加速，不同职工群体的劳动关系、就业方式和利益格局，正呈现出越来越显著的多样化、多元化特点。工会只有正确反映和统筹兼顾不同职工群体的利益需求，才能在新形势下维护好工人阶级的团结统一。

工会要在自身工作中，努力做到统筹兼顾，不断增强工作能力。组建上，要切实按照“组织起来”的要求，从巩固党的阶级基础和扩大党的群众基础的高度出发，统筹兼顾在国有及国有控股企业、外商投资企业、非公有制企业、民办非企业等各种类型的企业和经济组织中、社会组织中发展工会组织，把大量涌现出来的新兴产业职工、外商投资企业职工、民营企业和新社会组织职工、进城务工人员等最大限度地组织到工会中来。要进一步坚持“党建指导工建、工建服务党建”的工作思路，积极探索既有工会工作特点，又与党的工作有机结合的群众工作新路子，不断提高工会的组织水平和工作水平，努力使基层工会真正做到建起来、转起来、活起来。继续大力加强街道社区、小区、楼宇，工业园区、乡镇、村的工会组建工作，切实做到工会组织的全覆盖。在国资国企改革中，要在确保工会组织不散、干部队伍不乱、工作衔接有序的基础上，积极探索与上海完善社会主义市场经济体制相适应的系统工会、产业（行业）工会组织体制，以及地区（社区）工会与产业（行业）工会有机联系的工会组织体系。工作对象上，要统筹兼顾同属工人阶级一员的会员和非会员的关系。在积极吸引职工依法入会的同时，教育和引导工会会员认清自己的权力与义务，既要关注自己的合法权益，又要重视自己的社会责任，团结好其他劳动者群体。各级工会组织都要通过有效的工作及为职工多办实事，使广大职工和会员切身感受到参加工会可以使其权益得到有效的保障，通过组织引导职工参与企业和社会事务的管理，履行好自己的义务和责任。要统筹兼顾同属工人阶级一员的以经营管理人员、技术人员为主的“三高”群体和以下岗职工为主的困难群体的关系。适应不同社会阶层的不同需求，开展切合实际的工作，增强工会组织的吸引力、凝聚力。要充分关注困难职工，努力使他们的呼声得以反映。要统筹兼顾本市职工与外来进城务工人员的关系。维护好外来进城务工人员最基本的权益，在其尚未完成向工人的转变时，加大对其思想觉悟、职业道德、职业安全等方面的教育。要统筹兼顾产业工人与地区就业人员、非正规就业人员的关系。注重新兴产业工人的发展与壮大，同时进一步规范地区就业人员的会籍管理。维权内容上，要统筹兼顾不同职工群体对维权需求的差异性，既要大力维护职工最基本的就业、生活等基本经济利益，又要注重维护职工的民主政治、精神文化、受教育培训等权益；既要从宏观上保证维护职工的根本利益、长远利益，又要从微观上维护职工的具体利益；既要引导职工懂得从全局角度考虑问题，维护改革发展稳定大局，又要切实为职工办实事、做好事，为职工排忧解难。只有这样，才能把握全局、服务全局，并在全局中最大限度地维护好职工的合法权益。总之，新时期的工会组织要有系统思考、统筹兼顾的思想方法和工作方法，在工作的创新和发展中，探索完善利益协调机制，把各方面的利益关系调节好，把一切积极因素调动好，进一步增进工人阶级的团结和联合，进一步夯实党的阶级基础和群众基础。

二、大力弘扬求真务实精神，努力推进新时期工会工作的新创造和新发展

胡锦涛同志在中纪委第三次全体会议上的重要讲话，从全面贯彻“三个代表”重要思想和党的十六大精神、实现全面建设小康社会宏伟目标的战略高度，突出强调了大力弘扬求真务实精神、大兴求真务实之风的极端重要性。求真务实是对马克思主义哲学，特别是对其认识论的精神实质的精辟概括。坚持求真务实，是坚持马克思主义科学世界观和方法论的本质要求，是辩证唯物主义和历史唯物主义一以贯之的科学精神，是我们党的思想路线的核心内容。

工会坚持并贯彻实事求是这一党的思想路线的核心，是贯彻和落实科学发展观的必然要求。在新形势、新任务、新机遇、新挑战面前，我们必须坚持弘扬求真务实精神，着眼于思想的不断解放和认识的不断提高，着眼于对新的历史条件下工会工作规律的把握，着眼于主动发现和解决事关工会全局的主要矛盾和关键问题，使工会的各项工作不断得到扎实推进。

（一）深刻认识工人阶级的历史地位和作用，切实维护和发展广大职工群众的根本利益

马克思主义认为，人民群众是历史的创造者，是社会实践的主体，也是社会利益的主体，人民群众的社会实践活动是一切真知永不枯竭的源泉，人民群众的利益和要求决定着社会历史发展的趋势。真正做到求真务实，就必须坚持马克思主义群众观，把代表最广大人民的根本利益作为我们一切工作的出发点和落脚点。对工会组织而言，坚持全心全意为职工服务，始终扎根于职工群众，摆正同职工群众的关系，代表和维护职工群众的根本利益，是坚持求真务实的基本要求。

认清工人阶级作为先进生产力代表的主体地位，落实

全心全意依靠工人阶级指导方针。长期以来，我们党提出了一系列关于工人阶级的重大理论观点。在新的历史条件下，我们要深刻认识到，工人阶级的历史地位和作用没有变。工人阶级始终是推动先进生产力发展的基本力量，是我们党最坚实、最可靠的阶级基础，是我们国家当之无愧的领导阶级。全心全意依靠工人阶级是由我们党和国家的性质、由工人阶级的地位和作用所决定的，因此始终是我们党不可动摇的根本指导方针。工会要坚定不移地推动这一方针的贯彻落实，不断探索在新的历史条件下，把这一方针落到实处的有效途径。要始终牢记密切联系职工群众是工会的最大优势，自觉增强群众观点，认真贯彻群众路线，坚持依靠职工群众，一切为了职工群众，努力在工会工作的各个方面，体现和落实求真务实所蕴涵的价值标准，把全心全意依靠工人阶级的指导方针贯穿于始终。

坚持工人阶级与时俱进的先进性，发扬工人阶级的历史主动精神。工人阶级的先进性，是同工人阶级推动历史进步的伟大作用相辅相成的，也是同工人阶级自身的全面发展紧密联系的。面对新的形势和任务，我们必须认识到，只有不断提高包括政治思想觉悟、科学文化知识、现代劳动技能等在内的综合素质，工人阶级才能进一步保持和发展先进性；只有在全面建设小康社会的历史进程中始终站在改革发展的最前列，工人阶级才能进一步体现和发挥先进性。工会要大力激发包括知识分子在内的职工群众的创造能力和劳动热情，为推动先进生产力发展和社会全面进步贡献智慧和力量；要广泛宣传以劳模为代表的工人阶级的先进思想和崇高品质，为改革发展提供精神动力；要积极引导职工群众正确行使民主权利和增强主人翁责任感，为建设社会主义物质文明、精神文明和政治文明建功立业。工会要调动好、保护好广大职工的积极性主动性创造性，充分展现先进阶级的时代风采。

把握新时期职工队伍变化发展的趋势，最大限度地维护职工群众的根本利益。近年来，随着上海产业结构和所有制结构的加快调整，全市职工队伍结构和流向发生了深刻的变化。各级工会要掌握和分析工作对象的变化趋势，为切实履行基本职能打好基础。比如，国企职工向非公经济加速流动，需要工会适应不同所有制企业的特点，丰富维权的手段和方式；传统产业职工向先进制造业、现代服务业等高科技、支柱型和新兴产业集聚，需要工会适应现代产业发展要求，提高职工队伍的整体素质；部分全日制职工向非正规就业组织转移，需要工会适应就业方式的多样性，创新组建模式和工作方法；进城务工人员成为职工队伍的重要组成部分，需要工会适应不同身份职工利益诉求的差异性，提高维权的针对性和工作的覆盖率。

在新的历史条件下，我们还要认识到，职工队伍的变化，使工人阶级的内涵得到了升华、外延得到了拓展、先进性得到了发展、综合素质得到提高，当代工人阶级生活、劳动的客观环境也发生了巨大变化。因此，当代工人阶级的含义已不同于计划经济条件下工人阶级的含义，更有别于自由资本主义时代工人阶级作为无产阶级同义词的含义。科学认识和定义工人阶级的内涵和外延，是不断发展和壮大工人阶级队伍的迫切要求，是巩固工人阶级历史地位和完成工人阶级历史使命的必然要求。其基础则是有效地协调和整合处在不同社会阶层的职工群众的利益，防止敌对势力及非法组织的侵入，确保维护工人阶级队伍的团结统一。由此可见，新的历史阶段的工会工作，必须在满足职工群众现实需求的同时，更要引导职工群众关注自身的根本利益和长远利益，只有这样，当代工人阶级才能展现其与时俱进的品质，承担起更为光荣而艰巨的历史使命。

（二）深刻认识新时期工会工作的特点和规律，不断提高工会的认识水平和实践能力

求真务实集中体现了马克思主义实践观。实践的观点是马克思主义认识论首要和基本的观点。实践是认识的来源，也是认识的目的。各级工会要按照求真务实的要求，认真地思考我们的工作，赋予科学、战略、前瞻的眼光，系统地分析我们该强化哪些工作、该弱化哪些工作、该转化哪些工作，从中发现规律，把握规律，并在实践中遵循和运用规律，从而不断提高工作质量和效率，不断提高工会工作的整体水平。

认清形势，深入研究分析工会工作面临的新情况。正确地认识工会工作面临的新形势、新情况，从变化了的实际出发开展工作，是坚持求真务实的根本依据。新世纪新阶段的工会工作既面临着难得的机遇，也面临着严峻的挑战。比如，如何在扩大开放和国际经济一体化的环境中，既要汲取国外一些工会工作的先进经验，又要自觉抵御西方价值观对工会的各种挑战，自觉坚持党的领导，始终把握工运的发展方向；如何结合国资管理体制的改革进程，及时推进工会组织体系适应性的调整；如何结合城乡二元经济结构的改变，积极促成城乡劳动者平等就业制度的健全；如何结合劳动关系市场化和契约化的特点，切实强化工会协调劳动关系的机制性建设；如何结合公司法人治理结构的完善，坚持职代会制度、并探索实施多种形式的职工民主管理；如何结合社会保障体系的逐步健全，不断改进困难职工群体的就业和生活状况，等等。工会既要善于发现新情况和新问题，增强做好工作的紧迫感，积极主动地破解难题；又要克服急于求成的心态，以扎扎实实的实干精神，有序推进各项工作；更要明辨大是大非，坚定信念，坚持正确的政治方向。

把握规律，创造性地开展新时期的工会工作。求真务实就是要认识和把握新时期上海工会工作的特点和规律，并遵循客观规律开展工作。首先，应当认清我们是在中国特色社会主义制度下的工会，比如，这就要求我们必须自觉接受党的领导，必须在坚持公有制主体地位、大力发展混合所有制经济的过程中，以立足全局的战略眼光，确定工会组织的发展方向，必须致力于加强基层民主建设，体现党的领导、人民当家作主、依法治国的有机统一。其次，应当认清我们是在完善社会主义市场经济条件下的工会，比如，这就要求我们把握好市场经济是法制经济的特点，依法治会、依法维权、依法组建、依法规范自身行为；把握好市场经济是竞争经济的特点，落实好职工的发展权，增强职工群众的学习能力、创新能力、竞争能力、创业能力；

把握好市场经济追求效率至上的特点，在就业、分配、社会保障等领域积极表达工会的主张，把效率优先、兼顾公平的原则，体现在职工权益的维护上。再者，应当认清我们是在建设现代化国际大都市背景下的工会，比如，这就要求我们认真研究特大型城市所有制结构和产业结构调整、产业布局变化与职工队伍结构变化的关系，全面分析商务成本与劳动力成本的关系，妥善协调改善投资环境与维护职工权益的关系，切实把握长远发展目标和共享发展成果的关系，正确处理在改革、发展、参与、帮扶中维权的关系，稳步发展与国外友好工会交流合作的关系等。各级工会要坚持把实干精神与按客观规律办事的科学态度结合起来，切实增强履行职责的科学性和前瞻性。

保持党的优良传统，加强工会干部的思想作风建设。求真务实是党的优良传统和共产党人应该具备的政治品格，也是各级工会组织和工会干部在任何时候、任何条件下都必须坚持的科学精神和优良作风。我们要通过弘扬求真务实精神、大兴求真务实之风，进一步转变工会干部的思想作风，抓好队伍建设。我们应清醒地看到，一些工会干部在求真务实方面还存在着不少问题，如作风漂浮、工作不实；脱离群众，脱离基层；安于现状，不思进取；急功近利，形式主义；患得患失，遇难而退；回避矛盾，贪图安逸等等。这些问题是个别的，但同工会这一群众组织的形象格格不入，长期存在，必然影响工会同职工群众的密切联系。因此，各级工会干部要按照“团结进取、勤奋务实、廉洁奉公、扎根群众”的要求，增强坚持求真务实的自觉性，切实加强思想作风建设，牢固树立群众观念，坚持服务基层、服务职工，多深入实际，做到知实情、讲实话、出实招、办实事、务实效，“让人民高兴、让党放心”。

（三）深刻认识工会面临的经济和社会环境的变化趋势，力争在理论创新、组织体制创新、运行机制创新等方面有所突破

处在深刻变化的新的经济和社会环境中，能否及时发现、分析和解决实际工作中的问题，是检验是否坚持马克思主义实践观，真正做到求真务实、真抓实干的一个重要标志。在当前新的形势下，能否善于抓住事关工会全局或影响工会工作成效的主要矛盾和关键环节，提出问题、分析问题和解决问题，是上海工会工作能否实现新突破的关键所在。

以理论创新为先导，促进工会工作创新和体制创新。改革开放以来，工运事业和工会工作得到了长足的发展，其原因固然很多，但以“三个代表”重要思想为指导，重视工运理论研究、重视理论指导实践是一个重要的根本原因。在完善社会主义市场经济体制的历史进程中，工会工作又面临着难得的发展机遇，同时也面临着诸多挑战，在纷繁复杂的形势面前，实现理论创新的艰巨任务又摆在了各级工会组织和广大干部面前。

理论创新的直接要求，来自对新的客观实际的科学把握。工会是党领导下的工人阶级的群众组织，党的领导是我国工会特有的政治优势和政治保障。工会作为党的事业、党的工作大局的重要组成部分，其集政治属性、经济属性、社会属性于一身的特点，决定了工会可以发挥其他组织不能替代的独特作用。因此，工会工作是党的群众工作的一部分，工会工作水平的提高，也是党的执政能力建设的必然要求。随着党的领导方式的转变和执政能力建设的提出，工会如何在坚持党的领导的前提下，努力增强自身组织群众、凝聚群众、团结群众的能力，为党执政能力的提高作出应有的贡献；在市场经济体制逐步完善的形势下，工会如何按照市场经济内在规律的要求，不断克服行政化、封闭化倾向，进一步凸现工会组织群众化、民主化、法制化特征；在工人阶级内部形成不同阶层和利益主体的情况下，工会如何保持工人阶级整体的先进性，维护工人阶级的团结统一，使工人阶级作为党的坚实的阶级基础和依靠力量的地位永不改变；在西方国家用劳工标准等对我无端施压的情况下，工会如何化被动为主动、变挑战为机遇，更加自觉地运用《劳动法》等法律武器，维护职工利益和国家利益，等等。这些都是我们亟待从理论与实践的结合上进行研究创新的重要方面。

为此，我们必须清醒地认识到，工会在实际工作中，必须加强以“三个代表”重要思想为指导，发扬求真务实精神，自觉进行理论探索和创新，不断回答工会工作中遇到的新课题，释疑解惑，在科学理论指导下，不断取得工会工作的新发展。同时，我们也要认识到，工会维护职工具体经济、劳动权益的问题，从宏观角度出发，往往也是直接地反映着政治的实质。因此，理论创新要有政治家办工会的政治眼光，要处理好坚持党的领导与依法独立开展工会工作的关系，处理好继承与创新的关系，处理好坚持原则与借鉴国外成功经验的关系，唯有如此，才能使新时期工运和工会工作符合中国特色的发展要求。

创新并理顺工会组织体制，为切实履行职能、充分发挥作用提供组织保证。改革对传统工会组织体系带来巨大冲击，传统的组织体系已经不能完全适应工会工作的发展需要，组织体制创新已成为工会工作的当务之急。如国资国企改革使有的产业工会面临解体、萎缩、重组；工业向园区集中的布局，对开发区的工会组织体制提出新的要求；上海“三二一”和两个优先发展的产业方针，必然使传统制造业领域的职工大量转移到服务业和新兴产业领域；街道社区和乡镇、村经济的蓬勃发展，势必要求工会组织向这些地方延伸；大量“两新”组织的涌现，迫切需要工会组织向这些企业和组织覆盖，等等。我们要继续按照产业（行业）、地区（区域性）工会并举的原则，根据变化了的形势，积极创新工会组织体制，积极探索行业与地区工会的联动，不断冲破工会组织必须依附于行政体制的认识障碍，本着哪里有职工，哪里就必须组建工会的原则，最大限度地把工会组建起来，把职工组织起来。

创新工会工作的运行机制，是突出工作重点、实行分类指导、注重工作有效性的必须要求。不能否认，用科学发展观和求真务实的精神来衡量我们的工作，不难发现我们在很大程度上还存在着思路不明确、重点不突出、行政化和形式主义依然存在、工作有效性亟待提高等问题。还有社会和职工群众对工会组织的认识不全面，对工会工作

的认可度不尽相同，工会会员对参加工会活动热情不够高，对工会组织的归属感不太强等。要从根本上改变这些状况，必须以求真务实的精神，首先切实改进市、区县、产业工会的工作方式，加强调查研究，源头参与，协调沟通，监督检查和分类指导。基层工会要从企业实际和职工需求出发，做好实事，抓好维权，让职工群众直接感受到工会是可依靠、可信赖的“家”。要加强工作制度和维权机制建设，不断创新工作载体和改进工作方法，增强工会组织的活力和工作的有效性。要突出重点，创造特色。工会的基本职能只有一个，但每一级工会组织在履行工会基本职能时，其切入点和重点因其所处的环境、情况的不同而应有所不同，必须从实际出发，探索符合自身特点的、为职工欢迎的特色工作。上级工会必须代表和服务于下级工会，切实加强分类指导，切实为基层工会排忧解难，创造良好的工作环境。

各位委员，同志们：

让我们在市委的领导下，积极贯彻市委八届五次全会精神，认真落实全总“组织起来、切实维权”的工作要求，坚持以“三个代表”重要思想为指导，用科学发展观和求真务实的精神，努力开创上海工会工作崭新的局面，以更好地为广大职工服务、为大局服务，努力在上海新的发展中，作出我们应有的贡献。

认真学习贯彻四中全会精神
努力推动工会工作新的发展

——在上海市总工会第十一届委员会第四次全体会议上的讲话

（2004年10月11日）

陈　豪

党的十六届四中全会，是在我国改革发展处于关键时期召开的一次极其重要的会议。全会总结了我党执政55年的经验，在深刻、全面分析了当前国内外新形势、新情况的基础上，就加强党的执政能力建设作出决定，提出了新的历史时期加强党的执政能力建设的指导思想、总体目标和主要任务。学习贯彻好党的十六届四中全会精神，对于推进中国特色社会主义伟大事业和党的建设新的伟大工程，对于上海实现“两个率先”和加快“四个中心”建设，对于我们工会组织在新的历史条件下，紧紧围绕党和国家的大局以及加强党的执政能力建设这一任务，更好地找准定位，发挥好作用，都具有十分重大的意义。市委和全总对学习贯彻十六届四中全会精神作出了部署，提出了明确的要求，我们一定要迅速行动起来，在全会上下兴起学习高潮，组织引导广大工会干部结合工会工作实际学习四中全会精神，贯彻四中全会精神，开拓新视野，立足新起点，增长新本领，开创新局面。

一、认真学习，深刻领会全会精神，充分认识加强党的执政能力建设的重要性和紧迫性

执政能力建设是党执政后的一项根本建设。党的执政能力，就是党提出和运用正确的理论、路线、方针、政策和策略，领导制定和实施宪法和法律，采取科学的领导制度和领导方式，动员和组织人民依法管理国家和社会事务、经济和文化事业，有效治党治军，建设社会主义现代化国家的本领。中国共产党领导全国人民夺取政权很不容易，执掌好政权尤其是长期执政更不容易；党的执政地位不是与生俱来的，也不是一劳永逸的。加强执政能力建设，是我们党执政后始终面临和不断探索的一个重大课题，也是党的十六大提出的一项战略任务。在当前纷繁复杂的国内外形势面前，在我国改革发展处在关键时期，在全面建设小康社会的历史进程中，党的十六届四中全会将提高党的执政能力作为主要议程，标志着我们党对执政规律、社会主义建设规律、人类社会发展规律的认识，特别是对执政规律的认识提到了一个新的高度，充分说明了党在自身建设上的与时俱进。

我们党执政已经55年，这55年来，经过艰辛的探索和实践，积累了很多成功的经验。这次十六届四中全会总结了我党执政55年主要的经验，这些经验归纳起来主要是：必须坚持党在指导思想上的与时俱进，用发展着的马克思主义指导新的实践；必须坚持推进社会主义的自我完善，增强社会主义的生机与活力；必须坚持抓好发展这个党执政兴国的第一要务，把发展作为解决中国一切问题的关键；必须坚持立党为公、执政为民，始终保持党同人民群众的血肉联系；必须坚持科学执政、民主执政、依法执政，不断完善党的领导方式和执政方式；必须坚持以改革的精神加强党的建设，不断增强党的创造力、凝聚力、战斗力。这些主要经验，突出了把握执政规律、提高执政能力、完善执政方略、改进执政方式、巩固执政基础、完成执政使命等重大问题，是党执政经验的深刻总结，也是在新的历史时期加强党的执政能力建设的重要指导原则。在总结我们党执政经验的同时，十六届四中全会的决定又指出，我们还必须清醒地看到，在新的形势、新的任务面前，党的领导方式和执政方式、领导体制和工作机制还不完善；一些领导干部和领导班子

在思想理论水平,处理复杂问题的能力和素质等方面还不适应新的要求;一些党的基层组织软弱涣散,一些党员干部事业心、责任心不强,腐败现象在一些地方、部门和系统还比较严重等等。因此,要求我们必须居安思危,增强忧患意识,深刻汲取世界上一些执政党兴衰成败的经验教训,从关系社会主义事业兴衰成败、关系中华民族前途命运、关系党的生死存亡和国家长治久安的高度,充分认识加强党的执政能力建设的重要性和紧迫性。

工会工作是党的群众工作的重要组成部分,提高做好新时期工会工作的能力和水平,是加强党的执政能力建设的必然要求。决定指出,按照党总揽全局、协调各方的原则,改革和完善党的领导方式。加强和改进党对工会、共青团、妇联等人民团体及各类群众团体的领导,支持他们依照法律和章程独立自主地开展工作,充分发挥他们联系群众的桥梁和纽带作用。适应党的加强执政能力建设的新要求,工会必须在党的执政能力建设的大格局中切实加强自身建设,不断增强党的观念、大局观念、群众观念,增强在党的领导下组织群众、宣传群众、教育群众、服务群众、凝聚群众的能力和增强依法独立自主开展工作的能力。只有这样,才能充分发挥联系群众的桥梁纽带作用,为巩固党的执政基础作出应有的贡献。因此,我们一定要以高度的自觉性和紧迫性,认真学习领会党的十六届四中全会精神,结合工会工作实际贯彻落实好党的十六届四中全会精神。

二、从加强党的执政能力建设的高度出发,密切联系职工群众,切实发挥工会组织的作用

党的十六届四中全会强调,加强党的执政能力建设,必须坚持以马克思列宁主义、毛泽东思想、邓小平理论和“三个代表”重要思想为指导,全面贯彻党的基本路线、基本纲领、基本经验,以保持党同人民群众的血肉联系为核心,以建设高素质干部队伍为关键,以改革和完善党的领导体制和工作机制为重点,以加强党的基层组织和党员队伍建设为基础,努力体现时代性、把握规律性、富于创造性。其总体目标是,通过全党共同努力,使党始终成为立党为公、执政为民的执政党,成为科学执政、民主执政、依法执政的执政党,归根到底,成为始终做到“三个代表”,永远保持先进性、经得住各种风浪考验的马克思主义执政党,从而带领全国各族人民实现国家富强、民族振兴、社会和谐、人民幸福。

坚持以马克思列宁主义、毛泽东思想、邓小平理论和“三个代表”重要思想作为加强党的执政能力建设的指导思想,点出了我党作为最先进的马克思主义政党最本质、最核心的执政理念和执政目标。当前,上海各级工会在市委的领导下,自觉地以“三个代表”重要思想统揽工作全局,自觉地做“三个代表”重要思想坚定的贯彻者和实践者。在工作中,通过动员和组织全市职工积极投身上海的经济建设,投身改革开放的伟大事业,注意发挥工人阶级作为经济建设和改革开放的主力军作用;通过积极推进新建企业建会,大力吸收职工依法自愿入会,不断扩大党的群众基础、巩固党的执政基础;通过对职工劳动经济权益、民主政治权益、精神文化权益的有效维护,表达和实现职工不同的利益诉求,这些方面都取得了新的成绩。在加强党的执政能力建设中,我们要进一步自觉地以“三个代表”重要思想为指导,进一步找准在党的工作大局中的定位,进一步全面履行好各项社会职能和维权的基本职能,从而更好地服务大局,服务职工,为党的执政能力建设作出我们的贡献。

加强党的执政能力建设,保持党同人民群众的血肉联系是核心。历史的经验一再告诉我们,人民群众的拥护和支持,是我们党的力量源泉和胜利之本。党只有一心为公,立党才能立得牢;只有一心为民,执政才能执得好。党的先进性集中地体现为不仅始终做到而且真正做到“三个代表”,一切为了人民群众,一切依靠人民群众,全心全意地为人民服务。群众工作始终是党的工作的重要方面,决定指出,加强马克思主义群众观点和党的群众路线的宣传教育,改进群众工作,密切党群、干群关系。同时还指出,各级党委和政府要积极研究和把握新形势下党的群众工作的特点和规律,探索新途径、新方法,不断提高组织群众、宣传群众、教育群众、服务群众的本领。对各级领导干部也提出了深入基层,倾听群众呼声等等要求。党同人民群众保持血肉联系是党的执政能力的最核心内容,也是党的执政基础的最重要体现,工会是党领导下的工人阶级的群众性组织,把广大职工群众组织起来是党赋予工会的历史任务,“组织起来”,不断提高我们工会的组织水平,也是党始终保持与人民群众血肉联系的重要保证。因此,在加强党的执政能力建设中,工会组织必须进一步发挥桥梁纽带作用,通过把人民群众中的主体部分——广大职工群众切实有效地组织起来,最广泛地使职工群众团结、凝聚到党的周围,这是我们工会的政治任务。因此,我们在工会组建和吸收职工入会方面的责任十分重大,任务还十分繁重,有必要从更高的认识水平上,加深对“组织起来”的理解,有必要从更高的工作要求上,加大推进组建工作的力度。“切实维权”是实现职工合法权益,保持党同人民群众血肉联系的内在要求。决定也有很多论述,如坚持把最广大人民的根本利益作为制定政策、开展工作的出发点和落脚点,正确反映和兼顾不同方面群众的利益。要高度重视和维护人民群众最现实、最关心、最直接的利益,坚决纠正各种损害群众利益的行为等等。人民群众之所以拥护党,因为相信党代表并实践着他们的利益,相信党能够带领全国各族人民实现国家富强、民族振兴、社会和谐、人民幸福。工会要在党的事业大局中充分发挥作用就必须切实履行好维护职能,努力维护最广大职工群众的合法权益,努力维护职工群众最现实、最关心、最直接的利益,同各种损害职工群众利益的行为作斗争。因此,工会必须进一步提高维权的有效性和针对性,不断提高维权的能力和水平。只有这样,才能发挥桥梁纽带作用,为党和人民群众保持血肉联系不断作出工会组织的贡献。

党的十六届四中全会还强调了推动社会主义物质文明、政治文明、精神文明协调发展的要求,当前和今后一个时期,加强党的执政能力建设的主要任务,就是要不断提高驾驭社会主义市场经济的能力、发展社会主义民主政治

的能力、建设社会主义先进文化的能力、构建社会主义和谐社会的能力、应对国际局势和处理国际事务的能力。围绕五个方面能力建设，不断研究新情况、解决新问题、创建新机制、增长新本领。这五种能力建设，同样对工会工作提出了全新的要求，也进一步拓宽了工会工作的思路，它与科学的发展观和求真务实的思想路线一起，对我们做好当前和今后一个时期的工会工作，进一步指明了方向。

工会要不断提高驾驭社会主义市场经济的能力，动员广大职工为社会主义现代化建设事业团结奋斗。在社会主义条件下发展市场经济，既是一个伟大的创举，又是一个全新的课题。在提高驾驭社会主义市场经济这一党领导发展的能力建设过程中，党要提高驾驭社会主义市场经济的能力，工会组织同样要提高驾驭社会主义市场经济的能力。当前的着力点就是，我们要按照胡锦涛同志提出的新时期工人运动主题的要求，动员和组织广大职工积极推进全面建设小康社会的伟大实践，积极参与和推进符合社会主义发展要求的改革开放事业，科学把握改革的力度、发展的速度和社会可承受的程度之间的关系，始终关注职工的合法权益和可承受度，使工人阶级在伟大的建设和改革事业中，永葆先进本色，始终站在时代的最前沿；要积极参与和推进扩大就业与健全社会保障体系，以切实维护和保障广大职工的最基本权益；要认真研究和积极参与社会分配体系的建立与健全，尊重劳动，尊重知识，始终坚持按劳分配为主体与多种分配方式相结合，关注并倡导社会公平和合理的社会分配格局，支持和推动有利于扼制社会成员收入差距过大，有利于职工收入不断稳步增长的政策和措施。在社会主义市场经济的发展过程中，我们在维护职工合法权益的过程中面临着许多新情况和新问题，这都要求我们提高驾驭市场经济的能力，只有做到这一点，才能提高我们在社会主义市场经济条件下维护职工权益的能力和水平。

工会要组织职工群众为发展社会主义民主政治发挥积极作用。实现坚持党的领导、人民当家作主和依法治国的有机统一，是党提高发展社会主义民主政治能力的必然要求和主要内容。对工会而言，保证人民当家作主，就是要在制度化、规范化和程序化方面，实现职工民主管理、民主决策、民主监督方面新的突破，要组织广大职工有序地积极参与国家、社会和企事业的事务管理，坚持职代会、协商谈判、厂务公开等有关制度，坚持并不断深化和创新工会民主管理工作的内容途径和载体，在实现职工知情权、参与权、监督权和民主决策权，以确保职工群众民主政治权利的同时，用制度化、规范化、程序化的民主管理，保障和维护广大职工的劳动经济权益和精神文化权益。工会组织群众化、民主化的特点，也要求我们工会组织自身进一步扩大民主，使工会组织的民主化不断地拓展，比如说，基层推行的工会主席直选等，在今后要加大工作力度，使工会组织真正得到广大职工群众的拥护，深植于职工群众之中。

工会要引导职工群众为弘扬社会主义先进文化而共同努力。党的执政能力建设中提出要提高建设社会主义先进文化的能力。在改革不断深化、利益主体多元化的今天，各种思想文化相互激荡，各种矛盾错综复杂，国际敌对势力对我实行分化，西化的战略图谋从来就没有改变，社会利益关系更为复杂。这就要求我们始终坚持马克思主义在意识形态领域的指导地位，科学分析和把握职工队伍中的思想状况和工作、生活状况，着力回答不同职工群体中存在的现实思想问题和实际问题，既要鼓励先进，又要照顾多数，既要着力统一思想，又要正视差异，既要解决思想问题，又要解决实际问题。这就要求我们的工作，始终体现为职工服务的宗旨，把工会的宣传思想工作、群众文化工作的重点，放在满足职工群众精神文化需求和促进人的全面发展上；放在用党的先进理论教育广大职工群众的战略任务上；放在宣传党的主张、形成正确的舆论导向上。

工会要教育引导职工为构建社会主义和谐社会而作出贡献。四中全会结合我国社会深刻变化的实际，首次提出了构建和谐社会这样一个新的概念，即形成全体人民各尽所能、各得其所而又和谐相处的社会，并把它作为巩固党执政的社会基础，实现党执政历史任务的必然要求，摆到重要的位置。和谐社会的构建，要求注重激发社会活力，促进社会公平和正义，增强全社会的法律意识和诚信意识，维护社会安定团结。因此，各级工会要进一步推动党的全心全意依靠工人阶级方针的贯彻落实，进一步全面贯彻尊重劳动，尊重知识，尊重人才和尊重创造的方针，保护、调动和发挥好包括知识分子在内的工人阶级的主动性、积极性和创造性，发挥工人阶级作为推动经济社会发展根本力量的作用；要进一步关注不同职工群体的合法权益，本着群众利益无小事及构建和谐社会的要求，高度重视和维护职工最现实、最关心、最直接的利益，推动建立健全不同职工群体利益的表达诉求机制，最广泛地代表、表达、维护好职工的权益。同时，要切实教育引导好广大职工处理好个人利益与集体利益、局部利益与整体利益、当前利益和长远利益的关系，不断增强主人翁意识和社会责任感；要在党的领导下，有组织地参与国家和社会事务的管理，全面履行工会的社会职能；要积极参与社会舆情汇集与分析，积极反映社情民意，健全工会信息预警机制，为维护社会稳定作贡献。

工会要切实提高适应对外开放的环境以及应对国际局势的能力。作为特大型城市工会，上海工会要在进一步适应社会和经济文化等领域的对外开放带来的一系列新的变化，要适应经济全球化、跨国企业、外资企业、外籍职工大量进入我们城市的新情况，要适应信息化带来的传媒工具众多，信息传递便捷，信息大量涌流等新特点以及由此伴生的各种思潮混杂，甚至敌对势力利用网络等信息工具进行舆论误导等等新问题、新挑战。要发挥工会对职工群众进行宣传引导的主阵地的作用，积极地提出应对的措施和办法，在职工群众当中加强宣传思想教育。与此同时，我们要在进一步加强与国外友好工会的交流交往的基础上，深入分析国际工运发生的新变化，积极应对这种变化对中国工运事业和工会工作带来的新挑战，主动宣传中国工运事业的新发展、新成绩，中国现代化建设的新成就，广大职工群众的新生活，借鉴国际工人运动的有益经验，自觉抵制西方敌对势力对我进行西化、分化的企图。坚持党的领导，坚持正确的工运发展方向，使工运事业和工会工作永葆生机与活力。

三、以提高能力发挥作用为中心，不断加强工会自身建设

学习贯彻党的十六届四中全会精神，是当前和今后一个时期工会工作的首要任务。要学习贯彻好四中全会精神，必须结合工会工作新的实践，必须着力于工会综合工作能力的不断提升和作用的不断发挥，必须实现工作的全面推进和实现自身建设的与时俱进。真正做到在党的领导下，依照法律和章程独立自主地开展工作，充分发挥联系群众的桥梁纽带作用。

各级工会干部尤其是主要领导干部，要自觉成为学习贯彻四中全会精神的表率，自觉地把思想认识统一到党的四中全会精神上来。要以四中全会精神为指导，在指导实际工作上下功夫，更加自觉地以"三个代表"重要思想统揽工作全局，自觉地从执政能力建设的高度，进一步强化党的意识、大局意识和群众观念，进一步增强搞好工会工作的责任感和使命感；进一步认清"组织起来，切实维权"对密切党同人民群众的联系，加强党的执政能力建设的重要意义，把"组织起来，切实维权"的各项任务落实到实处。

各级工会要进一步加强和保持与广大职工的密切联系。大兴求真务实之风，始终与职工群众同呼吸、共命运、心连心，积极表达、维护职工的合法权益，全心全意为职工群众服务，成为职工利益的忠实代表者和维护者。

各级工会要进一步加强工会干部的教育培训工作。按照革命化、年轻化、知识化、专业化的要求，通过有计划的培训，提高工会干部的理论水平和业务知识水平。不断实现工会干部学习的制度化，切实把学习和实践，学习与工作有机地结合起来，着眼于建设一支高素质的工会干部队伍，不断提高在新形势下开展工会工作的能力和水平。

各级工会要在加大工会组建工作的同时，着眼于搞活基层工会。基层工会的活力，一定程度上决定了工会工作的能力。工会在党的大局中能否积极发挥作用，能否有力地维护职工利益，很大程度上取决于基层工会组织的工作情况。因此，我们一方面要进一步坚持"组织起来，切实维权"的工作重点，从而为巩固党的执政基础，扩大党的群众基础作出贡献。另一方面，我们又必须从基层工会的实际出发，正视其在活力和作用发挥方面存在的薄弱环节，花大力气激发基层工会的活力，使广大基层工会组织真正成为党联系群众的桥梁和纽带，成为职工群众的知心朋友和可信赖的"职工之家"。

现在已是第四季度。全市工会上下一定要以学习贯彻党的十六届四中全会精神为动力，按照年初确定的工作目标，全面完成各项工作任务。同时，我们要在调查研究的基础上，总结好今年的工作，思考明年的工作思路，及早提出明年工作的构想，力争明年工作有新的突破。各系统都要对学习贯彻党的十六届四中全会精神作出部署，加强领导，明确责任，制定切实可行的学习计划，把学习贯彻工作落到实处。要坚持理论联系实际，着力于推进工作，不断使工会工作上新水平。各级工会都要在党委的领导下，运用工会组织的优势，采取职工群众喜闻乐见的办法，组织广大职工认真学习党的十六届四中全会精神，进一步做好职工群众的宣传教育工作。

让我们紧密团结在以胡锦涛同志为总书记的党中央周围，在市委的领导下，高举邓小平理论和"三个代表"重要思想伟大旗帜，学习好、贯彻好、落实好党的十六届四中全会精神，抓住机遇、锐意进取，努力推动工会工作新发展，不断为上海的经济发展和社会进步作出新的贡献。

当前《工会法》实施中的问题及对策思考

吴 申 耀

上海市总工会副主席　吴申耀

修改后的《工会法》颁布已有三年多时间，从上海实施《工会法》的情况看，总体上是好的。调查表明，当前工会的维权职责进一步突出；工会的组织建设得到了进一步加强；工会干部维权有了更为有力的保障；集体协商等多层次的劳动关系协调机制逐步建立和完善；企业职工民主管理的形式有了发展与创新；工会依法维护职工权益，努力为职工帮困解难办实事力度也在加大。

但调查情况也反映出，《工会法》在实施过程中，也存在诸多难点和问题。其中有《工会法》没有得到全面贯彻落实的问题，也有法律规定需要不断完善的问题。

一、当前贯彻实施《工会法》的难点和问题

（一）工会组建和职工入会仍存在较大阻力

一是非公企业工会组建阻力仍然较大。外资企业建工会的不足50%。有些企业主私下串通阻碍成立工会。

部分跨国公司以它们在世界各地的企业都不建工会为由坚决抵制建立工会。相当部分的私营企业主怕交工会经费而阻碍建立工会。现在又出现的新情况是，有些公有制企业在转制后，工会组织不复存在。

二是进城务工人员和劳务工大量游离在工会组织之外。劳务人员劳动关系与用人单位相分离，劳务输出单位因人员分散和管理上“够不着”，难以成立工会；实际用人单位工会因劳务人员没有与本单位建立劳动关系而难以吸收他们入会。企业行政方怕多事而反对将劳务人员组织到本企业工会。据市总工会对363家用人单位使用劳务人员的问卷统计，在使用劳务人员10万余人中，尚未加入工会组织的有64400余人。

（二）部分企业主拒不进行平等协商

市总在对420家较具规模的企业进行调查发现，没有建立平等协商制度的企业还有19.6%，没有签订集体合同的企业还有21.8%。但全市没有建立平等协商制度的企业实际比例应该比这还要大。其中一部分企业，特别是外资企业不愿意与工会进行平等协商的理由是《工会法》并没规定一定要实行平等协商。《劳动法》对此规定的表述也仅是“可以”。《工会法》规定，“无正当理由拒绝进行平等协商的”，“由县级以上人民政府责令改正，依法处理”。但实际上“不可操作”，因而难以实施处罚。

工资协商谈判是市场经济条件下促使职工工资报酬尽可能合理的有效机制，是维护职工主要经济权益的集体协商内容之一，也是一种国际上普遍实行的一项企业制度。虽然《劳动法》将工资报酬列为集体协商的内容，但因为没有一项法律规定对工资协商谈判作出明确规定，有些外资企业就以此为由拒绝进行以工资报酬为内容的单项集体协商。

（三）企业民主管理法律法规的相对滞后

现行的国家法律法规对职工民主管理的规定过于原则，缺少法定的标准和程序，法律责任不明确。面对投资主体多元化，在公司法人治理结构的框架中，如何切实有效地履行职工民主管理的权利和义务，健全出资者、管理者、劳动者共同治理、成果共享的利益格局，还存在着诸多空白。目前，上海已有39850家外商和私营企业等非公有制企业推行了职工（员工）代表大会制度，并积累了一定的经验。但因法律法规不明确，当前在非公企业推行职代会制度还是有较大难度。

（四）工会经费收缴困难，拖欠严重

工会经费的收缴面临这么几种情况：国有企事业除亏损单位，基本都能足额拨缴；中外合资企业由于中方的作用，也基本都能按规定拨缴；外资企业中稍具规模的也能大部分依法拨缴；外资小企业欠缴不缴的情况较严重；而私营企业大部分都欠缴和不缴。随着私营经济的发展，私营民营企业的比例越来越大，工会经费的欠缴率也越来越大。

《工会法》规定了对拒不拨缴工会经费的可以向法院申请支付令，但各级地方工会为在非公经济企业扩大工会组建，迁就非公企业不缴或少缴工会经费。

（五）有关劳动安全卫生条款落实难度较大

虽然《工会法》在劳动安全卫生方面赋予工会较多的权利，但在实际履行时困难不少。工会参与“三同时”审查验收的规定得不到保障。有些地区的政府部门对此项法律规定的执行也不重视。工会履行监督劳动安全卫生职责受阻时，缺乏相应的制约手段。另一方面，工会在履行劳动安全卫生等方面的维权职责时，由于受到目前体制、人员及工会在企业的弱势地位等因素的影响，工作不到位或难以到位。

（六）违反《工会法》的法律责任追究难以实施

对于违反《工会法》的行为应当承担什么样的法律责任，《工会法》分别作了规定。但是，具体由哪个部门来处理，通过什么途径和方式来处理，又没有明确的规定。《工会法》赋予工会不少权利，但这些权利一旦遭到侵害时该怎么办，在《工会法》中没有明确，导致问题发生后并没有哪个政府部门能够出面处理。

二、有关对策思考与建议

（一）仍要坚持不懈地抓“组建”

各级工会需清醒地认识到，工会的实际组建率要大大低于我们的统计组建率。实施《工会法》，加大非公企业的工会组建，最大限度地将职工群众组织到工会中来，仍然是各级工会第一位的大事。一定要依靠党的领导、政府部门及社会各方面的力量，依据法律规定，加大工会组建力度。同时，在经济体制改革深化的前提下，要进一步探索工会组织体制创新，推动工会组建。要进一步探索地区工会与产业行业工会相结合的组织模式，积极发展区域性联合工会和工会联合会。提高工会组建与职工入会的覆盖率。

对于劳务工加入工会后的经费拨缴、会费收缴及参与集体协商集体合同等诸多问题，一是需要各级工会探索经验，二是建议全总尽快研究作出具体规定。

从完善法律上思考，建议对“上级工会可以派员帮助和指导企业职工组建工会”作出更具体明确的司法解释，包括规定上级工会可以在不影响企业生产的情况下无记名书面征求职工入会意愿、开展工会筹建工作等。对阻挠工会组建的法律责任条款，建议改为：工会可以向人民法院提起诉讼，要求改正。拒不改正的由人民法院按不执行判决予以处罚。

（二）充分认识推进平等协商是“切实维权”的重中之重

在企业中，特别是在非公企业中，工会维护职工劳动权益的第一重要的制度是平等协商、集体合同制度。进一步在非公企业推进平等协商制度，应重新认识为这是贯彻《工会法》，实现“切实维权”的重中之重的工作。这几年，各级工会对此的认识有所弱化，应当引起重视。在已建立集体协商制度的企业，要借集体合同到期重新签订集体合同的机会，进一步提高集体协商与集体合同签订的质量与水平。要进一步推进工资集体协商工作，以此作为深化平等协商制度的重点。要完善上级工会指导下级工会进行平等协商的制度。

目前全国18个省的人大已制定了“集体合同条例”，工会应促成《上海市集体合同条例》早日立法。对工会代表职工要求进行平等协商但企业方无正当理由拒绝协商的，作出明确的、可操作的法律制约规定。将“工资协商谈判”作为单项内容写入法律条款。

（三）进一步探索企业民主管理制度

欧洲的一些国家，也都有“企业委员会”等职工民主参与管理的制度。而职代会制度是我们国家独创的，为实践证明是有利于发挥职工聪明才智，保障职工民主权利的一项好的制度。在市场经济条件下，职代会的制度应坚持，但职代会的职能要改革。因此，我们一方面希望尽快在法律法规上对职代会制度作出相应规定。另一方面，我们应积极地探索市场经济条件下职代会成功的经验，探索其他的企业民主管理形式。当前，要重视在企业转改制过程中，坚持通过职代会履行应有的民主程序，推进改革顺利进行，保障职工应有的权益。

（四）加强工会经费的依法收缴

要重点加强非公企业工会经费收缴工作。花大力气逐步提高这些企业工会经费的收缴比例。对个别无理拒不拨缴或少缴工会经费的企业，应启动《工会法》所规定的向法院申请支付令的程序，以增强企业依法拨缴工会经费的意识。各级工会也应正确地处理好工会组建与工会经费收缴的关系。

另外，根据《工会法》的规定，拨缴工会经费依据的标准是“全部职工工资总额”。但根据国家统计局的规定，企业中的港澳台、外籍员工和企业使用的临时工、劳务工等作为从业人员统计，不纳入企业的职工范畴，所以对这部分人员的经费收缴带来问题。因此，建议全总协调有关方面对此作出新的解释，明确有关规定，保障工会经费的收缴。

（五）进一步发挥工会在企业劳动生产安全卫生保障方面的监督力度

政府有关部门在审查、验收“三同时”工程时，要进一步明确把工会是否参与“三同时”的监督列入必备内容进行考核，从源头上保证工会对“三同时”的监督。并事先告知在新建、扩建和技术改造工程时，及时、主动地将有关资料报工会组织，接受工会的监督。

上级工会应将经常性地开展职工劳动生产安全卫生保障情况监督检查作为维权的一项重要工作。重点要加强对私营企业的职工劳动生产安全保障的监督检查。在企业进一步完善工会劳动生产安全卫生监督员队伍与制度的建设。完善工会对“三同时”工程的监督检查制度。

（六）加强对违反《工会法》行为的法律责任追究

为保证《工会法》得到更好的贯彻实施，增强社会各方面对遵守与严格执行《工会法》的意识，上级工会要依靠人大、法院与政府部门，加大对违反《工会法》行为的法律责任追究力度。特别要抓住典型案例依法追究责任，以达到警示和教育作用。同时也建议要完善违反《工会法》的法律责任条款。《工会法》对违反《工会法》的有关行为所规定的法律责任比较原则，只规定了由人民政府依法处理，而没有规定具体的处理部门，也缺少处理办法，操作性不强。许多企业也因此对违反《工会法》抱无所谓的态度。所以，明确法律责任的相关处理部门，制订有关的实施细则，有利于工会合法权益的有效保护。对于企业违反《工会法》而又拒不改正的，一般都可改为工会可向人民法院提起诉讼要求改正和要求追究法律责任。

深化创新活动　推进科教兴市
造就高技能人才聚集的高素质职工队伍

张 兴 淮

上海市总工会副主席　张兴淮

2004年，全市各级工会认真贯彻党的十六届三中、四中全会精神，积极推进科教兴市和人才强国战略，着力提高围绕中心、服务大局的自觉性，以加强党的执政能力建设和落实科学发展观为指导，按照全总“组织起来，切实维权”的工作方针，深化素质工程，大力开展群众性经济技术创新活动、劳模评选和管理、职工劳动保护工作，取得成效。

一、围绕中心，服务大局，职工经济技术创新、劳模评选和管理、劳动保护工作取得新的进展

2004年各级工会抓住入世后世界制造业向中国转移、迎世博和加快上海“四个中心”建设的机遇，围绕提升上海城市综合竞争力，针对技术工人尤其是高技能人才“紧缺”、创新人才“稀少”等问题，加强职工“培训、练兵、比武、晋级”工作，开展经济技术创新活动，不断提高职工

的技能素质和创新能力，扩大了技术工人、高技能人才和创新人才队伍，为推进上海经济建设和社会发展作出了新的贡献。

——各级工会实施“职工技能登高”、“职工创新行动”两大计划，激发职工学习技术，掌握技能、发明创造的热情。市总工会联合市劳动保障局、团市委在全市开展“上海市职业技能竞赛活动”，与市劳动局开展“万名技师育高徒”等活动，促进了本市职工的技能振兴。全市有10%的技术工人技能上一等级，5%的技术工人拥有第二技能，8%的技术工人成为岗位或职业技能复合型人才，上海技术工人队伍中的高级工及以上比例已达12%。各级工会在职工中倡导“人人创新创效、个个献计献策”的理念，市总工会同市劳动保障局、市科委在全市开展评选职工技术创新成果、先进操作法等活动，涌现出一批创新成果、先进集体和先进个人，提高了职工合理化建议的“参与、采纳、实施率”、“争创智能型班组、争做知识型职工”的“创建率和培育率”，凸现了班组管理向市场化、规范化提升。上海组团参加第五届中国国际发明展，有45个项目获奖。在创新活动中，上海航天800研究所唐建平班组等7个集体荣获“全国创新示范岗班组”荣誉称号，上海老凤祥有限公司张心一等10人荣获“全国职工创新能手”荣誉称号。由包起帆领衔开发的“集装箱智能管理技术”获全国职工优秀技术创新成果唯一的一等奖，李斌的“数控机床系统优化技术”被评为三等奖。各级工会在广泛开展创新活动的同时，积极配合企业党政和有关部门进行职工技术创新成果参与分配的激励机制的探索，逐步推出企业分配新模式，让知识、技术、管理等生产要素参与分配，促进企业的发展，极大地激励了职工群众技术创新、技术发明、技术攻关的积极性和创造性。市总开展调研的基础上，向市委提出《探索职工技术创新成果参与分配的情况和建议》，受到市委领导的高度重视。市总工会通过职工技协创办了上海市职工技术创新基金，为职工和中小企业发明创造及项目开发提供资金辅助，首批5000万元的创新基金已基本到位。市总工会会同杨浦区总工会成立了“上海市职工技术成果转化服务中心”，推进了职工技术成果的交易、转移和转化。

——2001—2003年度市劳模和劳模集体的评选，凸现了工会劳模工作的品牌效应，使崇尚劳模、关心劳模的社会氛围日益浓厚。2004年，全市共评选出市劳动模范872名，市劳模集体380个。以开展上海市劳动模范生活状况大调研为基础，市总主动会同市财政局、市民政局、市劳动保障局、市房地资源局联合制定《关于提高上海市退休劳动模范待遇的意见》，《意见》分别从提高城镇退休劳模待遇、提高农口劳模待遇和建立劳模特殊困难帮扶资金三个方面提出为困难劳模解决生活医疗和住房困难的建议。8月该《意见》已被市政府批准并实施。截至2004年底，已有3878名月收入低于1000元的退休市劳模喜获低收入补助，月补助金额总数达41.3万元，有34位劳模享受了廉租房政策待遇。在定期组织劳模疗休养活动中，组织1000人次的劳模疗休养。向全国劳模发放“三金”达109万元，启动了上海市劳动模范文化交流中心。为加强劳模的基础管理，对全市劳模进行建档立案，对劳模进行信息化管理，建立历届劳模信息数据平台，累计输入数据达10万个。接待处理劳模的来信来访，共收到和回复劳模来信260次，回复率达100%。

——各级工会通过加强工会劳动保护组织网络、骨干队伍和监督机制的建设，努力构筑工作劳动保护工作责任体系，使工会职业安全卫生群众监督水平有了明显提高。2004年市总参与国务院有关事故报告和调查处理条例的修改，参加上海市安全卫生条例（修改稿）的讨论，提出“关于为外来从业人员建立健康档案’的提案被政协采纳。《本市工会参加职工因工死亡事故调查处理情况的调查报告》、《上半年本市职工生产安全死亡事故分析》、《进城务工人员生产安全事故频发亟待重视》的调研，引起有关方面的重视，职业安全卫生的表达机制逐步形成。各级工会推进劳动保护监督检查网络化建设，全市已建工会的私营企业建立工会劳动保护监督检查员制度达80%、社区建立工会劳动保护监督检查员制度达80%。“安康杯”劳动保护竞赛，把外省市进沪施工队伍、外来务工人员纳入竞赛范围。全市共有486家是单位、3.5万个班组、逾57万名职工参赛。开展《职业病防治法》实施2周年的宣传咨询、市劳动保护“绿十字”奖成果评选活动，组织10万职工参加全国职工安全生产知识普及教育活动。工会坚持依法履行参加职工伤亡事故调查处理的法律职责，有力地维护了职工的劳动保护和生命权益。

2004年上海工会经济技术创新、劳模管理和劳动保护工作的特点：**一是工作对象变化。**由原来注重国有企业，向非公经济企业和新经济组织延伸；**二是工作重心转移。**紧紧围绕科技进步，重点提高职工技能素质，深化创新活动，加大对技术工人、高技能人才和创新人才的培养力度，突出科技和技术的含金量；**三是工作方式求新。**工会工作开始学会借力，通过同政府有关部门和社会各界的合作，整合社会各种教育培训资源，会同劳动、教育等部门开展多元职工技能竞赛，为职工提高技能、技术晋级开通“绿色通道”；**四是工作要求务实。**由计划经济向适应市场经济转变。工会组织开展各项技能竞赛、创新活动更注重工作实效，活动的成效以职工的参与率、人才的培育率、创新成果的转化率为标准，注重提高职工知识、能力和绩效的综合素质，加强了人力资源建设。

二、2005年工会经济技术创新、劳模管理、劳动保护工作的思考

2005年是上海迎世博工程建设全面启动、推进“四个中心”的现代化国际大都市建设的关键一年。按照2005年市总工会工作总体要求，工会经济技术创新、劳模管理、劳动保护工作必须内容创新、形式创新和方式创新。一是要学会“借力”。要善于调动和发挥工会内部、社会各方的力量，发挥工会组织和网络的优势，学会大协作、大联合。通过源头参与，借助立法依法来维护职工的权益，发挥工会“维护、表达”的作用；二是要学会“拓展”。不断将人才的理念、工作的领域拓展开来，开创工会工作新局面。

学会工会工作由内循环向外循环的拓展，由单一部门向多个部门拓展。工会工作触角要向非公经济企业、新经济组织增长和延伸，要把国有企业职工和私营企业员工包括进城务工人员，都作为工会工作的对象，服务的对象；三是要有典型"引路"。工会工作要抓典型，让典型说话。不要事必躬亲，要善于发现典型，善于总结经验，发挥面上指导，典型引路的作用。

（一）促进发展，提升素质，围绕中心和服务大局，深化职工经济技术创新活动

各级工会要组织全市广大职工围绕中心，服务大局，进一步实施科教兴市主战略，积极响应市委的号召，为优先发展先进制造业、先进服务业和迎世博献计献策，深化开展群众性经济技术创新活动。

——要把提高职工技能素质、创新能力同提高城市核心竞争力结合起来。根据市委、市政府提出"到2010年力争上海人才总量从2003年的149.92万人增加到220万人，高级技能人才占技术性从业人员的20%，2005年提高到15%以上"的目标，贯彻实施"上海技能振兴计划"，不断提升上海人才队伍的国际竞争力。各级工会要进一步落实"职工技术登高计划"、"职工创新行动计划"，为加快培育与上海产业发展相匹配的高技能人才和创新人才的步伐，提供人才保证和智力支持。要参与政府和有关部门制定各类人才培训、进修、资助计划，研究制订上海市职工教育培训保障制度，促进职工资格鉴定；要整合资源，发挥合力优势。要继续畅通"培训、练兵、比武、晋级"四位一体工作渠道，通过各项技能大赛，组织多工种、多形式、多层次的技术练兵、技术比赛和技术交流等活动，构造提高职工技能和技术能级的"绿色通道"。

——要把深化群众性经济技术创新活动同推进人才动力机制建设结合起来。各级工会要进一步贯彻市委精神，要配合政府和企业有关部门，进一步加强人才激励和创新成果参与分配机制的探索。市总工会要从源头上参与有关部门制定和完善本市职工创新成果参与分配的相关政策法规。各级工会要会同政府与企业共同研究制定职工技术创新活动实施计划和创新成果奖励办法，形成长效的激励机制。探索无形价值到有形价值"转化"机制，进一步延伸工人发明家、技术创新标兵、技术创新能手等评选的覆盖范围，通过规范化的评选活动，让做出突出贡献的劳模、创新人才和技术工人的价值被社会真正认可，进一步激励广大职工的积极性和创造性。

（二）加强管理，树立品牌，为劳模办实事，发挥劳模的社会价值和示范效应

劳动模范是工人阶级和广大劳动群众的杰出代表，是鼓舞全市广大职工投入现代化建设的强大精神动力。各级工会要紧密结合时代特点，深刻认识劳模的价值，重视发挥劳模的作用，关心劳模的成长，加强对劳模政治、经济、身心、家庭等多方面的关心，为劳模办实事。要加大宣传力度，大力弘扬劳模精神，在全社会进一步形成尊重劳模、关心劳模、学习劳模、争当劳模的良好风气，充分发挥劳模的示范和导向作用。2005年是上海工会建会80周年，各级工会要以此为契机，利用各种宣传手段大力宣传先进人物和劳模事迹，展示上海工人阶级风采。要切实关心和爱护劳模，积极推动劳模政策的落实，提出新的建议。要加强劳模管理，坚持分级负责、分级管理，通过建立区县局的劳模协会、劳模基金、劳模疗养休养基地等，切实帮助劳模解决工作、学习和生活中的困难。特别是对遇到特殊困难和离退休老劳模的实际问题，要协助有关方面切实加以解决，让劳模感到在岗奉献无尚光荣，离岗退休深感温暖。

（三）以人为本，强化监督，扩大劳动保护网络，加强工会劳动保护队伍和机制建设

保障职工劳动安全与健康卫生是工会维护职工合法权益的基本职责，维护职工的生命权是工会维权的首要任务。2004年本市职工因工死亡事故率与往年同期相比有所下降，但进城务工人员因工死亡事故率居高不下等问题亟待解决。各级工会要加强职工劳动保护培训和教育工作，增强职工的安全防范、自我保护意识。上海工会要加大职工劳动保护工作机制建设的力度，工会劳动保护监督检查的重点要向社会和各个层面延伸与覆盖。市总工会要继续会同市安监局、市卫生局等有关部门联合开展安全生产大检查和职业危害专项整治，地区工会要将辖区内的小型外商投资企业、港澳台企业、民营企业和私营企业作为安全生产检查的重点，认真查找隐患，堵塞漏洞，防止重特大事故发生。各区县局工会及基层工会要尽快将劳动保护安全卫生内容纳入到三方协商的范畴，要会同政府和企业有关部门，对一些带有普遍性的问题制定相应政策和规章制度。各级工会要加强参加伤亡事故和严重职业危害调查处理，依法维护职工合法权益，对事故的直接责任者和负有管理责任的领导者，工会要敢于依法提出处理建议或意见，维护职工的合法权益，维护法律的尊严。各基层工会要建立健全工会劳动保护监督检查委员会，并切实发挥作用。要充分运用平等协商、集体合同和职工代表大会监督约束机制，加强安全的劳动保护长效机制建设。

工会经济技术创新、劳模管理、劳动保护工作是工会工作的重要组成部分。各级工会要以邓小平理论和"三个代表"重要思想为指导，以适应社会主义市场经济要求为方向，以实现深化改革和发展目标为主要内容，在市委的领导下，进一步提升抓住机遇的水平，以新的观念、新的思路、新的举措，掀起一个群众性的经济技术创新热潮，充分展示工人阶级的伟大创造力量，为推进上海现代化建设作出新的贡献。

以强烈的责任感、使命感做好新形势下的职工宣传教育工作

（2004 年 2 月 18 日）

汪 兰 洁

上海市总工会副主席　汪兰洁

同志们：

新的一年开始了。面对加快经济社会发展的新形势和宣传思想战线的新任务，工会宣教文体工作要有新思路和新作为，不断开创新局面，取得新成效。下面，我就学习贯彻中央和市委加强宣传思想工作的有关精神，做好 2004 年工会宣教文体工作，谈三点意见：

一、认真学习、深入贯彻全国和上海宣传思想工作会议精神，进一步增强做好工会宣教文体工作的责任感和使命感

去年 12 月，中央召开了全国宣传思想工作会议，这是距 1994 年中央召开全国宣传思想工作会议时隔九年后，中央召开的又一次具有全局意义的重要会议。胡锦涛总书记在会上发表了重要讲话，站在党和国家发展战略的高度，从坚持和巩固马克思主义在意识形态领域的指导地位的需要，从全面建设小康社会、促进社会主义物质文明、政治文明和精神文明协调发展的需要，从加强党的执政能力建设和执政水平的需要三个方面，高度概括了宣传思想工作的重要地位和作用。胡锦涛同志在重要讲话中对新世纪新阶段的宣传思想工作作出了总体部署，他特别强调宣传思想工作必须突出“三个着眼于”：即着眼于巩固马克思主义在我国意识形态领域的指导地位，着眼于服务经济建设这个中心和全党工作大局，着眼于促进社会全面进步和人的全面发展。同时，必须做到“三个坚持”：即坚持解放思想、实事求是、与时俱进，坚持以科学的理论武装人、以正确的舆论引导人、以高尚的精神塑造人、以优秀的作品鼓舞人，坚持贴近实际、贴近生活、贴近群众。胡锦涛同志的重要讲话是指导宣传思想工作的纲领性文献，是对新世纪新阶段开创宣传思想工作新局面的有力动员。

全国宣传思想工作会议结束后，市委立即召开了上海市宣传思想工作会议，陈良宇同志在会上作了重要讲话，提出了今后一个时期上海宣传思想工作的主要任务，要求宣传思想战线围绕上海建设社会主义现代化国际大都市和“四个中心”的国家战略，抓住筹办 2010 年世博会的契机，大力弘扬民族精神，培育和实践上海城市精神，推进科教兴市，树立和落实科学发展观，促进社会全面进步和人的全面发展，为社会改革开放和现代化建设提供理论指导、舆论支持、精神支柱和文化条件，加快文明城市、学习型城市和国际文化交流中心城市建设步伐。

全国和上海宣传思想工作会议的召开，对我们各级工会和广大工会宣传干部正确认识宣传思想工作面临的新形势新任务，进一步统一思想、振奋精神，推动上海工会宣教文体工作的深化和拓展，无疑具有十分重要的意义。当前，全市工会宣传战线的首要任务是全面贯彻党的十六大、十六届三中全会和市委八届四次全会精神，认真落实全国和上海宣传思想工作会议精神，更好地承担起工会宣传思想工作的历史任务。各级工会和广大工会宣传干部要认真学习胡锦涛同志等中央领导以及市委领导的讲话，把思想认识统一到中央和市委精神上来，充分认识宣传思想工作在促进物质文明、政治文明和精神文明协调发展中担负的重要使命，深刻理解做好新形势下工会宣教文体工作的重要性，进一步增强做好工会宣教文体工作的责任感和使命感，坚持用“三个代表”重要思想统领工会宣教文体工作，自觉把工会宣教文体工作放在经济社会发展的大背景下去思考和谋划，认真落实中央和市委提出的新形势下宣传思想工作的目标、任务和要求，筹划部署好今年的宣教文体工作。要紧紧围绕经济建设中心和党的工作大局，切实发挥工会宣教文体工作的优势和特色，通过内容丰富、形式多样的宣教文体活动，丰富职工的精神文化生活，增强职工的精神力量，更好地引导和激励广大职工为全面建设小康社会的宏伟目标而团结奋斗。

二、围绕中心、服务大局，在实施科教兴市战略和弘扬城市精神中体现工会宣教文体工作新的作为

经济建设是党的中心工作，发展是我们党执政兴国的第一要务，党领导下的工会工作必须毫不动摇地把围绕经济建设中心、服务改革发展大局作为根本任务，这也是工会宣教文体工作的中心任务。工会宣教文体工作要做好围绕中心、服务大局、促进发展这篇大文章，就要唱响主旋律，坚持团结稳定鼓劲、正面宣传为主的方针，充分发挥工

会群众性宣传教育的优势和特点，深入宣传中央、市委的重大决策部署和各项方针政策，深入宣传上海改革开放和现代化建设的巨大成就，深入宣传上海工人阶级的时代风采和突出贡献，引导广大职工群众把思想和行动统一到中央和市委的精神上来。同时，工会宣教文体工作还要打好主动仗，从保持和发展工人阶级先进性的要求出发，与时俱进地开展思想道德建设和科学文化教育，团结和激励广大职工积极投身上海改革开放和现代化建设的实践，为上海的发展多作贡献。

当前，上海正处在全面实施科教兴市战略、加快城市发展的新阶段。全面实施科教兴市战略，是树立和落实科学发展观的要求，是贯彻落实科教兴国战略和人才强国战略的要求，是推进现代化国际大都市和“四个中心”国家战略的要求，把科教兴市作为推进上海经济社会发展的主战略，事关上海实现新跨越、再攀新高峰的实践成败。工会宣教文体工作要紧紧围绕科教兴市战略，深入贯彻“科学技术是第一生产力”、“人才是第一资源”这“两个第一”的思想方针，贯彻落实全国和上海人才工作会议精神，在职工中大力宣传普及科学发展观和科学人才观。积极响应全国总工会关于在全国职工中开展“创建学习型组织，争做知识型职工”活动的号召，在前几年广泛开展“创争”活动并已取得初步经验和成果的基础上，进一步推进“创争”活动向纵深发展，要以培养职工科学素养和人文精神为重点，不断深化“创争”活动的内涵，拓展“创争”活动的领域和规模，营造有利于“创争”活动深入开展的良好氛围。要结合实际制定深化“创争”活动的工作规划，进一步总结经验，推广典型，积极引导职工树立终身学习和团队学习的理念，努力提高广大职工的学习能力、创新能力、竞争能力和创业能力。

去年，全市上下开展了轰轰烈烈的培育和塑造上海城市精神的活动。培育和塑造上海城市精神，是时代的呼唤和上海新世纪新阶段发展的必然要求，面对新形势，应对新挑战，如果没有一种不畏艰险、昂扬向上的精神品质，上海就不可能大踏步前进。在群众性大讨论和实践基础上形成的“海纳百川、追求卓越”的上海城市精神，是民族精神的具体体现，是城市发展的精神动力，随着实践的发展，上海城市精神必将得到进一步丰富和发展。我们要以上海筹办2010年世博会和迎接国庆55周年为契机，广泛开展弘扬民族精神和实践城市精神的群众性活动，在职工中倡导一切有利于民族团结、祖国统一、人心凝聚的思想和精神，倡导一切有利于国家富强、社会进步、人民幸福的思想和精神，倡导一切用诚实劳动创造美好生活的思想和精神，不断加强职业道德建设，培育和塑造以劳模精神为核心的新时期职业精神，不断增强广大职工的爱国热情和创造精神，紧紧围绕上海精神文明建设“两提高”目标，深入开展“建文明班组、创文明岗位、做文明职工”活动，进一步提高职工的道德素质和文明程度，为上海未来发展提供精神动力。

职工思想政治工作是工会宣传思想工作的重要组成部分。各级工会要积极配合党组织切实做好职工思想政治工作，通过多种形式开展形势任务教育和工人阶级历史使命教育，引导广大职工正确认识社会发展规律，树立正确的世界观、人生观和价值观，不断坚定建设中国特色社会主义的理想信念。要坚持以人为本开展职工思想政治工作，把职工群众的利益和要求作为工会宣传思想工作的根本立足点，积极反映职工的愿望和要求，并把解决思想问题同解决实际问题结合起来，努力发挥职工思想政治工作理顺情绪、凝聚人心的作用。

三、加强领导、创新务实，以奋发有为的姿态全面开创工会宣教文体工作新局面

宣传思想工作关系全局、责任重大，只能加强，不能削弱。各级工会要适应新世纪新任务的要求，高度重视宣传思想工作，要把加强和改进工会宣传思想工作作为工会全会的重要任务，努力把宣传思想工作融入工会各项工作之中，形成做好工会宣传思想工作的合力，形成全会重视、关心和支持宣传思想工作的良好氛围。各级工会和广大工会宣传干部要充分认识新形势下开展宣传思想工作的重要性和紧迫性，以切实维护广大职工的精神文化权益为出发点，以不断提高职工的思想道德素质、科学文化素质和健康素质为着眼点，深入开展贴近实际、贴近生活、贴近职工的宣教文体工作，努力形成体现鲜明时代特征和群众性宣传教育文化特点的工会宣教文体工作新格局。

新形势下开展工会宣教文体工作，需要我们以开拓创新的精神研究和解决一系列新的课题。随着经济社会的不断发展，上海职工队伍也在不断发展，职工队伍结构、劳动方式、分配方式等发生了深刻变化，职工思想活动的独立性、选择性、多变性和差异性明显增强，工会宣教文体工作面临着许多新情况、新问题：一是如何研究回答职工群众关心的热点、焦点和难点问题，增强工会宣传教育工作的说服力和战斗力？二是如何改进工会思想教育、舆论宣传和职工文体活动的内容形式、方式途径，增强工会宣教文体工作的吸引力和感染力？三是如何把思想道德建设的内容更好地与社会生活实际和职工思想实际结合起来，增强工会宣传教育工作的针对性和实效性？四是如何适应社会文化体制改革和文化产业发展，增强工会文体事业的实力、活力和竞争力？五是如何走出工会宣教文体工作的内循环，增强工会宣教文体工作的社会影响力？要解决这些问题，就要不断探索，不断创新，努力体现时代性、把握规律性、富于创造性，把思想认识从那些不合时宜的观念、做法中解放出来，实现工作思路、工作模式和工作方法的新突破。

新形势下工会宣教文体工作需要创新，更需要务实，创新和务实是紧密联系在一起的。2004年上海工会宣教文体工作要点已经下发，我认为，这个工作要点较好地体现了创新和务实的精神，既提出了抓好五大体系建设的新思路，又推出了落实新思路的九项具体措施，是一个创新务实的工作指导文件。全市各级工会要根据工作要点的要求，结合各自实际，提出推进职工素质工程的新思路和新举措，富有创造性地开展工会宣教文体工作。要发扬真抓实干、埋头苦干的精神，切实做到工作务实、作风扎实、

措施落实，要象抓经济工作和抓实事工程那样抓宣教文体工作，虚事实做，坚决不搞形式主义，摆花架子。要适应形势的发展，切实加强工会宣传思想工作队伍建设，坚持宣传干部队伍“四化”方针和德才兼备原则，按照政治强、业务精、纪律严、作风正的要求，不断提高工会宣传干部的理论素养、知识水平和工作能力，同时，采取积极的措施，稳定工会宣传干部队伍，有效调动广大工会宣传干部的积极性。

同志们：新的一年工会宣教文体工作的任务艰巨而光荣，我们要坚持以党的十六大精神和“三个代表”重要思想为指导，紧紧围绕全市工作大局和工会工作全局，解放思想，奋发有为，不断开创工会宣教文体工作新局面，为提高职工队伍整体素质，推进上海改革开放和现代化建设跃上新台阶而努力奋斗。

着眼全局　服务基层　强化工会经审工作

杜仁伟

上海市总工会副主席　杜仁伟

今天，我们在这里召开2004年上海工会经审工作会议，这是市总十一届经审会成立后召开的第一个工作会议，内容非常丰富，也很重要。下面，我就认真落实中国工会十四大和上海工会十一大提出的目标和任务，进一步加强工会经审工作讲三点意见：

一、要站在全局高度，充分认识新时期加强工会经审工作的重要性、紧迫性，进一步增强做好经审工作的责任感和使命感

近年来，本市工会经审工作在市总的领导下，在各级经审组织和广大经审干部的共同努力下，经审工作稳步健康发展，在服务大局、服务基层、服务广大职工方面取得了新进展。

工会十一大以来，市总经审会以“三个代表”重要思想为指导，认真学习和贯彻党的十六大和十六届三中全会精神，认真落实中国工会十四大和上海工会十一大精神，坚持工作的连续性、稳定性和开拓性的有机统一；坚持在继承中创新，在发展中提高；坚持加强调研，理清思路，明确方向，推动发展，并多次召开会议，进行专题研究，对加强新时期工会经审工作做出了总体部署。

今年2月16日，市总主席办公会议专题听取了市总经审办的工作汇报。各位主席和秘书长都发表了很好的意见，都表示要积极支持工会经审工作。陈豪主席在会上作了重要讲话，指出：“工会经审工作要保持良好势头，不断巩固和加强。一是要加强对市总直属系统企事业单位的审计，着重在建章立制，堵塞漏洞，提高水平上下功夫。二要是加强对区县局（产业）工会的审计，整合社会资源，缩短审计周期，提高审计质量。三是要加强审计责任制的落实，被审计单位要对新提供资料的真实性和完整性负责，审计人员也要提高业务水平，要善于抓住要害，及时发现问题”，强调“加强经审工作能够更好地帮助各级工会合法、有效地管理和使用资金，因此，各级工会领导要给予高度重视和支持，每季要专题听取汇报、专题研究，加强对经审工作的领导”。这充分体现了市总主要领导和领导班子对工会经审工作的重视和支持，充分反映了市总领导班子为加强新时期工会经审工作所创造的良好环境和发展机遇。我们要珍惜机遇，抓住机遇，求真务实，更好地发挥工会经审工作在工会全局工作中的重要作用。

（一）从全局的高度把握好、领会好、贯彻好2004年上海工会经审工作的总体要求

各级工会经审组织要认真学习贯彻党的十六大和十六届三中全会精神，紧紧围绕上海发展大局，围绕工会工作全局，自觉地把“三个代表”重要思想贯穿于新时期工运事业和工会经审工作的全部实践中去，贯彻到中国工会十四大和上海工会十一大提出的目标任务的落实之中；自觉地把工会经审工作放到党和国家加强经济监督的宏观环境建设和健全、完善工会自身监督的工作格局中进行审视和把握，努力探索与构建现代化国际大都市工会新格局的要求相适应的、体制科学、机制健全、运行高效的工会经费审查监督工作体系，进一步开创上海工会经审工作新局面。

（二）与形势发展的要求相适应，进一步增强对做好新时期工会经审工作重要性和紧迫性的认识

要充分认识新形势下进一步加强工会经审工作是工会适应社会结构和社会生活变化的需要；是工会适应国资、国企改革，大力发展混合所有制经济，进一步完善现代企业制度的需要；是工会适应新形势下工会体制创新、运行机制创新和工作方式创新的需要；是坚持工会经费独立原则，进一步加强自身监督体系建设的需要；是工会贯彻

群众化、民主化、法治化建设要求，进一步加强民主监督与审计监督的需要；也是工会加强党风廉政建设，进一步提高自身建设水平的需要。

（三）找准服务全局工作的切入点、着力点，进一步增强工作的责任感、使命感

工会经审组织代表会员群众对工会经费收支、财产管理及相关经济活动依法进行审查监督。管理好工会资产是广大职工的共同期望，也是职工群众赋予工会组织的权利。当前，随着改革的深入，特别是产业结构和产权结构的调整，新旧体制交叉、接轨，在这个过程中，各种矛盾和问题也不断显现，如工会经费和资产的流失问题，工会资产的安全、完整和效益问题，国有产权理顺特别是国资国企改制中对工会资产的管理和影响问题，工会资产自身管理的规范和运行的质量问题等等。这一切都迫切需要各级经审组织和经审干部以高度的事业心和责任心在维护国家财经法纪、促进工会经济活动规范运作方面发挥重要作用；在促进工会组织收好、管好、用好工会经费、切实履行维护职能中发挥重要作用；在加强审计监督、完善资产管理、实现工会资产安全、完整和效益方面发挥重要作用；在强化自身监督，加强工会系统党风廉政建设方面发挥重要作用。总之，要从全局角度着眼，从涉及工会资产安全的重点、难点，涉及管理的制度、机制等方面切入，加大工作力度，提高工作质量，更好地服务大局、服务基层、服务职工。

二、突出工作重点，完善运行机制，强化以审计为基础的审查监督，进一步完善工会自身监督体系

工会经费审查监督工作是工会工作的重要组成部分，是工会依法治会，对工会经费收支和财产管理实行民主监督和审计监督的有效途径，是健全工会监督制约机制的重要措施。各级工会经审会要切实加强以审计为基础的实务审计力度，对经费收、管、用实行全过程、全方位的审查监督，做到工会经济活动拓展到哪里，就把经审监督延伸到哪里；哪里存在影响工会资产安全隐患，就把审查审计的重点放到哪里，要将监督关口前移，加强事前防范，实施从“源头”、“过程”到“结果”的全面审查监督，并从机制上建立和完善。

当前和今后一个时期本市工会经审工作的重点是强化制度、强化审计、强化管理。

（一）建立健全工会审查审计制度，突出重点，进一步提高运行质量

各级工会经审会要建立健全同级年度经费预算执行情况审计、经费计拨审计、工程预决算审计、经济实体效益审计、专项基金审计、工会主席离任经济责任审计等实务审计的专项制度和有关操作规程，完善工会重大投资、财产管理审计制度。要把对预算编制和执行的审查、转改制企业工会资产审计、工会经费计拨审计作为重点。对预算编制原则、使用范围、收支状况和重大开支项目进行综合评价分析，提高财务管理和资产运作的质量，同时，要严格工会经费计拨的规定，及时足额拨交工会经费，及时做好“查漏补交”的工作。

（二）加强审计监督，完善审计机制，进一步加大审查审计力度

要坚持依法治会、依法审计的原则；坚持“与工会经费和财产相关的经济活动接受经审会审查监督”的原则；坚持“上审一年，下审一级”的原则。

各级工会经审会对本级工会经费收支预决算的审查审计中，要重点检查预算编制是否体现“量入为出，综合平衡，合理安排，全面控制”的原则；经费使用是否坚持为职工群众服务，为推进工会重点工作服务，为发展工会事业服务；追加经费预算是否按规定的权限审批和履行追加程序，实施严格的、有效的控制；对经审中发现的问题和提出的整改意见在预算调整中能否得到体现并加以及时整改，以促进经费使用的决策、执行及调控机制的健全和完善。

要按照全总关于下审一级的要求，上级工会经审会要加强对下一级工会组织的审查审计力度。市总经审会按照主席办公会议的要求，将从今年起每2—3年一次开展对区县局（产业）工会的审查审计。区县局（产业）工会对下一级的审计工作，由各单位根据实际情况作出具体安排。下审一级的重点是工会经费的收缴、管理、使用情况；对下一级工会有投资拨款补助的直属企事业单位的财务收支、财产管理情况的审计；对经费计拨以及撤并工会组织的财务清算；工会经费预决算管理等。这里要处理好本级与上级经审组织的关系，处理好经审的“谋士”与“卫士”的关系。我们既要充分依靠下一级经审组织并发挥其不可替代的重要作用，又要充分尊重并维护上一级经审组织的权威；既要充分发挥市总经审会及其“特约经审员”的作用，又要充分利用和整合社会资源，发挥社会审计的作用；既要通过加强监督性审计体现“卫士”作用，更要注重加强管理性审计，发挥“谋士”作用，要从“审”字入手，搞好“帮”和“促”，着力从健全制度的角度不断完善工会财务管理，提高经审工作的实效性和权威性。这是一项新的工作，无论从审计力量、组织实施、工作机制都需要在实践中不断完善，希望各区县局（产业）工会从全局的高度，从完善和加强工会自身监督机制的角度，统一思想、提高认识，积极支持，主动配合，共同推进，不断提高。

要加强对主席离任的经济责任审计，坚持做到凡主席离任的都要进行经济责任审计。对审计中发现的问题，所在单位经审会要依据审计报告的要求，逐项抓好整改，督促其落实改进措施。区县局（产业）工会主席的离任审计报告要报市总备案。

要加强对工会企事业单位的审计监督。今年的审计重点是要突出解决内部管理和控制制度不健全、会计资料和信息失实等问题，以推动直管单位加强管理，提高效益。市总将从今年开始，对直管单位的年度审计改两年一次为一年一次，并同企业领导班子的目标管理和经济责任考核相结合，先审计后兑现。

（三）严格审计规范，加强审计责任，防范审计风险，提高审计工作水平

要加强经审工作的规范化、制度化、程序化建设。要

增强风险意识，探索建立审计风险控制机制，严格执行各项审计规范。要强化“责任承诺制度”，对承诺不实，违反诚信原则的要加强教育，必要时予以书面通报批评；对情节严重的要提请有关方面追究有关领导的责任；要坚持审计底稿制度，规范审计、规范管理，加强审计质量考核，对因审计人员责任而造成的过错要加强教育，直至书面通报批评，情节严重的要追究有关人员责任，努力将审计风险控制在最低限度。要建立审计情况分析制度，对审计效果要充分运用，要善于从宏观着眼、微观入手，从具体的审查审计事项中发现带有普遍性、倾向性的问题，以从管理体制、规章制度、工作程序、运行机制上提出意见和建议，进一步提高自身监督的水平。

三、加强自身建设，夯实工作基础，善于把握新情况，拓展新思路，进一步深化工会经审工作

各级工会经审组织要适应新时期工会经审工作的新特点、新要求，以改革和创新的精神，进一步加强工会经审组织的自身建设，夯实基础，练好内功，提高素质，提升水平。

（一）进一步加强工会经审组织建设，夯实工作基础

要认真落实全总《关于加强工会经审监督工作意见》的有关要求，建立健全工会经审组织，配齐、配好经审干部，坚持做到凡独立管理经费的工会组织，在经审委员会组建工作上要做到“四个同时”；坚持经审会主任按同级工会副职级配备，以从组织措施上切实保证工会经审工作的正常有序开展。经审办是经审会的工作机构，肩负着制定制度、指导工作、实施审计、承担经审会日常工作的职责，各级工会要以《中华全国总工会关于加强工会经费审查监督工作的意见》为依据，把健全经审工作机构，落实人员作为经审工作的基础性工作来抓，夯实基础，确保经审组织机构、人员、职能三到位，促进经审工作的正常开展。要掌握标准，保证质量，在调整经审干部和经审委员时，要注重提高精通审计、会计专业人员的比例，优化经审干部队伍结构。要探索建立一支专业知识丰富、政治思想素质过硬、热爱工会经审工作的特约经审监督员队伍，以不断适应工会经审工作发展的新要求。

（二）进一步探索新时期工会经审工作的基本规律，更好地推进经审工作

要围绕党和国家加强经济监督的宏观环境建设、健全完善工会自身监督工作体系、工作格局、运行机制的要求，加强工会经审工作。要正确处理好坚持工会经费独立原则与加强审查审计监督的关系，坚持凡是有工会资产和经济活动的地方，都必须接受工会经审监督的原则。要正确处理好本级监督与上级监督的关系，坚持以本级为主，加强上级监督。要完善上级对下级审计监督机制和审计备案制度；要正确处理好工会经审组织监督与工会全会监督的关系，坚持加强经审监督，发挥全会监督的作用，建立和完善审计整改通知书制度和通报制度，严肃审计纪律；要正确处理好工会审计与社会审计的关系，坚持加强工会审计，发挥社会审计作用，原则上工会预决算、主席离任审计以工会审计为主，工会基建维修改造以社会审计为主，特别是要按全总规定凡5万元以上的此类项目由社会审计；要正确处理好工会经审组织监督与群众监督的关系，坚持加强经审监督，发挥群众监督的作用，要坚持会务公开，探索建立“工会特约经审员队伍”，更好地体现工会组织群众化、民主化、法制化建设的要求。总之，要围绕工会组织决策的民主化、科学化、制度化的要求，正确处理好工会组织体制、决策方式和工会经审组织的管理体制和监督方式的关系，更好地适应工会组织体制和领导方式的转变，完善经审工作的管理体制和监督制度。

（三）研究新时期经审工作遇到的新情况、新问题，探索新途径、拓展新思路、实现新发展

各级工会经审组织要坚持以“三个代表”重要思想统领工会经审工作的全局。要深刻认识新形势、新任务对工会经审工作提出的新要求和提供的新机遇，进一步解放思想，转变观念，在上海深化改革、促进发展的大局中拓宽视野、拓展思路，积极探索解决问题的有效途径和方式，以创新为动力、制度建设为核心、目标管理为抓手，不断深化新时期上海工会经审工作。

当前，各级经审组织对新时期经审工作面临的新情况、新问题要有足够的估计，不仅要看到对经审工作思想认识上的差距、经审力量的不足、监督职能的不到位等问题，而且更要从体制上、制度上研究如何与改革发展相适应的问题。随着改革的深入，特别是产业结构、产权结构的调整，一方面，工会组织原来比较强的领域——产业正在发生变化，2—3年内本市国有资本将从88个行业向20个优势产业、支柱产业集中，与此相应的机构撤并调整、人员流动，将使原有基础发生变化；另一方面，工会组织原先比较弱的地区随着大量非公企业的涌现，尽管对新建企业工会组织的力度加大，组建率提高，但非公企业工会经费收缴还面临很多困难，已经建立工会账户的有经济活动的如何相应建立和完善经审组织，还存在不少问题。同时，国资国企改革中，在对国有不良资产处理和撤并力度加大的情况下，不少企业关停并转，在这个过程中，工会资产与行政产权的界定不明晰，造成工会资产流失问题；一些企业成为“壳体企业”，工会资产如何管理问题；此外，不少企业还大量使用外地劳务工，这种跨省市、跨地区的运作方式，对传统体制下的工会经审工作也提出了新的课题；一些机关事业单位不同程度存在着不按工资总额而是以定额形式上缴工会经费，造成了工会经费流失现象，也需要加以规范等等。

面对这些新的情况、新的问题，迫切需要加大研究和探索的力度，加大创新和实践的力度，上海不少工会经审组织在这方面都在积极探索和实践，形成了不少好的经验和做法，希望大家继续努力。

为了进一步加强新形势下的工会经审工作，最近，市总经审办起草了《上海市总工会关于加强工会经费审查监督工作的意见（试行）》将在听取各方意见基础上，由市总工会下发。这个文件的下发将有利于规范和加强本市工会经审工作，区县局（产业）工会要根据市总文件精神和自身实际拟定实施意见，并不断完善。

针对当前企业转制,各级工会经审会要按照市总去年下发的沪工总财[2003]194号文件《关于加强破产、转改制企业工会资产管理工作的通知》精神,加强对转改制企业的工会资产的审计,切实防止工会资产的流失。

要进一步加强经审工作目标管理,不断提高经审工作的整体水平。各级工会要按照"统一领导、分级管理"的原则,加强对工会经审工作的领导。以目标管理考核为抓手,深化内涵,加强管理。今年要在调查研究的基础上,对目标管理考核的内容、要求进行深化,要进一步健全有利于推动区县局(产业)工会经审工作开展的考核、奖励机制,鼓励各级经审组织从实际出发,工作创特色、求实效;要与工会经审工作规范管理要求相适应,扩大经审软件使用范围,提高经审手段现代化的水平;要善于发现和培育工会经审工作的先进典型,及时总结经验,做到典型引路,分类指导,分层推进。

要进一步加强工会经审队伍的建设,加大对工会经审干部的培训力度。要把培训工作作为一项长期任务来抓,统筹规划、精心组织。今年要修编培训教材,增强培训实效,并探索与市审计局联合开展工会经审人员《审计资格证书》培训,实现工会审计与国家审计业务接轨,进一步提高工会审计人员的业务水平,做到持证上岗,同步发展。

要积极支持、充分发挥工会特约经审员的作用。"特约经审员"队伍的建立是市总适应当前经审工作新形势发展的需要,加强经审力量,加大审计力度的重要举措。各级经审组织要主动配合,提供方便,积极为他们正常开展工作创造良好的环境和条件。首批十二位"特约经审员"不少是从事行政审计工作的,具有良好的专业素养,其中近一半是具有高级专业职称的,他们的加入,将为提高经审工作的业务水平和工作质量创造有利的条件。同时,希望首批"特约经审员"不辜负所在单位工会组织的信任和市总的委托,热爱工会事业,发挥自身的优势,切实肩负起社会的责任,勇于进取、扎实工作,严格按照市总关于"特约经审员"的管理条例,依法履行职责,不辱使命,不负众望,不断取得新成绩,努力使自己成为一名优秀的"工会特约经审员"。

各级工会组织要进一步加强对工会经审工作的领导,健全经审组织,完善工作机制,严格经审制度,定期听取经审工作汇报,研究经审工作,充分尊重经审组织,为经审组织在工会全局工作中发挥重要作用创造良好的环境和条件。各级工会经审组织和经审干部要紧紧围绕工会工作的全局,不断加强自身建设,与时俱进,奋发有为,勤于学习,乐于奉献,更好地适应新形势下对工会经审工作的新要求,为开创上海工会经审工作的新局面作出不懈的努力。

依靠职工　发挥优势
努力缓解职工生活困难

谢　峰

上海市总工会副主席　谢　峰

近年来,上海各级工会紧紧依靠广大职工,充分发挥自身优势,积极协助政府开展帮困送温暖工作,在解决部门困难职工生产、生活问题方面起到了一定的拾遗补缺作用。

我们的做法是:

一、建档立卡,筹措资金,力争帮困送温暖不遗漏、少重复

上海各级工会组织通过调查摸底、走访慰问、扶贫救助等手段,不断健全困难职工家庭档案,做到致贫原因和困难程度清楚明白。目前,全市各级工会已建立10万余户特困职工家庭档案。大部分工会的困难职工档案,都实行了电脑化、规范化、动态化的管理。

多年来,各级工会主要通过职工捐款、工会出资、行政资助、社会募集等多种渠道,努力发展扩充各类帮困基金,为深入开展帮困送温暖活动,创造物质支撑条件。2004年各级工会用于帮困送温暖的资金,达到了1.3亿元。截止到2004年底,全市各级工会帮困基金结存款达到了6亿余元。

二、多管齐下,分类实施,提升帮困送温暖的实效性、针对性

全市各级工会进一步明确六种帮困送温暖的重点对象:一是企业转改制中失去岗位,暂未安置的;二是患重病或长期慢性病,个人医疗费不堪负担的;三是支付子女学杂费后,严重影响家庭生活的;四是本人愿意工作但再就业能力差,长期找不到工作无收入的;五是参加市总医疗互助保障计划,发生大病重病需要给付互助保障金的;六是遭受意外重大灾难,家庭生活发生暂时困难的人员。同时,不断丰富具有工会互助特色的各种帮困形式,有针对性地开展帮困送温暖活动,最大限度地化解职工群众的急难矛盾。主要有以下五种形式:

一是**节日帮助**。从1992年以来,在每年重大节日期间累计慰问救助400余万人次,发放慰问救助款、物约7.8亿元;

二是**结对扶助**。由工会牵线搭桥,党、政、工领导干部与贫病交加的特困家庭进行结对定向帮困,每年的规模都维持在1.5万户左右,每月帮困不低于100元;

三是**求学资助**。对因支付子女学杂费而严重影响基本生活的困难职工家庭,在每年春秋两季开学之际给予助学帮困。据统计,截至今年9月,全市各级工会助学帮困85050人次,总金额3060万元;

四是**医疗救助**。对患重大疾病的困难职工家庭给予医疗帮困。今年通过发放医疗帮困卡(款)救助11600余人次,总金额624万余元;

五是**急难援助**。对意外遭受火灾、水灾等特大灾难,生活发生临时困难的职工家庭给予急难援助,根据受灾造成困难程度,一般给予一次性帮困1000元至2000元,并提供生活急需物资。

三、互助保障,上下统筹,发挥职工保障互助会对多层次社保体系的补充作用

为配合上海建立、健全多层次的社会保障体系,市总工会多年来坚持组织好全市性的互助互济工作,还指导各基层工会在企业内部积极兴办以医疗、伤亡为主的职工互助补充保障组织,确保社会保障体制改革的顺利实施。工会互助保障事业的发展,弥补了社会保障水平的不足,缓解了社会救助的压力。

2001年,为配合本市医疗保险制度改革顺利实施,市总工会先后实施了在职职工特种重病、在职职工住院、退休职工住院、女职工特种重病等四项团体医疗互助保障计划。目前,约一半的在职职工和女职工分别参加了在职职工特种重病和女职工特种重病保障计划,72%的在职职工参加了在职职工住院保障计划,95%的退休职工参加退休住院保障计划。今年1—11月累计为58.8万人次的职工和退休人员发放互助保障金3.09亿元。历年累计给付互助医疗保障金196.65万人次,总金额9.93亿元。此外,各级工会在全市1000余个企业建立了医疗互助基金组织,筹集基金约2.1亿元,覆盖职工达84.3万人次。

四、建立载体,形成合力,重点帮助再就业困难人员实现就业脱贫

今年,各区、县总工会筹措900万元,成立了19个面向困难职工的职工援助服务中心,四个地区和行业工会成立了再就业培训机构,部分区、县、产业工会成立了具有劳动派遣性质的劳务型公司,依托覆盖全市的工会培训和职介网络,通过广泛开展技能培训、职业介绍、自主创业等多条途径,专门帮助就业能力差、长期找不到工作、无收入的再就业困难人员实现再就业。

今年起,市总工会在社区组织实施百家企业千个岗位进社区三年行动计划,定期开展再就业援助活动。在普陀、杨浦、闸北和静安等区举办7场职业介绍专场,共有2932家用工单位进场招聘,参加人数达10.8万余人,其中3.2万余人达成就业意向。全年,各级工会共帮助4万余名再就业困难人员实现了再就业。

为了配合政府解决广大职工群众的生产、生活问题,全市各级工会自我加压,有效地开展了一些工会力所能及的工作。当前,我国正处在改革发展的关键时期,一些深层次的矛盾日益显现。2005年元旦春节即将来临,花大力气切实做好关心职工群众生产生活问题的工作,是全市各级工会今冬明春的一项重要任务。市总工会已向全市各级工会发出了《关于2005年元旦春节继续深入开展送温暖活动的通知》,并召开了全市工会保障工作会议,对2005年全市工会元旦、春节送温暖活动作了全面动员和专题部署,要求各级工会要重点针对六种困难对象,采取五项有效措施,全力以赴地开展帮困送温暖活动,为上海经济社会全面发展,确保上海社会和谐稳定,作出新的贡献。

正确认识新形势下工会法律工作重要性 积极探索并着力构建依法维权机制

侯其彬

上海市总工会副主席　侯其彬

党的十六届四中全会通过的《中共中央关于加强党的执政能力建设的决定》，明确提出了加强党的执政能力建设的指导思想、总体目标和主要任务。我们要站在提高党的执政能力的高度，充分认识做好新形势下工会法律工作的重要意义。最近胡锦涛总书记关于"完善在工会组织领导下的维权机制很有必要。要注意总结经验，不断强化职能，更好地为职工服务"的重要批示，为我们进一步做好工会法律工作提出了明确要求。依法维护职工合法权益是工会的基本职责。工会法律工作要按照构建社会主义和谐社会的要求，主动参与不同利益群体的关系协调，积极探索并着力构建依法维权机制，促进社会公正公平，切实维护职工群众的合法权益。

一、正确认识工会法律工作的重要性

1. 从构建社会主义和谐社会的高度来认识工会法律工作的重要性。党的十六届四中全会明确提出要构建社会主义和谐社会。劳动关系是衡量社会和谐的一个重要尺度。工会是劳动关系矛盾的产物，建立协调稳定的劳动关系是工会法律工作的一项长期任务。当前，社会矛盾集中表现为各种利益冲突，经济关系和劳动关系日益复杂，协调劳动关系的任务十分繁重。工会法律工作要教育职工正确对待改革中的利益关系调整，引导职工以理性合法的形式表达利益要求、解决利益矛盾，自觉维护安定团结和社会稳定。

2. 从工会工作的大局来认识工会法律工作的重要性。中国工会十四大把"组织起来、切实维权"作为当前和今后一个时期工会工作的重点。我们要围绕"组织起来、切实维权"的工会工作大局，依法维护职工享有的劳动就业、收入分配、社会保障、生活福利、劳动安全卫生等劳动经济权益。工会法律工作要通过建立和完善劳动关系三方协商机制，平等协商和集体合同制度，劳动争议预防、调解和仲裁机制、劳动法律监督和法律援助活动，为职工提供有效的维权渠道，依法维护职工的合法权益。

3. 从社会经济发展的总体要求来认识工会法律工作的重要性。党的十六大提出全面建设小康社会，发展是第一要务。工会要在推动社会经济发展中树立科学发展观，动员和组织广大职工积极投身于改革开放和现代化建设实践，为促进社会经济全面可持续发展建功立业。随着经济所有制多元化和分配形式多样化，产权关系、劳动关系发生许多深刻变化。职工劳动权利、经济权利受到侵害时有发生，从而引发劳动争议。工会法律工作要从市场经济条件下劳动关系变化的客观要求出发，突出工会的维护职能，在依法维护职工合法权益的同时，谋求企业发展，达到"双赢"，使广大职工群众不断从社会经济和企业发展中得到实实在在的利益。

4. 从职工群众关心的热点和难点问题来认识工会法律工作的重要性。工会是职工自愿结合的工人阶级的群众组织。表达和维护职工群众合法权益是工会的基本职责。工会要发挥党联系职工群众的桥梁纽带作用，就要心系职工群众，想职工群众所想，急职工群众所急。工会法律工作要从职工关心的热点和难点问题出发，寻找依法维权的结合点，并在实践中不断创新维权机制，强化维权手段，真正做到敢于维权，善于维权。对那些严重侵犯职工合法权益的违法违规行为，要旗帜鲜明地坚决依法予以斗争，赢得职工群众的信赖和支持。

二、工会法律工作的主要任务

1. 依法维护职工的合法权益。随着社会主义市场经济体制的逐步建立，与经济关系密切联系的劳动关系发生了巨大变化。这种变化对工会提出了新的要求，依法维护职工的合法权益已成为市场经济体制条件下工会工作面临的突出任务和广大职工对工会的基本要求。《工会法》从法律上进一步明确了工会的这一基本职责，赋予了工会以职工的合法权益代表者和维护者的法律地位。工会要依法维护职工的劳动经济权益、民主政治权利和精神文化权益。工会法律工作要积极推进和完善劳动关系三方协商机制，从源头上维权。同时通过建立、健全平等协商集体合同制度，劳动争议调解和处理机制，劳动法律监督制度和职工法律援助，切实维护职工的合法权益不受侵犯。

2. 依法维护工会组织的合法权益。我国是社会主义国家，工会是国家政权的重要社会支柱，是推进改革开放、促进经济发展、协调劳动关系、维护社会稳定的一支重要力量。国家保护工会的合法权益不受侵犯。工会法律工作要在维护职工合法权益的同时维护好工会组织的合法权益。工会的合法权益中，最主要的是工会开展活动的权利、工会经费和财产、工会工作者的活动保障。我们要以《工会法》为武器，对于那些限制、阻扰甚至禁止职工依法组织和参加工会，随意撤销、合并工会组织，阻碍工会依法行使职权，不缴纳工会经费，侵犯工会财产，对工会工作者打击报复等违法行为追究其法律责任。

3. 依法治会。根据《工会法》的规定，工会必须遵守和维护宪法，以宪法为根本的活动准则，坚持党的领导，依照工会章程独立自主地开展工作。这就是说，作为党领导下的工人阶级群众组织，工会要依法治会，就必须在宪法和法律的范围内开展一切活动。按照党的十六届四中全会关于加强和改进新形势下群众工作的要求，工会法律工作要加强工会的依法治会，进一步推进工会组织的群众化、民主化、法制化进程，转变工作作风，克服工会组织的行政化、机关化倾向，求真务实，加强调研，深入基层，深入群众，努力做好依法维护职工群众合法权益、维护社会稳定的工作。

三、积极探索并着力构建依法维权机制

1. 进一步建立健全和完善劳动关系三方协商机制。目前，上海市和19个区县、96个街道、99个乡镇、94个经济开发区建立了劳动关系三方协商机制，基本形成了市、区、街道三级网络。这种多层次的劳动关系协商机制，为依法维护职工的合法权益，促进社会稳定和企业经济发展，建立和谐稳定的劳动关系起到了积极的作用。但从规范化的角度看，还必须加以继续完善。要加强劳动关系三方协商机制的制度建设，定时召开三方联席会议和办公室会议。要针对当前劳动关系迫切需要解决的突出问题和职工群众关心的难点、热点问题，工会要与企业方、政府方共同协商和确定三方联席会议的议题，使劳动关系三方协商机制在建立和谐稳定的劳动关系、促进城市经济发展和社会安定团结中发挥应有的积极作用。

2. 进一步建立健全和完善平等协商集体合同机制。上海工会探索和建立平等协商集体合同工作机制已走过了十年的路程。目前全市已有77100多家企业开展了平等协商集体合同工作，覆盖职工312万人。我们要进一步推进平等协商、集体合同工作的深入开展。各级工会要把推进平等协商、集体合同建制工作作为组建工会后的一项重要工作列入议事日程，加强领导，充实力量，明确任务，落实责任。对不同所有制企业，特别是对转制改制企业的集体协商谈判，我们要加强分类指导。我们要通过推进《上海市集体合同条例》的立法进程，带动平等协商、集体合同工作在全市各类企业中展开。对无故拒绝平等协商，拒不履行集体合同的企业，将试行由市总工会下发整改建议书；对拒不改正的，将督促有关部门依法处理。

3. 进一步建立健全和完善工资集体协商的工作机制。围绕劳动关系的共性问题和职工群众关心的热点问题，工会代表职工与企业进行平等协商，签订工资协商协议，既促进了企业的经济发展，是社会主义市场经济发展的客观需要；又维护了广大职工群众合法利益，是工会当前协调劳动关系的重要手段和主要途径。目前全市已有35390多家企业签订了工资协商协议，覆盖职工118万人。我们要与劳动行政部门密切配合，积极推进工资集体协商工作，特别是在非公企业、自主决定工资水平的国有和集体企业、实行经营者年薪制的企业，要重点开展工资集体协商工作。

4. 进一步建立健全和完善上级工会代表下级工会的工作机制。由上级工会的代表依法代理、代表下级工会参与工资集体协商，有利于提高基层单位工会工资集体协商的水平和质量，有利于解决在协商过程中工会方代表地位存在着事实上的不平等问题。而建立工会工资集体协商顾问团，对指导帮助基层工会开展集体合同工作具有积极的推动作用。自从2002年9月上海市总工会成立工会工资集体协商顾问团以来，已有13个县区、16个街道、19个乡镇建立了顾问团，参与基层协商次数达1131次，为基层工会开展工资集体协商工作提供指导和服务。我们要把建立工会集体协商顾问团的工作推广到各区县、各街道乡镇。对中小企业，我们要全面推行上级工会派员作为基层企业工会正式代表参加集体合同和工资集体协商谈判，更好地帮助和指导基层工会开展集体协商工作。

5. 进一步建立健全和完善劳动争议预防、调解和处理机制。当前，劳动关系日趋复杂化，劳动争议逐渐增多，它已成为影响社会稳定的一大问题。因此，建立健全和完善劳动争议预防、调解和处理机制愈显重要。劳动争议调解作为解决劳动争议的一种救济措施是必要的，但是如何使劳动争议调解的关口前移，从源头上有效预防劳动争议的发生，这对于建立稳定协调的劳动关系更为有利。全市各级工会组织要积极探索并逐步建立、完善劳动关系预警工作机制，努力将劳动争议解决在基层和萌芽状态。我们将与市劳动保障局、市企联一起，进一步完善上海市劳动争议调解工作制度和程序规则，进一步明确区域和行业性劳动争议调委会的人员组成，调解规则以及法律地位，积极探索劳动争议的调解与仲裁的联系和衔接方式。我们要逐步在全市所有的街道、镇和有条件的集团公司全面推广设立劳动争议调解委员会。同时，加强各级劳动争议调解委员会组织建设、制度建设和队伍建设，加强培训考核，持证上岗，定期轮训，不断提高工作能力和业务水平，使劳动争议调解工作更富有实效。为上海的社会稳定和经济开展作出我们应有的贡献。

工会组建实现新发展　会员总数逾452万

2004年，上海市总工会在市委和全总的领导下，坚持以邓小平理论和“三个代表”重要思想为指导，认真贯彻党的十六届三中、四中全会和中国工会十四大会议精神，按照全总“组织起来，切实维权”的工作方针，以及市总工会十一届二次全委（扩大）会议确定的工作目标，继续将工会组建工作，特别是新建企业工会组建和进城务工人员入会工作作为工会重中之重的任务，明确提出用两年时间，到2005年底实现全市工会总数达到500万人的目标，采取切实有效措施，加大工作力度，使全市组建工会和发展会员工作取得了新进展。据统计，截至年底，全市组建工会单位数达到9.93万家，工会会员总数达到452.9183万人，分别比上年净增了1.3万家和72.1383万人。

市总工会召开工会组织工作会议，重点就新建企业组建工会和职工入会作工作部署　（杨　娟）

一、加强学习，广泛宣传，提高对新建企业组建工会工作重要性和紧迫性的认识

经过几年的努力，上海在新建企业组建工会方面取得了阶段性成绩，有了长足的进步，工会上下，乃至工会内外对于在新建企业中组建工会的认识也有了较大的提高。但是，随着新建企业的快速发展，新建企业职工队伍的不断壮大，在新建企业中组建工会的形势仍然十分严峻，任务仍然十分繁重，新建企业工会组建难的问题还没有从根本上得到改变。因此，全市各级工会组织坚持以“三个代表”重要思想和科学发展观的要求统一全会广大干部的思想，充分认识新建企业工会组建工作的重要性、紧迫性和艰巨性，加快组建工作步伐，把职工组织到工会中来，最大限度地满足和实现职工全面发展的需要，维护工人阶级队伍的团结统一，不断提高工会的组织水平和工作水平，不断增强党的阶级基础和扩大党的群众基础。

各区县局（产业）工会利用各种机会和场合，宣传工会组建工作，营造建会氛围。有的区县工会向企业编印发放了各种宣传资料、工会刊物和组建工会工作指南等宣传小册子，有的主动上门动员和宣传，有的通过召开各种座谈会、恳谈会、经营者沙龙以及张贴《告企业和员工书》等形式，加强与企业经营者和职工的沟通联系，消除了企业经营者对建会工作的顾虑，提高了职工对建会和入会的认识。

二、调查摸底，明确任务，制定科学的组建工会和发展会员规划

年初，市总工会在全市范围内开展了全市基层工会组织和职工队伍状况的调研，向8万多家基层工会发放了调研问卷，了解和掌握基层单位职工队伍的构成情况与发展趋势；走访了市工商局、市劳动和社会保障局、市外经委、市社团管理局和市社会工作党委等有关部门，了解和掌握全市私营企业、外商投资企业和各类民办非企业单位的发展情况和职工人数，基本摸清了底数，为科学制订建会计划打下了良好的基础。

在调查分析了全市职工队伍状况后，市总工会主要领导明确指出，为落实全总"组织起来，切实维权"的工作方针，上海一定要在组建工会和发展会员工作上有新突破，全市工会会员总数在两年内要力争达到500万人。为此，市总工会提出了两年工会组建工作目标，要求重点做好"三高"群体和进城务工人员的入会工作，争取2004年全市会员总数达到450万人；2005年全市会员总数达到500万人。为落实这一工作目标，市总工会组织部具体制订了2004年工会组建规划，并对135个区县局（产业）工会分解下达了指标和任务。

各级工会组织根据市总工会的要求，制订了详尽的建会工作计划和具体实施意见，明确各自的任务，并将任务层层分解落实到各个基层单位。有的区还采取了签订目标责任状等形式，由区总工会同街道、乡镇工会进行签约，加强目标责任制的考核，保证目标的实现。

三、点面结合，上下联动，探索符合特大型城市特点的建会新路子

根据上海特大型城市的特点和以往建会工作的经验，市总工会继续提出把组建工会和发展会员的重点放在区县、放在社区，把社区和小区两级工会工作平台，作为实现两年建会目标的主战场。各区县加强社区工会的建设，完善社区工会的组织体制和组织网络，最大限度地发挥社区工会在工会组建中的作用。2004年，杨浦区率先试点探索社区工会网格化管理的新路子，将几个小区合并成一个网格，成立工会工作站。网格介于社区工会与小区工会之间，工作站是社区工会派出机构，聘用职业化的工会工作指导员专职管理。工会工作站受社区工会委托，管理网格内现有小区联合工会等工会基层组织。网格工作站的出现，将使社区工会组织形成以社区工会为中心、网格工作站为辐射面、小区联合工会等工会基层组织为单元点的社区工会网格化管理体系，解决了工会组建中人手不足的问题。

在强化社区工会建设的同时，各区县局（产业）工会积极探索建立区域性行业工会组织，形成市、区县和社区三级产业（行业）工会上下联动的新局面。全市区域性行业性工会建设根据区域经济发展的实际情况，相继在社区中建立起区域性行业工会组织。出现了社区餐饮行业工会、大卖场工会联合会、物业管理行业工会、IT行业工会和建筑行业工会等新的组建形式。区域性行业工会的建立，有力地推动了工会的组建工作，有利于实现工会组建在行业中的全覆盖。

四、领导重视，形成合力，明确各级工会上下共同抓组建的职责

针对今年组建工会和发展会员时间紧、任务重的特点，市总工会明确提出组建工会和发展会员是各级工会组织的"一把手工程"，工会的主要负责人要亲自带头抓。市总工会机关为此专门制订了市总主席室领导分工联系基层抓组建的计划，明确各自分工对象和工作目标，由市总工会的主要领导带头，主席室各位领导全部下基层，现场调研、指导基层的建会工作。承担社区工会建设重任的区县总工会在市总工会的号召下，也都纷纷落实了分片负责、划区包干的责任制，工会领导班子成员定期下基层，搞调研，实地了解和协调解决建会工作中遇到的困难和问题，亲自上门做宣传发动工作。

市区两级工会机关都明确了专职部门、拨出专款、设立专门机构或非常设机构等，集中力量抓组建。同时市总工会还建立必要的工作制度，如工作例会制度、组建责任制、月报表制度、情况通报制度、中途管理制度和考核考评制度等，有效地促进了工会组建工作的发展。为解决建会工作中存在的人手不足问题，不少区县工会建立了联络员制度，由机关干部担任组建工作联络员，分工联系基层单位，共同承担组建工作职责。各区县为街道、乡镇工会补贴了相关费用，聘请3—5名工会工作志愿者担任工会组建专职指导员，并配备了电脑。有的区还探索工会干部职业化、社会化建设道路，公开向社会招聘热心于工会工作的同志，选派到基层，通过民主选举担任工会主席，有力地促进组建工会和发展会员工作。目前全市已初步建立了一支专职化、兼职化和职业化相结合的工会干部队伍，建会工作真正成为全会上下和各级工会领导机关各个部门共同的任务。

五、加强指导，注重效率，做好组建工会和发展会员的服务工作

由于上海新建企业绝大多数规模都比较小，人数比较少，基层企业负责工会组建工作的同志大多兼职其他工作，客观上存在着工会组建工作业务不精、程序不熟和时间紧、任务重、工作头绪多等困难。为了不影响建会进度，加快建会步伐，许多区县、街道乡镇工会按照先组建、后规范的原则和上级工会指导、服务下级工会的要求，专门为基层企业设计了建会工作基本流程图，准备了建会工作的整套文件、材料，如"建会申请"、"工会会员（代表）大会议程"、"候选人产生办法"、"选举办法"、"选举票样张"、"选举结果报告"、"选举请示"、"工会工作台帐"等，分发给基层单位，供新建企业在建会中使用或参考；有的区县和街道乡镇工会还利用工商局、外资委对新建企业进行年检、登记的机会，现场为企业建会工作提供"一条龙"服务；有的还利用有新建企业职工参与的大型活动的场合，现场设摊为新建企业职工进行入会登记，当场发展会员。有的区还为基层专门设计制作了建会工作软件，对组建工会的有关数据进行信息化管理，方便了基层单位统计、检索、查阅和上报等工作。在审批手续方面，不少区县都采取现场办公、即报即批等方法，尽量简化建会程序和审批程序，提高办事效率，加快建会速度。

六、因地制宜，灵活多样，形成组建工会和发展会员的多种模式

各区县工会结合所在地区的实际，因地制宜，大胆探索，在全市形成了三种不同的组建模式，有效地促进了组建工作。一是以块为主，根据相当数量的外商投资企业和私营企业落户在全市各类经济开发区和工业园区的特点，依托开发区和工业园区建立工会联合会抓组建；二是以条为主，按照企业所有制类型和行业类型不同的特点，建立地区私营企业、外商投资企业、内联企业、非正规就业组织、新社会组织等以条线划分的工会联合会或联合工会抓组建；三是条块结合，依托小区、楼宇、市场等，形成“特色街工会”、“大楼工会”、“都市型楼宇工会”、“小商品市场工会”、“小区工会”、“街道综合经济工会”和以工程项目为主组建工会等新组织模式，力求工会组建工作的全覆盖。

在进城务工人员入会方面，各区县局(产业)工会采取“委托制”、“托管制”等办法解决进城务工人员工会组建后的挂靠问题；采取“流动会员”、“团体会员”、“会员登记”等办法，吸纳进城务工人员入会。针对劳务中介机构管理不规范，组建工会难度高的情况，市总工会组织部开展了劳务公司组建工会工作的试点，会同保障部等有关部门，在市总工会培训中心组建了两个劳务公司工会，吸纳了2000名劳务工入会，并于4月份召开了现场交流会，在全市起到示范作用。针对全市已有700余家外来建筑施工企业、近70万务工人员的实际情况，市总工会通过市建委、市建设工会建立了“上海市外来建筑施工企业工会工作促进会”，促进会下设工作办公室，建立必要的工作制度，充分发挥市属系统(产业)工会的作用，为最大限度地吸纳务工人员入会提供有效的工作平台。

七、抓住重点，全面推进，推动全市组建工会和发展会员工作有效开展

在开展新建企业工会组建工作中，市总工会坚持重点突出与面上推进相结合的原则。对全市135家区县局(产业)工会进行了排摸，最终确定30家单位为组建工作的重点单位，派专人联系，指导建会工作。同时市总工会分别召开了国家级和市级开发区工会工作座谈会、产业工会工作座谈会等重点单位和行业的座谈会，推进面上组建工作。市总工会还在港务系统召开了全市工会组建的推进会，重点推进进城务工人员的入会工作。市总工会还经常组织力量深入到区县、产业、乡镇、街道指导组建工作，开展中途检查，交流工作情况，共同协商解决工作中遇到的问题。

各区县局(产业)工会在工作中千方百计地做好一些有影响、有规模单位的工会组建，以此来带动其它单位的工作进展。同时，不少区县总工会还把组建工作拓展到民办非企业单位，在民办医院、民办学院和其它中介机构中开展建会。另外，各级工会组织还积极挖掘、发现和培育先进典型，以先进典型的榜样力量来促进一般单位的组建工作。各区县局(产业)工会还根据市总工会的要求，开展各具特色的新建企业工会建设职工之家活动，涌现出一批新建企业中的先进集体和先进个人。这些评比表彰活动的开展，调动了新建企业的积极性，也极大地促进了面上的工会组建工作。

2004年，上海在组建工会和发展会员工作方面之所以取得了新突破，与全市各级工会组织在工作中始终坚持“五个必须”是分不开的：一是必须坚持形成“党委领导、政府支持、工会运作、各方配合”的良好工作格局；二是必须坚持以党建带工建，以工建服务党建的工作原则；三是必须坚持体制和机制创新，建立适应新建企业工会发展要求的组织领导体制和工会工作机制；四是必须坚持“边组建、边巩固、边规范、边发挥作用”的工作要求，真正发挥工会在维护职工权益方面的重要作用；五是必须坚持双赢的原则，促进新建企业的进一步发展。（李　鸣）

上海工会广泛开展宣传学习李斌先进事迹的活动

李斌是新时代知识工人的楷模和上海工人阶级的杰出代表。为了树立劳模典型，中宣部、全国总工会把李斌定为全国重大宣传典型，在全国范围进行重点宣传。市总工会根据全国总工会的统一部署，在上海市委宣传部的指导协调下，广泛组织开展对李斌先进事迹的集中宣传报道和系列学习活动，为大力弘扬劳模精神，营造劳动光荣、工人伟大的良好社会氛围起到了积极作用。

一、新闻宣传广造声势

4月28日，中宣部、全国总工会下发《关于向许振超、李斌同志学习的决定》，市总工会根据《决定》的要求，以新闻宣传开路，广造学习李斌的社会声势。

李斌先进事迹新闻宣传从4月下旬开始启动，市总工会在组织中央新闻采访团集体采访李斌事迹的同时，积极组织上海各主要新闻单位参与集体采访。4月25—30日，人民日报、新华社、中央电视台、中央人民广播电台、光明日报、工人日报、经济日报、法制日报、科技日报、中国妇女报、新华每日电讯等中央新闻媒体和解放日报、文汇报、新民晚报、上海人民广播电台、东方广播电台、上海电视台、东方电视台、劳动报、上海经济报、青年报、东方早报等上海主要新闻媒体大篇幅、高规格地集中报道了李斌事迹，刊发长篇通讯、特写、消息、评论等各类文章40多篇(其中中央和上海各大媒体刊发评论近10篇)，解放日报、文汇报、新民晚报驻京办还跟踪报道了“五一”前李斌在京活动情况，中央电视台、中央人民广播电台等媒体连续几天对李斌事迹进行报道，在全国范围内兴起了宣传李斌事迹的热潮。

李斌先进事迹在广大职工群众中引起强烈反响，一个学李斌，争做李斌式知识工人的热潮正在全市掀起　　（费大伟）

5月1—4日，解放日报、文汇报、新民晚报、上海电视台、东方电视台、劳动报等上海新闻媒体以通讯、消息、言论、画刊等形式集中报道李斌事迹的时代意义、社会影响和李斌参与的各类社会活动，刊发各类文章20余篇。5月2日，上海人民广播电台名牌栏目“市民与社会”节目组专门邀请李斌到直播室与听众作了近一个小时的互动交流，听众电话络绎不绝。

5月12日，王兆国同志、陈良宇同志专程到李斌所在企业看望慰问李斌，并召开座谈会勉励职工向李斌同志学习。5月中下旬，上海各主要新闻媒体集中报道了李斌事迹报告会、学习李斌时代意义座谈会和基层学习李斌事迹的动态新闻，刊发各类文章20余篇，把学习宣传李斌的活动推向了高潮。

李斌先进事迹新闻宣传形成了较大的规模效应，据统计，整个新闻宣传期间，中央和上海各主要新闻媒体共刊发报道80余篇。

二、学习活动高潮迭起

“五一”前夕，曾庆红同志在上海就学习许振超和李斌同志发表了重要讲话。5月18日，中共上海市委下发《关于学习李斌同志先进事迹的通知》。在市委的领导下，上海工会组织广大职工广泛开展学习李斌先进事迹的活动，掀起学习李斌、争做新时代知识工人的热潮。

5月上旬，上海市国资委和上海电气集团分别召开学习李斌事迹座谈会，组织上海工业系统职工学习李斌；5月18日，市委宣传部、市总工会、市国资委党委、团市委联合召开“知识工人的楷模——李斌先进事迹报告会”，李斌、李斌单位领导和李斌徒弟向全场800多名各界人士作了生动的报告，市委副书记殷一璀到会作重要讲话，市委常委、宣传部长王仲伟宣读《中共上海市委关于学习李斌同志先进事迹的通知》，市人大常委会副主任、市总工会主席陈豪主持会议，并对深入学习贯彻市委通知精神提出要求；5月26日，市委宣传部、市总工会、市建设党委联合召开许振超、李斌事迹座谈会，社会各界代表纷纷畅谈学习许振超、李斌的体会；5月27日，市总工会、解放日报社联合召开知识工人楷模——学习李斌事迹时代意义座谈会，政府部门有关领导及有关专家、学者、劳模先进、工会干部、职工代表等围绕李斌同志先进事迹的时代意义、主要特点和对广大职工的启示等进行座谈。在会上，陈豪同志要求深入学习李斌先进事迹，树立学习、创造、奉献的价值观；5月29日，解放日报全文刊登了《中共上海市委关于学习李斌同志先进事迹的通知》；6月3日，解放日报对学习李斌座谈会发言内容进行了整版报道，推动学习李斌的群众性活动深入开展。

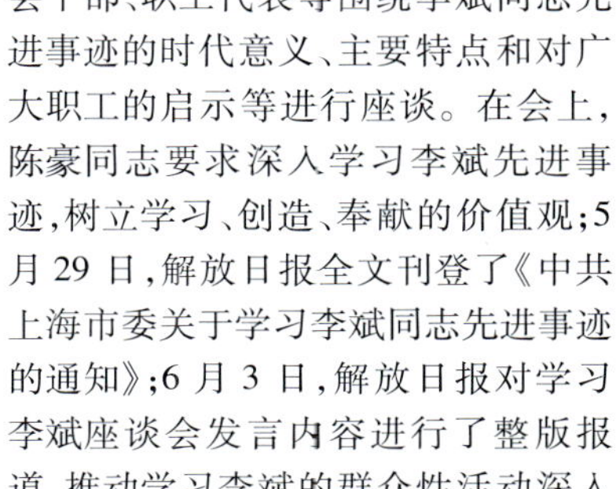

市总工会编写的学习材料《知识工人的楷模——李斌先进事迹汇编》，下发基层工会组织职工学习。由工人作家陈心豪、朱惜珍创作的王兆国同志作序的报告文学《工人专家李斌》，在全国“创争”活动现场推进会上进行首发，极大地鼓舞了广大职工争当新时代知识工人的热情。

三、李斌事迹反响热烈

对李斌先进事迹的集中宣传和学习李斌系列活动的深入开展，在广大职工中产生了热烈的反响。

1. 学习宣传李斌先进事迹意义重大。职工反映，大规模宣传李斌，是对工人阶级地位作用和劳模地位作用的充分肯定，有助于在全社会形成尊重劳模、尊重人才、尊重技术工人的良好风气，对于在全市广大职工中进一步兴起学先进、赶先进、当先进的热潮，进一步提高职工队伍整体素质，进一步推动上海改革开放和现代化建设，具有十分重要的意义。

2. 学习李斌先进事迹将进一步激励广大职工争当新时代的知识工人。李斌从一名技校生成长为一名专家型工人的事迹深深鼓舞着广大职工，职工纷纷表示，要学习李斌的敬业精神、学习精神、钻研精神和创新精神，加强学习，提升能力，掌握更多的新知识、新技能，做新一代知识型、复合型职工，为企业发展争作贡献。

3. 学习宣传李斌先进事迹有力地推动企业各项工作开展。各级工会以李斌先进事迹宣传学习活动为契机，引导广大职工立足本职，用实际行动学先进、赶先进、争当先进。机电工会以推出“李斌杯”职工技能大赛等十项措施，把学习李斌活动与培养高技能职二紧密结合起来，为振兴上海电气作贡献；上海航天局结合学习李斌和学习先进标兵唐建平班组结合起来，大力推进职工素质工程，建立职工学习培训机制，构筑职工技能登高平台；上海建工集团总公司拟定了“首席职工”评定办法，争取培养更多的“李斌式”职工；上海港务集团设立中高级技术人员专项教育培训基金，努力打造一支适应建设国际集装箱枢纽港所需的“灰领”人才队伍。各区县局(产业)工会都从各自实际出发，提出了深入学习李斌先进事迹的具体措施，以学习先进的实际行动促进各项工作开展。　（程友谨）

上海市职工保障互助会成立十周年

上海市职工保障互助会成立于1994年12月23日。10年来，她通过健全的工会组织网络，借助现代保险的经营运作理念和管理发展模式，开创了上海工会以补充养老、医疗为主体的职工互助保障事业。她面向全市职工、特别是困难职工，不断满足着市场经济条件下由“企业人”转为“社会人”的职工对社会保障新的需求，为发扬光大新时期上海工人阶级团结友爱、互助互济的光荣传统增添了新的内涵。

促进改革发展，服务上海大局

10年来，伴随着社会主义市场经济的建立和完善，上海市职工保障互助会经受住了来自于社会转型、经济转轨和企业转制的种种考验，在激烈的市场竞争中，始终坚持自愿性、互助性、公益性的原则，履行着低保费、广覆盖、高保障的承诺，将上海工会具有中国特色、上海特点、工会特征，适应社会主义市场经济体制需求的职工互助保障体系进一步推向完善和成熟，在“聚小钱，办大事”、“我助人人，人人助我”、“无病我帮人，有病人帮我”等理念指导下，和工会帮困送温暖活动一同走入千家万户。

2001年1月1日《上海市城镇职工基本医疗保险办法》正式施行。为了医疗保险改革方案的顺利实施和新老医疗保障制度的平稳过渡，上海市职工保障互助会在2000年12月1日和2001年4月，分别推出了作为市政府医保改革八大救助措施之一的“上海市在职职工住院补充医疗互助保障计划”和“上海市退休职工住院补充医疗互助保障计划”。不仅对减轻企业的负担，缓解职工的燃眉之急具有实实在在的意义；而且对促进上海经济体制改革与缓和社会矛盾也同样具有实实在在的作用。

10年来，除了1998年7月的“特种重病团体互助医疗保障计划”、2000年12月的“在职职工住院补充医疗互助保障计划”、2001年4月的“上海市退休职工住院补充医疗互助保障计划”、2003年3月的“女职工特种保障计划”等四项保障计划外，上海市职工保障互助会先后结合全市职工退休后养老金替代率低的特点，推出了具有补充养老性质的“安康”、“安泰”、“安顺”等互助保障计划；配合外来务工人员组建工会后的维权工作，推出了“从业人员意外伤残互助保障计划”，共同撑起了上海工会系统旨在为社会保障制度相配套的工会互助补充保障体系的框架。成为在全国工会系统颇有影响的，在上海职工群众性互助互济活动中规模最大的社团法人组织。截至2004年底，上海市职工保障互助会已拥有有效会员731.4万人次，其中退休住院互助保障计划239.4万人，占退休职工总数的95.3%；在职住院互助保障计划258.3万人，占在职职工总数的72%；特种重病互助保障计划176万人，占职工总数的49%；女职工保障计划57.64万人，占女职工的53.3%，并且累计为203.13万人次给付补充保障金达10.27亿元。

体现工会宗旨，服务职工群众

上海市职工保障互助会，让成千上万的职工群众更直接地感受到了工会的亲和力和工会互助保障事业特有的价值。

10年来，为了方便退休职工就近申领、给付补充医疗保障金，上海市职工保障互助会深入社区、企业，构建了遍布全市的三级服务网络，先后在19个区县设立了职工互助保障工作服务处，132个街道、镇设立了职工互助保障工作服务点。形成覆盖全市，遍及市、区、街道三位一体、统一高效的服务网络，在负责退休职工补充医疗保障金理赔工作的同时，还承担着互助保障计划的咨询、特定人员的参保等一系列业务性工作，成为市总工会社区工作的一个重要窗口。现在，通过社区服务点办理补充医保金给付的比例，已由建点初的30%左右，上升到了80%左右。与此同时，上海市职工保障互助会还委托局(产业)、公司、基层企业三级热心于互助保障工作的工会干部代为操作。职工出院后，只需将有关资料交给单位工会或局(产业)工会运营员，便可很快拿到补充医保金。

全国总工会副主席王东进视察上海市职工保障互助会

(徐国峰)

10年来，为了更好地落实“参保更方便、理赔更直接、运行更高效”的工作目标，上海市职工保障互助会进一步加强了信息化网络建设，充分发挥计算机系统数据库的作用，开展工作的能力和服务职工的水平得到了大幅度的提升。2002年上海市职工保障互助会升级改造了计算机系统，开始通过ISDN向19个服务处传送数据；2003年1月，又开通了上海市职工保障互助会网站，参保单位只要输入密码后，就能即时了解单位参续保、给付等一系列信息；2004年，又进一步开发计算机使用功能，确保基层单位可以自主选择从网上下载所在单位参保人员的数据信息或重新制盘参保，极大地方便了会员单位的参、续保工作。与此同时，上海市职工保障互助会还针对全市退休职工人数众多，居住分散的实际情况，在市劳动和社会保障局的大力支持下，制定了退休职工参保代扣款办法。即在征得退休职工本人同意后，通过发放养老金的银行和邮政储汇局直接在养老金帐户中扣除参保费用。现在，已有2400多家单位申请代扣，约113万退休职工受惠。

为了更好地服务于职工，特别是帮助特殊困难职工群体参保，每年4月，上海市职工保障互助会都会通过社区服务点，面向全市部分由于破产、属于无主管企业或失业后退休没有单位来组织他们参加职工互助保障的收入低、身体差的困难职工群体提供服务，吸纳他们自愿参保。使他们能够共享全市职工互助互济补充保障成果。为他们当中困难的、真正患病的职工提供了一分实实在在的保障。近年来已有7万余人次属于上述情况的“散户”，通过这一途径被覆盖到互助保障网内，切实维护了这部分弱势群体的利益。

强化科学管理，支持工会事业

10年来，上海市职工保障互助会始终遵循着互助保障工作可持续发展的宗旨，在规范化管理、科学化决策、市场化运作和个性化服务方面作了积极有益的探索。定期举行医疗专家咨询委员会会议和投资专家咨询委员会会议，还与复旦大学数学系精算中心建立了长期合作关系，为保障计划的收费标准和运作质量进行综合评估。近年来，“特种重病保障计划”赔付比例上升较快，其中一个直接原因就是部分基层为单位职工争取利益，上报情况与实际情况有较大出入。为了公平地维护大多数会员的利益，上海市职工保障互助会通过采取控制95%以上的核赔准确率的办法，建立起计算机诚信提示系统，核实大病会员既往病史等三管齐下的预警手段，建立起了大病核赔机制，仅2003年就避免错赔近100万元。上海市职工保障互助会还建立了一支特殊的基层服务队，这就是通过公开招聘的方式，录用的工会志愿者。他们深入社区、里委，为广大参保职工提供便捷的服务。

10年来，职工保障互助会积极顺应市场经济发展趋势，走市场化、规模化、科学化发展的道路，建立和健全了人事、财务、物资、资金运作、集体议事、党风廉政建设等各项规章制度，在实现职工互助保障事业全面协调可持续发展的同时，不断加强自身建设，注重职工综合素质的提高，全体中层以上干部及青年骨干参加了国际寿险协会美国LOMA寿险师的专业考试。开展精神文明部室、青年文明岗评比、技术业务竞赛等活动。职工在业余时间参加学历、职称的学习蔚然成风。连续四年被评为市级机关文明单位。

（陈　晖）

2004 年大事记

一月份

1 日　市总工会领导率队分 9 路走访慰问困难职工。

3 日　市总工会主席陈豪，副主席张兴淮、谢峰，在崇明县县长孙雷，县总工会主席陆兆飞、副主席陈英的陪同下，慰问了困难劳模李铁军和困难职工董文彬、陆志荣。

10 日　市总工会领导率队分 7 路走访慰问了部分劳模，并送上慰问金。

11 日　上午，中华全国总工会副主席、书记处第一书记张俊九在市总工会主席陈豪的陪同下，亲切慰问了上海市的困难劳模和困难职工。下午，张俊九同志出席市总工会召开的劳动模范以及市、区、街道、企业部分工会干部座谈会并讲话。市总工会主席陈豪，副主席吴申耀、谢峰，秘书长侯其彬出席座谈会。

15 日　市总工会召开市总十一届四次经审会全体会议。市总工会副主席、市总经审委主任杜仁伟出席会议并讲话。

17 日　市总工会举行 2004 年助学送温暖行动计划启动暨《点亮心灯——上海工会十年帮困助学记述》出版赠书仪式。市总工会副主席汪兰洁、谢峰，秘书长侯其彬出席会议。

18 日　市总工会在上海展览中心友谊会堂举行“2004 年上海市劳动模范春节茶话会”。中共中央政治局委员、中共上海市委书记陈良宇，市委副书记、市长韩正，市人大常委会主任龚学平，市政协主席蒋以任，市委副书记刘云耕、罗世谦、殷一璀、王安顺及有关市领导和市总工会主席、副主席、秘书长，部分区县局（产业）工会领导与 200 多名劳模共庆新春佳节。市委副书记王安顺代表市委、市人大、市政府、市政协向全市劳模、先进工作者和广大职工祝贺新春，市人大常委会副主任、市总工会主席陈豪主持了茶话会。

19 日　市总工会召开市总机关干部迎新春茶话会。表彰了 2003 年度市总机关先进集体和先进个人。市总工会主席陈豪出席茶话会并讲话，市总工会副主席吴申耀、张兴淮、汪兰洁、杜仁伟、谢峰、秘书长侯其彬出席茶话会。会上进行了“一日捐”爱心捐款活动。

20 日　上海市第一个享受廉租住房政策的退休老劳模王根娣入住廉租住房。

24 日　全国总工会女职工委员会主任倪豪梅在市总工会副主席、市女职工委员会主任汪兰洁等陪同下，慰问两户单亲特困女职工家庭。

二月份

9 日　市总工会召开 2004 年上海工会组织工作会议，市总工会副主席吴申耀出席会议并讲话。

11 日　召开市职保会二届五次理事大会暨 2003 年度互助保障工作表彰大会，市总工会副主席谢峰出席会议并讲话。

12 日　由上海市振兴中华读书指导委员会主办、普陀区总工会承办的 2003 年上海读书节——上海市外来务工建设者读书活动推进会普陀区现场会召开。普陀区委书记周国雄，市振兴中华读书指导委员会副主任陈振民出席会议并讲话，市总工会副主席、市振兴中华读书指导委员会副主任汪兰洁，共青团上海市委副书记李跃旗等出席会议。

18—19 日　市总工会举办上海市工会职工素质工程培训班，市总工会副主席汪兰洁出席会议并讲话。

20 日　市总工会机关系统召开加强党风廉政建设干部大会。市总工会主席陈豪出席会议并讲话。市总工会纪检组组长、市总工会副主席汪兰洁通报了有关情况。市总工会副主席吴申耀、张兴淮、杜仁伟、谢峰出席会议。

23 日　市总工会举行《女职工团体互助医疗保障计划》推进交流暨三八节系列活动启动仪式。市总工会副主席汪兰洁、谢峰出席会议并讲话。

26日 以关西生产性本部经营开发委员长井植基温为团长、以联合大阪会长伊东文生为副团长的日本关西生产性本部访华团来华进行为期7天的友好交流访问。市总工会主席陈豪会见代表团一行。

27日 应上海市总工会邀请，以高雄市总工会副理事长张茂昌为团长的高雄市总工会参访团一行10人来沪访问，市总工会主席陈豪会见代表团一行。

三月份

1日 市总工会在黄浦区举行上海工会全面实施职工素质工程，推进“创建学习型组织，争做知识型职工”活动交流会，市总工会主席陈豪出席会议并讲话，市总工会副主席汪兰洁，秘书长侯其彬出席会议。

2—6日 中华全国总工会基层组织建设部在沪召开“部分省市组织建设工作会议”，全总基层组织建设部副部长杨洪林、市总工会副主席吴申耀出席会议。

5日 市总工会女职工委员会召开四届一次会议，市总工会主席陈豪、市妇联主席孟燕堃出席会议并讲话。市总工会副主席吴申耀主持会议，市总工会副主席汪兰洁作工作报告。会议选举市总工会副主席汪兰洁为市总工会第四届女职工委员会主任。

9—13日 以市总工会主席陈豪为团长，市总工会副主席汪兰洁、杜仁伟为副团长的上海工会代表团一行19人，赴浙江省总工会进行了为期5天的学习考察。

16日 市总工会在杨浦区召开区县工会职工援助服务中心建设现场观摩推进会，市总工会副主席谢峰出席会议并讲话。

16日 市总工会召开上海市读书节闭幕式暨表彰会，市总工会副主席汪兰洁出席会议并讲话。

19日 市总工会召开2004年度上海工会经审工作会议，市总工会副主席、市总经审委主任杜仁伟，市总工会秘书长侯其彬出席会议并讲话。

26日 市总工会举行2003—2004年上海职工合唱节决赛暨颁奖典礼，市总工会副主席汪兰洁出席典礼。

四月份

5—8日 以市总工会主席陈豪为团长、副主席吴申耀为副团长的上海工会代表团一行14人赴江苏省总工会进行为期4天的学习考察。

5—9日 市总工会、市委党校联合举办新当选的市总工会十一届委员培训班，市总工会副主席汪兰洁作培训班开班动员报告，培训班结束时，市总工会副主席吴申耀作培训班总结报告。

19日 由上海市职工技术协会和杨浦区总工会共同发起的上海职工技术成果转化服务中心正式揭牌成立。市委副书记殷一璀、副市长严隽琪等领导在市总工会副主席张兴淮陪同下，参观了上海职工技术成果转化服务中心的职工技术成果展示厅。

20日 市总工会召开“上海工会人力资源有限公司、上海富华人力资源公司劳务工会成立现场会”，市总工会副主席吴申耀、谢峰为劳务工会揭牌，吴申耀讲话。

21日 市委、市政府在市委党校召开2001—2003年度上海市劳动模范表彰大会。中共中央政治局委员、市委书记陈良宇和市委副书记、市长韩正，市人大常委会主任龚学平，市政协主席蒋以任，市委副书记罗世谦、殷一璀、王安顺，市委常委、市委秘书长范德官，市人大常委会副主任、市总工会主席陈豪，副市长杨晓渡等领导与劳模代表一一握手，互致问候，并一起合影留念。会上，陈良宇作重要讲话，韩正主持表彰大会，杨晓渡宣读上海市人民政府《关于表彰2001—2003年度上海市劳动模范和劳模集体的决定》。市总工会副主席、秘书长出席了表彰会。

22日 市总工会召开市工运研究会第六届理事会议。市总工会副主席汪兰洁出席会议。

23日 市总工会举行《中国共产党党内监督条例（试行）》和《中国共产党纪律处分条例》辅导讲座。市总工会主席陈豪，副主席吴申耀、张兴淮、汪兰洁、杜仁伟、谢峰，秘书长侯其彬出席了讲座。

27日 由市委宣传部、市总工会、团市委、市妇联、市司法局、市劳动和社会保障局联合举办的“提高法律素质，做新一代上海人”进城务工人员法制宣传教育活动动员大会在上海图书馆召开。市人大常委会副主任、市总工会主席陈豪出席会议并作动员，市总工会副主席吴申耀出席动员大会。

30日 召开厂务公开工作领导小组第四次会议。市委副书记、市厂务公开工作领导小组组长王安顺主持会议并讲话，市人大常委会副主任、市总工会主席陈豪、副市长杨晓渡出席会议，市总工会副主席杜仁伟出席会议并作汇报。

30日 上海市庆祝“五一”国际劳动节文艺晚会在上海大剧院举行。中共中央政治局委员、市委书记陈良宇，市委副书记、市长韩正，市人大常委会主任龚学平，市政协主席蒋以任等市领导与全市500多名劳动模范、先进人物和社会各界代表欢聚一堂，共同庆祝全体劳动者的节日。市人大常委会副主任、市总工会主席陈豪在晚会上致辞。市委、市人大、市政府、市政协的有关领导，市总工会副主席、秘书长出席了晚会。

五月份

1日 市总工会主席、副主席、秘书长分7路分别上门慰问上海市部分全国五一劳动奖章获得者和新劳模，向他们致以节日的问候。

7日 市总工会举行“五一”健身长跑出发仪式，市总工会主席陈豪，副主席汪兰洁出席。

10日 以副书记迪戈·马丁内斯为团长的西班牙工人总联盟加泰罗尼亚分会代表团一行5人拜会上海市总工会，市总工会主席陈豪会见了代表团。

11日 全总在沪召开工会工作座谈会，中共中央政治局委员、全国人大常委会副委员长、全国总工会主席王兆国出席并讲话，全国总工会副主席、书记处第一书记张俊九出席座谈会，市总工会主席陈豪作工作汇报，市总工会副主席吴申耀、张兴淮、汪兰洁、杜仁伟、秘书长侯其彬出席座谈会。

12日 上午，中共中央政治局委员、市委书记陈良宇，市委副书记王安顺，市委秘书长范德官陪同中共中央政治局委员、全国人大常委会副委员长、全国总工会主席王兆国和全国总工会副主席、书记处第一书记张俊九视察上海液压泵厂、静安区南证大厦并听取工会工作情况汇报，市总工会主席陈豪、副主席张兴淮、秘书长侯其彬陪同。

12日 下午，市委副书记、市长韩正和浦东新区区委书记杜家毫陪同中共中央政治局委员、全国人大常委会副委员长、全国总工会主席王兆国和全国总工会副主席、书记处第一书记张俊九视察后藤电子（上海）有限公司、复旦金仕达计算机有限公司，并在浦东新区召开座谈会。市总工会主席陈豪，副主席吴申耀，秘书长侯其彬陪同。

13日 中共中央政治局委员、全国人大常委会副委员长、全国总工会主席王兆国，全国总工会副主席、书记处第一书记张俊九接见部分在沪全国劳模，召开座谈会并合影留念。市委常委、市委统战部部长沈红光，市总工会主席陈豪，副主席吴申耀、张兴淮、汪兰洁、杜仁伟、谢峰，秘书长侯其彬出席座谈会。

18日 市委宣传部、市总工会、市国资委党委、团市委共同举办“知识工人的楷模——李斌先进事迹报告会”。市委副书记殷一璀出席会议并讲话，市委常委、市委宣传部部长王仲伟宣读《中共上海市委关于学习李斌同志先进事迹的通知》，市人大常委会副主任、市总工会主席陈豪主持报告会，市总工会副主席吴申耀、汪兰洁出席报告会。

18日 市总工会召开“区县局（产业）工会法律工作会议”，市总工会副主席吴申耀出席并讲话。

20日 市总工会举行“2003年度上海市五一新闻奖评选”颁奖活动，市总工会副主席汪兰洁，秘书长侯其彬出席。

26日 市总工会召开上海市开发区工会工作座谈会，市总工会主席陈豪到会并讲话，市总工会副主席吴申耀主持会议，秘书长侯其彬出席。

27日 由市总工会和解放日报共同举办“知识工人的楷模——学习李斌的时代意义”座谈会，市总工会主席陈豪出席座谈会并讲话，副主席汪兰洁主持会议。

30日 市总工会女职工委员会举行“好书（好刊）伴我成长”，迎“六一”向单亲、困难女职工子女赠书仪式，市总工会副主席、女职工委员会主任汪兰洁出席。

六月份

1日 市总工会召开上海工会贯彻全国工会促进再就业经验交流会工作会议。市总工会副主席谢峰到会并讲话。

3日 市总工会女职工委员会举行“友谊——让女性更精彩”庆祝上海工会职业女性联谊会成立十五周年活动，市总工会副主席、女职工委员会主任汪兰洁作总结报告，市妇联主席、联谊会顾问孟燕堃到会讲话。

9日 全总党组副书记、副主席、书记处书记孙宝树来沪召开全国乡镇（街道）工会工作座谈会，市总工会主席陈豪，副主席吴申耀出席座谈会。

14日 市总工会举行第十九届上海市职工精神文明十佳好事表彰会，市总工会副主席汪兰洁，秘书长侯其彬为获奖者颁奖。

17日 市委副书记、市长韩正，副市长杨晓渡到市总工会调研。市总工会主席陈豪，副主席吴申耀、张兴淮、杜仁伟，秘书长侯其彬及有关委办领导参加调研。

17日 由主席克莱夫·费斯克维科率领的挪威奥斯陆市总工会代表团一行6人来华访问。市总工会主席陈豪会见代表团。

30日 市总工会召开上海市初级工商管理（EBA）资格培训表彰会，市总工会副主席汪兰洁出席会议并讲话。

七月份

2日 市总工会召开第十一届三次全委（扩大）会议。市总工会主席陈豪作常委会工作报告，会议由市总工会副主席吴申耀主持，副主席汪兰洁、杜仁伟、谢峰，秘书长侯其彬出席会议。会议增补丁巍、黄肇达同志为市总十一届委员。

6日 市总工会召开上海区县工会职工援助服务工作研讨促进会，市总工会副主席谢峰出席会议并讲话。

7日 全国人大常委会副委员长顾秀莲到上海进行《工会法》贯彻实施情况调研，市总工会主席陈豪，副主席吴申耀，秘书长侯其彬陪同。

8日 中共上海市委副书记王安顺到上海市职工保障互助会和上海市工人文化宫视察调研，召开座谈会并讲话，市总工会主席陈豪，副主席张兴淮、汪兰洁、杜仁伟、谢峰出席座谈会。

16日 市总女职工委员会召开2004年上海市“女职工健康教育”活动启动仪式。全国妇联婚姻家庭研究所秘书长樊爱国、全国总工会女职工部副部长肖冬、全国妇联“心系女性”组委会主任刘小平、市总工会副主席、女职工委员会主任汪兰洁出席会议并讲话。

19—23日 市总工会领导分7路慰问顶着酷暑工作在生产一线的广大职工。

23日 市总工会召开厂务公开民主管理会议，市委副书记王安顺，市人大常委会副主任、市总工会主席陈豪，副市长杨晓渡出席会议并讲话。市委副秘书长刘卫国，市总工会副主席吴申耀、杜仁伟，秘书长侯其彬及市纪委、市委组织部、市委宣传部、市监委、市国资委等单位的有关领导出席了会议。

27日 市总工会主席陈豪，副主席张兴淮，秘书长侯其彬及市总有关部室、直管单位负责人一行10余人，赴江苏慰问上海大屯能源股份有限公司的职工。

27日 市总工会召开局（产业）工会推进组建工作座谈会，市总工会副主席吴申耀出席会议并讲话。

28日 2004年上海读书节在上海展览中心开幕。市委副书记殷一璀,国家新闻出版总署副署长于永湛,市委常委、市委宣传部长王仲伟和副市长杨晓渡、市总工会副主席汪兰洁出席开幕式。

八月份

9—11日 市总工会举办部分区县局(产业)工会主席学习座谈会,专题学习王兆国同志在全总十四届四次主席团全体(扩大)会议上的重要讲话。市总工会主席陈豪,副主席吴申耀、张兴淮、杜仁伟、谢峰出席会议。

19日 市总工会主席陈豪陪同全国总工会副主席、书记处书记黄彦蓉专程看望全国劳模李斌、唐建平。

19日 市总工会与市级机关党工委联合召开"市级机关基层党支部结对助学启动仪式"。市总工会副主席谢峰出席会议并讲话,秘书长侯其彬出席会议。

24日 由市总工会、市建委、市劳动和社会保障局、市建设工会等单位组成的"上海市进沪建筑施工企业工会工作促进会"召开成立大会,市总工会主席陈豪出席会议并讲话,市总工会副主席吴申耀主持会议。

25日 由罗勒·乔治总书记率领的意大利米兰总工会代表团一行6人拜会上海市总工会,市总工会主席陈豪会见了代表团。

26日 市总女职工委员会和市总组织部联合召开上海工会女职工(组建)创新工作法颁奖仪式暨工会女职工(组建)工作现场推进会,市总工会副主席、市女职工委员会主任汪兰洁出席会议。

31日 上海市工运研究会第七次会员大会暨2004年年会召开。市总工会主席陈豪出席会议并讲话,市社联党组书记、副主席潘世伟到会致词,市总工会副主席汪兰洁作工作报告。

31日 市总工会召开上海市学习型社区成果展示暨街道读书活动推进会。市总工会副主席汪兰洁出席会议并讲话。

九月份

2日 市总工会召开《建家二十年》画册首发仪式暨创建"职工之家"征文获奖单位座谈会。市总工会副主席吴申耀出席会议并讲话。

6—11日 由全国人大常委会副委员长成思危率领的全国人大常委会《工会法》执法检查组对上海实施《工会法》的情况进行了执法检查。在沪期间,听取了市总工会及有关方面关于贯彻实施《工会法》情况的汇报;实地考察了震旦办公设备有限公司、上海大众汽车有限公司、上海汽轮机有限公司和飞利浦电子元件(上海)有限公司等4家三资企业;听取了工会干部和职工代表以及各界人士的意见和建议。

16日 市总工会召开2004年度上海工会统计工作会议。市总工会副主席汪兰洁,秘书长侯其彬出席会议并讲话。

17日 上海读书活动网正式开通,市总工会副主席汪兰洁出席开通仪式。

23日 市总工会女职工委员会举行"上海工会女职工特殊利益专项集体合同签约"仪式。市总工会副主席、市女职工委员会主任汪兰洁出席会议。

23—27日 全总在沪召开部分省、市女职工工作研讨会。市总工会副主席、市女职工委员会主任汪兰洁出席会议。

27日 市总工会举行主题为"读书、人生、发展"新上海人读书成果展示活动,市总工会副主席汪兰洁参加活动。

十月份

1日 由市总工会、中共杨浦区委、杨浦区人民政府联合主办的上海职工庆祝中华人民共和国成立55周年"祖国·母亲"文艺专场在沪东工人文化宫广场演出。

11日 市总工会召开市总十一届委员会第四次全体会议,会议选举侯其彬为市总工会副主席。市总工会主席陈豪,副主席吴申耀、张兴淮、汪兰洁、杜仁伟,秘书长侯其彬出席会议。

11日 市总工会主席陈豪会见了以总书记格雷斯·格雷斯为团长的澳大利亚工会理事会昆士兰州分会访华团一行5人。

15日 市职工技协召开四届四次全委(扩大)会议。市总工会主席、市职工技协名誉会长陈豪到会并讲话,市总工会副主席张兴淮作工作报告。

18—21日 由市总工会主席、市厂务公开领导小组副组长陈豪带队,市纪委、市国资委等领导小组成员共同组成检查小组,着重对上海电信和宝钢集团及其一钢公司等12个地区、10个系统、22家基层单位进行厂务公开工作检查。

18日 市总工会主席陈豪会见应邀来访的瑞典歌德堡市总工会代表团一行。

30日 世界著名在华企业健身大赛在东方明珠广场开幕。中华全国体育总会主席李志坚,中华全国总工会副主席黄彦蓉,上海市委副书记殷一璀,上海市人大常委会副主任、市总工会主席陈豪,上海市副市长杨晓渡出席开幕式。

十一月份

3日 由上海市总工会主办的亚洲五城市工会工作研讨会在沪举行。来自日本工会总联合会大阪府联合会、大阪市工会联合会、韩国釜山劳总地域本部、胡志明市劳动者联合会、台北市总工会和上海市总工会的代表参加会议。市总工会主席陈豪,副主席吴申耀分别在研讨会上致开幕词和闭幕词。

13日 由市总工会、市文明办等主办的上海市"迎世博、学双语"活动首考仪式暨"SVA杯"首届上海职业女性"迎世博"英语风采大赛(初赛)在上海外国语大学会议中心举行。市总工会主席陈豪出席并宣布首考开始,市总工会副主席汪兰洁主持启动仪式。

15日 市总工会主席陈豪会见希腊比雷埃夫斯市劳工中心代表团一行6人。

17—19 日 市总工会召开 2005 年工会工作务虚会。市总工会主席陈豪,副主席吴申耀、张兴淮、汪兰洁、杜仁伟、谢峰、侯其彬,秘书长徐季平出席会议。

22 日 由市总工会、解放日报社、市人事局、中共普陀区委共同主办了上海新经济组织读书论坛。市总工会副主席、市读书指导委员会副主任汪兰洁出席论坛并讲话。

24 日 市委宣传部、市总工会、团市委、市妇联、市司法局、市劳动和社会保障局联合举行进城务工人员"提高法律素质,做新一代上海人"法律知识电视决赛。市总工会副主席侯其彬出席。

十二月份

2 日 由穆罕默德·赛义德·摩西主席率领的埃及公用事业工会代表团一行 7 人来沪访问。市总工会主席陈豪会见代表团。

6 日 市总工会召开"2004 年上海市工会组建工作总结交流大会"。市总工会主席陈豪出席会议并讲话,副主席吴申耀主持会议,副主席汪兰洁、杜仁伟、谢峰、侯其彬,秘书长徐季平出席会议。

17 日 市总工会举行"2004 年上海市职工职业道德双十佳颁奖仪式"。市总工会副主席汪兰洁,秘书长徐季平出席会议并为获奖职工颁奖。

23 日 上海市职工保障互助会成立 10 周年庆祝大会在上海音乐厅召开。市人大常委会副主任包信宝、副市长周太彤和市人大、市政府、市劳动和社会保障局、市民政局、市卫生局、市医保局的有关领导出席了大会。市总工会副主席吴申耀、谢峰,秘书长徐季平以及市职工保障互助会老领导出席了大会。市总工会副主席、市职工保障互助会理事长谢峰向大会致词。

24 日 召开市厂务公开第五次会议。市委副书记王安顺主持会议并作重要讲话,市总工会主席陈豪传达了全国厂务公开民主管理经验交流会议精神,市总工会副主席杜仁伟作 2004 年上海厂务公开工作总结和 2005 年工作安排的报告。

26—27 日 市总工会召开十一届五次全委(扩大)会议。市委副书记王安顺出席会议并讲话,市总工会主席陈豪主持会议并作工作报告。市总工会副主席吴申耀、张兴淮、汪兰洁、杜仁伟、谢峰、侯其彬,秘书长徐季平出席会议。

29 日 市总工会召开"双爱双评"表彰大会。市总工会副主席吴申耀出席会议并讲话。

【组织概况】　上海市总工会机关设办公室、研究室、组织部、宣教文体部、经济工作部、保障工作部、财务部、民主管理部、法律工作部、女职工部、国际联络部、事业部、经费审查委员会办公室等13个部室和机关党、纪、工、团，核定编制141名。截至年底，在编干部116名，其中女性47名。市总工会下辖上海工会管理干部学院等直管单位22家，所辖区县局（产业）工会135家；全市共有30468家基层工会，工会会员数为4529183人，占职工总数的97.3%；全市工会专职干部共9965名。　（李　鸣）

【上海市总工会领导及各部室负责人名录】

中共上海市总工会党组名录

党组书记　陈　豪
党组副书记　吴申耀
党组成员　张兴淮　汪兰洁（女）　杜仁伟　谢　峰　侯其彬　徐季平（2004.10）　杜乃根
党组纪检组组长　汪兰洁（女）

上海市总工会第十一届委员会主席、副主席、常委名录

主　　席　陈　豪
副 主 席　吴申耀　张兴淮　汪兰洁（女）　杜仁伟　谢　峰　侯其彬（2004.9）
常　　委　（按姓氏笔画为序）
左山虎　刘晓敏（女）杜乃根　肖长松
吴　捷　吴由之　吴红星
吴诗仲（2004.12）夏玲英（女）彭戌兰（女）

上海市总工会经费审查委员会主任、副主任名录

主　　任　杜仁伟
副 主 任　杨永平

上海市总工会秘书长、助理巡视员等名录

秘 书 长　徐季平（2004.9）
助理巡视员　赵顺章　杜乃根（2004.1）

上海市总工会各部室负责人名录

办公室
主　任　徐季平（兼）
副主任　李卫军　夏　勇（2004.1）
研究室
主　任　陈必华
副主任　桂晓燕（女）
组织部
部　长　杜乃根（兼）
副部长　刘卫新
宣教文体部
部　长　丁　巍（女，2004.12）
副部长　邵新宇（女）
经济工作部
部　长　宋　震
副部长　吕泰康
保障工作部
部　长　吴力坚
副部长　王厚富　陈美琴（女）
财务部
部　长　夏惠珍（女）

副部长　倪伟琦

民主管理部

部　长　张立群

副部长　吴　萌

法律工作部

部　长　屠国明

副部长　周向琳(女)

女职工部

部　长　宋钟蓓(女,2004.12)

副部长　庄　勤(女,2004.6)

国际联络部

部　长　沈雄德

副部长　李　庆(女)

事业部

部　长　张　刚(2004.12)

副部长　朱国庆

经审办

主　任　杨永平

副主任　黄银萍(女)

上海市总工会直属机关党、纪、工、团负责人名录

直属机关党委

书　记　徐季平(兼,2004.10)

副书记　任新我(2004.12)

直属机关纪委

书　记　宋钟蓓(兼,女)

直属机关工会

主　任　任新我(兼)

副主任　卢家平(2004.10)

直属机关团委

书　记　庄　勤(兼,女,2004.12)

(邵丽倩)

【上海市总工会工作综述】　2004年,市总工会辖区县局(产业)工会、市直属大型企业(集团)工会和直属机关工会135家,工会基层组织达30468(不含覆盖数),会员总数为4529183人。(1)提高职工素质,激励职工的积极性和创造性,为上海经济和社会发展建功立业。大力宣传和积极推动树立"科技是第一生产力"、"人才是第一资源"的观念,广泛开展科技创新活动,积极实施"职工技能登高计划"和"职工创新行动计划",充分发挥工人发明家、技术创新标兵和技术能手的作用,激励和鼓舞职工在劳动竞赛中多作贡献。制定和实施《上海工会推进职工素质工程实施纲要》,广泛深入开展"创建学习型组织,争做知识型职工"活动,广泛宣传李斌、唐建平班组等一批"创争"活动先进典型,开展"文明班组"、"红旗班组"、"创新示范岗"创建活动,树立一批"共筑诚信"的职业道德典型和"职工精神文明十佳好事"。大力弘扬宣传劳模精神,表彰市劳模872人和劳模集体380个,推选全国"五一"劳动奖状集体18个和"五一"劳动奖章获得者46人;制定和实施《关于提高上海市退休劳动模范待遇的意见》,努力提高劳模的生活待遇,对在社会上形成学习劳模、关爱劳模、争当劳模的良好氛围产生积极影响。(2)建立和完善多层次的维权机制,切实履行维护职工权益和协调劳动关系的职责。积极参与《上海市促进就业若干规定(草案)》、《上海市安全生产条例》、《上海市女职工劳动保护办法》等10部国家法律和地方性法规的修改,推进建立多层次劳动关系协调机制,形成市、区、街道劳动关系协调机制的三级网络。建立了劳动关系三方协调机制,在各种所有制企业推进平等协商和签订集体合同制度工作,探索女职工特殊利益专项集体合同工作,与政府有关部门联合举办工资集体协商培训班,近千名工会基层干部参加了培训。制定和实施《关于进一步深入推进本市厂务公开工作的实施意见》,突出以"拓展、深化、建制、落实"为重点的企业民主管理工作,组织开展第二次厂务公开大检查。建立上海市职工民主管理评估制度,公有制企业职代会建制达89.3%,外商投资企业职代会2408家,私营企业独立职代会6698家、联合职代会2129家,建立了100家不同类型的企业厂务公开、民主管理示范点。深入开展就业援助、帮困援助和职工互助保障工作,启动"百企千岗进社区"3年行动计划,举办10多万人参加的再就业援助专场,帮助4万余名下岗失业人员实现再就业,继续实施四项职工互助保障计划。广泛开展维护进城务工人员合法权益的活动,制定和下发《关于进一步做好维护进城务工人员合法权益工作的意见》,积极开展维护进城务工者合法权益的专项检查活动。(3)加强工会组建,壮大会员队伍。建立督促检查指导制度、组建工作通报制度,全市净增建会单位16781家,发展会员72.1万人。适应党政机构改革和国资国企改革的需要,探索在委办、大口建立系统工会组织;继续把工会组建延伸到工业园区、楼宇、超市、特色街、商贸市场等区域;产业工会加强转改制企业的工会转接和重组工作,探索和建立区域性行业工会。制定《关于深入开展建设职工之家活动的意见》以及《关于进一步加强组织建设,增强基层活力的若干意见》,并加强分类指导,大力推进基层工会组织建设和工作运转。

(华山青)

【上海市总工会经审委员会工作综述】　(1)上海工会年度预决算审计工作不断深入。对市总2003年度经费收支预算执行情况进行了审计。针对市总在债权债务处理、投资和事业支出的划分、固定资产的规范管理等方面提出了审计意见和建议。(2)下级工会财务收支审计工作不断强化。市总经审会将用2—3年的时间对全市工会经费收支情况进行审计。今年主要开展了对南汇区总工会、住总集团工会原主席离任的经济责任审计;对外经贸、轻工、物资、商业工会4家单位的转改制审计;对有色、船舶、嘉定、绿化局、崇明县总工会等41家工会的财务收支审计。(3)直管单位经济效益审计工作不断拓展。对上海樱花

度假村、上海市总工会洞庭西山休养院、上海市工人疗养院法人代表撤职的审计和上海市总工会屏风山工人疗养院法人代表撤职的审计，公惠医院原院长、东钱湖疗养院原院长的离任审计，对上海职工教育保障计划办公室、文体总公司的专项审计。通过审计，对被审计单位在审计期间的重要事项进行披露，对部分单位的收入支出结余和净资产的账面数进行了审计调整，对在财务管理、会计核算、资产管理、内控制度、基建工程的管理等方面存在的问题提出了审计意见和建议，各有关单位进行了整改。今年市总委托审计事务所对工会管理干部学院4—7楼、球场、锅炉房及外墙装饰、公惠医院装修工程、退管会沙家浜装饰及屏风山疗养院1分院改造、培训中心教育楼装修、工会学院等工程项目进行了审计，送审价2157万元，审定价为1680万元，核减额477万元，核减率为22%。(4)工会经费计拨审计工作不断推进。全市各级工会普遍开展工会经费计拨审计工作，取得了成效。今年全市各级经审会查补经费(40%部分)达941万元，已补交入库728万元，入库率达77%。这项工作的开展，对确保工会经费预算收缴任务的完成，起到了重要的促进作用。(5)基层工会业务指导工作不断加强。一是为贯彻《中华全国总工会关于加强工会经费审查监督工作的意见》，下发了《上海市总工会关于加强工会经费审查监督工作的意见》；二是继续对37个区县局(产业)工会的审计程序规范化进行检查考核，对审计过程中审计通知书的发放、工作底稿的使用、审计报告的征求意见和审计意见书的出具等进行了检查考核；三是组织人员用半年时间，编写《新编工会经审工作教程》，业务指导上更加规范、便于操作；四是经审办先后两次委托市审计局培训中心举办审计上岗证培训班，培训了1400名经审干部，为工会经审干部持证上岗、规范管理创造了条件，并超额完成年初制定的500人持证上岗的目标，与审计局培训中心积极联系，为上述人员组织开展了内审人员审计上岗证的继续教育培训，同时还在工会学院培训了238名新上岗的工会经审干部，各级工会开展培训1165人，使工会经审干部的审计技巧和业务水平得到进一步提高；五是加大调研力度，就工会经审如何适应国家经济监督宏观环境建设、如何防范新时期审计风险、如何加强实务审计、如何确保工会经费规范使用等课题组织专题研讨，先后形成论文43篇，选出12篇优秀调研论文。(6)工会内部审计力量不断充实。今年，市总经审会建立了一支专业知识丰富、政治思想素质过硬、热爱工会经审工作的特约经审监督员队伍，经层层推荐，共聘请12位专业技术人员作为"特约经审员"。"特约经审员"针对各单位财务管理的现状分别提出审计意见和建议，使工会财务管理水平有了进一步的提高，得到了被审计单位的好评。 (杨永平)

【上海市总工会女职工委员会工作综述】 2004年，市总女职工委员会按照全总"组织起来，切实维权"的工作方针和市总提出的"建起来、转起来、活起来"的工作目标，以"夯实基础抓组建，提高素质抓能力，源头参与抓维权，扶贫助弱抓实事"为工作重点，以"分类指导服务基层，整合资源打造品牌"为工作原则，较好地完成了全年的各项任务。(1)对各区县产业工会女职工组织建设情况进行摸底调查，制定了《上海市总工会关于加强新建企业工会女职工工作的若干意见》。以创新工作法评比为载体，以"组建"为主题，征集评比了一批创新工作法，对新建企业组建女职工委员会起到了示范、带头作用。(2)积极探索新形势下女职工维权工作的有效途径，努力形成内外结合、上下联动、齐抓共管、整体推进的工会女职工开放式、社会化的维权工作机制。与市总法律部联合提交"管理岗位女职工的退休问题"提案；签定了女职工特殊利益"专项合同"，首批11家单位和1个行业约70多家单位举行了签字仪式，荣获2004年上海市妇女工作优秀品牌。(3)开展以"关注健康，为女性发展助推"为主题的"三八"系列活动：与中国华源集团联合为300名女劳模、女先进、女干部提供免费妇科高级专项检查及义诊；为1万名特困女职工免费提供妇科检查，其中2000名为进城女工；举办了150场免费女性保健知识讲座，参加人数达1.2万人；设立了女性创业、援助专项基金，为女职工创业、再就业提供资助，崇明县女性创业者已受益；全面推进《上海市女职工团体特种医疗保障计划》，已有62万女职工参保，有461名患病女职工受到救助，受益金额达425.1万元；利用"16010999"电话开设"女职工健康权保护"专题投诉热线，一周内接电话264个，并通过热线反映为50余名进城务工女性免费进行妇科检查。(4)开展"为小康立新功，为世博添异彩"的建功立业活动。与市文明办联合举办了"SVA"杯首届上海职业女性"迎世博英语风采大赛"，有8448名女职工报名参赛；围绕科教兴市主战略，提高女职工的学习、竞争、创新和创业能力，继续开展"中华杯"女职工技能奖的评选，经层层筛选，评出2004年上海"中华杯"女职工技能奖11名。(5)庆"六一"开展"好书好刊伴我成长"活动，为单亲困难女职工子女授书赠刊。(6)召开了上海市总工会女职工委员会四届一次会议，产生了新一届市总女职工委员会，由主任(副主任)8名、常委46名、委员70名、特邀委员13名组成。 (徐梅瑾)

【上海市职工技术协会工作综述】 (1)深入开展群众性经济技术活动，推进职工技术创新。会同市知识产权局等有关单位举办了第十八届市优秀发明选拔赛，鼓励广大技协会员和职工群众踊跃参加发明创造活动。选拔赛共收到发明、创新成果543个，经有关专家评审，评出优秀发明成果一、二、三、四等奖和发明产品实施推广奖391个，职工技术创新奖34个；组团参加第五届中国国际发明展，61个发明项目参展，有45项获奖，获奖率达74%。其中金奖8项，银奖14项，铜奖22项，韩国发明振兴会特别奖1项；组织参加市和全国职工优秀技术创新成果的评选，收到57家区县局(产业)工会上报的优秀技术创新成果146项，经专家评审，挑选10个成果参加全国职工优秀技术创新成果的评选，包起帆领衔开发的"集装箱智能管理技术"被评为全国职工优秀技术创新成果唯一的一等奖，李斌开发的“数控机床系统优化技术”被评为三等奖;继续组织全市各级职工技协利用各自优势开展多种群众性经济技术活动。据统计,全市职工技协全年共提出合理化建议17万多条,完成技术革新、攻关和开发项目1.2万多个,开展技术交流、技术培训等超过1400次。(2)建立科技服务平台,推进科技成果转化。会同杨浦区总工会成立了“上海市职工技术成果转化服务中心”,探索推进职工技术成果转化的新机制。为进一步服务社会,促进技术创新工作,组织基层职工技协把在开展有偿技术服务中积累的资金集中起来,成立了上海职工技术创新基金,为职工和中小企业发明创造和项目开发提供资金扶助,奖励职工创新、发明成果。(3)加强区域性经济技术协作。会同江苏、浙江两省职工技协建立了三省市职工技协合作交流机制,形成三地职工技协工作信息协作网络,加强人员往来和信息交流,开展经济技术考察,实施项目协作,推进职工技术成果交易。(4)规范职工技协建设,提高职工技协管理水平。全力抓好职工技协的管理和规范运作,加强经营活动的检查、监督;举办了技协干部培训班、合同初审员培训班和技术经纪人培训班,提出规范运作的具体工作要求,分析在财务管理、税收政策、合同签订及经营方向上存在的问题;继续加强职工技协的组织建设,发展新的团体会员。

(王小龙)

【上海市退管会工作综述】 2004年,市退管会在市委、市政府和市总工会的领导下,根据中办发(2003)16号文件精神,结合上海经济发展要求和退休职工的需求,坚持“以人为本,以实为本,以诚为本”的管理服务理念,围绕确定的工作目标,积极进取,扎实工作,求真务实,努力为广大退休人员做好事、办实事、解难事,既维护了退休人员的合法权益,又为促进上海经济发展和社会稳定作出了贡献。一是退休职工住院补充医疗互助保障工作有新突破,全年有240多万退休人员参保,比上年参保人数净增7万。二是“冬送温暖、夏送清凉”活动有新成效,全年共有41万退休人员得到各种形式的帮困和慰问。三是尊老社会一条龙和双月为老服务工作有新进展,与市信息委联手扩大社保卡功能,老人持社保卡也可享受尊老服务的相关项目,全年发放优待证13万张,双月为老服务活动62场,使60476人次的退休人员得到了相应的服务。四是为老服务项目有新拓展,举行了专场法律咨询服务,共有128名退休人员得到了法律专家提供的免费咨询服务;开通了“银发服务网站”,为退休人员及时了解信息搭建了服务平台,退休人员专业人才服务部为120多名退休人员参与社会经济发展提供了中介服务。五是退管理论工作有新成绩,全年共收到论文80篇,大都是退休人员关注的热点问题,经专家评审,16篇论文获得优秀并得到表彰。六是企业退休人员社会化管理服务调研有新成果,在对有关区、街道、居委退管干部和退休人员调查研究的基础上,形成了书面调查报告,就如何积极、稳妥、有序、平稳推进企业退休人员社会化管理服务工作提出建议。七是退管经济在市场经济的竞争中有新发展,全年完成销费额4.3亿,上缴国家税金480万,实现利润总额6000万。八是退休生活杂志发行有新提高,在各级退管会和退管干部的重视支持下,发行量比上年提高3000册。九是市退管会办公室机构有新加强,与市退休职工活动中心资源整合,优势互补,形成工作合力,强化服务功能,注重政策和法规的研究,从源头上维护退休人员合法权益。十是市退管系统直属单位管理有新起色,银发大酒店经过全体员工的拼搏和努力荣获三星,管理服务水平上了一个新台阶。

(邬时中)

【市总工会十一届三次全委(扩大)会议】 上海市总工会第十一届三次全委(扩大)会议于7月2日召开。市人大常委会副主任、市总工会主席陈豪在会上作了《大力弘扬求真务实精神,树立和落实科学发展观,努力开创上海工会工作新局面》的主题报告,要求全会上下学习贯彻市委八届五次全会精神,认真落实全总“组织起来、切实维权”的工作要求,形成以“三个代表”重要思想统领工会工作全局、以科学发展观指导工会工作新实践、以求真务实精神开创工会工作新局面的共识,努力把上海工运事业推向前进。陈豪强调,工会要树立和落实科学发展观,不断开拓新时期工会工作的新思路和新境界,始终坚持以经济建设为中心的发展观,充分发挥上海工人阶级的主力军作用;始终坚持全面、协调、可持续的发展观,共同营造和谐稳定的劳动关系和发展环境;始终坚持以人为本的发展观,最大限度地满足和实现职工全面发展的需求;始终坚持统筹兼顾的发展观,最广泛地维护工人阶级的团结统一。陈豪要求,各级工会要大力弘扬求真务实精神,努力推进新时期工会工作的新创造和新发展,深刻认识工人阶级的历史地位和作用,切实维护和发展广大职工群众的根本利益;深刻认识新时期工会工作的特点和规律,不断提高工会的认识水平和实践能力;深刻认识工会面临的经济和社会环境的变化趋势,力争在理论创新、组织体制创新、运行机制创新等方面有所突破。同时,陈豪同志在讲话中回顾了上半年工会工作开展情况,并对完成全年各项目标和任务提出了四方面要求:一要认清形势,服务大局,进一步增强工作的责任感和使命感;二要开拓创新,狠抓落实,进一步推动重点工作取得新突破;三要依法治会,强化责任,进一步完善各项制度建设;四要改进作风,真抓实干,进一步提高工作能力和工作效率。全委会审议通过了有关人事任免事项,分别增补、替补丁巍、黄肇达为市总第十一届委员会委员。 (桂晓燕)

【市总工会十一届四次全委会】 上海市总工会第十一届委员会第四次全体会议于10月11日召开。会上,市委组织部就市总工会领导班子调整充实情况作了说明,会议采取无记名投票方式增选侯其彬为市总工会副主席。市人大常委会副主任、市总工会主席陈豪作了题为《工会要在党的执政能力建设中体现新作为、作出新贡献》的报告。他指出,学习贯彻党的十六届四中全会精神,是当前和今后一个时期工会的首要任务,各级工会要根据市委的部署和要求,认真学习、深刻领会党的十六届四中全会精神,充分认识加强党的执政能力建设的重要性和紧迫性。要制订切实可行的学习计划,着力于推进工作,在党委的领导下,运用工会的组织优势,采取群众喜闻乐见的形式,组织广大职工学习好党的

召开上海市总工会第十一届委员会第四次全体会议

(费大伟)

十六届四中全会精神。他强调,中央提出了当前和今后一个时期加强党的执政能力建设的任务,五大能力建设对工会工作提出了全新的要求,也进一步拓宽了工会工作的思路。各级工会要以提高能力、发挥作用为中心,不断加强工会自身建设,以学习贯彻党的十六届四中全会精神为动力,按照年初确定的工作目标,全面完成各项工作任务;并在调查研究的基础上,总结好今年的重点工作,思考明年的工作思路,力争各项工作有新的突破,不断为上海的经济发展和社会进步作出贡献。（桂晓燕）

【市总工会十一届五次全委(扩大)会议】 上海市总工会第十一届五次全委(扩大)会议于12月26—27日在海鸥饭店召开。市委副书记王安顺出席会议并作重要讲话,市人大常委会副主任、市总工会主席陈豪主持会议并作工作报告。王安顺充分肯定在即将过去的一年中,上海各级工会组织在市委和全总的领导下,坚持以邓小平理论和"三个代表"重要思想为指导,牢固树立和落实科学发展观,紧紧围绕上海新世纪新阶段的发展目标,全面履行工会的各项职能,在许多方面进行了新的探索和实践,取得了明显成绩。对进一步做好明年的工会工作,他提出了三方面要求。一要充分认清新形势下工会肩负的重要使命,更好地发挥在提高党的执政能力,促进经济社会发展中的重要作用;二要积极表达和维护职工群众的合法权益,推进科教兴市主战略的落实,致力于构建社会主义和谐社会;三要抓住开展保持共产党员先进性教育的有利时机,全面加强工会组织的自身建设。陈豪在报告中回顾了今年的工会工作,对2005年上海工会主要工作作了具体部署,要求深入学习贯彻党的十六届四中全会精神,切实增强工会工作的政治责任感;最广泛地把职工动员起来,为上海的改革开放、经济社会发展再创新业绩;最大限度地把职工组织起来,不断提高上海工人阶级队伍的组织性;更加有效地维护职工群众利益,促进建立和谐的劳动关系;不断深化职工素质工程,努力建设高素质的职工队伍;大力加强能力建设,切实提高工会工作水平。会议替补吴诗仲、沈贵楚、陆海霞为市总工会委员,补选吴诗仲为市总工会常务委员。（桂晓燕）

【市总工会召开贯彻全国工会促进再就业经验交流会工作会议】 6月1日,市总工会召开了贯彻全国工会促进再就业经验交流会工作会议。市总工会副主席谢峰讲话,市总工会秘书长徐季平主持会议。会议传达了全国工会促进再就业经验交流会精神。会议要求,各级工会要充分认识到贯彻全国工会促进再就业经验交流会提出的"加强工会促进再就业工作也是落实'组织起来、切实维权'的一个重要举措"的深刻含义,要通过实实在在和深入细致的调研,千方百计拓宽就业援助渠道,重点帮助再就业困难职工实现就业。在帮助的对象上,除从国有企业分流出来的下岗失业人员外,还要维护好进城务工人员、灵活就业人员和新毕业大学生等对象在劳动就业与社会保障方面的基本权益,增强岗位的稳定性,提高就业质量。全市各级工会要进一步拓宽就业援助渠道,重点帮助再就业困难职工实现再就业;进一步加大源头参与力度,维护和保障广大职工合法就业权利;进一步强化创业帮扶,积极扶持生产自救创业组织发展壮大;进一步整合力量,形成条块结合、资源共享的工会再就业援助新局面;进一步关心生活困难的下岗失业人员,进一步完善工会再就业帮困救助体系,维护社会的稳定。各区县总工会分管主席、工会保障部长共70余人参加了会议。（陈　晖）

上海市总工会十一届五次全委(扩大)会议在海鸥饭店召开,市委副书记王安顺出席会议并讲话（吴良荣）

【上海召开厂务公开民主管理工作会议】 7月23日,上海市厂务公开民主管理工作会议在展览中心召开。会上,市委副书记王安顺同志要求全市各级党政领导要立足全局和战略的高度,进一步深化对厂务公开民主管理工作重要性的认识。他强调,实行厂务公开民主管理是实践"三个代表"重要思想和科学发展观的具体体现;是发展社会主义民主、推动社会主义政治文明建设的重要形式;是协调各种利益关系,促进企业改革发展稳定的必然要求;是加强对干部的制约监督,进一步密切党群干群关系的有效途径。王安顺同志指出2004年全市厂务公开工作重点是:抓实施率提高,特别是改制企业的厂务公开工作;抓工作机制的完善,建立评估机制和完善监督机制,督促检查机制;抓法制建设,提高厂务公开民主管理的强制力和约束力。市总工会主席陈豪作了工作报告。市总工会副主席杜仁伟主持会议。会议表彰了14家全国厂务公开先进单位,97家2003年上海市"职工最满意企业"和80名2003年上海市"员工信赖的好经理(厂长)"等先进集体和先进个人。（马艳芳）

【市总工会召开创争活动推进会】 3月1日下午，市总工会在黄浦区举行全面实施职工素质工程，推进“创建学习型组织，争做知识型职工”活动交流会，交流创建学习型组织的先进经验，表彰上海工会创建学习型组织的先进集体。会议指出：要深刻认识开展“创争”活动对于实施科教兴市主战略的重要意义，进一步明确活动的指导思想、总体目标和工作原则；充分认识开展“创争”活动，建设高素质的职工队伍，是实施人才强国战略的重要举措，是实施科教兴市主战略的客观要求，是不断发展工人阶级先进性、维护职工学习权和发展权的必然途径。会议要求：要树立科学的发展观和人才观，不断创新“创争”活动载体，提升“创争”活动的整体水平；要强化职工教育培训工作，继续深入开展职工读书活动，构筑多样化职工学习平台，积极开展经济技术创新活动，充分发挥工会的组织指导作用。会议强调：要加强领导，使职工素质工程和“创争”活动落到实处，收到实效。要不断开拓创新，探索在不同所有制、不同文化背景下开展这一活动的方式方法，进而提炼出具有企业个性的“创争”经验；要及时总结和推广“创争”活动的先进经验，保证“创争”活动健康、有序、广泛、深入地开展。市总工会副主席汪兰洁主持会议，各区县局（产业）工会主席、宣教部长和基层党政干部400人参加了会议。（刘宝华）

【亚洲五城市工会工作研讨会在沪举行】 11月3日，由上海市总工会主办的亚洲五城市工会工作研讨会在沪举行。来自日本工会总联合会大阪府联合会、大阪市工会联合会、韩国釜山劳总地域本部、胡志明市劳动者联合会、台北市总工会和上海市总工会的代表参加会议。上海市总工会主席陈豪、副主席吴申耀分别在研讨会上致开幕词和闭幕词。陈豪在致词中说，通过亚洲五城市工会工作研讨会，我们将致力于全面认识工会工作的现实环境，致力于实现和发展劳动者各项权益，致力于提高工会履行职责的能力和水平，致力于亚洲地区工会的友好交往和互利合作。当今经济全球化的发展、经济结构和产业结构的调整、劳动力市场的完善、劳动者的持续流动等，一方面拓展了工会的工作领域、丰富了工会的工作内容，另一方面又给工会的组织体系、工作机制、活动方式、会员构成等带来了新的变数。代表们在发言中形成普遍共识：应把维护劳动者合法权益作为一切工作的出发点和落脚点；防止会员流失，不断增进工会会员的规模和数量；根据产业的变化和职工的流动，适时调整和完善工会的组织体系；在更广阔的交流平台上探讨国际工运发展的新特点新变化，加强亚洲地区工会双边和多边的实质性交流。（李　庆）

【市总工会召开开发区工会工作座谈会】 5月26日，市总工会在海鸥国际会议中心召开了“开发区工会工作座谈会”。市人大常委会副主任、市总工会主席陈豪在讲话中指出，各级工会要勇于探索开发区的工会组织管理模式，适应区域经济的特点，紧紧依托开发区，把开发区工会建设成为区域性的一级工会组织，将开发区内所有企事业单位和所有职工群众都纳入开发区工会工作的范围，加快开发区内非公有制企业工会组建步伐，加大进城务工人员等各种用工形式职工的入会工作力度，围绕中心，服务大局，突出履行维护职能，充分发挥工会协调劳动关系、促进经济发展的独特作用，推动“组织起来，切实维权”重点工作的贯彻落实。陈豪要求，开发区工会要以改革的精神和服务的意识，进一步增强基层工会的活力，推进工作创新。一要依法维护不同职工群体的具体利益，切实履行好工会的维护职能。二要以建设“职工之家”为主要抓手，推进工会各项工作的有效开展，不断增强基层工会的活力。三要重视工会工作的创新，建立健全各项工作制度和工作机制。四要注重工会干部自身素质建设，不断加强自我修养，努力提高工会工作的理论水平和工作能力。他希望，各级开发区党委要进一步加强和改善对工会工作的领导，一如既往地支持工会开展工作，充分调动工会干部的积极性，为开发区工会工作创造更加良好的氛围。各区县总工会要高度重视开发区工会工作，加强领导，及时总结实践中产生的鲜活经验，及时帮助开发区工会解决工作中遇到的困难。（李　鸣）

【市总工会召开工会组建工作总结表彰会议】 12月6日，2004年度上海市工会组建工作总结表彰会议在海鸥饭店召开。市人大常委会副主任、市总工会主席陈豪出席会议并讲话。他指出，全市各级工会组织在市委的领导下，按照全国总工会“组织起来，切实维权”的重点工作和市总工会具体工作部署的要求，遵循工建服务党建的原则，加强领导、把握时机，大力推进非公企业工会组建工作，努力吸纳包括进城务工人员在内的广大职工加入工会组织，使全市工会组建和发展会员工作取得了显著的成效。对于下一阶段的工作，陈豪强调指出，各级工会的首要任务就是要认真学习贯彻党的十六届四中全会精神，从增强党的执政能力建设的高度，提高对非公企业工会组建工作重要性和紧迫性的认识，敏锐把握工人阶级队伍内部结构的发展变化，坚持以人为本和统筹兼顾的科学发展观，加快非公企业工会组建工作步伐，把职工组织到工会中来，最大限度地满足和实现职工全面发展的需要，最广泛地维护工人阶级的团结统一，不断提高工会的组织水平和工作水平，不断增强党的阶级基础和扩大党的群众基础，发挥工会组织作为党联系职工群众的桥梁纽带、国家政权重要社会支柱、职工群众合法权益代表和维护者的作用，确保实现2005年全市工会会员达到500万的目标。会上，表彰了“2004年上海市工会组建工作先进单位”和“2004年上海市工会组建优秀单位”。会议由市总工会副主席吴申耀主持。市总工会副主席汪兰洁、杜仁伟、谢峰、侯其彬，秘书长徐季平以及助理巡视员、组织部部长杜乃根出席了会议。各区县局（产业）工会主席、组织部长、社区部长以及部分街道、乡镇工会主席共300余人参加了会议。（李　鸣）

【上海工会认真学习贯彻党的十六届四中全会精神】 市总工会把认真学习贯彻党的十六届四中全会精神，作为当前和今后一个时期各级工会的重要政治任务，采取有效措施，推动学习活动的深入开展。具体做法：一是全面、准确、深刻地领会四中全会精神，充分认识加强党的执政能力建设的重要性和紧迫性，把广大工会干部和职工群众的思想统一到四中全会精神上来，适应增强党的执政能力建设的新要求，进一步推进工会工作的新实践和新创造；二是把学习贯彻四中全会精神与工会工作实际紧密结合起来，切实履行工会各项职能，努力提高驾驭社会主义市场经济的能力、发展社会主义民主政治的能力、建设社会主义先进文化的能力、构建社会主义和谐社会的能力、应对国际局势和处理国际事务的能力；三是加强领导，明确责任，把学习贯彻党的十六届四中全会精神的活动引向深入，制定切实可行的学习计划，把学习与实践、学习与工作有机结合起来，使工会干部不断增强贯彻四中全会精神的自觉性和坚定性，不断提高理论水平和工作能力，并通过工会宣传阵地和各种宣传手段，向职工群众深入浅出地宣传四中全会精神，引导和帮助广大职工不断提高思想认识。 （程友谨）

【市总开展"组织起来、切实维权"大调研工作】 今年市总确定了三个重点调研课题，即"关于在完善社会主义市场经济体制中工会组织体制创新问题的研究"、"关于进城务工人员权益保障问题的研究"、"关于工会维权工作的研究"。为抓好重点课题的调查和研究，市总明确：一是加强领导，明确责任。大调研课题都明确为"一把手"工作，成立专门的课题组，由副主席担任课题指导，由市总相关职能部门及部分区县局（产业）工会负责人为课题组成员。同时，明确责任部门，配强调研力量。每个课题组都制定了调研方案，根据不同的研究重点，设立了若干分课题，兼顾了调研工作的深度与广度。二是整合力量，方式多样。为全面了解情况，三个课题组从实际出发，运用了各种调研方法，充分调动和整合职能部门和基层工会的积极性，共同参与课题的调查、讨论、研究，取得了良好的效果。如"进城务工人员权益保障问题研究"课题组在全市13个区县局（产业）工会中进行了3000多份问卷调查，对72名进城务工人员进行个案访谈，还联合社科院研究人员一起进行课题研究，将调查材料与问卷调查数据相互印证，增强了调研工作的科学性。"工会组织体制创新"课题组也将面上调查与重点调研结合起来，通过召开座谈会、重点走访等形式，深入了解部分市属企业集团、区属企业、区行业工会联合会等工会组建和工作开展情况，总结成功的经验，探讨碰到的问题，增强了调研工作的有效性。"关于工会维权工作的调研"课题组在19个区县局（产业）工会的1020名职工和420名工会干部中开展了问卷调查，并召开了党政干部、工会干部、基层职工和专家学者等不同类型的座谈会4个，为这一课题的研究打下了扎实基础，增强了调研工作的针对性。三是深入研究，推动实践。着重克服重调查轻研究、为调查而调查的倾向，把大调研工作同查找问题、分析原因、探索规律、指导工作紧密结合起来，分析和研究工会面临的新情况新问题，反映和总结各级工会在实践中的成功做法和丰富经验，努力深化对新形势下工会工作特点和规律的认识。年内，市总已根据调研情况，先后出台了《关于进一步做好维护进城务工人员合法权益工作的通知》、《关于在本市进城务工人员中进一步开展提高法律素质、做新一代"上海人"宣传教育活动的通知》等文件，召开了开发区工会工作座谈会等。在10月底全总召开的"组织起来、切实维权"大调研工作汇报会上，上海工会调研工作取得的成果和经验作了大会交流。 （桂晓燕）

【上海工会开展《工会法》实施情况大检查】 为了配合全国人大常委会于9月对上海贯彻实施《工会法》的情况进行执法检查，市总工会、市人大内司委联合发出了《关于开展〈工会法〉实施情况调研检查活动的通知》，6至7月，由市人大常委会委员、市人大内司委委员杨行良,市总工会副主席吴申耀带队组织有关人员对上海震旦办公设备有限公司、上海劳伦茨橡胶制品有限公司、上海波蜜食品有限公司贯彻实施《工会法》的情况进行执法检查和调研,并召开了部分工会干部座谈会,听取了他们在贯彻实施《工会法》中遇到的有关工会组建、平等协商、集体合同、民主管理、会费收缴、权益维护等方面问题的意见。与此同时,市总工会各有关部室开展了相关课题的专题调研,各区县局(产业)工会也于7至8月集中力量开展了贯彻实施《工会法》的全面自查。通过检查,进一步突出工会的维权职责,积极为职工排忧解难办实事,工会的组织体制更加健全,劳动关系三方协商机制逐步建立,平等协商、集体合同工作不断深化;劳动法律监督力度得到加大,企业职工民主管理形式不断创新,促进了《工会法》在上海的全面贯彻实施。

(甘党生)

【上海工会全面实施《职工素质工程实施纲要》】 市总工会在各级工会广泛开展职工素质工程的实践基础上,于4月制定下发《上海工会推进职工素质工程实施纲要(试行)》。《实施纲要》从落实科学发展观和推进科教兴市主战略的要求出发,着眼于进一步提高上海职工队伍整体素质和人才竞争力,就当前和今后一个时期推进职工素质工程的指导思想、目标任务、主要内容、基本途径和保障措施提出了明确要求。各级工会积极贯彻《实施纲要》,深入推进职工素质工程,基本做法是:(1)统一思想抓落实,进一步明确推进职工素质工程的重要意义、指导思想和工作目标,进一步加强对职工素质工程的组织领导,把推进职工素质工程真正落实到行动中;(2)联系实际抓载体,各区县局(产业)工会从实际出发,抓住各种有效载体,深化职工素质工程,静安区总工会以“三创一做”活动为载体,推进“两新”组织职工素质工程不断深化,嘉定区总工会开展以“当好东道主,迎接F1”为主题的职工素质教育,提升班组职工的文明程度;(3)重在长效抓机制,各区县局(产业)工会在机制建设上狠下功夫,一抓激励机制,二抓保障机制,三抓工作机制,对不同行业、企业开展职工素质工程进行分类指导,使职工素质工程规范有序地开展;(4)营造氛围抓典型,各区县局(产业)工会广泛开展职工素质大讨论、塑造职业精神、职工素质工程巡礼等活动,营造人人参与的良好氛围,积极发挥典型单位和先进个人的示范作用;(5)以人为本抓品牌,各级工会以职工群众为主体推进职工素质工程,努力发挥职工的积极性和创造性,宝钢集团工会的班组文化大赛和班组体育大赛、普陀区总工会的“青工e坊”、机电工会的争做李斌式职工活动等都体现了各自行业的鲜明特色,成为职工素质工程的独特品牌。

(程友谨)

【市总工会表彰首届上海市“职工最满意的企业”】 7月23日,在上海市厂务公开民主管理工作会议上,市总工会对2003年上海市“职工最满意的企业”进行了表彰。该评选活动是由市总工会会同市劳动和社会保障局、市质量协会、市企业联合会等10家单位共同举办的,旨在树立和落实科学发展观,倡导以人为本的管理理念,推动现代企业制度建设,深化职工民主管理,进一步调动和发挥广大职工的积极性、创造性,促进企业与员工的全面发展。经过基层和区县局(产业)推荐、企业员工满意度测评、实地考察和社会公示等程序,并经评选领导小组审核,上海市电信有限公司等10家单位获得2003年上海市“职工最满意企业十佳”称号,上海纺织机械总厂等87家单位获得2003年上海市“职工最满意企业”称号。

(秦　勇)

【市总工会表彰“2003年上海市员工信赖的好经理(厂长)”】 为总结和推广依靠员工办企业的先进事迹和先进经验,树立依靠员工办企业的先进典型,完善企业劳动关系协调机制,推动基层民主政治建设,上海市总工会组织开展了“2003年上海市员工信赖的好经理(厂长)”评选活动。与前四届评选最大的不同点是这届评选首次突破了所有制界限,规定:“凡本市企业,不分所有制均可申报评选。”经过基层单位申报、区县局(产业)推荐、申报材料审核、组织考察组到部分企业考察、张榜公布候选人事迹、进行员工信任投票、社会公示、报市总工会审定等程序,决定授予于在志等80位同志为“2003年上海市员工信赖的好经理(厂长)”称号。这届评选活动,是广大员工对企业经营管理者满意度的一次测评。7月23日,在上海市厂务公开民主管理工作会议上,对荣获先进称号的好经理(厂长)进行了表彰。

(余　铮)

【在进城务工人员中开展“提高法律素质,做新一代上海人”宣传教育活动】 市总工会与市委宣传部、团市委、市妇联、市司法局、市劳动和社会保障局联

4月27日,上海市“提高法律素质,做新一代上海人”——进城务工人员法制宣传教育活动动员大会在上海图书馆召开　(费大伟)

合在全市进城务工人员中,开展了"提高法律素质,做新一代上海人"宣传教育活动,并贯穿于全年的职工普法宣传教育活动中。此项活动,有60余万名进城务工人员参加了法律知识竞赛,有23支区、局系统参赛队以优异的成绩进入网络复赛,杨浦区代表队荣获一等奖,上海建工(集团)总公司代表队、长宁区代表队获二等奖,上海电气(集团)总公司、金山区、上海市市政工程管理局等3个代表队获三等奖,浦东新区等17家代表队荣获优秀组织奖。一、领导重视,形成合力。这次宣传教育活动主要内容是"三个一",即:集中开展一次进城务工人员普法宣传教育活动、组织开展一次"百万进城务工人员法律知识竞赛"、进行一次依法维护农民工合法权益的专项检查活动。全市85%的区、县、局(产业)成立了学习宣传活动领导小组,80余家系统制定了具体计划,从组织落实、时间安排、物质配置上给予保证。二、形式多样,宣传到位。为提供普法资料,六家主办单位联合编印了《进城务工人员法律知识读本》10万余册、《进城务工人员法律服务指南》5000余册发放到基层和进城务工人员的手中,并通过东方法治网、上广新闻综合频率《市民与社会》栏目与进城务工人员就劳动用工、婚姻家庭、法律服务等开展网上对话,通过大众传媒、热线电话及"宣传大篷车"等渠道,集中宣传与进城务工人员生活、工作密切相关的政策和法律法规,帮助他们提高法律素质。同时,全市各级组织和单位按照"实际、实用、实效"的原则,选择了与广大进城务工人员生活和工作联系最为密切的一些法律法规进行宣传教育,把法制教育与职业道德、社会公德、家庭美德、诚信教育有机结合起来,倡导科学、健康、文明的生活和工作方式,促进了广大进城务工人员思想道德素质和法律素质同步提高。 (何玲智)

【市总工会女职工委员会推动女职工特殊利益专项集体合同签约工作】 9月23日,市总工会女职工委员会举行了"上海女职工特殊利益专项集体合同签约仪式"。首批以复星高科技集团为代表的11家企业和涵盖60余家单位的长宁区IT行业签订了"女职工特殊利益专项集体合同",并向签约单位的女职工代表赠送了孕妇防辐射衣等赠品,受到了广大女职工的欢迎。中华全国总工会女职工部部长丁大建和市总工会副主席汪兰洁出席了仪式。全总副主席黄彦蓉高度评价这一工作,工人日报、中国妇女报、中央人民广播电台、东方电视台、文汇报、青年报、中国工运等多家新闻媒体对此进行了报道。 (徐梅瑾)

【市总工会评选表彰上海市职工先进操作法、上海市职工优秀创新成果】 在实施科教兴市主战略,深化群众性经济技术创新活动中,全市广大职工积极参加合理化建议、技术革新、技术协作、发明创造等多种形式的劳动竞赛活动,大力组织职工开展各类先进操作法总结推广活动,取得了一批突出的技术创新成果,涌现出一批职工先进操作法。这批先进操作法不仅具有独创、高效、科学、实用的特点,而且都有一年以上的实绩指标,且在同行业中处于领先地位,并已总结、提炼为理性的工艺要领,易于掌握,具有推广和应用价值。为进一步激发广大职工学习和创新技术的积极性,在各区县局工会推荐评选的基础上,市总工会、市科学技术委员会、市劳动和社会保障局联合对30项"上海市职工先进操作法"、60项"上海市职工优秀技术创新成果奖"进行表彰,颁发荣誉证书。 (满顺华)

【上海职工技术成果转化服务中心成立】 上海职工技术成果转化服务中心由市职工技术协会和杨浦区总工会共同发起成立,旨在紧紧围绕实施科教兴市主战略,展示、交流和推介职工技术成果,为广大职工充分施展聪明才智和推进职工技术成果转化提供平台,推动全市群众性技术创新活动的深入开展。该中心于4月19日正式揭牌成立,市委副书记殷一璀、副市长严隽琪等在市总工会副主席张兴淮陪同下视察了服务中心的工作。上海职工技术成果转化服务中心为市政府知识产权园的组成部分,其主要功能是以职工技协的科技、人才、信息和网络优势为依托,通过成果展示、推介指导、中介服务和市场运作,集聚全市职工的发明创造、创新成果,吸引有志于创业的专利技术持有者,推进职工技术成果的交易、转移和转化。服务中心设有职工技术成果展示厅,展示全市职工近期创新、发明的400余项技术成果。其它服务项目包括技术合同认定登记、技术中介、业务培训、项目评审、项目鉴定、科技创新开发转化、优秀技术项目推荐、高新技术高新企业认定、技术创新基金扶持等。 (王小龙)

【金山区总工会与市纺织工会缔结友好工会】 5月28日下午,金山区总工会与市纺织工会于无锡马山纺织疗养院举行签约仪式,双方正式缔结成为友好工会。去年底,首家区域和行业相衔接的工会组织——金山区纺织工会联合会揭牌成立,走出了开创性的第一步。2004年1月7日,金山区纺织行业工会联合会15名委员组团出席了市纺织工会七届十一次全委会,并全部增补为纺织工会七届委员会委员。3月28日,金山区人大副主任、区总工会主席刘跃俊带领由20名比武选手、10名裁判人员组成的代表队,赴三枪工业城参加双方共同举办的技能交流活动。随后,双方又在金山区举办"男式西裤操作比武"上海市选拔赛,为参加全总和全国服装协会联合主办的该项技能比武挑选参赛队员。随着区域性纺织行业工会联合会工作的不断推进,金山区总工会与市纺织工会的友谊越来越深。为了进一步加强双方的工作交流,资源共享,拓展友好往来与合作的渠道,双方决定缔结友好工会。友好工会主要在四个方面开展进一步的合作:一是共同加强对金山区纺织工会联合会的领导和指导,实现双方工会重点工作的全面协作与交流,共同推进工会的各项工作;二是促进双方干部的学习交流,互派干部到对方学习考察,开拓视野、增进了解;三是加强双方工会企事业的联系与合作,定期为对方提供企事业发展信息,主动为对方开展企事业经贸活动提供便利条件;四是加强工会保障工作的联系与合作,在下岗职工培训、再就业介绍与劳务输出等方面进行合作。 (吴 冲)

【曾庆红视察上海船舶企业　对产业工人提出殷切期望】　4月24日,国家副主席曾庆红在视察上海地区造船企业时,实地考察了江南和沪东中华两家造船企业,深入车间、工地,登上船台到工人中间。曾庆红殷切希望上海和全国产业工人向许振超和李斌同志学习,争创"四个一流"。希望全国产业工人都能努力向"四个一流"的目标奋进:第一,要勤奋学习,刻苦钻研,努力成为一流的产业工人。广大产业工人要立足于自学成才,致力于岗位成才,不断汲取新知识,掌握新本领,努力成为企业发展和现代化建设的有用之才。第二,要爱岗敬业,顽强拼搏,不断追求一流的技术水平。中国正在向制造业大国迈进,迫切要求全国广大产业工人像许振超和李斌同志那样,干一行、爱一行、钻一行、精一行,争做掌握一流技术水平的高技能产业工人。第三,要大胆创新,敢为人先,立志干出一流的工作业绩。广大产业工人都要学习许振超"干就干一流、争就争第一"的豪迈气概,不断用新知识解决新问题,用新技术创造新业绩,进一步巩固和发展中国工人阶级的先进性。第四,要求真务实,苦干实干,积极创造一流的工作效率。广大产业工人要学习许振超的科学态度、务实作风和进取精神,脚踏实地、埋头苦干,以效率求生存,以效率促发展,为全面建设小康社会、加快推进社会主义现代化作出新的贡献。　(林创廷)

【王兆国视察浦东新区工会】　5月12日下午,中共中央政治局委员、全国人大常委会副委员长、中华全国总工会主席王兆国到浦东新区视察工会工作。王兆国同志先后视察了日本独资企业后藤电子(上海)有限公司和民营企业复旦金仕达计算机有限公司的工会工作和职工生活、生产场所,并在张江集团公司召开了浦东新区工会工作座谈会。上海市委副书记、市长韩正,市委常委、浦东新区区委书记杜家毫,市人大常委会副主任、市总工会主席陈豪,浦东新区区委副书记、常务副区长戴海波,浦东新区人大常委会副主任、区总工会主席彭戌兰等市、区领导陪同视察。座谈会上,王兆国发表了重要讲话。王兆国指出,对外资企业要讲依法组建工会,要按照《劳动法》、《工会法》这些法律的规定帮助外资企业组建工会。一方面,要将职工的才智和各种能力开发出来,为企业的发展贡献力量;另一方面,企业也要关心职工,依靠职工,职工是企业发展的一个重要因素。企业关爱职工,职工爱护企业,共谋发展,也共享利益。企业发展好了,职工的利益也得提高。工会就要起到桥梁和纽带的作用。这样,职工作为国家主人翁的地位和作用就能够体现出来,他们的积极性、创造性才能够发挥出来。这对企业有利,对地区的经济发展也有利。王兆国指出,白领阶层的员工被称作"三高"群体,工会怎么把他们组织起来,他们有没有这个需求?事实证明,他

中华全国总工会主席王兆国到浦东后藤电子(上海)有限公司考察时与公司日方总经理交谈　(蔡雪康)

们是有这方面需求的。工会要将他们组织起来,增强凝聚力。工会的作用,不仅仅是在企业里发挥稳定的作用,还可以激发他们热爱自己的企业,激发他们的活力,把聪明才智贡献给自己的企业。王兆国还指出,在企业里,包括在非公有制企业里要召开职工代表大会,发挥工会组织的作用。通过职代会让职工了解企业的发展目标,使职工能够为实现这个目标而努力;同时,也要通过职代会,把职工的各种权益,包括民主权益和他们应该得到的各种利益维护好。这样企业、员工才能够团结奋斗,企业才会兴旺发达,职工利益也才能得到保障。这就叫做"双爱、双赢",企业与员工相互关爱,相互得益。 (蔡雪康)

【王兆国到静安区视察工建工作】 5月12日上午,中共中央政治局委员、全国人大常委会副委员长、中华全国总工会主席王兆国在中共中央政治局委员、上海市委书记陈良宇的陪同下,来到南证大厦,对静安区楼宇工会建设工作进行调研。在调研座谈会上,王兆国同志作了重要讲话,他充分肯定了静安区各级工会在区委的领导下所取得的成绩,创造出了好的工作经验和方式方法。他强调指出,基层党政干部、工会干部在实践中创造的经验是非常可贵的,是一种开拓性、创造性的探索。他高度赞扬上海市和静安区不管是党的干部、政府的干部还是工会的干部,都有在新情况下研究问题、解决问题的精神,有与时俱进、开拓创新的精神。王兆国指出,静安区地处上海市中心,商业楼宇多,"三高"人员较集中,"三高"人员大多数是富有新知识和管理能力的年轻人。这就是中国工人阶级队伍的新变化。知识分子作为工人阶级的一部分,他们和产业工人有所不同,如何把他们组织起来、凝聚起来是个新课题。要把不同行业、不同阶层的职工都凝聚在党的周围,把他们的积极性调动起来,把他们的聪明才智发挥出来,使他们在各自的岗位上作出贡献。王兆国指出非公有制企业与员工的关系是社会主义初级阶段遇到的新情况、新问题,上海市各级工会在党委的领导下很重视研究这种关系,企业和员工是统一体,虽然是一个矛盾的统一体,但是在工作上要强调共同的一面,使企业和职工相互促进、共同发展。在中国特色社会主义制度下的企业家,都是在党的方针政策鼓励支持下发展起来的,所以这些企业家对党和政府也有深厚的感情。企业要尽量地关爱员工,使员工能够在岗位上积极工作,使企业更快发展。王兆国同志谈到,现在工作中遇到一些难题,即新产生的社会阶层、社会组织谁来管,怎么管,怎么组织起来,要研究清楚企业和职工的关系问题,要协调好这个关系,"以服务吸引人,以活动温暖人,以维权凝聚人,以教育团结人",把大家的积极性调动起来,为社会发展和进步作出贡献。 (程忠俊)

【王兆国、陈良宇盛赞李斌精神】 中共中央政治局委员、全国人大常委会副委员长、中华全国总工会主席王兆国,中共中央政治局委员、上海市委书记陈良宇到上海液压泵厂看望全国劳模李斌和李斌班组,并参加了座谈会。王兆国、陈良宇同志在座谈会上,强调要更广泛深入地开展学习李斌的活动,为全面建设小康社会作出更大的贡献。王兆国同志指出:李斌同志是新时代工人阶级的杰出代表和楷模。李斌精神表现在热爱岗位,热爱劳动;表现在不怕困难,刻苦钻研;表现在不断学习,不断进取;还表现在尊重科学、勇于创新、忘我劳动、甘于奉献。广大职工要在自己的岗位上作出贡献,发扬工人阶级的主人翁精神,发挥好主动性、积极性、创造性,在平凡岗位上作出不平凡的成绩。陈良宇同志在讲话中指出,李斌同志是实践"三个代表"重要思想的模范。李斌的精神和实践代表了先进生产力的发展方向,代表了先进文化的前进方向。李斌精神是上海城市精神的体现,是全市人民的宝贵财富。上海市委非常重视对李斌和李斌精神的学习宣传。各级工会要把学习李斌和落实科学发展观结合起来,推动经济发展和科技进步。 (郁惠平)

【全国人大常委会《工会法》执法检查组在浦东检查并召开座谈会】 9月8日,由全国人大常委会副委员长成思危带队,全国人大常委会委员、内司委委员赵地、中华全国总工会副主席苏立清、上海市人大常委会副主任王培生等同志参加的全国人大常委会《工会法》执法检查组到浦东检查《工会法》的执行情况,并举行了座谈会。上海市人大常委会委员、内务司法委员会主任委员朱寄萍、上海市总工会副主席吴申耀、浦东新区人大常委会主任王午鼎、浦东新区区委常委、副区长臧新明、浦东新区总工会副主席陆雄等陪同参观与座谈。成思危同志肯定了新区的三资企业工会作用。同时对浦东新区工会干部提出了四点要求。一是要尽职尽力。首先是要维护职工

全国人大常委会《工会法》执法检查组在上海召开座谈会
(甘党生)

的合法权益，其中重要的是代表职工签订集体劳动合同，因为它与个人劳动合同相比更规范、更公平，在发生劳动纠纷时作为依据更具合法性。在维权问题上，工会干部要明确立场，始终站在职工一边，而不是做职工和企业的中间人。第二凡是涉及到职工切身利益的问题，比如工资、福利、劳动保障、安全等问题，按照《工会法》和有关规定，企业必须要和工会商量，工会干部也必须主动要求参与，这也是工会干部的职责。第三要开展文化、教育、培训、文体和旅游活动等。最后就是要教育职工遵守劳动纪律，通过遵守劳动纪律来促进生产发展。二是要坚持原则。把职工集体利益放在个人利益之上，发扬奉献精神。三是要联系群众。工会离开了群众就没有力量。首先要对工人群众有深切的感情，才能想群众所想，急群众所急。其次是要在工作中有民主的作风，最后在群众遇到困难，需要我们的时候，工会干部一定要挺身而出，做好排忧解难、化解矛盾的工作。四要开拓创新。在三资企业里，按照《工会法》的要求，搞民主管理、民主决策、民主监督，与国有企业不一样，需要去探索、去开拓。

（张真琦）

【全国人大常委会对上海《工会法》实施情况进行执法检查】 7月8—10日，全国人大常委会副委员长顾秀莲率领的全国人大常委会《工会法》实施情况调研组来到上海，就《工会法》执法检查开展前期调研活动，听取了上海市贯彻实施《工会法》的情况介绍。9月6—10日，由全国人大常委会副委员长成思危率领全国人大常委会执法检查组对上海市贯彻实施《工会法》的情况进行执法检查。在沪期间，成思危与执法检查组全体成员听取了市人大常委会、市政府、市总工会、市高级人民法院、市劳动和社会保障局关于贯彻实施《工会法》情况的汇报；实地考察了震旦办公设备有限公司、上海大众汽车有限公司、上海汽轮机有限公司和飞利浦电子元件（上海）有限公司等4家三资企业；听取了部分市人大代表、专家学者、政府有关部门和法院工作人员、三资企业经营人员和高级管理人员、工会干部和职工代表的意见和建议；全国人大常委会执法检查组对上海贯彻实施《工会法》所取得的成绩和经验予以了充分肯定，认为上海市贯彻实施《工会法》的突出特点和主要经验：一是领导重视，各方参与，齐抓共管，形成合力；二是完善法规，强化监督，促进了《工会法》的贯彻实施；三是开创性地开展了工会组建工作，使工会的组织体系更加健全；四是注重工作实效，职工的合法权益得到了有效保障；五是适应了新形势的发展，涌现出一批具有较高理论素质和实践能力的基层工会干部，探索了具有上海特色的工会工作新经验。检查组认为，上海市贯彻实施《工会法》总体情况是好的，但从检查了解到的情况看，仍存在一些带有全国性的普遍问题，一是外商投资企业工会组建工作还需要进一步形成合力，加大力度，切实解决组建难的问题；二是要充分发挥平等协商、集体合同制度在市场经济条件下对协调劳动关系的积极作用；三是要继续为《工会法》的贯彻实施创造良好的外部环境。（甘党生）

短信息：

○7月10日上午，全国人大常委会副委员长顾秀莲率领全国人大《工会法》执法调研组一行到静安区调研工会工作，观看了楼宇工会组建展板，肯定了工会干部社会化、职业化是创新。

（程忠俊）

上海职工队伍分布图(1)

(按国民经济行业分)　　单位:人

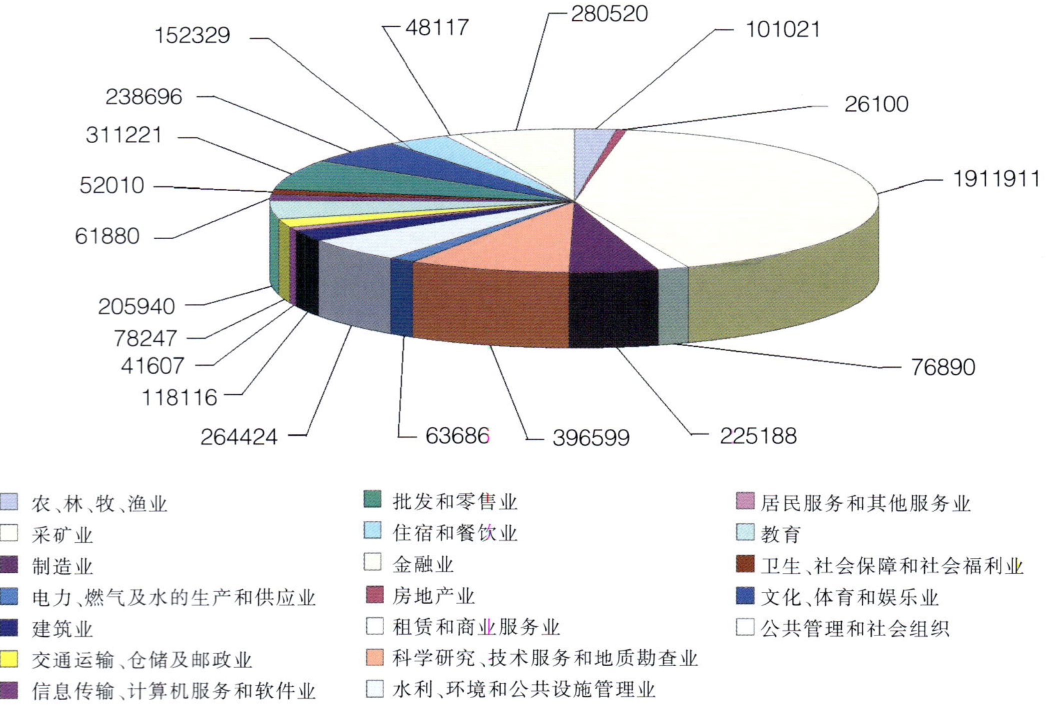

(吴　越)

上海职工队伍分布图(2)

(按经济类型分)　单位:人

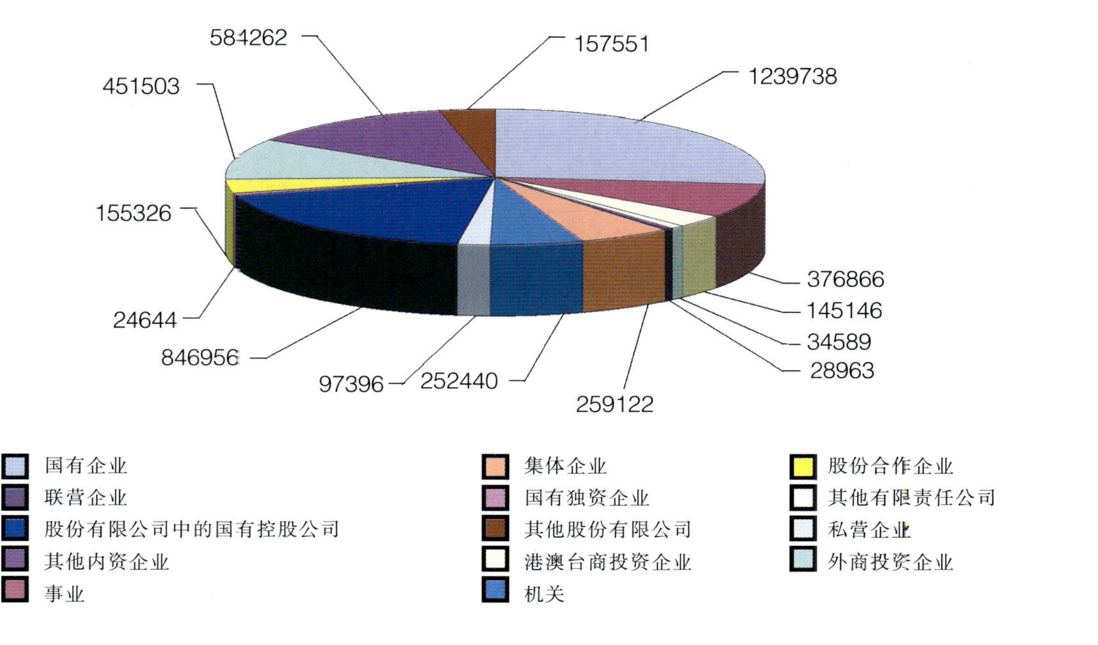

(吴　越)

工会会员示意图

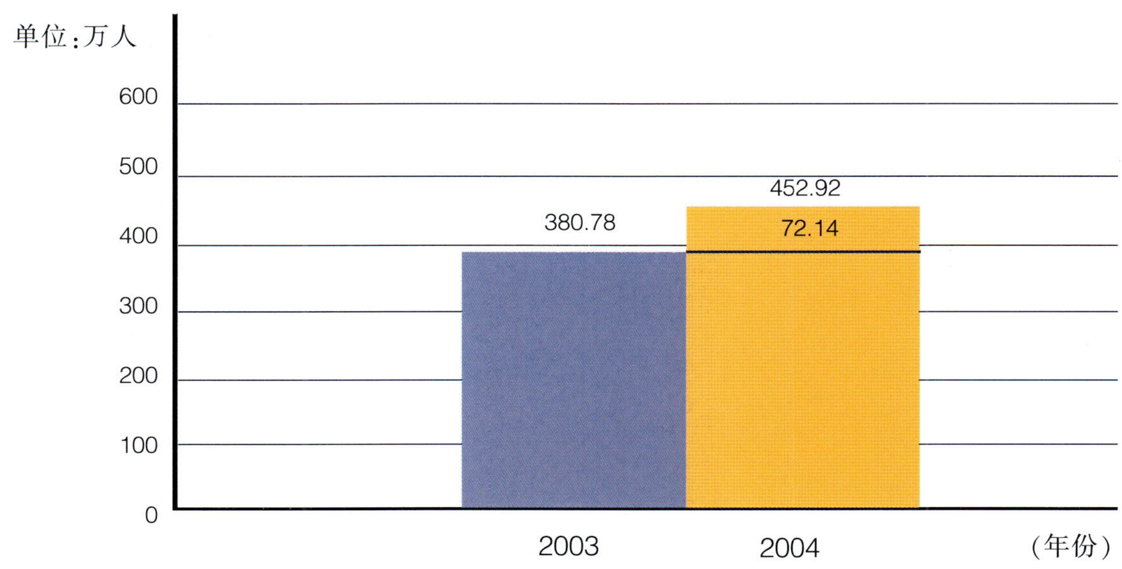

(杨　娟)

工会组织示意图

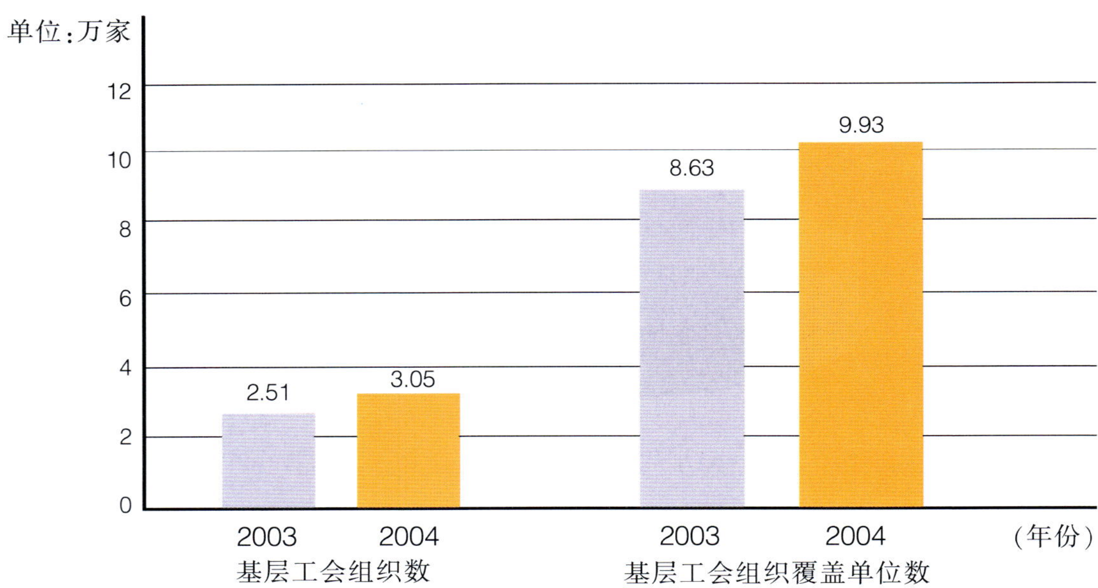

（杨　娟）

初级工商管理(EBA)资格培训图

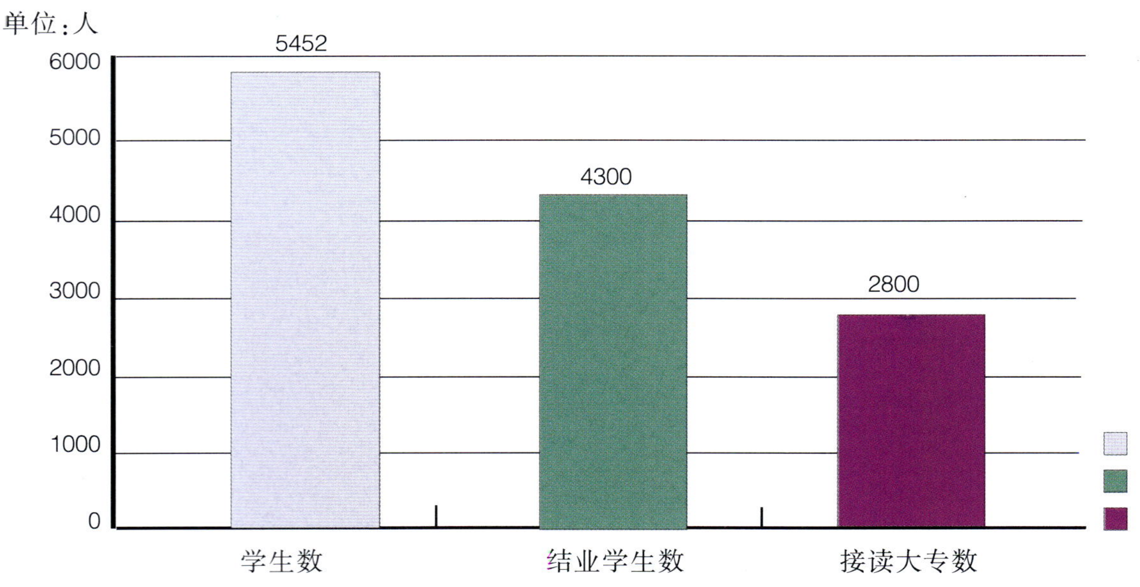

（程友谨）

上海市职工技术革新发明成果图

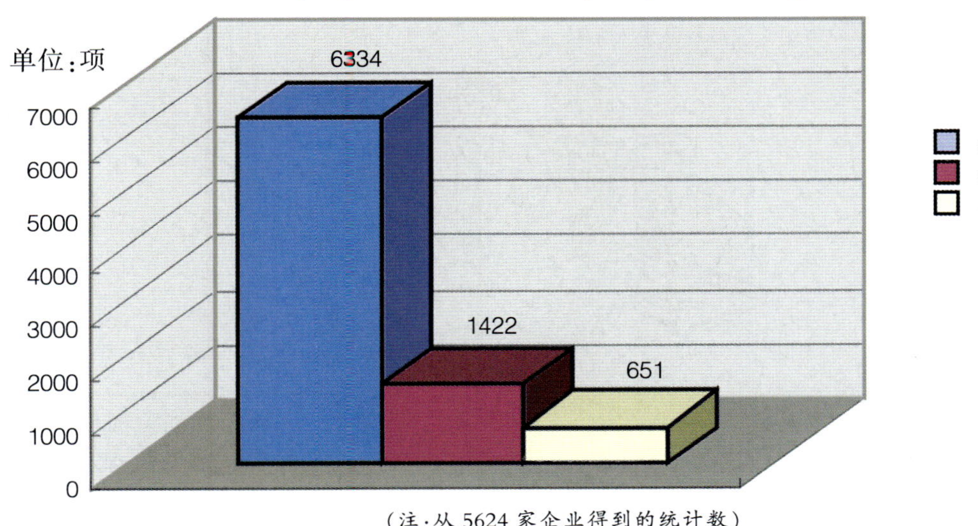

(注:从5624家企业得到的统计数)

(满顺华)

上海职工合理化建议成果图

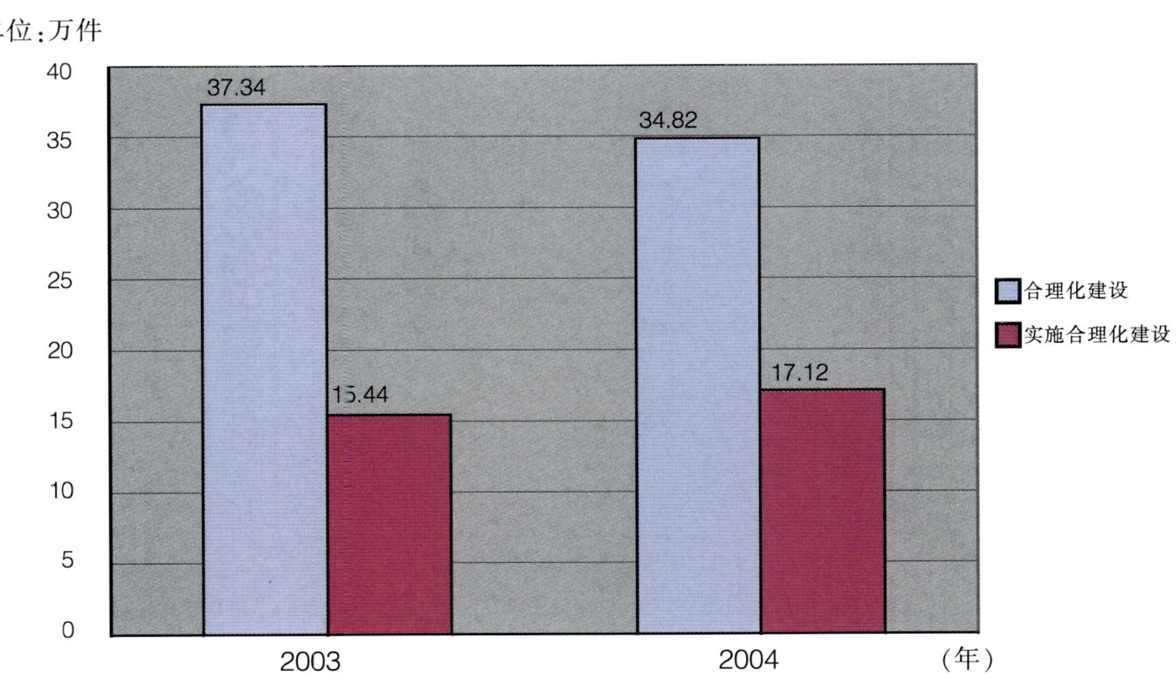

(满顺华)

上海市职工技术成果获奖示意图

获全国职工优秀技术创新成果 2 项，其中一项为唯一的一等奖（全国共评选职工优秀技术创新成果 34 项）

获上海市职工优秀技术成果 60 个；优秀操作法 30 个

获上海市优秀发明成果 390 项（市优秀发明选拔赛参赛项目 543 项）

获第四届上海国际发明展览优秀参展项目 45 项，其中金奖 8 项，银奖 14 项，铜奖 22 项，韩国发明振兴特别奖 1 项（共计参展项目 61 项）

（王小龙）

上海读书节示意图

2004 年上海书展暨 2004 年上海读书节开幕式，500 多人参加开幕式，书展 5 天期间，参观和购书市民超过 30 万。

东方网上海市振兴中华读书活动网页开通仪式，网页共设 8 个栏目。

上海译文杯世界名著朗诵大赛，参加选手 1200 人，15 人进入决赛，东方少儿频道录播赛况。

新华杯 2004 年上海市民综合知识测试活动，参加测试人数为 15886 人，合格率为 82.3%。

上海学习型社区展示暨街道读书活动推进会，来自 10 个街道社区的 400 人参加推进会。

新上海人读书活动交流展示会，该项活动为首次举行，300 作人参加交流会。

信息网络杯 2004 年上海市振兴中华读书活动推荐书目和“我最喜爱的 20 本书”评选活动，5 万人点击此栏目，有效选票 4759 张。

三联杯“金色年华伴好书”系列活动，10 万人参加赠书仪式、征文活动和演讲比赛。

上海首次读书指数公布暨 2004 年上海读书节闭幕式，2004 年上海读书指数为 828.2，公布读书指数全国无先例，上海为首例，指数表明，上海人在看书、购书等读书指数上，列全国各大城市前列。

上海新经济组织读书论坛，10 家知名民营企业、合资企业参加论坛，与会者 300 人。

（张　凡）

上海工会开展职工文体活动示意图

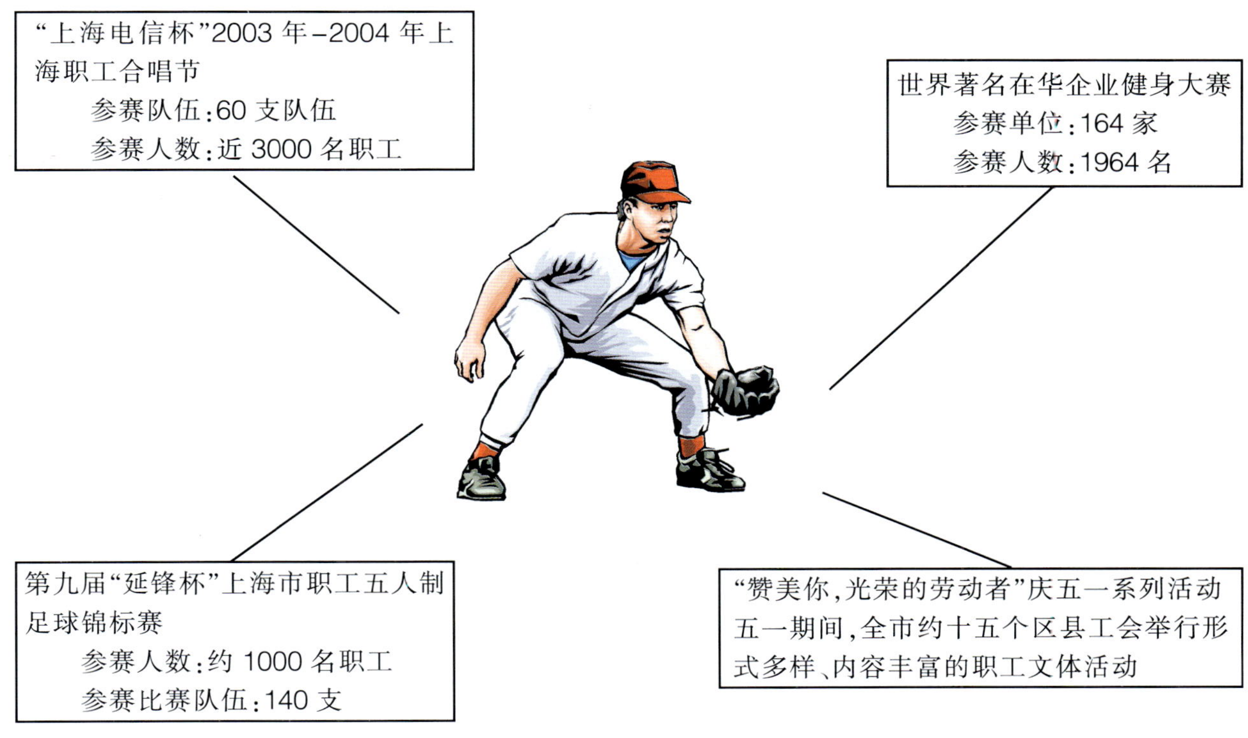

(宋 昶)

公有制企事业单位职代会建制图

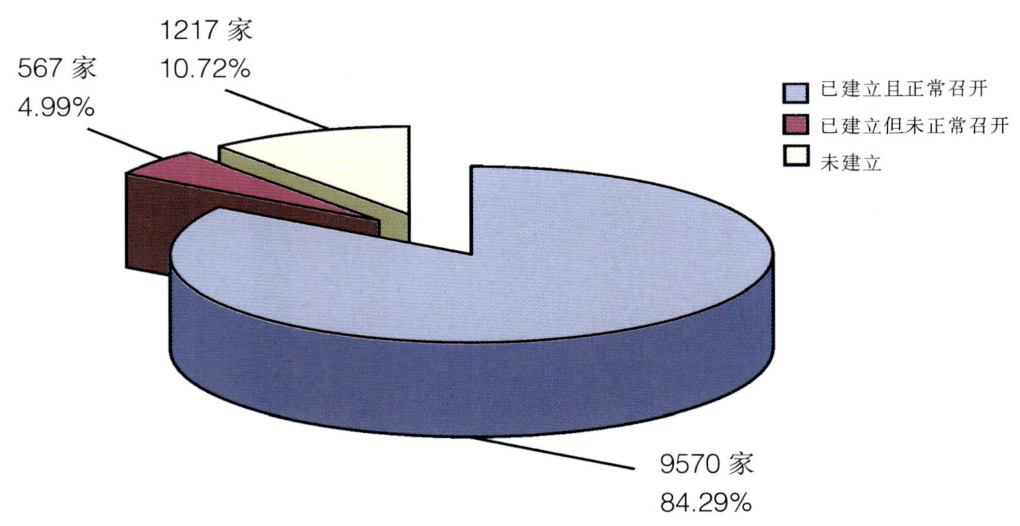

(马艳芳)

公有制企事业单位厂务公开实施图

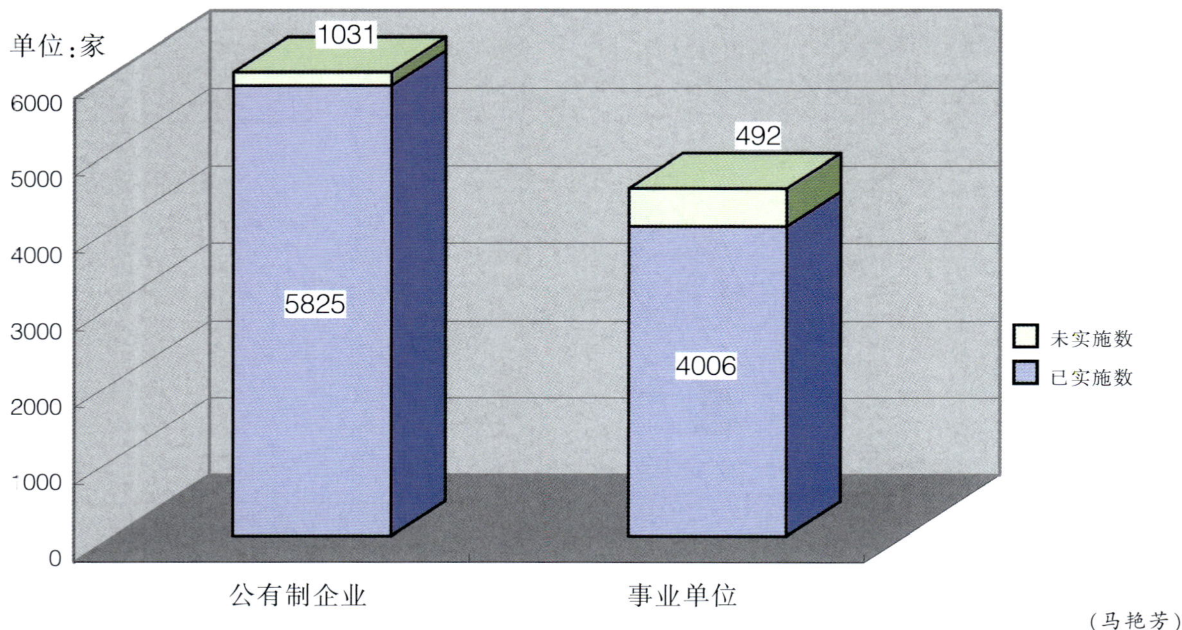

（马艳芳）

非公有制企业厂务公开实施图

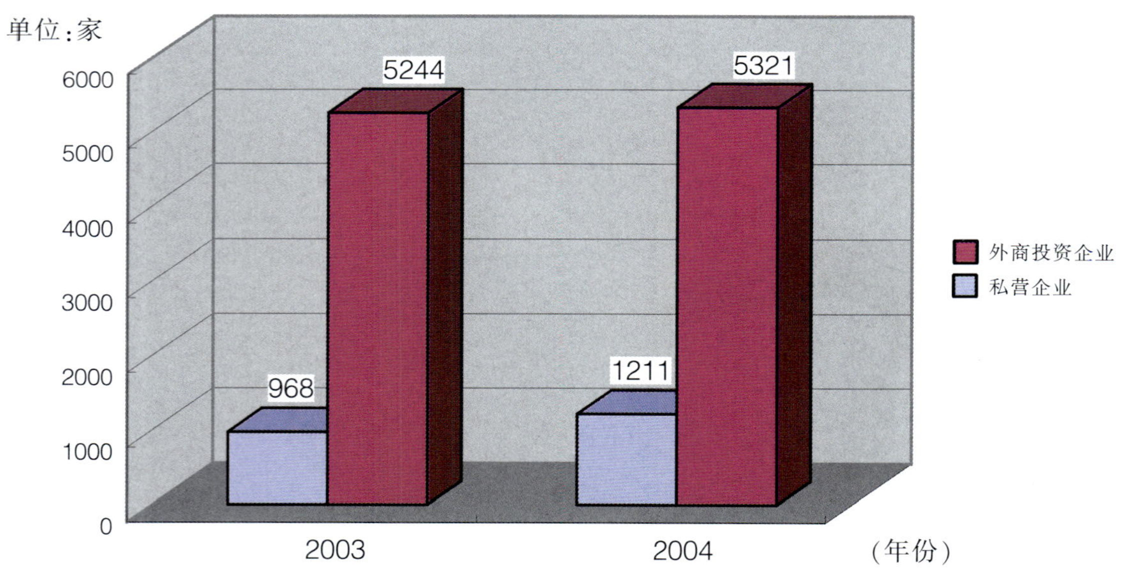

（马艳芳）

非公企业联合职代会建制图

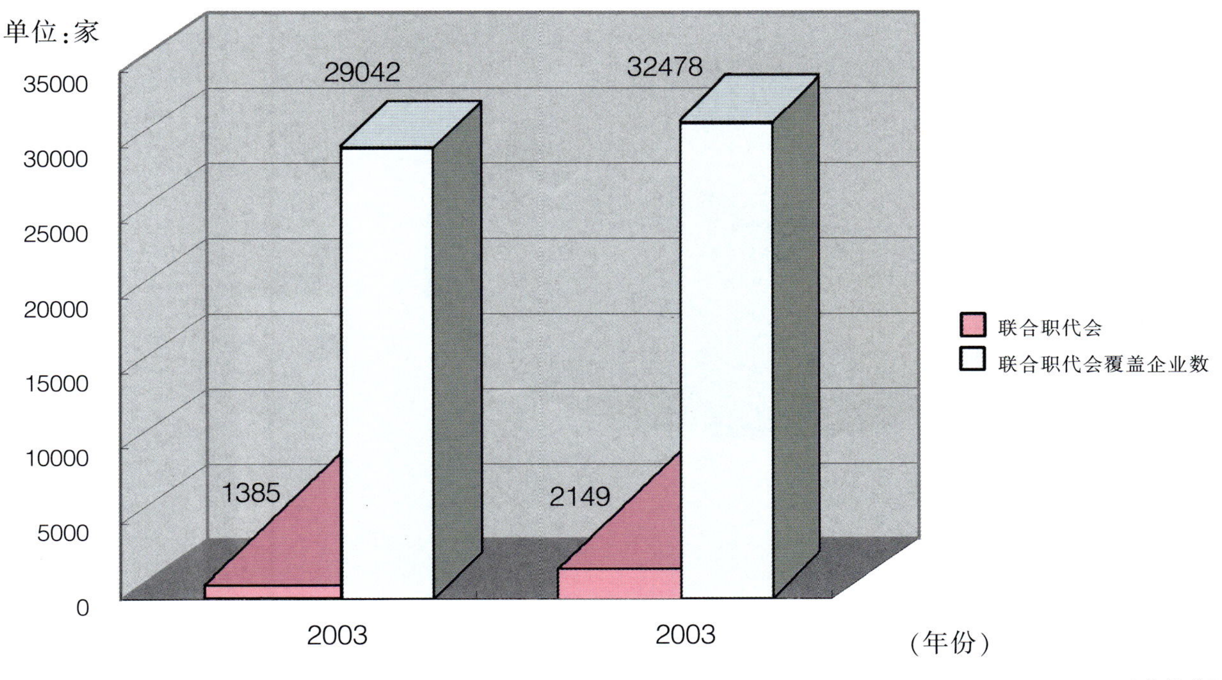

（马艳芳）

非公企业独立职代会建制图

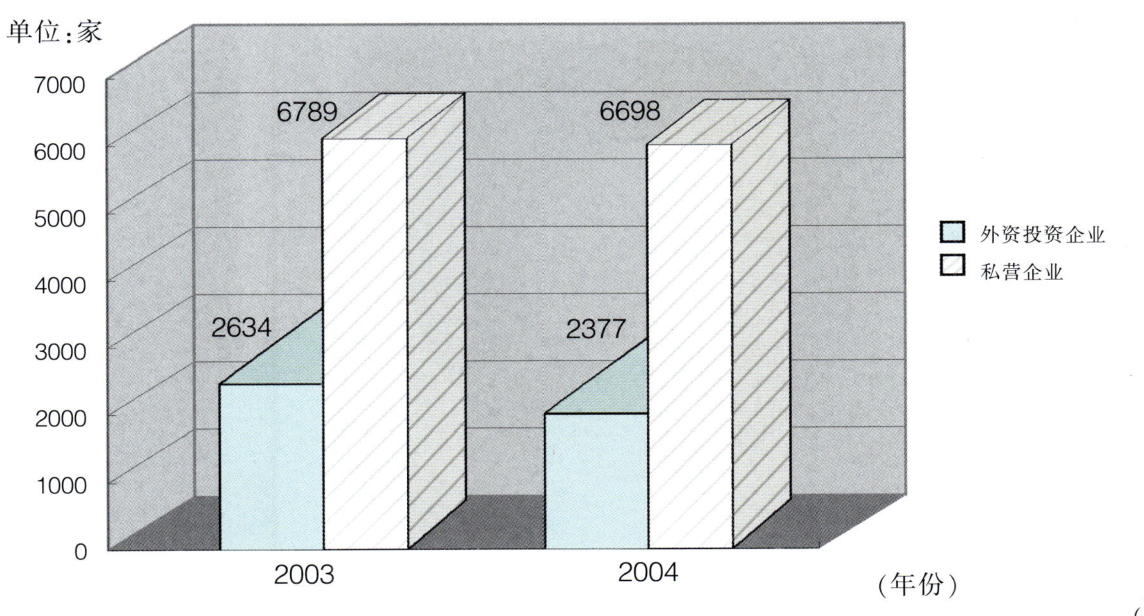

（马艳芳）

工会直接帮助职工就业图

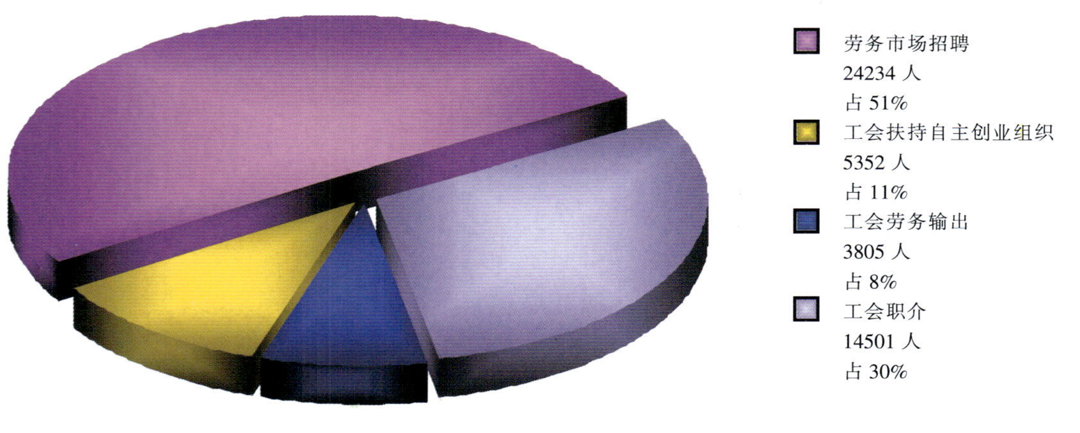

（陈　晖）

工会帮助困难职工脱贫图

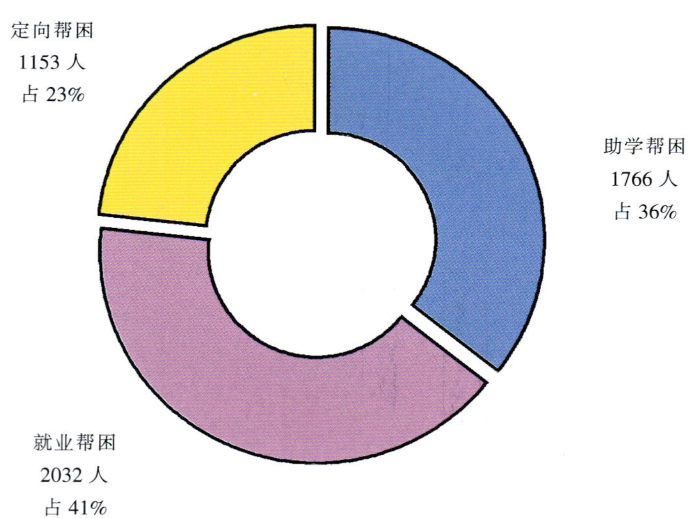

（陈　晖）

工会帮困送温暖示意图

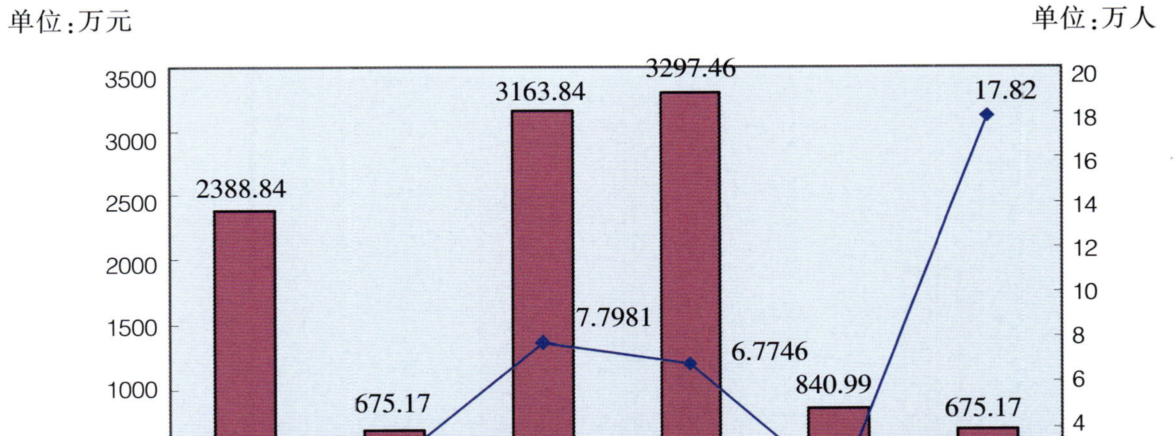

（陈　晖）

四项互助医保计划给付图

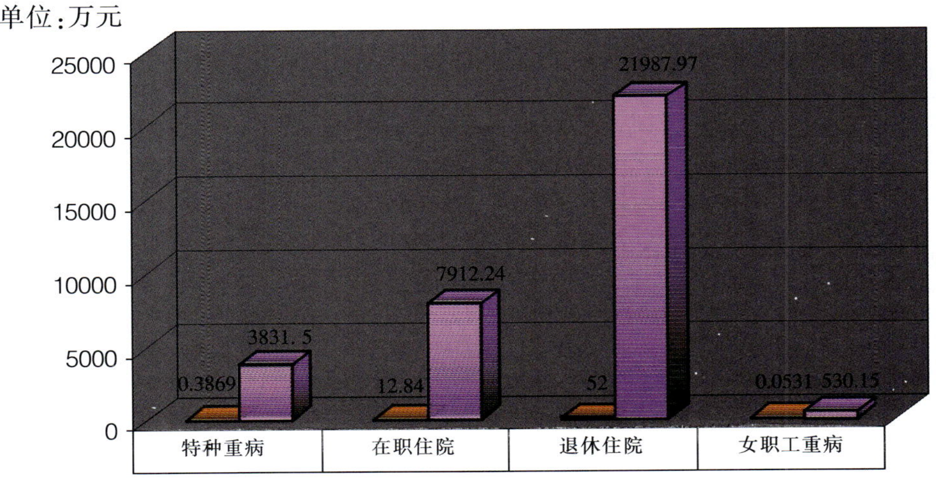

（陈　晖）

工会与政府有关部门联合执法监督检查图

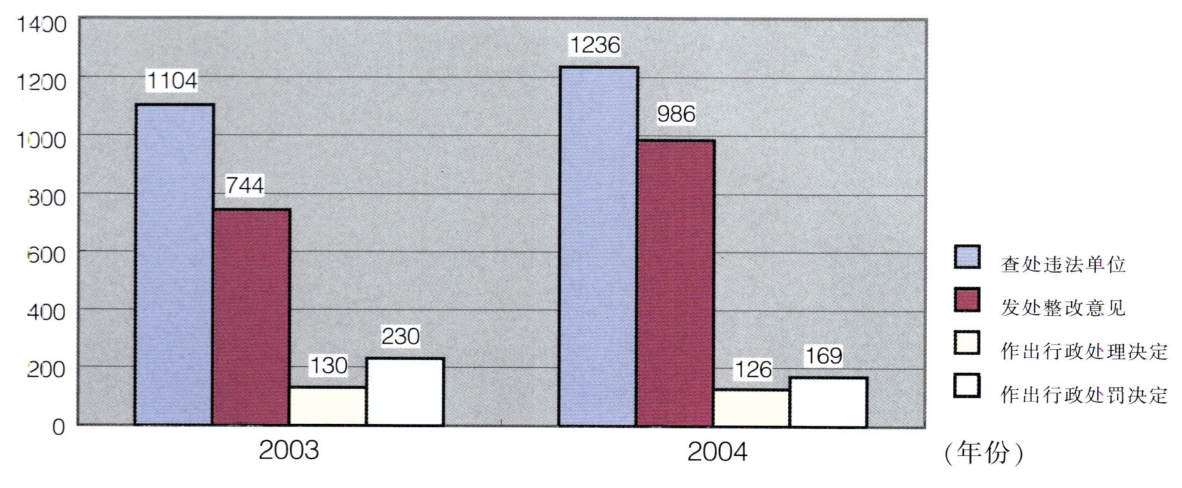

(甘党生)

法律维权示意图

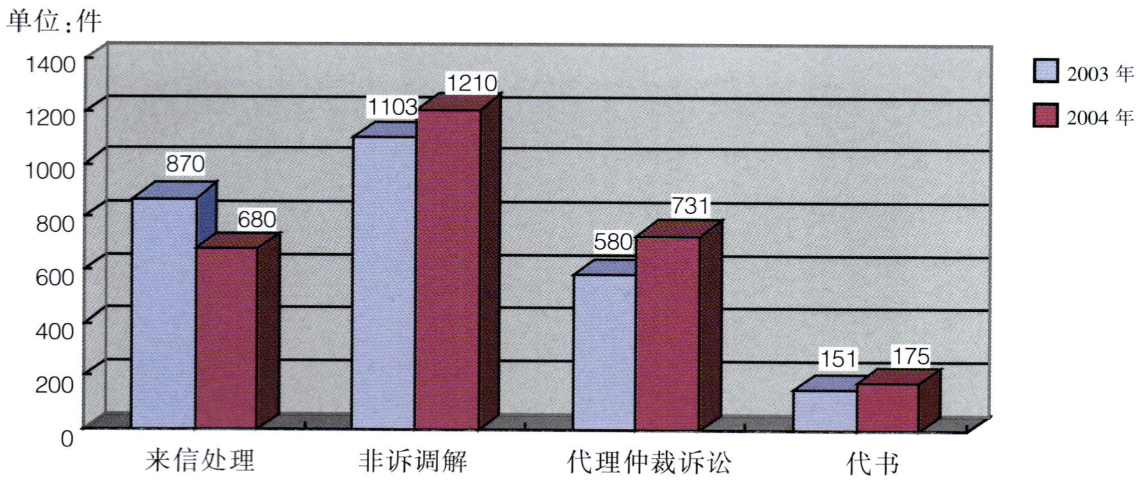

(周向琳)

实施法律援助(咨询)图

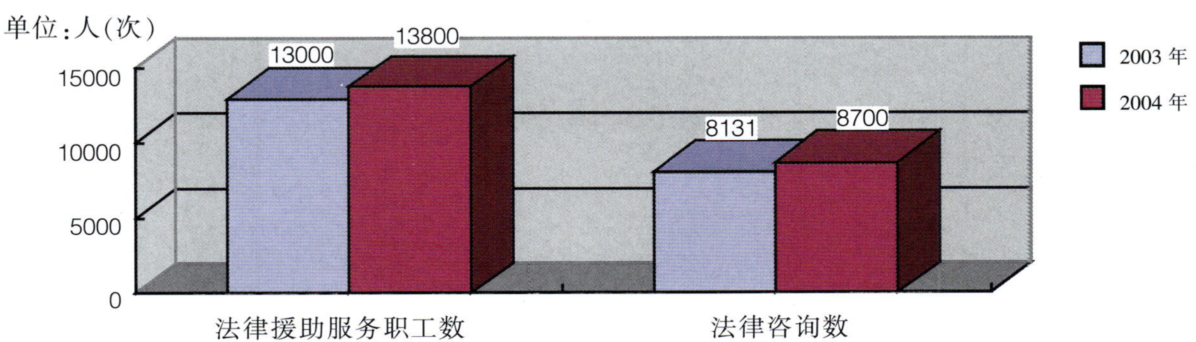

(周向琳)

上海工会为困难女职工提供免费妇科体检统计图

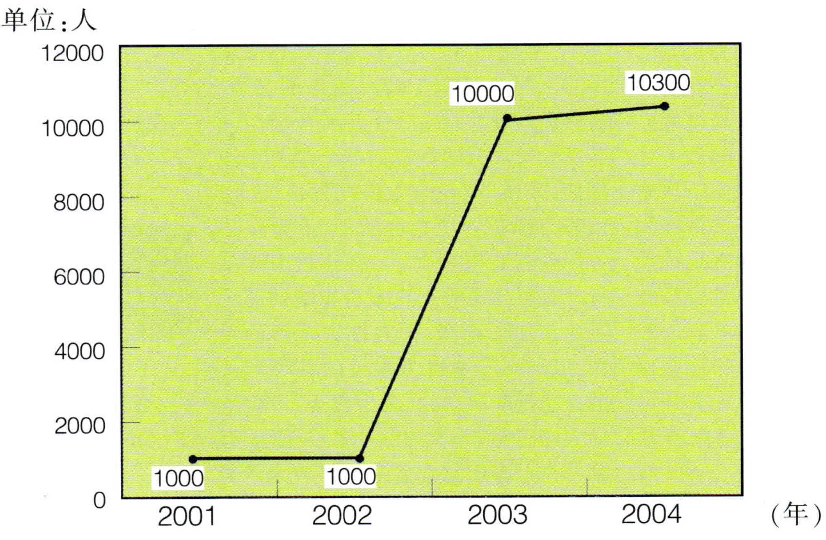

(徐梅瑾)

综　述

2004 年，市总工会通过实施“职工技能登高计划”和“职工创新行动计划”，将群众性经济技术创新活动融入到“科教兴市”主战略中，上海工会服务大局的贡献率和服务职工的影响力有了新的提高。(1)建立和完善职工经济技术创新活动动力机制，积极参与政府有关部门研究制定实施群众性经济技术创新、培养创新人才的奖励办法。通过开展群众性经济技术创新成果奖励情况和创新人才动力机制的调研，先后撰写了《本市群众性经济技术创新人才动力机制的探索和思考》、《本市职工创新成果参与分配和人才动力机制建设情况反映》、《关于探索职工技术创新成果参与分配的情况和建议》、《上海进城务工人员文化技能及培训的调查与分析》。(2)加强高技能人才队伍建设，大力实施“职工技能登高计划”。联合市劳动和社会保障局、团市委、市教委、市信息委开展了“2004 年上海市职业技能竞赛活动”，比赛项目有 50 个技术工种，有 2000 多名选手参加了市级决赛，从中选拔出优秀选手参加“2004 年中国职业技能竞赛”，其中电子商务比赛成绩优异，上海选手以全国第一名的成绩荣获金奖，另有两位选手获得银奖。联合市劳动和社会保障局组织开展了“万名技师育高徒”活动，使得高技能人才占全市技术性从业人员的比重提高至 12%。(3)在全市范围继续推进职工技术发明、技术革新、技术创新、技术攻关和合理化建议活动。通过推荐评选，全市有 7 个班组荣获全国职工创新示范岗称号、10 名个人获得了全国职工创新能手称号。(4)为进一步服务科教兴市战略，推进职工技术成果转化，通过职工技协创办了上海职工技术创新基金，为职工和中小企业发明创造和项目开发提供资金辅助，首批 5000 万元的创新基金已基本到位；2004 年还会同杨浦区总工会成立了“上海市职工技术成果转化服务中心”，推进了职工技术成果的交易、转移和转化。(5)广泛开展社会主义劳动竞赛。劳动竞赛向非公经济企业延伸，开展了“我与上海同发展”上海市非公企业立功竞赛活动，上海永乐家用电器有限公司、上海春秋国际旅行社有限公司等近百家有影响的非公企业参加了竞赛；大力推进全市的重大工程、实事项目为重点的各种形式的立功竞赛活动；联合市建委、市房地局共同开展“辛苦我一人，方便千万家——上海市物业管理创优达标”劳动竞赛。活动期间，在《劳动报》上刊登宣传彩版资料，共有 5000 多个小区参加竞赛。(6)大力推进群众性质量管理小组活动，联合团市委、市质量协会在全市组织开展了创建“用户满意服务明星”活动，授予“上海市用户满意服务明星班组和个人”荣誉称号各 100 名，并从中推荐出双十佳参加了“全国用户满意服务明星”评选；与市质量管理协会共同开展了“人人参与质量管理”活动。(7)总结推广基层单位在群众性经济技术创新工作中取得的先进经验和成果，总结了宝钢集团、机电工会等 10 家单位，上海复星高科技(集团)有限公司、上海复旦光华信息科技有限公司、上海博星基因芯片有限责任公司等 30 家非公经济企业职工开展技术创新活动和建立创新人才动力机制的经验。评选出 365 个上海市红旗班组。同时，加强对工人发明家、技术创新标兵和能手的宣传工作力度，通过解放日报、劳动报、上海人民广播电台、工人文化宫和《主人》杂志对此进行专访报道。　（宋　震）

创建学习型组织
争做知识型职工

【上海工会创争活动发展迅猛】　上海工会把“创建学习型组织，争做知识型职工”活动作为工会开展职工素质工程的主要载体，以创建现代企业的学习环境、学习氛围、学习组织和学习机制为主要内容，以开发人力资源为根本目的，以提高职工的学习能力、思维能力、创新能力等核心能力为主要目标，提高企业竞争力和职工队伍综合

市人大常委会副主任、市总工会主席陈豪慰问市重点工程建设者

（徐新康）

素质，为实施“科教兴市”主战略服务。上海工会在开展“创建学习型组织，争做知识型职工”活动的进程中，动员社会方方面面的力量，积极为职工群众学习新知识、掌握新技术创造条件，帮助他们在参与以知识技能为资本的市场竞争中赢得主动权，维护了职工的学习权、发展权，推进了职工队伍的知识化进程。有调查表明，90%以上的职工愿意或正在参加单位和社会组织的各种学习活动。上海各级工会积极探索具有时代特征、行业特色、社区特性、企业特点的学习型组织创建途径和方法，有力地推进了职工素质工程的蓬勃开展。据统计，全市有近60%的区县局（产业）工会，已经和正在启动学习型组织的创建。（刘宝华）

【闸北区实施“五步递进法”稳步推进学习型组织创建】 2004年，为扎实有效推进以“创建学习型组织、争做知识型职工”为主要内容的职工素质工程，闸北区在总结经验、反复研讨的基础上，根据市总工会和区委关于建立评估体系的要求，推出了创建学习型组织五种不同类型的评估标准（启动型、达标型、提高型、先进型、标兵型），形成了全市首创的创建学习型组织“五步递进法”。创建学习型组织启动型注重对创建学习型组织的宣传发动和营造氛围；达标型侧重建立相关组织和制度，并把学习和工作融为一体；提高型注重团队学习和互动、共享的组织机制；先进型强调加大经费投入，建立完善的运作机制和开放式学习系统；标兵型则注重形成一定的创建理论，以科学的发展观不断提升组织的学习力、创新力和竞争力。“五步递进法”呈逐步递进关系，较好地反映了学习型组织创建循序渐进、逐步发展的规律，为稳步推进社区学习型组织的创建起了引领导向作用。（孙沪芬）

【金外滩集团创建学习型企业喜结四个硕果】 2004年，上海金外滩集团公司创建学习型企业喜结四个硕果：（1）集团公司首次跻身于上海房地产开发50强之列；项目部宋海忠荣获市劳模光荣称号。（2）集团专业技术人员占员工总数比例由2002年的49.80%提高到2004年的72.36%，大专以上学历比例由2002年的44.70%提高到2004年的72.36%，中高级技术职称比例由2000年的24%提高到2004年的36.84%。（3）集团二会创建了员工荣誉室，汇编了职业道德、社会公德、家庭美德的企业员工教育读本材料。并且创立了集团的职工长效培训机制，即双休日员工学校。（4）“知识伴我行”、“我与书籍为友”的读书活动方兴未艾，达到了育人、助企的目的。

（应　蔚　吕诚陆）

【黄浦区总工会深化学习型企事业创建活动】 主要措施：（1）提升创建质量。以《黄浦区创建学习型企事业评估指标体系》指导一批创建先进集体再上台阶，明显提高了职工综合素质，从企事业角度有力推动了黄浦学习型城区的创建。（2）扩充创建范围。将全区荣获文明单位、区级先进集体与先进职工之家的企事业、知名的非公企业纳入了创建轨道。还联合区妇联，把创建女职工巾帼文明岗也纳入了创建范围，涌现出183个区级创建学习型巾帼文明岗。（3）探索创建特色。融合职工成才、技能登高计划，开展集练兵、比武、培训、晋级、发展为一体的职工技能“天天赛”，内容涉及商品陈列与服务技能、医务护理技能、教师多媒体作品展示、机关干部政务网基础知识、物业管理电工技能等，并举行以“读书，做可爱的上海人”为主题的振兴中华读书活动，吸引了大批职工踊跃参赛，兴起了“求知、明理、成才”的热潮。新世界集团、金外滩集

闸北区总工会创建学习型组织理论研讨会

（糜玉树）

团、豫园商城等工会还各自组织了本系统的“天天赛”，并创出了特色。

（吕诚陆）

【黄浦区创建学习型城区结硕果】 黄浦区创建学习型城区初步形成了全域覆盖、条块联动、资源共享的良好态势，形成了通力协作、营造氛围、共同推进的工作思路，在普及终身教育理念、建设学习型企事业、塑造学习型团队、构建学习激励和评估机制、维护职工学习权和发展权、培育高素质职工队伍等方面取得了突破性进展。黄浦区总工会把“争创学习型组织，争当知识型职工”活动作为开展职工素质工程的主要载体，与区文明办等部门联手操作，形成了合力机制，共同推进创建工作。创建学习型组织与争创文明单位同步挂钩，在技术练兵中提升职工素质，在民主管理、集体协商中强化创建工作。运用区终身学习周、学习型组织论坛、读书活动、职工书画大赛等形式深入开展创争活动。新世界股份有限公司、金外滩集团有限公司项目管理部、外滩街道等分别荣获市学习型企业、团队、社区创建奖。

（吕诚陆）

【静安区公安分局工会创建学习型机关有新招】 静安区公安分局积极创建学习型机关，努力营造“人人参加学习、人人受到教育、人人得到提高”的良好氛围，分局工会的主要做法是建立四个机制、搭建四个平台、强调四个抓手。四个机制：(1)建立宣传策划机制，加强媒体的宣传力度；(2)创新教育培训机制，加强对干警的培训力度；(3)健全奖惩激励机制，激发干警学习积极性；(4)辅以学习保障机制，使后勤保障给予支持。搭建四个平台：(1)构筑网络学习平台，不断普及信息网络；(2)构筑警营文体平台，丰富干警文化生活；(3)构筑岗位练兵平台，提倡干警“干中学”；(4)构筑理论研究交流平台，加强基础理论的应用研究。四个抓手：即以提高政治理论水平为抓手，提高公安业务水平为抓手，提高科学文化知识为抓手，提高基本技能素质为抓手。通过创新活动，提高了广大干警的综合素质。

（徐建民）

【静安区置业集团工会抓职工素质工程“五落实”】 静安区置业集团工会在创建学习型组织、深化职工素质工程中，集团工会制定了集团三年行动计划，并牢牢把握“促进人的全面发展”这个主旋律，坚持做好“让知识变成财富”这一命题文章，形成了“党委领导、行政支持、工会牵头、各方配合、职工参与”的创建工作格局，并切实做到“五落实”：(1)组织落实。做到机构健全、网络互通、阵地牢固；(2)规划落实。做到远近结合、企业与员工结合、巩固与提高结合；(3)制度落实。做到长效、常态、常规管理，形成创新机制；(4)责任落实。做到有指导、有考核、有激励，把创建的目标、任务分解落实到各部门和相关人员；(5)资金落实。做到用好、用活、用足教育培训经费和“三学”读书基金，教育经费的提取、使用情况每年向职代会或职工大会报告。

（任志明）

静安区举办“创建学习型组织，争做知识型职工”论坛

（陈章翠）

【静安区医务工会在竞赛中提高职工素质】 2004年，静安区医务工会在全区卫生系统广泛开展了“医工杯”竞赛活动。在活动开展过程中，静安区医务工会做到：(1)坚持一个目标。紧紧围绕卫生系统的改革和发展大局，树立良好的窗口形象。(2)推进一个工程。认真落实“职工素质工程建设纲要”，全面推进职工素质工程。(3)突出一个重点。以开展“创争”活动为抓手，提升团队综合竞争力。(4)坚持班组创建工作五个“比”：即“制定目标比创新、基础工作比扎实、完成任务比特色、岗位服务比规范、创建工作比先进”。工会举办了职工讲座，开展了“全面建设小康社会百题”知识竞赛，组织了“假如我是病人”的大讨论，举行了征文活动，试行职工职业道德评价自测，开展职工文体活动促进会等形式多样的活动，使竞赛更贴近职工和医院的需求，取得了良好的效果。

（张　明）

【宝山区总工会制定开展“创争”活动的实施意见】 宝山区总工会结合实际情况，制定了《开展“创建学习型单位，争做学习型职工”活动的实施意见》。实施意见以大力营造“尊重劳动，尊重知识，尊重人才，尊重创造”的社会环境，建设一支思想素质良好、业务能力精湛的“四有”职工队伍为总体目标。意见规定了学习型单位、学习型班组和学习型职工的基本条件；规定了四项机制建设，即组织保障机制、教育培训机制、资源共享机制、评估验收机制。2004年全区各文明单位基本建成学习型单位，其它事业单位积极开展创建活动，30%的班组建成达标。

（窦恺芳）

【闵行区总工会大力推进学习型企业创建工作】 2004年，由区总工会牵头区相关部门参加，闵行区成立了学习型企业创建工作协调小组，制定《闵行区学习型企业创建工作实施意见》，并

开展"我最喜欢的一本书"书评、"好书大家读"等活动，营造学习型组织氛围 （徐　颐）

举行了"闵行区学习型企业创建工作动员会"。另外，还会同上海明德学习型组织研究所共同举办了"学习型组织研讨活动"，以"实施职工教育培训工程、推动职工读书活动、开展技术比武活动、组织合理化建议活动、深化职业道德教育"为五大载体全面推进学习型企业创建活动，在闵行区实施科教兴区和人才强区战略中发挥了积极作用。 （陈红铭）

【闵行区颛桥建筑公司结合自身特点创建学习型企业】 在创建"学习型企业"过程中，公司做到了创建目标明确，计划措施落实，职工群众积极参与。颛桥建筑公司工会先后对公司的管理人员进行了法律、法规和质量保证体系培训，对材料取样员、试验员、起重指挥、质检员、安全员、测量员等重要岗位的人员进行了专业知识培训，对其他员工进行了技术等级培训。2004年共培训职工697人次，支付培训费达26万元。员工素质的提高推动了企业的发展，公司还先后荣获上海市安全标准化管理达标工程奖和文明工地奖。 （叶民强）

【上海电气集团学李斌形成标志工程】 上海电气集团、上海市机电工会按照"宣传一个，培育一批，造就一代"的思路，不断挖掘李斌精神，不断提升李斌品牌，不断扩大李斌效应，出现了"李斌的事迹在传扬、李斌的旗帜在飘扬、李斌的精神在发扬"的生动局面。以学李斌为品牌的"创争"活动上升到一个新的境界，学李斌已经成为集团的标志工程。(1)深入挖掘，扩大效应，学李斌活动实现品牌化。成立了"李斌和李斌班组研究会"，每年举行一次以学李斌为主题的研讨会；设立100万元的"李斌式职工荣誉奖励基金"，每年评选10名"李斌式职工"、"李斌式班组"、"李斌式技术能手"。(2)创立载体，培养人才，学李斌活动实现基地化。建立"李斌技师学院"，整合了集团内的教学资源，学李斌实现了基地化。现开设了30个班级，共有1300名学员在读。(3)着眼现实，注重实践，学李斌活动实现具体化。把学李斌活动与加快产业发展、加强职工道德建设、促进职工岗位成才结合起来。(4)立足长远，健全机制，学李斌活动实现制度化。建立奖励机制，两次重奖李斌10万元和一部手提式电脑，奖励李斌班组5万元，在全国技术工人中引起强烈反响。 （冯克华）

【上锅公司工会夯实创建学习型企业基础】 上锅公司把创建学习型企业与企业发展目标相联系，与维护职工学习权、发展权相结合。首先从创建学习型班组做起，并以此夯实学习型企业创建的基础。上锅公司已从创建学习型班组向创建学习型部门延伸和扩展，从而向最终成为学习型企业迈进了一步。在由创建学习型班组向创建学习型部门深化的过程中，上锅公司工会开展了五项创建系列活动，形成五种有利于创建的力。即开展"我的班组我的家"活动，促进班组团队的建设，形成合力，让职工和谐地工作；开展"我与班组共发展"活动，促进班组不断地超越，形成互动力，让职工学习中工作；开展"我与班组的故事"活动，促进班组使命的凝聚，形成情感的力量，让职工快乐地工作；开展"塑造学习型个人"活动，促进班组持续地学习，形成智慧的力量，让职工聪明地工作；开展"个人生涯设计"活动，促进班组业绩创一流，形成价值的力量，让职工高效地工作。同时，各班组和各部门分别召开"个人愿景发布会"和"班组愿景发布会"，通过一系列的创建活动，达到了职工广泛参与，愿景互动共享的目的，为深化创建学习型组织打下了扎实的基础。 （王卫强）

【轻工业工会坚持"建、创、做"活动三结合】 轻工业工会在"建文明班组、创文明岗位、做文明职工"活动中坚持"三个结合"，推进了"建、创、做"活动的深入开展。(1)结合国资国企改革，组织"建、创、做"活动。唱响深化国资国企改革的主旋律，引导职工正确对待改革过程中利益关系的调整，通过大讨论，帮助职工转变思想观念，树立与改革相适应的新观念，动员和带领广大职工在完成上海轻工国资国企改革中多作贡献。(2)结合文明单位创建，推动"建、创、做"活动。以推荐"上海市文明单位"、"上海市文明班组"、"上海市红旗文明岗"评选活动为契机，将先进文化的要求融入到文明单位创建活动中，打造"文明职工"、"文明岗位"、"文明班组"创建品牌。选树的29个文明班组、10个文明岗位的典型事迹广为宣传。(3)结合职工素质工程，深化"建、创、做"活动。通过学习贯彻《上海工会推进职工素质工程实施纲要》，制订贯彻《实施纲要》的行动计划，开展"菜单式"职工技能培训，推广科技创新八种方法，宣传"技术能手张心一"等先进事例，引导职工思维创新、技能创新、岗位创新，培育上海市红旗班组典型，促进了职工队伍技能、素质的提升。 （陈建国）

【电力建设安装一公司开展星级班组

宝山钢铁股份有限公司工会开展"我与您共同成长"女职工论坛活动

（董振新）

立功竞赛】 上海电力建设安装一公司工会开展了以"班组环境家庭化、职工素质智能化、班组管理规范化"为内容的创建"星级班组"立功竞赛活动，取得了明显成效。汽机本体班在国内第一台百万等级汽轮发电机组的安装中，创造了"零缺陷工作日"制度，精心施工250天，高质量完成了一系列的关键工序安装，于4月20日，提前71天实现整套机组正式投入运行。上海电力质监中心组织近百位专家对机组进行了质量监督大检查，结论是："无整改项目"。这在中国电建历史上是第一次，真正实现了安装质量"缺陷为零"的目标。本体班被授予"上海智能化示范班组"和"上海市红旗班组"的荣誉称号。热机分公司钢架一组高度重视班组安全建设，自外高桥电厂二期工程开工以来，安全无事故、无违章纪录已达1200天以上，公司特命名热机分公司钢架一组为"安全标杆班组"，多次在公司、上海电建和华东电业系统作过经验介绍，先后被推荐为上海市文明班组和上海市红旗班组。

（黄兴法）

【宝钢集团工会以开展"创争"活动促进职工技能上台阶】 宝钢集团工会以开展"创争"和学习孔利明活动为重点，深入开展职工素质工程。2004年5月，集团工会制订了《关于广泛开展"创争"活动，进一步深化职工素质工程的意见》，明确提出了2004年及今后三年一线职工技能、文化和职业道德素养的提升目标，进一步加强职工素质工程工作机制建设；推进"双争双智"活动和"创争"活动。《意见》由集团公司党政发文实施，有力地推动素质工程的深化。2003年9月全总召开"创争"活动现场会宝钢集团被命名为全国"创建学习型组织、争当知识型职工"示范单位。2004年宝钢职工技能水平进一步提升，高级技师、技师达1501名，占技术工人的2.82%；高级工达12894名，占技术工人的24.19%；中级工达24131名，占技术工人的45.28%。

（钟　群）

【高桥石化公司华东分公司工会与社区联手共建"学习型"团队】 高桥石化公司工会下属的销售华东分公司工会，按照公司创建"学习型企业"活动要求，围绕公司经营管理工作，以学知识、学理论为切入点，努力铸就一支素质较高的职工队伍。分公司工会根据分公司所在地处于市中心街区的特点，积极探索与社区联手共建"学习型"团队的新模式，通过向社区延伸，一方面充分展现企业文化和良好的对外形象，另一方面热情参与和支持"学习型社区"创建活动，发挥企业在推进社区精神文明建设中的积极作用。每年与江苏路街道东浜居委会签订社区精神文明建设共建协议，向居委活动室赠送彩电、影碟机和报刊书籍，从物力上支持"学习型社区"的创建；积极参与社区的便民利民活动，在每年3月5日学雷锋期间向居民提供理发和医疗咨询服务；为街道社区孤老和困难群众家庭帮困扶贫，走访慰问困难家庭并向他们的子女送上帮困助学金。面向社会的共建"学习型"团队新举措，促进了企业职工队伍素质的提高。

（严　英）

【鲁中冶金矿业集团公司工会以技能竞赛提高员工素质】 2004年，鲁中冶金矿业集团公司工会按照企业生产及发展的实际，根据"企业需求、员工欢迎"的原则，认真做好员工培训计划的落实和技术比武活动，会同行政部门先后举办了轧钢工、机修钳工、凿岩爆破工、女工厨艺、女工计算机操作等6个工种9个级别共727名员工参加的职业技能大赛。同时，根据集团公司的部署，公司基层单位也结合实际，有针对性地狠抓了重点岗位、重点工种共16个工种、800余人参加的员工技能竞赛活动。如动力厂举办的管道工、变电检修工技术比赛，运输部组织的汽车修理工比赛等。这些比赛既体现了单位特色，又满足了企业和员工发展的要求，受到了员工的欢迎。员工职业技能大赛的开展，为广大员工交流技艺，提高技能搭建了平台，在集团公司迅速掀起了一个学赶先进、争学技能的比赛热潮，提高了公司员工的素质和技能，营造了尊重技能、尊重技能人才的良好氛围。

（吴玉圣）

【鲁中冶金选矿厂工会积极开展"创争"活动】 选矿厂工会结合集团公司要求和厂情实际，成立了"创争"活动领导小组，制定了创建"学习型车间、班组、岗位"和争当"学习型职工"的基本条件，提出了五种开展"创争"活动的途径和方法。（1）开展主题教育，在全厂开展了以"强素质树形象，抢任务促创争"为主题的教育活动，组织了"新世纪、新风采"劳模、先进事迹报告会。（2）多层次培训职工，举办了两期班组长培训班，组织了37名中、高级维修钳工技术比武，对49人次兼职工会干部进行了计算机知识、劳动法律法规和工会业务知识的学习培训。（3）开展"五星班组"创建活动，即：生产管理、安全环保、综合治理、事务公开、计划生育五个方面全部达标。（4）

不断优化学习环境，为各班组订阅了学习资料，并结合生产中的难题，组织职工进行学习。对在学习中取得优异成绩的职工，工会积极与有关部门沟通，尽快为他们落实相关待遇，提高了职工的学习积极性。(5)开展丰富多彩的职工文体活动，不断丰富职工的文化生活。 （王　辉）

【上海航天局第811所创建学习型组织加强自身建设】 上海航天局第811所从适应迅速发展的航天事业的需要出发，实施了构建学习型企业的战略规划，使学习创新活动渗透到企业的不同层面。建立了工会干部读书小组，推荐了《学习型工会和工会干部》一书，并制定了学习计划，以轮流主讲和撰写学习体会等形式推进这一活动的开展。先后组织工会干部论坛、女工干部论坛，班组长论坛等活动，丰富了所学习型组织创建活动的内容和形式，取得了显著的效果。 （庄仁松）

【上海铁路局工会推进"创争"活动注重实效】 2004年，上海铁路局工会贯彻落实全总及八部委《关于开展"创争"活动的实施意见》，继续深入推进全局"创建学习型组织，争做知识型职工"活动。(1)认真抓好全局"创争"百题知识竞赛，全局共有3万多人参加了竞赛，参与面达21.4%。路局工会获全总优秀组织奖。(2)先后举办两期共有140多人参加的全局"创争"骨干培训班，学员覆盖分局、站段、车间和班组。(3)组织开展"创争"活动专题调研，对全局15个创建点进行深入剖析，总结提炼归纳了"功能转型法"、"学分考核法"、"滚动学分法"等10项典型做法，并在全局加以宣传和推广。(4)在《上海铁道》报专门开设了"创争"活动征文专栏，各分局、大口共征集并刊登经验体会征文24篇。(5)组织各分局拍摄制作了10部"创争"活动专题片和15块"创争"成果展板，开展汇映和展评活动。(6)选树并推出一批先进典型，其中杭州分局工会被全总授予"创争"活动示范单位，并在全国"创争"活动现场推进会上专题介绍了经验。 （嵇晓平）

【中海货运船工二部工会创建学习型船舶活动取得成效】 中海货运船工二部工会大力推进职工素质工程，深入开展创建学习型船舶活动。他们坚持学以致用原则、目标明晰原则、全员参与原则、与时俱进等四项原则，将确立全员"终身学习"的理念，构建"学习型船舶"平台，提升船员综合素质作为创建活动的具体目标，坚持因地制宜，立足岗位的操作办法。有36艘船舶共成立了118个学习小组，开办了驾驶业务、轮机业务、电气知识、安全消防、电脑应用、英语、法律知识、水手工艺、摄影、文学、船模制作等13种学习班，为提高船员思想和业务素质，完成各项生产任务，作出了积极贡献。 （沈克俭）

【闵南船厂二会从严求精开展"双争"活动】 闵南船厂工会组织开展"争创红旗班组、争当明星员工"活动，突出以人为本，求真务实，从严求精。主要体现在：(1)"双争"活动有规定。红旗班组每季度考核一次，年度总评一次，并与年度先进班组评选直接挂钩。(2)"双争"活动有制度。制订《红旗班组考核细则》，有6个模块32条，制订了《明星员工考核标准》，共有8项内容。(3)"双争"活动有奖惩。凡有"发生一般及以上安全责任的"等10种情形之一，不得评为红旗班组和明星员工；凡被列为不合格班组（部门）要予以扣奖；对评上明星员工标兵的最高奖励1万元。此外，在全厂范围内发起了"学习许振超、学习李斌、学习身边先进"的活动，有力地推进了"双争"活动的开展。 （章　伟）

【邮政工会以"六个结合"为抓手创建学习型组织】 2004年，邮政工会以"六个结合"为抓手，积极推进创建学习型组织活动：(1)与开展"万名职工业务技术大练兵"活动相结合，积极为职工掌握新知识、新技术、新技能搭建平台，结合职工岗位能力和技能素质等实际，积极开展学业务、学技术和岗位练兵活动。(2)与开展群众性的劳动竞赛活动相结合，将邮政的重点业务、新型业务、核心业务作为劳动竞赛的重点，组织职工围绕改善服务、经营管理、设备技术和生产运行等方面开展合理化建议和技术改进活动。(3)与开展振兴中华读书活动相结合，深化职工读书活动，为职工获取知识、提高技能、增长才干搭建有效平台。(4)与开展"建、创、做"活动相结合，把"创争"活动的要求纳入"建、创、做"活动的评比内容，不断拓展活动的内涵。(5)与开展各类先进评选活动相结合，开展职工精神文明十佳好事评选活动，大力宣传先进劳模事迹和精神文明建设中涌现出来的好人好事，形成"人人争当先进劳模，个个争取立功受奖"良好氛围。(6)与开展形式多样的职工文体活动相结合，通过征文、演讲、艺术节和运动会等形式，弘扬企业精神，促进企业文化建设。 （陈千涛）

隧道职工努力拼搏，建成上海第一条双圆隧道M8线黄兴路至翔殷路区间隧道 （周　纯）

【航道局交建公司以“双争”为载体，深化创建活动发展】 （1）把开展“双争”活动与项目育人、培育一支高素质的职工队伍结合起来。大力推进项目育人，培养人才的机制，采取一岗多能、一岗多职、交叉实习、挂职培养等方式，为职工素质的提高和才能的发挥创造条件。同时，从人才是第一资源出发，紧紧抓住培养、吸引和用好人才三个环节。（2）把开展“双争”活动与同培育企业精神结合起来。按照上级工会对企业文化建设的总体部署，努力在职工中培育具有交建公司特色的企业文化和企业精神，已形成了“团结、勤奋、严格、开拓”和以“产业报国、奋发有为、团结协作、学习创新、追求卓越”的企业精神，形成了强大的企业凝聚力和向心力。公司连续两届荣获上海市文明单位、上海市重点工程实事立功竞赛“优秀公司”，涌现了以全国“五一”劳动奖章获得者楼启为、上海市劳动模范赵龙根、上海市建设功臣尹家春为代表的一批先进个人。

（汪正林）

【航道局仓储公司扎实推进“双争”活动】 航道局仓储公司在“争创学习型企业，争做知识型职工”活动中，着重抓了以下几个环节：（1）宣传发动、制定规划。提出开展“五个一”，建设学习型团队的倡议：读一本好书，提高自身修养；学一门技能，做复合型职工；尽一份责任，提高文明程度；做一件好事，为他人排忧解难；提一条建议，促进公司发展。（2）扎实推进，把“双争”活动贯穿于创建文明建设之中。把读书活动作为建设学习型企业的一项基础工作，鼓励职工结合自身工作、兴趣和发展的需要，将读书与提高岗位技能紧密地结合起来；以参与重大工程为载体，提高职工劳动技能、岗位技能，激励更多的职工岗位成才。（3）建立和完善推进机制。在组织机制上，充分发挥班组学习的作用，积极运用电化教育手段，整合、新建和共享各种学习资源，充分利用各类职业学校、培训机构，为职工学习创造条件，吸引职工群众广泛参加；在激励机制上，对在促进企业生产经营中起到积极作用的团队和个人给予表扬和奖励；在保障机制上，工会支持职工利用业余时间参加各类与企业经营、生产相关的职业培训和技能考核，并在经费上给予报销。

（汪正林）

【中远集运工会认真开展“创争”活动】 2004年，中远集运工会在全系统开展“创建学习型企业，争当知识型职工”活动，并研究制定了《实施意见》。在活动开展过程中，中远集运工会加强了职工培训，发挥了职工教育培训基地的作用，为职工搭建了多层次的学习平台，教育职工树立“提高技能就是提高生存能力”的理念，实现由“终身职业”向“终身学习”理念的转变。同时，还深入开展“我为安全献一计，立足岗位创效益”为主题的职工合理化建议活动，增强职工敬业爱岗精神，激励职工努力成为“精一门、会二门、学三门”的复合型人才；深入开展群众性职工技能比武活动，职工技能在比武中得到提升，公司有2人获全国技术能手称号。

（钱　华）

【海事局金山海事处开展班组“项目团队”建设】 上海海事局金山海事处工会以组建“项目团队”这种形式大力促进深化学习型班组活动建设。“项目团队”是若干班组成员为了实现共同目标而协同工作所组成的临时性团队。金山海事处于2004年实施“船员实操手册”和“无纸化申报”项目，综合执法组接受这两个项目后，组建“项目团队”，并在实施过程中体现了“项目团队”这种临时性组织的特点，发挥“项目团队”的各种优势。在组织“船员实操手册”项目团队时，把对轮机知识比较精通和对驾驶知识比较熟悉的班组成员组合在一起，让他们在各自熟悉的岗位上发挥着自己的能力和才干。大家围绕一个目标，查找资料，克服困难，共同协作，在很短的时间内完成了手册的编写工作。

（朱卫平）

【百联汽车组建学习型团队】 百联汽车公司积极倡导有学习力才有竞争力，有竞争力才有生命力的企业文化理念，围绕“争创学习型团队，争当知识型员工”主题，组建了14个学习型团队。沪东公司“绿苑团队”始终坚持“诚信为本做大市场，服务为魂满足用户”的经营理念，在开发大用户方面取得了可喜成绩，荣获“全国巾帼文明岗”称号。旧车市场办证部，通过学习探索新方法，熟练掌握了全新的电脑办证交易系统，大大提高了工作效率，荣获上海市劳模集体称号。其他各团队也积极开展各类学习，在工作中发挥了积极的作用。为了保证学习型团队活动顺利开展，公司从经费上和时间上予以大力支持，并将学习成果通过Powerpoint和汇编成书的方式进行交流推广。经过三年多的积极运作，公司内形成了浓郁的学习氛围。

（曹　阳）

【农工商集团基层工会素质工程渗透人本理念】 上海农工商集团各级工会在深化职工素质工程中，结合企业的特点和实际，不断创新工作机制，体现“以人为本”的理念，赋予现有的工作载体以新的内涵，集团基层工会将“以人为本”的发展观，渗透入素质工程工作当中。都市农商社股份有限公司工会以“三学”为载体，注重提高职工的创新意识和能力，设立了“都市员工创新奖”；农工商房地产集团工会开展了“创建学习型组织，争当知识型员工”读书活动，以此培育一支高素质的员工队伍，达到内强素质，外树形象的目的；光明乳业股份有限公司工会将过去阶段性的职工合理化建议征集，调整为长期征集，员工有建议可随时提出，工会不定期进行评审，保护和调动了员工的积极性；长江总公司工会对等级工和特殊工种采取“三结合”（农场、社会、企业）培训形式，为职工“精一门，会二门”创造学习机会；地处江苏大丰的海丰总公司工会将远离大都市的农场青年职工组织起来，成立了读书爱好者协会，并联手团委开展读书活动，出版了一本散文集，集中反映读书爱好者的佳作，体现海丰员工的情怀。

（桑树德）

劳动竞赛

【市总工会开展“我与上海同发展”上海市非公企业立功竞赛活动】 2004

年市总工会、市私营企业协会在全市非公有制企业中开展了“我与上海同发展”立功竞赛活动，旨在进一步支持和引导非公有制企业发展，鼓励有条件的企业做强做大，最大限度地保护、调动和发挥非公企业员工的积极性、创造性，促进非公企业与上海同发展，在企业发展中维护职工的利益，促进非公企业员工利益的实现，达到企业和员工“双赢”的目的。竞赛正要从三方面1开展：(1)围绕企业的发展目标，针对企业发展的难点、重点，开展多种形式的活动，企业的各项经济技术指标有显著的增长。(2)实施员工发展计划，创造各种条件，运用多种形式，组织和鼓励职工参加职业培训、技术练兵、操作比赛和技能晋级等活动，员工综合素质有较大提高。(3)履行企业社会责任，认真贯彻落实国家和政府的有关法规、政策，积极开展各项公益活动，在社会有广泛的影响，有良好的社会效益。（田福宝）

【市总工会组织开展上海市物业管理优质服务竞赛活动】 为进一步推动全市物业管理行业健康、有序地发展，2004年，上海市总工会、上海市房屋土地资源管理局组织开展了“上海市物业管理优质服务竞赛活动”。全市共有700多家物业企业，近5000多个小区参加了竞赛。通过竞赛宣传、弘扬劳模精神，宣传、普及物业管理法规和相关政策，加快提高职工的技能和职业道德素质，大力推进物业管理行风建设，从而全面提升了上海物业管理行业形象。（田福宝）

【市总工会开展女职工“迎世博活动”】 为贯彻《上海迎世博文明行动计划》，团结全市女职工在上海新一轮发展中适应新形势，学习新知识，创造新业绩，实现新跨越。2004年，市总工会女职工委员会与市文明办联合举行“SVA杯”首届上海职业女性“迎世博”英语风采大赛。上汽、电信等73个区、县、局（产业）工会8448名女职工报名参加了大赛。另外，各级工会女职工委员会利用女职工周末学校等各种教育资源，加大培训力度，开展各类技术、技能比武，为广大女职工提高素质、展示风采搭建了舞台。（徐梅瑾）

【杨浦区总工会组织开展三项立功竞赛活动】 2004年，杨浦区总工会围绕区委、区政府重点工作开展了三项立功竞赛：联合团区委、区建设党工委在评选和表彰“十大动迁标兵”的基础上，开展了新一轮“聚焦杨浦知识创新区”重点工程建设立功竞赛活动，采取丰富多彩、行之有效的形式，组织广大职工为重大工程建设献计出力；联合区房地局开展了“物业行业优质服务立功竞赛”，职工参赛率达70%，特别是非公物业管理公司踊跃参赛，占到参赛企业的80%；联合区私企协会开展了“爱岗敬业技术练兵”竞赛活动，深受广大私企业主和非公企业职工的欢迎。（王 洪 张念宏）

【黄浦区总工会发动职工为黄浦经济发展作贡献】 2004年，黄浦区总工会坚持“以齐抓共管为抓手，联手协作为特点、共显优势为效果”，先后联合区动迁办、区房地局、区私企协会、区安监局、区质量协会，共同组织各行业国企、私企职工参加“发扬黄浦精神，加快动迁步伐”、“物业管理”、“我与上海同发展”、“夏季百日无事故”、“用户满意服务明星”等建功立业劳动竞赛，促进了黄浦区企事业经济发展。豫园商城、中恒集团等工会组织全系统职工开展业务技能竞赛，历时三个月，取得了企业发展和职工素质提高的双赢效果。在广泛发动职工献计献策的基础上，黄浦区总工会还出版下发了《黄浦区职工金点子集锦》。（吕诚陆）

【静安区商业工会抓好“六比”劳动竞赛 促进南京路商业功能升级换代】 静安南京路商业功能升级换代工作，是2004年全区的重点工作之一。静安区商业工会根据区总工会提出的“建设双高区，再创新佳绩”劳动竞赛的要求，在静安南京路沿线广泛开展以“静安南京路功能升级换代和品牌引进”为主要内容的“六比”劳动竞赛，即：比组织力量落实、比规划设计落实、比工程质量落实、比引进品牌落实、比橱窗工程落实、比时间节点落实。3月，商委党政工召开了动员大会；6月，组织中途检查；9月，区有关方面领导进行检查。通过“六比”竞赛活动，极大地激发了干部职工的积极性、创造性，超额完成了70余家商店，120多家门店的改建任务，引进了近百个国际知名品牌，使静安南京路发生了跳跃式的变化。（华中炎）

【上海汽轮机有限公司开展女职工素质工程】 上海汽轮机有限公司为帮助公司女员工提高素质，专门开展了公司女职工素质工程活动：(1)树先进，倡导岗位奉献。积极开展“双文明立功竞赛”和“外学李斌，内学俞军”岗位奉献活动，充分发挥女职工竞赛活动的积极性、主动性和创造性，为企业

上海市轻工业工会召开培育新时代职业精神座谈会

（徐俊彦）

突破1200万千瓦汽轮机的生产目标做出了积极贡献。(2)学科普,创造企业效益。通过科普知识进班组,传播科学先进的管理理念,进行岗位科普教育。动员女职工积极参与“百万家庭网上行”和建立“市民信箱”的科普教育活动,提升了女职工的综合素质和参与市场竞争的能力。(3)强素质,提高岗位技能。鼓励女职工参加各类岗位培训,参加市、局、公司组织的职工技能大赛。6名女职工参加总公司车工、检验工、计算机辅助设计、现代技术测量等4个工种的比赛。(4)办实事,维护合法权益。结合普法教育,举办新《婚姻法》知识讲座,使女职工懂得了如何建立和谐稳定的家庭婚姻关系,如何运用法律来维护自己的合法权益。公司还坚持对女职工进行每两年一次的妇科及乳房疾病普查,为全体女职工办理特种重病保险,开展帮困救助活动。（沈磊磊）

【化学工会开展立功竞赛有成效】
2004年,化学工会会同华谊有关部室深入基层开展调研,寻找主题劳动竞赛的切入点和突破口,并结合华谊(集团)公司“十五”发展目标,围绕华谊重点工作,结合参赛单位实际情况,确定以“主导产品双增双节杯”、“科技创新杯”、“应收帐款清欠”、“重点三有产品、重点工程”、“安全环保达零”、“职工素质工程”为核心内容的主题劳动竞赛方案。并采取了一厂一策、一赛一案的原则,分别与15家子公司、直属单位签订了责任明确,权利义务清晰的竞赛协议书,从而形成了点面结合、上下互动、分层分级的契约化竞赛管理体系。同时,化学工会还编制了一套服务与指导计划及阶段节点检查、考核办法。通过下基层了解竞赛情况,帮助基层紧紧围绕企业的重点和难点开展扎实有效的竞赛活动;通过定期分析,及时把握主题竞赛的方向和进程,使得主题立功竞赛活动取得了有效的成果。（鲁德翔）

【市医药工会开展“巾帼建功”活动】
针对上药集团中一线职工、科技人员和管理干部女性占到40%的状况,市医药工会开展了各类活动,着力帮助女职工成才。(1)建立培训机制,提高女职工巾帼建功立业素质。针对不同的岗位、不同层次的职工,提出了不同的学习要求,推行了不同的学习方法;以岗位练兵和技术比武为重点,加大了对适合女职工特点的实际操作型岗位技能的培训力度;女职工周末学校以其全方位、多渠道、活机制、低成本的办学特色吸引了广大女职工的积极参加。(2)开展“巾帼建功”立功竞赛,组织女职工参加上海医药商业行业职工技能大赛。工会还及时组织宣传、弘扬女职工争创一流的精神,用展示牌形式对“巾帼建功”立功竞赛优胜单位的先进事迹在各级女职工委员会进行交流展示。(3)工会女职委多次组织集团女经营者、女管理干部、女科技干部参加关于推荐女性人才探讨会,开展女领导、女先进、青年女干部“结对子”活动,建立优秀女性人才信息库,定期分析人才信息,向同级党委和有关部门推荐优秀女性人才,列出重点培养对象,使优秀女性人才纳入党委和干部人事部门追踪考察的视线和范围。（孙明南）

【宝钢集团公司成立“四师”联谊会】
为了充分发挥女职工聪明才智,促进女职工整体素质提高,宝钢集团工会在2004年“三八”之际成立了女高级工程师、女高级经济师、女高级会计师、女技师“四师”联谊会。宝钢集团公司董事长、总经理谢企华担任名誉会长,联谊会首批会员36名。一年来,女职工“四师”联谊会发挥先进带头和桥梁纽带作用,在基层各级女职工联谊会的支持协助下,组织集团公司内12277人次女职工参加了各类竞赛活动,其中宝钢股份工会女职工创新小组获发明专利2项、技术秘密17项。另外,集团女职工提出的合理化建议共7351条,创经济效益7629.6万元。（卞玉兰）

【沪东集装箱码头有限公司工会全方位开展立功竞赛活动】 沪东集装箱码头有限公司工会坚持以“安全、高效、优质、服务”为目标,以“生产效率争先”为主题,开展“四个结合”为主的立功竞赛活动:(1)把竞赛活动的组织、宣传与活动内容相结合。成立了立功竞赛活动领导和工作小组,全面负责竞赛的规划、组织、检查和考核等工作,使各项竞赛要求落实到部门、班组和员工个人,做到竞赛目标明确、竞赛项目细化、竞赛奖励公开。开辟了竞赛宣传专栏,定期公布竞赛成绩,报道竞赛动态。将竞赛成绩纳入到各部门、班组和个人年度绩效考核中。(2)把竞赛活动与加强企业管理、提高生产效率相结合。注重各职能部门的生产、组织协调等综合管理水平,坚持“以人为本”的企业管理理念,积极开展员工献计献策、技术革新、合理化建议、业务专题研究等活动,为强化管理和提高经济效率作出了贡献。(3)把竞赛活动和文明创建工作相结合。在员工中营造创建争优的氛围,使公司的文明创建窗口从8个拓展到15个,并积极与有关口岸单位开展同创共建活动,进一步提升综合服务和管理水平,为客户提供快捷、安全、优质的服务。(4)把竞赛活动与提高员工队伍素质相结合。以立功竞赛为契机,利用生产间隙,开展员工技能培训和管理人员培训。同时,将竞赛活动与“远学许振超、李斌,近学本公司优秀员工”活动相结合,在员工中树立爱岗敬业、积极奉献的主人翁精神,促进员工队伍整体素质的提高。（宋 正）

【航道局交建公司在重点工程立功竞赛中抓好“四个结合”】 一是把开展立功竞赛同完成重点节点目标相结合。洋山深水港、长江口SⅡA标项目部提出“奋战80天,安全、优质全面完成年内各项节点目标”的口号,开展了“抢速度、抓质量、保安全、增效益”为主题的竞赛活动,袋装砂施工日产达1万立方米以上,按业主要求完成了促淤潜堤和S6、S7丁坝的施工任务。二是把攻克工程难题同开展对口竞赛相结合。上海化工园区西侧围垦、南汇东滩促淤圈围工程是集吹、填与筑堤一体的工程。两项目部开展了“抢进度、抢效益、保安全、保质量”的“双抢、双保”的对口竞赛活动,提前完成保滩坝理砌及翼形块体施工任务。三是把开展立功竞赛同科技创新、技术开发,提高工效相结合。长江口二期、洋山港一期等重点工程在以科技创新、技术开发为重点内容的竞赛中开发的远程信息监控系统获得了局科技进步三等奖,并通过技术攻关研制成了新的模板,荣获2004年度中港集团"优质砼"奖。四是把开展立功竞赛同实施贯标、创企业品牌相结合。建立健全了工程施工项目管理和项目部质量保证体系,形成了人人讲质量、人人管质量、人人要质量的良好氛围,工程质量取得了成效。长江口二期N1－N4丁坝续建工程经上海港建设工程安全质量监督站验收,被评为优良工程。长江口深水航道治理一期工程荣获了交通部水运工程质量奖。6月,公司成功地通过了中国船级社ISO9001:2000质量管理体系认证的外审,并获得了国家颁发的认证证书。（汪正林）

【中海电信工会结合企业中心工作开展劳动竞赛】 中海电信工会在开展劳动竞赛时,注重与企业的中心工作相结合。技术比武和业务培训相结合,2004年开展"最佳驾驶员标兵竞赛",还组织了40多名驾驶员参加《汽车维修保养》知识培训和《车辆保养与检修》知识竞赛。通过培训和竞赛,驾驶员学到了基本维修保养知识,行驶中和停靠后注重汽车保养和维护,减少了故障率,延长了汽车零部件的使用寿命,并为企业节约了修理费。（毛培毅）

【中海环球空运公司进口操作部精心服务、塑造品牌】 中海环球空运公司进口操作部开展"树新风、创一流"主题活动,不断提高职工业务素质和服务质量。同时还积极开展"对标"活动,与国内一流企业的主要指标逐项进行对照,找出差距,制定措施,不断提高企业竞争力。2004年,该部员工在工会提出"用心服务"营销理念下,进口业务的客户群像滚雪球一样越来越大,客户信任度越来越高,客户满意率达99%以上,为公司创造了利润,赢得了荣誉。2004年全年进口货量达52348票,17108吨,同比增幅分别达35.54%和44.48%;取得毛利1184万元,同比增幅达41.97%。（彭大源）

【中海油运工会开展立功竞赛有新举措】 中海油运工会在所属船舶中开展了抓管理、促效益、保安全立功竞赛活动。增收节支,通过各种安全检查,争创优秀驾驶台管理、优秀机舱管理和优秀厨房管理。为保证竞赛活动有序开展,公司成立了竞赛活动指导评审小组,实行负责制,采取五项措施。(1)各轮成立由船舶领导挂帅的立功竞赛工作小组,制订竞赛工作计划和方案。(2)做好宣传发动工作。通过召开船员大会、部门会及黑板报宣传等形式,使每个船员了解竞赛的目的,掌握竞赛活动的具体内容,教育和引导船员发扬主人翁责任感,努力增收节支、保安全。(3)切实提高船舶管理水平。积极争创先进驾驶台、先进机舱和先进厨房,打造与国际一流船运公司相适应的油运船舶。(4)总结经验,弘扬先进。对立功竞赛中涌现出来的先进个人和典型事例及时进行总结宣传,营造"你追我赶,人人为降本节支献计献策,个个为企业增产增收作贡献"的竞赛氛围。(5)各轮及时上报开展立功竞赛活动的工作计划和具体措施。（刘　枫）

【港务集团工会开展群众性立功竞赛活动】 港务集团工会组织开展了"多做一箱也是贡献"群众性立功竞赛活动。设立了100万元奖励基金,激励集团职工在集装箱装卸生产中争创一流、勇攀新高。主要做了三方面工作:(1)健全竞赛组织领导,广泛宣传动员。各参赛单位通过宣传橱窗、黑板报、电子屏幕、"OA"网等各种渠道,引导广大职工树立"人人为集装箱发展建功立业"的思想,积极投身竞赛活动。(2)精心设计竞赛项目,突出活动实效。集箱码头公司下属张华浜、军工路和宝山等三家分公司联合开展了创高产立功竞赛活动,努力提高单桥和单船装卸效率,主动为船公司抢船期,精心安排靠船计划,创出码头昼夜装卸吞吐量新高。(3)不断挖掘内部潜力,勇于挑战自我。在装卸中海"新宁波"轮集装箱船过程中,外高桥码头分公司充分挖掘内部潜力,仅用9.75小时,就装卸了5160自然箱,成功创造了平均船时量529.23自然箱的世界纪录。（焦小涵）

【运输工会开展"诚信在交运"优质服务竞赛活动】 为进一步推进企业诚信建设,运输工会在交运集团系统组织开展了"诚信在交运"优质服务竞赛活动。以诚信服务为主要内容,以提高服务水平为主要目标,以"三优三好三化"(优质服务、优良秩序、优美环境、遵章守纪好、服务质量好、行风建设好、服务项目多样化、服务工作程序化、服务方法规范化)为主要标准。该项活动得到了各单位的积极响应,共有近100个服务窗口及服务岗位报名参加。"诚信在交运"活动的开展,进一步在职工中弘扬了城市精神和职业道德,在企业中营造了"人人讲诚信,个个守信誉"的良好氛围,有力推动了企业诚信建设。（吴　明）

【邮政工会开展以发展核心业务为主题的劳动竞赛活动】 2004年,为推进企业发展,邮政工会积极开展了以发展核心业务为主题的劳动竞赛活动。(1)组织开展了邮政汇兑业务劳动竞赛,通过1—4月的竞赛活动,上海邮政汇款业务量上升28%,汇兑业务收入增长68.4%,在全国邮政业务竞赛中成绩名列前矛。(2)组织开展了"爱我邮政、刷我绿卡"劳动竞赛,全局有28个单位、16000人次参与了此项竞赛活动。(3)积极开展了以"营销争达标,活动创特色"为主题的"营销员之家"竞赛活动,充分运用营销经验交流、营销员营销实践体会、营销业务操作比赛、营销策划演示等形式开展"营销员之家"活动,促进了各级营销员营销能力的提高。参加"营销争达标"竞赛活动的689名专兼职营销员全年完成营销收入6.16亿元,人均达89.4万元,有319名营销员在竞赛中达标。（吕懋毅）

【上海移动通信工会拓展劳动竞赛内容】 2004年,上海移动通信工会围绕企业发展重点,不断拓展劳动竞赛新内容,增强新动力、注入新活力,为企业的新经济发展作出了贡献。(1)以效益为中心,创新竞赛新内容。开展了"奋战二个月,深耕集团客户工作"

同工种劳动竞赛，把推进移动集团客户服务工作，推广集团客户信息化方案，扩展集团客户的市场增量作为主攻方向。通过竞赛，基本形成规范的集团业务代理办法，建立了集团客户联络人制度。(2)以提高员工业务素质为目的，增强劳动竞赛新动力。为进一步提升“服务与业务”领先优势，提高数据业务营销能力，增强企业核心竞争力，工会会同行政组织开展了新业务知识竞赛，发放《新业务培训手册》和《新业务营销知识手册》，以配合劳动竞赛的有效推进。(3)以基层工会为基点，注入劳动竞赛新活力。在开展劳动竞赛中，工会注重发挥基层工会的主观作用，动员基层工会贴近各自的通信特点，有针对性地围绕公司电力、网络等工作重心，开展形式多样，不同内容的短程赛、同工种赛、主题竞赛和常规竞赛，形成了以点带面、上下互动，全员参与、各显神通的良好竞赛态势。（隋　奕）

【电信集团工会“小灵通”天线劳动竞赛显成效】 为了贯彻上海市电信有限公司一届五次职代会精神，配合公司打好“一号工程”——“小灵通”发展战役，电信集团工会组织了“我为‘小灵通’天线建设作贡献”劳动竞赛和“我为‘小灵通’天线建设献一计”合理化建议活动。竞赛活动抓住四个环节：宣传激励、中途检查、传递信息、调整策略。并同步在电信工会网站上开展“小灵通”知识竞赛，共有2770人次上网答题。竞赛期间，员工共提出2940条合理化建议，其中“利用高架路灯安装定向天线”等建议在“小灵通”发展战役过程中发挥了巨大作用。集团工会配合竞赛开展，及时出版了23期《竞赛简报》，全面快捷聚焦竞赛活动，有效的发挥了竞赛的积极作用。（朱东亚）

【航道局工会开展“三创、三重、三提高”竞赛活动】 2004年，航道局工会开展了“以创优秀公司为目标，重科学管理，提高职工综合素质。以创精品工程为抓手，重工程节点，提高职工技术能力。以创市场信誉为导向，重人才培养，提高职工自身价值”为主要内容的立功竞赛活动。并将竞赛活动从市重点工程向外省市延伸，竞赛形式有新突破。竞赛以开展有针对性的对口竞赛为主，起到了比、学、赶、帮、超的目的，增强了职工的全局观念，提升了职工的整体素质，树立了企业的良好形象。（杨建平）

【三航浦东分公司工会开展“五结合五开展三坚持”竞赛】 三航浦东分公司工会在建立党委抓党、行政抓长、工会抓网、团委(民兵)抓岗的竞赛组织网络基础上，在立功竞赛工作中实施了“五结合五开展”的竞赛形式，即：结合企业“一个中心两个基本点”的指导思想，开展以成本控制为核心的“比价、比质”的材料采购竞赛；结合职工队伍建设，开展优化劳动组合、优化资源配置、提高劳动生产率的竞赛；结合“满足客户关注点”的要求，开展优质服务竞赛；结合文明创建活动，开展文明施工和争创文明班组竞赛；结合参赛队伍多的特点，开展互帮互助结对竞赛，使竞赛内容得到了充实，竞赛形式得到了扩展。同时，在竞赛工作的管理中，做到“三坚持”，即：坚持定期和中途不定期抽查制度；坚持工程结束后的综合考评制度；坚持竞赛奖励及时兑现制度。（唐钧达）

三航局工会召开2004年重点工程立功竞赛规划评审会

（唐钧达）

【中远集运工会开展安全、效益主题活动】 中远集运工会围绕公司“提升核心竞争力、实现可持续盈利”工作目标，扎实开展“我为公司效益作贡献”、“安全在我身边、降本增效从我做起”等主题活动。利用《工会工作》、《中远集运工会信息》广泛宣传主题活动的意义，并辟以专栏宣传，反映各级工会开展主题活动的做法和成效，形成了“人人尽职、事事努力、天天创收”的良好氛围。各船舶工会以“查隐患、抓整改、严管理、促效益”为重点内容，组织各船舶开展劳动安全竞赛，倡导“在岗一分钟，安全六十秒”，“从安全准班上盈利，在服务客户中扬名”；各陆地基层工会围绕“改革促效益”，以班组为单位，以优质服务、节约成本、创新创效为主要内容开展活动，以此推进陆上产业的改革改制工作；各揽货网点工会以“提高箱量、降本增效”为宗旨，开展各类劳动竞赛和合理化建议活动，将创效活动的内容落到实处。（钱　华）

【中交第三航务工程勘察设计院工会立功竞赛坚持创新】 2004年，中交第三航务工程勘察设计院立功竞赛由活动型向科技型、效益型和育人型深化，院工会在立功竞赛过程中坚持创新的做法。(1)立功竞赛理念创新。坚持竞赛活动既见物更见人，突出以人为本，使竞赛活动不仅出成果，而且出人才、出精神。(2)立功竞赛内容创新。主动将立功竞赛从以体力劳动为主的勘察工作向以脑力劳动为主的设计领域扩展、延伸。(3)立功竞赛形式创新。由单一的合同型竞赛发展为合同型、竞标型、结对型和同创共建型等系列模式竞赛。(4)立功竞赛动员创新。在坚持原先行之有效的赛前动员、赛中检查等基础上,注意把先进的企业文化理念导入竞赛活动。(5)立功竞赛管理创新。把院内开展的党员先进性教育、文明创建、企业文化建设和青年职业生涯导航等活动引入立功竞赛。 (陈杏生)

【建工工会深化“精品杯”系列立功竞赛】 建工工会不断深化“精品杯”系列立功竞赛,以提高经济运行质量为目标,以加强施工管理为主线,以重点工程建设项目为舞台,组织开展职工乐于参加的立功竞赛活动。(1)有效地促进了工程建设。各参赛单位通过开展以“保节点、育人才、铸精品,不扰民”为主要内容的“精品杯”立功竞赛活动,确保了公共卫生中心、F1 国际赛车场等重大工程实现节点目标,为集团进一步确保市场占有率奠定了基础。(2)有效地促进了队伍建设。各参赛单位较以往更注重通过参与重点工程建设,培育和发掘一大批先进标兵。围绕重点工程建设开展的立功竞赛活动,为培养优秀人才提供了舞台,营造了“比学赶帮、人才辈出”的氛围。在市政府召开的表彰大会上,王汝敏、费跃忠等16位个人和上海市第一建筑有限公司机电设备安装公司等9个集体分别荣获劳动模范和劳模集体的称号。(3)有效地促进了施工管理。各参赛单位有针对性地开展旨在强化施工项目内部管理,开展安全和成本管理的各类竞赛活动。中国浦东干部学院依靠科技创新,信息化引路,深化工程质量管理,取得较好的质量管理效果,被市建委列为市优质结构观摩工程,是全市创建优质结构活动10年来首个大体量、多群体的优质结构工程。 (何连成)

【上海万安企业总公司开展多种形式劳动竞赛】 上海万安企业总公司工会主动参与企业发展,在2004年中组织开展劳动竞赛,实现企业生产的新突破,为全面完成企业生产经营任务,进一步提升企业核心竞争力作出贡献。(1)围绕改善粉尘排放,节约能源项目开展“我为项目作贡献”劳动竞赛活动。该项目投入使用后,收尘效果良好,使烟尘排放达到欧洲标准,为改善环境作出了贡献。(2)围绕树万安品牌开展优质服务劳动竞赛。在供应市重点工程水泥过程中通过开展“树万安品牌”优质服务的劳动竞赛,确保洋山深水港、东海大桥等重点工程的水泥供应。(3)围绕提高经济技术水平开展“依靠技术、挖掘潜能、挑战一千六、再现我价值”的劳动竞赛。余热发电车间通过竞赛,提高操作工操作技术水平,高温期间机组运转率实现100%,达到了国内同类余热发电项目的先进水平,消除了高温季节限电生产时对市重点工程水泥供应的影响。 (沈培荣)

【水务局立功竞赛活动蓬勃开展】 2004年,市水务局工会召开立功竞赛领导小组工作会议,明确开展以“安全、资源、环境”协调发展为取向,以治水为中心,以服务为抓手的“五创五提高”立功竞赛活动。根据市竞赛办的要求,及时调整了独立赛区的设置,使竞赛工作更加合理规范。局属各单位结合各自的中心任务,积极制定争创优秀公司的计划,召开推进会、交流会,确保竞赛计划顺利进行。在2004年的立功竞赛表彰会上,自来水市南公司等10家单位获市优秀公司称号,市水利排灌处等26个集体获优秀集体称号,8人被评为市建设功臣,40人被评为市记功个人,另有5人获市立功竞赛优秀组织奖。 (石建兴)

【市政一公司工会开展同业务竞赛活动】 公司工会根据“强管理、增效益、促发展”的竞赛主题和公司施工管理的现状,在与现场管理密切相关的质量、安全、成本核算、材料管理、分包管理、设备管理、计划统计、综合治理、环境卫生等9个管理岗位间开展同业务竞赛活动,制定了《同业务竞赛实施办法》,月度自评,每季度考评,共计评出优胜岗81个(次),年终评选出“岗位标兵”8人,并对考评不合格的岗位人员进行处罚,体现了“强激励、硬约束”的精神。通过竞赛,各参赛岗位人员的责任性得到加强,业务能力有所提高;管理意识普遍得到增强,执行管理标准形成了共识;工程的安全、质量进一步得到控制,文明施工取得了成效;各类报表和资料的及时性、正确性有了提高;现场的管理有了明显的改观,外部形象进一步改善,企业管理逐步走上正规。 (胡明龙)

【城建(集团)公司工会重大工程建设立功竞赛活动成绩显著】 2004年,上海城建(集团)公司工会围绕市重大工程建设项目,开展了“四落实、四提高”(落实安全、质量各项制度,提高现场管理水平;落实“一个项目一本账”,提高经济效益;落实人才培养机制,提高队伍素质;落实科技创新措施,提高工程科技含量)为主要内容的立功竞赛活动。通过广大城建职工的共同努力,确保了集团承建的各项市重大工程安全、优质、高效地完成。复兴东路双层隧道9月29日胜利通车,成为世界上第一条运营的双层隧道;东海大桥Ⅰ标和Ⅱ标在10月11日实现陆上段与海上段合龙,为加快东海大桥建设创造了条件;F1 赛车场赛道建设得到国际汽联高度评价。上海隧道工程股份有限公司、上海市隧道工程轨道交通设计研究院荣获上海市立功竞赛“金杯公司”奖;城建集团东海大桥Ⅰ标、市政一公司中环线A2.6标、市政二公司轨道交通一分公司荣获“金杯集体”奖;上海市城市建设计研究院、上海煤气第一管线工程有限公司等11家子公司荣获市“优秀公司”;《上海外环隧道工程施工关键技术》荣获上海市职工优秀技术创新成果奖。 (耿 伟)

【上飞厂工会开展波音平尾“技术攻关、精益制造”劳动竞赛】 上海飞机制造厂工会在企业为美国波音飞机公司制造B737-700水平尾翼的转包生产中,为了保质保量实现合同要求,在转包生产线组织广大职工积极开展“波音平尾精益制造,企业形象永远金牌”的劳动竞赛活动。厂工会在劳动竞赛活动中,紧紧围绕水平尾翼生产和交付,积极帮助职工树立精益制造产品,质量永保金牌的理念,激发了职工的创造力和技术创新精神,进一步提高了企业管理水平和生产效率。同时,在竞赛过程中,积极组织职工开展

技术创新、技术攻关和合理化建议活动，为企业顺利完成交付任务作出了贡献。（竺海华）

【上海电信工会开展巾帼奉献日活动】 上海电信工会女职工委员会将5月17日定为2004年上海电信的“巾帼奉献日”，各基层女职工委员会纷纷开展了各种形式的“巾帼奉献”活动，为小灵通的发展贡献力量。有的利用周末支援小灵通入网工程，为小灵通终端烧号、安装配件；有的组建了巾帼奉献队，冒雨测试小灵通信号，确保放号的顺利进行；有的组织女职工统一着装，身披绶带，顶着烈日酷暑，在广场设摊宣传、深入社区咨询、营销，以积极的行动、热情的服务宣传小灵通业务等。据统计，全公司31个基层参与了这次的“巾帼奉献日”活动，短短几个月小灵通用户发展近百万。（朱东亚）

技能培训、竞赛

【市总工会等单位组织开展“2004年上海市职业技能竞赛活动”】 为深入贯彻全国人才工作会议精神，积极实施“科教兴市”主战略，进一步加强高技能人才队伍建设和落实“技能振兴计划”，市总工会、市劳动和社会保障局、团市委、市教委、市信息委等单位联合组织开展了以“高技能、新技术”和“灰领职业、新型职业”为主题，以加快培养和选拔一批社会急需的复合型技能人才为目标的“2004上海市职业技能竞赛活动”。此次竞赛共设有“电子商务师”、“数码影像技术人员”等50个职业（工种）类别。各区县、控股（集团）公司和行业协会共组织了3000余名职工参加了竞赛。经过层层选拔，来自各区县、控股公司和31所大学的800余名选手参加市级决赛。其中，参加决赛的240名在校大学生从参加40余个职业预赛中脱颖而出，占决赛选手的30%。竞赛成绩及格者均获得相应等级的国家职业资格证书，决赛各项目（模块除外）第一名的选手均被授予“上海市技术能手”荣誉称号。（田福宝）

【浦东新区总工会举办职业技能竞赛】 2004年，浦东新区总工会以学李斌活动为素质工程的主要抓手，与新区劳动和社会保障局、新区团委在全区范围内联合举办了声势浩大的“学李斌、比技能、显身手、共进步”职工技能竞赛活动。这次活动历时半年，体现了“四多”特点：一是竞赛项目多。共有13个大项，43个小项；二是参加职工多。共有3万余名职工参加了企业、行业组织的练兵、选拔赛、初赛、复赛等，有1100余人参加了新区层面的决赛；三是获得技能升级的多。全年共有205人通过技能竞赛获得了上海市劳动和社会保障局颁发的资质证书，其中107名职工由初级升级为中级，98名职工由中级升级为高级，充分体现了竞赛活动是职工技能升级“绿色”通道的作用；四是企业参与多。共有7家企业直接参与、支持了该年度的职工技能竞赛活动。另有一大批企业支持、帮助所在地区、行业组织了练兵、比武、竞赛等活动。（王建中）

【长宁区总工会提出职工素质工程三项新目标】 长宁区总工会围绕实施科教兴市战略，提出了职工素质工程三项新目标：（1）完善职工读书指导体系，深入开展职工读书活动。建立区、系统、街道（镇）职工读书指导委员会，健全工作网络，制订开展读书活动的工作制度；发挥文明班组的作用，把“创建学习型班组、培育知识型职工”的活动作为职工读书的有效载体，营造职工学习氛围；弘扬与时俱进的学习精神，结合“塑造城市精神，培育新时代职业精神”活动，倡导职工的终身学习理念。（2）建立职工中高级技术人才数据库，引导职工提高技术能力。确立“尊重劳动、尊重知识、尊重人才、尊重创造”的思想观念；深化劳动竞赛，通过职业培训、技术练兵、操作比赛、技能晋级等，造就一支高素质的劳动者队伍；整合职工教育培训资源，加强职工教育培训基地的建设，健全多渠道、多元化、多层次的职工教育培训体系，形成开放式、互动式的职工教育培训网络。（3）建立职工技术活动工作平台，强化职工科教兴市战略意识。以企业为主体，开展群众性技术创新活动；以发展为主题，开展科技服务和科技成果转化活动。（陈慧君）

南汇区开展女职工技术技能操作比赛

（纪　敏）

【普陀区职工优秀人才发展促进会集聚人才展示风采】 2004年，普陀区职工优秀人才发展促进会认真实施促进会行动计划，集聚区内200多名优秀人才为区发展建言献策，充分展示了职工优秀人才的聪明才智。（1）举行“区职工人才与普陀未来发展新高地论坛暨职工优秀人才发展促进会揭牌仪式”，区科技、建设、教育、卫生等6个系统的职工优秀人才代表围绕主题发表演说。（2）举办“为全面建设新普陀贡献智慧和力量——普陀区职工优秀人才座谈会”，搭建了区领导与职工优秀人才交流平台，取得了良好的效果。（3）各分会结合各自特点进行主题活动。如社区联合分会举办主题为《普陀区西北地区——西北物流未来发展》的专题讲座;区建设分会召开"投入'高兴,放心'活动,展现人才风采"为主题的职工优秀人才成果发布会;长风社区分会举行以"建设一个新长风"为主题的职工优秀人才建言献策恳谈会;区教育分会、科技分会等也根据不同的行业特征开展了活动。 (沈丽萍)

【奉贤区庄行镇积极组织实施"万、千、百、十"行动计划】 在大力推进职工素质工程中,奉贤区庄行镇积极组织实施"万、千、百、十"行动计划,即:万名职工劳动竞赛、千名职工技能培训、百名师傅带教活动、树立十大技术标兵。并制订了分阶段具体实施计划和工作措施,专门设立了带徒津贴奖、劳动竞赛奖,得到了职工的广泛参与和企业经营者的大力支持。据统计,2004年,全镇共培训职工8000余人,有1180名职工经考核合格拿到了岗位证书,1845名职工拿到电脑实用技术证书。全镇有865对师徒结对带教,有62家企业10085人参加了劳动竞赛。12月2日,通过"百名职工技能大比武"活动,评出2004年度庄行镇"十大技术能手标兵"。 (沈永明)

【崇明实施"三万二百"工程】 2004年,崇明县总工会在推进职工素质工程中,明确提出"三万二百"的目标,即要求各级工会落实"万名职工大培训",确保全县有万名以上职工参加技术、技能培训;开展以提高岗位技能和技能复合为主要内容的新一轮"万名职工大练兵"活动,提升职工的技能水平;提"万条合理化建议",组织职工联系工作实际,大力开展"我为科教兴县献一计"活动,对企业实施科教兴县战略和走可持续发展道路献计献策,引导职工为实践科教兴县贡献智慧和力量。通过县级、乡镇委局级和基层工会级三个层面,年内开展"百项技能操作比赛",提高职工的技能素质和技术本领;选择"百家不同类型的企事业单位重点实施"。全县各级工会积极响应,精心组织实施。据统计,年内全县有3.1万人次职工参加各种业务和技能培训,171个基层单位共组织1.45万人次的职工参与各项技术练兵和比赛,全县有333名职工得到技术晋级。全县共有6864名职工参与提合理化建议活动,共提出各类建议3094条,其中采纳1412条,实施1050条,实现经济效益585.6万元。 (陈进修)

上海电气集团举办"李斌杯"职工技能大赛

(冯克华)

【上海电气"李斌杯"职工技能大赛取得圆满成功】 6—11月,上海电气开展了"李斌杯"职工技能大赛,共有858名职工参加了数控、计算机程序设计、现代测量技术等12个工种、18个技术等级的比赛,其中参加高级工技术等级比赛的人数为645人,中级工213人。经过上海市职业技能鉴定中心应知、应会考核,高级工合格率达到60.2%,中级工合格率达到60.4%,其中有8名参赛选手被市劳动和社会保障局破格晋升为技师,另有36名选手经过加试晋升为技师,越级晋升率达到5%。据统计,上海电气高级工以上技术工人比例已由2003年的14%上升到2004年的17.5%。 (朱汉民)

【上海仪电工会以技能升级为重点深化素质工程】 2004年,仪电工会结合公司实际,以提升职工技能为重点,深化创新活动素质工程。工会与控股公司联合下发了《深化创新活动素质工程,全面提升员工技能的若干意见》,针对性地提出了创新活动素质工程的目标、要求和措施。推广上海仪电职工先进操作法集萃,创新活动覆盖面和职工参与率继续扩大,成果显著。据统计,全年有10个子公司和直属单位参与了立项工作;68个单位参加了项目竞赛,立项180多项,参加人数逾万人;81个单位参与合理化建议立项,参与员工逾2万名;80个单位参与员工培训、技术练兵、比武立项,参与员工1.8万名。 (胡 彬)

【飞乐音响公司工会抓技能升级实现三个转变】 飞乐音响工会积极与行政配合,把职工技能升级列为公司重点工作,采取有效措施抓好"四个落实":成立领导小组,做到组织落实;列出专项费用,做到经费落实;编写培训资料,做到教材落实;认定升级资格,做到升级落实。在具体工作中抓好"四个结合":与劳动竞赛相结合、与合理化建议活动相结合、与技术练兵相结合、与员工考核相结合。通过活动员工队伍基本实现了"三个转变":学习从单一型向转变观念、提升学习能力和输入新知识的转变;学习方式从被动式向超前跨岗学知识、学技能的主动积极型转变;学习观念从一纸文凭定终身向终身学习的新理念转变。 (仰美娣)

【上海仪电制定实施员工技能培训推进计划】 年内,仪电工会开展员工技能状况的调查,摸清员工队伍技能的现状,制定并实施《2004—2005年上海仪电系统员工技能培训推进指导计划》。工会与有关部门联手,整合力量，集中优势，发挥上海电子信息职业技术学院的专业优势，利用社会培训资源，形成多渠道、多元化和开放式的培训体系。共排出员工培训15个专业班，推荐了105个职业培训、定向培训和创业培训的项目。据统计，2004年仪电工会会同各子公司或委托信息职业技术学院集中举办了仪表装校高级工、中级工、物业管理、网络知识等12个培训班，共有505人次参加培训并取得了各类专业证书；全系统各级工会与行政共举办各类培训500余项，有2万余名员工参加。（胡　彬）

【化学工会以创新精神开展职工技能比赛取得实效】 2004年，化学工会结合上海化工科技进步与发展的要求，根据华谊化工企业生产经营的特性，选择了具有化工通用特征的高级化学分析工、高级化工检修电工两个项目和富有时代特征、显示化工科技发展的计算机辅助设计（CAD）、化工总控（DCS）操作两个"灰领"项目作为全系统开展技术练兵示范性技能比赛项目。据统计，各子公司、基层单位以此为契机，年内共组织各类技能比赛70多场次，参赛职工达2000余人次。15个子公司、直属单位的54支参赛队，共160名选手进入华谊层次决赛。化工总控（DCS）操作比赛项目开全市先河。另外，一些单位还将技能比赛与职工教育培训的长效机制、奖惩晋级机制相结合。通过比赛，全系统有24名选手获华谊（集团）公司"操作技术能手"称号，有50%的选手晋升了技术等级。（鲁德翔）

【纺织工会与服装行业协会联手举办技能大赛】 为了贯彻落实"九牧王"杯2004年全国服装制作工职业技能大赛的要求，上海市纺织工会和服装行业协会联合举办了2004年上海服装（男西裤）制作工职业技能大赛。来自全市16家服装企业的27位技能高手参加了此次技能大赛。这次大赛从大赛的组织领导、标准制定、考核办法、奖励措施等方面进行了精心的设计，在比赛前先对参赛选手进行了操作练兵和技术培训。同时，以全国服装制作工职业技能大赛为契机，大力营造和倡导技术工人也是人才、学技术光荣的氛围，先后多次召开产业工会协调工作会议，公司行政和工会领导全面发动。此外，纺织控股公司还举办了第十四届职工技术业务操作技能比赛配合造势，大大激发了职工学习钻研技术业务的积极性。（杜伟钧）

【上海纺织实施"百、千、万"职工技能提升计划】 2004年，上海市纺织工会根据上海纺织确定的"科技与时尚"的发展理念和方向，结合纺织系统的实际开展了"百项工种技能竞赛、千名职工技能培训、万名职工技能练兵"为主要内容的技能提升计划。据统计，年内上海纺织控股（集团）公司职工参加全国大赛、市技能大赛、控股公司技能竞赛、子公司技能竞赛、基层单位操作技术业务比赛工种（项目）达336项，参加技能比赛人数4544名；参加技术业务培训人数逾1万名；操作技术练兵总人数逾1.3万名；共有529名职工获得上海市职业技能鉴定中心颁发的各类职业资格证书。另外，上海纺织控股（集团）公司还命名了45位职工为2004年度操作技术能手。

（王慎徽）

【市医药工会为员工技能升级搭建平台】 市医药工会紧紧围绕上药集团打造中国医药航母的战略目标，把建设一支高素质、高技能的医药员工队伍和创新人才群体，作为各级工会的一项长期战略任务，积极为员工的技能升级搭建平台。（1）在集团内部营造了"尊重技能，尊重创造"的氛围，进一步提高了技能人才的地位；（2）形成有利于优秀技能人才脱颖而出的选拔机制，加快了对复合型技能人才的培养；（3）为高技能人才提供了施展才华的事业平台，充分发挥他们的聪明才智和精湛技艺，解决关键技术和工艺操作性难题。2004年，市医药工会组织了化学合成制药和固体制剂两个项目的技能大赛，参赛人数达150人，其中35岁以下的青年选手占参赛总人数的71%；通过初赛和复赛，有84名选手取得高级职业资格证书，晋升率达到56%；有3位选手通过决赛获得了技师职业资格。（顾依新）

【电力公司工会开展"八小时内、外"知识竞赛】 为了培育与上海大都市相适应的具有高素质的上海电力职工队伍，全面落实公司职代会上提出的关于"全面提高员工的学习力、创新力和竞争力"的人才理念，上海市电力公司工会组织开展了职工"八小时以内"岗位知识竞赛和"八小时以外"现代综合知识竞赛活动。竞赛涵盖了爱我中华、优质服务、安全生产、岗位读书、电脑和数码技术、职工健康保健等6项内容。在整个活动中，公司工会对竞赛的主题、内容、规则、形式等方面进行了改革和探索，选题做到贴近企业，具有行业性；贴近时代，具有先进性；贴近生活，具有趣味性。该项活动从6月至12月每月开展一项，共有近200名参赛选手和500名职工参与观摩。

（钱幼树）

【上海电力安装二公司工会开展职工技能登高活动】 为了不断提高职工素质，在企业内部培养和造就一支技术精、业务强、素质高、适应市场竞争需要的专业技术队伍，2004年，上海电力安装二公司工会在全体职工中积极开展了技能登高活动，组织举办了钳工复合焊工、焊工技能、电气接线、汽车排除故障、起重工技术、电工技术、计算机应用能力等技术比武活动。比武内容涵盖公司管理和施工10多个专业、20多个工种，有200多名职工参与了此次活动。这次技术大比武做到了"四个结合"：技术比武与施工实践相结合，推动了工程建设；技术比武与企业的工作重点相结合，推动了企业人力资源的开发；技术比武与培养专业技术带头人相结合，调动了职工学技术的热情；技术比武与提高外来务工人员的技能素质相结合，为企业增添了生力军。（龚洁庆）

【宝钢集团首届职工技能大赛成效显著】 为了促进职工提高岗位技能，涌现更多的高技能人才，2004年宝钢集团举办首届职工技能大赛，推出了9个工种、11个项目的比赛。通过精心筹划组织，认真推进实施，全集团共有13个单位的346名选手参加角逐。每个比赛项目的第一名，由集团公司授予"上海宝钢集团公司岗位能手”称号;每个比赛项目前三名选手中35岁以下的共25人,由集团公司团委授予“上海宝钢集团公司青年岗位能手”称号。另外,13位一线工人通过大赛晋升为技师,152位职工晋升为高级工,13位职工被授予中级工证书。这次技能大赛和职工岗位技能晋升挂钩,对进一步调动宝钢员工学技能、争当高技能人才起到了明显的促进作用。（蒋晓农）

【上海石化充分发挥四大载体作用推动素质工程建设】 上海石化各级工会组织充分发挥组织优势和工作优势,通过技能竞赛、劳动竞赛、班组建设、职工周末学校四大主要载体,广泛动员和组织职工积极参与各项活动。职工技能竞赛坚持以岗位培训、岗位练兵为基础,以操作比武为抓手;劳动竞赛活动在细化竞赛指标的基础上,努力提高各项技术经济指标,促进了公司产品实物量的稳步增长;班组建设实现了统一规划、布置、考核、评比、表彰,同时,有针对性地开展班组岗位培训、技术练兵和班组专题安全教育、“三守三人”(敬业守职做明白人,遵章守纪做老实人,明礼守信做文明人)为核心的职业道德教育等工作;周末学校进一步发挥资源共享、优势互补的特点,举办了形式多样、寓教于乐的各类讲座,不断实现周末学校办学途径和办学方式的创新和完善。（施东亮）

【上海石化以技能竞赛活动提升职工技能素质】 2004年,上海石化两级单位共组织112个项目、1.1万人次职工参加了技能竞赛。公司层面共组织16项特有工种、14项通用工种、466名选手参加了竞赛。其中,有13名选手获得公司技术状元称号,有49名选手获得公司技术能手称号,96位职工被授予公司操作明星称号,103位职工取得了高级工晋级资格。另外,公司职工徐建伟获得了全国石油石化行业职业技能竞赛乙烯操作项目第三名,一名职工获得了国资委和劳动社会保障部组织的全国中央企业技能大赛“CAD”项目比赛第六名(银奖),另有职工获得了中石化集团公司钳工比赛第五名。公司还在市职业技能大赛“电子电工”项目比赛中获得个人第二、四名以及团体第一名的好成绩。（施东亮）

烟草机械公司成立市劳动模范黄留展技术交流培训中心

（张佩华）

【烟草机械公司工会成立“黄留展技术交流培训中心”】 10月29日,上海烟草机械有限责任公司成立了以上海市劳动模范名字命名的《黄留展技术交流培训中心》。培训中心的成立,旨在弘扬上海工人阶级的时代精神,彰显劳模品牌,凸现劳动者优良品质,深入开展“学先进、长技术、练技能、增才干、作奉献”活动,进一步提升与时代发展相匹配的职工队伍素质。

（孙荣征）

【上汽集团工会开展职工技术比武活动】 为进一步加快集团高素质人才队伍培养步伐,上汽集团工会、人力资源部等部门联手,共同组织开展了2004年上汽集团职工技术比武活动。此次活动选择行业相关度较大、从业人员较多、技术含量高的职业(工种),设立高级汽车造型设计(UGⅡ)、高级数控机床工、高级机加生产线工、中级汽车装调工、英语等5个比赛项目,有来自30余家单位的1311名选手报名参赛,创下了历年参赛人数的新记录。这次技术比武活动打破了以往只设通用工种、比赛项目较为单一的局面,引入了汽车行业特殊工种,形成了通用工种和特殊工种相结合的新格局,实现比武项目向管理、开发领域两头延伸。比武活动首次走出上海,在江苏仪征汇众公司轻客厂设立了分赛区,形成了技术比武“上下联动、向外地延伸”的全新组织模式。这次比武和职业技能鉴定挂钩,对在比武中符合晋级条件的选手,给予技术等级晋级,形成了比武、奖励、晋级三者相结合的激励新机制。通过这次技术比武,职工晋级总数达到364人次,其中222人次晋升为中级工,131人次晋升为高级工,11人次晋升为技师,培养和涌现出了一批技术精湛、技艺高超的专家里手。（范耀康）

【闵南船厂实施特殊岗位津贴　促职工技能提高】 为引导员工立足岗位学技术、学技能、学业务,适度提高专业人才收入,充分发挥专业人才的工作积极性,增强企业凝聚力,闵南船厂实施了特殊岗位津贴制度。享受特殊岗位津贴员工的范围是指在修船生产经营管理中担当重要组织、指挥、协调、监督和管理职能的员工,以及确有技术专长、经考核和绩效评价为业绩突出、经部门推荐、公示无异议,厂部审批同意的优秀的特殊人才。特殊岗位津贴标准为每月300元—2000元,按照员工所在岗位的地位和作用以及个人技术、能力而定,享受期一年。享受特殊岗位津贴员工的推荐和审批每年进行一次。3位来自生产第一线的职工成为这一制度的首批享受者,从2004年3月份起分别享受每月500元、300元不等的特殊津贴。（黄铁明）

【运输工会开展“百人创新行动计划”

见实效】 为加快交运职工队伍技术人才的培育,增强企业综合竞争力,引导职工钻研业务,提高岗位技能,改善知识结构,掌握更多的新知识、新技能,建设一支爱岗敬业的新型职工队伍,运输工会以职工素质工程为抓手,认真实施"百人创新行动计划"。主要方法:(1)以岗位技能,操作水平为主要依据,把有一技之长的职工推为岗位技术能手,通过他们身带言教,培养新员工,传授技艺,起到滚动效应;(2)每个企业在主体工种和主要岗位上建立首席员工制度,把政治素质好、业务技术精、操作水平高、解决疑难杂症能力强、团队协作精神佳的员工推上首席岗位,发挥"能人"效应;(3)以提高员工适岗技能为重点,通过高级汽车维修工和高级驾驶员"培训、考核、比赛、晋级"四位一体的工作机制,为职工提升技能搭建平台,使得员工的技能得到晋级,体现"登高"效应。通过集团上下共同努力,2004年共推出岗位技术能手457名,首席员工200名,晋升高级以上职称的116名。根据运输工会与集团行政协商,各企业对岗位技术能手、首席员工和技能晋级的职工给予一定的岗位津贴。(尤绍华)

【邮政工会万名职工业务技术大练兵活动突出"精、实、活、新"】 2004年,邮政工会为营造职工业务技术练兵活动"比、学、赶、帮、超"的氛围,注重在"精、实、活、新"上下功夫。(1)"精"。通过练兵,提高职工队伍的岗位技能水平,培养和挖掘具有业务精湛、服务精诚、队伍精干的职工队伍。(2)"实"。加强对练兵活动的组织领导,确保练兵活动的时间节点有序推进;建立健全激励机制,将个人业务水平的高低与个人分配相结合,与人才选拔任用相结合;岗位练兵重点在基层,形成党、政、工、团齐抓共管抓练兵的生动局面;按照全员性和针对性的岗位练兵要求,做到"人员练齐、时间练够、内容练全、水平练高",突出职工岗位练兵的实效性。(3)"活"。采用多样化方式和途径,努力提高职工的业务练兵兴趣和提高练兵活动的效果;因地制宜、见缝插针开展练兵工作,将职工岗位练兵活动落到实处。(4)"新"。各级领导和组织者通过不断实践,做到有新理念、新目标、新方法、新措施;把岗位练兵与教育培训结合起来,从而增加了职工岗位练兵的自觉性和针对性。(陈千涛)

【三航局工会举办职工技术操作运动会】 10月,三航局工会结合企业生产经营实际,举行局第十一届职工技术操作运动会,42名选手分别参加了试验工、测量工、架子工等三个项目的角逐,上海分公司龚权华、南京分公司贾玲和船舶公司王兆跃分别获得测量工、试验工、架子工比武冠军。这届技运会设置的架子工比赛项目是三航局技运会首次设立的比赛项目,体现了技运会注重企业生产经营实际、紧贴企业生产经营发展需要,为企业生产经营服务的理念。技运会的举办,提高了广大职工学习技术、钻研业务的积极性,增强了企业参与市场竞争的能力。(唐钧达)

邮政局工会组织职工参加人人争当技术能手、岗位练兵操作比赛 (厉文德)

【中波船员公司工会"以点带面"推进船员队伍建设】 2004年,中波船员公司工会利用公司职工在青岛举行的职工技能大赛(船员部分)中,取得全部比赛项目的23块奖牌好成绩的契机,广泛宣传在技能竞赛中涌现出的先进事迹,按照《关于在船员队伍中全面开展业务培训和技能竞赛活动的通知》的要求,下发技能学习大纲,提出技能比赛要求,对公司船队的岗位练兵和技术比武活动进行了部署。在总公司技能竞赛队取得优异成绩的感召和激励下,中波公司各轮均建立了培训小组,制订了培训计划,确定了培训内容,指定了培训教员,落实了培训时间,组织了培训评估。公司内派、外派船舶,结合各自船机状况、航次任务和船员结构开展有针对性的技能和业务培训,均收到了很好的效果。(朱卫平)

【市政工会开展市政道路收费服务窗口技术大比武】 2004年,上海市政道路收费服务行业1000个服务窗口,按照"行业领先,国内一流,国际接轨,群众满意"的上海市文明行业标准,全面展开以"快速出票、点钞识伪钞、讲普通话、快速清障牵引"为主要内容的岗位技能比武,取得了丰硕成果。在全行业技术大比武中,高速公路收费道口快速出票每辆车仅为8秒,伪钞识别率达到100%,车辆抛锚牵引车15分钟内到现场,6分钟内完成快速牵引,达到了国内同行业的一流水平,市民满意率在2004年测试中也达到85分以上。此外,通过技术大比武,收费人员的伪钞识别率基本达到99.5%以上,还创下了个人收费23万笔无差错的最新纪录,使行业整体的服务水平有了大幅提升。(经根宝)

【水务局工会推进职工技能培训计划重实效】 2004年,市水务局工会落实和制定职工技能培训计划,在职工中广泛开展技术比武、练兵活动。采取鼓励职工参加培训和读书等措施,增加职工接受职业教育的机会，积极创造条件帮助职工“精一门，会两门、学三门”，提高职工的技能素质。在“建、创、做”活动的基础上倡导职工终身学习的理念，努力为职工的学习、提高、发展，提供良好的氛围和环境。另外还组织200多名女职工参加上海市“迎世博英语大赛”，组织近千名职工参加了“上海市百万职工网上行”活动。（陶 诚）

【农工商集团技能大赛为职工岗位成才搭台】 2004年，上海农工商集团工会结合企业发展实际，通过与人力资源部、团委联手举办以职工“技术比武和技能晋级”为主要内容的职业技能竞赛，为职工学习知识、提高技能、岗位成才搭建了广阔的舞台。此次竞赛活动历时4个月，根据集团行业特点和职工对技能晋级的需求，共设立了汽车维修、电工、车工、钳工以及电子收银、英语口语（心系世博专题）6个竞赛项目。在市劳动和社会保障局的大力支持下，除电子收银和英语口语外，其余4大工种的技能竞赛都与职工的职业资格鉴定相结合，其中汽车维修为高级工等级资格竞赛，这在集团竞赛历史上尚属首次。在参加中级电工、车工、钳工竞赛的58名选手中，有33名选手通过了理论、操作两大部分的技能考核，获得了中级工资格证书，其中3个工种的第一名选手被晋升为高级工；在参加高级汽车维修工竞赛的20名选手中，有17名选手获得了高级工资格证书，其中第一名选手被晋升为技师。（桑树德）

【良友集团福新面粉公司工会构筑学习型班组创新平台】 2004年，良友集团福新面粉公司工会以电工组“智能型”班组典型示范效应为导向，适时召开工会小组长会议，介绍和推广电工组创建智能型班组成果，全面推进公司各班组创建学习型班组活动。公司工会为各班组初步设计了构筑学习型班组的四大平台：（1）开展自主选题、学习，自主实践，构筑学习型班组的自主学习平台；（2）通过制订详细对策措施，组织开展创新活动，大力推广应用规范和先进的操作法，开展合理化建议和技术革新攻关活动，构筑学习型班组的创新平台；（3）依靠组员自我加压，自我超越，从技术、管理等方面进行系统思考，找出破解岗位工作难题的关键所在，构筑学习型班组群体超越平台；（4）通过各班组建立健康向上的团队精神和愿景，发挥班长的核心作用，构筑凝聚组员、提升人气的平台。（周黎琼）

短信息：

○6月29日，黄浦区总工会联合黄浦区劳动局、黄浦区文明办和新世界（集团）在新世界城一楼商场举行了“2004年区职工技能‘天天赛’开幕式暨商品陈列与服务技能展示赛”。（唐稼乐）

○12月21日，市体育局工会开展了运动员膳食营养知识竞赛。（乐俊平）

○良友集团工会举办了Powerpoint制作大赛。（周黎琼）

○市总工会女职工委员会举办了以“友谊，让女性更精彩”为主题的上海工会职业女性联谊会成立十五周年庆祝活动。（徐梅瑾）

○南汇区女职工委员会分别举办了餐饮行业服务技能和服装行业女职工技术操作比赛，并组织全区各局、镇、直属公司女职工干部进行观摩。（周慧学）

农工商职工参加汽车维修高级工技能竞赛

（周沅生）

合理化建议

【申城职工合理化建议喜结硕果】 上海各级工会积极贯彻科教兴市主战略，动员全市广大职工开展合理化建议、技术改进、技术革新、技术创新和创造发明，充分发挥广大职工的智慧和创造力，增强了上海的综合竞争力。全市有5264家企业开展群众性经济技术创新活动，职工提出合理化建议逾34.82万件，实施合理化建议达17.12万件，完成技术革新、技术攻关和开发项目逾1.2万项，共创经济效益逾13.58亿元。上海工会职工合理化建议、经济技术创新活动有新进展：（1）职工参与面不断扩大。由国有企业向非公经济企业和新经济组织延伸；（2）成果的科技含量突出。围绕科教兴市，深化职工创新活动，涌现出一批全国职工优秀创新成果和上海市职工优秀创新成果，有的达到国内和国际先进技术水平；（3）工作方式求新。工会工作开始学会借力，通过整合社会各种资源，为职工提高技能、技术晋级开通“绿色通道”；（4）工作要求务实。工会组织开展各项技能竞赛、合理化建议、创新活动更注重实效，以职工的参与率、人才的培育率、创新成果的转化率为标准，注重提高职工的知识、能力和绩效，加强了人力资源建设。（满顺华）

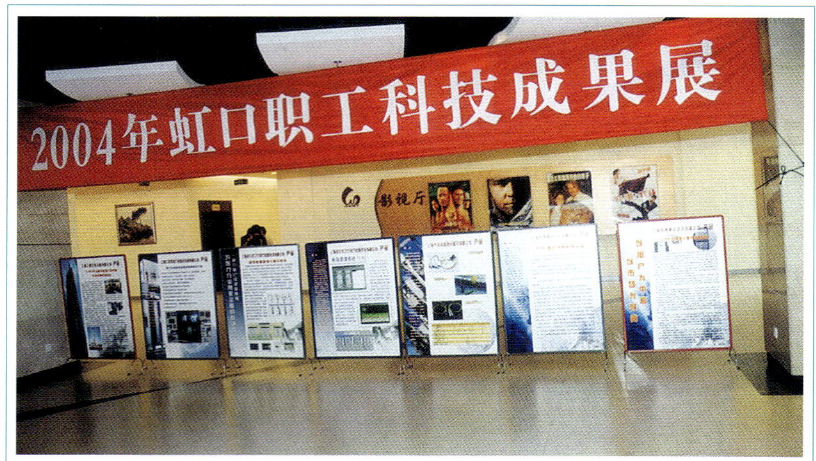

虹口区举办职工科技成果展

（李　琪）

【虹口区总工会举办职工科技论坛】 9月22日，虹口区总工会和科委联合举办了“2004年虹口职工科技论坛”。会上，上海交大生命科学院院长、博士生导师林志新教授作了题为《生命科学技术的新世纪》的科技专题讲座，职工围绕“我为虹口新一轮发展献一计”活动发布了自己的“金点子”，发布的内容有《四川北路商业街改造之我见》、《关于建设提篮桥商业、旅游区的想法》、《迎世博，提升多伦路文化名人街的品位》、《百年老镇锦上添花》和《关于在大柏树建立汽车城的建议》等，为虹口的发展建言献策，用科技助推虹口发展。论坛还邀请部分企业党、政、工领导的代表座谈讨论在现代企业中，如何重视职工技能素质的提高同企业改革和发展的关系，积极推广职工科技创新的经验。活动还展示了职工的科技成果、技能成果，主要集中在电子信息、生物医药、新材料、软件等高新技术领域。（李　琪）

【高化公司精细化工事业部工会发挥职工群众主力军作用】 高桥石化公司精细化工事业部工会，围绕做大做强DCP产品，以“突出重点、针对难点、力求实效”为指导思想，把劳动竞赛与合理化建议作为工会参与企业生产服务的主要途径和手段，在增强企业竞争能力、促进企业经济效益提高中发挥出了职工群众的主力军作用。事业部工会围绕生产中的难点开展专项和单项劳动竞赛，诸如“提高大颗粒DCP结晶率”、“延长氨基醇装置3060生产周期”等劳动竞赛，大大激发了广大职工参与技术攻关的热情，生产一线班组职工中参加竞赛活动面达到100%。合理化建议活动帮助解决了生产中的难点，取得了可观的经济效益。在生产实际中，针对大颗粒结晶DCP产品中含有黑点金属杂质的问题，事业部工会发动职工开展以“消除黑点杂质，提高产品质量，赢得顾客满意”为主题的合理化建议活动，活动中职工们积极寻找生产过程中的薄弱环节，共提出合理化建议102条，经技术部门筛选采纳了79条，实施了54条，使一度影响产品质量的金属黑点杂质问题得到了有效遏制，DCP产品质量明显改善，促进了企业经济效益的提高。（严　英）

【上汽集团工会群众性经济技术创新活动有成果】 上汽集团工会以持续改善和合理化建议活动为抓手，开展金点子群众性技术创新活动。实现了“两个延伸”：一是从注重生产制造过程改进向产品开发和售后服务改进两头延伸；二是从改进工艺、设备改造、降本增效等方面向安全管理改进延伸。上汽集团工会还与行政部门推出企业合理化建议采集排行榜制度，重点对“参与率、实施率、人均建议条数、人均节约资金”等四项指标进行考核，定期对活动优秀单位和个人进行总结表彰，定期举办职工创新成果展和成果发布会。2004年，上汽集团有26088人次提出合理化建议逾6万条，共实施合理化建议3.8万项，实施率达62.9%，产生经济效益约3500多万元；有3项优秀职工发明成果分获上海市第十八届优秀发明选拔赛一、二、三等奖；有35个QC成果荣获国家、市级成果奖；14个班组被评为上海市职工创新示范岗；6个安全改进项目获上海市工会劳动保护“绿十字奖”；上海大众赵爱民被评为全国技术创新能手。（范耀康）

【上海铁路局工会围绕安全效益激活职工潜能】 2004年，在“确保安全，挖潜提效”合理化建议征集活动中，上海铁路局干部职工提出合理化建议4.8万条，采纳9702条，实施4410条，创经济效益5333万元。推荐的20项优秀技术成果参加市第十八届优秀发明选拔赛，18项获奖，其中一等奖2项，二等奖6项，三等奖4项，四等奖1项，职工技术创新奖5项，获奖率达90%，展示了上海铁路局群众性合理化建议活动的成效，显示了上海铁路局干部职工的技术创新活力。为推进合理化建议金点子征集活动的深入开展，上海铁路局工会召开了合理化建议和技术改进成果发布会，组织工会干部现场交流和观摩；评审、表彰优秀技术创新成果；编印下发优秀成果汇编；积极参加上海市优秀发明选拔赛；利用自办的《合建与创新》简报，宣传创新能手的先进事迹和优秀技术创新成果；组织、评选了首届局“十大工人发明家”活动。（鲍建忠）

【运输工会认真抓好合理化建议的实施】 运输工会在深化合理化建议活动中，十分注重合理化建议成果的推广应用，用“回头看”的方式，对近几年被采纳的优秀合理化建议进行回顾评优，设立合理化建议成果奖。在评优活动中，对申报优秀合理化建议成果的，强调要有明确的应用实践目的和效果，既要反映建议实施后全过程动态跟踪的实绩，又要有一年以上产出经济效益指标的数据。在基层推荐上报的近百条优秀建议中，“关于重新设计制作球型铆接头”等10条建议获得优秀合理化建议成果奖，这些典型建议的推出，对推动集团合理化建议活动快立案、快落实、快出效，起到了极

大的促进作用。（尤绍华）

【上海港机厂工会开展“质量警示语”征集活动】 上海港机厂工会在2004年“质量月”活动中，为动员广大职工积极投入“质量月”活动，真正体现质量决定企业生存的宗旨，提出了“人人关注质量，确保产品无问题”的主题，并积极组织了“质量警示语”征集活动。厂工会下发了《关于开展征集质量警示语活动的通知》，组织各部门工会主席专门布置征集“质量警示语”的工作，组织专家对收集到的148条“质量警示语”进行评审，对评选出的20条优秀“质量警示语”给予重奖。同时，还将优秀“质量警示语”制成铭牌张挂于车间、部门。“质量警示语”活动的开展提升了企业的产品质量，促进了企业的生产经营，推动了企业的持续发展。（唐钧达）

【市政局工会开展我为排堵保畅献金点子活动】 针对上海道路交通拥堵的严峻状况，市政局工会在市政行业系统开展我为排堵保畅献金点子活动。活动开展过程中，市政局工会积极拓展献金点子的广度和深度，组织尽可能多的职工参加这项活动，真正体现出活动的广泛性，使活动有效、有序地开展。(1)金点子活动着重在行业工作的结合点上下功夫；(2)围绕服务做好文章，使献金点子活动成为市政局中心工作的重要一环；(3)把活动与创建文明单位和文明行业结合起来，把献金点子活动的开展情况作为检查、考核、评比文明单位和文明行业的重要依据之一，使活动具有实践性、典型性、指导性和可操作性，通过献金点子活动来进一步推动文明单位和文明行业的创建。（经根宝）

【市公路处工会围绕管理主题广纳建议良策】 为发挥职工的聪明才智，使职工代表充分行使民主权利，推进民主管理工作，市公路处工会在处五届七次职工代表大会上，动员广大职工积极投入以管理为主题的提合理化建议活动。单位职工积极响应，共有48人参加了提合理化建议活动，围绕工作热点、难点，提出了规费征稽、高速公路运营等方面的管理建议共38条，如：“用银行卡在POS机上缴养路费”、“网上养路费信息查询”、“高速公路网在不良气候条件下的交通控制”等。经整理分类和审理鉴定，其中的21条被采纳并于2004年底前已先后实施。（陶阿金）

【市容环卫局举办行业“双献”活动】 2004年，上海市市容环境卫生管理局在全行业广泛开展了“我为市容管理献一计，我为行业发展献一策”活动。25万市容环卫职工发扬主人翁精神，踊跃参加建言献策活动，发挥聪明才智，攻克技术难关，革新工艺设备，突破管理瓶颈，提升自身素质，先后提交5000多项革新、创新的建议和成果，有21个成果分别荣获一、二、三等奖，并涌现了一批“三学”标兵、十佳优秀青年和十佳服务明星。（钱传东）

移动通信工会开展“账务金点子奖”评比活动

（隋 奕）

短信息：

○嘉定区总工会开展“我为F1赛事添光彩”活动，全区近10万名职工积极参加，提出合理化建议5982条，技术创新项目18个，共创经济效益1亿多元。

（唐身桂）

○为进一步推进合理化建议活动，烟糖集团公司工会于2004年9月8日召开合理化建议活动积极分子代表座谈会。

（梅凯年）

○2004年“五一”国际劳动节前夕，市教育工会、市劳模协会教育系统分会举行了“奉献教育、回报社会”劳模颁奖暨十佳“金点子”发布会。市教科院有关专家在会上对该次活动征集到的70条“金点子”作了点评。

（顾伯超）

技术创新

【包起帆、李斌的优秀技术创新成果在全国荣获大奖】 5月，中华全国总工会、科学技术部、劳动和社会保障部在全国职工中开展评选优秀技术创新成果活动。市总工会、市科委、市劳动和社会保障局也相应在全市开展职工优秀技术创新成果推荐评选活动，在3个多月中，由57个区县局共推荐146项技术创新成果。这次推荐评选采取项目申报、逐级推荐和专家评定相结合的办法，推荐的创新成果在有关专家初评的基础上并在各单位进行公示，最后经市科委、市劳动和社会保障局、市总工会审定，并将上海推荐的“集装箱智能管理技术”等10项创新成果报全国职工优秀技术创新成果评选领导小组审批。经中华全国总工会、科学技术部、劳动和社会保障部审定，上海国际港务集团包起帆等20人研发的“集装箱智能管理技术”在这次全国创新成果评选中荣获唯一的一等奖；上海电气液压气动有限公司液压泵厂李斌创造的“数控机床系统优化技术”荣获三等奖。9月28日中华全国总工会、科学技术部、劳动和社会保障部等在北京人民大会堂召开全国职工技术创新成果表彰大会。包起帆、李斌应邀参加了会议并受到表彰。

（满顺华）

【上海有多名职工获全国职工创新示范岗、全国职工创新能手的荣誉称号】2004年根据全总《关于评选表彰全国职工创新示范岗、创新能手的通知》和市总《关于深入开展经济技术创新活动，表彰先进集体和个人的通知》要求及评选条件，经市总工会推荐申报，由全总审定，上海航天局第800研究所唐建平班组等7个班组获得“全国职工创新示范岗”荣誉称号；老凤祥有限公司张心一等10名同志获得“全国职工创新能手”荣誉称号。上海地区的7个全国职工创新示范岗分别来自航天、宝钢、烟草、百联、房地、机电、浦东等7个系统不同行业，10名全国创新能手分别来自轻工、汽车、建工、文广、纺织等10个区局的不同行业，他们的创新成果具有较高的科技含量，有的达到国内和国际先进水平。（满顺华）

【上海市职工技术创新基金建立】 为进一步服务社会，促进科技成果的转化，市职工技协于2004年，动员基层职工技协，把在开展有偿技术服务中积累的资金集中起来，成立了上海市职工技术创新基金，为职工和中小企业发明创造和项目开发提供资金扶助，奖励职工创新、发明成果。市职工技协在职工技术创新基金建立过程中，拟定了《上海市职工技术创新基金章程（草案）》和《上海市职工技术创新基金管理办法（草案）》，确立了职工技术创新基金的性质和任务；明确了职工技术创新基金的宗旨、资金来源、出资者权利和义务以及资金管理办法。同时由市总转发了《关于建立上海市职工技术创新基金的意见》，要求各区县局工会、职工技协从“围绕中心、服务大局”的高度，认真做好创新基金的筹建工作，积极参与，为推进科技发展和上海经济建设做出新贡献。在各级工会和职工技协的支持下，通过广泛动员和重点推进相结合，年内完成了首批5000万元的资金筹措目标。同时，市职工技协还建立了创新基金管理委员会、监事会和工作小组等基金管理机构，加强对创新基金的管理，使创新基金在服务科教兴市中发挥更大的作用。

（王小龙）

【第十八届上海市优秀发明选拔赛评选揭晓】 2004年，由上海市总工会、上海市知识产权局会同上海发明协会、上海市高新技术成果转化服务中心等单位联合举办了第十八届上海市优秀发明选拔赛，评选出390项优秀发明创造成果、34项职工技术创新成果。这次选拔赛参赛项目数量是近10年来最多的，不仅项目多，参赛面广，而且原创水平高，结合实践应用快，转化效果好。543项参赛发明项目，涉及到机械电机、电子通讯、医疗保健、轻工纺织、冶金化工、能源环保、交通建筑、农业机械、电力建设等方面，还有老百姓衣食住行、文化娱乐的项目。参赛人员既有生产一线的工人，又有工程技术人员、医生、教授、学生、民营企业家、下岗职工等，年龄最大的发明者91岁。经专家评选，宝钢集团上海梅山有限公司程乃良发明的“一种复合扩散脱氧剂及其使用方法”等41项获优秀发明一等奖；上海宝冶工程技术公司曲金光发明的“吊车梁压轨器焊接技术研究”等107项获优秀发明二等奖；上海浦东国际集装箱码头有限公司薛汉成发明的“绕钢丝绳工字轮的支承装置”等181项获优秀发明三等奖，上海晴晔科技实业有限公司秦志贵发明的“电位器通用型基座”等41项获优秀发明四等奖；上海裕生智能节能设备有限公司施永权发明的“ZJZ智能化节电装置—平衡型”等20个项目获发明产品推广实施金奖；上海市普陀区绿化管理局职工技术协会的“水生植物引种推广示范性研究”等34项获职工技术创新奖。（王小龙）

【上海参加第五届中国国际发明展成绩显著】 第五届中国国际发明展览会于9月10日至13日在上海展览中心举办。由上海市职工技协、职工科技中心组团参展的61项发明成果中有45项获奖，占技协组织参展项目数的74%，其中获得韩国发明振兴会特别奖一项、金奖8枚、银奖14枚、铜奖22枚，充分显示了上海职工的发明创造能力。市职工技协和市职工科技中心组团参展的61个职务和非职务发明项目都是从上海市优秀发明选拔赛获奖项目中遴选出来的，都具有良好的市场前景，其中有获得国家发明奖项目、国家新产品项目、上海市高新技术成果转化项目。经大会评委的评审，宝钢集团上海五钢有限公司刘军占发明的“电弧炉冶炼镍基高温合金的工艺方法”等8项发明成果荣获金奖。宝钢股份公司工人发明家孔利明发明的4个项目获得银奖。上海废弃物处置公司严光亮发明的“水面漂浮物打捞船研制”项目还获得了韩国发明振兴会授予的特别奖。市职工技协、市职工科技中心荣获优秀展团奖。市职工技协、市科技中心组织的参展项目还在展览期间开展了技术交易活动，不少项目受到客户青睐。

（王小龙）

【市总表彰奖励职工优秀技术成果】 为了进一步激发广大职工学习和创新技术的积极性，上海市总工会于10月15日作出决定：向获得全国职工优秀技术创新成果一等奖的“集装箱智能管理技术”的完成者包起帆等人奖励人民币10万元；向获得全国职工优秀技术创新成果三等奖的“数控机床系统优化技术”的完成者李斌奖励人民币2万元；向参加全国职工优秀技术创新成果评选的其它成果：上海大众汽车有限公司硬性的“再制造发动机工程”、上海重型机器厂有限公司完成的“100MN双动铝挤压机制造攻关”等8项成果的完成者各奖励人民币1万元。

（王小龙）

【青浦区各级工会广泛开展经济技术创新活动】 2004年青浦区各级工会广泛开展以“增产、创优、比贡献”为主要内容的经济技术创新活动，全区有520个企业基层工会开展这项活动，参加人数达到7.8万人次，共提出合理化建议4600条，当年被企业采纳率达到30%以上，实施技术攻关项目420

项。全区各级工会女职工委员会广泛开展巾帼建功活动,据统计,参赛女职工达1.2万人,提出合理化建议1800条,建立女职工红旗文明岗116个。通过开展经济技术创新活动,工会为职工群众搭建施展才华的舞台,激发了职工群众主人翁积极性,也提升了企业的竞争力。 (程天爵)

【仪电工会总结先进操作法推广管理改善活动】 2004年,仪电工会发动基层工会精心总结先进操作法,把先进操作法拍成录像片,制成光盘,在企业播放推广,发挥滚动效应。工会从外商投资企业入手,总结开展管理改善活动的经验,汇编成册,介绍现代管理思想和方法,如长丰智能卡公司的"ERP"管理操作法、上海阿尔卑斯电子有限公司把管理改善作为永恒主题的思想、亚尔光源公司的"寻找低级错误"活动、上海神明电机公司5S、IE、3M、ECRS、PQCDSM改善活动、飞利浦亚明公司、松下半导体公司、欧姆龙控制电器公司、兴亚电子元件公司的"ONPS的理论和实践,SHA—KOA管理改善手法之一DMAIS"等整套的改善活动。据统计,全年共总结了20种管理改善活动模块及11项先进操作法。 (胡 彬)

【自仪公司工会围绕"系统做大、仪表做强"开展创新活动】 自仪公司工会运用"六西格玛"管理理念深入推进管理创新活动。以开展"五个一"活动为抓手,通过一个岗位、一道工序、一项工作、一种方法、一件事情落实工作方法的改进和创新。在活动中重点落实订规划、立项目、找问题、抓跟踪、出成果、严考核等六个关键环节,取得明显效果。同时,工会还配套开展"技能登高活动",全年完成了89项登高项目,1168余人次参与。通过考核评选出有效益项目6个,技术尖子7名,优秀组织奖4个和"十佳实事"。 (刘伟民)

【上海氯碱化工综合公司技术创新有实效】 2004年,上海氯碱化工股份有限公司工会在企业深入开展群众性经济技术创新活动中,针对企业PVC生产过程中产生大量废碱液"老大难"问题,组织职工开展技术攻关活动,通过技术创新来改进废碱液的处理方法。公司职工经过大量的调查研究、反复试验和科学论证后,大胆实施了"废碱水综合利用"的技术创新,利用社会企业的场地,建设废碱水综合利用处理装置,将收集起来的废碱水加工成碳酸钠产品。这一技术创新活动,既为企业解决了废碱水的处理问题,同时又变废为宝,为公司形成了新的经济增长点。由于这一技术创新活动具有较好的经济和社会效益,被上海市第十八届优秀发明选拔赛评为"职工技术创新奖"。 (薛文海)

【上海电力安装一公司职工提高技能作贡献】 在中国第一台百万等级的超临界火力发电机组外高桥电厂二期工程的安装过程中,上海电力安装一公司工会组织焊工进行"镜面焊"培训,使60多名焊工提高了焊接技能,掌握了适应镜子反射成像焊接技巧,克服了人倒置时的手眼协调,能在狭小空间左右手都能焊接。根据施工实际情况,公司焊工发明了"FZY-1型焊接充气车",自制了可固定、可360度旋转的专用镜,顺利解决了施工中的一系列难题,使焊接的一次合格率始终保持在99.7%以上,在全国电建行业处于领先水平。机组于2004年4月20日提前71天完成了168小时试运行,正式移交电厂,成为上海市的主力发电机组,为缓解用电高峰贡献了力量。 (黄兴法)

【宝钢股份工会扎实推进孔利明式科技创新小组】 2004年宝钢股份公司工会扎实推进孔利明式科技创新小组,出台了《关于推进"孔利明式科技创新小组(协会)"工作的实施意见》,并采取两条措施:建立孔利明式科技创新小组推进指导委员会;设立100万元孔利明科技创新奖励费用。一年中,孔利明式科技创新小组从原来的12个发展到172个,共申请专利75项,完成年度计划的101.4%;审定技术秘密406项,占股份公司完成988项技术秘密的41.1%。同时,涌现出很多创新人才和集体,热轧厂李林同志获得专利2项,技术秘密14项;钢管分公司刘茂生同志获得专利6项,技术秘密9项;热轧厂磨辊车间技师班还荣获"全国职工创新示范岗"称号。 (王俊明)

【梅山工会大力推动群众性经济技术创新活动】 2004年,宝钢集团上海梅山有限公司工会大力推动群众性经济技术创新活动,通过举办技术创新知识培训班、开展"知识产权和技术秘密"知识讲座、组织沙龙活动等多种形式,普及创新知识,培育创新理念,提高创新意识,全力营造群众性经济技术创新活动良好氛围,积极推动群众性经济技术创新小组的成立。全年共成立了创新小组20个,小组成员143人,其中高级技师、技师、高级工、一线职工占成员的81.8%。各创新小组开展了62个技术创新课题的研究,已经获得梅山公司级技术秘密有8项,另有12项成果得到上海市专利局申请专利号。 (邵铭惠)

【宝钢群众性技术创新活动成效明显】 宝钢集团各级工会把创建孔利明式的职工创新小组放到重要位置,充分发掘职工的创造潜力,广泛开展群众性的技术创新活动,产生了一批以项目为中心、以技术创新、发明专利为标志的职工经济技术创新团队。据统计,全集团经济技术创新小组已达283个。为了让职工的创新成果得到展示交流,集团工会积极创造条件,搭建平台。2004年组织参加第五届中国发明展览会,参展40个项目,获金奖2个、银奖10个、铜奖15个,获奖率为66.7%,其中一线职工的发明占66.7%。在上海市发明家协会和市总联合举办的第18届上海市优秀发明选拔赛中,集团工会组织申报了95个项目,申报数占全市25%,其中获一等奖4个、二等奖18个、三等奖70个、四等奖3个,分别占总数的4.2%、18.9%、73.68%、3.2%。 (蒋晓农)

【上海卷烟厂工会充分发挥高级工协会作用】 上海卷烟厂高级工协会自1998成立以来,始终引导技术工人不断为工厂技术进步、质量改进献计献策,是一支充满生机和活力的管理与技术创新的骨干力量。厂工会组织协

烟草行业首届"双喜杯"职业技能竞赛

（张佩华）

会成员按照企业提质、降耗、设备改进等内容，召开项目论证会，实施课题立项管理和成果发布。同时，通过协会这一载体，定期开展技术交流，达到博采众长、优势互补、资源互享，从而将有限的工厂技术人才资源，发挥出最大的合力作用。经过6年多来锲而不舍的努力，共取得技术和质量攻关课题成果58项，并培育出一大批技术创新能手。在2004年国家局举办的"中华杯"首届全国烟草行业烟机设备维修职业技能竞赛中，从厂高级工协会中选派的5名选手，有3名选手夺得4个竞赛项目中的3个第一名，为上海烟草集团赢得了荣誉。（沈东辉）

【烟草印刷厂工会群众性技术创新活动有成果】 2004年，围绕推动企业经济技术创新，烟草印刷厂工会针对生产质量控制主要环节，深入开展了群众性经济技术创新活动，取得了7项成果：采用5项先进防伪技术，攻克解决了中华牌商标防伪难题；自己动手研制了520凹印机滚切刀，由原来需要进口改为国产替代，节约了企业的生产成本；自制了测试仪，提高了凹印机静电胶辊使用效果；通过建立704IU线路板数据库，修复了6块进口电子线路板；通过对820凹印机的连接点数量和尺寸的技术革新，不仅减少了换刀数量，而且提高了使用寿命；通过数码打样在改版中的应用研究获得成功；通过采用塑料胶带纸替代牛皮纸拼接的工艺革新，大大降低了单耗成本。一年来，群众性经济技术创新活动，为企业节约生产成本近20万元。（吴国屏）

【宝山港务公司工会开展推广先进工作操作法活动】 针对职工在生产工作、优质服务等操作环节中存在的不规范职业行为，及其对公司安全生产所造成的不利影响，宝山港务公司工会在职工中开展了杜绝不良操作行为、推广先进操作法的活动，对不断提高职工的技术水平和业务能力，营造和谐的工作环境，促进企业的发展产生了积极的推动作用。公司各部门积极响应，扎实开展纠正不良职业行为的活动：(1)组织干部职工列出部门需要纠正的具体行为32条，并采取在班组学习讨论、开展主题征文等形式对不规范操作行为点评；(2)通过召开纠偏专题职代会、案例分析等多种形式，引导职工从思想上认识不良职业行为的危害。在寻找、杜绝不良操作行为的基础上，各部门还结合自身岗位和实践操作的特点，总结提出了15项行之有效的先进工作操作法。(3)工会专门组织举办了评审会，对2项优秀工作操作法，分别用个人的姓名和部门的名称予以命名，并在实践中加以推广，在职工中产生了积极影响。一年来，公司共纠正不规范行为23项，各类违章事故明显减少。（袁旭芳）

【电信工会宽带技术攻关小组技术交流活动向网络化发展】 上海市电信公司职工宽带技术攻关小组于2004年4月1日调试开通"宽带技术探讨与交流"网络平台，使小组技术交流活动向网络化发展。小组坚持每季度开展形式多样的技术攻关和技术交流活动，如：跟踪技术热点研讨会方式探讨交流；总结实践经验成果发布会形式的推广交流；推荐新技术刊物、网站等方式的学习交流；汇总生产一线宽带疑难杂症攻克难题等。同时，每次活动内容都以书面方式汇总编辑，每季度出版一期《宽带探讨与交流》技术刊物，发放到生产班组，刊物主要设"实践交流、案例分析、疑难信箱、新技术介绍"等栏目，为一线员工推广宽带技术开辟了新渠道。同时，小组于2004年底，将3年来的技术文稿100篇汇编成册，为提高员工宽带技能发挥了积极作用。（朱东亚）

中海电信工会举办汽车检修知识培训

（毛培毅）

【农工商员工大赛显身手】 2004年,农工商集团工会选拔优秀员工,积极参加全市和全国性的职工职业技能大赛,取得了骄人的成绩。集团员工施伟庆、杜苏伟在全国电子商务大赛上海赛区比赛中崭露头角,分别荣获了第1名和第4名。施伟庆又代表上海赴京参赛,在国家劳动和社会保障部举办的中国首届电子商务大赛(个人赛)全国决赛中脱颖而出荣获银奖,同时被授予二级电子商务师(技师级)职业资格证书。另外,为积极推进职工科技成果创新活动,农工商集团工会在全系统职工科技创新成果中好中选优,申报推荐了由上海宏盾防伪材料有限公司员工黄斗兴等人研制的"身份证透视全息膜"项目,经过上海市科委、技协等部门专家的层层把关和筛选,最终跻身由全国总工会举办的全国职工科技创新成果奖评选行列。为此,市职工技协奖励该成果1万元。 (桑树德)

【国际港务集团工会动员组织职工为"科技兴港"建功立业】 围绕企业建设世界强港的战略布署,港务集团工会以"三个结合"为抓手,配合行政动员组织职工为"科技兴港"建功立业:(1)与技术创新活动相结合。全集团有22家基层单位工会开展了技术创新活动,参与职工达10123人,职工的聪明才智在活动中得到充分体现,共提出建议6987条,被采纳2991条,其中攻关项目169项,技术创新90项。职工申请专利29项,获得专利14项。(2)与职工技术练兵活动相结合。为提高职工岗位技能,各基层工会会同行政开展技术练兵活动,有30多家企事业单位的7889名职工参加,其中2818人通过培训和比武,拥有了两张以上技能等级证书;有10位新人在技术比武中脱颖而出,成为公司级以上的技术能手;有194人技术晋级,其中16人成为高级工。(3)与开展"绿十字奖"评选活动相结合。为保障职工的安全健康,各基层工会鼓励职工在岗位上进行安全生产"小发明、小创造、小改革",有17家基层单位推荐了45个项目,经集团工会组织有关专家进行评审,向市总工会申报了8个项目参加市第七届"绿十字奖"的评选,其中罗泾公司《上下大船安全速差自控器》荣获二等奖。 (焦小涵)

【四七二四厂总结先进操作法】 四七二四厂从强化职工学习、应对、创新能力入手,以"争创学习型班组,争当知识型职工"为导向,以岗位练兵、技术比武、技能培训为抓手,以总结、发布、推广先进操作法为契机,把深化职工素质工程、促进技术创新活动推上了一个新的台阶。2004年,厂工会开展了总结先进操作法活动,从职工申报的22项操作法中,评选出秦焕忠的"液压系统清洗优化"工作法和郭洪宝、袁俊辉的"推断前起落架液压锁内漏可能性目测法"等10项操作法为厂先进操作法,并在厂内进行发布、推广,极大地激发了广大职工参与创新活动的积极性。 (金玉艳)

短信息:

○浦江桥隧公司总结桥隧快速牵引排堵经验,积极探索和修订安全、迅速、文明、规范的牵引除障方案,创造出"快速牵引十步操作法"。 (严吉庭)

技术协作

【徐汇区技协采取多项措施加强基层技协建设】 徐汇区职工技协把加强基层技协的组织建设作为工作重点,采取多项措施,推动技协组织的发展,提高基层技协的活力。(1)巩固现有的基层技协组织。一方面加强为基层技协服务,及时为他们排忧解难。另一方面改变行政式的管理模式,选择有代表性和发展潜力的基层技协,尝试通过由区技协办直接参股的方式实现有效管理。(2)积极发展壮大技协组织。依托区工会网络,利用各种会议和下基层联系工作的机会,积极宣传,发展基层技协。同时调动产业(系统)、社区工会的积极性,利用产业(系统)的力量来推动基层技协的组建。年内制定了一套激励的办法,如职工技协会费超额奖励办法,调动产业(系统)的积极性。(3)开展区基层职工技协评先活动,树立典型,发挥先进基层技协的示范作用。评比表彰职工技协系统的"优秀技术成果"以及在区内开展技协财务的评先活动。(4)盘活基层技协的存量资产,提高运行质量,积极扶持有发展前途的基层技协。(5)建立与基层技协的信息沟通渠道,加强联系,及时掌握和了解基层技协的活动情况。 (陶 俊)

【杨浦区总工会搭建工会服务经济可持续发展平台】 2004年,杨浦区总工会把上海市职工技术协会引入"上海知识产权园",联合成立了"上海市职工科技成果转化服务中心"。经过半年多来的运作,"中心"已经建立了一项5000万元的上海职工科技创新基金,开始为中小企业和职工的项目开发、发明创造提供资金扶助。中心建立以来,成功举办了5期150人次参加的全市技协干部技术合同认定培训班,开展"四技"服务技术合同认定项目1096个,举行项目推介洽谈会2次,推荐500多个优秀发明成果参加各项比赛,获全国第5届国际发明成果展金银铜奖54项。逐步形成了面向全市、辐射长江三角洲的科技成果转化服务网络,基本构筑起突出成果展示、推介指导、中介服务、市场运作等4项主要服务功能的工作平台,助推了杨浦经济建设的发展。 (王 洪 张念宏)

【宝山区职工技协加强规范管理】 宝山区职工技协紧紧围绕宝山三年大变样的目标,立足科教兴区的战略,坚持规范化管理,不断提高自身管理能力。(1)组织培训。年内共组织了3次技协主任、技协会计、技术合同管理员的培训,统一规范财务管理要求和操作规程。(2)组织财务审查和审计,对存在问题及时纠正。(3)召开专项研讨会。对各种技术合同内容反复讨论交流,在规范项目来源和完善合同内容上达成共识。(4)积极沟通,加强协调,确保技协工作健康发展。 (窦恺芳)

【上海化工环保监测站职工技协开展技术服务有实效】 2004年,仅几十人的上海化工环境保护监测站,凭借职工技协的信息优势及技协会员的专业特长和技术才能，坚持以市场为导向，为多家外资企业开展技术服务和技术协作取得了实效。站职工技协通过反复试验，自行设计和特制了取样仪器，从而为BP国内公司解决了在深度200米取样和检测的难题，为业主节约了巨额的检测费用，受到业主赞赏；承接了中法合资某毛条公司废水处理设备改进项目，为其设计出了改进方案，使废水处理设备的使用取得了较好的效果，解决了设备使用过程中的环境污染问题；还为某日本独资企业采用非标测试办法解决了砷混合化合物测试上的技术难点。该测试办法同时为上海市环保局制定有关砷化物排放标准提供了可靠的依据。（薛文海）

上海仪电置业公司组织安保工岗位技能竞赛

（于建民）

【上海铁路局职工技协稳步发展】 上海铁路局职工技协在促进“科技兴局”和“打造精品局，争创一流企业”中发挥群众性科技社团作用，在工作和活动中不断加强规范管理，促进了职工技协健康稳步发展，局职工技协被评为全国、上海市职工技协2000－2003年度先进集体。2004年，铁路局职工技协有5项优秀技术成果获上海市职工技协“职工技术创新奖”称号；涌现出了以路局首届“十大能工巧匠”王海熊为代表的一批先进人物。另外，还参加了市总工会发起的“上海市职工技术创新基金”的筹措工作，共筹措基金320万元。（鲍建忠）

【市技协召开四届四次全委（扩大）会议】 上海市职工技术协会于10月15日召开四届四次全委（扩大）会议。会议总结了前一阶段的职工技协工作，提出了下一步的工作任务，动员全市各级职工技协组织和广大技协会员紧紧围绕实施科教兴市战略，深入开展群众性经济技术创新活动，努力成为科技创新活动中的一支生力军。市人大常委会副主任、市总工会主席、市职工技协名誉会长陈豪到会作重要讲话。市总工会副主席张兴淮作了题为《围绕中心，服务大局，努力为实施科教兴市主战略和上海持续发展做出新贡献》的工作报告。会议表彰奖励了10项职工优秀技术创新成果和95家市职工技协先进集体、187名先进个人。会议聘请陈豪同志担任上海市职工技术协会名誉会长；增补市机电工会主席左山虎、市电力公司工会主席沈志荣、上海铁路局工会主席俞宝麟、徐汇区总工会主席赵惠惠为上海市职工技术协会第四届委员会副会长；增补市建设工会主任周炜担任上海市职工技术协会第四届委员会经审主任。（王小龙）

【沪、苏、浙职工技协建立合作交流机制】 8月10日，长三角地区沪、苏、浙职工技协会长会议在上海召开。江苏省总工会秘书长林国铨、浙江省总工会副主席、省职工技协会长陶君毅、上海市总工会副主席、市职工技协会长张兴淮以及两省一市技协办主任参加了会议。会议讨论了《关于建立长三角地区职工技协合作交流机制的意见》、《长三角地区职工技协会长会议制度》和《关于联合建立长三角地区职工技协协作网络的意见》等四个文件，研究了建立长三角地区职工技协合作交流机制、加强江苏、浙江和上海两省一市职工技协协作的主要事宜。会议同意建立两省一市职工技协的会长会议制度、职工技协工作交流制度和信息协作网络，加强人员往来和信息交流，开展经济技术考察，实施项目协作，推进成果交易。通过建立合作交流机制，打破地域界限，实行优势互补，信息互通，资源共享，推进两省一市群众性技术活动的深入开展，推动两省一市职工技协的合作发展，为长三角地区的科技进步和经济持续发展作出贡献。（王小龙）

【青松废旧物资回收经营部实现“三满意”】 上海青松废旧物资回收经营部依托主业优势，积极为母体企业降本增效服务，同时还创造了一批就业岗位，实现了企业、社会和职工三满意的目标。（1）降成本，企业满意。经营部自创办之日起就立足企业，服务企业，始终把降低企业生产成本作为企业的发展方向。仅2004年就回收旧啤酒瓶3000万个，翻新塑料啤酒箱30多万只，再加上国家政策允许的退税部分，共为企业节省资金1000万元。（2）送岗位，社会满意。在啤酒瓶回收、清洗和塑料箱翻新的过程中，直接创造就业岗位350多个，使一部分下岗职工重新获得就业机会。而且这些被吸纳的职工都是“4050”人员、征地农民工。（3）办实事，职工满意。工会每年出资20万元，与企业行政联手建立公司“人才库”，鼓励员工学知识，学技能。职工不管通过哪种方式学习，只要取得有效证书，工会对其学习费用给予全额报销。此外，每年还安排一部分职工疗休养和健康检查。（董长林）

短信息：

○8月6日，上海化学工业区工会成立了职工技术协会，化工区工会主席陈兆麟同志任技协主任。（张　俊）

劳模

综述

5月1日，中共中央政治局委员、上海市委书记陈良宇就提高劳模的待遇问题作出重要批示："党和政府要全方位关心劳模，特别是生活困难的老劳模要予以重点照顾"。市委副书记、市长韩正和市委副书记王安顺也分别对劳模工作作出批示，要求抓紧出台解决劳模生活困难的措施。遵照市委、市政府领导的批示，市总工会对上海市劳动模范生活状况作了专题调查，调查的内容涉及了劳模的身体健康、养老金水平、居住状况三个方面。据调查统计，上海共有1.4万余名劳模，其中9000余名退休劳模。他们中大部分退休于20世纪80—90年代。如今，他们年龄一般在70—80岁左右，最大的已经90多岁了。退休前，他们分布在上海的各个行业，其中以纺织、机械、轻工等行业的人数为最多。(1)退休时间早，退休前工资低，退休后养老金更低，享受每月数百元养老金的人占相当的比例。(2)退休前，由于长期工作在生产第一线，超负荷劳动，致使大部分劳模不同程度患有疾病。(3)绝大多数是多子女家庭。不少人的子女面临下岗之忧，家庭负担重。市总工会还积极会同市财政局、市劳动和社会保障局、市房屋土地资源管理局、市民政局等单位，就退休劳模的生活、医疗和住房等问题做了进一步深入细致的调查研究，掌握了有关劳模生活现状的第一手材料，对提高劳模待遇进行了多次协商和研究，为市委、市政府领导决策提供了依据。在专题调查、广泛座谈、充分酝酿和征求各方面意见的基础上，市总工会、市财政局、市劳动和社会保障局、市房屋土地资源管理局、市民政局等单位联合起草了《关于提高上海市退休劳模待遇的实施意见》。8月27日，上海市人民政府向上海各区、县人民政府和市政府各委、办、局下发了《上海市人民政府批转市总工会等五部门关于提高上海市退休劳动模范待遇意见的通知》，要求：(1)提高低收入和生活困难的退休劳模生活待遇。自2004年9月起，月养老金低于1000元的城镇退休劳模养老金按1000元标准补足差额。同时，在上海市退休职工月养老金调整的基础上，退休劳模的月养老金也同步提高。(2)凡未参加任何社会保险或已享受农村养老保险待遇的农口劳模，参加小城镇保险。并且，"在参加城镇基本医疗保险的基础上"，将他们全部纳入"上海市退休职工住院医疗互助保障"，费用由市总工会解决。(3)城镇退休劳模家庭住房人均面积低于本市住房保障标准、家庭人均月收入低于本市最低工资标准的，优先享受廉租住房政策，以实物配租方式解决住房困难或优先购买或租赁由政府提供的自住中低价商品住宅一套。(4)建立劳模特殊困难帮扶资金，对由

普陀区举办"赞美你，光荣的劳动者"劳模先进表彰大会，于井子等劳模接受访谈　　（金　今）

于特殊原因造成生活困难的劳模进行帮扶。11月12日，市总工会、市财政局、市民政局又联合颁发了《上海市退休劳动模范特殊困难帮扶金管理办法(试行)的通知》，具体规定了帮扶对象的帮扶标准：劳模因疾病造成生活困难的给予500—3000元不等的帮扶金；劳模因意外灾害造成生活困难的可给予3000—5000元不等的帮扶金；劳模因其他原因造成生活困难的给予500—1000元不等的帮扶金。另外，11月15日，上海市房屋土地资源管理局向各区县房地局发出《关于落实〈关于提高上海市退休劳动模范待遇的意见〉的通知》，就退休劳模的住房问题，向上海各区县房地局提出了明确规定，要求将解决退休劳模住房困难的措施逐一落实到位。 （宋 震）

学习宣传劳模

【2001—2003年度上海市劳动模范和劳模集体评选揭晓】 经单位推荐、民主评选、市政府批准，2001—2003年度上海市劳动模范和劳模集体评选揭晓。全市872名劳动模范、380个劳模集体荣登光荣榜。此届产生的劳模具有以下特点：(1)覆盖面广，行业分布合理。(2)企业一线职工超过五成，特别可喜的是，这些职工中的技术工人大多是具有绝技绝活，拥有高学历和高级以上技能的知识型技术能手。(3)这届劳模的企事业负责人，集中了上海国有企业、中外合资企业、非公经济组织(企业)、民营企业的优秀高级经营管理者，他们在贯彻十六大精神，深化企业改革，加快结构调整的实践中，以高新技术改造传统产业，以信息化带动工业化，为企业开拓市场、产品升级换代和经济效益快速增长，提升职工队伍素质，提高职工生活水平作出了突出贡献。(4)这届劳模学历和职称相对较高，硕士、博士、院士占总数的15.9%，中级以上职称占总数的62.7%，超过历届。(5)外地派驻企业的劳动者首次参评，打破了传统观念，“新上海人”占一成以上，体现了“海纳百川”的上海城市精神。另外，此次评出的劳模集体中，工程技术、生产一线的集体占61.6%；从事科研的占4.2%；服务窗口的占11.1%；医疗卫生的占6.1%；教育教学的占3.9%；机关社区、政法等其他工作占13.1%。

（唐维生 张夏美）

【工会学院聘请劳模导师培育学生】 工会学院在高职教育中，非常重视学生的职业技能和职业道德的培养。学院先后聘请包起帆、方舟、王震等8名劳模担任学生的指导老师。劳模们以其高超的技术和高尚的敬业精神，言传身教，深受同学们的欢迎。工会学院的这一举措，为弘扬劳模精神，培养高素质高技能的应用性人才作了有益的探索。 （马景红）

【杨浦区总工会唱响发展杨浦主旋律】 区总工会全方位弘扬劳模先进的事迹，激励广大职工积极投身于知识杨浦建设的主战场。完成了评选表彰2001—2003年度区先进生产(工作)者、先进集体和推荐市劳模、市劳模集体的工作；邀请部分上海知名作家编写了赞美劳模先进事迹的报告文学集《因为有了你——作家笔下的劳模》；健全了劳模管理和劳模讲师团运作机制，最大限度地发挥劳模先进在打造“知识杨浦”进程中的引领作用。

（王 洪）

【奉贤区总工会举办李斌先进事迹报告会】 为贯彻落实市委关于学习李斌先进事迹通知的精神，在全区共产党员和广大群众中掀起学习李斌同志先进事迹的热潮，营造学李斌、赶李斌、争做李斌式先进模范人物的良好氛围，6月15日，奉贤区总工会和区委宣传部联合举办“奉贤区学习李斌先进事迹报告会”，全区各部门、单位的党委领导、各人民团体的负责人、先进模范代表和职工代表共1000余人聆听了李斌发言和报告团成员所作的李斌先进事迹介绍。李斌同志的先进事迹深深感染了每个同志，参加报告会的600多名职工代表向全区职工发出了向“李斌同志学习，争当李斌式知识工人”的倡议书。区总工会还对报告会进行全程录像，制成VCD片下发到各基层工会，在全区广大职工中形成了学习李斌同志先进事迹、争当李斌式知识工人的良好氛围。 （沈永明）

【机电工会就向李斌同志学习提出六条要求】 2004年，机电工会就深入开展向李斌同志学习活动提出六条要求：(1)深入学习李斌精神。学习李斌的爱岗敬业精神，树立一丝不苟的劳动观、立足本职的成才观；学习李斌的刻苦钻研精神，树立自强不息的学习观、坚韧不拔的进取观；学习李斌的勇于创新精神，树立紧跟时代的机遇观、锐意突破的苦乐观；学习李斌的无私奉献精神，树立淡泊名利的得失观、融于集体的义利观。(2)进一步增强主人翁责任感。集团各级工会要配合党委开展以改革发展调整为主题的宣传教育活动，帮助职工增强主人翁意识。(3)树立李斌品牌，推进职工素质工程。广泛深入开展“争创学习型班组、争做知识型职工”活动，进一步提高职工的思想道德素质，自觉培养职业精神和遵守职业规范。(4)扩大李斌效应，引导职工围绕科教兴市主战略，适应知识经济和科技发展的要求，广泛深入开展群众性技术培训、技术比赛活动。(5)进一步办好李斌技师学院，培养更多更好的高级技术人才。(6)集团各级工会要按照市场经济的要求，深化工资集体协商制度，建立对优秀技术工人的激励机制。 （冯克华）

【中海上海海运工会为退休劳模杨怀远出书立传】 杨怀远同志是著名的全国劳动模范，他以全心全意为人民服务的“扁担”精神享誉中外。杨怀远把当好一名客运服务员作为他全心全意为人民服务、施展个人才华、体现人身价值的舞台。他在潜心探索和实践海上服务学的同时，努力克服文化程度不高的困难，坚持写日记、创作诗歌，写有日记近百万字，诗歌4千多首，体现了他的高远志向和对事业的赤诚。为弘扬劳模时代精神和杨怀远的“小扁担精神”，上海海运曾陆续为杨怀远出版了《讲点服务学》、《杨怀远诗歌选》、《为人民服务到白头》等书，使小“扁担”精神成为企业的一笔宝贵精神财富。在共和国诞生55周年之际，上海海运工会又一次为杨怀远同志整理和编撰出版了《杨怀远日记诗歌选》，旨在以杨怀远的精神激励一代新人，让"扁担"精神代代相传。

（秦源潮）

【李斌事迹和精神在全国广为宣传】

五一前夕，上海液压泵厂数控工段工段长、全国著名劳模李斌作为工人阶级的突出典型和时代人物，在全国广为宣传。中华全国总工会组织了包括人民日报、新华社、中央电视台、中央人民广播电台、新华每日电讯、光明日报、工人日报、法制日报、经济日报、解放日报、文汇报、新民晚报、上海电视台、东方电视台、上海人民广播电台、东方电台、劳动报等在内的新闻媒体集中采访，报道了李斌同志的先进事迹，在全国范围掀起了学李斌、争当李斌式职工的热潮。（冯克华）

【上海电气学习李斌活动突出四个重点】　在学习李斌活动中，重点突出四条：(1)突出先进性：深入挖掘李斌精神，有力提升李斌品牌，有效扩大李斌效应。(2)明确重要性：学习李斌，提高职工队伍整体素质，是集团工会的第一要务，是集团工会围绕发展做的第一篇文章，是集团工会服从服务于大局与履行维护职能的第一结合点。(3)实施针对性：学习李斌做到三个结合：与加快发展上海装备制造业结合；与开展职工素质工程，培养学习型班组结合；与提高技术技能，促进岗位成才结合。(4)强调实践性：学习李斌做到三个寓于：寓于群众性的精神文明创建活动之中；寓于群众性的职业道德实践之中；寓于先进典型的示范教育之中。（冯克华）

【长江计算机集团工会召开庆五一暨劳模、双十佳表彰大会】　五一前夕，集团表彰了荣获"上海市劳动模范、劳模集体"、"全国信息产业系统劳动模范、先进集体"以及"长江集团'十佳创新能手'、'十佳创优团队'"光荣称号的各类先进 24 名，大力宣传典型事迹，弘扬先进业绩，并汇编了劳模先进、双十佳先进事迹的宣传小册子。集团党委要求集团系统各级党组织和工会组织在学习宣传的同时要重视关心先进典型，切实为先进典型创造良好的生活、学习和工作环境，激励集团中坚力量更好地体现价值、再创辉煌，为社会进步和集团发展不断作出新的贡献。（朱毅敏）

【上海机场工会开展向身边劳模学习活动】　上海机场集团工会大力弘扬劳模精神，在员工中兴起向身边劳模顾鹏飞和范志中学习的热潮。工会运用企业报刊、报告会、拍摄事迹录像等多种形式广泛宣扬两位劳模的先进事迹，号召员工学习劳模，崇尚劳模，争做劳模，努力为上海机场改革发展贡献力量。工会还召开劳模和先进代表座谈会，组织劳模和各类先进代表交流经验，畅谈体会，积极为机场建设出谋划策，充分发挥劳模的示范导向作用。（陆敏峰）

【水产集团工会通过四项举措做好劳模工作】　2004 年，水产集团工会通过 4 项举措做好劳模工作：(1)利用媒体广泛宣传劳模的先进事迹。通过《劳动报》、《企业文化》和《上海水产》等多次介绍了上海水产劳模的先进事迹。(2)召开先进表彰大会，对荣获全国"五一"劳动奖状、上海市劳模集体的江浦冷冻厂仓储管理组，上海市劳模严顺昌、钱兴龙以及 2 个集团先进集体、28 名集团先进个人进行表彰。(3)做好落实劳模待遇工作。根据上海市总工会、上海市财政局等单位联合下发的《关于提高上海市退休劳动模范待遇的意见》文件要求，帮助做好养老金低于 1000 元的 36 名市劳模养老金调整工作。(4)关心劳模健康与生活。组织了部分劳模参加市总工会组织的劳模疗休养考察活动。同时，对患重病或家庭生活确有困难的劳模进行慰问，给予关心。（汤宝龙）

【市房地资源局工会弘扬新时期劳模精神】　为了弘扬劳模精神，局工会利用物业管理优质服务达标竞赛活动和劳模评选表彰的有利时机，分别在《劳动报》和局政研会《学习与探索》杂志进行了较为广泛的宣传。局工会还组织力量，编写《为了百姓的安居乐业——上海市房地资源系统劳模风采录》，充分展示房地行业从业人员的良好形象，激励广大干部职工为上海房地资源行业的发展不断作出新贡献。

（饶　斌）

【烟糖集团召开劳模、先进代表座谈会】　为进一步弘扬劳模先进，更好地发挥先进模范作用，集团工会于五一劳动节前夕召开了"庆祝五一，为烟糖发展再立新功，集团劳模、先进代表座谈会"。集团历届劳模、劳模集体、2002 年度十佳青年、十佳员工、十佳班组和 2003 年度优秀员工等代表参加了座谈。会上代表们结合自身情况和工作体会纷纷作了发言。劳模、先进代表们表示要在烟糖新一轮发展中不断学习、不断创新，与时俱进，力争使自己成为知识型、创新型的先进代表，

申能集团工会慰问关心退休老劳模

（张浩明）

为烟糖发展再立新功。 （杨奕敏）

短信息：

○4月28日，宝山区委、区政府召开2001—2003年度上海市劳动模范、劳模集体和宝山区先进生产（工作）者、先进集体表彰大会，表彰1名全国“五一”劳动奖章获得者、19名上海市劳动模范、6个上海市劳模集体和321名区先进生产（工作）者、158个区先进集体。 （窦恺芳）

○来自中海集团上海、广州、大连等地区的历届劳模代表90余人于国庆节前汇聚上海国际会议中心，共度国庆佳节。 （陆洪新）

○4月29日，虹口区召开市劳模、区先进表彰大会，16名市劳模、4个市劳模集体和143名区先进个人、71名区先进集体受表彰。 （李　琪）

○上海电气集团6名大学本科生与上海液压泵厂数控调试工李斌签订了拜师学艺协议。 （冯克华）

○5月1日，三航局工会召开迎“五一”劳模座谈会，上海市劳动模范、劳模集体代表等参加了座谈。 （唐钧达）

○好美家工会组织劳模到市外新开门店传经送宝。 （范建英）

○5月24日，市卫生局党委、市卫生局、市医务工会在上海展览馆友谊会堂召开“上海市卫生系统弘扬劳模精神推进政风行风建设报告会”。 （项丰满）

○4月28日，良友集团召开学习宣传劳模精神大会，表彰万国良、吴妙英、赵建荣、梁自伟等4名市劳动模范。 （周黎琼）

培育提高劳模

虹口区总工会举行劳模创业基地授牌仪式

（李　琪）

【虹口区总工会举行劳模创业基地授牌仪式】 7月8日，虹口区总工会在劳模邱林娣家政清洗服务队现场举行了劳模创业基地的授牌仪式，上海市总工会保障部、虹口区劳动局、虹口区总工会等有关领导出席并给“邱林娣家政清洗服务队”、“柳梅秀上海好事服务技能培训中心”、“周珊珊长城酒家”、“火腿状元夏林枫腌腊柜”、“刘美菊欧贝拉吴淞路店”5个劳模创业基地授牌。2004年，虹口区总工会围绕再就业工作，努力打出工会品牌、扶持劳模创业。在推进再就业的工作中，千方百计支持劳模再就业，帮助劳模成为创业带头人，扶持劳模扩大企业规模，吸纳更多下岗职工，促进再就业工作。为此区总工会成立了劳模创业推进小组，落实专人负责协调解决劳模在创业过程中遇到的各种问题和困难，并争取有关部门的支持，对劳模创业进行政策咨询、人员培训和资金支持，使各项再就业优惠政策落实到位。同时设立劳模创岗基金，对创造岗位多的劳模予以奖励。 （李　琪）

【黄浦区劳模进修学校帮困扶贫教育取得成效】 2004年，黄浦区总工会成立的劳模进修学校继续为区贫困家庭子女免费辅导，为西部省市、革命老区义务办班，取得成效：（1）为区贫困家庭子女免费辅导。成立了董家渡路、金陵东路、半淞园路、南京东路4个街道劳模假日爱心分校，以“帮助一名贫困学生成功，就是帮助一个家庭脱贫”为口号，对困难家庭中要求学习的应届初中毕业生作无偿的智力扶贫。有300名学生通过全市中考，升入高一级学校，升入市区重点高中学生占总人数的55%。（2）为西部省市、革命老区义务办班。学校积极响应党中央开发西部地区号召，免费为西部地区及革命老区的优秀教师、校长举办了五期“全国劳模黄静华班主任工作培训班”、“教育创新与实践校长培训班”，先后共150人参加培训。培训班以专题讲座、考察名校、参观人文景观为办学形式，邀请了全国劳模于漪、上海市教育功臣刘京海、全国著名教育专家吕型伟等作专题报告，还向学员赠送了所有讲座的录音、录像片，为落后地区的教育事业作出了贡献。（刘锦昌）

【高化公司事业部工会开发“劳模资源”产生巨大效应】 高桥石化公司化工事业部工会充分挖掘身边的“劳模资源”，把学习劳模精神与培养职工职业精神、提升职工技能素质有效结合起来，使劳模效应不断辐射，发挥出巨大能量。工会邀请劳模，在班组建设讲评会上作劳模成长报告，并让职工代表与劳模进行现场对话；让劳模与青年骨干签约，搭建起“名师带高徒，桃李满园春”的平台；在开展反事故演练时聘请劳模当考官，使劳模能将解决故障的“绝活”现场传授给一线操作工，提高了演练质量与职工技能水平；利用班组学习、生产调度会等机会，请劳模点评职工所提的合理化建议，进一步激发职工创造“金点子”的灵感；生产实际中，在起草各项规定、措施

前，让劳模们出谋划策，帮助提高管理水平。 （严 英）

【运输工会建立劳模先进中长期培育机制】 2004年，为加强劳模先进的管理工作，运输工会认真探索和完善新时期劳模先进的管理和培育机制，制订了劳模先进中长期培育工作意见，将培育的重点向生产第一线职工、向知识型、技能型职工、向有潜质的青年职工倾斜。培育中加强全过程管理，重视劳模先进培育对象的选树和教育；实行培育对象的信息管理，建立劳模先进培育对象档案，做到政治表现明、工作实绩明、技能状况明、学习生活明；加强培育对象的动态管理，注意收集劳模先进培育对象成长信息，做好情况调查、考核分析、定期汇报、事迹反馈等基础工作，为劳模先进的培育创造良好的成长环境。同时，各基层企业也普遍建立了劳模先进的培育计划。 （尤绍华）

【市教育工会创办“教育劳模沙龙”】 市教育工会和市教育系统劳模协会在庆祝第20届教师节期间举办了第一期“教育劳模沙龙”。举办“教育劳模沙龙”是市教育工会为落实市教育工作会议精神，进一步发挥教育系统劳模资源优势，大力弘扬劳模精神，为实现上海率先基本实现教育现代化目标打造的一项品牌工作。旨在为劳模创造宽松的氛围，搭建交流和沟通的平台，充分发挥他们的“智囊团”作用，为教育改革和发展出谋划策，为领导部门决策提供参考。 （顾伯超）

【邮政工会加强劳模队伍管理建设】 2004年，邮政工会制定了5项制度加强劳模队伍的管理建设：(1)分级负责制：确定邮政工会负责联系全国劳动模范、全国“五一”劳动奖章、全国“三八”红旗手称号的获得者；基层工会负责联系上海市、全国邮政系统劳模（先进个人）和市“三八”红旗手称号的获得者；基层工会及所属部门工会负责联系局级先进个人称号的获得者。(2)联系责任制：各级工会确定一名联系负责人，总体负责联系工作，对所属先进劳模情况定期进行分析。(3)定期联系制：邮政工会和基层工会每季联系一次；各部门工会每两个月联系一次。(4)群众评议制：基层工会每年组织一次对联系对象进行群众评议。(5)情况反馈制：反馈内容主要包括联系对象的思想动态、工作情况和群众评议情况以及需要帮助解决的事项。 （陈千涛）

短信息：

○5月7日，38名来自全市各行业的全国劳模参加了上海市劳动模范协会、上海市嘉定区总工会联合举办的“沪上全国劳模看嘉定”活动。 （唐身桂）

关心服务劳模

【劳模之家成丰富劳模生活的活动阵地】 为了体现党和政府、工会组织对劳模的关爱，上海市劳模协会自1995年起，先后成立了沪西、沪东、市中、杨浦4个上海市劳模之家，为丰富劳模特别是离退休劳模生活提供了活动阵地。劳模之家从建立起就一直致力于为劳模办实事、做好事。从家访谈心、访贫问苦、参观学习，到健身讲座、时政报告、结对服务、组织休养、合唱排练、外语会话、时装表演等，活动内容不断拓展和丰富。劳模之家坚持每天开放（双休日除外）。经常来劳模之家活动的劳模有940多人，区域内涉及劳模2300多人，每月平均接待劳模1800多人次。陈铁迪、赵启正等领导同志也欣然为劳模之家题写匾名。 （唐维生 张夏美）

【40名老劳模享受廉租房政策】 自2003年12月起，上海实施了进一步扩大廉租房受益面的政策，向住房困难的退休劳模倾斜。在市总工会、市房地局以及有关部门的共同努力下，这一政策得到了较好的贯彻落实。截至2004年底，已有40户住房困难的退休劳模搬进了新居，正在登记受理的还有168名劳模。市有关部门将采取廉租住房、中低价平价房、租赁房等多种途径，逐步解决劳模的住房困难。 （唐维生 张夏美）

【上海及时发放2004年度全国劳模“三金”】 为体现党和政府对劳模的关心，切实解决部分全国劳模的生活困难，经党中央、国务院批准，2003年起中央财政直接拨出专款补助慰问低收入生活困难的全国劳动模范。根据《中华全国总工会办公厅关于发放全国劳模生活困难补助金、特殊困难帮扶金和春节慰问金的通知》的精神，上海迅速、准确、安全地将“三金”发放到全国劳动模范手中。9月份起，市总工会按要求分3批将全总下拨的270万元“三金”发放给全国劳模，共有1410人次获得了各类慰问金，平均达到1914.9元/人次。 （唐维生 张夏美）

【市总工会开展上海市劳动模范生活状况调查】 调查分别从年龄结构、月收入情况、身体状况、居住情况等四个方面进行，调查发现造成劳模生活困难的原因是：(1)年龄偏大，身体状况差。(2)企业破产，造成收入偏低。(3)家庭人口多，给住房造成困难。对此，市总提出了相关建议：(1)在全总发放给上海市全国劳模补助的平均水平上，上海给予困难市劳模的补助金略高于全总发放的水平，资金从市财政下拨。(2)建议对农口困难市劳模的月收入保障标准按城镇居民最低保障线提高到300元。(3)建议对市劳模实行特殊可行的医保政策。根据不同的荣誉称号给与相应的优惠政策。(4)借鉴区、县工会对特殊困难市劳模的补助办法，设立困难市劳模的补助专项基金，由各区、县的民政部门按日常帮困、特发帮困、住院医疗补贴救济、节日慰问等用途发放。(5)建议进一步通过提供中低价房优惠政策，让部分有一定购买能力的劳模尽早解困。由市政府每年拨出一定的资金给市房屋土地资源管理局，落实一部分廉价房提供给住房困难的劳模。(6)对部分一老养一老，不仅住房困难而且生活也困难的劳模，采取每年由市政府拨出一定的资金给市总工会，市总工会也相应拿出部分资金，作为住房困难劳模的廉租房租金，帮助解决

困难。有关建议已被市政府采纳并批准实施。（唐维生　张夏美）

【上海市劳模代表进京参加国庆55周年活动】　9月26日，上海市劳模代表分2批共15人进京参加国庆55周年纪念活动。国庆期间，包起帆、李斌等5名上海劳模代表参加了劳动人民工人文化宫活动，受到吴邦国、黄菊等中央领导同志的接见，并参观了全国劳模陈赛娟等劳模事迹展览会。另外，郑平山、刘维新等10名上海劳模代表参加了全总国庆活动代表团，刘维新还代表上海劳模进中南海，受到了胡锦涛、温家宝等中央领导同志的亲切接见。（唐维生　张夏美）

【王兆国同志亲切接见参加北戴河疗休养的上海劳模】　8月16日至21日，中华全国总工会组织了100名劳动模范到北戴河疗休养。全国“五一”劳动奖章获得者，上海航天局第800研究所特级技师唐建平、静安区中心医院主任医师陆念祖、长宁区虹桥街道虹储居委会主任朱国萍和全国劳模上海市第四聋校校长顾爱玉等4人作为上海劳模代表应邀参加了疗休养活动。其间，唐建平等受到了中共中央政治局委员、全国人大常委会副委员长、中华全国总工会主席王兆国的亲切接见并合影留念。

（唐维生　张夏美）

【徐汇区总工会为劳模提供全方位服务】　徐汇区总工会积极采取有效措施，切实关心、爱护劳模群体。(1)制度保证，为劳模设立生活保障线。区总工会对全区134名劳动模范进行调查摸底，深入分析劳模的贫困原因，向区政府与区总工会联席会议汇报情况。在区政府的支持下，制定下发有关文件，规定各单位对人均生活费不足600元的退休劳模补足其生活费至600元，以后随着生活指数的提高，适时提高补助标准。(2)建档管理，切实为劳模排忧解难。区总工会建立了劳模管理档案和服务热线，畅通与劳模的沟通渠道，动态掌握劳模情况，制定有针对性的服务措施，主动参与协调、解决劳模工作中的困难和矛盾，为劳模家属就业、子女入学、改善住房条件等困难提供帮助。(3)关心劳模，保障劳模身心健康。区总工会拨出专款，建立了徐汇区劳模之家，区总工会为全区劳模办理了补充养老保险，每两年一次组织退休劳模体检，还定期组织劳模外出疗休养。（虞　蔚）

【黄浦区总工会帮助劳模解困、发挥劳模作用两手抓】　2004年，黄浦区总工会积极做好帮助劳模解困、发挥劳模作用两项工作。(1)帮助劳模解困。劳模活动中心坚持为劳模服务，坚持慰问退休与困难劳模，坚持为劳模解决具体的“急、难、愁”事，组织劳模的健康体检，帮助退休劳模申领调整后的养老金。(2)发挥劳模作用。以评选劳模为契机，掀起宣传学习劳模精神的新高潮。黄浦区总工会还将劳模爱心帮困助学班从原有董家渡、金陵路开办到半淞园、南京东路街道，弘扬了新时期的劳模奉献精神。另外，以劳模为主体的“名师育高徒”活动开始启动。（吕诚陆）

【黄浦区设立劳模发展帮扶专项资金】　2004年，区委书记办公会议听取了区总工会的汇报，研究了进一步加强劳模管理的建议，决定设立劳模发展帮扶专项资金，由区总工会贯彻落实。

（吕诚陆）

【宝山区总工会开展劳模、先进个人疗休养活动】　2004年，宝山区总工会为关心劳模的身心健康，丰富劳模的业余生活，组织历届劳模及先进个人赴外地休养。共分8批132人，分别前往新疆、山西、内蒙古、九寨沟、桂林、海南等地疗休养，受到了广大劳模和先进个人的欢迎。（窦恺芳）

【松江区总工会抓实劳模管理服务】　(1)开展对全区劳模访谈调查。针对困难劳模在住房、就业、社会保障等方面的突出问题，向区委递交了《松江区劳动模范现状调查报告》、《关于加强对我区劳动模范管理和服务的若干意见》，得到区委肯定并批转实施，使区劳模困难问题逐步得到解决。(2)承担评选市劳模和区先进的组织推荐工作。推荐市劳模19名、市劳模集体6个，评选区先进233名、先进集体107个，并协助区委区府于4月30日召开表彰大会。(3)开展多种形式帮困。除定期或不定期地走访慰问劳模、重大节日与区领导一起慰问困难劳模外，对每一名患病，尤其是患大病、重病的劳模，区总领导均前往探望并送上慰问金。(4)做好劳动模范协会换届工作。(5)新编松江区劳动模范名册。对自解放初期以来全区劳动模范现状展开全面调查。(6)宣传劳模精神并组织劳模开展学习考察活动。

（莫永涛）

【金山区工会帮助农口劳模解决生活保障问题】　金山区人民政府和区总工会召开的第一次联席会议协商同意

建工集团工会宣传表彰劳模先进

（缪云明）

由政府对农口困难老劳模给予生活费补贴。区总根据区政府与区总工会第一次联席会议的精神，迅速与区财政局领导沟通、协商贯彻落实会议精神的具体办法，决定给年满60周岁男劳模、50周岁女劳模共85名农口劳模每人每月人民币326元的生活费补助，并且确定补助资金全部由区财政支出，委托区信用社用记存卡的方式，统一发放。3月31日举行农口困难老劳模生活费补贴发放仪式，成为全市落实农口劳模生活补贴的第一家。8月下旬，市府批转了市总工会等5家单位关于提高退休劳动模范待遇意见的通知。在区委、区府的领导下，在相关部门密切配合下，区总工会集中精力落实通知精神，已于12月底完成，全区123名农口劳模及72名劳模家属参加镇保的手续，并为他们在区社保中心建立自己的帐户，基本解决了区农口劳模的后顾之忧。（薛建忠）

市水务局工会组织劳模先进赴革命圣地井冈山考察

（陶　诚）

【崇明为农业特困劳模实施终身养老保障】 1月17日，上海瀛通集团与崇明县劳模协会签订了向83名特困农业劳模实施终身养老保障的承诺协议书。这些劳模生活困难，大多失去劳动能力，最大的90岁，月固定收入在150元以下。自此之后，这些特困农业劳模均拿到了由瀛通集团提供的银行卡，每月可凭卡到所在地农业银行领取200元特困养老金，除今后条件好转脱贫外，将终身享受此项保障。（陈进修）

【上海电气出台劳模管理意见】 （1）企业各级领导要把重视和加强劳动模范和模范群体的培育工作纳入企业发展目标管理和人才培养规划。要通过劳动模范和模范群体的培育、评选和表彰为全体职工树立起思想道德水平过硬、科学技术技能过硬的“四有”职工典范，为企业可持续发展不断提供人才队伍保障。（2）企业要切实加大对劳动模范的先进思想和先进操作技能的宣传和推广力度。（3）企业应当采取积极有效的措施重视和发挥劳动模范在企业发展中的作用。积极创造条件为每一位劳动模范每年提供累计不少于7个工作日的脱产学习机会。（4）企业要经常主动关心劳动模范的生活和身体状况。要在充分发挥劳动模范在企业经济发展中的积极作用的同时关心和爱护劳动模范，严格控制劳动模范加班加点和义务劳动时间。（5）企业应当为劳动模范提供与之贡献相称的经济待遇和经济收入。企业应当将劳动模范所作出的贡献与企业的工资制度紧密挂钩，其收入应当明显高于企业职工的平均工资水平。（6）企业改革转制和结构调整不得安排劳动模范下岗。（7）企业应当加强对劳模工作的管理，定期开展劳动模范走访、慰问工作。各企业要建立和健全劳动模范联系制度。（8）各级工会要协助和督促企业建立在职劳模和退休劳模管理制度。（朱汉民）

【百联集团百货事业部工会组建劳模（先进）俱乐部】 2004年，百货事业部成立了劳模（先进）俱乐部，为推进百联百货的发展注入强劲动力。俱乐部是以百货事业部旗下企业历届全国、市级劳模为核心组建的劳模（先进）群众性团体，拥有市级以上劳模共16名。一年来，俱乐部紧紧围绕百联百货“整合、规范、服务、发展”的主题，以促进劳模发展为第一要务，抓好劳模（先进）队伍建设；以活动为载体，通过每月组织劳模服务座谈、市场品牌调研等活动，交流国际服务新概念、探讨百货发展新前景；以服务为宗旨，工会为劳模（先进）提供一切便利，建立劳模（先进）信息资料库，设立24小时劳模之家咨询热线，从思想、工作、学习和生活上推行全方位服务，使俱乐部真正成为劳模（先进）的温馨之家。（赵建梅）

【新闻出版局工会为退休劳模办实事、办好事】 为进一步关心和照顾退休劳模的晚年生活，在新闻出版局党委的大力支持下，新闻出版局工会和退管会从2002年起建立了专项基金，局行政每年拨款10万元，主要用于对生活困难的退休劳模予以经济上的资助。三年来，用于关心照顾退休劳模的费用累计达到26万元，其中慰问帮扶金11万元，健康体检费8万元。另外还邀请退休劳模开展各种联谊活动；邀请专家为劳模讲授养身方面知识；邀请了沪上有名的摄影师为所有劳模拍摄了20寸艺术照；连续三年为每位退休劳模订阅书报，把党的温暖送到退休劳模的心上。（陈宏华）

短信息：

○8月5日，全国劳模王震作为上海唯一的高技能人才代表参加了北戴河暑期专家和高技能人才休假活动，并受到中央领导同志曾庆红、黄菊的亲切接见。

（唐维生　张夏美）

○4月至9月底，航道局工会组织8批、155名劳动模范和局级以上先进个人及他们的家属赴上海华东疗养院进行体检性疗休养。（杨建平）

工会组织建设

综　述

2004年，上海工会组织建设工作以邓小平理论和“三个代表”重要思想为指导，牢固树立“以人为本”的科学发展观，坚决贯彻党的十六大、十六届三中、四中全会精神，全面落实全总十四届三、四次主席团（扩大）会议和市总十一届二次全委（扩大）会议提出的工会组织工作要求，努力把握新时期工会工作的方针政策，按照“组织起来、切实维权”的工作方针，深入研究工会组织工作的特点、规律，不断创新工会组织的体制、工会组织工作的机制，较好地完成了各项任务。（1）根据“组织起来”的要求，把工会组建作为重中之重的工作。至2004年底，全市工会会员总数已达452.89万人，与2003年相比，净增会员72.11万人。其中加入工会组织的进城务工人员已达106.64万人。与2003年相比净增26.64万人，基层工会组织数为3.05万个，工会组织所覆盖的单位为9.93万家，与2003年相比，分别净增5343个和1.3万家。全面并超额完成了全总和市总2004年工会组建工作目标。在具体工作中，牢牢抓住“领导负责、目标分解、中途督查、情况通报、年度考核”五个工作环节，分层次抓重点，探索创新组建工作体制和机制。抓紧抓好30家重点单位的组建工作。在市总工会下属的培训中心进行了劳务中介公司建立工会组织的试点工作。召开了“开发区工会工作座谈会”、“局（产业）工会组建工作推进会”和“2004年度上海市工会组建工作总结表彰大会”等工作会议。在进城务工人员比较集中的行业和地区，市总工会、市建委和市建设工会联合建立了“上海市进沪建筑施工企业工会工作促进会”，市总工会、市城市交通局、崇明县联合建立“上海出租车行业崇明进城务工人员联席会”。浦东新区总工会、闵行区总工会、上海建工（集团）总公司工会等10个单位被评为“2004年上海市工会组建工作先进单位”，金山区总工会、南汇区总工会、上海农工商（集团）有限公司工会等25个单位被评为“2004年上海市工会组建工作优秀单位”。年内还新组建了市经济、社会、综合等3家系统工会和市申江两岸开发建设投资（集团）工会。（2）以建设“职工之家”为抓手，充分调动各级工会开展建家活动的热情，树立“建家立会”的思想，鼓励基层工会工作创新，促进基层工会“建起来、转起来、活起来”，不断增强基层工会的活力。在非公有制企业工会中积极推广青浦区总工会开展建家活动的经验和做法。会同市工商联积极参加由全国总工会、全国工商联联合开展的非公企业“关爱员工、实现双赢”活动。有3位非公企业经营者获“全国关爱员工的优秀民营企业家”称号，3位非公企业员工获“全国热爱企业的优秀员工”称号，3

市总工会召开产业局工会推进工会组建工作座谈会

（杨　娟）

家非公企业获“全国‘双爱双评’先进集体”称号。开展了以建家工作论文和《建家二十年》画册照片征集活动。征集到论文320余篇,150余万字,照片500余帧,参与活动的单位170余家。编辑出版了《创建“职工之家”征文选》论文集和《建家二十年》画册,并评选出论文一等奖3名,二等奖7名,三等奖15名。(3)认真开展“双爱双评”活动。2004年,评比表彰了上海罗氏制药有限公司等10家非公有制企业为“双爱双评活动十佳先进企业”;上海MWB互感器有限公司等26家非公有制企业为“双爱双评活动先进企业”;田宫英明等58名中外非公有制企业经营者为“双爱双评活动优秀员工之友”;杨娟等32人获非公有制企业员工“双爱双评活动优秀员工”称号。 (刘卫新)

工会组建

【市总工会加强新建企业工会女职工组织建设】 为贯彻落实全总“组织起来,确实维权”的工作方针,市总工会制定下发《上海市总工会关于加强新建企业工会女职工工作的若干意见》。市总工会以创新工作法评比为载体,在全市工会女职工组织中,开展以“组建”为主题的征集评比活动。经专家评审、网上投票,评选产生了普陀区“四个到位”大卖场行业工会女职工组建工作法和“同步、联合、借力、覆盖、跟踪”区域工会女职工组建工作法;“点击、浏览、刷新、确定”交通行业工会女职工组建工作法;静安区楼宇工会女职工组建“OFFICE”工作法和“宣传、沟通、指导、服务”区域工会女职工组建工作法;松江区“四同步”非公企业工会女职工组建工作法;青浦区“组建四化”经济开发区工会女职工组建工作法;闸北区“以人为本”家政工会女职工组建工作法;黄浦区“三心三勤”外商投资企业工会女职工组建工作法等,对全市新建企业组建女职工组织起到了推进和示范作用。

(徐梅瑾)

【浦东新区总工会多渠道多方法推进工会组建】 2004年,浦东新区基层工会组织数和工会会员数大幅增长。基层工会净增929家,工会会员净增10.7万名。主要做法是:(1)抓住机遇,乘势推进。上半年,王兆国视察浦东,对浦东新区工会工作作出了重要指示。新区总工会及时联合新区企业工作党委、新区城区工作党委和农村工作党委,召开了工会组织工作专题会议,传达了王兆国重要指示精神,提出到年底,全区企业工会数突破7000家,工会会员数突破40万的目标,为争取全年组建工作的新突破打下了认识基础和工作基础。下半年,全国人大常委会副委员长成思危在浦东进行《工会法》执法检查,既对浦东新区外资企业工会工作给予了充分肯定,也对部分企业迟迟不愿组建工会提出了批评。新区总工会及时对部分跨国公司组建工会的情况认真进行了调研分析,并形成专题报告送区委、区人大和区政府及相关部门,又联合劳动监察部门对企业不建工会组织情况进行专项执法检查,突破组建工作的“瓶颈”。(2)调整思路,全面推进。一是坚持党的领导。新区总工会始终做到“三个坚持”,即坚持每年在向区委常委会汇报工作时,重点突出新建企业的工会组建工作;与区政府的联席会议和三方协商时,把组建工会列为重要议题;坚持每年与城区工作党委、农村工作党委、企业工作党委和社会事业工作党委等召开联席会议,共同研究探索党群工作同步推进制度,实现党群工作资源共享;坚持每年与工商联、私营企业协会等联手在较大规模的私营企业中组建工会。2004年,新区总工会又与企业工作党委共同研究开展党组织和工会组织“双组建”达标创建活动;与统战部和台湾事务办公室联手,重点突破台资企业建会的瓶颈问题。二是调整工作思路,创新工作方法。新区总工会依托政府教育、卫生和公交管理部门的优势,先后筹建了教育行业工会联合会、医务行业工会联合会和公交行业工会联合会;发挥行业优势,协同酒店业行业协会和房产管理署,筹建了星级酒店行业工会联合会和物业行业工会联合会,已在全区16个行业、社区建立了物业行业工会联合会分会,覆盖了新区380家物业。三是加强人员配置,提升自身能力。新区总工会召开了全区工会组织工作专题会议,分解下达了年度工会组建工作目标;加强对工会工作站人员的培训、教育和管理,全年对70余名职业工会工作者进行上岗培训,颁发上岗证书。还公开招聘了部分职业工会工作者,储存了一批年轻、有学历、热爱工会工作的人才资源。(3)服从大局,激励推进。一是以“法”、“理”、“情”来说服人,努力形成双赢工作局面。二是以维权和服务感动人。通过遍布新区的会员服务中心,工会随时随地从法律、经济、生活、娱乐、文化等各方面为会员提供服务,提高会员对工会的认可度和信赖度。三是以关爱机制激励人。建立了工作目标申报考核和奖励制度,对完成年度工作目标的工会干部进行表彰和奖励;还建立了工会主席维权基金,推出了工会干部权益保障计划,建成关爱基层工会干部的机制。 (彭戌兰)

【浦东新区社会事业工会探索劳务工会籍管理新模式】 浦东新区社会事业工会经过调查研究,针对该局卫生系统后勤岗位社会化管理,医院出现大量劳务工以及随之而来的维权矛盾凸现的情况,尝试劳务工会籍管理的新途径,与劳务输出单位——上海伟康卫生后勤服务有限公司正式签订了工会会员委托管理协议,从而为劳务工维权,探索出一条新的管理模式。在双方的委托管理协议中明确:(1)由伟康公司派出的职工,其会籍在伟康公司;(2)伟康公司职工平时的会员活动和管理委托用工单位承担,委托管理仅限于工会活动,不涉及行政活动;(3)被委托单位工会对伟康职工“工会活动和管理”的含义为:与正式会员一视同仁,即对伟康职工的教育、培训、劳动保护等权益与正式会员同等对待;(4)伟康公司工会将所收会费中的40%,转拨给被委托单位。 (蔡雪康)

【浦东新区成立上海市首家星级酒店工会联合会】 浦东新区总工会针对新区星级酒店云集的特点,在经过充分调研、协调、组织后,成立了上海市首家星级工会联合会。联合会覆盖了新区所有的三星级以上酒店28家，其中包括著名的金茂君悦大酒店、瑞吉红塔大酒店、紫金山大酒店等五星级酒店。这28家酒店共有员工9000多人。（蔡雪康）

【浦东新区建筑工地全面建立临时工会】 年初，浦东新区总工会抓住盛世年华工地发生保安殴打被欠工资民工这一典型事例，在积极协助调处的同时，及时推进建筑工地建立临时工会的工作。首先，会同新区建设局、浦发集团等项目管理单位联合召开"新区建筑工程工地组建工会暨外来建设者工会工作现场会"，正式成立盛世年华等6家建筑工地临时工会，工地项目承包人当场与工会主席签订劳动关系公约，并在工地上张榜公布；其次，会同新区建设局联合发文，推进直属工会在建筑工地组建临时工会；第三，成立浦东新区进城务工人员免费培训中心，在高桥镇、川沙镇、三林镇地区建立进城务工人员培训基地，为进城务工人员讲授《劳动法》、《工会法》等基础知识，提高他们的依法维权意识和能力，全年共培训进城务工人员1万余人。经过努力，浦东新区工期在半年以上的建筑工地全部建立起了临时工会，发展工会会员2.29万余人。（蔡雪康）

【徐汇区总工会以发展行业工会来推进工会组建】 徐汇区总工会将建立行业工会作为组建工作的突破口和增长点，加大组建力度，推动新建企业工会组建向纵深发展。根据区情，区总工会作出了以餐饮行业工会为试点，探索行业工会组建的工作部署，提出了组建行业工会的两条基本思路：抓住骨干企业，稳固行业工会基础；发挥企业主动性，提高行业工会自主管理能力。区总工会聘请专职工会干部协助各社区开展行业工会组建，逐步总结经验，典型引路，先后在条件成熟的11个街道成立社区餐饮行业工会，并在此基础上于12月8日成立了徐汇区第一个行业工会——徐汇区餐饮行业工会，发展会员7600余人。各社区工会因地制宜，广泛开展行业工会组建工作。徐家汇社区工会抓住宜山路建材街管委会成立的有利时机，从骨干建材企业入手，组建了社区建材行业工会，发展会员近千人。湖南社区成立广告行业工会，将社区内部分"三高"群体吸收入会。漕河泾社区工会成立建筑装潢行业工会，凌云社区成立房地产中介行业工会。截至年底，全区新建企业建会6616家，会员有8.2万余人，较上年建会企业增加1483家，会员增加3万余人。（虞　蔚）

【徐汇区总工会多项并举切实做好工会组建工作】 徐汇区总工会依托社区和小区工会两级平台，以商务楼、开发区、行业为重点领域，以"三高"群体、青年职工、进城务工人员为重点群体，大力推进新建企业工会组建工作。(1)以宣传发动为先导，营造建会工作氛围。印制下发2万册工会法律法规宣传手册，通过区工商局在新建企业注册及年检时向企业发放。联合区工商联、私企协会、外企协会成立了区企业家联谊会，加强与重点单位的沟通联系。(2)争取职能部门支持配合。区文明办在进行文明单位评选时，认真落实工会组建一票否决制。区劳动和社会保障局加强劳动执法检查，督促企业重视工会组建工作，保障职工权益。区劳动保障协会将工会组建列为评选劳动保障诚信单位的条件之一，协助把关。(3)与工会重点工作相结合。区总工会与区劳动和社会保障局制定《关于进一步规范企业工资集体协商工作的若干意见》，明确要求申报自主决定工资的企业必须建立工会组织，并开展培训和指导，使工会组建和工资协商工作同步并进。(4)丰富发展多种组建形式和载体。以小区工会为载体，巩固组建工作阵地，拨出专款30万元用于小区工会干部的津贴。加大行业工会组建力度，成立了徐汇区餐饮行业工会。各社区结合实际成立了建材、建筑装潢、广告行业、房产中介等行业工会和商务楼工会联合会。推进漕河泾开发区企业调查和工会组建，从具有一定规模和知名度的企业入手，在携程计算机技术（上海）有限公司等20余家企业建立工会组织，发展会员4000多人。开展非正规就业组织建会工作，加强与有关部门的协调，做好街道保洁保绿人员、就业指导员、社区工作者等非正规就业组织的工会组建。指导公安分局工会建立了徐汇保安公司工会，吸收会员900余人。（虞　蔚）

青浦区纺织行业工会联合会成立大会

（王　华）

【闸北区落实"八字"工作方针　完成组建入会任务】 区总工会按照全总"组织起来，切实维权"的工作方针，坚持工会工作与经济社会发展和职工需求相适应的原则，依托社区和小区工会两级平台，采取建立领导责任制，各单位工会主席为第一责任人，明确任务，责任到人；建立目标责任制，分解组建指标，上下级工会签订目标责任书；多举并行，形成合力，与区相关部门建立联系网络，定期沟通信息；公开

6月18日,长宁区纺织行业工会联合会成立

(徐志康)

招聘工会组建工作指导员队伍,深入基层,帮助指导开展组建工作等有效措施,大力推进全区工会组建和发展会员工作,取得了显著成绩,超额完成了市总工会下达的年内净增2万名会员的任务。截至年底,全区建会单位1722家,会员7.51万人,其中进城务工人员9620人。与上年相比,建会单位数净增751家,会员新增2.357万人。 (陆 非)

【虹口区采取措施加强小区工会建设】为了更广泛地把进城务工人员吸纳到工会组织中来,切实代表、维护好他们的合法权益,完成市总工会下达的新增会员2万名的任务,虹口区总工会采取五项措施加强小区工会建设:一是两次对小区工会主任进行培训,学习《工会法》和工会组建等有关知识;二是召开社区工作组建现场交流推进会,交流工会工作经验,表彰先进;三是建立区总工会各部室联系社区工作制度,及时通报工会组建情况,共同分析研究工会工作有关问题。无论是区总工会主席、副主席还是各部室负责人,做到组建工作随叫随到,主动上门服务指导;四是建立激励机制,对完成组建任务的小区工会进行表彰,并给予社区工会一定的物质奖励;五是争取街道党政工领导的重视,齐抓共管,形成合力。至9月中旬,全区新建工会企业数361个,新增会员2.2万名。

(李 琪)

【杨浦区扎实推进非公企业工会组建】区总工会通过走访区工商联、工商分局、科委、外经委、区社团局等单位,建立起信息共享、合作联手、共同推进的互动机制,进一步促进了非公企业工会的组建和运作;各级工会在充分调研的基础上,列出未组建工会的重点企业名单,并采取“抓大促小,以大带小,联大放小”的原则,明确组建责任,切实推进组建工作。五角场镇探索成立了制造行业工会,刮起医药行业旋风的开心人大药房、科技行业中著名的联合基因科技有限公司、杨浦区最大的农贸市场盐阜农贸公司等一批在杨浦和全市有影响的企业先后成立了工会组织。截至11月份,全区新组建工会1235个,新增会员26519人,会员总数达85463人,工会组建率和职工入会率均达到95%。

(王 洪 张念宏)

【杨浦区总工会下大力促进工会组建全覆盖】 区总工会在三个方面强化组建工作:一是明确责任人。建立区总机关干部组建工作指导推进制度,主席室和各部门分工联系各行业、社区(镇)工会,协助推进组建工作;对各行业、社区(镇)和直属工会下达了明确的净增会员数目标,建立了组建工作责任制,定期进行情况通报;明确各级工会主席是组建工作“第一责任人”,并把组建工作列为年度考核的重要内容。二是开展“组建月”活动。确定8月份为“工会组建月”,全区各级工会干部深入企业和小区,开展调查研究,破解组建难题,指导组建工作。区总工会会同区外商投资企业工会召开进一步促进外商投资企业工会组建专题会议,并联合区劳动和社会保障局等有关部门对个别久拖不建、甚至阻挠工会组建的企业进行了执法检查。三是建立组建工作推进小组。为了确保工作目标的完成,区总工会抽调社区网格化管理指导员和专职工会干部组成推进小组,进驻组建工作缓慢的单位帮助工作;加大工会组建工作指导和推进力度,进一步做好组建上海国际家用纺织品工业园、交通协管员、物业管理等行业工会的筹备工作,力争实现组建工作全覆盖。如区医务工会建立了民营医疗机构工会组建长效机制;长白社区工会认真做好

杨浦区总工会一家科技型企业建立工会组织

(王 洪 张念宏)

转改制企业工会组建工作；国内投资企业工会针对建筑企业多、农民工多的特点，把工会建到工地上。

（王 洪 张念宏）

【黄浦区董家渡社区工会千言万语讲组建，千方百计抓入会】 黄浦区董家渡社区工会把在非公企业组建工会作为重中之重任务来完成。操作中，他们坚持协调一致、组建优先、宣传在先的工作思路，形成"千言万语讲组建，千方百计抓入会，党政工齐抓共管"的格局，切实把工会组建、职工入会这项政治性、社会性、基础性很强的工作抓紧抓好。全年新建4家基层单位工会、2家行业工会、2个楼宇工会、80家私营企业工会；会员数达到4634人，其中新增1600人，净增1165人。

（贺歆莞）

【黄浦区外滩社区工会形成"两级平台、三个延伸、四个层面"格局】 （1）构筑"两级平台"，实行动态管理，形成全覆盖的工会组织网络。针对外滩地区新建企业数量多，变化大的特点，建立社区工会与小区联合工会"两级平台"。对达到一定规模的企业，帮助组建工会，由社区工会直接管理；规模较小的企业，成立工会小组，由居委会书记或主任兼任联合工会主任，实现了组织网络全覆盖，针对新建企业流动性大的特点，社区工会每年都通过区总工会和街道工商所、税务所了解企业注册、年检及交纳税收情况，摸清底数，有的放矢开展组建。同时与街道组织、经济科等密切配合，加强日常信息沟通，做到有新企业就及时组建工会，有新职工就尽快吸收入会。（2）实施"三个延伸"，在巩固中推进，不断拓展新领域。一是组建向社会中介组织、外资企业和改制企业延伸。先后组建了华夏会计师事务所、光华会计师事务所等4家中介组织工会；建立了13家外资企业工会；接纳和组建了15家改制企业工会。二是向商务楼宇延伸。该社区有商务楼宇58幢，其中有21幢是由各种类型非公企业组成的。工会一方面经过面上调查，了解单位注册等基本底数，另一方面在重点楼宇开展工会组建，最终完成了全年组建计划。三是向外来务工人员延伸。对外来务工人员均一视同仁，全部吸收入会。（3）形成"四个层面"管理模式，增强工会工作的有效性。工会按分层分类的思路进行管理：在已建的42个非公企业单独基层工会中，以行业为主要特征，成立了建筑装潢与物业管理行业、商业与贸易行业、社会服务行业、外资企业等四个工会联合会。

（吕诚陆 马卫星）

【黄浦区总工会加强组建工作，实现十大突破】 （1）组建全区性建筑、物业等行业工会。把注册经营在该区不同所有制与系统的150家建筑业单位职工都组织起来，新发展会员1600人。此外，各社区组建了旅游、建筑建材装潢、物业、百货、商务咨询、商贸、文化信息科技、批发市场、生产服务制造等9个行业工会，发展会员1429人。（2）组建律师行业工会。发展会员300多人。（3）组建民营与个体行医联合工会。覆盖了全区14个民营与个体行医人员，发展450名医院外来护理工入会。（4）组建公安、保安公司工会。2600名干警入会；公安下属保安公司建立工会，2000名保安人员入会。（5）组建居委聘用干部工会。1100名担任居委干部的退休、协保人员恢复会籍或进入单独基层工会、小区工会。（6）组建商务楼宇工会联合会。新建上海滩商厦、华普科技大厦等楼宇工会2400名白领、灰领职工入会。（7）组建工业园区工会联合会。在新新集团龚路工业园区发展了500多名进城务工人员入会。（8）发展环卫进城务工人员入会。700名进城务工人员加入环卫工会。（9）发展商业单位引厂进店人员入会。3800名引厂进店人员发展入会。（10）组建非正规就业工会。在百帮南宫文化服务中心建立联合工会，发展会员3700人。2004年，全区工会组织数净增113个，工会会员净增30350名。

（吕诚陆）

【黄浦区成立华普科技大厦商务楼宇工会联合会】 华普科技大厦商务楼宇内共有41家入驻企事业单位，其中10家是无上级主管单位的新经济组织，涉及到服装、广告、软件开发、贸易、物业管理等多种行业。董家渡社区工会积极争取管理该大楼的万南物业管理有限公司支持，摸清了大楼内入驻企业数量、企业性质，通过分发新建企业登记表，摸清了企业资产、业务种类、职工数、党员数、工会组建数等情况。先后召开无上级主管单位的企事业业主座谈会和职工代表座谈会，宣传组建工会的目的和意义，初步酝酿工会联合会主席候选人。然后派社区工会工作组织员逐一上门分发《工会联合会主席候选人意见征询表》，耐心听取业主和职工的意见建议，于2004年1月举行工会联合会成立大会，并组织召开华普科技大厦工会联合会第一次会员代表大会。直接民主选举产生了工会联合会主席，建立了以万南物业管理有限公司为主、下辖6家基层工会的华普科技大厦商务楼宇工会联合会和4家单独基层工会。

（黄 铮 程 坚）

【黄浦区医务工会探索建立以行业为特征的个体开业医师联合工会】 2004年，黄浦区医务工会，积极适应形势发展，探索建立了以行业为特征的个体开业医师联合工会，扩大了卫生系统工会的覆盖面。区医务工会与区卫生工作者协会经调查摸底，全区有22家以口腔、针灸、中医专业为主的个体开业诊所，拥有从业人员24人，于年初成立了区个体开业医师联合工会筹备组，经过两个月的积极筹备，发展会员17人，选举产生了联合工会第一届委员会。联合工会主席还被补选为区医务工会委员。

（周德远）

【黄浦区组建第一家由外来私营和个体经商务工人员组成的都市楼宇工会】 为维护外来进城经商、务工人员合法权益，黄浦区外滩社区工会会同商厦工会筹备组积极宣传《工会法》和《工会工作条例》。本着自愿参加的原则，首批发展会员151人，并组织他们参加综合保险、帮困行动、接受技能培训等活动，工会工作搞得红红火火。未入会的外来经商务工人员，渐渐被吸引了过来，主动要求入会。至年底入会人员达到211人。外滩社区工会本着"公正、公平、公开"的原则，通过民主直接选举产生了工会班子和经审班子。4月21日，黄浦区外滩社区工会在上海滩商厦率先成立了全区第一家由外来私营和个体经商务工人员组成的都市楼宇工会。新当选的工会主席包巍峰代表工会班子表示，将不负众望，积极履行工会的权利和义务，重点是维护职工的劳动权益和民主政治权利，做到企业、职工双满意。

（马卫星　吕诚陆）

【卢湾区总工会组建工作有新突破】卢湾区总工会在全区基层工会职工基本情况调查的基础上，制定了区总工会2004年度新增工会会员的目标任务分解责任书，落实到各产业（局）、集团、街道工会，作为年度工会工作考核的重要指标。调整完善了区总工会机关联络员下基层制度，由主席带队，区总机关干部分片包干，帮助、指导各产业（局）、集团、街道工会开展建会工作。并专项拨款开展建会工作达标竞赛活动，大力开展进城务工人员入会工作，同时借助外力推进外资企业建会工作，还面向社会公开招聘了19名社区工会工作专职指导员充实街道工会力量，使建会工作得以有效开展。2004年，在全区各级工会的共同努力下，建会工作取得了突破性进展，新增建会单位303家，会员17127名，完成全年目标数的114.18%，是过去五年发展会员数的2倍。其中进城务工人员入会7869名，外资企业职工入会2653名。

（葛家敏）

【卢湾区金玉兰广场成立楼宇工会联合会】　上海金玉兰广场是一家颇有名气的商业商务楼宇，各种所有制形式的企业有105家，职工1000多人。由大楼中规模较大的66家企业率先联合成立楼宇工会联合会，将分散的职工聚拢起来，这是以商业商务楼宇为建制单位的一种有益的尝试。新当选的金玉兰楼宇工会主席表示，工会成立后，将以实行双维护（既维护职工权益也维护企业利益）、创造双赢（职工与企业双赢）局面为指导思想，首先以开展各种活动联系和凝聚职工，指导楼宇中其他企业建立工会组织，开展工会工作。

（任贤胜）

【静安区总工会加大工会组建力度】4月11日，静安区总工会召开组建工作动员会。会上，区人大常委会副主任、区总工会主席与各系统、街道、集团公司工会主席签订了工会组建目标责任书。要求各级工会一把手强化责任意识，明确工作任务，加强分类指导，落实奖励机制。通过半年多努力，全区超额完成了组建任务，真正做到“建一个工会组织，就有一张上级批复；新加入一名会员，就有一张入会申请表”。工会的组建工作同时得到了党政领导的大力支持，一些系统的党政领导参加了工会组建工作会议，对组建工作提出要求，形成“党委重视、政府支持、工会运作、各方配合”的工作格局。

（郎爱民）

【静安区建设工会积极组建工地工会】
静安区建设工会与区总工会签订了《工会组建责任书》，全年建立工地工会7家，发展进城务工人员入会2264名。他们的做法是：（1）积极争取党政支持。建委党政工领导专程到区总工会一起研讨组建工作，明确了工地党建工建一起抓的工作思路。（2）建立了以党工委书记为组长，建委副主任、建设工会主席为副组长的组建工作领导小组，下设办公室，办公室由建管办、工地办、招投标办、安监站以及各公司工会主席组成。（3）形成工作机制，明确组建目的意义、工作要求、时间进程等。（4）及时操作培训，明确进城务工人员加入工会后与挂靠工会的关系，以及入会后的待遇，对工会干部进行了培训。工会建立后围绕文明工地建设，加强班组自我管理；建立工资清欠小组，检查工资的落实情况；积极开展“安康杯”劳动保护竞赛，组织职工进行安全知识测试；认真改善了进城务工人员的住宿、伙食、医疗待遇，组织开展了文体活动。

（张锡明）

【宝山区制定非正规就业组织和劳务公司建立工会的实施意见】　2004年，宝山区总工会、区劳动和社会保障局制定《关于在非正规劳动就业组织和劳务公司中建立工会的实施意见》。《意见》规定：（1）按照自主型、万人就业项目、公益性劳动三种不同类别的非正规就业劳动组织，采取独立建会、联合建会、属地（归条）组建的形式，依法组建工会。对自主型非正规就业劳动组织，人数在25人以上的，组建单独基层工会；万人就业项目按人员管理原则，区级项目以相关委、办、局为主组建单独基层工会；乡镇、街道级项目以乡镇、街道为主组建联合工会；凡符合组建工会条件的公益性劳动组织，以乡镇、街道为主组建工会。（2）成立由区总工会、区劳动和社会保障局共同组成的区非正规就业劳动组织组建工会领导小组，对全区非正规就业劳动组织和劳务所组建工会实行统一领导、总体协调和指导服务；各乡镇、街道，各委、办、局工会在党委、行政的领导及支持下，相应建立领导小组和专门的工作班子。（3）各乡镇、街

闵行区首家外来建筑务工人员工会成立

（陈红铭）

道劳动保障服务中心及劳务所，根据区域内非正规就业劳动组织及劳务输出的基本情况，积极配合所属乡镇、街道工会做好宣传发动、工会班子人选推荐等基础性工作。(4)新组建的非正规就业劳动组织和劳务所的工会经费的主要来源：一是加入非正规就业、劳务所工会的会员每人每月由主管单位在工资中代扣代缴会费2元。二是由行政主管单位资助。三是由用人单位资助。四是由上级工会组织下拨资助。五是由劳动所结余经费中资助。

(窦恺芳)

【宝山区总工会推进工会组建工作的“三抓一借”】 一是抓调研。区总工会利用两个月时间，对全区11个乡镇、5个街道和前卫农场、城市工业园区开展了工作调研，全面准确地掌握了工会工作的“七个动态数据”。组织乡镇、街道工会干部到昆山市学习取经，同时召开组建工作专题研讨会，总结经验，剖析难点，寻找突破口。二是抓宣传。邀请各单位党群书记召开工作恳谈会，通报工会工作，争取工作支持。同时，工会干部专门走访企业，宣传组建工会的法律知识，并发放《劳动法》、《工会法》和致企业组建工会的公开信等资料。三是抓考核。在充分调研的基础上，将重点目标工作进行了细化分析并量化成分值，与所属工会签订目标考核责任书。四是借助各方力量。区总工会与宝钢工会就该区输送到宝钢劳务工的入会与管理运作进行协商，与区劳动和社会保障局就该区非正规就业组织和劳动服务公司中建立工会组织达成共识，联合召开了在非正规就业组织中成立工会组织的动员大会，推进了工会组建。2004年，全区新建基层工会164家，新增会员33558人。

(窦恺芳)

【闵行区积极推进民办事业单位的工会组建】 闵行区医务工会积极进行非公医疗机构成立工会组织的探索，区医务工会主席同时兼任区医疗机构综合党总支书记，在工作中强调党组织与工会组织的同步建立，以党建促工建的方式，有效地促进了闵行区非公医疗机构的建会工作。区教育工会积极推进民办学校的工会组建，召开组建工作推进会，推广了民办莲浦幼儿园组建工会的经验，制定了《关于闵行区民办学校组建工会的意见》。2004年组建民办学校工会21家，入会数为671人，基本实现了该区民办学校工会组织的全覆盖。

(乔世苏)

【闵行区工会会员总数首次突破20万】 闵行区总工会根据全总“组织起来、切实维权”的工作要求，制订了“工会组建力争覆盖最大化”的工作目标，通过多层次、多渠道、全方位推进，全区工会组建工作取得了明显成效，2004年新建工会单位297个，新增会员63884名，累计会员总数已达21万余人。

(乔世苏)

【闵行区首家外来建筑务工人员工会成立】 随着闵行区城市化建设步伐的加快，大批外来建筑务工人员已成为推动闵行经济建设的一支重要力量。5月3日，闵行区建设管理局外来建筑务工工会工作委员会正式成立，来自基层17家工会的50多位会员代表参加了成立大会，该会的成立标志着闵行区城市建设系统所属外来建筑务工人员有了自己的工会组织。

(乔世苏)

【闵行区江川路街道工会借助网络推动非公企业工会组建】 针对街道辖区面积大、辖区内企业小而散的特点，充分利用街道局域网，设计制作了《江川路街道非公企业职工会员发展进度示意图》，动态、鲜明地展示当前各小区非公企业组建进展情况，并将其公开上墙，公布上网。同时，及时进行数据更新，同步借助局域网发至各小区联网电脑中，使基层工会干部及时掌握工作的进度，明确单位在整个街道组建工作进度中所处的位置，激励大家勤奋工作。以信息化带动组建工作覆盖最大化，2004年发展会员2209人，完成区总工会下达目标的221%，探索了一条社区非公企业工会组建的新途径。

(叶民强)

【嘉定区总工会采用“递进法”方式推进工会组建】 嘉定区总工会通过抓住重点实施面上突破，然后层层推进的递进工作法，加大工会的组建力度。(1)抓住8月18日上海震旦集团联合工会成立的契机，推动台商企业工会的组建。在台商投资企业集中的马陆镇、安亭镇、嘉定工业区，走访党政主要领导，进一步沟通协商，争取各方支持，形成推进工会组建的良好局面；走访台商投资企业管理者、发送组建工作信函等，使区内台商投资企业组建工会有较好的发展。(2)抓住8月26日上海轻纺市场联合工会成立的契机，推进市场工会的组建。区总工会通过邀请专业市场的经营者参加联合工会成立大会、召开座谈会、上门走访等办法，将市场工会的组建推广到区域内各大专业市场，扩大影响面，争取将更多的从业人员发展到工会中来。(3)抓住9月16日嘉定区纺织行业工会联合会成立的契机，推进区域内纺织企业工会的组建。该区区域内与纺织相关的企业共88家，职工15600多名。至9月中旬纺织行业工会联合会成立时已建工会60家，区总工会通过成立6个分会，分片带点全力推进余下28家企业建会，实现了全覆盖。(4)抓住10月28日嘉定区建筑行业工会联合会成立的契机，推进建筑行业工会的组建。区内共有建筑行业企业180多家，职工2100多名，区总工会在区政府的重视和区建筑行业协会的支持下，专门召集100多家未建工会企业行政领导的恳谈会，区建委还专门抽调人员配合工会抓好组建工作，突破了组建工作的“瓶颈”，夯实了工会的组织基础。

(唐身桂)

【金山区工会会员总数突破14万人】 2004年，金山区总工会把发展工会会员作为全年工作的重中之重，认真做好“四个环节”工作。一是构建联动机制。以区政府区总工会首次联席会议讨论通过的《关于实业型新建企业组建工会的有关建议》和《中共金山区委、金山区人民政府关于加强新建企业工会组织建设的意见》为契机，在全区基本形成了党委重视、行政支持、工会运作、各方配合的工作机制。二是开展执法检查。会同区人大常委会内务司法委、劳动保障局和安全生产监察局等单位，开展《工会法》和《上海市工会条例》执行情况的执法检查，重点检查工会组建、职工入会工作和劳动法律法规的落实情况。对“建会难”的新建企业特别是三资企业，与区外经委联合下发《致企业一封公开信》等，推进工会组建工作。三是突出建会重点。先后成立了金山区建材市场、学府路商业街、金山卫市场等联合工会以及保安服务公司工会组织；全区民办学校基本完成了建会工作；拥有4000多人的上海亨井联接件公司成立了工会筹建小组。四是明确工作职责。区委区政府有关部门在开展评选先进企业、先进经营者活动时，把新建企业是否建立工会组织，作为评选的重要条件之一。区总工会把此项工作列为当年对直属单位工会主席（主任）工作实绩考核的重点项目等。据统计，截至年底，新建工会422家，其中：单独基层工会55家；联合工会18家；覆盖单位367家；新发展会员35269人，全区累计建会单位1995家，基层工会组织831家，工会会员总数141218人，其中：进城务工人员入会99046人。（李援朝）

松江区成立纺织行业工会联合会

（莫永涛）

【金山区医务工会探索非在编职工入会途径】 金山区医疗卫生单位非在编人员总数为500多人，其中，绝大部分分布在卫生局直属医疗卫生单位，占82.6%。在直属单位中又以金山医院、中心医院和众仁护理院最为集中，分别为90人，114人和53人，总计257人，占51.4%。在岗位分布上，以护士为主，占60%以上，医生比例不足20%，其余为医技、财务、信息、后勤等部门职工。在籍贯分布上，护士多以江浙一带以及安徽、江西为主。学历以中专为主，占80%左右。金山区医务工会从实际出发，决定将这部分人吸纳到工会组织中来，主要方法：（1）成立部门工会。金山医院是以各部门、各科室为单位成立部门工会的。因此，为了便于管理，专门新成立“新星部门工会”，并选举产生部门工会负责人，将医院的非在编职工吸纳到工会组织来。“新星部门工会”和其他部门工会享受同等权利，履行同等义务，参照正式部门工会负责人待遇对“新星部门工会”负责人给予适当补贴。（2）融入工会小组。中心医院将要求加入工会的非在编职工归入所在科室的工会小组，与其他在职职工享受同等待遇。并根据非在编职工总人数比例，增补8名非在编职工代表，参与医院民主管理和民主监督。年内，金山区医务单位先后有517名非在编职工加入各单位工会组织，入会率达到100%。（吴冲）

【轻工5家公司工会落户金山】 从7月1日起，轻工系统上海“红双喜”（集团）有限公司、上海玩具进出口有限公司、上海皮革有限公司、上海晟隆集团公司和上海凤凰股份有限公司5家企业落户金山，行业职工2.4万多人，在岗职工近1万人，工会会员1.2万多人。金山区总工会服从大局，采取积极措施，促使落户企业工会尽快融入区域性工会的运转轨道。一是开好碰头会。区总主动邀请上海轻工业工会领导到金山专题介绍5家公司工会的基本情况，掌握第一手资料；又邀请5家公司的工会主席来金山一起商讨工作。在碰头会上，区总主席介绍了金山工会的基本情况，通报了近期的主要工作。“红双喜”（集团）有限公司等5家企业的工会主席分别汇报了单位的概况，双方还就磨合期的工会运转达成了一致意见。二是开展高温慰问。区总在制订高温慰问计划时，明确要在这5家公司中各选择一个高温车间，由区总主要领导带队下基层慰问。7月下旬，区总三位副主席分别带领机关人员到有关企业与行政领导座谈，要求厂方认真做好防暑降温工作，切实保障职工身体健康，并向600多名一线职工送上了价值1万多元的清凉用品，进一步拉近了双方的距离；三是召开全委（扩大）会议。7月29日，区总召开三届四次全委（扩大）会议。会前举行了“热烈欢迎上海轻工（控股）集团5家公司落户金山”仪式，会议增补5家公司的工会主席为区总委员。会议组织讨论区总常委会工作报告，让新转到金山的司行们承上启下，明确金山工会工作的目标任务，自觉融入区域性工会的运转轨道。（吴冲）

【金山区山阳镇工会运用“外循环”实现组建工作新突破】 金山区山阳镇工会在组建工作中突破“小循环、内循环”的工作方法，坚持走“外循环”之路，借“社会各方”之力，解“工会组建”之难，取得明显成效。年内，新建工会5家，新增会员2060人，其中进城务工人员1812人。主要做法是：（1）加强宣传，形成动力。镇工会会同经济、工商、税务、劳动等职能部门，对规模较大、职工人数较多的企业上门宣传组建工会的目的和意义，对规模较小，职工人数较少的企业，归并到经济小区上大课，并通过座谈会的形式，请建立工会的新建企业经营者现身说法，增强说服力和感染力，强化工会组建的宣传攻势；（2）加强领导，形成合力。镇工会坚持“党建指导工建，工建服务党建”，互为联动，相互促进。镇成立由党群系统以及经济小区、外经公司、经济管理所、工商所、税务所等单位主要负责人组成的新经济组织党建工作指导、协调小组，定期召开联席会议，互通信息、资源共享，联手做企业主的工作。与此同时，还充分发挥镇三方协商机制的作用，努力营造各方参与、齐抓共管促工建的氛围；(3)加强培训，提高能力。镇工会从自身建设入手，以主席例会为载体，抓好工会干部的教育培训，提高工会干部依法维护职工权益的能力。工会干部通过帮助企业调整劳动关系，组织技术比武、劳动竞赛，帮困送温暖等工作，使一些没有建立工会的新建企业经营者认识到工会有利于企业发展，调动经营者支持组建工会的积极性。（吴　冲）

【松江区成立首家纺织行业工会联合会】 松江区首家纺织行业工会联合会成立大会，于12月8日在松江区办公中心会议楼举行。代表13288名工会会员的68家纺织和服装企业的代表及部分区的工会领导参加成立大会。大会选举沈利云为区第一届纺织行业工会联合会主席。（莫永涛）

【松江区成立首家建筑行业工会联合会】 随着松江城区建设的日益发展，落户松江的建筑企业已发展到160多家，成为建设现代化松江新城的主力军。但由于建筑行业在发展中存在的拖欠民工工资，侵害建筑工人合法权益等情况。松江区总工会从2月份起，经过调查摸底，筹备组织，松江区建筑行业工会联合会于11月8日正式成立，该区的121家区属建筑企业的1万多名职工，从此有了自己的“娘家”。年内，该工会联合会积极开展工会各项工作和活动，积极协调劳动关系。在促进企业发展的同时，努力维护好外来建筑务工人员的合法权益，坚持为职工做好事办实事，推动企业和职工“双赢”目标的实现。（莫永涛）

【松江区总工会新增会员4.5万名】 松江区总工会针对该区民营和外资企业发展较快，外来务工人数迅速增长的特点，区总工会把工会组建作为全年重要工作来抓：一是深入调研抓措施落实。区总工会与区委分管领导就如何落实组建工作深入各镇、街道、园区和企业开展调研，在党政工领导座谈会上，进一步明确组建工会的指导思想、重要意义、目标任务、措施要求。各镇、街道党委从政治高度加强对组建工作的认识，加大工作力度，实行目标责任到人；二是推动面上抓指导服务。区总工会加强与镇、街道党委的联系，深入企业与经营者协调和沟通。召开组建工作专题会议，研究、落实完成目标的措施和办法。深入基层进行指导服务，及时协调解决组建工作难题，有力推动面上工作开展。同时各镇、街道与所属工贸办、经管办、外资办等相关部门共同配合，形成齐抓共建的合力；三是总结经验抓交流推广。在开展这项工作中，区总召开专题会议，在对阶段性工作进行总结的同时，交流推广泗泾镇、车墩镇等单位经验和做法，年内，组建工会或联合工会组织285家，覆盖企业2637家，新增会员45000名，实现组建工作的历史性突破。（莫永涛）

崇明县总工会召开进城务工人员联合工会第一次代表大会

（陈进修）

【青浦区新城经济区工会联合会在组建女职工委员会中实行“四化”】 (1)组建工作网络化。工会根据“新城”的实际情况，在现有三级工会组织的基础上，适时组建了“新城”工会联合会女职工委员会，36个企业女职工小组，128个女工委员的三级体制，实现了工会工作和女工工作层层有组织的目标。同时做好新建企业工会女职工委员会的改选、组建和调整工作。(2)女职工干部配备程序化。根据《工会法》和《女职工工作条例》，在对企业工会女职工干部的选拔、任用上严格经过民主选举、认真考核等程序，现有女职工干部128人。为提高女职工干部素质，先后举办了不同层次的学习新政策法规、业务知识和专业技能等多种培训班。定期组织女干部们集中学习，总结交流工作经验。(3)管理工作信息化。“新城”园区入户企业已达6000多家，入会职工12196人，其中女会员6598人，占入会总数的54%。去年，“新城”工会联合会又研制了“工会组织管理系统”，对全区1万多名会员进行重新登记，新建了工会网页，基本实现女职工组织的管理信息化。(4)女职工工作制度化。“新城”三级女职工组织的组建吸引了更多的女职工入会，进一步增强了工会组织的整体优势，也促进了女职工工作的开展。动员女职工参加为企业发展献计献策，组织女职工参加演讲比赛、知识竞赛、岗位技能比赛，广泛开展以“学先进、比贡献、创一流、争第一”为主题的女职工素质达标活动等。（程天爵）

【青浦区成立纺织行业工会联合会】 8月4日，青浦区纺织行业工会联合会成立，68家在区内开业的纺织、服装、针织、印染企业工会作为团体会员加入了行业工会,这68家企业有工会会员13443人,行业工会下设有白鹤、朱家角、重固、金泽、练塘等五个镇的分会。经团体会员代表大会选举,产生了由11人组成的行业工会联合委员会,沈全观当选为行业工会主席。团体会员代表大会通过了《上海市青浦区纺织行业工会联合会章程》,章程规定,青浦区纺织行业工会联合会是青浦区总工会领导下,在市纺织工会指导下的由行政区域内的服装等纺织企业工会作为团体会员组成的群众组织;其任务是针对行业的特点,更好地代表和维护纺织企业职工的合法权益,同时促进企业的发展和地区纺织行业的繁荣,实现"双赢"目标。

(程天爵)

【青浦区全方位推进新建企业工会组建工作】 2004年,青浦区总工会组建工会79家,其中外商投资企业65家,私营企业单独基层工会、联合工会14家,覆盖企业3312家,入会会员35002人(包括外来务工人员),超额完成了市总工会下达的吸纳3万名职工入会的指标。为了加快组建进度,区总工会成立了基层建设指导小组,帮助、指导工业园区等组建工作任务重的单位,做好建会工作,一年来有36家企业组建了工会,入会会员5286人。区总工会通过建立纺织行业工会、社区工会联合会,组建中介组织工会等形式,条块结合、相互补充,最大限度地吸纳进城务工人员加入工会,全年吸收11395名外来务工者入会。

(程天爵)

【南汇区惠南镇工会组建工作落实"两个进一步"】 2004年,南汇区惠南镇工会根据"组织起来,切实维权"的要求,站在落实科学发展观和加强党的执政能力建设的高度,认真做好工会组建工作,注重落实"两个进一步":一是进一步提高对工会组建工作的认识,从理论上讲清楚社会主义市场经济条件下工会存在和发展的理由,用生动有力的实践来证明工会的地位和作用;二是进一步加强工会自身的能力建设,以创新的精神不断提高自身的工作能力和水平,在地区工作大局中发挥更大的作用。2004年全镇完成组建工会57家,发展会员2096名。

(纪　敏)

上海电力建设有限公司工会举行外来务工人员入会仪式

(龚洁庆)

【南汇区工会组建工作有新突破】 南汇区工会按照"组织起来、切实维权"及"最大限度地提高工会组织的覆盖面,最大限度地吸纳各类职工入会"的要求,明确2004年工会组建的重点工作,下发《关于进一步加强组织建设、增强基层活力的意见》的文件,通过抓好四个环节,即走访调研协商环节,宣传发动服务环节,检查交流通报环节,重点镇、园区、企业工会组建环节,使全年的组建工作有了新的突破。通过各基层工会的努力,2004年全区新增入会企业175家,净增工会会员31721名。

(程茜茜)

【奉贤区第一家跨省基层工会在湖南郴州成立】 3月,奉贤区第一家跨省的基层工会组织——湖南华龙郴资桂公路管理有限公司工会在湖南省郴州市成立。湖南华龙郴资桂公路是奉贤区华龙企业集团全资收购的高等级公路,也是奉贤区一家跨省的国内独资企业,公司现有职工98人。为了贯彻市总工会关于"哪里有职工,哪里就要组建工会"的精神,华龙企业集团公司工会主任郭翠萍等多次南下湖南郴州指导工会组建工作。3月19日,华龙郴资桂公路管理有限公司工会第一次会员大会在郴州万国大酒店隆重召开,选举产生了湖南华龙郴资桂公路管理有限公司工会第一届委员会。华龙郴资桂公路管理有限公司工会的成立得到郴州市总工会的高度重视和支持。

(沈永明)

【机电工会制定《关于进一步做好进城务工人员加入工会组织的暂行办法》】 《办法》规定(1)上海电气系统下属单位工作的进城务工人员,不论是否与用人单位建立劳动关系,不论其户籍所在地在何处,企业工会都应主动动员,依法吸纳他们参加工会组织。(2)在劳务中介机构已加入工会的,劳务中介机构向用人单位输出进城务工人员时,用人单位应要求将他们的会员关系临时转入用人单位工会,由用人单位工会统一管理。(3)用人单位自行招用的进城务工人员已经是工会会员的,可以凭《会员证》进行会员关系的接转。(4)与用人单位建立劳动关系的进城务工人员入会后,应编入其所在工作岗位工会小组,并参加工会小组活动。(5)与用人单位建立劳务关系的进城务工人员的入会,可以在进行工会的基本知识、会员的权利和义务教育基础上,组织他们填写《工会会员入会申请表》,集体加入工会。并将他们单独组编成一个或若干个分工会、工会小组,由用人单位工会直接领导和管理。(6)要做好进城务工人员的会费、经费收缴工作。进城务工人员入会后应按有关规定交纳工会会费。(7)要督促单位按国家规定按时为进城务工人员办理综合保险。(8)

要配合单位做好进城务工人员劳动保护工作，严格执行安全生产责任制，为进城务工人员提供符合国家规定的生产、生活环境，预防各类人身伤亡事故的发生。(9)要做好进城务工人员的基本生活保障工作，关心他们的思想、工作和生活，为他们提供学习、生活和维权等方面的服务。在工作和生活中遇到困难，要及时为他们排忧解难。(10)要加强对进城务工人员进行《劳动法》、《工会法》等法律法规的普法教育和技能培训工作，帮助他们增强会员意识、法制意识、自我保护意识和就业竞争能力。(11)因关心进城务工人员发生的费用由企业承担。(12)上级工会在考核下级工会工作或“职工之家”评比时，必须将包括进城务工人员在内的职工入会率作为重要的考核指标之一。 （姬锦珍）

【仪电工会采取措施落实外来务工人员依法管理】 仪电工会把外来务工人员权益维护列为保障重点，切实采取有效措施，取得良好开端。一是依法吸收外来务工人员加入工会。按照“组织起来、切实维权”的要求，仪电系统工会采用多种形式、不拘一格，使外来务工人员入会工作全面稳步推进。包括企业直接吸收、中介劳务公司吸收委托企业管理等形式。会费收缴也取得突破性的进展。二是加强外来务工人员的管理。通过调查研究摸清企业劳务用工的管理状况，提出加强外来务工人员的合同管理、安全管理、保险管理、教育管理、生活管理、组织管理等六大管理具体内容。尤其是加强了以综合保险为主的保障工作。由于这些工作的开展，使外来务工人员的权益得到了切实的维护。 （王建萍）

【飞乐音响公司外来务工人员入会取得突破性进展】 飞乐音响公司工会结合公司实际，采用多种方式落实外来务工人员入会工作，取得突破性进展。工会重点抓了四件事：员工入会、人员管理、经费收缴和待遇享受。员工入会因地制宜，采用了多种形式，亚尔公司采用外来务工人员工作一年后，可申请入会；盛昌天华采用在中介劳务公司组织入会，委托公司管理等，不拘形式，有力地推进了外来务工人员入会工作。会籍管理也呈多样性，包括统一管理、委托管理等。工会通过与企业行政沟通协商，按照规定收缴经费，保障了会员的权益。外来务工人员入会后和广大会员一样享受应有的待遇，工会还特地组织外来务工人员举行入会仪式，外来务工人员纷纷表示：公司为我谋利益，我为公司作奉献。 （仰美娣）

【纺织工会与地区联手建立区域性纺织行业工会】 两年前，市纺织工会根据产业工会组织体制严重滞后于经济发展的客观情况，开始进行关于建立与行业协会相对应的工会组织体制的理论思考，并努力将思考成果付诸实践。从2003年12月21日金山区纺织行业工会联合会成立起，到2004年12月8日松江区纺织行业工会联合会挂牌，整整一年时间里，市纺织工会分别与金山、长宁、青浦、嘉定、松江等区总工会一起，建起5个区域性纺织行业工会联合会，实现了组织上建起来的阶段目标。这一创新实践受到上级工会、地区党政领导的支持肯定以及新闻媒体的关注。上海市总工会领导、全国财贸轻纺烟草工会领导在一年中先后5次出席成立仪式并讲话。年内，根据所属地区经济发展的特点和重点设置，5家区域性纺织行业工会联合会共发展会员单位360多家，吸纳会员8万人左右，初步搭起了纺织行业工会联合会的运转平台。（王慎微）

【电力建设落实工会组建任务】 上海电建工会围绕“组织起来，切实维权”工作目标，积极落实工会组建工作。一是增强工会干部的使命感。要求从讲政治、讲大局和贯彻“三个代表”重要思想高度，把职工和劳务工最大限度吸收到工会组织中来；二是增强工会干部的责任感。公司工会由主席带队到基层开展调研，并制定下发了《关于劳务工入会工作的若干意见》的文件，下达组建目标作为对基层工会主席的考核；三是分阶段实施。第一步，系统内在职和新进职工必须全部入会。第二步，首先把与企业签定劳务合同且相对稳定的劳务工发展为工会会员，再逐步扩大劳务工入会覆盖面。基层单位工会在吸收劳务工入会时，举行了入会仪式，向入会人员赠送法律读本和书籍，勉励他们学习科学文化知识，并做到“六个一样”：一样参加政治文化学习。劳务工参加所在班组的政治文化学习，并组织他们开展文化培训；一样组织安全教育培训。学习安全知识和技能，增强自我保护意识；一样组织开展工会的劳动保护。组织劳务工参加工会劳动保护培训取证；一样开展劳动竞赛。工程建设中作出贡献者，同样参加各类先进评比；一样进行特困帮助。劳务工有特殊困难，工会主动关心和帮困；一样开展业余文化娱乐活动。丰富劳务工的业余文化生活。 （张文标）

【上海船舶工会做好外来务工人员的

市医务工会努力推进民营医院工会组建工作

（徐智华）

入会和管理工作】 上海船舶工会落实全总“组织起来、切实维权”的工作方针，从维护职工群众的合法权益和巩固发展安定团结的社会政治局面出发，最大限度地把职工和外来务工人员组织到工会中来。公司工会及时发出通知，要求基层工会克服困难，千方百计做好外来务工人员入会工作。外高桥造船有限公司工会坚持“以人为本”的精神，把员工的需求放在重要位置，在完善工会组织机构的基础上，解决好进城务工人员的入会问题。公司工会及时肯定了外高桥公司进城务工人员入会的做法，并在全系统进行推广，据统计，全年该公司共有5822名进城务工人员入会，占全部进城务工人员的31.34%。与此同时，公司工会还在外来务工人员中开展普法教育，满足务工人员对精神文化需求，提高他们的综合素质。工会还组织系统内千名务工人员参加上海市司法局、市总工会等部门举办的“进城务工人员法律知识竞赛”，其中有3名务工人员进入了复赛。 （林创廷）

嘉定区纺织行业工会联合会成立

（陆保芳）

【国际港务集团工会提前完成进城务工人员入会工作目标】 根据全总“组织起来，切实维权”的精神，港务集团工会在年初的全委会上提出，将符合入会条件的进城务工人员全部吸纳到工会组织中来的要求，至5月底，就有6431名进城务工人员加入工会组织，提前实现市总下达的全年吸纳5000名进城务工人员入会的工作目标。具体抓了三方面工作：一是组织学习宣传，统一思想认识。通过学习，集团各级工会达成了将进城务工人员“先组织起来，再完善规范”的共识，并利用各种宣传工具，广泛宣传进城务工人员入会的必要性和重要性。集团工会还制定下发了《关于做好进城务工人员加入工会组织工作的实施意见》的文件，并召开“港务集团进城务工人员入会工作研讨会”等，帮助工会干部统一思想认识，明确工作目标。二是结合企业实际，分步组织实施。针对进城务工人员来源分散、流动性大的特点，采取了不同形式的组织管理措施，集团工会还专门进行问卷调查，及时掌握工作进程，发现和解决存在问题，加快入会工作步伐。三是工作措施到位，逐步健全规范。各基层工会为进城务工人员办理会员登记、建立会籍档案，发放会员证，千方百计为他们入会提供各种便利服务。集团工会还根据《工会法》及上级工会有关精神，制定了《上海国际港务集团进城务工人员入会工作暂行规定》。各基层工会也在工作实践中，积极探索入会后进城务工人员合法权益的维护工作，建立健全相应的工作制度，使进城务工人员切实感受到工会温暖。（张晨琦）

【移动通信工会以“名誉会员”的形式发展会员】 上海移动通信公司拥有各类派遣制员工、人事代理制员工及外包工1054人，占公司员工总数28%。主要从事客户服务，营业营销，网络运营、维护、优化等主体工种。由于这部分员工是与人才中介机构签订劳动合同，因此工会的组织关系一直无法落实。工会首先以客户服务中心为采样点开展专题调研，通过问卷和座谈，汇总分析员工的现状。并根据“组织起来，切实维权”的精神，在劳务市场尚不具备组建工会的条件下，提出了以“名誉会员”的形式吸纳派遣制和人事代理制员工入会的方案。同时，开始着手制订“名誉会员”章程。章程分为总则、会员、会员权利、会员义务、会员管理、经费管理和附则七部分。在具体实施过程中，各基层工会认真落实受理会员入会的申请，进行了人员统计与上报工作，经公司工会核实审批、登记、编册，共有679名员工加入了“名誉会员”，并为他们举行了颁证仪式。 （徐莉萍）

【上海电信工会规范劳务工会籍管理】 上海电信现有各类劳务工约5700名。为切实抓好劳务工的入会工作，电信工会制定下发《关于劳务工加入工会的若干意见》，《意见》(1)扩大入会对象。凡通过人才交流市场、劳务中介机构进入电信企业的劳务工和派遣制员工以及与电信劳务公司签订劳动合同的劳务工、与电信基层单位直接签订劳动合同（劳务协议）的劳务工，均属发展入会的对象。由上海安迪公司工会，具体负责劳务工的入会工作。(2)规范会籍及日常管理。劳务工原已加入工会组织成为工会会员的，可通过原单位开具会员证明、本人出示会员证、或本人签字确认会员身份的办法，接转会员组织关系；劳务中介机构发展的劳务工工会会员，会籍关系由劳务中介机构直接管理；在劳务输出期间，委托用工单位工会直接管理；劳务输出到期，会籍关系转回劳务中介机构进行管理；与用工单位直接签订劳务协议的劳务工会员，由用工单位负责直接管理。(3)推进工会会费、经费缴纳。会员会费一般由劳务中介机构或所在单位代为扣缴，劳务中介机构将代为扣缴的会费全额划转用工单位工会。经费收缴因劳务输出人员的工资不计入企业工资总额，按照劳务人员人工成本的一定比例提取。劳务中介机构在劳务输出时，除与用工单位协商可留存部分经费外，其余的经费划归用工单位工会；直接与用人单位签订劳务协议的劳务工会员经费，由用工单位行政提取后拨缴同级工会。(4)明确劳务工入会享有的权利和义务。劳务工入会后享有《工会法》和《中国工会章程》规定的相应权利。执行工会决议，参加工会活动，按月交纳会费；用工单位召开会员(代表)大会和职工(代表)大会时，劳务工可以选代表参加；在评选先进、劳模等方面，劳务工将与合同制员工一视同仁；享受工会举办的文化、教育、体育等优惠待遇；用工单位工会为会员提供的物质、生活待遇，劳务工同样享受。截至2004年12月，共有3000名劳务工加入了工会组织。 (朱东亚)

【三航浦东分公司工会组建三航局首家劳务工工会】 2004年，三航浦东分公司工会组建了三航局首家劳务工工会。在历时3个月的筹备过程中，该工会一是多次牵头组织召开了各劳务队管理员会议，酝酿成立了由7人组成的筹备小组；二是负责起草了《关于组建劳务工工会组织的宣传提纲》并发至每一个劳务工手中。三是在宣传动员的基础上，按照自愿参加的原则，212名劳务工有208人填写了入会申请表；四是在劳务工入会的基础上，筹备小组提出了召开首届工代会的申请，成立了由5人组成的大会筹备组，明确各自的职责和任务；五是在6月18日隆重召开了首届劳务工工会代表大会，会议审议通过了推荐产生的来自湖北、安徽、江苏、重庆等省市的52名正式代表的资格，审议通过了首届劳务工工会代表大会选举办法，通过差额选举，产生了由11人组成的首届劳务工工会委员会，表决通过了大会决议。 (唐钧达)

【建工工会加大进城务工人员建会和维权工作力度】 集团工会注重夯实基础、突出重点，在建立制度、扩大覆盖、提高维权水平等方面取得新的进展，集团范围内41534名进城务工人员已被199个项目工会联合会等覆盖。(1)统一思想，克服畏难，提高进城务工人员建会的认识。针对方方面面主要存在的“三怕”(即分包者怕增加经济支出，总包单位怕关系不好处理，务工人员怕权益难以维护)，多次召开各类会议，宣传把进城务工人员组织到工会中来的现实意义和深远意义。(2)开展调研，摸清情况，夯实进城务工人员建会的基础。组织了进城务工人员情况专题调研，力求做到“三清”(即分包队伍和劳务公司的分布状况清，进城务工人员的总数和基本构成清，进城务工人员的工会组建情况清)。在此基础上，下发了《关于进一步做好进城务工人员组建工会工作的意见》。(3)积极探索，不断实践，拓宽进城务工人员建会的途径。针对进城务工人员面广量大、来源和组织结构复杂多变的客观状况，本着“先组织起来，后逐步规范”的目标原则，采取直接吸纳、团体入会、组织挂靠和成立项目联合工会4种方式将进城务工人员组织起来。(4)建立制度，突出重点，维护进城务工人员的基本权益。重点是保证他们的工资不拖欠，确保他们的安全生产和劳动保护，并为他们创造一个文明、整洁的生活环境。同时，各单位还引导务工人员参与企业民主管理和文化建设的相关活动，参加技术学习、文化培训和文娱活动。 (朱志喜)

【市公路处工会积极吸纳劳务聘用人员入会】 市公路处工会分研讨、调查、行文、摸底和登记五步吸纳劳务聘用人员入会。一是召开处直属基层工会干部和各区(县)公路署工会主席参加的联席会议，结合公路行业实际，就聘用人员入会工作进行了交流、研讨；二是对高速公路运营、养护管理单位工会组织状况和该处劳务聘用人员工会关系情况，以制表统计、走访座谈、电话联系等方式进行了调查、摸底，并将调查报告及实施方案初步设想及时报局工会；三是拟写了含有聘用人员的工会组织关系、“流动会员”享有的权利及应履行的义务等内容的实施方案，并经工会干部和党政领导数次讨论后定稿；四是向每位劳务聘用人员发给“基本情况及入会意向调查表”；五是10月份完成了劳务聘用人员入会登记工作，使全处116名符合条件的聘用人员，已成为处的“流动会员”。 (陶阿全)

【医务工会实质性启动民营医院工会组建工作】 7月20日，召开“推进民营医院工会组建和公立医院非在编职工入会专题会议”，根据区县卫生系统的实际，把民营医院工会组建作为重要工作来抓。一是成立专项办公室，健全民营医院工会组建工作的组织机构；制定内部操作制度，解决民营医院工会组建中的难点、焦点问题，制定下发《关于加快推进民营医院工会组建和公立医院非在编职工入会工作的意见》和《关于印发民营医院工会组建工作程序的通知》两个规范性文件；深入各区县调查研究，帮助区县医务工会

松江区成立首家建筑行业协会工会联合会

(莫永涛)

对民营医疗机构建档立卡。二是及时发现和总结推广各区县医务工会好的组建经验和基本做法,总结徐汇区《在探索实践中做好民营医院工会工作》、浦东新区医务工会《在民办医疗机构中组建工会的基本做法》、黄浦区总工会组织部《依托行业优势加快本区卫生系统各类务工人员入会步伐》的经验,形成了《上海市医务工会推进发展非在编职工(外来务工人员)入会和民营医院工会组建工作的回顾与打算》的报告,提出了利用和整合现有资源,充分发挥行业工会联动的重要作用,与区县总工会联手探索,形成"条块结合、行业联动"的工会组建新模式,争取在民营医院工会组建上实现新突破。三是及时研究解决在调查中发现的一些医院归口问题;起草《民营医院工会组建工作宣传提纲》,统一宣传口径;进一步调查摸底,充实和完善各类民营医疗机构档案资料等,使民营医院工会组建取得了突破性进展,据统计:截至2004年11月底,全年新增加工会组织72个,覆盖会员3991人;加上历年建立的工会共97个,覆盖会员5924人,覆盖面为64.75%,其中今年覆盖面占56.78%。12月16日,市医务工会在青松城召开"上海市民营医院工会组建工作交流会"。各区县总工会分管主席和组织部长,各区县卫生局党委分管领导和卫协、卫监所领导,各区县医务工会主席和专职副主席,部分民营医院经营、管理者和工会主席近160人参加会议。

(周崇礼　王月英)

【市医务工会推进进城务工者入会取得成效】 7月20日,市医务工会在华东医院召开"推进民营医院工会组建和公立医院非在编职工入会专题会议"。瑞金医院从工会、行政管理部门、外来务工人员三个层面分别作了题为《吸收外来务工人员入会是时代对工会的要求》、《外来务工临时部门工会是医院后勤管理的桥梁》、《工会是劳务工的新家》的大会交流。医务工会结合卫生系统实际,进行理论和实践探索,提出相应的措施,解决了工会在发展非在编职工入会中所遇到的实际困难,通过进城务工者工会组建形式的研究。总结归纳出工会组建的形式可以有融入、直管、托管、协管、代管等5种形式。实施了在职时为单位的团体会员,离开时发给会员证的会籍管理新模式。明确了进城务工者的会员经费,可以用基层工会拿一点,与行政协商支持一点,进城务工者交纳一点的办法解决。医务工会还制定下发《关于加快推进民营医院工会组建和公立医院非在编职工入会工作的意见》,切实指导基层工会真正做到依法组建,全面覆盖,敢于创新,不拘一格。使进城务工者入会动态率达到95%。

(王月英)

【农工商集团组建工作实现新突破】 根据全总"组织起来,切实维权"的工作方针和市总关于组建工作的要求,2004年农工商集团工会依据企业实际,把发展外来务工人员入会作为一项攻坚工程来抓,将"三明确"、"一考核"作为工作责任制。即:明确年内整个集团发展外来务工人员入会的目标;明确各级工会主席为第一责任人;明确各单位吸纳发展的任务;对入会率实行目标考核。从而形成了"党委重视、行政支持、工会运作、各方配合"的内外联动机制。其间,集团工会深入基层企业调查研究,逐个了解情况,听取意见,摸清家底,分类指导,并抓住农工商超市集团、光明乳业股份有限公司和农工商出租汽车有限公司等有影响的龙头企业,确保重点突破。各子公司工会一方面积极探索,努力化解入会和组建工作中的具体矛盾,有效推进入会工作的开展;另一方面维护外来务工人员的合法权益,不仅帮助他们入了会,还敦促企业与他们建立了劳动关系、集体合同和平等协商机制,使外来务工人员也能享有同工同酬、从事技术工种的待遇。截至8月底集团系统就超额完成了市总工会下达的全年入会目标,新增会员27621人,其中外来务工人员22787人。

(桑树德)

【市信息化工作系统工会探索非公企业工会组建新途径】 系统工会领导班子从信息产业在2004年跃居为全市第一大支柱产业,全行业从业人员历史性地达到43万人的实际情况出发,研究决定把建会工作重点转到市信息化协会系统所属的非公企业领域,最大限度地扩大工会组织的覆盖面。系统工会主动与市信息化行业协会工作党委联系,共同研究制定了《关于上海信息化协会系统各级工会组建工作的方案》,根据此方案将建立以市信息化协会系统工会为龙头,各协会工会为主体,协会所属的非公企业工会或工会联合会为基础的非公企业工会组建工作新格局。市信息化协会系统工会筹建小组已经系统工会批准成立,在筹建小组的辛勤工作和不懈努力下,市信息化服务业协会等11家协会均已建立工会,并将在此基础上选择若干家具备一定社会知名度和影响力的非公企业开展建会试点工作。

(饶晨华)

【市教育工会召开民办高校工会工作交流会】 市民办高校工会组建工作近年来有了新的进展。截至2004年底,全市15所全日制民办普通高校中,已有杉达学院、东海职业技术学院等9所民办高校建立工会组织,为进一步贯彻《中华人民共和国民办教育促进法》以及中华全国总工会、教育部《关于在社会力量举办的学校建立工会组织的意见》等文件精神,加强和规范民办学校工会工作,市教育工会具体指导民办高校工会抓好校务公开、教代会制度建设,并以教工休养、医保等工作为载体,把工会工作的影响力、凝聚力逐步渗透到每个教职工。加强了对民办高校工会工作的指导,市教育工会于年初召开民办高校工会工作交流会。会上各校工会交流了2003年工作以及2004年工作规划。促进了各校工作的开展。新闻出版工会召开了推进组建工作现场交流会。16名进城务工人员领到了工会会员证书和《上海进城务工人员法律知识读本》。

(顾伯超)

【市总培训中心组建劳务公司工会】 4月20日,市总工会培训中心在上海工会人力资源有限公司和富华人力资源公司两家劳务公司组织劳务工成立工会,2000多名外来务工人员和本市劳务工成为了工会会员。劳务公司工会成为维护外来务工人员权益的主要载体，进一步加大与用工单位协商力度，在执行工资标准、法定工作时间、参加社会保险和工会意外保险、免费提供法律援助方面，积极维护劳务人员的基本权益。 （陈　晖）

短信息：

○宝山区公安分局非正规劳动就业组织联合工会成立。联合工会共发展工会会员1759人，其中交通协管员36人，保安人员1396人，登记入会的职工占分局非正规劳动就业人员总数的100%。 （窦恺芳）

市总工会主席陈豪到虹口区工人文体中心调研

（李　琪）

工作机制

【浦东新区国家级开发区域全面建立工会工作委员会（工会联合会）和职工（会员）服务中心】 8月13日，酝酿多年的陆家嘴金融贸易区工会工作委员会正式宣告成立，同时挂牌成立的还有陆家嘴金融贸易区中心区职工（会员）服务中心。至此，包括外高桥保税区、金桥出口加工区、张江高科技园区在内的浦东新区四大国家级开发区域全部建立起了工会工作委员会（工会联合会）和职工（会员）服务中心。四大开发区域的工会工作委员会（工会联合会）将服务、代表和维护职工利益作为首要任务，并按照工会工作现代化、网络化、信息化、国际化的要求，致力于营造开发区良好的投资环境，营造企业良好的劳动关系，在联系企业，沟通信息，协调关系中起到积极作用。职工（工会会员）服务中心秉承“工作和生活上最热情的帮手，保障和权益上最可靠的朋友”的工作宗旨，具体承担为区域内的职工、工会会员和企业提供法律服务、文化服务、健康服务、组建服务这四项职能。

（蔡雪康）

【长宁区新华街道工会开展“想起来，动起来，活起来”主题活动】 长宁区新华街道工会在抓年度工作落实中，积极开展“想起来，动起来，活起来”的主题活动，使社区新建企业职工、进城务工人员通过活动进一步熟悉社区、融入社区、热爱社区，达到教育职工、团结职工、凝聚职工、服务职工的目的。（1）建立信息网页，加强信息沟通与报道。进一步融入“数字长宁”，加快办公自动化建设步伐。年初，新华街道投资建立了信息化网络平台，开通了宣传社区工会工作的信息网页，充分利用现代化信息手段宣传介绍社区工会工作。宣传网页设立了“政务公开”、“政策解答”、“经验介绍”、“信息专递”、“好人好事”等专题，并紧紧抓住2004年上海读书节“新华杯”市民综合测试的有利时机及时做好宣传报道，完成了读书节期间的信息报道任务。信息网页的建立与开通，缩短了社区工会与新建企业的距离，让社区工会更加及时准确地把各类信息传播到企业，受到了企业的欢迎。（2）“上下”结合、相互配合、力量整合。在组织开展新建企业活动中，采取上下结合、相互配合、力量整合的方式，进一步调动新建企业职工和进城务工人员参与社区活动的积极性。一是“上下”结合。居民区工会以“抓活动，促友谊，话发展”为切入点，加强与新建企业和进城务工人员的密切联系，把“新华杯”市民综合测试作为载体，制作了反映社区读书活动内容的电视宣传片和宣传版面，并挂在信息平台上；把“东方网滚动测试”方法提供给新建企业职工和居民读书小组，通过不同形式组织不同层面市民和职工参加综合测试活动，为100名职工赠送了“东方网”上网卡，加强了新建企业和职工之间的联系。二是相互配合。街道党建办、工、青、妇坚持工作中的相互配合，不分彼此，共同策划安排好每一项活动。社区“东方网”开通后，为吸引更多的社区职工参加上网活动，社区工会与相关部门联手，主动与进城务工人员工会联系，组织进城务工人员参加“网上行”。三是力量整合。社区工会积极参加街道党建工作联席会议，为组织开展新建企业活动献计献策。与党建办、计生办、统战、青、妇等部门合作，形成合力。 （田志华）

【长宁区天山街道工会探索社区工会工作四种模式】 长宁区天山街道工会注重分层、分类的指导管理方法，使社区内规模不等、层次不一的企业工会管理运作适合社区工会工作的管理模式，避免各类企业工会工作运作的不转或空转。（1）在居民区：街道工会通过倡导“架起工会桥梁，共创文明家园”活动，充分利用18个居民区和居民区中的新建企业等单位资源优势，采用签订共建文明协议，用平等、契约、共创的新形式，开展文明共建互惠互利的双向服务活动。（2）在属地企业：以联谊会的形式开展社区工会工作的管理，通过不间断的交流，形成资源共享，联合社区和企业工会的力量，维护属地企业职工权益，推动属地企业发展，使属地企业归入社区后工会工作融入社区工会工作。(3)在商务大楼：实施党群一体化工作，建立“党工团服务点”。由于商务楼宇的物业公司及入住单位的情况不同，街道党工团组织以党群组建互借力、党群制度求共施、党群品牌存同异、党群建设共发展为宗旨，因地制宜、因企制宜地开展组建工作。通过相互依托，建立了五项工作制度：即基本情况建档制度；联合走访接待制度；联席会议制度；典型共育制度；联合考核制度等。注重发挥党工团组织各自优势，做到“有分有合，求同存异”，构筑出自己的工作品牌。(4)在单独基层工会：以创建“合格职工之家”来推动工会工作运作。凡企业或单位会员人数为25人以上、组织网络健全的单独基层工会形成各自特色，如春秋国际旅行社形成完善、规范化的职工代表大会制度；成都证券上海营业部在抓经济效益的同时，参与所在小区的各项精神文明建设；华燕置业策划有限公司以创文明班组为抓手，强化班组建设，用企业标兵的名字命名先进班组等，街道工会都用种种方法及时地予以总结、宣传、推广。（陈金秀）

杨浦区总工会积极推进工会工作网格化管理

（王　洪）

【普陀区建立经济园区专委会制度】 新曹杨高新技术开发园区根据园区内非公企业多、企业规模小、行业分布广的特点，建立了6个工会会员代表专委会，探索形成园区工会工作新机制。专委会是园区工会的分支机构，由工会代表、职工代表和经营者代表组成，人数11～13人不等。(1)民主管理委员会在各企业设立了民主联系信箱，每月定期召开议事会，畅通长效性民主管理渠道。(2)劳动关系协调委员会以三方协商机制、集体合同制度等为载体，着重源头维护，同时负责个案劳资纠纷的调处。(3)安全生产与劳动保护监督委员会做到每月一次安全例会，每月一次定期现场检查、每季度一次教育或培训。(4)职工素质工程建设委员会建立“一校三室”，即进城务工人员培训学校、谈心室、活动室、图书室，使园区进城务工人员变了“面孔”。(5)女职工委员会抓女职工自我保健、“四期”保护和“四自”教育等，受到了女职工的广泛欢迎。(6)代表提案审查委员会坚持每月例会制度及提案落实、处理、检查制度，坚持每月寻访，使提案的产生和处理全过程都有“谱”。专委会共征集职工口头的、书面的建议和意见74条，接待职工100多人次，源头维护园区近2000名职工合法权益。专委会整合力量，避免私企工会空转，成为广大园区职工看得见、摸得着、信得过的工作机构，有效扩大工会工作在企业的渗透力、覆盖面，为广大进城务工人员营造了浓浓的第二故乡情。（金　今）

【杨浦区提出并实施社区工会网格化管理】 杨浦区总工会提出社区工会网格化管理理念，并在工会组织管理网格化、干部队伍职业化、工作评价体系民主化等方面进行有益探索，较好地解决了工会组建难和自转难的问题。3月份区总工会选择大桥和五角场两个社区工会作为试点，建立了9个网格工作站，通过新闻媒体向社会公开招聘和录用网格指导员，并对其进行专业知识和综合素质的强化培训。三个月试点期内，两个社区在工会组建、新建企业职工及进城务工者入会、经费收缴等项工作上均取得突破，有力地推进了基层工会的自转，还创造了“一张表”入会等新的经验。6月份区总工会召开了市区有关领导和专家参加的推进研讨会，进一步优化社区工会网格化管理方案，推出了包括网格指导员、法律援助员、职保理赔员等在内的社区工会职业工作者队伍建设配套文件，并将此项工作的运作扩大到殷行、定海、长白等社区工会和五角场镇工会，有重点、有步骤地在全区中推开。至此，“社会化招聘、契约化管理、专业化培训、职业化运作”的社区工会网格化管理模式基本形成。（王　洪　张念宏）

【黄浦区总工会狠抓非公企业工会组建出成效】 黄浦区总工会狠抓非公企业工会“建起来、转起来、活起来”，2月份，经过调查研究、总结推广不同类型工会的成功经验，最终找准了企业发展、职工需求和工会工作的结合点，即花大力气培育和树立社区50家工会工作的典型，带动全面，形成非公企业工会“建起来、转起来、活起来”的格局。经过8个月的培育，10月，结合特色职工之家申报工作，在所有社区范围中开展社区五个“十佳”基层工会评选活动。上海永利工业制带有限公司等15个私营、民营企业工会，上海达益物业发展有限公司等9个转制企业工会，丰海技术咨询服务（上海）有限公司等6个外资企业工会，上海科技京城工会联合会等4个楼宇工会和四新小区等9个小区联合工会，获得社区工会工作五“十佳”称号。评选出的典型显示了五大特点：(1)私营（民营）企业、转制企业工会力量较强，典型多；(2)工会工作与社区三个文明创建紧密结合，促进小区联合工会工作的重大突破；(3)楼宇工会已产生科技京城工会联合会、谷泰滨江大厦工会联合会等成功运作的范例;(4)新面孔为社区工会工作注入了新鲜血液,并占到四成;(5)典型单位的工会工作均是紧紧围绕"组织起来,切实维权"中心,结合各企业实际,纵深拓展民主管理制度建设、推进素质工程、建立健全互助帮困机制,将"建起来、转起来、活起来"的工作方针落到了实处。

(贺歆莞)

【黄浦区新世界城一楼商场厂方工会为劳企利益全面双赢】 新世界城一楼商场厂方工会在该商场党政领导、支持下,按照"先组建后规范,不断完善"的思路,逐渐探索出一套厂方工会运转模式。做法:(1)坚持学习培训。厂方工会每2周组织职工学习时事形势,政策法规,并以黑板报,晨会等多种载体鼓励职工学习《工会法》。同时组织厂方职工参加"立足岗位学一技"英语、哑语、普通话等业务培训,开展诚信、规范服务的交流。年底一批厂方职工被授予商场"立足岗位学一技"岗位能手、"公司诚信服务个人标兵"、优秀厂方职工等称号。(2)培养民主管理意识,参与商场文明建设。2名厂方工会委员列席商场职代会,使商场营销决策传达给厂方职工,逐渐培养参政议政意识。厂方工会会员还参加商场物价队与质量监督队的定期检查,多方位管理商场工作。该工会组织开展职工与商场党政的对话,测评商场环境布置、收银员工作状态、厂方工会工作。商场党政工则通过测评了解厂方职工的呼声与对厂方工会的认可程度。(3)真诚关心困难厂方职工。一名职工在工作中不慎受伤,工会立即派员陪同就医,奔前忙后为其转院、检查、护送、慰问。在厂方工会关心下,该职工不仅原有工作岗位不变,还获得了厂家工资与营养费、补偿费等补贴。由此厂方职工反响巨大,一致认为"新世界商城是真正关心、爱护、凝聚他们的家"。春节,工会组织厂方职工新春团拜会,与会者感受到工会给予的更多温暖。 (吕诚陆)

【卢湾区打浦街道让新建企业工会转起来,活起来】 打浦街道工会在新建工会建会取得阶段性成绩后,以丰富多彩的活动,使新建企业工会转起来。(1)业务培训提高工会干部素质。工会组建后,街道工会第一项工作就是组织小区工会和新建企业工会主席参加上岗培训。为扩大他们的眼界,街道工会先后组织到其他区县工会学习考察新建企业工会工作。(2)月月有活动凝聚人心。根据新建企业分布散,职工联系少的特点,街道工会从年初开始,策划、组织月度文体活动,辖区内小区联合工会、餐饮业工会联合会、都市型工业楼宇工会、商业商务楼宇工会联合会共同参加。活动由新建企业工会轮流承办,各企业工会都把承办一次月度活动当作是展示企业形象的大好机会,这项活动极大地增强了新建企业工会在职工中的影响力。(3)技术比武调动两个方面的积极性。打浦街道新建企业中餐饮业比较集中,街道工会因地制宜,将定期组织开展餐饮业职工技术比武作为新建企业工会运作的一个重要内容。各餐饮企业老总都大力支持,并且亲临比赛现场指导,和员工一道为企业取得的好名次欢呼。(4)形势报告会丰富职工知识。街道工会请市委党校的教授来给新建企业职工做报告,3月份,台湾"大选"闹剧刚刚结束,街道工会又请来了市战略研究会的专家来主讲台湾问题,让新建企业职工第一次系统地听取了关于台湾问题的讲座。

(任贤胜)

【宝山区顾村镇工会在工业园区内建立工会工作站】 宝山区顾村镇工业园区工会工作站为顾村镇工会的派出机构,受镇工会领导,代表镇工会在工业园区中履行工会工作的各项职能,其服务对象为工业园区内各企业工会、联合工会、工会会员、职工群众。工作站的职能是:(1)加强对园区内职工的宣传、教育。(2)依法吸收职工加入工会,办理职工加入工会的手续;在符合条件的企业中依法组建工会。(3)承接工会会员的会籍登记、转接、管理工作。(4)对园区内已完成工会组建的企业工会开展工作指导、日常管理及提供相关服务,帮助企业工会依法独立开展工作。(5)以创建"职工之家"为目标,努力把工作站办成职工群众、工会会员知心、贴心的大家庭。(6)做好职工日常来访接待工作,指导职工与企业签订劳动合同,指导企业与工会组织签订集体合同,开展工资协商谈判等工作。(7)开展安全生产和劳动安全卫生工作,健全工会劳动保护组织网络体系。(8)依法参加园区劳动争议调解委员会、三方协商机制及职工伤亡事故调查、处理等工作。(9)组织开展适合企业特点和职工需求的各类社会公益活动和文体活动。

(窦恺芳)

【宝山区总工会首次与基层工会签订重点工作目标考核责任书】 宝山区总工会就"四项"重点工作即工会组建、职工素质工程、维权机制、完善保

徐汇区总工会公开招聘工会干部

(虞　蔚)

障工作等与基层工会签订了目标考核责任书。根据各单位的不同特点，四项重点工作各有所侧重，进行了分门别类的分解，并量化成分值。乡镇、街道重点考核工会组建、维权机制完善、保障工作；委办局重点考核职工素质工程、维权机制完善、保障工作。通过一年的运作，各系统按照验收标准及分值进行自评，区总工会各职能部门评分，最后由区总主席室统一评定，共评选出工会组建工作先进单位10家，优秀单位12家，重点工作考核先进单位9家，优秀单位11家，达标单位11家。考核结果报送各单位同级党组织，工会主席的考核结果还要报送区委组织部。（窦恺芳）

【闵行区七宝镇九星综合市场工会探索市场工会的新路子】 闵行区七宝镇九星综合市场，是上海市规模最大的综合型贸易市场，成立工会后，积极探索“三个贴近”开展工会工作：(1)贴近特大型综合贸易市场的特点，组建市场工会，把外来务工人员组织到工会中来。九星市场建筑面积360多万平方米，入驻的各地客商3912家。针对九星市场规模大、商铺小、进城务工人员多、客商流动频繁的特点，以专业市场区域为单位，划分18个工会小组，把发展外来务工人员加入工会作为重点工作，2004年共发展会员1800多人。(2)贴近外来务工人员的特点和工会会员的迫切需要开展工会活动。九星市场员工大多数是外地人，文化程度低，人员分散，工作比较辛苦。据此，九星市场工会专门印发了“九星市场工会会员联系卡”，上面印有工会办公室地址、联系电话和工会的承诺：“亲爱的会员，您如有困难，我们将热情为您服务”。编印了《九星工会工作简报》，每期印3000份，分发到市场的每个经营户手中。(3)贴近市场经营管理和企业发展的需要，寻求双赢。市场的生命在于商品质量和服务诚信，为此，工会发出“诚信、规范”倡议书，组织开展“九星市场信得过经营户和诚信服务优秀管理人员”的评选活动，邀请技术质量检测中心为业主和员工培训商品质量检测知识，取得很好的效果。（叶民强）

【闵行莘庄工业区聘用志愿者担任工会联络员】 莘庄工业区是1995年由上海市政府批准的一个市级工业开发区，是闵行区外资企业相对集中的高科技工业园区。随着企业的增多，工会组织的管理范围也在不断扩大，为了加强对基层工会的指导服务，莘庄工业区工会聘请了3位有政治工作经验的志愿者，担任工会联络员，收到了良好的效果：一是加强了对基层工会的指导和管理，二是畅通了上下联系的渠道，三是全面推进了工会工作。（乔世苏）

【金山区纺织行业工会开局初见成效】 金山区纺织行业工会联合会，就基层工会的有效运转，进行了积极探索和认真实践，取得了初步效果。一是广泛开展以企业利润最大化为主题的竞赛活动，促进了企业的进一步发展。据统计，2004年该会纺织服装业完成销售总额335648.38万元，与上年同期相比增长22.91%；缴税总额7021.25万元，与上年同期相比增长8.14%。二是站在持续稳定发展高度，全面提升职工技能素质。市纺织工会、金山区总工会、金山和长宁区纺织行业工会先后两次联合举办了服装操作工技能交流活动，得到了职工、企业和社会的认可。积极推进“1110素质工程”，组织职工参加上岗培训7044人；初级工培训5130人，取得证书3668人；中级工培训249人，取得证书232人；高级工培训1人，取得证书1人。三是建立和完善以维权为主线的三项工作制度，在该会团体会员单位中，建立以职代会制度为基本形式的多种民主管理制度78家，建制率96.3%。有效建立集体合同制度51家，建制率63%。签订工资协议书31家，签订率为38.3%。四是加强新建企业工会组织建设，发展工会会员5545人，累计会员总数为23276人，入会率达到92.94%。（李援朝）

【南汇区总工会编制基层工会工作手册】 南汇区总工会为切实加强基层工会组织建设，促进工会工作的规范化、制度化建设，2004年编制工会工作手册5000本，下发至全区单独基层工会和联合工会。手册包括《工会工作须知》、《基本情况》、《本届工会（经审）委员会委员》、《工会工作计划》、《职工（代表）大会记录》、《工会日常活动记载》、《工会经费（会费）收缴情况记录》、《年度工会工作总结》等内容，对基层工会开展工作、积累经验起到了积极的帮助和指导作用。

（程茵茵）

【仪电工会规范组织关系转移工作】 仪电工会从五个方面加强股权转让企业组织关系转移工作。(1)同步转移。工会组织关系转移各项工作，在股权转让文件和公司党组织关于转移隶属关系的文件下发后同步进行。(2)转移手续。填写《仪电系统基层工会组织关系转移情况单》、《仪电系统工会组织、工会干部情况表》、《仪电系统所属企业工会组织基本情况表》、《仪电系统工会组织注销法人资格代码申请、审查表》、《上海二会经费转移通知单》，经审定后确认。(3)转移经费。工会经费拨缴的时点要求：工会组织关系转移的月份，经费上缴给接受单位工会；转移的前月份，经费缴原上级工会。不得错交或有空白点。(4)经审工作。上级经审会于工会组织关系转移前，完成对股权转让单位工会的经费审查，将审计结果送达该工会，抄报仪电工会。(5)法人资格。工会组织关系转移前办理注销法人资格注销手续，组织关系转移后及时向接受单位工会申请法人资格代码。（王建萍）

【轻工工会探索产业工会工作新路子】 2004年，上海轻工实施“市区联手、抓大放小”的国资国企改革，这次改革规模广、力度大，有360多家企业分别属地到6个区，涉及职工10万人，原来意义上的上海轻工系统已不复存在。为了更好地发挥产业工会的作用，面对新的格局，轻工工会确立“转换角色、主动求变”的工作思路，积极探索产业工会工作新路子，在方法上实现“四改变”：一变领导为指导。轻工工会与行业工会由隶属关系变为工作指导关系；二变服从为服务。拓宽咨询、辅导途径，加大为基层工会服务的力度；三变管理为沟通。通过政策培训、经验交流、信息发布、现场办公、工作推介等渠道,增进与基层工会的沟通联系;四变考核为研讨。加大与行业工会联合调研的力度,切实增强工会的能力建设。同时正确处理地区工会和产业工会的关系,努力拓展和延伸工作领域,把业务指导建立在地区工会欢迎的、基层工会需要的、企业职工认同的基础上,推出新举措,强化服务功能。

(陈建国)

【纺织工会在企业改革中强调四项组织制度】 针对改革调整的新情况,纺织工会加强基层工会组织制度的建设。建立了工会组织基本信息报告制度,要求基层工会组织建立动态信息上报制度,每季刷新一次,内容包括企业基本概况、工会届满日期、职工人数、会员人数、工会主席姓名、兼职情况、通讯地址等;建立工会组织整体划转工作程序制度,要求改变隶属关系的工会要及时向纺织工会报告并备案,报告内容有:整体划转的原因、时间和党政新的隶属关系,职工人数、会员人数,工会经费收缴情况和工会资产处置报告等;完善职工入会与会籍管理制度,明确把事实劳动关系的职工列入吸纳工会会员的对象,最大限度吸纳职工入会,并对会籍管理提出规范管理的要求;进一步做好工会干部协管工作的制度,在企业调整中,坚持党组织主管,工会协管的双重管理的原则和坚持群众路线的原则,考察、选拔、调动、交流和培养工会干部。

(林裕良)

【上汽集团延锋伟世通公司编撰《工会办事指南》】 《工会办事指南》是延锋伟世通公司工会为工会会员乃至全体员工编撰的工作、学习和生活提供帮助的第一本小册子,它是工会实行人本管理,更好地服务员工、打造维护员工权益工作平台的一次探索。延锋伟世通公司合资10年取得了迅猛的发展,公司规模日益壮大,工会的组织机构也日渐复杂,现在延锋伟世通公司工会有基层工会36个,其中直属子公司工会及其下属分工会19个、运营个体工会及下属分工会9个,部门工会7个,筹建中的工会1个,职工总数4618人,工会会员3912人。庞大的组织网络致使工会在向员工进行信息传递、组织团队活动、拓展服务覆盖范围等工作面临着越来越多的挑战和新的课题。为了让员工了解自己的生存权、发展权和参与权以及实现这些权利的途径和方法,把为员工造福而设的各项政策切实传递到每位员工,该公司工会工作人员几经努力,于2004年7月,编撰出版了第一本介绍工会会员权利、工会福利政策以及办事流程的小册子《工会办事指南》,在手册内容设计上,体现了员工的生存权、发展权、参与权和知情权四项基本权益的内容。

(陶 燕)

【市房地资源局工会认真探索行业工会工作新路子】 根据市总工会关于“要积极探索产业、行业和区域有机衔接的工会组织网络,促进条块结合、区域和行业联动,实现资源共享、优势互补”的有关精神,局工会在广泛听取各区县局和房地集团工会意见的基础上,建立了全市各区县局工会和房地集团工会主席联席会议制度。根据行业改革发展的热点和难点问题,初步确定了行业工会共同探讨和研究的工作重点,为进一步加强行业工会之间的联系、交流新时期行业工会工作的经验、共同发挥工会组织的作用奠定了思想和组织基础。

(饶 斌)

职工之家

【市总工会开展建家二十周年系列活动】 2004年,为纪念创建职工之家活动开展20周年,市总工会以《建家二十年》画册照片征集和“创建职工之家征文”为主要内容,开展了建家活动20周年系列活动,有170余家基层工会参与了系列活动,共征集论文320余篇,照片500余帧。《建家二十年》画册,由陈豪主席作序,吴申耀副主席题字。画册收入照片118幅,分为维权篇、温暖篇、奉献篇、文娱篇,比较直观地反映了上海建家活动20年的轨迹。在全部320余篇论文中,共评出一等奖3篇,二等奖7篇,三等奖15篇,入围征文53篇,编辑出版了《创建“职工之家”征文选》。征文选荟萃了基层工会开展建家活动的新鲜经验和做法,对进一步深入开展建家活动具有很好的指导作用。市总工会于9月2日在瑞金医院举行了《建家二十年》画册首发式,并对获奖论文进行了表彰。

(杨伟良)

【南汇区总工会大力开展创建合格职工之家活动】 2004年,南汇区总工会根据市总工会的部署,认真开展创建“合格职工之家”的活动。制定下发《南汇区基层工会合格职工之家考核细则》,并要求各镇、委、局、直属公司工会系统合格职工之家的创建率不低于70%,同时积极推荐合格职工之家,经评选,2004年全区100家单位被评为合格职工之家。

(程茵茵)

【闵行区总工会建立职工之家创建评估体系】 8月,区总工会制定了《闵行区职工之家创建工作实施意见》,对先进职工之家创建评选采取对象细化、标准细化、有所侧重的原则,从便于操作,体现灵活性的角度,分为组织健全、制度完善、维权到位、运作规范、开拓创新和作用明显、职工信赖等方面进行评估,改变了以往基层工会对职工之家创建标准不清晰、不同单位依照同一标准的现象,对进一步深化建家活动有较强的指导意义。

(陈红铭)

【南汇区建管委工会召开创建“职工之家”现场会】 南汇区建管委工会于8月12日在上海永昌公司召开创建“职工之家”现场会。与会人员听取介绍并观摩了永昌公司创建“职工之家”现场,同时邀请周浦净化厂代表介绍了创建经验。大家通过听、看、问得以启发,为各单位建家起到了积极的指导和推进作用。会上,还专门下发了建管委《关于开展建设“职工之家”活动的具体要求》。

(纪 敏)

【崇明开展工会“三级联创”达标竞赛】 2004年,崇明县总工会在全县各级工会中部署开展了“三级联创”达标竞赛活动。提出的总体目标是:使全县50%左右的委局、乡镇、直属工会创县级优秀工会;10%左右的基层工会创县级先进职工之家;5%左右的班组、岗位创市、县文明班组、红旗文明岗。为使这项竞赛顺利开展,县总工会常委会在年内进行了两次分析、总结;坚持每季度召开一次委局乡镇工会负责人工作例会,每半年一次直属工会负责人例会,交流分析基层工会的争创情况,沟通争创信息,互通情况,形成合力,共同推进全县各级工会组织的争创工作。各级工会组织普遍建立了工作责任制,细化目标任务考核细则,形成健全、长效的争创工作责任网络。年终对基层工会"三级联创"工作实施情况进行全面督查考核,并将考评结果通报县委分管领导及委局、乡镇党委。"三级联创"达标竞赛活动促进了工会自身建设,增强了基层工会活力,涌现出了一批先进集体和个人。经年度工作目标考核及层层推荐评比,共评出5个县级标兵工会、19个优秀工会;40个基层工会被评为县级先进职工之家;30个班组被评为县文明班组;18个岗位被评为县红旗文明岗。 (陈进修)

【上海市电力公司工会开展建设职工之家系列活动】 为纪念全总提出开展创建职工之家活动20周年。上海市电力公司工会组织开展了"走过二十年"建家系列活动,陆续推出《我爱我家》纪念画册、建家活动格言征集、建家成果论文发布、建家工作交流座谈等系列活动。彩色画册《我爱我家》展现了上海电力21个模范职工之家(模范职工小家)与企业共创辉煌的风姿。与此同时,公司工会制定了《关于深入开展建设职工之家活动的若干意见》,从进一步提高对工会开展建家活动重要性认识,深入开展建家活动的指导思想和原则,深入开展建家活动的目标、要求和重点,加强开展建家活动的组织领导等方面提出了要求。一些基层工会结合单位的实际,也制定深化建家活动的实施意见,组织好单位的建家工作,推进了工会工作整体水平的提升。 (郭有成)

【烟草工会"建家"活动重过程求实效】 一是评审方法采取"五个结合"。推行了企业党政领导评价、自我评价、部分职工代表评价、工会业务条线评价和日常考核评价相结合的"五位一体"评审运作模式。验收时,烟草工会不单纯地听汇报,还组织基层单位职工对工会工作的知晓度和满意度情况,通过随机抽样、问卷调查、无记名打勾的方式进行测评,确保了评审结果的真实性。二是验收评审着重看"四落实"。即看工会各类立项课题、工作机制、自身建设和拓展维权渠道四个方面是否落实,是否有特色创新和实际效果。三是综合评定看"四个作用"发挥程度。即通过看工会工作是否始终围绕企业改革发展稳定的大局展开;是否坚持突出了维护"企业和职工"两个发展权,是否切实把听取和解决职工的诉求作为第一要务去做;是否始终坚持特色创新发展的工作原则等情况,在行业层面上进行综合衡量,然后对照"标准",评出"一至五星"等级的"职工之家"进行表彰。经年底评审,烟草工会下属的八个基层工会,达到"三星"和"四星"级的职工之家各有四家单位。 (江洪生)

【建工工会推出建家活动实施意见】 集团工会制定下发了《关于深入开展创建职工之家活动的实施意见》,强调了深入开展"建家"活动的意义、指导思想和原则,明确了"建家"活动的目标和基本要求,并从坚持密切联系职工群众、坚持以职代会为基本形式的民主管理等8方面规定了创建标准。 (吴有德)

【市医务工会评审年度先进职工之家】 4月6日和8日,上海市医务工会分别在中医医院、瑞金医院举行2002-2003年度先进职工之家评审交流会,瑞金医院等19家单位跨入了先进职工之家的行列。这次评选按照服务大局、突出维护、服务群众、创新发展的原则,结合评选条件进行。为充分体现"公平、公开、公正"的竞争原则,全面展示医务工会系统创建职工之家的工作特色,这次评审采用4、3、3打分方式进行,即:根据各单位上报的基础分情况,由医务工会考核评审分,占40%;参加申报单位在其所在组综合打分的平均分,占30%;部分常委评委的打分平均分占30%。其中五年内获全国模范职工之家的单位另加10分,市模范职工之家的单位加5分。整个评审工作大致分为三个阶段。一是自评阶段,由各基层工会根据市医务工会职工之家考核标准的要求,进行自评。二是组织申报阶段,要求申报先进职工之家的基层工会在上报材料之前必须达到两项标准:(1)自评基本分值在90分以上;(2)由会员代表对工会进行投票测评,满意度达80%以上,工会主席信任率达90%以上。三是综合评审阶段,由市医务工会根据申报材料和评审要求进行资格审查,对符合条件的申报单位,再通过评审会的形式,决定最后的入选名单。在这次评审会上各单位都采用"多媒体"手段,结合擂台演讲,然后由评委们根据演讲内容综合打分并当场公布评审结果。4月13日至15日,市医务工会分别对新申报先进职工之家的单位进行了实地考察,听取了工会工作的汇报、党组织的评价,召开座谈会并查阅了有关资料。通过考察,血液中心、口腔医院等2家单位被评为市医务工会先进职工之家。 (王月英)

【新闻出版工会合格职工之家考评工作全面展开】 新闻出版工会以创建合格职工之家为抓手,全面提升基层工会综合工作能力。5月,新闻出版工会制定下发了《关于创建"合格职工之家"活动实施办法》,9月组成了由新闻出版工会委员、基层工会主席参加的10个检查小组,对申报合格职工之家单位进行综合检查评比,37家基层工会组织首次获得"合格职工之家"称号。 (陈宏华)

【城建集团工会深化考评职工之家】 城建集团工会在推动建设职工之家的实践活动中,为把每一轮建家活动的规划、目标和措施落实到位,加强了建家活动的动态管理,在认真指导下级工会开展建家活动的基础上,加强建家活动的考评工作,着重做好以下四个方面的工作。(1)从实际出发,细化和量化建家考评内容。考评内容的细化和量化,使下级工会在创建职工之家活动中增加可操作性内容,也使考核工作有一个具体的统一的评分标准,体现出考评的公平性。(2)从实际出发,建立定期考评制度。集团工会每两年评比一次先进职工之家,第一年度集团各级工会对其下属工会进行中途考评,并把考评结果作为第二年度考核、评比先进职工之家,先进基层职工之家的重要依据。从而使建家活动走上 PDCA 良性循环的道路。(3)从实际出发,抓好各级工会的特色工作。集团各级工会选好单位内特色工作课题并加强课题研究,集团工会年度组织评审特色工作成果,评选特色工作先进单位。(4)从实际出发,加强建家活动的过程管理和内部资料管理,促进建家活动扎实开展。由于城建集团工会深化建家活动的考评工作,从而推动了各级工会职工之家活动的开展,增强了基层工会的活力。为巩固建家活动成果,下半年集团工会及时制定了《上海城建集团开展建设职工之家活动的管理办法》,修订完善了《上海城建集团'职工之家'(合格、先进)评选考核内容及评分标准》,并纳入《上海城建集团管理制度汇编》中。根据新的管理办法和考核标准,年底对各子公司新一轮建家活动进行中途考评。 (徐新康)

志 愿 者

【黄浦区第一支自强不息大学生帮困助学志愿者服务队成立】 8 月 27 日,黄浦区总工会与区机关工会联合会在"爱心传递"黄浦区工会帮困助学大会上,为将助学帮困的爱心传递下去,让更多的贫困学生获得帮助,组织成立了第一支由原受助学生组成的"自强不息大学生帮困助学志愿者服务队"。他们将以智力帮困的形式,与该区首批 20 名贫困学生长期结对助学帮困。 (吕诚陆 杨小珍)

【运输工会组织工会志愿者服务队】 上海市沪南汽车运输公司是一家困难企业,公司工会为了进一步做好帮困工作,增强工会组织凝聚力,在做好传统帮困送温暖工作同时,上半年公司工会组织党员和工会积极分子成立志愿者服务队,对口困难职工。公司工会把这项活动作为增强工会组织凝聚力工程的一项重要内容,作为工会组织发挥积极分子作用,延伸工作"手臂"的一种尝试。一是自愿结对。公司工会针对基层工会干部对困难职工工作比较熟悉、思想比较好沟通的特点,确立了"就近方便,便于联系,经常关心"的工作原则,组织 27 名工会干部自愿对口结对一名困难职工。二是主动关心。志愿者与困难职工结对后,除了重大节日、困难职工生病住院等必须家访外,一般每季度家访联系一次。主要任务是"了解情况,沟通信息,宣传政策,解疑助困,精神安慰"。除了平时在生活和精神上关心外,还为困难职工提供有关社会保障政策咨询,与地区联系争取社会救助,帮助困难职工排忧解难。三是及时反馈。志愿者每次家访后,及时填写反馈表,把了解的情况及时向工会反馈,使公司工会能及时掌握困难职工的需求,有针对性地做好帮困工作。 (朱东山)

双爱双评

【市总工会表彰 2004 年度上海市双爱双评活动先进企业、先进个人】 2004 年度上海市双爱双评活动评选工作在各级工会的共同努力下圆满落幕。上海罗氏制药有限公司等 10 家企业获"2004 年度双爱双评活动十佳先进企业"称号;上海 MWB 互感器有限公司等 26 家企业获"2004 年度双爱双评活动先进企业"称号;田宫英明等 58 名中外经营者获"2004 年度双爱双评活动优秀员工之友"称号;杨娟等 32 名员工获"2004 年度双爱双评活动优秀员工"称号。12 月 29 日,市总工会召开表彰会,对获得各项荣誉称号的单位和个人进行了表彰。市总工会副主席吴申耀、杜仁伟,市工商联副会长陈平田,市私营企业协会秘书长王国明,及各区县局(产业)工会负责人和获奖单位和个人代表出席会议。 (杨伟良)

【黄浦区总工会全面铺开"双爱双评"活动】 由黄浦区总工会、区工商业联合会和区外商投资企业协会联合开展的第二届"双爱双评"活动,2004 年在大范围深入展开,取得了显著成效。倡导人性化管理,创建和谐劳动关系,注重职工整体素质提高,创建学习型团队,为职工提供更广阔的发展空间,为企业发展注入新的活力成为现代优秀非公企业成功的秘诀,也成为这些企业的共同理念。"双爱双评"活动经过"企业申报、社区和企业集团推荐、区总工会、区工商联和区外企协会审核"等程序,王大创等 46 名中外经营者、丁虹静等 44 名企业职工分别荣获"黄浦区第二届非公有制企业优秀员工之友"和"黄浦区第二届非公有制企业优秀员工"称号。"优秀员工之友"推出了 34 位新人,占"优秀员工之友"总人数 74%,"优秀员工"推出了 40 名新人,占"优秀员工"总人数 91%。同时,区总工会还积极组织参加市总工会开展的"双爱双评"活动,上海世家装饰实业有限公司等 3 家企业荣获市"双爱双评"活动先进企业称号;上海卧室用品有限公司总经理朱国敏荣获市"双爱双评"优秀员工之友称号;上海卫康光学有限公司的蔡梅灵等 3 位同志荣获市"双爱双评"优秀员工称号。 (贺歆莞)

【宝山区吴淞街道工会在非公企业中全面开展"双爱双评"主题活动】 宝山区吴淞街道工会在非公企业中全面开展"双爱双评"主题活动。通过宣传发动,制订方案,组织职工开展劳动竞赛,岗位练兵,提合理化建议,技术革新,召开"我为企业出力,企业温暖我心"的主题座谈会,建立"员工困难大家帮"机制,开展"争创学习型班组,争做知识型职工"等形式多样的实践活动,增强了员工对企业的认同感、归宿感,提高了企业的凝聚力,促进了非公经济的健康发展。通过活动,在自评和广泛听取职工意见的基础上,评选出了优秀员工和员工之友,召开了总结表彰大会。 (窦恺芳)

综　述

2004年，市总工会以实施《上海工会推进职工素质工程实施纲要》为契机，围绕"组织起来，切实维权"工会工作重点，以宣传弘扬劳模精神和推进"创争"活动为重点，贴近企业和职工实际，深入开展职工素质工程，为加强职工队伍建设和推动工会全局工作服务，取得了积极成效。(1)以宣传李斌先进事迹为重点，大力弘扬新时期劳模精神。根据中宣部和全国总工会的统一部署，深入开展李斌先进事迹系列宣传学习活动，组织新闻媒体大篇幅、高规格地集中报道李斌事迹，兴起了宣传李斌事迹的热潮。精心组织学习李斌事迹的系列活动，市总工会与市委宣传部、市国资委党委、团市委、市建设党委、解放日报等联合举办了李斌先进事迹报告会、李斌事迹座谈会，编写下发《知识工人的楷模——李斌先进事迹汇编》、报告文学《工人专家李斌》等，大张旗鼓宣传李斌精神。(2)以"创争"活动为重点，推进职工思想道德和教育培训工作深入开展。积极响应全总等中央9部委开展"创建学习型组织，争做知识型职工"活动的号召，提出每年实现30%的工会、三年内在全市各级工会全面开展"创争"活动的目标，建立学习型组织评估体系，推出学习型组织创建新模式。上海"创争"活动经验在全国"创争"活动现场推进会上交流，宝钢集团、李斌班组、唐建平班组被评为全国"创争"活动先进示范集体。大力培育职工诚信精神，参加上海"诚信活动月"启动仪式，组队参加全国职工"共筑诚信"主题辩论赛，获得团体铜奖和优秀辩手奖。继续开展职工职业道德"双十佳"评选活动，树立了一批职业道德新典型。"建、创、做"活动注入新内涵，组织职工开展"科教兴市大家谈"、"我为科教兴企献一计"等活动，不断提升班组学习力、竞争力和创新力。评选表彰第十九届职工精神文明"十佳"好事和"百件"好事。继续推进初级工商管理(EBA)培训工作，年内开展了两期培训，培训学员7000余名，使三年来参加EBA培训的学员总数达到2.5万余名，举办第二届EBA奖学金颁奖典礼，表彰了一批培训先进单位和奖学金获得者。(3)大力推进振兴中华读书活动和职工文体活动，精心打造职工文化知名品牌。举办主题为"读书，将希望变成现实"的上海读书节，推出上海市民综合知识测试、新上海人读书活动展示交流、学习型社区展示、世界名著双语朗诵大赛、新经济组织读书论坛等读书系列活动，开通了东方网上海振兴中华读书活动网页，并首次公布上海读书指数，为构建学习型城市发挥了重要作用。以庆祝五一劳动节和国庆节为重点，开展丰富多彩的职工文化活动。举办上海市庆祝五一国际劳动节文艺晚会，在上海大剧院成功演出了一台由职工自编自演、充分反映职工精神风貌的群众文艺节目。举办上海职工庆祝中华人民共和国成立55周年"祖国·母亲"文艺专场演出、2003—2004年上海职工合唱节等。深入实施《全民健身计划纲要》，促进职工体育活动深入开展，举办首届世界著名在华企业健身大赛，组织359支队伍近2000名运动员参赛，创造了新的职工文化品牌，展示了上海职工崭新的精神风貌。(程友谨)

思想道德和职业精神

【市总工会表彰职工精神文明"十佳"好事】 6月14日，市总工会在中远集运公司"苏州"轮上举行表彰会，隆重表彰第十九届上海市职工精神文明"十佳"好事。连续开展19年的职工精神文明"十佳"好事评选活动，为弘扬社会正气和文明新风发挥了重要作用。这次"十佳"好事评选活动，群众参与十分踊跃，共收到职工个人选票和班组集体选票2.8万余张。经评选，中远集运上海远洋船舶公司方庆元"帮困助学十年情"、大众巴士公司二分公司、大众出租公司"爱心在大众延续"、上海市胸科医院小儿心外科"义救患儿见真情"、东方商厦食品百货商场"七年义务送西梅"、上海电信长途通信部电报维护中心"为民服务二十载”、东方卫视新闻中心“千里送药救病员”、上海至诚环境服务公司“拾金不昧三百万”、上海石化股份有限公司“400员工献血抗非典”、普陀区人民医院于井子“护士献血捐骨髓”、上海机床厂徐惠芬“捐款送女赴抗非”等十件好事获上海市职工精神文明“十佳”好事荣誉称号；宝山区泗东小学吴愔“1500天的轮椅情”等20个好事提名奖和上海移动通信公司南郊分公司“让生命得到延续”等百件好事同时受到市总工会的表彰。会上市总工会号召全市职工以上海市职工精神文明十佳、百件好事获得者为榜样，用实际行动自觉塑造爱国爱岗、努力工作、服务群众、奉献社会的文明形象。要求各级工会全面贯彻“三个代表”重要思想，树立和落实科学发展观，以城市精神为引领，认真实施《上海迎世博文明行动计划》，努力把工会精神文明创建活动提高到一个新的水平。 （程友谨）

【市总工会表彰职工职业道德“双十佳”】 12月17日，市总工会在上海国际会议中心隆重表彰上海市职工职业道德十佳标兵、十佳单位。2004年，全市各级工会围绕建设文明城市的目标，以“爱岗敬业、诚实守信、办事公道、服务群众、奉献社会”为主要内容，组织职工深入开展职业道德建设，努力塑造新时期职业精神，培育出一批新的职业道德先进典型。在基层广泛推荐的基础上，经过评委会严格评选，上海航天局研究室鲍国苗、上海第二医科大学附属瑞金医院陈楠、奉贤电信局胡桥营业所方灵敏、大众出租汽车公司营运七分公司张志华、上海宝钢益昌薄板有限公司冷轧分厂安华炜、徐汇区第二社会福利院陈梅、上海大剧院乐胜利、浦东巴士公司朱淑珍、上海大屯能源股份有限公司拓特厂施建忠、上海自来水闵行公司管线所尹金龙等10人被评为上海市职工职业道德“十佳标兵”；宝山区市容清洁服务公司、上海国际会议中心、上海石油化工股份有限公司、南京西路派出所韩莺莺警务组、长宁区辅读学校、华联吉买盛大兴街店、中远集装箱运输有限公司锦云河轮、黄浦区城管监察大队南步街分队、上海邮政局汽车运输局、上海纳铁福传动轴有限公司等10家单位被评为上海市职工职业道德“十佳单位”。另有45人被评为上海市职工职业道德先进个人，33家单位被评为上海市职工职业道德先进单位。 （程友谨）

【市总工会等联合开展评选上海市用户满意服务明星活动】 为迎接世博，构建“质量城市”，树立“行业文明窗口”，市总工会、团市委和上海市质量协会在全市范围内联合开展了评选“用户满意服务明星”活动，旨在通过培育、评选用户满意服务的先进集体和先进个人，表彰、推广用户满意服务的先进事迹和先进理念，总结、交流用户满意服务的典型经验和成功模式，进一步健全服务质量保证体系，提高上海市的整体服务质量水平。这次活动评选出“上海市用户满意服务明星班组”和“上海市用户满意服务明星”各100个，并推荐其中的“双十佳”参加“全国用户满意服务明星”评选。 （田福宝）

市总工会表彰职工精神文明十佳好事

（徐 赜）

【普陀区“青工e坊”成为职工思想宣传工作新载体】 普陀区总工会依托网络开展职工宣传思想工作，共建立61个“青工e坊”分站，10216名普陀青年职工成为普陀工会“青工e坊”成员。“青工e坊”通过举办劳模风采展示、城市精神讨论、职业道德讨论、读书心得交流、法律知识咨询等网上互动活动，开展适合现代青年职工特点的宣传思想工作。区教育分会以“青工e坊”为载体，宣传弘扬劳模先进事迹；区医务分会开展了“我与于井子同行”的网上系列活动；区建设分会举办以“城市建设和管理与普陀未来发展”为主题的网上论坛；机关分会以“网上党课”形式，开展了机关青年干部政治思想工作“网上行”活动；区商业分会和长风分会在“青工e坊”上开展电脑技能大练兵和大比武；长征分会的青工纷纷在“青工e坊”交流读书心得。“青工e坊”还通过开展普陀青工网友“春之光——普陀之春”摄影大赛、“五月红——劳模先进礼赞”网页制作大赛等活动，为青年职工搭建了一显身手的舞台。 （张国瑞）

【宝山区医务工会推进职工素质工程措施实在】 2004年宝山区医务工会以五项活动推进职工素质工程深入开展。(1)开展职业道德建设系列活动，以《公民道德建设实施纲要》、《上海市医疗卫生工作人员职业道德规范》为准则，在职工中大力倡导爱岗敬业，诚实守信，办事公道，服务群众，奉献社会的职业道德风尚；(2)开展“创争”活动，把“创争”活动作为工会推进职工素质工程的新载体，举办“21世纪护士素质”系列讲座，组织班组长参加市、区、局班组长培训班；(3)开展职工竞技、比武活动，提倡职工“一专多能”、“一岗多证”，与宝山区医学会护理学组、卫生局业务科共同组织护理技术操作比赛、电脑收费比武；(4)开展丰富多彩的职工业余文化活动，举办游泳、乒乓、桥牌比赛等；(5)开展为基层服务的活动，医务工会在有限的基金中拨出3.6万元，为基层工会添置文体用品。五项活动在提高职工综合素质方面发挥了积极作用。（窦恺芳）

上海电气召开学李斌大会，掀起学李斌热潮
（冯克华）

【闵行区教育工会征集师德“心语”】 闵行区教育工会开展教师“心语”征集活动，发动广大教师撰写师德师风格言，倡导新时期职业道德。区教育工会从征集到的400余条“心语”中，遴选出5条“心语”制成公益广告，在闵行区主要道路上展示，其中，区少体校工会主席金欣撰写的“心语”——“用师德和爱心育人、以博学和智慧授业”在沪青平公路（七莘路口）的大型公益广告牌上展出，受到公众关注。（叶民强）

【金山区总工会开展“责任意识”主题教育活动】 金山区总工会组织全区职工开展“责任意识”主题教育活动。(1)开展“摆一摆、议一议”活动。各直属工会发动职工通过摆——认真总结单位中负责任、讲奉献的先进事例和典型，议——着重剖析各种不负责任的现象，自己教育自己；(2)开展“职业用语”和先进职工电视片宣传教育活动。区总工会把职工群众推荐的十佳“职业用语”印制成1万张宣传画，并制作十佳先进职工的电视片200盘，发至基层，用先进典型激励职工群众的责任意识和奉献精神；(3)开展劳模事迹巡回演讲活动。区总工会从新一届的市劳模中选择了10位典型人物，组成劳模事迹报告团，集中在5—6月巡回演讲，先后举行24场报告会，听众达6000多人次；(4)开展职工技能培训活动。引导职工成为责任心强、技术精的新时代的新型工人，全年参加各类培训的职工达8000多人；(5)开展企业文化展示活动。举办“我是单位一员，应对单位负责”摄影和征文比赛，共收到摄影照片100多张、征文72篇。通过形式多样的“责任意识”主题教育活动，引导职工树立“我是单位一员，应对单位负责”的理念，增强了职工的质量意识、服务意识和奉献意识。（薛建忠）

金山区医务工会开展“责任意识教育”辩论赛，26个基层单位，1500多人次职工参与活动（吴　冲）

【上海电气“十佳”好事评选揭晓】 上海电气（集团）总公司、机电工会开展2004年度精神文明十佳好事评选活动，经层层评选推荐，最终揭晓。十佳好事中，有连续4年无偿献血近2万毫升的上海锅炉厂警卫班工人钱妙祥；有多年照顾癫痫病职工的上海汽轮机有限公司教师沈雪梅；有从歹徒手中截下价值近15万元国家财产的上海汽轮机厂保卫处干事俞玉林；有无私帮困十余年的上海伊维燃油喷射有限公司行政科警卫员龚王新；有悉心照料瘫痪父亲十七年的上海市机电设计研究院高级工程师景跃；有在公交车上智擒扒窃歹徒的上海机电设计研究院有限公司青年技术员杨俊等。十佳好事中有两件是集体好事：上海日立家用电器有限公司通过企业和员工捐款、捐物筹措价值60余万元的钱物用于江西老区希望工程建设；上海第二锻压机床厂退管会历经两年为精神病患者讨回公道，维护了职工的合法权益。（陶国林）

【上海仪电开展杰出员工、优秀员工（集体）评选活动】 为提高员工综合素质，推动公司改革和发展，上海仪电工会开展了2001—2003年度上海仪电杰出员工、优秀员工（集体）评选活动，共评出杰出员工2名、优秀员工22名、优秀集体7个。同时，还推荐评选上海市劳动模范13名、上海市劳动模范集体7个、“五一”劳动奖章获得者1名。公司举行了隆重的表彰仪式，拍摄了上海仪电优秀员工(集体)专题片,在劳动报刊登专稿《谁持彩练当空舞》,把杰出员工事迹挂上上海仪电展示馆荣誉墙,大力弘扬劳模精神,在全系统兴起了学先进,赶先进的热潮。（生　青）

【化学工会开展“华谊职工看华谊”活动】 上海化学工会创新形势任务教育形式,组织开展“华谊职工看华谊”活动,全年共组织59批,参与职工有2000余名。通过观摩一部反映华谊化工三年改革发展的电视纪实片、两座发展模型图和参观三个化工基地,让广大职工看到华谊在企业改革、技术创新、重大项目建设等方面取得的显著成绩,看到漕泾化工区的崛起和吴泾化工的变迁,看到华谊人在大调整中作出的贡献,从而达到了鼓舞职工士气的目的。（杨定虎）

【纺织工会评选岗位规范十佳用语】 为了培育上海纺织职业精神,加强职业道德建设,上海纺织工会在职工中广泛开展职业道德规范用语征集、推广活动,提炼制订出一批具有纺织特色的岗位规范用语。服装研究所工会通过“宣传动员、典型示范、沟通交流”三个步骤开展活动,并设立了智慧奖、特色奖、鼓励奖,对优秀规范用语进行奖励,职工参与热情高涨。上海针织厂、嘉丰飞龙纺织有限公司等工会组织广大职工开展规范用语征集,建立了良好的上下道工序互助关系。纺织工会共收到2000多条应征用语,上棉七厂挡车工提出的“在岗一分钟.尽责六十秒”、虹冠针织公司辅助工提出的“你的需要是我的工作标准”等岗位规范用语被评为十佳用语。这些用语言简意赅,紧贴岗位实际,操作性强,对树立纺织职业精神起到了积极作用。（俞进艺）

【纺织“十佳”好事评选坚持十二年】 上海纺织“十佳”好事评选坚持开展12年,通过评选,挖掘上海纺织职工队伍中的先进人物和先进事迹,以先进典型的引领和示范来带动上海纺织职工精神文明建设。年年评十佳,年年扬新风,王仁华、房金妹、陈纪文等同志的事迹曾深深感染了上海市民,12年累积的120件好事中的主人公成了展示纺织职工精神风貌的优秀代表,其中有7人荣获上海市精神文明“十佳”好事,受到市委、市政府领导的接见和嘉奖。“十佳”好事评选已成为上海纺织精神文明建设的品牌,逐步形成行业、公司、基层企业三级评选网络,每年涌现的一大批好人好事为纺织改革发展增添了精神动力。（俞进艺）

【供电工会开展“两珍惜、两关爱”主题活动】 市区供电公司工会大力开展“珍惜生命、关爱家庭,珍惜岗位、关爱企业”主题活动,分为三个阶段:(1)开展宣传活动,召开“两珍惜、两关爱”座谈会,举办“两珍惜、两关爱”巡回演讲,开展“爱祖国、颂电力”活动等;(2)树立各类典型,召开“传与学”——首席员工和青年员工座谈会,开展“职业生涯设计”活动,举行员工出书、赠书仪式等;(3)联系工作实际,开展“优质服务、迎峰度夏”百日竞赛活动和班组安全互保活动,推进企业安全健康认证的试点工作。通过开展“两珍惜、两关爱”主题活动,不断提高职工素质,实现好、维护好、发展好员工的合法权益。（茅雪康）

【电力建设送变电工会编织职工思想信息网络】 上海送变电工程公司工会运用网络搭建职工思想政治工作平台,网站下载的学习“三个代表”重要思想的理论性体会文章,帮助职工加深对“三个代表”重要思想的理解;网站刊登的有关中国入世将给企业带来影响的报道,把职工爱国热情引导到发奋工作上来;在网上开展了“企业应变能力要高人一头,实施成本控制要胜人一筹,市场网络建设要早人一步,企业机制创新要快人一拍”的宣传和讨论,引导职工更新观念。工会在宣传中注意把好“三个关”:一是把好政治关,不单纯追求点击率,以保证宣传工作的思想性;二是把好选材关,适应不同层次职工的不同需求;三是把好企业特点关,注重反映一线职工跑市场、勤施工的信息,宣传企业改革和创新的经验。（张文标）

【上海石化工会开展“三八”系列纪念活动】 上海石化工会以“三八”纪念活动为契机,开展了一系列宣传教育的活动。(1)召开“三八”节纪念大会,对公司各条战线上涌现的女职工先进个人和集体进行表彰,并通过企业新闻媒体大力宣传女职工先进事迹和女职工工作成果;(2)组织先进女职工代表外出参观学习;(3)召开以“感悟人生真谛、探索成才之路”为主题的女先进、女劳模、女班长等各类女职工代表座谈会,用身边的人和事教育女职工自立自强;(4)编辑出版《巾帼风采》上海石化女职工先进事迹汇编,组织基层班组学习;(5)开展女职工献爱心帮困互助活动,对部分困难女职工和女先进代表进行家访和慰问;(6)推荐“全国‘三八’红旗集体”和“全国文明家庭”,涤纶部2#长丝联合装置成品检验包装乙(1)班荣获“全国‘三八’红旗集体”称号;涤纶部职工朱虹家庭荣获“全国文明家庭”称号。（施东亮）

【上海石化职工素质工程形成新格局】 上海石化工会加强领导,明确目标,全面推进职工素质工程。(1)确立职工素质工程建设的总体思路,强化对两级单位活动方向、活动形式的引导,构筑适合企业内部开展职工素质工程的统一工作平台;(2)确定职工素质工程建设的具体目标,即提高职工的思想水平和职业道德水平,提高职工的管理水平和技术业务水平,提高职工的文明程度,提高职工的自学能力和解决实际问题的能力;(3)明确职工素质工程建设的工作模式和活动形式。形成由工会牵头、协调、总体负责,其它各相关部门通力合作、主动配合的工作模式;通过培训提高型、课题研讨型、带教传授型、团队互动型、竞赛促进型、班组学习型和开放自学型等形式,积极探索职工岗位成才的新形式和新方法。经过上下努力,完善了统分结合、协调发展的工作机制,形成了职工素质工程建设新格局。（施东亮）

【上海电信工会提炼“五个一流”职业精神】 为了不断丰富和完善上海电信职业精神内涵,上海电信工会结合公司学海尔、建“双用”(用户至上,用心服务)服务体系活动,广泛开展上海电信职业精神和职业道德规范大讨论,提出班组职业道德规范1027条,经员工投票,评选出上海电信"十佳"班组职业道德规范和优秀班组职业道德规范30条;提炼出"五个一流"的上海电信职业精神:即"爱岗敬业,追求一流质量;客户导向,追求一流服务;守诺践约,追求一流信誉;同创共享,追求一流协作;与时俱进,追求一流素质"。"五个一流"成为电信职工的奋斗目标,一批先进班组和个人脱颖而出,长途通信部南京东路营业厅徐惠娣劳模工作室被评为全国职业道德"百佳"班组,奉贤电信局营业室方灵敏获上海市职工职业道德建设"十佳"标兵称号。 (朱东亚)

【三航上海分公司工会开展"岗位排头兵"评选活动】 三航上海分公司工会积极开展"岗位排头兵"评选活动,具体做法是:拟订评选活动计划,制定详细的评选标准,并下发到下属项目部、施工处;坚持严格把关,要求基层推荐的"岗位排头兵"必须经过项目部、施工处评选后再上报公司;坚持严格评审,组成由经理室、总师室、人事部、技术部、经营部、安全部等主要部门负责人参加的评审领导小组,对上报的"岗位排头兵"进行审核评定,最后评出24位同志为首届"岗位排头兵",予以隆重表彰,在公司形成了人人学习科学技术、个个争当"岗位排头兵"的良好氛围。 (唐钧达)

【三航宁波分公司工会开展形势任务教育】 三航宁波分公司工会积极开展形势任务教育,引导职工树立危机感、紧迫感和主人翁责任感。工会通过黑板报、宣传窗、《工会信息》等渠道,向职工宣传党的路线、方针和政策,宣传企业发展所面临的机遇挑战以及企业的生产经营战略。工会干部利用各类会议和下基层检查、调研及与职工个别谈话的机会,直接向职工宣传形势任务。公司工会还制作了30块形势任务教育展板,到基层巡回展出,让职工直观地了解面临的形势任务,明确肩负的责任,认真做好本职工作。 (唐钧达)

【中远集运工会走访慰问网点职工】 3—7月,中远集运工会会同公司宣传部、企业文化部、中国部工会等部门,途径10多个省市,走访慰问了昆明、贵阳、兰州、九江、保定、银川等16个边远揽货网点的150余名职工,在网点职工中开展"愿作中远星星火,甘为效益燃青春"签名活动,大力宣传网点职工中的好人好事,从而激发了网点职工的工作热情和敬业精神。

(钱 华)

【中远集运锦云河轮、苏州号轮喜获殊荣】 中远集运锦云河轮深入开展职业道德和船员素质教育,弘扬"说话待人讲尊重、相处共事讲团结、处理问题讲谅解、利益分配讲风格、工作任务讲支持"的良好船风,增强职工职业道德观念,培养职工团队精神,被市总工会评为2004年上海市职工职业道德"十佳"单位。中远集运苏州号轮以国际客货班轮一流营运服务为标准,不断创新经营,为中外货主提供安全、准班的准空运服务,连续12年实现安全率、准班率、货运完好率、旅客满意率、人员无案率等5个指标达到百分之百,被评为2004年"全国用户满意服务明星班组"。 (钱 华)

【上海评选市容环卫"十佳"明星】 为了培育职业精神和弘扬城市精神,创造一流市容环境工作,上海市容环卫局、上海市建设和管理委员会、上海绿地集团和新民晚报社联合开展了"绿地杯"上海市市容环境服务十佳明星评选表彰活动。活动组委会审核确定的20个入围候选人典型事迹在新民晚报及市建委、市市容环卫局和绿地集团网站上刊登公布,共收到新民晚报选票50786张,网站共有260038人次点击。经群众投票专家评审,最终评出王生兴、刘必胜、朱富亿、陈扣娣(女)、陶震、潘德传及上海立方同和环境科技有限公司项目开发部、卢湾区环境卫生工具厂淮海中路清道班、上海扬航水陆综合养护公司张家浜保洁班、虹口区市容管理局城市管理监察大队九分队等10个个人和集体为"上海市市容环境服务十佳明星"。

(张慧萍)

【水产工会宣传集团国资战略规划】 上海水产集团工会围绕学习贯彻集团国资战略规划,开展了主题宣传活动。一是参与撰写集团国资战略规划的宣传提纲;二是利用各种学习机会,宣传集团国资战略规划;三是搞好集团本部大厅橱窗布置,以"面向世界,锐意进取的上海水产集团"为企业形象宣传主题,集中展示集团发展目标和职工的精神风貌;四是举办"上海水产之歌"文艺演唱会,运用文艺形式,进一步宣传集团国资战略规划。开展主题宣传活动,弘扬了上海水产职工艰苦创业、勇于改革、开拓创新的精神风貌,展示了上海水产事业欣欣向荣的发展局面。 (汤宝龙)

上海飞机制造厂举行"上飞精神宣传周"升国旗、司旗和厂旗仪式

(竺海华)

上海海事局组织先进事迹报告会

（朱亚平）

【烟糖工会开展"百名代表看烟糖、话烟糖"活动】 上海烟糖集团工会组织百余名职工代表、优秀员工开展了"百名代表看烟糖"参观学习活动，代表们先后参观了金枫四万吨黄酒酿造基地、中日合资香可食品公司、隆樽酿酒公司、大众4S汽车销售维修公司、食品一店徐汇店等集团所属优势企业，亲身感受集团的发展。"看烟糖"之后，集团工会又及时组织部分代表进行了座谈，共话集团发展历程，畅谈美好发展前景，使代表们振奋了精神，坚定了信念，表示要进一步做好工作，早日实现集团战略目标。（杨奕敏）

【市医务工会评选十佳好事典范奖】 为进一步推进卫生系统精神文明建设，上海医务工会在历届职工精神文明十佳好事获得者中评选首届上海市医务职工精神文明十佳好事典范奖。经广泛评选，好中选优，瑞金医院陈竺院士"设瑞金医院'红烛奖'"、中山医院张贤玲"一个承诺，无怨无悔十七年"、长宁区遵义社区卫生服务中心杨平平"承诺"、寄研所邓达"为了贫苦地区失学辍学的儿童"、华山医院陈勤奋"无偿献血，让人生更美好"、上海市第五人民医院医疗志愿服务队"连续十五年为社区义务医疗"、新华医院儿童医学中心志愿者服务队"播洒蓝天下的至爱"、上海市第二人民医院李琦换药室"抚平病人伤口的天使"、上海市胸科医院小儿心外科"义救患儿，造福社会"、黄浦区广场地段医院社区医疗组"'大篷车'开进小弄堂"等10件好事获"十佳好事典范奖"。市医务工会决定，今后十佳好事典范奖将每三年评选一次，以激励广大职工学习典范，争做好事。（周崇礼　池朝霞）

【三添公司开展"军营一日"活动】 10月23日，上海良友集团三添食品有限公司组织部分员工赴上海武警总队一支队一中队"集体当兵"，员工与战士们同训、同食、同赛，过了一天情趣盎然的军营生活。先是军事训练，受训人员分别进行了队列、行进训练；接着体验生活，武警战士的业余活动、饮食起居、文化学习，给员工们留下了深刻的印象。最后是文体交流，通过篮球、乒乓球、中国象棋比赛，"卡拉OK军民联唱"等活动，加深了军民友谊，使员工的思想作风得到了一次锤炼。

（周黎琼）

【市民政局工会征集"民政职业精神优秀格言"】 上海市民政局工会围绕上海民政新一轮发展主题，广泛开展民政职业精神格言征集活动。由职工撰写的100多条体现时代特征、民政特色、行业特点的职业精神格言被推荐参加评选，经职工投票，10条格言分获优秀奖和入围奖。为扩大职业精神优秀格言的影响，市民政局工会举行了"民政职业精神优秀格言"发布会，来自市属福利院、福利企业、殡仪馆、烈士陵园等单位的一线职工走上讲台，以丰富的职业实践和对民政工作的真挚情感，诠释了格言的深刻内涵，使职工群众受到了一次生动的职业精神教育。（刘益平）

【良友集团储运仓储公司工会编撰员工工作格言录】 良友集团《员工手册》下发后，储运仓储分公司十分重视《员工手册》的学习、宣传、贯彻工作，公司工会专门下发了《关于开展学习、宣传、贯彻良友集团〈员工手册〉活动的通知》，并得到了该公司员工的热烈响应。员工们纷纷以朴实简洁语言写下了如何对待工作，如何融入集团发展的格言。9月中旬，该公司《员工工作格言录》已编录并付梓。《格言录》共汇录了公司系统989名员工的工作格言，还插入了30多帧彩色照片，全面反映了公司员工大力弘扬"用心做事每一件，创新良友每一天"企业精神和公司两个文明建设的成果，展示了公司新面貌。（周黎琼）

短信息：

○4月15日，闵行区总工会举行"新时代的职业精神——2004年闵行区职工发展论坛"，为推进职业道德建设进行思想引领。（朱冬梅）

○金山枫泾镇工会组织15个基层工会和200多名进城务工人员参加上海市百万进城务工人员法律知识竞赛，众望饲料有限公司工会以优秀成绩闯入决赛，并荣获三等奖。（吴　冲）

○上海电信工会开展"看电信、谈发展、话服务"教育活动，并举办"发展中的上海电信"主题摄影比赛和观后感征文活动，共收到征文101篇、摄影作品250幅。（朱东亚）

○上海市公路管理处工会举办建处40周年回顾展，反映40年来上海公路建设发展业绩及"公路人"开拓奉献历程的模型、图片、图纸、史科和实物在处荣誉室展出，接待了500多人次的参观者。（陶阿全）

○4月29日，百联集团专业专卖事业部工会与上海广播电台戏剧、文艺频率联合举办“双星牵手庆五一”联谊会，由事业部七位劳模与七位主持人结成互帮互学对子，共签文明共建协议，共同表演节目，增进了劳模和新闻传媒之间的交流沟通。（余学义）

人才培育

【上海工会继续拓展EBA培训】 根据《上海工会推进职工素质工程实施纲要》提出的“今后五年，以初级工商管理(EBA)资格培训为主要内容的班组长岗位培训参与率达到30%以上”的目标，市总工会与上海电视大学加强合作，继续推进EBA培训工作，进一步扩大培训覆盖面，提高培训质量。年内共举办两期培训，培训学员7000余名，至此，培训期数已达到6期，学员总数达到2.5万余名，形成了较大的培训规模。为了进一步推进EBA培训工作，激励各级工会、各培训点和职工的积极性，举办了第二届EBA奖学金颁奖典礼，表彰了20家区局(产业)工会、电大分校(培训点)和185名奖学金获得者。同时，进一步完善EBA培训工作机制：一是完善沟通协作机制，市总工会进一步加强与上海电视大学、各级工会与各教育培训点之间的沟通协作，形成了整体联动效应；二是完善长效管理机制，加强对培训工作全过程的管理，在培训组织发动、学员入学教育、单位跟踪管理等各个环节坚持科学严密的系统化运作，形成了规范有序的培训工作体系；三是完善评估激励机制，对各级工会的组织管理和学员的学习情况进行考察评估，形成了争先创优的良好氛围；四是完善保障服务机制，对职工教育经费的使用进行有效监督，为职工参加EBA培训提供必要的经费支持。（程友谨）

【上海开展“万名技师育高徒活动”】 为加快培育与上海产业发展相匹配的高级技能人才的步伐，市总工会、市劳动和社会保障局在全市组织开展了“万名技师育高徒”活动，充分利用上海技师资源，发挥广大技师作用，促进高技能人才资源的优化配置，拓宽高技能人才培养途径。通过技师、高级技师结对带徒，培养更多的高技能人才，为完成高技能人才占全市技术性从业人员12%的目标而努力。（田福宝）

【徐汇区总工会建立“职工素质教育奖励资金”】 为贯彻落实《上海工会推进职工素质工程实施纲要》，鼓励广大职工岗位成才，徐汇区总工会出资100万元，建立“职工素质工程教育奖励资金”，用于资助职工职业技能培训和奖励，已为300多名符合条件的职工参加各类培训支付近万元的培训费。为鼓励一线职工积极参加技能培训，奖励资金章程中明确规定，凡基层工会组织的有关职业技能培训，经考试成绩合格者，每人补贴30元，并对在职教育培训活动中取得显著成绩的基层工会给予一定奖励，这样既减轻了企业和职工的经济负担，又能激励更多的职工参加技能培训，有效促进了广大职工学习职业技能的积极性。（虞　蔚）

【静安区恒安大厦工会创建科普楼宇】 静安区恒安大厦工会联合会与区科技协会联手共同创建科普楼宇，签订了《共建恒安大厦科普楼宇公约》，并落实“五个一”措施：即成立一个组织，组建了大厦“科普领导小组”；成立一支队伍，由大楼白领员工组成科普志愿者队伍，在业余时间开展形式多样的活动；提供一个平台，区科技协会主动为企业、员工提供服务；颁发一张服务卡，向入驻企业赠送《科技型企业服务卡》，提供科技服务分类的办事指南；赠送一台电子触摸屏，普及科普知识，受到员工的欢迎。（王武军）

【青浦区职工素质工程取得新收获】 2004年，青浦区各级工会组织职工广泛开展技术练兵、技术操作比赛、技能培训晋级活动，培训职工4.01万人，其中技术等级培训1.2万人，5172名职工通过培训晋升了一个技术等级。继续开展“建文明班组、创文明岗位、做文明职工”活动，年底评出文明班组50个、文明职工100名。（程天爵）

【机电工会重奖自学成才职工】 上海机电工会自出台《关于对自学成才的技师、高级技师实施奖励的暂行办法》后，广大职工岗位学习、岗位成才的热情日益高涨，2004年全系统有120名职工通过业余自学获得职业技能证书。为表彰职工的学习成果，机电工会拨款30万元，对12名自学获得高级技师职业技能证书的职工各奖励3000元，对108名自学获得技师职业技能证书的职工各奖励2000元。（朱汉民）

【上海锅炉厂高技能人才培育结硕果】 上海锅炉厂有限公司采取10项措施

宝山区总工会召开深化职业道德建设，推进职工素质工程交流会

（王　铮）

培养高技能人才：一是举办各类培训班40个，培训职工4104人次；二是输送39人分别参加冷作、电焊等工种的高级工、技师等外培训，3人获高级技师证书，4人获技师证书，15人获高级工证书；三是编辑出版《技术工人先进操作法（续集）》，并举办先进操作法推广演示会；四是推出"科技之星导师制人才培养计划"，47对结成"名师带高徒"对子；五是举办高技能人才成果展示会，引导职工自学成才；六是加大职工培训硬件建设力度，开辟专门用于职工培训、实习和考级的基地；七是对公司内有特殊技能和突出贡献的人才实行年薪制；八是制定职工业余学习、自学成才奖励办法；九是开展"上锅科技周活动"，有2位高级技师被授于"上锅科技功臣"称号；十是组织87位高级工和16位劳务工参加"李斌杯"技能比赛，获得电焊工一至五名、维修电工一、三名的好名次。 （王卫强）

【化学工会推出华谊职工素质工程三年行动计划】 上海化学工会制定并推出职工素质工程三年行动计划，着重抓好十件事：即推进华谊实施"万名技工培训工程"；促进华谊每年有15%的技术工人技能上一个等级；促使华谊有20%的技术工人拥有第二技能；每两年举办一次职工技术比武活动；组织开展读书活动；努力把20%的班组建成文明班组、先进职工小家、红旗文明岗；每年组织百名生产一线班组长参加班组长业务知识培训，三年内选送百名生产一线班组长参加市总工会初级工商管理资格培训；抓好新上岗工会干部的适应性培训和工会干部的继续教育，对职工代表普遍轮训一次；每年组织千名职工参加"华谊职工看华谊"活动；每年组织万名职工参加文化体育健身活动，进一步提高职工的思想道德素质、科学文化和技能素质、心理和健康素质，加快实现"世界一流、中国著名"化工企业集团的战略发展目标。 （虞仲义）

【轻工置业公司工会推出员工培训"五步法"】 上海轻工置业公司工会为深入开展"我爱我家"劳动竞赛，推出员工培训"五步法"：（1）培育职业精神，广泛宣传行业内劳模创业者的先进事迹，邀请徐虎等劳模传经送宝，号召职工学习劳模精神；（2）结对互助，组织公司高级技术人员和技术精湛的老师傅与技术骨干结对子，帮助职工攻克技术难关；（3）开展职业精神大讨论，培育行业职业精神；（4）考察学习，组织优秀管理小区经理、星级员工和优秀员工考察新加坡、香港等地区的物业管理，开阔员工视野；（5）加强道德教育，教育引导职工在企业做好职工，在家庭做好家长（子女），在社会做好公民。 （王振荣）

【纺织"四女联谊会"活动独具特色】 上海纺织工会针对行业女职工多的特点，成立了以女企业家、女科技人员、女领导干部、女劳模为主体的"四女联谊会"，会员人数从建会初期的30多人发展到70多人，成为工会联系四女人才的平台。2004年联谊会采取"请进来，走出去"的方法，丰富活动内容。请进来——邀请知名教授、社会名流举办女企业家提高综合素质讲座和女性身心健康讲座；走出去——组织会员参观建设中的海港新城和东海大桥、大众汽车等重大工程和新兴产业，让会员亲身感受上海的飞速发展，增强工作信心。联谊会还首次把活动发展到境外，在著名女企业家谭茀芸的牵线搭桥下，34名联谊会成员来到香港、澳门，与港澳纺织服装界著名女企业家一起探讨纺织的改革与发展，香港《大公报》、《文汇报》专门刊登了沪港两地女企业家相聚香江的报道。 （俞进艺）

【纺织工会搭建职工技能交流平台】 3月，上海纺织工会和金山区纺织行业工会联合会共同举办了针织单面大园机、女装样板推档、女装裁剪排料操作技能交流活动，参加交流的职工分别来自国有企业、合资企业、独资企业和民营企业。该活动为不同所有制职工交流技术搭建了平台，推进了企业的技术创新。7月初，市纺织工会还举办了19家服装企业参加的服装男西裤制作工技能比赛，该项比赛作为全市不同所有制服装企业职工的首次技能交流活动，开辟了职工技能交流的新路。 （杜伟钧）

【市医药工会建立虚拟"员工学校"】 上海医药工会建立虚拟"员工学校"，该校不设固定的校址、师资、课程和设备，针对不同层次员工的不同需求，开设综合素质培训、各类岗位培训和适应性培训。"员工学校"注重对员工进行思想素质、道德素质、形势教育、文化理念方面的培训，如开设"让班组成为利润倍增的源泉"课程，引导班组长更新观念，明确责任。"员工学校"根据医药特点开设综合素质培训、各类岗位适应性培训，有时将课堂开设在医药工会，有时将课堂开设在基层企业，给企业和员工较大的选择空间。在办学过程中，医药工会干部都担任教师，不仅加强了与职工群众的联系，

纺织工会"四女联谊会"会员参观建设中的芦潮港东海大桥 （徐志康）

而且加强了自身学习，使讲课过程成为工会干部自我学习、自我提高的过程。“员工学校”全年开设10期，有1000多名班组长接受了培训，获得了较好效果。（孙明南）

【上海电建工会开展“名师育高徒”活动】 上海电力建设公司工会积极响应市总工会开展“万名技师育高徒”活动的号召，充分挖掘企业人才资源，在系统内开展了“名师育高徒”活动。计划到2008年，造就一支拥有100名高级技师、300名技师、1400名高级工、500名中级工的技术工人队伍，使技术工人的总体结构、知识水平、技能素质等与市场经济发展相匹配。公司召开了“名师育高徒”专题工作会议，举行了签约仪式，有48对师徒签约，使上海电建“名师育高徒”活动进入了实质性启动。（李士根）

【烟草储运公司职工素质工程狠抓三个提升】 上海烟草储运公司工会推进职工素质工程着力抓好三个提升：一是从学习教育入手，提升员工思想素质，开展劳动观大讨论和“做精做强、追求卓越”主题教育，增强员工主人翁意识；二是开展职业技能竞赛，提升员工业务素质，结合(集团)公司组织的“双喜杯”职业技能竞赛，举办了卷烟成品保管工、汽车驾驶员、点心师、厨师的技术培训和技术比武，年底有15人次获得中级工证书，9人次获得高级工证书；三是抓好读书活动，提升员工科学文化素养，为班组员工购置科学管理类书籍，定期推出相关学习资料，供员工学习，并委托上海物资学校办班，经过系统学习，73名员工获得了仓储管理中专毕业证书。（曹　轶）

【烟草工会引导职工塑形象、增本领】 上海烟草工会积极探索职业精神培育与知识性培训相结合的方法，先后开展了“培育职业精神和新劳动观，做一个可爱的上烟人”主题教育，与烟业报、团委联合组织“爱我中华‘熊猫杯’读者之友知识大赛”等，以身边的榜样影响教育人，以典型塑造激励引导人。与工会管理干部学院联合举办“提高班组长管理能力”培训班，并指导上海烟草机械有限责任公司成立以劳模名字命名的“黄留展技术交流培训中心”，指导上海海烟物流发展有限公司组建校企联合的“海烟物流培训交流站”，组织开展职工技能培训，为职工塑造职业形象，增强工作本领创造了良好条件。（江洪生）

【上汽集团工会“全透明”开展职工职业生涯设计】 上海汽车工业集团总公司工会在组织员工参与职业生涯设计中，采取“全透明”方法，让员工在充分知情的基础上，自主选择发展方向。首先，集团工会通过各种途径让员工了解集团“十五”发展战略规划和集团“十五”人力资源规划，基层企业则将企业的《人力资源规划》、“员工职业生涯设计”程序等信息在内部网站上公布，让员工了解企业对人才类型的需求，保证员工对企业发展、调整的知情权；其次，在确定培训方向时，工会要求职能部门和各级主管对员工职业生涯设计进行指导，在“双向沟通”中切实把握员工的发展意愿，充分考虑员工的特长。员工则可在充分知情的前提下，根据自己的意愿和特长，选择培训课程，使员工的自身发展与企业发展需求相适应。（孙正尧）

【港务工程公司工会开展“诚信立企”主题劳动竞赛】 上海港务工程公司工会围绕洋山深水港、外高桥五期新港区等重大工程建设，开展“诚信立企”主题劳动竞赛和施工关键技术攻关活动。职工外塑形象，内强素质，积极参加各类竞赛功关活动，共提出合理化建议273条，其中《超大型高性能打桩船关键技术研究》、《GPS沉桩定位控制技术的研制》和《空压机反气吸泥法在洋山工程中的应用》科研成果受到有关部门的表彰，既提升了企业核心竞争力，又实现了职工自身价值。（刘顺琦）

【三航宁波分公司工会开展首届明星职工评选受欢迎】 三航宁波分公司工会开展“首届明星职工”评选活动，经基层单位自下而上民主推荐，评选领导小组全面考察、考核和审定后确定了29名候选人，在企业《建港报》公示后，由广大职工投票评选出10位“首届明星职工”，被评出的10位他们是近年来在企业生产经营和科技管理的平凡岗位上涌现出的排头兵，通过“首届明星职工”评选活动，树立了一批科技、管理和能工巧匠的人才典型，促进了企业的科技创新、改革改制和可持续发展。（唐钧达）

【海事局海测大队工会注重培养“实用型人才”】 上海海事局海测大队工会紧紧围绕海道测绘发展目标，坚持培养实用型人才，组织开展专业技能培训班，将培训考核与竞争上岗相结合；开展技术比武、绩能考核活动，提高职工竞争能力和创新能力；以名师带高徒，聘请大队技术、技能专家开展“一

农工商集团职工参观农垦博物馆，接受创业精神教育

（周沆生）

普陀区召开职工优秀人才座谈会

（全　今）

帮一”的带教活动，培养了一批海道测绘系统实用型人才。在重庆6.19沉船打捞工程以及国家、市的航道测量、沉船定位等重点工程中表现突出，受到中央有关部委和市的嘉奖和表彰。大队海图中心编绘组制作的中国第一张符合国际标准的电子海图已经广泛运用于海上航标巡检、港航测绘、海上巡逻、水上运输等领域，并受到西方多家ECDIS生产厂商的重视，积极要求合作。（朱卫平）

【沪宁实业公司工会推行“细微服务”】 沪宁实业公司工会根据道口收费服务的特点，在高速公路收费窗口推行“细微服务”，结合道口进出口操作实际，设计了一套道口发卡和道口收费的动作规范，除了必须的收费操作动作外，在车辆停止和起步时候增加了问好和道别的手势，以配合“您好”、“再见”的工作用语，给客户以亲切、温馨感。为了尽快提高收费员开展“细微服务”的能力，工会召开动员会宣传“细微服务”的理念，并对收费员进行分批培训。经过严格的培训和规范训练，使收费员明确了开展“细微服务”的重要意义和具体要求，从而自觉地实践“细微服务”，加强了与客户的情感沟通，有效提升了窗口服务水平。

（方　颖）

【市教育工会举行新教师入师教育活动】 上海市教育工会认真贯彻落实市教育工作会议精神，充分利用教育系统优秀教师资源优势，做好新教师的传帮带工作，在第20个教师节到来之际，为刚走上教育工作岗位的全市100余名大中小学校的新教师代表举行了“忠诚于人民的教育事业”入师教育活动。参加这次活动的新教师中59%具有硕士研究生以上学历，其中获得博士学位的占一半。为新教师进行辅导的三位老师都是长期工作在高校和中学教学科研工作第一线，在教书育人工作中取得突出成绩的优秀教师，其中有市劳模、全国五一奖章获得者、上海海事大学左飙教授，市劳模、上海市十大科技英才、973项目首席科学家，上海第二医科大学教授陈国强博士，还有市首届师德标兵、奉贤中学特级教师张育青。通过入师教育，进一步增强了新教师的光荣感和教书育人的责任感、使命感，为当好教师打下了坚实基础。（张渭明）

【市卫生系统创建女性人才工程示范点】 上海市卫生局妇委会和上海市医务工会女职工委员会首次评选出2002－2003年度上海市卫生局“创建女性人才工程示范点”工作示范单位和达标单位，市六医院等3家单位获“局系统创建女性人才工程示范点”工作示范单位称号，华东医院等7家单位获“局系统创建女性人才工程示范点”工作达标单位称号。创建女性人才工程示范点，既是对卫生系统妇女工作的全面考核，也是对卫生系统妇女创新工作能力的一次检验。市卫生局妇委会和市医务工会女职工委员会旨在通过开展创建女性人才工程示范点的申报验收工作，逐步形成妇女工作的特色品牌和综合优势，促进各类优秀女性拔尖人才、岗位人才、后备人才脱颖而出，同时创建一批“对内聚合力，对外树形象”的妇女工作品牌，推进卫生系统妇女工作向更高层次发展。（童秀妹）

【公惠医院评选“星级护士”】 上海市公惠医院结合医院创建市级机关和卫生系统文明单位的目标，开展“星级护士”评选活动，旨在提高护理队伍的整体素质。评选项目设有综合优质护理明星大奖及注射治疗、技术娴熟；仪表端庄、热情和蔼；主动关心、问寒问暖；解释耐心、排忧解难等四个单项奖。活动开展后，已评出星级护士30人，占参评人数的61.2%，全面提升了护士的护理技术和服务水平。（张利平）

短信息：

○上海有色金属（集团）有限公司工会女职工委员会成立了上海有色巾帼联谊会，通过举办各种报告会、讲座和短期培训班，帮助会员提高技能素质和企业管理水平。（高　凌）

班组建设

【评选推荐全国“百佳班组”】 为大力表彰在职工职业道德建设上作出突出贡献的优秀班组，全国职工职业道德建设指导协调小组开展了第四届全国职工职业道德建设“百佳班组”活动评选活动。市总工会根据“百佳班组”评选条件，积极组织基层工会进行评选推荐，并举办了“百佳班组”擂台赛，从中选出优胜者参加全国评选。在全国各省、自治区、直辖市总工会和全国产业工会推荐的基础上，所有候选班组由中国职业道德在线网站在全国范围内公示评选，最终评出100个全国职工职业道德建设“百佳班组”和125个全国职工职业道德建设“先进班组”。上海有11个班组获得全国殊荣:上海市宝山区国家税务局第十二税务所、上海第二医科大学附属瑞金医院肾脏内科、上海市电信有限公司南京东路营业厅劳模工作室、中国东方航空股份有限公司客舱服务部“凌燕”乘务示范六组、上海宝钢企业开发总公司生产结力公司劳保用品厂除尘袋组等5个班组荣获全国职工职业道德建设“百佳班组”称号;上海市普陀区启星学校“融合式”美育教研组、上海市静安区民防通信站、上海自来水市南公司“小郭热线”服务中心、上海铁路局上海站售票部计划室、虹桥机场公司安检护卫分公司安检一科、中国人民银行上海印钞厂凹印车间日印班组等6个班组获得全国职工职业道德建设“先进班组”称号。（程友谨）

【上海工会以“文明与科教兴市同行”为主题深化“建、创、做”活动】 为了适应新形势发展对工会精神文明建设工作的要求,市总工会以“文明与科教兴市同行”为主题继续推进“建、创、做”活动,在广大班组中普及科教兴市理念,增进文明班组、文明岗位的知识、科技含量,进一步提升班组、岗位的文明程度。(1)组织开展“科教兴市大家谈”和“我为科教兴企献一计”活动,通过培训班、讨论会、论坛等形式,在职工中普及科教兴市理念,引导职工联系工作实际,对企业实施科教兴市战略和走可持续发展道路献计献策;(2)在职工中进一步树立终身学习和团队学习理念,引导职工树立科学、学习、合作、进取精神,在班组和岗位形成浓厚的学习氛围,进一步增进文明班组和文明岗位创建的知识、科技含量,运用科学思维、现代科技手段和科学方法开展文明创建活动,不断提升班组学习力、竞争力和创新力;(3)以提高班组职工的思想道德、科学文化、职业技能、心理和健康素质为目的,深入开展丰富多彩的班组职业道德和文娱健身活动,陶冶职工精神情操,提升班组文化品位。突出“文明与科教兴市同行”主题,使“建、创、做”活动与形势发展保持同步,从而实现“建、创、做”活动整体功能的进一步转变。在此基础上开展了2003—2004年度上海市文明班组、上海市红旗文明岗评选活动,将班组、岗位贯彻科教兴市战略的实践作为先进评比的重要标准和依据,进一步提高文明班组、文明岗位创建质量。（程友谨）

电信工会组织宽带技术攻关小组开展活动
（朱东亚）

【市总开展红旗班组(职工创新示范岗)评选活动】 2004年市总工会在全市开展上海市红旗班组评选活动,共评出上海液压泵厂李斌班组等365个上海市红旗班组(职工创新示范岗),30家上海市群众性经济技术创新活动优秀组织单位。评选活动总结出的班组管理新鲜经验,体现了三个特点:一是把全总提出的创新工程与上海市红旗班组、工人发明家、技术创新标兵和创新能手及职工技术创新成果、先进操作法评选活动结合起来,通过整合,既达到了全总的要求,又体现了上海的特点;二是凸现了班组管理向市场化、规范化提升,如宝钢的“小班组走进大市场”、纺织的“让每一个员工都当家”、机电的“班组目标考核管理制”等,都是班组建设的新亮点,具有推广价值;三是班组建设注重理念创新和职工终身学习,高技能人才培养,推动了职工合理化建议、技术攻关、技术革新、技术创新和发明创造活动的深入开展,据对365个上海市红旗班组(职工创新示范岗)统计,共有万名职工提出合理化建议3.31万件,实施11585件,实施率35%,技术攻关和技术创新逾7800项,总结先进操作法达1460个,获得专利127项,有的达到国内和国际先进水平。（满顺华）

【上锅工会开展“科技进班组”活动】 上海锅炉厂工会以“科技进班组”活动为抓手,提升班组建设科技含量。工会向每个班组赠送上锅公司自行编辑的《科技攻关》一书,组织职工参观“上锅技术革新、合理化建议成果展”,举办“班组成本管理”讲座,举行创建“学习型班组”推进交流会,请上锅公司“科技功臣”、获得上海市维修电工比赛第一名的金德华介绍自己刻苦学习、勤奋钻研的体会,激发职工学习热情,增强职工科技意识,许多职工写下“自读一本书”读书心得,踊跃参加“出一个好主意,亮一个金点子”合理化建议活动。（王卫强）

【纺织工会开展“5S”班组管理活动】 2004年上海纺织工会在重点企业及正常生产企业工会中组织开展以SEIRI(整理)、SEITON(整顿)、SEISO(清扫)、SEIKETSU(清洁)、SHITSUKE(素养)为主要内容的“5S”班组管理活动。具体做法是:树立一个“5S”管理示范单位,召开一次“5S”管理活动现场推进会,举办一期学习“5S”管理班组长培训班,编印一册“5S”管理《班组学习材料》,开展一次以“5S”管理为重点内容的班组竞赛活动,培训一批“5S”管理示范班组,选树一批“5S”管理的典型事例、典型班组和典型人物,搞好一次评选,通过“5S”活动,促进班组管理水平提高。（杜伟钧）

【上海石化工会推进班组长联谊会建设】 2004年，上海石化工会进一步完善班组长联谊会工作制度，不断扩大班组长联谊会的影响力，联谊会全年组织了6次学习交流活动，开展了分块百分竞赛，创办了《班组情况反映》。由于联谊会规范运作，活动多样，得到了广大班组长的认可，班组长参加活动的积极性十分高涨。年内，上海石化已建立12个基层班组长联谊会，吸引了350名班组长参加，班组长联谊会起到了学习、交流、联谊、示范的作用。 （施东亮）

【航天工会积极发挥劳模示范辐射效应】 上海航天局工会注重以宣传唐建平班组为抓手，积极发挥劳模的示范辐射效应。一是大力宣传唐建平班组以“学习、创新、超越”为核心的先进理念，以唐建平班组先进事迹为中心内容，编印书籍，制作光盘，组织开展班组学习；二是组织讨论，提炼唐建平班组的核心精神，提出了以“六个精”（精注事业、精益求精、精细管理、精心培育、精诚团结、精予创新）为具体内容的“精加工”精神，使学习唐建平班组的活动更有针对性；三是发动班组学习唐建平班组在质量管理和班组建设中的一系列创新做法；四是在全局班组中开展“争创唐建平式班组、争做唐建平式班组长”的活动，在上海航天系统形成了“学唐建平班组，赶超唐建平班组”的热潮，广大班组主动参与技术革新、技术攻关、工艺改进等活动，提高了工作效率、产品质量和生产研制能力，为上海航天完成国家重点项目、重大工程奠定了坚实基础。

（张爱娣）

【烟草系统职业技能竞赛获硕果】 上海烟草工会大力开展职工职业技能竞赛，2004年借国家局开展“中华杯”职工技能竞赛的契机，与相关职能部门联合组织了“双喜杯”职工技能竞赛，全行业530名职工报名参加了22个项目的职业技能竞赛，并从中选拔6名技术能手，代表集团参加国家局在上海举行的“中华杯”职业技能大赛，一举夺得四个比赛项目中的三个第一名、一个第二名的好成绩。通过技能竞赛，培育出一批具有全国烟草行业“品牌”效应的先进集体和岗位操作技术能手，树立了一批学习型、诚信型、创新型、文化型、服务型、质量型、安全型等特色班组，集团有3名职工被评为“全国烟草行业职工创新能手”，4个班组被授予“上海市红旗班组”（职工创新示范岗）称号，3个班组被授予“全国烟草行业职工创新示范岗”称号，1个班组被授予“全国职工创新示范岗”称号，上海烟草工会被评为“上海市群众性经济技术创新活动优秀组织单位”。 （江洪生）

【上海卷烟厂工会重在培育班组“三个”能力】 厂工会围绕中华卷烟品牌建设要求，运用“目标超越管理法”，开展了“以诚信维护品牌、规范保证质量”为主题的教育活动，着力提升班组“质量控制、规范操作和自主管理创新”的三项能力，积极促进工厂“精细化”作业目标的实现。为此，厂工会要求生产班组以国际“万宝路”生产指标为标准，进行对比分析，查找弱点原因，提出赶超方案，明确班组管理创新的重点，倡导班组在与国际卷烟品牌“对标”时，树立敢于领先、勇于赶超的精神，达到国产“中华牌”等名优卷烟实现“零缺陷”的质量要求，从而使班组员工不断深化“不接受不合格产品、不生产不合格产品、不流出不合格产品”的质量文化理念，成为自觉的、共同的行为准则。 （薛 蛟）

【宝山港务公司工会开展星级文明班组创建活动】 宝山港务公司工会通过开展星级文明班组创建活动，抓好班组长队伍建设。工会对星级班组长进行ISO质量体系专门培训，选送星级班组长到工会学校学习，提高星级班组长的理论水平和综合管理能力；完善班组工作的组织建设和规范，调整充实班组建设研究小组，修改完善星级文明班组考核办法；强化班组建设动态管理，深入基层指导班组做好管理等基础工作，定期了解掌握各班组完成生产任务、经济指标、质量指标的情况，及时收集安全生产、优质服务、精神文明和综合治理等方面的动态信息和典型事例。开展星级文明班组创建活动，使该公司班组建设工作上了一个新台阶，全公司已创建三星级文明班组2个、二星级文明班组4个、一星级文明班组28个，有效激活了企业“细胞”，机械队运行组被评为市500强班组，操作三部科技工艺组被评为市红旗班组，富锦公司业务查验班被推荐为上海市文明班组。

（罗立天）

【上海移动工会班组建设注重“五个依托”】 上海移动通信公司工会以提高员工综合素质为目的，在班组建设中注重“五个依托”，营造员工求学、求进、求新的良好氛围。依托班组学习，提升员工政治业务素质，每季度下发班组学习计划，制定相应的学习内容，由工会小组长落实每月开展1－2次学习，并及时反馈员工的想法和关心的热点问题；依托读书小组，提升员工的学习兴趣，建立了英语、计算机网络、用户心理、市场调研等不同类型的读书小组；依托分层培训，抓好骨干队伍建设，采用骨干培训和一般培训相结合、专题培训与合格上岗培训相结合、外派培训和座谈交流相结合、适时培训与定期培训相结合的方法培养骨干；依托竞赛，提升员工业务技能，通过联手赛、专题赛，吸引职工参与；依托考核，提升班组的整体水平，做到考核与反馈相结合，考核与讲评相结合，考核与评先相结合，确保班组管理取得实效。 （高诗颖）

【三航宁波分公司工会开展班组星级竞赛】 三航宁波分公司工会，将班组建设融入文明工地创建中，积极开展班组星级竞赛活动。工会在认真听取职工意见后，制订了包括班组学习、施工生产、安全教育、质量管理、设备管理、成本管理、民主管理、文明创建、劳动纪律、基础管理等10项考核内容的《班组星级竞赛规划》，并在职代会上表决通过。为了推动基层班组开展星级竞赛活动，工会组织人员经常下班组检查、督促和指导工作，并每月开展一次评比，评出不同星级班组，予以表扬奖励。开展班组星级竞赛活动，在广大班组营造了你追我赶、积极向上的良好氛围，使公司班组管理水平得

到不断提高。 （唐钧达）

【上海机场“建、创、做”活动体现三个特点】 上海机场集团工会结合自身工作实际，深入开展“建、创、做”活动，体现了三个特点：(1)健全工作机制，以文明班组、品牌班组为创建目标，从班组设置、管理制度、班组学习、班组管理、班组考核五个方面加强班组建设，广泛开展“金点子”、合理化建议征集活动，积极推进QC小组活动，并与员工和班组的绩效考核挂钩；(2)培育个性特色，重点抓一线保障岗位、窗口服务岗位，定期进行流动红旗、文明岗、示范岗的评比，全面推进现场管理；(3)提升管理能力，对机场89名班组长进行了专题培训，并以思想文化素质、综合业务水平、基础管理技能及协调人际能力为考核评估标准，评定班组长管理能力，促使班组长在工作中不断思考，不断创新。 （陆敏峰）

【延东隧道中控室提炼“工作十要点”】 浦江桥隧公司延安东路隧道中控室结合工作实际和岗位特点，提炼出“微笑多一点、嘴巴甜一点、说话柔一点、脾气小一点、胆量大一点、脑筋灵一点、行动快一点、做事多一点、效益高一点、理由少一点”的“工作十要点”。“工作十要点”是中控室十多年工作经验的总结，集中了班组文化、管理理念，涵盖了对内、对外、对上、对下、对个人的全部工作要求，体现了繁忙中显轻松、紧张中减压力、工作中讲互助、协作中出效益的宗旨，为营造班组和谐氛围和班组外塑形象、内强素质发挥了积极作用。 （张庆雄）

【烟糖工会加大班组培训力度】 上海烟糖集团工会注重提高班组综合素质，年内组织各企业班组长参加市总组织的五期班组长培训，参加培训的班组长达128人次。为了使班组把握企业经济工作大局，集团工会还编印了6期《班组学习资料》，将集团年度经济工作计划、先进企业——金枫公司、劳模先进班组——捷强卷烟营销部的经验、优秀员工对企业发展的认识与体会以及创建学习型班组的相关知识等下发到各班组，使广大员工在学习思考过程中不断增强参与企业发展的主人翁意识，同时提升自身素质，进一步激发学习先进、赶超先进的工作热情。 （杨奕敏）

【农工商老年护理院工会擦亮“文明窗口”】 上海农工商集团东海老年护理医院工会开展争创“文明窗口”竞赛活动，建立竞赛领导小组，制定“文明窗口”考核标准，设立竞赛流动红旗，做到服务规范化、举止文明化、语言标准化，并设立示范区、示范岗位，公开投诉电话，定期发放意见征询表，接受病人监督。工会牵头成立考评小组，每季度考评一次，考评结果与奖惩挂钩。由于活动目标明确，措施扎实，取得了明显成效，全院上下形成了“以病人为中心”、“一切为了病人”的良好氛围，改善了医患关系，提高了医疗服务水平。 （桑树德）

【良友集团福新面粉公司工会构筑学习型班组创建平台】 上海良友集团福新公司工会全面推进学习型班组创建工作，为班组构筑四大学习平台：一是引导职工自主学习；二是组织职工开展创新活动，推广应用规范和先进操作法；三是依靠组员自我加压、自我超越，从技术、管理等方面进行系统思考；四是建立班组共同愿景，树立健康向上的团队精神。 （周黎琼）

短信息：

○10月22日，市房地资源局工会召开了工会建家工作交流会，会议表彰了8家学习型班组并作经验交流。 （饶　斌）

职工培训

【上海工会学院“做可爱的上海人”职工培训系列课程受欢迎】 为响应市委提出的“做可爱的上海人”的号召，上海工会管理干部学院，干部培训中心于2004年7月开始策划“做可爱的上海人”课程，整个课程分为三个部分，分别为“历经沧桑的上海人”、“从‘三个对比’中看上海人及上海文化”、“明天，上海人的追求”。该课程通过对上海历史的回顾、现状的分析和未来的展望，肯定了上海人与时俱进、海纳百川的胸怀及其对中国改革开放事业的巨大贡献，对上海人作为国际大都市市民应具备的素质提出进一步的要求。经过将近四个月的酝酿，于11月下旬正式开讲，受到学员的欢迎。 （朱憧理）

【徐汇公安分局工会加大干警培训力度】 徐汇公安分局工会以培训为抓手，不断提高干警综合素质，努力建设一支作风踏实、战斗力强的干警队伍。开展警务射击、查缉技能、计算机应用能力等各项实战技能培训，提高一线办案民警克敌制胜的本领和依法行政的水平，增强工作效能。实施以会代训制度，充分利用网络资源，增强培训的针对性和实效性。充分利用现有的警训队培训资源，开设紧贴公安实战需要的专业培训班，使培训为实战服务。对大练兵活动中涌现出来的尖子选手加强培养和扶植力度，努力营造公平竞争、良性竞争的氛围。 （虞　蔚）

【杨浦区总工会职工培训工作量大质优】 杨浦区总工会以沪东工人文化宫为基地，建立职工素质工程培训中心，截至10月底，共培训职工19500余人，其中区总培训中心和各大口、社区（镇）工会直接培训职工7700人次，30.3%职工通过各类培训获得第二技能证书。区总工会东宫培训基地开办的上海市初级工商管理（EBA）资格培训及开放式大专班累计招收学员500余人。 （张建国）

【静安区梅园邨酒家建立职工培训基金】 梅园邨酒家是一家享誉国内外的民营品牌企业。该企业积极开展学习型组织创建活动，走出了一条企业繁荣发展、员工素质提高的“双赢”之路。为了进一步开展员工教育培训工作，公司设立增长率培训项目基金，在职代会上通过了《梅园邨酒家职工教育培训经费使用与管理办法》，规定企业首期职工教育培训经费的启动资金为13万元，今后每年予以追加，三年内达到40万元，并由工会具体负责基金的使用。2004年，酒家有80名员工利用此基金参加了计算机技术的培训。（严　萍）

【闵行区总工会大力推进EBA培训】 闵行区总工会以上海市初级工商管理（EBA）资格培训为抓手，大力推进职工素质工程建设。具体措施是：广泛发动，通过工会组织网络，让尽可能多的职工关心、了解和参加EBA培训；指标推动，区总工会将EBA培训纳入基层工会工作年度考核，并把班组长参加EBA培训作为评选区文明班组的条件之一；教学联动，区总工会与区电大成立了“EBA培训工作领导小组”，加强指导服务和跟踪管理，及时解决基层学员在报名、学习、考试、接读大专过程中碰到的问题。从2002年至2004年，共举办6期培训班，培训学员2217人，培训合格率达90%以上，接读大专率达60%，区总工会连续三年被上海市总工会和上海电视大学评为“EBA培训组织奖”。（陈红铭）

【闵行区莘庄餐饮业联合工会关心外来务工人员学习】 莘庄餐饮业联合工会根据餐饮行业外来务工人员多、文化程度低、业务技术差的情况，从学习入手，为外来务工人员办实事。用工会经费为15家餐饮企业订《劳动报》，组织外来务工人员开展读报活动，让他们了解天下大事和自身权益。组织各酒店服务员开展技能培训，举行全行业“和记杯”青年职工服务技能比赛，为职工搭建学习交流的平台，激励职工提高业务水平和岗位技能。（叶民强）

【上海电气实现技术工人培训基地化】 上海电气集团以李斌技师学院为基础，弘扬李斌精神，提升李斌品牌，实现技术工人培训基地化。学院坚持“学院加工厂、学历加技能”的办学方针，以“双高”（高等教育学历、高级技能证书）为主要培养目标。设有数控技术、机电一体化、模具设计与制造、工业自动化、计算机网络设计、办公自动化、检测技术与产品、数控机床操作、计算机调试维修、机械CAD/CAM等20余个培训工种，首期数控高级班97%学员顺利取得由国家劳动部颁发的数控高级工技能证书。学院通过各类适用性培训，为电气培养了一大批李斌式的高技能、高素质人才。（冯克华）

【机电工会举办劳务工技术比赛】 上海机电工会首次将技术比赛面向系统内所有符合参赛条件的劳务工，举办劳务工技术操作比赛专场，进城务工人员报名踊跃。85名进城务工人员分别参加了车工、铣工、冷作工的比赛。经上海市技能鉴定中心鉴定，38名劳务工取得中级工技能证书，合格率为45%。上海建设路桥机械设备有限公司制定了《外聘工技能等级考评办法》，工会定期举办劳务工技术讲座和培训班，并在操作现场进行指导，同时对劳务工评定相应的技术等级，有半数从事技术工种的劳务工达到了中级工水平；上海重型机器厂有限公司工会建立了劳务工技术培训夜校，分期分批对劳务工进行技术培训，教学时数每批达到348—378课时；上海柴油机股份有限公司工会开设劳务工技术操作讲座，有效提高了劳务工的技术水平。机电工会举办劳务工技术专场比赛，为劳务工提高技术提供了一个舞台，也为他们融入企业和上海创造了良好条件。（冯克华）

【纺织工会以三大载体推进职工培训工作】 上海纺织工会以职工培训三大载体为抓手，深化职工素质工程。（1）以初级工商管理（EBA）资格培训为载体，有效提升班组长和基层管理者的素质。与纺织职工大学联手开办EBA培训班，来自华申、中达、针织新联纺、凤凰等公司、基层企业的69名班组长进行了《经济学》、《管理学》、《法学》等课程学习，培训合格率达到94%。（2）以“千名职工网上行”培训为载体，提高职工运用信息技术的能力，通过自学和考试相结合的办法，帮助职工学会网上浏览、通信、学习，参加活动的1000名职工全部获得市信息化办公室颁发的合格证书。（3）以《劳动法》培训为载体，帮助基层工会干部提高政策维权的能力，先后举办2期近200人参加的职工保障知识系统培训班，受到了基层干部的欢迎。（俞进艺）

【市医药工会重视进城务工人员教育培训】 上海医药工会重视对进城务工人员的教育培训，组织近千名上药集团下属企业进城务工人员参加法制培训，并对进城务工人员开展法律咨询服务，增强进城务工人员的法律意识和依法维权能力。开展进城务工人员调研，摸清进城务工人员构成、劳动用工、工时休假、劳动保护、社会保险、教育培训等情况，将其作为进城务工人员权益维护的重要依据。组织进城务工人员参加“提高法律素质，做新一代上海人”法律知识竞赛，医药工会荣获市委宣传部、市总工会、团市委等六部委颁发的进城务工人员法律知识竞赛优秀组织奖。（孙明南）

【石化职工周末学校成为职工素质“加油站”】 上海石化工会以职工周末学校为载体，不断提高职工综合素质。2004年，职工周末学校举办了5期有600多人参加的“女职工保健知识”讲座，有130多人参加的“提高自我保护意识和维权能力”法律知识讲座，有120多人参加的“现代职业女性自我形象设计”知识讲座，有280多人参加的“工伤保险条例”知识讲座，举办了15期“百万家庭（市民）网上行”培训班，有632人获得了合格证书。还对炼化部的“高级插花”培训班、塑料部的“网页制作及POWERPOINT”培训班，以及腈纶部、涤纶部、化工部、企发公司等开办的各类培训项目进行整合，集中力量开展培训，满足了职工的学习发展需求。（施东亮）

【上汽集团工会开展女职工“网上行”活动】 上海汽车工业集团总公司工会引导女职工树立终身学习的理念，积极参加“上海市百万家庭（职工）网上行”活动，先后召开三次女工干部座谈会，布置任务、听取意见，要求50%女职工参加“网上行”活动，并将其作为考核女职工工作的一个指标。工会与集团培训中心联手举办培训班，对

二、三层次的工会干部、广大班组长、一线工人(包括男职工)进行上网浏览信息、收发电子邮件及电子卡使用的培训,通过努力,全系统近4000多人拿到了证书。集团工会被市妇联评为“百万家庭网上行”先进集体。 (杨宝妹)

【外高桥海事处工会开展一专多能岗位培训】 上海海事局外高桥海事处工会采取一周组织一次班组学习、一月开展一次业务培训、一季度进行一次工作交流的“三个一”方法,组织职工开展一专多能岗位培训,提高班组成员的综合素质,使班组成员达到“五会一精”(会英语对话、会计算机操作、会航政管理、会开巡逻车、会驾驶巡逻艇、精通一门航政管理专业)的要求,班组成员的工作能力、工作水平有了明显提高。2004年完成船舶安全检查、办理船舶签证、征收船舶港务费、护航船舶艘次、查处违章艘次,分别比2003年同期增加了54.22%;74.540%;90.3%;18.75%;52.06%,提高了对船舶的管理能力和效率,得到了专家的充分肯定。 (朱卫平)

【建工集团职工教育培训工作取得新进展】 上海建工集团大力推进职工教育培训工作,在年初召开的集团一届四次职代会上,企业与工会签订了《关于进一步加强企业职工教育培训工作的协议》。一年来,《协议》明确的各项要求已得到较好落实:(1)集团所属各单位都建立健全了职工教育培训的组织领导机构,制订了年度职工教育培训计划和经费预算,其中,将职工教育培训计划和经费预算提交职代会审议的单位达到90%。(2)按不低于职工工资总额1.5%提取职工教育经费的规定得到贯彻执行,各单位用于紧缺人才、关键人才等骨干的教育培训费用总额达434.5万元。(3)职工教育培训覆盖面扩大,各单位共完成各类职工教育培训达49487人次,形成了职工教育培训工作深入开展的有利局面。 (乔 瑜)

【良友集团职工代表巡视检查职工教育培训情况】 上海良友集团工会组织职工代表对海狮公司、东辰公司、福新公司等11个单位的职工教育培训情况进行了巡视检查。结果表明,职工教育经费提取比例符合有关法规、教育经费的使用基本合理、职工教育培训基础管理良好。各单位领导对职工教育培训普遍比较重视,对教育培训的投入呈上升趋势,对职工教育培训的管理正逐步纳入规范化轨道。酒店公司围绕企业形象塑造和提升服务质量,实行岗前15分钟日培训制;上粮六库采用适时性岗位培训方法,重点抓好适应性技能培训;上粮三库重视对一般职工的培训,投入占教育经费总数的52%;乐惠物流重点开展管理岗位业务知识培训,加快培育物流专业管理队伍。职工代表巡视检查,积极履行了监督职权,对集团职工教育培训工作是一次有力推动。 (周黎琼)

群众文化

【上海各级工会开展文化艺术活动】 2004年,上海各级工会以举办职工文化艺术节、职工书画(摄影)展、演讲比赛、文艺汇演、歌咏比赛等形式开展了形式多样,内容丰富的职工文化活动。(1)以文化艺术节、职工文艺汇演为主要形式开展职工文化活动,静安区石门二路街道工会举办“沟通,让明天更加美好”职工楼宇节,设置了文艺表演、时装表演、猜谜等10余个活动项目,深受职工欢迎;上海石化文化艺术节推出大型开幕式、“投发杯”卡拉OK比赛、“企发杯”温馨家园艺术大赛、精彩节目巡演、文化艺术讲座等7个项目,近3000名职工参加;三航局工会在庆祝建局50周年系列活动中举办“我与三航”职工文学作品征文,“青工杯”足球赛、职工文艺汇演、知识竞赛、广播操等活动,营造了良好的企业文化氛围;市劳动和社会保障局工会,通过举办“国庆杯”职工文化展示活动,营造和谐氛围,展示职工风貌;市综合系统工会举行迎国庆“祖国颂”文艺汇演,推出一批综合系统干部职工自编自演的文艺作品;市民政局工会举办第九届“民政之花”文艺汇演,活动历时5个多月,19个区县民政局、28家市属单位创作排演了70余个节目,涉及声乐、器乐、舞蹈、戏曲、小品、朗诵等艺术类型,近千名职工参演。(2)以书画、篆刻、摄影展示活动为主要形式开展职工文化活动:静安区九百集团工会举办“烟草杯”职工DIY(自动手做)文化艺术展,展出100多件职工亲手制作的书法、篆刻、绘画编织盆景、奇石等作品,体现了九百职工对美好生活的追求;嘉定区总工会举办以“拥抱F1,爱我新嘉定”主题的职工书画、摄影展,征集到300余幅作品,并将质量较高的150幅作品在新落成的陆俨少艺术院展出,上海久事公司工会与集团内各控股公司联合举办了为期一周的“心灵憩息的港湾”员工书画、摄影收藏作品展;华源集团公司工会举办“迎国庆职工书画摄影作品展”,收到职工参赛作品300余件,有126幅作品入展,经职工和专家评选,18幅作品被评为一、二、三等奖,城建集团工会举办“我和伟大祖国”征文、摄影展,基层共上报诗歌、散文和小小说202篇,摄影作品150幅,集中反映了城建人的文化素质和精神风貌。(3)以演讲、歌咏为主要形式开展职工文化活动:南汇区总工会和区文明办联合举办了“诚信在我心中”小故事演讲比赛,12名选手生动讲述了发生在身边的诚信小故事,全区40多家单位100多名职工观摩了比赛;上海水务局工会举行庆祝建国55周年歌咏比赛,全局24家单位600多名职工参加比赛;市烟糖集团工会举办了“前进中的烟糖”歌咏大会,千余名职工参与。 (宋 昶)

【市总工会举办“祖国·母亲”职工文艺专场演出】 为庆祝建国55周年,歌颂55年来在中国共产党领导下祖国取得的辉煌成就,展示上海职工蓬勃向上的精神风貌和城市精神,营造热烈祥和的节庆气氛,10月1日,由市总工会、杨浦区委、区政府主办的上海职工庆祝中华人民共和国成立55周年“祖国·母亲”文艺专场演出,在上海沪东工人文化宫广场举行。国庆期间,全市各区县工会和部分局(产业)工会组织了形式多样、内容丰富的职工文化活动,以各种形式热烈庆祝中华人民共和国成立55周年。

（宋 昶）

【市总工会举办上海市庆祝"五一"国际劳动节文艺晚会】 4月30日，由上海市总工会举办的上海市庆祝"五一"国际劳动节文艺晚会在上海大剧院隆重举行，中共中央政治局委员、市委书记陈良宇等市领导与来自全市各条战线的500多名劳模和社会各界代表欢聚一堂，共同庆祝"五一"国际劳动节。市人大常委会副主任、市总工会主席陈豪在晚会上致辞，市领导和劳模及社会各界代表观看了一台全部由职工文艺团队演出的节目，歌舞《我们的节日》、京歌《盛世礼赞》、小品《接线员》、竹乐合奏《翠竹嬉春》等充满了时代和生活气息，大合唱《上海——你永远在我心中歌唱》、《咱们工人有力量》把晚会推向了高潮。（宋 昶）

【市总工会开展庆"五一"系列活动】五一节期间，市总工会组织开展了"赞美你，光荣的劳动者"庆五一系列活动，举办了上海职工五月健身长跑活动、"礼花，为劳动英雄绽放"激光音乐焰火晚会等。各区县工会也开展了形式多样、内容丰富的庆五一系列活动，以表彰大会、文艺演出、体育健身、书画展等形式弘扬劳模精神、展示工人阶级时代风貌。（宋 昶）

【市总工会举办上海职工合唱节】 为进一步丰富广大职工的精神文化生活，市总工会和市音乐家协会联合举办了"上海电信杯"2003—2004年上海职工合唱节。这次合唱节推出三首以"海纳百川、追求卓越"的上海城市精神为核心内容的合唱曲：《心中的歌唱》、《海上飞歌》、《城市心情》，这些歌曲在职工中广为传唱。合唱节合唱大赛充分体现"重在参与"的精神，不但参加比赛的歌队不排名次，而且让群众评委参加部分奖项的评选工作，时尚风采奖、最佳人气奖、最佳台风奖均由群众评委投票产生。奖项设置以十佳歌团、最佳表演奖为主，得奖率约70%，大赛比出了风格，比出了水平，振奋了职工精神。（宋 昶）

上海市总工会茉莉花艺术团深入基层慰问演出

（金大元）

【徐汇区总工会隆重纪念邓小平百年诞辰】 徐汇区总工会举办系列活动，隆重纪念邓小平同志百年诞辰。举办五月艺术画廊揭幕仪式暨纪念邓小平百年诞辰书画展，展出了市书法和美术家协会会员张云龙先生创作的艺术品"纪念邓小平百年诞辰—紫砂壶"、杜信先等一批艺术家创作的邓小平同志肖像、邓小平名言书画和描绘祖国美好山河等作品120余件。举办纪念邓小平百年诞辰文艺晚会，以职工群众自编自演歌舞、戏剧、小品等形式歌颂邓小平领导的改革开放所取得的丰功伟绩。组织工会干部和职工观看电影《邓小平．1928》，将观摩影片作为纪念邓小平诞辰100周年的重要活动之一，加强对职工的爱国主义和思想道德教育。（虞 蔚）

【长宁区虹古小区成立外来务工者俱乐部】 为了丰富外来务工者的精神文化生活，2004年5月，长宁区仙霞街道虹古小区成立了进城务工者俱乐部。俱乐部按照组织吸纳、学习培训、休闲娱乐、互帮互助、依法维护的五大功能开展各项活动，根据外来务工者的愿望，举办了"双语"培训班，提高了外来务工者的双语水平。俱乐部向外来务工者赠送健身卡、借书证，免费开放小区乒乓室、健身房和图书室，逢年过节，组织外来务工者开展乒乓、卡拉OK等各类文体比赛，吸引外来务工者踊跃参与，俱乐部还组织员工互帮互助献爱心，当知道街道有献血任务时，30多名外来务工者积极报名。俱乐部正成为小区内外来务工者的温馨之家。（吴芍青）

【黄浦区工人文化宫成为职工素质工程基地】 黄浦区工人文化宫在服务中心、服务工会、服务职工中树品牌，创特色，建成上海市职工素质工程培训基地，形成了职业培训品牌特色。中心开设了手机维修、房地产经营中介、水电工、维修电工、花卉园艺、家政服务、插花员、家电维修、物业管理、美容美发、素描、水粉、水彩、书法等培训项目，每年参加培训的各类学员达到2000人次；建成上海市推进再就业工程基地——百帮南工文化服务中心，涉足再就业项目已达几十项，有文化礼仪、摄影摄像、字画装裱、手工工艺、广告信息制作、文化票务、声乐培训、家教服务、家庭工艺作坊等，凸现了浓厚的文化气息；建成上海市振兴中华读书活动基地——文化宫图书馆、南工书评组、南风诗社，坚持读书育人，形成了一支近百人的读书积极分子队伍，图书馆荣获全国和上海工会"文明图书馆"称号，书评组荣获全国"读书自学先进小组"称号，文化宫多次被评为上海市振兴中华读书活动先进单位。（王 岚）

【宝山区总工会举办职工文体系列活动】 宝山区总工会广泛开展职工文体活动，举办了庆五一"看祖国大好河山，绘宝山新城新貌书画展"，20多家单位参加，参展作品100多幅；举办“宝冶检修杯”青春健美操比赛，60多家单位600多人参加；举办迎国庆“一框”集邮知识讲座及邮品展，40多人参加讲座，参展作品20多框；举办“金叶杯”职工“读书明理，感悟人生”演讲比赛，20多家单位参加，60余人参加决赛；举办“宝冶杯”职工乒乓球邀请赛，16家单位150多人参加，丰富了职工的精神文化活动。（窦恺芳）

上海铁路局工会举办庆国庆暨建局55周年职工文艺演出

（袁祥浩）

【闵行区教师合唱团荣获全国比赛金奖】 2004年12月，闵行区教师合唱团在中国第七届合唱节比赛中荣获金奖。闵行区教师合唱节比赛中荣获金奖。闵行区教师合唱团第一名，并曾在中国第六届合唱节比赛中获得过金奖。2004年，闵行区教育工会组织了“教工合唱比赛”，全区79所学校3500多名教师参加预赛，31所学校1496名教师参加决赛，并决出“十佳歌队”，教师们真切动人的演唱展现了良好的艺术素养和团结向上的精神风貌。

（叶民强）

【崇明县总工会举办职工文化艺术节】 崇明县总工会自4月至6月隆重举办了崇明县职工文化艺术节，推出六大系列活动：一是以弘扬劳模精神为主题的艺术节开幕式职工文艺演出；二是崇明职工书画作品展；三是崇明职工生态建设求索摄影展；四是以“生态伴随你我他”为主题的征文和演讲比赛；五是社区职工文艺专场演出；六是崇明职工大合唱比赛。活动主题鲜明，内容丰富，各具特色，共有1500余人次的职工参与活动。（陈进修）

【江桥镇工会开展“异乡寻梦”活动为外来务工人员搭建施展才华的平台】 从2004年10月起，江桥镇工会在太平村举办了“异乡寻梦”系列活动，相继举办了征文、书法、绘画、学说上海话、钢笔字、卡拉OK、跳绳、踢毽子、飞标等竞赛项目，为外来务工人员搭建施展才华的平台。这次活动显示出四个特点：一是发动面广，从最初的太平村启动发展到所有有外来务工人员的地方；二是参与人数多，从最初一个项目10余人参加，到以后的几百人、几千人参与；三是满足了外来务工人员体现自身价值的追求；四是工会的影响力得到明显提高，不少外来务工人员吐露心声：“我要参加工会”。

【上海汽轮机公司工会举办文化艺术月】 上海汽轮机有限公司工会开展以“学科普、学知识、学艺术”为主题的文化艺术月活动，共设置9个大项28个小项系列活动，吸引5000人次参与，活动体现三个特色：(1)向科技知识延伸，举办先进刀具推广应用摄影展和普及汽轮机知识竞赛，丰富了职工的汽轮机科技知识。(2)向理想信念拓展，征集管理、人才、经营、科技、质量、环保、安康、公关、职业道德等九个方面的理念，丰富了公司企业文化的底蕴，展现了广大职工万众一心爬坡登峰的企业精神。(3)向艺术创意升华，举办花卉、盆景、插花、袜子花艺术展，吸引了广大爱好者前往参观，既丰富了职工的业余生活，又为职工提供了展示才华的舞台。（陶良）

【纺织职工兴趣协会成为培养人才摇篮】 上海纺织工会坚持因地制宜开展群众性文化娱乐活动，积极发挥职工兴趣协会作用。纺织京剧团是一个在全市票界负有盛名的群众团体，该团坚持每周一次业余排练活动，在2004年第二届全国京剧节上，被指定参加展示演出，既弘扬了国粹艺术。也提升了职工文化的知名度。纺织职工文学创作会汇集了一批写作高手，在2004年上海第二届读书节期间，纺织文学创作会会员推出了自己的新作，纺织协保职工王伟国创作的中篇小说《与心爱的人一起打价》由少年儿童出版社出版；纺织原料仓库总经理武佩琥创作的诗集《边》由上海三联书店出版；诗人张卫东创作的抒情诗荣获上海国庆诗歌比赛三等奖。纺织摄协会、书画协会、集邮协会以参加市级比赛屡获奖项的优异成绩显示了协会的实力。（俞进艺）

【纺织集邮协会建会20年】 2004年，上海纺织工会举办了集邮协会成立20周年纪念活动，纪念活动分三个板块：一是编辑一期专刊。《纺织集邮》是集邮协会会刊，4开8个版面，每个季度出一期，协会成立20周年前夕，专门发表了市邮协领导和集邮爱好者的纪念文章，成为集邮协会会员们的珍贵收藏；二是推出一本纪念册。纪念册86幅照片全面记载了纺织邮协走过的20年历程：21位会员的56部邮集入选市级展览，21部作品得奖，2部作品送丹麦和北京参加国际国内展出，一批基层邮协和个人被评为全国和市级集邮先进集体或先进个人；坚持举办上海市集邮节分会场活动、集邮征文和集邮知识竞赛，开拓会员的视野；三是举办一次集邮大型展览，集中展示了72位会员制作的144部邮集。纺织集邮协会20周年纪念活动，进一步推进了职工集邮兴趣活动的发展。

（俞进艺）

【宝钢合唱团连获佳绩】 以文艺歌咏的形式宣传宝钢、凝聚职工，是2004年上海宝钢集团群众性文化工作的一大特色。3月，宝钢合唱团以《你永远在我心中歌唱》及《在十八岁生日晚会上》两首高难度曲目，参加了2003—2004年上海职工合唱节，在55个参赛队伍中脱颖而出，荣获"十佳歌团"。9月，在上海市市级机关庆祝建国五十五周年歌咏比赛、文艺汇演中，宝钢合唱团以一首创作歌曲《心声》荣获金奖，男女声二重唱与上海说唱荣获银奖，并应邀参加了在上海大剧院举行的"祝福您、伟大的祖国——上海群众歌咏展示主题演唱会"。 （计兆琪）

【上海铁路局举办建局55周年职工文艺汇演】 9月24日，上海铁路局在上海铁路文化宫隆重举办全局庆祝国庆暨建局55周年职工文艺汇演，各分局、大口文艺骨干和积极分子共200多人参加演出，上海地区部分劳模、先进代表和路局党政工团领导观看了演出。整台文艺演出以"跨越之歌"为主旋律，强烈烘托喜迎国庆和纪念建局55周年的浓厚气氛，以职工自编、自导、自演为主，先后演出了歌舞、京韵说唱、摇滚快板、配乐诗朗诵、踢踏舞和服饰展示等15个节目，充分展现上海铁路局推进铁路跨越式发展，全力打造"精品局"的丰硕成果以及职工群众团结拼搏、昂扬向上的精神风貌。 （嵇晓平）

【港务集团工会为劳模集体送书画】 6月22日，上海国际港务集团工会和集团职工书法美术协会的十余名成员，前往集团下属上港集箱外高桥分公司，开展"为劳模集体送书画"活动。参加这次活动的海港工人艺术家们为外高桥分公司书写了班组精神、班组承诺和部门规章、安全警句等，还即兴作画赠送给该公司，帮助美化公司各部门、班组的环境，并集体创作了一幅"欣欣向荣"百花图，在祝贺上港集箱外高桥分公司被评为上海市劳模集体的同时，更衷心祝愿港务集团集装箱装卸事业欣欣向荣，再创辉煌。 （林碧娅）

【海运工会赴军港展出邮集】 为配合2004年"中海国防杯"国防教育系列活动，上海海运（集团）公司工会协同中海集团人武部，选送上海海运集邮协会一部《中外军舰互访》的80页贴片专题邮集（内容为"中国海军军舰23次出访五大洲"、"外国军舰53次访问上海"、"外国军舰30多次访问青岛、广州、湛江"的随舰出访封、纪念封），到上海吴淞92244部队军营和该部队"无锡"号导弹护卫舰，两次为海军官兵展出，受到海军官兵的热烈欢迎。 （顾惠根）

【港务职工邮协开展活动体现行业特点】 3月12日，上海国际港务集团集邮协会举办了第六次港口题材邮票研讨会，通过一部部港口题材的专题邮集，反映港口装卸运输的沧桑变迁，市集邮协会副会长、著名集邮家刘广实先生对4部港口题材邮集作了讲评。在此前举行的2004年上海集邮节专题集邮展览会上，港务集团集邮协会选送的《走近港口》邮集获得金奖，《贸易港口》邮集获得银奖，《快乐的海船运输》邮集获得镀银奖，这三部获奖邮集反映的均为港口发展的主题。港务集团工会还汇编《职工集邮工作探索》一书，系统回顾集团集邮协会十多年来围绕港口发展的情况。 （张晨琦）

【上海邮政举行第二届职工文化艺术节】 5月至10月，上海市邮政局举办了以"展绿艺风采，创邮政辉煌"为主题的第二届职工文化艺术节。在近五个月的时间里，先后举行了"祖国在我心中"大合唱比赛、"美的旋律"卡拉OK比赛、"赞上海邮政风采，颂先进劳模精神"征文比赛和演讲比赛、"集藏献宝"展评会、"艺术才华露一手"展示活动、"绿衣风采"文艺创作展示和"邮政明天更美好"文艺演出等8大类15个项目，全局有41个单位4800多名职工参加了展示和比赛。 （厉文德）

【上海移动文化艺术节内涵丰富】 5月至10月，上海移动通信有限责任公司举办了第二届文化艺术节。这届文化艺术节以"汇聚移动员工风采，尽释企业文化底蕴"为主题，围绕公司"服务与业务领先"的战略重点，推出了"移动之韵"、"团队之彩"、"员工之秀"三大板块包括摄影、书画、手工制作、收藏、征文、书评、影评、故事会、团队生活电视短片摄制以及员工风采展示等14个个人项目和5个团队项目。这届艺术节体现了四个特点：一是时代性，通过个人和团体项目的比赛，展示当代移动员工的精神风貌和时代风采；二是知识性，面向全体员工举办系列讲座，普及艺术欣赏、创作技巧、表演技能方面的知识；三是参与性，通过员工自导、自编、自演，把身边的真实故事反映出来；四是艺术性，通过"凝固的瞬间"、"流动的笔墨"、"精美的制作"和"多彩的收藏"，展现员工的艺术才华和丰富个性，抒发员工珍爱生活、热爱本职、乐于奉献的满腔热情。 （隋　奕）

市级机关工会组织庆祝建国55周年歌咏比赛

（邱永前）

【上海电信举办员工合唱团专场音乐会】 12月28日，由上海市电信有限公司、上海电信工会主办，上海市音乐家协会合唱专业委员会协办的上海电信员工合唱团合唱专场音乐会在上海音乐学院贺禄汀音乐厅举行。上海电信员工合唱团是上海音乐家协会合唱专业委员会的团体会员，多年来，上海电信员工合唱团坚持文艺为塑造城市新形象服务，为加强社区精神文明建设服务，为提升员工综合素质服务。从2002年至今，上海电信员工合唱团应邀参加了上海市"阳光、大地"合唱比赛、上海市国际艺术节、上海市"十月歌会"、建党八十周年大型歌会等大型文艺演出，并多次获奖。音乐会以上海电信员工合唱团历年来在全国及上海市各类合唱比赛中的获奖曲目为主，表演形式有混声合唱、男女声小合唱、无伴奏合唱以及独唱重唱等。激情飞扬的旋律、美妙动人的和声，一次又一次地将音乐会推向高潮，上海100多个业余合唱团成员到会观摩。（朱东亚）

【金融工会大力弘扬先进行业文化】 2004年，上海市金融工会为提高金融职工文化素养，活跃职工业余生活，组织了"平安""交行"两个合唱团，参加上海合唱节活动。向全系统员工征集业余书、画作品182幅，举办"祖国颂——国泰君安杯书画展"，编辑印制了《艺海拾贝——上海金融艺术作品集》。举办上海金融系统"走向辉煌——庆祝建国55周年文艺汇演"，参演人员达520余人，由金融员工自编自导自演的19个节目表达了上海金融职工对祖国的无限热爱，尤其是配乐诗朗诵《上海金融之歌》，热情讴歌金融改革开放的丰硕成果，充分展示了上海金融职工的精神面貌。建立上海金融系统文学创作沙龙，组织职工文学爱好者撰写反映上海金融发展轨迹和金融工作者奋斗足迹的文学作品，大力弘扬金融行业先进文化。（卫国强）

【上海教师绿叶艺术团建团10周年成果斐然】 2004年，由上海市教育工会、上海教育电视台共同建立的上海市教师绿叶艺术团迎来建团10周年纪念日。10年来，艺术团在上海音乐学院、上海戏剧学院、上海师范大学建立了分团，一批活跃在艺术教学岗位上的音乐家、表演艺术家俞丽拿、廖昌永、杨新华、杨学进、方琼、赵勇、王丽琴、周进华、陆蓉等成为艺术团台柱子。艺术团在各级党委和历任领导的关心下，在上海教育电视台和各高校、区县教育局以及社会各界的支持下，坚持立足上海，辐射全国，深入基层学校，远赴边疆乡村，演出60余场，观众达7万余人。9月，艺术团应中国教科文卫体工会的邀请，组织艺术院校的师生赴甘肃省定西市、通渭县参加"心系陇原、情洒陇中"慰问演出，受到了贫困地区群众的欢迎。（顾伯超）

市综合系统工会举办庆祝建国55周年文艺汇演活动
（顾永波）

【市医务职工第六届文化艺术节独具特色】 4月至9月，市卫生局、市医务工会共同举办庆祝建国55周年暨上海市医务职工第六届文化艺术节。这届艺术节活动重点突出，内容丰富，特色鲜明，艺术节开、闭幕式从基层单位搬到了市工人文化宫和艺海剧场，不仅参加人数明显增加，而且首次向社会公众展示卫生科技成果、生理卫生知识、医务艺术文化，提高了上海卫生系统的社会认知度。艺术节历时5个多月，共举行了3个大类、23个大项、32个奖项的活动（包括展示类6项、展演类14项、创作类3项），设置比赛专场24场，参加各项活动的职工达3000余人次。艺术节在活动内容上有所创新，如为配合卫生系统政风、行风建设，开展了以卫生改革与实践、卫生科技发展展望、医疗服务延伸等为主题的卫生文化征文比赛；为提高工会宣传工作水平，进行了工会工作电视短片制作比赛；为体现医务职工救死扶伤的职业精神，宣传医务人员无私奉献的感人事迹，举办了卫生文化演讲比赛等。这些活动不仅丰富了艺术节的内容，而且为塑造医务人员的职业形象创造了条件。（钱菊敏）

【市级机关开展庆祝建国55周年文艺汇演】 为了隆重庆祝中华人民共和国成立55周年，讴歌建国以来社会主义建设的伟大成就，市级机关工作党委、市级机关工会举办了"上海市市级机关庆祝建国55周年文艺汇演"。自9月11日起，先后举办了综艺、舞蹈和声乐专场，9月19日和21日晚上在上海音乐学院贺绿汀音乐厅举行大合唱专场，把这次汇演推向高潮。市领导陈良宇、韩正、龚学平、蒋以任、刘云耕、罗世谦、殷一璀、王安顺等以普通党员的身份，各自参加所在机关合唱团的演出，他们和大家一起登上舞台，引吭高歌。由市委6位正、副书记领唱的《唱支山歌给党听》，表达了全市机关干部对党、对祖国、对人民的深厚感情，赢得全场热烈的掌声。在参加演出的45个单位91个节目中，有53个是创作或改编节目。9月25日，在美琪大戏院举行"上海市市级机关庆祝建国55周年文艺汇演"汇报演出。

这次活动的成功举办,推进了市级机关精神文明建设,激发了广大公务员爱党、爱国、爱民的热情,充分展示了市级机关公务员队伍执政为民、求真务实的良好精神风貌。 (邱永前)

【市工人文化宫创作话剧《谁主沉浮》剧本获奖】 由上海市工人文化宫剧作家贺国甫和上海市作家协会剧作家宗福先联合创作的塑造新时期共产党员新形象的"主旋律"话剧《谁主沉浮》(又名:道拉斯先生到来之前)剧本荣获2003—2004年度"国家舞台艺术精品工程"优秀剧本奖。 (刘 骏)

【市工人文化宫完成电视剧"花"系列】 市工人文化宫剧作家陈心豪继推出电视连续剧《红色康乃馨》、《蓝色马蹄莲》后,又推出"花"系列第三部《褐色美人蕉》。该剧题材新颖,情节曲折,内容发人深省。 (刘 骏)

【东方书画院开展"五一"书画义卖活动】 上海东方书画院近30名画师五一节在市工人文化宫开展献爱心书画义卖活动。画师们当场书写、绘画,将思想、灵感与技艺融入作品中,按照作品尺幅大小,以规定的价格让收藏爱好者选购,通过义卖形式为上海慈善事业募集善款。市总工会副主席、上海东方书画院院长吴申耀也亲临现场,挥毫泼墨,加入义卖行列。这次义卖共筹集善款5000余元,为慈善事业贡献了爱心。 (刘 骏)

【市工人文化宫"茉莉花"艺术团下基层慰问演出】 2004年夏季,市总工会茉莉花艺术团"茉莉飘香情系一线"赴基层巡回慰问演出活动在宝冶建设基地拉开序幕,随后在电力、华谊、航天、运输、建工、中港三航、市政、城市交通、水务等国有大型企业连演10场,慰问生产一线的职工。国庆前夕,市总工会副主席汪兰洁率"茉莉花"艺术团一行远赴山东鲁中矿山,以文艺演出的形式向奋战在第一线的矿山职工致以节日的祝福,并代表市总工会送去最诚挚的慰问。 (刘 骏)

短信息:

○奉贤区总工会举办第二届职工文体展示活动,设职工文艺演出专场、职工呼吸操大赛、职工桥牌赛、职工乒乓赛和职工书画摄影展等项目,历时五个多月,吸引了近万名职工参与。 (沈永明)

○上海烟草机械公司工会举办第二届职工文化艺术节,设置象棋、乒乓联赛和书画作品收藏展、十月歌会比赛等10个文化活动项目,职工参与率达到90%以上。 (孙荣征)

○3月3日,上海国际港务集团工会、女职工委员会隆重举行庆祝"三八"国际劳动妇女节文艺汇演,海港医院等16家基层单位的女职工们先后表演了舞蹈、戏曲、独唱和器乐演奏等精彩纷呈的节目,展示了港务集团六千余名女职工的良好精神风貌。 (张 莉)

○中远集运工会举办庆祝公司成立40周年职工文艺演出,职工以自编自演的歌舞、小品、戏曲、配乐诗朗诵等形式歌颂公司成立40年来取得的辉煌成果,抒发对公司发展前景的美好憧憬。 (钱 华)

○上海市特种设备监督检验技术研究院工会筹备组举办了首届文化艺术节,开展了3项征集(院训、院服、院徽)3项比赛(拔河、法规知识、歌咏)和3个展览(书法、绘画、摄影)活动。 (陈汉新)

读书活动

【2004年上海读书节盛况空前】 7月至12月,由市读书指导委员会主办、市总工会承办的2004年上海读书节,以其鲜明的主题,富有时代感的生动内容,吸引了50万市民和职工群众的广泛参与,取得了很好的社会效应。读书节围绕"读书,将希望变成现实"这一主题,设置了26个分会场,举办了"新华杯"上海市民综合素质测试活动、"上海译文杯"世界名著双语朗诵大赛、上海新经济组织读书论坛、新上海人读书活动展示交流会、上海学习型社区展示暨街道读书活动推进会、"三联杯"金色年华伴好书系列活动、"信息网络杯"、"我最喜欢的20本书"评选活动、"东方网"上海读书活动网页开通仪式等10项活动。这届读书节闭幕式上公布的上海城市读书指数,成为读书节的一大新亮点。上海读书节以其精彩纷呈的内容、生动活泼的形式、辐射深远的影响,成为上海读书人的盛大节日和上海城市的文化品牌。 (刘宝华)

【上海首次公布城市读书指数】 12月6日,在2004年上海读书节闭幕式上,市读书指导委员会首次向社会公布了上海城市读书指数为828.2。建立上海城市读书指数,旨在对整个城市的市民和职工读书状况作一个整体的衡量,用以正确反映和分析市民和职工的文化教育素养和思想文化发展状况,对进一步推进上海先进文化建设和城市精神文明建设具有重要意义。上海城市读书指数课题组由市读书指导委员会办公室、市总工会宣教部会同上海社会科学院、上海大学的专家共同组成。城市读书指数由"通用性读书指数"(图书消费指数与图书借阅指数)和"个体读书综合指数"(读书数量指数、读书藏量指数、读书时间指数、读书社群性指数与读书积极性指数)两大部分构成,数据主要来源为《2004年中国统计年鉴》和2004年10月开展的《上海城市读书状况调查》。城市读书指数报告显示:上海市民的读书指数在全国处于领先地位。上海人均图书消费75.90元,超过北京、天津和重庆;上海的图书借阅量高于北京和天津。上海的部分读书指数已经接近国际平均水平:上海人均每年读书8本(新加坡为8.3本,日本为18本,美国为25本)。上海在每周读书10小时和每年读书20本的人数比例上已经超过西方国家发达城市的水平。 (刘宝华)

【上海召开学习型社区展示暨街道读书活动推进会】 8月31日，市读书指导委员会、市总工会在潍坊新村街道隆重召开上海市学习型社区成果展示暨街道读书活动推进会。来自潍坊新村街道、曹家渡街道、大桥街道、新华路街道、梅园新村街道等9个读书活动先进单位分别作了新形势下开展读书活动和创建学习型社区的交流发言，提出了不少新的思路，展示了学习型社区创建经验。市文明办副主任陈振民宣读了市读书指导委员会《关于深入开展社区读书活动的意见》，市读书指导委员会副主任、市总工会副主席汪兰洁在会上指出：要深刻认识社区读书活动在上海城市发展和精神文明建设中的地位和作用，进一步明确社区读书活动的指导思想和主要任务。社区读书活动要在创建学习型城市进程中起主导作用，适应社区读书活动发展新情况，进一步加强对社区读书活动的指导，努力构建社区读书活动的新机制；要充分发挥社区读书活动的导向作用，提升学习型社区的创建水平，为建设文明之城、学习之城作出贡献。 （刘宝华）

【市总工会举行新经济组织读书论坛】 11月22日，由市总工会、解放日报、市人事局、中共普陀区委共同主办，普陀区总工会协办的上海新经济组织读书论坛在普陀区召开。会上，中共普陀区委、复兴高科技(集团)有限公司、均瑶集团、复旦光华信息科技股份有限公司、宝名国际集团和红星美凯龙家具有限公司等6家单位作了论文交流发言，另有5家单位作了论文书面交流。论文中既有对新经济组织性质和特点的认识判断，也有对新经济组织职工综合素质的宏观分析；既有对新经济组织开展读书活动的理性思考，也有对新经济组织创建学习型组织的成功探索；既有新经济组织构建学习型机制的生动实践，也有对学习能力在员工和新经济组织发展中重要性的深层次研究；会上普陀区一批新经济组织读书活动的优秀组织者受到表彰；普陀区总工会进城建设者演讲团三名成员作了演讲交流。市总工会副主席、市读书指导委员会副主任汪兰洁、中共普陀区委副书记叶维华等有关方面领导和150家新经济组织的代表出席了会议。解放日报新论栏目整版刊登了论坛的发言摘要。（刘宝华）

【市总工会召开新上海人读书活动展示交流会】 9月27日，市总工会在杨浦区召开新上海人读书活动展示交流会，会上表彰了杨浦区总工会等10家新上海人读书活动组织奖和13名“上海市新上海人读书成才标兵”。杨浦区的李肖鸣、普陀区的鲁传江和浦东新区的洪泽作为新上海人读书成才的代表在会上作了交流发言；杨浦区总工会副主席段芬芳代表上海10多个区局工会向全社会发出了开展新上海人读书活动，关心进城务工建设者精神文化需求的倡议；市总工会副主席、市读书指导委员会副主任汪兰洁要求各级工会深刻认识开展新上海人读书活动的重要意义，拓展上海读书活动的新领域，深入开展新上海人读书活动，切实维护进城务工建设者的精神文化权益，为培育一支高素质的建设者队伍而努力奋斗。 （刘宝华）

【普陀区开展进城务工青年读书活动】 2004年，普陀区总工会采取五项措施开展进城务工人员读书活动。(1)编辑《进城务工青年读本》，组织70人次的师资培训，为开展进城务工青年读书活动提供指南。(2)建立进城务工建设者培训基地，分别在9个社区和6个经济园区的工会教育中心挂牌，为进城务工青年提供读书学习的场所。(3)各社区工会分别开设了进城务工青年政治思想、技术技能、职业道德等系列教育课程，全区组织进城务工青年轮训8000余人次。(4)开展以“读书、人生、发展”为主题的读书征文活动，举办进城务工青年征文演讲比赛，成立了全市首个进城务工青年演讲团，深入工业园区开展巡回演讲。(5)承办2004年上海读书节——上海新经济组织读书论坛，宣传“读书、人生、发展”的成功事例和经验，鼓励广大进城务工青年进一步提高素质。

（金 今）

【闸北区深化读书活动】 闸北区总工会制定下发了《2004年闸北区职工读书活动实施意见》，以交际外语、环境保护、花卉种植、养生保健和创建学习型组织五个读书沙龙为抓手，组织职工开展丰富多彩、形式多样的读书交流活动。召开了“闸北区学李斌，树先进”读书成才交流会，命名表彰了30名读书成才标兵，组织900名进城务工人员参加市法制办、市委宣传部举办的“提高法律素质，做新一代上海人”读书活动，发放《上海进城务工人员法律知识读本》2600本，并组织人员参加市法律知识网络决赛，与市读书办联手开展《我与读书》征文活动，得到职工、居民、学生等广泛响应，共收到200余篇征文，并举行了颁奖大会。

（糜玉树）

奉贤区总工会举办“劳动者之歌”职工文艺专场演出

（姜培新）

【静安区图书馆与新经济组织共建职工图书室】 11月26日，静安区总工会与区文化局联合举行共建职工图书室签约仪式。仪式上区图书馆与宝名国际集团等三家新经济组织签订共建"职工图书室"协议，向签约企业赠送图书和区图书馆借阅卡。区图书馆与新建企业共建图书室，把读书活动实实在在地拓展到"两新"组织中去，有效整合了社会资源，使工会、文化局、街道的优势得到充分发挥，形成了为职工服务的合力，推进了创建学习型组织的活动。 （颜竞新）

【市政培训中心工会积极开展职工读书活动】 上海市政培训中心工会积极开展以"创建学习型学校，争做知识型员工"为主要内容的职工读书活动，选择了《公民道德建设实施纲要》、《心态——成功的基石》、《敬业》、《健康与养生》、《电子讲稿制作》、《网页制作实践教程》、《图形图像处理实训教程》等，作为读书活动的必读书籍发给每位职工。为读好《心态—成功的基石》，工会邀请心理学教授专门作了读书辅导；为读好《健康与养生》，工会组织了"健康与养生"知识竞赛；为学好《公民道德建设实施纲要》，工会组织了学习讨论会；为学好《电子讲稿制作》等计算机知识，工会组织了计算机知识培训班。开展职工读书活动，使职工树立了终身学习的理念、刻苦钻研业务技能，83%的职工结合工作写出读书心得。为进一步提高职工的读书积极性，工会还对读书积极分子予以表彰。 （黄志华）

【农工商集团申光公司工会贴近经济开展读书活动】 农工商集团上海申光高强度螺栓有限公司工会通过向全体员工推荐一本优秀书籍《自动自发》，在全公司开展读书演讲活动，以此达到内强素质、服务经济的目的。党支部书记钟雪华在演讲大会上带头作了主题为《改变心态，端正态度，同舟共济，共创未来》的演讲，将读书、演讲活动推向高潮。在此基础上，工会还结合企业实际和需求，积极开展全员质量体系和质量意识培训；开展企业道德观教育，打造企业团队精神；开展争创一流工作业绩的劳动竞赛；开展"榜样的力量是无穷的——向身边劳模学习"等活动，并在管理岗位上开展了竞争上岗，变"给你岗位"为"我要岗位"。这一系列活动的开展，不仅加强了职工队伍的素质，而且促进了企业的经济发展。（桑树德）

短信息：

〇南汇区女职工委员会开展读书征文比赛，共收到71篇征文，其中"拒绝性别按纽——读《女性与社会性别》有感"等15篇优秀征文获奖。 （周慧学）

〇纺织工会在100个助学帮困对象中开展"心灯伴我行"主题读书活动，把45位同学的文章编成小册子，锤炼和塑造受助孩子的健全人格。 （俞进艺）

新落成的白茅岭文化娱乐活动中心举行开馆仪式

（张坚忠）

体育活动

【上海各级工会开展群众性体育活动】 2004年，上海各级工会以职工运动会、单项比赛等形式开展了形式多样，内容丰富的职工体育活动，内容包括广播操、接力跑、自行车、乒乓球、象棋、扑克牌等常规体育运动项目，如：豫园旅游商城举行第八届职工体育健身运动会，设置了广播操、接力跑、自行车等11个项目，有550名职工参赛；上海化学工业区举办了第一届职工运动会，区内25家企事业单位参加了比赛，参赛人数达1333人次，其中外籍运动员30人次；鲁中冶金矿业集团公司举行第十一届职工运动会，15个两级单位的511名运动员参加了各项比赛；上海烟糖集团工会举行第三届职工运动会，参赛职工达1058人次；市教育工会举办市教工乒乓球比赛；市科教文卫体系统举办领导干部第二届乒乓球联谊赛；市体育局工会组织老年职工参加上海市第七届老年人运动会等。 （宋 昶）

【市总工会承办世界著名在华企业健身大赛】 为了贯彻实施《上海市全民健身发展纲要》，进一步推行"人人运动计划"，提高职工体育健身意识，让更多的职工参与健身，形成职工体育健身新热潮，市总工会与市体育局等承办了由全国总工会、国家体育总局主办的世界著名在华企业健身大赛，该项大赛是我国首次举办的以世界著名企业职工为主体，以"参与、交流、展示"为宗旨的体育赛事，也是将企业与文化、体育、城市有机结合的"都市景观体育"。比赛共设10个项目，全部安排在上海标志性城市建筑和城市景观地区举行。具体项目有：浦江夜游桥牌赛、东方绿舟足球赛、街头三对三篮球赛、外滩健美操赛、豫园广场双绳赛、东方明珠登高赛、都市公寓网球赛、城市定向越野赛、新天地广场飞镖赛、乡村高尔夫球赛等，来自北京、天津、浙江、安徽、云南、重庆、湖北、山东、江苏等省市的160多家世界著名在华企业的359支队伍、近2000余人

参加了大赛。（宋　昶）

【普陀区总工会举办第三届职工体育节】 2004年，普陀区总工会举办了第三届职工体育节。体育节由四个系列组成：一是“春天的节奏——职工踢踏舞大赛”，其中的特等奖节目参加上海大剧院“五一”演出，并赴京参加“国庆”群众文艺汇演；二是“争风英雄——新上海人拔河循环赛”，将体育活动延伸到新经济组织；三是“仰望魅力——职工健美形象风采展示”和“时尚之秀——体育舞蹈展演”活动；四是“健康色彩——职工体育摄影比赛”。整个体育节最终形成了一本装帧精美的画册。为了体现体育节的水准，区总工会职工演艺中心下基层辅导职工文体活动260多次。（符时宝）

【卢湾区举办庆“八一”军民长跑活动】 为弘扬拥军爱民优良传统，进一步推动全民健身活动，在建军77周年到来之际，卢湾区总工会、体育局、武装部、双拥办共同举办了第24届庆“八一”军民长跑活动，市总工会副主席汪兰洁、卢湾区委、区政府、区人大、区政协有关领导及上海警备区警备团、海军170舰、海军171舰、空军96826部队和武警上海总队的首长出席活动，来自驻沪三军和武警部队，19个区、县、局的60支长跑队、2000名军民运动员参加了长跑。（葛家敏）

【崇明县卫生系统职工体育蓬勃开展】 崇明县卫生局工会为了增强医务人员体质、活跃职工业余文化生活，每年都要组织几次全系统的大型职工体育活动。2004年，局工会组织了有21个基层代表队、60多名运动员参加的第十一届“医工杯”乒乓赛，还举行了男子篮球邀请赛。局工会组团参加上级工会各类体育比赛均获得好成绩，一年中计有7000多人次的医务职工参加各类体育活动，平均每名职工参加2次以上。（陈进修）

【宝钢集团职工运动会弘扬企业精神】 5月至9月，宝钢集团举办了第六届职工运动会暨第五届老年运动会。运动会以崭新的精神面貌、广泛的职工参与，创下了宝钢历届职工运动会之最，这既是对宝钢职工素质全面发展的一次检阅，也是宝钢不断进取、争创一流企业精神的展示。10月30日至11月7日，宝钢组队参加了“世界著名在华企业健身大赛”，成为这次大赛参加5个以上项目的12家企业之一，宝钢参赛队获得1金、2铜、1个第五名及1个第七名的成绩，展示了宝钢职工积极向上的精神风貌及企业形象。（计兆琪）

闵行区总工会第二届“莘庄工业区杯”职工迎“五一”长跑比赛（陈红铭）

【烟草工会举办第四届职工运动会】 上海市烟草工会自4月至10月举办了第四届职工运动会。该届运动会以“爱我中华、强我体魄”为主题，以打造“追求卓越的上烟人”品牌为目标，历时近半年，行业内共有26家企业的1000多名员工参加了11个项目的比赛和2个表演项目，充分体现了全民健身、重在参与的比赛宗旨。烟草工会对“体育道德风尚奖”、“精神文明奖”和“优秀组织奖”获得者进行了表彰。（江洪生）

【上汽集团举办第二届职工健身运动会】 5月至9月，上海汽车工业集团总公司举办了第二届职工健身运动会，开幕式暨“上海职工‘五一’健身长跑”起跑仪式在上海科技馆广场隆重举行。运动会共设“大怪路子”扑克牌、钓鱼、保龄球、足球、驾驶技能、中国象棋、台球、游泳、羽毛球、跳绳、乒乓球和桥牌等12个大项、41个小项，奖牌总数达239枚，集团所属38个单位的326支运动队、计8000多人次参加。这届运动会取得了四方面经验：一是由基层单位冠名承办，负责制定规程、组织报名、举行竞赛等；二是按市运会的标准，规范化、高水平地举办比赛，聘请专业人员担任裁判；三是各基层单位进行选拔赛，吸引了近万名职工积极参与；四是加强宣传报道，劳动报、上海汽车报、上汽电视新闻等媒体对各项赛事及时采访和报道，集团工会还编辑出版《运动会画册》，扩大了运动会影响。（朱　晞）

【中海集团工会举办第二届职工运动会】 4月中旬至10月底，中海集团举办了第二届职工运动会。来自上海、广州、大连、北京、海南等地的2000多名员工参加了足球、篮球、乒乓球、羽毛球、游泳、象棋、桥牌、围棋和军体共9个大项41个小项的比赛，共决出123枚金、银、铜牌。中海集团是跨地区企业集团，员工分散在各地，所有比赛项目都是跨地区进行组织，其中乒乓球、游泳比赛分别在广州和大连举行。各项比赛职工参与面广，运动水平高，赛风正。8月20日在上海国际体操中心举行的运动会开幕式，由20个一级公司、850名员工组成的仪仗队和21个方队参加了入场式和健美操及文艺表演。运动员们整齐的步伐、高昂的精神状态和精彩的表演，充分展示了中海职工团结一致、蓬勃向上、开拓奋进、勇创一流的精神风貌。（宗海贡）

市科学技术工会组织“中国功夫扇”职工拳操健身比赛

（王国强）

【金融体协广泛开展群众性体育活动】 2004年，上海市金融体育协会先后组织了足球、乒乓球、篮球、羽毛球、网球邀请赛和双人桥牌赛等，参赛员工共计1569人次。此外，还分两次组织156人次到浙江朱家尖、嵊泗岛开展“上海金融系统《激情年代》和《猎人行动》青年定向运动”，并承办了首届上海职工“大众保险杯”羽毛球公开赛，全市有44个委办（产业）局组队参加比赛，金融中行羽毛球队和金融大众保险羽毛球队分别获得了团体亚军、季军的好成绩。金融体协开展群众性体育活动坚持“三个原则”：一是坚持以人为本的原则，针对不同年龄、不同层面、不同群体的需求和爱好，最广泛地动员广大员工参加全民健身活动；二是坚持服务大局的原则，服务于企业的中心工作，丰富员工的业余文化生活；三是坚持讲求实效的原则，精心策划、精打细算搞好每项活动。

（赵　彪）

【新闻出版工会积极开展职工健身活动】 上海新闻出版工会依托下属象棋、围棋、乒乓等七个协会开展职工健身活动，每年资助各协会3000元作为协会训练活动费用，规定凡参加并获得市以上奖项的均按不同等次予以奖励。组织职工参加市各类比赛，开展各类群众性体育活动，举办了由全行业职工参加的大怪路子、台球比赛和以基层工会干部为对象的乒乓团体混合比赛。鼓励基层工会因地制宜地开展职工文体活动，全系统95%的基层工会举办了各种形式的职工健身活动。

（陈宏华）

【市民政局开展群众性体育活动】 上海市民政局工会举办“飞思杯”职工乒乓球比赛，局属各单位踊跃组队参赛，18支代表队，200多名选手参加激烈角逐。在此项赛事推动下，局属各单位的群众性体育活动掀起高潮，上海民政（集团）有限公司举办首届“桑兰杯”乒乓球比赛；上海市殡葬服务中心举办第二届殡葬职工运动会；上海市双拥活动中心举行第二届职工运动会。群众性体育活动的蓬勃开展，丰富了职工群众的精神文化生活，展示了民政职工团结向上的精神面貌。

（胡　芳）

【市级机关公务员参加万人健步行活动】 6月12日，市级机关系统41家单位的2000名机关干部职工来到大宁灵石公园，参加由市体育局、市级机关工会、闸北区人民政府举办的“人人运动，公务员带头——2004年上海市公务员万人健步行”活动。副市长杨晓渡等领导与市级机关和全市18个区的近万名公务员参加了这次活动。杨晓渡为“万人健步行”活动发令，在35.4°C高温下，浩浩荡荡的公务员队伍精神抖擞地行进了六千米。这次活动为推动公务员体育健身起到了促进作用。

（邱永前）

【市信息化工会创新群众性文体活动组织机制】 市信息化工作系统工会在开展职工体育活动中，采用了系统工会主办、相关直属工会承办并冠名的组织机制，充分调动各直属工会的积极性。系统工会鼓励相关直属工会承办水平较高的文体项目，如由信投系统工会承办大怪路子赛，邮通公司工会承办羽毛球单项赛，亿通公司工会承办业余围棋快棋赛，电信一所工会承办乒乓球团体赛。这四家工会为承办好比赛，都制订了详细的筹备方案，并得到单位党政领导的支持。各直属工会把这四项体育竞赛活动作为展示职工精神风貌的舞台，通过初赛选拔选手，还聘请专业教练对选手进行针对性的训练，使比赛精彩纷呈，体现了一定的竞技水平。

（饶晨华）

短信息：

○4月26日，闵行区总工会会同区体育局、莘庄工业区管理委员会、区卫生局、区文广局联合举办第二届“莘庄工业区杯”职工迎“五一”长跑比赛，共有1000多名职工参加。

（朱冬梅）

○松江区总工会举办第二届职工运动会，共设九个大项、35个分项，全区各镇街道、园区及公司50个单位的390支代表队、3400多人次职工参加了各项比赛。

（莫永涛）

○上海电信工会组队参加世界著名在华企业健身大赛，获得健美操一、二等奖，网球男双亚军、女双第五名，桥牌第五名，小足球第六名的较好成绩。

（朱东亚）

协调劳动关系

综　述

上海各级工会自觉履行维权职能，依法维护职工群众合法权益，努力构建和谐稳定的劳动关系。(1)参与立法讨论，从源头上代表并表达职工群众的意愿。2004年市总工会参与了《中华人民共和国破产法(草案)》、《上海市促进就业若干规定(草案)》、《上海市安全生产条例(草案)》等国家法律和地方性法规的立法讨论工作。组织有关人员对最高人民法院"关于审理劳动争议案件适用法律若干问题解释(二)"进行讨论。(2)认真开展《工会法》实施情况大检查。市总工会与市人大内司委联合发出《关于开展〈工会法〉实施情况调研检查活动的通知》，并于6—7月，由市人大内司委、市总工会组织人员对有关单位贯彻实施《工会法》的情况进行执法检查和调研，并召开了部分工会干部座谈会，听取了他们在贯彻实施《工会法》中遇到的有关工会组建、平等协商、集体合同、民主管理、经费收缴、权益维护等方面问题的意见。各区县局(产业)工会于7—8月也集中力量开展贯彻实施《工会法》的全面自查。市总工会各有关部室开展了相关课题的专题调研。7月和9月，全国人大常委会对上海《工会法》实施情况进行前期调研和执法检查。全国人大常委会执法检查组对上海贯彻实施《工会法》所取得的成绩和经验予以了充分肯定。(3)逐步建立和完善劳动关系三方协商机制，促进劳动关系和谐稳定发展。市及19个区县、96个街道、99个乡镇、94个经济开发区都建立了劳动关系三方协商机制，基本形成市、区、街道三级网络，为依法维护职工的合法权益，促进社会稳定和经济发展，建立和谐稳定的劳动关系发挥了积极的作用。(4)立足指导服务，积极推进平等协商、集体合同工作。13个区县、16个街道、19个乡镇建立了工会集体协商顾问团，为基层工会开展工资集体协商工作提供指导和服务。全市企业签订集体合同为77104份，涵盖职工312.76万人；签订工资协议为35394份，涵盖职工118.17万人。(5)强化劳动法律监督检查。各区县局(产业)工会出动工会劳动法律监督员5900余人次，对5000余家用人单位进行了多种形式的监督检查活动。5—6月，市总工会与市劳动和社会保障局、市公安局、市工商行政管理局联合在全市范围内开展了依法维护农民工合法权益的专项检查活动。8—9月，市总工会与市人大财经委联合开展了关于企业规范劳动用工情况的执法调查活动。12月，市总工会与市劳动和社会保障局、市建设和管理委员会联合开展了以农民工工资支付情况为重点的劳动者权益保护专项检查活动，进一步依法维护职工群众的合法权益。(6)加强职工法律援助工作，依法维护

市机电工会成立法律服务中心

（冯克华）

职工群众合法权益。全市工会系统建立劳动争议调解委员会5200余家，调解劳动争议案件4370余件，为1.38余名职工提供了法律服务。(7)市总工会会同市委宣传部、团市委、市妇联、市司法局、市劳动保障局在全市进城务工人员中进一步开展"提高法律素质，做新一代上海人"宣传教育活动。近百万进城务工人员参加了各级工会组织的法律知识培训，进一步提高务工人员的法律素质和自我保护意识。

（甘党生）

参与立法

【市总工会积极参与立法　从源头上维护广大职工的合法权益】 2004年，随着国家法制建设力度的进一步加大，市总工会积极从源头参与立法，积极参加与职工权益密切相关的有关法律法规的起草和修改工作，并提出工会的修改意见和建议。一年来，市总工会参与了《中华人民共和国破产法(草案)》、《上海市促进就业若干规定(草案)》、《上海市安全生产条例(草案)》等14部国家法律和上海地方性法规的立法讨论工作，共提出了98条修改意见和建议；组织有关人员对最高人民法院"关于审理劳动争议案件适用法律若干问题解释(二)"进行讨论，并提出了5条修改意见；根据全总法律工作部"关于《劳动合同法》立法征求意见的函"的要求，组织了部分区县局(产业)工会的有关同志就当前劳动合同实行过程中存在的问题进行了探讨，共提出7个方面11条立法建议。

（何玲智）

【黄浦区总工会源头参与　全力帮助提高一线职工收入】 黄浦区总工会选择并抓住职工收入的"牛鼻子"，集中精力，展开全区工、商企业一线职工收入状况调研，代表职工群众提出建议。区委、区人大、区政府、区政协领导高度重视并全力支持，在区企业工作会议、区企业廉政会议等重要场合反复强调企业在发展的同时，一定要关心一线职工工资收入的提高。区委分管领导亲自主持召开一线职工收入推进会议。区国资委下发文件规定，考核企业经营者年薪必须与经济效益挂钩、与一线职工工资收入挂钩。区总工会会同企业集团工会多次与新世界、豫园、新新、中恒集团等党政领导直接沟通、协商。到2004年底，四大企业集团的一线职工中，已有81.6%增加了工资收入。经过各方的共同努力，区内不少有效益的企业开始提高一线职工的工资收入，还有一些企业正在研究、落实一线职工的工资收入得以提高方案。此项工作也引起了市总工会领导的关注，专门成立了全市性的经营者与职工收入课题调研组开展调研。此外黄浦区总工会经调查、协商，还使部分环卫进城务工人员工时、报酬等问题获得了解决。在黄浦区总工会全力帮助下，区内工、商企业一线职工的工资收入得以提高，从源头上维护了职工群众的经济利益。

（吕诚陆）

三方协商机制

【市总工会积极运作多层次的劳动关系三方协商机制】 在"抓思想统一、抓机制建设、抓规范运作"的指导思想下，全市范围内的多层次的劳动关系三方协商机制网络已初步建成。各区县的三方协商机制根据劳动关系的特点，在不同层面确立研讨了大量有关协调劳动关系的议题，杨浦、普陀、浦东、闸北、奉贤等区县积极运作三方协商机制，在实践中积累了可行的经验，为区县建立和谐稳定的劳动关系和良好的投资环境发挥了一定的作用。截至年底，各区县建立劳动关系三方协商机制的总数为308个，19个区县、96个街道、99个乡镇、94个经济开发区都建立了劳动关系三方协商机制。市劳动关系三方协商联席会议的主要工作：(1)在全市约1900家单位开展了小企业欠薪保障金落实情况的调研活动。(2)就市劳动关系协商联席会议的议题、《上海市集体合同条例》的立法建议、企业管理岗位的女职工退休年龄问题等专题进行调研。(3)召开了市劳动关系三方协调联席会议办公室会议，对"上海市平等协商、集体合同示范单位"评比表彰活动进行统一部署，精心安排。

（黄　琦）

【普陀区营造和谐劳动关系的"四轮联动"机制】 普陀区总工会从2003年开始试行"四轮联动"机制以来，以区域性非公企业联合职代会为基本核心平台，在工会与政府联席会议制度、三方协商机制、劳动法律监督机制彼此独立自转的基础上，使四项维权机制有效整合、优势互补，形成区域性民主管理、劳动关系协调联动机制。2004年，该机制在以长风街道为代表的社区运作成功。长风社区以"三线并举，三个结合，四轮联动，三方受益"的方式进行操作，使工会工作方向更加明确，营造了劳动关系协调与社区经济建设柔性互动、和谐发展的大环境。2004年，该街道招商引资同比增长32%，主要经济指标均名列全区各街道镇前列。"四轮联动"机制的运作，体现了科学发展观的精神，对区域性经济建设和社会发展起到积极的促进作用，和谐了社区和企业的劳动关系，保证和落实了职工的民主权利，增强了企业的社会责任感，畅通了业主与职工、企业与社区的联系，体现了企业与社区共同发展的互动性，形成了多赢的局面。普陀区总工会已在全区各街道镇推行"四轮联动"机制。4月，市总工会在长风社区召开了现场观摩会，向全市推广"四轮联动"机制。

（吴玲琳）

【静安区恒安大厦以民主共商会为载体，签订集体合同】 楼宇工会建立后，怎样开展民主管理工作，静安区恒安大厦联合工会积极探索在大楼内建立"民主共商会"，得到了中共中央政治局委员、全国人大常委会副委员长、中华全国总工会主席王兆国的充分肯定。民主共商会由业主代表、员工代表和工会代表组成，旨在畅通入驻企业民主管理渠道，提高职工民主参与程度，建立职工维权机制。通过民主共商会签订了《恒安大厦入驻企业集体劳动关系公约》，建立了"恒安大厦入驻企业劳动关系协调督查工作组"，定期研究大楼内企业劳动关系的重点、难点和热点问题，制定相应对策，

静安区成立街道(社区)劳动争议调解中心

（陈继烈）

督查企业执行《公约》情况，协调企业的劳动关系，为大楼内建立稳定和谐的劳动关系奠定了扎实的基础。

（丁　红）

【静安区政府与区总工会召开第五次联席会议】 1月，静安区人民政府与区总工会召开了第五次联席会议。区长姜亚新对各级工会对政府工作的支持表示衷心的感谢，并通报了区政府的工作思路。会议对第四次联席会议提出的三项议题的落实情况进行了回顾。提出了这次会议的二项议题。(1)进一步规范股份合作制企业的行为；(2)进一步关心劳模先进。会议就该二项议题进行了充分的讨论，达成了共识。一是股份制企业存在的问题带有一定的普遍性，政府要探索管理的创新模式，由国资办牵头，汇同总工会、工商、劳动等部门搞一个规范性的意见；二是劳模先进是全社会的典型，要多为劳模先进办实事，不仅工会要做，各级党委、行政也要做，区政府每年从财政中拨出经费作为劳模先进的活动经费。

（程忠俊）

【青浦区总工会维权机制建设取得突破】 2004年，青浦区总工会在维权机制建设方面取得突破。建立了区、镇、开发区三级劳动关系三方协商机制，定期召开会议，及时研究解决区域内劳动关系中出现的问题，优化了区域劳动环境。平等协商、集体合同建制率达到了90%以上。全区有17778家企业建立了平等协商制度，签订了集体合同，其中外商投资企业341家，私营企业17320家。有16696家企业开展工资集体协商，签订了工资协议。集体合同的履约保障机制不断健全，质量有了提高，在保障劳动者合法权益方面的作用更加明显。全区已有266家企业单位建立了厂务公开制度，其中非公有制企业27家，公有及公有控股企事业单位实施面达到98%。以职代会为基本形式的职工民主参与制度进一步完善。

（程天爵）

【崇明工业园区重视三方协商机制建设】 崇明工业园区是崇明唯一的市级工业园区，成立10年来，累计引进注册企业2100多家，注册资金75亿元，实现税收20亿元，其中引进落户企业40多家，解决2000多人就业。为进一步规范园区企业的管理工作，依法维护职工合法权益，促进企业健康发展，园区十分注重劳动关系协商机制建设，6月签订了《崇明工业园区区域性集体合同》，覆盖园区内所有落户企业。11月建立了园区劳动关系三方协商机制，并召开了第一届园区区域性职工代表大会，审议通过了《崇明工业园区劳动关系三方协商机制试行办法》、《崇明工业园区区域性职代会实施细则》和《园区区域性工资集体协商合同》。崇明县总工会在该园区召开现场会推广了他们的经验。

（陈进修）

【松江区总工会协调劳动关系突出依法维护】 (1)推进平等协商签订集体合同工作。全区各级工会着力于推进和谐稳定劳动关系的建立，坚持不懈地开展平等协商、签订集体合同工作，凡新建企业成立工会的，同时签订集体合同。通过抓指导和服务，260家企业新签集体合同。全区累计10055家企业签订集体合同，涵盖职工14.24万人。(2)抓好三方协商机制的完善和运行。各镇、街道和园区等工会进一步健全三方协商制度，结合各单位实际，由行政代表、工会代表、业主代表三方，就区域内企业和职工共同关心的问题，普遍开展协商，使企业发展和职工利益同获双赢。(3)开展劳动法律执法检查等项工作。区总工会与区劳动保障、工商和公安等部门，联合开展“农民工劳动保障权益专项执法检查”。通过对270家单位的检查，补签职工劳动合同324人，追缴外来从业人员综合保险费135.12万元。协助市人大和市总工会对企业劳动用工情况开展调查，开展进城务工人员法律咨询和对小企业欠薪情况的调查，成立松江区职工援助服务中心，协调解决职工来信上访反映的突出问题。

（莫永涛）

短信息：

○7月，静安区劳动关系协调联席会议召开第五次会议。会议就2004年推进工资集体协商提出了具体目标和任务，对存在的问题以及如何在改制、困难企业中进一步推进的问题进行了指导。（袁洁伟）

○南汇区劳动关系三方协调联席会议于11月17日召开成立会议。审议通过了《南汇区劳动关系三方协调联席会议制度》和《南汇区劳动关系三方协调联席会议办公室工作制度》，确立了联席会议的组织领导、组成成员、协商内容以及有关程序，设立南汇区劳动关系三方联席会议办公室，负责日常工作。（程茵茵）

集体合同制度

【上海市推进集体合同工作取得新进展】 2004年上海市集体合同工作取得了新的进展,据统计全市共有77104家企业通过平等协商签订集体合同,涵盖职工312.76万。其中:国有企业2918家,涵盖职工168.59万;外商投资企业3036家,涵盖职工47.07万;私营企业69183家,涵盖职工81.03万;乡镇(集体)企业1967家,涵盖职工16.07万。全市签订集体合同的数量稳步增长,质量不断提高,不少企业在集体协商时聘请企业外专业人士作为集体协商正式代表,全过程参与企业集体协商,使集体协商在程序上更符合法律的要求,在内容上更具有可操作性。平等协商签订集体合同在协调劳动关系、促进企业发展方面起到了积极的作用。 (谈育明)

【上海市工资集体协商工作取得新突破】 上海市工资集体协商工作在2004年取得了新的突破,据统计,全市共有35394家企业通过平等协商签订了工资集体协议,涵盖职工118.17万。其中:国有企业1184家,涵盖职工49.15万;外商投资企业1894家,涵盖职工23.98万;私营企业31693家,涵盖职工41.01万;乡镇(集体)企业623家,涵盖职工4.03万。全市工资集体协议数量稳步增长,质量不断提高,并总结出好的经验和做法。 (谈育明)

【上海各区县总工会普遍建立"工会集体协商顾问团"】 建立"工会集体协商顾问团",帮助、指导、参与基层工会开展集体协商工作,是提高集体协商质量有效途径。截至年底,静安、普陀、浦东、卢湾、徐汇、青浦、闸北、黄浦、嘉定、虹口、闵行、松江、崇明等13个区县总工会先后建立了"工会集体协商顾问团",并有16个街道、19个乡镇、9个经济开发区建立街道、乡镇、经济开发区一级的"工会集体协商顾问团"。各级"工会集体协商顾问团"共帮助、指导、参与了1131个基层工会开展集体协商工作,为提高集体协商质量发挥了较好的作用。 (谈育明)

徐汇区成立劳动关系协商工作指导委员会

(李　璎)

【徐汇区烟糖公司建立工资集体协商机制】 徐汇烟草糖酒有限公司于1997年改制为有限责任公司,积极探索工资集体协商,建立以岗定薪、按绩效定奖励的工资分配制度,促进了企业内部分配机制和人事制度的改革,使企业效益稳步增长。(1)宣传先行,反复酝酿,稳妥建立工资平等协商机制。企业改制后把建立健全工资平等协商机制作为分配制度改革的契机和起点,针对职工思想实际,编制《工资调整宣传提纲》,以书面形式向每位职工公开交底。(2)充分协商,民主审议。根据工资改革实际,工会起草了《工资集体协商办法》、《企业工资调整方案》等制度和协议,实行"以岗定薪、移岗变薪"的工资制度,强化了弹性工资的激励作用。通过职代会事先将办法、方案交职工代表深入讨论,并邀请区劳动局、区总工会等部门的专家上门指导和协调,使协商结果具有操作性,也使协商决议增强执行力。(3)岗位竞聘公开公正,深化工资平等协商机制。为使岗位与人员实现最佳的匹配,公司实施岗位公开竞聘。在认真考评竞聘者综合素质的基础上,将初步录用名单向全体职工公示,综合确定岗位人选。公司下属永隆连锁分公司的所有门店、柜长、财务和营业员等岗位都进行了公开竞聘,打破了岗位职务终身制,使岗位竞聘机制同工资分配制度改革紧密结合起来,促进了公司现代管理体制的完善和提高。

(虞　蔚)

【普陀区总工会深化工资集体协商工作】 普陀区总工会从区域实际出发,积极探索"上代下"工资集体协商指导机制。2004年,根据非公企业发展的不同阶段,划分出企业资本原始积累期、企业成熟发展期和企业超常发展期三种企业形态,分别采取各有侧重的协商思路,分类指导基层采用:"浮动底线"——以上代下、"浮动系数"——以上参与下、"活工资"——以上指导下的协商方式,总结出工资集体协商过程中谈底线、须公平;谈系数、讲能力;谈增幅、看效益;谈目标、比贡献;谈福利、按需求等五项原则,最大限度地调动和发挥企业经营者和职工的积极性。同时整合资源,建立"工资协商专家顾问团"。邀请律师等法律服务志愿者,组成区和大口街道镇两级工资协商服务指导工作小组,制定了工资协商指导员与企业的信息传递、委托约定、工作报告、工作协调等制度,初步形成了上下互动,推进企业开展工资集体协商。编印《工资集体协商"上代下"模式操作指南》,先后出台《普陀区非公企业集体协商试行办法》、《普陀区私营企业工会工作暂行条例》等文件。通过因企制宜地开展工作,总结推广了上海瑞雪机械有限公司、上海普陀区星云经济开发区、上海新星科技发展公司、上海中尾五金有限公司等一批先进典型,利用现

场观摩、成果发布会、干部培训、新闻媒体报道等形式，发挥典型示范作用。（韩金荣）

【黄浦区董家渡社区工会与街道行政联席会议形成八点共识】 6月，黄浦区董家渡社区工会与街道行政联席会议就社区工会在工作中需行政扶持的10大重点进行协商，形成8点共识：(1)加大工会组建力度，将工会组建工作纳入街道招商企业登记和年检注册程序，加强对企业的跟踪管理。(2)督促企业依法、按时、足额上缴工会经费。工会、工商联、招商中心之间加强联系，街道经济科配合加强督促、做好宣传，争取重点企业有突破。(3)加强企业安全生产检查，对街道经济科摸清底数、掌握情况，加强与工会的联系和沟通，有情况及时通报，对重点单位发生的问题重点解决。(4)整合社区资源，积极推进学习型企业创建和工会工作的正常、有序开展。(5)推进职工素质工程，以社区市民学校为载体，为社区职工的学习、培训提供阵地，为社区基层企业工会主席免费提供图书卡、体育中心活动卡各50张，为社区职工免费开办“百万家庭网上行”培训班。(6)增强社区劳动争议调解庭的影响力和渗透力，加强窗口接待人员的培训，并积极探索协调和处理劳动争议的方式方法，(7)做好帮困送温暖工作，重点关心困难劳模、离岗、失业、协保、长期患病职工，推动帮困送温暖工作经常化、制度化、社会化。(8)做好工会工作的后勤保障工作，街道行政办将继续积极给予支持，并做好工会经费的按比例、足额、及时上缴工作。（黄　峥）

【黄浦区总工会工资集体协商顾问团指导企业工资协商有成效】 4月19日，黄浦区成立区总工会工资集体协商顾问团，旨在以实行自主决定工资水平的企业为重点，扩大工资集体协商范围，深化推进，规范程序，提高质量，促进区域劳动关系和谐稳定。其主要任务是：(1)调查、研究工资集体协商中的矛盾和难点；(2)接受基层工会委托，作为工会方的正式代表，全过程参与工资集体协商工作；(3)组织学习劳动关系、工资集体协商等法律法规和政策；(4)为基层工会开展工资集体协商提供法律和政策咨询服务，组织培训协商代表，帮助提高代表协商能力；(5)总结推广工资集体协商经验。到8月，该顾问团已建立了信息沟通、上下联系、信息反馈等三项制度，并指导了恒源祥集团、黄浦拍卖行、大东海、庆联物业管理公司、合众物业管理公司、金寓置业公司、中恒导轨公司、华贸机床附件公司、上海典当行等9个自主决定工资水平企业的工资集体协商。年底，黄浦区9个社区、16个产业(局)、集团(公司)工会均开展了平等协商、签订集体合同和工资协议工作。国有集体企业签订集体合同率达95%，非公经济企业集体合同动态建制率达85%。其中，豫园、豫园商城、新黄浦、南房、金外滩、黄投发、复兴城、房产开发、新新、中恒、万有全集团和区劳动局等12个产业(局)、集团(公司)均签订集体合同。（杜　琴）

闸北区召开劳动关系协调联席会议

（糜玉树）

【黄浦区新世界粮油发展有限公司拓展集体协商渠道】 做法：(1)坚持利益上的一致性。(2)坚持运作上的稳定性。(3)坚持机制上的创新性。他们通过不断创新协商机制，做到畅通协商、及时协商、有效协商。逐步从职工代表活动、半年检查落实等定期协商发展到不定期召开座谈会、交流会等，了解职工的想法和建议。2004年建立了经营者与职工代表双向沟通制度，拓展了协商渠道。由于坚持事前沟通协商、重大问题让职工知情与做主、都经职代会无记名投票通过后执行、企业和职工双方的利益得到兼顾，因此企业的劳动关系和谐稳定。工会三次签订集体合同，每次都切实解决一个突出的重点问题。第一次签约，主要解决劳动报酬。《集体合同》规定参加承包经营的职工月平均工资不能低于市政府规定的上岗职工最低工资标准。如确因经营不善造成亏损的，应在年终结算后从经营者抵押金中补足亏损。第二次签约，将“劳动保护用品18个月发放”和“两年一次妇科检查”，明确写进了续签合同，使广大职工第一次享受了自己权利。第三次签约，主要协商议题一是劳动报酬，二是福利保险。通过协商，企业方承诺并兑现自2004年起在春节、五一、国庆三大节日向全体职工发放800元慰问款，适当增加职工的收入，把参加《职工住院医疗保障计划》、《职工特种重病团体互助医疗保障计划》、《女职工团体互助医疗特种保障计划》写进集体合同，增强了职工抗风险能力。企业方表示支持工会积极开展帮困送温暖工作，健全《职工救急济难基金会章程》和《困难职工医疗互助救助计划》，帮助因病致贫的低收入、患大病重病职工走出困境，并组织职工疗休养，均写进《集体合同》，得到职工好评。（吕诚陆）

【机电工会组织集团职代会代表监督

【检查集体协商协议落实情况】 上海电气(集团)总公司与上海市机电工会举行第六次集体协商。双方签署了《关于进一步深入开展“学李斌,推进技术工人队伍建设”的实施意见》和《关于合理使用1.5%职工教育经费的规定》两个协议。为了保证集体协商协议全面落实,机电工会组织集团职代会代表对协议落实情况进行监督检查。检查中发现协议落实情况呈现五个主要特点:(1)思想重视,目标明确。各企业都在制定新一轮发展目标的同时制定了人才培训规划,并把高级技术工人队伍建设列入企业人才培养规划。(2)落实措施,营造氛围。为实现技术人才培养规划目标,各企业都制定了一系列激励措施。(3)全方位多渠道开展培训。(4)技术练兵、技术比武蓬勃开展。(5)集体协商,民主参与。各企业将技术工人队伍建设列入职工民主管理内容,建立了职工教育培训工作向职代会报告制度,职工教育培训方面的制度规定都通过职代会审议表决。职工教育培训的内容作为平等协商的议程,技术工人培养目标写入集体合同,尤其是对1.5%教育经费的提取与使用,大都实行民主监督。被查的大部分单位的教育经费都能足额提取,能做到50%经费用于技术工人的培训。 （朱汉民）

【仪电工会提高集体合同的建制率、履约率、续签率】 仪电工会针对平等协商、签订集体合同工作开展情况进行专题调查,分析现状、摸清问题、确定策略、落实措施,提高集体合同建制率、履约率和续签率,履约质量明显提高。工会在调研后排出部分工作难度高的单位,上门沟通、宣传政策、分析条件、落实措施。通过努力,集体合同的建制率、履约率和续签率明显提高。据统计,2004年仪电系统集体合同建制率达到96%,履约率达到95%,续签率达到95%。同时,仪电工会还注重提高平等协商、集体合同的质量。在工资结构和部分职工低工资调整工作中,在劳动报酬、休息休假、保险福利、劳动保护等方面都协商确定企业和职工认同的标准,维护了职工的权益,推动了企业发展。 （生　青）

【上海华谊集团振华造漆厂通过工资集体协商提高一线职工收入】 上海涂料有限公司振华造漆厂在保证企业发展速度、不断提高经济效益的同时,通过工资集体协商谈判,确保职工人均收入与企业发展同步递增。该厂工会坚持从企业实际出发,与企业行政进行了12次平等协商,不断调整企业职工的利益分配格局,注重建立激励的长效机制,最大限度地调动职工的积极性,使职工的收入逐年得到提高。该厂先后出台《技术人员新产品开发奖惩办法》、《销售人员考核制度》、《关于对涂料专业配漆等岗位实行年薪激励实施方案》和《关于收入分配体系结构性调整方案》等。坚持集体协商制度,以集体合同的形式推行一线关键岗位职工实行年薪制。明确一线关键岗位职工年薪为6万元。在此基础上,2004年通过招聘、应聘、竞聘等方式上岗的关键岗位人员(专业工程师、配漆师、轧浆师、合成师),也列入了年薪考核范围。据统计,2004年全厂共有32名职工报名参加关键岗位竞聘,有20名职工参加了各种专业理论和技能考试,有6位职工通过竞聘和考核,实行年薪制,年薪确定为8—10万元。 （虞仲义）

市仪电集团建立健全集体协商机制

（蔡立辉）

【化学工会积极推进工资集体协商】 在积极探索工资集体协商试点的基础上,化学工会与华谊集团于2004年联合下发了“上海化工系统工资集体协商试行办法”,在全系统进一步扩大试点,积极推进工资集体协商。化学工会与华谊集团人力资源部联合组织了工资集体协商业务知识培训和考察活动,请有关专家进行上课培训,并赴中国能源化学工会工资集体协商先进单位——镇江钛白粉公司进行实地考察学习,有26个单位的近60位工会和人力资源部干部参加了培训考察。其后,化学工会进一步以点带面,全力推进。三爱思试剂有限公司按上级工会要求,严格民主程序,召开职代会并用无记名投票表决形式通过了企业职工工资分配方案。上海乳胶厂工会,通过参加上级工会工资集体协商业务知识培训,积极推进企业的工资集体协商工作,职工年终分配方案在第一次职代会没有通过的情况下,反复听取职工意见,最后在职代会上以多数票通过。 （虞仲义）

【轻工白猫集团工会开展工资集体协商“三到位”】 白猫集团工会积极协调劳动关系,维护员工权益,在开展工资集体协商过程中,坚持从企业实际出发,合理寻求平衡点,实现员工维权和企业发展的双赢。基本做法是:(1)党委支持组织到位。根据员工的愿望和要求,集团党委积极支持开展工资集体协商,提出意见。工会通过民主推选,产生工会方协商代表,组织进行有关政策和业务培训,为工资集体协商奠定基础。(2)操作规范程序到位。协商前,工会代表在充分了解工资信息的基础上，召开员工座谈会，广泛听取意见，在工资协商中，做到“五个清”，即：企业生产经营状况清，公司调整方案清，员工想法要求清，行业薪资水平清，国家工资政策清。经过三轮协商，形成了企业工资集体协商协议。(3)扎实推进落实到位。集团工会及时召开职代会联席会议讨论通过，企业出台调资方案，员工和企业双方满意。（陈建新）

【市医药工会将改转制过程中的劳动合同管理定为平等协商内容】 市医药工会在改制转制过程中，将规范企业劳动合同管理定为平等协商内容，并形成协议。一是规定建立事业部后用人单位两级法人取消的，或调整隶属关系的，职工的劳动合同应由实际用人单位继续履行。实际用人单位主体(名称)改变的，应及时进行公示，并对用人单位主体(名称)及时办理相应的(如列入用人单位集体合同等)变更手续。二是严格履行劳动合同管理的民主程序。用人单位依据“员工手册”(规章制度)给予职工行政处分或严重违纪解除劳动合同时，所依据的“员工手册”(规章制度)必须经过职工代表大会或员工大会无记名表决通过并形成决议。三是规范处理职工无固定期限劳动合同的变更。在企业改制转制中，变更职工的无固定期限劳动合同必须经双方当事人协商一致，协商不成的，劳动合同应当继续履行，但在工资、福利待遇上不得对继续履行无固定期限劳动合同的职工作出歧视性规定。四是工会参与完善企业劳动合同制度，尤其要认真帮助、指导职工与企业以及实行企业化管理的事业单位签订劳动合同，对职工劳动合同的签订、续订、履行、变更、解除和终止严格把关，做好劳动关系矛盾冲突预防工作。（孙明南）

【上海电建发挥职代会专委会作用提高集体合同履约率】 上海电建职代会民主管理专委会围绕提高集体合同履约率主题，加强检查监督，发挥职代会专委会作用，组织专委会成员学习《集体合同规定》和本市《集体合同审查办法》，了解和掌握相关的政策，从而把握好工作重点。专委会推广了上电安装一公司工会在签订新一轮集体合同扣住“三个环节”的做法：一是扣住职工代表和职工对集体合同履约情况进行评鉴的环节；二是扣住广泛听取职工意见和建议的环节；三是扣住平等协商的环节。在新一轮集体合同签订前，上电安装一公司工会采取职工代表巡视、组成检查组、职工评鉴等方法，及时将职工的意见和建议与行政召开平等协商会议予以落实，并在职代会上作专题汇报，把整改的措施公布于众，自觉接受职工的监督。专委会同时对电建系统集体合同履约情况进行了专题检查，认为电建工会以工会经费拨交和职工体检两大难点作为重点，加大了集体合同履约监督和检查的力度，使系统内今年以来做到了工会经费拨交正常，所有企业的职工体检按计划实施，保证了集体合同的严肃性。（李士根）

【上海轮渡公司工资集体协商实现双赢】 2004年，上海市轮渡有限公司工会积极推进工资集体协商工作，公司工会先后与行政进行了两次工资集体协商，分别就职工劳动安全卫生、福利保障以及职工工资分配办法、工资收入水平等事项达成了一致意见，并依法签订工资集体协商协议。他们的做法是：(1)双向沟通，互相协调。公司工会不断健全工资集体协商机制，强化法制观念，坚持依法办事，把依法维护职工合法权益作为主要抓手，努力探索工资集体协商的有效方式，在开展工资集体协商之前，注重与行政积极沟通、互相协调。初步形成了“党委领导、行政支持、工会运作、各方配合”的工资集体协商工作格局，为集体协商的顺利运作创造良好的环境。(2)讲究程序，规范操作。公司工会在工资集体协商过程中认真把好“三个关”：首先是把好测算分析关。提出合法、合情、合理的建议和主张；其次是把好平等协商关。对有争议的事项进行反复商榷、寻求共识；三是把好履约兑现关。切实加强监督力度，主动关心履约进度，了解兑现情况。(3)兼顾双方，实现双赢。公司工资集体协商得到了公司行政强有力的支持。在全部兑现2004年集体协商协议承诺的同时，确保了在完成经营目标和效益增加的前提下，使在岗员工的收入同步增长。同时拨款近百万元用于公司职工开展的各类活动和给付相关福利，充分调动了广大职工的生产积极性，促进了企业健康稳定的发展，真正实现了职工增资和企业增效的双赢局面。（管春中）

【运输工会深入开展集体协商】 运输工会围绕交运集团经济发展目标，为将改革成果惠及职工，推进技术工人队伍的培育，深化维权工作等落到实处，就做好工资集体协商、职工社会保险金和公积金解缴及公示、职工参加医疗互助保障、激励优秀技术工人等四项议题与集团行政进行第三次集体

市运输工会与交运集团公司行政举行第三次集体协商

（杨继松）

协商,并达成一致意见。他们的做法是:一是精心部署,落实责任。运输工会多次召开工作会议、座谈会研究集体协商工作,确定四项议题、协商目标、协商时间及协商代表分工,明确责任人。分解落实议题的保障、宣教等具体部门,针对每项议题开展全面的调查,深度掌握集团各单位工资分配状况、社会保险金和公积金解缴及公示状况、职工参加市总医疗互助保险状况、首席员工和岗位技术能手制度实施状况等最基础、最详实的资料。二是精心研究,充分沟通。运输工会成立平等协商议事组,组织研究分析,认真拟写协商意见,反复进行论证。同时与行政领导及有关职能部门联系沟通,做到双方信息互通,重点问题事先协调,多次修改完善议题。三是精心组织,平等协商。从组织协商代表培训、向行政发出协商要约、选择协商时机,到启动协商程序,工会都作了详细安排。协商谈判过程中,双方主体平等,权利义务对等,协商气氛良好。对协商内容,双方充分发表和交换意见,求同存异,形成共识,并以会议纪要的形式联合发文。（陈敢敏）

【市邮政局集体合同实事项目履约率达到100%】 上海邮政为激励全局职工为企业发展多作贡献,切实保障职工群众的经济利益,2004年初,在深入生产一线调查职工生产生活情况的基础上,结合上海邮政的实际,提出了初步的实事方案,工会与行政经过多次协商,确定了2004年8件实事项目。内容涉及局房改造、帮困救助、职工休养和体检等方面,并在局一届六次职工代表大会上通过。集体合同实事项目明确后,相关责任部门加紧实施和落实各项合同条款,工会加强和有关部门的协调与沟通,并组织职工代表参与巡视检查,推进实事项目及时履行,履行率达100%,其中,全年组织职工休养2000人,一线职工及家庭赴东海度假1515户、4324人,职工健康体检7410人,女职工妇科检查4847人,让职工享受到企业发展的成果。

（顾奇良）

【建工集团制订在岗职工最低工资标准】 集团工会积极配合集团党政开展“高兴放心”活动,就当前职工最高兴、最不满意、最希望的是什么等问题,开展职工思想状况调研,并会同人力资源部对集团职工工资水平进行调查统计。结果显示,随着集团生产经营的发展和薪酬制度的改革,职工收入有所提高,但部分企业在岗职工的收入水平还比较低。据此,集团总公司职工代表与集团总公司行政代表就“制订集团在岗职工最低工资标准”的议题举行平等协商,达成《关于制订集团在岗职工最低工资标准的协议(草案)》,并提交集团一届五次职代会表决通过。该《协议》主要条款有:(1)制订集团在岗职工最低工资标准;(2)采取有效措施落实集团在岗职工最低工资标准;(3)组织职工代表巡视检查集团在岗职工最低工资标准的落实情况。其适用范围是上海建工(集团)总公司的全资子公司和控股企业(包括绝对控股企业和相对控股企业)的在册在岗职工。从2005年1月起,集团实行在岗职工最低工资标准,即不低于同期上海市最低工资标准的105%。

（乔　瑜）

【上煤管线一公司的集体合同工作坚持三沟通、二参与、一监督】 上海煤气第一管线工程有限公司是城建集团下属的具有国家市政公用总承包一级资质的施工企业。公司建立平等协商、集体合同制度以来,始终坚持三个沟通、二个事先参与、一个事后监督。三个沟通:一是与职工沟通,这是真实反映职工的意愿和要求的重要途径。二是坚持与党委沟通,这是顺利开展平等协商、集体合同工作的重要保障。三是坚持与行政沟通,这是取得平等协商、集体合同成功的重要基础。二个事先参与:一是企业在制订重大方案时事先让工会参与;二是在涉及职工切身利益的重大问题上工会要事先关心。坚持一个事后监督:健全和完善平等协商、集体合同履约情况的检查制度及向职代会报告制度。从而有效维护了广大职工的合法权益,调动了广大职工当家作主的积极性,促进了企业劳动关系的稳定和谐,有力地推动了企业经济快速发展。（张军壹）

短信息:

○黄浦区总工会和区劳动保障局于5月14日举行第三次联席会议。确立了当年合作项目:即维护进城务工人员的合法权益和开展平等协商、签订集体合同和职工技能培训两项工作。

（吕诚陆　盛进华）

○市运输工会于5月成立平等协商工作议事组,对集团下属企业开展平等协商工作,提出政策、法规、文本、方法等方面的咨询和指导。议事组成员可代表运输工会直接参与指导集团下属企业开展平等协商工作。

（王国平）

○10月10日,闵行区总工会成立工资集体协商顾问团。工资集体协商顾问团接受工会的委托,作为工资集体协商的正式代表,全过程参与企业的工资集体协商,为基层工会的工资集体协商提供法律和政策咨询服务。

（刘　芳）

劳动争议调处

【上海工会积极探索多元化劳动争议调解机制】 上海各级工会组织配合劳动、司法等部门,积极探索多元化的劳动关系调解机制,年内共调解各类争议4370件。(1)街道乡镇区域性劳动争议调解机构呈现社会联动的多元化格局,有以工会组织为主,以地区仲裁机构为主,以人民司法机构为主等三种形式,人员配备主要来源于地区工会、劳动、司法、企业等单位。如黄浦区董家渡街道建立了由工会、街道司法科组成的社区劳动争议调解委员会,并由政府、工会、企业三方面的专业人员组成劳动争议仲裁调解庭,配备了必要的工作场地和设施,建立了咨询调解方面规范的操作制度,近两年来共参与调解了百余起劳动纠纷,初步形成了“工会牵头,劳动科配合,司法科运作”的工作模式。黄浦区已在所属9个街道开展了此项工作。闵行区也在13个街道(乡镇)建立了劳动争议调解委员会,并在2个镇同步设立了劳动争议仲裁调解庭,接待咨询200余人次,协调劳动争议80余件,并有效化解了多起集体上访事件。杨浦区总工会构建了区、社区(镇)、小区、企业四级劳动争议预防调解网络,并借助社会资源建设了一支职业化、社会化、专业化的劳动争议调解员队伍。他们将劳动争议调解工作的重点放在源头上,通过宣传、咨询和调解工作,避免了不少矛盾的产生与激化,并及时调解数十起案件,有效地保障了地区劳动关系的和谐与稳定。浦东、闸北、普陀、金山、松江区等部分街道将劳动争议调解工作引入人民调解机构中,即社区工会、司法机构以及政府有关部门人员共同参与。上海19个区县中已有50%以上的街道(乡镇)建立了各种形式的调解机构。(2)在企业的上级公司、产业(局)工会建立劳动争议调解组织,开展调解工作。上海电器公司进行行业劳动争议调解试点,为基层20余家企业工会提供了法律服务,接待职工的各种咨询2000余人次,协调各类争议120余起。宝钢集团上海五钢有限公司的劳动争议调解委员会,共接待劳动争议45起,调解案件18起,未发生一起上访事件。上海三角地总公司有下属企业12个,公司劳动争议调委会成员由党委书记、工会、职工代表、人事、保卫等组成,所需经费由公司解决。他们大力开展法律咨询、宣传等方面的预防性工作,还参与协调一般性争议的调解工作。此外,化工、仪表、医药等一些公司调解机构的工作做的也比较细致和深入,他们不但在预防方面做了大量的工作,并且还及时化解了许多劳动纠纷,包括一些群体矛盾,在稳定社会秩序方面取得了较好的效果。实践证明,这种依托上下管理关系的公司、行业类型的劳动争议调解形式,具有时效快、后遗症小的明显效果。

(周向琳)

市化学工会举行集体合同和工会维权业务知识培训

(虞仲义)

【闵行区总工会建立法院审判劳动争议案件旁听制度】 闵行区总工会与区人民法院于9月起联合建立了法院审判劳动争议案件旁听制度,区人民法院每周将需审理的劳动争议案件送至区总工会,区总工会在与案件主审法官联系后,组织基层工会干部进行旁听。2004年区总工会共收到法院审判劳动争议案件139件,工会组织了部分案件的旁听,提高了基层工会干部劳动争议调解的水平和能力。

(刘　芳)

【市医药工会健全劳动关系预警协调机制】 (1)通过完善机制协调劳动关系。根据劳动关系矛盾的特点,建立、完善以职工代表大会、推进厂务公开为重点的民主管理机制和以平等协商、集体合同为重点的源头维护机制,将劳动关系预警机制延伸到落实集体合同、规范企业用工和维护职工合法权益中,并完善信息网络体系。(2)加强用人单位劳动争议调解组织建设,把劳动争议调解组织的组建和工作纳入集体合同,明确人员、完善制度、落实经费。工会在劳动争议调解组织中起主导作用,把主要精力放在预警预防上,对申请调解的争议及时调解,使调解组织成为劳动关系"预警嘹望哨"。(3)加大劳动法律法规的宣传力度,让劳动关系双方真正掌握法律,减少违法行为,最大限度地减少劳动关系矛盾冲突。举办企业工会干部、劳动人力资源干部及分管经理(厂长)的劳动法律培训班,针对企业劳动人事部门执行劳动法律法规和政策处之失当的情况,及时要求企业纠正。并在上海医药报上开辟"工会法律专辑",对劳权问题进行政策法律宣传,组织职工培训和通过自学,学习掌握劳动法律法规,依法维护自身的劳动权益。(4)注重纵向和横向的沟通和协调,营造和谐的劳动关系。工会要就劳动关系矛盾中突出的问题和行政协商,上级工会应代表下级工会和企业行政进行沟通协调,及时防范和处理劳动关系群体性矛盾。

(孙明南)

【上海铁路局建立劳动争议调解工作两级考核机制】 上海铁路局建立了协调劳动关系的考核激励机制,制定下发了《上海铁路局劳动争议调解工作考核办法》,从组织建设、活动规范、基础工作、预防工作四个方面分解为18项考核内容,每项内容计分考核,满分为100分,不满75分为不达标;75分以上为达标;85分以上为良好;95分以上为优秀。各分局劳动争议调解组织结合单位实际,也分别制定了对基层单位劳动争议调解组织考核办法,形成了路局、分局两级考核机制。两年来,路局对分局劳动争议调解工作进行了考核评比,评出劳动争议调解优秀组织4个、良好组织5个、达标组织5个。各分局对基层单位劳动争议调解组织开展了考核评比,评出优秀组织48个;良好和达标组织79个。劳动争议调解工作两级考核奖励经费由路局、分局行政在工资基金中列支。劳动争议调解工作两级考核机制的建立,规范和推动了全局劳动争议调解工作的健康发展。

(陆文桃)

【上海铁路局工会努力构建劳动法律维权体系】 上海铁路局工会为了更好地实现对职工合法权益的维护，于2004年建立了劳动法律保障体系。为完善和推进这个体系建设，一是紧紧抓住一个"龙头"，即坚持落实平等协商、集体合同制度；二是搭建两个工作平台，即切实发挥各级劳动争议调解组织和工会劳动法律监督组织的作用；三是努力建好三个机制，即劳动争议调解工作考核机制，劳动法律法规执行监督机制，劳动关系预测、预防、预报的预警机制；四是着力抓好四项重点工作，即组织建设、上岗培训、案例上报、集体合同的履行兑现检查。还将路局、分局的劳动法律咨询热线电话在报上公布，要求基层单位设立维权信箱、开展劳动法律咨询听证活动。基本实现了"一般争议不出基层、重大争议不出分局、特别重大争议不出路局"的工作目标。 （曹建国）

【航道局仓储公司工会在"协解"工作中坚持维护职工合法权益】 在企业深化三项制度改革、推进协商解除劳动合同的工作中，航道局仓储公司工会坚持民主决策，源头参与，依法维护职工合法权益。他们的做法：一是召开职代会团组长联席会议审议《协商解除劳动关系实施意见》，民主决策，按程序办事；二是组织部门工会主席学习协解政策，要求工会干部向职工宣传协解政策和听取协解对象意见，及时反映；三是派员参加协解工作小组，及时了解和掌握协解过程中的情况，代表职工一方积极参与协商；四是在协解工作中，对历史遗留问题本着以人为本、实事求是的原则，既规范操作，又合情合理地予以解决。如对离岗职工在协解过程中的工伤就业补贴问题，公司工会就多次汇同劳资部门与事故发生单位协商，妥善解决问题，依法维护了离岗职工的合法权益。

（汪正林）

短信息：

○为配合事业单位转制，上海市发行集团将相关法律、法规及有关文件汇编成册，《新华发行集团职工权益保障方案》与职工见面，并开设法律专题讲座、开通职工维权热线。 （陈宏华）

劳动法律法规监督检查

【市总工会加大工会劳动法律监督力度，依法维护职工群众合法权益】 2004年全市各级工会共建有4136个基层工会劳动法律监督组织，13362名工会劳动法律监督员。各级工会劳动法律监督组织结合实际情况，开展了多种形式的监督检查活动，加大了工会劳动法律监督力度。全市19个区县总工会、38个产业（控股集团公司、企业集团公司）工会，出动工会劳动法律监督员5900余人次，对5000余家用人单位进行检查，受理违法违规案件达300余件，发出工会劳动法律监督建议书150余份。5—6月，市总工会与市劳动和社会保障局、市公安局、市工商行政管理局联合在全市范围内开展了依法维护农民工合法权益的专项检查活动。市总工会副主席吴申耀带队参加了这次监督检查活动。这次专项检查活动共检查用人单位3458户，查处违法单位1236户，占被检查单位的44%，发出限期整改指令书986份，作出行政处理决定126件，行政处罚决定169件，处罚金额118.97万元；补签劳动合同、补办用工备案手续2992人，补发无故克扣、拖欠的工资和加班工资903.19万元，追缴社会保险费1258.56万元；违法案件中，涉及侵害农民工权益的232件；补发拖欠的农民工工资470.81万元，涉及3701人；补缴外来人员综合保险费1037.71万元；取得了较为显著的成果。8—9月，市总工会与市人大财经委联合开展了关于企业规范劳动用工情况的执法调查活动。市人大常委会委员、市人大财经委副主任委员俞德雄，市总工会副主席吴申耀、谢峰带队参加了这次执法调查活动。这次执法调查活动以抽样回访的形式，对青浦、松江区的部分企业贯彻执行有关劳动法律法规的情况进行执法检查，并与企业方面进行座谈，听取意见，就进一步规范企业劳动用工秩序开展调研。12月，市总工会与市劳动与社会保障局、市建设和管理委员会联合开展了以农民工工资支付情况为重点的劳动者权益保护专项检查活动，进一步依法维护职工群众的合法权益。 （甘党生）

【闸北区总工会强化工会劳动法律监督检查工作】 闸北区总工会强化工会劳动法律监督检查工作，会同区劳动监察大队，街道、镇工会会同劳动、工商、派出所、综治办、计生办等部门，参与检查用人单位592户、专业市场4个，涉及农民工8013名，对检查中发现的未签订劳动合同、擅自使用农民

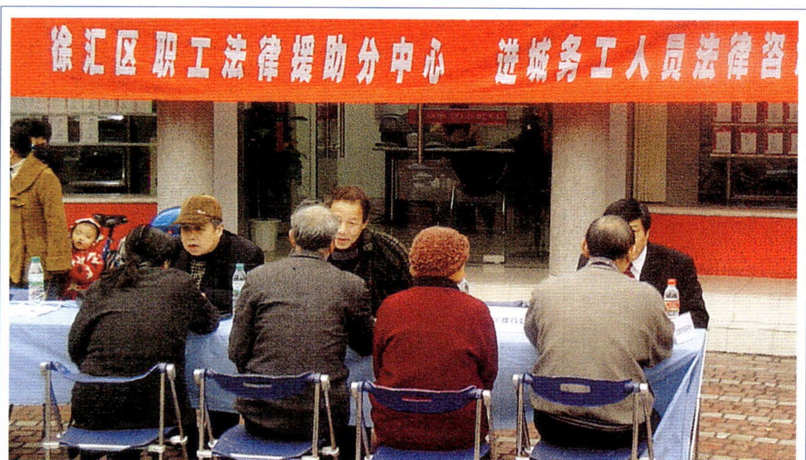

徐汇区总工会为进城务工人员举行法律咨询活动

（虞 蔚）

工、未按规定缴纳社会保险金、未按规定支付工资的109户企业，当场予以教育，所涉及的737人(次)中的绝大多数立即得到纠正。此外，要求整改56件，取缔非法中介机构2户，行政处罚21件，罚没款6.55万元。区总工会先后4次与区劳动、医保等部门和相关街道联手，深入彭浦、北站、临汾、芷江西路街道开展咨询活动，共为下岗职工、进城务工人员、退休职工提供法律法规、政策咨询服务285人次，为劳动争议提供咨询408人次，调解争议30件。（糜玉树）

【黄浦区总工会正确引导劳动关系和谐发展】 黄浦区总工会从学习宣传、监督检查、机制建设三方面，突出正面引导，积极培育典型，促进企业劳动关系的和谐发展。一抓“两法两条例”学习宣传。区总工会与区委宣传部、区人大内司委、区司法局等单位把学习“两法两条例”继续纳入“四五”普法计划；组织1200名进城务工人员参加市法律知识竞赛并获得名次，提高了他们的知法水平。二抓执法监督检查。区总工会与区人大办公室、内司委组织人大代表、工会干部开展执法检查，推动了部分三资企业、新经济组织中的文明单位执行《工会法》的自觉性。区总工会与区劳动局联合开展了进城务工人员权益保障等专项检查，督促企业规范用工。三促劳动关系和谐发展。区总工会和区劳动局举行了第3次联席会议，联合抓好平等协商代表的培训，促使协商有效开展。（吕诚陆）

【黄浦区总工会与区劳动保障局联合开展进城务工人员权益保障情况专项检查】 为进一步加强对区属用人单位执行劳动法律、法规和规章情况监督检查的力度，黄浦区总工会与区劳动和社会保障局于4月至5月，在全区开展进城务工人员权益保障情况的专项监督检查。检查的重点是建筑工地、商务楼、物业管理、生产工场等进城务工人员较多的工作场所。检查内容是：用人单位交缴综合保险费的情况；用人单位执行国家劳动保护标准情况；用人单位支付进城务工人员劳动报酬情况。检查方法采用集中检查和专项检查相结合，抽查和自查相结合。全区500户单位进行自查，100户单位进行抽查。检查期间还设立了举报投诉热线电话。（林志祥）

【仪电工会监督检查形成“年协商、季巡视、月通报”活动机制】 上海仪电工会在展开监督检查工作时，精心组织“年协商、季巡视、月通报”三项活动，形成相互衔接、相辅相成的活动机制。“年协商”就是举行年度协商，聚焦重点，形成源头整合机制。“季巡视”就是跟踪难点，形成过程督查机制。如进行“劳动安全卫生工作”、“民主监督厂务公开工作”、“创新活动素质工程中途开展状况”、“工会自身建设”等巡视检查。“月通报”就是关注热点，形成日常沟通机制。如仪电工会与控股公司相互通报了“2003年职工思想动态分析和2004年预测”、“深化创新活动推进素质工程”、“社会保障金交纳情况”、“职工保障互助会职工保障计划完成情况”、“安康杯竞赛活动及职工权益保障情况”等专题内容。（生　青）

【宝钢集团进行改制中维护职工合法权益专项检查】 2004年6月，国资委下发《关于在国有企业重组改制和关闭破产中开展维护职工权益专项治理工作的通知》，根据集团党政领导的批示，由集团工会牵头，会同管理创新部、人力资源部、资产经营部、财务部、监察部组成宝钢集团公司关于国有企业重组改制和关闭破产中开展维护职工权益专项治理工作检查组，严格按照文件要求组织自查，理清了近4年中全集团36家子公司改制、分流时的民主程序，并编制了汇总表，拟定了自查分析意见。7月完成了《宝钢集团国有企业重组改制和关闭中维护职工合法权益专项治理情况的自查报告》，及时上报国资委。8月26日，国资委“国有企业重组改制和关闭中维护职工合法权益专项治理”综合检查组到宝钢进行抽查，宝钢集团工会代表宝钢集团详细汇报相关情况的自查，国资委检查组对宝钢集团的执法情况表示肯定，对宝钢集团详实的自查报告表示满意。（张　帆）

【市体育局工会会同人事部门开展事业单位人员聘用工作规范情况检查】 6月，市体育局工会结合开展劳动法规监督调研工作，先后5次会同局人事部门进行局系统事业单位人员聘用制度工作交流检查。此项检查是在各单位自查的基础上，采取部分单位集中交流检查，被检查单位的分管领导、人事和工会等有关部门参加，各单位都准备了书面自查报告和相关材料，许多单位介绍了人员聘用制及岗位管理的经验和做法。通过检查，总结和推广了成功的经验和做法，对存在的问题，明确了健全和完善的措施，使事业单位的人员聘用工作更趋正常化和规范化。（乐俊平）

崇明县供销合作总社签订行业性集体合同

（陈进修）

法律援助

【市总工会职工法律援助范围进一步拓展】 市总工会和34家区县局（产业）的职工法律援助机构，年内共为1.38万名职工提供了各种形式的法律服务。其中无偿代理劳动争议仲裁和诉讼案件731件，非诉讼调解1210件（群体争议180件），代写法律文书175件，处理来信680件，接待法律咨询达8700余人次。上海职工法律援助有四个特点：第一，援助范围进一步拓展。各级职工法律援助机构在参与劳动争议的协调中，根据需要和可能，对两类特殊困难群体普遍降低了援助门槛（即不苛求援助对象经济状况必须达到最低保障线）。具体为：（1）对进城务工人员，将企业拖欠或克扣工资、不缴保险金、不提供安全劳动条件等侵权事件纳入援助范围；（2）对经济原本不富裕的家庭，将他们遭受失业或病患等方面所造成的劳权案件提供援助和服务。第二，维护劳动权利。职工法律援助机构以维护职工劳动权利为己任，将一些影响社会稳定的个体、群体争议及时纳入了法治轨道。第三，强化有效调解。职工法律援助把“调解”作为“主旋律”，指导基层积极开展多元化、多渠道的调解，使一些社会矛盾及时得到了化解，有效缩短了争议的处理时间，降低了案件成本，并且促进了劳动关系持续、和谐的发展。第四，加强规范指导。（1）指导地区开展法律援助，把职工法律援助融入地区的日常管理工作，逐步形成市、区、街道三级法律援助网络，以实行地区咨询、调解、仲裁、诉讼的一条龙服务，顺应了劳动争议处理属地化原则的趋势。上海有30%的地区顺利开展了该项工作。此外，上海有14家产业（局）的职工援助机构在劳动争议处理形式上，除了通过上下级工会组织与企业协商调解解决争议外，遇到涉及职工的仲裁、诉讼案件时，积极配合地区职工法律援助机构共同办理，从而形成条块结合，以块为主的法律援助网络。（2）规范工作制度。近年来完善了“上海市职工法律援助工作办法”，对职工法律援助的申请、审核、批准、归档等工作程序进一步予以规范。（3）服务企业预防纠纷。具体为：首先利用多种途径和方法，提供并宣传法律、法规，增强企业的法制意识，引导职工理解并支持改革；其次指导各级工会组织积极参与企业劳动合同文本的制订，对规章制度的修改及各项改革方案进行严格的把关，提出合法、合理的建议和要求，力求从源头上规范管理；最后，落实操作程序，即按照法律要求规范涉及职工权益各项制度的出台程序。

（周向琳）

【上海惠工缝纫机三厂关爱进城务工人员】 上海惠工缝纫机三厂是创建于1992年的集体企业，有外来务工人员168人，占职工总数的34.6%。企业坚持以人为本的管理模式，使企业获得了健康有序的发展，连续8年人均创利、创汇、销售产值名列行业前茅，连续三年获市工业企业500强称号，产品畅销50多个国家和地区。（1）坚持同工同酬的分配制度。企业明确规定，凡是相同岗位，无论籍贯，都将获得相同报酬。企业还为进城务工人员全部办理了养老保险或综合保险。工会将他们纳入集体合同覆盖范围享受同等福利，对困难人员进行救助。建立了进城务工人员房屋补贴制度，每人每月补贴50元。相同的待遇、切实的保障使进城务工人员思想稳定，一心一意抓生产。（2）大力开展技术技能培训。企业积极开展各类学习和培训，采取技术等级、工作业绩和工资分配相结合的办法，激发职工的学习热情。每年约有40%的进城务工人员参加培训。21名进城务工人员获得高级工职称资格证书，26人获得中级工职称资格证书。34人公派赴日本研修。30名中层干部中有9名进城务工人员。（3）积极推进民主管理。企业始终坚持和完善职代会制度，疏通职工参政、议政的民主管理渠道，鼓励进城务工人员参与企业管理和建设。职工代表中进城务工人员占34.4%；5名工会委员中有2名为进城务工人员。同时，积极开展合理化建议活动，在42项获得奖励的合理化建议中，由进城务工人员提出的占24项。

（虞　蔚）

【徐汇区总工会开展进城务工人员提高法律素质主题活动】 徐汇区总工会将提高进城务工人员整体素质作为职工素质工程建设的目标之一，联合区委宣传部、团区委、区妇联、区司法局、区劳动和社会保障局等部门在进城务工人员中开展“提高法律素质，做新一代上海人”主题宣传教育活动。活动分四个内容：（1）开展普法学习教育，下发3000本《进城务工人员法律知识读本》，发动产业、系统和街道、镇，以企业为单位，采用黑板报、宣传橱窗、班组学习会等多种形式，组织进城务工人员学习《读本》及有关法律知识，帮助进城务工人员提高法律意识。（2）集中开展普法培训，邀请优秀外来

化学工会推进工资集体协商工作

（虞仲义）

青年法制演讲团到区内对进城务工人员作报告，以优秀外来青年开展法律学习活动的亲身体会引导进城务工人员学法、知法。(3)举行法律知识竞赛活动，以书面答题的形式，组织3000余名进城务工人员参与答题、学习。并在各产业、系统工会举行初赛的基础上举办了区进城务工人员法律知识竞赛，一支参赛队还进入了市决赛。(4)开展评选活动，在全区进城务工人员青年中树立具有良好的法律素质、遵守职业道德规范、为徐汇经济建设和社会发展做出杰出贡献的先进典型，宣传、推广先进做法。　（虞　蔚）

【长宁区总工会与华东政法学院联合建立劳动法律服务中心】 4月19日，长宁区总工会与华东政法学院联合成立了长宁区总工会、华东政法学院劳动法律服务中心。该劳动法律服务中心的成立是优势互补的联合，区总工会将充分利用华东政法学院的人才优势、资源优势、专业优势、品牌优势，积极依靠华东政法学院的支持，充分发挥好工会对职工法律咨询、法律援助的作用。(1)加强合作，资源互补。华东政法学院的教师长期从事劳动法律的理论研究和实际操作，具有专门劳动法律知识，有着丰富的为职工提供服务的经验。通过联手，提升了法律服务中心的专业水平。(2)提供培训，强化指导。法律服务中心借助华东政法学院的优势，为各系统、街道(镇)的工会干部提供专业的法律培训，提高工会干部的理论水平。同时，工会干部定期参与窗口接待，在实践中提高维护能力。(3)搭建平台，深化实践。法律服务中心的成立为华东政法学院的学生提供法律实践的机会，一方面巩固了学生的法律知识，提升专业水平，掌握如何运用相关的法律技巧；另一方面也为他们有志成为维护职工合法权益的工会干部搭建了实践的平台。　（王亚文）

【长宁区总工会切实维护进城务工人员合法权益】 长宁区总工会从以下三个方面入手，切实维护进城务工人员的合法权益。(1)强化三个做法：一是加强探索进城务工人员的工会组建工作，针对进城务工人员分布广泛、就业形式多样、工作流动性大的特点，采取各种方式，把他们组织起来，吸纳入会。二是加强探索进城务工人员会籍管理的有效形式和方式，各级工会组织将进城务工人员纳入正式会员会籍管理范围或流动会籍管理范围。三是加强探索进城务工人员的工会会费、经费收缴工作，确保工会经费的及时收缴。(2)建立四个机制：一是建立工会法律维权工作机制，设立“进城务工人员的维权服务中心”，为进城务工人员提供咨询服务，通过健全平等协商、集体合同制度，保障进城务工人员的基本经济权益。二是建立职工素质工程工作机制，开展进城务工人员读书活动，丰富进城务工人员的文娱活动，提高进城务工人员的技术技能，保障进城务工人员的生存基础。三是建立基本生活保障工作机制，探索建立进城务工人员的医疗互助帮困基金，保障进城务工人员的抗风险能力。四是建立民主监督工作机制，通过建立和完善职代会制度、劳动法律监督制度，保障进城务工人员的合法权益。(3)形成一个合力：工会组织积极主动地争取党组织的领导和政府行政部门的支持，坚持以党建带工建，以工建服务党建的原则，加强与共青团、妇联组织联手合作，通过与政府极其有关部门的联席会议制度，形成合力，切实维权。　（陈慧君）

【普陀区职工援助服务中心实体运作见成效】 2004年，普陀区总工会建立了“普陀区职工援助服务中心”，为职工提供“一站式”服务。职工援助服务中心设立了五个分中心和一站一线：即职业介绍分中心、技能培训分中心、互助保障分中心、法律援助分中心、进城务工人员权益保障分中心、信访接待站和维权热线。一年来，职工援助服务中心编发了《服务指南》小册子，实行实体运作，逐步形成了一整套的工作机制。如：西宫天天职场全天候服务制度，拥有1200平米的招聘场馆每天免费为职工提供近200个岗位信息；互助保障计划“三个延伸”制度，将原团体参保对象的条件由上海市城镇基本医保职工向非公企业的外来人员延伸，向困难群体中的失业人员延伸，向未纳入基本医保的村委会居民延伸；紧急救助制度，对职工出现的紧迫问题、特殊困难及时进行救助和处理，努力做到在第一时间作出第一反映；信访回复制度，凡是职工群众的来信来访有专人负责接待，认真记录，及时协调解决；多种帮困形式统一管理制度，对帮困救助、援助服务的对象、条件、审批程序、操作模式都作了明确具体的规定，使整体工作步入规范化运作的轨道等。2004年，帮助职工再就业6785人次，职业技能培训18860人次，进城务工青年轮训达8832人次。职工互助保障计划全区吸纳参保人次14.1万，当年有38943人次受益，给付金额1785万元。　（吴　炜）

长宁区IT行业工会签署“女职工特殊利益专项协议”

（吴志华）

【闸北区总工会保障进城务工人员权益推出三项新举措】 闸北区总工会推出做好进城务工人员权益保障工作的三项新举措。(1)建立了进城务工人员权益保障联席会议制度。联席会议由区总工会、区妇联、团区委、区劳动和社会保障局、区司法局参加,区总工会为召集单位。(2)建立了进城务工人员权益保障“1+4”服务网络。即成立1个服务站——闸北区进城务工人员权益保障服务站,设立4个分接待点——闸北区妇联、团区委、区劳动和社会保障局、区司法局接待点。服务站和分接待点都公开服务电话。(3)建立进城务工人员权益保障工作责任制。根据参加联席会议成员单位的工作职责,明确各单位为进城务工人员权益保障工作提供服务的具体内容,区总工会为进城务工人员提供涉及加入工会及劳动、保障等相关权益的宣传咨询服务;区妇联提供婚姻、家庭、妇女、儿童特殊权益等方面咨询服务;区团委提供团籍管理、青年维权等咨询服务;区劳动和社会保障局办理综合保险,对劳务纠纷受理调处;区司法局为符合援助条件者提供法律援助。 (糜玉树)

【杨浦区建立进城务工者权益保障机制】 区总工会会同区劳动和社会保障局、区团委、区妇联成立了上海市首家“进城务工者权益保障服务站”,社区、小区成立分站、分点,形成了区、社区、小区三级维权服务网络;聘任11名工会专职法律工作者负责接待工作,实行首问负责制,确保接待到位、服务到位、协调到位、维权到位;与有关部门建立了进城务工者权益保障工作联席会议机制,定期召开专题会议,研究解决进城务工者工作中遇到的重大问题;与区劳动和社会保障局等单位共同制定了《杨浦区关于加强进城务工者权益保障的若干意见》,提出了对进城务工者的合法权益要立足源头,分工负责,联合维护,切实做到“八同”:同组建、同协商、同参与、同学习、同管理、同服务、同帮扶、同娱乐;召开了“杨浦区进城务工者权益保障工作经验交流会”,培育一批先进典型,在全区推广了他们的做法。

(王 洪 张念宏)

【黄浦区总工会进城务工人员法律援助工作受欢迎】 黄浦区总工会于2004年2月建立了进城务工人员权益保障服务中心。该中心专门以广大进城务工人员为服务对象,宣传劳动法律、法规和政策,提高进城务工人员自我维权的能力;提供法律咨询,为前来咨询人员解惑释疑;无偿为经济困难、合法权益遭到侵害的进城务工人员代书、代理参加非讼调解、劳动争议仲裁和诉讼。当年,黄浦区总工会接待包括外来务工人员在内职工法律咨询2190多人(次),代写法律文书108件,参加非诉劳动争议调解51起,代理职工和工会干部参加劳动争议仲裁和诉讼7起,协助处理来信18件。工会法律援助工作受到普遍欢迎。(林志祥)

【新新集团龚路工业园区工会联合会为进城务工人员服务】 上海新新集团公司浦东龚路工业园区拥有职工700人,其中进城务工人员已占整个园区上岗人数的50%。该工业园区工会联合会在吸收253名进城务工人员入会的同时。联合行政为进城务工人员办了9件实事:一是开通进城务工人员咨询服务热线,及时帮助解释或解决他们关心的热点问题。二是专为进城务工人员送温暖。每个进城务工人员获得了九孔棉被,其中困难的还另获现金补助。三是每季度开展一次为您服务活动,解除他们后顾之忧。四是保障进城务工人员民主政治权益,逐步在职工代表、会员代表中增加进城务工人员的名额比例,调动进城务工人员的积极性。五是开展学习型班组创建活动,全面提高职工的综合素质。根据职工的需求,以集团电大为依托,开设相应的培训,使职工文化上层次、技能上等级、素质上台阶。六是开展进城务工人员“融入企业,争做合格职工,争做新上海人”活动,加强教育引导,培训职工的自我教育、自我管理意识。七是开展安全生产教育活动,组织一次消防运动会。八是园区工会组织由进城务工人员参加的同行业、同工种的技术比武大赛和各企业工会开展的劳动竞赛。九是举行由进城务工人员参加的卡拉OK大奖赛和体育比赛。 (曹志平 林 芳)

【百乐门大酒店工会将进城务工人员融入酒店大家庭】 百乐门大酒店是三星级的涉外酒店,进城务工人员已成为该酒店的一支生力军。酒店工会把关心、教育、帮助进城务工人员工作作为增强企业凝聚力的重要工作来抓。(1)在劳动关系上维护他们的合法权益,督促行政与他们签订合同。吸收他们加入工会,在享受各项福利待遇和先进评比中一视同仁。房务部一名外来保洁工被评为先进后,参加了工会组织的武夷山双飞休养活动,在进城务工人员中引起极大反响。(2)在工作、学习上帮助他们成长,组织进城务工人员参加各类培训,技术练兵活动。由于酒店外宾较多,工会还编印了英语100句的小册子,组织他们学习,让他们逐步适应岗位的要求。(3)在生活上关心他们,改建了宿舍,开办了活动室,组织他们开展各类文体活动。 (瞿承菁)

【闵行区总工会加大进城务工人员的法律援助力度】 闵行区总工会采取四大措施加大对进城务工人员的法律援助力度:一是充分发挥闵行区职工维权律师志愿团作用,每月一天由律师进行法律咨询。全年共接待法律咨询案件83件,代为申请法律援助2件。二是举办了两场大型进城务工人员法律咨询活动,专门为进城务工人员提供法律咨询服务。三是开展进城务工人员普法知识宣传,组织进城务工人员参加法律知识竞赛、发放职工维权知识读本,不断提高进城务工人员法律知识水平。四是加大法律监督力度,将维护进城务工人员合法权益作为劳动监督检查重点。 (刘 芳)

【嘉定区新成路街道工会切实维护进城务工人员合法权益的三条措施】 嘉定区新成路街道工会根据社区工会工作的发展和变化,突出重点,把维护进城务工人员合法权益作为一项重要工作来抓实抓好。(1)组建两级进城务工人员权益保障服务站。一是在街道层面成立进城务工人员权益保障服务站，由工会牵头，会同团委、妇联和街道司法所等部门组成，设立办公室，开通服务热线，落实专人负责；二是在外来人员比较集中的宁新私营经济城、新成村及居委会建立进城务工人员权益保障服务站，构建新成社区全覆盖的服务网络，为外来务工人员提供政策、法律咨询及相关服务，调解劳资双方矛盾纠纷，参与职工工资被拖欠、职工工伤事故等问题的调查处理等。(2)在进城务工人员比较多的企业加快工会组建步伐。一方面向一些规模比较大、进城务工人员比较多的企业发送《工会法》、《劳动法》等学习资料，编写依法组建工会组织的宣传提纲并开展宣传，引导企业职工向工会组织靠拢，培养一批综合素质比较高的进城务工人员成为建会骨干；年内吸纳近千名进城务工人员入会。(3)把普法和思想教育作为首要工作来抓。街道工会与私营城党支部联合派出指导员到进城务工人员比较多的企业开展"关注嘉定，热爱嘉定，奉献嘉定"的宣传教育活动，让广大进城务工人员认识到自己的生活和发展与嘉定的发展有着紧密联系，增强他们树立信心，充分认识做好本职工作，提升自身素质的重要性和迫切性。　（唐身桂）

【青浦区总工会农民工权益保障工作有实效】　年初，青浦区总工会成立了"农民工权益保障服务站"，在全区公布了联系电话，为合法权益受到侵犯的农民工主持正义，提供法律咨询，参与农民工劳动争议调解，非诉讼代理等服务，得到了农民工的欢迎。一年来，服务站接待处理农民工来信来访93起，涉及职工207人，为200多位农民工提供了法律咨询等服务，参与40起影响较大劳动仲裁案件的处理和16起重大工伤事故的查处，较好地维护了农民工的合法权益。工会通过调解和法律援助为农民工追讨工资、工伤补助费20多万元。区总工会会同劳动部门开展了农民工权益保障的专项检查，全年对313家企业进行检查，涉及农民工3.1万人，劳动部门对发现有违规行为的62家企业进行了处理，责令他们限期整改。　（程天爵）

【奉贤区金汇镇工会开展"六个一"普法系列活动】　为了增强广大职工的法制意识，引导广大职工学法、用法、守法，奉贤区金汇镇工会在职工中开展"六个一"普法系列活动。一是开设一条法律咨询、维权热线，年内共接听咨询电话126只，当场解答率达到90%。二是建立一个法律咨询团，由镇司法干部，工会劳动争议调解员等12人组成，年内接受职工咨询3000多人次。三是制作一批"法律走近职工"宣传板面共30块，到各企业巡回展出。四是办好一档法制专题节目，年内播出特约专稿360余篇。五是举办了一次送书下企业活动，送去有关法律丛书1万余册。六是开展了一次"法在我心中"以案论法征文活动，收到征文45篇。　（沈永明）

【崇明探索进城务工人员维权服务工作新路子】　2004年，崇明县总工会在继续做好进岛外来务工人员维权服务工作的同时，积极探索做好离岛进城务工人员的维权服务工作新路子。工作中注重五抓：一抓调查研究，摸清基本情况及存在问题，为认真做好上海出租车行业崇明籍驾驶员维权服务工作明确了基本方向。二抓宣传发动，通过有关新闻媒体及召开会议等途径广泛宣传，印发《公开信》，使广大离岛的崇明籍进城务工人员深切感到自己同样是崇明现代化综合性生态岛的建设者，家乡的各级组织仍在关心着他们。三抓规范建会，在县劳务协会建立了崇明进城务工人员联合工会，又在所属各劳务公司建立了分工会，把中介出岛的进城务工人员有计划、有部署地吸收到工会组织中来，年内已吸收1.37万名务工人员入会。四抓沟通协商，崇明籍驾驶员在市区出租车公司工作比较多，其规模和经营状况、管理模式等各不相同，县总工会与上海市交通城市管理局等单位多次协商，积极寻求比较适用的联系服务模式。五抓服务维权，在崇明县人民政府招待所吴淞分部建立了崇明进城务工人员服务站，为进城务工人员开展法律咨询和培训，帮助他们增强法律意识和依法维权的本领；举办业务知识培训班，帮助他们提高业务能力；督促用人单位依法为进城务工人员缴纳社会保险金，并为他们办理意外、重病等职工互助保障计划，帮助解决后顾之忧；为进城务工人员家属免费妇科检查，对特殊困难的人员给予帮困救助，使他们真正体会到工会这个"家"的温暖。　（陈进修）

【上海重型机器厂工会"五同步"关心外来劳务工】　为有效加强外来劳务工的管理，上海重型机器厂有限公司工会通过探索和实践，形成外来劳务工管理的"五同步"方法。(1)同步关注政治民主权利：在云南、江苏劳务工中建立"工会活动小组"，定期召开工作例会。直属厂工会，每个部门设立分小组。组长列席全厂工会主席例会。依照自愿的原则，为412名外来

三航浦东分公司工会组织法律知识竞赛

（唐钧达）

劳务工办理加入工会入会手续。(2)同步提供教育培训机会:成立夜校,分批培训外来劳务工。经培训,有62人安排到企业各类机床当主手,有12人独立操作数控等大型关键机床设备。(3)同步满足精神文化需求:开放工会图书馆;购买篮球、足球等体育用品,组织体育比赛;吸收劳务工参加企业业余艺术团;节日长假组织"上海一日游";举行"中秋联欢会"、"国庆电影招待会"、"春节团拜年夜饭"。(4)同步关心日常生活难题:工会注意了解和收集信息,及时解决劳务工生活难题,例如:帮助解决返乡火车票;募集过冬衣被;帮助联系子女入学等。(5)同步维护劳动经济权益:劳动保护一视同仁,岗位收入同工同酬,表彰激励同等待遇,外来劳务工劳动保护待遇与职工相同,并依法交纳综合保险;凡独立上岗操作的劳务工,其考核和薪酬标准与企业同岗位职工相同;工会把外来劳务工纳入企业劳动竞赛范畴,评选季度竞赛先进,年终评选优秀外来劳务工,在职代会上隆重表彰。 (秦引昌)

【市机电工会采取四项措施凝聚劳务工】 上海电气集团外来务工人员在上海装备制造业的发展中发挥了重要作用。市机电工会十分关注这些务工人员的合法权益,制定了《上海市机电工会维护进城务工人员合法权益的办法》,从七个方面维护进城务工人员权益。各基层工会纷纷采取有力措施,凝聚劳务工。(1)以工会小组组织他们。上海重型机器厂和上海建设路桥公司按照工会组织管理原则,把劳务工组织到工会中来。上重厂先后按劳务工地域分编了江苏、云南、东北三个工会活动小组。建设路桥把劳务工编入所在工作岗位的工会小组。(2)以表彰奖励激励他们。让劳务工与该厂职工享受同等的奖励待遇。上海金泰工程机械有限公司工会有7位劳务工被评为企业先进,和正式职工一样奖励。上重厂工会把劳务工纳入全厂"双十亿"劳动竞赛评选优胜范围,先进劳务工彩照上全厂光荣栏。(3)以关怀帮困温暖他们。上重、建设路桥公司等不少企业工会协助行政改建劳务工宿舍,为宿舍安装空调,对困难职工进行帮困慰问。上海建设路桥机械设备公司建立了《务工者特殊困难互助章程》。金泰公司工会还组织务工者举办"上海一日游"活动,丰富他们的业余生活。(4)以技术培训提高他们。机电工会拨款专用于劳务工培训。不少企业对劳务工进行技术指导,评定相应的技术等级,对劳务工进行职业道德、职业精神、职业纪律和安全生产教育。 (冯克华)

【二纺机工会采取"八个一"维护进城务工人员权益】 上海二纺机工会维护进城务工人员权益,概括起来有"八个一":(1)融入一个小组。将新入会的进城务工人员和在职职工合编在一个工会小组,使他们对工会组织有一个认同感和"职工之家"的归宿感。(2)落实一定保障。加强综合保险、劳动保护等方面的保障监督工作,使他们的合法权益不受损害。(3)进行一次教育。组织进城务工人员学习《劳动法》、《工会法》和《中国工会章程》,增强自我保护意识。同时对他们进行厂史、厂情及工会相关知识的教育培训。(4)办理一张书卡。为他们办理图书借阅卡,开放文化活动室,吸收参加各类读书小组和文娱兴趣小组,丰富他们的精神文化生活。(5)取得一张证书。积极组织他们参加各种业务学习和技能培训,通过学习培训,取得一张相应的技能证书。(6)参与一轮竞赛。组织进城务工人员一同参加劳动竞赛及其他竞赛活动,鼓励进城务工人员奉献聪明才智。(7)加入一项基金。组建以"进城务工人员"为主体的专项救急帮困基金。(8)塑造一副强壮体魄。组织进城务工人员参加丰富多彩的业余体育健身活动,塑造强壮体魄,保持身心健康。同时,对进城务工人员开展健康普及教育,做好防病保健工作。 (王承忠)

【仪电集团亚尔公司对外来务工人员实行"十个一视同仁"】 亚尔公司十分重视外来务工人员的权益保护,公司在外来劳务工人员中推出"十个一视同仁"。即政治培养上一视同仁;精神关怀上一视同仁;人格尊重上一视同仁;工作考核上一视同仁;技术培训上一视同仁;岗位培训上一视同仁;荣誉享受上一视同仁;生活关心上一视同仁;困难帮助上一视同仁;企业成果共享上一视同仁。十个"一视同仁"的实行,在公司引起极大反响,公司劳务工的管理工作获得全方位的推进,外来务工人员视企业为温暖的大家庭。 (尤致先)

【上海梅林正广和集团进城务工人员服务队工作有成效】 上海梅林正广和集团工会认真落实"组织起来,切实维权"的要求,建立了进城务工人员服务队,使进城务工人员的物质利益和民主权利得到有效保障,主要体现四方面效果。(1)有利于促进企业规范用工。服务队每年就用工单位签订劳动合同、支付工资,交纳保险金等六方面情况进行检查,发现问题及时整改,

市轻工业工会组织进城务工人员法律知识竞赛

(徐俊彦)

企业规范用工。(2)有利于企业加强管理。服务队配合企业开展进城务工人员的职业行为、"七不"规范和法律知识培训,既提高了自身素质,也强化了企业的管理。(3)有利于增强企业凝聚力。由于企业依法兑现劳动报酬和福利待遇,并对困难进城务工人员实施帮困,调动了进城务工人员的积极性,企业凝聚力大大增强。(4)有利于工会组织活力的提升。集团工会积极吸纳进城务工人员入会,并推选代表参加职代会,发表意见,不仅确保他们的民主权利,也增强了工会的活力。　(吴晓红)

【纺织工会关心进城务工人员做到"三到位"】　纺织工会从纺织行业自身发展的需要全面认识进城务工人员问题,自觉确立关心进城务工人员就是关心纺织发展;尊重进城务工人员就是尊重自己;善待进城务工人员就是善待自己的观念,并在实践中形成"三到位"。一是真心善待,对进城务工人员关心到位。除了生活上体贴照顾,针对进城务工人员远离亲人,把关心人的工作做到每一个细节外,在政治上关心爱护,运用各种手段提高进城务工人员的思想认识和法制观念,提高他们的文明素养。二是吸纳入会,对工人阶级新成员的认识到位。纺织工会在2004年度纺织控股公司集体合同中,把进城务工人员入会问题作为专门条款写进了合同。纺织工会还在《关于进一步加强工会组织建设若干意见》中要求各级工会重视吸收进城务工人员入会,认真做好发展会员和会籍管理工作。三是依法维权,对进城务工人员的利益保障到位。在集体合同中明确工资标准、支付形式、支付时间;按时足额发放工资或劳务费,足额缴纳《上海市外来从业人员综合保险》的有关费用等,维护他们的合法权益。　(王慎微)

【航道局工会加强劳务工管理】　为落实"组织起来,切实维权"方针,上海航道局工会加强对进城务工人员的管理工作。一是对进城务工人员及家庭情况作好调查,建立劳务工台帐资料。二是有计划地成立劳务工学习兴趣小组,开展读一本书、学一门电脑知识(GPS)活动。三是工会在组织各项活动中,积极动员他们一起参加。四是涉及他们切身利益的有关事项,各级组织都积极为他们争取利益,尽量使他们融入到船上的大集体里,并想方设法关心爱护他们。6月29日,"新海豹"轮河南籍劳务工李伟在船上工作时,突感身体不适,一度处于昏迷状态,船工会立即与项目部取得联系,急送南汇医院接受治疗。并在此期间,船工会根据李伟在上海无亲人的实际情况,派一名船员陪同照顾,船上还开展献爱心捐款活动,捐款2400元。李伟感动地流下了热泪说:"你们上海工人真好,我将永生不忘"。　(刘昌明)

【海事局海测大队工会维护外来劳务工合法权益】　上海海事局海测大队工会通过组织接纳、维护权益、关心帮助使35名外来劳务工成为海测大队一支不可缺少的能征善战的生力军。一是海测大队工会主动吸纳外来劳务工加入工会组织,工会的各项活动都积极主动要求外来劳务工参与,使他们感到工会是他们的家,自觉融入到海测的大家庭中。二是组织他们进行劳动法、劳动合同条例的专题培训,增强他们维护自身权益的意识。同时,严格按照《劳动法》和《上海市劳动合同条例》等规定,保证他们的劳动报酬和各类社会保障的落实。同时,大队组织他们参加各项技能培训,使他们在较短的时间内掌握岗位知识和专业技能,有些已经成为测绘主业岗位上的骨干。三是做到在政策上一视同仁在工作上严格要求,在生活上热情关怀,在政治上关心,组织他们参加学习,帮助他们解决生活上的困难。　(朱卫平)

【一百置业工会做好劳务工工作见成效】　一百置业公司工会始终坚持平等包容、一视同仁地对待劳务工的原则,坚持以人为本,认真做好维护集团劳务工切身利益的工作,使占公司员工50%的劳务工激发出更大的工作创造性和主观能动性。公司工会在工作中重点抓好六方面工作:(1)建立工会组织。按照"哪里有职工,哪里就有工会"的要求,建立了4个劳务工基层工会,占公司基层工会组织总数的80%,劳务工自愿入会率达到100%,并按规定登记会员会籍、交纳会费。(2)加强民主监督。在劳务工中推选职工监事1名和职工代表32名,在公司重要工作中发挥参政议政作用。(3)保障职工权益。公司工会与公司行政签定《2003—2004年职工集体劳动合同》,确立了劳务工和正式职工的同等地位和待遇,从制度上给予了充分的保障。(4)关心弱势群体。工会对45名生活困难劳务工建立帮困档案,先后援助200多人次,共6万余元。(5)和谐公司氛围。工会积极组织劳务工参加公司卡拉OK、80分、保龄球比赛,组织体检、"三八妇女节"旅游、新年联欢等各类活动,使劳务工融入到整个企业和谐的氛围中。(6)激发创造热情。在工会组织的劳动竞赛上,劳务工踊跃献计献策70多条,涌现9名岗位能手。通过这些工作,2004年劳务工为公司实现扭亏增盈作出了重要贡献,劳务工的收入也稳步提高。　(陈宇伟)

短信息:

○静安区建立进城务工人员维权联席会议及进城务工人员权益保障服务站。联席会议成员单位包括区总工会、司法局、劳动保障局、安监局、建委、发展计划委、团委、妇联、法院等有关部门。联席会议定期研究进城务工人员的状况,对进城务工人员中存在的难点问题给予解决。　(陈继烈)

○12月27日,南汇区总工会召开依法维护职工合法权益成果发布会,总结和交流了工会维权工作的经验和做法,展示了南汇工会在维护职工合法权益方面取得的维权成果。　(程茵茵)

○奉贤区职工援助服务中心于3月29日成立。该中心提供政策咨询、就业服务、法律援助、生活救助,信访接待等"一门式"服务,至年底已接待职工600多人次,其中法律援助32人、劳动仲裁10起、诉讼代理13起,切实维护了职工的合法权益。

(沈永明)

维护民主权利

综　述

2004年,民主管理工作以邓小平理论、“三个代表”重要思想、科学发展观为指导,认真学习贯彻党的十六大、十六届三中、四中全会精神,围绕上海改革发展稳定的大局,围绕中国工会十四大和上海工会十一大提出的关于加强职工民主管理的目标和任务,围绕市总工会2004年工作的总体部署,认清形势、把握全局、突出重点、注重实效、与时俱进、依法有序地推进上海职工民主管理工作的深入发展,各项工作取得了新进展。

一是注重总体布局,重点突破。根据市委、市政府分管领导的人事变动,以及市委、市政府有关委办机构调整的实际情况,市厂务公开工作领导小组进行了调整,组成了由市委副书记王安顺任组长,市人大常委会副主任、市总工会主席陈豪和副市长杨晓渡任副组长,市纪委、市监委、市委组织部、市国资委、市委宣传部及相关委办党委分管领导参加的市厂务公开工作领导小组。并召开了市厂务公开领导小组第四、五次会议和2004年上海市厂务公开民主管理工作会议,总结交流了工作经验,研究部署当前和今后一个时期厂务公开民主管理工作,为全面推进全市的厂务公开民主管理工作提供了领导和组织保证。

针对民主管理工作遇到的难点、热点问题,加大了源头参与的力度。市总工会会同市纪委、市委组织部、市委宣传部、市国资委党委联合制定了《关于进一步深入推进本市厂务公开工作的实施意见》,并由市委办公厅、市政府办公厅转发;会同市国资委党委、市国资委联合制定下发了《关于进一步坚持和完善国有企业改制工作民主程序的若干意见》。两个指导性文件的出台对面上工作的开展起到了重要推动作用,成为上海巩固和深化厂务公开、规范基层企事业转改制工作的政策性意见。全市大多数地区、系统或转发了这一《意见》,或根据各自实际,拟定了实施细则。

二是合力推进、逐步深化。市总工会积极与纪委、组织、宣传、国资管理等有关部门加强联系、沟通,发挥各自的优势,形成了统一领导、各负其责、优势互补、合力推进的工作格局,不仅就有关全局性、专题性工作进行研究,形成文件,而且密切配合、全面推进厂务公开的调研检查,取得了很好的效果,使全市厂务公开民主管理在五个方面得到深入发展。

即:进一步推进了厂务公开实施领域和范围的拓展,在推进国有企事业单位全面实行厂务公开的基础上,加大了非公有制企业实行厂务公开的引导、指导力度;进一步坚持和强化了转改制企业职代会民主程序,规范转改制企业操作,切实维护职工合法权益,保证企业和社会稳定;进一步推进

市厂务公开工作调研检查组在宝钢集团检查工作

(于星海)

了厂务公开民主管理向企事业管理的重点领域延伸,促进企事业管理的制度化、规范化、程序化,提高科学管理水平;进一步加强民主管理制度化和机制性建设,深化企事业单位党风廉政建设和干部队伍建设;进一步促进了以职代会为基本形式的企事业民主管理的制度建设,不断提高职工民主管理的实效,并使之成为企事业单位协调劳动关系的有效机制。

三是工作实效性增强,水平不断提高。根据上年底市总工会民主管理部对全市100个区、县、产业(局)系统统计数据显示,全市职工民主管理工作在职代会制度建设、职代会职权落实、厂务公开建制率、公开落实情况等方面都取得了积极进展。特别是在企业改制转制过程中,强化了职代会工作。去年有1182家单位实施了裁员、分流,其中有1143家单位将裁员方案提交了职代会审议,占总数的96.7%,有1083家单位通过职代会对裁员方案进行了表决,占总数的91.6%,分别比2003年提高了6.2和12.7个百分点。

厂务公开民主管理的基础性工作得到有效推进。形成了四个重要抓手:一是开展职工满意企业评选,以从企业发展的结果来体现民主管理的成果,增强社会的认同度;二是推进职代会质量评估制度,以加强对厂务公开民主管理过程的评价,提高运行质量;三是建立上海民主管理百家示范基地,以培育不同类型的经验、典型,引导和推动基层工作健康发展;四是建立民主管理激励表彰机制,以弘扬先进、形成工作动力。(张立群)

职工代表大会

【上海市职代会制度得到坚持和发展】 2004年,以职代会为基本形式的基层企事业民主管理制度得到进一步坚持和发展。据统计,全市公有制企事业单位职代会建制率达89.28%,正常召开率达94.41%。职代会职权得到进一步落实,其中:职代会民主评议干部建制率达到职代会正常召开数的82.87%;单位用工、裁员、下岗分流方案经职代会审议的达96.7%,表决率为91.62%;单位内部工资、奖金等分配方案经职代会审议通过的达60.76%;职工社会保险金交纳情况向职代会报告的达98.68%;单位业务招待费使用情况向职代会报告的达89.75%。各地区、系统、基层单位继续推进强化职代会职权刚性三项制度,实行重大改革决策向职代会预告制的达91.24%;实行涉及职工切身利益方案职代会无记名表决制的达62.81%;实行职代会民主评议信任率达不到60%干部免职建议制的达22.50%。集体合同(草案)经职代会审议通过的达94.15%。教育培训计划、经费提取使用情况向职代会报告的达67.93%。推进非公企业职代会建制取得积极进展,年内上海非公有制企业职(员)代会建制共11255家,其中外商投资企业2408家,私营企业6698家,联合职代会2149家,覆盖企业32478家,形成大型企业职代会、工业园区职代会、街道社区小区职代会、餐饮和汽配等行业性职代会、地区外企联合职代会、民营事业单位职代会等多种模式,推动了非公企业民主管理。(吴　萌)

【市总工会建立民主管理百家示范基地】 9月29日,市总工会召开民主管理百家示范单位工作推进大会,会议部署了建立百家示范单位的工作思路、功能定位、运作方式以及其它有关事项,下发了《关于加强先进典型的培育和指导,抓好民主管理工作示范基地建设的若干意见》。市总建立民主管理百家示范单位的目的,一是为了树立民主管理工作的先进典型,以点带面,引导和推动基层民主管理工作健康发展;二是研究和探索新形势下职工民主管理工作遇到的新情况、新问题,不断提高职工民主管理的工作质量和社会认同度。这次确定的民主管理百家示范单位是由各级工会通过层层筛选后确定的,总计105家。这些单位民主管理基础较好,分布全市各地区和系统,具有不同所有制、不同规模、不同企业文化的特点,具有一定的代表性。市总工会根据这些单位的性质和特点,将其分为五组,日常活动以组为单位,可就共同关心的重点、难点、热点问题进行研讨并积极寻求解决办法。(马艳芳)

【长宁区医务工会探索职工代表竞选试点工作】 为了改变职工代表被动当选,主人翁意识不强的状况,使"要我当代表"转变为"我要当代表",从而提高职代会运行质量,长宁区医务工会积极探索推行职工代表竞选试点工作。他们选择了所属三个不同类型的医疗机构作为试点。长宁区中心医院作为区级核心医院,其引领和示范作用将对区级综合医疗单位产生深远影响;妇幼保健医院作为专科医院,其试点的实践将为区内其他各类专科医疗单位提供有益的帮助;新华地段医院则在社区卫生服务中心范围内起到榜样和带头作用。同时,这三家单位工会主席都是通过会员直接选举产生的,具有良好的群众基础。他们从试点单位的实际情况出发,分类指导,制定了全体职工参加的"海选"、以分工会为主体的"竞选"、以划定部门为选区的"竞选"等三个不同的个案,并着力做好党政干部、职工群众、工会干部等三方面群体的意识培育,通过院务公开栏、广播、院刊等形式广泛宣传,层层发动,调动了各个群体的积极性。在此基础上,他们通过精心筹划和组织竞选活动,使竞选的试点工作取得了圆满成功,干部职工的民主意识、参政能力得到了普遍的提高,职代会参与医疗机构改革,促进医疗事业单位发展的积极作用逐步得到了显现。(俞佩莉)

【长宁区中心医院致力于职工代表综合素质的提高】 长宁区中心医院在探索职工代表竞选工作的基础上,积极推行建设三项制度,以期提高职工代表综合素质。一是培训教育制度。他们通过知识培训、案例分析等,增长职工代表的政治、法律和业务管理知识,提高职工代表参政议政能力,突出职工代表的维权职能,为扎实推进院务公开工作打下坚实的基础。二是主题巡视制度。组织职工代表检查职代会决议、决定的落实情况,通过问、看、议、督,寻找问题,提出整改措施。三

黄浦区全面开展平等协商和集体合同(工资协商)工作

(周海峰)

是述职考评制度。组织职工代表每年向选区职工述职,报告履行职工代表职责情况,接受职工群众的民主评议。代表竞选和代表综合素质提高的实践,调动了职工代表的积极性,提高了他们参政议政的能力,推动了医院的改革和发展。 (俞佩莉)

【黄浦区豫园旅游商城工会建立职工智囊团】 豫园旅游商城在成为复星民营控股企业后,工会探索建立了职工智囊团,它是在企业职代会的基础上成立的又一个企业民主管理新形式。成员由商城与各基层企业中的中层管理岗位职工组成。职工智囊团以协助职代会民主参与为宗旨,通过集中定题、分散调研、共同探讨、各自献策的日常活动,及时有效地将职工的素质教育、岗位优化、薪酬提高、考核评先等方面的意见、建议及对策反馈到企业决策层,同时,也较好地解决了企业经营管理过程中存在的薄弱环节。 (吕诚陆)

【静安区置业集团宝翔物业公司公开竞选职工代表】 为了切实维护好广大职工的民主权利,该公司积极探索,通过无记名投票、公开竞选的方式,选举产生职代会代表。首先,他们通过加强培训,增强职工群众的民主意识。注重开展班组专题学习培训活动,帮助职工学习、掌握职代会工作规范,明确职工代表应尽的职责义务,从而增强使命感、责任感。其次,明确程序,有序推进。他们通过制定代表竞聘条件,明确代表资格,以公开报名、资格审定、演讲答辩、无记名投票、组织考察等程序,保证竞选工作的顺利进行。在这过程中,公司领导始终以一名普通职工的身份参加竞选,得到了职工群众的认同。职工代表的竞选,增强了广大职工的民主管理意识,增强了企业的凝聚力。 (马 真)

【静安区梅龙镇集团建立职代会"质询制"】 静安区梅龙镇集团职代会于2004年探索建立了职工代表"质询制"。他们将原定的领导干部向职代会报告工作,改为职工代表向行政领导提问质询。提问质询的内容包括公司的经营状况、发展前景、企业改革、职工收入、人才培养等各种问题。提问质询要求集团公司董事长、总经理等主要领导必须对职工代表提出的问题逐一耐心细致地给予解答。通过质询,集团领导与职工群众加深了沟通和理解,也使各级行政领导更加重视来自一线职工的呼声和要求,从而进一步提高了梅龙镇集团的工作效率,促进了企业的发展。 (蔡银美)

【静安区教育系统提升民主管理水平】 静安区教育工会不断深化学校的民主管理工作。2004年在全区教育系统就学校的"教代会"工作和民主管理工作开展了广泛的调研,找出薄弱环节,提出改进措施,加强工作力度。(1)培训教代会代表。由区教育工会对基层部分代表进行系统培训,然后由这部分代表对学校所有代表进行培训,凡不参加培训或测试不合格的一律取消代表资格;(2)下基层宣讲。教育工会领导分别下学校和社区教师临时工会,就教代会的性质、作用、运作进行宣讲;(3)举办工会干部学习班。区教育工会组织各学校的工会主席进行三天的民主管理工作培训班;(4)开展"我心目中好领导的标准"大讨论,组织全体教职员工参加,经讨论,把"民主作风好、民主意识强"作为好领导的第一条标准;(5)召开民主管理工作交流大会。总结交流民主管理经验,推进基层的民主管理工作。 (周志宏)

【化学工会创新职工代表巡视形式】 化学工会在全系统开展职工代表巡视活动,各子公司及正常生产企业均能结合自身实际,组织职工代表巡视,并创新职工代表巡视形式。针对化工企业特点,把巡视的重点放在《集体合同》履约率、安全生产、劳动保护等方面。涂料、丙烯酸和塑料公司等工会,对职工代表巡视中发现的问题提出限期书面整改建议书,并用打分办法促进整改。装备公司工会在职工代表巡视中,增加了"四金"缴纳情况、外来务工人员的合理使用和综合保险交缴等内容,并将巡视中发现的问题提交行政方面考虑,得到行政的认同和职工的赞许。吴泾地区三厂一所工会还积极探索区域间职工代表联合巡视制度,并把首次巡视的主题确定为"查安全隐患,促有效整改"。巡视中,各单位工会选派职工代表组成联合巡视组,进行跨企业间的职工代表巡视,通过"听汇报、提问题、查记录、看现场"等方法,共查出安全问题和隐患38项,逐一以书面形式反馈各单位,并限期改进或整改。 (虞仲义)

【华谊集团上海焦化公司工会规范职工代表巡视活动】 该公司工会在多年职工代表巡视活动探索的实践中,逐步形成了一套行之有效的制度,使巡视活动更加规范,效果更加明显。他们根据企业生产经营的"热点"、"难点"问题,以职代会各专门工作小组为主体,成立职工代表巡视检查小组开展巡视活动。巡视检查小组一般由8—12人组成，并邀请相关专业人员参加，巡视的主要内容是：(1)企业资产保值增值情况；(2)企业年度净资产收益率、销售、利润主要经济指标情况；(3)结构调整，产品开发、消化潜亏情况；(4)安全、环保工作情况；(5)《集体合同》履行兑现情况；(6)执行国家劳动政策、法规和企业内部分配情况；(7)"员工素质工程"实施情况；(8)岗位竞聘和干部工作作风情况；(9)工程招投标、物资采购情况；(10)企业文化建设情况等。职工代表巡视方式：(1)职工代表通过听、看、问、查、议，对巡视内容进行评估；(2)结合职工代表在巡视活动中所发现的问题与公司党政领导和有关职能部门进行双向沟通；(3)根据巡视情况形成书面材料，并提出整改意见和整改措施。职工代表巡视的工作程序：征询员工意见，确定巡视内容，召开公司工会委员会会议确认，开展巡视检查，听取各方面意见，作出巡视评价，报公司党政领导，向职代会报告，资料归档。（虞仲义）

纺织工会和集团公司行政在职代会上签订集体合同

（徐志康）

【华谊集团上海涂料有限公司工会探索多种民主管理形式有实效】 公司工会在坚持职代会制度的同时，注重职代会闭会期间职工民主管理作用的发挥。他们除公司和基层两级工会都坚持职代会制度、建立职工代表巡视制度和重大事项公示制度等外，司属上海涂料研究所工会还坚持每月一次所情通报会，每季度召开职工参加的好点子座谈会，共谋企业发展；上海振华造漆厂工会通过发放职代会信息表和职工代表联系卡深化民主管理；上海国际一品颜料有限公司工会利用资源管理ERP平台进行厂务公开，通过企业内部局域网供职工随时查询；上海造漆厂工会推行提案质询和把评议中层干部的结果向职工代表反馈，增强职工代表监督的有效性；新华树脂厂工会组织职工代表参加厂部经济分析会，增强职工的知情权。一些中外合资企业工会还实行维权"一支笔"制度，凡是涉及对员工的处罚、辞退等，都必须事先征求工会意见，没有工会主席的签字，行政不能随便处罚职工。这些适合各自企业实际的民主管理形式，使广大职工知厂情、议厂事、参厂政、监厂事、促厂兴，把党的全心全意依靠工人阶级方针真正落到了实处。

（虞仲义）

【市南供电公司工会实施职工代表八项权利和八项责任制度】 年初，市南供电公司工会推出了"职工代表八项权利和八项责任"制度。八项权利为：(1)学习优先权；(2)热线反映权，(3)巡视督查权，(4)列席旁听权，(5)听证质询权，(6)安全协管权，(7)任期待遇权，(8)受惩审议权。八项责任是：(1)成为学习型员工的责任，(2)提出建议提案的责任，(3)填写好手册的责任，(4)特情反馈的责任，(5)执行职代会条例的责任，(6)督促"三项责任制"执行的责任。(7)做好本岗工作的责任，(8)任期述职的责任。"职工代表双八条"经公司五届二次职代会审议后一致通过，实践证明，市南供电公司推出的职工代表权利和责任"双八条"制度，符合企业民主管理发展的新要求，也是企业持续发展的需要，对于提高职工代表的能力和水平，拓宽民主管理发展新途径，提高国有企业职代会制度的工作质量，起到了非常大的推动作用。

（邓建忠）

【电力建设公司建立三级职代会制度】 在上海电力建设公司和基层单位职代会制度不断完善的基础上，电建公司工会着力于工地、车间和企业三产实体三级职代会制度建设。一是开展调研。对系统的工地、车间和企业三产实体数量和建制情况进行调研，为开展工作提供依据；二是树立典型。通过对上电安装一公司等单位规范操作的典型示范，积极引导基层单位扩大建制，规范有序；三是经验交流。选择建制且工作特色强效果佳的单位，组织召开经验交流会，促进工作的开展。经过三年的努力，系统17个工地、车间和7个企业三产实体，于2004年全部建立了职代会制度。在此基础上，电建公司工会要求三级职代会制度的建设向制度化和规范化发展，职代会要做到"五个必须"：一是必须每年召开一次以上职代会；二是必须作行政工作报告；三是会议文件必须提前10天送至职工代表；四是领导干部必须作述职报告并接受职工或代表的评议；五是重大事项和涉及职工切身利益的问题必须实行无记名投票。三级职代会制度的建立，为职工提供了更广阔的民主参与、管理和监督的舞台。

（张文标）

【上海电力安装一公司因企制宜坚持职代会制度】 该公司根据企业施工项目点多面广，职工高度分散的特点，为保证职代会能如期进行又不影响工程建设，工会提出按代表程序分散召开职代会的办法，获得公司领导和广大职工代表的赞同。具体方法是：提前10天向各代表组发出有关文件，外地工程通过邮寄和电子邮件方式发送有关会议文件，由职工代表各自阅读和审议，随后由各代表组安排专门时间集中组讨论。公司派出联络员参加各代表组织讨论，以便及时将职工代表的意见反馈到公司领导层。在规定的时间内，公司举行代表组长、公司领导及有关部门负责人参加的联席会议，集中讨论和解决代表提出的意见，再反馈给各位代表。最后分组进行无记名表决有关决议并公示。公司工会在会前组织职工代表和职工对集体合同履行情况进行评鉴；召开座谈会听取职工对集体合同履约的意见；向公司行政提出修订集体合同的建议；召开公司平等协商会议。在职工代表分散的情况下改变召开职代会的方式，坚持职代会制度，保证了广大职工代表行使民主管理的权利。（黄兴法）

【宝钢集团公司召开首届一次职工代表大会】 宝钢集团公司致力于厂务公开民主管理的制度建设，不断拓展和规范民主管理的载体和形式，探索和构建特大型产业集团公司民主管理的基本形式。1月8日，召开宝钢集团公司大联合后的首届一次职工代表大会。共有正式职工代表251名参加大会。大会听取和审议了谢企华董事长、总经理的工作报告，审议、表决通过了《宝钢集团公司职工代表大会制度》。至此，宝钢集团公司建立起了规范的集团型职工代表大会制度，使宝钢集团公司在探索特大型产业集团公司民主管理工作方面迈出了重要一步。（张　帆）

【宝钢集团公司完善和规范改制企业民主程序】 宝钢集团工会高度重视主辅分离、辅业改制过程中工会的源头参与和民主程序的履行。宝钢工会认真贯彻落实上级有关精神，对2002年以来宝钢集团公司实施改制的公司民主程序进行了逐个分析、疏理，总结成功的经验，查找实施中的问题。在充分研究政策、广泛调查研究的基础上，起草、拟订了具有操作实务性质的《关于进一步完善和规范改制中职工代表大会民主程序的若干意见》，提交宝钢集团公司改制工作领导小组讨论，并以宝钢党委（2004）44号的名义进行转发，成为宝钢公司改制工作推进系列的规范性文件之一，有力地推进了宝钢集团公司主辅分离、辅业改制工作。（张　帆）

【上海石化规范职代会的运作程序】 为进一步提升职代会的运作质量，上海石化工会着力抓好职代会的规范运作。规定各代表团组在会议召开前，必须组织讨论预审行政工作报告，履行职工代表民主参与的职责，并对预审情况通过反馈单进行情况汇总。大会召开时，各代表团组的讨论情况向大会主席团汇报，并整理成文，按照程序提请公司领导参考，重要内容形成会议纪要，对相关职能部门进行会后监督；大会结束后，征求职工代表意见对职代会进行评估。（施东亮）

【鲁中工会全力推动职代会制度规范化运作】 2004年，是鲁中矿业集团公司各单位职代会的换届年。根据《鲁中职工代表大会工作规范》的要求，鲁中工会积极做好职代会制度的规范化运作，在成功筹备召开了集团公司第十一届一次职代会的基础上，先后帮助新建单位磁业公司组织了首届职代会代表的选举；指导11个基层单位召开了换届会议，顺利实现了职代会的换届。鲁中工会把抓好职工代表的素质关作为提高职代会质量的突破口，充分发扬民主，认真做好代表的选举，通过自下而上的充分酝酿和基层推荐、选举，保证选出来的代表能够体现民意。集团公司通过请专家教授授课、观看VCD教学讲座片、聘请专业人士讲解等形式，积极做好新当选代表的培训工作。鲁中工会注重抓好职代会各项职权的落实，组织代表认真听取审议企业行政工作报告和业务招待费使用情况的说明，根据规定对各单位中层以上管理人员进行了民主测评。集团公司十一届一次职代会对机关40名中层以上管理人员进行了测评，测评结果以一人一信的方式进行了反馈。（杨庆荣）

【国际港务集团工会规范落实职代会提案】 2月，港务集团召开一届二次职代会，职工代表们怀着高度的主人翁责任感和认真负责的态度，围绕集团改革发展稳定大局和职工群众关注的热点问题，积极参政议政，共向大会递交了20份提案。为认真落实职代会提案制度，开辟一条职工行使民主参与、民主监督和民主管理权利的有效通道，港务集团工会组织职代会提案审理小组召开专题会议对提案进行审理，确定对其中17件提案进行立案，并要求提案承办部室做到"定部门、定人员、定时间"，得到了有关职能部室的高度重视和支持，职能部门人员对提案认真研究和分析，根据条条有着落，件件有答复的原则，一一落实提案，并以书面形式答复提案人，同时征求提案人对提案处理情况的意见。4月初，职代会提案审理小组收到提案人对提案处理情况的意见反馈，满意率达到94%。（焦小涵）

市邮政局召开第一届职工代表大会第六次会议

（周　练）

【邮政工会组织职工代表开展专题巡视检查活动】 邮政工会根据邮政局全年工作总体要求，组织职工代表对上海邮政1－9月经营发展、安全生产等进行了专题巡视检查。10月28日，巡视组听取了局分管领导关于上海邮政经营发展、安全生产工作情况的专题汇报。11月2日至5日，职工代表巡视组通过听汇报、召开职工座谈会、下基层支局实地检查等形式对7个直属单位进行了巡视检查，并形成了巡视检查评价报告。12月9日，召开了上海邮政第一届职代会第十一次联席会议，巡视组报告了巡视检查情况，肯定了上海邮政各单位贯彻局一届六次职代会决议所做的工作和所取得的成绩，同时，指出了在经营服务工作上还比较传统，在安全生产上存在重经营、轻安全的现象；在职工队伍建设、职工综合素质方面还需进一步提高等问题。职工代表围绕这些问题，积极提出改进意见和工作措施，直接参与了企业经营管理，为企业的发展和管理号脉会诊，畅通了职工代表民主参与、行使民主权利的有效途径，推进了企业发展。 （蔡俊皓）

【上海电信工会建立职工代表管理长效机制】 上海电信工会针对部分职工代表“实践少、培训少、知情少”的现象，从建立职工代表管理的长效机制入手，制定了《职工代表管理办法》，建立了“职工代表竞选制、培训制、撤换制、述职制和奖励制”等五项制度和印发了《职工代表手册》，取得良好效果。2004年，公司各基层全面推行了由员工自荐、资格审查、竞职演说、群众信任投票和组织审定等程序进行职工代表竞选，有10%～30%的代表通过竞选产生；通过工会会员学校对1283名两级职工代表进行管理知识、业务能力、民主意识、参政能力等方面的培训；职工代表年终向选区职工进行一次述职，汇报履行职工代表职责的情况，接受职工群众的评议和监督，在职工代表述职的基础上，将根据职工代表履行代表职责的实绩，按照职工代表总数10%～20%的比例，试行A、B、C三档奖励，奖励经费从工会经费中列支；对不履行代表职责的代表进行撤换，以保持职工代表队伍的生机和活力。在推行五项制度的同时，公司工会还建立了与之相配套的《职工代表手册》，记录着代表参加培训、述职、奖励情况，同时把企业民主管理、厂务公开的相关内容刊登其中，使职工代表履行职责的情况有了清晰的记录。 （朱东亚）

电信集团系统举办职代会制度建设交流研讨会

（朱东亚）

【中远集运工会组织职工代表巡视检查】 11月24日、25日，中远集运工会组成了由船舶、陆地单位、机关的职工代表和集体合同监督检查小组成员20人参加的巡视检查小组，对公司总部、上海远洋公司及其所属的供应公司和通导公司2个基层单位进行了巡视检查，听取了公司有关LUCKY（兴运）项目的实施和经营管理效益、上海远洋公司重组情况、有关安全生产、船舶保班、降本增效、劳动保护培训、技能竞赛、凝聚力工程建设等方面的情况汇报。代表们一致认为，由于巡视检查活动组织周到，内容丰富，被巡视检查单位领导高度重视，代表们对公司的工作情况有了比较详细的了解，收到了预期的效果。 （钱 华）

【中远集运工会坚持和完善职代会制度】 1月9日至10日，中远集运召开四届二次职工代表大会，审议并通过公司《总经理工作报告》、《财务工作报告》等，征集处理职工代表提案14件，民主评议干部49人。职代会闭会期间，先后召开了3次职代会联席会议，审议通过了《中远集运LUCKY项目组织架构重组方案》等一系列重要制度和方案，代表职工与行政进行了平等协商，续签集体合同。积极探索提高职代会质量的新方法，选择了职代会制度贯彻得比较好的供应公司和远洋医院2家单位试点推行职代会评估制度，全面检验职代会五项职权在基层的落实情况和效果。11月，组织职工代表对集体合同履行情况、职代会决议落实情况、职工关心的热点问题和重大改革措施的执行情况等进行巡视检查。 （钱 华）

【建工集团职代会听取民管工作报告】 建工集团工会在集团一届五次职代会上汇报了一年来的民主管理工作情况：（1）资产经营民管会认真听取和审议了集团投资发展部所作的《2004年投资工作情况汇报》，全面了解和掌握了集团投资项目的实施、产权制度的改革、投资项目的回报、预备项目的跟踪等资产经营情况；认真听取和审议了建工房产公司所作的《房产投资开发情况汇报》，并实地考察了佳龙花园的开发销售情况。（2）民主评议民管会依据集团党委批转的《上海建工（集团）总公司基层职工（代表）大会质量评估制度》，设计下发了《职工（代表）大会质量评估代表测评表》，并会同党委办公室、行政办公室等相关部门，对基层单位落实此项工作的情况进行了调研。（3）权益保障民管会积极参与集团在岗职工最低工资标准的可行性分析研究，对完善《关于制订集团在岗职工最低工资标准的协议(草案)》提出了具体的修改建议。(4)提案处理民管会根据集团明确的2004年的主要任务，提出了代表提案应突出企业产权结构调整、经济运行质量提高等6方面重点问题，提案答复和处理的满意率也较上年有了明显提高，代表反馈“满意”和“比较满意”的达93.9%。(5)提出了以“职工满意企业”建设为抓手，努力把丰富厂务公开、民主管理内涵与加强企业文化建设有机结合起来等新要求。 (乔　瑜)

【市政管理局培训中心工会发挥职工民主质询会的作用】　市政培训中心工会推行职工民主质询会制度，议题主要包括重大改革方案、涉及职工切身利益的事项、干部廉洁自律情况、物资采购、劳动安全卫生等方面。在民主质询会上，职工代表就关心的问题畅所欲言，质询的问题主要涉及事业单位改革、职工的社会保障、基建的投资控制和质量控制、创建学习型学校、建立共同愿景等职工普遍关心的问题。学校行政领导诚恳回答了职工的质询。质询会后，学校工会将质询结果整理成会议纪要，发给学校领导和有关部门，督促解决质询的问题，并同时向提出质询的职工通报情况。通过民主质询会，学校领导与职工之间加强了沟通，增强了学校领导的民主意识和职工的主人翁意识。

(黄志华　乐晓芸)

【水务局闵行公司工会把好职工民主参与入口关】　首先通过以抓调研、方案准备到位，抓宣传、职工动员到位，抓试点、总结分析到位来统一认识，提高参与，完善方案，公司有30%职工报名参加代表竞选。其次通过以重素质、严格代表人选，重结构、严格代表比例，重程序、严格竞选形式来形成公正、公平、公开的竞选平台。有83位代表在企业的网络、信息简报、录像巡播和现场亮相中发布竞选演说，并由全体职工以无记名投票予以认可。通过求完善、建章立制落实，求协调、配套措施落实，求深化、环境氛围落实来建立代表“培训、竞选、述职、评议、评选”“五步一循环”制度等，全方位把握了代表竞选的后续环节。 (徐　文)

【水务局完善职代会制度建设】　2004年，市水务局工会坚持职工代表大会制度。各级工会注重职代会四个坚持，即：坚持职代会制度。召开职工代表大会，落实各项职权，保障与发挥了职工代表审议单位重大决策、监督领导干部、维护职工合法权益等方面的权利和作用。坚持职代会按期换届制度。随着企业深化改革的力度逐渐加大，职代会换届未因企业改革，机构调整，人员变动而受到影响。坚持三级民主管理网络。局属公司、厂(所)、车间(分厂)都按规定建立职代会，各个班组按要求成立了工会小组，开展全员民主管理。坚持职工代表培训制度，提高职工参政议政的能力。注重职代会三个环节，即：抓好职代会职权落实这一关键环节，使职工在改革和发展中拥有更多的知情权，参与权、监督权和决定权；抓好职代会决议落实这一监督环节，充分发挥民管工作小组的作用，对决议执行情况进行监督检查；抓好职代会提案征集这一促进环节，职代会前在职工中广泛进行提案的征集，为开好职代会作好充分准备。 (陈美芳)

【水务局坚持职代会民主评议领导干部制度】　市水务局所属单位职代会每年评议领导干部已经形成制度。职代会期间要求领导干部述职，然后进行民主测评和集中的民主评议，测评分和民主评议的结果在职代会上公布并作为考核的重要依据，对评议中职工群众意见较大的，及时向组织部门和局领导班子反映。2004年在“高兴放心”活动中，组织部门对领导干部的考核工作与职代会对领导干部的民主考评有机结合，使考核评议工作取得了较好的成效。 (陈美芳)

【新闻出版新华发行集团工会强化企业民主管理】　集团工会在集团改革转制中，开展深入细致的思想政治工作，下发“职工思想状况调查问卷”、举办职工代表法律知识的学习培训，召开不同形式的座谈会，征求不同层面干部职工的意见和建议。按照法律程序，建立了集团层面的职代会制度，成立了劳动争议调解委员会。发行集团通过职代会制度建设，规范了改制企业的民主程序，为改革转制工作的顺利实施，切实保护好、表达好和维护好职工的利益筑起了保护屏。(陈宏华)

【百联集团商储公司开展职工代表巡视活动】　上海商业储运有限公司工会坚持职工代表巡视活动，在多年的实践中已形成制度。(1)健全制度。公司制定了《公司职工代表巡视制度》，做到有章可循。(2)形成规范。公司在总结的基础上形成了“七字程序”即听、看、问、议、评、结、报。保证了职工代表巡视活动的规范化。(3)领导重视。工会将职代会巡视计划纳

百联集团有限公司工会召开工会第一次代表大会

(吴志明)

入党委议事日程。巡视中，做到谁分管谁汇报，行政领导认真参与。(4)持之以恒。每年把职代会巡视活动例入工会的重点工作从未间断。(5)主题明确。注重职工反映的热点和依法维护的难点作为巡视的重点，如："四金交缴"、"内部分配方案的实施"、"集体合同的履行"等，每年都赋于新的内容。(6)讲究实效。巡视后及时向有关部门和分管领导反馈，并将汇总情况向职代会汇报，保证职代会巡视的意见落到实处。(陆玲宝)

烟糖集团公司工会召开一届十五次职代会

(梅凯年)

【农工商集团海丰工会注重源头维护创新途径】 上海农工商集团海丰总公司工会积极创新职代会制度，逐步把职代会与建立现代企业制度有机结合，使职代会成为企业民主管理的一项基本制度。(1)创新职代会审议内容，除了把涉及到职工切身利益的工资、福利和企业经营等情况向职代会报告外，还推出了干部述职述廉制度。(2)创新职代会参与形式，闭会期间开展形式多样的活动，创新职代会运作机制。如，建立职工代表巡视制度，组织职工代表巡视重大工程建设、农场的亮点企业，让职工代表在巡视中了解、在了解中参与，激发员工的责任感。工会与行政还就2004年度职工增资方案进行了集体协商，并形成一致意见，实现了员工年平均增资10%的目标。总公司工会还不断加强对基层职代会建设的帮助和指导，年内已建成了总公司、分公司、基层单位三级职代会网络。新海腾电缆有限公司同民营资本进行多元重组，整个过程严格履行程序，有关方案两次提交职代会表决通过，工会主席作为职工代表进入了董事会。(桑树德)

【城建集团上海煤气第一管线工程有限公司坚持民主管理的做法】 公司坚持民主管理与企业管理有机结合，取得了初步成效。(1)企业决策注重民意。公司党政工形成"三不"共识，凡是涉及公司改革和经营的重大决策，职工切身利益的重大问题提交职代会审议通过，未经职代会审议的经营方案不决策；未经职代会审定的改革措施不出台；未经职代会评议或评议结论较差的干部不任用。(2)科学管理吸纳民智。工会积极启发、引导与组织职工代表通过源头参与、主动参与、积极参与的方式参与企业管理，群策群力出智慧，同心同德谋发展。(3)公开厂务顺乎民心。厂务公开是加强企业民主政治建设的重大举措，公司建立了从严要求、规范运作、上下衔接的工作机制，把职工群众反映强烈的热点、焦点问题、关系职工群众重大利益的现实问题作为厂务公开的重点公之于众，广开言路，广纳良策，顺民心、知民意、懂民情，确保职工的知情、议事、参政的基本权利。(4)党风政纪民主监督。公司将民主监督的重点放在了两方面，一是监督职代会《决议》的执行落实情况，二是监督党政干部清政廉洁的状况，"听其言，观其行"，充分发挥群众监督、舆论监督的强大威力。(王雅萍)

【城建集团上煤管线二公司深化巡视制度】 2004年，公司在建立职工代表巡视企业重大工作制度的基础上，建立了职工代表检查巡视管理工作制度，以促进管理水平和工作效率进一步提高。检查巡视工作由公司工会负责，各分公司工会具体操作。检查巡视以随机暗访为主。检查巡视活动采取不发通知、不打招呼的随机检查方式，被检部室必须配合职工代表检查工作，提供有关信息和资料。检查巡视的主要内容为管理人员执行公司《员工手册》的情况、管理人员精神面貌和为基层一线服务的情况。巡视检查要求各分公司工会及时将检查情况反馈、上报给上级工会，各部室对职工代表检查巡视的反馈意见，必须认真对待、及时整改。必要时向职工代表通报整改情况。职工代表检查巡视的情况，将作为各部室经济责任制考核的重要依据。(朱为良)

短信息：

○8月6日，上海烟糖集团召开一届十五次职工代表大会，会议就如何围绕集团战略目标，走"价值成长型道路"，促进企业与职工共同发展的主题进行了充分的讨论和审议。(杨奕敏)

2月27日，体育局上海东亚(集团)有限公司召开首次职工代表大会。会议听取了集团公司行政工作报告，代表们就集团的改革和发展献言献策。(乐俊平)

厂务公开

【市委市府两办转发市总工会等五部委《关于进一步深入推进本市厂务公开工作的实施意见》】 为贯彻落实《中共中央办公厅关于在国有企业、集体企业及其控股企业深入实行厂务公开制度的通知》的要求，进一步深入推进全市厂务公开工作，2004年7月，上海市委、市政府办公厅转发由市纪委、市委组织部、市委宣传部、市国资委党委、市总工会联合签发的《关于进一步深入推进本市厂务公开工作的实施意见》。《意见》强调了深入推进厂务公开的重要意义和“五个坚持”的指导原则，即：坚持党的领导、坚持依法推进、坚持求真务实、坚持持续深入和坚持继承和创新等原则；明确了今后一个时期上海扩大厂务公开实施范围和深化厂务公开内涵8个方面重点工作，即以厂务公开促进企事业单位重大决策的科学化、促进企事业单位领导人员管理的民主化、促进企事业单位分配制度的规范化、促进企业转改制工作的顺利进行、切实保障职工群众合法权益、促进企事业单位党风廉政建设，以及进一步建立和健全以职代会为基本形式的企事业单位民主管理制度；提出了加强厂务公开“五项”制度建设的要求，即：强化厂务公开责任制、建立和完善厂务公开的实现形式、强化厂务公开监督检查制度、探索建立厂务公开工作后评估制度、建立和健全厂务公开责任追究制。此《意见》是当前和今后一个时期上海市巩固和深化厂务公开工作的政策性意见，为面上推进实施厂务公开提供了政策指导。（吴　萌）

【上海召开厂务公开民主管理工作会议】 7月23日，上海召开了厂务公开民主管理工作会议，总结交流近年来上海厂务公开工作取得的经验，对今后一个时期厂务公开民主管理工作进行了全面部署。市委副书记、市厂务公开领导小组组长王安顺代表市委对推进厂务公开民主管理工作提出了总体要求。会议确定2004年全市厂务公开工作重点是：一是抓实施率提高，特别是改制企业的厂务公开工作；二是抓工作机制的完善，建立评估机制，完善监督机制，完善督促检查机制；三是抓法制建设，提高厂务公开民主管理的强制力和约束力。会议同时表彰了14家全国厂务公开先进单位，97家上海市“职工最满意企业”和80名上海市“员工信赖的好经理(厂长)”。

（马艳芳）

【上海召开第四次厂务公开领导小组会议】 4月30日，上海召开了厂务公开工作领导小组第四次会议。会议总结了近年来厂务公开工作取得的成果与经验，分析了存在的主要问题，研究并部署了深入推进厂务公开的工作重点和主要任务。市委副书记、市厂务公开工作领导小组组长王安顺主持会议并作重要讲话。会议指出：推进厂务公开制度是党中央、国务院为推进基层民主政治建设，加强职工群众民主管理、民主监督而采取的一项重要举措，对于实践“三个代表”重要思想，树立和落实科学发展观，保护好、调动好和发挥好广大职工的积极性、主动性、创造性，促进改革、发展、稳定的大局，切实维护职工群众的合法权益都具有十分重要的意义。会议强调，当前和今后一个时期深入推进上海厂务公开工作，要着眼于推动企业改革、改制和发展，着眼于提高企业管理水平，着眼于维护职工群众合法权益，以“拓展、深化、建制、落实”为基本思路，抓住重点，创新办法，扎实推进。

（马艳芳）

【上海召开第五次厂务公开领导小组会议】 12月24日，市厂务公开领导小组召开了第五次会议。会议听取了全国厂务公开民主管理经验交流会精神传达，认真学习研究了这次会议提出的工作重点及要求；回顾总结了市厂务公开民主管理工作的情况及其取得的进展，分析了面上推进实施过程中存在的问题；讨论审议了2005年上海深入推进厂务公开民主管理工作要点。市厂务公开工作领导小组组长、市委副书记王安顺就贯彻全国经验交流会议精神，继续做好厂务公开民主管理工作提出了要求。会议指出，要充分认识做好厂务公开民主管理工作是推进上海社会经济发展、建立新型社会主义劳动关系、构建社会主义和谐社会的需要，是扩大职工群众有序的政治参与、推动社会主义政治文明建设的需要。会议要求，厂务公开要突出重点，进一步增强工作的针对性和有效性；要巩固和深化国有、集体及其控股企业厂务公开民主管理，抓好转改制企事业单位厂务公开民主管理的规范化建设，注重大力推进和实践非公有制企业厂务公开民主管理。同时，要加强调研和督察，进一步加大工作的指导和监督；要积极开展对厂务公开民主管理重大问题的调研，保证和促进上海社会经济的健康发展；要加强厂务公开民主管理的立法调研，推进厂务公开民主管理的法制化进程；要完善监督检查的各项制度，以保证厂务公开民主管理工作取得实效。

（马艳芳）

【上海市厂务公开建制情况】 2004年，上海厂务公开工作继续得到稳步推进。截至年底统计，全市实施厂务公开的公有及公有资产控股的企事业单位总数为9831家，其中企业为5825家，事业单位为4006家，占统计总数

市厂务公开工作调研组在上海电信进行检查调研

（朱东亚）

的86.59%。实施厂务公开的非公有制企业总数为6532家。在实施厂务公开的公有及公有资产控股企事业单位中,年初重大事项预告制的单位为8732家;职工"四金"交缴情况向职代会报告的单位为9444家;业务招待费使用情况向职代会报告的单位为8590家;职工教育培训费提取及使用情况向职代会报告的单位为6501家;生产经营情况公开的单位为8264家;物资采购、工程招投标公开的单位为5080家;涉及职工切身利益的方案经职代会无记名表决的单位为6011家;集体合同方案经职代会审议的单位为5410家;经济性裁员分流方案经职代会审议的单位为1143家、经职代会表决的单位数为1083家;职代会民主评议干部制度的单位为7931家;实行领导干部任用公开的单位为6427家;对民主评议信任率低于60%的干部实行免职建议制的单位为1785家;干部廉洁自律公开的单位为7177家,其中:实行的收入公开的单位为5463家、实行"六个有"(指领导干部收入分配有依据、有方案、有程序、有挂钩、有考核、有监督)制度的单位为5081家。

(余　铮)

【上海开展第二次厂务公开调研检查】 为贯彻第九次全国厂务公开协调小组会议精神和市厂务公开领导小组第四次会议决定,根据市厂务公开民主管理工作会议的部署,7月下旬至10月中旬,全市开展了第二次厂务公开调研检查。此次检查旨在总结经验,树立典型,研究新情况、分析新问题,寻找有效的解决办法。检查工作分两个阶段实施,第一阶段由各地区、系统开展自查与抽查。截至年底统计,全市共有76家地区、系统按规定要求开展了自查。第二阶段由市厂务公开领导小组对部分地区、系统及所属企事业单位开展检查。市人大常委会副主任、市总工会主席、市厂务公开领导小组副组长陈豪及市纪委、市总工会、市委宣传部、市委组织部、市国资委党委等主要负责人分别对浦东、黄浦等11个区,城市交通、金融等10个系统,以及上海电信长途通信部、交通大学等21家基层企事业单位开展了检查。调研检查工作促进了全市厂务公开民主管理工作的不断巩固、深化和发展,对上海的改革、发展、稳定起到了积极的促进作用。

(潘宪生)

【上海调整厂务公开工作领导小组组成人员】 4月15日,根据市委、市政府分管领导的人事变动,以及市委、市政府有关委办机构调整的实际情况,市委下发了《关于调整上海市厂务公开工作领导小组组成人员的通知》(沪委发〔2004〕104号),对上海市厂务公开工作领导小组组成人员进行了调整。调整后的名单如下:组长:王安顺;副组长:陈豪、杨晓渡;成员:(按姓氏笔画为序)史丽雯、冯树荣、任连友、杜仁伟、杨惠德、吴捷、张世虎、邵正平、赵增辉、洪纽一、顾国林、倪蓉、翁铁慧。杜仁伟同志兼任上海市厂务公开工作领导小组办公室主任,张立群同志任办公室副主任。今后,上海市厂务公开工作领导小组成员的职务如有变动,由该成员单位的分管领导自然替补。

(马艳芳)

【徐汇区世界外国语小学重视校务公开"五个点"】 民办世界外国语小学重视抓好"五个点"作为深入开展校务公开,促进学校规范管理和可持续发展的有力举措:(1)重视学校改革发展的"着力点"。创校10年以来,行政领导积极动员教职员工共同参与制定年度工作计划和中远期规划的制定,广泛听取教职员工意见,将规划草案交教师分组讨论、修改,使所有教职员工充分知晓学校当前重点工作和未来发展方向。(2)重视教职工关注的"兴奋点"。在评优工作中,学校努力做到政策、过程、结果三公开。(3)重视学校管理的"关键点"。学校通过《校务公开工作制度》、《教职工代表大会制度》、《财务民主管理制度》、《上海世界外国语小学规章制度》等制度性建设,规范校务公开工作。依托考评组及工会力量,建立健全校务公开工作和监督机制,逐步完善校务公开的监督检查办法,促进学校领导班子决策公开化和民主管理制度化。(4)重视民主监督的"难点"。围绕招生等难点工作,学校依托教代会,并设立了校长信箱和热线电话,充分发挥教职员工民主监督的作用,从而保证校务公开的实效性和真实性。(5)重视学生和社会各界关注的"热点"。围绕各项收费标准等热点问题,学校通过公示栏等载体向教职员工和学生、家长公开有关事项,受到了各方面的好评。

(虞　蔚)

【徐汇区厂务公开工作重规范显实效】 (1)不断健全和完善厂务公开各项制度,坚持以制度规范推进公开,先后制定实施了《徐汇区推进厂务公开工作实施意见》、《厂务公开工作规范操作表》等,为基层开展工作提供示范。(2)各企事业单位从实际出发,使厂务公开的内容形式不断深化和拓展。新徐汇集团公司积极探索并增加了平等

市卫生系统召开院务公开工作会议

(徐智华)

协商、集体合同和工资集体协议履约执行情况和合同、协议条款修改情况向职代会的报告审议制度,使厂务公开进一步巩固深化。新路达华联吉买盛店在调整经营业态中,坚持以厂务公开为抓手,抓住职工关心的热点问题,通过公开解答、召开扩大会议等,向职工交底,打消职工疑虑,平稳实现人事、工资等涉及职工切身利益的重大改革方案的调整和实施。(3)坚持和强化对厂务公开工作的指导和监督。指导教育局、卫生局、汇成集团公司等单位制定推进厂(校、院)务公开的意见,完善厂务公开工作的评估考核制度。(4)组织厂务公开检查。在全区开展自查的基础上,组织力量对20余家单位进行检查,督促基层推进厂务公开工作。通过对600余名职工调查了解,反映出职工群众对近两年来厂务公开工作认可和满意度逐步提高,91.7%的职工对厂务公开情况综合评价表示满意或基本满意,职工知情率明显上升,参与热情和监督能力也逐步提高。（虞　蔚）

【职工最满意的企事业评选成为普陀区推进企事业管理的品牌】 普陀区工会围绕区的中心工作,结合区属单位的特点,于3月至11月,开展了职工最满意的企事业评选活动。在全区申报的40家单位中有29家入围,10家评为职工最满意的企事业,10家评为职工满意的企事业,9家为职工满意企事业提名奖。区厂务公开领导小组作为评选工作领导班子,形成了区纪委牵头参加、区总工会为主操作、各有关部门分管领导协调配合的工作班子。特邀了专家学者与区相关单位、新闻媒体等共同组成了评选委员会,研究确定了符合该区实际情况的评选方式、内容和步骤。下发了评选通知、实施办法等文件,严格把握操作程序,力求规范有序,细化测评内容,避免形式主义,在参与的对象上打破了所有制界限,在评选活动过程中,充分发挥了区、大口两级厂务公开领导小组的整合作用。评选活动的开展,进一步规范了民主管理工作、丰富了民主管理内涵,使厂务公开ISO9004的质量管理得到了延伸。评选活动得到了各方的认可,成为了普陀区推进企事业管理的品牌。该区已将此项活动确定为今后推进厂务公开民主管理工作的重要抓手,并形成了规范性的工作制度。（韩金荣　吴玲琳）

【虹口区开展厂务公开调研检查】 9月初至10月中旬,虹口区厂务公开领导小组组成3个调研检查组,对全区14个产业局(集团公司)、250家基层企事业单位进行了抽查,检查方式主要是查阅有关资料、召开部分职工座谈会,听取产业局、(集团)公司厂务公开总体情况汇报等。通过检查了解到,虹口区企事业单位厂务公开的范围得到了扩大,在国有企事业单位巩固的基础上,厂务公开正在向外资企业、民营企业延伸。厂务公开的内容正在逐步深化,与党风廉政建设、企业科学管理的结合度正日趋加大。进一步推动了职代会的机制建设,职代会在企业改革改制、重组、兼并破产和涉及职工切身利益问题的参与力度和审议力度正在不断加大。（李　琪）

【卢湾区市政机具材料有限公司民主管理企务公开与职工零距离相拥】 在加强民主管理,推行企务公开,促进企业健康发展中,卢湾市政机具材料有限公司坚持“三真”、“五环节”的办法取得实效。一是“真心”。把全心全意依靠工人阶级根本指导方针纳入企业管理的全过程,相信职工,依靠职工,充分调动广大职工的积极性、主动性和创造性。二是“真诚”。企业的重大事项、各项规章制度的订立、增资奖金分配方案的出台、国有资产的保值增值情况、领导干部收入、廉政建设和涉及职工重大切身利益等问题都真诚公开。三是“真实”。企业以完善各项规章制度作为进一步规范企务公开的重要举措,制定了四大类十八个规定(其中领导干部廉政建设有四个规定)在职工大会上通过,使职工在参政议政上有章可循、有法可依。在当年职工对企务公开满意度的测评中均达到97%以上。同时他们在企务公开中注意抓住五个环节:一是每年召开两次职工大会,把职工大会作为企务公开的主要载体;二是每两周开展一次中心组的学习和党团组织生活会,确保企务公开的政治、组织保证;三是每周一次员工学习交流会,作为企务公开的直接交流平台;四是以公告宣传栏、简讯等形式增强企务公开的透明度;五是定期组织职工代表对企务公开的落实情况进行监督检查。公司由此被评为“2004年度上海市职工最满意的企业”。（盛　龙）

【静安区宝名国际集团建立员工企业对话机制】 静安区曹家渡街道工会指导宝名国际集团建立行政与工会对话机制,引起了区内人士的关注。宝名国际集团是辖区内的知名企业,在工会建立后,发现职工对企业的经营和发展十分关心,在街道工会的帮助下,集团工会与企业行政经过充分协

市水务局召开厂务公开民主管理工作会议

（陶　诚）

商，在原来每季度一次员工大会的基础上，发展为由工会组织的业主员工对话会，并建立了相应制度。工会负责收集员工的各种意见建议，员工也可以就工作生活中的各类问题，直接与企业领导对话。一时不能解决的，会后由工会统一研究，然后召开三方协商会议予以解决。集团还在“宝名网”上开辟专栏，让员工在网上就企业发展情况发表意见，半年来，已有30篇文章在网上发表。（张来生）

【静安区做到厂务公开工作“一个提高”、“四个促进”】 静安区厂务公开工作在党政工领导人员收入方案公开的基础上，进一步深化厂务公开工作。着重抓住“一个提高”，做到“四个促进”。即通过对党政干部加强培训，完善厂务公开工作制度，巩固“党委领导、行政支持、各方联动、合力推进”的领导体制，提高厂务公开的质量。不断深化厂务公开工作，促进以职工（代表）大会为基本形式的企事业单位民主管理制度的进一步健全；促进企事业单位管理的规范化、程序化；促进企事业单位的转制、改制工作的顺利进行；促进企事业单位领导人管理的民主化、分配制度的规范化和企事业单位的党风廉政建设。（郎爱民）

【宝山区教育局规范校务公开】 （1）加强组织制度建设。全区各学校在成立校务公开领导小组的基础上，加大了监督力度，成立了由工会主席、教代会代表组成的校务公开监督小组，会同局纪委、审计等部门组成督查组，督促校务公开的实施。（2）加强规章制度建设。全区各学校普遍制定了《教代会制度》、《校务公开制度》、《校务公开实施细则》、《民主评议干部制度》、《学校收费公开制度》等。通过教代会、校务公告栏、校务公开举报电话等等形式，统一对内实施9方面公开内容，对外实施6方面公开内容。（3）加强教代会参政议政制度建设。坚持校行政每年向教代会工作报告制度，坚持与教职工切身利益密切相关的改革方案、规章制度教代会审议表决制度，坚持学校教职工的住房分配原则办法、教职工福利费使用原则、办法等事项教代会审议决定制度，坚持教代会对校级干部的述职报告、民主评议制度。（窦恺芳）

【闵行区厂务公开民主管理工作取得新突破】 闵行区加强对厂务公开民主管理工作的领导，所有镇、街道和有关委、局、区属公司分管副书记纳入区厂务公开领导小组成员，同时兼任所在单位厂务公开领导小组组长。区厂务公开领导小组在调研检查的基础上，制定了《关于进一步推进闵行区厂务公开民主管理工作的实施意见》及《闵行区厂务公开民主管理工作评估标准》，将闵行区厂务公开民主管理工作规范化、制度化，并不断向纵深推进。2004年闵行区公有制企事业、改制企业90%以上实行厂务公开制度；已建立工会组织的非公有制企业厂务公开建制率达到60%。（骆秋炎）

【闵行区小川服装公司设立厂务公开八大通道】 该公司针对外来务工人员占职工总数81%的实际情况，通过工会与行政的有效沟通和磋商，设立了与单位相适应的职工民主管理的八大通道：（1）定期召开职代会，让职工享有知情参与权利；（2）工会主席参加董事会，代表职工源头参与；（3）坚持每周一次全体职工晨会通报厂情；（4）坚持两周一次工会小组长会议和不定期的职工座谈会，及时了解职工的动态和情绪；（5）设立固定的厂务公开栏，发布厂情厂况；（6）设立职工合理化建议意见箱；（7）设立企业内部信息员制度，每月定期活动，了解民意；（8）实行工会主席全天候接待职工来访、及时与行政沟通制度。八大通道的设立和运行，使民主管理和厂务公开得以有效实施，促进了劳资关系的和谐稳定，推动了企业的经营发展。（叶民强）

【松江区深化厂务公开】 该区定期召开厂务公开领导小组专题会议，确定厂务公开工作重点及目标、任务，2004年下发《关于松江区建立厂务公开民主管理评估制度的实施意见（试行）》，进一步深化厂务公开。在推进这项工作中，一是加强工作指导，通过听、看、议，及时调整窗口服务单位厂务公开的内容和形式，由以往的对内公开，延伸到向服务对象公开。并把企业重大投资决策、经营项目调整、人事变动和评先评优方案等向职工公开；二是加强调查研究，在要求各系统单位开展自查的基础上，对6个系统推行厂务公开情况进行调研，对一些有效做法给予肯定，对一些需探索的问题提出意见和建议；三是加强典型推广，在总结阶段性工作的基础上，及时推广烟糖公司、方塔医院、新浜镇等企事业单位的做法和经验，以会议形式进行交流，作为典型进行推广。从而使该区厂务公开工作进一步制度化、规范化、长效化，全区228家公有制企事业单位推行厂务公开达100%，356家非公企业推行厂务公开保持正常运作，已建职代会的企事业单位其制度正常率占85%，61个公司制企业建立了职工董、监事制度，近200家企事业单位实行职代会预告制、领导干部收入报告制、领导干部评议制等制度。（莫永涛）

【电气集团上海汽轮机有限公司通过厂务公开增强职工参与意识】 一是该公司通过方式上的创新，突出厂务公开的实效。他们坚持半年一次集体合同履行情况检查并向职代会报告，形成了强调条款量化、突出数据讲话，强调合同重点、突出具体实在，强调双方职责、突出权利义务，强调民主程序、突出群众基础的特色，使集体合同履行率始终保持在95%以上。二是找准角度，突出重点，推进厂务公开内容上创新。公司把控制采购预算、降低采购成本、锁定降本目标进行层层分解。吸纳职工代表参与工程建设项目的招投标，做到规范运作，统一采购；合理分类，节约资金；价格摸底，充分准备；资信评估，选准客商；公开公正，比质比价，制订了废旧物资拍卖章程，使采购成本下降10%。三是拓宽公开渠道，追求民主管理实效。通过企业内部信息网络等媒体，把职工普遍关心的难点、热点、重点问题予以公开，架起了公司管理层与职工群众有效沟通的渠道。工会还在网络上建立了“工会经纬”，组织职工代表参加公司绩效评估、列席公司集体协商会议等，保证了职工知情参与权的落实。四是健全厂务公开机制，提高民主管理水平。在干部民主评议方面，通过强化沟通、量化结果、细化目标的实施，“干部廉政交礼品，物尽其用奖标兵”的推行，净化了干部队伍，密切了干群关系。（朱兆开）

【仪电置业公司工会健全民主管理五项机制】 该公司在健全工作机制，加强民主监督，保障职工民主权益方面，重点健全了五项工作机制：一是源头参与机制。主要通过两条渠道：职工董监事在董事会、监事会中的积极参与；职代会的民主程序和工会重大管理问题的参与，年内参与了216个规章制度的修订。二是平等协商机制。针对部分低工资职工工资调整问题与行政协商，落实了同工同酬的原则，保障了职工劳动报酬权利。三是厂务公开机制。厂务公开内容已经由一般问题扩展延伸到公司经营、发展，公开率达100%。四是检查巡视机制。组织4次职工代表巡视检查，62名职工代表参加，检查巡视了18个单位，提出整改意见39条。五是民主评议机制。每年坚持企业领导干部的评议，并与任用奖惩结合。（周美芳）

【仪电亚明公司坚持全员参与双向沟通制度】 亚明公司根据企业实际，坚持企业行政与职工代表双向沟通制定，定期就干部作风、企业管理、职工培训、生活、安全卫生等问题进行沟通磋商。双向沟通制度调动了职工的积极性，挖掘了企业的潜力，增强了企业凝聚力。每次沟通前，企业与职工双方从各自的侧面都作了深入的调查研究，沟通中把情况、成效、问题、措施等全部坦诚交底，客观分析寻求共识。公司和职工代表认为双向沟通是职工参与企业管理的好方式，体现了职工主人的地位。沟通会后工会还组织职工代表巡视检查，进一步了解职工关注的热点和要求，以便于下一轮双向沟通。（仰美娣）

【纺织服装进出口公司坚持民主管理“四让”】 上海服装进出口公司提前3个月完成2004年创汇指标，公司上下一致认为这与党政工领导坚持“四让”，相信和依靠员工分不开。(1)重大决策让员工明白。公司凡是涉及改革、发展、员工工资福利等重大问题，总是先征求职工代表意见然后再作决策；(2)账目公开让部门清楚。公司在贸易过程中发生的费用实行单列运行，统一审批，账目公开，每个部门对自己的经济状况一清二楚；(3)环境福利让员工舒适。公司不仅为员工创造了舒适的办公环境，还为员工提供补充公积金、商业保险、住院、生育保险等，并组织员工生日聚会、员工羽毛球、乒乓球等活动；(4)经营管理让员工参加。公司开通了各种听取员工意见的渠道，如工会与行政定期协商制度、在局域网上设总经理信箱、员工畅想园等，员工能在网上与总经理直接对话，也可以发表自己的想法。（王慎微）

上海电建系统深入推进厂务公开民主管理工作

（张文标）

【电力建设系统深化厂务公开】 该系统针对行业实际，提出了2004年厂务公开工作“三化”的工作要求：即程序上做到规范化；操作上形成制度化；效果上体现群众化。强调重点抓住四个环节：一是在公开的内容上，要注重与职工的切身利益和热点问题相结合，有效落实职工的知情、参与、监督权利的实施；二是在公开的形式上，要以职代会制度为基本形式，把企业发展和改革的重大事项全部提交职代会审议和表决，把握好职工知情权的源头，并通过有效的载体进行公开；三是在公开的程序上，强调长效管理，职能部门各司其职，评定一项、闭环一项；四是在公开的监督上，要把公开的监督作为完善厂务公开工作制度化、规范化的重要环节，让职工担任厂务公开评价的“裁判员”。在系统第二次厂务公开调研检查职工问卷的工作中，经9个基层单位265名职工问卷统计，11项内容满意和基本满意率均达到92%及以上。（张文标）

【宝钢集团公司开展厂务公开民主管理工作的专项检查】 宝钢集团自查调研工作共分三个阶段，8月上旬召开专题会议向各子公司部署、动员，提出书面的自查要求；8月中、下旬各子公司和直属单位认真开展对照检查，并组织职工代表填写《第二次厂务公开调研检查职工问卷》，完成了637份的职工代表问卷调查和19个单位的情况摸底；9月上旬集团公司厂务公开领导小组分两路抽查子公司的落实情况，总结厂务公开的工作经验，发现工作中的问题。完成了集团公司厂务公开调研检查专项自查报告，受到了上海市检查组的充分肯定。（张　帆）

【上海石化开展厂务公开大检查】 根据中国石化集团公司和上海市厂务公开领导小组第四次会议关于开展厂务公开民主管理工作调研检查的要求，上海石化分别由党委副书记、工会主席、纪委书记、副总经理任组长，由纪委、组织干部部、工会有关人员和职工代表组成检查组，对公司24个两级单位和有关职能部室进行调研检查，并在调研检查的基础上形成了公司厂务公开民主管理工作指导意见，为公司下阶段深入推进厂务公开民主管理工作创造了条件。（施东亮）

【鲁中物业管理公司厂务公开工作上水平】 （1）制定“一个细则”：按照上级要求制定了适合单位特点的《厂务公开实施细则》，确定了四大类20项重点公开内容，明确了党、政、纪、工在厂务公开工作中的分工责任。（2）注重“四个结合”：与完善职代会制度相结合，做到职代会召开前让职工代表早讨论、职代会召开后使职工早知情、落实职代会决议早整改、职代会闭会期间各项重点工作早公开。与推进内部改革相结合，坚持对内部改革措施进行积极宣传，广泛征求意见，发挥职工民主管理的作用。与加强企业管理相结合，把管理中的大事及遇到的问题和困难，及时向全体职工交底，集思广益，促进了管理水平的提高。与完善监督机制相结合，党风廉政建设、领导干部收入、职代会民主评议干部以及新房出售等情况，公司严格执行有关规定并及时公开，消除了职工疑虑。3、实现“三个延伸”：向经营管理领域延伸，努力做到把厂务公开的要求融入到依靠职工办企业的体制、机制之中，使厂务公开工作成为企业管理的有机组成部分。向科室、班组延伸，物业管理公司各科室、班组的厂务公开实施率达到了100%。由办事结果向工作程序延伸，经营网点负责人、班组长、小区管理人员都实行了公开招聘；对一些维修项目、社区经营点、绿化树木的修剪等实行公开招标，节约了费用，提高了工作效率，职工凝聚力得到了加强。（王　辉）

【张家洼铁矿以公开促维护】 张家洼铁矿提出了“超前公开”的厂务公开工作思路，对全年的经济责任制指标，能够量化的全部实行量化考核，掘支工程根据巷道断面大小、支护等级，确定了不同的结算价格，矿量按照金属量、品位进行结算；与此同时，张家洼铁矿在内部实行市场化运作，运转工区的提渣送料采取签票制度，月底根据职工工作票的多少，由生产工区来支付费用；机电工区的加工件、矿车修理等都实行了内部市场运作。为使收入分配公开落实到人头，各工区对工段、班组的公开工作做了具体要求，工段、班组的公开栏将每个人的任务指标、工作量完成情况与收入分配之间的结算关系进行公开，这样，每个人在交班时，也就能清楚地算出自己这个班次的实际收入。对因加班等原因发生的费用，矿里规定有专门经费，要求各工区实报实销，决不搞摊派，有效地维护了职工的利益。（王　辉）

【烟草集团加强厂务公开七项制度建设】 围绕集团贯彻落实国家局“深化改革、推动重组、走向联合、共同发展”的改革任务，加快“大企业、大品牌、大市场”建设步伐，针对京津沪卷烟的战略重组和建立大企业集团的实际需要，烟草集团从加强厂务公开民主管理七项制度入手，探索实践了集团发展与职工民主管理同步推进的方法。一年来，健全完善了厂务公开民主管理、集体协商规范、职代会闭会期间的民主管理办法、企业职工民主管理质量评估、职代会民主评议干部、职工最满意企业评选等七项工作制度。做到从机制上保证两个同步发展的要求。（江洪生）

【上海铁路局不断推进厂务公开】 上海铁路局坚持厂务公开为企业经济发展服务，一是通过“听、谈、看、问卷”的形式对全局47个基层站段进行了厂务公开制度执行情况的检查。二是结合全局厂务公开工作实际，党政纪工联合下发了《关于进一步深入推进全局厂务公开工作的实施意见》；三是在全局三级职代会建制率100%的基础上，把按期召开职代会和提高职代会质量作为今年职代会工作的重点，除了严格民主程序，会议程序外，（1）严把代表履行职责能力关。对不能正常履行职责的代表，按相应条件、构成要求和选举程序进行调整补选，以保证职工代表切实发挥参政议政和履行职责的能力和作用。（2）把对领导干部、领导班子的评议意见表由会上发，改为会前发，让职工代表有充分的时间思考和填写对领导干部和领导班子的意见。（3）建立和坚持职代会质量评估制度。组织全体职工代表进行评估，对评估结果发文通报并在职代会上向全体代表报告。（盛建华）

【长航医院积极探索国有民营合作医院厂务公开工作】 长航医院是隶属于上海长江轮船公司的一家市二级乙级综合性医院，自2003年9月起成为上海市第一家国有民营合作经营医院。合作经营一年多来，医院积极探索和开展院务公开工作，有效地推动了医院发展。一是强化院务公开意识。该院合作经营后由合作方担任院长，医院的运行管理模式发生了较大

烟草工会召开厂务公开民主管理推进会

（张佩华）

变化。院工会在积极宣传有关政策的同时，主动加强与行政的沟通，形成院务公开工作共识。二是坚持以职代会为主渠道，积极推进院务公开。合作经营后，医院坚持职代会制度，每年召开一次职工代表大会，并坚持业务招待费使用情况、四金交缴情况等向职代会报告制度，对员工工资调整方案等涉及员工切身利益的事项，实行无记名投票表决的方式，提升了职代会的运行质量和实效。三是建章立制。注重将院务公开向经营管理领域延伸，相继建立健全了重大事项民主议事决策规则、物资采购比价制度、工程招投标制度、员工考核管理办法等，通过制度来规范医院厂务公开的运作。四是建立季度院情通报会制度。医院每季度召开一次全院职工大会，向员工通报医院经营状况，分析医院经营服务中存在的问题，融洽了干群关系，调动了广大员工的积极性。（黄铁明）

【上海邮政开展局务公开民主管理工作调研检查】 为贯彻《关于在本市开展第二次厂务公开民主管理工作调研检查的通知》精神，上海市邮政局党委下发了《关于开展局务公开民主管理工作调研检查活动的实施意见》，组织开展了全局性的局务公开调研检查工作。8月下旬，组织各直属单位开展了局务公开工作自查。9月上旬，由局纪委、局工会组成检查组，采取了听汇报、查台账、召开职工座谈会、组织职工测评、现场检查等多种形式对12个直属单位及其下属支局、生产科局务公开情况进行了抽查。抽查结果表明各单位局务公开领导小组和工作机构健全率达到100%，局务公开实施率达到100%。并且形成了以下特点：一是机构健全，有序推进形成制度；二是制度落实，维护职工权益形成机制；三是形式规范，引导职工民主参与形成惯例；四是监督有力，营造企业民主氛围形成合力；五是职工认可，参与民主管理热情形成趋势。（蔡俊皓）

【上海邮政不断深化厂务公开民主管理】 上海邮政工会以企业改革、发展和稳定为中心，着力于从三方面入手，逐步建立和健全了以职代会为基本形式的局务公开民主管理制度。一是加强组织领导。根据行业特点，确立“全面实施、分层推进、规范运作、逐步深化”的总体工作思路；建立健全局和直属单位两级局务公开组织领导机构，两级组织领导机构建制率达100%，局、直属单位及基层支局生产科三级局务公开推行率达100%；注重加强各级领导干部队伍的认识教育，加强各级工会和纪检干部队伍的能力教育，加强职工队伍民主参与的意识教育。二是强化制度建设。注重职代会制度建设和落实职代会五项职权和三项刚性指标的有机结合，建立企业重大事项预告制、领导干部民主评议制、无记名表决制、提案征集落实制、职代会闭会联席会议制等制度，切实从政治上维权；注重局务公开制度与加强职工民主管理，提高企业科学管理水平的有机结合，突出工作指导性、内容重点性、形式多样性、管理科学性，切实从制度上维权；注重以建立健全平等协商集体合同制度与建立企业稳定和谐劳动关系的有机结合，突出重在协商、重在履行两个关键点，签订《上海市邮政局集体合同》、《年度单项集体合同》，切实从经济上维权。三是健全运作机制。逐步健全了工作机制、职工民主参与巡视检查机制、职工思想动态反馈机制、局务公开民主管理监督保障机制等运作机制，较好地营造了企业良好的民主氛围。（蔡俊皓）

【上海邮政邮区中心局工会制订实施科务公开评价标准】 上海邮政邮区中心局工会制订科务公开评价标准，以定性和定量的考核办法，对局务公开工作进行评价考核。评价标准共分四大项十五条。四大项分别是：组织体制健全、运行机制正常、公开内容全面及时，公开形式多样具体和效果评价。在每项又分别设置了相应的评价条目和配分。如对“本单位通信生产管理中的重要问题”、“涉及职工切身利益的改革分配问题”、“职工关心的热点问题”等，必须以公开栏的形式进行公开；公开后对职工普遍关心的问题或疑惑要利用座谈会、咨询会等形式进行双向沟通，及时听取职工意见，解答职工疑问；明确了应公开而未公开的有关事项引起职工群众来信来访或申告的责任；组织职工以无记名的形式对科务公开工作的实施情况进行满意度测评。该评价标准立足于科务公开运行中的动态管理，突出了科务公开后的效果评价，做到了定性和定量，特别是将职工评价满意率、凝聚力、促进改革发展和通信生产任务完成实绩等五项内容作为科务公开的成效评价主要标准，并作依据进行检查和考核。（冯长春）

【上海移动通信公司因时制宜推进司务公开】 上海移动司务公开工作于上半年在公司范围内全面实施，这是公司继职代会制度，平等协商、集体合同制度之后公司建立的又一项民主管理制度，与其它两项制度共同构成了企业内部沟通的三大支柱。上海移动的司务公开工作经历了统一思想、先行试点、总结推广、全面实施四个阶段。在实施推广阶段，公司制订“司务公开”的各项推进计划。将公开工作分为组织准备、宣传发动、办法制订、全面实施、监督检查五个阶段。按照计划的要求，公司下发了《关于建立公司司务公开领导小组及相关组织架构的通知》，组建了公司司务公开的领导小组、工作小组和监督检查小组。在办法制订的过程中，公司坚持强调核心内容的可行性、工作推进的计划性、公开程序的操作性三项原则。并按照“实施办法”的规定和流程要求，通过职代会和公司OA网络予以公开。并根据公开的真实性、及时性、完整性等要求进行监督检查，检查结果形成报告，提交职代会审议。司务公开在公司层面的推行，不仅是公司民主管理工作不断深化、推进的重要标志。也为公司今后的民主管理工作朝着更为科学化、系统化和规范化的方向发展创造了条件。（徐莉萍）

【上海市电信公司厂务公开获好评】 该公司在推进企业民主管理和深化厂务公开工作中，注重运用职代会建立的审议平台、员工代表旁听职代会平台、职工代表参加总经理办公会议平台和一线员工与公司领导双月沟通平台等，努力探索和实践把厂务公开民主管理纳入现代企业管理的体制、机制中，取得明显成效。公司荣获首届上海市“职工最满意十佳企业”称号，公司党委书记、总经理程锡元荣获上海市员工信赖的好经理称号。国防邮电工会和中国电信集团对上海电信坚持以职代会为基本形式的民主管理给予充分肯定并要求推广。上海市厂务公开工作领导小组对上海电信公司的厂务公开工作也给予高度赞扬，认为，上海电信厂务公开民主管理工作做到了认识到位、组织到位、制度到位、工作到位，富有成效，在上海电信发展中厂务公开民主管理发挥了积极的促进作用，把职工的工作积极性调动起来了，为全市企业厂务公开工作做出了贡献。（朱东亚）

【航道局积极推进项目管理公开】 2004年航道局企务公开工作重点突出项目管理公开。一是在组建项目部的同时组建工会，坚持党建指导工建，工建服务党建；二是不定时地下到局管项目部进行指导和帮助，努力形成大胆探索，勇于实践的氛围；三是重点开展项目管理为内容的公开活动，做到资料齐全，分类清楚；四是加强项目管理公开工作的研究与分析，重点对大宗设备采购、转让承包合同、大额度资金等应该公开的事项进行公开；五是将项目管理公开事项的有关内容有计划地纳入项目管理手册，作为项目管理工作的一个组成部分。（刘昌明）

【中远集运积极开展企务公开】 中远集运公司积极探索推行企务公开的新方式，注重提高实效。一是坚持将党风廉政建设和效能监察工作与企务公开相结合。实行领导干部廉洁自律情况向职代会报告（述职）的制度，通过企业业务招待费使用情况、职代会民主评议领导干部评议结果向职代会报告（公布）等途径，依靠职工对领导干部的党风廉政建设情况实施监督。二是坚持将企业改革改制有关情况列为企务公开的重点内容。将主辅分离企业改制、职工安置、劳动关系变更、工资奖金分配、干部提升、内部规章制度制定等涉及职工切身利益的问题，作为企务公开的重点内容进行公开，通过企务公开的有效形式和途径听取职工意见，修改、完善改革改制方案和有关制度、规定。三是紧紧围绕企业的生产经营活动推进企务公开工作。注重把企务公开融入到企业经营管理工作中，将企业面临的激烈竞争形势、经营业绩、目标任务以及需采取的措施及时通报给广大职工，使职工认清形势，明确任务和责任，增强主人翁意识，牢固树立“我为改革创效做贡献”观念，自觉维护企业利益，积极为企业增效做贡献。四是坚持因地制宜开展船务公开工作。通过上船谈话、现场办公、简报、《工作交流》、《工作月报》、宣传橱窗、船务公开栏等多种形式积极推行船务公开，形成了船舶管理公司与船管部、政工科、船舶落实、反馈、指导检查等三级工作环节，从形式上、制度上保证公开工作措施与检查监督到位，营造了企务公开的良好氛围。（钱　华）

【上海海事局工会推进局务公开】 局工会注重把局务公开作为推进机关内部事务保障职工知情权、参与权和监督权的重要渠道，积极探索工会在国家机关实施局务公开中的作用，并从检查落实、开展调查研究和做好意见反馈三方面推进局务公开工作。（1）检查是否按规定的公开形式、公开周期、公开范围实施；公开内容是否真实全面；公开程序是否符合规定；群众反映的问题和意见是否得到解决，并在《上海海事局局务公开登记审批表》上填写检查意见；（2）定期召开职工座谈会和发放意见征询表，广泛征求职工群众对局务公开工作的认可度和实施局务公开的意见和建议；（3）将职工的意见和建议及对局务公开的评估情况向局领导小组报告。局务公开领导小组根据职工群众提出的意见和建议，不断完善公开机制，并通过一定的形式把职工的意见和建议的处理、整改情况向职工反馈，提高了职工的满意度。（朱卫平）

【建工集团厂务公开民主管理形成新特点】 建工集团切实加强以职代会为基本形式的厂务公开和民主管理制度建设，积极探索民主管理与企业管理互动的运行机制，厂务公开和民主管理形成新的特点：（1）整体合力增强。通过加强组织领导，形成了各级组织和相关部门共同调查研究、共同动员部署、共同指导协调、共同检查监督的工作局面。（2）保证作用突出。强调把企业改革改制作为厂务公开和民主管理的重点，保证了中小企业民营属地及职工劳动关系转移的平稳过渡。（3）实施办法细化。集团党委批转了《上海建工（集团）总公司基层职工（代表）大会质量评估制度》，既提升了职代会运行的范规要求，又创造了民主管理的良好氛围。（4）推进思路拓展。提出了以“职工满意企业”建设为抓手，把丰富厂务公开民主管理内涵与加强企业文化建设有机结合起来，把落实厂务公开民主管理与保证

衡山集团工会召开民主管理培训会

（高耀敏）

国企改革改制平稳推进结合起来的新要求。（乔　瑜）

【市水务局扎实推进厂务公开】 2004年，市水务局积极建立健全各级厂务公开组织机构，上半年局成立和完善了厂务公开领导小组，局属各单位也根据情况及时充实调整了领导小组成员。在此基础上，下半年召开了局厂务公开工作推进会，及时转发了局党政领导关于进一步推进厂务公开工作的指导性讲话，各级工会在党委的领导下，把职代会作为厂务公开的主要载体，同时辅以厂务公开的主要内容和程序，重视公开的组织领导，宣传发动，调研指导，督促检查。深化厂务公开，促进企业重大决策的科学化、管理的程序化和分配制度的规范化。注重公开经验总结，推行厂务公开向生产经营管理领域延伸，向车间班组延伸。现在基层企业经营者已经将厂务公开制度融入到企业的日常管理，把“要我公开”变为“我要公开”。（陈美芳）

【百联南方购物中心创建“企情民意气象站”】 南方购物中心通过建立“企情民意气象站”，开拓了基层工会在企业中做员工思想工作方面的新途径，提高了工会组织在企业中的影响力、凝聚力和生命力。“企情民意气象站”通过一定的形式加强企业高层管理者与员工相互交流和沟通，使企业的经营管理目标和重大事宜及时地传递给员工，既便于员工参与管理又便于倾听员工的呼声，解决员工与企业之间的各种问题。他们将每月最后一个星期四，作为“企情民意气象站”的接待日。通过“气象站”活动，在全体员工中开展“爱企业、爱岗位、爱家庭”的“三爱”活动。开展一系列劳动竞赛，不断提升企业和员工的竞争力。（余承建）

【市民政局加大推进厂务公开力度】 市民政局工会会同局纪委在所属基层单位开展了第二次厂（院）务公开调研检查工作。通过召开座谈会、问卷调查等形式，了解基层单位实行厂（院）务公开的情况。市民政局已有27家企事业单位实行了厂务公开，占单位总数的84%。凡涉及单位重大改革、职工切身利益、领导班子建设等方面内容都要求公开，形成了以职代会为主，辅以公开栏、简报等多层次的公开渠道，使操作程序更加规范透明，有力地维护和保障了职工的合法利益，促进了企事业单位各项工作的稳步发展。（胡积伟）

【城市建设设计研究院注重搭建职工与领导的沟通平台】 （1）该院坚持每次职代会之前将文件送到职工代表手中，让职工代表有充裕的讨论酝酿时间；会议期间安排分组讨论，充分发表代表们的观点；最后表决前，允许职工代表就不清楚的问题直接向分管领导提问。因此，院职代会参与企业管理的质量得到了有效提高。（2）抓好院情发布会。由工会牵头，召开院情发布会，为企业领导与职工对话搭建舞台。同时开设网上评议、网上谈心，网络信息等栏目，拓展企业与职工的沟通渠道。（3）该院坚持工资民主协商制度、职工代表列席院务扩大会议制度等。（饶进国）

【上海市政工程材料公司创办与职工沟通的“心语沙龙”】 上海市市政工程材料公司为拓宽民主管理工作渠道，从3月起，在每月月末周五创办“心语沙龙”活动，以恳谈会形式让公司党政领导与职工面对面双向交流沟通。公司领导通过沙龙直接倾听职工的呼声，职工也从沙龙里了解到企业的经营状况以及所面临的问题。公司结合不同时期职工关心的热点、难点问题，确立每期不同的主题，邀请生产一线职工、党员、群众等不同对象参加，所涉及的内容既有修订《集体合同》事宜，也有对公司党风廉政建设、领导干部个人作风问题的讨论，更有针对公司新的经济增长点的经验总结。“心语沙龙”活动营造了公司与职工宽松融洽的对话氛围，对干部与职工共同提高认识，统一思想，确保企业改革、发展和稳定起到了积极作用。（张荣康）

职工董监事

【市总工会在现代企业制度建立过程中坚持和完善职工董、监事制度】 在探索现代企业制度建立过程中，上海职工民主管理工作得到积极推进，不少企业建立了职工董事、职工监事制度，加强了职代会与董事会、监事会工作的联系，形成了许多新鲜经验。据统计，在3232家公有制公司制企业中，建立职工董事制度的企业为1316家，占40.7%，职工董事人数为1704人；建立职工监事制度的企业数为1356家，占42.0%，职工监事人数为1356人。非公经济组织中，职工参与的作用也为越来越多的企业所重视，有569家外商投资企业建立了职工董事制度、426家企业建立了职工监事制度，有957家企业建立了工会主席列席董事会制度。私营企业中，有1838家企业建立了职工董事制度，2457家企业建立了职工监事制度。2026家企业建立了工会主席列席董事会制度，均比上年有所增加。年内，各级工会还组织了1384名职工董事、职工监事参加了培训，以不断提高职工董监事参政议政的能力和水平。（秦　勇）

【虹口区举办工资集体协商及职工董、监事培训班】 为了提高工会干部、职工董事、职工监事的维权能力及企业行政的法律意识，3月26日，虹口区总工会与区劳动和社会保障局联合在区委党校举办区工资集体协商及职工董、监事培训班，邀请市有关方面专家授课。区所属各产业局、街道（镇）、直属单位工会、人事干部共150余人参加了培训。培训通过专题授课、现场答疑和案例讲解等方式进行，使学员们学到了知识，取得了较好的学习效果。（李　琪）

非公企业民主管理

【上海非公企业以职工（代表）大会为基本形式的民主管理制度建设继续得到提高】 2004年，上海各级工会坚持以“党建指导工建、工建服务党建为原则，以扩大民主参与、丰富民主形式、健全民主制度、维护民主权益为重点，努力探索以职工代表大会为基本形式，以法人治理、参与管理、协商共决、共谋发展”的工作思路，积极探索，勇于实践，敢于创新，继续推进非公企业以职工（代表）大会为基本形式的民主管理制度建设。一方面通过“2＋X”模式的示范，（指职代会制度和平等协商集体合同制度，X指厂务公开职工董监事等其它多种形式引导、指导符合独立建制的非公企业建立健全职工（代表）大会制度）；另一方面，在总结上海区域性、行业性职代会经验的基础上，以普陀区长风社区工会与政府联席会议、三方协商、长风社区职代会和劳动执法检查的“四轮联动”为示范，深化和完善上海区域性、行业性、社区、楼宇等区域性、行业性职代会制度建设，从而对推动非公经济的健康有序发展，促进非公企业劳动关系的和谐稳定起到了积极作用。截至年底，全市非公企业职代会建制数11255家，其中外资企业2408家，私营企业6698家，联合职代会2149家，覆盖企业32478家，形成大型企业职代会、工业园区职代会、街道社区小区职代会、餐饮和汽配等行业性职代会、地区外企联合职代会、民营事业单位职代会等多种模式，推动了非公企业民主管理。（周永宝）

【上海加大推进区域性、行业性职代会制度建设力度】 为了有效地协调非公企业劳动关系，推动上海区域经济健康发展，促进社会稳定与进步，上海工会不断地积极探索区域性、行业性职代会制度建设。经过几年的积极探索，全市已有区域性、行业性职代会2149家，覆盖企业32478家，并初步形成了以居民区、街道、村区为标准的小区职代会；以各开发区、经济园区为标准的园区职代会；以区域内相同行业的企业为标准的行业职代会；既顾及到行业的特性，但又依托地区工会进行具体工作的专业特色街行业职代会；以各商务大厦内所属企业为标准的楼宇职代会；以区域内企业性质为标准的外商企业职代会等六种形态的区域性职代会模式。以上区域性、行业性职工代表的组成大致来自于四个方面：一是区域内企业职工代表，其比例大约在40%左右；二是区域内企业业主代表，其比例控制在20%左右；三是区域内企业经营管理人员代表，其比例约在35%左右；四是区域性的党组织负责人、联合工会负责人、政府职能部门负责人、雇主协会或行业协会负责人等方面的代表，其比例约占5%。其代表总数一般在200人以下，名额由筹备小组与有关方面协商确定后，划分选区，按照《上海市职工代表大会工作规范》经民主选举产生。其职权为基本职权与自定职权两大类。基本职权包括知情参与权、协商共决权、监督检查权。自定职权则要求各区域根据自身特点增加相关内容。实际操作中，各区域性、行业性单位通过诚信生产经营服务公约，创建员工、企业、社区“三爱三评”活动，开展员工三学素质工程等内容，丰富了区域性职代会的内涵。区域性、行业性职代会制度建设使区域内的劳资矛盾得到了较好的缓解，劳动关系较建制以前更为和谐稳定，对促进区域经济的发展和企业效益的提高起到了积极作用。（周永宝）

【上海工会提升非公企业民主管理的运行质量】 为了更有效地推进非公企业民主管理制度建设，上海加大引导非公企业职代会制度与平等协商、集体合同制度有效衔接的力度，以此来解决工会维权的实效性和规范性。在独立建制的非公企业，市总工会要求平等协商的代表必须通过职代会民主选举产生，集体合同草案必须在征集广大职工群众意见的基础上，通过职代会制度审议表决，职工代表通过巡检，督促行政更好地履行集体合同的执行情况。在区域性职代会，则要求集体合同的内容必须围绕区域性、行业性劳动关系的共性问题和难点问题进行协商，协商的劳资双方代表必须通过区域性或行业性职代会的各方群体选举产生，集体合同的草案必须通过区域性、行业性职代会审议通过，然后再与所属企业法人代表正式签约，区域性、行业性工会适时组织职工代表对集体合同履约情况进行检查和督促，以提高集体合同的履约率。在此基础上，引导区域、行业所属小企业在企业内部建立民主管理的两级平台，以解决企业发展中处理劳资矛盾、协调劳动关系的个性问题，收到了较好的效果。（周永宝）

【市总工会召开区域性职代会的现场观摩会】 4月7日，市总工会就长风社区一届二次职代会暨“四轮联动”工作机制召开学习观摩会。长风社区在探索建立区域性职代会的基础上，积极将工会与政府联席会议制度、三方协商制度和劳动执法检查制度与区域性职代会制度建设相衔接，工会维权机制形成了有效整合、优势叠加的效应，为稳定社区劳动关系，促进区域经济发展奠定了较好的基础。（周永宝）

【杨浦区大力推进非公企业民主管理工作】 为了进一步和谐非公企业劳动关系，杨浦区大力推进非公企业厂务公开民主管理工作，使非公企业民主管理有了新的突破，呈现出民主管理形式多样化趋势，出现了定海社区经济园区职代会、四平社区澳洲粮油公司圆桌会议等一批先进经验。区总工会与区劳动和社会保障局联手在上海东鑫电力安装有限公司开展工资谈判试点，收到了很好的效果。区商业系统环球公司和新阳普超市公司职工参与转制企业董事会三人工作小组，同样在企业中发挥了积极的作用。

（王 洪 张念宏）

【黄浦区粮油食品发展有限公司坚持企务公开】 该公司原是事企合一的单位，2003年7月整建制转为民营企业。至2004年底辖有3个全资子公司、4个控股子公司和5个参股公司，职工800人。改制后该公司党政工积极探索民营企业厂务公开民主管理制度，不断构建企务公开新载体。做到了“四个坚持”和“三个创新”。即一是坚持平等协商机制和集体合同制度。二是坚持一年两次职工代表大会制度。三是坚持民主评议干部和业务招待费等使用情况通报制度。四是坚持重要情况通报制度。“三个创新”即一是创新资产运转、处置和监督、通报制度。二是创新公司董事长、总经理联系制度。三是创新职工收入与公司经营效益同步增长制度。通过厂务公开民主管理制度的建立，密切了经营者和职工的关系,加强了企业内部的凝聚力,调动了职工的积极性。至年底,该公司发展态势良好,销售额同比增加21%,利润同比增加68%,上岗职工收入同比增加16%。厂务公开已成为企业稳定发展的基础,成为营造企业良好环境的催化剂。（贺再励）

【黄浦区转改制企业坚持厂务公开民主管理成效明显】 年内,黄浦区厂务公开领导小组对转改制企业厂务公开民主管理工作进行了调研,结果表明:80%的转制企业围绕发展第一要务,在民主管理的内容和机制上作了新的探索和尝试,在强调维护职工合法权益的同时,着眼创新机制,谋求发展、建立和谐劳动关系、企业与职工同步发展,努力实现股东得利、国家增税、职工得惠的多赢局面。一是结合非公企业特点,探索厂务公开内容上的新拓展。做到坚持公开企业重大决策问题、公开经营管理重要问题、公开涉及职工重大利益的问题、公开党风廉政建设问题。强调过程的公开比结果的公开更重要,着眼职工想的、盼的、提的,着重抓住办事部门、程序、标准、结果的公开。调研显示,职工对奖金分配、劳动保护、医疗保险、生活福利等直接涉及到职工群众切身利益公开情况的满意度达到70.5%。二是联系非公企业实际,探索厂务公开运作上的新规范。调研显示,凡转制后坚持厂务公开比较好的企业,其共同点是能够坚持未转制前厂务公开的运作机制并联系自身非公企业实际开展工作。调查数据显示,60%调研单位建立了职代会、职工董事和职工监事制度,有1—2名职工代表参加董事会和监事会。85%转改制企业坚持工会作为厂务公开组织者,切实负起推进厂务公开民主管理的责任。通过厂务公开,转改制企业呈现出良好的发展态势:一是劳资关系稳定,经营者和职工的关系融洽。二是职工的合法权益得到了较好的维护。被调研单位100%依法为职工缴纳各类社会保险金,半数以上转改制企业对职工经济补偿金建立了内部监管制度。三是增强了企业的向心力,职工生产积极性高,能够主动为企业排忧解难。四是锻炼培养人才,促进了职工队伍素质的提高。（贺再励）

【黄浦区外滩社区形成“三心三勤”外商投资企业工会女职工委员会组建工作法】 2004年,外滩社区工会在推进新建企业工会组建中,重点探索外企工会女职工委员会组建工作,形成了组建中的“三心三勤工作法”。“三心”即一有决心、二有诚心、三有耐心。“三勤”即一是腿勤,多上门;二是嘴勤,多宣传;三是脑勤,多“充电”。该社区工会干部首先加强自身业务学习,提高工作水平;其次采用宣传引导的方法,挨家挨户上门宣传《工会法》,向企业提供女职工委员会组建的中外文法律文本,促进互相了解与沟通。在工作中他们以情动人,以热情周到的服务切实为企业排忧解难,做好事、办实事,赢得企业对工会的认同。通过“三心三勤工作法”,外滩社区外商投资企业工会及女职工委员会组建率、入会率均达到了95%。（杨小珍）

【黄浦区外资企业职工拥有自己的家】 黄浦区人民广场社区工会全力推进外资企业工会组建工作。位于中区广场的日资企业嘉娜宝(上海)市场服务有限公司拥有职工800人,在职工的强烈要求下,该公司于2004年12月16日成立了工会,职工入会率实现了100%。该工会成立伊始,就着力开展三项工作,一是实行会员会籍的动态管理。针对职工流动性较大的特点,工会与公司人事部密切合作,强化了职工录用、退工的管理,使职工入会率始终保持在100%。同时该工会高度重视会籍登记、会员证发放等一系列基础工作,将800份会员证一一分送到每个会员手中,使职工真正感受到企业工会的存在,增强他们对工会的归属感。二是以活动为载体,推进企业工会的运作。该公司工会为避免工作空转,积极以适应白领职工特点的联谊、慰问、帮困等为载体,有序开展工作。工会主席带领工会干部深入一线,为生活困难的外来务工人员送温暖;利用双休日组织全体职工郊游,促进了职工之间、职工与行政之间的沟通交流。提高了工会在该企业中的渗透力和在职工中的凝聚力、影响力。三是紧扣企业中心任务,推动企业发展。工会围绕企业大规模促销经营的中心任务,积极与公司人事部联手,开展了营业员促销技能讲座,加强训练商场营业员岗位技能,维护了职工的学习权,实现了工会与企业的共同目标、共同需求、共同利益,使工会的基本职能得到了落实。（黄宪祖）

【静安区探索发展区域性民主管理工作】 静安区总工会针对区域内非公企业蓬勃发展、业主民主意识不强、劳动关系矛盾多发、工会组织力量薄弱、传统独立职代会难适应的特点,借助社区(小区)、楼宇、工业园区等区域性工会组织和社区、楼宇工会干部职业化的优势,在全区76个小区、部分楼

黄浦区豫园商城以职工智囊团的形式,建成一条职工民主管理企业的绿色通道（吕诚陆）

宇、经济园区、特色行业街中积极探索推行区域性职代会民主管理制度，其主要做法：一是注重整和资源，借助各级党政之力、借助区综合经济工会委员会之力和借助社区工会干部充实之力，抓培训宣传、抓调研指导、抓考核管理，不断加强组织领导，形成合力推进之势。二是注重鼓励创新，做到在民主管理形式上坚持以职代会为基本形式，探索形成社区职代会、网上议事会、特色行业街、楼宇职代会等四种模式；在职代会的职权上坚持以参与知情权、协商审议权、民主监督权和评议选举权等为基本职权；在职代会代表的产生上坚持把握上级服务下级、大企业优先、代表结构广泛性和代表选举民主性等四项原则，保证代表的民主性、广泛性、结构合理性；在民主管理的运作上坚持以集体合同为要素，注意职代会制度与平等协商、集体合同制度的结合。（张　伟）

【静安区太阳岛花园浴场进城务工人员维权有了制度保证】 该浴场是静安区一家民营企业，80%的员工为进城务工人员。3月，在首届职工大会上，表决通过了由工会与行政签订的《集体合同》和《进城务工人员权益保障工作备忘录》。《备忘录》规定，在企业内部，进城务工人员与该市职工同工同酬、按岗定薪，企业最低工资高于上海市最低工资30%，统一办理综合保险，为进城务工人员提供符合国家标准的劳动安全卫生条件等，同时建立了进城务工人员互助帮困基金。这些制度的推行，使进城务工人员在保障政治民主权利的基础上，有效地维护了他们的经济权益。（范小莉）

【闵行区大力推进非公企业厂务公开】 2004年该区非公企业厂务公开建制率达到60%。在推进过程中，一是将外企、私企、工商联等部门纳入到厂务公开领导小组成员单位中；二是增加了对非公企业厂务公开建制工作的考核；三是明确了非公企业推进厂务公开的内容。针对私营小企业、外资企业、改制企业和村级经济等情况，注重实效，探索了区域联合制、沟通协调制、民主参与制、两会合一制等“四种类型”的非公企业民主管理形式。为确保改制后的非公企业民主管理工作的有序规范，他们制定出台了《闵行区非公有制企业实行厂务公开制度的工作意见》等文件；通过这些文件的学习宣传、典型示范单位的引领，上级工会的指导，引导转改制企业建立和健全厂务公开职代会制度；为进一步落实厂务公开工作，区有关部门联合把关，以确保企业转改制后坚持规范的厂务公开职代会制度建设，确保职工民主管理不随企业的转改制而弱削或取消；还在基础好的转改制企业，编印《员工维权225问》等书籍，使经营者和职工群众的民主意识都得到进一步提高。（俞龙祥）

【金山区腾达发展有限公司企业民主管理中的“四个结合”】 一是与企业的生存发展结合起来。建立了会员大会制度，规定凡是企业作出重大决策、重大事项以及涉及职工切身利益的重大问题，都要通过全体会员大会作出选择。公司所属海创电子公司因决策和经营等多种原因难于发展，关于公司是停产还是继续维持，经会员大会集体讨论决定。公司专门设立“金点子奖”，充分发挥职工的聪明才智，为企业发展作贡献。二是与职工切身利益结合起来。成立了共谋企业发展协商会，协商会成员由行政方、工会方以及生产一线的职工代表等20多人组成，每年召开两次会议，主要讨论职工福利分配、干部的年终考评等。2004年，共商会将职工要求由农保转为社保的想法向公司党政班子汇报并提出了建议，被采纳后，解决了职工的后顾之忧，提高了企业的凝聚力。三是与公司整体管理结合起来。公司工会修订了《员工守则》，组织员工自下而上、自上而下反复讨论，并在全体会员大会上表决通过，使其成为全体职工行为规范的准则。公司工会还结合企业自身特点，提出创一流质量、一流管理、一流服务、一流效益和一流队伍的目标，不断打造企业的诚信品牌，为企业积累了一定的文化底蕴。四是与公司党政班子工作业绩考核结合起来。企业打破了家属式管理模式，正职中层干部实行聘任制，企业部分重要岗位实行社会招聘。党政领导提出由员工对公司班子成员实行德能勤绩的工作业绩考核，将对领导班子的监督权交给了广大职工，使职工真正感受到应有的民主权利。（吴　冲）

【机电工会上海输配电股份有限公司从四方面加强合资企业工会工作】 该公司工会加大对所属14家中外合资企业工会工作的指导力度。(1)以完善组织建制为原则，维护工会地位。做到“五个明确”：明确合资企业工会组织的合法性；明确新建企业中工会主席人选先由中方推荐派遣，再经员工大会选举的做法；明确工会主席兼党组织书记，作为企业高级管理人员身份；明确工会主席必须列席董事会；明确工会经费的来源。(2)以协调劳动关系为重点，维护员工的合法权益。14家合资企业中有9家建立了集体协商制度，同步建立了员工（代表）大会制度，将《集体合同》、《工资集体协议书》、《员工手册》等提交员工（代表）大会表决通过，以增加契约的民主性。企业的小组工会、车间工会、厂工会、公司工会层层建立劳动争议的信息反馈网络。(3)以提高员工素质为内容，融合中西方文化的企业精神，设计合资双方行业规范的共振点，塑造合资企业形象展示的凝结点，使不同文化背景的人员和谐相处、合作共事。(4)以推进企业发展为目标，维护“和谐社会”的投资环境。“JV. OK”是“中外合资企业好”的英文缩写，企业每年确定一个主题，举办一届活动。工会组织员工围绕规范企业管理、提高产品质量、增强企业效益等方面积极提合理化建议达1000多条，为企业节省开支近500万元。（顾美娣）

【华谊集团劳伦茨橡胶工会依法维权】 上海劳伦茨橡胶制品有限公司是外商投资企业，该公司工会通过集体谈判依法维权。4月，在部分员工生产指标随意被增加，未完成指标的员工被扣工资，而公司承诺的增资却迟不兑现，使职工不满情绪加剧，在找总经理评理未果的情况下，职工采取停工并联名提出集体辞职的要求时，工会一方面主动听取职工意见，进行思想疏导，另一方面，积极主动与行政对话沟通，开展民主协商。由于工会据理力争，迫使行政方答应工会所提的3个条件，职工的利益得到了维护。此外，当公司独资后，到期的集体合同因总经理未得到董事长授权，无法对新一轮集体合同进行协商签订时，工会依法走好民主程序，以公开信形式，通过国际快递发往丹麦、韩国、北京，将合同修改草案及相关文件、法律法规提交董事会，使董事会成员人手一封。公开信依法阐明工会观点，明确表示必须在一个月内作出书面答复。同时，还以工会主席个人名义，用电子邮件形式，向集团总裁、董事长及各位董事发信，对董事会议程中有关于集体合同和员工增资事项时，工会代表竟然不能参加，行政方却以种种理由回避、拖延等行为深表遗憾。由于工会在上级工会的协调和帮助下，始终高举法律武器，最终使外方在人事更替后，责令新董事长到沪与工人代表集体谈判，工会的主张得到了满足，职工的利益得到了保护。 （虞仲义）

【医药集团罗氏制药有限公司以民主管理创建和谐的企业内部环境】 该公司自合资投产以来，始终注重构建多层次、多层面员工参与民主管理的平台。首先公司设立了员工大会制度，由外方总经理向全体员工介绍公司的经营业绩及财务、企业发展等情况，员工可以就所关心的问题当场向总经理提出问题、建议。其次，公司通过平等协商、集体合同制度，以契约的形式明确了涉及员工切身利益的热点、难点问题的解决办法，保证了员工的经济民主权利。再次，公司通过设立"上海罗氏论坛"、公告栏、宣传长廊、内部刊物等一系列保证员工知情、参与的形式和途径，努力实现企业与员工沟通的"零距离"。此外，公司遵循以人为本的管理理念，推行倡导员工与企业共同成长的核心价值观，营造同心和谐的企业环境与氛围，不断提升企业与员工的整体竞争力，公司为每一名员工提供具有挑战性的薪资、福利和培训；特别设置了总经理奖、忠诚奖、优秀员工奖、和谐奖和光荣榜；并逐步推行当地关键员工进入罗氏全球培训制；推行内涵丰富、形式多样的中外企业文化活动，让大家都能体验到当家做主人的感觉，从而使公司员工对企业的满意度逐年提高，公司多次获得"上海市文明单位"称号，并获首届"上海市职工最满意的企业"。 （杨骏逸）

【建工工会组织民营属地企业回访座谈】 年初，建工集团对民营属地企业逐家回访，并邀请企业主要经营者到集团座谈改制工作的经验和体会。以期更加全面地了解改制企业的发展状况，从而继续关注和支持民营企业的发展，同时，希望这些企业经营者能同样善待企业职工。集团党政工领导与正方、东昌等10家民营企业经营者进行了座谈。座谈了解到民营属地企业生产经营取得了成效、机制调整显现了活力、内部改革得到了深化、职工收益有所提高。集团领导与经营者就今后如何有效推动经济发展，稳定劳动关系，促进企业与员工双向发展作了深入的沟通。集团改革改制工作组成员、部分单位分管改制工作领导和列入当年改制属地计划的部分中小企业负责人参加了座谈。 （乔　瑜）

民主管理评估制度

【上海逐步建立和推行职工民主管理工作评估制度】 2004年，上海市总工会建立和推行了职工民主管理工作评估制度。为此，先后制定、下发了《关于建立上海市职工民主管理工作评估制度的实施意见》、《上海市职工民主管理工作评估制度的内容和标准》等文件。就建立民主管理评估制度的基本原则、内容和标准、实施办法、组织领导等予以明确。并在此基础上制定了《上海市职工民主管理工作企事业单位自查表》、《上海市职工民主管理工作职工代表测评表》，其中：评估的内容和标准、单位自查表、职工代表测评表定为2004版，并分为A标、B标，以后可根据新形势、新要求进行修订，A标系比较规范的民主管理标准，适用于国有、集体及其控股企业和非公企业中民主管理基础较好的单位；B标系起步阶段的民主管理，特别针对众多非公企业、多元投资企业的民主管理。评估制度的主要内容包括职工民主管理的主体、基本权利、基本形式及其他实现形式，重点是评估职代会建设和厂务公开的实施情况。通过组织职工群众的测评，把厂务公开民主管理工作的运行质量、效果的评价权交给广大职工群众，并以此来分析工作中的需要改进薄弱环节，研究并采取有针对性的措施，不断提高职工民主管理的水平。 （秦　勇）

【上海电气液压气动有限公司工会开展职代会运行质量测评】 公司工会以"求真务实"、"广泛参与"、"代表公认"、"报告公示"、"促进发展"、"有利稳定"为原则，在公司职代会上，表决通过了《关于对公司职代会运行质量进行测评的实施意见》。《测评》由两部分组成，一是规定对职工代表大会运行质量的测评每年年初进行，由公司全体职工代表对上一年度职代会的运行情况进行一次书面测评。既要对其的"总体运行"情况进行评估，同时也要对其具体运作质量进行评估，主要包括："筹备工作"、"大会质量"、"干部评议"、"决议执行"四部分。其中"大会质量"又包括对大会"议题"、"程序"、"报告"、"审议"等事项作出评价。测评设四个等次，即："好"、"较好"、"一般"、"差"。二是明确要对职代会正式代表履职情况的测评，由两级工会组织所在选区职工，对所选出的职工代表一年来的履职状况进行书面测评，测评结果记入"职工代表参政议事履职卡"。对职工代表的测评主要包括"大局意识"、"提案质量"、"发言质量"、"会议出勤率"、"主人翁精神"、"桥梁纽带作用"、"会议精神传达"等事项。测评设三个等次，即："满意"、"基本满意"、"不满意"。工会加强了对测评工作的组织协调，认真承担起职代会运行质量测评工作的召集、人员发动、操作实施、数据统计等具体工作职责，确保了公司首次测评工作顺利开展。 （郁惠平）

【国际港务集团工会请职工代表为集团职代会打分】 为提高集团公司职

代会的运行质量，增强和调动职工代表民主参与的积极性和主动性，港务集团工会在集团公司一届二次职代会召开一段时间后，请集团的职工代表对这次职代会的议程安排、报告质量、表决形式、程序规范、会务工作质量等五个方面进行评估，得到了职工代表们普遍好评和积极响应。集团职代会的代表们以高度的主人翁责任感和实事求是的精神，对集团职代会进行了全面测评，并提出建议。通过集团工会整理、统计，职工代表们对这次职代会质量的满意率为93%，基本满意率为7%。（焦小涵）

【上海建筑构件制品公司抓实职代会质量评估】 该公司抓住五大环节，有序推进职代会的质量评估：(1)建立评估制度，明确工作原则。明确对职代会质量评估分为综合评估和专项评估，每届一次进行综合评；每年一次对审议或表决的某一、二方面事项专项评估。同时明确评估工作必需遵循实事求是、注重实效、职工公认、持续改进的原则。(2)专设评估小组，落实各自职责。成立以职代会民管小组成员为基本力量，吸纳行政、纪委、人事、党办的人员参加，专门设立职代会质量评估小组，明确小组及成员的主要职责。(3)抓住评估要素，突出重点内容。确立“内容要精，尺度要准，抓住要素，突出重点”原则。以职代会制度运作、程序规范、职权落实为评估的三大要素；把职工代表产生的合法性、决议决定的执行、职代会闭会期间的工作落实为重点内容，凸现职代会制度化规范化、合法性、有效性。(4)注意评估方法，严格操作程序。采取自评和接受上级考评相结合的两种方法。以职代会全体代表列为参评对象，组织全体代表填写测评表，又通过职工座谈、个别访谈的形式，征求职工对职代会运行质量的评价意见，在自评以后，接受集团评估小组的考评。(5)积累评估数据，重视问题整改。一是重视积累评估的数据及资料，按照文书档案保管、立卷归档；二是重视职工评估出的不满意问题的整改。

（吴有德　方宪临）

【上海电信长途通信部从“五个明确”入手建立评估基本运作模式】 长途通信部从组织、内容、要求、方式、考核等方面入手，建立起厂务公开民主管理评估工作的基本运作模式。一是明确评估工作的组织和参与主体；二是明确评估的层级和内容；三是明确评估的时间节点和要求；四是明确评估的方式；五是明确评估的考核标准。评估工作实施后，促进了厂务公开民主管理工作更加扎实、富有成效。主要体现在：评估制度使职工的民主参与更具针对性；使职能处室工作更具紧迫感、责任感；促使职工代表分析问题能力得到了普遍提高；促进了企业民主决策的自觉性和主动性。

（钟　毅）

短信息：

○市卫生系统根据《上海市卫生系统院务公开实施办法》于11月制定下发了《上海市卫生系统院务公开工作评估体系（试行）》。（王月英）

○上海航道局在十八届三次职代会上启动质量评估程序，经专门委员会统计评估结果，职代会质量令人满意。（刘昌明）

参与企业改革

【市总工会、市国资委联合发文坚持和完善国有企业转改制工作民主程序】 4月，市总工会、市国资委党委、市国资委联合制定和下发了《关于进一步坚持和完善国有企业改制工作民主程序的若干意见》（沪工总民〔2004〕88号），《意见》强调了坚持企业转改制工作民主程序的重要意义，强调了必须坚持五项原则：即坚持党的领导，坚持对国有资产负责和对职工负责一致性，坚持依靠职工群众，坚持有利于推进改革，促进稳定和坚持注重实效，勇于创新的工作原则，明确了具有可操作性的8点工作要求，即加强企业改制的宣传引导工作，积极发挥改制企业工会作用，建立企业改制方案预报制度，建立企业重大事项公示制度，依法规范和履行企业改制民主程序，切实维护职工合法权益，规范企业经营者选择方式和切实加强对改制方案实施情况监督。全市大多数地区，系统转发了这一《意见》，或根据各自实际，拟定了实施细则。（吴　萌）

【虹口区注重企事业单位转改制过程中的民主管理工作】 虹口区在区属780多家企业所有制转换和3.5万名职工身份转换过程中，切实加强转改制企业的民主管理工作。一是在区委书记办公会议、区委常委会和区政府常务会议上形成共识，形成合力推进的优势，建立和完善职工维权机制。二是强化工会源头参与力度，建立了工会、劳动部门和企业三方沟通协商机制，针对转改制中存在的问题及时地进行协商沟通。三是注重政策法规的实务培训，保证转改制工作的顺利进行。四是坚持依靠职工群众推进企业改制、坚持有利于推进改革、促进稳定的四项基本原则，强化民主程序，要求转改制企业凡涉及劳动合同变更、职工安置分流、解除劳动合同经济补偿等职工安置方案按规定程序提交职代会审议通过。五是加强分类指导。根据出资比例和控股方股东产权性质，分别规范国有控股企业或非公企业推行厂务公开的内容和办法，还可通过公示栏、企业小报、民主恳谈会等形式开展厂务公开，高科技企业则通过企业内部信息网络在网上公开。（杜卫国）

【杨浦区总工会推进区属企业改革改制】 杨浦区总工会围绕区委、区政府提出的企业产权制度改革的目标和任务，会同区纪委、区委组织部、区国资办、区体改办联合下发了有关意见等文件，召开了推进企业改革改制工作现场经验交流会，总结了卫百辛集团在企业改制中坚持职代会审议通过职工安置方案的经验，推出了“企业改制方案两级工会预审制”，进一步规范改制程序，在企业改革改制中维护职工的合法权益。区总工会积极指导可蒙集团、光明针织厂等一批国有、集体企业改制工作，区建设、经委、商业、市容管理局和民防办等系统的工会组织在

企业改制中认真履行民主程序，确保了职工安置方案顺利通过，使企业改制工作平稳推进。（王　洪　张念宏）

【黄浦区总工会全过程参与区属企事业单位的转改制工作】　黄浦区总工会以推进企务公开为主线，将民主管理贯穿于全区企事业单位改制的全过程，主要抓好三个环节：一是改革前抓好健全改制程序环节。区总两名副主席分别参加区企事业改革领导小组工作，从源头上为规范改革程序、保障职工权益。二是改革中抓好及时化解矛盾环节。加强与基层企业行政沟通，推动改革平稳有序进行。及时化解职工上访事件，接待处理的126件信访，办结率达100%。三是改革后继续坚持企务公开。积极开展职工收入情况等专项调研，培育、推广黄浦粮油食品发展公司等一批转制企业坚持与规范厂务公开等典型经验。（吕诚陆）

【黄浦区总工会在企业改革中坚持“两个注重”】　(1)注重源头参与，旗帜鲜明地支持企业改革。积极参与区层面企业改革领导工作，发挥工会桥梁纽带作用；积极参与有关改革政策和方案的制定，发挥工会源头参与作用；参与改革企业劳动关系的协调，引导职工积极投身改革；建立了企业改革预警机制。(2)注重民主程序，旗帜鲜明地维护职工合法权益。区总工会在企业改革中牢牢把握好改革方案制定、实施的规范操作，突出抓好“三个落实”、提供“三个保障”。一是抓好职代会制度的落实，为改革方案的审议通过提供制度保障。二是抓好厂务公开制度的落实，为职工参与改革提供知情保障。三是抓好职工代表培训的落实，为职工有效参与提供能力保障。（贺再励）

【机电工会坚持履行民主程序的刚性规定】　2004年，上海电气进一步加大国企改革工作力度，先后完成了104家国有企业的改革和转制，分流安置职工4.5万人。在参与企业改革转制过程中，机电工会认真落实中共中央办公厅和国务院办公厅《关于在国有企业、集体企业及其控股企业深入实行厂务公开制度的通知》精神和上海市总工会，国资委88号《关于进一步坚持和完善国有企业改制工作民主程序的若干意见》文件，分四期举办了承担企业改革转制艰巨任务的上海电气资产管理公司下属企业400多名工会干部参加“推进改革、落实维权”培训班，从制度上和操作实务上要求和指导基层企业工会在企业改革转制中坚持“两个必须”：企业改革转制方案必须向职代会报告，让职工充分知情；涉及劳动岗位、裁员分流、经济补偿等与职工切身利益事项有关的方案必须提交职代会审议通过。要求各级工会作为职工利益的代表者和维护者始终参与企业改革转制的全过程。将“两个必须”始终贯彻企业改革转制民主程序的全过程。（朱汉民）

【纺织工会严把转改制企业民主程序关】　为贯彻落实中共中央《两办通知》和沪工总民(88)号文的有关规定，配合纺织国资国企改革，纺织工会对实施转改制企业加强民主程序的预案分析和现场指导服务。规定基层工会要提前上报转改制企业民主程序的预案，由纺织工会组织预案审批小组进行审核，审核通过后再实施；在企业实施方案之前，基层工会遇到困难的，由上级工会深入企业与企业党政领导沟通，指导企业工会履行好民主程序；同时，建立上访预案报告，发现有上访情况的，要求工会及时逐级报告，并耐心做好来信来访者工作，协调处理好转改制、停产歇业中职工的热点难点问题。年内，纺织系统有近40家企业顺利实施转改制。（林裕良）

【市医药工会维护改制重组企业职工合法权益】　一是源头参与，维护职工合法权益。医药工会主席以集团转改制领导小组成员身份参加了企业退出、职工分流安置整体方案的制定，在对待职工切身利益问题的讨论中，在整体方案的制定时表明工会态度，并要求纳入到职工的安置方案中。同时安排擅长劳动关系协调的工会干部代表工会方进入集团安置分流工作小组，全过程参与具体工作。二是组织调研，注重在企业改制重组中维护好职工群众合法利益。在调研中收集维护分流职工合法权益的相关法律依据，掌握各企业分流职工的基本经济状况、家庭情况和企业不同群体职工思想状况，以便切实维护好职工的合法利益。三是积极宣传引导。医药工会组织了工会干部专题培训班，对有序退出企业的工会主席进行政策培训，帮助工会干部提高思想认识；加大对职工群众的政策法规和技术技能的培训，提高职工的思想观念和就业能力。（孙明南）

【上海石化工会加强对转改制企业的工作指导】　根据上海石化深化改革的总体要求和具体部署，上海石化工会从加强民主管理、规范民主程序出发，形成并下发了《中国石化上海石油化工股份有限公司关于在主辅分离改制分流中履行民主程序的若干意见》。在改制过程中，加强对涉及改制工作的两级单位工会的指导工作，坚持改制工作必须履行规范的民主程序；同时，重点围绕公司的改革改制和结构调整，充分利用各种行之有效的方式，积极主动地做好职工群众的思想工作。涉及改制工作的各级工会组织必须充分发挥职代会的职能，认真研究有关改革预案和改革方案的审议，协助行政做好方案制订与实施工作，切实维护职工的合法权益，保证改革改制工作稳步实施。（施东亮）

【沪东中华造船集团工会加强职代会建设】　(1)工会组织始终参与改革、改制方案的起草、制定，从维权角度审视把关。(2)以建立机构和健全制度来实行维权。公司工会在总结和调研的基础上，制定了《公司职工代表大会实施意见》、《职代会各民主管理委员会工作规范》等工作制度；指导帮助各基层单位普遍建立了职代会(职工大会)制度并成立了民主管理小组，在外来劳务队中也普遍建立了民管小组。(3)以严格民主程序来实行维权。公司工会坚持规范的职代会民主程序，对企业重大改革举措，坚持在知情的基础上，通过合理化建议弥补方案不足；对涉及职工切身利益方案坚持规范的民主表决程序，充分体现职工的参与权、决定权；对落实职代会决议坚持组织职工代表巡视检查，确保职代会的每一项决定落到实处。此外，公司工会还积极拓展其它民主管理渠道，积极推选职工代表参加公司董事会、监事会、管理委员会等机构，参与高层决策，实行“源头”参与；在取得行政理解支持的基础上，工会代表广泛参与了公司改制、技术改造、招投标、外来劳务工管理等工作会议，了解厂情，参与管理。不少基层工会还建立了行政与职工恳谈会等形式，加强了企业与职工的联系沟通，融洽了干群关系。 （马向东 曹金梁）

【航空发动机制造股份公司工会在企业改制中发挥参与作用】 2004年，在企业实行股份制公司改造和主辅分离改制过程中，公司两级工会充分发挥工会的积极作用，一是支持企业大胆地推进改制，并参与调研、咨询、策划、构思。二是组织工会干部学习文件，了解文件精神，然后宣传发动职工，让职工了解改制的内容，转变观念，关心企业的改制工作，形成合力，有序地推进改制工作。三是探索现代企业制度下职工民主管理的有效途径，履行程序，源头参与，做好协调，积极沟通职工与企业之间的想法和要求，使改制方案既符合国家方针政策，又切合工厂的实际情况，保障职工的利益，确保企业改制工作顺利进行。 （吴玉兰）

【上海电器科学研究所（集团）公司工会在改制中规范民主程序见成效】 该所工会在企业改制的过程中，依照市总工会、市国资委《关于进一步坚持和完善国有企业改制工作民主程序的若干意见》的文件精神，坚持履行维权职能，注重源头参与，规范操作程序，妥善化解各种矛盾，在稳定全局中发挥了积极作用。（1）成立职代会主席团，邀请企业改制领导小组或市国资委就改制文件作解释性说明；对职工宣传改革大局，企业改制精神，统一思想认识。（2）建立预警机制，每天坚持听取部门工会的汇报，开通法律专线，使党政工领导及时了解职工思想动态，防止矛盾激化，稳定了职工队伍。（3）企业改制方案的实施因各种原因曾二次延期，工会在坚持行政向职工说清道理，让职工充分知情的基础上，积极做好职工情绪稳定工作。（4）坚持在改制中帮困送温暖。2004年，各级党政工组织共慰问包括退休职工在内的职工数计210人次，各项费用支出为3.8万余元。为职工办理商业保险647人，理赔人次24人，金额达6万元。由行政全额出资为退休职工办理补充医保，投保率达100%，金额达6.3万余元。（5）坚持和完善职工代表大会制度，所工会多次召开会议，就职代会程序、议程达成一致意见，使企业改制方案在职代会上一次通过，保证了科研生产的有序进行和职工队伍的稳定。 （杨明麒）

【运输工会在企业转改制中规范履行民主程序】 为顺利推进国资国企改革，运输工会针对集团推进纵向收缩国资运行的层级，横向收缩国资管理的跨度、点上收缩国有股权比重的“三个收缩”的国资国企改革，会同集团行政制定了《上海交运（集团）公司关于在国有企业改制过程中规范履行民主程序的实施意见》。“实施意见”从11个方面严格规范国有企业改制的民主程序，重点把好科学的资产评估关、公开的产权交易关、规范的政策和程序关。集团先后建立健全了企业的“三重一大”（重大事项、重要决策、重要人事任免、大额资金使用）决策机制、国资监管的内控机制、资金收支两条线的管理规定、企业财务预算管理规定、厂务公开民主管理规定等，从制度上保证企业转改制工作的依法有序地进行，防止国有资产流失，防止侵犯职工合法权益事情的发生。 （王国平）

【农工商上海电工合金厂在企业改制中坚持维护职工权益】 厂工会在企业改制中，努力维护职工合法权益。一是企业改制方案和职工分流安置方案必须经过向上级预报方案、职工讨论、职代会表决通过、会后公示等程序，维护改革的公平公正；二是在改制过程中，及时向行政反映分流职工的经济补偿，病、老、伤、残职工的安置问题，新近工伤事故职工的生活费收入，有毒有害工种登录等方面的职工想法和意见；三是在改制工作进程中，厂工会在坚持维护职工合法权益的同时，坚决支持改革，维护企业正常的工作秩序，通过积极有效的工作，配合行政加强内部管理，抓好企业的劳动纪律，做好职工思想情绪稳定工作。 （桑树德）

【航道局工会坚持企业改制方案必须提交职代会审议的规定】 上海航道局工会按照国务院办公厅转发国有资产监督管理委员会《关于规范国有企业改制工作的意见》要求，积极参与源头管理，派专人参加企业改制工作机构，坚持企业改制方案必须提交职代会审议的规定，通过制定《航道一处协商解除劳动合同暂行办法》，规范改革民主程序，做到处务公开，信息沟通。航道医院、航标厂等单位工会在保证协解工作规范操作的同时，还根据职工不同的情况，坚持“以情待人、有情操作”的做法，切实维护职工的合法权益。 （刘昌明）

【长江计算机集团工会在推进和支持企业改革中积极发挥作用】 （1）做好职工思想教育工作。集团工会通过认真分析企业发展历史和现状，研究分析职工的心态和诉求，进行针对性的集体沟通，实实在在地为职工释疑答惑。（2）维护职工合法权益。集团工会在改制中努力解决好职工劳动关系变更、劳动合同解除后的经济补偿、分流安置等职工切身利益问题，坚持工作中的主动权，坚持上级工会代表下级工会的参与权。（3）确保履行民主程序。集团工会通过检查和督导基层工会的介入度、骨干队伍的集聚度、改革方案的认可度，以及改革成本的充实度，为企业改革的顺利进行发挥保驾护航的作用。 （朱毅敏）

短信息：

○化学工会与华谊集团就加强转改制企业的民主管理制定下发了《上海化工系统基层企业在调整和转改制过程中走好民主程序的意见》。《意见》就企业职代会的职权、企业转制的有关方案、集体合同条款等问题作了明确规定。 （虞仲义）

保障经济权益

综　述

2004年，上海工会保障工作紧紧围绕市总工会“组织起来，切实维权”的工作方针，以科学发展观指导工会工作实践，有效整合就业帮助、帮困扶助、保险互助、医疗救助、法律援助五大功能，逐步形成了覆盖全市的以市总培训中心、职工保障互助会、公惠医院、市社会帮困基金会和职工救急济难基金会五大实体为支撑，以19个区县援助服务中心为窗口的网络构架。

上海工会先后源头参与了上海市促进就业若干规定、公积金管理办法、小城镇社会保险、工伤保险、生育保险、市民医疗互助帮困计划、医疗综合减负等多项规章制度的制定和修改，市人大组织开展的“失业保险基金与政府促进就业资金筹集、使用、监管研究”、全国政协、市政协开展收入分配和关于外来人员综合管理等调研课题，以及市人大组织的劳动力市场规范和劳动合同执行情况的检查。同时，还围绕职工群众关心的热点难点问题，开展了新时期工会维权体系和职工权益表达机制、外来务工人员劳动经济权益状况、收入分配、企业转改制中存在的问题、家政劳务市场和家教等一系列调研，为重点化解急难矛盾提供决策依据。在“两会”期间，上海工会还就离岗职工的基本社会保障、家属劳保制度改革、医疗费用的合理增长和提高个人所得税起征点等职工反映较为集中的问题，提交了多项提案。

上海工会在参与促进政府就业责任体系方面，充分发挥市总工会培训中心的窗口和基地作用，先后在闸北、静安、嘉定等区总工会及机电工会建立了培训分中心。通过培训分中心建设，力求把产业（行业）和地区的优势有机衔接起来，形成资源共享、功能互补、上下联动、覆盖全市的工会培训网络，实现行业和地区工会就业资源的整合，做大“立足技能培训、依托职介市场、发展劳务公司”的工会品牌。通过“2000名自主创业带头人培育”计划的实施，继续推进具有工会特色的“以创业带动就业、以就业促进创业”新格局的形成。截至年底，上海工会共建再就业创业基金120个，总金额超过2000万元，培训自主创业带头人累计已达10108人。通过启动上海工会“百企千岗进社区”三年行动计划，依托社区工会两级平台，定期开展再就业援助日（周）活动，不断完善上海工会再就业援助工程工作运行机制。2004年在普陀、杨浦、闸北和静安等区共举办7场职场，2932家用工单位进场招聘，参加人数达10.82万人，其中32095人达成就业意向；工会职介完成登记人数22879人，推荐上岗40952人次，录用7361人。截至年底，全市各级工会共帮助近4.7万名下岗失业人员实现再就业。

市总工会副主席谢峰慰问高桥石化公司困难职工

（陈龙亭）

上海工会在全市19个区县建立职工援助服务中心，通过整合工会维权保障资源，体现“一门式、一条龙”的服务精神，为上海工会塑造帮困扶助品牌。通过援助服务中心的建设，进一步推动送温暖工程社会化、制度化和经常化的帮困送温暖的长效机制建设。全市各级工会在继续组织实施元旦春节等节日帮困送温暖活动的同时，还继续开展助学帮困、医疗帮困、定向帮困。据73个区县局和产业工会的统计，2004年全市各级工会帮困基金结存款近6亿元，直接用于帮困救助的资金达1.3亿元，元旦春节期间近32万名特困职工得到了各类帮助。其中助医帮困3297万元、助学帮困3163万元、其他生活困难补助6728万元。上海工会编辑出版了反映工会十年来帮困助学奋斗之路的征文集：《点亮心灯——上海工会十年来帮困助学记述》；各级工会配合各级党政工领导干部与困难职工家庭定向结对1.5万户；倡议发起市级机关所属39个单位151个基层党支部与151名困难家庭子女结对助学活动。已实现困难职工家庭脱贫27023户，其中助学帮困脱贫14674户。此外，上海工会还配合政府做好支内回沪定居人员的工作，化解历史遗留矛盾，维护社会稳定。

上海工会在配合政府完善社会保障体系方面，以上海市职工保障互助会为依托，努力发展工会互助补充保障事业。一方面，在政府部门的支持下，不断巩固、完善和发展在职职工和女职工特种重病、住院和退休职工住院四项职工医疗互助补充保障计划；另一方面，积极建立企业内部的互助医疗基金，有效地缓解了职工就医难的矛盾。至年底互助会已拥有500多万会员(730万人次)。各级工会(企业)共建立医疗救助基金和互助组织1016个，基金近2.1亿元，覆盖职工达84.3万人。全市各级工会(企业)共建立医疗救助基金和互助组织1016个，基金近2.1亿元，参加的职工达84.3万人次，有效地缓解了职工就医难的矛盾。 (王立铭)

再就业

【全总授予上海工会系统15家单位“全国工会促进再就业工作示范单位(示范点)”称号】 5月20日，全总在京召开全国工会促进再就业工作经验交流会。会议授予上海工会系统15家单位“全国工会促进再就业工作示范单位(示范点)”称号。其中，上海市纺织工会以“1+1群再就业模式”、普陀区总工会以“三绿工程建设”、杨浦区总工会以“一条龙帮扶服务行动”分别获得“全国工会促进再就业工作示范单位”称号；市总培训中心、黄工职业培训中心、好事服务技能培训中心等三家单位获得“全国工会职业培训示范点单位”称号；市机电工会、轻工工会和闸北区总工会等三家职业介绍所获得“全国工会职业介绍示范点”称号；上海兰浪劳动保护用品有限公司、上海常帮雷鑫清洁服务社等两家单位获得“全国工会再就业基地示范点”称号；宝钢集团公司以“再就业带头人创业基金会”、长宁区总工会以“小额借款计划”获得“全国工会小额借款项目示范点”称号；上海大谷食品有限公司、安帮耀清洗服务社等两家单位获得“全国工会下岗职工自主创业或集体创业示范点”称号。 (陈 晖)

【长宁区设立再就业创业基金】 长宁区总工会再就业创业基金初始资金由长宁区总工会、上海荣欣家庭装潢有限公司共同出资。2004年，长宁区总工会又追加投入50万元，包括街道、企业集团在内的6个资助单位出资额为10—20万元人民币不等，出资时间为三年，到期归还本金。作为长宁区总工会“再就业工程”的一部分，基金着重对下岗职工或由下岗职工组建的非正规就业组织、小企业的生产自救、再就业项目进行扶持。基金使用的基本形式及项目主要包括：(1)“创业”贷款贴息：主要是对已取得银行贷款的项目给予贴息支持，每个项目一般控制在10万元以内的贷款、一年以内的利息贴息。(2)“创业”借款：基金提供无息借款，每一创业项目借款金额，一般在1-2万元人民币以内，最高不超过5万元，借款期限不超过两年并由工会担保。(3)一次性资助：主要是为家庭经济条件较为困难的创业者、创业项目较有发展前景，且能吸纳较多下岗职工(10人以上)的，给予0.5~1万元人民币的一次性资助。为了加强基金的管理，基金设立创业基金理事会，理事由出资方7人组成，理事长由区总工会分管副主席担任；理事会负责制定、修改创业基金章程，审批基金使用项目。长宁区总工会社会保障部为基金日常工作机构，并按基金的章程、程序开展日常工作。基金成立以来已经有近百名长宁区下岗失业人员得到帮助。 (赵永康)

【北新泾街道工会建立社区就业服务体系】 北新泾街道工会针对街道弱势群体的现状，积极落实由街道党工委领导、办事处负责建立政府促进就业责任体系的各项措施，积极参与和努力促进“政府出资提供岗位，劳动服务部门具体实施，工会协助开展工作，社区单位共同参与”的社区就业服务体系的形成。北新泾街道工会一方面拓展思路开辟岗位，先后通过社会关系互助就业、利用社会信息帮助推荐就业、鼓励自找门路积极就业、引进企业安排就业、开展清岗腾岗帮助就业等形式，共开发、介绍、职业指导上岗的人数达500多人。另一方面，为“4050”就业困难人员提供就业托底保障，帮助群众实现就业解困。工会根据他们年龄大、文化低、无技能专长的特点提出了具体的就业援助措施：由街道出资给予托底保障，由街道工会开展就业培训、技能培训，劳动服务部门发现一个，认定一个，安置一个，保障一个。其中，社区新建立的卫生保洁服务队，有85%的就业人员来自4050中享受低保的家庭。 (朱明英)

【闸北工会启动“百企千岗进社区”行动计划】 4月10日，为探索新形势下工会促进就业工作的新思路，帮助沉淀在社区的就业困难人员顺利实现再就业，闸北区总工会，利用全市工会系统23家职介机构和5个劳务公司的网络优势，在北站社区启动了全市首个

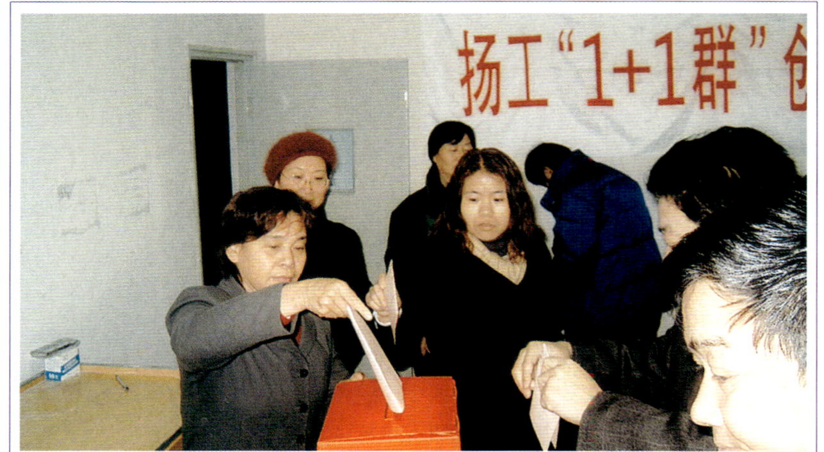

杨浦区总工会注重创业带头人的培育和发展工作

（施雪娣）

"百企千岗进社区——2004 闸北工会再就业援助日活动"援助专场，共组织108家用工单位，推出1500个低端就业岗位，达成就业意向1196名。作为"百企千岗进社区"行动计划的组成部分。4月27日，闸北区总工会还建立了全市工会首个集培训、职介、劳务为一体的上海市总工会培训中心闸北分中心，年底又组建了上海和谐劳务有限公司。先后会同彭浦新村、宝山街道、市总好事服务中心等深入有关社区举办再就业援助日活动3次，组织用工单位76家，共达成就业意向850名；同时，还组织各类培训13期，有660人参加，其中有180余名重新上岗。通过就业援助和技能培训，闸北区总工会全年共帮助1172名下岗失业人员实现再就业，为实现社区就业困难人员就业和社会稳定发挥了作用。（徐梅生）

【杨浦区总工会走市场化发展的职介培训道路】 杨浦区总工会筹备组建了"杨工劳动服务公司"，有效地促进了职业介绍业务的发展。依托区劳动局联合举办了"春季劳务招聘和项目推荐洽谈展示会"，积极支持社区分别举行6场小型劳务招聘会。区、社区两级工会共为1678名下岗失业人员推介了岗位，比去年增长了52%。与此同时，杨浦区总工会还在坚持以"4050"下岗人员为培训主体的基础上，探索向"2030"失业人员、外来媳妇拓展。按照社会需求开展职业培训，使培训就业率达到60%以上。区总工会举办6期择业观教育、择业素质培训班，参加人数1053名，开办8期职业技能和创业培训班，共组织了11个社区（镇）的1280余名下岗、失业女职工参加，为284名下岗女职工实现了再就业。同时，为186名下岗失业人员和98名外来媳妇提供了各类技能培训，使52%以上的外来媳妇找到了适合自己的工作岗位。（江欲红）

【黄浦区总工会依托社区举办新春就业援助招聘咨询专场】 为了办好就业援助招聘咨询专场办这一实事工程，3月1日黄浦区总工会与半淞园街道联合举办了新春就业援助招聘咨询专场。50家用工单位设摊，提供1000个职业岗位。还设立了劳动法规政策咨询及创业者手艺和绝活技能风采展示台，为困难求职人员提供优质服务。还特别开设了外来媳妇技能培训班与提供外来媳妇就业岗位窗口，加之专场坚持免费提供职业介绍、择业指导服务，有580人达成了用工与录用意向。（吕诚陆）

【南汇区总工会树立女职工创业典型】 2004年，南汇区总工会先后表彰了南汇心悦家政服务社王亚青、上海雪狐制衣有限公司赵琳、康桥家政服务社秦秀芳等10名自主创业女性，授予这10家单位为"南汇女职工创业示范点"，并通过编制宣传画册，广泛进行宣传，区总工会还设立女职工创业援助基金，发挥女性创业指导后援团的智慧和力量，为创业女性提供各类服务。（周慧学）

【冠生园集团工会实施多层次再就业工程】 冠生园集团工会把实施再就业工程作为重点工作来抓，不避不推，尽心尽力为职工寻找新的岗位。2004年共实现900多名职工重新上岗。在实际工作中，集团工会一方面积极走向市场，寻找岗位，主动参加市总工会、轻工工会和有关部门职介中心的信息网络组织，保持联系，收集各类就业信息1268条，有针对性地推荐了179人次到需要用工的单位。另一方面，通过集团内部企业互通有无，搞好职业中介，了解精简人员和用工单位情况，做到心中有数，合理调配。已有40余名职工通过这种形式重新上岗。此外，集团工会还利用"冠生园"著名品牌，扶持下岗人员自主创业。一些确有特长和高素质的职工坚持自主创业，发挥"1+1群"的创业倍增效应，先后通过自主创业，组建了7家民营公司，吸纳下岗职工200多名。（王杏芝）

【纺织再就业明星承诺帮助姐妹重新上岗】 国庆节前夕，纺织工会召开了"同是纺织人，相携创新业"的主题座谈会，进一步发动业内外纺织再就业明星帮助职工再就业。现任上海航空公司乘务长的吴尔愉、上海兴华宾馆总经理蒋莎、上海台乡园酒家经理许跃萍以及上海织带厂厂长戴行军、上海绿藤实业发展公司总经理陈萍等业外的纺织再就业明星、业内的"1+1群"再就业带头人20余人参加座谈会。与会者达成三项承诺：（1）尽心尽力，为纺织姐妹就业做一件实事。利用自己的优势直接吸纳纺织下岗职工就业，或者提供就业的有效信息以及提供他们需要的服务。（2）做大做强，为下岗职工创造一个岗位。一定要自立自强，稳步发展，两年内至少再多创造一个岗位，再多安置一位纺织职工，再多让一个家庭的生活得到改善。（3）相扶相携，为创业者提供一份支持。大家要联合起来把个体的优势变为整体优势，把一个人的力量集结成团队的力量,把每个人的智慧、信息以及可以利用的资源发挥到最佳,形成一个优秀的创业团队,实现以创业带动就业的目标。（王慎微）

【纺织工会职介所主动为转制企业提供3000条就业信息】 为了使信息资源在配合转制企业安置职工时发挥作用,纺织工会沪东、沪西职业介绍所主动与转制企业联系,了解企业需求,帮助出谋划策。2004年有一批职工需要分流安置但缺少渠道,职介所的同志四处联系,广泛收集用工信息,为这些企业提供了数百个工作岗位。特别是针对新一棉职工对离开企业的心理准备不足,对重新就业的定位不准,造成就业重重困难的情况,职介工作小组的同志又到现场面对面地帮助职工转变观念,调整心态并传授应聘面试的技巧,使面试的201个职工中,72名职工成功找到新的岗位,为新一棉平稳过渡,人员分流提供了大力支持。（王慎微）

【纺织工会再就业工作获国务院、全国总工会表彰】 2004年,上海市纺织工会被全国总工会授予"全国工会再就业工作示范单位"称号;纺织工会扶持的"1+1群"带头人企业——兰浪劳防用品厂被授予"全国工会再就业示范点"称号。同年,在国务院召开的全国就业再就业工作表彰会上,王水官主席获得"全国再就业先进工作者"荣誉。纺织工会10年来累计为下岗职工介绍就业达12余万人次,其中实现再就业6万人次。10年中,纺织工会先后投资30万元建立再就业培训基地,出资110万元开设家政服务、美容美发、计算机、财务上岗等27个培训项目,免费对1.2万余名下岗职工进行技能培训,使其中65%左右的职工获得一张以上合格证书。纺织工会还首创了"1+1群"再就业模式,扶持80位创业带头人,安置3000多名职工。（王慎微）

【宝钢集团公司工会职介所开业初见成效】 2004年初,宝钢集团公司工会成立职介所,体制上纳入市总的职介体系,并成为市总职介所的分所。职介所开办以来着力组建基层的职介员网络,聘请一批专兼职职介员,使整个职介工作在集团内部上下联动,形成合力,并主动向其他行业工会优秀职介所学习取经,走访用工单位,努力建立长期业务关系。根据职工的需求,职介所服务对象进一步扩大,除了为职工本人职介,还为职工家属和职工子女职介,同时面向社会服务。2004年推荐面试800多人次,求职登记500多人次,职介成功251人。组织举办职工"外来妹"家属技能培训班,有100多人参加,培训后上岗40多人。（蒋晓农）

【国际港务集团工会建立职工转岗再就业培训基金】 2004年港务集团工会筹措100万资金,建立了职工转岗再就业培训基金。基金明确:凡需转岗的职工,经本人提出申请,所在单位批准,并征得集团公司职介所认可,培训后实现了再就业的,所需培训费的个人自理部分,由培训基金给予资助。该培训基金推出初期,已有部分转岗职工获得培训资助,并走上了再就业的岗位。（夏健根）

【三航兴安基公司工会为待岗职工构建"三送"平台】 2004年,三航兴安基公司工会在推进企业改革改制过程中,针对企业富余人员多的突出矛盾,通过构建"三送"平台,即:送上岗机会,送岗位技能,送培训机会,确保了职工队伍稳定,减轻了企业的改革压力。其主要做法为:一是注意掌握困难职工情况的全面性。工会对100多个待岗职工的基本情况逐一进行分析,包括每个人的家庭情况、年龄、岗位技能、学历状况、目前处境等,并汇编成册。二是突出解决待岗职工具体困难的针对性。对年龄偏大,技能较差,家庭困难且强烈要求上岗的职工,一方面加强思想教育,促进待岗职工适应形势,转变观念,放下包袱,珍惜岗位;另一方面积极与人力资源部和各项目部联系,介绍推荐待岗职工,为他们送去上岗机会;对一些专业不对口,年纪较轻,有一定文化程度且失去岗位的人员,安排师傅带、帮、教,并签定协议,送去了岗位技能;对机械设备报废后下岗的生活困难的修理工,根据他们熟悉机械原理的特点,加紧安排好桩机、吊机工种的培训,为他们送去了培训机会。通过"三送"途径,工会共推荐安排待岗职工重新上岗28人,有208名职工参加了岗位技能培训,确保了企业改革、发展、稳定的局面。（唐钧达）

帮困送温暖

【上海工会深入开展2004年元旦、春节送温暖活动】 2004年元旦,市总工会主席陈豪、副主席吴申耀、张兴淮、汪兰洁、杜仁伟、谢峰,秘书长侯其彬等分别带队,组成九个慰问组,深入到约40个区、县、局(产业),上门慰问部

虹口区总工会举办大型创业与就业推介活动

（吴良荣）

分困难职工、劳模和工会干部，各区县局（产业）工会及基层工会也积极筹集资金，会同同级党政领导走访慰问困难职工家庭。据统计，2004 年上海各级工会通过自筹资金、政府（行政）拨款、社会捐助等多种形式，累计筹集到送温暖慰问款达 8000 万元，安排走访慰问近 32 万户特困职工、劳动模范、离退休职工和伤病残职工家庭。春节前夕，近 6 万名困难职工和下岗失业人员都收着一本通过工会送来的由市总工会保障工作部编辑的《促进就业与创业实务指南》和市新闻出版局工会牵头编辑的《上海职工劳动保障权益手册（2003 年）》。作为工会送政策的一个举措。此外，市总工会动员全市广大职工，继续开展“捐一日工资，献一份爱心”的“一日捐”活动。

（曹国芬）

【市总工会编辑出版《点亮心灯——上海工会十年帮困助学活动记述》】 1 月，《点亮心灯——上海工会十年帮困助学活动记述》出版。该书由市人大常委会副主任、市总工会主席陈豪作序，市总工会副主席谢峰主编。《点亮心灯》一书针对当前子女就学和教育这一困难职工家庭所面临的问题，经过上海各级工会 10 年如一日地努力，为他们架设一座走出困境、走向希望桥梁，通过受助学生们讲述自身感受的独特视角，围绕着工会助学帮困工作的思考、探索和实践，集中展示 10 年来工会助学帮困工作的开展情况和从事帮困助学工作者的奉献精神，同时为工会帮困助学的受助学生们提供了一个舞台，展示他们身上奋发刻苦、自强不息的精神，和一种坚忍不拔，刻苦学习，用知识和爱的力量改变命运、超越自我、奉献社会的追求。

（陈　晖）

【华阳街道工会“五大机制”编织职工保护网】 华阳街道工会在抓组建的同时，用履行工会维权职能和其他各项社会职能相结合的做法，推出“五大机制”的运作，切实维护职工的权益。（1）联谊机制。社区不少进城务工人员的业余生活比较枯燥，有的甚至很颓废，针对这一现象，工会推出联谊机制，定时举行联谊活动、谈心活动、读书活动，用公民道德观和健康向上的活动来帮助进城务工者树立正确的生活观。（2）必访机制。社区工会要求工会干部做到劳资纠纷出现必访、职工之间有矛盾必访、婚姻生活出现裂痕必访、生活特困必访、大病重病必访的“五必访”。（3）投保机制。华阳社区工会动员新建企业职工，尤其是进城务工人员参加工会补充医疗保障，以防不测。（4）救急机制。华阳社区工会针对职工生活困难，突发疾病等情况设立救急机制。（5）培训机制。华阳街道工会根据企业职工的知识状况、企业需求，制订培训计划。

（刘武军）

【闸北区工会全方位开展帮困救助工作】 2004 年，闸北区各级工会共慰问救助职工 8713 名，慰问金达 245 万元。对生活困难职工及其子女提供帮困助学金达 69 万元。为支内、支疆等人员发放季度、节日补助共 44666 人次，总金额达 595 万元，同时为 3176 人次提供困难补助、医疗救助金为 83 万元。区总工会会同政府有关部门做好 6300 余名支内等人员参加市民社区医疗互助帮困计划的工作；协助政府做好特殊困难群众医疗突出矛盾工作，共处理 7 起特殊矛盾，动用化解经费 2.5 万元。闸北区职工互助服务中心共接待 342 人次来访，涉及帮困救助、法律援助、女工权益等；为 12.5 万余人次职工（包括退休职工）办理市总工会组织的各项保障计划，参保金额达 1096 万元；为 3 万人次职工（包括退休职工）办理给付手续，给付金额为 1600 万元。全区各级退管会配合政府做好对困难退休职工的帮困慰问工作：在街道中，通过“社企联手”，对 210 位孤老、患重病、一老养一老等困难退休职工进行帮困；月末走访 800 户特困退休家庭帮困，帮困金为 12.7 万元；通过“夏送清凉”活动，为 5876 名困难退休职工送上价值 30 万元的物品。

（糜玉树）

【虹口区发挥职工援助服务中心作用开展帮困送温暖活动】 区总工会和各街道（镇）工会充分发挥职工援助服务中心和分中心的作用，为职工提供建档立卡、信访接待、政策咨询、就业援助、法律援助、帮困救助、互助保障和外来务工人员维权等“一站式”服务。职工援助服务中心深入社区，为职工开展职业介绍、政策咨询、法律援助等服务工作。各级工会组织开展了“走访万家困难职工送温暖活动”，采取资金帮困、发放实物、临时帮困卡和医疗帮困卡、助学帮困等多种形式开展帮困工作，为 1.8 万人次在职职工和 2.3 万人次退休职工发放了 443 万元帮困金，为 3.6 万人次支内职工发放补助金 774 万元。区总工会坚持每年召开困难企业工会主席会议，并走访慰问困难劳模、困难工会主席，同时把帮困和调研、宣传活动结合起来，通过活动摸清困难职工的情况，及时更

宝山区总工会组织庆“六一”爱心助学结对仪式

（窦恺芳）

新困难职工信息档案。继续做好职工医疗保障计划及理赔工作，分别为1941名在职职工和9509名退休职工送去了172万元和673万元理赔金。

（李 琪）

【杨浦工会形成“1+3”职工援助联动体系】 2004年，杨浦区总工会率先在全市建立了“一门式”服务的职工援助中心后通过整合社区工会资源，建立起以区总工会职工援助中心为总领，各社区（镇）职工援助分中心下设的职保理赔站、就业服务站、法律援助站等“三站”为主要抓手的“1+3”联动帮扶体系，并从机构设置、主要职能、规章制度等方面进行了规范，推出了公开援助对象、公开援助程序、公开监督方式等“三公开”制度，完善了评估考核体系、工作台帐和“职工援助热线”，加大了对援助人员的专业化培训力度。区总工会把每年的4月27日和9月27日定为“杨浦职工援助服务日”。今年“杨浦职工援助服务日”的主题定为“关爱进城务工者，保障医疗健康权”和“落实职工最低工资保障权”。区总工会联合上海市华都医院向进城务工者发放了3万张享受优惠减免服务的“爱心医疗保障卡”，并开展大型咨询服务活动，参加职工近1.5万人次。

（王 洪 张念宏）

【杨浦区打造工会促进再就业、帮困送温暖新品牌】 2004年，杨浦区各级工会组织充分发挥职能优势和网络特点，积极拓展渠道，初步形成了工会品牌服务网络。在促进再就业方面，杨浦工会继续深化“1+1群”创业者联谊会组织机构、运行模式和服务机制建设，扶持和帮助更多的创业带头人拓展事业；成立了杨工劳动服务有限公司，进一步拓展了工会服务功能和领域，全年累计推介1678名下岗失业人员走上了工作岗位。在帮困救助方面，杨浦工会完善工会帮困信息网络，加大了两级工会特困职工家庭档案信息数据库的互动和维护，探索定期帮扶和节日帮扶相结合的有效途径，不断提高帮困送温暖的针对性和有效性；完善职工互助补充保障网络体系，积极开展了多种形式的工会互助互济医疗保障活动，探索推进非公企业职工医疗互助保障工作。联手区机关党工委、区民政局举办杨浦工会劳模讲师团报告会，开展了公务员牵手困难职工活动，为200名特困职工和学生送健康送知识，受到了职工群众的赞誉。高温期间，工会组织下重大工程基地、困难企业、高温作业企业慰问送清凉，金额达1.5万元。全区各级工会共慰问劳模、帮困救助职工1.33万人次，金额为265.33万元；助学帮困687人，金额为49.13万元。此外，杨浦职工“一日捐”活动参加者有6.75万人次，总金额为196.9万元。

（王 洪 张念宏）

【黄浦区实施《机关工会联合会帮困基金管理使用办法》】 12月，黄浦区《机关工会联合会帮困基金管理使用办法》正式实施。该《办法》旨在切实帮助有特殊困难的干部、职工解决燃眉之急，倡导互助共济的良好风尚，增强机关的凝聚力、亲和力。《办法》规定援助的范围是：凡干部职工本人患重、大病，动大手术、意外事故致残致重伤、严重影响本人正常生活的；本人患病，一年中支付医疗费的自费部分超过2万元的；本人因公殉职、因病亡故及意外事故身亡的；本人因见义勇为（须经有关部门确认）等造成人身、财产重大损害的；干部职工配偶或大学（含大学）以下的在校子女因患重、大病，动大手术、意外事故致残（含先天性残疾）致重伤等，一年中支付医疗费的自费部分超过3万元的；干部职工家庭有形生活资料（不含钱币、首饰、有价证券、古玩字画、机动车辆、工艺收藏品）因天灾人祸受到5万元以上重大损失（须经合法评估机构评估）的；本人发生其他重大利害损失、影响其家庭经济来源或正常生活的；不定期对社区生活在保障线以下的困难家庭帮困。《办法》还明确该基金管理措施有：成立由机关工会联合会常委、经审委员组成的基金管理使用审核小组，负责审核确定援助对象与援助数额；在工会帐户中专款专用，独立核算，使用情况接受工会经审会与上级工会经审会督查；基金积累采取滚动使用的办法等。

（吕诚陆）

【金外滩（集团）发展有限公司工会主动开展“双层次”帮困】 2004年，黄浦区总工会指导上海金外滩集团（发展）有限公司工会，积极主动开展了“双层次”帮困。第一个层次，集团党政工负责人带队，工会干部分5路上门帮困，慰问集团内患有重病的职工及职工家属，以及集团内下岗或失业职工直属亲属。第二个层次，集团党政工负责人带队，工会干部开展社会系列帮困慰问。2004年初，所属上海宏泰房地产有限公司党支部和工会向该集团全体职工发出倡议，倡议发扬艰苦奋斗、勤俭节约的优良传统和作风，并迅速获得了全体职工的响应。集团取消各个企业的大型职工年夜饭活动，节省下来的钱款开展社区帮困与助学。他们主动与区有关单位取得联系，将9个街道的80户困难孤寡老人和家境贫寒的适龄儿童定为捐助对象。

（应 蔚 吕诚陆）

【黄浦区总工会动员公务员开展长期助学帮困】 2004年，有53个黄浦区级党政部门的2000名公务员参加长期帮困助学，他们分别与60名贫困学生结成对子。受助学生在小学、初中、高中三个阶段均获得助学帮困，直到毕业。2004年的帮困助学学生中，考上重点大学与高中的达19人；学习成绩普遍得到了提高；许多受助学生在联系册上表达了发自肺腑的感谢；区绿化局、老干部局公务员还收到了学生家长的感谢信。

（吕诚陆 季玉圻）

【黄浦区总工会标、本兼治缓解职工经济困难】 一是以完善帮困制度为抓手，推动帮困行动的深化。“阳光爱心月”、“真情暖人心”的帮困，工会干部上门访贫问苦等各类帮困活动全面开展，“一日捐”献爱心发动面达到842家单位，募集资金达485万元；有帮困基金42个；全区各级工会助医2424人次，总金额达153万元；助学1982人次，总金额达85万元；助困9079人次，总金额达204万元（其中区总工会帮困1269人次，42万元）。二是以纵横联手援助就业为根本，从健康、参保、培训、政策、法律、就业、创业多方位设法解决职工经济困难。其中组织了困难企业工会干部免费体检;加大了参保计划推进力度,以"三个一点"办法使困难企业协保职工参保;开办创业培训班;组织"创业在黄浦"展示,宣传优惠政策;运作职工援助与进城务工人员权益保障服务中心;举办就业招聘专场;举行创业者座谈会等等。 (吕诚陆)

【黄浦区总工会深化为职工办实事工程】 经各级党政领导支持和全区工会组织的努力,2004 年初提出的八件实事已全面完成:(1)推荐 1000 名下岗职工再就业,现完成 1757 人;(2)为 1000 名下岗职工和创业者提供以提高创业能力和就业能力为主的培训,现完成 2367 人次;(3)对 1000 名困难职工子女开展助学帮困,现完成 1982 人次;(4)为 3000 名困难职工提供一份"1+1"补充保险,继续组织职工和退休职工参加市职保会的五个保障计划。现完成"1+1"补充保险 3000 人,213383 人次在职职工、135799 名退休职工参加了市总各类互助保障计划。投保金额:在职 1662 万元,退休 1013 万元,获互助保障金 1790 万元;(5)扩大劳模援助基金,完善对 80 岁以上、月收入低于 800 元的老劳模和有特殊困难的劳模结对帮困,落实区政府专项拨款年 45 万元,120 名劳模月收入提高到 1055 元,对 28 名 80 岁以上的体弱多病的老劳模进行了定向帮困;(6)筹建外来进城务工人员权益保障服务站,已于当年 3 月挂牌成立职工援助、进城务工人员援助、职工法律援助三位一体的服务中心;(7)丰富"三高"人员精神生活,举办"三高"人员体育邀请赛,已组织了乒乓、羽毛球、桥牌三项比赛,参赛人数达 300 多名;(8)组织 300 名困难企业工会干部体检,实际完成 310 名。 (吕诚陆)

【静安区工业局工会在转制过程中建立健全帮困机制】 静安区工业局是全区帮困对象较为集中的系统,2004 年撤销了行政性公司后,集中托管了关闭歇业企业 88 户,抚养残疾、重病职工 670 余人,协保职工 4000 多人。为帮助困难职工,工业局重新调整建立了局、各工作机构、企业三级帮困救助工作网络。确立了凡正在生产经营的企业帮困救助以企业为主,凡已关闭歇业企业的帮困救助工作由工作机构为主,凡职工大病重病、突发困难救助由局为主的工作模式。坚持"有情操作,困难职工定向帮困、形式多样开展助学帮困、特殊困难职工多渠道帮困"的工作格局。局工会在帮困金的筹措上,一是敢于、善于、参与党委、行政的工作决策,为帮困活动争取经费;二是争取在行政逐月划拨托养、托管资金机会,争取多帮助一些有具体困难的职工,加大帮困力度;三是工会从源头参与企业改革,特别是参与职工安置方案的制定操作工作,从源头上帮助困难职工。 (傅凤翔)

【静安区总工会心系困难职工 情暖千家万户】 春节前夕,静安区各级工会广泛开展了帮困送温暖工作。组织开展"一日捐"活动,募得捐款 86 万余元,为职工帮困奠定了扎实的物质基础。区总工会的全体工作人员分别走访了数十家特困职工家庭,在送上帮困金的同时还送上《上海职工劳动保障权益手册》,让他们了解政策,保障权益。工业局工会"抓帮困资金落实到位,抓帮困对象应帮尽帮",静安寺街道工会"帮困治标,就业治本",南京西路街道工会"帮一人、暖一家、奉献我真情"等做法得到了推广。诚信拍卖行举行义拍,筹措款项全部捐赠给职工帮困基金。 (陈继烈)

【闵行区七宝镇工会实施"零距离接触"帮困新模式】 闵行区七宝镇工会先后组织发动全镇 220 名干部,与全镇 262 户最困难最需要帮助的职工家庭结成对子,实施"零距离接触"的帮困模式。具体内容和要求是:结对干部要当好困难职工的第一知情人,第一责任人,第一帮助人,资助困难职工家庭的钱、物,全部由干部本人承担,不得动用公款公物,每年到困难职工家庭慰问不少于 3 次。在帮困过程中要做到"三不"和"四平"。"三不":一是不惊动左邻右舍;二是不安排记者随访;三是不要匆匆来,匆匆去,送了钱物就走人。"四平":一是平易近人,要求所有结对干部去对口困难职工家庭时,能步行则步行去,路比较远的需要乘小车的,不要把小车停在职工家门口;二是平稳帮助,资助的钱物要掌握一个适当的"度",细水长流,不要过多过少;三是平等谈心,同他们聊聊家常,让他们多一份理解和慰藉;四是平和相处,资助者与受助者不存在什么施恩与受恩的关系,不要给人一种居高临下、恩赐施舍的感觉,要以一个帮困志愿者的身份与人相处。"零距离接触",拓展了帮困形式,实施一年来,取得较好的效果,也成为干部联系群众,了解民情的一个有效的载体。 (叶民强)

【松江区总工会形成帮困送温暖工作机制】 松江区帮困送温暖工作机制主要包括:(1)形成帮困金捐赠机制。

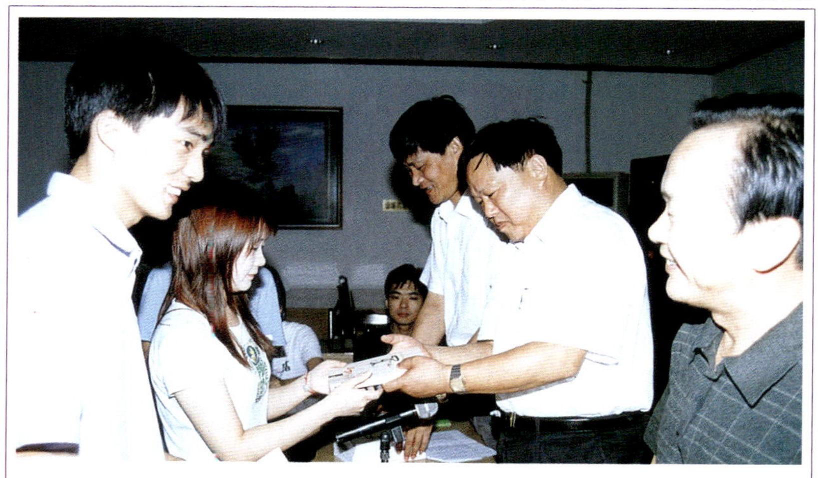

松江区总工会开展"一对一"助学帮困,为困难职工子女赠书捐款 (莫永涛)

年内开展的"一日捐"献爱心活动中，全区69976人次的干部职工和企业共捐款131.56万元，为开展送温暖扩大了帮困基金；(2)形成大病帮困送温暖工作机制。每年通过动态调查，采用"三定"互帮形式，为困难劳模和困难职工解困，形成上下联动的工作机制。为45名困难劳模、258名特困职工、433名纳入"三定帮困"的职工家庭，共送去慰问款68.6万元。各系统工会与党政领导一起，为5660人次的困难职工家庭送去慰问金283万元；(3)形成区总机关干部助学帮困机制。以"一对一"结对形式，开展助学帮困，已使157名困难职工家庭解困。在"千名公务员帮困活动"中，落实一人或一人以上困难家庭帮困计划，定期或不定期地为困难家庭送去帮困金或慰问品；(4)形成再就业帮困工作机制。为协助政府实施"万人就业计划"，年内多次召开再就业工作座谈会，对改制企业职工就业情况进行专题调查。同时，有针对性地采取技能培训、职业介绍、目标考核等办法，使2125名下岗职工实现再就业。（莫永涛）

【青浦区总工会为困难职工做好事、办实事、解难事】 2004年全区各级工会帮困职工人数达到6849人次，帮困金额534万元；举办各类再就业培训班51期，培训下岗、失业职工和农村富余劳动力3551人；工会通过结对帮扶、中介服务，建立再就业基地等形式，帮助2731名下岗职工(主要是"4050"人员)实现了再就业。为了提高职工医疗保障水平，缓解职工就医矛盾，工会广泛实施四项互助医疗保障计划，到2004年底，全区有6.42万名职工参加了四项互助医疗保障计划，全年给付职工人数3551人，给付金额165.4万元。（程天爵）

【南汇区总工会助学帮困形式多样】 南汇区工会在开展帮困送温暖的活动中，重视关心未成年人的健康成长，为使助学帮困活动在形式和内容上有新的突破。2004年，结合"让人民高兴，让党放心"活动，区总机关全体党员、干部与16个困难职工家庭成绩优秀的学生，开展了"一对一"助学帮困结对活动，在经济上进行支助，从精神上给予抚慰；与上海石油天然气有限公司工会、团委联手开展"大手牵小手"慈善助学活动，南汇一中11位困难职工家庭的学生作为第一批助学对象，定期开展赠送书籍，发放助学帮困款，组织参观学习，让受助学生汇报学习情况等活动；免费组织全区43位学生"嘉兴南湖一日游"活动，通过参观、游览，让同学们开阔视野，增长知识，了解党的历史，增强勤奋学习、回报社会的信念。（朱　雁）

【南汇区水务局工会健全扶贫帮困长效机制】 南汇区水务局工会健全扶贫帮困长效机制，努力做到把党和政府的温暖送到急、难、愁的困难职工家庭心坎里。2004年在元旦春节帮困送温暖的基础上，通过调查排摸，从中筛选确立了一批需要长期帮困扶贫的对象：市社会帮困基金会帮困对象1名，市职工救急济难基金会助学帮困对象1名，2004年市待业职工救济急难定期帮困对象1名；区工会系统困难补助对象10名，区困难职工定期帮困生活救济对象6名。此外，还确定了不同情况随时进行访贫慰问的困难职工对象16名，确保真正做到对下岗待业、急病重病和子女读书而造成的困难职工家庭"雪中送炭"。（纪　敏）

【崇明县总工会致力于建立特困职工帮扶长效机制】 崇明县总工会在继续认真抓好各种节日帮困、助残帮困、重病帮困、单亲女职工帮困等各种送温暖工作的同时，2004年致力于建立特困职工帮扶工作的长效机制。县总工会在作了大量调查研究的基础上，确定了50名家庭经济有特殊困难而在学校品学兼优的特困职工子女实施了以"托起明天的太阳"为主题的助学结对帮困活动，跨行业、跨系统确定结对帮扶单位，县总工会分别与有关委、局、乡、镇和直属工会负责人签订结对帮困协议书，要求给予这些特困职工子女一段时期的定额补助，补助标准统一定为初中生每学年1600元，高中生每学年2000元，以帮助他们完成阶段性学业。在经济上补助的同时，还要求在思想上、学习上予以关心，使他们健康地成长。对当年被录取大专或大学本科的特困职工家庭子女，县总也分别给予了800元或1000元的升学补助费。（陈进修）

【市机电工会整合资源成立职工服务中心】 市机电工会成立了集职业培训、职业中介、帮困救助、互助保障、职工疗休养等为一体的职工服务中心。按照"不让一个困难职工生活过不去，不让一个特困子女上不起学，加大帮困力度"的工作要求，年内接待来访职工4915名，接洽求职登记2593名，推荐职介1722名，成功1025名；出资154.5万元对122个困难企业实施帮困；出资55.38万元对1536名特困职工实施救助；出资54.73万元对454名特困职工子女实施助学帮困，为电气集团总公司改革发展稳定起到"稳压器"的作用。（张宝霞）

【仪电工会完善保障机制强化帮困工作】 仪电工会不断推进完善发展中的保障工作，形成良性机制。工会定期把社会保障金缴纳情况和职工保障互助会计划完成情况向控股公司通报，取得重视和支持。通过调查掌握困难群体情况，主动与有关方面联系，疏通帮困救助渠道，落实救助措施。开展各种帮困救助活动，据统计全系统帮困2万余人次，慰问金额421.63万元；疏通社会救助渠道2499人次，获得社会帮困金347.13万元。春节期间全系统帮困慰问7137人次，慰问总金额164.65万元。"一日捐"活动8117人次参加，捐款金额达18.62万元。积极开展各种保障和互助活动。据统计，仪电系统参加在职住院保障计划46465人次；意外及养老保障计划12223人次；特种重病保障计划11083人次，女职工特种重病保障计划2365人次。（陶丽娟）

【化学工会推进帮困工作的经常化、制度化和规范化建设】 2004年，化工系统工会帮困送温暖工作做到经常化、规范化，切实维护职工合法权益，"为党政分忧，替职工解难"，为华谊新一轮发展创造良好的外部环境。全年，化学工会和化工职工救急济难基金会拨出70.26万元作为帮困专用资金，共对900人(次)特困职工实施慰问救助。华谊上下共筹集帮困款451.83万元，有16286人(次)的困难职工得到不同程度的帮困。此外，全年共为困难职工争取到市总工会、职工保障互助会、国资委等各类帮困款(包括医帮卡、物等)合计19.31万元。与此同时，各级工会还坚持开展"一日捐"活动，全系统共有33427名职工参加"一日捐"活动，捐款总额达到71.67万元。年内，化学工会进一步加大了助学帮困的力度，助学人数从50名扩大到200名，助学金额从4万余元扩大到近13万元。各级工会也把帮困工作的重点放到助学帮困上来，据统计，全系统各级工会助学帮困达1706人次，总金额达到55.65万元。化学工会在全行业组织开展了以"托起明日的太阳"为主旨的"爱心助我成长"征文活动，共收到79篇征文稿件，其中部分作品在《上海华谊》报开设专版，并在评比的基础上编辑出版了《托起希望的太阳》一书。（王有福）

嘉定区总工会召开"千名结对帮困，千名就业帮困"工作推进会

（陆保芳）

【上海吴泾公司工会帮困工作健全制度求实效】 上海吴泾化工有限公司针对生活保障工作的实际，要求各级工会及工会干部，必须做到"两个四"，一是"四个清"：即家庭地址清、家庭成员清、经济收入清、困难情况清。二是完善"四项制度"：即帮困基金筹措制度。通过行政拨一点，三产助一点，个人捐一点"三个一点"的方法，积极筹措资金，增大公司帮困基金的"蓄水量"。并在工会设立"窗口"，公司班子成员每周定期轮流"坐堂"，倾听职工困难反映，做到来访有记录、处理有结果。基金设立后按照用好基金增值部分的原则，制定了帮困基金使用办法，主要用于职工丧失劳动能力、本人或家庭主要成员患大病以及天灾人祸等原因造成生活困难的对象。同时对职工化疗、住院等增加了临时补助，并在节日期间走访慰问，送上企业的关怀和温暖。工会通过与行政的集体协商，把参加市总职工保障互助会的团体安康、住院、特种重病保障计划写进公司集体合同，从制度上保证了职工参保计划。公司行政接受了工会方的建议，为职工一次性付清了三年的住院、特种重病保障费用。（虞仲义）

【轻工工会属地化后维权工作"三不变"】 2004年轻工工会在"市区联手，抓大放小"改革中，一手抓工会组织属地化管理，一手做好维权工作，坚持维权"三不变"，确保改革顺利进行。一是在接受单位落实前，年初承诺不变。为职工办理保险、技能培训、职业介绍按计划实施，继续开展帮困送温暖活动，落实帮困资金，做到帮困力度不减少，服务热情不降低。二是组织关系移交时，维权责任不变。完整移交放小企业工会组织关系状况和会员、劳模人数及帮困对象等资料，适时改选，配齐工会班子，主动与区总工会联系，互通情况，现场办公，解决问题，使维权责任同步到位。三是隶属关系改变后，维权机制不变。在协商劳动关系，签订集体合同中继续发挥轻工外商投资企业工会联合会的作用。

（袁盛德）

【轻工工会保障工作做到"三突出"】 2004年，上海轻工工会十分重视和切实维护职工的切身利益，在开展保障工作中坚持做到"三突出"，取得了实效。一是帮困工作突出"救助"。认真做好重大节日帮困送温暖和定向帮困、助学活动，各级领导共家访慰问3687户困难家庭，救助3000名特困职工，为189名困难职工子女助学，共发放帮困金达200余万元。二是就业工作突出"援助"。加强技能培训，开展适应低层次、大年龄，针对性强的培训项目；加强职业介绍，重点做好下岗失业人员推荐工作。全年为970名下岗职工提供职业介绍，为370名下岗职工解决了再就业岗位。三是医疗补充保障工作突出"覆盖"。积极组织广大职工(退休职工)参加各项医疗补充保障，其中在职职工和退休职工住院保障参保率分别达92%、95%；女职工重大疾病参保率达100%。（王瑞芬）

【纺织工会帮困送温暖八条措施见实效】 针对纺织贫困职工就医难、就业难、就学难的突出矛盾，2004年上海市纺织工会深化帮困送温暖8条措施，积极主动做好对困难职工的关心工作。一是深入开展"手拉手、心连心"领导干部与贫困职工结对帮困活动，从集团公司领导到各级党政工干部都有自己的帮困对象；二是积极推进职工互助保障计划的落实，努力做到互助保障计划全覆盖，有效地缓解了职工因病致贫的医疗风险；三是积极开展送政策、解愁苦活动，把帮困工作与完善"低保"制度有机结合起来。纺织300户特困家庭中先后有171户享受到政策帮扶；四是千方百计做好就业扶贫工作，充分发挥工会职介所作用，提前介入企业改革，仅去年就为职工免费职介3700多人次；五是广泛开展"大手牵小手"助学活动，设立专项助学帮困基金，不让一个贫困学子因付不起学费而辍学；六是积极推进企业

内部职工互助保险,纺织行业正常生产的企业,采取了从企业税前列支部分提一点、企业工会贴一点、职工自愿掏一点的办法建立了企业内部医疗补充基金;七是为1000名困难女职工提供免费体检,并进行跟踪医疗服务,提供医疗补贴;八是开展"一日捐"活动,充实帮困资金来源,保证了帮困工作的顺利进展。（俞进艺）

【医药工会探索多种帮困救助形式】 2004年市医药工会在分析困难职工贫困状况的基础上,推出结对帮困、助医帮困、助学帮困、特殊帮困、定向帮困、就业帮困等多种帮困救助形式。一是在各级基层单位推出领导干部结对帮困,采取平时关心、定期家访等形式关心困难职工,通过结对帮困,给70对特困职工发放救急救难帮困金8.4万元。二是对因患病陷入困境的困难职工实行助医帮困,利用医药零售商店的优势,工会发放医疗帮困券30万元,给困难职工优惠购药,全年助医帮困1000人次。三是针对重组企业分流中的困难职工进行排摸,进行特殊帮困119人次。四是对困难职工家庭学习成绩优良的子女,医药工会启动"爱心·期望"助学帮困工程,对困难职工家庭助学111人次,发放助学帮困金5.6万元。五是在就业帮困中市医药工会出资举办了3期保安员和药品初级购销员上岗培训班,全年共举办再就业培训班10次,帮助职工上岗脱贫。同时市医药工会编印了帮困救助宣传资料《蓝天下的至爱》,对所属基层单位宣传医药工会帮困救助的意义和成果,还对15家企业女职工参加市总工会保障计划增加了资助金额。（孙明南）

【高桥石化公司工会以创新精神进行助学帮困】 2004年高桥石化公司工会在对困难职工家庭进行情况调查后,针对部分困难职工子女就学难的问题,决定在职工帮困基金中新设立一项助学帮困金,并提出了"帮一个孩子读书,圆一个家庭梦想"的口号。8月份,公司工会出台了"上海高桥石油化工公司助学帮困实施暂行办法",规定有5种特殊困难的公司职工家庭可享受资助,包括月平均收入低于635元/人的丧偶单亲家庭、因工伤丧失劳动能力的困难职工家庭、因患有重病或绝症使医药费超支造成生活困难的职工家庭、领取上海市民政低保补助的困难职工家庭、因天灾人祸在某一时期难以支付子女学杂费的职工家庭等。9月1日开学前,全公司共有23名职工子女高高兴兴地拿到了一笔开学资助金,他们中的大多数都是品学兼优,刚考入重点大学、重点高中的学生。对这些困难职工子女,帮困基金会将每学年资助一次,直至他们完成学业。（严　英）

【高桥石化公司工会叫响"有困难找工会"口号】 为保证加氢裂化等五套新装置投料开工一次成功,高桥石化公司工会组织进行了"确保新建装置开车投产一次成功"立功竞赛,并且充分发挥工会服务功能,在全公司范围内叫响了"有困难找工会"的口号。公司工会逐一摸清参加五套装置开工人员的家庭情况,掌握需帮助对象,千方百计为他们解决后顾之忧。工会开通"娘家热线",提供服务达67次;各级工会家访慰问了160多名职工,送上慰问品折合人民币3.6万余元。各基层工会纷纷落实措施为参与开工的干部职工解决困难,其中炼油事业部建立了开工新装置职工信息档案库,建立起事业部、车间、班组三级服务管理网络;化工事业部专门制订了为新装置开工服务的"有困难找工会"活动办法,并公布事业部工会主席及有关工作人员的个人手机号码、办公室电话号码等。各级工会尽力提供优质的生活保障服务,为开工人员解决吃、住、行的实际问题,从而保证了高桥石化五套新装置开工圆满成功。（严　英）

【石化工会大力实施送温暖工程】 2004年元旦、春节期间,上海石化工会根据各单位上报的困难职工材料,分别按困难情况和程度排队分类,共有282户职工家庭被列为公司级的特困户,分别按困难情况和程度送上600－1000元的慰问金和每户200多元的慰问品,共发放慰问金和慰问品达30万元。国庆期间,又对269户特困职工家庭,分别给予了400－1200元的慰问金,共发放了慰问金16.86万元。公司党政班子成员分别探望了27户家住石化、市区和郊县的特困职工家庭,公司下属27个单位的163名两级单位领导干部、1182名各级领导干部纷纷行动,分别前往长病在家、患病住院和经济困难的职工家中帮助解决实际困难,共对3052名职工家庭进行了探望和慰问。在关心困难职工的同时,还对130名劳模进行了慰问。（施东亮）

【石化工会开展困难职工情况和帮困工作现状调研】 为了提高工会帮困送温暖工作的针对性和实效性,上海石化工会成立了"公司困难职工和帮困工作现状调查"课题组,并于2004年4月至7月,对公司特困职工和两级单位困难职工的家庭人口、经济收入、致困原因、困难程度和各单位的帮困基金情况进行了全面调研,了解掌握了各单位帮困措施、范围、对象、补助标准等。在调研的基础上,制定了《公司特困职工帮困办法》,修订了《公司帮困基金实施细则》。（施东亮）

【鲁矿集团工会全力当好第一知情人、第一责任人、第一帮助人】 2004年,鲁矿集团工会全力当好困难职工的第一知情人、第一责任人、第一帮助人。(1)当好第一知情人。集团工会全面了解困难职工的构成、分布及生活状况,深入分析造成职工困难的原因,健全了困难职工档案,为有针对性地加强帮扶工作奠定了基础。对《送温暖工程意见》和《帮困基金使用管理办法》进行了修订,完善了三级帮困网络。(2)当好第一责任人。一是做好源头维护,鲁中工会全过程参与涉及职工切身利益规章制度的制定,代表职工积极提出维权意见。二是落实职代会职权,对涉及职工切身利益的重大事项和生活福利方面的问题,坚持提交职代会无记名投票表决,鲁矿集团十届七次职代会审查通过了《主辅分离辅业改制总体方案基本内容》、《关于建立企业补充医疗保险的意见》。三是抓好集体合同的履行,会同人力资源部对《工会法》及集体合同的贯彻执行情况进行了检查,对违反合同规定、侵害职工利益的现象及时进行了纠正。(3)当好第一帮助人。开展了帮困“一日捐”活动,包括行政拨款和工会经费出资,筹集帮困基金97.6万元。积极开展“送温暖”活动,全年走访慰问特困职工92人次,发放帮困基金8.21万元;集团公司领导看望住院职工23人次,各两级单位走访慰问困难职工539人次,发放慰问金(品)9.29万元。继续实行特困证制度,为41户特困家庭办理了特困证,对持证职工,在其子女上学、有线电视收费、物业管理收费及房屋租赁等方面,分别予以减免,极大地缓解了职工的生活压力。 (王 辉)

烟草工会赴云南文山烟叶基地慰问外派员工

(郭熙金)

【烟草印刷厂工会为职工办好六件实事】 烟草印刷厂工会始终把为职工办好事、做实事放在工会的首要位置。(1)围绕企业和职工的要求,先后举办了“劳动法”、“安全生产法”、“妇女权益保障法”、“婚姻法”四个专场的法律咨询服务活动,为职工释疑解答问题25起;(2)配合工厂整体搬迁,开展了“员工在我心中”系列采访报道活动,编辑员工风采集,宣传好人好事,激励和鼓舞员工争做可爱的上烟人;(3)针对搬迁所引发的职工上下班交通不便的问题,对班车停靠点的合理布局一事展开了专项调查,得到员工的拥护;(4)建立职工动态信息网络,工会每月定期征集,及时与党政沟通,发挥好桥梁纽带作用。(5)认真落实职工的意见建议,全年工会妥善解决职工利益诉求30项。(6)举办“同在蓝天下、相约新烟印”活动,丰富了青年员工的社交生活。 (吴国屏)

【烟草工会用爱心温暖外派员工】 上海烟草(集团)公司烟叶部是为卷烟生产提供原料的部门,有40多名员工常年在全国15个省市34个地区的烟叶产地工作。为从思想、生活上关心这些员工,烟草工会2004年派出慰问小组赴全国山东等10余个烟叶基地,看望并了解外派员工远离亲人、长期在外地艰苦工作的情况。每年高温季节前夕,工会专门组织人员到外派员工家里,逐个上门看望慰问家属,帮助解决生活中发生的困难;春节前夕还专门举行外派员工及家属参加的迎春联谊会,为外派员工提供与在沪员工相互学习交流的机会。 (郭熙金)

【中海集团工会为困难职工子女架起“希望的桥梁”】 8月,中海集团工会举办了中海上海地区2004年秋季帮困助学活动,有120名特困职工子女参加了这项活动。工会为每位参加活动的受助学生发一笔助学金,送一份礼物,看一场电影《邓小平1928》。中海工会重视困难职工子女的就学问题,集团工会提出的“决不让一个困难职工子女辍学”已成为各级工会的自觉行动。如中海工业公司职工困难面较大,今年筹资37.56万元,为1088名困难职工子女进行了助学帮困。上海地区今年筹资49.09万元,资助的困难职工子女达1392名。 (陆洪新)

【国际港务集团工会组织优势企业开展结对助学活动】 2004年港务集团工会在前几年开展市文明班组、党团组织和部门个人与困难职工子女结对助学帮困活动的基础上,又积极倡导部分经济效益好的基层优势企业组织开展与特困职工子女结对助学活动,通过这一活动来体现优势企业“发展自身,回报社会”的企业精神。集团下属的联合船代公司率先响应,他们节省部分公司成立10周年的庆典费用,专款用于结对助学活动,与集团工会推荐的10名品学兼优的困难职工家庭的子女结成了对子,并签订了结对助学协议。这些受助者全部是当年考入普通高等院校的在校大学生,每年每位受助者将获得5000元助学金的帮助,直至完成大学学业为止。除了在资金上帮助外,联合船代公司还将在一年两季的假期,为这10名受助者提供实习锻炼的机会,让他们增加社会知识,在各方面能尽快成熟起来,并欢迎他们在毕业后加入公司职工的行列。 (夏健根)

【运输工会大力开展为职工办实事工作】 运输工会把为职工办实事、做好事、解难事作为增强工会组织活力的重要举措,积极搭建工作平台和抓手,在工作方法上突出“四个抓”。一是抓组织机制,首先全面布置,要求各级工会建立办实事的工作制度,其次在普遍开展办实事工作一个阶段后及时进行总结,制订了为职工办实事的《暂行办法》,要求各级工会每年编制实事工作的具体项目,落实责任人和资金,并建立公示、检查等制度,形成实事工作规范化、制度化。二是抓实事立项,各级工会按照职工所需、企业所能、工会所为,通过深入班组、问卷调查、专题座谈会等途径,征集实事项目。三是抓中途评估,职工代表巡查组每半年对实事项目开展评估,重点落在促进企业稳定发展、改革成果让职工受益和关心困难职工等三个方面,同时听取责任部门专题汇报,防止“短斤缺两”。有的单位还组织职工代表进行书面打分,作为职代会重要议程,有效促进实事项目按时“竣工”。四是抓年终考核，工会干部和职工代表组成验收组，对全年实事项目开展年度考核，对不满意的限期整改。有的单位还将验收结果与领导干部年薪考核挂钩。一年来，全系统各级工会坚持不懈为职工办好事、办实事共计167件，得到职工群众的普遍欢迎和支持。（陈敢敏）

【邮政工会完善帮困救助工作体系和长效机制】 上海邮政高度重视和关心困难职工，建立了帮困救助“第一责任人”制度和局、基层两级帮困的工作体系以及长效工作机制。现邮政工会有40个基层单位建立了帮困基金会，37个基层工会建立了困难职工档案，制定了切实可行的帮困办法，做到了“制度完善、内容具体、对象明确、操作规范、专人管理、专款专用”，保证了组织、制度、基金“三落实”和日常帮困、定期帮困、专项帮困、动态帮困、互助帮困有机的结合。据统计：2004年全局有474名各级领导干部走访慰问困难职工1174名，日常帮困救助和定期帮困救助累计发放172.5万元左右，救助困难职工达4950人次。组织开展了“帮困送温暖”和“献爱心”活动，全局共有23183名职工参加捐款，总金额达67.03万元。（顾奇良）

【电信工会全面做好助学帮困活动】 上海市电信工会动员各级工会拓展助学渠道，进一步加大助学帮困力度。7月26日，上海电信公司帮困基金会发出通知，在2004年秋季新学年前，开展“关爱学子”助学帮困活动，助学帮困标准最高达5000元。8月27日，电信公司召开“真情关注、爱心助学”座谈会，41名员工子女得到了数额不等的助学款。同时，各基层单位也纷纷行动起来，向困难员工家庭考上重点高中和全日制大学的子女送上一份助学补贴。上海电信长途通信部还专门制定了《低岗员工子女考入全日制大学助学补贴暂行办法》，由长途通信部工会帮困基金会出资6万元，对该部2004年度考入全日制高等院校的退养、低于生产10岗或管理5岗的员工子女给予一次性助学补贴，为低岗员工的求学子女送上一份关爱。帮困助学活动还延伸到了革命老区和贫困山区。6月21－25日，由公司工会、老干部处、市场部艺术团组成的上海电信慰问团前往江西遂川草林镇“上海电信希望小学”慰问，并送上公司工会和部分电信老干部个人捐资共5万元助学金，这笔资金将为近200名贫困家庭子女提供学费。（朱东亚）

【三航厦门分公司工会开展“金秋助学”活动】 三航厦门分公司工会在切实履行工会维护的基本职能中，通过积极开展“金秋助学”活动，努力为困难职工办实事、做好事，真心实意地为困难职工排忧解难。其具体做法为：一是建立“金秋助学”专用基金；二是在每年的中、高考结束后，企业两级工会组织就对所有参加中、高考的困难职工子女进行全面的调查摸底，及时将当年职工子女中、高考情况上报该工会，以避免已考上大、中专院校的困难职工子女因交不起学费而无法圆升学梦；三是根据基层工会上报的困难职工、特别是单亲和有特殊困难的职工子女的入学情况和困难程度进行认真研究，然后确定助学对象。在两级工会组织的关怀下，今年的助学捐赠大会共为8名困难职工子女提供了5600元的救助款及电话卡、旅行箱等实物的就学帮助。（唐钧达）

【三航南京分公司工会把送温暖工程建成维权工程、纽带工程和稳定工程】 三航南京分公司工会本着“知职工情，进职工门，解职工难，暖职工心”的思想，牢固树立“群众利益无小事”的观念，把送温暖工程作为一项维权工程、纽带工程和稳定工程来抓，帮助困难职工解除他们的后顾之忧。主要做法包括：一是坚持工会干部联系困难职工制度，两级工会主席对自己所辖的困难职工情况了如指掌，结对帮助，经常关心他们的工作和生活，使得困难职工虽然经济上遭受了困难，但却能时常得到组织的关心和温暖，形成上下联动，分级实施的格局。二是建立困难职工档案，两级工会都建立了困难职工动态档案，真正发挥工会“知情人、责任人”的作用，每年的重大节日来临之前，两级工会都会做好困难职工的慰问工作和帮困助学活动。三是建立帮困基金和医疗互助保障基金，把有限的费用用在刀口上。年内，共有166人次得到帮困补助4万元，有137人次的患病职工得到了7.8万元的补助。多层次的保障机制，为困难职工编制了抵御风险的安全网。四是拓展困难形式，在物质救助的基础上，向精神帮困发展，通过送亲情、送文化、送岗位等形式，给困难职工家庭以精神救助，帮助他们树立解困信心。（唐钧达）

【中远集运工会认真做好元旦、春节期间的慰问工作】 中远集运工会将因职工及家属患大病重病或需长期治疗的慢性病，个人负担医疗费较重影响

中远集装箱运输有限公司开展真情互动献爱心活动
（钱　华）

家庭基本生活的特困职工家庭等五类对象列为2004年元旦、春节帮困送温暖的重点对象，并通过调查摸底，建立了特困职工档案，实施动态管理。期间，有12名局级干部、90名处级干部、158名科以下干部共慰问1456户，其中：慰问特困职工72户，慰问困难职工1126户，慰问离退休困难人员258户；慰问救助总金额为75.17万元。

（钱　华）

【中远集运工会开展帮困结对“多助一”助学活动】 为切实解决特困职工子女读书难问题，中远集运工会开展了帮困结对“多助一”助学活动。公司总部各机关、船舶管理公司机关、上海中货、计算机中心、远实房产公司等部门（单位）与公司33名特困家庭的孩子结成了“多助一”帮困助学对子。为确保助学活动的长期性和有效性，工会组织召开了中远集运帮困结对“多助一”助学见面会（签字仪式），签订了《中远集运帮困助学“多助一”工作协议书》，发放了学期助学金（小学300元、初中500元、高中1000元）。这些资助部门（单位）采用家访、与受助人谈话、书信联系等形式，勉励受助学生努力学习，争取优异成绩，受助学生则以勤勉刻苦、自强不息的精神，实践着他们对资助人和工会干部的庄严承诺。（钱　华）

【市建设工会实现帮扶工作制度化、规范化】 2004年上海市市建设工会以“为党和政府分忧、为困难职工解难、为推进构建和谐社会作贡献”的高度责任感，在大力帮扶的过程中切实维护职工权益，发挥了工会组织“不可替代”的作用。在委领导率先垂范和大力支持下，全系统的帮扶工作基本形成制度化、规范化，做到了组织落实，责任到位；资金落实，帮扶到位；形式多样，覆盖到位，有效地维护了企业的改革、发展和稳定的大局。现建设交通系统已建档立卡的困难职工人数约2万人，实际每年需要帮困人员约8万人。全系统每年用于各类帮困资金达2000多万元。其中工会定向帮困数近3000户，定向助学帮困数8000多户，定向帮困金额达到300多万元。工会医疗帮困人数为8000多户，医疗帮困金额（不含公惠医院卡）达到700多万元（以上数字都是动态变化的）。其中向困难企业发放帮困金350万元，同时还要求企业行政以1配3的资金作为企业帮困专项资金，暂时缓解了困难企业帮困金不足的困难。（汪建然）

【建工工会召开助学结对座谈会】 座谈会以“托起明天的希望”为题。总公司总经理徐征向受助学生和结对处室颁发《助学结对联系册》，总公司党委副书记范忠伟勉励受助学生勤奋学习、争取更大进步。会议由总公司工会主席肖长松主持。总公司纪委书记、直属党委书记郭雪林宣读《2004年集团本部处室助学结对名单》，总公司副总经理倪豪、总会计师刘国林向受助学生发放助学金。会上，机施公司职工子女金晶等4名受助学生代表汇报在校学习情况，并决心以优异的学习成绩回报企业和社会的关爱；组织人教处副处长丁苑华代表结对处室表示要加强与受助学生的联系，更多地关心受助学生的学习和生活；总公司工会副主席胡健芳汇报集团各单位2004年爱心助学工作的主要目标。这次由各单位推荐的22名困难职工子女都是品学兼优的高中生或大学生，集团总公司将按每位高中生每学期800元、每位大学生每学期1500元的标准向他们提供助学金。据统计，一年来全集团结对助学共1435人，发放助学金57.4万元。（缪云明）

【市房地局工会积极开展“奖优帮困、关爱学生”活动】 上海市房地资源局工会坚持以人为本，发扬互相关爱的精神，采用发放助学金、与困难学生结对子等多种形式开展帮困助学活动。截至年底，局工会已累计发放各类助学金近10万元，已有多名接受资助的学生大学毕业，走上了工作岗位。为了进一步在行业内形成帮困助学的良好氛围，构建行业青年相互交流的桥梁，促进在校学生德、智、体全面发展，让明天更多、更优秀的人才投身到蓬勃发展的房地产行业中来，2004年，市房地资源局工会在系统内积极开展“奖优帮困、关爱学生”主题活动。通过采取动员局机关公务员、局属事业单位和各区县房地局的干部职工捐款、单位资助、争取局行政拨款等多种方式，共募集资金50余万元，设立了“奖优帮困爱心基金”。“奖优帮困爱心基金”将定向用于资助上海房地产行业教育中心（上海大学房地产学院）在校的困难学生，奖励优秀学员。

（饶　斌）

【海洋石油局工会帮困送温暖活动建立全面的长效工作机制】 海洋石油局工会始终如一的将帮困送温暖工作作为工会关心职工、凝聚职工向心力而贯穿全年的一项主要工作来抓，并将此列入基层工会年度考核的重要指标，以此带动和推进帮困送温暖工作在2004年全面、长效的开展。即无论是在职职工生活发生困难，还是退休

机场工会实施“蓝天爱心计划”，组织职工清点捐款箱的钱款

（江　旭　汤惠东）

职工需要帮助;无论是在本地,还是远在他乡,工会组织会都在第一时间上门慰问,并根据实情,拿出具体的解决办法帮助他们摆脱困境,工会组织会同有关部门及党政领导,北上南下,慰问在海上、陆地作业的一线职工,走访和慰问困难职工家庭。（耿卫军）

【糖业烟酒集团工会尽“第一责任人”之责】 集团工会根据市总统一部署,精心组织以“捐一日工资,献一份爱心”为主题的“一日捐”活动,通过各级工会的努力,在各级党、政领导和广大职工的支持下,2004年“一日捐”共计收到捐款9万余元。同时,集团工会进一步健全了基础工作,及时地调整困难职工档案,继续抓好系统内各单位的两类保障投复保工作。共计为困难职工提供帮困金17余万元,受惠职工560余人次。（梅凯年）

【新闻出版工会多层次拓宽帮困救助渠道】 2004年,上海市新闻出版工会进一步发挥退休职工重病互助、退休劳模资助计划和帮困基金作用,直接用于慰问退休劳模帮扶金4.1万元,健康体检费2.76万元。在帮困助学方面,帮困助学总金额30.04万元,共资助320人次,其中助学款11.85万元;“六一”期间,工会还与市总工会女工部联手,举行了“好书(好刊)伴我成长——向全市困难女职工子女赠书”活动,并为困难职工子女订阅47份《文汇报》,价值1.3万多元。在医疗救助方面,工会先后向特困职工发放价值2万元的40张公惠医院医疗帮困卡。组织部分困难单位258名女职工进行免费妇科检查。此外,年内共有52家基层单位参加“一日捐”活动,捐款金额14.99万元。（陈宏华）

【农工商集团扶贫帮困形成长效机制】 上海农工商集团各级工会把实施帮困送温暖、关心特困群体作为工会维权的一项长效工作,并自始至终得到了各级党政领导的高度重视和大力支持。2004年在会同基层工会开展专题调研、建立困难职工档案、实施动态管理的基础上,扶贫帮困力度得到了进一步加大,使帮困送温暖活动形成了“节日慰问、重点救助、助学帮困、助医扶贫、就业援助”的新格局。据统计,集团系统全年共慰问救助患大病重病、因子女读书负担重、待岗协保人员等各类困难职工17496人次,慰问总金额458.66万元,均比上一年有较大幅度的增加。其中,各级行政拨款259.613万元,工会系统拨款66.84万元。组织干部职工开展“一日捐”活动。此外,集团系统450个党支部结对帮困了450户困难家庭。集团工会还积极向市总工会帮困基金会、市慈善基金会、市职工互助保障会、市退管会等有关部门,争取到了各类定向、助学、临时帮困资金,新春万户救助金等52.165万元,共救助各类困难职工2531人次;发放帮困医疗卡203张。积极推进社会保障工作,像海博股份和农房集团工会还参加了门急诊保险、意外保险、社会补充医疗保险等,使职工有了更多的保障。（桑树德）

【良友集团淘大食品公司爱心捐助希望小学】 年初,淘大公司工会向全体员工发出“爱心捐助民生希望小学”(宝山区)倡议书,要求员工把保存完好的书刊、杂志、运动器具器材、文具用品、学习书簿捐赠给希望小学。广大员工积极响应。据统计,有155名员工共捐赠物品1953件(包括书刊杂志237件;文具学习用品1445件;教学运动用品、黑板、教科书207件;乒乓板、篮球、羽毛球拍34件;口琴、笛子、呼啦圈、游戏机等30件),向社区希望小学的儿童传递了一份真诚的爱。（周黎琼）

【市民政局工会探索救助新模式加大帮困力度】 2004年市民政局工会针对市属福利企业特困残疾职工多的现状,积极加大帮困工作力度,多管齐下,做好困难职工帮困救助工作。元旦、春节期间广泛开展帮困送温暖活动,各级工会干部深入特困职工家庭走访慰问,精心组织“一日捐”活动。据统计,全局各单位走访慰问困难职工2600多户,4500名职工踊跃参加“一日捐”活动,募集资金15.6万元。市民政局工会累计向160人次大病、重病职工实施医疗救助,为170余人次职工发放医疗帮困卡,下拨所属基层工会帮困金41.2万元。春、秋两季,广泛开展助学帮困活动,为650户困难职工子女送上助学款,计拨助学金15万元。市民政局工会还突破传统帮困模式,在有关部门支持下,积极为残疾职工子女就业牵线搭桥,推荐残疾职工子女进入福利中心所属单位工作,深得职工群众好评。（刘益平）

【公惠医院为困难职工提供医疗帮困】 公惠医院在深化医院管理模式和运作机制探索创新的基础上,继续为困难群体提供实物医疗帮困。医院全年共筹资发放了6000张医疗帮困卡,价值300万元。全年门诊帮困17505人次,帮困金额213.21万元;住院帮困60人次,帮困金额3.21万元。“五一”前夕,医院推出了住院补贴新举措,对住院特困病人予以补贴,全年共补贴了235人,补贴金额31.17万元;“十一”期间,医院又为静安区进城务工人员设立了价值5万元的助医帮困卡和医药箱,并开设了医疗咨询热线,为建设上海的进城务工人员提供了医疗服务。医院还免费为10218名困难企业女职工进行妇科体检,并对约20%患有各类妇科疾病的职工进行后续治疗,5名特困劳模实施了白内障超声乳化手术。此外,医院还开设了低廉收费的专家门诊,全年共诊治3492人次。（张利平）

短信息:

○黄浦区总工会于4月成立区职工援助服务中心,每周三接待。（杨小珍）

○新闻出版工会帮困(助学)基金总额已达550万元,其中直接用于资助的款项总额达到29万余元,受益总人数6820多人次,1420人次的困难职工子女获得资助,总计金额48.8万元,直接受助学生也从一开始的29人上升到2004年的320人。（陈宏华）

○6月1日,市总工会女职工委员会、上海新闻出版工会和

少儿出版社联合举办“好书（好刊）伴我成长”的庆“六一”向单亲、困难女职工子女赠书活动。（徐梅瑾）

○上海市房地资源局工会2004年慰问困难职工35人次，金额22800元，为困难大重病职工19人落实帮困款13500元，2人次落实助学帮困款2000元，动员职工“一日捐”58056元。（饶　斌）

○1月17日，上海市体育局系统召开职工帮困基金会理事会。（乐俊平）

○3月31日，上海市足球管理中心举行了“情系足球，爱心奉献”慈善募捐活动。市足球界许多组织和运动员、教练员踊跃捐款，共筹集30多万元善款，用于关心和资助为上海足球作出贡献的人员。（乐俊平）

○1月15日，上海中海仓储公司工会开展“一日捐”活动，百余名职工共捐款2万余元，17人次困难职工受助。（张德伟）

互助保障

【市总工会推进区县职工援助服务中心建设】 年初，市总工会在总结2003年服务中心建设探索试点的基础上，下发了《上海市总工会关于加快建立上海工会系统职工援助服务中心的意见》，先后在杨浦区、浦东新区召开职工援助服务中心建设现场观摩推进会和工作研讨促进会，对上海工会职工援助服务中心建设工作予以指导推动。截至4月30日，在市总工会的指导要求下，全市19个区县总工会共斥资近900万元，全部成立职工援助服务中心。至此，一个由市、区（县）两级工会共同组成的维权功能定位最为系统、最为完善的大保障平台初步形成。作为上海工会维权体系建设的重要载体，各区县总工会注重结合区（县）情，依托会情，关注民情，力求体现便捷周到的“一门式、一条龙”的帮困服务理念，在注重资源功能上的整合开发，最大限度地满足全市各类困难群体包括外来务工人员法律援助、政策咨询、职业培训、职业中介、互助保障、帮困救助等方面的特殊需求，基本实现了资源整合、强调服务、塑造品牌的预定目标。（陈　晖）

【徐汇区职工互助保障工作形成长效运行机制】 徐汇区总工会加强软硬件建设，规范运作，形成长效运行机制，积极推进落实职工互助保障工作。主要包括：一是突出工作重点。针对当前职工队伍变化的新趋势，及时调整工作思路，一方面确保国有企事业单位职工参保，一方面以组织、帮助进城务工人员参加工会保障计划为重点，加大宣传力度，推行女职工特种重病和意外险，提高覆盖面，切实减轻进城务工人员的医疗负担。二是推进医疗制度改革。协助做好支内、支疆退休回沪人员纳入上海市专项医保工作，开展调查摸底、政策宣传和组织动员，确保区域内近9000名支内、支疆人员顺利转入专项医保待遇。三是加强制度建设。区总工会制定实施了《社区工会职工互助保障服务点考核意见》和一系列操作意见，实行理赔员末位淘汰制，努力提高工作质量和服务水平。并与帮困工作相结合，形成长效工作机制，除区总工会提供一定金额的补贴外，以“几个一点”的办法为困难职工落实参保金。四是优化窗口环境。区总工会投资近百万元建设徐汇区职工援助服务中心，为职工群众办理手续提供更为舒适、便捷的服务。并为每个社区服务点配备电脑、打印机等设备，实现联动服务。定期组织理赔员进行业务培训，提高工作效率。（虞　蔚）

【长宁区教育工会构建教工医疗互助保障体系】 长宁区教育工会，在充分发挥上海现有医保政策和措施的基础上，逐步建立起了长宁区教育系统医疗互助保障体系。体系包括：确保所有教职工都参加上海市职工保障互助会的特种重病团体互助医疗保障计划和在职职工住院补充医疗互助保障计划；尽可能动员教职工参加市教育工会与平安保险公司开办的教师团体补充住院医疗保险和补充门诊医疗保险；设立市和区两级教育工会重大疾病援助金；各基层单位通过教代会制定了“单位医疗补助费”对教职工医疗自付费用较大的补助办法。医疗互助体系建立后，教职工因病就医时，自付段可由平安教师团体险得到一定补偿；进入共付段后，住院的自付部分能从住院险和平安教师团体险中得到一定补偿，门诊自付部分较大时能从学校的单位医疗补助费中得到补偿；教职工一旦患重大疾病，能从重大病险中得到帮助，如果自付费用数额很大，还能得到市或区教育工会援助金的资助。由于教育系统的医疗互助保障体系涵盖了教职工在就医过程中的各付费段、各种就医形式，从而在一定程度

市总工会“意外伤残”专家鉴定委员会正式成立

（周红燕）

上化解了教职工患病所带来的风险。
（叶云晓）

【黄浦教育系统退休职工连续四年参加市总保障计划】 黄浦区教育退管会与教育工会组织1.2万名退休教工积极参保，连续四年实现100%的参保率。具体做法是：一是开展现代人健康意识、平安保险意识教育，使广大退休教工看到退休教工队伍迅速老龄化与健康水平下降两大趋势，认识到参保是为社会稳定、家庭安宁和老人自身幸福多了一份保证。二是抓好参保过程中的宣传工作。强调作为曾经是教育人的退休老人，提倡树立“今天无病我帮人，来日有病人帮我”精神，继承中华美德，批评“吃亏论”与“沾便宜论”。并强调帮困救助要形成多层次体系。宣传在黄浦教育系统退休教工有帮困机制和两级帮困体系基础上，再融入社会帮困体系，加入社会帮困大循环。同时收集典型事例，用事实来说明参保的贫病教工受益情况等。三是积极落实参保资金。这是参保的保证。黄浦区教育退管会与教育工会一贯指导思想和做法是：其他开支节约一点，也要保证参保资金及时到位。他们采取教育局里财政拨一点，基层学校的社利费中开支一点，退休老师自己也拿一点的方法。（朱金萍）

【黄浦区大都市总公司工会构筑三条防线解决职工看病难】 黄浦区大都市总公司工会切实履行维权职能，着力解决他们的难点，在现有的基础医疗保险制度上，参加市总互助保障计划。具体做法是：在工作实施方面，通过抓住“三个环节”，即刚性目标，强化考核；广泛宣传，典型引导；分类指导，特事特办，从而有效地推进职工互助保障工作。在解决职工参保资金的困难方面，公司工会采取“三个一点”即工会出一点，行政出一点，职工个人出一点的办法，为全体在职职工办理职工大重病和住院补充互助保障计划，为所属2500名退休职工办理了退休职工住院补充互助保障计划。其中四条主要措施包括：一核查建档，积极向总公司党委汇报，二向企业进言，争取到各级行政的20万元资金支持；三工会经费积累拨款10万元；四职工募捐献爱心。通过“三个一点”和“四条”措施的办法，筹建完成了总公司的扶病帮困互助基金，并解决了职工参保资金上的困难。3年来，该公司工会共出资25.97万元，补贴了3156名在编职工参加三项职工互助医疗保险，使在编职工参保率达到100%。同时，所属2500余名退休职工参保率也达到95.2%，参保后，总公司所属各单位有155名职工获得16.73146万元的理赔，有95人次的特困职工获得总公司扶病帮困基金救助，救助金额计5.92万元。（董国强）

【金山区总工会大力推进职工互助保障工作】 据统计，2004年金山区各级工会参加各种保险83997人次，参保金额709.19万元。全年共理赔6192人次，理赔金额315.11万元。主要采取了三条措施：一是继续推进以三项医疗互助保障计划为重点的互助保障工作。区总工会在开展2004年度金山区职工互助保障工作达标竞赛活动的基础上，将互助保障工作纳入区总对直属工会主席（主任）工作实绩考核。由于考核目标明确，有力地促进了工作持续稳定的发展。二是继续扩大参保覆盖面。通过各种会议、下基层，及时传递职保工作的信息。特别是对改制企业宣传参加医疗互助保障计划目的。各乡镇工会还在私企工会和村联合工会宣传和发动中有新的突破。三是强化服务职能，千方百计为职工服务。为推动职保工作，区总工会以高度的责任感，以“认真、热情、细心”的工作态度，热情接待好每一位职工，千方百计为职工提供方便服务。（王　韩）

【松江区总工会开展职工互助保障工作成效显著】 截至年底，松江区总工会已为43万人次在职和退休职工办理工会补充保险，为近3.5万人次在职或退休职工办理给付服务，给付金1020万元，连续10年获“上海市职工互助保障工作先进集体”称号。10年来，区总始终将其作为工会维权的一项重要工作来抓。主要表现在：一抓宣传发动。利用媒体、政府公务网、召开专题会议等形式，向全区职工宣传参保目的意义，使职工明确参保有益于维护自身利益，增强了自我保护意识；二抓组织健全。区总投入40万元，建立松江区职工互助保障服务处，配置专职工作人员和办公设施。同时在区域内建立7个服务点，下拨工作经费，配置专管人员，保证工会参保工作的正常开展；三抓指导服务。根据参保工作内容变化，定期开展业务培训，深入镇、街道、企业进行业务指导，以热情、耐心、诚信的工作态度，为来电来访的在职和退休职工解答有关问题，提供优质、满意服务；四抓制度管理。在建立职保工作责任制等日常工作制度的同时，把职工参保工作纳入各基层工会年度工作目标进行考核；五抓对象延伸。针对各类新经济组织的快速发展，把参保对象向改制、外资、民营企业职工延伸，尤其是没有参加基本养老保险的非公企业职工，帮助他们参加大病、意外补充保险。
（莫永涛）

【青浦区退休职工住院医疗互助保障计划参保率达到99.2%】 青浦区工会系统各级退管会，把实施退休职工住院医疗互助保障计划，作为服务职工的大事来抓，努力把市政府交给的实事办好。各级退管会广泛宣传医疗互助保障计划的目的意义，主动争取党政领导的支持，对有困难的退休职工给予一定的补贴，让困难职工都能参保；在投保、给付上方便职工。2004年，全区参加退休职工住院医疗互助保障计划的退休职工达到16149人，占全区退休职工总数的99.2%，全年给付3045人次，给付金额达到109万元。（程天爵）

【机电工会“五个到位”推进职工团体补充保障工作】 2004年，市机电工会一是突出维护职能，思想认识到位。二是层层组织发动，宣传工作到位。通过每年召开生活保障工作专题会议，对各级工会讲形势、讲任务、讲要求。运用集体合同和集体协商机制，把各项团体补充保障投保指标。每年组织职工代表检查，并向职代会报告。开展工会工作目标管理竞赛。每年年终考评时，各单位都要对照检查给予实绩评估。三是加强组织网络，管理工作到位。组织并完善了三级工会的组织管理网络。每一级网络的管理工作注重抓好“投保、续保、理赔、给付”四个工作环节。既确保进行有效的运营和管理，又做到及时投保、及时续保、及时理赔和及时给付。四是注重定期分析，检查督促到位。坚持每季度开展一次定期检查分析活动，了解和掌握全系统各项保障投保进度、投保比例、投保人数，各单位的理赔、给付情况，在定期分析的基础上，找出工作上差距和问题，加强对有关基层企业的沟通或督促，要求基层单位及时做好投保续保工作。五是重视表彰奖励，激励机制到位。在推进职工团体补充保障工作中，建立和完善了物质奖励与精神表彰相结合的激励机制，评选一批优胜单位、先进单位和先进个人，并进行表彰和奖励。（张宝霞）

【化学工会努力构筑职工互助保障工作机制】 化学工会从增强职工抗风险能力、构筑保障屏障着手，积极组织化工职工参加市总各类保障计划。通过召开专题会议，拟定达标竞赛方案，强调“四突出、四强化”，即：突出责任感和使命感，强化全局意识；突出源头参与和机制建设，强化维权意识；突出抓重点、攻难点、扫盲点，强化服务意识；突出加强自身建设，强化创新意识。还通过典型示范，推进互助保障工作。经过上下共同努力，全系统有215个企事业单位的74151名职工参加了《在职职工住院补充医疗保障计划》，参保率达115%；有64927名职工参加了《特种重病团体互助医疗保障计划》，参保率达98%；有17808名女职工参加了《女职工团体互助医疗特种保障计划》，占全系统女职工总数的86%；有29858名职工参加了意外（养老）保障计划，参保率达45%；有74479人（次）退休职工参加《退休职工住院补充医疗保障计划》，参保率达到119.4%。全系统有10269人次（含退休职工）获得916.66万元的理赔金，大大减轻了患病职工的经济负担。（王有福）

【纺织工会职工互助保障为纺织改革保驾护航】 纺织工会十分重视职工互助保障功能，让互助保障工作介入纺织改革全过程，使互助保障工作成为改革的推进器和减压阀。由于纺织职工收入普遍较低和大规模的下岗分流，职工家庭生活质量不高和沉重的精神压力问题表现十分突出，由此带来职工对疾病的恐惧感和抵抗能力十分脆弱等问题。处于困境的纺织职工更依赖于各类社会保障，而职工互助保障是满足职工保障需求的重要渠道。2004年纺织工会坚持抓好三个环节做好职工互助保障工作。一是坚持把开展互助保障列入每一次职代会的议题，达成共识写进集体合同，从源头上保证落实；二是培训全体工会干部人人成为宣传员，逢会必谈，逢人必讲，营造推进职工互助的良好氛围；三是积极推行“首问制”，凡碰到职工发生医疗困难或天灾人祸，首先问一句“互助保障参加否?”敦促消灭参保被遗忘的角落；四是经常走访重点企业，由纺织工会领导带队，与“大、难、差”的企业领导保持沟通和交往，争取支持和理解；五是列入工会业务竞赛内容，定期考核，实行一票否决制，使三项投保落实到位。（俞进艺）

市总工会、《劳动报》社等单位在南京路步行街联办保障工作咨询服务活动（吕诚陆）

【纺织工会建立三项机制推进三项投保】 纺织工会积极推进“职工住院互助保障”、“职工大病重病互助保障”和“职工意外事故互助保障”三项计划，建立三项机制，使互助保障工作进入良性发展轨道。（1）示范导向机制——纺织工会十分注重抓典型。抓住生白血病职工因未参保得不到保障金发生生活困难，造成重复上访的事例，引导职工看参保的必要性；抓住职工突然生大病得到了万元保障金的事例，引导职工看参保的重要性。正确的导向促使广大职工从“要我保”向“我要保”转变；(2)分析跟踪机制——为了对职工参保工作做到有效监控，纺织工会定期分析下属18家子公司的参保情况，及时提出指导性意见，为了便于基层开展工作，纺织工会提供“一表式”和“预先提醒制”服务，绘制月度参保工作进度表，让各公司一目了然，对即将到期的续保单位提前一个月告知，对防患于疏漏起了很大的作用；(3)竞赛考核机制——每个季度召开一次分管主席和保障干部会议，每半年组织一次业务知识培训会议，每年举行一次评比表彰会议。（俞进艺）

【上海石化为职工保障撑起四把“保护伞”】 上海石化已基本建立起全方位、多层次的职工生活保障体系：第一把是公司按国家规定为全体职工缴纳的基本医疗保险、养老保险、失业保险、工伤保险、住房公积金等基本生活保障；第二把是公司为全体职工投保补充医疗保险和补充养老保险；第三把是公司为高学历人员投保的商业保险。第四把是公司对困难职工的帮困投入。特别是针对职工因病自负医疗费过高的实际情况，公司在基本医疗保险的基础上，又建立和形成了以补充医疗保险为主体的四重补充医疗保障：第一重是全覆盖的由公司为每一位在职职工和退休职工投保的职工补充医疗保险；第二重是公司工会组织职工参加的上海市总工会的职工医疗保障互助计划；第三重是动员在职职工参加的公司职工帮困互助基金；第四重是动员职工参加的各两级单位的职工救急互助基金。实实在在地为职工撑起了四顶“保护伞”。 （施东亮）

【上海石化工会组织职工参加市职保会保障计划】 为了更好地动员和鼓励广大职工参加市职工保障互助会的职工住院、职工大病重病、女职工特种重病等医疗互助保障计划，上海石化工会加强宣传，扩大覆盖范围，努力提高参保率，最大限度地缓解职工就医负担的压力。2004 年，上海石化工会共组织 33 家单位 32624 名职工参加了《在职职工住院补充医疗保障计划》，6394 名职工参加了《特种重病团体互助保障计划》，3094 名女职工参加了《女职工团体互助医疗特种保障》，5456 名职工参加了《从业人员意外伤残团体互助保障计划》，596 名职工参加了《职工团体安康保障计划》。为了奖励先进，工会女职工委员会为受表彰的先进女职工办理了特种重病和女职工特种保障计划。 （施东亮）

【烟草工会职工生活保障工作实现“三个”不断拓展】 2004 年上海烟草工会把“构建和谐企业集团、增强内部凝聚力”作为工会的实事工程来抓，实现了“三个”不断拓展：一是不断拓展“助”的范围。工会按照职工要求修订完善了大病救助章程，并再次按照职工与工会“出一点”的原则，开展了第二轮“职工住院互助”活动，全行业职工参与率达 96%。2004 年全行业有 406 名职工得到 190440 元“住院互助基金”的资助，17 名在职职工、1276 名退休职工获得了保险理赔金共 644384 元，67 名重病患者获得 502500 元的大病救助，464 名职工获得 132442 元的困难补助，35 名职工得到 11 万元的临时困难救助。二是不断拓展“助”的内容。在行政的支持和工会的努力下，对集团核心层女职工统一了每年一次体检的做法。并探索实践了物质支助与精神支助相结合帮困办法。工会在为患大病者提供物质援助的同时，向他们赠送了健康知识书籍；组织女职工开展“今天谁会赢”知识竞赛和 4 次健康知识讲座。三是不断关心职工的职业健康。高温前夕，结合贯彻市府、市总工会防暑降温十条检查内容，与职能部门联合开展了劳动保护和高温作业点巡检，发放高温慰问品近万份。还上门走访和慰问了长期驻扎在烟叶基地的部分职工家属；安排了 12 批 360 名职工赴广东、福建、江西等地疗休养，为行业 8685 名职工每人发放了价值 400 元的疗休养券。 （江洪生）

【国际港务集团工会建立职工互助保障计划参保长效管理机制】 为保证职工和退休人员能按时续保市总职工保障互助会的两项医疗互助保障计划，形成长效管理机制，港务集团工会在推进和制定“集团公司职工补充医疗保险和医疗救助实施办法”时，力争将此内容列入其中。在“实施办法”中明确了参保的两项医疗互助保障计划所需资金有企业行政、工会和职工三方合理承担。“实施办法”经集团公司职代会审议通过实行，使两项职工医疗互助保障计划的续保在制度上得到了保证。“实施办法”除在机制上解决了参保和续保的长效管理外，还有一个显著特点就是具有较广的覆盖性，即将在职职工和退休职工都列入实施范围，且在职职工不仅包括在岗人员，还包括各种形态的离岗人员，如协保人员、待退休人员等。经过 4 年运作，全集团公司的职工和退休人员的续保都能保持在 100% 的水平上，广大职工深情地将此“实施办法”称为“民心工程”。 （夏健根）

【上海邮政系统职工重病医疗互助保障会进入新一轮运作】 2004 年，上海邮政新一轮重病医疗互助保障会进入了运作，并对章程进行了修订，规定：凡 2003 年 12 月 31 日前在册的劳动合同制工人和 2003 年全年在册的劳务工，承认该章程并按规定缴纳保费，经批准均可参加投保。2004 年全局共有 21349 名职工参加互助保障会，与上一轮职工参加人数相比，入会率提高了 10.8%。新一轮的保障范围有所扩大，除了保留原来的肾功能衰竭、恶性肿瘤、重症肝炎，以及瓣膜置换手术、冠状动脉血运重建术等五种疾病和在职正常死亡外，还增加了再生障碍性贫血、颅内肿瘤手术、重大器官移植手术、主动脉手术等 4 种疾病，使新一轮重病保障范围由原来的 6 种增加到 10 种。保障金也从原来的 1 万元/人提高到 1.2 万元/人。据统计：2004 年已对 46 名职工及家属（其中 29 名重病，17 名正常死亡）给付医疗互助保障金各 1.2 万元，共计金额 55.2 万元。 （顾奇良）

【航道局实现职工特种重病保障计划全覆盖】 2004 年上海航道局工会在经过大量的帮困工作调查研究后，了解到在困难职工中因病致贫占重要的比例。为使困难职工得到有效的帮助，航道局工会在年初的集体协商中提出了组织全体职工参加市总工会的特种重病保障，并且全覆盖每位职工，得到了与会协商代表的一致通过。在局十八届三次职代会上，局长宗源远、工会主席于卫良分别代表双方，正式将此款列入 2004 年集体合同。今年也因此有相当一部分患重病职工先后受益。截至年底，全局共有 23 名重病职工得到了重病理赔，总金额 20.8 万元，增强了职工患重病抗风险的能力。 （钱文勤）

【医务工会推出“中信 STAR 信用卡”职工保障计划】 上海市医务工会从劳动保护、职业防护和关心医务职工身体健康、生命安全出发，继 2003 年与太平洋保险公司联手，推出为抗击“非典”的白衣天使提供免费保险之后，2004 年 9 月又与中信实业银行联手，为上海市卫生系统下属各单位正式员工推出中信 STAR 信用卡，并赠送特定意外保险的“银行保险共携手，诚挚祝福送真情”的医务职工保障计划。具体内容为：免费办理一年期的中信 STAR 信用卡；免费赠送一年期限的意外保险累计 30 万（自持卡人收到“中信STAR信用卡”之日零时起至一年期满约定终止日24时止)。其中:家中意外保险5万元、交通意外保险5万元、在工作期间特定意外伤害保险10万元、假期意外伤害保险10万元。医务职工保障计划由上海市医务工会统一组织实施。今年共组织8000余名医务职工参加了这一保障计划。

(周崇礼 王月英)

【体育局工会参加职工保障互助】 按照市总工会及市职工保障互助会的要求,上海市体育局积极配合上海市医疗保障制度改革,在职工中开展特种重病和在职住院的参保工作,体现了政府所望、职工所需、工会所能的特点。局工会始终坚持以职工的需求为宗旨,大力倡导“有病保平安、无病做奉献”的互帮互助精神,局系统职工参保人数逐年增加,截至年底,特种重病参保人数已达2310人,占76.21%;在职住院参保人数已达2964人,占88.88%。局系统参加市职工保障互助,为确实减轻职工的经济负担,缓解重病、特困人员的经济困难起到了积极作用。此外,局系统还建立了职工帮困基金,对为国家体育事业作出重要贡献的运动员、教练员,患特种重病、大病及生活困难职工提供帮助。

(乐俊平)

市职工保障互助会与复旦大学数学系正式签约建立合作关系

(周红燕)

【市职保会和复旦大学职工互助保障与保险精算中心加强合作】 2004年11月26日上海市职工保障互助会与复旦大学就共同致力于职工互助保障与保险精算理论及应用方面的研究和实践,举行长期合作签约仪式。为了进一步提升职工互助保障工作科学管理水平,上海市职工保障互助会已经于复旦大学进行过多次合作。这次,上海市职工保障互助会在与复旦大学数学系保险精算中心进行单项课题合作并取得研究成果的基础上,双方再一次对推进职工互助保障事业并使其能可持续地健康发展达成了共识,决定将合作进一步拓展到市职保会各计划的精算领域,共同致力于职工互助保障与保险精算理论及应用方面的研究和实践,使上海市职工保障互助会今后推出的各项保障计划更加科学、严密和规范。

(周红燕)

【工会四项互助医保计划参(续)保、给付情况】

四项互助医保计划参(续)保情况

计划	2004年全年参保人数		
	参保人数	有效会员	占职工比例
特种重病	87.5万人次	176万人次	49.08%
在职住院	195.85万人	258.35万人	72.05%
退休住院	240.27万人	239.38万人	95.32%
女职工特种	12.29万人	57.64万人	53.36%
合　计	535.91万人次	731.37万人次	——

(据《上海统计年鉴2004》:截至2003年底,上海市在职职工358.59万人;退休职工251.13万人;在岗女职工108.03万人)

四项互助医保计划给付情况

互助计划	2004年全年		同比参加	
	给付人数	给付金额	给付人数	给付金额
特种重病	3869人次	3831.5万元	539人	956.38万元
在职住院	12.84万人次	7912.24万元	-0.16万人次	703.6万元
退休住院	52万人次	21987.97万元	4.75万人次	3266.31万元
女职工特种	531人	530.15万元	435人	451.2万元
合　计	65.28万人次	34261.86万元	4.68万人次	5377.49万元

到2004年为止,四项互助医保计划已累计给付203.13万人次,给付互助医疗保障金10.27亿元。 (周红燕)

【上海工会互助保障三级网络发挥重要作用】 为方便参加“退休职工住院互助保障计划”的退休职工,能就近办理住院(门诊大病)医疗补充保障金,市职保会在全市建立了19个区县总工会服务处,132个街道(镇、社区)工会服务点。通过社区服务点办理退休职工住院给付比例逐步上升,从开办时的30%逐步上升到42.18万人次,占全年总给付数的81.1%。同时社区服务点给付计算的正确率达到99.88%,同比又上升了0.01%,他们的优质服务获得了好评。另外,各服务处、点还承担了每年4月份接受已参加上海市城镇职工医保但破产、无主管企业的下岗、协保职工及社会失业后退休的职工(“散户”),参加互助保障计划的工作。全年“散户”参保达到2.8万多人(“在职”2.1万人,“退休”0.7万人),同比上升27.3%,使这部分弱势群体亦能享受互助互济大保障的温暖。 (周红燕)

【市职保会稳妥调整“退休职工住院互助保障计划”缴费标准】 为了弥补“退休职工住院保障计划”的支付缺口,市总工会领导与政府有关部门进行了沟通,确定了在市有关部门仍然给予补贴的基础上,2004年“退休住院保障计划”缴费标准从每人每年50元调整到75元。调整从第二季度正式开始。考虑到该计划覆盖面广,为稳妥起见,市职保会积极准备了预案:一是起草了相关通知,统一口径;二是确定了责任部门、协助部门和责任人,统一思想;三是选择最适当的时机,与市退管办一起,通过区县局工作会议层层传达下去,做好了必要的宣传和解释;四是在此项工作启动前,走访了市府信访办、医保局信访办等政府部门进行沟通,争取支持理解;五是为方便基层做工作,降低了代扣款人数的起扣标准,将代扣款范围由原来100人以上的参保单位,扩大到50人以上的参保单位。由于事先作了精心准备,得到社会方方面面的支持理解,特别是各级工会和广大退管会工作者的积极配合,截至年底,参续保退休职工达239万,同比上升2.68%;通过代扣款参保惠及2400多家单位、113万退休职工,比去年同期98万人,上升了15.3%。 (周红燕)

【市职保会推出《从业人员意外伤残团体互助保障计划》】 9月1日,上海市职工保障互助会推出了“从业人员意外伤残团体互助保障计划”。该计划的特点是:低保费、高保额,每份保费只需要10元/年,保障金高达2万元;每人最高可参保10份,最高保额达20万元;各类单位均可组织从业人员团体参加(包括外地来沪务工人员);参保者意外身故或意外全残可获保障。至年底,参保者达4.13万人,参保金额57.96万元。11月份,松江1名外来务工人员因不规范操作导致工伤死亡,该单位团体参加10份/人,因此家属领取到该计划的最高保障金20万元。为确保做到公平公正规范给付,还聘请第二医科大学附属的仁济医院、新华医院、瑞金医院和第九人民医院的31名医疗专家组成“从业人员意外伤残”专家鉴定委员会,制定了“意外全残鉴定试行办法”,对各个指定鉴定医院的鉴定范围和鉴定的相关操作程序作出了规定。 (周红燕)

【“上海市职工保障互助会成立十周年”纪念活动】 上海市职工保障互助会抓住成立十周年的契机,加强宣传,提升职保会在社会中的影响,为互助保障事业的持续发展打下基础。主要围绕三大主题开展活动。一是征文活动。以“上海市职工保障互助会成立十周年征文”为题,于11—12月在《劳动报》刊登各级工会干部和代表、理论专家、工会志愿者、受益职工和家属等有代表性的文章,宣传职工保障互助工作的意义作用,弘扬工人阶级团结友爱互助互济的精神。二是咨询服务活动。12月11日在上海19个区县总工会各选一个点,市职工保障互助会中心咨询服务会场与黄浦区总工会联合,设在黄浦区南京路。咨询服务内容包括:互助保障工作及各保障计划;互助保障计划参保、给付工作流程;接待个人咨询等。三是举行“成立十周年纪念大会”。12月23日,上海市职工保障互助会假座上海音乐厅,举行上海市职工保障互助会成立十周年纪念大会暨迎新音乐会。会上,观摩了上海市职工保障互助会成立十周年的

松江区总工会开展互助保障十周年活动

(莫永涛)

多媒体宣传片“用爱撑起一片天空”。上海爱乐乐团为职保会成立十周年进行了交响乐演出。（周红燕）

【市职保会场地装修及计算机系统更新工作顺利完成】 11月底，上海市职工保障互助会场地装修及计算机系统更新工作顺利完成。经过装修，一期的服务大厅于10月18日正式投入使用，二期办公场地也于11月底完工投入使用。新接待大厅根据各互助保障计划办理流程，共开设了参续保、在职给付、退休给付、重病/意外给付、养老给付、财务收付、信息变更等20多个窗口，并配以电脑排队叫号系统。与此同时，市职保会的计算机系统更新计划，也经常务理事会审议通过，于2004年进行了更新。新系统调试完毕后，已经进入正常运行。由于现在职保会的硬件大为改观，面貌一新，上海市职工保障互助会工作正常开展，工作效率大大提高，既为客户提供了舒适的办事环境，也为上海市职工保障互助会树立了良好形象。（周红燕）

短信息：

○杨浦区总工会在职人员参加住院投保共有6.15万人，金额达352.81万元，获得理赔3452人次，金额达190.4万元；在职人员参加重病投保5.74万人次，金额达589.9万元，获得理赔128人，金额达120.2万元；退休职工参加住院投保6.6万人，金额达495万元，获得理赔4.23万人次，金额达1650万元，总体理赔率控制在0.06%，达到历史最好水平。（江欲红）

○宝山区2004年在职住院投保累计50885人，投保率达91.97%；特种重病投保累计39821人，投保率达71.98%；意外、养老投保累计8785人，投保率达15.88%；女职工特种重病投保累计18910人；退休职工住院投保34690人，投保率达99%。（窦恺芳）

静安区总工会慰问顶着高温奋战在建设第一线的外来务工者（程忠俊）

劳动保护

【市总工会开展“安康杯”劳动保护竞赛】 2004年，为了进一步扩大“安康杯”竞赛的影响力，市总工会、市安监局在总结前几年“安康杯”竞赛活动经验的基础上，将全市“安康杯”竞赛分为上海赛区和各区县局（控股公司、集团总公司）分赛区两个层面进行，要求各分赛区根据地区（行业）的参赛情况，挑选部分基础较好、代表性较强的单位参加上海赛区“安康杯”竞赛。同时，还结合全市外省市建筑施工安全生产形势严峻和因工伤亡大多集中于外来务工人员的特点，将参赛范围扩大至外省市进沪建筑施工单位。各参赛单位按照竞赛的总体要求和目标，紧扣“掌握安全生产知识，争做遵章守纪职工”的竞赛主题，开展了形式多样、行之有效的竞赛活动，促进了企业安全生产管理水平，提高了职工的安全意识，并涌现出上海宝山巴士公共交通有限公司等一批成绩突出、效果明显的“优胜企业”。2004年参加上海赛区“安康杯”竞赛的单位达到486家，涉及全市各个行业，参赛职工总数有573814名，是历年参赛单位和人数最多的一年。（邬明亮）

【上海市职工因工死亡事故情况】 2004年在全市地域企业共发生职工生产安全死亡事故411起，死亡431人，与2003年相比，死亡事故下降4.2%，死亡人数下降4.22%。其中：建筑业死亡159人，占总数36.89%；制造业死亡162人，占总数37.59%；社会服务业死亡23人，占总数5.34%；交通运输及邮电通信业死亡28人，占总数6.5%；租赁和商务服务业9人，占总数2.09%；房地产业死亡7人，占总数1.62%；批发和零售贸易死亡5人，占总数1.16%；电力、煤气及水的生成和供应业死亡2人，占总数0.46%；其他行业死亡36人，占总数8.35%。2004年发生重大事故5起，死亡16人，比2003年3起，死亡13人，分别上升66.67%和23.08%。（沈兰萍）

【上海工会开展第七届上海工会劳动保护“绿十字奖”评审活动】 市总工会开展了第七届上海工会劳动保护“绿十字奖”评审活动。经“绿十字奖”评审办公室和专家评审小组对各区县局（产业）工会逐级推荐申报的78个项目的安全可靠性、经济可行性、技术先进性、推广应用性等进行科学论证，认真评审，对45个技术含量高、经济效益好、应用价值广的劳动保护创新成果进行了表彰奖励。这届“绿十字奖”获奖项目呈现出群众性、实用性的特点，参加评奖的共涉及造船、冶金建设、冶金、供电、电力建设、港务、建材、城市交通、汽车制造、发电、建筑、化工、纺织、轻工、石化和地区等16个行业或系统；基层单位职工参加评选活动的积极性普遍较高，共计有1265个项目参加基层的评审，而且95%的项目是一线职工的创新成果。申报的78个项目已全部应用，且在企业劳动保护和安全生产中发挥积极的作用，对保障职工的生命安全与健康起到明显效果，很多项目体现了社会效益和经济效益的结合。　　（张新民）

【市总工作领导下基层慰问高温一线职工】　2004年连续的高温天气给职工生产、生活带来了不便，市总领导十分重视和关心企业的防暑降温工作。从7月19日至7月23日，市人大常委会副主任、市总工会主席陈豪，市总工会副主席吴申耀、张兴淮、汪兰洁、杜仁伟、谢峰、侯其彬等领导分别到企业、车间、班组，慰问了复兴东路隧道工地、上海大屯能源股份有限公司、上海电机厂等近20家企业，看望顶着酷暑，坚守岗位，奋战在生产一线的广大职工，给他们送去上海市委的深切关心和市总工会的亲切慰问。（沈兰萍）

【黄浦区南外滩集团有限公司工会推出安全生产大检查七项措施】　2004年，上海南外滩集团有限公司工会安全生产大检查的措施为：(1)举行由中层以上干部参加的安全生产月工作布置动员大会，分发安全生产宣传图片。(2)各部门和子公司领导传达会议精神到每个职工，并开展形式多样的宣传。(3)各部门和子公司在6月15日前，对负有管理责任的施工工地、拆房工地、出租场地做安全生产自查。(4)该集团安全生产领导小组开展安全生产大检查，着重是安全生产责任制落实、高温季节安全防范措施、安全教育与培训情况、施工现场与出租场地的安全措施等。对查出的问题限期整改，定期复查。(5)6月13日组织职工参加在南京西路“五卅”雕塑广场的区安全生产咨询。(6)参加区安全生产监察局组织的企事业单位主要负责人、安全生产管理人员安全知识培训班。(7)各部门和子公司及时反馈安全生产月工作进展信息，做好全面总结。　　（颜根坤）

【静安区总工会切实抓好防暑降温工作】　一是加强对防暑降温工作的大检查，充分发挥各级工会劳动保护监督检查委员会的作用。坚持检查与教育相结合，举办工会劳动保护干部培训班，开展了安全生产咨询活动，使职工牢固树立安全生产的意识；二是加大“安康杯”劳动竞赛的力度。坚持开展“百日无事故”竞赛活动，积极参赛的单位逐年增加；三是做好高温慰问工作。由区总工会领导带队分五路到区重点工地、重点项目、高温单位和新经济组织进行高温慰问，各基层党政工领导也分别进行慰问，并把慰问工作与落实防暑降温措施结合起来。

（季　清）

【闵行区创建区级“安康杯”竞赛平台】　5月初，闵行区成立了以副区长张文越为组长的“安康杯”劳动保护竞赛领导小组，同时成立由区政府办公室、区总工会、区安全生产监察局、区质量技术监督局、区公安分局防火监督处等部门组成的“安康杯”竞赛常设工作机构，组织开展区级“安康杯”劳动保护竞赛，通过自查复查、考核验收、总结评比等一系列活动，产生出区“优胜单位”35个，“达标单位”55个，其中36个参赛单位同时参加全国“安康杯”上海赛区竞赛，有5个单位被推荐为上海赛区“优胜企业”，1个单位被推荐为全国“优胜企业”。闵行区“安康杯”劳动保护竞赛领导小组还被推荐为全国“安康杯”竞赛“优秀组织单位”。

（骆秋炎）

【电气集团汽轮机有限公司落实“四个强化”促进“安康杯”竞赛】　上海汽轮机有限公司致力于创造名牌产品的同时，牢固树立“人的生命高于一切”的观念，致力于改善职工的生产环境、生活质量，减少伤亡事故和职业病，依法维护职工的生命与健康权，力求达到了四个“强化”。一是强化机制建设。公司组建了“安康杯”竞赛领导机构，拟订参赛细则，通过每季度多层次、全方位的职业安全健康、环境管理体系方案的实施和安全性评价，继续保持国家环境体系、职业安全健康体系认证证书，改善了职工作业环境。坚持对集体合同的履行情况每年检查一次，特别是关于劳动安全卫生的条款，列入公司“安康杯”竞赛活动。二是强化安全意识。通过“安康杯”竞赛，提高了职工的安全意识，达到了四个100%。每年全员安全岗位承诺100%；每年特殊工种复训率100%；每年新进厂和新上岗人员三级教育100%；每年班组长以上干部基础教育100%。征集安全、安康企业文化理念，共收到2055条，入围122条，将汇编成册，提升职工安全文化理念。三是强化实事工程。公司绘制了企业热区分布图，改造了16个热加工高温休息室、燃气轮机焊接作业场地260平方米的扩建等，出资安措费用380万元，为职工提供良好的作业环境。四是强化网络管理。公司工会坚持“安全第一，预防为主，群防群治，依法监督”的原则，按照工会劳动保护《三个

卢湾区总工会动员企业参加“安康杯”安全生产竞赛活动

（周盛田）

条例》的要求，健全群防群治网络，并根据企业职业安全健康管理体系的覆盖面开展活动，列入“安康杯”具体工作措施之中。年内组织两级劳动保护监督检查人员79人次，协助企业消除27个隐患。（张耀璋）

【仪电工会强化劳动保护安全监督】 仪电工会结合行业特点，深入开展仪电“安康杯”安全竞赛活动。工会会同有关部门分析公司安全卫生劳动保护工作的重点、特点、难点后，提出定性目标、定量目标和特色目标，组织安全竞赛活动。同时，开展巡视和检查，上半年对9个子公司34个单位的组织落实、监督检查、教育培训、安全管理责任等内容进行了巡查，向控股公司通报，落实整改，保证职工的劳动安全。工会还参与控股公司的安全审计监督，有力地推进了劳动保护和安全卫生工作的落实。（胡　彬）

【纺织集团上海服装机械有限公司工会组织职工“三找三照”强化安全意识】 上海服装机械有限公司工会，认真贯彻《工会劳动保护监督检查条例》，通过发动职工找事故苗子，照意识不强；找隐患漏洞，照措施不力；找薄弱环节，照制度不严，使群众性生产安全活动步步深入，安全生产警钟长鸣。30多位职工共找出各类问题33条，提出较有价值的格言警句近50条；工会开展了党员骨干无违纪，车间部门无隐患，新进职工无违章，外来民工无事故的“小四无”竞赛，对转岗调岗的17名职工进行岗前安全教育，指导新进的20多名职工签订安全承诺书，督促各个和部门落实安全承包协议。工会组织班组安全员从身边的案例讲起，包括隐患的起因、如何解决、有什么经验教训等，起到了相互借鉴、举一反三的作用，也使企业的安全生产和劳动保护工作及时落到实处。

（王慎微）

【电力建设公司工会组织职工代表进行安全巡视】 电建公司工会组织职工代表对系统主要施工现场进行了安全巡视。巡视人员以职代会生产经营专门委员会成员为主，同时聘请部分安全管理专业人员参加。就职代会“安全管理年”决议贯彻落实情况进行检查。巡视的方法：一是“听”。听取被检查单位“安全管理年”各项措施的贯彻情况，以及职工对安全工作的意见和建议；二是“问”。深入班组了解安全情况、存在问题及原因；三是“看”。到现场进行实地调研，对各项安全规章制度执行情况进行抽查；四是“议”。寻找问题的症结，商讨解决问题的措施。通过安全巡视，职工代表对公司行政提出五点建议：一是要进一步加强对施工用电人员的安全技能的培训；二是要以安全先进典型宣传推动全局安全管理水平；三是对劳动保护用品的发放标准和使用年限进行专题调研；四是将安全工作的薄弱点—分包队伍安全教育作为系统开展“安全生产月”活动的重点；五是把加强职工的民主监督作为搞好安全工作的关键。公司行政高度重视，督促有关部门对代表意见、建议及时进行整改，整改率达100%。（张文标）

【宝钢股份工会推进OHSAS18001贯标劳动保护工作】 宝钢股份工会以OHSAS18001贯标为契机，努力把工会劳动保护监督检查工作纳入企业综合管理体系。在推进OHSAS18001过程中，克服了工作量大、难度高、没有经验可借鉴等困难，开展了大量的工作，一是组织工会干部培训；二是对员工职业健康代表进行辅导；三是制定“劳动保护监督管理办法”；四是起草、拟定“公司工会管理文件和会议纪要控制程序”、“日常办公环境因素的管理办法”、“公司工会组织机构及管理职责”；五是精心组织接受英国BSI公司和北京华夏公司对工会综合管理体系工作的审查，得到了他们高度评价。

（王俊明）

【上海石化开展“百日无事故”安全竞赛活动】 根据中国石化集团公司的部署，上海石化工会同公司有关职能部门一起，积极开展各项安全竞赛活动。公司各生产班组按照竞赛的要求组织学习和围绕安全工作开展大讨论，并在学习讨论的基础上，从安全工作实际出发，组织开展提合理化建议活动。同时，举办了安全知识竞赛，通过竞赛使职工得到了一次很好的安全教育。（施东亮）

【鲁中工会提高“安康杯”竞赛效果】 鲁中工会为了不断丰富拓展“安康杯”竞赛的内容和形式，保证竞赛效果，大力开展了“员工操作规范化，设备设施标准化，工作环境整洁化”（简称“三化”）劳动保护竞赛活动。活动期间，工会着力抓了以下几项工作。一是狠抓了员工岗位安全操作规程的学习和安全教育，不断提高员工的安全素质和技能。二是切实搞好设备设施的维护、维修、保养，保障了设备设施的良好运行。三是注意抓好作业现场的文明施工，为员工创造良好的作业环境。与此同时，工会还加强了员工培训。

鲁矿集团举办《安全生产法》、《工伤保险条例》知识竞赛

（黄　畅）

上半年，集团公司工会用两个多月的时间，组织了基层工会主席、班段长等300余人参加的《工伤保险条例》学习班，全面系统地学习了《工伤保险条例》。全员开展了《全国职工安全生产知识普及教材》学习活动和《全国职工安全生产知识百题》答题活动。从9月20日—12月31日，在全公司继续深入开展了“百日安全无事故”活动。为了促进集团公司“安康杯”劳动保护竞赛活动的深入开展，进一步增强“安康杯”劳动保护竞赛活动的实效性，工会在开展“安康杯”竞赛活动中，加大监督检查力度，先后开展了两次综合性安全大检查，共查处事故隐患235处。对这些事故隐患，督促有关单位和部门制定措施，进行了整改。

（吴玉圣）

【上船澄西船舶有限公司工会落实劳动保护“保障好”职能】 上船澄西船舶有限公司工会为了更好地落实劳动保护“保障好”职能，坚持从源头抓起，根据公司今年生产状况，与行政安保部密切配合，以继续抓老厂区劳动保护为抓手，重点关注崇明基地建设的“三同时”，制定一个目标，突出了三个特性，开展了五项活动。即实现职工死亡事故为零的目标；形成生产不忘安全、安全促进生产的良好运行机制；突出劳动保护与监督工作的阶段性、计划性和重点性，开展形式多样的宣传教育活动，在重点生产现场，插起安全彩旗400多面，挂出横幅60多幅；组织安全生产黑板报汇展，共有30多个部门参加了此项活动，先后组织了3000多名职工观看安全生产专题录象，提高职工的安全生产意识；组织部门中层干部，劳动保护监督员当一天安全员活动，切实增强他们的安全业务知识，积极参加“以人为本、安全第一”为主题的“全国安全生产日”活动、职工“群防群治日”活动、“防暑降温等专项检查”竞赛等活动，在公司范围内先后开展了两期有奖征答活动，共有1500多名职工参加。在工会组织的日常监督和检查中共查出事故隐患43处，并督促有关方面全部及时加以整改，优化了生产安全环境。（任芳德）

【船舶工会加大劳动保护监督检查力度】 上海船舶公司工会在制定“安康杯”竞赛活动细则时，加大了安全考核力度。公司工会多次协同综合管理部深入基层开展安全生产大检查。各企业工会协同行政加大对安全生产方面管理力度，在高温期间开展了“百日无事故竞赛”活动，确保上海船舶行业安全度夏。与此同时，公司工会开展了以“掌握安全生产知识，争做遵章守纪职工”为主题的安全生产知识培训，以“十个一”为主要内容开展了“安康杯”竞赛活动。公司工会还会同行政有关部门到下属各企业单位进行了安全生产调研。在调研的基础上公司工会对6月份“安全活动月”及第三季度均制订了详细的安全生产监督工作检查表，从《安全生产法》学习宣传开展的情况、安全生产责任制的落实情况和安全生产规章制度、操作规程执行情况等九大方面进行全方位的检查。此外，各基层工会也积极参加企业的节假日、季节性、专业性的检查活动，在对厂区进行了“地毯式”的安全大检查的同时，也对远离厂区的各联营厂进行了普查。通过检查提出消除事故隐患的整改意见，事故隐患整改率达94%，充分发挥工会劳动保护监督方面的作用。

（季徽强）

【航空发动机公司工会利用科学管理体系确保维权作用发挥】 上海航空发动机制造股份有限公司建立了ISO14001环境管理体系和OHSAS18001职业安全健康管理体系，为工会开展劳动保护、劳动监督、维权等工作带来了促进作用。由于体系明确要求建立企业和基层的员工代表队伍（可以是工会委员兼任），要求向全体职工公示，并明确员工代表的职责和任务，从而在文件上规定了工会维权和监督的职责，确定了工会维权职责的法制化。为了更好地保证体系的运行，工会按照体系文件精神，先后制定了“职工工伤处理、劳防用品质量控制、职工健康安全检查监督等制度”，制定了10类记录表格，为具体落实职工的职业健康安全、以及员工代表作现场检查和监督，有了可操作性的文件。为了使员工代表参与体系的管理和监督，并做好记录，工会向各单位员工代表，下发了IS014001－OHSASl8001管理体系的员工代表巡视记录本，便于员工代表发挥参与作用。员工代表检查或提出的问题都记录在案，得到主管领导的重视，加速落实和整改。随着体系的确立，工会代表员工，每年底或年初，都要与工厂进行“环境因素、危害因素、目标管理和方针”协商，确保职工在企业安全、健康、有保障的环境中生产和工作。

（吴玉兰）

【铁路局工会推行职代会安全督察员工作制度】 上海铁路局工会在上海铁路局八届一次职工代表大会上首次建立了安全督察员工作制度，并通过职代会安全生产经营委员会讨论，制定了《职代会安全督察员工作试行办法》。《办法》规定了在该届职工代表中推选产生20名在运输生产一线各工种的管理干部或生产骨干，并且热心安全工作，愿为全局安全生产作贡献的职工代表担任安全督察员。聘为安全督察员的发给《安全督察员证》，聘任期限为一届，在职代会安全生产经营委员会领导下开展工作，行使安全督察职权。同时，给予安全督察员必要的工作条件。要求安全督察员定期或不定期汇报安全督察情况；参加局职代会组织的安全巡视检查活动。局工会生产部做好安全督察员日常管理，建立安全督察员联系制度，制订活动计划，提出工作要求，并对在安全督察工作中作出贡献的同志予以表彰奖励。

（徐国忠）

【张华浜港务公司工会开展“安康杯”竞赛活动注重“六个结合”】 围绕“安康杯”竞赛活动，上海港张华浜港务公司工会在活动中注重“六个结合”：一是与落实公司年初制定的安全生产奋斗目标相结合。做到开展活动有计划、有目标、有考核、有检查、有总结。二是与开展职工代表现场安全、劳动保护巡检相结合。坚持职工代表每季度一次现场巡视检查，高温季节每月巡检一次，使职工代表关心企业安全生产，维护职工劳动安全得到落实。三是与开展安全月活动相结合。开展了"以人为本,安全第一"为主题的黑板报宣传展评;以"三防"为重点,"我为安全献一计"群众性合理化建议活动和"安康杯"劳动保护、安全知识竞赛等。四是与职工教育、劳动保护三级网络员培训、技术练兵、技术比武相结合,提高职工整体素质。五是与开展职工安全生产"危险源"辩识相结合。对38个危险源逐一排摸加以监控,有效地控制了事故,违章率比上年同期减少了30%。六是与关心职工身体健康相结合。安排全体一线职工高温体检,管理人员高温季节为一线职工送清凉饮料、冰镇毛巾,关心高温季节职工的身体健康,确保安全生产。

(秦嗣英)

【长江轮船公司开展为职工"送清凉、送健康、送知识"活动】 长江轮船公司工会赋予传统的高温慰问工作以新的内涵,把慰问工作与关心员工的学习和身心健康相结合,策划开展了"送清凉、送健康、送知识"活动。活动期间,公司领导纷纷深入到基层,分路慰问奋战在生产一线的职工。上半年,公司工会干部在船舶调研时,了解到部分船舶由于没有空调,房间闷热,船员得不到很好休息的情况。公司领导听了汇报后,立即拨出近9万元专款为尚未安装空调的船员房间全部装上了空调,大大改善了船员工作、生活环境。公司工会还根据一线船员的需要,购买了哑铃、拉力器、臂力器、扩胸器、腕力器、俯卧撑器等150多件健身器材,以及书籍送上船,为船员学习和强身健体创造了条件。"三送"活动体现了"务实"和"创新"的工作作风,得到了长航集团和市建委领导的高度评价。

(黄铁明)

【邮政工会开展职工生产生活大调查活动】 邮政工会开展了职工生产生活大调查活动,并取得了明显的效果。一是统一思想、提高认识,发挥桥梁纽带作用。工会深入到生产一线,细心体察职工的生产生活中的难点、热点问题和职工的思想情绪,了解职工在生产生活中存在的困难和问题,积极向有关部门提出合理建议,着力解决实际问题,充分发挥了工会组织的桥梁和纽带作用。二是认真检查、加强落实,确保工作的实效性。确定了检查内容,主要是困难职工、特困职工、因自然灾害造成特殊困难的职工在实际生活中存在的困难,以及帮困措施的落实情况;在职和已退休的省部级劳动模范的基本生活情况,以及在生活中遇到的困难和问题;职工生产现场的劳动保护和劳动安全卫生(包括饮水、用电、用餐和防暑等方面);有关职工劳动保险政策和规定的执行情况(包括养老、医疗、工伤等保险,女职工劳动保护等);其他涉及职工生活的相关问题。三是采取"查、看、听、议"的形式,从关心职工的生产生活的角度出发,落实和解决了带有共性的职工工资收益、生活设施等问题,对于一时无法解决的问题,一方面向职工做好宣传解释工作,另一方面加强协调与沟通,维护了上海邮政的稳定局面。

(顾奇良)

【邮政工会组织职工代表开展专题巡视检查活动】 邮政工会组织职工代表对上海邮政1—9月经营发展、安全生产等进行了专题巡视检查。10月28日,巡视组听取了局分管领导关于上海邮政经营发展、安全生产工作情况的专题汇报,11月2日至5日,职工代表巡视组通过听汇报、召开职工座谈会、下基层支局(生产科)实地检查等形式对7个直属单位进行了巡视检查,并形成了巡视检查评价报告。12月9日,召开了上海邮政第一届职代会第十一次联席会议,巡视组报告了巡视检查情况,肯定了上海邮政各单位贯彻局一届六次职代会决议所做的工作和所取得的成绩,同时,指出了在经营服务工作上还比较传统,在安全生产上存在重经营、轻安全的现象;在职工队伍建设上、职工的综合能力上还需进一步提高等问题。职工代表围绕这些问题,积极提出改进意见和工作措施,直接参与了企业经营管理,为企业的发展和管理号脉会诊。

(蔡俊皓)

【上海移动通信工会从机制建设上抓好安全生产】 上海移动工会围绕企业发展中心,在开展安全生产、劳动保护的工作中,努力从工会的角度,抓机制建设、抓源头参与、抓宣传教育、抓活动效果、抓培训渗透、抓安康检查,为企业安全生产增加了一道有力的防线。为此成立了上海移动安全生产、劳动保护委员会;建立由公司、基层、班组三级安全生产、劳动保护管理网络,明确各级管理权限和职责;制定《安全生产责任制》等多种安全生产、劳动保护工作制度,使安全生产、劳动保护有据可依,有章可循。同时还健全和完善了公司工会劳动保护监督检查委员会,下设工会劳动保护监督检查分组,分头落实。继续完善工会组织源头参与的工作机制。各级工会主席参与有关安全生产、劳动保护规章制度和重大举措的制定和实施。继续发挥职代会保安全生产、劳动保护的作用,组织职工代表巡视和检查,并对落实情况向职代会作专题报告。

(隋 奕)

【航道局交建公司开展"安康杯"竞赛活动求实效】 航道局交建公司在"安康杯"安全竞赛活动中坚持"以人为本,安全第一"原则,主要做法:一是根据市总工会"安康杯"竞赛的具体部署,制定"安康杯"竞赛工作计划,公司法人代表与各施工船舶船长签订2004年度安全生产责任书,重点抓好安全教育和培训,今年公司安全培训考证7人次。二是开展安全生产承诺活动,突出工种和岗位的针对性,制定安全生产的教育内容,涵盖了13个工种和岗位,并把该教育内容延伸至民工队伍,总签约人数达326人。三是积极营造活动氛围,以"宣传"促竞赛。结合"安康杯"、"安全生产宣传月"竞赛要求,认真开展"学习《安全生产法》,人人事事保安全的教育"活动,向各项目部发放安全生产法律、法规、小册子50余本,供员工能更方便直接地学习;组织参加安全生产知识智力竞赛活动,参加人数65名;购买宣传挂图160幅,发至各项目部、工地、船舶上张贴,提醒职工时刻注意,制作安全宣传横幅2条,贴标语300条,还在东滩予制厂、曹妃甸项目部预制厂设安全警示牌40块。三是对新进公司的大学生,外务劳工举办了三级安全知识的教育与培训，教育面达100%。四是落实安全责任，完善管理制度。公司工会先后制定并完善《施工现场安全管理办法》、《租赁船舶管理办法》、《防台防汛防暑降温工作预案》等安全防范措施，为确保各在建项目的顺利进行提供了有力的保障。 （汪正林）

【航道局船运公司开展“十个一”活动，推进“安康杯”劳动保护竞赛】 在“安康杯”劳动保护竞赛活动中，公司工会贯彻“以人为本，安全第一”的原则，通过一系列行之有效的教育形式，积极开展“十个一”活动，即：读一本安全生产知识的书；提一条安全生产建议；查一起事故隐患或违章行为；写一条安全生产体会；做一件预防事故的实事；看一场安全生产录像；接受一次安全生产知识培训；忆一次事故教训；当一天安全检查员。通过这些活动，使职工以身边的事时时刻刻警示自己的行为，重视安全生产，重视劳动保护工作，做到安全生产警钟长鸣。

（汪正林）

【三航局工会组织职工代表检查安全生产】 三航局工会针对企业水上大型工程项目较多、施工自然条件恶劣的情况，重视和加强对职工的安全生产、劳动保护工作的监督，在贯彻落实年初职代会的提案精神中，于6月17日至30日首次组织了10位职工代表对16个项目部、处、厂、站进行了安全生产检查。职工代表通过看现场、听汇报、查台帐等方式，共查出8个方面100多个具体问题和隐患，在作出4点基本评价的基础上，提出了4点希望和7条建议。通过组织职工代表检查安全生产的实践，起到了“五个促进”作用，即一是促进了各级领导对安全生产工作的重视程度；二是促进了“安全月”活动的有声有色开展；三是促进了防暑降温和防台防汛工作；四是促进了生产一线的安全工作；五是促进了职工代表自身素质的提高。

（唐钧达）

【三航南京分公司工会开展三项“安康杯”主题活动】 三航南京分公司工会在发挥工会劳动保护监督职能作用中，每季度会同安全、公安部门去施工现场检查劳动保护工作的落实情况，发现问题及时指出，限时改正。在此基础上，又组织开展了三项专题活动：一是“大型流动设备操作人员安全操作考评”活动，对8个单位的55名操作人员进行了安全操作规程、设备的用养修技能及随机配备的消防器材的使用方法进行考评；二是组织了“警钟长鸣——我身边的安全隐患图片展”，所展出的三大类近40块图片都是日常工作中经常出现的安全事故苗子，讲明隐患为何会出现、隐患如何防止、隐患造成的后果等；三是组织开展了“工程船舶消防安全演习”，对9条大型船舶进行了消防安全检查和实战演练，每条船舶都表现出良好的状态，大部分船员都体现了较强的临时应变能力。通过这些活动的开展，提高了广大职工的安全意识和自我保护能力。

（唐钧达）

【三航厦门分公司工会突出十项“安康杯”竞赛措施】 三航厦门分公司工会在认真总结和布置“安康杯”竞赛活动中，本着“以人为本，安全第一”的指导思想，紧密结合企业的安全生产实际情况，推出了十项竞赛措施：一是组织职工集中观看一次安全生产的教育片。二是制作并发放安全警示卡。三是对职工进行一次安全生产知识培训。四是以项目部、班组为单位查一次事故隐患或违章行为。五是分析一次事故教训。六是设立安全源警示点。七是为各工地配置了小型急救药品卫生箱。八是工会干部深入一线检查食堂卫生、职工休息场所卫生情况。九是拨出10万元专款购置清凉饮料慰问职工。十是进一步健全工会三级劳动保护监督体系，加强劳动保护的群众监督。十项“安康杯”竞赛措施的推出，既落实了安全生产责任制，又增强了广大职工的安全意识和劳动保护意识，更保障了职工的职业健康安全。

（唐钧达）

【机场集团工会将“安康杯”作为安全管理和劳动保护有效载体】 上海机场集团工会组织了10家参赛单位深入开展“安康杯”竞赛活动，通过市“安康杯”竞赛办公室和兄弟单位同行的检查验收，1家单位被评为全国优胜企业；2家单位被评为市优胜企业。主要经验做法有5条：一是领导重视，主题明显，活动有序推进，保证了飞行安全和生命安全；二是重点突出，抓住关键，强化了各类安全措施；三是注重了教育的全员性，活动的多样性，强化了安全生产基础和职工技能培训；四是发挥优势，体现特色，工会群防群治作用显著；五是把“安康杯”竞赛活动和科学管理有机地结合起来，坚持“以人为本”的管理理念。 （鲁荣胜）

【教育工会发布教师健康信息】 上海市教育工会与瑞美医疗保健中心于9月6日举行了“教师的健康、教育的保障”——教师健康信息发布暨签约仪

烟草工会举办“安全生产法”法律咨询活动

（张佩华）

式，各高校、区县教育工会主席和教师代表150余名参加会议。会上，上海瑞金集团副秘书长、广慈医院院长于文作了《上海千名教师代表健康状况的调查与保健对策建议》报告，综合汇报了全市985名大、中、小学校骨干教师、学科带头人的健康体检的情况与分析。近年来，上海教师亚健康状况较为突出，心血管、脑血管、颈椎病等一些具有明显特征的职业病较多地困扰着骨干教师。为了改善人民教师的健康状况，上海瑞金集团、瑞美医疗保健中心出资150万元，由市教育工会组织千名优秀教师前往体检，受到教师广泛赞扬。 （顾伯超）

【良友集团开展消防演练活动】 为进一步增强广大员工的消防安全意识，提高员工对一般消防器材使用的本领，营造消防安全人人有责、人人关注的氛围，由集团人事部、集团工会共同主办的消防演练活动于6月在上海市贸易学校云岭西路校区举行。集团下属粮食仓储、东辰粮油等九家公司参赛。这次演练的项目有男子100米二氧化碳灭火、100米麻袋油桶灭火；女子60米二氧化碳灭火、60米麻袋油桶灭火和男子两人三带消防水带操。经过激烈的角逐，酒店公司张谷成和油脂仓储公司朱宏杰分别获得男子100米二氧化碳灭火、100米麻袋油桶灭火第一名；粮食仓储公司黄真华、王永兴获得男子两人三带消防水带操第一名；油脂仓储公司张莉和酒店公司樊玉秋分别获得女子60米二氧化碳灭火、60米麻袋油桶灭火第一名。

（周黎琼）

【上海石油分公司工会积极开展“安康杯”竞赛活动】 石油分公司工会多年组织职工参与“安康杯”竞赛活动，曾获全国优胜单位、“上海赛区”优胜单位等称号，今年又认真组织职工参加“全国职工安全生产知识普及教育活动”，围绕“安康杯”主题活动，订购《全国职工安全生产知识普及教材》、《百题竞赛试题·答题卡》等学习材料分发到职工手中，并制作了300多幅安全宣传横幅悬挂各加油站、油库等作业现场，营造浓郁的“安康杯”活动氛围。 （李　刚）

短信息：

○上海石化工会在调研的基础上，积极参与制定《上海石化安全生产禁令及其实施细则》。 （施东亮）

○上海航道局开展了“上海航道局《东方杯》局管及大型工程项目部人员安全知识竞赛”。参加初赛的职工（民工）共有1109人。 （杨建平）

○中远集运工会举办了4期船舶劳动保护培训班，共有201名船长、政委、轮机长以及劳动保护监督员参加了系统的培训。

（钱　华）

女职工权益

【徐汇区总工会抓好三个环节加强女职工工作】 徐汇区总工会在做好工会女职工工作的同时注重抓好三个环节，确保在组织上、制度上和维权上深化女职工工作，切实发挥女职工组织作用，为广大女职工服务。工作主要包括：一是在源头上加强组织建设。基层女职工组织建设与工会组建同步进行，从源头上确保女职工组织实现全覆盖。区总工会组织部门在指导基层工会组建、换届时，要求将女职工组织的组建工作同步开展，并将女职工组织组建率列入工会工作年度目标考核。二是在制度上确保有序开展工作。梳理原有的各级工会女职工委员会组织机构，以中华全国总工会修改实施《工会女职工委员会工作条例》为契机，进一步调整充实工会女职工委员会组织机构，明确工会女职工委员会委员必须由工会女工干部担任。同时，要求各级工会切实加强对工会女职工委员会重要性的认识，注意发挥企（事）业单位工会女职工组织在维护女职工合法权益和特殊利益方面的独一无二的重要作用。三是在维权中提高履职水平。动员各级工会女职工委员会坚持全心全意为广大女职工服务的宗旨，每年为女职工办1－2件实事。区总工会拨出专款帮助困难女职工参加女职工特种重病互助保障计划。与区妇联共同落实好每年为2000名困难女职工妇科体检工作。将“巾帼文明岗”争创活动延伸到非公企业，增强企业女工工作活力，提高女职工组织的影响力、凝聚力。 （虞　蔚）

【长宁区IT行业工会以协议形式保障女职工特殊权益】 年初，长宁区总工会所属的IT行业工会在调查中发现，一些IT企业中的女职工在孕产期的待遇、优生优育、健康检查和职业保障等方面问题比较集中。为此，行业工会在区总工会法律部的帮助下，从法律条款和福利条款两部分形成了《女职工特殊利益专项协议》。该项协议首

市总女职工委员会开展“为进城女性送健康”医疗咨询活动

（徐梅瑾）

先在上海兰恒信息有限公司进行了试点取得了成功,并在行业工会内部得以推广。由于协议既从保障女职工的利益出发,又考虑到企业操作上的可行性,除了法律法规的条款,大部分以建议性的方式,允许企业根据自身的能力和女职工个案情况进行适当的调整,使大部分IT企业能够接受和认同。协议的推行对于企业和员工而言是双赢的,它不仅从内容上充分体现了企业经营管理上的人性化,降低IT行业人才的高流动率,而且为IT企业内的女职工创造出良好的工作氛围,减轻女职工的职业压力,加强了工作保障,使企业集体合同的保障条款更趋完善。同时,长宁区IT行业工会也成为了上海市第一家从行业的角度起草并签订女职工保障协议的工会。

(董　颖)

【黄浦区总工会培育基层工会女职工工作形成特色】 4月,黄浦区总工会培育了一批基层工会,创出了女职工工作特色。主要有:豫园集团公司工会在突出维权主题上创特色,通过扩大该集团女职工读书活动和"巾帼文明岗"创建覆盖面,目标达到80%,并努力完善女职工表彰、女性人才培养和困难女职工帮困的工作机制,积极营造女职工自主创业和技能培训的良好氛围,强化女职工两年一次妇科体检,扩大《女职工团体特重保障计划》的参保率等,使女职工工作又上了一个新台阶。新世界集团公司工会通过制作《以劳模精神托起一个新世界》电视片来宣传劳模事迹,宏扬劳模、标兵、创业带头人的奋发向上的精神,来推动女职工争先创优活动,创出女职工工作特色。金陵社区工会的女职工工作重点体现在对转制企业女职工的关心和激励民营企业工会中,他们对转制企业女职工进行体检,并在民营企业中老总和工会主席中开展先进评比,给予荣誉,从而推动面上工作。

(李慧敏)

【卢湾区教育工会女职工委员会全方位落实女职工维权工作】 卢湾区教育工会女职工委员会结合教育系统工作实际情况,把维权的重点放到调解家庭矛盾、婚姻纠纷和维护女性就业权力及社会保障权力上,坚持把法律强制性保护措施和深入细致的思想工作相结合,把女职工维权工作与为广大女教工办好事、办实事相结合。卢湾区教育工会女职工委员会主要做法:关心女教工的身体健康,组织参加"上海市女职工团体互助医疗特种保险",参保率100%。关注患重病、大病的单亲女教工和困难女教工家庭,建档立卡,定期补助,并发放医疗帮困卡;每年组织全系统的女教师进行身体检查、参加卢工体育场的体质测试;因地制宜开展强身、健体的体育活动。组织女校长、女工干部参加乒乓单打比赛,第八套广播操比赛,练功十八法比赛,有氧健身操比赛,有近600名女教工报名参加。结合庆祝"二十周年教师节"活动,卢湾区教育工会还组织了教师"仪表、风采、才艺"展示系列活动"、"师德风采板报比赛"等。为此多次被评为卢湾区职工体育先进集体,还获得过全国总工会体质测试先进单位荣誉称号。此外,她们还结合人事改革工作,关心转岗的女教工,以座谈交流会、上门访问等形式,疏导她们的心理,为女教工排解心中的怨气、怒气,帮助女教工解决工作生活中的困难。

(张　玲)

【静安区商业工会女职工委员会创新女职工工作】 区商业工会女职工委员会紧密结合企业改革和经济发展的新要求、时代发展的新特点和女职工要求的新变化,不断创新工作。主要体现在三方面:一在维权手段上,着力组织女职工学习法律,在依法维权上下功夫,增强女职工自我保护意识,积极推进女职工的各项工作。二在工作机制上,突破传统的思想定势,坚持用发展的思路和办法寻求满足女职工多层次、多样性、多方面需求的新方法,拓展推进女职工工作的新途径。如推进女职工互补医疗特种保障计划、开展助学活动、组织创建"巾帼文明岗"、加强"四自"教育等等。三在活动内容上,因人而宜,形式多样,分工种、分渠道开展各项素质技能培训,增强女职工在社会上和企业中的竞争能力。

(华中炎)

【宝山区总工会"七送"活动维护女职工权益】 宝山区总工会以"特困女职工、"4050"下岗女职工、外来务工女职工"为重点,积极开展"七送"活动,为广大职工办实事、做好事、解难事。主要包括:一送健康。为"三个重点"的女职工免费妇科普查、咨询各100名,基层各级工会组织全面落实两年一次妇科普查。二送保障。全面动员广大女职工特别是"三个重点"的女职工为自己投一份《女职工团体互助医疗特种保障计划》,年内机关委办局完成100%,其他单位80%以上女职工加入计划。三送法律。各级工会开展法律咨询和法律援助工作的系列活动,区总在杨行镇开设"外劳务工女职工"劳动权益咨询专场。四送知识。组织职工走出宝山,考察学习,扩大视野;组织观摩先进事迹展示;送书下车间,下工地;邀请专家作"新时期职业女性形象"报告会和女性知识讲座。五送服务。组织工会志愿者上门为残疾和患重病女职工服务,帮助解决生活困难;给患重病女职工送上节日问候和爱心互助款。六送培训。开展巾帼花艺,女性编织艺术、烹饪、育儿等培训,并通过竞赛和展示,推进培训工作的深入开展。七送岗位。挖掘女性创业示范点,重点扶持工会家政服务品牌,创造条件为"三个重点"人员提供就业岗位和就业条件。

(窦恺芳)

【松江区女职工委员会"四同步"工作法】 松江区总工会在抓好工会组建工作的同时,总结出女职工委员会组建和工作开展的"四同步"工作法。主要包括:一是实现同步组建。始终把组建非公企业工会女职工委员会(以下简称女工委)作为开展女职工工作基础和重点。年初,把女工委组建目标与工会组建目标同时下达,确保女工委组建率达90%以上。二是实现同步运转。为了保证女工委组建后的实运转,区总女工委制定新建企业工会女职工工作职责和内容,根据不同行业和企业的不同情况进行具体指导。使新建企业工会女职工工作既规范运作,又有效发挥作用。三是实现同步维权。在签订劳动合同、集体合同,开展平等协商谈判中,明确把维护女职工合法权益和女职工特殊利益作为维护重点列入其中，实现了同步维权。四是实现同比增长。在签订工作目标责任书的同时，采取中途召开组建工作情况交流会，年终进行综合考评办法，使女职工委员会组建率与工会组建率达到同比增长。（莫永涛）

【奉贤区海滨电器集团有限公司签订《女职工专项集体合同》】 奉贤区海滨电器集团有限公司现有职工336人，其中半数以上是女职工。为切实维护好女职工的合法权益，在公司党政领导的重视和支持下，2004年公司工会与企业行政签订了《女职工特殊利益专项集体合同》（以下简称《专项合同》），他们的做法是：一是突出《专项合同》的针对性。公司工会在草拟合同条款时先后3次召开女职工代表座谈会，广泛听取她们的意见，六易其稿，反复修改，最后形成了很有针对性的18条条款内容的《专项合同》文本。二是狠抓实效性。公司成立了由党支部书记、工会主席、女工主任及女职工代表等参加的履行《专项合同》领导小组，加强动态检查，发现问题及时召集有关部门和人员进行研究，认真整改。三是建立了由4位女职工代表组成的履行《专项合同》监督小组，加强日常履约的监督。在年终组织的对《专项合同》执行情况民主测评中，女职工的满意率达到98%以上。（沈永明）

【宝钢（股份）工会成立女职工服务中心】 宝钢（股份）工会为帮助女职工解决所遇到的各种矛盾和困难，于3月成立了女职工服务中心。主要服务项目有：法律法规文件的查阅及法律咨询；困难求助；保险理赔、咨询；“三费”办理咨询；卫生保健咨询（定时举行）；生活百科知识讲座（定时举行）；红娘牵线搭桥等。“女职工服务中心”成立以来，已接待各类咨询106人次；为女职工办理各类理赔128人次，金额达21.8万元；调解家庭矛盾5起；联手举办了3个不同年龄段暑托班，为53名生产一线女职工解决了后顾之忧；到基层单位组织了6期有关妇科、中医、营养等保健，受到了普遍欢迎。（王俊明）

【久事公司女职工委员会精心组织“三心”活动】 上海久事公司工会女职工委员会坚持做到三心：“热心、尽心、专心”，努力为女职工服务。主要包括：组织好公司以及下属控股公司的全体女同志一起参加的每年一次的妇科检查，确保女职工身体健康。大力做好计划生育宣传工作，设立了生育药具开架管理，确保有需要的员工能及时领取计划生育工具；做好药具收发帐，严格管理，做到计生符合率100%、人流率为0；开辟墙报，及时张贴将有关计划生育政策；汇同公司人力资源部，落实员工的独生子女奖励费、晚婚晚育假、计划生育手术假等各项计划生育奖励优惠政策。配合工会做好生育和困难员工的探望和补助工作，做到一个不漏。此外，还积极开展“三八妇女节”、“六一儿童节”等形式多样，丰富多采的适合妇女儿童身心健康发展的庆祝活动。（王雯洁）

短信息：

○女职工劳动权益求助热线“16016999”开展以保护女职工健康权为主题的专题投诉和咨询活动，一年来，共接受女职工咨询、投诉1078人次。（徐梅瑾）

○南汇区各级工会女职工委员会先后组织区级女职工4914人、镇级工会所属女职工18956人参加了妇科检查。（周慧学）

退休职工权益

【市退管会注重依法维权办实事】 市退管会注重依法维权办实事，为广大退休人员经济上帮困，生活上解难，精神上排忧作出了努力，取得了实效。一是会同市职工保障互助会，继续实施《上海市退休职工住院补充医疗互助保障计划》。截至年底，共有240余万名退休职工投保，给付52万余人次，给付额2.2亿元，使一些身患重病的退休职工能够及时得到医疗补充保障减轻了他们的经济负担。二是坚持开展“冬送温暖，夏送清凉”活动，全市各级退管会对各类困难退休职工走访慰问达41万人次，送去慰问金1.2亿元，缓解了退休职工的生活困难。三是举行退休人员专场法律咨询服务活动，共有128名需要法律咨询服务的退休人员得到专家的指导，为他们依法维护自身的合法权益提供了帮助。四是进行企业退休人员社会化管理服务的前期调研工作，提出了在推进过程中，要重视维护企业退休人员合法权益的若干建议，为政府出台具体实施细则，积极、稳妥、平稳、有序推进此项工作奠定了基础。五是参与组织了上海市第七届老年人运动会，举行了“庆祝上海市第十七个敬老日文艺汇演”活动。（邬时中）

【市退管办建立重点帮困与长效救助相结合的工作机制】 市退管办根据退休职工的现状与特点，提出了对退休人员要做到“经济上解困，生活上解难，精神上解闷”的工作方向，在对退休职工困难群体的集体帮困工作中，采取了重点帮困与长效救助机制相结合的方法。其中重点帮困是把260万退休人员中80岁以上的40余万超高龄退休人员，以及孤老、一老养一老和患重病退休人员作为重点帮困对象。2004年仅市退管会办公室就帮困慰问单位和个人661人次，慰问金额近8.3万元。长效机制建设，主要包括组织动员广大退休职工参加《上海市退休职工住院补充医疗互助保障计划》；在市总工会支持下，退管办又为一些因病致贫的退休人员发放医疗帮困卡；做好日常信访接待、困难救助和社会稳定工作工作；开展一系列敬老助老帮困活动等。（郑　刚）

【徐汇区退管会以“五步曲”推进退管工作】 徐汇区退管会按照“党政主导、社会参与、全民关怀”的老龄工作方针的要求，实现“六个老有”的工作目标，切实做好退休职工维权工作。（1）区退管会及时调整健全领导班子，由区及各有关委、办、局、街道、镇领导担任委员。13家社区退管会组织都逐步建立了由社区老龄委、工会组成的退管会组织机构。（2）争取区社保30余万元工作经费，确保区财政每年拨款10万元用于退休职工定期帮困。共有1500余人次特困退休职工得到定期补助，金额达23万余元。(3)组织一支近20人的志愿者队伍，认真开展双月为老服务活动，深入社区免费提供理发、修配钟表眼镜、修理家用电器、裁剪修伞、健康测试等医疗保健等项目。2004年为老服务1500余人次。(4)全面推进退休职工互助保障工作。区总工会、退管会健全区理赔服务处和13个社区服务点的两级服务平台，配备专职理赔员，增聘志愿者，做好投保、续保、给付一条龙服务。全年退休职工参保人数5.2万人，参保金额达258万元，参保率达100%。(5)全区4个街道分别与餐饮、制造等行业的非公企业签约，实现社区与有关单位资源共享、携手配合。虹梅社区退管会同君悦阁餐厅签订了联手助老协议，餐厅力所能及地为老服务提供人员、场地等方面支持，联手开展敬老节等系列文化活动。（虞　蔚）

黄浦区退管会坚持双月为老服务进社区活动

（胡德勤）

【长宁区退管会开展敬老尊老活动】 长宁区退管会召开部分企业退管会负责人座谈会，抽样调查2022名退休职工，了解困难和特困退休职工的生活情况。截至年底长宁区退管会共发展了61家爱心助老特色单位。特色服务内容包括：建立定期为孤老送货档案；设置“热心电话”，随时给予帮困解难；为90岁以上老人就医提供免费用车；免费为特困女退休职工投保；大、中学校发动学生定期为老服务等。各街道开展双月一次为老服务日的活动，受益老人数达1万余人次。同时，区退管会积极倡导各社区退管会开展具有特色的文体活动。如北新泾退管会先后组织起腰鼓等五支百人队伍大展示；虹桥街道退管会创办“阳光有约”栏目，逐步探索出一套行之有效的心理问题疏导工作方法；华阳街道退管会成立了法律服务站，每周两个半天为老人免费提供法律援助和法律咨询；仙霞街道退管会精心打造“健康服务”社区；天山街道退管会积极创建学习型社区，广泛组织老年人学习小组。此外，还为500名特困退休职工的住院补充医疗保险的续保每人补贴25元，总金额为1.25万元；认真做好一年一度的“双送”工作，共慰问了243人，慰问金总计5.06万元。（孙吉娣）

【宝山区退管会为退休职工办实事】 宝山区退管会通过做好7项工作为退休职工办实事，主要包括：为4837名70岁以上高龄老人办理敬老优待证；开展了冬送温暖夏送清凉活动，全区共有10927名退休职工得到了各类帮助，帮困总金额118万元；为34690名退休职工办理互助医保，理赔5063人次，理赔总金额192.2万元；定期开展社区为老服务活动，受益的退休老人5320人次；发展退管经济，经营总额达4100万元，直接用于退休职工福利费50万元，共为91名特困退休职工实行了三定帮困，其中区退管办帮困10人；为395名退休职工订阅老年报；组织退休职工开展了庆国庆、迎重阳游园活动及参加上海市老年运动会等活动。（窦恺芳）

【松江区退管会为退休职工办实事做到“七个坚持”】 松江区退管会为退休职工办实事做到“七个坚持”：一是坚持为退休职工办理住院保险，共为22746名退休职工办理参保，参保率100%，其中5244名退休职工参保金由所在单位出资免费为其办理。同时，为参保的3972人次大病住院退休职工办理给付金116.68万元。二是坚持开展大病和医疗帮困，努力解决退休职工的困难。先后为20名困难退休职工免费安装“安康通”，4名患白内障特困退休职工免费施行复明手术，350名特困职工和86户退休困难家庭进行帮困，总金额14.33万元，270名“支内回沪”特困人员开展节日慰问和医疗救助16.3万元。三是坚持开展“双月为老服务”活动，开展为老服务活动87分场，拓展服务项目790场。四是坚持开展“尊老社会一条龙”服务。2004年共发放“高龄优待证”1280张，先后为高龄老人提供“四优先”服务、优惠安装宽带网服务，开展“回娘家”活动。五是坚持开展退休职工文体活动，宣传科学健身知识，开展一日游，举办登山、柔力球、皮球、钓鱼、扑克等比赛活动，提高退休职工生活质量。六是坚持做好来信上访工作，尤其是支内回沪退休职工的来信和上访，做到有问必答，有事必复，及时走访。年内共处理和接待来访48件，上门探望来信职工18人。七是坚持稳步发展退管经济，保持资产保值增值，为退休职工多办好事实事。（莫永涛）

【崇明县参加退休职工住院保障计划突破三万名】 崇明各级工会继续大力推进退休职工互助医保工作，积极为他们做好事、办实事。截至年底，崇明县共有30154名退休职工参加上海市职工保障互助会的退休职工住院医疗保障计划，比2003年的21538人增长了40%；累计有6151名退休职工因病住院而获得保障给付，给付金额达192.87万元。在具体工作中，崇明各级工会对原来已经参加互助医保的退休职工，认真宣传有关文件精神，顺利实现了投保费的调整；对尚未参加医保的退休人员，则通过拨打电话、邮寄信函、上门告知、托其亲友转告等各种途径，想方设法联系上、宣传到，使他们充分认识到参加医保的好处，从而自觉地参加住院医保。（陈进修）

【上海华谊（集团）公司退管会注重服务讲实效】 华谊集团退管会把关心退休人员的困难，倾听退休人员的呼声，反映退休人员的要求，解决退休人员的难事，缓解退休人员的后顾之忧，作为退管工作的首要职责。一是将“住院医疗补充保障计划”作为“一号工程”来抓。做到：宣传发动一个不漏，特困帮助一个不推，参保信息一条不错。通过抓重点、抓调研、抓典型、抓例会、抓培训等，使参保率达到98%以上；使7433人得到住院理赔，理赔金额达530.28万元，为退休老人构筑了保障屏障。二是将关心退休人员、重点帮困对象作为“民心工程”来抓。做到“冬送温暖、夏送清凉、重阳送亲情”。全系统“冬送温暖”慰问对象16117人，其中特困对象有3802人，慰问金额226.5万元；“夏送清凉”对象13092人，其中特困对象有3797人，慰问金额111.8万元；“重阳送亲情”对象9924人，其中特困对象有2857人，慰问金额133.2万元。（虞仲义）

【烟草工会退管会以活动促服务】 烟草工会、退管会以“六个老有”为目标，以“四项活动”为支撑，积极做好退休职工的服务工作。一是组织开展了“送知识、送健康”活动。为退休职工举办老年健康知识讲座2次、开办花卉编织培训和电脑培训班各三期，500多人次退休职工参加了手工编织各类花卉的技巧培训，并有36位退休职工通过学习获得市老年大学颁发的证书。二是开展“自我服务、自我管理、自我教育”活动。为此烟草退管会建立了“老年互助会”，确立了“医疗咨询、帮困服务、法律援助、手工编织”等五大类自我互助活动项目，深受广大退休职工的欢迎。三是开展“老有所乐”系列活动。结合第17个敬老节，组织2700名退休职工参观由局退管会举办的“退休职工艺术品展”，1247名退休职工参加了“夕阳无限好”二日游活动，3216名退休职工参观了中国烟草博物馆，有效丰富了退休职工的老年生活。四是开展了办实事做好事活动。继续为行业退休职工参保了“市住院补充互助保障”，办理理赔1276人次；全年走访慰问退休职工4365人次，各类慰问和困难补助46万余元。（江洪生）

【电器所工会坚持为退休职工服务】 工会在企业改制的过程中，坚持做好为退休职工的服务工作。为了稳定退休职工队伍，工会全年寄送《电科所所报》800余份，耐心细致地通过多种多样的形式解答退休职工反映的各种问题150余人次，解决退休职工信访2起，使改制工作得到了广大退休职工的理解和支持。2004年，继续由行政全额出资6.3万元为退休职工办理市总工会补充医保841人，投保率达100%。全年退休职工给付金额近7万元，为居住外地的退休职工给付人次达19人次，金额为1万余元。改制后，工会继续坚持“冬送温暖，夏送清凉”，寄送慰问信1680余封，全年探望高龄、生病、住院、孤老人数达156人次，帮困金额达2万余元。（杨明麟）

【国际港务集团退管会开展“十佳块组长”评选活动】 在市第17个敬老节期间，港务集团退管会开展了“十佳块组长”评选活动。经各基层退管会提名和集团退管会的评审，最终评选出了丁七妹等“十佳块组长”、优秀块组长各十名；先进块组长48名。在敬老节当天，港务集团工会、退管会召开了隆重的表彰会。会上由“十佳块组长”所在的退管会派代表用演讲的形式，向与会者宣传和介绍了他们的先进事迹。（余伟韧）

【国际港务集团退管会组团参加市老年人运动会取得好成绩】 港务集团工会、退管会为了更好地丰富退休职工晚年生活，组团参加了市第七届老年人运动会。在运动会期间，港务集团退休职工共参加了乒乓球、中国象棋、钓鱼等项目的比赛。集团下属新华港务公司还组队参加了上海市第七届老年人运动会的开幕式表演。由于领导的重视和集团广大退休职工的积极参与，港务集团退休职工在本次运动会上取得了较好的成绩，其中：女子乒乓球获得团体第二名；男子乒乓球获得团体第三名；中国象棋队获得男子组团体比赛第三名、个人组第二名。（费建宏）

【建工集团表彰退管工作先进集体和个人】 建工集团退管会召开了2004年建工集团退管工作会议暨2002—2003年度退管工作先进表彰会。市建一公司、四公司、五公司、安装公司、基础公司、机施公司退管会等6个先进集体，张明秋等30名退管工作先进个人，吴妹妹等16名优秀联络组长，陈

杨浦区总工会坚持为老服务宗旨，先后开办了5家老年护理医院（王　洪）

永坤等6个敬老家庭，张菡轩等6名老有所学标兵受到表彰。 （吴有德）

短信息：

○南汇区供销合作总社一支由16名平均年龄60岁的退休职工志愿者组成的为老服务队，每逢节假日，深入社区、开展为老服务活动。 （纪 敏）

○金山区退管办为418名支内回沪定居人员办理了金山信用联社“如意卡”（银行存折卡）。 （徐秋萍）

○虹口区退管会给特困退休职工和退休劳模送上慰问金11.2万元，在“两送”活动中，23285（人次）退休老同志得到了各种形式的慰问和帮助，总金额计258.9万元。 （李 琪）

○新闻出版工会建立的局“退休职工重病医疗互助补充基金”（局行政每年拨款30万元，局工会、局退管会各10万元），已有系统内61家单位、6735名退休职工参加，共资助289位患重病的退休职工，金额达到114.3万元。 （陈宏华）

○中海集团工会召开中海上海地区退休职工敬老节联谊会，300余位退休职工参加了联宜活动。退休职工以自娱自乐的形式，演出了10多个精彩节目。 （陆洪新）

职工疗休养

【市总工会沙家浜度假村被首批列入全国劳动模范疗休养基地】 上海市总工会常熟沙家浜度假村是由上海市总工会自主经营的文化娱乐中心。2004年以崭新的面貌和更加优异的服务被中华全国总工会列入首批全国劳动模范疗休养基地。为使这所集休养、度假、娱乐、会务、体验、教育培训为一体的综合性职工疗休养基地能更好地蓬勃发展，近年来，上海市总工会总计投入1.5亿元对其进行建设和改造，满足不同层次职工健康保健、娱乐休闲的需要。 （郭金蓉）

【普陀区总工会以创新意识搞好职工疗休养】 为了满足职工群众日益增长的文化生活需求，区总工会坚持经常深入基层征求广大职工对工会疗休养工作的意见和建议，并根据职工的不同要求经心设计推出新颖、价廉的休养旅游线路。区总工会根据老年人的特点，经心设计出赏花、观景、品茶、聊天、享受美味佳肴等休闲项目，并以车代步，以船代游等为老年人出游提供方便、轻松、愉快、舒服的旅游项目，受到老年人的喜爱和称赞。为使企业外来务工人员一日游休养团能更好地了解、领略、展望上海改革开放的伟大成果，组织他们参观普陀区工业园区、龙华烈士陵园、东方明珠、浦东新区、新天地等，让外来务工人员在休生养息的同时，使他们的工作热情得到提高，企业的凝聚力精神得到增强。2004年普陀区共接待职工疗休养4589人次，比上年上升9%。 （钟蕙）

【长江轮船公司组织“海夫人”疗休养】 长江轮船公司工会疗休养工作在立足搞活基层的基础上，突出运输主业，把集中组织转为管办相结合，重点组织具有行业特点的优秀船员家属疗休养活动。10月26日至28日，公司工会精心筹划组织了23名优秀船员家属赴厦门休养。通过“总经理给家属写慰问信、家属寄语公司、海夫人乘船游”等活动，增进了企业与船员家属的理解与沟通。公司总经理的诚挚感谢与祝愿，赢得了“海夫人”的热烈回应。她们通过“家属寄语”，讲出了作为一名船员家属的深切体会，同时也表达了对企业的美好祝愿。2004年，公司各单位共投入43.8万元，先后组织各类先进工作者、优秀员工和船员（职工）家属代表共33批、802人次参加度周末和疗休养联谊活动。 （黄铁明）

【医务工会三条措施加强疗休养管理】 上海医务工会疗休养工作坚持“两条腿走路”的方针，充分调动医务工会疗休办公室和基层工会两个积极性，实现了从办疗休养逐步向管疗休养的转移。在加强疗休养工作管理上，医务工会主要采取了以下三条措施：一是短途休养、双休日休养基层自己组织；长途休养，因有不可预测的因素、变化较大，建议参加医务工会疗休办组团。二是继续探索疗休养工作从福利型、全员性向保障型、先进性转变，使疗休养工作更好地为职工服务。要组织好有毒有害岗位，新技术、新设备岗位人员，义务献血人员的休养；组织好劳模、先进的休养；还要组织好专家、教授、学科带头人、党政领导等的休养，要向杰出者倾斜，这是疗休养工作的方向和疗休养工作赖以生存的基础。三是要及时发现和解决疗休养工作中存在的问题，加强管理和操作；向职工做好疗休养工作的宣传教育；加强对疗休工作进行调研，探索建立多层次的疗休养模式。 （周崇礼 王月英）

【医务工会疗休养工作改革取得突破性进展】 2004年，上海市医务工会组织了147批、计5040人次赴北京等25地疗休养，比去年同期增加11.3%，打破了从2000年到2004年组织疗休人数都在10%左右长期徘徊不前的现状，实现了重大突破。同时有51家基层单位自行组织了近200批、计8682人参加的各类疗休养，总计为347批13722人，占职工总数的30.9%。这主要得益于医务工会近年来对疗休养工作所进行的改革：不下达计划指标，按市场经济模式运作，充分发挥医务工会和基层工会的两个积极性，形成了医务工会的疗休养人数没有减少，而基层工会组织的人数大大增加的新局面。同时在组织的疗休养中，每年都有700－800人次是劳模、先进、献血等休养。 （周崇礼 王月英）

短信息：

○上海石化工会积极探索职工疗休养市场化运作的新方式，2004年共组织1412名职工参加了试点性疗休养。 （施东亮）

○3月5日，市水务局工会召开疗休养工作会议，会议要求确保完成从事有毒有害工作岗位职工的疗休养任务。 （石建兴）

加强自身建设

综　述

2004年,上海各级工会组织坚持以邓小平理论和"三个代表"重要思想为指导,认真学习贯彻党的十六大和十六届三中、四中全会精神,从牢固树立和落实科学发展观,加强党的执政能力建设的高度出发,进一步加强工会自身建设,保证新时期工会重点工作和其他各项工作的开展。(1)进一步加强工会干部协管工作,配齐配强和配好工会领导班子。市总工会组织部加强对工会组织干部进行业务培训,加强同区县局党委、干部部门的联系,及时了解和掌握有关情况,根据市经济体制调整的情况,及时与有关部门取得联系,调整工会管理体制和组建新的工会组织。全年完成了24家单位的工会换届选举和领导班子调整工作。(2)进一步加强工会干部的教育培训工作,提高工会干部的综合素质。全年共举办各类培训班176期,受训人员约3万人。受训对象主要是近年来新组建的基层工会主席和新上岗的工会主席。选送工会干部参加全总举办的各类培训班。会同市委党校、工会管理干部学院,对新当选的市总十一届委员和市总机关部分中青年干部进行集中培训。(3)进一步深化干部人事制度的改革,形成干部能进能出、能上能下的良好氛围。市总机关开展干部交流、挂职锻炼、优化结构、强化素质、规范管理等工作,进一步加强机关系统干部人事和老干部工作。一是根据市委组织部和市总党组的工作部署,在市总机关系统全面开展"让党放心,让人民高兴"和"向赵为民同志学习"的活动。二是选送新录用的机关干部到基层第一线和选送机关干部到市人大等单位进行挂职锻炼。三是规范干部人事管理和分配制度。充实和加强市总直管单位的领导班子,先后调整了学院、屏风山疗养院和市工人文化宫的领导班子。会同事业部、机关党委对市总直属单位领导干部的收入分配在调研的基础上,提出了加强业绩考核和试行年薪制的办法。四是按照公务员录用的有关规定,招聘录用了5名机关工作人员。五是会同机关党委对机关系统的部门、直管单位和工作人员进行了年终工作考核评比工作。六是从政治上和生活上关心离退休人员,组织开展适用、适宜、适度的活动。(4)进一步强化组工干部形象塑造,加强工会组织部门的自身建设。根据中央组织部的统一部署,在全市工会组织部门开展了"树立组工干部形象"的集中教育活动,按照顾全大局、业务精通、公道正派、服务热情的要求,内强素质、外塑形象,提高组工干部的整体素质。(5)进一步转变工作作风,强化服务意识。市总组织部深入基层开展调查研究,形成了《在完善社会主义市场经济体制中推进城市工会组织体制创新问题的研究》、《上海市基层工会职工队伍状况的调研总报告》等5篇调研报告。坚持政治理论学习,赴武警部队开展以"警民共建铸党魂"为主题的党组织生活。坚持业务知识学习制度,提高发现问题、分析问题、解决问题的能力。(6)进一步加强工会信息化管理,构建市总机关内部信息服务平台,为机关和基层工会工作服务。(刘工新)

组织体制

【上海城建(集团)公司工会等六家单位挂靠市总工会】 2004年先后有上海城建(集团)公司工会、上海地产(集团)有限公司工会、上海市申江两岸开发建设有限公司工会、上海世博(集团)有限公司工会、中国联通公司上海分公司工会挂靠上海市总工会。

(杨伟良)

【上海市对外经济贸易工会撤销】 为适应上海市党政管理体制的改革,进一步理顺工会组织管理体制,经上海市总工会研究决定,从7月起,撤销上海市对外经济贸易工会。原上海市对外经济贸易工会下属工会的组织关系划转上海市经济工作系统工会委员会。(杨伟良)

**【上海四大口建立系统工会工作委员

个,在职职工2.3万多人。（陶鸿坤）

短信息:

○2004年,高桥石化公司工会完成工会机构改革。

（严　英）

○新闻出版工会完成下属16家基层工会的换届改选,并对新当选的工会干部进行岗位培训。（陈宏华）

干部管理

【市总工会公开招录机关工作人员】 按照《深化干部人事制度改革纲要》的要求,为推进市总机关干部队伍建设,进一步充实力量,2004年,市总工会通过向社会公开招聘,招录了5名35岁以下、大学本科以上学历的机关工作者,使机关干部队伍的年龄结构和知识结构进一步得到优化。（邵丽倩）

【徐汇区总工会积极探索工会干部职业化道路】 针对新建企业和新社会组织工会组建中不断涌现的新情况,区总工会创新思路,向社会公开招聘专职工会干部,广招贤才。通过《新民晚报》、《劳动报》、《徐汇报》、徐汇区人民政府门户网站等媒体发布招聘信息,向社会公开招聘首批行业工会专职干部6—7名。收到来自上海及外省市的应聘信100余封,通过笔试和面试等程序,择优录取了4人。区总工会加强对职业工会干部的指导和培训,使职业工会干部的业务水平、沟通技巧、协调能力以及敬业精神有提高。成立区行业工会工作站,由工会专职干部协助各社区行业工会的组建和运转工作,加强与企业的联系,做好协调和服务,加大工会组建力度,更好地体现"以党建带工建、以工建服务党建"的原则,塑造工会干部服务基层、服务职工、高效务实、奋发有为的良好形象,取得了良好的效果。区总工会走出了工会干部职业化道路的第一步。

（虞　蔚）

【杨浦区加强工会干部队伍建设】 区总工会采取有效措施,在工会干部队伍建设上做文章,全区各级工会组织继续推进工会组织民主化、群众化进程,在全面落实《区总工会关于加强工会组织民主政治建设的若干意见》进程中又向前迈出一步。深化工会会务公开、工会主席直接选举和工会班子民主评议机制制度正在逐步建立。区总工会加强了工会组织评价体系和工会干部考核体系科学性、有效性的研究,初步建立了职业工会工作者管理机制;根据杨浦工会干部队伍实际,有计划地培养工会工作专才和引进紧缺人才,实现"人才兴会、人才强会"。制定了干部培训工作三年规划和年度执行计划,提出明确的培训要求,举办了网格指导员、小区工会主席、非公企业工会主席等多期培训班,近300名工会干部参加了培训。区教育工会开展创建学习型工会组织活动,区文化局工会实行会员代表常任制,延吉社区坚持依托区域工会联席会开展工作等等,都取得了很好的效果。

（王　洪　张念宏）

【黄浦区总工会强化工会自身建设】 区总工会突出五个抓,以强化群众化、民主化、法制化办会方针:一抓针对性培训与调研。组织142名基层工会主席学习"两法两条例"、民主管理、掌握区情。组织工会干部参加组织工作、劳动争议调解、工资集体协商等培训班。开展了《一线职工工资收入现状》等多项调研,收到调研报告28篇,不少已转化为工作成果。二抓直选面。73家新建基层工会中,62家工会主席直选;76家工会换届改选中,49家工会主席直选。两项直选率达74.5%。三抓完善常任制。组织工代会代表测评区总"两委会"工作,参与区总年度工作考评。四抓职工之家。组织申报培训,开展检查评选,举办建家工作联谊会,职工之家评选预报达245家。评出社区工会五"十佳"基层工会运行典型,激活了工作活力。五抓依法规范财务审计工作。坚持依法拨缴工会经费,合理使用工会经费。在两新组织中经费收缴与工会组建同步开展。经审方面加强了工会主席离任审计,对5家单位进行专项检查。

（吕诚陆）

【静安区总工会招聘楼宇工会工作者】 静安区总工会与区委组织部联合招聘楼宇工会工作者。应聘者要求是中共党员,从事过党务和工会工作。通过初试、复试、面试,录用了53名楼宇工作者。区委领导强调楼宇工作者要把党建、工建有机结合,楼宇党支部书记和工会联合会主席要一肩挑。经过半年多实践证明,楼宇工作者极大地推动了楼宇工会的建设。到年底,全区44幢商务楼建立了工会联合会,4000余名员工入会。楼宇工作者进驻商务楼后有效地整合楼宇资源,开展了形式多样的工会活动,受到了员工的欢迎,也极大地增强了工会组织的凝聚力和战斗力。（程忠俊）

【闵行区教育系统基层工会主席纳入党组织干部管理】 7月1日,闵行区教育局党委制定了《关于本系统基层工会主席纳入干部管理的意见》,要求各基层院校党组织实行。《意见》明确应建立或换届的工会组织,其工会主席人选的产生,在民主推荐的基础上,由各党支部(总支)负责工会主席候选人员的考察。考察报告报局教育工会,经同意后,按照干部选拔任用条例的规定,在一定范围内予以任职公示5—7天,无影响任职资格情况的,可提交工代会或工会会员大会民主选举(完全中学或处级单位的工会主席候选人还必须先报局党委审核。按副处级干部待遇配备的工会主席,经局党委报区委同意后方可选举)。《意见》要求区教育工会对各单位工会主席的批复应同时报局党委备案。区教育工会协助党做好各单位工会主席的学习与培训、后备干部的推荐与培养工作;配合各党支部(总支)对工会主席的年终考核。《意见》明确各单位选举产生的工会主席,纳入干部管理范畴。自区教育工会批复之日的下月起享受同级副职待遇,换届落选后有关待遇自然取消。《意见》的实行,加大了工会协管干部的力度。对工会主席的管理,工会和党委干部部门各自职责更加明确、更加规范、更具有可操作性,

也为在基层院校普遍开展工会主席直选畅通了渠道。（叶民强）

【嘉定区医务工会推行会务公开】 嘉定区医务工会通过建立1、2、3工作制度，推行会务公开，主动接受会员评议，提高会员满意度。(1)建立局工会和基层工会两级会务公开制度；(2)向工会会员或会员代表公开年度工会工作开展的情况和工会经费收支使用情况等两项内容；(3)组织三个层次评议，一是基层工会通过全体会员对工会工作和工会主席评议；二是局工会通过全体会员代表对工会工作和工会主席评议；三是邀请所在单位的党政领导对工会工作和工会主席进行评议。在评议的基础上，采用无记名投票形式，对工会主席的信任度和工会工作的满意度进行打分。通过民主评议工会工作，加强了会员群众对工会工作的监督，使工会工作在紧紧围绕党政中心工作的同时，更努力地为广大会员群众服务，更紧密地贴近医疗卫生工作实践，更注重高效创新和工作能力的不断提高，职工群众对工会工作的满意度和工会主席的信任度逐年上升。2004年25个基层工会的平均满意度为95.8%；基层工会主席信任度为95.3%，局工会工作满意度和局工会主席的信任度达到两个100%。（唐身桂）

【南汇区商委工会全面启动工会主席直接选举工作】 为进一步加强基层工会民主政治建设，让职工更好地选举自己组织的领头人，南汇区商委工会根据上级关于开展直选工会主席的文件精神，要求所属工会在今后换届选举时都应逐步采用直选工会主席形式来产生工会领导班子。2004年经基层党支部提名，职工代表自下而上广泛酝酿，民主推荐，有17名同志作为候选人进入"工会主席直接选举"阶段，切实理顺了基层工会组织网络和组织领导体系。（纪　敏）

【崇明评选职工满意工会干部】 崇明县总工会在全县各级工会组织中部署开展了"为职工服务、让职工满意"的主题活动，旨在切实增强各级工会组织服务大局、服务职工的能力，切实改进工会干部的工作作风，积极探索工会工作的开拓性和有效性，为开创全县工会工作新局面奠定组织基础。各级工会干部根据要求，在"服务"和"满意"四个字上下功夫、做文章，深入基层、深入职工，加强调查研究，倾听职工呼声，掌握职工脉搏，了解职工所想，解决职工所难，做企业的知情人，做职工的贴心人。年底，通过层层推荐、在《崇明报》上公布简要事迹、发动全县职工投票、组织社会各界人士评估等多种途径，评选出10名"崇明县职工满意十佳工会干部"和30名"崇明县职工满意工会干部"，在县总工会十届十次全委（扩大）会议上隆重表彰。（陈进修）

【江南造船集团工会制定"八个坚持八个反对"，强化干部作风建设】 江南造船集团工会在做大做强，实现中船集团"531"发展目标的进程中，建设一支勤于学习、忠于职守、作风过硬、业务精通、勇于创新、乐于奉献、与职工群众保持密切联系的工会干部队伍，制定加强工会干部队伍作风建设"八个坚持、八个反对"的规定，作为工会干部共同遵守的行为准则。"八个坚持、八个反对"规定的主要内容：坚持勤于学习，理性思考，反对贪图安逸、自满畏难的情绪。坚持服务中心，顾全大局，反对脱离实际、形式主义的倾向。坚持民主决策、团队意识，反对政出多门、意气用事、个人擅自决定重大问题。坚持自强不息、善于把上级工作要求转化为切合实际的工作措施，反对工作敷衍塞责、不思进取。坚持"以人为本"，深入实际，调查研究，求真务实，依法维权，反对脱离群众、高傲自恃、漠不关心群众疾苦的不良作风。坚持客观公正、办事公道，反对欺下瞒上，弄虚作假。坚持依法办会、严格管理，反对自由主义、本位主义、无组织无纪律的行为，反对搞"上有政策，下有对策"，以权谋私、假公济私、铺张浪费的行为。（季成华）

海事局工会开展工会干部培训

（朱卫平）

短信息：

○崇明县总工会向在工会工作岗位上累计工作满10年以上的委局乡镇工会和直属工会干部授予"崇明县荣誉工会工作者"称号，首批获此称号的有5名工会干部。（陈进修）

○宝山区总工会召开表彰大会，表彰区先进工会集体，优秀工会工作者，心系职工好领导。（窦恺芳）

○上海石化工会积极探索和实践工会工作菜单式考核取得进展。（施东亮）

○3月10日，市体育局工会召开工会工作会议，颜雅珍主席作工作报告。（乐俊平）

干部教育培训

【市总工会机关年轻干部下基层挂职锻炼】 为提高机关干部队伍素质，2004年，市总工会机关安排缺乏工会工作经验的年轻干部到企业、社区等基层工会进行挂职锻炼，了解基层情况，提高实践工作能力。在区县局(产业)工会的支持下，在各有关基层工会的大力配合下，年内，已有6名机关年轻工作人员进行了为期2个月的锻炼，通过基层工会干部的带教，年轻干部增强了对基层工会工作的感性认识，感受到了基层工会干部的工作热情，了解了基层工会和职工群众的需求，也体会了基层工会工作的难处。市总机关年轻干部下基层锻炼，为进一步增强他们的党的意识、大局意识和群众意识，进一步提高服务基层、服务群众、服务经济工作中心的自觉性意识，认真做好自己的本职工作，发挥了重要的作用。 (邵丽倩)

【市总工会与市委党校联合举办市总工会委员轮训班】 第1期市总工会委员轮训班于4月5日至4月9日在市委党校举行。这次轮训班是由市总工会与市委党校联合举办的，新任市总工会十一届委员、经审委员以及部分市总工会机关工作人员共40人参加了这期轮训班。市总工会党组对这次培训非常重视，市总党组书记、主席陈豪要求以这次市总委员培训为契机，探索工会干部培训的新方法新途径，提升工会干部培训层次与质量，为全面提高工会干部的综合素质，做好新时期工会工作服务。轮训班期间，市总党组副书记、副主席吴申耀，市总党组成员、组织部部长杜乃根等专门到市委党校看望了参加轮训的同志，实地了解大家的学习情况和生活情况。在4月5日的轮训班开学典礼上，市总副主席汪兰洁代表市总党组作了动员讲话，4月9日，吴申耀副主席在轮训班结业典礼上对这次轮训班作了总结讲话。市委党校秘书长张兆田、市总工会组织部部长杜乃根、上海工会管理干部学院院长傅小龙分别出席了轮训班的开学和结业典礼。中国华源集团工会张建瑛、上海复星高科技集团工会薛兴文和中港第三航务工程局工会徐以力等三位同志在轮训班结业典礼上作了交流发言。 (李 鸣)

【西藏日喀则地区第三批工会干部来沪挂职锻炼圆满结束】 11月16日至12月23日，西藏日喀则地区第三批工会干部一行5人来沪进行了挂职锻炼。这是落实全国总工会《关于工会援藏工作有关事项的通知》精神，由上海市总工会对口支援西藏日喀则地区工会办事处，从2002年起分三批负责安排15名西藏日喀则地区工会干部来沪进行挂职锻炼的最后一批干部。第三批来沪挂职的都是藏族同志，分别来自西藏日喀则地区工会办事处、仲巴县总工会、江孜县总工会、吉隆县总工会和基层企业工会的主席、专职工会干部，平均年龄39岁。这次挂职分两个阶段进行，第一阶段由市总工会组织部安排集中学习和考察，向他们详细介绍了上海经济社会近年来的发展情况，以及上海工会重点工作开展情况，并组织他们考察了宝钢股份公司。第二阶段进行挂职锻炼，安排他们到虹口区总工会、闸北区总工会和闵行区总工会担任区总主席助理和部长助理等职。市总工会对西藏工会干部的挂职工作十分重视，分管主席和组织部主要负责人亲自过问这项工作，并明确专人负责。三个挂职单位的区总领导对西藏工会干部的挂职工作也很重视，专门向区委作了汇报。区总主要领导多次商量有关接待、安排事宜，尽可能地为西藏同志在上海的工作提供方便。挂职期间，西藏同志与区总工会的同志一起下基层、搞调研，参加工会的各类会议和活动，实地了解上海基层工会开展工作的情况，加强了沪藏两地工会工作的交流。挂职期间，闸北区、虹口区、闵行区的有关领导等都分别亲切地接见了西藏的工会干部。在各挂职单位、挂职干部的共同努力下，第三批西藏工会干部的来沪挂职工作取得了圆满成功。 (李 鸣)

【工会学院举行党的十六届四中全会专题培训】 10月11日至12日，学院工会干部培训中心举办了“贯彻党的十六届四中全会精神”专题工会干部培训班。按主题，确定了《执政理念与执政环境》、《执政体制与制度创新》、《执政资源与文化认同》、《执政基础与工会工作新的实践》等四项内容，特邀市委党校教授冷鹤鸣、市委政策研究室调研员、文化研究所研究员王恒宝等分别主讲。有近600人次参加培训。 (朱憧理)

【浦东新区总工会重视基层工会干部培训】 为了提高工会干部素质，推动新建企业工会正常开展工作。新区总工会高度重视工会干部培训，专门成立了工会干部培训中心，并通过与新区党校联合办学，送培训到基层等方式，不断提高办学质量，扩大培训规模，取得了显著成效，全年共有2901名基层工会干部接受了培训。此外，为加强基层工会干部的实际操作能力，探索理论学习与实践操作相结合的工会干部培训之路，2004年，浦东新区总工会还在后藤电子(上海)有限公司建立了首个工会干部实习基地。工会干部在这个实习基地接受培训时，除了工运理论教育外，还有了一块实践和操作的阵地。 (蔡雪康)

【闵行区总工会有计划开展基层工会干部培训】 区总工会加大培训工作力度，会同上海市工会干部管理学院计划在2004年至2006年用三年时间普遍对基层工会主席轮训一遍。2004年已举办培训班两期，参加培训达600余人，提高了基层工会干部的综合素质，逐步造就出一支工会专业化干部队伍。 (乔世苏)

【南汇区宣桥镇工会采用多种形式强化工会干部综合素质】 南汇区宣桥镇工会把提高工会干部的综合素质作为2004年工会工作的一项重要内容。采用集中学习、举办基层工会干部培训班、邀请区总领导作辅导报告、组织外出参观考察等多种形式，强化工会干部的理论和业务知识学习，努力提高工会干部的自身素质。年内全镇48名工会干部参加了培训。 (纪 敏)

【机电工会召开工会工作务虚会】 机电工会通过工作务虚会在五个问题上提高了认识。(1)工会要密切联系群众,要通过党建带工建,组织群众、凝聚群众、发动群众、团结群众,扩大党的群众基础、执政基础,发挥群众组织作用。(2)学习党的十六届四中全会,要做到四个"结合":把维护职工权益与推动经济发展相结合;把服务大局和服务职工相结合;把提高职工技能素质与关注为职工排忧解难相结合;把关注普通职工与关注"三高一低"职工相结合。(3)在新形势下,工会要建设成具有四种内涵的工作目标,即开放的工会、法治的工会、职工的工会、服务的工会。工会工作要在实践中不断地建章立制、搭建平台、重点调研、总结提高。(4)在市场经济条件下,工会工作要通过落实四个结合:即领导与指导相结合;管理与沟通相结合;服从与服务相结合;考核与研讨相结合,推动工会工作上台阶、上水平。(5)在工作思路上,要坚持用四中全会精神指导工会工作新的实践,立足于集团发展大局,立足于增强维护能力,立足于发展产业工会,大胆创新,努力实践,以认真履行工会维护基本职责为核心,进一步加大协调劳动关系和维护合法权益的力度;以完善工会组织和体制机制为重点,进一步推进依法治会进程;以积聚产业工会能量,整合内外部资源,打造工会品牌,增强基层工会活力为基础,进一步实现工会工作的目标和任务。 (冯克华)

【上海轮胎公司工会注重生活保障干部队伍建设】 上海轮胎公司工会本着以人为本,求真务实的精神,采取阶段性集中培训的方法,学习工会生活保障政策,结合实际进行案例分析,针对案例组织操作演练等,加强对生活保障干部的业务培训,使各级工会生活保障干部既熟悉保障工作及相关政策,又懂得理赔服务的操作程序,并熟练运用政策,指导和帮助职工摆脱困境。在工作中,他们把帮困送温暖工作与宣传相关政策结合起来,在送温暖的同时把政策、信息送上门,帮助职工转变思想观念,释疑解惑,理解医保政策,用好救助政策,走好再就业之路。 (虞仲义)

【纺织工会学习研究SA8000标准 未雨绸缪提对策】 2004年是中国实行纺织品出口配额的最后一年,纺织工会面对取消配额后以出口为主的纺织企业将面临的机遇和挑战,认真组织学习SA8000社会责任认证体系,对其组成要素、特点以及作用,特别是这一认证标准的实施将会给工会维权带来的影响进行研究,做到心中有数。同时,纺织工会及时组织讲座,请研究SA8000的专家为工会干部授课,引导大家正确看待利弊得失,提高工会干部关注SA8000在国内实施情况的自觉性。此外,纺织工会还深入出口加工型企业调研,了解经营者和职工的所思所想,在推进改革发展的过程中发挥好桥梁纽带作用。要求出口企业工会除了要对照SA8000标准,找出问题差距并提出建议外,还要发动职工找出制约发展的问题,提出对策建议,积极配合党政增强企业竞争力,为执行SA8000创造有利的条件。 (王慎微)

【市医药工会运用情景模拟方式培训工会干部】 市医药工会按照"增长知识、联系实际、强化能力、拓展信息"的要求,对工会干部采取专题报告、研讨交流、案例分析、面授课程等方法,开展各类单项培训和系统培训,并举办工会干部周末讲座,学习和研讨工会工作的热点和难点问题,提高了工会干部的综合分析能力和实际工作能力。在工资集体协商培训中,运用情景模拟方法,首先进行工资集体协商基础培训,其次将工会干部分为职工方和企业方两组,分别担任虚拟角色,进行工资集体协商谈判。模拟"谈判"中双方就特定的议题针锋相对,相互提出观点,在谈判中双方求大同、存小异,经过迂回、让步等方式,通过协商取得共识,最后由授课老师进行点评。这种相互交流、相互启发、集思广益的情景模拟方法,使工会干部身临其境,深受教育,并能开拓发散性思维,深受工会干部的欢迎。 (孙明南)

【上海石化开展对工会干部的教育培训工作】 2004年,上海石化工会对97名车间科室工会主席进行为期一周的业务培训,主要是围绕提高业务能力来开展培训,使科室工会主席的岗位能力得到了提高。公司工会还组织对公司工会高级主管以上、两级单位工会副主席以上的工会干部进行了培训,分别从工会财务、生活保障、工运历史和理论、心理学对党群工作的启示、领导艺术等五个方面展开,收到了学习效果。 (施东亮)

【烟草工会强化自身能力建设推出"三项"措施】 一是确立指导服务理念。烟草工会把树立"我们的服务是为了你们的成功、你们的成功是我们的追求"的工作理念,作为改进作风、加强为基层服务的一项重要举措。一年

宝山钢铁股份有限公司工会组织工会干部参加MBA核心课程研修学习 (董振新)

来，加强了以领会党的十六届三中、四中全会精神为主要内容的思想政治教育，引导大家牢固树立执政为民和为基层服务的意识。并通过建立与基层联系制度、推行联系人责任制等办法，构建上下联系沟通的平台。年底烟草工会接受基层民主测评，工作作风满意率达到100%。二是采用“四结合”教育培训方法。围绕提高工会干部的素质，培养造就一支创新力强、又符合时代和集团发展要求的专业化工会干部队伍，实践了工会干部“四结合”教育培训模式。（采用大课辅导与举办专业知识讲座、导师制与课题制、培训内容与解决实际问题、请进来与走出去学习考察等方法），确保教育培训质量。三是推行工会工作课题立项管理。围绕年度工作重点，要求各级工会结合实际，选报立项管理课题，烟草工会统一审定，年底进行成果发布评选，评定结果纳入职工之家考核。一年里，全行业形成理论研究和课题成果论文19篇，有10篇被烟草工会评为等级奖，2篇被中国财贸轻纺烟草工会评为一等奖和优秀奖，5篇被推荐参加市总工会评选。（江洪生）

【国际港务集团工会举办新上岗部门工会主席培训班】 在企业基层、部门两级工会组织人员变动较大的情况下，为帮助新上岗的部门工会主席尽快地进入角色，港务集团工会与市工会管理干部学院联合举办了两期“上海国际港务集团部门工会主席培训班”，共有83名新上岗的部门工会主席、基层工会干部参加培训。在为期五天的培训中，部门工会主席、基层工会干部们较系统地学习了"以科学发展观指导工会工作的新实践”，“新时期工会维权的思考”和“民主管理与职代会”，“工会学习型组织的探索”等工会理论和业务知识，还外出进行了参观考察。通过系统学习和参观考察，对开拓基层、部门工会干部的眼界，提升新上岗工会干部的工作能力，推进基层、部门的工会工作起到了良好的促进作用。（张晨琦）

【运输工会开展学习教育活动】 运输工会积极倡导各级工会干部做三个模范：即学习理论，做善于思考的模范；团结合作，做善于协调的模范；开拓创新，做善于实践的模范，组织各级工会干部认真学习“三个代表”重要思想和党的十六届三中全会精神，开展了形式多样、内容丰富的学习教育活动。(1)集中辅导，资源共享学。邀请集团领导、企发部的领导围绕“集团人力资源现状和对策”、“集团企业改革改制现状及发展趋势”作专题报告，组织工会干部和人力资源干部共同学习，实现资源共享。(2)课题调研，结合工作学。按照国资委工会联席会议提出的“如何发挥工会组织在国资国企改革中履行民主监督职责的作用，保障职工群众的民主权益”课题，组织工会干部多次学习研讨，撰写专题论文。开展《科学发展观与工会工作》研讨，《沪东杯》工运理论优秀论文和优秀分会评选活动，工会女职工问题研讨等，不断提高工会干部理性思考能力。(3)上下联动，团体互助学。采用“走出去，请进来”的方式，先后与装储、化运、沪东、长途两级工会就“加强企业改革改制中的工会工作”、“加强职工素质工程”、“增强基层活力”、“加强工会干部能力建设”等专题进行共学，着力解决基层工会在实际工作中的难点、热点问题。(4)立足实际，多种形式学。运输工会改版《上海交运报》，加大企业报的宣传力度，通过开展知识竞赛、班组长培训、形势任务教育等活动，进一步调动广大职工的学习热情。（王　勤）

市轻工业工会举行工会工作特色成果发布会

（陈建国）

【航道局工会输送12名专职工会干部参加全国总工会学习】 上海航道局工会为贯彻中国工会十四大精神，从企业发展的角度出发，以办班、讲座等形式，把工会专、兼职干部轮训一遍，并从企业工会实际需要出发，专门输送12名专职工会干部参加全国总工会和中国劳动关系学院联合举办的工会干部培训班。（刘昌明）

【上海建设工会举办《中国注册策划师资质认证》培训班】 2004年　月，建设直属单位的50多位工会主席接受了策划师培训，这是由上海建设工会和中国策划研究院联合举办的、专门为工会干部度身量体精心策划的一期培训班。内容包括策划基础学、企业文化策划、企业形象策划、大型活动策划等等。通过培训，把策划的理念引入工会工作，用知识和智慧实现工会工作的创新与发展。三航设计研究院工会前几年根据策划中的“阶梯定位”原理，提出将民主管理、维权工作与创建“职工最满意企业”结合起来，取得了成效，“策划存在于工会工作始终”。培训班给予工会干部的收获不仅仅是学到了策划知识，更在于能勇敢地去面对现实，做好工会工作。（汪建然）

【市教育工会为基层干部举行理论学习讲座】 上海市教育工会在学习贯彻党的十六大精神中，注意从工会干部自身素质的提高和工作能力的提升出发，为基层工会干部举办理论学习讲座。6月7日,市委党校副校长李琪教授为150余名高校、区县教育工会干部和市教育工会机关干部作了题为“政治文明与基层民主”的辅导报告。结合党的十六大关于发展社会主义民主政治,建设社会主义政治文明的精神,结合教育系统当前正在推进的校务公开以及教职工代表大会等制度,深刻阐述了社会主义政治文明的含义、内容和任务,当代中国社会主义政治文明的核心、表现形式和重点。使工会干部对党的十六大精神的理解和把握上有了进一步的提高,对推进基层民主,扩大基层民主形式有了更加全面的认识,对今后从事民主管理工作具有重要的指导作用。（张渭明）

【市医务工会举办十六届四中全会精神学习班】 11月10—12日,市医务工会贯彻党的十六届四中全会精神学习班在上海地铁教育培训中心举行。市卫生局党委副书记、市医务工会主席马强作学习动员,复旦大学国际关系学院与公共事务学院浦兴祖教授和华东理工大学人文学院党委书记、院长杨苏教授作学习辅导,市医务工会常务副主席周崇礼作了学习班总结,基层工会主席和市医务工会六届委员、经审委员70余人参加了学习并进行了分组交流。基层妇委会、退管会干部近60人也参加了第一天的学习。马强要求工会干部:一要认真学习,全面、准确地理解《决定》中的整体含义;二要做到三个结合。结合自己的思想,产生认识上的飞跃;结合工会、妇委会、退管会的工作实际,思考在自己的工作中以如何加强执政能力建设为目标,得到最佳的工作效果;结合年底的总结和明年工作计划;三要发扬自觉学习的精神,认真听课,认真研读文件,积极进行讨论、思考,及时消化,在学习的过程中提高自己的水平和能力;四要把学习成果带回去。总结会上,仁济医院、中医医院、寄研所、华东医院工会领导分别代表小组进行了交流发言。（池朝霞）

【经济工作系统工会开展“红色之旅”学习考察活动】 系统工会于10月25—30日在组织45名经济系统工会负责人举办“党的十六届四中全会精神学习研讨班”的基础上,赴中国革命史最后一个农村指挥所,党的七届二中全会所在地——河北西柏坡开展“红色之旅”学习考察活动,重温“两个务必”教诲,以保持谦虚谨慎、艰苦奋斗的优良作风。（陶鸿坤）

转变机关作风

【高桥石化炼油事业部工会注重“四下一突出” 增强基层工会活力】 高桥石化公司炼油事业部工会,面对市场竞争、企业改革等给工会工作带来的新情况、新问题,积极探索工作的切入点和有效途径,把切实改进工会活动方法,进一步调动基层工会积极性,不断增强工会工作的活力放在重要位置,在实践过程中,注重“四下一突出”,取得了较好的效果。“四下”是指:重心下移,促进工会工作贴近基层、贴近现实、贴近职工群众;活动下延,增强工会组织的吸引力与亲和力;经费下拨,确保工会活动的有效和有力;干部下沉,增强工会干部自我发展、自我完善、自我提高的能力。“一突出”是指,服务基层,突出整体工作。“两个深化”即向帮助职工群众解决生产、生活中的实际问题,更好地维护职工群众的合法权益方向深化;向着力提升基层工会工作水平,推动新形势下的工会工作整体水平提高方面深化。（严　英）

【上海铁路局建立和坚持局工会常委联系基层工会制度】 上海铁路局工会建立了常委联系基层工会制度。规定每个常委联系两个基层站段工会,每半年至少深入所联系基层站段了解工会工作情况,倾听职工群众意见,走访慰问困难职工一次。2004年,各常委把联系基层工会工作与落实全局工会工作、重点调研课题、加强思想政治工作和为基层办实事结合起来,在密切局工会与基层工会和职工群众联系的同时,掌握了工会工作的第一手资料,了解了基层工会的难点、重点,职工群众的热点、意愿和要求。通过联系制度,先后对分离改制后职工思想的热点、夜间施工的劳动安全等问题进行了专题调研,并形成了“在铁路大提速中充分发挥工会组织的作用”的经验型信息和“关于维护职工权益的调查与思考”的调研报告,针对问题,提出了整改意见,落实了解决问题的措施和办法,得到基层工会好评。（盛建华）

【上海移动通信工会完善工会主席巡回联系日制度】 工会主席巡回联系日制度在2004年的实施过程中,工会进一步强化联系日制度的落实。每月,各级工会主席深入到下一级的基层单位与一线员工零距离交流。对共性的议题,一般采用集体座谈的形式,对员工有个性的问题需要咨询或反映,可以单独谈话。对于一些涉及员工切身利益或员工关注的热点问题,工会记录汇总后,由工会主席以口头的形式与相关部室领导进行沟通后妥善解决。对于员工在经营、服务、管理等方面提出的建议,工会以书面的形式转交相关部室,在制订今后的工作方案及管理流程过程中供参考。对属于单位范畴内可以解决的问题,工会及时向所在单位的党政领导进行沟通,共同商讨解决的办法并予以落实。每季度,公司工会将汇总的各类问题的落实结果,以情况通报的形式告之员工。联系过程中,对员工反映的问题、要求和建议,如果是由于员工对于公司制订的相关政策及做法不了解或是有误解的,工会主席均及时说明原因,讲清情况,做好宣传解释工作。这项制度实施以来,参与面对面进行交流、沟通的员工达1449人次。仅公司层面就答复员工提出的问题96条。基层层面答复员工提出的问题348条。实践证明,这一形式,使员工的认可度达到91.3%。（徐莉萍）

信息化管理

【市总工会开发运行《上海工会组织信息管理系统》】 近两年,市总工会依托上海市委办公厅(室)系统计算机应用项目的开发平台(公务网),在加快推进工会信息化建设方面进行了有益

上海汽轮机有限公司

上海汽轮机有限公司抓住电站市场千载难逢的发展机遇，近年来生产经营活动取得了突破性进展，各项主要经济指标均获得快速增长，企业经济运行质量取得了显著提高。公司工会注重充分发挥工会在推动发展、确保改制、促进稳定、维护权益中的重要作用，认真开展了创新企业文化，提高职工素质，帮困送温暖等各项活动，为公司突破1200万千瓦汽轮机盘车目标作出了积极的努力。公司工会连续保持上海市和全国"模范职工之家"荣誉称号。

7月28日，中共中央总书记、国家主席胡锦涛视察汽轮机有限公司

全国人大常委会副委员长成思危率《工会法》执法检查组到公司检查

加强企业文化建设，举行职工文化艺术月和职工运动会

工会组织"打造上汽灰领，拜师 学艺"签约仪式

公司为参加雅典残奥会女子坐式排球冠军队成员陈玉萍庆功

中共中央总书记、国家主席胡锦涛视察上海大众汽车三厂

上海汽车工业(集团)总公司主要生产经营轿车、客车等整车及其配套零部件。在集团生产经营实现跨越式发展中,集团工会在集团党政和上级工会的领导下,以“三个代表”重要思想为指导,围绕中心,服务大局,工会工作坚持做到:紧扣发展主旋律,动员职工投身经济建设主战场;加强保障体系建设,探索工会保障工作新途径;推进企业文化建设,开展具有企业特色的文化娱乐活动;注重工会组织建设,增强基层工会活力。为企业改革发展的深化和年度方针目标的实现,工会配合党政,组织职工,团结拼搏,发挥了积极作用。

“上汽销售杯”驾驶技能比赛现场

举办上海发展、女性成材论坛

上汽集团召开四届三次职代会暨工代会

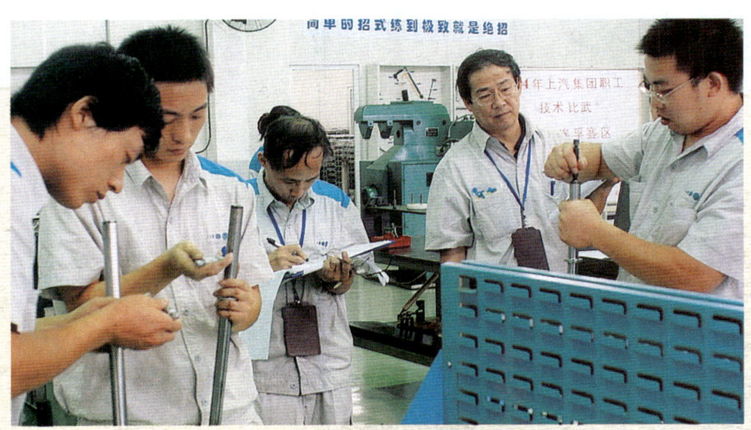

开展职工技术比武活动

组织职工英语技能比赛

职工踊跃参加《人人成才》故事大赛

上海市社会保险事业基金结算管理中心

荣获全国"五一"劳动奖状

2001年，胡锦涛同志在上海视察社会保障工作

上海市社会保险事业基金结算管理中心是承担全市养老保险、医疗保险、失业保险、生育保险、工伤保险、小城镇社会保险、残疾人就业保障金、外来务工人员综合保险和小企业欠薪保障基金的统一征收，负责各类参保人员帐户管理的经办机构。系统1200名员工以昂扬向上的团队精神创造性地开展工作，为全市460余万从业人员建立了养老保险帐户，并全面实现了社会化发放。全系统实现了社会保险业务经办计算机化，参保对象管理动态化，社保信息交换网络化，基金征缴结算电子化，业务受理操作标准化。在行业文化建设上，积极营造"以人为本、乐于奉献"的氛围，开展丰富多彩的娱乐文体活动，寓教于乐，凝聚队伍。管理中心连续两次被国家劳动保障部评为集体一等功单位，2004年又获得全国"五一"劳动奖状。

与兄弟省市同行交流社会保险工作

组队参加市"阳光·大地"歌唱赛

上海诺华动物保健有限公司

中共中央政治局常委、国务院总理温家宝接见诺华公司董事长兼首席执行官魏思乐博士

上海诺华动物保健有限公司系由中国和瑞士共同合资建设，是目前我国最现代化的兽药生产企业，同时也是首家获得GMP认证的兽药生产单位。公司工会本着“开拓新思路，解决新问题，统筹和兼顾，迈上新台阶”的指导方针，与行政互相配合，互相支持，积极探索合资企业工会工作的新路子。维护职工的合法权益，维护职工的创新技能，努力建设一个具有鲜明特色、充满活力、企业支持、员工拥护的职工之家。工会多次被评为全国“模范职工之家”。公司荣获全国外商投资双优企业、上海市“双爱双评”先进单位、上海市文明单位等荣誉称号。

荣获上海市文明单位

召开工会代表大会

举办第二届“诺华杯”社区健身运动会

举办“党旗在我心中”教育活动

SEARI 上海電器科学

2004 年 11 月 15 日，江泽民同志视察电器科学研究所

上海电器科学研究所（集团）有限公司（原名机械部上海电器科学研究所），创建于 1953 年，是我国电工领域大型综合类研究机构，上海市高新技术企业。2004 年底，经上海市政府批准，实行整体改制。公司现有高级技术职称 180 人，中级技术职称 300 余人，42 名专家享有政府特殊津贴。公司主要专业有电子信息技术、数字化智能化系统集成、自动控制系统技术、新材料技术以及电机、电器、船用电机电器、电工合金材料等。公司承担我国低压电器、中小型电机、无线电干扰行业的标准归口工作，国际电工技术委员会（IEC）十多个分技术委员会的国内归口工作，是中国电器工业协会 3 个分会、中国电工技术学会 4 个专委会秘书处挂靠单位。建所

2004 年 3 月 25 日，中共中央政治局委员、上海市委书记陈良宇，市委副书记王安顺来所视察

2004 年 4 月 22 日，上海市委副书记殷一璀，副市长冯国勤、严隽琪来所调研

市总工会副主席张兴淮，所党政工领导和荣获上海市劳动模范集体的自动化工程分所员工合影

研究所(集团)有限公司

以来共取得2000多项科技成果，获国家发明奖4项，国家、省部级科技进步奖300余项。近年来，公司工会在党委和上级工会的领导下，以"三个代表"重要思想为指导，围绕公司深化改革和科技创新的中心工作，积极开展学李斌活动，涌现出全国劳动模范、市劳动模范(集体、个人)、市"三八"红旗手、市红旗班组、市文明班组、市500强智能型班组等一批先进人物和集体。近年来，公司荣获上海市文明单位、全国机械行业文明单位、全国企业文化实践创新奖等荣誉称号。

市政协主席蒋以任，全国政协常委、中国机械工业联合会会长于珍，市委组织部长、市国资委党委书记姜斯宪，市总工会主席陈豪等出席公司揭牌仪式

2005年全国劳动模范陈红洁同志赴京参加表彰大会

上海市中心区道路信息采集系统

开展赈灾及帮困捐助活动

大型文艺汇演展示了上海电科集团五十年辉煌发展之路

上海电气液压气动有限公司

中共中央政治局委员、全国人大常委会副委员长、中华全国总工会主席王兆国到公司看望全国劳模李斌

上海电气液压气动有限公司是集我国最早制造液压气动产品的上海优势企业、优质资产组建的科、工、贸一体的多元化投资的经济实体。工人阶级的杰出代表、全国劳模李斌是公司的成员。多年来，公司精心培育李斌，大力弘扬李斌精神，充分发挥李斌示范效应，为实现上海液气行业争创“全国第一，世界一流”的目标作着不懈的努力。公司工会落实“组织起来，切实维权”的工作方针，在国企转改制过程中，坚持职工民主管理，切实履行民主程序，建立和健全职工代表参政议事制度，在提高职代会运行质量方面进行了探索，成为上海市职工民主管理百家示范点之一。

①工会和行政每年开展集体协商

②职工代表对职代会运行质量进行书面测评

③开展经常性的职工文体活动

④全国劳模李斌和职工进行技术交流

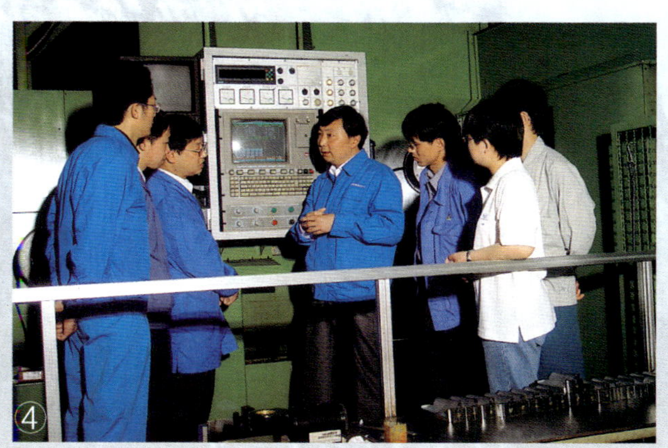

上海锦江汽车服务有限公司

上海锦江汽车服务有限公司拥有7000余辆大、中、小型客车，是上海市车型品种最全、综合接待能力最强的客运经营企业。2004年，出色完成接待277批国宾任务，圆满完成了全球扶贫大会等30多项重大接待任务。公司加强企业民主管理，推进厂务公开，是上海市推行工资集体协商的试点单位，又是锦江国际集团首家签订集体劳动合同的单位。公司建立了精神文明奖励基金与职工帮困基金，激励员工奋发向上。2004年，公司喜获全国“五一”劳动奖状、全国创建文明行业先进单位和上海市质量管理奖等荣誉称号。

召开班组现场交流会

中共中央政治局委员、上海市委书记陈良宇亲切看望站点驾驶员

开展技师育高徒活动

组织职工疗休养

慰问战高温职工

上海汽轮发电机有限公司

上海汽轮发电机有限公司(简称STGC)是在上海电机厂有限公司40多年制造汽轮发电机成熟经验的基础上,与德国西门子有限公司共同投资建立的合资公司。STGC始终坚持以科技求发展,以质量求效益,以人才求未来,全心全意为国内外用户提供优质的产品和服务。STGC主要生产12.5万千瓦~30万千瓦双水内冷汽轮发电机、30万千瓦~60万千瓦水氢冷汽轮发电机。近年来,上海汽发以“追求卓越,永争第一”的创新拼搏精神,在深化企业改革,强化企业管理,积极开拓国内外市场方面都取得了良好的经济效益和社会效益,在2004年获得了全国“五一”劳动奖状荣誉称号,被评为上海市首届“职工最满意企业”。

荣誉奖牌

中共中央政治局委员、上海市委书记陈良宇到公司视察

公司总裁曹敏

制造发电机定子

技术人员研发新产品

上海港务工程公司

中共中央政治局委员、上海市委书记陈良宇，市委副书记、市长韩正等亲切慰问公司洋山工程参建职工

上海港务工程公司认真贯彻落实党的全心全意依靠工人阶级办企业的方针，深化民主管理，充分调动和发挥职工的积极性、创造性，持续提高职工的满意度，为增强企业的核心竞争力和持续发展奠定了基础。以“信誉在港工”为企业理念，确立“工程创优、业主需求、港工追求”的质量方针，积极实施品牌战略，所承建的工程先后获得“鲁班奖”、“詹天佑土木工程奖”、“国家优质工程银奖”等诸多奖项。公司荣获全国“五一”劳动奖状、全国“模范职工之家”、全国优秀施工企业、上海市重点工程实事立功竞赛金杯公司荣誉称号。在2004年上海市总工会举办的首届“职工最满意企业”评选活动中，经公开测评，被评为上海市“职工最满意企业”。

市人大常委会副主任、市总工会主席陈豪慰问建设功臣

公司总经理诸葛宇杰深入工程第一线

公司领导班子在施工现场研究工作

召开建港劳动竞赛誓师大会

上海重型机器厂有限公司

上海重型机器厂有限公司是国家机械工业大型骨干企业，我国东南地区最大的重型机械制造厂和铸锻中心，上海电气(集团)总公司成员企业之一。经过多年的不懈努力，上重已经成为可以独立设计、制造大型电站、冶炼、轧钢、矿山、水泥建材设备和大型优质铸锻件的现代化大型企业，曾获全国“五一”劳动奖状、全国“模范职工之家”和首届上海市“职工最满意企业”等称号。上海重型机器厂有限公司工会坚持“三个切切实实维护”的工作方针，以履行公司《集体合同》为抓手，近年来致力于开展劳动竞赛、素质工程和办实事等工作，促进了公司经济发展，维护了员工的根本利益。

上海市委副书记、市长韩正视察公司

上海市人大常委会副主任、市总工会主席陈豪到公司调研

在职代会上表彰劳动竞赛先进个人

公司职工参加“上海电气职工歌会”

引进的技术人才在数控机床上操作

上海农工商集团长江总公司工会

上海市政协主席蒋以任亲切看望老劳模

长江总公司是上海农工商集团下属的一家大型综合性经营公司。面积近120平方公里，拥有耕地面积近10万亩，约占崇明岛土地面积的十分之一，职工近万人。公司产业链中的种植业、养殖业、食品加工业、车用仪表制造业以及房地产服务业构成了企业的支柱产业。公司积极贯彻落实“在调整中发展”的战略方针，努力夯实企业新一轮发展的基础，求真务实，勤奋工作，2004年企业销售收入超过9亿元。公司工会把加强企业民主管理，切实维护职工的合法权益作为企业工会工作的重中之重。公司和基层30多家企业都建立健全了职代会制度。职代会制度的坚持与完善；集体协商机制的建立与健全；班务公开特色工作的深化与发展；促进了公司企业民主管理工作不断跃上新台阶。

①召开公司工会代表大会

②严格把好产品质量关

③坚持职工代表大会制度

④举办“共同家园”金秋歌会

上海市仪表

召开工会全委扩大会

吸收劳务工加入工会组织

家访慰问困难职工

开展群众性歌咏活动

推进厂务公开

表电子工会

上海市仪表电子工会围绕公司发展战略，开展富有特色的工作。一是以技能升级活动为重点，积极推进员工培训，开展推广先进操作法、加强管理活动；二是弘扬职业精神，发挥先进示范效应，把劳模精神与企业文化建设结合起来；三是强化监督制约机制，深化厂务公开民主监督，认真落实集体协商、集体合同制度；四是加强外来务工人员管理，切实维护职工合法权益；五是做好发展中的保障工作，积极探索务实保障机制；六是加强自身建设，提高基础管理质量，加强工会干部政治、业务培训，不断提升工会工作整体水平。

欢送劳模出席表彰会

开展职工互助保障工作培训

召开外商投资企业联谊会

表彰优秀员工

上海宝冶建设有限公司

公司被评为中国企业文化建设“十佳”单位

上海宝冶建设有限公司是具有工程施工总承包特级资质的大型国有控股企业。2004年，公司综合实力连续第九次蝉联上海市建筑企业五十强第一名，荣获了全国“五一”劳动奖状和全国企业文化“十佳”单位称号。工会结合实际，认真探索新形势下职代会民主管理工作新路子，完善职工董事、职工监事工作制度，加强员工集体股权管理，加大源头参与维护力度；以宝钢“十五”规划项目、浦东机场、海港新城、上广电等重点工程为主题的立功竞赛活动深入开展，成效显著；承办了上海市“宝冶建设杯”职工书法篆刻展，茉莉花艺术团夏季首场慰问演出，推动了企业文化建设。

围绕重点工程开展立功竞赛

荣获全国“五一”劳动奖状

承办市总工会茉莉花艺术团夏季慰问演出

举办外来务工人员入会仪式

上海柴油机股份有限公司

上海柴油机股份有限公司是拥有50多年专业制造柴油机历史的国家特大型企业。企业连续四届被评为上海市最佳企业形象单位，经济效益连年实现跨越式增长。上柴工会紧紧围绕企业生产经营中心，团结广大员工，认真贯彻全心全意依靠职工办企业方针，维护职工权益抓源头，提高员工素质重根本，促进企业发展求创新，富有特色地开展了各项活动，保持了全国“模范职工之家”称号。

公司领导深入车间慰问职工

上柴公司工会成立职工生活服务中心、爱心慈善捐赠站

开展岗位技术练兵比武活动

举行班组工作交流会

迎新春表彰联欢会

中国电信集团工会上海市委员会

上海市电信工会坚持用“三个代表”重要思想和科学发展观统领工会工作，在企业民主管理、厂务公开、依法维权、劳动竞赛、合理化建议、素质工程、劳动保护以及文体活动等方面注重开拓创新，求真务实取得了成效，为推进企业改革发展和构建和谐企业发挥了工会的积极作用。

公司董事长、党委书记程锡元慰问退休劳模

公司总经理王玮为劳动竞赛能手员工颁奖

公司工会主席陈鸿生为在劳务工入会仪式上讲话

坚持职工代表大会制度

组队参加世界著名在华企业健身操大赛获一等奖

申能(集团)有限公司

申能(集团)有限公司主要从事电力、燃气等能源基础设施项目的投资、建设和经营管理,为上海市国有资产监督管理委员会出资监管的国有独资有限责任公司。公司现拥有申能股份有限公司、上海燃气(集团)有限公司、上海液化天然气有限公司、上海申能资产管理有限公司、上海申能房地产有限公司、上海申能科技发展有限公司、上海申能实业有限公司等七家控股子公司。2004 年公司的总资产为 292.56 亿元,主营业务收入 57.95 亿元,实现净利润 7.30 亿元。公司已投资建成 10 个电厂,权益装机容量达到 300 万千瓦以上,2004 年公司投资电厂全口径计算完成发电量 296.02 亿度。公司现拥有人工煤气、天然气、液化气用户 450 万户,地下管线近万公里,2004 年供应人工煤气 23.3 亿立方米、天然气 10.7 亿立方米、液化石油气 10.86 万吨。在满足上海能源发展需求和安全保障供应,促进上海能源结构调整和可持续发展方面,发挥了重要作用。

集团工会第三次会员代表大会

集团工会主席仇伟国带队到基层慰问战高温的第一线员工

集团工会第三届委员会全体委员

庆“五一”集团工会召开系统劳模座谈会

举办集团庆国庆职工乒乓球比赛

上海国际港务(集团)有限公司工会

在工会全委会上，离开工会岗位的基层工会干部接受荣誉证书

上海国际港务(集团)有限公司工会围绕企业中心，通过开展集装箱分赛区立功竞赛和推进进城务工人员加入工会组织等与企业发展稳定和职工利益密切相关的重点工作，在实现上海港“一个目标，两篇文章”的战略发展中，发挥了工会组织的积极作用。集团工会专门设置了一百万元立功竞赛奖励基金，激励职工比学赶帮，挑战自我，使集装箱装卸生产捷报频传；在扩大工会组织覆盖面方面实现了新突破，6431名进城务工人员加入了工会组织，提前实现了市总下达的全年吸纳5000名进城务工人员入会的工作目标。在全集团员工的共同努力下，2004年5月，港务集团荣获了全总颁发的全国“五一”劳动奖状。

集团工会主席王晓华向老工会干部颁发纪念品

表彰“安康怀”竞赛优秀班组

召开工运研究会暨工会信息工作会议

集团工会与日本大阪港湾工会开展友好交流

申银万国证券研究所

'2005 申银万国证券投资战略年会吸引了广大投资者

上海申银万国证券研究所有限公司是中国证券研究咨询行业中成立最早、规模最大、市场占有率最高、综合实力最强的机构之一，被126位基金经理评为“最具影响力研究机构”。现有员工120人，其中硕士以上学历占61%，平均年龄30岁。2004年，在“三个代表”重要思想指导下，公司坚持“以市场为导向，以客户为中心”的经营方针和“品味绿色咨询，享受阳光利润”的咨询理念，倡导“以人为本，务实创新”的企业精神，工会与党团组织一起开展了丰富多彩的企业文化建设活动，如登山郊游、游泳比赛、健康体检、拓展运动、“金点子”活动、新年联欢会等，进一步提升了企业凝聚力，并为公司的可持续发展打下了坚实的基础。

开展员工登山活动

春节联欢会，员工其乐融融

全体员工在团队拓展训练中组成司标图形

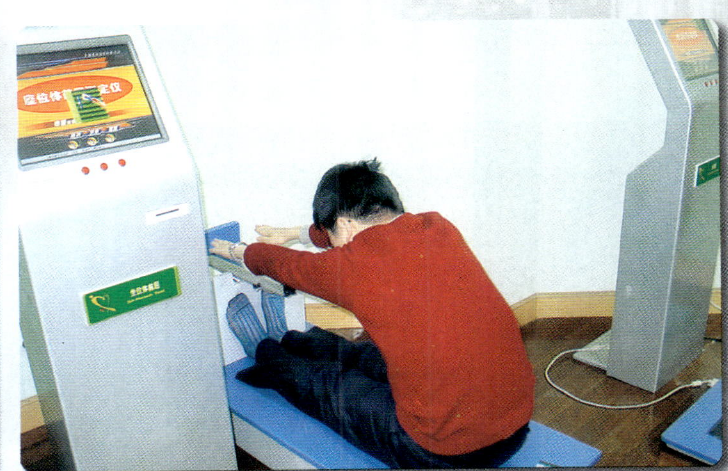

组织员工参加体质测定

上海现代建筑设计(集团)有限公司工会

开展职工文化体育工作研讨

召开集团工会第二次代表大会

上海现代建筑设计(集团)有限公司是一家以建筑设计为主的知识密集型企业，旗下拥有20余家专业机构和公司，2000年至2004年连续五年被美国ENB《工程新闻记录》列为全球设计公司150强之一。集团工会以邓小平理论和“三个代表”重要思想为指导，围绕“组织起来，切实维权”的工会工作方针，充分发挥自身优势，认真履行维护职能，加强企业民主管理，深化职工素质工程，弘扬先进文化，积极推进工会各项工作深入开展。集团2003年荣获全国“五一”劳动奖状，2004年被评为上海市“职工最满意企业”。

职工代表审议企业议案

举办集团第三届职工文化艺术节

慰问设计工作人员

中国石化上海石油化工股份有限公司工会

上海石油化工股份有限公司有基层工会27个，工会会员34486人。2004年，上海石化工会学习贯彻“三个代表”重要思想，紧紧抓住推进职工素质工程，深化企业民主管理，维护职工切身利益，加强自身建设四个环节开展工作。进一步发挥工会的组织优势，通过技能培训、劳动竞赛、班组建设、读书活动、献爱心送温暖、合理化建议等多种形式，调动职工积极性，投身企业经济建设主战场。

公司领导重视送温暖活动

表彰先进职工

采用多种形式，推进厂务公开

组织学先进演讲员队伍

大众交通（集团）股份有限公司

2004 年，大众交通集团上下一心，克服困难，完成税后利润 2.3 亿元。集团工会根据企业改革发展的实际，坚持职代会制度，落实职代会职权，深化厂务公开，落实职工知情权；深化职工素质工程，培育企业各类人才；充分发挥劳模作用，大力宣传优秀企业文化；关心职工生活，完善各类保障体系；关心劳务工、动员劳务工加入工会；积极构建劳动关系协调机制，维护了职工合法权益。

集团职工荣获市职工精神文明“十佳”好事称号，受到表彰

工会主席袁丽敏向职工代表述职

崇明劳务工黄雪邦光荣加入中国共产党

组织职工代表到海尔集团学习参观

大众出租“的哥乐队”亮相国际艺术节

文汇新民联合报业集团工会

集团领导欢送劳模代表参加上海市劳模表彰大会

文汇新民联合报业集团工会下辖 9 个基层工会，87 个工会小组，工会会员 2448 名。2004 年是集团新一轮发展的一年，也是集团工会贯彻“三个代表”重要思想，进一步开拓工会工作的一年。在 2004 年，工会围绕集团总体发展目标，以维护职工合法权益为职责，认真落实职代会制度，开展职工素质工程，为职工办好事、办实事，进一步加强工会自身建设，使工会工作迈上了新台阶。

发动职工捐款献爱心

集团领导慰问报社新闻中心的外国专家

召开集团工会全委会扩大会议，部署工会工作

开展丰富多彩的群众文体活动

上海市建筑科学研究院有限公司

上海市建筑科学研究院有限公司是城市建设管理和运营服务行业中的科技型企业。是国内规模较大的地方性综合建筑科研开发单位，现有员工700余人，高中级科技人员占65%。全院集科研、检测、评估、咨询、设计、监理、特种工程施工为一体，形成了“综合、新颖、特种”的技术特色和“以科技创新，技术领先，促进全院经济发展”的基本发展模式，2004年院荣获了市质量金奖、市AA级资信企业、市优秀公司等荣誉称号。院工会围绕院的中心工作和发展大局，突出维护职能，完善基层民主管理机制，在院改革、发展、稳定中找准工会的角色和定位，坚持真心实意为职工群众办实事、做好事、解难事，增强工会干部队伍依法治会、依法维权意识，使企务公开工作、建家工作和重点工程立功竞赛等各项工作取得了新的进展和突破。

市重大科研项目，生态建筑示范楼建成

开展赈灾献爱心募捐

上级工会和院领导到工地慰问战高温职工

举办工会干部学习班

组织劳动竞赛交流

上海市快乐(集团)有限公司

为患白血病职工家属开展爱心捐助

上海市快乐(集团)有限公司是经上海市普陀区人民政府批准的一家中型商业企业集团。集团 1997 年被上海市商业委员会评为优秀企业，2000 年被中华全国总工会授予全国"模范职工之家"称号，2003 年被评为上海市"职工最满意企业"。集团公司在企业改革过程中，积极探索运用"四个核心环节、八个公开程序"的程序化管理机制，进一步深化厂务公开 ISO9004 质量管理进程，探索厂务公开向经营管理领域延伸，营造了干部与职工"齐抓共推，通力合作，良性互动"的民主氛围，保证了厂务公开渠道的畅通。公司制定了依靠工人阶级办企业实施规定，紧紧依靠职工办企业，从源头上维护职工合法权益，促进了企业改革、发展、稳定。

公司参加市职工最满意企业评选

组队参加"春天节奏"踢踏舞比赛

公司党委书记、董事长徐寿康节日期间慰问职工

浦东新区张江镇工会

张江镇位于浦东新区腹地，镇内拥有张江高科技园区和孙桥现代农业开发区，在区镇一体、联动开发中，工业经济发展迅速。镇工会现有直属工会 56 个，覆盖全镇 244 家企、事业，会员人数 11110 名。镇工会遵照全总“组织起来，切实维权”的工作方针，以企业所需、职工所求、工会所能积极开展工作。在工会组建、维权机制、制度建设、队伍管理等方面探索了一套行之有效的工作方法，组织带领广大会员积极投身社会各项活动。2004 年注重把“六进企业”(即科、教、文、卫、体、法)和“三创”活动作为凝聚人心，团结职工，提升素质，推进各项工作开展的抓手和活动平台，使各级工会组织达到建起来、转起来、活起来，在作为中提升地位。镇工会连续 3 年被评为浦东新区模范工会。□

召开“三创”活动动员大会

组织职工参加“德治与法治”讲座

表彰关爱员工的优秀厂长(经理)

开展大众体育活动

工会工作宣传图片到基层巡展

上海三菱电梯有限公司

庆祝第 10 万台电梯出厂仪式

上海三菱是一家由中方控股的合资企业，成立于1987 年。经过 18 年的发展，公司已成为中国产量最大的电梯制造和销售企业。2004 年销售电梯 15819 台，再创历史新高。连续 12 年实现各项经济指标在同行业中名列前茅。公司荣获全国"五一"劳动奖状、全国精神文明建设工作先进单位和上海市"职工最满意企业"等称号。公司工会被评为全国"模范职工之家"。公司员工为使企业成为"国际区域性知名公司"，继续发扬"团结、敬业、自律、创新"精神，坚持"超越自我，从零开始"，为发展中国电梯工业多作贡献。

公司党政工领导和公司"十佳"员工合影

召开职工代表大会

组织厂史知识竞赛

举办公司第六届职工运动会

上海高桥石油化工公司

上海高桥石油化工公司是我国第一个跨行业、跨部门的特大型经济联合体，隶属于中国石油化工集团公司。2004 年，公司全年实现销售收入 286.5 亿元，创了历史新高。公司工会在党委领导和行政支持下，紧贴企业中心任务，在公司科学管理、改制分流等工作中，突出维护，加大服务，充分调动广大职工的积极性和创造性，为公司全年经营目标的实现，为公司“十五”项目建设发挥了积极作用。□

召开公司职工代表大会

发动职工向灾区献爱心

组织职工参加立功竞赛

开展大众体育活动

多姿多彩的职工文艺会演

中波轮船股份公司

中波轮船股份公司是中国政府与波兰政府于 1951 年 6 月 15 日合资成立的新中国第一家远洋运输企业。现有 24 艘现代化多用途船舶，双方各驾航 12 艘，中方员工 1300 余名。按照平等互利，协商一致原则，实行双方权力对等的管理体制，共同经营，利益共享。半个多世纪以来，公司坚持“安全、快捷、优质”的服务宗旨和“客户至上”的服务理念，在国内外航运界享有良好的信誉。公司长期承运各种复杂货种及超长、超重件，在重大件物流领域里树起了品牌。近年来，中波公司一直积极致力于拓展自身的发展，4 艘重吊(两吊最大负荷为 640 吨)、载重 3 万吨的现代化船舶投入营运，公司加强经营管理，抓好队伍建设，中波轮船股份公司必将迎来更为灿烂的明天。

召开公司职工代表大会

中波轮船股份公司

职工代表参政议政

公司迎春联欢活动

公司新型船舶“太阳”号下水

浦东新区教育工会

在“三个代表”重要思想的指导下，浦东新区教育工会遵循《工会法》，在突出维护、民主参与、民主监督、加强精神文明建设、职工队伍建设、女职工工作创新、推进教育事业改革和发展等方面取得了显著成绩。2004年浦东新区教育工会女职工委员会被上海市妇联命名为2004年度“上海市女性人才工作品牌示范点”。

新区教育工会

浦东新区总工会主席彭戌兰在新区教师技能比赛颁奖会上讲话

工会副主席倪菊娣在新区教工活动中心成立仪式上讲话

组队参加上海市教工象棋比赛

上海大众汽车有限公司工会

上海大众汽车有限公司工会组织职工围绕企业生产经营中心，以降本增效为重点，开展群众性合理化建议，实施四项考核指标，促进企业持续发展；以创建学习型团队为目标，不断地开展班组创新活动，宣传企业文化，提升员工素质；积极履行维护基本职能，提升工会依法维权水平，加强对员工的关心与帮助，努力使工会成为员工之家。□

加强民主管理，召开领导干部述职暨民主评议会

关心员工，开展维权工作研讨

表彰先进，推进职工素质工程建设

开展职工文化娱乐活动

加强队伍建设，组织法律知识培训

上海市第一建筑有限公司

上海市第一建筑有限公司系上海建工(集团)总公司成员单位，国家特级资质大型建筑施工企业。公司坚持“上海一建、勇攀第一”的企业理念，认真贯彻依靠方针，积极实施公司制定的《四年发展规划纲要》，卓有成效地开展群众性“双献五小”合理化建设活动、学习型企业创建活动、重大工程立功竞赛活动、凝聚力工程建设和企业文化建设。公司坚持重大问题由职代会无记名投票审议表决，定期组织职工代表巡视检查，使企业民主管理、厂务公开做到制度化、规范化。2004年公司各项经济指标创历史新高，同时被评为全国建设系统精神文明先进单位和全国建设系统基层思想政治工作先进单位。

公司董事长张香田、工会主席秦伟忠在职代会上签订集体合同

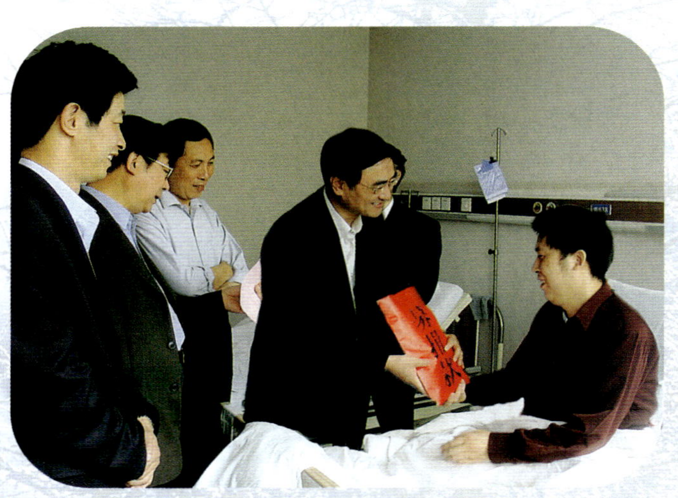
公司领导关心慰问患病困难职工

弘扬先进专辑《勇攀第一》首发式

举办合理化建议活动成果展

召开“双献五小”活动十周年表彰会

东方商厦有限公司

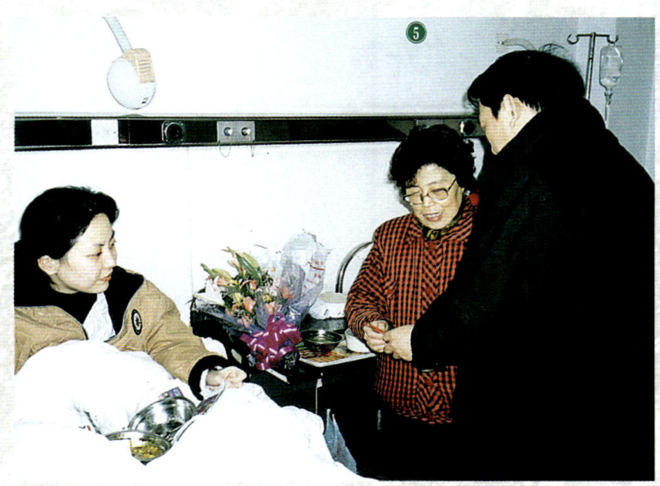
家访慰问送温暖

东方商厦有限公司实施"基础管理标准化,经营管理目标化,综合管理现代化,人员管理市场化"的管理战略,连年保持良好的经营水平,2004 年度完成销售 11 亿元,同比上升 12%。本着"礼在东方"的企业理念,确定了高起点履行诚信承诺、高水平满足顾客需求、高质量体现诚信规范的服务目标。商厦工会始终坚持集体协商制度、工代会制度、厂务公开制度、维护员工合法权益;加强企业文化建设,提升企业整体形象,营造企业文化氛围,做到内聚人心,外树形象。东方商厦有限公司 2004 年荣获全国"五一"劳动奖状,连续六届荣获上海市文明单位称号。公司工会被评为全国财贸系统先进工会集体。

签订集体合同

公司领导和员工恳谈交流

表彰劳模先进

召开职工运动会

上海输配电股份有限公司

上海输配电股份有限公司下属国有和合资企业14家，职工6609名。公司倡导"高效、可靠、创新"的企业精神，推动经济发展。公司工会坚持推进改革发展大局与维护职工合法权益的统一，100%的企业建立了平等协商机制，国有企业集体合同续约率达到100%，工资集体协商签约率达100%；合资企业集体合同、工资集体协商签订率和续签率达到80%以上。各级工会通过岗位练兵、技术比武、名师带高徒、市劳模班组和局级先进班组结对开展学李斌互帮互学竞赛、合理化建议等活动，职工素质工程在广度、力度、深度上有了新的拓展。工会与经营者携手合作营造了"双赢共进"的局面，各企业围绕董事会确定的目标取得了显著的成绩，经济效益比上一年增长了60%。

公司领导为获得"白玉兰"奖的外方经理颁奖

召开公司三届四次职工代表大会

公司所属一合资企业行政和工会签订集体合同

为上海首台500KV超高压变压器出厂剪彩

表彰向李斌学习的先进职工

交通银行上海分行

树立典型,弘扬先进,组织劳模先进座谈交流

2004 年交通银行成功引进国际战略投资者——汇丰银行,2005 年又在香港成功上市。于此同时,交通银行上海分行加快发展,资产超过千亿元,各项业务持续稳步上升。交行上海分行工会组织职工加强民主管理制度建设,实施行务公开;开展岗位练兵、服务质量评比;实施"全员绩效管理、全员培训计划、全员健康计划"工程,全面提高职工综合素质;培育"企业与员工双发展,客户与员工双满意"的企业文化;以建设职工之家活动为抓手全面推进工会工作,为加快交通银行创建一流现代金融企业发挥了作用。□

职工代表参加分行年度工作会议,共商改革发展大计

振奋精神,培育企业文化,开展职工文艺活动

开展大众体育活动,荣获上海金融系统比赛男篮冠军

开展职工素质工程建设,组织业务知识竞赛

上海新华书店普陀区店

召开公民道德建设现场会

开展以全国先进工作者尹鹏命名的“尹氏杯”销售服务劳动竞赛

开展平等协商

发动职工捐款献爱心

表彰公民道德建设标兵

上海新华书店普陀区店是普陀区最大的图书零售企业，除曹杨新村中心门市部外，还有兰溪、武宁、真如、延长、丰庄、甘泉、宜川、长寿、桃浦、曹家渡共11家综合性门市部，此外还有法学书局、保健书店、教材书店3家专业特色店。□多年来，普陀区店坚持图书发行为人民服务，为社会主义服务的方针和“为书找读者、为读者找书”的服务宗旨，在经营活动中讲诚实、守信用，自觉遵守有关法律、法规的要求，营造放心的消费环境，为读者提供了优质的精神食粮。“尹鹏购书热线128—221367”受到了广大读者的好评，涌现出全国先进工作者、上海市劳动模范尹鹏。区店获得了上海市A类纳税信用单位、上海市服务诚信先进单位。区店工会被评为上海市“模范职工之家”。

上海鹤球服装公司

认真制定生产作业工艺

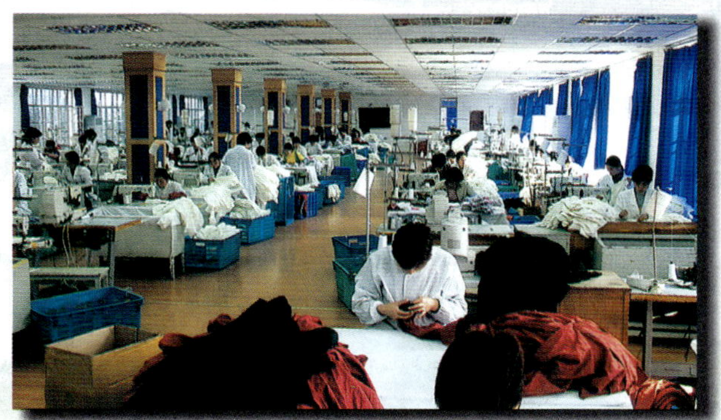

宽敞洁净的公司生产车间

庆祝建厂十六周年联欢会

上海鹤球服装公司是青浦区白鹤镇唯一的一家集体企业，现有职工580人,3个缝纫车间,6条流水线,1个检品车间和1个整理出运车间。近年来,公司坚持文明单位创建制定了两年创建规划,提出了四个目标:一是党政领导自身建设目标,二是坚持以人为本的思想政治教育目标,三是坚持发展,年度工作目标,四是围绕中心,坚持全面发展的目标。公司被评为上海市文明单位。公司坚持质量是我们的生命,信誉是我们的保证，客户是我们的上帝,职工是我们的财富,创新与发展是我们的效益的理念。□公司坚持为民办实事制度、电教化教育制度、厂务公开制度、党员干部监督制度。公司注重充分发挥工青妇群众组织作用,每年组织开展劳动竞赛，组织开展扶贫帮困心连心活动，不断提高职工的积极性。公司妇联被评为区“三八红旗集体”,公司工会被评为上海市“模范职工之家”。

开展严格的产品质量检验

公司正门外景

上海市邮政局邮政储汇局

员工信赖的好厂长(经理)　储汇局局长李文华

组织开展扶贫济困捐款活动

邮政储汇局是集邮政储蓄、邮政汇兑、代理业务为一体的邮政金融管理单位。多年来,努力实践"三个代表"重要思想,坚持依靠员工办企业的方针,围绕邮政储汇专业的发展需要,组织开展职工素质工程,积极倡导企业文化建设,大力推进企业民主管理,坚持为职工办实事、做好事,不断增强企业凝聚力与向心力,促进了储汇专业连续多年快速、持续、健康发展,为上海邮政作出了贡献。储汇局局长李文华被评为2003年度上海市"员工信赖的好厂长(好经理)"。全局连续5年被上海邮政系统授予文明单位称号、连续2年被评为上海市文明单位。

召开局职工代表大会

组织职工插花艺术培训

向市民宣传推介储汇业务

的尝试。2004 年，由市总组织部提供具体框架内容，办公室提供技术支持联合研制开发了《上海工会组织信息管理系统》。该项目的开发应用，目的是为了促进市总信息化的建设，加强对上海各级工会系统的组织结构以及人员构成等方面的科学管理。《上海工会组织信息管理系统》于 2003 年底立项，2004 年中旬开始调研、开发，2004 年底完成开发投入试运行。《上海工会组织信息管理系统》主要包括：对上海各级工会系统的组织结构、组织情况以及人员构成、人员情况、评比表彰、教育培训等内容，提供了业务词典、信息发布、数据统计、数据汇总、数据分析、打印等多项功能。（瑶蓓莉）

闵行区总工会新版网站开通

（张伟文）

【市总工会公务网试运行】 市总公务网建设是市总工会信息化建设的一个重要组成部分。市总公务网的建网宗旨是“面向领导，服务领导，突出工会特点，及时传递职工所关心的问题，发挥工会的桥梁纽带作用”。通过公务网向各级领导介绍工会的主要工作和职工队伍的有关信息。市总公务网于 2003 年 12 月开通试运行，一年来，根据网站的运行情况，围绕建网宗旨，对公务网上海工会网站的风格及内容进行了重新布局设计及数据归类整合，在市总领导的关心和支持下，于 2004 年 11 月对市总公务网进行了升级改版，功能上更加便捷。现已链接党委系统成员单位 10 家，市政府系统单位 4 家。（瑶蓓莉）

【闵行区总工会新版网站开通】 12 月 20 日，闵行区总工会新版网站开通，新版网站体现了便捷沟通的特点，其中“通知通告、政策文件、动态新闻、网上投稿、文件及表格下载”等功能为区工会系统和职工群众实现信息化沟通提供有效途径，“网上信访”为职工群众开辟了网上维权的新渠道，“为您服务”栏目提供了闵行区职工援助服务中心和职工维权律师志愿团的具体介绍等。（陈红铭）

【华联吉买盛建立关心外派人员工作网络】 华联吉买盛工会针对企业新业态、新机制的特点，始终坚持以企业经济工作为中心开展活动，尤其在企业向外拓展过程中，注重做好关心赴外地同志的工作，稳定职工情绪，调动职工积极性，为顺利实施公司战略目标提供保驾护航。具体措施是：(1) 建立关心外派员工工作网络，即建立一套信息资料档案，详细登录外派员工家属常住地址，小孩读书情况，老人健康情况，全面掌握外派员工的情况；(2) 设置一部热线服务电话，在欢送职工赴外地工作时，向职工递上一张名片，写明热线电话号码及 24 小时开通的手机电话，承诺让职工家属任何时候、任何问题通过热线服务电话求助，全力帮助解决。现已收到 18 次热线电话，倾听职工家属对企业的要求和想法，帮助职工家属解决各类问题 7 起，畅通的服务网络，消除了外派工作人员的后顾之忧，激励了在外工作同志的积极性。（王娟华）

【市监狱局工会加强信息化建设】 上海市监狱管理局工会一直把加强工会信息化建设作为一项基础工作来抓，为进一步夯实工会各项基础工作，健全各级工会信息渠道，局工会办公室在原有的“局工会工作平台”和“六大工会工作机制多媒体”的基础上，自行设计和编制了“监狱局工会网站”。局工会网站强调突出围绕监狱局中心任务，反映工会工作特色的主题，整个工会网站的设计追求美观大方、操作方便。网页上分别设有主页、工会概况、女性天地、知心园地、工会论坛、政策法规以及六大机制等 13 个链接栏。通过一年的网站运行，为使网站进一步贴近工会工作实际，局工会下基层就工会网站改版事宜进行专题调研，并对网站主页和部分内容进行了调整和补充，将主页的三大版块调整扩充为七大版块（工会动态、工会文件、图片新闻、俱乐部、政策法规、工会论坛和摄影作品）。为进一步搞好工会网站管理工作，局工会还落实了责任制：一是建立了领导负责制，即由局工会主席主管、基层工会主席分管、有专人负责的网站管理负责制；二是规定局工会网站每周 1 ~2 次定期更新、有重大新闻和信息及时更新的要求。自局工会网站开通后，各基层工会也相继在单位的网站上建立了工会网页，局工会还为基层工会各配置了一架 500 万像素的新型数码照相机。已有 11 个基层工会建立了网页，形成了上下沟通、互相交流、促进工作的新格局，发挥了工会网站独特的宣传作用。2004 年，局工会被评为上海市监狱管理局信息化工作先进单位。（李志军）

短信息：

○从 3 月起，崇明教育工会与全系统 108 个基层工会之间实现了“无纸化”信息传递，所有下发和上报的文件及信息稿都通过教育工会网页或电子邮箱传递。

（陈进修）

综　述

2004年上海工会积极贯彻党的十六大和十六届三中、四中全会精神，以树立和落实科学发展观为指导，以坚持和弘扬求真务实精神为要求，以推进和实现理论创新、机制创新和工作创新为目标，围绕以下重点，继续深入开展理论研究和调查研究工作。(1)以“组织起来、切实维权”为主题的大调研。根据王兆国同志关于开展“组织起来、切实维权”大调研工作的指示精神，结合市总工会十一届二次全委(扩大)会议明确的工作任务，市总工会在年初制定了2004年度调研工作计划和实施意见，以文件的形式下发至各区县局(产业)工会。在市总工会层面，主要围绕“组织起来、切实维权”的要求，开展了《关于进城务工人员的权益保障问题的研究》、《关于在完善社会主义市场经济体制中工会组织体制创新问题的研究》、《关于工会维权工作的研究》等三项重点课题调研。通过调研，了解掌握上海职工队伍的新变化和新发展，及时发现和分析工会工作中面临的新情况新问题，探索新形势下工会组织体制、维权机制和方式方法的创新和发展。在重点课题调研实施过程中，各课题组以问卷的形式直接获得了职工队伍状况的第一手资料，通过召开不同类型的座谈会，听取了来自不同职工群体的意见和建议。这些调研反映了在上海市场经济体制发展中工会工作内容和对象的拓展，分析了上海进城务工人员群体的基本特点和权益实现状况以及在权益保障中面临的主要问题，对工会如何加强对进城务工人员的服务、实现“组织起来、切实维权”的工作要求提出了相关的政策建议和工作对策；分析了在上海市场经济体制的发展中，产业结构、产权结构、国有资产管理体制调整对工会组织体制带来的挑战，对上海工会组织体制如何与之相适应进行了积极的探索，同时对新形势下工会履行职能的有效方式和途径进行了探索。(2)对完善社会主义市场经济体制过程中工会面临的新情况新问题的调查研究。各级工会继续将调查研究作为工会转变作风、增强工作有效性和提高工作水平的重要抓手，分析和研究改革和发展对工会工作提出的新挑战，总结和探索新形势下工会工作的特点和规律。市总工会组成课题组，开展了对全市企业职工收入分配状况的调研，分析了在企业产权变革的情况下，普通职工工资收入的现状和企业工资分配存在的问题，为进一步深化工资集体协商工作提供了资料和依据；纺织工会、机电工会等开展了关于产业工会的研究，对市场经济条件下工会组织体制的创新进行了积极的探索；静安、宝山、化工等区和产业工会对国有企业转改制过程中引发的职工权益矛盾进行了分析，并对如何坚持改制过程中的规范运作和民主程序、如何坚持对国有资产负责和对职工负责的一致性，提出了积极的建议。(3)从理论和实际的结合上，推动调研成果向工作成果转化。随着职工队伍的变化和发展，工会工作的对象和范围也在不断拓展。各级工会坚持理论与实际相结合，积极开展新形势下工会工作的对策性研究。如在吸纳外来务工人员加入工会的工作中，崇明、建工、港务、医务等工会通过调研，在归纳成功的做法和经验的基础上，对相关工作提出了规范性的意见；杨浦、普陀、闵行等区总工会对社区工会开展工作的调研，对非公企业推行民主管理的调研等，反映了新形势下工会工作的深化和发展。一些课题的调研取得了实质性的成果。如市总工会经济工作部组织开展的劳动模范生活状况调研，对部分年龄大退休早的老劳模生活困难情况的反映和建议，得到了市领导的高度重视，并促成有关措施的落实，使这些问题得到了妥善的解决。2004年上海工会的理论研究和调查研究取得了丰硕的成果，在年末优秀调研论文评比征集中，报送论文达232篇。　(吴　越)

工运研究会

【上海市工运研究会召开第七次会员

大会暨年会】 上海市工运研究会于8月31日下午召开第七次会员大会暨年会。市工运研究会会员、团体会员以及区县局(产业)工会有关负责干部230余人出席了会议。会议通过了汪兰洁会长代表第六届理事会所作的工作报告,通过了《上海市工运研究会章程》的修改草案,选举产生了第七届理事会及理事会会长、副会长、秘书长,并决定了副秘书长人选。会上,聘任了第七届理事会顾问和专家咨询委员,表彰了2003年度上海工会优秀调研报告、论文和市工运研究会优秀团体会员。大会明确了研究会今后的任务:进一步学习、贯彻邓小平理论和“三个代表”重要思想,树立和落实科学发展观,用“三个代表”重要思想和科学发展观指导工运研究工作;突出重点,深入研究当前上海工人运动和工会工作中的重大课题;努力加大工运研究的创新力度,推动上海工人运动和工会工作的理论创新和工作创新;进一步加强研究会自身建设,完善组织网络和工作机制,建立起一支有一定水平的上海工运研究者队伍。市人大常委会副主任、市总工会主席、市工运研究会名誉会长陈豪出席会议并对研究会工作提出了四点要求:(1)始终坚持以科学的理论为指南,保持工运研究正确的政治方向。(2)始终坚持围绕中心、服务大局,把握工会工作和工运研究的准确定位。(3)始终坚持以服务和指导实践为工运研究的出发点和落脚点,探索新时期工会工作的特点和规律。(4)始终坚持弘扬求真务实精神,加强工运研究会的自身建设。市社联党组书记、副主席潘世伟在致词中充分肯定了工运研究会近年来的工作成果,同时又对新形势下加强研究会的建设提出了要求。

(桂晓燕)

【徐汇区工运研究会建立调研申报制度推动理论和工作创新】 徐汇区工运研究会将调查研究置于工会工作的创新与发展的目标之下,建立“工会调查研究、特色工作申报制度”,动员区域内产业(系统)、集团公司和社区工会从自身特点出发,开展调查研究,酝酿、培育特色工作,并注重提炼工作的特点和规律,形成可资借鉴的经验。对于申报立项的调研课题,工运研究会予以经费的支持。这项活动得到基层工会的积极响应,参与面达到80%,年末在基层申报的调研和特色工作中评选出15项优秀成果。在调研活动中,研究会重点抓了《徐汇区企事业单位进城务工人员基本情况调查》和《工会组织在“三高”青年群体中的影响力调查》,为工会组织在这两个群体中进一步开展工作发挥作用提供了基本情况和依据。徐汇区工运研究会重视发挥“外脑”的优势,为提升区域内工会工作水平服务。研究会有成员单位20余家,其中有政府机关、大专院校、科研医疗机构和企业等。工运研究会整合资源,先后与上海交通大学工会、上海专利商标事务所工会、区医务工会等联合举办研讨会,探索深化拓展平等协商工作、进城务工人员的维权工作等。研究会成为区域内产业、社区和企事业单位工会研究工作、交流经验、发布信息的载体。 (虞 蔚)

【普陀区基层工会工作研究会以“一会一品”推动调研成果转化】 普陀区总工会坚持工运理论研究与实践的结合,以“一会一品”活动为载体,引导基层工会结合实际,开展调查研究,加强对基层工会工作的理性思考,提升工作能力和水平。(1)针对性。探讨在工会工作实践中遇到的亟待解决的问题,行业和区域性特征明显;(2)经验性。认真总结基层工会在实践中创造的成功经验,积极研究解决问题的途径和方法;(3)创新性。“一会一品”以创特色工作经验为要求,针对区情发展的新情况,研究工会工作的新路子。调研推动了基层工会工作的创新,涌现了一大批工作成果:如长风社区工会探索“四轮联动”工作制度,通过联席会议制度、平等协商机制、职工代表大会制度和劳动法律监督机制四大环节,构筑社区工会维权体系;桃浦镇探索了工资集体协商“上代下”模式,明确上级工会在开展工资集体协商中的职责,根据非公企业发展的不同阶段,分别采用以“上代下”谈工资底线标的的浮动、以“上参与下”谈浮动系数和以“上指导下”谈“活工资”的协商方式,推动了工资集体协商工作在非公企业中的开展;此外,还有“民营企业职工董监事制度”、“规范用工诚信企业评定工作”、“经济区会员代表专委会制度”、“三高群体的权益维护”等工作成果的运用和推广,体现了调查研究对工会工作的推动作用。(金 今)

【静安区总工会健全工运研究会组织网络 完善活动机制】 静安区总工会将工运研究会工作作为一项日常的基础性工作来落实。区总领导、各部室负责人及下属各系统、集团、街道工会主席全部参与研究会活动,并建立了7家工运研究会分会组织。研究会的主要活动形式有:(1)围绕工会工作的热点、难点和重点,发布年度调研指导性课题。2004年提出关于进城务工人员的权益维护、“三高”群体状况、工会干部社会化职业化问题、工资集体协商、创建学习型组织、职工思想政治工作等六个专题,指导基层工会开展调研。(2)坚持年会、报告会、研讨会制度,促进研究会工作的深入开展。研究会每年举行街道社区工会工作研讨会,每年召开年会,定期举办形势报告会、工作研讨会等,进行调研信息发布和成果交流。(3)组织开展专题调研。开展了工资集体协商的调研、企业改制中的职工信访、新建企业民主管理情况、工会经费收缴情况,进城务工人员和“三高”群体等专题调研,并形成调研论文和情况通报,提供区委区府领导参阅,为反映职工队伍现状和呼声,维护职工权益起到了积极的作用。静安区总工会开展调查研究的成果在工作中得到了体现。对职工收入情况的调研引起区领导的重视,区委常委会、区长办公会议明确,要求企业在经济效益增长的同时提高职工的工资收入,并把职工的工资收入增长列入企业主要领导工作业绩考核范围;对部分企业转改制中存在的问题的调研和建议,作为与区政府举行联系会议的议题而得到区长重视,在会后落实了有关措施加以改进和规范;对楼宇工会模式和在“白领”员工中开展工会工作的探索研究,作为工会组建和活动方式的创新而对全市工会工作产生了一定的指导意义。(吴 越)

【机电工会工运研究会强化三项课题研究】 市机电工会工运研究会根据形势的发展和职工的需求，着力于研究新变化，开展新探索，以推动工会工作取得新成果。(1)开展维护主题的研究，分析电气大变革对企业劳动关系带来的新变化，研究工会的维权对策。工会参与起草了《关于国有企业依法改制规范运作的若干意见》，提出坚持改制的民主程序，坚持改制转制方案必须经过职代会审议、职工分流方案必须经过职代会审议通过。开展了“企业经济变化与职工工资问题调研”，为企业开展集体协商和分配制度改革提供了依据。全系统开展平等协商和签订集体合同率已达95%以上；全行业合资企业平等协商制度建立率由上年的80%上升到2004年的85%，集体合同签订率由上年的72%上升到75%，工资集体协商签订率由上年的51%上升到53%。(2)开展李斌品牌的课题研究，提升工会作用。从研究李斌成才轨迹和李斌的广泛效应，着力将研究成果化为具体举措，广泛深入开展技术大赛，共有12个工种、18个技术等级、近千名职工参赛；100余名进城务工人员首次参加了中级工比赛。(3)针对现实，研究工会工作机制创新。深入研究产业工会体制变化，提出了利用实现社会资源，构建产业工会，整合工会格局变革的设想，并据此对机电工会组织机构进行适应性调整。深入研究劳务工的问题，先后制定了《关于组织劳务工加入工会组织的实施办法》和《关于维护进城务工人员合法权益的办法》两个文件，吸呐5150名劳务工加入工会组织，劳务工入会率达到80%。 (冯克华)

【国际港务集团工运研究会围绕重点工作开展工运研究】 上海国际港务集团工会积极发挥调查研究对工会工作的服务指导作用，围绕企业调整发展的中心任务和老港区平稳退出的重点工作开展专题调研，为集团党政领导决策和工会工作的深入提供依据。一是根据上海港口发展和职工队伍现状对进城务工人员入会和维权工作开展调查研究。在广泛调查、摸清集团内部进城务工人员现状的基础上，组织召开研讨会专题研究进城务工人员入会工作的重要性、必要性和可行性。在统一思想的基础上明确了具体的工作目标和步骤，制定了《上海国际港务集团进城务工人员入会工作暂行规定》，规范和促进了这项工作的落实。5月，集团工会提前完成市总工会下达的进城务工人员入会目标，并先后四次在市总工会和全国产业工会组织召开的有关会议上作交流。二是积极主动地服务于企业改革发展的新形势。在上海港集装箱装卸生产跨越式发展、黄浦江两岸老港区加速退出的背景下，研究会定期组织信息发布会，及时了解掌握职工队伍的现状和思想动态，针对企业改革发展过程中存在的问题，撰写了《工会在留住和培养企业人才上的可为之处》、《在老港区功能转换中当好帮困第一责任人》和《关于上海国际港务集团困难职工及其帮困送温暖工作基本情况的调查》等，为稳步推进企业改革发挥了有效作用。港务集团工会充分利用工运研究会的学习交流平台，定期组织专题研讨会、论文征集评选活动和调研成果发布会，为加强工会自身建设、提高工会干部整体素质发挥了积极作用。(张晨琦)

【卫生系统工会理论研究会以调研推动工会重点工作】 上海卫生系统工会理论研究会针对卫生系统改革发展的新情况，开展富有特色的理论研究活动，以理论成果指导工会工作的实践，推动重点工作取得突破。(1)在用工多样化的情况下研究发展非在编职工加入工会。卫生系统的用工已从单一的固定工向多种形式的招聘用工制度转化，大批外地医务人员、下岗职工、城市无业人员和进城务工人员进入医疗卫生单位。通过开展调查研究，对有关非在编职工的福利待遇问题、非在编职工工会组建的形式问题、会籍管理问题、会费及经费的筹措问题等作出了规范，解决了基层工会在发展非在编职工入会工作中遇到的困难问题；(2)针对上海民营医疗机构迅速发展和就业人员数量上升的新情况，研究推进民营医疗机构工会组建。通过调查、总结归纳，制定了《关于加快推进民营医院工会组建和发展非在编职工入会工作的指导意见》，提出“依法组建、全面覆盖、敢于创新、不拘一格”的组建原则，规定了组建要求、模式和职责任务，明确了发展会员的方式、组织形式和会员权利义务。2004年上海卫生系统新增工会组织72个，发展非在编职工入会3233人，医务工会获“上海市工会组建工作优秀单位”的称号；(3)开展卫生文化大讨论，推进医院文化建设。围绕卫生改革的实践与探索、卫生科技的回顾与展望、医疗服务的拓展、职业精神的提炼与塑造、医院文化的继承与发展等内容开展群众性的征文活动，成为配合卫生系统政风、行风建设的重要载体。征文活动得到各基层工会的广泛参与，收到论文113篇，研究成果促进了医院文化建设和职工队伍素质的

市总工会主席陈豪、副主席汪兰洁向工运理论研究先进集体和个人颁奖 (贲大伟)

提高。（吴　越）

【工会学院着力构建工会理论研究高地】 上海工会管理干部学院，加强与名校、与国际的合作，着力构建工会理论研究高地。（1）与复旦大学合作的劳动关系研究中心，采取边筹备边运作的模式，现在又与澳大利亚南澳大学达成了初步意向，三方共同筹建"国际劳动关系研究中心"。（2）举办了"工会维权机制"、"工会体制改革与创新"、"英国和欧盟工会现状与趋势"、"中英妇女就业状况"、"中德就业问题"等5次有影响的中外专题研讨会。（3）实施了与国际合作的2项科研课题。一是与挪威合作的"经济全球化对职工的影响"，二是与英国合作的"非正规就业状况研究"，已经完成调研。工会学院的学报《工会理论研究》积极反映上海工会理论研究的成果。2004年人大复印资料全文转载和索引转载了学报的30多篇文章，转载率达30%。在高校学报研究会的首届评比中被评为"上海市优秀学报"；被上海市新闻出版推荐，参加了第三届"国家期刊奖"评选；并被邀请在上海市新闻出版局举办的第12期"期刊主编培训班"上介绍办刊经验。（庄音豪）

【三航局工会举办工会主席论坛】 三航局工会围绕贯彻落实科学发展观于11月组织了工会主席论坛活动。与会工会干部围绕如何正确认识科学发展观的深刻内涵、对指导工会工作新实践的现实意义、如何进一步围绕发展这个第一要务、依托重点工程创造性地开展工会工作等10个专题进行了研讨，并结合工会工作的实践达成了以下共识：（1）以人为本是科学发展观的本质，要把以人为本作为开展工会工作的一种思维方式，切实把表达和维护好职工群众的根本利益作为工会各项工作的出发点和落脚点；（2）科学发展观的主题是发展，科学发展观就是用来指导发展的，离开发展这个主题就没有意义了，工会干部要充分认识发展是解决一切问题的根本和基础，团结带领职工自觉投身全面建设小康社会的伟大实践；（3）全面、协调、可持续发展是科学发展观的基本内容，在参与企业改革改制工作中，工会要注重运用科学发展观协调好企业发展和职工利益的关系，做好"双维护"；（4）统筹兼顾是科学发展观的根本要求，统筹兼顾必须充分调动一切积极因素，工会应该始终把推动全心全意依靠工人阶级方针的落实作为自己的首要任务，尊重职工的首创精神，充分发挥职工的聪明才智；（5）"树立和落实科学发展观的过程，就是根据党和人民事业发展的新要求，大力提高党领导发展能力的过程"，党的十六届四中全会提出了加强党的执政能力建设这一历史性课题，在社会主义市场经济条件下，工会工作要创新与发展，也有个提高自身能力建设问题。（唐钧达）

短信息：

○3月9日，闵行区总工会成立工会工作研究会，同时经上海市工人运动研究会批准，被吸收为团体会员。（叶民强）

○12月22日，市卫生系统工会工作理论研究会召开会员大会暨年会。大会选举产生了研究会新一届理事和会长、副会长。（周崇礼）

课题调研

【市总工会开展进城务工人员权益保障问题的研究】 市总工会组织课题组，在全市13个区县局（产业）中进行了以进城务工人员为对象的问卷调查和个案访谈。共回收有效问卷3017份，召开各类座谈会十余个，进行个案访谈72名。报告分析了进城务工人员权益保障方面存在的问题：（1）用工不规范。劳动合同签订率比较低、劳动合同不规范、合同履约率低等。（2）劳动报酬待遇低。他们的工资普遍低于劳动合同工，有的低于上海劳务工，甚至达不到规定的最低工资。还有克扣拖欠工资，企业规章不合理，罚款严重等等。（3）加班加点较普遍。（4）劳动安全受忽视。有关数据显示，进城务工人员的工伤死亡人数占总数的80%左右。（5）社会保险的参保率不高，少缴、漏缴综合保险费的现象还比较普遍。（6）较少得到学习培训。（7）精神文化生活贫乏，主要消遣方式是看电视、聊天、打牌打麻将。（8）处于城市社会中明显的弱者地位，缺少反映意愿呼声和利益诉求的渠道。调查对进一步做好进城务工人员权益保障工作提出建议：（1）清理不合理的规章制度，建立完善的劳动法律监督体系。对不符合《劳动法》要求和对进城务工人员有歧视性规定的条款要予以废除。适当放宽户籍政策，鼓励进城务工人员中的杰出人才落户上海。要建立专业监督、工会监督、舆论监督、群众监督结合的网络，实现劳动法律监督的全覆盖。（2）建立统一高效的管理服务机制。全面、动态掌握上海进城务工人员情况，要变多头管理为统一管理，把进城务工人员的管理服务列入各有关部门和社区的管理责任范围。（3）加强用工管理，要严格控制劳务用工范围，尽快对"季节性、临时性、突击性用工"做出明确的、具体的界定。要规范劳务型公司的运作，加强业务指导和监管力度。要结合年检、劳动用工执法检查、社会保险费缴纳检查、举报投诉等多种形式，加大执法力度，及时查处违法违规的用人单位。（4）在进城务工人员中建立党团组织和工会组织，企业民主管理和社区管理应该组织进城务工人员平等参加。进城务工人员可以同等条件参加上海职工技术晋级考试，合格发给技术等级证书。企业职工教育培训费的使用同样应该考虑进城务工人员。（5）调整综合保险结构，进城务工人员最迫切需要的是医疗门急诊费用补贴，可进行可行性研究，从低水平开始逐步推行。要研究根据上海经济社会发展水平逐步提高综合保险水平，逐步缩小综合保险与城镇居民社会保险的差距。（6）鼓励建立非盈利性的进城务工人员的社会服务机构，鼓励现有社会服务机构对进城务工人员的服务实施减免费用，给予政策扶持。（7）建立企业劳动关系诚信制度、工资预备金制度和强制培训制度。在进城务工人员集中的容易发生拖欠工资的行业和企业中,建立工资预备金制度,与企业劳动关系诚信制度结合起来,凡诚信记录不佳的企业必须提出工资预备金,反之可以减少比例。企业对使用达到一定期限的进城务工人员,必须提供一定工作时间的文化技术培训。(8)进一步创新进城务工人员入会的组织体制和工会工作运行机制。大力探索进城务工人员入会的多种途径和办法,同时采用灵活的会籍管理办法,经费收缴上也给予一定扶持。(9)工会要进一步帮助指导进城务工人员依法签订劳动合同,大力推行平等协商签订集体合同制度;配合用人单位做好进城务工人员劳动保护工作,重视女职工的特殊保护,加强劳动保护监督检查工作;建立和完善职代会制度;主动介入各类劳动争议和劳务纠纷的调处,提供法律服务。(10)把进城务工人员纳入各级工会帮困网络。各级工会举办的就业咨询、法律咨询和各类培训,同样对进城务工人员开放。

(诸兆亮)

【市总工会开展进城务工人员思想动态和利益诉求的调查】 市总工会宣教部开展对《上海进城务工人员思想动态和利益诉求的调查》,此系重点课题《上海进城务工人员权益保障问题的研究》的分报告之一。调查认为当前上海外来务工者主要有以下五种思想心态:(1)关注上海发展的积极心态。(2)随遇而安的平和心态。(3)赚钱养家的现实心态。(4)对身份歧视的不满心态。(5)与城市若即若离的矛盾心态。调查报告分析了他们的主要利益诉求:经济方面,对物价上涨和医疗费用太贵意见最大。他们最怕的是生病和工伤,希望医院降低医疗费用,企业能提供相应的医疗保障。社会方面,希望缩小待遇差距。对就业、居住、子女就学问题最为担心,希望有一个平等的生存环境和市民待遇。参与方面,入会愿望迫切。了解"工会的基本职能是代表和维护职工利益"的占59.8%,认为工会"有作用"的占63.4%,认为"在外来务工人员中有必要组建工会"的占81%。文化方面,参加学习培训的愿望比较强烈。希望参加能为自己创造就业机会以及与自身工作和发展紧密关联的学习培训项目。心理方面,他们在承受生活重负的同时,也承受着沉重的心理压力,渴望倾诉空间。调查提出建议:(1)建立维护外来民工合法权益的长效机制。从政策上确保他们应该享有的基本劳动权利,解除就业限制;确保基本的劳动保障权利,要依靠制度解决任意延长工时、随意克扣工资、不顾劳动安全等严重违反《劳动法》的问题;确保基本民主权利,加快工会组建步伐,加大教育培训力度,提高民主参与的意识和能力;确保基本人身权利,从社会和企业两个层面入手,通过舆论导向和机制制约,逐步消除身份歧视现象。(2)营造有利于外来民工融入城市生活的良好社会环境。首先要加强宣传导向,让上海市民充分认识农民工进城的积极意义,形成和睦相处、互相关爱、共建美好生活的共识;要提供心理沟通和倾诉的渠道,努力提供各类服务;要改善优化外来民工的生存环境,办好事、办实事,帮助解决在就业、居住、子女教育等方面存在的实际困难。(3)不断提高外来民工的整体素质。要把外来民工的教育培训纳入职工素质工程的总体规划之中,确保同等参加企业各类教育培训的权利。

(诸兆亮)

医务工会召开理论研究会会员大会暨年会

(徐智华)

【市总工会开展进城务工人员参与企业民主管理情况的调研】 市总工会民主管理部开展对进城务工人员参与企业民主管理情况的调研,此系重点课题《上海进城务工人员权益保障问题的研究》的分报告之一。调查反映全市进城务工人员参与企事业单位民主管理的类型大致可分为以下几种:完全参与型、列席旁听型、沟通交流型、群体分设型。调查分析了进城务工人员参与民主管理存在问题的原因:(1)现行用工形式的不规范给工会组织体制设置、民主管理机制建设带来了制度性的障碍。(2)由于用工不同、待遇不同,劳务工难以在工资薪酬方面与企业正式职工同等,也无法享有对企业福利基金的使用。职代会对工资奖金分配方案和职工福利基金使用方案的讨论审议,不得不将这部分人员拒之于外。调查认为,由于进城务工人员参与企业民主管理制度的不健全、渠道不畅,促使企业职工之间的分化对立,使进城务工人员较易产生短视行为,对企业的发展不利。为此提出思考:(1)对进城务工人员享有民主管理权利问题达成共识。进城务工人员作为现代都市的劳动者,理应同样享有劳动者应有的政治民主权利和经济民主权益。(2)应界定这部分人群民主管理的权限和参与的形式。现阶段对进城务工人员民主管理权限的确定,不能一步到位,只能循序渐进,逐步规范。首先,必须赋予其了解企业发展的知情权;其次,必须赋予其对自身利益问题的沟通协商权;再次,必须赋予其提高素质能力的培训教育权。他们的参与形式,应该大胆实践,勇于创新。代表产生,可以参照《上海

市职工(代表)工作规范》的要求,以民主选举的方式在这些人群中产生代表。(诸兆亮)

【市总工会开展进城务工女性权益保障状况的调查】 市总工会女职工部开展《关于上海进城务工女性权益保障状况的调查》,此系重点课题《上海进城务工人员权益保障问题的研究》的分报告之一。调查反映了当前上海进城务工女性权益保障方面存在的问题:(1)劳动权益难以得到保障。首先是劳动合同不规范。其次,工资报酬普遍较低。再次,工作时间过长,休息休假没有保障。还有,劳动保障缺失。进城务工人员社会保障参保率不高,覆盖面不广。无法享受生育保险待遇是调查中意见比较集中的问题。(2)特殊权益维护状况不容乐观。首先,两年一次的妇科检查难以保证。其次,孕产期待遇难以落实。(3)无缘参加学习培训,进城务工女性普遍反映,除上岗前简单的培训外,没有再得到其他内容的培训。(4)精神文化生活匮乏,婚恋问题严重。调查提出了若干对策和建议:(1)在全社会营造善待女性进城务工人员的良好社会氛围。树立以人为本思想,废除各类歧视性的规定和做法。(2)加强对进城务工女性的技能和法律培训,提供再教育的机会。要进行法律法规知识的宣传普及,提高她们维护自身权益的意识和能力。要针对进城务工女性的生理和心理特点,设置一些个性化培训,如城市生活常识、礼仪学习、生殖保健讲座等,培养对城市文明的认同感和对城市生活的责任感。(3)加大劳动执法力度,建立健全监督保障机制,同时,要把进城务工女性纳入到社会保障覆盖面内。要采取有力措施解决进城务工女性享受生育保险问题。应抓住《上海市生育保险办法》修改、生育保险费用与养老保险和医疗保险费用分开缴付的机会,把进城务工女性纳入到生育保险保障范围。(4)加大组建工会女职工组织力度,为维护女性进城务工人员权益提供组织保障。(诸兆亮)

【市总工会开展进城务工人员职业安全卫生问题的调查】 市总工会经济工作部开展了《本市进城务工人员职业安全卫生存在的问题调查》,此系重点课题《上海进城务工人员权益保障问题的研究》的分报告之一。调查提出了上海进城务工人员在职业安全卫生方面存在的主要问题,部分港澳台投资的小企业、私营企业职业危害严重,职业安全卫生形势严峻。截至2003年底,全市有10164家企业存在职业病危害项目,其中非公企业7751家,占总数76.26%。全市用人单位共有接触职业病危害因素的职工28.23万人,其中非公经济企业接触职业病危害因素的进城务工人员17.64万人。2003年全市发生因工死亡事故429起,死亡450人,其中进城务工人员占80%以上。调查报告分析了问题产生的原因:一是进城务工人员主要在危险行业特殊工种做工,各类伤亡事故频繁发生有其客观因素。二是进城务人员的个体素质较低,又缺乏系统的安全知识和技能培训。三是用工单位尤其是承包公司对进城务工人员安全生产缺乏必要的培训、监督和有效管理。四是进城务工人员因工伤亡事故责任落实难,往往不能考核到用工单位尤其是承包公司。调查就加强进城务工人员职业安全卫生的监督工作提出若干建议:(1)要从制度上保障进城务工人员的职业安全卫生与健康。结合行业的特点,制定具有可操作性的规定办法,规范企业用工行为。(2)多层次、全方位开展进城务工人员安全卫生教育培训,提高安全意识和防护能力。(3)用人单位尤其是承包公司要建立和健全进城务工人员安全卫生保障机制,为进城务工人员建立健康档案。(4)制定有关工程项目承包中对承包公司的安全评估约束机制。有关部门监督工程项目承包时,应严格审核工程施工单位的安全管理状况,作为资质审核的标准之一。(诸兆亮)

【市总工会开展对完善社会主义市场经济体制中城市工会组织体制创新问题的调研】 市总工会组织部开展的《在完善社会主义市场经济体制中城市工会组织体制创新问题的调研》,是市总工会2004年重点调研课题之一。调查反映,变革中的上海工会在体制上进行的探索创新为:(1)产业工会依附行政发展有起有伏。产业工会基本上是依附于行政管理体制而存在。第一类是与原全国产业工会对口较紧密、产业特性较明显的如教育工会、铁路工会、邮电工会、金融工会。第二类是按上海行业、特点建立发展起来的,与全国产业工会对口并不很紧密的如医务工会、商业工会和建设工会等。第三类是由管理局工会发展而成的如纺织工会、轻工工会、化学工会、机电工会等。(2)社区和区域性工会组织随地区经济发展而壮大。随着大量的新经济组织和新社会组织集聚在街道、乡镇和开发区,市总工会及时将街道、乡镇工会改建为地区一级工会,加强以居委会管辖范围为区域的小区工会和经济园区、开发区工会的建设,建立健全了与地区工会任务相适应的组织网络。在街道和乡镇形成了社区工会两级工作平台。将开发区工会从企业工会改制为区域性工会。(3)政府管理体制变化催生"系统工会"。政府管理体制和国有资产管理模式重大调整,工会及时进行组织体制调整,建立了经济系统、综合系统、社会系统等大口系统工会。(4)适应城市企业多样化创新工会组织形式。探索了"楼宇工会"、"汽车配件一条街联合工会"、"商场工会"及"街道餐饮业工会联合会"等新的组织体制。(5)产业与地区工会相衔接的行业工会试点取得初步成效。上海纺织工会先后在金山、青浦、长宁、嘉定、杨浦、松江建立了区县、街道乡镇等二级和三级纺织行业工会联合会。调查分析了工会组织体制面临的挑战:一是投资多元化进一步冲击原有控股集团工会体制。二是劳务公司的进一步发展对工会组建带来难题。三是编制问题困扰工会组织体制创新。四是工会体制难以摆脱对行政管理体制的依附性。五是产业工会发育不充分影响作用发挥。六是地区工会体制难以承受繁重工作压力。调查对城市工会组织体制创新提出了若干对策思考:(1)加强产业工会建设,创新产业工会体制。应从不同的实际情况出发,采用以下不同的形式。

一是建立产业工会联合会。由行业特性相近的行业工会组成上海市产业工会联合会，依法确认其工会社团法人资格。二是依托大型企业或大集团工会建立市级产业工会。三是市总工会内设产业工会。对一些重要的产业，工会组织体制设置有一定困难的可以考虑设在市总工会内。四是对应行业协会建立产业工会。(2)强化地区工会建设，完善地区工会组织体制。一是试行乡镇(街道)建立总工会。二是改革社区工会管理方式，做到工会管理体系网格化，工会干部职业化、工会工作评介体系民主化。三是探索与扶持区域性行业工会。在区县总工会、街道乡镇工会下建立不与市产业工会对口的行业工会。(3)以“双重”管理模式进一步探索工会组织体制创新。一是以双重管理模式实行市产业工会与区域性行业工会的衔接，建立产业与地区相衔接的区域性行业工会。二是以双重管理模式建立地区行业工会。要以“双重领导”模式为突破，区县和乡镇街道建立区域性的行业工会。三是以双重管理模式完善开发区联合工会体制。(4)进一步探索灵活多样的组织形式。 (诸兆亮)

宝钢集团一钢工会举行工会工作特色成果发布会

(施逸丹)

【市总工会开展企业职工收入分配现状的调查】 市总工会组成课题组，开展了《关于本市企业收入分配现状的调查》。调查反映本市企业职工工资收入分配制度基本特点：企业自主分配已逐步成为企业工资制度改革的方向；企业工资水平受效益制衡已经成为企业的自觉行为；“按劳分配”的方式已成为企业的基本工资分配方式；经营者收入实行年薪制已成为企业新的分配激励机制；市场化的工资增长机制已在企业逐步形成。报告指出了2004年企业工资收入分配中存在的突出问题和原因：(1)职工和经营者之间的的工资收入差距过大，是企业工资收入分配中敏感的话题。经营者和职工的收入差距是4—11倍，其中职工的平均收入已包括了经营者的收入。造成经营者与职工之间收入差距原因首先是经营者收入不公开。其次是经营者职务消费行为不规范。国有企业经营者由权力带来隐性收入的职务消费行为，使职工反映强烈。再次是经营者收入考核机制不合理。由于经营者年薪制度考核与职工工资是否增长基本不挂钩，部分企业经营者为了超额完成上级下达的利润、减亏等考核指标突出个人业绩，往往采取少发工资奖金、降低成本、减少费用等方法来减亏和创造利润。有部分企业为了增加股东红利，放弃加工资的额度，经营者拿高额的年薪和红利。还有的企业对一线职工工资增长不关心。(2)企业在劳务用工上的不规范，严重制约了职工工资收入的增长。在对本市363家用人单位劳务用工情况调查显示，劳务用工占到从业人员的28.83%。由于劳务用工和劳动合同制用工的双轨制用工方式，一些企业规避法律，混淆两种用工的岗位界定的概念，引起了一批职工收入的“寻底竞争”，既使劳务工的合法权益受到侵害，又严重制约着劳动合同制职工的工资收入的正常提高。(3)职工群体工资收入呈不合理结构，收入差距有扩大趋势。首先，不同行业之间的职工收入增长幅度不平衡，使得行业之间的职工收入差距扩大。其次，三分之二职工的工资收入低于全市社会平均工资，目前职工的收入水平分布呈“宝塔型”结构，职工问卷反映工资水平低于上海市上年社会平均工资的占65.5%，低收入和中等偏下收入群体相对过大。再次，职工中经营者群体与普通劳动者的收入差距有扩大趋势。(4)上海企业人工成本对于商务成本影响的作用被明显高估。首先，本市企业人工成本投入与产出同向增长，但投入的增幅明显低于产出。企业为了降低成本，对于人工成本的控制日趋增强。其次，企业人均人工成本虽逐年上涨，但人工成本占总成本比例却在逐年下降。其中市平均水平企业人工成本占总成本的比例从2001年的8.7%下降到2003年的7.4%。再次，本市分配格局出现政府收入比重上升、企业和个人收入比重下降的变化。政府最终收入比重进一步提高，其中占生产总值的比重由1999年的29.1%攀升到2003年的32.8%，提高了3.7个百分点。企业最终收入比重下降，比重由30.7%下降到30%，下降了0.7个百分点。个人最终收入比重下降更快，比重由40.2%下降到37.2%，下降了3个百分点。调查报告提出了若干对策建议：(1)加强有关工资分配法律法规建设，全面规范企业工资支付行为；(2)加大推进工资集体协商的力度，探索建立企业新型的工资决定机制；(3)加快扭转收入分配差距过大的局面，规范经营者收入的考核机制；(4)加快转变政府职能，提高工资管理的监控度。 (诸兆亮)

【市总工会开展职工技术创新成果参与分配情况的调研】 市总工会经济工作部组织开展了《关于本市职工技术创新成果参与分配的情况调研》。调查反映，上海工会推进创新人才动力机制建设和创新成果参与分配取得进展:首先,在激励群众性经济技术创新人才成长方面主要采取四大措施:一是政策激励。上海制订出台了《上海市促进高新技术成果转化的若干规定》、《上海市合理化建议和技术改进奖励实施办法》等一系列法规、文件和奖励办法。二是企业激励。各基层单位通过各种奖励办法,使创新活动和职工的选才、用才科学化、规范化。三是产权激励。有些单位制订了对高新技术专业人才和创新人才实行按技术股权分配的方法,与科技成果挂钩。四是榜样引领。通过工人发明家和劳模等评选活动,使广大职工学有榜样。其次,在探索职工技术创新成果参与分配方面主要有四种模式:一是业绩积分等级制。二是职工年薪制。三是职工技术入股制。四是职工创新成果重奖制。调查报告分析了上海职工技术创新人才和创新成果参与分配上存在的主要问题。一是分配机制不活。一些企业尚未建立技术要素参与分配机制,有的企业把技术要素列入分配,仅局限于对科技、管理人才的培养和开发,忽视了以高级技术工人尤其是创新人才的培养。二是管理方式不新。一些企业没有把调动职工技术创新的积极性纳入管理范畴,缺乏从管理方式上为职工提供技术创新发展的空间。三是奖励资金不足。一些基层单位职工工资的1.5%教育培训经费不到位、表彰技术工人成才的范围小、奖励资金不足。四是人才培育不力。调查对加强职工技术创新成果参与分配的工作提出了若干建议:(1)扩大影响,营造良好环境。通过职工技术创新成果展示、职工先进操作法和绝技高招评选和交流活动等形式,加大宣传力度,在全社会形成技术工人也是人才的良好氛围。(2)完善法规,建立长效机制。工会要推动政府和企业制定职工创新成果参与分配的实施办法,建立激励机制。从源头上参与制定相关政策法规,研究实施办法,形成长效机制。(3)进一步完善机构,加强领导协调,推动工人技术创新工作。进一步改善职工技术创新工作的环境和条件,提供知识产权保护,推动有关奖励办法实施。(4)规范操作,加强荣誉激励。对各类标准进行规范性研究,确定奖励原则,进一步延伸评选的覆盖范围。

（诸兆亮）

【宝钢集团工会对现代企业制度下的民主管理有效途径进行研讨】 宝钢集团工会于4月召开专题研讨会,探索现代企业制度下的民主管理。研讨会对以下问题达成共识:(1)民主管理必须讲究科学合理。要正确把握职代会职权和其在法人治理结构中的职责定位,做到既保障职工的民主权利,又不超越权利范围;(2)民主管理必须坚持规范有序,坚持在法律规定的框架内充分发挥已有的民主管理途径的作用,同时又要在实践中努力使之规范化、制度化,将其纳入企业科学管理的制度体系之中;(3)民主管理必须最充分地体现以人为本,通过关心人、提高人、依靠人和维护员工的合法权益,最大限度地调动员工的积极性、创造性;(4)民主管理必须坚持与时俱进,与企业改革的不断深入、公司法人治理结构的不断完善相适应;(5)民主管理必须坚持求真务实,讲究实效,要在"真"字上下功夫,让职工知真情、表达自己真实的意见,民主管理的一切形式和途径,都要有利于职工的知情和参与,民主管理成功与否,在于职工积极性的调动、企业的发展和职工队伍的稳定。

（张　帆）

【电力公司工会对各供电公司下属的农电企业开展调研】 上海供电企业的农电职工2004年占到全部职工的十分之一强,他们已经成为一支不可缺少和低估的力量。根据这一现实,电力公司工会组织了调研组对各供电公司下属的农电企业的工会组织、职工工资福利、教育培训,以及企业民主管理等情况进行了调研。调查认为,工会应该把农电职工作为自己的工作对象,最大限度地把他们组织到工会中来,依法维护好农电职工的合法权益。一要高度重视和关注农电职工的维权问题;二是建章立制,重视农电职工关注的热点问题,保障其各项经济权益的落实;三是以人为本,切实维护农电职工发展权,注重与企业的同步发展;四要创新思路,突破民主管理的难点问题,激发农电职工民主参与的积极性;五要加强农电企业工会的组织建设、制度建设,开展对农电职工的技术培训和法制教育,不断提高他们的素质和修养。

（郭有成）

【建工工会配合"高兴放心"活动开展职工思想动态调研】 建工集团工会按照集团党委开展的"让人民高兴,让党放心"活动的有关部署和要求,开展思想动态调查。围绕当前职工群众最高兴、最不满意、最希望的事,了解掌握职工真实思想和意愿要求,为党政领导决策提供依据和参考。经调研归纳了"企业发展有前景,任务饱满有岗位,医疗救助有保险,体检休养有制度,职工培训有计划,个人发展有机会,工作环境有改善,深化改革有机遇,领导民主有爱心,工会维权有实效"等10个广大职工感到最满意的事;收集了"部分企业经营质量不佳效益滑坡,投资企业体制机制僵化缺乏活力,部分企业管理混乱浪费现象严重,部分企业风气不正干群关系紧张,部分职工收入不高生活水平下降,一线职工工作辛苦福利待遇较差,部分投资企业职工担心民营前景渺茫"等7个广大职工感到不满意的事;并汇总了"收入同向增长,改革成果共享,加快企业发展,坚持以人为本,深化机制改革,强化内部管理,干群同甘共苦,提高福利待遇"等8项广大职工最希望的事和建议。调查结果引起了集团党政领导的高度重视。据此,集团工会又会同人力资源部进一步对集团内企业职工工资水平进行调查统计,提出了关于制订集团在岗职工最低工资标准的建议,作为集团职代会平等协商的议题,并得到了通过,较好地表达和维护了职工群众的切身利益。

（杨钟春）

【国际港务集团公司工会开展困难职工及其帮困工作基本情况的调研】 国际港务集团公司工会开展了困难职工及其帮困工作基本情况的调研。调查显示:集团公司现有困难职工家庭5483户,占在册和退休职工总人数的10%,其中特困职工家庭1457户,约占困难户的30%,这部分职工是各级党政工组织要重点关心和帮助的对象。

调查认为:集团公司开展帮困送温暖活动是积极有效的,无论在资金保证上,还是制度建设上和机制形成上都能达到经常化、制度化和规范化的总体要求。具体表现在:三级帮困网络基本形成;帮困送温暖活动的制度建设不断完善;帮困资金来源有机制上的保证;帮困活动形式系列化。调查针对在帮困送温暖活动中遇到的新情况和新问题,提出如下的建议:(1)动员职工全身心投入经济建设,努力提高职工的收入;(2)探索建立集团公司职工最低工资标准,保障低收入群体的收入有所增加;(3)精心组织好集团公司的爱心捐献活动,不断充实各级帮困基金的实力;(4)将物质帮助与思想政治工作有机结合,力争达到事半功倍的效果;(5)坚持落实帮困活动公示制度,减少职工的盲目攀比心态;(6)保证企业职工困难补助工作的正常开展,减轻帮困基金的压力;(7)在进城务工人员所在部门工会推进帮困活动;(8)重点做好无再就业能力离岗人员的帮困工作,保障他们的基本生活。 (夏健根)

短信息:

○市总工会宣教部和市工人文化宫于4月开展对工会文体事业新一轮发展的调研,通过实地了解、调查问卷、座谈会等形式,对全市工会系统29家文化宫、俱乐部、体育场进行全面的调查。 (宋　昶)

○宝钢集团工会针对集团内200多家子公司面临主辅分离、辅业改制的实际,对如何妥善处理改制过程中的不同利益关系开展调研。调研分析了改制带来的不同利益矛盾和利益差异,提出了必须正确把握、妥善处理利益关系的建议。 (钟　群)

○高桥石化公司工会深入基层,对工会工作现状、工会机构设置、岗位配备情况进行了调研,提出了简化工会工作业务流程,实行工会机构改革的方案。 (严　英)

○电力建设公司工会针对电力建设施工生产高危作业的情况,组织开展了班组安全建设调研活动,在调研基础上召开了研讨会,对班组安全建设工作进行交流。 (李士根)

○中远集运工会围绕工会组织在公司主辅分离辅业改制分流富余人员工作中如何发挥作用的主题开展工作调研,收集和反映职工意见、建议和意愿,为集团工会出台有关工作指导意见提供依据。 (钱　华)

调研论文简介

【上海市失业人员基本状况调查】 由市总工会保障工作部与市人大预算工作委员会联合开展调查、陈晖执笔撰写报告的《上海市失业人员基本状况调查》,在对上海11个中心城区11个街道下属21个居委会共3740名失业人员进行抽样调查基础上,分析了上海失业人员的基本情况:一是失业人员年龄偏大,技能低下,“4050”依然是再就业难点,青年劳动力就业困难趋势也日渐突出。失业人员年龄主要集中在36—50岁之间,占69.4%。平均年龄为43.19岁。总量上男性占51.6%,女性占48.4%。文化程度主要集中在中初级基础教育层面,初中以下者占84.2%;“高中”、“中专”、“高职”者仅占10.8%;具有“大专”、“大学”者占5%。72.2%的人没有任何技术等级和职称。二是失业周期趋长,重复失业比例趋高,再就业岗位稳定性差。失业时间6个月以上者占71.2%,其中失业两年以上者占56.8%。仅2004年以来新失业的264人中,就有55.3%的人有过2次及以上失业经历,期间短暂的就业经历主要是打零工。大多数人表示失业前对“就业难”缺乏必要的心理和技能的准备。这一现象在青年人身上表现更加突出。三是失业人员获取政府促进就业政策援助的渠道不够畅通,获得过各类就业援助的占74.1%,而接受过专门政策咨询的仅占15.0%。就业援助主要来自街道、小区、居委会的“推荐工作”,占55.6%,;受过“职业培训”的有15.7%;接受过“职业指导”的仅有7.5%。仅有5.0%的人考虑过创业,而得到过各类创业资助的仅占1.4%。四是失业人员家庭经济来源以家庭其他成员就业收入为主,普遍面临着收入减少、负担加重的困难。但配偶就业状况也不理想,48.2%是企业内部下岗或待岗、协保、长病假、企业内部退养人员。56.3%的受访者在调查前一个月没有收入。享受最低生活保障的占30.4%。五是大部分失业人员再就业愿望强烈,但收入期望与市场现状相比存在一定差距。近70%的失业人员表现出较强的再就业愿望。有30.3%失业人员承认在求职过程有过主动拒绝就业的情况,其中因为“工资收入低”而放弃就业占91.1%。报告提出了若干对策建议:(1)实现政府宏观经济政策和社会保障政策对促进就业的统筹联动。编制促进就业长期规划,协调政策促进就业功能,建立完善失业预警机制。(2)继续加大对弱势群体的就业扶持。明确扶持就业困难对象,重点解决青年就业难题。(3)进一步规范劳动力市场和用工行为,不断强化市场对劳动力的有效配置。建立裁员协商调节机制,依法规范企业用工行为。(4)大力发展职业教育和职业培训,全面提升劳动力素质。 (诸兆亮)

【关于建立和完善工会维权表达机制的基本理论研究】 陈晖撰写的《关于建立和完善工会维权表达机制的基本理论研究》,分析了工会维权表达机制的内涵。认为工会维权表达机制的概念是指工会在党的领导下,及时反映和代表职工群众的利益,为职工群众确定和提供正常的利益表达所必需的原则和制度安排。文章认为工会维权表达机制的基本运行规律是:一要增强工会组织的凝聚力。二要明确表达的内容。三要畅通表达的渠道。四要提高表达的效力。报告提出了建立和完善工会维权表达机制的主要内容:(1)积极反映广大职工群众在改革开放中要首先得到实际利益的意愿,并形成有效的手段能够保证这些利益的获得;(2)恰如其分地发挥工会积极代表和维护职工群众利益,实现职工队伍总体受益的职能;(3)最大限度地促进职工个人利益与集体利益、局部利益与全局利益、当前利益与长远利益的统一;(4)切实保证实现职工群众共同富裕的目标;(5)更好地参与社会分配制度改革,依法保护职工群众合法收入,使收入差距趋向合理,防止两极分化。文章认为要畅通民主政治体制框架下工会维护职工合法利益的表达渠道:一要充分发挥桥梁纽带作用,及时向党和政府反映职工群众的意愿要求,协助党和政府认真研究解决涉及职工切身利益的重大问题。二要充分发挥人大和政协的利益表达功能,积极参与立法和社会公共政策的制定。三要健全和完善三方协商机制和企业民主管理制度,沟通政府与不同阶层及其成员之间的联系,充分发挥表达民意、提供决策帮助、协调劳动关系和社会利益关系的作用。四要健全正确处理职工群众利益矛盾的工作机制,不断完善和提高各级工会综合运用政策、法律、经济、行政等手段和教育、协商、调解等方法的能力。五要善于发挥公众传媒集中表达职工群众切身利益的作用。(诸兆亮)

市总工会课题组深入企业调查维护外来务工者权益状况

(邹卫民)

【关于区域性职代会制度的探索与思考】 由张立群、吴萌、周永宝撰写的《关于区域性职代会制度的探索与思考》一文认为,为顺应近年来区域经济迅速发展的形势,上海积极探索在区域经济中建立工会组织,截至2003年底,共建立区域性联合工会约3000家,覆盖企业7万家左右,涉及职工约60万名。从2001年开始,上海在已建联合工会的区域内尝试建立区域性职代会制度,截至2003年底,区域性联合职代会共有1385家,覆盖企业29042家,约占联合工会的46.2%,约覆盖企业41.5%。文章分析了区域性职代会制度建立的主要因素,一是区域经济的党建工作和基层民主政治建设催生了区域性职代会制度的诞生,二是现行的工会联合会和组织体制需要区域性职代会制度为其提供有效的工作平台,三是区域经济劳动关系的调解和处理呼唤区域性职代会为其提供有效的制度保证。文章归纳区域性职代会模式有:(1)以居民区、街道、村区为标准的小区职代会;(2)以开发区、经济园区为标准的园区职代会;(3)以区域内相同行业的企业为标准的行业职代会;(4)既顾及到行业特性,又依托地区工会的专业特色街行业职代会;(5)以商务大厦内所在企业为标准的楼宇职代会;(6)以区域内企业性质为标准的外商企业职代会。而这些区域性职代会的职权基本为两大类,即以知情参与权、协商共决权、监督检查权为主的基本职权和根据自身特点增加的自主职权。文章总结了区域性职代会制度建设所取得的积极效应:一是使党建工作有了较好的抓手,党组织统揽全局、协调各方的作用得到了有效的落实和体现;二是使区域内的劳资矛盾得到了较好的缓解,劳动关系较建制前更为和谐稳定,对促进区域经济发展和企业效益的提高起到了积极作用;三是使区域内的企业业主、经营管理者和职工群众的民主意识有了一定提高,民主管理正逐步成为企业经营管理的内在需求;四是架起了经营者与员工、企业与社区间沟通的桥梁和平台,提高了企业的社会责任意识。(邹卫民)

【SA8000的实施与中国工会的应对】 由王贤森撰写的《SA8000的实施与中国工会的应对》一文分析了经济全球化形势下国际劳工标准的演变过程,认为SA8000正在走来,并已经威胁到中国企业在国际市场竞争中的生存,中国工会必须积极应对。文章提出应对的策略:(1)舆论先行,转变观念,在全社会确定“劳权保障”的重要理念。既要从理论层面上向全社会正确阐明并宣传当前保障劳权的特殊意义;又要从提高劳动者本身的劳权保障法律素质上加强宣传教育。(2)积极参与立法,督促完善法制,强化执法监督,从根本上优化法制环境。一要积极参与国内的劳动立法,加大执法监督力度,包括完善国内劳权保障的实体法,尤其是早日出台《集体合同法》、《劳动合同法》两部法律,并做到实施强有力的法律保证措施完善劳权保障的程序立法;二要加大研究力度,积极参与国际劳工立法,从战略上变被动应对为主动出击,努力使国际劳工标准既符合世界人权宣言和劳工宪章最基本的原则,又兼顾发展中国家的实际状况。(3)确定重点,建立机制,切实维权。文章认为,当前应对SA8000挑战,中国工会维权的重点对象应是广大进城务工人员,必须建立长效的机制,加大力度,切实维权。一是维护进城务工人员依法参加工会的权利,积极探索各种有利于吸纳进城务工人员入会的途径、方法和会籍管理的有效形式;二是保障进城务工人员参加集体协商谈判的权利,工会要会同有关部门进一步建立和完善各种层次的劳动关系三方协商机制,在协商中积极吸纳进城务工人员参加,反映他们的呼声和要求，推动涉及他们权益保障的法规政策制定与出台；三是反对职业歧视，保障进城务工人员就业和选择职业的权利，要主动帮助和指导进城务工人员与劳务中介机构、用人单位依法签订劳动合同和劳务合同，并为他们提供法律服务和援助。（邹卫民）

【关于试行自主决定工资水平办法的企业调查与思考】 由浦东新区总工会撰写的《关于试行自主决定工资水平办法的企业调查与思考》一文，是对试行自主决定工资水平办法的区属企业进行专项调研所作的分析。从基本情况看，新区试行自主决定工资水平办法4年来，试行单位数已从15家增长到205家；从实施企业性质情况看，转制企业多，公有及其控股企业多，已建工会的企业多。这些试行自主决定工资水平办法的企业，其工资制度与企业的生产经营方式紧密相关，大多数为岗位工资、岗位结构工资、岗位技能工资、岗位效益工资；这些单位职工平均工资高于全市平均47.66%，其中实行经营者年薪制的占66.67%，86.67%的企业已开展平等协商签订集体合同。文章认为，新区试行企业自主决定工资水平办法的主要成果体现在三个方面：一是减轻企业负担，提高了分配水平。二是形成共同利益，稳定了劳动关系。三是强化激励约束，体现了任务风险。同时试行中也存在着实行单位数量少、分布不均匀，工资集体协商质量不高，经营者收入的激励和约束机制不够完善等问题。文章提出，建立和完善工资集体协商是试行自主决定工资水平的必备条件，有关文件对工资集体协商应有上级工会代表参加作出了规定。上级工会代表下级工会参加工资协商要解决好三个问题：(1)明确上级代表下级的任务。主要发挥三方面作用：一是地位对等，减少企业行政对企业工会的制约，提高工会敢于谈判的话语权。二是把握政策，提高工会善于谈判的机动权。三是规范程序，对协商代表产生、协议文本起草，协商会议安排，协议草案审议、签约和审批的全过程，进行指导和把关。(2)明确上级代表下级的层面。提出参加下级工会谈判的上级工会应为直属工会以上层面。(3)明确上级代表下级的人员。认为可以由有关直属工会组织熟悉企业生产经营、熟悉劳动工资政策、善于进行协商谈判的律师、劳动人事干部、工会干部等相关人员担任工资协商谈判员。同时也建议有关各方联手做好扩大宣传、强化协商、严格审核和强化追踪工作。（邹卫民）

【市容环卫外来务工人员的调查报告】 钱传东撰写的《市容环卫外来务工人员的调查报告》，是对市容环卫行业使用的外来务工人员进行调查而形成了报告。调查反映，全市市容环卫系统有进城务工人员7666人，主要分布在清道和清运岗位，有20.65%的人从事楼宇保洁等新颖作业领域；同时系统外还有职工近20万人，其中的外来务工人员占到40%以上。从作业工种来看，清道等一线工种一半以上是外来务工人员，他们已成为上海市容环卫行业中不可或缺的一支重要队伍。文章反映调查中发现的主要问题：(1)从外来务工人员看，存在劳动用工上的“三不”。一是用工不规范。单位与外来务工人员不签订劳动合同、签订合同格式不规范、签订合同执行不严格等现象比较严重。存在漏报、少报务工人数，少缴、不缴综合保险现象。二是保障不健全。主要表现在劳动时间超时、劳动强度过大、劳动保护欠缺。三是保护不到位。外来务工人员被侵权的现象时有发生，且受歧视的问题严重。(2)从用工单位看，存在用工管理上的“三难”。用工单位认为，外来务工人员一是素质低，管理难。他们的文化水平偏低，加上语言上的障碍，增加了纳入正规现代企业管理的困难。二是流动快，管理难。环卫作业的清道等工作，成为不少刚来上海打工人员的“跳板”，给规范管理带来较大难度。三是制度缺，管理难。对外来务工人员的保障政策、使用制度、保险费用缴纳规定等制度相对滞后，环卫行业外来务工人员流动性大，带来管理和缴纳综合保险的困难。同时从调研中也发现，从事作业板块的不同，已成为区分外来务工人员用工、待遇、福利、保障的最大界限。文章建议：(1)市容环卫行业外来务工人员相对集中，更要高度重视外来务工人员这支队伍。(2)完善管理、保险福利、用工制度，规范使用外来务工人员的各种用工行为，转变用工理念，变非正式用工为正式用工、补充式用工为正常式用工、模糊用工为阳光式用工。(3)积极组织外来务工者加入工会，切实维护外来务工人员的合法权益，努力改善他们的劳动环境，提高他们的劳动报酬。(4)健全竞争激励、教育培训、绩效考核、市场运作机制，不断提高外来务工工作人员的综合素质。(5)加强探索，逐步改善外来务工人员的社会环境。（邹卫民）

【社区工会实施网格化管理的思考】 由王剑明撰写的《社区工会实施网格化管理的思考》一文认为，当前社区工会面临着几个急需解决的难点：一是组织管理难，二是职工入会难，三是工会运作难，四是维权服务难，五是工会经费收缴难。要解决这些问题，可以借鉴公安警务管理的经验，在社区实行网格化管理，以形成富有社区特点的工会工作机制。主要做法是和党建同步，把社区作为一个大网格，依一定要素划分为若干个网格区域，在其中成立网格工作站，从而形成以社区工会为中心、网格工作站为辐射面、小区联合工会等工会基层组织为单元点的社区工会网格化管理体制，形成维权服务的全覆盖。文章认为，社区工会实施网格化管理的主要标志有三个方面：(1)初步形成社区工会网格化管理体系。包括工会管理体制网格化，社区工会干部职业化和工会工作评价民主化。(2)建立健全社区工会网格化运行机制。一是组织指导机制，包括建立起社区工会“三分式”组建、网格指导员督促服务组建、各基层工会按分工负责组建的工作联系机制，建立“党建带动工建、工建服务党建”的沟通共推机制，建立社区工会干部和职业工会工作者工作指导制度；二是维权服务机制，包括健全社区工会促进就业、法律服务、职工保障等专项服务载体和渠道，形成以社区工会职工之家，就业服务站、法律援助站、职保监督站，网格指导员、就业服务员、法律援助员、职保监督员等“一家三站四大员”为主要载体的职工维权服务网络；三是协调互动机制；四是联动推进机制。(3)建立一支与社区工会工作相匹配的职业工会工作者队伍。要根据社区工作的实际，着手建立以网格指导员、就业指导员、法律援助员、职保安全监督员为主体的职业工会工作者队伍，并实施社会化招聘、契约化管理、专业化培训和职业化运作。

（邹卫民）

【关于进城“崇明的哥”的现状及做好维权工作的思考】 陈进修、黄益民撰写的《关于进城“崇明的哥”的现状及做好维权工作的思考》一文对进城“崇明的哥”这一特殊群体的现状进行了分析。据统计，在上海市区从事出租汽车驾驶的“崇明的哥”近年来数量直线上升，到2004年已达2.1万名，上海每四名“的哥”中就有一名崇明籍驾驶员。文章分析了“崇明的哥”成为上海出租车行业重要组成人员的主要原因：一是整个出租车行业的人员结构特点和供需矛盾为“崇明的哥”进城务工创造了必要的前提条件，二是出租车企业从经营效益出发招聘驾驶员，客观上造就了“崇明的哥”现象，三是“崇明的哥”自身就业特点及吃苦耐劳、本分守纪的品行使这一现象在近年越发明显。同时，文章也分析了进城“崇明的哥”面临的困难和问题，主要反映在：(1)社会保障待遇未跟上。其一，参加保险少；其二，看病负担重；其三，亲人相聚难。(2)自身专业素质还不够。其一，不会讲普通话和上海话，语言交流上存在缺憾；其二，刚上岗时对城市交通道路不熟悉，对经营造成影响。文章提出了做好进城“崇明的哥”维权服务的几点对策思考：一是建立工会组织，把更多的进城“崇明的哥”吸收入会。方法上，建议以县劳务协会牵头组建联合工会，各劳务有限公司组建分工会，最大限度吸纳他们入会。二是建立服务站，多方位为进城“崇明的哥”做好服务工作。三是扩大保障范围，为“崇明的哥”解决后顾之忧。提出可由各劳务公司工会统一为他们办理意外伤害保障和上海市职工保障互助会的重病医保计划。四是通过劳务工会和服务站，切实加强与各出租汽车公司的联系和沟通，做好教育培训工作，提高他们的整体素质，共同做好对“崇明的哥”维权服务工作。

（邹卫民）

【工资集体协商“上代下”模式及其发挥劳动关系协调作用的思考】 由普陀区总工会课题组撰写的《工资集体协商“上代下”模式及其发挥劳动关系协调作用的思考》一文，探索了在非公企业推行工资集体协商的体会。文章认为探索工资集体协商“上代下”模式即“上级工会代表下级工会”、“上级工会参与下级工会”和“上级工会指导下级工会”的方式，不但能提高工资集体协商运作质量，使员工和经营者双方的合法利益得到维护，促进企业劳动关系和谐稳定，而且通过双方合法、正常的沟通，互相了解，化解矛盾，有利于形成相对稳定的“利益共同体”，营造促进企业发展的良好环境。文章提出，按企业的运转能力和发展阶段的考察，区内非公企业可以分为资本原始积累期、企业成熟发展期和超常发展期三大阶段，各个阶段中企业内部“共同企业意识”侧重不同工资集体协商的针对性也应有所不同。他们的做法是：(1)企业资本原始积累期，主要采用“上代下”的方式，协商工资底线标的浮动，确定签订高于上海市当年最低工资标准的本企业工资合同；(2)企业成熟发展期，主要采用“上参与下”的方式，用协商“浮动系数”的方法，确定企业内各工种、岗位基本工资增长幅度和技能工资加权系数；(3)企业超常发展期，主要采用“上指导下”的方式，协商增加员工“活工资”部分，将人才奖励和技术贡献人员福利性补贴改为可进可退的“活工资”。文章认为，实行工资集体协商“上代下”模式在协调劳动关系中的作用主要体现在四个方面：一是有利于把握企业发展过程中劳动关系双方合作的特殊性，促进企业各发展阶段劳动关系的和谐与稳定；二是有利于保护基层工会干部合法权益，显示各差异性非公企业工会组织代表和维护职能；三是有利于创造协商机制有效的运作条件，促进企业内部劳动关系协调质量的提高；四是有利于解决企业发展过程中，宏观指导和微观操作的衔接，使企业和职工得到“双赢”。

（邹卫民）

【论现行工会体制改革的路径选择】 任贤胜撰写的《论现行工会体制改革的路径选择》一文认为，为使现行工会体制能够适应当前工会工作的实际需要，各地先后开展了许多探索，在一定范围内、一定程度上对工作起到了推进作用，但并没有从根本上改变工会面临的建会难、发展会员难、维权难、经费收缴难的局面。究其原因，在于目前工会工作面临的问题是体制性问题，必须从体制本身加以解决，实行体制转换才是现行工会体制改革正确的路径选择。文章认为，转换现行工会体制要从以下几个方面着手：(1)职能定位上，要由维护职工权益向为职工争取权益转换。(2)组织体制上，要改变基层工会依附于企业的状况，使基层工会独立于企业，使基层工会的组织设置不与企业相对应，工会干部的人事隶属关系、组织活动经费也相应独立于企业。(3)干部体制上，要向职业化的工会干部队伍转换。主要措施包括：基层工会干部由上级工会聘用并付报酬；引入目标考核机制、社会评估机制，建立机关工会干部流入——流出机制，把年富力强、富有工作经验的干部配备到工会干部队伍中来；加强对工会干部的教育、培训、锻炼，提高素质与能力，打造工会活动家队伍。(4)财政体制上有两种方案可供选择，一是按国际惯例，实现由企业按职工总数向工会拨缴经费转向由会员交纳会费，二是基于我国国情，实现由建立了工会的企业按职工总数向工会拨缴经费转向国家向所有企业征收工会税。(5)运作机制上，要由行业(产业)与区域相结合以区域为主转向行业(产业)与区域相结合以行业为主；从主要关注弱势群体转向弱势、强势群体并重；从福利型、活动型运作转向全面发展会员型运作；由消极、被动运作转向积极、主动运作；由现行公有、非公组织工会二元运作转向统一模式运作。

（邹卫民）

【工会干部队伍职业化问题研究】 任

贤胜撰写的《工会干部队伍职业化问题研究》一文认为，工会干部队伍尽管以工会为职业，但却是非职业化的，仅是专职的工会干部，此外还有大量兼职工会干部，他们离职业化更远。具体表现在以下方面：(1)身份特征不明显。作为机关干部的工会干部，其身份更多的是国家工作人员，而作为企事业单位的工会干部，其身份更多的是作为管理人员；身份上的"非工"性决定了其不可能在潜意识中将会员的利益放在第一的位置。(2)整体业务素质不高。工会干部无论是作为机关干部还是作为企事业管理人员中的一员，其职位都是与一定待遇联系在一起的，往往任职是作为安置干部的需要，其职业能力的要求并非是首要考虑的因素。由于其产生和管理都是来自"上面"，也因此而缺乏提高自身职业能力的动力与压力。文章认为，工会干部的非职业化严重制约工会事业的发展。它削弱了广大职工对工会组织的期望和热情，也造成了体制内和体制外工会工作的"二元化"格局。为此文章建议，应多管齐下实现工会干部的职业化，解决工会干部姓"工"的问题。一是实行工会干部公开招聘，在进口上把好关；二是工会组织设置及人员编制与企业分离，工资福利等由上级工会从工会经费中支付，工会取得身份的独立性，是解决姓"工"问题的关键；三是工会干部的任用实行任期制，竞争上岗、择优录用；四是建立培训制度和职业标准，强化对各级工会干部的培训；五是打破工会工作体制内循环的路子，建立工会工作的社会评估机制。（吴　越）

【试论适应上海现代化国际大都市新城特点开展工会工作】　闵行区总工会课题组撰写的《试论适应上海现代国际大都市新城特点开展工会工作》一文，探索了闵行区以建成上海现代化国际大都市新城为主体的新一轮发展目标，推进工运新实践的主要思路，即工会工作"四个化"的新路子。(1)工会组建力争覆盖最大化。针对闵行区非公企业迅速增长、劳动者队伍迅速扩大的现实，进一步拓宽建会思路，采用多种建会模式：一是以村、小区、经济城为依托，建立区域性联合工会；二是以行业为基本单位，组建行业联合工会；三是以贸易市场为主体，创建市场联合工会；四是积极推进民办事业单位的工会组建。(2)工会工作力争标准规范化；一是建立工会组织数据库，实行信息化管理，即时掌握新动态。对工会重点工作进行梳理，建立五大工作标准，即："文明班组创建评估标准、职工之家创建标准、学习型单位创建评估标准、厂务公开考核评估标准、劳模管理工作标准等，完善机制建设，使工会各项工作规范化。(3)工会维权力争依法社会化。借助于政府和社会的力量，力求使工会维权工作取得联动效应，使劳动关系调解机制得以完善，劳动法律监督网络得以健全，劳动保护监察得到纵深发展，不断赢得社会对工会的认同。(4)工会干部力争专业职业化。必须清醒意识到区域工会客观呈现出工作内容领域广、专业知识强的现实，通过各种途径，加快工会干部队伍专业化职业化建设，努力提高工会干部队伍的整体素质。文章认为，在新形势下创造性地开展区域工会工作，必须抓好四个环节：一是要抓创新推动发展，二是抓实效促进工作，三是要抓载体塑造品牌，四是要抓队伍提高素质。（邹卫民）

【关于区属企业改制中履行民主程序不规范而引发职工上访矛盾的调研】程忠俊撰写的《关于区属企业改制中履行民主程序不规范而引发的职工上访矛盾的调研》一文认为，企业改制涉及劳动关系的调整和职工的切身利益，在改制中履行民主程序是职工维护自身权益的最后一道防线。然而当前企业转改制中因民主程序不规范而引发集访呈上升走势，引起的矛盾呈激化的趋势。主要原因在于：(1)认识不够到位。部分党政领导认为转制是企业的自主行为，是资本的权利，与职代会无关；部分工会干部怕得罪党政领导，怕影响自身利益；一些职工群众对企业改革改制认识有偏差等。(2)改制不够规范。一是资产评估不够慎重严格、机制不全、管理监督不力；二是民主程序不规范，一些企业改制不开职代会或职代会流于形式，表决方式不规范；三是经营者选择和经营者持股方式不够规范，引出收入分配差距进一步扩大、产生新的分配不公，对经营者持大股缺乏监督制约机制等相关问题。(3)维权不够重视，对企业经营者利益、权益讲得较多，对如何维护职工合法权益具体措施考虑较少，在改制过程中忽视或侵犯职工权益的现象时有发生。文章认为要根本解决在企业转制中的矛盾，最主要的是要加强民主与法制教育，健全民主管理的法律法规，建立民主管理的机制，强化劳动关系的协调能力，并就此提出建议：一是充分认识国有企业转改制工作中履行民主程序的重要性和紧迫性。包括加强媒体宣传的力度，加强对职工代表和企业经营者进行法律法规培训工作力度，树立典型经验，曝光反面案例。二是依法办事，不断完善有关法律法规，提高依法办事的自觉性。要对《职代会条例》进行完善，明确不同所有制企业职代会的任务、职权、程序和制度。三是完善机制建设，包括建立健全劳动关系预警机制、沟通协调机制、企业转改制方案预报预审制度、信访矛盾解决工作机制等。（邹卫民）

【关于国有资产管理改变后产业工会组织体制改革的调研报告】　由市机电工会、市轻工工会调研组撰写的《关于国有资产管理改变后产业工会组织体制改革的调研报告》一文分析了上海产业工会形成、发展过程和在推进改革发展稳定中发挥的重要作用，提出随着改革开放不断深入以及国有企业改制、经济结构的调整，给产业工会带来了许多新情况新问题，主要表现在：面对产业的特殊性，产业工会作用难发挥；面对产业的发展性，产业工会的地位难肯定；面对产业的相似性，产业工会的优势难凸现。认为，从市场经济条件和产业发展的趋势来看，加强产业工会建设的主客观条件已经成熟。文章提出了在新时期新阶段加强和改革产业工会的几条思考建议：(1)搭建工作平台，积极探索产业工会组织模式。一是建立上海市产业工会联合会；二是依托行业协会建立产业工会;三是建立区域性职代会;四是在上海市总工会内设立产业工会工作部,指导各产业工会开展工作;五是以大集团为单位建立和完善产业工会。(2)理顺产业工会和地方工会的关系。应实行产业与地方相结合的组织领导原则,产业工会与地方工会既分清职责,又相互支持,发挥整体功能。(3)明确产业工会的职责。一是研究产业政策,代表产业职工参与涉及本产业切身利益问题、全局性问题的法律法规和政策的制定,研究和反映本产业职工的特殊利益;二是实行工作指导,参与本产业劳动关系重大事项的调研,强化产业协商,维护本产业职工的合法权益及本产业共性的突出问题;三是加强产业服务,建立产业职工表达机制,为产业职工提供政策信息、法律援助、技术培训服务。(4)发挥产业工会上级工会代表下级工会的作用。(5)借鉴市场经济国家产业工会的有益经验,建立健全必要的工作机制和制度,特别是产业集体协商制度,做到讲究工作方法,提高工作水平。

(邹卫民)

【关于城市产业工会问题的思考】 陈惠莹撰写的《关于城市产业工会问题的思考》一文,在重点以市化学工会为例对上海产业工会的沿革进行剖析的基础上,分析了上海产业工会现状。认为原来意义上的产业工会三级组织网络健全,工会经费独立收缴,且依附于产业局,有其独特的优势,而随着经济体制改革的深入和产业结构的调整,各工业局纷纷转制为企业性公司,产业工会结构也随之发生了一些明显的变化,呈现出四个方面的特点:(1)以国有和国有控股企业为主体的名义上的产业工会组织,其优势呈削弱趋势。表现在基层组织逐年减少,会员数大幅度减少,专职工会干部人数较大幅度减少。(2)新兴行业产生,但形不成产业工会。(3)带有行业共性的地区性工会正在崛起,形成一种以地区为主的工会关系新的模式。(4)属地后的企业,因地域上客观存在的行业门类多、跨幅大、分布广、企业规模多数较小等因素,无论从专业性指导和管理幅度上都存在操作上的难点,有失去行业活力的趋势。文章认为,随着社会主义市场经济体制的逐步深入,产业工会在代表和维护产业职工利益中将发挥出特殊优势,有利于从行业整体上推动职工合法权益的维护。尤其在职工劳动保护、劳动保障和推行集体合同、工资集体协商等工作中行业的共性,将体现出产业工会在维护职工合法权益的行业优势。因此,作为与市场经济相匹配的产业工会只应加强,不应削弱。文章建议,应针对国情加强对产业工会的理论和实践探索,改变当前削弱产业工会的局面,并提出三种设想:一是建议以现有产业为基础,和行业协会相对口,扩大工会覆盖面。二是建议以现有的同产业的大集团公司工会为单位,成立产业工会职代会,以松散型工会组织方式建章立制开展工作。三是建议市总工会成立若干大产业办公室,建立类似全总所设的产业工会委员会,行使必要的职权。

(邹卫民)

【关于经营者收入和职工收入的现状、思考及对策的调研报告】 由市化学工会、黄浦区总工会联合课题组撰写的《关于经营者收入和职工收入的现状、思考及对策的调研报告》一文,在对238家企业、2277位职工进行“经营者收入与职工收入情况”专项调查的基础上,分析了当前经营者和职工收入分配基本情况。认为绝大多数企业已结合自身实际制定收入分配制度,企业内部职工收入分配形式因行业、产品、岗位、企业规模不同,其分配形式及分配办法也各不相同,并呈现出几个特点:职工间的收入已全面拉开了差距,对企业现有分配制度的满意度和可接受度在上升;根据市场指导价确定职工收入,职工参与企业内部分配已成为一种趋势;经营者实行年薪制已成气候,年薪制作用初步体现。文章认为,当前在收入分配上存在的突出矛盾和问题有六个方面:一是企业内部分配中同岗同酬问题亟待解决;二是经营者实行年薪制需建立科学规范的考核和监督机制;三是不同行业、不同层面职工间的分配差异过大;四是职工参与企业内部分配有待于进一步深化;五是一线职工成为企业的低收入群体现象值得关注;六是国企现有收入分配制度难以吸引和留住人才。文章提出对策建议:(1)政府应加强对企业内部分配制度的宏观管理和调控,深化企业收入分配制度改革,建立和完善公开透明的工资指导线、劳动力市场工资指导价位、人工成本预测预警制度。(2)应建立和完善企业内部分配的民主管理和集体协商谈判机制,加大工会代表职工参与企业内部分配的力度,提高集体合同的质量和履约率。(3)应坚持和完善按劳分配为主体、多种分配方式并存的分配制度,企业收入分配除向经营者倾斜外,更应向关键岗位、关键人员倾斜。(4)要在积极推进经营者年薪制的同时,积极推进经营者年薪考核、奖励和监管机制,完善有关经营者激励机制的政策法规,建立完善、科学、合理的民主监管制度。(5)要十分重视低收入职工群体的分配问题,尤其要关注企业转制后的低收入职工群体、下岗分流职工群体的利益。(邹卫民)

【关于建立产业与地区相衔接的区域性行业工会,实现组织体制创新的实践与思考】 纺织、金山、青浦区工会联合课题研究组撰写的《关于建立产业与地区相衔接的区域性行业工会,实现组织体制创新的实践与思考》一文,从理论和实践两方面对利用产业与地区双重优势组建区域性行业工会,实现组织体制创新进行了阐述。认为,随着上海国企国资改革的逐步深入,形成于计划经济时代的产业工会组织体制正在逐步暴露出其自身缺陷和不足,表现为三个不适应:一是已经不适应国企国资改革的要求,出现了产业工会覆盖面不广,代表性不强等情况,不少产业工会牌子显得名不副实。二是已经不适应国资管理方式和党的组织体系调整后的要求,体制创新明显滞后。三是较难承担“组织起来,切实维权”的工作要求。创新产业工会的组织体制,成为产业工会保持活力的首要问题。同时经济体制改革和民主法制建设的快速发展也为工会推进体制改革奠定了经济、政治、社会、理论基础。文章重点以由市纺织工会和金山区总工会联合筹建的全市第一家区域性行业工会——金山区纺织行业工会联合会为例,介绍了在建立产业与地区相衔接的区域性行业工会的试点情况和主要成果。认为区域性纺织行业工会联合会从理论探索到试点实践,不仅完成了组织上"建起来"的目标,更在"转起来"方面取得了实质性成果。具体体现在:有利于直接推动工会组建和提高入会率,间接促进市场经济体制的完善;有利于提高职工技术业务素质,推动地区经济发展;有利于建立维权机制,解决产业共性问题。文章同时提出了完善行业工会联合会组织形式和工作机制的三点思考:(1)组织模式要因地制宜,应本着行业工会组建的原则,根据本地区经济发展的特点、重点来设置,并列举了金山模式、长宁模式、青浦模式等三种模式。(2)工会联合会干部要趋向于兼职和职业化。(3)与行业协会的沟通要进一步加强。(邹卫民)

【关于上海纺织外来务工人员权益保障情况的调研】 市纺织工会课题组撰写的《关于上海纺织外来务工人员权益保障情况的调研》一文分析了上海纺织外来人员权益保障情况。据调查,上海纺织控股公司在册总人数为76695人,在岗总数为50908人,其中进城务工人员14000人,他们的用工合同有三种形式:企业与其签订劳动合同的约有6000人左右;由劳务输出方与用工单位签订集体劳务合同的7000多人;其余的则是个人与企业签订劳务合同。月平均工资方面,一线的外来务工人员1200元,二三线人员700-800元。市纺织工会注重关心外来务工人员权益保障,形成了几条基本做法:(1)立足发展,对进城务工人员的认识到位。确立了关心进城务工人员就是关心纺织发展,尊重进城务工人员就是尊重自己,善待进城务工人员就是善待自己的观念。(2)真心善待,对进城务工人员关心到位。做到政治上关心爱护,生活上体贴照顾,学习上提供条件。(3)依法维权,对进城务工人员的利益保障到位。着重通过三条途径落实权益保障,一是最大限度地吸纳进城务工人员入会;二是探索建立切实维护进城务工人员合法权益的有效渠道,要求凡是招用进城务工人员的企业一定要在集体协商时把落实进城务工人员合法权益的内容列为协商议题,在集体合同中明确工资标准、支付形式、支付时间等,按时足额发放工资或劳务费,足额缴纳《上海市外来从业人员综合保险》的有关费用;三是加强进城务工人员技能教育培训,提高他们的技术业务素质。为更有效地维护这一群体的利益,文章提出了四条建议:(1)应建立上海市进城务工人员管理办公室,并形成长效管理机制。(2)各级劳动部门和工会组织要联合开展企业执行《劳动法》及相关劳动保障法律法规贯彻实施情况的检查监督。(3)放开社保口子,鼓励进城务工人员提高自身素质。(4)新闻媒体宣传应关注进城务工人员。(邹卫民)

【对转改制企业规范操作民主程序的思考】 林裕良撰写的《对转改制企业规范操作民主程序的思考》一文就转改制企业的民主管理工作进行了探讨:(1)关于职代会届期合法性的争议方面,主要是不少企业职代会存在超期服役现象,转改制企业尤其突出。提出应强化职代会合法性建设,完善《上海市职工(代表)大会工作规范》或增加细则,强调程序时效的合理性,用刚性的规定保证职代会的任期问题。(2)关于职工代表结构比例确认争议方面,主要是规范过于原则,对企业人群的划分异议较多。一个职工多重身份、干部概念难以确定,影响了职工群众对代表结构比例的认同。建议应对《规范》表述方式进行修改,取消工人和干部概念,按岗位人数设置代表结构比例,按生产经营区域人数确定代表人数,并结合年龄、性别等比例产生代表计划,然后经职代会预备会审议通过。(3)关于职工代表身份界定的争议方面,主要集中在上级(投资方)派驻的领导和职能人员是否具有本企业职工身份,劳务合同、退休回聘、协保回聘职工是否具有本企业职工身份,以及停产、部分停产企业职工代表资格的认定问题。认为凡有涉及职工利益的处置方案,应按同比例增补临时代表参加职代会。(4)关于多级职代会权限设定的争议方面,主要问题集中在上级职代会所作的决定对下级企业覆盖的权限上。建议实行多级职代会的企业(集团)公司,应充分发挥多级民主管理的作用,最大限度地扩大公平和合理的覆盖面。(5)关于职代会审议决定程序的争议方面,转改制中职工对企业改革方案和分流安置方案审议决定程序的意见主要集中在职代会地点是否妥当、职代会审议文件是否按《规定》要求提前10天送达、方案表决是否采用无记名表决方式。(邹卫民)

【关于工会协调处理劳动关系矛盾冲突的调研及其对策】 孙明南撰写的《关于工会协调处理劳动关系矛盾冲突的调研及其对策》一文,在对市医药工会两年来信访情况进行调查基础上,分析了当前企业劳动关系矛盾表现出的一些新特点。主要是:矛盾冲突规模趋向扩大,群体矛盾呈上升态势,争议标的也日趋增大;矛盾冲突内容超越过去处罚、合同履行等单一现象,呈复杂趋势;矛盾趋向对抗,如处理不当容易导致激化。文章还从2004年对400名企业班组长的抽样调查情况入手,分析了五个容易引劳动关系矛盾冲突的因素:一是企业转改制民主程序不规范引发劳动关系矛盾冲突。二是公司单方面改变劳动模式引发矛盾造成劳动关系矛盾。三是企业对职工进行辞退(严重违纪解除劳动合同)引发劳动争议。四是劳动合同的变更、解除、终止易产生劳动争议。五是有关劳动法律法规和政策的不确定性,以及现行劳动争议处理制度的缺陷,增强了劳动关系矛盾冲突的解决难度。文章提出工会在劳动关系矛盾冲突中发挥协调作用的几条对策措施:(1)抓好以职代会、厂务公开为重点的民主管理机制,以平等协商、集体合同为重点的源头维护机制,健全劳动关系预警协调机制,将劳动关系矛盾化解在基层萌芽状态。(2)加大劳动法律法规的宣传力度,让劳动关系双方真正掌握法律,从而减少违法行为,最大限度地减少矛盾。(3)注重纵向和横向的沟通和协调,营造和谐的劳动关系。(4)将工会信访和工会劳

动法律监督、职工法律援助工作融合起来,探索工会信访和工会法律工作有机结合的新路子。 (邹卫民)

【关于在主辅分离、辅业改制中正确处理不同类型职工的利益关系的认识和思考】 文章从改制企业职工层面剖析了六对主要利益差异,一是持股经营者与一般职工的利益差异,二是技术管理人员与操作工人的利益差异,三是改制企业不同年龄的职工对受让方的选择存在利益差异,四是改制中的协解职工与内退(离岗退养或待退休)职工的利益差异,五是企业改制前协解职工与企业改制过程中协解职工的利益差异,六是岗位相同但劳动关系不同的职工之间的利益差异。文章认为,要正确处理不同类型职工利益关系必须把握好七个原则:(1)多数认同原则,使改革方案达到"多数认同"。(2)基本保障原则,让最困难的职工生活得到最基本的保障。(3)同向发展原则,推动主业和被分离辅业健康发展。(4)"公平、公正、公开"原则,在利益分配中把握公平和效率,在分流安置中把握公正。(5)依靠群众原则,尽可能赋予职工对改制工作的知情权。(6)积极引导原则,对不同类型职工在改制过程中反映的各种心态进行梳理、剖析。(7)把握好"三度"关系的原则,努力在处理不同类型职工的利益关系中找到"改革力度、发展速度、职工群众承受程度"的最佳平衡点。同时,提出要充分掌握信息、积极引导心态、注重制订政策、严格履行程序、讲究工作策略、建立协调机制、创建竞争机制和严格依法办事的对策和建议。 (邹卫民)

【上海电信员工劳动保障、收入分配现状抽样调查报告】 电信工会撰写的《上海电信员工劳动保障、收入分配现状抽样调查报告》一文,提出了值得关注的几个问题:一是业务收入与员工收入增长不一致的问题。特别是低岗职工反映更大。二是繁忙的通信发展任务与员工公休、休养时间保障的问题。三是竞争态势日趋激烈与员工精神压力日趋加大问题。不断减员对员工造成很大的精神压力,尤其是末位淘汰没有标准,员工反映强烈。四是劳动保护有关制度与通信发展需要的矛盾问题。如夜班伙食补贴还是沿用80年代的2.20元标准等。文章提出了对策建议:(1)坚持科学发展观,让员工更多地分享企业改革和发展的成果。企业在关心核心员工的同时,也应该关注普通员工的收入问题,应建立大多数员工的收入与企业效益同步增长的机制;建立动态的岗位管理机制和公平激励机制,建立竞争上岗的周期循环制度。(2)加强与员工的沟通和心理疏导工作,关心员工身心健康。要建立完善与员工有效沟通的各种平台,经常听取员工的要求和建议;加强对员工的宣传和疏导工作,开展团体心理讲座、心理素质训练,开设心理教育培训课程,开设"心理咨询室",为员工解疑释惑。(3)加强保障工作力度,全方位维护员工合法权益。建议有关部门从实际出发,清理和修订公司劳动保护规定;建议行政部门实事求是核定岗位工作量,配齐岗位工作人员;建议公司将员工休假制度列入各单位领导的KPI考核中,确保员工公休、个性化休养规定得到实施。 (诸兆亮)

【进城务工人员维权刍议】 斯阳撰写的《进城务工人员维权刍议》一文认为,切实维护进城务工人员的权益,当务之急是更新各方的观念,废除各类歧视性的规定和做法,让进城务工人员享受职工的"国民待遇"。同时也必须强化进城务工人员的职工意识。首先,从劳动用工角度来看,维护进城务工人员权益,政府责无旁贷。其次,从订立劳动合同的角度来看,进城务工人员签约情况问题较多。所以要主动帮助和指导进城务工人员依法签订劳动合同,要让他们知道劳动合同是劳动者最有效的保护伞,工会是职工利益的代表者和维护者,签订合同有利于劳动关系的稳定。再次,从保障的角度来看,进城务工人员的社会保障覆盖率很低。对在工作和生活中遇到困难的进城务工人员,要主动关心,帮助解决实际困难。文章提出了在进城务工人员中组建工会的看法:由于进城务工人员流动性大,亦工亦农的身份和就业情况各异,吸纳进城务工人员入会及会籍管理应该因地制宜,因人而异。根据流动性强,弹性就业特点,会籍管理要实现进城务工人员输出地和输入地两地工会联手双向管理的新机制。考虑到实际情况,进城务工人员的工会经费应由企业按用工人数支付,免上解义务。文章对创新工会维权机制提出见解:(1)建立健全双方双向维护机制,即输出地和输入地工会共同维护,以工作所在地管理为主的维护机制。(2)要建立健全双方双向培训机制。外出务工前,输出地工会要针对性进行就业培训和法制培训,增强就业竞争力和法制意识。工作所在地工会要加强职业道德、岗位技能培训和劳动保护教育,使他们尽快胜任工作。(3)要建立健全三方协调机制。政府、企业、工会三方协调劳动关系机制,是兼顾企业、职工各方利益的有效途径。输出地应主动出击,输入地应该承担起主要责任,维护好进城务工人员的权益。 (诸兆亮)

【关于在上海建工所属企业使用的进城务工人员中组建工会组织的情况调查及建议】 建工(集团)总公司工会撰写的《关于在上海建工所属企业使用的进城务工人员中组建工会组织的情况调查及建议》一文介绍了建工系统进城务工人员的基本情况:集团共使用进城务工人员5.8万余人,使用单位总数为414家,使用进城务工人员成建制的单位有302家,非成建制的有112家。使用进城务工人员国有企业占12.1%,集体为29%,私营为20.3%,其他为38.6%。使用1000人以上的单位占6.3%。由劳务中介机构介绍的占5.3%,企业自行招收的占94.7%。进城务工人员中已经建立工会的单位占6%,未建工会的有94%,未加入工会的进城务工人员占95.57%。文章对进城务工人员的特点进行了分析:(1)土建公司使用进城务工人员比专业公司多,因此在土建公司先取得组建工会的突破作用很重要。(2)企业使用成建制进城务工人员较多,组织机构相对健全,应优先考虑组建工会。(3)私营和其他所有制企业使用进城务工人员较多,组建工会相对难度较大。(4)企业自行招用的单位较多,将组建工会作为合格分包单位必备条件可在源头上解决问题。(5)企业进城务工人员中组建工会基础较薄弱,已经建立的大多是国有单位,而且进城务工人员来源分散,流动性大,给组建工会带来一定难度。文章对做好在进城务工人员中组建工会工作提出了建议:一是统一思想,提高认识,进一步明确维护好进城务工人员合法权益的重要性。二是积极探索,重在落实,依法把各类进城务工人员组织到工会中来。三是本着“条块结合、各司其责”的工作方针,循序渐进地做好进城务工人员的入会工作。四是以项目为单位建立工会工作联席会议制度,协调和维护进城务工人员合法权益。五是加强领导,形成合力,推动进城务工人员权益维护取得实效。(诸兆亮)

【全程参与企业改革,发挥民主管理作用】 虹口区总工会撰写的《全程参与企业改革,发挥民主管理作用》回顾总结了在为期三年的区属企业转改制过程中工会参与和发挥作用的情况。2004年,虹口区企业转改制工作基本完成,改制实现了企业所有制性质的转换。改制前有全民企业305家、集体企业482家,现转变为国有控股94家、民营130家、有限责任公司154家、股份制95家。改制带来公有制形式的多样化和非公经济的发展,以及产权关系人格化、劳动关系市场化、管理关系社会化;改制也带来了职工劳动关系的转换。改制前有职工4万9千余人,目前仍在岗职工为1万1千余人,仅为原来的22.5%。44.2%的职工在转制中分流离开了企业。工会坚持全过程参与改革,注意把握以下方面:(1)建立转改制工作的源头参与机制,各级工会主席全部进入改制领导班子、工会代表进入改制工作小组。(2)充分发挥三方协商机制的作用。区总工会和区劳动局、体改办加强协调,对转改制企业职工分流方案的出台认真把关,对改制过程中出现的问题及时研究解决。(3)坚持职代会制度,发挥民主程序作用。职代会对企业改制方案和职工分流方案具有“一票否决制”,未经职代会审议的分流方案,不予认可。(4)坚持将宣传思想工作贯穿于企业改制的全过程。改革初,积极宣传有关方针、政策和原则,争取职工的理解支持和参与;改革中,加强对改革方案的释疑解惑工作,提出宁愿企业承担风险也不能让职工吃亏,设身处地为职工考虑;改革后,加强对遗留问题的疏导。对改制中转换身份的职工,政府予以每人6000元的补贴,企业则建立富余人员托管中心,拿出部分资金进行转岗培训和帮困扶贫,并对再就业职工予以经济补贴。工会的积极参与,促进了区属企业转改制工作的顺利进行。(吴 越)

【关于黄浦区国有商业、工业企业一线职工工资收入状况的调查】 黄浦区总工会课题组撰写的《关于我区国有商业、工业企业一线职工工资收入状况的调查》,调查分析了在市场经济发展和改革深化、职工工资收入差距拉大情况下,企业普通职工的工资收入状况。调查所指的一线职工,涵盖在岗职工总数的90%,他们的收入状况与企业的经营状况相关,主要有以下几种情况:(1)企业经济效益好,职工工资收入逐步提高。这类企业占3%。职工月收入为:商业1700—2000元,工业1500元以下,职工工资增长幅度在8%左右;(2)企业经济效益较好,职工工资收入有所增长。这类企业占15%。职工月收入为:商业1200—1500元,工业1200元以下,工资增长幅度在6%左右;(3)企业经济效益一般,职工工资收入维持原状。这类企业占52%。职工月收入为:商业800—1000元,工业800元左右,职工工资微增长或者基本不增长;(4)企业经济效益较差,职工收入维持在最低工资线。这类企业占30%。职工月收入为:商业570—600元,工业570元,职工工资仅靠上海市最低保障线调整。调查反映,80%以上的职工对收入状况不满,主要反映在:一是工资水平及增幅低于全市平均水平及增幅,即使是效益好的企业,职工收入的增长也是低于全市平均值。二是普通职工工资水平和增幅与经营者相差悬殊。集团正职经营者的最低年薪为21万,与高收入职工相差10倍左右,与一般收入相差20倍左右,与低收入相差30倍左右。三是增资面窄、集中在少数管理层人员。70%的企业普通职工在过去的3、4年中未增加过工资,最长的已有6年未增加,挫伤了职工的积极性。四是工资收入与企业效益、与劳动付出不完全挂钩。效益好的单位职工并未增加工资,而效益差的单位领导年年增加工资。调查建议:要进一步关注企业一线职工的收入;将企业一线职工工资收入的提高纳入对经营者的年薪考核之中;要建立和完善工资集体协商机制;建议政府采取必要措施,在经济社会发展形势良好的情况下,让大多数普通职工的收入有实实在在的增长。(吴 越)

【推进发展非在编职工入会工作的实践与思考】 周崇礼撰写的《推进发展非在编职工入会工作的实践与思考》一文,反映了近年来随着市场经济体制的建立,上海医疗卫生机构出现经济成分多样化特点,医务人员的用工身份由单一固定用工向多种形式的招聘用工制度转化,医疗卫生单位招用非在编职工日益增多,这部分职工既有大专院校毕业生,也有企业协保下岗人员、社会无业人员、进城务工人员、退休回聘人员等。从“组织起来、切实维权”的工作要求出发,应积极发展非在编职工入会,对如何妥善处理不同用工制度下的职工利益关系作相应的规范:一是非在编职工加入工会后的福利待遇问题。明确行政的福利、包括行政委托工会发放的福利,属医院积累,在编与非在编应有所区别,劳动保护待遇以及工会组织的活动和生活困难补助、先进奖励等,应一视同仁。二是针对非在编职工的不同身份,探索工会组建和入会的不同形式。如:融入形式,按照聘用合同,融入在编职工工会小组;直管形式,成立单独的部门工会或工会小组,由医院工会直接管理;托管形式,委托医院工会进行管理;此外,还有协管、代管等形式。三是会籍管理,针对非在编职工流动性大的特点,采取在岗时以团体会员的形式,离开单位时发给会员证,使其在其他单位有连续的会员身份。四是明确非在编职工的劳动权益。认为非在编职工可列席职代会,在先进评选方面与在编职工一视同仁,参加工会组织的活动,在经济权益方面依法签约、按约履行,同时要关心他们的工作与生活,做到生病有人探、困难有人帮、苦恼有人问。（吴　越）

【上海地区高级科技人员维权需求调查】 科技工会课题组撰写的《上海地区高级科技人员维权需求调查》,是从工会更好履行维权职责出发,对全市30多家科研单位、700多位高级科技人员进行调查而形成的报告。调查发现,大多数科研人员对现有的工作、生活比较满意,维权的需求主要集中在以下方面:一是知情权。如申请国家项目的信息、薪酬分配不透明现象比较普遍;二是工作权。许多单位的经费来源主要通过科技人员向社会竞争得来,国家投入十分有限,争取不到项目则工作权受到威胁;三是平等权。如申请科研经费存在年龄歧视,开发产品,成果分配不合理,挫伤科研人员积极性。调查认为,这些问题产生的原因主要有:科研人员自我权利意识较薄弱、工会维权主体身份不清晰和管理者民主意识不强等。为此提出建议:(1)制定维护科研人员合法权益的地方性专项法规,从科学技术生产的特点出发,对保护和调动科研人员的积极性创造性作出规范。政府应加大科研经费投入,改善科技人员生活工作状况。(2)理顺科研与经济的关系。科研单位应以追求一流科研水平为最大目标,要深化科研管理体制改革,帮助科研人员缓解经济负担,同时要加快实施技术要素参与分配的步伐,落实相关的激励政策。(3)加强科研单位的工会工作。要转变科研院所工会活动型、福利型现状,确立以维权为中心的工作机制。要健全职代会制度,提高职代会质量、落实职代会职权,要根据科研院所转制和实现企业化的情况,推行平等协商、集体合同制度,使科研人员的利益诉求得到充分的表达。（吴　越）

【上海部分高校教职工健康状况的调查与思考】 教育工会课题组撰写的《上海部分高校教职工健康状况的调查与思考》,是对上海12所高校2500名在校教职工健康状况进行调查而形成的研究报告。旨在调查分析影响广大教职工身体健康的主要因素,有针对性地研究制定相关政策措施。调查发现,教职工对自我身体健康状况的评价较好,但职业性的亚健康状况比较严重,患有各种慢性疾病的占调查对象的67.5%,同时,教职工的心理健康问题不容忽视。调查认为,影响高校教职工健康状况的主要原因有:一是负重因素。高校教职工面临较大的竞争压力,高校在不断优化教学环境的同时,加大了科研在评价体系中的权重。各高校纷纷参照《中文自然科学引文索引》(CSCI)和《中文社会科学引文索引》(CSSCI)来制定各自的管理规定和科研评价标准,为了完成科研工作量和职称评定,或是为了定岗,教师必然按照这一要求去努力,而学术刊物的“粥少僧多”使竞争更加激烈;在教学上,近年来普遍实行扩招,使各高校“师生比”矛盾显现;多校区办学,也带来教师赶课或是集中连续上课,身心疲惫,还带来生活压力、心理压力。二是忽视亚健康的因素。调查发现高校教职工群体对亚健康的认知程度较差,自我保健意识不强,健康透支的状况比较普遍。不少教师经常“开夜车”,殚精竭虑地“爬格子”,以牺牲睡眠时间换取工作成果;同时,他们对自己身体健康的关注不够,很少健身锻炼,对疾病和亚健康信号缺乏敏感,以致“小病不看,大病来找”。调查对提高教职工健康提出建议如下:(1)政府和教育主管部门要切实采取减轻教师压力的有效措施,社会要给予教师更多的理解和宽容。(2)学校要强化关心教职工健康的意识。要从体制和机制上,高度重视为长期超负荷的教师减负卸载,要关心学术带头人和办学骨干,真正发挥他们的最大价值;要进一步改进体检制度,增加体检项目、提高体检质量。(3)工会组织要关心教职工身心健康,帮助他们排忧解难、缓解压力,要积极开展各种有益教职工身心健康的文化体育活动,要引导教职工夯实自身健康基石,帮助他们健康愉快地工作。（吴　越）

【上海市高校二级教代会状况的调查与思考】 教育工会课题组撰写的《上海市高校二级教代会状况的调查与思考》,是对上海20多所高校二级教代会制度建设的现状、职权落实以及发挥作用状况进行调查研究而形成的报告。调查发现,上海高校教代会制度已普遍落实,全市100%的高校建立了这一制度,90%的高校全部或部分建立了二级教代会制度;在已建立二级教代会制度的学院,教代会审议建议权的落实已达到100%,听取有关工作报告、讨论单位工作计划、发展规划等重大问题,提出意见和建议,已构成二级教代会的基本内容;审议通过权在许多单位的二级教代会上得到落实,许多院系将与职工切身利益密切相关的改革措施、规章制度等交给二级教代会审议通过;民主评议权也在一些二级教代会上得到落实,二级教代会已成为教职工行使民主权利、参与民主管理的基本形式。调查发现,高校二级教代会的发展还存在一些问题:二级教代会制度的建立和发挥作用,在一定程度上还有赖于院系领导的民主意识、缺乏刚性的保证机制;学校和院系两级教代会的关系还需要理顺,一般认为二级教代会是学校教代会的自然延伸,但事实上二级教代会既不是校教代会的执行机构、也不是派出机构,而是与学校两级管理相适应的二级民主管理的基本形式。因此需要理清与二级单位党政的关系,理清和一些高校院系建立的教授委员会的关系等。调查提出建议:(1)进一步提高对二级教代会重要意义的认识;(2)从制度建设上明确二级教代会的职权;(3)完善二级教代会的评估机制;(4)认真处理好教职工的意见和建议,切实落实教职工的民主权利;(5)妥善处理好二级教代会与院系行政权威、与学校教代会的关系以及与学校其他民主管理形式的关系。（吴　越）

【从高校与企业的区别看高校工会的维权】 同济大学工会孔林等撰写的《从高校与企业的区别看高校工会的维权》,从高校劳动关系与企业的区别入手,对维权的特殊性进行分析。文章认为高校劳动关系的特殊性表现在:一是劳动关系具有多元结构,有在编教职工与单位间的准公务员的劳动关系,高校下属企业化部门与职工的劳动合同关系,高校各职能部门与聘用职工的劳动合同关系,高校与聘用的外籍教师间的劳动合同关系。其中准公务员性质的劳动关系是高校劳动关系的主要结构,正面临以聘用制取代原用工制度的改革。二是高校教职工与学校之间的利益关系相对和谐平缓,教职工在分配上有较大的参与空间,高校工会的维权更偏重于精神文化利益的需求与满足。三是高校教职工在单位和社会上有较强的话语权力和对资源的支配能力,因此他们并非弱势群体。四是高校教职工存在特殊的职业健康风险,超时工作、过劳性健康风险比较普遍。文章认为高校教职工权益的主要特征是:(1)权利需求取向集中于较高层面,更看重所处工作环境是否有利于发挥自己的才能和实现自身价值,更注重劳动水平认可、职业或事业发展的权利。(2)维权以完善积极权为主,较少使用消极权。(3)教代会是高校教职工行使民主权利的主要途径。文章建议在高校劳动关系变化的新情况下,工会应拓宽工作的对象,将工作覆盖到学校多种用工制度下和劳动关系形式中的劳动者中间;要加强工会的源头参与,参与管理体制改革方案的制定、各类规章制度的制定和涉及教职工切身利益的有关决策,在第一时间与行政沟通,督促各项重要议题的落实;同时要树立以人为本的价值观,关心教职工的切身利益,探索多元化的维权方式和途径。

(吴　越)

【国企职工代表如何适应现代企业制度发展要求的思考】　宝钢集团上海五钢有限公司工会撰写的《国企职工代表如何适应现代企业制度发展要求的思考》,是在现代产权制度改革深化的背景下,对职工民主管理基本途径和职工代表参政议政如何相适应的研究。文章认为,在现代企业产权制度建立、利益格局多元化的情况下,企业职代会职工代表"生存环境"发生了重大变化,不仅延续了多年的企业民主管理方式遇到挑战,而且职工代表参政议政的素质与其所承担责任之间的不适应也逐渐凸现。如果这一问题不解决,企业的民主管理只能是形式化、表面化。调查认为当前职工代表参政议政素质不适应现实要求的反映主要有:(1)光荣感和责任感弱化。据对140位公司级职工代表调查,在任期内没有提过任何建议的职工代表有19.04%,不经常听取或不听取职工对企业意见、建议的有17.56%,开职代会前不注意收集职工意见、建议的职工代表占19.72%,当不当代表无所谓或无光荣感责任感的达到10.88%。在调研中55%的职工认为,职工代表没有发挥应有的作用,而有75%的职工代表认为,行使代表权利做不到点子上,这样的代表当不当还不是一个样。(2)知识层次和结构与企业需要不匹配。据调查,54.6%的职工代表文化程度在中技(高中)以下,其中初中的占13.47%,这一情况直接制约了代表参政议政的质量;24.8%的职工代表认为,影响提案质量的主要原因是知识层次结构与现代企业要求落差太大。(3)职工代表年龄老化。由于产业和产品结构的调整,职工的岗位稳定性较差,"4050"分流政策的推行,使原本未到退休年龄的职工一下处在"回家"的临界点。在调查的140位代表中,41-50岁的占52.85%,50岁以上的有12.85%,这部分人倍感压力,参政议政就少了动力,多了"心理障碍"。(4)职工代表能力跟不上企业发展的要求。随着企业内部利益主体的多元化、分配方式的多样化、用工形式的自主化和利益格局的多极化,职工代表参政议政的难度加大,企业经营方式和经营内容与世界接轨,而代表们在思想上、能力上并未做好准备。文章提出建议:要高度重视提高职工代表参政议政素质的工作;要提出明确的目标、制定量化的计划,开展职工代表的培训工作;要建立科学的评价标准和考核体系,对职工代表任期责任提出明确的要求;要从制度上为职工代表参政议政创造条件和提供保障。

(吴　越)

【对合资企业职工民主管理几个问题的思考】　宝钢股份公司工会课题组撰写的《对合资企业职工民主管理几个问题的思考》,是在对部分合资企业调研的基础上,就当前合资企业开展民主管理的重要性、法律依据、职责、形式等问题所进行的探讨。文章认为,民主管理并非是国有企业的专利,应同样适用于中外合资企业。这是因为:职工作为企业生产管理的要素之一,有权以劳动者的身份参与管理;按照劳动力资本理论和劳动力产权理论,职工和股东是人格平等的合作关系,他们都有权从各自的角度出发参与企业管理;民主管理是企业从传统管理向现代管理发展的推动力,也是提高企业竞争力的重要保证。文章认为合资企业实行民主管理在中国已具备了基本的法律依据,《劳动法》、《工会法》、《公司法》、《中外合作经营企业法》、《中外合资经营企业实施条例》等,都对民主管理作了相应规定。在依法的前提下,民主管理采取的形式必须适应合资企业的实际。一是定位必须切合实际。主要是对涉及职工切身利益的劳动关系方面问题的知情权、协商权,对企业执行劳动法律法规及履行集体合同情况的监督权。二是探索多样化的、适应合资企业实际的民主管理形式,既可以借鉴职代会制度,也可以采用工会主席列席行政会议、劳资协商会议制度、职工民主管理小组和集体协商等,旨在畅通劳资双方对话、沟通和协商的渠道。文章认为,民主管理的动因更多源于经济的发展和民主意识的进步,与企业所有制的性质并无直接的联系。推进合资企业民主管理,既是协调劳动关系、维护职工合法权益的需要,也是生产力发展、社会进步的内在要求。必须坚持依法办事,弘扬人本管理,强调民主管理理念和探索多样化的符合企业实际的民主管理形式。　(吴　越)

综　述

年内，市总办公室编发《信息快报》113期，编辑《工会工作通讯》24期，《上海工会网站》累计上传各类文章、图片2.4万余篇。网站总浏览量达2500多万次，日均浏览量为8.3万多次，同比增长84%。全年被市委办公厅录用信息55条，获考核分142分；被全国总工会录用了一批信息，获考核分191分。(1)积极贯彻全国总工会"组织起来，切实维权"的工作方针，多侧面地反映加强基层组织建设，加快非公有制企业、新社会组织、非正规就业组织工会组建工作以及发展进城务工人员、"三高"群体和青年职工入会等方面信息。围绕工会组建工作，着重报道工会组建工作的进展情况，反映组建工作中的有效做法，起到了宣传和引导作用。抓住工会组建后增强工作活力的环节，信息工作着力宣传了各单位创造的鲜活经验，尤其是把加强维护进城务工人员权益作为重点进行报道。如，《杨浦区形成进城务工人员权益保障服务网络》、《上海国际港务(集团)有限公司工会积极探索加强进城务工人员的管理》、《普陀区总工会在外来务工者中开展"五个一"读书活动》、《太阳岛花园浴场进城务工人员维权有了备忘录》、《崇明重视离岛务工人员权益维护，成立岛外务工人员联合工会和服务站》等报道，多视角地进行宣传，形成了积极的舆论氛围。(2)围绕实施科教兴市主战略，信息工作集中反映职工在技术开发、技术发明、技术攻关、技术创新，以及重大工程和实事立功竞赛中的信息。如，《实施科教兴市战略，深化职工素质工程，围绕发展大局，创造性开展工会工作》、《上海锅炉厂有限公司工会组织开展"科技进班组'六个一'系列活动"》、《上海国际港务集团工会组织开展集装箱装卸立功竞赛，激发职工劳动热情》、《上海复星高科技(集团)有限公司加强员工学习培训，培育创新人才》等大量的信息，反映了工会在实施科教兴市主战略中的作用和作为。(3)在企业转改制过程中，加大对规范民主程序、加强职工民主管理的信息报道力度。一方面重视反映企业转改制中职工民主管理存在的问题，一方面注重总结和宣传企业转改制中职工民主管理的经验和做法，反映转改制企业加强和完善职工民主管理的新思路、新经验和新成果。如，《应高度重视企业转改制中职工民主管理存在的问题》、《探索工会民主管理工作新路子要努力做到"四个结合"》、《宝钢集团工会提出现代企业制度下民主管理新思路》、《纺织工会适应企业转制的需要，调整工作重点，加大服务力度》等信息在转改制企业中形成了一定的影响。(4)重视加强对弘扬劳模精神、关心劳模生活的宣传报道。信息工作紧紧抓住劳模评选的契机，在积极宣传劳模先进事迹的同时，努力反映党和政府对劳模关心和爱护，反映在劳模管理服务上的经验。如，《崇明83位困难农业劳模喜获养老保障》、《上海各级工会在春节前积极开展"爱心献劳模"活动》、《首位上海市老劳模入住廉租住房》、《金山区对农口困难老劳模实行生活费补贴》、《松江区劳动模范管理服务有章可循》、《上海电气广大干部职工对学习宣传李斌先进事迹反响热烈》、《上海电气(集团)总公司和上海市机电工会联合制定进一步加强劳动模范管理工作的实施意见》、《上海劳模代表参加北戴河疗休养并得到王兆国同志亲切接见》、《市委、市政府领导重视和爱护劳动模范，提高退休劳模待遇的政策措施出台》等信息。（夏伟民）

信　息

【奉贤区青村镇工会办好《工会信息简报》】 青村镇工会针对区划调整后镇辖区域大、基层工会多的特点，创办青村镇《工会信息简报》，让基层工会和广大职工通过《简报》及时了解掌握工会工作的动态、有关政策法规和职工关心的热点问题。《简报》紧贴工作、紧贴职工，开设了"工会要闻"、"政策法规"、"政策问答"、"学习园地"、"理论探讨"、"工作动态"等栏目，通过这些栏目窗口,把工会工作动态、工作经验、有关政策法规及职工思想动态等及时准确地上传下达,促使全年工作落实到位,引导工作思路、理论研究拓展到位,工作方法创新到位,对推动地区工会工作的全面发展起到了强有力的作用。（沈永明）

【仪电工会扩大信息“互联通道”】 仪电工会加强与纪委、内审委的工作联动,整合监督机制,强化民主监督职能。工会与纪委共同协商制定了2004年“互联通道”工作规划,适应战略调整,扩大“互联”的内涵,抓准监督重点,体现前瞻性、针对性和有效性。年内召开了4次互联通道双向沟通会,通报了职工思想动态分析和预测、党风廉政建设情况、民主监督和厂务公开巡视情况、信访工作情况分析、社会保障金交纳情况、加强“四个监督”构筑防范体系、不动产处置工作专题检查情况、效能监察中途检查小结、2004年工会年报分析等内容。由于双方信息互通,资源共享,工作联动,形成了合力,增强了职工民主监督的力度和效能。（生　青）

【烟草工会重视职工利益诉求　增强维权工作实效】 烟草工会以维护职工合法权益诉求为重点,探索有效的维权表达途径。利用每月1次的基层工会主席例会、每季1次的职工动态信息征集、组织职工代表巡视和下基层直接听取意见等时机,多方位、多角度、多层次地了解职工的意见和建议,针对职工诉求情况,搞好分析测算,组织商议和沟通。针对(集团)公司职工反映较为集中的问题,通过集体协商解决了为长病假人员减免补充公积金个人缴纳额和为女职工体检的提议。同时,烟草工会以建立“三预”工作机制为抓手,探索职工诉求的反映渠道。制定了对职工思想动态实施“预测、预报、预防”的“三预”工作机制,通过定人负责、定期征集、定时处理反馈等措施,全年报送公司领导48条职工思想动态信息都得到妥善处理。（江洪生）

【市机电工会评选特色工作】 共收集各类特色材料58份。经评选,各有30篇特色材料分别被评为“优胜成果”和“优秀成果”。这些成果的主要特点:一是具有创新性,反映了基层工会的自主创新精神。如上海汽轮机有限公司工会创新工作载体,坚持平等协商制度,不断量化集体合同指标,落实了维权目标。二是具有实践性。如太平洋机电(集团)有限公司工会依法建立职工素质工程长效工作机制,有力推动了职工技术技能素质的提高。三是具有针对性。不少特色工作都针对工会工作中出现的新情况和新矛盾,开展探索和实践,如上海建设路桥设备有限公司工会、上海重型机器厂有限公司工会大力推进进城务工人员入会工作和提高职工技术技能,取得显著成效。四是具有操作性。如上海电缆厂工会、上海工业电器有限公司工会、上海通用泵机公司工会都在企业转改制中制定个性化的操作程序,确保了职工利益,推进了企业改革。五是具有借鉴性。评选的特色成果对于推进整个系统的工会工作具有指导性,包括建立工作机制,构筑维护平台,强化职代会制度,推进学习李斌活动,深化送温暖工作等都上了一个新台阶。（冯克华）

闸北区总工会召开工会信息工作会议

（糜玉树）

督查工作

【督查工作】 围绕市委、市府和全总的重点工作以及中央、市委领导对工会工作的指示和调研中的讲话精神,认真督促检查,先后就工会贯彻党的十六届四中全会精神、学习贯彻市委八届五次全会精神及中央、市委领导的重要讲话精神的贯彻落实情况进行督查,编写了15篇督查专报。(1)年内,王兆国同志及全总领导先后到上海视察,召开工会工作座谈会,对进一步做好新时期工会工作提出了新的要求,为了把王兆国同志的指示精神贯彻落实到工会工作中去,市总办公室进行了专项督查。(2)全总十四届四次主席团全体(扩大)会议,王兆国同志作了重要讲话,分析了新形势下工会工作面临的新情况新问题,深入探讨了有关工运发展的重要理论和实践问题,进一步明确了推动工会全局工作的主要原则,对新时期工会工作保持正确的政治方向提出了具体明确的要求,对工会工作具有很强的指导作用。为了把王兆国同志的重要讲话贯彻落实到工会实际工作中去,对各级工会贯彻落实情况进行督促检查,编发了督查报告。(3)年内,市委领导陈良宇、韩正、王安顺对工会工作分别作了重要指示。市总工会在传达学习的同时,认真抓好贯彻落实,把市委领导的要求变为工会的实际行动。先后就陈良宇同志在市委督查室《关于进一步做好事关群众切身利益有关工作的建议》上作的批示精神、在市政治文明建设委员会第一次全体会议讲话精神和在市委常委会听取工青妇党组工作汇报时的讲话精神的学习贯彻情况进行了督促检查,分别写出专题报告。

就韩正同志对劳模工作批示精神以及到市总工会现场调研时所作的讲话精神的贯彻落实情况进行督促检查，写了情况报告，并在此基础上，起草了《关于提高上海市退休劳动模范待遇的若干意见》。就王安顺同志到市总工会视察调研，以及对落实工会重点工作的一系列批示精神，对各级工会学习贯彻情况进行督促检查，及时地反馈贯彻情况，确保市委领导的讲话和指(批)示精神得到落实。(4)按照市委督查室的工作要求，就工会贯彻市委八届五次全会精神的情况进行督查，起草了“上海市总工会认真贯彻市委八届五次全会精神，牢固树立科学发展观，发挥工会在党的工作大局中的重要作用”的督查报告。(5)抓好专项工作的督查。元旦、春节期间，按照中央和市委的要求，对工会开展帮困送温暖工作重点进行督查，并就上海总工会全力以赴做好2004年元旦、春节送温暖工作的情况撰写专项督查报告。抓好“两会”期间市人大代表书面意见和政协委员提案的督办工作，根据市人大、市政协的有关规定，认真办理市人大代表、市政协委员的书面意见和提案，坚持做到领导、责任、经办人、工作要求“四落实”，并严格按照办理要求，进行指导和督查，按时完成人大代表书面意见、政协委员提案办理14件。 (夏伟民)

新闻工作

【评选表彰“上海市五一新闻奖”】 为了表彰一年来各新闻单位宣传工人阶级和工会工作的优秀新闻作品，激励各新闻单位进一步做好工会新闻报道工作，市委宣传部、市总工会联合开展了2003年度“上海市五一新闻奖”评选工作。解放日报、文汇报、新民晚报、上海电台、上海电视台、人民日报华东分社、新华社上海分社等10余家新闻单位参加了评选。各新闻单位共推荐新闻作品31篇，参评新闻作品主题鲜明、选材独特、内容真实、文字生动，具有较强的思想性，充分展示了上海工人阶级的时代风貌和工会工作的新成果、新经验。经由市委宣传部、市总工会、市新闻工作者协会、市新闻学会领导和各主要媒体负责人组成的评委会投票评选，最终评出23篇获奖作品。解放日报唐蓓茗的通讯《工会在非公企业行动》、上海电视台籍明、孙明的电视新闻《维护非公经济员工利益，社区工会遍及街道乡镇》、新民晚报邵宁的通讯《“首席工人”启示录》、劳动报郁中华的消息《“首席工人”现身申城》等4篇作品获一等奖；文汇报邵珍的通讯《为职工维权撑腰》等6篇作品获二等奖；上海电视台汪求实、张小米的电视专题《年关讨薪行动》等10篇作品获三等奖；另有3篇作品获提名奖。上海电视台籍明、孙明，解放日报唐蓓茗，上海人民广播电台刘康霞、周亮撰写的新闻作品还分获2003年度全国“五一新闻奖”二、三等奖。 (程友谨)

【上海工会开展新闻宣传系列活动】 根据市总工会总体工作部署，围绕重大节庆和工会重点工作，以开展新闻宣传系列活动的方式，不断加大工会新闻宣传工作的力度：一是开展劳模先进事迹宣传，组织新闻单位集中宣传了2001—2003年度全国劳模、全国“五一”劳动奖章和全国“五一”劳动奖状获得者的先进事迹，在全社会营造学习劳模、争当劳模的良好氛围；二是开展庆“五一”职工文化活动宣传，组织新闻单位重点报道了“五一”晚会、广场职工文艺演出、“五一”长跑活动和大型音乐烟花晚会等活动，展示先进职工文化和上海工人阶级时代新形象；三是开展工会重点工作新闻宣传，加强对工会重点工作新闻宣传的组织策划，在解放日报、文汇报等主要新闻媒体刊登宣传工会组建工作、职工民主管理、职工法律援助、职工素质工程等各类报道30余篇，组织策划在工人日报头版连续3天刊登反映上海工会工作群众化、社会化、知识化的深度报道，在全国范围内宣传上海工会工作的新进展，进一步扩大了上海工会工作的社会影响。 (程友谨)

【上海电信举行第15次双月沟通活动】 12月11日，上海电信举行第15次双月沟通活动。沟通活动首次采用公司内部网络和视频同步互动形式。共有244名员工登陆“上海电信员工天地网站”，发热帖1280条次。同时视频沟通设1个主会场、3个分会场，公司总经理兼党委副书记王玮、党委副书记兼工会主席陈鸿生、副总经理张林德，以及党委工作部、综合管理部、公司工会、人力资源部、监督部、财务部、市场部等部门经理与30个基层的职工代表共87人参加了视频沟通活动。大家围绕员工收入、公司车改、员工培训等近期热点问题，进行交流，短短100分钟沟通时间，公司领导当场解答了员工提出的许多问题，对员工的具体要求建议，公司领导也当场作了承诺，让员工感到满意。

(朱东亚)

【中远集运工会开展特色工作评选】 12月，中远集运工会围绕公司“提升核心竞争力、实现可持续盈利”工作目标，以开展“我为公司效益作贡献”、“安全在我身边”、“降本增效从我做起”等主题活动为基础，为总结和表彰各级工会在安全、效益、凝聚力等方面所取得的成功经验和好的工作方法，开展了2004年工会特色工作评选活动。近30家陆地及船舶的基层工会入围，10家基层工会获“中远集运工会2004年十佳特色工作成果奖”。

(钱　华)

【农工商东海公司工会以特色工作为抓手　增强基层工会活力】 上海农工商集团东海总公司工会以开展工会特色工作为抓手，搞活基层工会工作，收到了较好的效果。其方法是；确定10个特色工作课题，由10个基层工会作为参与单位，10个基层工会主席作为特色工作课题的主要责任人，要求全年工作贯穿一根主线，积小胜为大胜，为指导面上工会工作提供了新的思路、新的经验。特色工作内容围绕经济工作、素质工程、文明建设、维护和互助保障等五个方面，引导基层工会结合单位的实际，有的放矢地开展具有自身特色的活动，其中包括以增收节支降本增效为主题的劳动竞赛、群众性合理化建议、经济技术创新活动，以及维权保障、职业道德和班组建设等。各项特色工作注重突出重点，紧紧抓住薄弱环节，致力于重点、难点问题的突破，在活动中努力形成各自的特色和亮点，力求工作上取得阶段性的成果，从而有效地激发了基层工会的活力，增强了基层工会工作的针对性和创造性。（桑树德）

【黄浦区总工会主动拓展工会宣传新阵地】 黄浦区总工会改变以往工会宣传仅仅局限于工会系统内部的“体内循环”工作模式，细化目标，调整结构，优化队伍，在三个层面上，立体化地强化工会宣传工作。在区总层面：首次开通了黄浦区总工会网站，初步拥有了全天候、全方位、现代化的宣传手段；在区的层面：首次与黄浦时报合作，专门开办了“工会天地”专栏，集中宣传党政领导对工会工作的关心和支持，宣传尊重职工民主权利、保护职工积极性的企业经营者，宣传工作突出、效果明显、职工欢迎的基层工会和工会工作者，已办7期；在其他宣传媒体层面：通过报纸、杂志、电视、网站等多渠道加强宣传，扩大影响。据统计，黄浦区总工会在中央、市、区各级媒体上，宣传、报道全区各级工会的稿件多达326篇。（吕诚陆）

【市医务工会《上海医工报》创刊】 7月18日，由市总工会副主席吴申耀题字，市卫生局党委副书记、市医务工会主席马强撰写发刊词的《上海医工报》正式创刊。该报是市医务工会落实党的路线、方针、政策，宣传工会工作、维护职工权益、展示天使风采的新载体，是上海卫生系统各级工会掌握工作动态的重要渠道，也是广大医务职工了解工会信息的一个窗口。它以卫生系统各级工会干部和广大医务职工为服务群体，以面向基层、覆盖全卫生行业为宗旨，以坚持正确导向、贴近基层和服务职工为办报方针，以注重工会特色和行业特点相结合为办报风格，力求在为基层各级工会干部和工会会员提供全方位的工会信息的同时，为广大医务职工提供集思想性、知识性与趣味性为一体的精神食粮。《上海医工报》的创办，为市医务工会的工作提供了一个重要的交流平台。至年底，《上海医工报》已出版6期正刊和1期增刊，共刊登各类工会新闻报道350余篇（条），共有70多名基层工会干部和通讯员参与投稿。（钱菊敏）

信　访

【综述】 2004年，市总工会接收和接待职工群众来信来访4604件（次），与上年4491件（次）同比上升2.5%。其中来信2675件，与上年2873件同比下降6.9%；重复信217件，与上年208件同比上升4.3%；联名信158件，6327人次，与上年160件，6629人次同比分别下降1.3%和4.6%；来访1929批，3670人次，与上年1618批，3013人次同比分别上升19.2%和21.8%；集体上访85批，1608人次，与上年97批，1306人次同比，批次下降12.4%，人次上升23.1%。接听来电5991次。综合职工群众来信来访有以下特点：一是信访总量略有上升，求决类矛盾趋于平稳；二是集体上访人次上升，矛盾复杂；三是要求重视民主管理工作，转改制企业职工呼声高；四是历史遗留问题继续显现，上山下乡、退休回沪定居人员要求政府关心帮助愿望迫切。针对上述情况，市总工会注重做好六方面工作。第一，做好信访基础工作。以贯彻《上海市信访条例》为抓手，进一步落实责任制，基本做到按制度化、规范化、程序化要求运转。以每季度开展信访工作网络组活动为平台，进一步加强对区县局（产业）工会信访干部的考核、沟通、联系、协调，以推动各类信访矛盾的化解或缓解，促进社会政治稳定和职工队伍稳定。以开通“12351”职工维权热线为载体，进一步为职工群众就近、及时反映和解决问题提供方便。第二，认真抓好信访预警预报工作。坚持做到每季度将信访动态和市总领导批办件的落实情况书面向领导报告。到轻工、纺织、医药等改革力度较大的集团公司，参与企业转改制分流方案的预审，从源头上维护职工群众的合法权益。热情接待转制公司（企业）领导上门咨询和沟通情况，由于加强预警，使一些不稳定因素及时得到化解。第三，组织信访干部进行调研。以信访网络组为主，组织部分区县局（产业）工会信访干部围绕转改制企业出现的劳动关系、民主管理矛盾及成因开展调研，并形成10篇调研报告，其中，被市委督查室、《工人日报》各采用1篇，《上海信访》杂志采用4篇，《上海工会通讯》采用4篇。第四，妥善处理群体性信访和疑难信访矛盾。2004年，解决来信老户12人，来访老户21人。就地化解集体上访56批，2408人次，劝阻去京上访47批，129人次，复信234件，落实市信访办督办件18件、市总领导批示件129件。第五，积极筹备开通职工维权热线。主动分赴市内有关公众热线电话单位学习调研，考察取经，为10月15日“12351”职工维权热线电话顺利开通做好准备。经市总统一部署和工

市总工会秘书长徐季平在工会信访工作研讨会上讲话

（包森祖）

作协调，配备了热线电话办公场所，完善了热线电话设备，招聘了咨询人员，按期开通了维权热线。第六，关心工会信访干部，在队伍建设上下功夫。通过调研，在市总领导的关心支持下，解决了区县局(产业)工会信访干部工作津贴；开展了信访工作业务培训并召开了信访工作论文发布会。

（谭海珠）

【市总工会信访办举办信访工作研讨会】 市总信访办就来信来访中的突出矛盾，列出调研课题提纲，组织发动全市区县局(产业)工会信访干部下基层调查研究。在此基础上组织撰写了一批信访调研论文，经有关部门和专家评审，共有10篇具有较高政治思想内涵和可操作性的论文，分别获得市总工会2004年度工会信访工作优秀论文一、二、三等和优胜奖。9月8日至9日，市总信访办召开工会信访论文发布暨表彰会。会上，部分优秀论文作了交流。上海市信访办副主任李余涛出席会议并作了《信访工作的形势与任务》的报告；市总秘书长徐季平到会，并对工会信访干部提出了希望和要求。研讨会后，就转改制企业民主程序的有关问题、职工基本生活保障的有关政策，对工会信访干部进行了业务培训。 （吴烈强）

【长宁区总工会强化信访工作三个注重】 一是注重源头参与。职工来信来访有的涉及企业改制过程中有关政策宣传、改制方案、操作程序不到位等问题，引起职工的不满。为了做好这方面的信访工作，从注重源头参与着手，在制订改制方案和工作程序上，必须考虑职工的具体利益；在程序上，必须健全职工代表大会制度，让广大职工参与改制的全过程；在保障职工权益的基础上，必须建立集体协商和签订集体合同制度。二是注重依法化解矛盾。信访中，因劳动关系纠纷来信来访所占比例较大。区总工会探索和试行了工会信访和工会法律工作相结合的办法。区总工会将信访、法律咨询、法律援助、就业指导、帮困解难、互助保障等职能合并在一起，创建便民窗口，加快了初信初访的办结流程，确保做到了对来访职工的“政策点到位、沟通全方位、协调尽全力”，及时化解矛盾，使职工满意。职工来访中，涉及到企业与职工发生劳动争议时，注重非诉讼调解，坚持按照法律、政策规范操作。三是注重相关部门协作。针对改制企业职工来信来访中个别领导无视民主程序、擅自决定改革方案、侵害职工利益的情况，与区纪委、区国资办、区体改办等制定文件，规范企业改制的工作程序；在医疗制度改革的过程中，针对职工来信来访中反映低收入家庭看病困难的情况，与卫生局联手发放帮困救助医疗卡；针对职工来信来访中劳动关系纠纷不断增多的情况，与劳动局、司法局、华东政法学院等联手，开展法律咨询、法律援助活动，在各街道(镇)建立法律服务窗口、建立劳动争议调解庭化解劳动关系矛盾。 （陈慧君）

【普陀区总工会信访工作注重实效】 普陀区总工会以“服务职工，济难解困，维护稳定，为党分忧”为指导思想，把信访工作融入职工援助服务中心，每月召开工作例会，分管主席参加，通过交流情况，掌握信息，在工作上相互支持、互相协作。除配备专职信访干部外，还配备候补信访干部，使原来每周两个半天的信访接待，增加到每周五天接待，方便职工群众来访咨询。

（吴烈强）

【黄浦区外滩医院工会建立职工意见反映制度】 年初，外滩医院工会建立了职工意见反映制度。职工对该院工作有意见，可随时找工会干部谈看法，要求工会给予帮助解决。工会干部在接待中，一面做好书面记录，一面为职工作分析。对有理的意见，给予支持；对不合理的意见，给予正面引导。但不论职工反映的情况和意见是否属实、合理，工会都以书面形式及时向医院党政反映，并请他们在记录表中签署处理意见，以此督促党政领导重视与解决，并及时给职工一个明确答复。自工会建立、实行职工意见反映制度以来，工会干部已较圆满地解决了一些职工的意见和需求。该制度的建立，使工会在倡导基层民主政治、畅通职工与党政的联系渠道上起到积极作用。 （吕诚陆 朱启敏）

【卢湾区总工会以援助服务中心规范信访接待工作】 卢湾区总工会贯彻落实市信访工作会议精神，主要抓好三方面工作。(1)领导重视，建立援助服务中心，为职工提供一门式服务。区总领导不仅关心和参与信访工作，还亲自过问亲自抓，建立以困难救助、法律援助、互助保障、来信来访、退休人员管理、就业指导、支内补助、进城务工人员权益保障为主要内容的区总工会系统职工援助服务中心。健全了一个中心、一个窗口、一门式服务的保障维权机制。在区总援助服务中心接待中，区总工会主席亲自带头，每周四上午轮流值班，了解民意，体察民情，耐心细致地做好职工群众的来访接待。(2)规范服务，提高信访的办结率。援助服务中心建章立制，明确受理来访的规范和流程、工作人员的工作守则，使接待工作规范化，进一步提高了工作效率，2004年共接待来访1754人次，处理来信206件，基本上做到在月内办结，办结率达100%。(3)加强队伍建设，做好信访存档工作。信访干部积极参加信访工作网络活动，参加市区两级信访业务培训，并做好来信来访督办和存档工作，便于查证和检查，使管理更加规范。

（吴烈强）

【青浦区职工援助服务中心成立】 4月1日，青浦区总工会成立了区职工援助服务中心，为职工提供便捷的一门式服务。中心从困难救助、就业指导、法律援助、互助保障、为老服务、进城务工人员权益保障等多方面为职工提供援助服务。中心成立以来，处理接待来信来访88批次，来电120次，被援助职工达到551人。中心工作人员对求助职工要求，能够认真及时提供帮助，做到事事有答复，件件有落实，得到了职工群众的好评。 （程天爵）

【市机电工会信访工作三项举措取得实效】 市机电工会高度重视在上海电气改革转制、资产重组进入攻坚阶段的信访工作，将处理信访工作放到促进改革和稳定的大局中思考，采取三项有效措施妥善处理各种劳动关系矛盾，取得实效。(1)运用劳动关系预警机制调节劳动争议、职工上访事件。规定转制企业在制订转制方案和人员分流方案时，须将方案的初稿报上级工会预审，已建立由机电工会、电气资产管理公司事业部、企业和企业工会组成的转制方案预审协调机制；制作《劳动关系情况月报表》、《职工群体性事件预报表》，规定企业每月5日前上报《劳动关系情况月报表》，如发生群体性突发事件的苗子，企业工会则通过《职工群体性事件预报表》或热线电话向总公司信访办和机电工会报告。(2)加强预警机制值班，认真接待职工来访。群众来信都由主席室主要领导阅示，在一周内处理完毕。(3)推出三项举措，确保改制工作平稳推进。一是成立法律服务中心，通过这个平台，已为许多职工解决了劳动法律和政策上的疑难问题；二是举办全系统工会领导干部"学习政策，切实维权"培训班，400多名基层工会正、副主席分期分批轮训一遍，主要学习《上海市劳动合同条例》、《上海市信访工作条例》和由机电工会编印的《转制企业劳动关系处理培训提纲》等法律法规资料；三是对疑、难信访处理实施联合办理，会同电气信访办、市总信访办、市社保局有关部门和企业党群、信访部门联合办公，共同协商解决信访中的疑难问题。2004年职工信访呈下降趋势，职工来电、来信、来访90件(次)，比上年下降10.9%。 (冯克华)

【仪电工会加强信访工作源头参与】一是注重源头整合，依法切实维护。建立了仪电工会与控股(集团)公司集体协商制度，以"建制率、履约率、续签率"为重点，采取有效措施，保证集体合同"三个率"的落实。据统计，全仪电系统建制率达96%，履约率达95%，续签率达95%，从根本上维护了职工的合法权益。二是规范履行程序，切实维护稳定。随着国企改革的进一步推进，重点抓好改革调整方案向职代会审议通报、涉及职工切身利益的分流安置方案必须经职代会通过等民主程序的落实。三是强化学习培训，依法协调援助。以重点案例和典型案例处置为抓手，汇编整理了《法律法规政策、法律援助小故事》等宣传资料，用于开展法律咨询、法规宣传、矛盾协调等。四是采取有效措施，突出重点维护。认真落实《关于进一步做好维护进城务工人员合法权益工作的通知》精神，加强对外来务工人员的权益保护，督促外来务工人员综合保险费缴纳落实；依法吸收外来务工人员加入工会。五是突出保障机制，完善保障工作。组织调查研究，掌握困难群体情况，疏通帮困渠道，落实救助措施，据统计，仪电系统参加在职住院保障计划46465人次，意外及养老保障计划12223人次，特种重病保障计划11083人次，女职工特种重病计划2365人次。全年帮困20066人次，慰问金额达421.63万元；疏通社会救助渠道，获得社会帮困金347.13万元，共救助2466人次。 (吴烈强)

【轻工工会构建信访工作三项机制】轻工工会紧密联系控股公司"市区联手、抓大放小"的改革实际，认真开展信访工作，积极探索三项机制，及时解决信访问题。一是抓责任落实，构建齐抓共建的领导责任制。建立由主席室统一领导，办公室、民管、法律、生活部等部门各司其职的责任制度，形成合力。二是抓督办回访，构建高效务实的处理机制。坚持督办快结、提高信访办案率，做到件件有回音，事事有结果。三是抓基础建设，构建行之有效的治本机制。坚持定期汇报、信息反馈和信访工作考核。强化重大事件预防排查制度和信访网络建设，加强沟通联系，通力合作处理信访问题，收到较好的效果。 (袁盛德)

【纺织工会做好信访前备案工作】2004年，上海世博会及开发浦江两岸的市政建设涉及到一批纺织企业需转移拔点和终结销号，同时关系到数万名职工分流安置。为了防止和减少企业劳动争议和职工集访的发生，纺织工会努力做好预审、预报、预防等前备案工作，主动维护稳定大局，职工信访总量与去年相比下降20%左右。(1)在企业转制前，直接参与企业转改制和职工分流安置方案的讨论，对职工分流安置方案按国家法律、法规的规定进行预审，并规范企业转制程序，同时将企业转制有关政策告知职工，使企业和职工基本达成共识。(2)发挥预警机制的作用，将近期转制的企业以及可能出现的不稳定因素，及时向市总工会有关部门预报，做到上通下达，便于上级领导掌握情况，疏导集访职工。(3)纺织工会内部各部门综合协调，法律、民管、保障等部门分工不分家，提前介入，为转制企业提供政策咨询、免费职业介绍等服务，受到企业和职工好评。 (王芳山)

【纺织工会完善化解集访矛盾工作机制】市纺织工会在改革力度大、群体矛盾多的情况下，采取有效方法妥善处置集访矛盾。(1)源头参与协调劳动关系，维护职工群体利益。为确保改制企业职工身份置换合法，工会力求从源头上参与劳动关系的协调，坚持与经营者协商一致、充分约定、依法补偿的三项原则及推行分流安置方案公示，建立备案两项制度。(2)完善集体协商机制，实施积极的就业政策，规范企业工资支付行为，切实关心特殊困难职工实际问题。(3)耐心细致地做好信访接待工作，努力为职工排忧解难，对于部分情绪激动的上访职工，不厌其烦宣传政策，并尽力为职工解决实际困难。(4)做好集访职工疏导工作，坚持预防为主，加强与各公司和有关部门的沟通联系，密切关注企业的改制进度，规范企业的民主管理，尽量减少不稳定因素。充分发挥两级工会劳动法律监督组织的作用，健全突发事件的预警机制，及时有效地协调和处理劳动关系。(5)加强工会信访培训，定期对信访干部进行专业培训，努力提高信访干部的自身素质和处置信访及突发事件的能力。 (吴烈强)

【医药工会重视信访工作理论研讨】上海医药工会积极开展信访工作的理论研讨，提升信访工作理论水平。在参加市总工会信访办组织的工会信访工作理论研讨活动中，撰写的论文《关于工会协调处理劳动关系冲突的调研及其对策》获得二等奖。论文还被中国能源石化医药工会的内刊《能源化学工会工作》转载。10 月 26 日,《工人日报》刊登了《工会信访重在预警协调》一文,介绍了上海医药工会信访工作在论文调研和理论方面取得的成果,对医药工会信访工作给予了肯定。 (吴烈强)

【小官庄铁矿实行矿长与职工联系制度】 一是设立"矿长热线",全矿每位职工均可通过该热线与矿长直接对话;二是设立矿长信箱,信箱有专人管理,所有信件及时交矿长批阅;三是举行现场对话会,在周五调度会上,各科室、工区可安排职工参加,就管理中存在的问题及职工个人的疑难问题与矿长进行沟通;四是加强信访接待工作,职工来信来访都有专人接待,所提意见建议均在第一时间提交矿长审理。自实行矿长与职工联系制度以来,共接待职工信访及收到"矿长热线"信息 153 条。对职工反映的问题,矿里均以书面形式落实承办人,落实结果向矿长进行反馈,落实情况及时在公开栏公开,"矿长热线"信息的承办率达到了 100%。 (王 辉)

【船舶工会做好信访工作】 上海船舶工会根据系统实际情况和矛盾的集中点,布置、规划好信访工作的重点。一是增强预审、预防能力,掌握工作主动权。做到关卡前移,充分发挥基层工会积极性,及时沟通信息,把大量的信访接待工作落实在基层,把矛盾纠纷化解在企业内部,以一方平安保全系统安宁,2004 年度信访仅发生 6 起。二是领导重视,发挥网络优势。落实协调工作机制,保证信访工作落到实处,逐步形成一些规范的工作方法和机制,使信访工作办结率达到四个 100%,即领导批办率、基层落实率、化解办结率、无返访率均达到 100%。三是依法维护,积极宣传有关政策,将心比心换位思考,做好工会信访的协调处理工作,从大局出发积极宣传改革的必要性,协调好职工与企业的关系,发挥好工会信访的独特作用。(吴烈强)

【邮政工会建立限期处理、解决重大信访问题承诺制度】 邮政工会在系统内建立了限期处理、解决重大信访问题承诺制度,并以承诺书形式与基层工会签约。一是在承诺目标上的约定。要求基层工会建立信访工作领导责任制、工作制度和工作网络;工会主席亲自阅批职工来信率要达到 100%;要加强工会预警制度建设,加大对重大疑难信访事项的预警、控制和化解力度,不发生职工群体上访。二是在处理时限上的约定。各基层工会受理信访交办、查办件,要在规定期限内办结,办结率不低于信访总量的 98%;对不稳定苗子和紧急信访事项,采用不定期排查方式,即随时预测发现问题,随时排查处理,随时上报情况;对尚未发生的有迹象的紧急信访事项,应及时报送情况;对已经发生的重大紧急信访事项,事后 1 小时内向上级电话报告,并于次日书面报告。三是在处理方法上的约定。对职工群体越级上访(市内)的,所在单位接到通知或信息后,应在第一时间内赶到现场做好劝导工作并将上访人领回;对发生可能影响社会和企业稳定的重大疑难信访事项,要进行排摸梳理、分析预测、掌握控制和调查处理;工会主席参与协调重大疑难信访事项的化解率要达到 90%。四是在考核上的约定。对所承诺事项将依据相关办法进行考核,如未完成约定,取消当年度"先进职工之家"评比资格。 (陈千涛)

【邮政工会加强稳定工作机制建设】 上海邮政工会从构建和谐社会的要求出发,加强稳定机制建设,维护大局稳定。一是加强职工思想教育机制建设。强化对职工进行职业道德和法制观念等的教育,形成具有基本道德规范的良好企业氛围。二是加强工会预警制度建设。落实维护稳定的工作责任制,健全工会预警组织,强化信访工作目标管理责任制考核,按照《上海邮政工会限期处理、解决重大信访问题承诺制》约定,落实责任人,防止职工群体上访,职工来信来访处理率和办结率均达到 100%。三是加强工会信访的信息制度建设。立足早发现、早预报、早控制、早化解,加强职工思想动态信息和基层工会处理、解决职工来信来访情况信息的收集,在源头上及时使职工关注的热点、带有普遍性和倾向性的问题在第一时间得到反映和关注。 (陈千涛)

【三航物资公司工会加大稳定工作力度】 三航物资公司工会针对企业改革改制过程中内退职工意见大、上访多、反响强烈的状况,加大了稳定工作力度,发挥了桥梁纽带作用。一是请党政领导对重点人物开展思想工作和谈心工作;二是利用双休日对部分内退职工进行家访,了解他们的想法,掌握他们的思想动态,做好思想沟通工作;三是在接待来访过程中,对一些过分要求或不能解决的问题,采用教育和批评相结合的方法,和风细雨、耐心细致地做好说服教育工作;四是对一些政策性问题,及时与相关部门沟通联系或向上级主管询问政策后再给与解释和答复;五是加强思想工作与解决实际困难相结合,在节日来临之前,给每位内退职工发放慰问金,对内退职工子女上学交费发生困难的,及时给予经济援助;六是组织内退职工进行一日游;七是做好部分内退职工协商解除劳动合同工作,对其尚未搞清楚的政策问题或疑问,耐心地予以答复或解释,让他们在充分知情的情况下作出决定。通过这一系列的措施,稳定了内退职工的思想情绪。 (唐钧达)

【市新闻出版工会抓住信访工作三个环节】 一是各级领导重视,确保新闻出版一方稳定。局分管工会领导和工会主席每半月听取信访工作汇报,对于职工来信来访做到一问、二批、三查,并要求信访干部要件件跟踪落实,限期办结。二是源头参与改革,维护职工利益。信访干部加强调研,撰写了"关于事业单位转改制过程中加强和改进信访工作"的论文;并将事业单位转改制的有关文件、法律法规和政策编印成学习资料,邀请法律专家为 21 家转改制单位工会主席和人事干部进行培训。三是加强调研工作,探索信访工作新方法。通过下基层召开座谈会、个别访谈和社情民意的收集,及时了解转制单位职工的思想动态,使信访工作更好地为新闻出版系统的改革发展服务,为职工群众服务。

(吴烈强)

综　述

2004年，工会财务工作紧紧围绕上海市总工会十一届三次全委会提出的“求真务实，科学发展，努力开创上海工会工作新局面”的要求和“组织起来，切实维权”的工会工作方针，坚持以人为本，牢固树立科学发展观，全面完成全总下达的2004年上海工会经费收缴任务。拨缴经费收入达到18420万元，上缴全总经费达5530万元，超额完成了全总下达的指标，同比去年增加31%左右。(1)积极贯彻全总两个文件精神，切实加强工会经费收缴的力度。年初，召开了区县及部分产业工会主席专题座谈会，就做好新形势下工会经费的收缴工作，提出了明确要求。4月份，市总又召开了2004年上海工会财务工作会议，就当前和今后一个时期工会经费收缴工作作了具体部署。6月份，市总主席办公会议和市总常委会又专题研究工会经费收缴工作，并明确要求各级工会组织和广大工会财务干部要站在服务全局的高度，以对工会事业高度负责的精神，努力完成今年的工会经费收缴任务。各级工会及时传达、贯彻了市总有关会议精神，并根据单位经费收缴的实际进行分析，及时采取相应措施。市总领导和有关财务人员走访19个区(县)和28个产业局工会，同时邀请71个局、产业工会财务负责人专门就落实全总文件精神、做好经费收缴工作召开了4次座谈会进行调研。根据调研的情况并结合上海的实际情况，按照全总有关工会经费上缴“基数不变，超收增缴，多缴奖励，少缴低拨，调整分成比例”的原则，及时落实了今年的工会经费收缴指标。在各级工会组织的积极支持和努力下，市总圆满完成了全总下达的考核指标。(2)细化考核指标，做好改组、重组企业经费的跟踪收缴。针对部分企业的转改制、撤并、重组的实际情况，市总财务部主动做好跟踪调查工作，使其组织不散、关系不乱、经费不断。在去年8月份下发《上海市总工会关于加强破产、转改制企业工会资产管理工作的通知》(沪工总财[2003]194号)文件的基础上，今年5月份又下发了《上海市总工会关于加强破产、转改制企业工会资产管理工作的补充通知》(沪工总财[2004]93号)文件，并设计一套《工会经费转移通知单》这对转改制、破产、撤并、重组企业的工会经费的转移收缴、防止工会资产的流失起到了积极的推进作用。(3)巩固会计基础规范化管理成果，强化考核，确保工会财务管理科学、规范有序。财务部与经审办联手，开展全市的财务、经审大检查。从全市各区县局(产业)工会中抽取40个工会组织作为检查对象。从被查单位情况看，总体情况良好，体现了全市工会财务的改革创新、基础管理工作的日益完善、会计电算化软件的逐步推进、财务管理正朝着进一步的法制化、科学化、规范化的轨道迈进。(4)牢固树立服务意识，为各级工会的财务工作做好政策协调和业务培训工作。由于市有关职能部门对工会组织的性质不了解，下达了工会组织只能设立附属于行政法人的专用银行账户的规定，在各级工会组织中引起反响。财务部根据常委会的指示，在法律部的支持下主动与人民银行、财政局等政府职能部门积极协调，取得共识，并及时下发了《关于做好本市工会银行账户年检工作的通知》，使全市各级工会在银行妥善办理了具有独立法人资格的基本账户。针对当前工会财务人员流动频繁的特点，财务部在2004年度举办了5期各种类型的财务培训班，内容涉及会计电算化、基层工会财务与会计、新挂靠市总工会财务人员培训班等，培训人数达453人次。

(夏惠珍　倪伟琦)

财　务

【闸北区总工会采取措施加强财务管理】 2004年，闸北区总工会推出五项措施，以进一步提升闸北工会财务管理工作水平。(1)制定了《闸北工会财务工作培训手册》。根据新建企业大量涌现、新上岗工会干部队伍不断扩大的现状，年初，区总工会制定了《闸

市总工会召开财务工作会议

（叶德林）

北区工会财务工作培训手册》，并下发至全区各级工会，内容涉及到"工会经费收缴法律规定"、"经费使用管理要求"、"关于行政方面拨交工会经费使用的银行结算方式"等8个方面。(2)建立了区、系统（街道、镇、区管重点企业）、公司三级培训网络。按照《闸北区工会财务工作培训手册》的要求，区、系统（街道、镇、区管重点企业）、公司三级工会组织根据各自单位的实际情况，多渠道、多层次地对工会干部和工会财务人员进行了工会财务知识的培训，培训重点放在新建企业。(3)建立并完善检查制度。区总工会以市总工会要求开展的会计基础管理工作规范化检查为契机，建立了区、系统（街道、镇、区管重点企业）、公司、基层单位工会财务管理工作四级检查网络，实行区总工会抽查、系统（街道、镇、区管重点企业）工会互查、公司和基层自查的检查制度。(4)完善对基层工会财务管理工作考核办法。区总工会建立了基层工会财务管理制度，包括财务岗位责任制、会计岗位责任制、出纳岗位责任制、发票报销和现金使用管理、资产管理等6个方面的制度。

（路文华）

【嘉定区总工会双管齐下促进非公企业工会经费收缴】 嘉定区总工会经审会组织全区12个镇、街道、工业区工会经审会干部，开展非公企业工会经费收缴情况的专题调查。区总工会在充分肯定一些非公企业，特别是有些外资企业能依法成立工会组织，依法建立工会独立账户，依法计拨上解工会经费的同时，针对一些民营、私营企业虽然成立了工会组织，但存在不能上缴或少缴、漏缴工会经费的情况，进行重点调查审计。通过调查和审计，有59家非公企业补缴区总工会工会经费28.3万元。

（陈振发）

【松江区总工会从四方面加强经费收缴工作】 一是积极开展依法收缴工会经费的宣传和教育工作。大力宣传《工会法》和《上海市工会工作条例》中有关拨交工会经费的若干规定。二是纳入年度工会工作目标责任制考核。年初，区总工会根据各街道、乡镇工会的实际情况，确定上缴工会经费的基数，并与各街道、乡镇工会主席签订目标考核协议书，将工会经费的收缴目标量化。并与年终工会工作的评选挂钩。经费回拨比例，实行指标内回拨25%，超指标回拨37.5%－50%，在利益激励机制上起到了积极的保障作用。三是坚持实行工会经费催交制度。随着乡镇企业的改制和外商投资企业的大量涌现，企业对拨交工会经费没有意识、不交、拒交情况时有发生。区总工会及时了解情况后，一方面发放经费催交通知书；另一方面成立催缴小组，分头下街道、乡镇企业积极宣传、催缴，以取得企业的理解和支持。四是实施工会会计基础工作规范化考核和工会经审检查相结合。根据工会工作要求，经审、财务每年对街道、乡镇工会实施财务检查。重点检查街道、乡镇企业工会的经费是否截留，收支是否规范等，发现问题及时提出并予以纠正。通过检查，已有13个街道、乡镇工会通过了规范化达标考核。

（余建萍）

【机电工会采取四项举措强化经费收缴】 第一，把工会经费收缴纳入对基层工会主席每年八项目标管理考核指标之一，定任务、定指标，力争消灭空白点。第二，把是否依法拨缴工会经费作为评选先进单位的必备条件，实行一票否决制。第三，通过工会干部季度培训、工会财务人员专题业务学习等形式，加大《工会法》和相关法制法规的宣传教育力度，促进收缴任务的完成。第四，建立工会财务工作网络，对全系统的财务人员按企业所在地区进行分组，召开组长会议商量事宜、布置工作，然后再由组长们召开块组活动，传达上级工会的工作、互查各单位工会经费的收缴情况等，并及时把下面的问题、困难反映上来，使机电工会财务部的工作与基层的实际需要紧密结合，建立起高效的工作网络。

（李新华）

【仪电工会经费收缴率达百分之百】 仪电工会建立并执行工会经费收缴工作规范，加强工会财务监管、检查，使工会经费收缴率达到100%。仪电工会把经费收缴列为年度重点工作任务，对8个子公司工会和29个三级单位工会的财务基础管理工作进行了检查，加强了考核力度。一年来，全系统经费收缴依法拨缴有序进行，年度工会经费收缴率101.92%。各级工会财务基础管理继续巩固，经费收缴良性发展。

（钱文祥）

【化学工会指导基层工会企事业建立健全财务制度】 化学工会注重加强对基层工会企事业的规范管理工作，对全系统工会企事业提出了建立健全财务等6项内控管理制度的要求，并重点做好6方面的工作：一是通过各种会议渠道强调和部署此项工作；二是为基层工会企事业单位制订有关内控管理制度的样本或推介骨干单位的管理制度,以供基层学习借鉴;三是以工会企事业财务工作达标竞赛活动为抓手,规范考核内容和评比标准,促进基层落实制度建设工作;四是请华谊集团监审部门对基层工会企事业负责人和财务人员进行有关加强内控管理工作的专题培训,提高其实务能力;五是在基层工会企事业自查的基础上,对部分基层工会企事业就制度建设工作进行检查或抽查;六是召开有关会议,及时通报在检查和抽查中发现的问题和存在的薄弱环节,要求基层进一步增强意识,加强内控制度建设,切实规范管理工作,促进工会企事业健康发展。 (薛文海)

【纺织工会采取措施依法收缴工会经费】 2004年,纺织工会采取三项措施收缴工会经费,超额完成考核指标。一是提高认识,增强依法收缴的责任心。纺织工会主席亲自抓收缴工作,召开专门会议部署工作,带队下基层调研解决收缴工作中发生的问题,明确工会主席经费收缴的第一责任人。二是分类指导,减少经费收缴的空白点。针对基层单位对经费收缴的不同情况,纺织工会和各公司工会分门别类为企业进行有针对性的指导。在收缴经费的过程中往往会发生基层拨交形式不统一的情况,有交六联单的,有交代记凭证或支票的,纺织工会财务干部不厌其烦,先收后理,确保收缴渠道畅通。三是加强管理,提高经费收缴的百分比。纺织工会每季度对基层解交情况汇总分析并反馈结果,及时督促滞交少交企业及时足额拨交。同时把经费收缴作为有关评选活动的考核条件,如规定不交工会经费的单位不能通过合格职工之家验收,少交经费的单位不能评为先进、模范职工之家等。由于采取以上措施,2004年纺织工会经费收缴在完成指标的情况下还略有增加。 (王慎微)

【邮政工会建立重大财务事项报告制度】 2004年,邮政工会建立了重大财务事项报告制度。主要内容:(1)工会经费收支管理。基层单位转改制或撤并重组过程中工会经费的上交、移交、转交和重新分割情况;基层工会经费支出单项费用超过三万元且未纳入年度预算范畴的项目等。(2)财产物资管理。实行转改制或撤并重组的基层工会进行财产物资处理情况;基层工会大型固定资产转让、租赁和变卖情况;购置固定资产且单价达到3万元(含3万元)以上情况等。(3)对外投资管理。直属单位没有对外投资批准权限,凡分营前有对外投资的基层工会应进一步加强投资管理,对投资效益不明显的应逐步收回投资;对投资超过3年以上且无收益的项目和已经或即将成为坏账的对外投资要及时清理收回。凡分营以后基层工会对外投资按邮政局投资管理规定执行。(4)资金和往来款项管理。债权超过3年以上、金额达到5000元以上(含5000元)且无法收回的呆账情况;基层工会或企事业单位的资金管理应执行上海邮政工会有关规定。(5)其他财务管理。发生挪用、贪污和截留工会或企事业单位资金等情况;会计人员因财务管理或会计核算失职或失误给工会造成资金流失、短缺和会计数据失实等严重损失的情况。重大财务事项报告程序,基层工会单项经费支出超过3万元且未纳入年度预算范畴的;实行转改制或撤并重组的基层工会进行资产处理的;购置固定资产单价达到3万元(含3万元)以上的应在发生事项的一周前进行报告。其他各项重大财务事项也应及时报告。 (姚荣根)

短信息:

○12月30日,烟糖集团举办"2004年度会计知识竞赛",有12支基层代表队参加了竞赛。

(梅凯年)

经　审

【综述】 2004年,市总经审办认真落实中国工会十四大和上海工会十一大提出的工作目标和任务,紧紧围绕工会工作全局,认真履行经审会工作职责,各项工作取得新进展。(1)上海工会年度预决算审计。5月,市总经审办对市总2003年度经费收支预算执行情况进行了审计。针对市总在债权债务处理、投资和事业支出的划分、固定资产的规范管理等方面提出了审计意见和建议。(2)工会财务收支审计。将用2—3年的时间开展对全市工会经费收支情况进行审计。今年经审办主要开展了对南汇区总工会、住总集团工会原主席离任的经济责任审计;开展了对外经贸、轻工、物资、商业工会4家单位的转改制审计;开展了对有色、船舶、嘉定、绿化局、崇明县总工会等41家工会的财务收支审计。(3)直管单位经济效益审计。对上海樱花度假村、上海市总工会洞庭西山休养院、上海市工人疗养院法人代表撤职的审计和上海市总工会屏风山工人疗养院法人代表撤职的审计,公惠医院原院长的离任审计、东钱湖疗养院原院长的离任审计、对上海职工教育保障计划办公室、文体总公司的专项审计。今年市总委托审计事务所对工会管理干部学院4－7楼、球场、锅炉房及外墙装饰、公惠医院装修工程、退管会沙家浜装饰及弱电工程、屏风山疗养院1分院改造、培训中心教育楼装修、公惠医院、工会学院等工程等项目进行了审计,送审价2157万元,审定价为1680万元,核减额477万元,核减率为22%,为直管单位节约了有限资金,加强了基建项目管理。(4)工会经费计拨审计。全市各级工会,普遍开展工会经费计拨审计工作,取得了成效。今年市各级经审会查补经费(40%部分)达941万元,已补交入库728万元,入库率达77%。(5)加强对基层工会业务指导。一是为贯彻《中华全国总工会关于加强工会经费审查监督工作的意见》,下发了《上海市总工会关于加强工会经费审查监督工作的意见》;二是继续对37个区县局(产业)工会的审计程序规范化进行了检查考核,对审计过程中审计通知书的发放、工作底稿的使用、审计报告的征求意见和审计意见书的出具等进行了检查考核;三是组织人员用半年时间,编写《新编工会经审工作教程》,突出了新世纪新阶段经审工作在工会全局工作的重要地位和作用,业务指导上更具规范和便于操作。四是经审办先后两次委托市审计局培训中心举办了审计上岗证培训班，培训了1400名经审干部，并超额完成年初制定的500人持证上岗的目标；11月与审计局培训中心组织开展了内审人员审计上岗证的继续教育培训，同时还在工会学院培训了238名新上岗的工会经审干部；各级工会自己开展培训1165人。五是加大调研力度，就工会经审如何适应国家经济监督宏观环境建设、如何防范新时期审计风险、如何加强实务审计、如何确保工会经费规范使用组织专题研讨，先后形成论文43篇，选出12篇优秀调研论文。(6)充实对工会内部审计力量。今年，市总经审会建立了一支专业知识丰富、政治思想素质过硬、热爱工会经审工作的特约经审监督员队伍，经层层推荐，共聘请12位专业技术人员作为“特约经审员”。（杨永平）

【市总工会十一届经审会工作情况】2月，市总经审会召开第五次会议，对市总工会2003年度工会经费收支决算作了审查。2003年，市总工会加大经费收缴力度，经费收缴保持了良好势头，比预算增长了6.72%。经费支出方向正确，重点突出，体现了服务基层、服务职工的原则。经费管理坚持做到总体把关，严格控制，规范管理，力求节约，减少了赤字。3月，市总经审会召开第六次会议，审议了市总经审办对市总2003年度经费收支预算执行情况的审计报告。会议认为报告中对预算编制原则、经费使用方向以及经费收支真实性等方面的审计评价符合实际；对市总财务部在努力收缴经费、加强资金管理、促进经费增长等方面所做的大量工作给予了充分肯定。同时，对继续加强有关方面的财务管理提出了建议。8月，市总经审会召开第七次会议，审议了市总工会2004年度经费收支预算和上半年收支预算执行情况。会议认为：2004年由于全总对各省市总工会执行了新的经费收缴办法，经费收缴难度加大，市总财务部在各级工会的支持和配合下，经费收支预算执行情况良好。（张　琼）

【市总工会实行联合审计】市总经审办与有关部门、有关单位、有关方面联合，开展具体的审计工作，实现了优势互补。(1)与市总财务部联合，开展对区县局(产业)工会的检查审计工作。(2)与会计师事务所联合，开展对市总直管单位的审计。采取委托社会审计机构和经审办联合审计的办法。经市审计局有关部门的推荐，从10多家会计师事务所中确定了4家事务所为这次审计委托单位，由经审办制定了《关于委托社会审计机构对市总直管单位2004年度经营业绩和财务收支实施审计的具体要求》，对审计范围、审计方法、审计重点、时间要求，以及在审计报告或工作底稿中必须具有的内容作了具体的说明。所组成的4个审计小组，每个小组分别由经审办1名工作人员和事务所审计人员组成，对14家单位进行审计工作，审计报告由事务所出具，经审办负责对审计有关事宜的沟通、协调，特别是对审计结果的把关。通过审计对每个参加经营考核的直管单位编制了《市总直管单位经营考核业绩表》和《经营考核业绩情况的说明》。(3)与市总“特约经审员”联合，开展对有关单位的审计。年内，经审办和市总特约经审员组成4个小组，对区县局(产业)工会的财务收支情况和部分市总直管单位的经营状况进行了审计监督。（黄银萍）

【市总工会强化对下审计】(1)个别单位未按规定足额上交工会经费，未能足额收缴基层工会经费、属单位解交的工会经费有的未解入银行存款“经费集中户”、应付上解经费未及时解缴等。(2)部分不良资产、账面资产与实际资产不符。(3)集团公司中存在用工会经费支付工会干部的人事费。(4)将预算内资金转化为预算外资金、代管经费中个别项目出现赤字、大笔项目的支出缺乏必要的审批程序和预算、多次追加预算、支出大大超过收入、大额费用开支报销手续有待完善等。(5)符合固定资产标准但未记入固定资产账户的现象、借用固定资产手续不全、报废报损的固定资产长期挂到账上或作了报废的账务处理，但未按规定的程序办理报废申报审批手续、调拨的固定资产未办理调拨手续，使得账面与实际不相符、固定资产无专人管理等。(6)违反规定借款给企业、借款已到期，但未及时收回、投资未按协议收取收益、往来款项未及时进行清理、存在坏账风险等。(7)以个人名义购买定期存单、支出转账依据不足、用支票付款，但无任何原始凭证且财务处理不规范、突击发放现金等。(8)同一性质的项目在不同账户、不同会计科目中核算，会计报表个别栏目的数据与个别科目的明细账不相符，核算不规范，核算不及时等。(9)会计规范化方面存在手续不全、原始凭证内容不完整、签收不到位、收据使用不规范等问题。(10)管理费收入考核指标低，现金返奖比例高，个别单位会计基础欠规范、工会及技协个人集

化学工业区工会举办财务和经审工作培训班

资分红、合同到期未签定协议、未取得合法的法人资格等。(11)实施内部审计没有按程序操作、未及时代扣代缴税款等。针对存在的问题,经审办分别提出了审计意见和建议,各基层工会根据审计意见和建议,进行了整改。

(黄银萍)

【市总工会实行特约经审制度】 3月,经市总经审会决定,在市总工会建立了一支工会"特约经审员"队伍,经各级工会推荐,选聘了12位政治素质高、热爱工会经审工作、忠于职守、业务能力强、具有中级以上会计或审计专业职称的同志担任市总"特约经审员"。成立了"特约经审员"队伍后,市总经审会加强了对区县局(产业)工会的审计工作。5月起至年底,共对47个区县局(产业)工会进行了关停并转、领导干部经济责任、财务收支等内容的审计,不仅大大加强经审审计监督的力度,而且通过分析问题、研究问题,拓宽了市总工会经审工作的视野,从更宽领域、更高层次思考问题、总结经验,分析研究办法、对策。(黄银萍)

【市总工会制定《关于加强工会经费审查监督工作的意见》】 市总工会制定了《上海市总工会关于加强工会经费审查监督工作的意见》。《意见》要求:(1)各级工会要站在全局高度充分认识加强工会经审工作的重要性和必要性。(2)进一步完善监督机制,不断强化工会经审制度,建立健全审查监督制度;依法独立履行监督职责,开展对下审计工作;建立工会经审风险防范机制和责任追究制度等有关制度。(3)进一步加强实务审计,严格规范审查审计工作,要健全工会经费预算、预算执行情况的审查监督;工会经审会负责对同级工会直管单位的财务收支、资产管理和经济效益实施年度审计;要加强对基建工程等项目的审计。(4)进一步加强自身建设,努力提高经审工作水平,要建立健全工会经审组织。(5)进一步加强对经审工作的领导,为开展经审工作创造良好的条件。

(黄银萍)

【市总工会召开经审工作研讨会】 11月10—11日,市总经审办召开上海工会经审工作研讨会。部分区县局(产业)工会经审会主任和特约经审员代表约50余人参加会议。11个区县局(产业)工会的经审代表在这次会议上进行了经审论文发布,大会评选出1个特等奖、2个一等奖、3个二等奖和6个三等奖,其中:建材(集团)工会经审会主任朱荣玉同志的《试论从机制上改良工会经审组织的现有模式》获得了特等奖。会议认为:要坚持从加强党的执政能力高度出发,加强自身监督体系,加强监控力度;坚持从服务工会工作全局出发,研究新时期加强经审工作的重点、主要任务、实现途径和主要载体;坚持从加强工会经审组织自身素质出发研究提高工会经审工作水平,实现全市经审组织工作目标,切实履行所担负的责任。 (卢能飞)

【徐汇区总工会围绕资产运作发挥经审参谋和监督职能】 徐汇区总工会围绕工会资产运作,充分发挥经审的参谋和监督作用,确保工会资产保值。(1)坚持抓重点、抓要害、抓关键的原则,切实加强工会资产的审查审计。重点加强对建设资金、大额资金的流向、工会投资项目的审计监督,以及审核区总工会直属单位承租协议,对工会直属单位实施年度审计,减少工会资产的浪费和损失,提高工会经费使用效益。(2)源头参与,降低投资风险。对投资方案有关收益的预测与还款计划进行分析,为领导决策服务。主动与政府职能部门联系,将徐汇区职工援助服务中心、五月苑大酒店改造项目纳入政府基建采购项目管理,规范工程招标行为。(3)积极制定工会资产管理制度。制定《徐汇区工人文化体育中心、五月苑大酒店年度经营指标及考核办法》、《区工人文化体育中心、五月苑大酒店领导负责制》等制度。对区属部分产业(系统)收缴制定工会工作经费协议。(4)开展调查研究。针对近年来在审计中发现的工会资产管理薄弱的问题开展了调研,形成了《加强工会资产管理的实践与思考》调研报告。结合实务审计中所发现的有关工会资产管理上带有普遍性、倾向性问题,制定实施《徐汇区工会资产管理试行办法》,规范了工会组织分立、合并、改制、撤销时资产管理的具体要求。 (虞 蔚)

【普陀区总工会实现实务审计新跨跃】 普陀区总工会经审工作抓住重点、拓展领域,实现审计监督工作的新跨跃。(1)抓住重点。5月,上海轻工业局五大集团(100多家单位)属地普陀区管理。区经审办从三个层面介入实务审计:一是对集团企业的工会资产、财务、经费拨交进行审计;二是掌握企业工会三产、技协、退管会三产和扶贫帮困基金等情况;三是解决工会账务处理和财务管理上出现的突出问题。审计工作先行,为区总制定下放企业工会工作目标,确保其工作不断不乱创造了条件。(2)拓展领域。区总调整沪西工人文化宫、体育场布局,改造项目少则几万元,多则几百万元。为贯彻"少花钱、多办事、办好事"原则,确保在基建项目中干部的廉洁自律,区总经审办积极介入各基建改造项目进行审计,并达到了预期的效果。

(沈伟民)

【黄浦区总工会工会加强经审工作】 区总工会经审会通过建立制度、全面推进工会经审工作的目标管理、突出重点,全面开展历年工会经费的计拨专项审查(审计)工作、形成合力,全面开展上对下的实务审计等工作,发动各集团、产业、社区、机关联合工会经审会,围绕区总下达经审工作目标考核要求,结合实际,做到了工作有计划、有落实、有总结、有效果,有针对性地开展了实务审计。2004年,两级工会共开展审计项目140项,其中:开展帮困基金审计26项、开展预、决算审计项目90项,开展工会主席离任审计10项、工会经费收、管、用等其他项目审计14项。提出审计建议47条。加强工会经费计拨审计,对196户基层单位2003年工会经费拨交情况进行专项审计(审查),共查出漏交、欠交工会经费18.54万元,补交区总工会经费11.38万元。 (朱敏嫣)

【黄浦金外滩集团公司工会重视经审工作】 (1)抓好经审队伍建设。该集团工会始终重视着力于培养一支政治素质好，业务水平高的工会经审干部队伍，做到工会班子、经审班子同时考察、同时选举、同时报批。遇到缺员时，及时充实调整配强配好各级经审干部。2004年，公司、基层两级工会经审委员中大、中专以上的、具有专业技术职称的财会人员占70%以上，具有较强的业务工作能力和敬业精神。为使他们尽快熟悉工会财务和经审工作业务，定期举办培训班，加强基础知识学习，实现面对面交流，解决疑问。并组织5名经审干部参加市总经审干部系统培训，取得了《上岗证书》，在提高工会审查审计质量方面起到了很大的指导作用。(2)抓工作落实，强化经审监督力度。该集团工会经审会坚持组织开展对工会经费预决算的审议、对基层工会经费拨交情况专项审计(重点是改革转制企业)、对基层工会主席离任做好专项审计、对集团帮困基金收支情况组织专项审计，发现1家基层企业劳务工的工资总额未纳入工会经费拨交范围，经审干部及时提出整改意见，最后收缴了1万元工会经费。

(钟玉珍)

【黄浦区新世界集团工会经审工作夯实基础】 (1)加强考核制度建设。以黄浦区总工会经审工作考核目标为标准，规定所有基层工会经审会根据考核内容定期自查，并强调要发挥基层工会经审组织民主参与、监督作用。(2)调整充实基层工会经审班子。该集团工会先后理顺充实了集团、大都市总公司、得强公司等工会经审会工作班子。并通过工会换届建立了黄浦烟草、粮油、美丽华、八仙公司等工会经审班子。还借年终基层工会经费拨交专项审计契机，开展了经审委员实务审计与相关业务培训。(3)开展工会主席离任实务审计。工会经审会两年来坚持对宝大祥、新世界皮货、新五金、培罗蒙等子公司工会主席离任的实务审计，开展对基层工会经费收管用专项审计工作，确保了工会干部的正常交替和工会组织的健康发展。(4)开展经费收、管、用专项审计。组织10名经审人员对下属11家子公司工会经费审计。 (吕诚陆 毛佩芳)

【宝山区总工会制定《关于加强工会经费审查监督工作的实施办法》】 《实施办法》规定：(1)建立经审组织，健全工作网络。一是建立健全"三级"工会经审组织；二是整合经审力量，壮大经审队伍；三是加强经审人员培训。(2)完善监督机制，健全经审制度。一是坚持以法治会，凡涉及工会经费支出的都必须由经审会牵头或负责审计，所有审计必须使用规范化工作底稿；二是区总工会建立健全工会预算、决算和经费审查监督制度；三是各级经审会要严格执行经费预算执行情况，经费计拨、经济实体效益，专项基金，工会主席离任等实务审计的专项制度；四是完善工会重大投资，资产管理审计制度。(3)加强实务审计，规范审查审计工作。一是区总工会年度经费预算方案须经同级经审会全委会审查通过；二是工会主席离任审计结果应通知有关部门并告知本人；三是工会经审会负责对本级工会、直管单位的财务收支，资产管理和经济效益实施审计；四是经审人员不得从事属于经审监督范围内的经济管理工作。

(窦恺芳)

【市机电工会推进经审工作】 (1)加强工会经审组织建设，优化经审队伍结构。建立健全工会经审组织，配齐、配好经审干部。坚持做到凡独立管理经费的工会组织，在经审会组建工作上做到同时组建、同时考察、同时选举、同时报批，从组织措施上切实保证工会经审工作的正常有序开展。已登记的各级经审委中具有各级经济类职称的人员占近60%，中专以上文化程度的占78%。(2)通过培训为88个经审人员办理了《内部审计人员岗位资格证书》。(3)在调查摸底的基础上，精心挑选，综合考查，建立了一支有15人组成的"特约经审员"队伍，开展了工会经审抽查工作暨会计规范化达标复查工作。这次被检查的企业工会共计37家。(4)加强经审监督，进一步加大审计审查力度。开展各类实务审计工作41项，取得三个效果：一是对基层工会主席任期实绩进行全面评估；二是使上级工会及时掌握了解基层工会经费使用管理情况；三是使工会干部增强了责任意识，各工会预决算审计审查已达95%以上。

(姚明晋)

【仪电工会健全经审组织 完善经审管理】 (1)实行规范管理，推行"十必审"、"七流程"工作方式，使工会经审工作逐年深入。(2)加强经审会的组织建设，实行同步建设要求，做到工会、经审会同时组建，并加强对经审人员的培养，实行多层次、多方式、多门类的培训，有10余名经审人员参加了实务培训。(3)坚持规范运作，对7个子公司工会和有关三级预算单位工会进行了经审，有关工会预决算、重要开支等全部进行审查。 (孙素勤)

【化学工会经审会开展经审文书规范化评比】 2004年，为推进化工系统工会经审组织的规范化运作，在公司、直属企业等两级子公司工会经审组织中，开展经审文书规范化评比，保证各级工会经审组织，在围绕工会全局，加强工会经审监督，在工运事业健康发展中发挥积极的作用。工会从审计程序的要求、各类审计报告的种类、报告的结构和报告的格式等方面进行评比，评出一、二、三等奖；通过开展经审文书规范化评比，提高了实务审计报告的质量；也提高了经审干部的实务审计的能力和专业工作的水平。

(沈之歌)

【宝钢集团工会内外结合落实经审干部培训】 2004年，宝钢集团工会经审会采取内外结合的方式，对宝钢集团、子公司两级工会经审干部加强审计业务知识的培训。一是充分运用社会资源，组织外送培训。集团工会经审会组织两级工会的经审会主任、委员参加市总经审会和市审计局联合举办的"内审人员上岗证"培训班，经考试，35名参加培训的工会经审干部全部取得内审人员上岗证。二是积极挖掘内部资源，开展专题培训。委托兼任宝钢集团工会经审会委员的资深审计师对子公司、直属单位工会经审会的干部开展"如何正确填写实务审计工作底稿、撰写审计报告"的专题业务培训，培训采取具体审计案例结合多媒体显示的形式，讲解22种审计工作底稿的正确填写方法，讲解审计报告撰写的框架结构、各层次必备内容及具体表述方法，内容丰富，深入浅出，通俗易懂；培训过程中，讲课老师还随即解答听课同志提出的疑惑问题，受到70多名学员的欢迎。（徐　卫）

【宝钢工会推进经审实务审计的规范化运作】 2004年，在各子公司、直属工会经审会已在实务审计中普遍使用工作底稿的基础上，宝钢集团工会经审会在上半年组成专题检查组，制定了规范使用工作底稿的达标要求及相应扣分标准，选择6家在上年度宝钢集团工会经审工作评比中获奖的工会经审会，对他们在2003年度经审实务审计中规范使用工作底稿的情况进行规范化达标检查。检查组严格按照有关要求，先到被检查单位听取他们对实施这项工作的汇报，然后对被检查单位在工会经费预算执行情况、工会专项基金使用情况等实务审计中使用的工作底稿以及审计报告逐页进行检查，对他们规范使用工作底稿和正确撰写审计报告的做法予以肯定，发现问题则严格按照检查扣分标准予以扣分，并当场提出整改意见和宣布检查成绩，集团公司工会经审会听取检查组的工作汇报后，将检查成绩折合成相应的年度工作考核分，纳入对这些单位的2003年度经审工作考核中。（徐　卫）

【广电集团工会实施实务审计预报、备案制度】 广电集团工会经审会结合该系统企业工会经审工作人员少、流动大、兼职多、监督意识淡薄等现状及特点，对广电集团系统工会经审会提出了审计预报、备案制度，要求系统各企业工会经审会对同级或下级工会开展的实务审计项目必须预报、并报集团工会经审会备案，制定了《广电集团工会经审会关于规范审计工作程序、审计文书格式和工作底稿的办法》，在《办法》中广电集团工会经审会按照企业分级管理的原则，对基层企业工会经审会开展实务审计工作的预报、实务审计工作的具体程序、审计工作材料报送备案和归档的程序提出了明确的要求和规定。（朱金妹）

【港务集团工会建立经审工作向工会全委会报告制度】 （1）主动接受监督，加强双向沟通。工会经审会的工作报告一般是在年度或工会任期结束后向工会代表大会作报告，年内起，除按规定报告以外，还坚持把每半年和全年的工会经审会工作纳入工会全委会的审议范畴，主动接受集团工会委员的质询和监督。集团工会委员们对经审会全透明地报告集团工会经费收入及支出等财务状况的说明，很有兴趣，备加关注。在听取工会经审工作报告的同时，他们对经审会所做的工作，也能积极发言，提出意见。（2）形成长效机制，增强服务功能。逐步建立健全了在工会全委会期间和代表大会闭会期间，工会经审会每半年定期向工会全委会报告工作，接受工会委员质询，并及时对委员们提出质询进行解释的长效工作机制。在对工会财务工作进行审计监督的同时，把工会经审会的全部工作也同样置于全委会和代表大会的监督之下。在日常工作中，始终坚持"服务和监督并举，服务优先"的原则；始终把经审工作，放到为工会工作大局服务中考虑，使工会经审工作的服务功能得到了进一步的增强。（胡庭亮）

【建工集团工会强化以审计为基础的审查监督活动】 （1）加大了对工会年度预算执行情况的监督。集团工会经审会认真开展了对工会上年度预算执行情况的实务审计，并在此基础上对新一年预算编制情况进行了审议，提出了"规范记账"和"强化基础管理明确收付双方责任"的建议。建立了年中审议预算执行情况和预算调整、追加的制度，建立了经费使用决策、执行预算、调控的比较健全的机制。（2）加强了下级工会经审会监督上级工会经费使用情况的考核和检查制度。（3）加强工会资产保全的监管工作，确保工会资产不流失，确保工会资产管理不断不乱；在企业重组、改制、歇业清理等情况下，配合工会委员会做好工会资产的清理交接、报失、报损等工作。（4）加强对下级工会经费的审查监督。集团经审会通过对下级工会经费收缴情况的检查，查出漏缴工会经费38.7万元，已补交35万元，补交率达到90.4%；（5）集团经审会还审计、审议了集团退管经费、救急济难基金、三产、技协等账户，提出了审计意见和建议。（陈伟民）

【市信息系统工会把握审计工作三环节】 系统工会全委会审议通过了《上海市信息化工作系统工会经费审查小组关于对各直属工会开展财务收支审计监督检查的通知》，把经审工作列为年内的重点工作。系统工会经费审查小组，严格规范审计程序，主要从以下三个环节入手，做好审计工作。（1）在进驻被审计单位之前，周密细致地做好各项准备工作。制定出详细的审计方案，明确完成各工作环节的时间节点，在系统各级工会经审干部中挑选具备相当专业水平和胜任能力的同志组成审计组；按规定的时间，提前向被审单位送达审计通知书和自查情况表；准备好包括审计工作底稿在内的各种审计资料和用品，明确审计组组成人员之间的分工。（2）在进驻被审计单位期间，认真严谨地完成外勤工作。审计组成员按照各自的分工，采用抽查、询问、计算、分析性复核等方法，对被审单位的会计凭证、账簿、报表、经费预决算等会计资料进行了严格审查，核对账证、账表、账实相符情况，收集充分、恰当的审计证据。（3）在进驻被审计单位之后，以高度负责的精神出具审计报告和审计意见书。审计组根据收集到的审计证据和工作底稿，认真撰写审计报告的征求意见稿。在出具正式审计意见书之前，重视与被审单位的交流和沟通，让被审计单位充分发表意见，出具的审计意见力求客观、真实、恰如其分。对在审计意见书中提出明确整改措施的工会，审计组还将保持密切联系和后续追踪，避免经审工作形式化。（饶晨华）

短信息：

○闵行区总工会率先实行区总和大口（直属）两级工会经审干部持证上岗制度。（洪　梅）

○宝山区总工会首次对非公企业工会的财务收支情况进行审计。（窦恺芳）

工会经济事业

综　述

2004年,市总工会事业部坚持着眼于从整体上搞活工会企事业,以管理体制为突破口,以产权制度和分配制度改革为重点,以提高工会企事业竞争优势和为职工办实事为着力点,抓了四方面的工作。(1)加强工会企事业的经营管理。2004年,全市工会企事业共669家,比上年减少345家,从业人员14797人(其中安排企业下岗人员1607人),比上年减少7838人。全年营业收入为45.98亿元,比上年增加6亿元;上缴税金21179.5万元,比上年减少6817.5万元。其中:营业税12952.7万元,增值税4723.2万元,所得税3503.6万元;利润总额3.3亿元,比上年减少521万元;利税总计5.4亿元,比上年减少7339万元。人均创利税36590元,比上年增加9428元。营业收入5000万元以上的有9户;1000万元以上的有35户;500万元以上的有20户。以上数据表明,2004年工会劳福事业在产业结构调整中企业数量减少34%,营业收入增加6亿元,全年人均创利税比2003年增加了9428元。(2)加强直管单位的资产重组和考核。从抓明晰产权关系入手,市总工会对部分直管单位进行了资产重组,对经营管理较好,并能适应市场经济发展的单位进行了投资和全面改扩建,同时在经营机制和管理模式上实行了改革,取得了比较好的效果。据统计,市总直属企事业单位21家,资产总计131197.32万元,负债总额80939.3万元,净资产总计52612.68万元(其中固定资产43801.37万元)。继续做好对银宫商厦、消费合作社、文体总公司、住宅合作社等四家单位的改制工作。总体上工作进展比较顺利,职工队伍比较稳定,较好地完成了改制任务。(3)积极做好对县以上工会资产的普查工作。市总工会成立了由市总副主席张兴淮任组长,市总办公室、组织部、财务部、事业部、经审办、机关党委等部门负责人组成的工会资产普查领导小组。市总工会要求要以资产普查为契机,建章立制、提高管理人员的水平,使工会资产管理水平得到新的提高。

一是房屋建筑物普查汇总。市总工会(包括直管单位)房屋和建筑物面积180768.21平方米,已办房产证157344.75平方米;区县18家单位房屋和建筑物面积191576.78平方米,已办房产证86587.63平方米;共计房屋和建筑物面积372344.99平方米,已办房产证243932.38平方米。账面价值49020.13万元。二是车辆普查汇总。市总(包括直管单位)小轿车125辆,价值1630.35万元;中型客车24辆,账面价值389.23万元;大客车3辆,价值146.86万元;货车5辆,价值28.49万元;其他车辆22辆,价值21.77万元;共计179辆,价值2216.7万元。区县18家单位小轿车53辆,价值1191.62万元;中型客车11辆,价值188.94万元;货车1辆,价值5.7万元;其他车辆16辆,价值14.33万元;共计81辆,价值1400.58万元。三是设备器材等其他固定资产汇总。市总工会(包括直管单位)56342个,价值15453.91万元;区县19家单位54190个,价值4978.91万元;共计110532个,价值20432.82万元。四是土地普查汇总。市总工会(包括直管单位)合计土地面积422242平方米;在用面积367042平方米,待用面积55200平方米,已入账面积90077平方米,15.4万元;已办土地证341942平方米。区县15家单位合计土地面积299508.87平方米,在用面积299508.87平方米,已入账面积190667平方米,已办土地证218943.67平方米。(4)基本建设方面。劳动报印务中心的新址及扩大印刷能力项目已完成并启用;樱花度假村改扩建项目,已于8月份实现结构封顶,年内进行内装修,力争明年10月底建成开业;引进浙江宁波利时投资集团股份有限公司对东钱湖休养院进行承包经营管理;海鸥之星地块整体改造事宜正在与黄浦区建设公司接触,做合作开发重建方案;对西山休养院、沙家浜度假村的部分资产进行资产评估,正在积极地招商引资;屏风山整体寻找合作对象工作正积极地展开;基建项目规范操作程序的意见已形成;工人疗养院康复楼改扩建项目前期工作已基本完成；市总机关大楼二层大厅租赁工作已与上海银行签订租赁合同，年内将进行分隔装修；胶州路8套住宅房已全部售出；工会管理学院扩建工程项目，正在办理建设用地手续。

（薛剑霞）

工会经济事业

【杨浦区总工会加快工会企事业发展】沪东工人文化宫认真总结改建3年来所做的工作，制定了2005年至2008年的发展规划；区工人俱乐部在2003年对文化活动中心改造的基础上，2004年又投入150万元完成了沿霍山路段改造，提升了俱乐部的整体形象，增强了自身发展后劲；区职工文体中心整建制划归东宫管理，盘活了工会资源；4家护理院、敬老院通过加强管理，进一步拓展了为老服务事业。区总工会还在东宫召开"杨浦工会事业单位改革和发展座谈会"，进一步明确了工会事业单位改革发展的方向和要求。

（王　洪　张念宏）

【金山区工人俱乐部破土动工】 12月28日，金山区工人俱乐部建设工地启动打桩按钮，宣告金山区工人俱乐部工程正式破土动工。新建的金山区工人俱乐部地处金山新城区的黄金地段，主体工程是一幢主楼22层、裙房5层、地下1层、高99米的高层建筑，地上总建筑面积41230平方米，地下建筑面积5274平方米，实用面积近30亩，连同"五一"广场等配套设施，总占地面积达到112亩，土建概算投资1.6亿元。

（吴　冲）

【松江区总工会稳步发展工会经济事业】 围绕松江新3年行动计划，以实施"科教兴区战略和职工素质工程"为重点，以"拓展岗位，促进稳定"为目标，以技术合同认定和财务管理规范化为抓手，促进工会经济事业健康发展。一是发展职工技协，在巩固技协组织的基础上向非公企业延伸，不断扩大技协新的增长点。同时以技术合同认定和严格财务管理为抓手，做到凡是技协项目都经过市合同认定办认定，凡是技协资金进账、出账都规范、合法，保证技协健康发展，得到市技协的肯定。全区技协合同认定率90%，基层技协合同总收入5000多万元；二是发展工会三产，坚持以服务社会、服务企业、服务职工为目标，抓大促小，发展工会第三产业，为下岗、失业人员和失地农民创造就业岗位433个；三是发展职工疗休养事业。组织2600多名职工，参加工会组织的健康检查和短期疗休养活动。

（莫永涛）

【上海铁路局工会企事业做好"分离改制"整合工作】 上海铁路局作为铁道部"主辅分离，辅业改制"试点单位之一，工会企事业"分离改制"整合工作，基本实现了与全局多元经济"分离改制"各阶段的工作同步展开和完成。根据部、局工作部署和局工会《关于在主辅分离辅业改制中发挥工会组织作用的指导意见》，局工会经济事业办公室认真贯彻部、局工作要求，通过"提高思想认识，召开协调会议，全面发动部署，提出工作任务，制订整合方案，同步推进整合"等几个工作阶段，为做好工会三产企业整合工作提供思想、制度和组织保证。全局工会三产从整合前的99个减少到20个。（鲍建忠）

【屏风山工人疗养院实行聘用上岗】 7月2日，院部成立聘用上岗工作小组。全院按需设岗、定岗定薪，重新聘用上岗。针对目前院内因岗位设置上存在的问题而造成人浮于事的局面，进行用工制度和分配制度的改革。工作小组在综合分析了院内各部门现有岗位及人员配置情况，参考了部分类似行业的岗位设置及分配制度，拟定出《关于全院实行聘用上岗的实施办法》、《职工上岗聘用程序》、《内退优惠条例》和新的岗位设置、岗位工资等。于12月6日在全院职工大会上通过并正式实施。新设置的岗位数比原来缩减了20%左右，部分符合内退条件的职工办理了内退。上岗职工全部签订《聘用上岗合同》，实行岗位工资标准。

（谢志江）

【市退管会努力推进退管经济发展】 2004年，上海退管经济整体上出现了总量萎缩、经营能力下降的趋势，为进一步落实科学发展观，稳定退管经济、发挥退管经济在为老服务和退管工作的作用，市退管办加大了对退管经济的指导和服务力度。(1)通过加强对经营人员的业务培训，促进退管经济从业人员素质的提高；(2)通过探索适应市场的运作模式，指导基层经济实体转制、改制，不断完善经营体制和机制，确保退管经济稳定发展；(3)组织经营人员开展经济业务考察，开展横向交流，促进退管经济业务的开展。至2004年底，全市退管经济共完成经营销售总收入4.3亿元；创利润6000万元；上缴国家各类税金480万元。

（周惠明）

市总工会召开直管单位企事业工作座谈会

（薛剑霞）

综　述

2004年，中国工会面临着前所未有的机遇和挑战。随着中国国际地位的日益提高，工会国际工作的空间和舞台更加广阔，工会国际工作更有作为。在此背景下，上海工会国际工作紧紧围绕上海工会工作大局，紧密结合上海工会实际，在继续加强与国（境）外现有的友好工会组织交流的同时，积极拓展对外交流渠道，扩大中国工会的国际影响，树立起与中国经济社会发展总体水平相协调的中国工会形象。上海工会在对外交流中，积极宣传中国经济建设所取得的成就，帮助外国朋友正确了解中国，了解上海，了解中国工会。11月初，上海工会在沪主办了亚洲五城市工会工作研讨会，与会代表就共同感兴趣的问题进行了广泛深入的探讨与交流，在广泛的交流中，增进友谊，加强合作。今年，上海工会接待国（境）外工会来访团组87批，905人次。在交流中，上海工会注意有选择地借鉴世界各国工会的有益经验，借鉴市场经济国家在长期劳资矛盾处理方式的探索中形成的成功经验和有效方法。接待的重要客人有新加坡职工总会代表团、西班牙工人总联盟加泰罗尼亚大区分会代表团、德国工会联合会代表团、瑞典哥德堡市总工会代表团、丹麦总工会代表团、挪威奥斯陆市总工会代表团、德国矿山、化学、能源工会代表团、意大利米兰市总工会代表团、澳大利亚工会理事会昆士兰州分会代表团、俄罗斯独立工会联合会代表团、希腊比雷埃夫斯市劳工中心代表团、埃及公用事业工会代表团和非洲国家工会高级领导人培训班等。在“请进来”的同时，还采取“走出去”的方式进行对外交流。年内，上海工会共组织出访48批团组，216人次。产业工会的对外交流得到了进一步的拓展。通过各种形式的交流，使上海各级工会拓展视野，了解发达国家工会工作的有益经验。此外，上海工会同台、港、澳地区工会组织的交流向更深层次发展，接待了来自台、港、澳地区的20多批工会交流团组。（沈雄德）

2004年上海工会与外国和台湾工会主要交往简表

团　名	时　间	交　往	人　数
台湾高雄市总工会参访团	2. 20—28	来　访	10
西班牙工人总联盟加泰罗尼亚大区分会访华团	5. 9—17	来　访	5
上海市总工会访问韩国和日本代表团	5. 26—6. 6	出　访	6
挪威奥斯陆市总工会访华团	6. 16—25	来　访	6
上海市总工会访问俄罗斯代表团	6. 28—7. 5	出　访	6
上海市总工会访问越南和澳大利亚代表团	8. 5—17	出　访	6
意大利米兰总工会访华团	8. 25—9. 5	来　访	6
上海市总工会访问挪威和丹麦代表团	9. 2—12	出　访	6
上海市总工会访问法国代表团	9. 7—17	出　访	5
上海市教育工会访问美国代表团	10. 4—14	出　访	6
澳大利亚工会理事会昆士兰州分会访华团	10. 11—16	来　访	5
瑞典哥德堡市总工会访华团	10. 18—25	来　访	6

续 表

团 名	时 间	交 往	人 数
亚洲五城市工会工作研讨会	11.2—6	来 访	24
希腊比雷埃夫斯市劳工中心访华团	11.13—19	来 访	6
上海市总工会赴加拿大考察团	11.21—12.1	出 访	6
埃及公用事业工会访华团	12.2—9	来 访	7
上海市总工会访问台湾代表团	12.6—14	出 访	9

上海工会出访

【上海市总工会代表团访问韩国和日本】 应韩国劳总釜山广域市地域本部(以下简称釜山劳总)和日本横滨市劳联的邀请,由杜仁伟副主席为团长的上海市总工会代表团一行6人,于5月26日至6月6日访问了韩国和日本。此次访问旨在进一步加强上海市总工会和釜山劳总、横滨市劳联之间的友谊,同时考察韩国的劳动就业现状和工会对策及日本企业工会面临的问题及其对策等情况。访问期间,代表团先后拜会了韩国釜山劳总,日本横滨市劳联、大阪市劳联;访问了韩国的釜山、汉城、济州岛和日本的横滨、大阪、北海道等地。了解了韩国、日本当前的经济情况和工会面临的课题;围绕全球经济一体化的情况,针对日益面临的社会老龄化、劳动就业、社会保障等共同关心的问题,进行了深入的交流和探讨;宣传了上海市经济发展情况,介绍了上海工会。 (崔春吉)

【上海市总工会代表团访问俄罗斯】 应俄罗斯圣彼得堡市和列宁格勒州工会联合会的邀请,以上海市总工会副主席张兴淮为团长的上海市总工会代表团一行6人于6月28日至7月5日访问了俄罗斯联邦。访问期间,代表团走访了莫斯科、北方重镇圣彼得堡、小城诺夫戈罗德等3个城市,与圣彼得堡市工联主席、副主席、莫斯科工联国际联络部部长、诺夫戈罗德市工联副主席进行了亲切友好的会见,就双方共同关心的问题进行了较为深入的探讨,并就双方共同面临的实际问题进行了坦诚的沟通。代表团一行参观了圣彼得堡"斯维特兰娜"开放式股份公司,并与圣彼得堡无线电和电子工业工会进行了交流;参观了圣彼得堡姐妹河疗养院并与院方进行了工人疗养问题的交流。 (王晓华)

【市总工会代表团访问越南和澳大利亚】 应越南胡志明市劳动者联合会和澳大利亚昆士兰州工会理事会的邀请,以上海市总工会秘书长侯其彬为团长的上海市总工会代表团一行6人于8月5日至8月17日对两国进行了友好访问。在越南与胡志明市劳联进行了工会工作交流,拜会了越南劳动者联合会,瞻仰了胡志明主席的遗容。在澳大利亚拜会了昆士兰州工会理事会、与昆士兰州电力工会、昆士兰州教师工会进行了交流。越南工会是越共领导下的重要社会团体,与中国工会20年前的工作任务十分相似,还是以宣传教育、培训、劳动竞赛、生活福利为主。当前越南正进行改革,发展多种成分的社会主义市场经济,因此工会也在不断地摸索、创新,尤其是加强私营企业中工会的组建工作。越南工会表达了希望学习中国工会在这方面经验的意愿。昆士兰州工会理事会下属有40个工会,覆盖全州教师、电力、护士等各个行业。以两项工作明确为其主要任务:一是运用法律来维权。在澳大利亚,如果劳资双方发生劳动争议,由独立法庭进行解决。独立法庭由政府、工会、雇主的三方代表组成。解决纠纷非常迅速,不拖延时间。工会为其会员聘请律师,提供法律咨询等服务,切实维护会员的权利。工会还积极从源头上维护会员的利益,通过选举代表进入议会,从立法上保障工人的权利。二是把发展会员作为主要工作。 (刘 瑞)

【上海市总工会代表团访问挪威和丹麦】 9月2日至12日,以市总工会副主席汪兰洁为团长的上海市总工会代表团一行6人应挪威奥斯陆总工会和丹麦综合工人工会联合会的邀请访问了挪威和丹麦。访挪期间,代表团拜会了奥斯陆总工会,与克莱夫·费斯克维科主席进行了富有成果的交流。代表团还拜会了挪威总工会国际部,参观了挪威议会大厦,Ringnes 啤酒厂、Schibsted 报纸印刷厂和位于莫尔德市的 Moxy 卡车厂,会见了默勒-鲁姆斯达尔郡总工会主席梅尔文和翁达

6月17日,市总工会主席陈豪会见挪威奥斯陆市总工会第二次访华团 (张国峰)

尔斯内斯地方工会干部，就双方关心的问题进行了坦诚友好的交谈。在丹麦，代表团听了“丹麦政治和工会概况”、“新欧洲对工会运动的挑战”、“丹麦综合工人工会联合会和丹麦妇女工会联合会的合并过程”和“移民问题和种族平等”四个专题报告，拜访了丹麦综合工人工会联合会及其下属 Kastrup 地方分会，拜访并参观了哥本哈根机场工会和工会培训中心。（张国峰）

【上海市总工会代表团第四次访法】应法国罗纳——阿尔卑斯大区总工会的邀请，以陈豪主席为团长的上海市总工会第4次访法代表团一行5人，9月6日启程赴法国进行友好访问。代表团在法期间，受到了以罗纳——阿尔卑斯大区总工会总书记布律诺为首的工会同行的热情接待，并听取了该区工会工作的介绍。代表团拜访了该区下属的安纳西地区工会组织，并与他们就双方共同关心的问题进行了讨论。此外，代表团还参观了萨伯通食品加工厂及全法最大的在该地区的核电厂。访问期间，双方介绍了各自工会工作的情况，并就经济全球化趋势下如何维护工人权益等问题进行了交流和探索。代表团与罗纳——阿尔卑斯大区总工会进行了工作交流，该区总书记布律诺主持了座谈会。布律诺总书记结合当前国际形势，呼吁各国工会加强合作。全世界工会组织应联合起来，进行全方位的合作。他介绍道，法国工会为此已做了一些工作，包括去年在里昂大会上对伊斯兰恐怖分子所作的声明。上海代表团认为工会理应成为维护世界和平的一支重要力量，应该共同关注世界形势，共同反对恐怖主义，因为世界和平对国家、对职工的利益都很重要。代表团还与罗纳——阿尔卑斯大区总工会下属安纳西地区工会的部分行业工会负责人进行了座谈，（沈雄德）

【市教育工会代表团访美】应美国洛杉矶联合教师工会的邀请，上海市教育工会第3次访美代表团一行6人于10月4日至14日赴美国进行了友好访问。代表团先后拜访了洛杉矶联合教师工会和旧金山教育工会，并参观和考察了洛杉矶嘉士德乐小学、佛沙里宁完全中学、埃列门特学校和旧金山市高初级中学等4所学校，代表团参加了洛杉矶联合教师工会举行的委员会议和旧金山教育工会在尤方玉屏学校举行的华裔教师沙龙活动。所到之处受到了美国工会同行和学校师生的热情接待和欢迎。代表团在访问洛杉矶教师联合工会、旧金山教育工会中，看到了工会组织十分突出的职责是维护会员的权益。从事工会工作的人员既把工会工作作为自己的职业，更作为一项事业。工会的许多活动，包括培训、沙龙活动等都是在教师会员下班以后进行的，工会工作人员都是事先做好各种准备，保证各项活动顺利展开。在交流中感到美国工会对中国工会了解甚少，特别是对改革开放后的中国的了解更是微乎其微，大多数美国人对中国的认识还停留在过去的状况。（施雅南）

【上海市总工会首次组团访加】11月下旬，由吴申耀副主席率领的上海市总工会考察团一行6人，赴加拿大进行为期9天的访问考察。通过访问，对该国工会组织的现状和主要运行方式有了初步了解。在加拿大协调雇主、雇员、工会三者利益的法律条文是《劳工关系法》，由劳工关系署专司其职。法律规定，结社自由、入会自愿，并在手续上有明确而严密的规定，程序上有法定的步骤，由劳工关系署负责工会的设立与撤销。加拿大有三分之一的职工加入了工会。从行业结构看，政府部门、公众服务部门（如航空、邮电）有60%—70%的工人加入工会，私营行业如小型企业中加入工会的仅15%。行业和企业工会通过发传单，向工人宣传参加工会的积极意义，加入后将拥有什么权利等等，以此激发加入工会的意愿。一些大的工会组织还同时向各地以及其他领域渗透，以期扩大工会的影响，增强在谈判中的力量。依据《劳工关系法》处理雇主与雇员、工会的纠纷，为各方提供解决争执的快捷与公平的办法。职工投诉重点通常有三类：解雇与辞退，工作状况恶化，安全环境。申请被受理后，首先是调解，调解不成再仲裁。仅安大略省每年提出诉讼申请近5000起，调解成功率在80%—85%。调解不成的，最后进入仲裁。集体协商在加拿大非常普遍。一般是由工会向雇主书面提出，要求就职工的工资、福利和工作条件等内容进行谈判，随后由雇主和工会通过谈判达成一个协议。主管集体协商的是政府部门——劳工部，它制定相关的法规、政策，监督检查执行情况；向公众提供集体协商的信息，为双方协商提供服务；裁定集体协议中的条文设定，同意罢工及封锁工厂。在安大略省每年受理约3000宗，多年来95%是和平解决。（马忠荣）

【市总工会代表团赴台访问】应高雄市总工会的邀请，以上海市总工会副主席张兴准率领的上海市总工会赴台访问团一行9人于12月6日至14日赴台湾交流访问。在9天的访问中与台湾各地工会界进行了广泛接触，先后拜会了高雄市总工会、台湾省不动产服务职业工会联合会、台中市总工会、台北市汽车驾驶员职业工会、宜兰县总工会、台东县总工会等，代表团还参观了中国造船公司和台湾加工出口区等，接触了台湾省各级工会干部和各界人士，了解了台湾工会组织架构、运作机制、社会保障制度、全民健康保险和劳工权益维护等方面的情况，代表团在高雄期间联合举行了“两岸工会政策研讨会”，如何在社会经济发展，特别是企业产权制度改革的背景下，切实保障劳工利益等问题，成为双方共同关心的话题。高雄市总工会把“保障会员权益”作为工会的远景，积极推动《劳资争议处理法》、《退休金条例草案》、《劳工保险条例部分条文修正草案》、《全民健康保险法部分条文修正草案》的修订。台湾各地工会普遍把“保障劳工权益，增进劳工智能，发展生产事业，改善劳工生活并协助政府推行政令”作为工会运动的宗旨，工作中更多地采用协商、沟通、交流的方法，在促进企业发展的同时实现劳工的全面发展。代表团在台湾访问期间正逢台湾立法委员会选举，最后以国民党、亲民党、新党等组成的“泛蓝联盟”战胜了以民进党、“台湾团结联盟”组成的“泛绿联盟”，取得过半席次。上海市总工会访问团也在访问中坚持宣传一个中国的原则，旗帜鲜明地表明上海工会的立场和态度，得到了广泛的认同和赞赏。

（陶丽娟　施雅南）

【赴日工作访问报告】　应日本横滨市工会联盟（以下简称横滨市劳联）的邀请，市总工会国际部有关人员于8月3—8日赴日进行为期6天的工作访问。此次赴日访问主要是结合当前国际工运的动态，就市总今后对日工会交流的内容和形式进行商讨；参加横滨市劳联第59次定期大会；就11月份东北亚五地区工会工作研讨会事宜，与联合大阪进行洽商。（1）日本社会的基本情况和工会面临的主要课题。日本经济尚未进入健康恢复期。近年来日本经济虽然小有起色，但职工的就业、工资收入以及退休后生活不稳定等仍不容乐观，经济尚未纳入健康复苏的轨道，摆脱通货紧缩仍然是最大的课题。基于此，工会强烈要求行政调整人事管理、时间管理、安全管理等企业的规章制度等。另外，针对非正式职工人数剧增等就业形式的多样化现象，确立平等待遇原则、公正的劳动规则等成为急需解决的课题。在“小泉结构改革”的影响下，原有的社会保障制度和失业保险制度也逐步被修改。继最近的养老金改革后，日本政府还将于2005年对护理保险法进行修改，医疗改革、税制改革也被提到议事日程。根据对上述基本形势的分析和研究，日本联合把以下3课题确定为2005年的主要课题。第一为保障职工就业，配合行政创造新的就业岗位，并着力于搞活地区经济和中小企业经济而积极努力。第二为使临时职工的均等待遇法制化，彻底修改以禁止间接歧视等为内容的“男女就业机会均等法”而竭尽全力。第三通过以护理保险制度、养老金制度等为内容的综合社会保障制度的总体改革。（2）承上启下，继续发展。上海工会与日本工会的友好交往历史可谓悠久，友好工会有联合大阪、大阪市劳联、横滨市劳联等。其中与上海最早缔结友好关系的是大阪市劳联，即在1977年就开展了友好交流。（3）今后上海对日工会工作的思考。首先建议从中日友好事业大局出发，做好每一批接待和出访团工作，特别是注重两地青年职工之间的相互了解和友谊的活动。其次展开行之有效的对口交流活动。如：地区非公经济工会联合会的逐步发展与成熟，日本地区工会联合会的经验值得借鉴，日本大阪联合也有意在这一新的领域，开展合作交流。再次，多年来日本工会联合为广大职工获得真正意义上的“均等待遇”作了长期不懈的努力，上海工会在全总“组织起来，切实维护”的工作方针指导下，正在为维护进城务工人员的合法权益做积极的努力。

（李　庆　崔春吉）

市总工会主席陈豪、副主席吴申耀在亚洲五城市工会工作研讨会上与越南工会代表团亲切交谈　（蔡雪康）

短信息：

○机电工会代表团一行10人于11月18—27日访问日本JAM大阪，双方签署了友好交流协议。　（陶国林）

○仪电工会组团于2月9日对日本电机联合大阪地方协议会进行友好访问。　（王建萍）

工会和友好团体来访

【西班牙工人总联盟加泰罗尼亚大区分会代表团访华】　应上海市总工会的邀请，由副总书记迪戈·马丁内斯率领的西班牙工人总联盟加泰罗尼亚大区分会代表团一行5人于5月9日至17日访问了上海、杭州和北京三地。此次系加泰罗尼亚大区工会首次正式派团访华。在沪期间，市总工会主席陈豪、副主席吴申耀会见了代表团一行，向客人们介绍了上海工会的情况。代表团在沪还参观了宝钢，拜访了普陀区总工会并参观了沪西工人文化宫。在杭州时参观了屏风山工人疗养院。西班牙工人总联盟成立于1888年，受工人社会党影响，是实现西班牙民主社会主义的主要社会支柱。长期以来，西班牙工人总联盟为实现8小时工作制、维护工人权益进行了不懈的斗争，其领导人曾被任命为政府劳工部长。该联盟现有会员约100万人，在西班牙的政治、经济和社会生活中有着重要影响。加泰罗尼亚是西班牙经济力量和工人运动最强大的地区，其首府巴塞罗那为上海的友好城市。加泰罗尼亚分会重视国际交往，主要与亚洲、中美洲、北非和东欧四大区域的工会发展友好关系。（张国峰）

【挪威奥斯陆市总工会代表团第二次访华】　应上海市总工会邀请，由主席克莱夫·费斯克维科率领的挪威奥斯陆市总工会代表团一行6人于6月16日至25日访问上海、西安和北京三地。挪威首都奥斯陆是挪威最大的城市，也是上海的友好城市。奥斯陆市总工会于1997年在挪威总工会召开的全国代表大会上宣告成立。现有会员约12万人。奥斯陆市总工会的主要工作是领导和协调奥斯陆地区产业工会的各项政治和工会活动，为会员提供包括劳动法在内的有关法律和社会事务方面的咨询以及参与工会的国际交往。2000年5月，上海市总工会代表团与奥斯陆市总工会会谈后一致同意进行交流互访，建立友好关系。此次系费斯克维科主席第二次率奥斯陆市总工会代表团访华。市总工会主席陈豪，副主席吴申耀、张兴淮会见了代表团一行。代表团在沪还参观了宝钢、世纪公园等，拜访了普陀区总工会。（张国峰）

【上海和米兰工会就如何吸引白领阶层加入工会举行座谈】 应上海市总工会邀请，由罗勒·乔治总书记率领的意大利米兰总工会代表团一行6人于8月25日至9月5日对上海进行了友好访问。米兰总工会是意大利总工会在米兰的地方组织，共有会员24万。1984年，上海工会和米兰工会建立友好关系。此次系米兰工会第11次组派代表团访华。市总工会主席陈豪，副主席吴申耀亲切地会见了乔治总书记一行。代表团在沪拜会了普陀区总工会，参观了宝钢，还与市总工会和浦东新区总工会举行了题为如何吸引高新技术企业白领加入工会的座谈。在米兰，传统企业在减少，高科技企业在增加，因而白领人数也在增加。即使是传统企业，由于设备更新换代，白领的比例也在上升，如米兰冶金行业的职工70%是白领。白领重视个人的职业价值，习惯于个人与老板谈判，签订劳动合同，往往视工会工作与其职业活动相对立，故白领的入会率仅为13.6%。对此，工会采取了有针对性的办法。如划分白领阶层以找出最接近工人的层次先予接触，对白领劳动合同谈判提供指导，在集体合同中考虑到白领阶层的特殊要求和利益，根据白领阶层需求开展各种职业技能培训，在工会组织中增加白领代表的比例，向白领散发专门为其准备的文字资料，通过工会网站在网上用白领熟悉的语言与其交流，需要的话则相约见面，直接对话。通常情况下，当白领与雇主发生矛盾甚至冲突时，工会的及时介入显得非常有效。工会提出解决矛盾的方案，为白领排忧解难，这时他们就有加入工会的意愿。

（张国峰）

【澳大利亚工会理事会昆士兰州分会代表团访华】 应上海市总工会邀请，以总书记格雷斯·格雷斯为团长的澳大利亚工会理事会昆士兰州分会代表团一行5人于10月11日至16日访问了中国上海。昆士兰州是上海的友好州。昆士兰州工会理事会于1997年与上海市总工会建立友好关系。该会下辖40余个产业工会，约有会员40万，在集体谈判、职工培训和劳动保护等方面工作颇有成效。此次格雷斯总书记再次率团访华希望进一步加强两地工会间的友好关系以及教育、建筑等行业工会的合作交流。在沪期间，市总工会主席陈豪、副主席吴申耀会见了代表团一行，与之进行了诚挚友好的交流。双方一致表示，愿继续推进两地工会在多方面的交流与合作，发展长期友好关系。代表团在沪还拜会了普陀区总工会，在市教育工会领导的陪同下参观了风华中学，在杭州参观了上海市总工会屏风山工人疗养院。（张国峰）

市总工会副主席汪兰洁率上海工会代表团访问挪威

（张国峰）

【瑞典哥德堡市总工会代表团访华】 应上海市总工会邀请，瑞典哥德堡市总工会代表团一行6人于10月18日至25日对上海进行了友好访问。哥德堡市总工会是瑞典总工会所属的重要地方工会，有着百年工运历史，约有会员9万余人。该会在推动积极的劳动力市场政策、促进社会福利制度化、决策民主化和职业培训规范化等方面做了大量工作，取得了很大的成绩。此次系哥德堡市总工会第二次派团访华，旨在进一步加强两地工会间的友好联系，更多地了解上海、了解中国、了解上海工会的近期工作。市总工会主席陈豪在会见时向客人们介绍了上海的工会工作情况，双方进行了友好的交流。代表团在沪参观了宝钢，拜会了普陀区总工会。（张国峰）

【希腊比雷埃夫斯市劳工中心代表团第三次访华】 应上海市总工会邀请，由基利阿科·培特罗斯主席率领的希腊比雷埃夫斯市劳工中心代表团一行6人于11月13日至19日访问了上海、杭州和北京三地。比雷埃夫斯市劳工中心隶属于希腊劳工总联合会，成立于1912年，下辖120余个产（行）业工会，有会员10万多人。该中心的主要工作是保障工人就业，缩短工时，争取35小时工作制等。1996年，上海和比雷埃夫斯市劳工中心经联络后同意开展交流，发展友好关系。1997年，该中心应邀派团访华。次年，上海工会代表团应邀回访了希腊。此次是该中心第3次派团访华。代表团抵沪后，市总工会主席陈豪、副主席吴申耀和张兴淮亲切会见他们，并与之进行了内容广泛的友好交流。代表团在沪

还参观了宝钢。（张国峰）

【埃及公用事业工会代表团首次访华】由主席穆罕默德·赛义德·摩西率领的埃及公用事业工会代表团一行7人应上海市总工会的邀请于12月2日至9日访问了中国上海。市总工会主席陈豪、副主席吴申耀分别会见了代表团一行，双方签署了工会合作议定书，这标志着两地工会的交往进入实质性阶段。摩西主席重视中国工会在市场经济条件下取得的经验，认为改革中工会要参与立法，不能使职工的利益受到侵犯。埃及公用事业工会隶属于埃及工人工会总联合会（摩西还担任该会总书记），共有会员约50万，主要来自电力、自来水、排水和住宅发展四个行业，以电力为主。

（沈雄德　张国峰）

【国际港务集团工会续写与日本、韩国等友好港口工会交往的新篇章】5月10日，以佐野祥和议长为团长的日本大阪港湾劳动组合协议会第四次访华团来上海港进行友好访问，受到了港务集团领导的热烈欢迎，通过相互交流和参观访问，进一步增进了两港工会、职工之间的了解和友谊，也使两港工会间20年的友好交往关系得到进一步的巩固和发展。10月11日至16日，以朴利昭委员长为团长的韩国釜山港运工会第2次访华代表团一行9人来上海港友好访问，访问期间，韩国釜山港运工会的朋友们参观了浦东集装箱码头公司，拜会了港务集团工会，与港务集团和基层的工会同仁们，进行了广泛、深入的交流，访问取得了圆满成功。（张晨琦）

国际工运动态

【澳大利亚的补充养老情况及资金的投资管理】10月9—19日，由上海市总工会副主席、上海市保障互助会理事长谢峰率领的上海市总工会代表团一行7人对澳大利亚的补充养老情况及资金的投资管理进行了考察。澳大利亚的养老金体系由三个基本部分组成：即政府提供的社会养老保障金、雇主提供的补充养老金、个人自愿性的养老储蓄。社会保障养老金全部来源于国家税收。由政府机构进行管理，引入了个人收入评估制度，根据家庭经济情况调查，享受全额养老金、减额养老金或取消养老金。补充养老保险制度是澳洲10年来在养老金方面最重要的改革之一，现在已开始成为澳大利亚养老保障制度中最重要的支柱。而这项福利是通过工会的不断努力和斗争得来的。在1984年之前，主要在政府公务员和“白领”职工中实行，只有约20%的雇员享受。1984年，在工会的积极呼吁下，通过劳资协商，达成协议，雇主必须为其雇员交付其工资收入3%作为补充养老金。1992年，澳大利亚议会通过了《退休金保障法》，从同年7月1日开始强制实施，雇主必须为雇员建立补充养老保险，违者严惩。雇主缴费从工资的3%开始逐步提高，到2002年达到9%。目前覆盖面已达到了全职职工的96%，兼职职工的85%。澳大利亚的几个主要的行业工会，如教师工会、餐饮服务业工会等，都掌管着数额庞大的行业补充养老基金。工会有专门负责补充养老金投资的代表，筛选出最为可靠的基金管理公司，保证基金增值的最大化，切实维护每个会员的利益。政府实行税收优惠政策，鼓励雇主为雇员建立补充养老保险。其主要原因是补充养老保险的建立，使养老金支出容易管理，同时也提高了国民储蓄率。最重要的意义在于将退休收入单一依靠社会保障体系，逐步转向双重依靠。近年来，由于激烈的市场竞争，基金管理公司所收的管理费用下降很快，现在差不多下降到了10年前的一半，这对广大的劳动者来说无疑是一个好消息。企业补充养老金的总资产已达3374亿澳元，占到了全国GDP的40%，一个规范、有效的养老金监管机构已经逐步形成。（刘　瑞）

【美国老年生活之一瞥】人口老龄化是个世界性问题，美国尤为突出。25年前，美国每16个年轻人为一个老人服务，而今差不多2个为一个服务。现为老年人服务的机构主要有两个：美国退休人员协会和全国老年人委员会（全老委）。对前者接触较少，只知道它规模大，会做生意，颇有实力。而对后者则了解较多，见到过全老委的执行主任史蒂夫·普罗塔利斯，而与其第九区（包括加利福尼亚等4个州）主任霍华德·欧文斯则常有联系和交往。全老委与劳联－产联关系密切，在政治上全力支持民主党，希望政府、议会对老年人的一系列政策、法律保持不变，其中包括社会保障、医疗保险等。它的经费来自会费（会员每年交15美元）、工会资助、房产出租、所办杂志上刊登广告以及其他渠道。全老委重视培训工作，设立了不以赢利为目的的教育研究中心和社区老年服务中心。凡年收入在1万美元以下年龄65岁以上的老年人均可接受免费培训，而收入超过1万或50－64岁的人倘参

韩国釜山港运工会访华代表团参观国际港务集团外高桥码头装卸现场

（张晨琦）

加培训则酌情要缴一定的费用。老年人培训后再就业时往往工作勤勉，责任心强，从而深受政府和人们的欢迎，因此政府经常从财政上资助老年服务中心。全老委还在各地自办或支持政府办各类老年公寓、养老院、老年活动中心和体现临终关怀精神的护理院，专为低收入老年人服务。代表团每次访美几乎都安排参观此类场所，印象深刻。位于洛杉矶市中心的天使公寓由四幢高楼组成，共有1093间房，居住着1200多位老人，平均年龄为78岁。凡年满65岁、无收入、无财产的老人都可申请，但入住不易，等候者多达1100多人。公寓居民每月可得到政府救济金640美元，但房租每月得交200多美元，每餐付1.5美元（每顿餐值5美元，政府贴3.5美元）。天使公寓的结构、装潢如同国内的高级公寓，每房一室一厅，内有厨房、卫生间、阳台等。公寓内有宽敞明亮的教室、活动室、图书馆、医疗室、美容室、餐厅、商店以及屋顶花园等，设施一应俱全。该公寓的行政长理查德·希梅尔伯杰无不自豪地说："这是全美最大最好的老年福利公寓。"亚洲之家居住的都是美籍亚裔，共有近200人。它的入住条件和生活待遇与天使公寓相仿，"家"内环境幽静，鸟语花香，置身其中令人心旷神怡，安宁舒适。老人若行动不便或身体欠佳则有专人照料。据统计，政府花在每个老人身上的费用平均每月约2000美元。需要指出的是，美国老年人喜欢住此类老年之家，认为那儿温馨、自在而又不会感到孤寂。这同中国人的传统观念是截然不同的。科尔多瓦老年中心每天接待100多位老年人，而工作人员仅3人，其余皆为志愿者。老人只需打个电话预约一下，第二天便可享受一顿由联邦政府提供的免费午餐。餐前全体起立，唱国歌，然后用餐。上海代表团一行3人也安排品尝了一次，膳食并不怎么样。在该中心主任塞尔·阿里戈的陪同下，还参观了老年活动室，有的老人参加兴趣小组，如绘画等，有的打牌下棋，聊以自乐。诚然，美国是个高福利的国家，穷人可拿救济金吃救济餐住救济房，但仍到处可见一些穷人无家可归，露宿街头。在洛杉矶、旧金山，能够看到许多穷人、老人在路旁排着长队，一问才知原来是在领取免费餐。在旧金山电车起始站，看到一白发老妇边弹琴边唱歌，嘶哑的嗓音召来同情者的一点施舍。这些可怜可悲的情景至今历历在目，令人难忘。

（张国峰）

【日本工会总联合会确立2004年春季运动方针】 日本工会总联合会（以下简称日本联合）于年初召开了2004年第5次执委会，确立了当年春季运动方针。年初，各类经济指标已显示了日本经济开始复苏，企业的业绩也开始回升，中小企业的经营情况也逐步明朗。但是，根据"日本劳动保障局每月统计调查"数据，职工工资支付总额从前年起持续下降，说明职工就业形势依然十分严峻。此外，最近日本国会提出了《修改养老保险金法》。该法明确日本养老金分：厚生年金（以大企业、国家公务员为主要对象）和国民年金（个体经营者为主要对象）。厚生年金的会员缴费都是每月从工资里扣除，因而资金储备比较雄厚。然而，国民年金的会员其交纳金是按照每月由个人交付的。多年来，国民年金的会员中竟有40%的会员没有按期交纳，造成国民年金的严重空洞化。为了将不堪重负的国民年金支撑下去，最近日本国会制定了《修改养老保险金法》，一是把厚生年金和国民年金统筹起来；二是提高个人支付养老保险金的额度，减少支付养老保险金的金额，延迟支付养老保险金。该修改法案的颁布，受到了以日本联合为主的民间团体和大企业职工和公务员的激烈反对，他们批评政府此举是"越改越糟"，将进一步导致国民对养老保险金的不信任，促使不加入养老保险金人数的增加，致使财政危机愈陷愈深。日本联合还于4月21日组织了由2400多人参加的"阻止国会不顾民意改变养老保险金制度"的集会。为了让广大劳动者的生活水平不再下滑、老后生活有保障，日本联合清醒地意识到作为维护职工利益的代表组织，是到了该"出手"的时候。首先进一步强化以中小企业以及零星企业工会为中心的工会运动。部分通过协商和交涉仍然无法提高工资的中小企业，日本联合提出要使用各种战术，谋求维持目前的工资标准。对于已经取得提高工资的工会组织，则全力帮助他们保住斗争的成果。此外，日本联合为了阻止中小、零星企业的最低工资进一步下降，提出了明年工资协商的标准，确定最低工资线。其次思考产业工会和地方工会联合斗争，共享斗争成果的战略，及时沟通各产业工会的交涉情况。此外，尽快规划地方工会联合会同产业工会联合斗争的模式，以使今年春季工会运动的成效有所扩大，使提高工资和改善劳动条件的成果覆盖到更多的职工。此外，基于中小、零星企业的工会力量相对薄弱，希望有上级工会予以援助，将组织已经取得斗争成果的企业、产业

市总工会副主席杜仁伟率上海工会代表团访问日本

（张国峰）

工会的力量，予以协助支援。

（李　庆）

【市总工会举办亚洲五城市工会工作研讨会】 为了增进亚洲近邻工会组织之间的交流与合作，互通工会运动的信息，推进各自工会运动的发展，由上海市总工会主办的亚洲五城市工会工作研讨会于11月3日在沪举行。出席会议的来宾有：日本大阪府工会联合会、大阪市工会联合会、韩国釜山劳动总联合会、越南胡志明市劳动者联合会及我国台湾台北市总工会的代表约20余人。市总工会副主席吴申耀、市总各部室负责人以及浦东新区总工会、机电工会、宝钢工会、广电工会和城市交通工会等有关产业工会的代表约50余人出席了会议。吴申耀副主席代表陈豪主席致开幕词，对在当前形势下举办亚洲五城市工会工作研讨会的积极意义予以了高度的评价。希望通过此次大会，进一步增进工会组织之间的信赖和协作关系，为发展各自工会事业和提高职工生活水平，为促进亚洲和世界和平作出应有的贡献。胡志明市总工会、韩国釜山劳总以及台北市总工会的代表分别就经济全球化背景下的地区工会工作以及面临的问题作了介绍。由于各代表团提出的问题很有普遍性和代表性，吸引了在座的各位代表，会场讨论的气氛十分热烈。会后，与会者表示，此次会议开得十分成功。通过此次研讨会，对亚洲五城市工会运动的现状和面临的问题有了进一步的了解。（李　庆）

【适应经济全球化是工会发展的必由之路——北欧两国考察之行的启示】 上海市总工会代表团一行6人于9月2—12日访问了挪威、丹麦两国，就工会的组织、工会的运作、工会的地位如何适应经济全球化的问题进行了访问考察。（1）关于工会组织——力求适应时代发展。挪威工会和丹麦工会都是很有影响的工会组织。挪威全国总工会下辖25个分会，主要是产业工会、地方工会。工会的组织网络是产业工会下属产业分工会，产业分工会下属俱乐部，俱乐部下属小组。与中国不同的是，一个企业中可以有不同的产业工会组织，如交通系统中就有交运工会（以司机为主）、贸易办公人员工会（以管理、办事人员为主），职工在企业中可自由选择不同的产业工会，部队也可以组织工会。代表团与之交流的SID，适逢其处在将与KAD合并的关键时刻，该组织上下既紧张又兴奋。SID是一个综合性工会组织，分布在制造、建筑、运输、园艺等产业，KAD则是一个妇女工会组织。随着合并条件的逐渐成熟，这两个工会组织将于2005年1月1日正式宣告成立新的工会组织FFF，届时他将拥有52种职业，计43万会员。工会组织的合并是该国近年来的趋势，该国的工会组织从70年代的70个逐渐合并到21世纪初的20个，工会会员从604319人已发展至现在的1433064人。（2）关于工会运作——力求形式丰富多彩。经济全球化给工会组织的运作带来了如何平衡各国之间、特别是发达国家和发展中国家之间差异的新课题，这在由不同国籍职工所组成的企业之中尤为明显。挪威、丹麦两国的共同点是工会组织的运作主要在基层工会。一是通过民主选举产生工会干部。两国基层工会组织的干部都采取从选举方式工人当中产生的。不同国籍的职工具有平等的选举权和被选举权。法律规定这些工会代表可以有一半工作时间从事工会工作，并有企业专门为他们设置的办公室。给予代表团很深印象的是工会干部与广大职工的关系真正达到了水乳交融的程度。二是通过协商机制解决劳资矛盾。协商的宗旨是针对不同的工种签订不同的协议；协商谈判的内容除工资外还涉及职工培训、养老计划、职工休假、劳动环境等诸方面。在挪威，劳动立法不仅仅是政府的事情，还必须有工会参与，同时也要听取雇主协会和由专家组成的“技术咨询委员会”的意见。但劳动关系主要是通过三方协商谈判机制来协调。三方每年都要讨论通货膨胀和失业率对企业、对工人产生的影响，从而确定工作时间、最低工资、工资增幅等涉及职工切身利益的重要问题。如现在正讨论工人病愈后的工作保障问题，工会主张不管工人病愈后是换岗位还是重返原岗位，都必须给予其重新工作的权利。劳资双方协商成功后形成集体合同，集体合同具有法律地位，劳资双方必须严格遵守。如丹麦机场的集体协议就是根据不同的工种分别签订的。机场中有一个德国汉莎食品供应公司，工会针对该企业使用来自发展中国家的低成本劳动力的状况，与其进行了艰苦的谈判，谈判结果迫使该公司雇主实行参照机场其他公司相关行业的工资标准，即不同国籍的职工同工同酬。三是通过掌管实权维护职工权益。在欧洲，挪威、丹麦两国的入会率都很高，丹麦的入会率更高些，达84%，挪威50%左右。对工人而言，工会为何有如此强的吸引力？代表团注意到工会组织掌管着强有力的经济实权。如丹麦的失业基金由工会掌握，其中的80%基金来源于政府

市总工会副主席谢峰率上海市工会代表团赴澳大利亚访问

（刘瑞）

拨给(根据每年失业率的高低划拨),另外20%来源于工会经费。工会会员失业后救济金由工会组织发放,失业救济金一般可达到原工资的50%—70%,这样使会员失业后生活有基本保障,而未加入工会的职工则不享有。工会组织还有就业介绍的职能,即工人失业后,工会提供相应的培训及介绍与之相适应的岗位。(3)关于工会地位——力求夯实社会基础。如在挪威,由于议会中没有工会的席位,工会组织的目标和主张就需要依托某个党派来传达。挪威总工会自成立以来就一直与挪威工党的关系十分紧密,挪威二战以后一直以工党执政为主,各届工党内阁中的许多大臣产生于工人运动。在参观挪威议会的时候,一位女工党议员介绍了工党与工会的合作。她说如今工党是在野党中最大的一个政党,挪威作为高福利国家,与工党在议会中所占席位超过50%以上有很大的关系,这也是工党与工会关系密切的产物。工会有谈判协商权,在市场中有力量;工党有投票选举权,在政治上有力量,工会和工党都有平衡各方力量的能力。又如在丹麦,工会组织与政府积极协调,把失业基金的使用权掌握在工会手中,并积极争取政府的拨款用于组织职工培训。参观的SKOLEN培训中心,就是政府支持工会办学校的结果。该国法律规定:企业的雇主必须拨出一定的经费用于工人的教育,又在集体协议中明确规定企业要为每个职工交纳1小时工作时0.25元的教育经费。该培训中心每年可收到2.5亿丹麦克朗的教育经费用于工人的教育。职工还可以带薪参加培训,从而提升其就业能力。当然雇主也希望雇用受过培训的职工,同时,管理层也希望与工人中有能力的人展开谈判和协商,进而达成一致,实现所谓的“多赢”。 (马国蓉)

【新形势下韩国工会参与形式的探索实践及启示】 5月,上海市总工会代表团对韩国的釜山、汉城等地进行了友好访问。通过与当地工会的交流,增进了了解,深化了对工会面临如何拓展参与渠道,提高维权能力问题的认识。(1)会员流失对工会组织产生深刻影响,韩国工会面临会员人数持续下降和工会内部分歧表面化的双重挑战。伴随着工会会员的流失,韩国工会内部的分歧逐渐公开化、尖锐化,焦点是对工会斗争策略的不同主张。韩国劳总根据劳资关系的现状,调整斗争策略,主张以协商为主,通过劳资协商为会员争取最大的利益。而从韩国劳总分裂出去成立的民主劳总则主张坚决斗争,通过罢工等手段实现会员利益的维护。韩国劳总的负责人承认,工会的分裂,削弱了工会的力量,不利于维护会员的利益。对此,韩国劳总表示需要认真研究,防止事态进一步恶化。针对上述情况,韩国劳总提出三方面的对策:第一,争取与民主劳总的合作和联合,以增强工会的力量;第二,大力争取中间阶层的职工加入工会;第三,加强与700万非正常就业者的联系,争取在他们中间发展工会会员。(2)韩国工会加大工会的参与力度。其一,通过支持倾向工会主张的议员候选人竞选和支持相对亲近工会的政党候选人竞选总统,最终实现工会的有关主张、要求被采纳的目的。其二,工会注重自身的宏观参与。韩国工会非常重视宏观经济形势和宏观经济政策的研究,并在此基础上提出相应的对策或指导性意见。其三,建立企业协商机制,实现劳资双赢。尽管韩国经济不景气,失业率居高不下,工会对政府和企业的有些做法不满意,但工会采取的斗争方式一般都比较平和,更多的是采取协商谈判的方式争取会员利益的最大化,并保证企业的正常运转。中国工会提出的劳资双赢的理念已为韩国工会普遍接受。访问期间,韩国工会明确表示,双赢是理性的选择,也是现实的选择;对抗只会导致两败俱伤,并不能真正达到维护会员利益的目的。其四,在企业内扩大工会和职工参与的渠道。近年来,韩国的一些企业适应管理理念和管理方式的创新,探索实行了一些扩大职工参与的方式,如职工持股会、经营协议会等等。(3)几点启示。第一点,中国工会必须始终坚持自觉接受中国共产党的领导。党的领导是中国工会的特征,更是中国工会的政治优势。第二点,要高度重视工会的组织建设,不断增强工会组织对广大职工和会员的凝聚力。工会会员人数的持续减少是世界各国工会遇到的一个普遍难题,其原因是复杂的。中国工会会员的入会率是世界上最高的,但也存在不少的空白点。为此,一方面要加大对外来务工者的入会工作,把他们吸收到工会组织中来,切实维护他们的合法权益。另一方面要通过各种形式不断增强工会的凝聚力、吸引力,防止工会脱离会员,防止会员流失。第三点,切实维护工会组织的团结统一。工会组织的多元化被西方工会看作是民主自由的体现。而韩国工会的分裂或多元的现状,以及导致内耗和软弱的事例证明了,统一的工会更有力量,更能维护职工的利益。第四点,学习借鉴国外有益经验,坚持和完善中国特色的职工民主参与制度。

(张立群)

【印度工会维护摊贩的正当权益】 在印度,因小镇和乡村的贫困及缺乏就业机会驱使大批穷人涌入城市寻找工作和生机,但他们通常缺乏进入正规部门谋得一职的技能和教育程度。对于生活在城市最底层的人来说,在找不到其他生存方式的情况下,当摊贩乃是生活下去最简单的选择。在过去的几十年里,印度城市中的摊贩人数大幅增长,仅孟买一地就有20多万。印度工会和与工会关系密切的印度街道摊贩同盟为摊贩能在政治和经济生活中得到合法地位和社会承认进行了坚决的斗争,做了许多实事。有的工会和摊贩同盟组织摊贩参加学习活动,使其学到法律知识,了解其应享有的权利;有的工会让入会的摊贩从工会办的银行中贷款;也有的工会和同盟把蔬菜摊贩和菜农联合起来,跳过中间人,使双方都能得益。针对摊贩缺少设摊场地等情况,印度古吉拉特邦工会干部竭尽全力来维护其权益,他们先是找地方政府和警察局的官员以及议会会员为摊贩说话,但都没有效果。于是一纸诉状告到该邦高级法院。经过长期的斗争,法院最后判定政府要保障摊贩的设摊权利,并为其提供场所和相应设施。此举成功使摊贩们认识到加入工会是保障他们生存权的一个有效途径。印度工会通过不懈努力已把街道摊贩问题从地方引向全国乃至国际上。上海工会曾应印度全国街道摊贩同盟的邀请,出席了在印度巴特那市举行的有10多个国家代表参加的亚洲区域性街道摊贩研讨会。这次研讨会是一次穷人代表的会议,按惯例进行了一次与劳动部、城市发展部和当地政府等高级官员的对话。各代表竭力维护其成员利益的做法给代表团留下深刻的印象。会议以提问和解答这种形式进行也有新鲜感和参与感。 (张国峰)

【中德合资企业工会工作座谈会在沪举行】 11月26日,市总工会和德国五金工会在沪举行了中德合资企业工会工作座谈会。上海汽车工业(集团)总公司工会主席吴诗仲在会上介绍了中国工会的概况和上汽集团工会的工作情况。德国五金工会理事会理事托马斯·克雷伯作了德国有关职工参与的主题报告。他谈到,德国法律赋予企业职工委员会知情权、参与权和监督权。目前的发展趋势是德国职工参与的高层次化——国际化,如建立欧洲企业职工委员会乃至全球性的职工委员会框架。代表团对德国企业在华投资持肯定态度。 (张国峰)

【法国工会的主张和协调劳资关系的举措】 法国总工会(简称法总)共有会员约65万,列法国六大全国性工会组织之首,是法国最有影响的工会。(1)反对经济自由化,主张国际合作。法总认为,经济自由化政策所造成的危害日益显现,人类正面对着一场受利润主宰的经济战争,随之而来的是金融冲突和旨在控制资源的争夺。一些发达国家、跨国公司以及国际货币基金组织、世界银行和世贸组织等国际机构统治着世界,他们削减公共福利开支,取消社会保障计划,把国有企业私有化。而不少公司为了降低成本,大量雇佣临时工,其工作量与正式工几乎同等,然工资待遇却有天壤之别。这种不人道甚至残酷的举措造成现有资源大量浪费,人力资源毁弃,失业率攀高,贫穷群体增多。如今在这个星球上每3人中就有1人生活在贫困状态中,其中包括发达国家的1亿人。10亿人没有得到基本的社会服务、保健或教育。人均财富增长停滞不前,穷国更穷。对此,工会一定要挺身而出,这是历史赋予工人运动义不容辞的责任。尽管各工会组织政治倾向、代表群体不一样,但目标一致,应加强沟通与合作,团结世界各国人民、特别是工人阶级,采取联合行动来开展积极有效的斗争。法总主张维护职工的物质和精神利益,加强职工培训,提高其技术熟练程度;给各民族的人民提供发展机遇,使每个人都能保护自己的权益,减少不平等和受排斥的现象;要求停止将国营企业私有化,恢复国有化,最终实现社会主义。在国际问题上它主张尊重多样性,取消发展中国家的债务,重新估算原材料的价格,裁军与和平共处,在尊重各国独立与主权、互不歧视、互不干涉内政和平等互利的基础上建立真正的国际合作。(2)把充分就业作为工作目标。法国官方统计的失业率占全国劳动年龄的8%,这个数字是按照领取救济金的人数统计出来的。实际上失业率已高达10%。失业大军中大部分是年轻人,有一部分人已连续几年失业,甚至长达10年。工会为此进行了不懈的斗争。在这种情况下,法国政府制定了法令,要求企业增加就业人员,并规定了具体的奖励措施。企业只要保持两年增加10%的雇员,即可从政府中得到9000法郎×职工总数的年终补贴,在随后的5年里每年递减1000法郎。但法总认为这还不够,仍存在许多问题,有些企业在得到补贴后又把职工给解雇了。法总认为要真正做到保障和促进充分就业,就得大幅度缩短工时,在不减工资的前提下实现32—35小时工作周,增加技能培训、休闲和工会活动的时间,限制加班加点,提倡提前退休。在工会的不断呼吁和斗争下,法国自2000年1月1日起,满20名雇员的公司实行每周35小时工作制,2002年1月6日起所有公司都实行该工作制。但事实上不少雇主并未依法办事。劳资斗争仍在继续。此外,法总还成立了"全国失业保障委员会",并在地方设分会,以便反映失业者的要求,保证和提高失业救济金,在圣诞节等节日尽量给予他们一些额外的补助,努力促进并帮助他们再就业。

(张国峰)

市总工会副主席侯其彬会见澳大利亚昆士兰洲工会理事会访华代表团 (冯克华)

短信息:

○浦东新区总工会与辽宁省阜新市总工会结为友好工会,共同为两地的经济建设和人员往来建立合作交流机制。 (高正祥)

○虹口区总工会先后接待了湖北襄樊市、四川德阳市、内蒙古满洲里市3批工会代表团,交流了工会工作经验。 (李 琪)

概　　况

浦东新区总工会

主　席
彭戎兰

【概况】　浦东新区总工会下属局、开发(集团)公司、社区、镇工会53个,基层工会7019个,其中独立企业工会6588个。职工431438人,其中女职工176169人。会员399762人,其中,女会员154709人。(1)完善维护职工经济和政治权益的新机制。一是源头参与,合力推进。以区府名义召开了新区全面建立平等协商、集体合同制度推进会,与新区劳动局联合下发了进一步推进集体合同的文件;会同新区建设局,形成在建筑工地组建联合工会以及在物业行业组建工会联合会的意见;会同新区纪委等部门召开了厂务公开领导小组及办公室会议。二是加强培训,提高素质。举办了基层工会劳动法律调解委员,以及街、镇、开发区三方协商首席代表等对象的培训班,全年培训工会干部702人次。三是反映情况,积极调处。就新区范围内发生的涉及侵害职工利益的各种情况以专报形式,全年20次及时向区委、区府报告;直接参与协调处理群体性劳资纠纷10起,代理职工参加劳动争议仲裁诉讼7起,参与新区劳动仲裁案件审理18起。四是联合检查,依法维权。与新区劳动监察大队联手,对新区278家企业依法开展劳动用工状况进行监督检查,涉及职工42509人。五是民主管理,多管齐下。根据不同对象,制定不同的工作意见和工作方式,下发了非公企业民主管理工作意见,与劳动局联手召开新区推进自主决定工资水平企业集体协商工作会议。(2)构筑条块结合的工会组织新体系。一是明确重点,突出指导。形成了《关于进一步加强基层工会组织管理的意见》的文件。二是抓住典型,推动建会。抓住发生的新区建筑工地民工因催讨工资被殴打的事件,迅速地在该地区所有的建筑工地组建临时工会,签订劳动关系公约。同时,会同新区建设局、浦发集团等项目管理单位召开现场会,推广建筑工地建立临时工会的做法。三是调研先行,重点突破。先后赴外资、民营、独立楼宇、社区、镇、商业城等单位进行调查,研究陆家嘴地区组织建制、组织网络、组织布局等方面的工作方案,成立了陆家嘴地区员工(会员)服务中心;及时与新区企工委、城工委、农工委联合召开了推进新建企业工会组建工作专题会。(3)拓展为企业和职工服务的新功能。一是推出了以关爱互助为主题,以改进困难申报程序为内容的工会扶贫帮困新机制。截至11月底新区工会用于帮困金额62万元,帮困职工591人次;各级工会帮困职工8371人次,金额368万元;新区职工保障中心共受理在职职工投保191334人次,投保金额2429.3万元,受理在职职工理赔53562人次,理赔金额2423.5万余元。二是召开了新区职工援助服务中心推进会,成立了浦东新区职工服务中心,将工会法律援助、互助保障、技协三产、职工培训、职工旅游等项目集中在一起,为基层工会和职工提供一门式的服务。三是召开了以"新区进城务工人员状况和权益维护"为主题的理论研讨会,与深圳当代社会观察研究所以及WTO、劳动法律、工会工作者等专家学者,开展了SA8000在中国企业适用性问题的研讨。(4)赋予职工素质工程建设新内涵。一是推出"红五月"职工读书、职工技能登高、企业职工素质论坛等一系列活动。二是与新区劳动局、新区团委联手,共同开展"学李斌、比技能、显身手、共进步"职工技能比武竞赛,1200多人次的职工参加了区级层面的技能比武决赛。(5)创新工会自身建设的新路子。一是召开全区工会工作务虚会,并分别召开局和开发(集团)公司工会、社区和镇工会以及开发区域和行业工会联合会的工作会议,按区委部署开展"让群众高兴、让党放心"活动,机关开展了理论学习、组织劳模事迹报告会。二是下发上百份调查表,征求职工群众对新区工会班子、干部的评价和意见,结合工会工作实际展开大讨论,形成"好班子、好干部"的具体标准。三是建立和完善机关干部双月考核的工作制度,实行机关干部双月工作计划和考核在网上公开的新举措。

(蔡雪康)

徐汇区总工会

主　席　乔德华

【概况】 (1)推进职工素质工程。各类技能培训蓬勃开展,组织300余名职工参加网络基础知识培训,120多名职工学习经营管理知识,1300余名职工参加了区职工技能大赛15个项目的职业技能比赛和展示;为社区800余名非公企业职工举办精神文明、科学常识等培训讲座。(2)加快工会组建步伐,扩大工会组织覆盖面,已建工会7600余家,会员126000余人。以小区工会为载体,巩固组建工作阵地,加大行业工会组建力度,成立区餐饮行业工会,着力推动商务楼建会,徐家汇社区工会成立了由13家商务楼组成的社区商务楼工会联合会,推进了漕河泾开发区工会组建工作。(3)以职代会制度为主体,拓宽职工民主参与、民主监督渠道。345家区属公有及国资控股单位建立职代会制度,342家企事业实施厂务公开制度,职代会制度覆盖非公企业4251家,在教育、卫生等单位开展职工民主管理评估考核试点工作,培训600余名工会主席和职工代表;落实区厂务公开工作领导小组部署,强化制度建设,拓展实施范围,抓好检查监督。(4)构建多层次的劳动关系协调机制。1932家单位签订了集体合同,1624家单位签订了工资集体协议;建立健全两级劳动关系协商指导委员会,下发区政府《关于进一步规范工资集体协商工作若干意见的通知》等文件,12个街道、镇和6个集团公司及建管委建立了劳动关系协商工作委员会;推进工资集体协商工作,全区申报工资自主决定、签订工资集体协议的企业近200家,涵盖职工4000余人。(5)帮困救助工作不断深化。全年援助的特困职工6万余人次,金额740余万元;组织9.2万在职、退休职工参加了职工保障计划,金额298万元;投资近100万元在区文体中心内建立区职工援助服务中心,为职工办事提供"一门式"服务。(6)加强自身建设,增强为职工群众服务的意识。举办区工会干部学习党的十六届四中全会《决定》专题学习班;探索工会干部职业化道路,向社会公开招聘4名工会专职干部;为200余名小区工会和新建企业工会干部进行工会实务培训。

(虞　蔚)

长宁区总工会

主　席　高建华

【概况】 长宁区总工会辖有产业(局)、街道(镇)、直属工会24个,基层工会896个,会员85087人,其中女会员35110人。工作机构设办公室、财务部、法律部、组织民管部、宣传教育部、社会保障部、综合事业部,以及经审办公室、女职工委员会、退管会办公室、职工技协办公室、工会三产管理办公室、工会职业介绍所等。(1)集中力量、狠抓重点工作落实。一是做好进城务工人员建会入会工作,全年组织2.4万余名进城务工人员加入工会。二是大力弘扬劳模精神,评选出全国"五一"劳动奖章获得者1名、市劳模集体6个、市劳动模范15名、区先进集体106个、区先进个人162名。三是创新社区工会工作运作载体,探索了长宁多媒体园区工会、长宁IT行业工会联合会、虹古小区进城务工人员俱乐部等不同形式的工会的组建和运行模式。四是完善长宁区三方协商机制,建立了区劳动关系三方联席会议制度,签订和续订集体合同约600余家,签订和续订工资集体协议14家。五是组织开展立功竞赛技术创新活动,结合大市政工程建设,开展了第四届"长宁杯"立功竞赛、电脑FLASH设计职工专场比赛。(2)努力为职工群众办实事。一是坚持做好"一日捐"及帮困送温暖工作,全区共有3万余名职工参加"一日捐"活动,筹集帮困资金近60万元。二是资助困难企业职工参加住院补充保险,区总工会共出资4.5万元,资助困难企业职工1500名参加职工住院保障计划;500名特困退休职工参(续)保住院补充医疗保障计划;50名单亲特困女职工参加团体互助医疗保障计划。三是帮助患病职工度难关,与区卫生局共同出资10万元,为151名患病困难职工和103名患病困难进城务工人员分别发放了帮困医疗卡。四是拓展再就业工程,区总工会与6家企事业单位共同出资了100余万元,筹集再就业创业基金,为再就业带头人的创业提供贴息贷款;帮助1000余名下岗失业人员实现再就业。(3)求真务实,开拓创新,探索工会工作的有效运作方式。一是探索区域性行业工会的运作,成立了长宁区纺织行业工会和仙霞路一条街联合工会。二是探索工会法律援助的新方式,筹建了长宁区总工会职工援助服务中心,长宁区总工会——华东政法学院职工劳动法律服务中心,长宁区进城务工人员权益保障服务站。三是深入推进企业民主管理工作,对新华街道在非公企业中的4种民主管理模式进行了总结。建立了长宁区工会集体协商在顾问团。四是开展文化体育活动,陶冶职工情操,举办"新华杯"上海市民综合知识测试专项活动,组织了“金猴竞春申、巾帼谱新篇”为主题的长宁区第十五届姐妹运动会等。(4)强化素质转变作风，增强自身建设。一是认真组织“高兴、放心”主题活动，开展“好班子、好干部”标准大讨论，落实区委“三带”要求，抓好机关党员的思想作风建设。二是坚持联系基层、服务基层制度，建立区总机关干部带班接待制度，落实区总机关干部联系基层制度，做好每季度联系基层反馈工作。三是坚持两级工会代表常任制，扩大工会主席直选面，开展会员代表巡视检查。（李悦琳）

普陀区总工会

主　席
叶小英

【概况】 普陀区总工会下辖8个产业局工会，9个街道（镇）工会，5个集团（镇）工会，2709个基层工会，涵盖独立法人单位4504个。工会会员138131人，其中女会员61187人。区总机构设办公室、信息调研室、组织部、民管法律部、建设宣教部、生活保障部、财务部、经审办、事业工作部、职工疗休养部、普陀区职工互助保障中心、职业培训介绍中心及职工演艺中心等。(1)强化主力军作用，弘扬劳模精神，凝聚“三高”群体和动员青年职工工作有新进展。举办“赞美你，光荣的劳动者”普陀区劳模先进表彰大会；举办“职工人才与普陀未来发展”首届新高地论坛和“为全面建设新普陀贡献智慧和力量——普陀区职工优秀人才座谈会；开辟“普陀青工E坊——青工网上论坛；开展学习型组织创建活动和新经济组织职工读书活动，举办“读书，将希望变成现实”上海市新经济组织读书论坛。(2)强化维权程序，社区民管法律“四轮联动”和工资协商“上代下”工作有新创造。探索形成以区域性联席会议制度、三方协商机制、职代会制度和劳动法律监督机制为核心的“四轮联动”机制。加大工资集体协商“上代下”工作的指导力度，采取“上参与下”和“上指导下”的方式，提高了工资协商的有效性。(3)强化实体维权，职工援助服务中心建设有新局面。整合资源，建立了区职工援助服务中心及5个分中心。启动西宫“天天职场”，帮助实现就业6785人次；举办各类职业技能培训18860人次；办理在职职工市、区各类互助保障计划给付3461人次、给付保障金387.5万元，办理退休职工住院给付3.5万人次、给付金额1398万元；组织8832人次的进城务工人员进行《青工读本》轮训并开展读书活动，成立进城务工人员演讲团并进行巡回演讲。(4)强化参与意识，厂务公开民主管理工作有新气象。坚持公有制企事业单位转改制过程中工会代表的源头参与，企事业单位改革改制方案须经职代会民主程序审议通过。进一步深化和推进非公企业的职工民主管理工作，加大民主参与企业管理的研究，在宏泉集团探索民营企业职工董监事制度。开展普陀区职工最满意企业的评选，评选出职工最满意企业10家。(5)强化精品意识，“一会一品”特色工作有新拓展。以调研为先导，开展创“一会一品”工会特色工作，召开“一会一品”中途推进暨长征镇经济园区工会特色工作现场观摩会，推出“长风社区四轮联动”、“桃浦镇工资协商上代下”、“宏泉集团民营企业职工董监事制度”和“长征镇新曹杨经济区专委会制度”等一批特色工作。(6)强化基础意识，工会组建和职工之家建设有新起色。新建劳务公司、民营医院等各类新经济和新社会组织工会845家，发展会员3.3万名，其中进城务工人员入会1.7万人，完成市总下达指标165%。开展“长征杯”先进职工之家、小家创建活动。认真做好轻工5大集团属地普陀区后的工会接管工作。（全　今）

闸北区总工会

主　席
陶七一

【概况】 (1)组织开展了“依托科教，不断创新，振兴闸北”为主题的群众性技术创新活动。紧紧围绕区重点工作，深入开展合理化建议和技术创新、技术改造活动，经层层推荐，上报具有一定科技含量的成果50余项。紧紧围绕提高技能素质，开展了一系列的岗位练兵、技术比武活动，联合区劳动和社会保障局、市职业技能鉴定中心、市汽车维修管理处等单位，开展汽车维修大赛。(2)贯彻“组织起来，切实维权”的方针，加强工会组建。采取切实措施，建立领导责任制和目标责任制，明确各级工会主席为第一责任人，层层分解组建目标，签订目标责任书，深入基层，帮助指导，超额完成了市总工会下达的年内净增2万名会员的目标任务。区总工会为保障进城务工人员权益推出了3项举措：建立了进城务工人员权益保障联席会议制度；进城务工人员权益保障服务网络；进城务工人员权益保障工作责任制。(3)启动“百企千岗”进社区计划。在北站社区启动全市首个“百企千岗”进社区的援助专场，有108家用工单位参加，推出1500个就业岗位，达成就业意向1196名。区总工会在全市建立首个集培训、职介、劳务为一体的上海市总工会培训中心闸北分中心，已组织各类培训13期，有660名职工参加，其中有180余名重新上岗。会同有关街道组织了3次再就业援助日活动，达成就业意向850名。(4)切实做好帮困救助工作。重大节日期间，全区各级工会共慰问救助职工8713名，送上慰问金245万元；对生活困难职工及其子女提供帮困金、助学金69万元；为支内、支疆等人员发放季度、节日补助共44666人次，金额595万元；同时为3176人次提供困难补助、医疗救助83万元。(5)推进学习型组织创建工作。推出了创建学习型组织五种不同类型的评估标准(启动型、达标型、提高型、先进型、标兵型),形成了全市首创的创建学习型组织"五步递进法",评估标准呈逐步递进关系,为学习型组织的创建起了引领导向作用。(赵海春)

虹口区总工会

主　席
宋美红

【概况】　虹口区总工会辖产业(局)街道、镇、集团公司工会31个,基层工会1208个,职工98779人。会员95523人,其中女会员47674人。(1)深化企事业民主管理。编撰了《虹口区三年企业改革中的工会民主管理工作》专集。区厂务公开领导小组对14个产业局(集团公司)、250家各类企事业单位开展了检查,形成了《2004年虹口区厂务公开调研报告》,并召开了深化厂务公开,加强民主管理工作会议。(2)坚持开展帮困送温暖活动。一是成立了职工援助服务中心和分中心,为职工提供建档立卡、信访接待、政策咨询、就业援助、法律援助、帮困救助、互助保障和外来务工人员维权等"一站式"服务。二是组织开展了"走访万家困难职工送温暖活动",采取资金帮困、发放实物、临时帮困卡和医疗帮困卡、助学帮困等多种形式开展帮困工作。(3)发挥工人阶级在经济建设中的主力军作用。一是围绕区的重大工程和重要工作,从行业、企业特点出发,广泛开展与企业发展相结合的"争创学习型班组、争做知识型职工"为主要内容的各类劳动竞赛,合理化建议、技术创新和技术攻关等活动。区总工会和区房地局联合在全区210个物业小区开展物业管理优质服务竞赛活动;首次组织非公企业参加"我与上海同发展"的非公企业立功竞赛活动;商业系统工会开展了"诚信杯"四比劳动竞赛。二是围绕再就业工作,努力打造劳模创业品牌,帮助劳模成为创业带头人。区总工会成立了劳模创业推进小组,对劳模创业进行政策咨询、人员培训和资金支持,落实专人协调解决劳模在创业过程中遇到的各种问题和困难,同时广泛宣传劳模创业精神,已形成第一批劳模创业基地。(4)加强社区工会建设。认真落实全总"组织起来,切实维权"的方针,采取具体措施加强小区工会组建,被市总工会评为工会组建工作优秀单位。(5)拓展职工素质工程。举办了2004年虹口职工科技论坛,深化读书活动,涌现了7个上海市读书活动先进单位。(6)依法协调劳动关系,推进平等协商、签订集体合同工作。全区签订集体合同的企业达到1447家,涉及职工4.5万人,全民所有制企业签约率达到了79.2%,集体所有制企业签约率达到了74.4%。区总工会会同有关部门开展外来务工人员劳动状况专项检查,对176家用人单位进行了检查,涉及职工4060人,其中外来务工人员2882人,为106名职工追回企业拖欠的工资共计5.2万元,为68名职工清退押金2.97万元。　(章培娟)

杨浦区总工会

主　席
王剑明

【概况】　杨浦区总工会有直属工会35个,基层工会750个,工会会员84415人,其中外来劳务工会员16117人。区总工会设办公室、组织人事部、民管法律部、保障工作部、宣教经济部、财务工作部、疗休养部、退管(三产)办公室、经审办,下属事业单位有沪东工人文化宫、杨浦区工人俱乐部、中原护理院。(1)围绕中心,推进杨浦区建设,组织和动员广大职工建功立业。成立了"职工科技成果转化服务中心",组织了推进重点工程建设立功竞赛、物业行业优质服务立功竞赛、爱岗敬业技术练兵竞赛等3项活动。(2)落实组织起来的工作要求,提出并实施社区工会网格化管理。一是按照社会化招聘、契约化管理、专业化培训、职业化运作的原则,开展了工会组织网格化、干部队伍职业化、评价体系民主化等方面的探索。二是开展"组建月"活动,加大非公企业工会组建力度,全区已组建工会1235个,会员85463人,工会组建率和职工入会率均达到95%。(3)拓展工会维权领域,逐步完善为职工群众办实事、办好事的服务机制。一是整合社区工会资源,建立职工援助中心,各社区(镇)职工援助分中心下设职保理赔站、就业服务站、法律援助站,形成"三站"为主要抓手的"1+3"联动帮扶体系。二是积极拓展渠道,形成工会"1+1群"创业者联谊会、扬工劳动服务有限公司、"361"家政服务联合体等品牌服务网络。三是建立进城务工者权益保障机制,制定了关于加强进城务工者权益保障意见。(4)推进职工素质工程建设。举办"人生、读书、发展"成果展示会,评选并表彰"优秀新上海人";召开杨浦工会创建学习型组织现场经验交流会;组织百名高校教授、企业老总、工会主席参加"知识杨浦与职工发展论坛"活动。(5)区总工会制定了干部培训工作三年规划,在深化工会会务公开、工会主席直接选举和工会班子民主评议制度上作了有益探索。

(王　洪)

黄浦区总工会

主　席
徐少伯

【概况】　黄浦区总工会辖有产业

(局)、企业集团(公司)、机关、社区和直属工会36个,基层工会1088个。职工98418人,其中女职工45940人。会员130287人(含外来工、协保人员、待退人员),其中女会员60388人。工作机构设办公(研究)室、组织民管部、生活保障部、法律工作部、生产劳保(宣传教育)部、社区工作部、财务部和2个直属事业单位。(1)多方联手,优势互补,建功立业竞赛得到进一步拓展。先后联合区动迁办、房地局、私企协会、安监局、质量协会等开展了各种建功立业劳动竞赛,编辑出版了《黄浦区职工金点子集锦》。(2)扩大范围,创出特色,素质工程质量得到进一步提高。提升创建质量,形成评估指标;扩大创建范围,涌现出一批创建先进典型;探索创建特色,开展职工技能"天天赛"。(3)加强管理,扩大宣传,劳模奉献精神得到进一步弘扬。区有27名个人、10个集体被评为2001－2003年度市劳模和模范集体,1人获全国"五一"劳动奖章。区总慰问77名困难劳模,组织150名离退休劳模体检;开设的劳模爱心班由原来的董家渡、金陵社区,扩大到半淞园、南京东路社区;启动以劳模为主体的"名师育高徒"活动。(4)源头介入,注重规范,改革参与力度得到进一步强化。会同区国资办、体改办转发了《进一步坚持和完善国有企业改制工作民主程序》文件;开展了转制企业坚持厂务公开调研。(5)加大力度,集中突破,组建和入会工作得到进一步发展。实现了建筑、物业、律师、护工、公安、保安、个体行医、居委干部、工业园区、环卫保洁、引厂进店、非正规就业等12个方面工会组建的突破,全区工会组织净增113个,会员净增30350名。(6)加强调研,积极呼吁,职工收入问题得到进一步关注。开展一线职工收入情况调研,促进区国资委下发文件规定企业经营者薪酬与一线职工工资收入挂钩。(7)突出重点,帮到实处,职工实事工程得到进一步深化。2004年提出的8件实事已全面完成:推荐1757名下岗职工再就业;为2367名下岗职工和创业者提供创业、就业能力培训;开展1982名困难职工子女助学帮困;完成"1＋1"补充保险3000人;213383人次在职职工、135799名退休职工参加市总各类互助保障计划;扩大劳模援助基金,28名80岁以上的多病老劳模享受定向帮困;成立职工援助、进城务工人员援助、职工法律援助三位一体的服务中心;组织310名困难企业工会干部体检。(8)正确引导,典型推动,法律宣传、监督工作得到进一步推进。组织1200名进城务工人员参加市法律知识竞赛,开展进城务工人员权益保障、执法等检查;建立区工会工资集体协商顾问团;全区国有、集体企业集体合同签约率达95%,独立非公企业签约率达85%。(9)面向社会,主动出击,工会宣传调研工作得到进一步扩展。开通了黄浦区总工会网站;与《黄浦时报》合作,开办了《工会天地》专栏。(10)突出重点,常抓不懈,工会自身建设得到进一步加强。组织劳动争议调解、工资集体协商培训;扩展工会直选面,直选率达74.5%;组织职工代表测评区总工作,参与区总年度工作考评;注重职工之家建家质量,评出5个"十佳"基层工会典型。

(吕诚陆)

卢湾区总工会

主　席
胡怀坤

【概况】 卢湾区总工会辖有产业(局)、集团工会12个,街道工会4个,基层以上工会24个,基层工会597个,职工58865人。会员57817人,其中女会员26554人。区总工会机构设办公室、组织人事部、社会保障部、民主法律工作部、生产宣教部和2个直属事业单位。(1)建会工作取得了突破性进展。新增建会单位303家,会员17127名,达到全年目标数的114.18%。(2)建立区职工援助服务中心,实现了一个中心、一个窗口、一门式服务的保障维权职能。组织对执行《工会法》、《上海市劳动合同条例》和进城务工人员权益维护情况的检查。(3)国有、集体企业厂务公开推行率为94%,职工代表大会制度实施率99%;会同区有关部门对4大企业集团的领导班子和15名领导干部进行了民主测评。(4)救助困难职工9063人次,帮困救助金额279万元;慰问退休职工19180人次,发放帮困金172万元;协助政府做好支内、支边和异地安置退休回沪定居人员的生活补助和医疗救助工作。(5)继续做好医疗互助保障计划续保和投保工作,在职职工参加补充住院及特种重病保障计划的参保率均达100%,退休职工参加补充住院保障计划参保率达98.2%;组织300名困难女职工参加免费妇科检查,组织10103名女职工参加了女职工团体互助医疗特种保障计划。(6)配合行政对3103家单位的安全生产情况进行了检查,对区内1.7万余名生产一线干部职工包括进城务工人员进行了慰问,发放慰问品金额254万元。(7)开展劳模先进评选活动,评选产生2001－2003年度区先进生产(工作)者90名、区先进集体55个、市劳动模范12名、市劳模集体4个;组织106名退休劳模参加"迎五一,回娘家,看卢湾"等活动。(8)发挥工会教育培训职能,有1万多人次职工参加日语、英语、数理化等各类文化班学习;有1.8万多人次参加物业管理、档案管理、商业服务等职业上岗培训。

(葛家敏)

静安区总工会

主　席
周文芳

【概况】 静安区总工会下属系统、街道集团公司工会25个,基层工会644个,职工62243人,其中女职工27103

人。会员60048名。区总工会设办公室、组织民管部、宣教文体部(经济工作部合署办公)、生活保障部、社区工作部和财务部。另有工人文化宫、工人体育场和工人游泳池等3家事业单位。(1)全面完成新增会员工作目标。区总工会召开了动员大会,与各系统、集团公司、街道工会签订了目标责任书,全年新增会员1.7万余名;进一步推动商务楼宇的工建工作,招聘50余名楼宇工作者,到年底,已有44幢商务楼建立了工会联合会,组建率45.8%;注重进城务工人员和"三高"群体的入会工作,在静安区第55号地块建立了全市第一个工地项目工会,在汇银集团、上海票据交换中心等"三高"群体集中的企业也建立了工会组织。(2)健全三方协商联席会议机制,推动平等协商工作。集体合同覆盖企业1776家,占应建制企业的88%;自主决定工资水平的企业全部实行了"上级工会代表"参与工资协商,签订工资集体协议412家,其中新经济组织242家;在5个街道全面建立了劳动争议调解中心。(3)进一步加强"五位一体"考核。党政工领导分别向职代会述职,接受职代会的评议;探索非公企事业单位民主管理的新形式,一批非公有制企事业分别建立了职代会、民主共商会、劳资恳谈会等;参与国有企事业单位的改制,明确了民主程序规范,推动厂务公开工作,建立了企业领导人员收入方案向职代会报告制度。(4)继续推进"创争"活动,开展了岗位练兵活动107项,有1.1万名职工参加,评选表彰了技术创新能手和标兵。(5)多途径全方位开展帮困送温暖工作。帮助困难职工4000余名,救助金192万元;向部分进城务工人员发放"助医卡"5万元,向进城务工人员较集中的25家单位赠送"保健箱";在全区职工中开展"一日捐",捐款全部用于基层帮困;帮助退休职工近万人次,帮困金114万元。　(程忠俊)

宝山区总工会

主　席
曹群华

【概况】　宝山区总工会辖有大口、直属工会58个,基层工会972个,职工164817人。会员154788人,其中女会员58316人。区总工会工作机构设办公室、组织民管部、保障工作部及直属事业单位3家。(1)围绕实现宝山"三年中变样"目标,引导职工群众发挥主力军作用。一是开展职业道德建设,塑造新时代职业精神。评出市劳模19名、劳模集体6个、区先进个人321人、区先进集体158个。二是推进职工素质工程建设。组织了8支队伍参加市职工技能竞赛活动;与区人事局、机关党工委联合组织机关事业单位工作人员办公自动化操作比赛等;以"建、创、做"活动为载体,举办了"金叶杯"宝山职工"读书明理,感悟人生"演讲比赛;组织200多名基层班组长参加了班组长培训。(2)加强工会组建,把广大劳动者组织起来。一是工会干部走访企业,宣传组建工会的法律知识,并发放《劳动法》、《工会法》和致企业组建工会的公开信等资料;将重点目标工作进行细化分析并量化成分值,与所属工会签订目标考核责任书。二是区总工会会同区劳动和社会保障局联合召开了在非正规就业组织中成立工会组织的动员大会。全区新建独立工会164家,新增会员33558人。(3)切实维权,认真履行各项社会职能。一是区总工会和有关部门联合开展了为期100天的进城务工人员劳动保障权益专项执法大检查,参加了10次合议庭的庭审和裁决。二是加强民主管理,源头参与。国有、集体控投企业、事业单位职代会建制率、实施率95%以上,厂务公开实施率达100%;乡镇、街道联席会议制度的建制率90%;乡镇、街道层面劳动关系三方协商机制建制率95%以上。三是建立了宝山区职工援助服务中心。(4)抓落实,努力为职工办实事,办好事,为支内回沪定居人员实施困难补助39400人次,发放帮困款59.1万元;基层各级工会慰问救助8444人次,发放救助金230万元。　(窦恺芳)

闵行区总工会

主　席
俞莉红

【概况】　闵行区总工会辖有大口、直属工会42个,基层工会1571个,职工239660人。工会会员216577人,其中女会员98804人。区总工会工作机构设办公室、组织宣教部、法律工作部、保障工作部、经济民管部及直属事业单位3家。(1)工会组建的覆盖面和职工入会率有了突破性进展。新建工会单位1379家,新建工会组织297个,新增会员63884名,其中新增进城务工人员入会48000名,会员人数首次突破20万。(2)紧紧围绕全区工作大局,推进职工素质工程建设。一是开展区文明班组评选活动,命名了区文明班组1034个。二是开展学习型企业创建工作,制定了《闵行区创建学习型企业实施意见》及其评估标准;举办了52期电工和焊工培训班,培训2202人次;组织"新时代的职业精神"职工发展论坛。(3)依法维护职工合法权益,协调劳动关系。一是建立区级三方协商联席会议制度,确定了将改制企业中劳动力安置和欠薪保障金制度作为三方协商的议题。二是组建工资集体协商顾问团,加强对企业工资集体协商工作的指导。三是发挥职工律师志愿团作用,坚持每月18日为职工法律咨询服务接待日。四是加强厂务公开工作推进力度,制定了厂务公开工作实施方案和考核评估制度,有34个系统以及下属的2456家企事业单位进行了自查。全区事业单位职代会、厂务公开建制率91%,公有制企业建制率85%,非公企业建制率50%以上。(4)以人为本，切实做好帮困送温暖、再就业和职工互助保障工作。一是建立闵行区职工援助服务中心，共接待1483人次，为职工提供相关政策咨询和法律援助。二是开展“捐一日工资”活动，共捐款99万元，捐款全部留在基层使用。三是各级工会共慰问困难职工近2万人次，总金额800余万元；全区参加各类补充保障计划的在职职工78449人次，参保金额437万元。(5)加强工会组织的自身建设，推进区总工会机关工作规范化、制度化、信息化。（叶民强）

嘉定区总工会

主　席
沈贵楚

【概况】　嘉定区总工会辖有镇、街道、嘉定工业区、菊园新区、委、局、公司工会54个，基层工会1245个。职工197741人，其中女职工84460人。会员189124人，其中女会员79549人。区总工会设办公室、组织基层部、保障法律部、经济工作部。直属企事业单位有嘉定工人俱乐部、嘉定工人影剧场、嘉定职工招待所、嘉定职工劳务开发公司。(1)促进发展有新作为。围绕嘉定“四大板块”建设和当好东道主，迎接F1”活动，在职工中开展了“我为F1添光彩”为主题的优质服务立功竞赛。全区近10万名职工参加了18个项目的竞赛和技术练兵比武活动；提出合理化建议4462条，实施582条；实施技术创新项目18个，创经济效益8683.5万元。(2)提升素质有新成效。围绕《嘉定职工素质教育五年规划》，各级工会举办各类培训班465期，培训职工5.03万人次；全区开展“双争”活动面达80%以上；组织了“沪上全国劳模看嘉定”活动。(3)组建工作有新突破。区总工会采取多种形式加大组建力度。一是重点突破多年来台商投资企业组建难的问题。二是探索行业工会与地区工会有机结合的工会组织体制，成立了嘉定地区纺织行业联合工会、嘉定地区建筑行业联合工会、上海市轻纺市场联合工会等。(4)维权工作有新成绩。一是着力于维权机制建设，从源头上把好维权关。建立了嘉定区职工援助服务中心，开通了职工热线电话；注重集体合同的签订和平等协商机制的建立；健全职工民主管理与民主参与的渠道与程序，推进厂务公开；会同区劳动和社会保障局进行了对农民工、女职工等劳动者保障权益的专项检查；全年接待职工来信来访247件次，办结率100%。二是着力于为职工办实事，做好事，解难事的制度建设，维护弱势群体权益。深入推进“千个工会组织与千名困难职工家庭结对、帮助千名职工实现就业和再就业”活动；继续深化工会系统的定向助学、重大节日帮困，全年各级工会慰问困难职工家庭10161户，发出救助金421万元；组织开展“一日捐、献爱心”等活动，全年帮困基金扩盘352万元，全区三级帮困基金累计达3400万元；年内组织79908名在职、退休职工参加市总各项保障计划，投保金额达902.3万元，比上年增长4%。(5)精神文明建设有新面貌。筹资建立了嘉定区职工“五一广场”；举行了嘉定区职工“庆五一暨建设者之歌”歌咏大会；举办了《拥抱F1，爱我新嘉定“市政杯”嘉定区职工书画摄影展评》等活动。（唐身桂）

金山区总工会

主　席
刘跃俊

【概况】　金山区总工会辖有镇、街道、局、区属公司工会43个，基层工会851个，职工125072人。工会会员119373人，其中外来劳务工会员99046人。总工会设组织民管部、经济宣教部、事业部、维权保障部、办公室及区退休职工管理委员会办公室。(1)组建目标基本实现。全区新建工会440家，其中独立工会55家，联合工会18家，涵盖基层367家，新增会员35269人。(2)职工素质工程逐步深化。一是组织劳模事迹报告团巡回演讲24场，实施“责任意识”教育，在职工中培育爱岗敬业、诚实守信、乐于奉献的职业精神。二是开展岗位培训，在区级机关举办6期200多人参加的多媒体技能操作比赛，培训各类人员8000多人。三是举行系列文体活动，先后组织“迎沙排”自行车接力赛、“庆五一”文艺专场、退休职工“敬老节”文艺会演、区第四届“十月歌会”。(3)维权机制初步建立。一是建立了区职工援助服务中心，实行信访接待、政策咨询、法律援助、扶贫帮困等“一门式”快捷服务。二是建立区级劳动关系三方协调机制，全区已有432个单位签订集体合同，覆盖职工42000多名；建立劳动争议调解参与机制，办案168件，与区职能部门联合对240多家单位开展“农民工劳动权益保护”专项检察，对128家违规企业提出限期整改意见；建立安全生产监督机制，编印《安全生产知识手册》15000多册，参加19起工伤死亡事故调查。(4)保障体系基本形成。一是完善了帮困送温暖机制，对3452名特困人员进行救助慰问，发放补助款62.54万元；各直属工会共慰问5677人次，发放补助款223.93万元。二是完善职工互助保障网络，全区已有7.4万人次参加市职工保障互助会推出的各类补充保险，参保金额达到650.34万元，先后理赔5150多人次，给付289.58万元。三是完善困难老劳模生活费补贴机制，由区财政每月按镇保最低保障线326元的标准发放生活补助。(5)民主管理有所突破。一是厂务公开稳步推进，43家直属单位全部建立和健全了厂务公开领导小组。二是职代会制度形成良好格局，全区公有及公有控股的45家企业职代会建制率100%，158家事业单位职代会建制率达到94.8%，镇、街道工会与政府的联席会议制度建制率86.7%。(6)自身建设不断加强。一是理顺体系，轻工5家公司落户金山，工会工作顺利融入运转轨道。二是培训干部，118名基层工会干部参加区总与市工会管理干部学院联合举办的第5期新一轮工会干部上岗培训班，全部取得上岗证书。三是强化考核，正式建立直属工会主席(主任)年度工作实绩考核和区总机关季度工作实绩考核制度，309家工会经考核评为合格职工之家。四是发展经济实体，工会三产新增6户，建筑面积46000多平方米的新建区工人俱乐部已经破土动工。

(吴　冲)

松江区总工会

主　席
吴红星

【概况】　松江区总工会辖有委、局、镇、街道、园区和区属公司及直属单位工会60个，职工192662人。工会会员172382人，其中女会员83106人。区总工会工作机构为五部一室：办公室、组织人事部、法律工作部、基层工作部、保障女工部、事业经济部。松江区工人文化宫为区总工会直属事业单位。(1)抓工会组建工作。深入基层开展调研，排计划、定措施，实行组建与目标责任、分片联系、通报交流、激励机制相结合办法，全年新增工会会员4.5万名，实现工会组建工作新突破。(2)抓劳模管理服务。一是与全区300余名劳模进行面对面的访谈调查，针对劳模住房、就业、社会保障等方面存在的问题，向区委递交《关于松江区劳动模范现状的调查报告》，提出解决困难劳模问题的若干意见。二是做好市劳模和区先进的组织推荐工作，评选出市劳模19名、劳模集体6个、区先进233名、先进集体107个。(3)抓职工素质工程。一是开展“争创学习型组织、争当知识型职工”活动，以工人文化宫作为培训基地，开办电脑、工商管理等38个专业、共83个班次，培训职工5300人次；整合培训资源，组织3万多名职工，参加各类技能培训和读书活动。二是评选出素质工程“十佳”优胜单位和8个先进集体、10个松江区文明示范岗、6名创新奖和6名创业奖。(4)抓依法维权。一是抓集体合同工作的指导服务，新签集体合同企业260家，累计10055家，涵盖职工142400人。二是与区政府建立了协调劳动关系联席会议制度。三是与区劳动、工商和公安部门联合，对270家企业农民工劳动权益保障情况进行专项执法检查。通过检查，补签劳动合同324人，追缴外来从业人员综合保险费135.12万元。四是成立了职工援助中心，化解职工来信上访的各种矛盾。(5)抓帮困送温暖。一是组织“一日捐”活动，全区69976人次干部职工共捐款131.56万元；为258名特困职工、433名纳入“三定帮困”职工家庭，送去慰问款65.5万元；各系统工会为5660人次的困难职工送去慰问金283万元。二是区总机关干部继续开展“一对一”助学帮困和千名公务员帮困活动。落实“万人就业计划”，召开再就业工作座谈会、开展改制企业职工就业情况调查；通过培训、职介、目标考核，帮助2125名下岗职工实现再就业。三是为职工办理工会补充保险，为57189人次的职工和24249人次的退休职工办理参保；为5671人次重病、住院等参保者办理给付金256.96万元。(6)抓民主管理。全区228家公有制企事业实行厂务公开率100%，61个公司制企业建立职工董、监事制度，部分企事业单位开展领导干部民主评议。(7)抓精神文明建设。举行“五一”文艺演出、松江区第二届职工运动会；成立松江区职工援助中心和松江区职工志愿者服务总队，开展学雷锋为民咨询服务活动。(8)抓自身建设。健全例会和工作制度，培训工会干部，加强调查研究，实行工作分类指导。

(莫永涛)

青浦区总工会

主　席
吕健康

【概况】　青浦区总工会辖有镇、局一级工会54个，其中镇、街道、工业园区工会12个，直属工会22个，全区有基层工会785个(包括工会联合会)，工会会员205247人。区总工会机关设基层部、保障部、经济部、法律部和办公室，下属有青浦、朱家角工人俱乐部。(1)全区有520个企业工会，开展了以“增产、创优、比贡献”为主要内容的经济技术创新活动，参加职工78000人次。(2)继续实施职工素质工程。在全区职工中开展“建文明班组，创文明岗位，做文明职工”活动，全年各级工会培训职工40100人次。(3)维权机制建设取得新进展。平等协商、集体合同建制率保持在90%以上，全区有17778家企业建立了平等协商制度，签订了集体合同；有16696家企业开展了工资协商，签订了工资协议；全区已有266家企事业单位实行厂务公开制度，其中非公有制企业27家，公有制及公有控股企事业单位厂务公开实施面达到98%。(4)各级工会坚持为职工群众做好事，办实事，解难事。全年帮困职工6849人次，帮困金额534万元；举办各类再就业培训班51期，培训下岗失业人员3349人次，帮助2731名下岗、失业职工实现再就业；组织职工参加市总工会保障计划64200人次。(5)推进新建企业工会组建工作，全年组建工会79家，入会职工35002人。

(程天爵)

南汇区总工会

【概况】　南汇区总工会辖有镇、委、

主 席
潘新明

局、园区、区直属公司工会49个，基层工会1151个，其中联合工会239家，涵盖企业1830家，职工总数140008人。工会会员135394人，其中女会员73802人。区总工会工作机构设办公室、保障部、基层部、事业部和退管部，下属事业单位有4家工人俱乐部。(1)参与建设，发展经济有新作为，职工群众的首创精神进一步发挥。一是全区职工技术创新项目17个，职工技术转让2项，为企业提出合理化建议421条，完成技术革新、攻关和服务项目431个，解决生产技术中的难题82个，开展技术交流培训274人次。二是积极实施《上海工会推进职工素质工程实施纲要》，广泛深入开展"创建学习型组织，争做知识型职工"活动，以"共筑诚信"为主题，开展"文明班组"、"红旗文明岗"创建活动，树立了一批职业道德新典型，全区共评出文明班组50个，红旗岗位30个，诚信职工100名；劳模评选工作层层发动，精心组织，评出全国"五一"劳动奖章获得者1名，市劳动模范17名，市劳模集体4个。(2)加强工会组建，壮大会员队伍，工会的影响力进一步扩大。全区各级工会把组建工作作为全年工作的重点，并以私营企业为主攻方向，不断拓展工会组建领域，全区新组建工会175家，其中独立工会48家，联合工会127家，吸纳职工入会33269名。(3)建立和完善多层次的维权机制，维护职工权益有了进一步突破。一是召开镇级工会与政府联席会议、积极参与区劳动争议仲裁。二是健全了法律援助、劳动保护及女职工特殊权益维护等各项制度，成立了南汇区职工援助服务中心，参与劳动仲裁案件23起，劳动争议调解16起，法律援助接待32起、45人次；全区已有2000余家非公企业建立了职代会制度。(4)全力为职工做好事，帮困送温暖工程进一步深化。全区职工互助保障投保24076人次，投保金额363.8万元，9480人次获得保障金，共计335.7万元；元旦、春节期间，全区各级工会组织慰问、救助4887人次，发放慰问救助金168万元。(5)工会自身建设进一步加强。注重干部的理论学习，坚持双休学习日制度；加强工会干部的培训，组织全区直属工会主席参加区委、市总等组织的干部培训班。

（徐文安）

奉贤区总工会

主 席
黄金泉

【概况】 奉贤区总工会辖委、局、镇(开发区)工会、直属工会50个，基层工会1184个，其中联合工会264个。职工141640人，其中女职工69361人。会员130860人，其中女会员64293人。(1)认真贯彻"组织起来，切实维权"的工作方针，工会组织覆盖率和职工入会率进一步扩大。全区净增建会企业1082家，净增工会会员35649人，其中外来务工人员入会12739人。(2)认真贯彻"科教兴区"战略，职工素质工程进一步推进。一是区总工会举办了李斌先进事迹报告会，全区各级工会以宣传学习知识工人的楷模李斌先进事迹为抓手，广泛深入地开展"创建学习型班组，争做知识型职工"活动。二是加大职工知识技能培训力度，通过各类技能培训和技术比武活动，有1321名职工获得了技术等级证书，有1127人晋升了一个技术档次。(3)认真履行工会基本职责，多层次劳动关系协调机制和维权机制进一步加强。一是不断推进平等协商、签订集体合同和工资合同制度工作。有3211家企业签订了集体合同，覆盖职工117977人，签订工资合同156家企业，覆盖职工12012人。二是不断加强劳动法律的监督检查。区总工会与区劳动保障局联合对有关企业开展依法规范用工的执法检查，对违法违规企业开出了限期整改通知书。三是不断完善职代会和厂务公开制度。全区284家国有和集体资产控股企事业单位建立了职代会和厂务公开制度，217家非公企业建立了职代会制度，180家非公企业推行了厂务公开制度。(4)认真落实帮困救助措施和职工互助保障计划，为职工办实事，做好事的力度进一步加大。一是成立了奉贤区职工援助服务中心，为职工搭建了"一门式"、"一条龙"服务平台。二是继续深化多层次多渠道的帮困救助活动。元旦、春节期间全区工会共慰问困难职工2167人次，发放慰问金及实物97.5万元；区总和委局镇、直属工会两级职工救急济难互助会共救济帮困2864人次，发放救助款、助学金计120万元。三是继续组织实施好市职工补充保障计划。全区共有46962人次在职和退休职工参加了市总互助保障会推出的四项医疗保障计划，参保金额489万元。(5)认真务实工作，切实转变思想作风，工会工作整体水平进一步提高。组织实施争创工会工作优秀(模范)集体、优秀职工之家和文明班组、岗位的"三级联创"活动，4个局镇工会经考核获区工会工作模范集体，11个委局镇工会、直属工会获区工会工作优秀集体，评选出19项有新创意的工会特色工作成果。

（沈永明）

崇明县总工会

主 席
陆兆飞

【概况】 崇明县总工会辖有乡、镇工会14个，委、局及县管公司、经济开发区工会14个，直属工会39个，基层工会612个，共涵盖企业1166家。职工88530人，其中女职工36821人。工会会员85088人，其中女会员34936人。县总工会机关设办公室、组织民管部、宣教生产部、法律保障部，另设职工技协办公室、劳模协会、退休职工管理办公室、职工互助医保服务处。直属事业单位有工人俱乐部和法律咨询服务所。(1)以进城务工人员、尤其是以上海出租车行业中崇明进城务工人员为重点，探索工会组建和维权服务工作的新模式。全年新增工会会员18000名。(2)以推进"建文明班组，创文明岗位，做文明职工"活动，开展"我与上海同发展"立功竞赛等活动为载体，着力推进职工素质工程。举行崇明职工文化艺术节；开展"生态伴随你我他"主题征文演讲活动；组织"植一棵树，增一片绿，献一份爱"为主题的捐款活动，用以营造"崇明工会林"，动员职工为建设生态岛建功立业。(3)开展"托起明天的太阳"为主题的助学结对帮困活动，构建帮困送温暖工作机制。为83名特困农业劳模实施终身养老保障。(4)以创新工作机制、开展"为职工服务，让职工满意"主题活动为抓手，加强工会自身建设。加强工会干部的教育培训，转变工作作风，开展工会争先创优活动；组织"科教兴县与工会工作"专题研讨。 (陈进修)

区、县总工会主席(主任)、副主席(副主任)名录

单位名称	主席(主任)	副主席(副主任)
浦东新区总工会	彭戌兰(女)	푸 雄　徐惠平
徐汇区总工会	乔德华(女)	开建中　陈　燕(女)　陆恒炯
长宁区总工会	高建华	马国蓉(女)　徐雍安　邢　炜
普陀区总工会	叶小英	严爱科(女)　梁立群　张德鑫　朱春洪(女)
闸北区总工会	陶七一	郁建伟　陆建秋　沈岱红(女)
虹口区总工会	宋美红(女)	徐伟年　尤兴国　郑蔚芸(女)
杨浦区总工会	王剑明	王建平　段芬芳(女)
黄浦区总工会	徐少伯	曹伟民　马忠荣　陈夔华(女)
卢湾区总工会	胡怀坤	陈　卫(女)　宣学军　李　昉
静安区总工会	周文芳	李海立　路毅辉　王　赪(女)
宝山区总工会	曹群华	钱伟烈　高利华　王丽燕(女)
闵行区总工会	俞莉红(女)	李　萍(女)　严　俊　马建国
嘉定区总工会	沈贵楚	范意萍(女)　赵鑫宝　樊国强
金山区总工会	刘跃俊	李春花(女)　杨　伟
松江区总工会	吴红星	高兴欢　张泰昌　阮沴珍(女)　顾　彬
青浦区总工会	吕健康	吴为涛　陆桂芳(女)
南汇区总工会	潘新明	颜龙弟　刘京蕾(女)
奉贤区总工会	黄金泉	黄亚萍(女)
崇明县总工会	陆兆飞	陈　英(女)

说明：1. 任职名单以2004年12月底为准。

2. 上述人员职务以市总工会批复为准。

(市总工会组织部)

局（产业）工会

概　　况

上海市机电工会

主　席
左山虎

【概况】　上海市机电工会辖有基层工会组织278个，职工127640人。工会会员125937人，其中女会员36933人。(1)服务上海电气发展战略，在推动集团改革发展中发挥作用。一是开展“创新、创优、创效”劳动竞赛，普遍开展了以“降本增效”为主题的班组生产建设活动。二是从源头参与企业改制转制方案的预审，先后参与了40多家企业的破产、改制、转制方案和职工安置分流方案的预审。三是深化和延伸劳动关系预警机制，确保企业稳定。四是深化厂务公开，确保职工的知情权，组织了厂务公开调研。五是集体合同、集体协商制度在实践中进一步健全和发展。全系统开展平等协商和签订集体合同率已达95%以上。全行业合资企业平等协商制度建制率85%，集体合同签订率75%，工资集体协商签订率53%。(2)学习李斌活动深入开展，推动职工素质工程取得新成果。召开了学李斌大会；编辑发行反映李斌先进事迹专集《知识工人——李斌》；评选了第五批10名李斌式职工和第三批10个李斌式班组；技术工人培训实现基地化，上海电气李斌技师学院作为培养高级技术工人的基地，开设了30个班级，1300多名学员在读；“李斌杯”技能大赛形成机制，共有12个工种、18个技术等级、近千名职工参赛。(3)构筑维护职工利益平台，在实践中创建新载体。一是成立了职工服务中心并正式启动运转，成为为职工及时提供困难救助、就业援助和政策咨询的服务窗口。二是帮困送温暖工作继续发展，共对122个困难企业下拨专项帮困慰问款154.5万元；出资31.2万元对460名特困职工定向帮困；出资54.73万元对454个特困职工子女助学帮困。三是职工互助保障工作进一步深化，特种重病投保人数45433人，同比增加11.8%；住院医疗投保人数108429人，同比增加8.3%；女职工特种重病投保人数为9811人，同比增加19.7%。四是再就业拓展了渠道，表彰了8个再就业示范点、9名带头人和13名推进再就业工作的优秀职介援助员。五是成立机电工会法律服务中心，为职工提供法律服务。六是进城务工人员入会工作取得突破，制定了《关于组织劳务工加入工会组织的实施办法》和《关于维护进城务工人员合法权益的办法》，吸收5150名劳务工加入了工会组织。(4)加强工会自身建设。指导10家企业进行了换届选举；聘请了15名特约经审员对37家企业工会进行经审抽查；推动建设职工之家活动，下发了《上海市机电工会关于开展建设职工之家活动的实施意见》；召开了工会工作务虚会，开拓工作思路。

（冯克华）

上海市仪表电子工会

主　席
黄鸿强

【概况】　上海市仪表电子工会辖有子公司工会8个，基层工会89个。职工总数50489人，其中女职工25858人。会员39670人，其中女会员19136人。工作机构设办公室、基层工作部、权益保障部、经济事业部。(1)创新活动进一步深化，职工素质逐步提升。下发了《深化创新素质工程，全面提升员工技能的若干意见》，制定了《2004—2005 年上海仪电系统员工技能培训推进指导计划》。仪电工会会同子公司集中举办仪表装校高级工、中级工、物业管理、网络知识等 12 个培训班，共培训 505 人次；各基层工会举办各类培训 500 余项，20000 多名员工参加。(2)职业精神进一步传播，发挥先进示范效应。开展了上海仪电杰出员工评选；拍摄了上海仪电优秀员工(集体)专题片，把宣传劳模精神与企业文化建设、塑造职业精神结合起来。(3)监督体系进一步整合，运行畅通效果明显。"年协商、季巡视、月通报"更加规范，民主监督厂务公开进一步深化。加强对职工董事监事正常更替的程序履行，落实职工董监事议事规则，抓好参与前、参与中、参与后的关键环节。(4)协商机制进一步健全，职工权益依法维护。集体协商集体合同制度的建制率达到 96%，履约率达到 95%，续签率达到 95%。加强了法律援助组织的建设，全系统共有 45 个基层工会建立了法律监督组织，55 个基层工会建立了劳动争议调解组织，全年共处理 17 件(次)来信(访)，配合行政处理 7 件集体上访。(5)保障重点进一步突出，措施渠道有序接轨。一是加强外来务工人员的权益保护，吸收外来务工人员加入工会。二是疏通帮困渠道，落实救助措施，全系统帮困 20066 人次，慰问金额 421 万元。(6)自身建设进一步加强，基础管理质量提高。一是制定下发《关于股权转让企业同步转移工会组织关系的意见》，制定了《2004 年上海仪电工会干部培训工作实施计划》，组织工会干部集训班，举办工会干部学知识、学理论"双月讲座"。二是全系统工会经费收缴形成良性机制，年度工会经费收缴率 101.9%。三是对已有的三产、技协组织加强了责任体系管理，签约责任承诺书，强化资产管理。四是加强经审工作，推广"十必审"、"七流程"的要求，坚持规范运作，实现过程受控。

（王建萍）

上海市化学工会

主　席
陈恩莹

【概况】 上海市化学工会辖有 23 个子公司，147 个基层工会，会员 67196 人，其中女会员 18833 人。设民管部、经济工作部、组织部、生活保障部、宣教部、女工部、企事业部、办公室、调研室和经审办。(1)推进职工素质工程建设。一是深化主题劳动竞赛和合理化建议活动，19715 人(次)参加主题竞赛活动，提出合理化建议 4627 条，创经济效益676.53万元。二是组织高级化学分析工、高级化工检修电工、计算机辅助设计(CAD)和化工总控(DCS)操作技术比武，参赛职工 3729 人次，有 50% 的选手晋升了技术等级。三是制定《上海市化学工会推进华谊职工素质工程三年行动计划》，由华谊党委批转下发。四是组织 2000 余名职工参加"华谊职工看华谊"活动。全年培训 150 余名先进班组组长。(2)推进基层民主政治建设。一是化学工会与华谊行政联合下发了《上海化工系统企业在调整和转改制过程中履行民主程序的若干意见》，坚持分类指导。102 家国有集体企业建立职代会制度，并定期召开职代会；93 家企业坚持厂务公开制度。二是坚持职工代表巡视制度，并把巡视重点放在集体合同履约率、安全生产、劳动保护和劳动保障等方面。三是坚持平等协商和集体合同制度，签订行业性集体合同的有 21 家，签订基层企业集体合同的有 92 家。四是推进工资集体协商，与华谊行政联合下发了《上海化工系统工资集体协商试行办法》。(3)切实履行维护职能。一是坚持突出重点，三级工会共集资 522.09 万元，帮助困难职工 17186 人(次)。二是坚持助学帮困，各级工会助学帮困 1906 人次，金额 68.65 万元。三是《在职职工住院补充医疗保障计划》、《特种重病团体互助医疗保障计划》、《女职工团体互助医疗特种保障计划》和《退休职工住院补充医疗保障计划》的参保率分别达到 115%、98%、86% 和 119.4%。全系统有 10269 人次(含退休职工)获得 916.66 万元的理赔金。四是重视和做好有毒有害岗位职工的定期体检和脱岗疗休养工作，组织 1536 名职工参加脱岗疗休养。(4)以建家工作为抓手，加强自身建设。组织化学工会委员深入到 9 家企业巡视检查建家工作；组织 42 名基层工会主席参加了上岗培训；工会组建工作也取得了成效，吸纳 1400 名劳务工加入工会组织。

（虞仲义）

上海市轻工业工会

主　席
胡云芳

【概况】 上海市轻工业工会辖有集团、公司工会 10 个，直属企事业单位工会 189 个，职工 58333 人。会员 55653 人，其中女会员 21723 人。工作机构设办公室、组织部、民管部、生产部、宣教部、法律部、生活女工部、再就业部、财务部、技协三产办公室、疗休养办公室、退管会办公室。(1)全力推进改革，发挥工会组织作用。一是提供资料。从职工、会员人数、工会组织、劳模分布、帮困名单等 14 个方面，分门别类收集整理资料，向各区总工会介绍移交。二是牵线搭桥。与各区总工会沟通联络，开好见面会、座谈会、互通情况。三是跟踪服务。邀请企业工会干部参加轻工工会举办的劳动法规、集体协商及职业介绍等业务政策培训班。(2)围绕中心，推动职工素质工程。组织"深化改革与企业发展”的讨论，引导职工理解、支持和参与改革。举办进城务工人员法律知识竞赛，共有2300余人参加。(3)服务大局，履行工会维权职能。一是制定了《关于进一步完善和推进职工民主管理的实施意见》，推广交流了梅林、冠生园、日立电器、家化等4家多元投资企业实行民主管理的做法与经验。二是落实进城务工人员维权工作。下发了《关于做好维护进城务工人员合法权益的工作意见》，吸纳了1600余名进城务工人员入会，召开了轻工系统进城务工人员维权工作现场交流会。三是努力为职工办好事、办实事。对3000名特困职工进行了慰问；帮助了370名职工上岗就业；组织职工参加住院医疗互助保障计划，参保率92%。(4)探索工会工作新体制。面对国企改革后的新格局，提出“四变”工作思路，即变领导为指导，变服从为服务，变管理为沟通，变考核为研讨。针对轻工行业特点，筹建上海轻工行业联合会。(袁盛德　陈建国)

上海市纺织工会

主　席
王水官

【概况】　上海市纺织工会辖有公司(集团)工会19个，直属工会4个，基层工会296个，职工71949人。会员68277人，其中女会员34545人。工作机构设办公室、组织民管部、宣教部、生产部、女工生活部和三产技协办公室、退休职工管理办公室。另有新东纺大酒店、纺织职工马山疗养院、纺织职工淀山湖疗养院、东纺宝洁产品专营公司、纺织职工疗休度假服务中心等8家直属企事业。(1)紧贴企业调整转制的中心任务，工会服务大局的主动性进一步增强。纺织工会根据80多家企业调整转制的实际情况，找准工会参与转制工作的切入口，组成3个工作小组。一是成立法律咨询小组，为企业提供转制程序和劳动关系处理等的指导服务。二是成立免费职介工作小组，为企业提供就业岗位和劳动信息的直接服务。职介所为职工免费职介达3700多人次，其中80%以上是为转制企业提供的。三是成立各公司工会共同参与的互助保障推进小组，并通过建立三项机制，使互助保障工作在改革中发挥推进器和减压阀的作用。三级帮困11061人次，帮困金额157.8万元；为1000名困难女职工免费提供妇科检查。(2)围绕经济发展目标，工会组织、发动、教育职工的方法更加灵活。一是以岗位规范提升管理成效，组织开展了“学习‘5S’管理方法，参与‘5S’管理实践”的主题活动。二是以技术创新活动为载体，提高职工的创新能力。全系统共开展职工技能比赛335项，参赛人数4519人；参加操作练兵的职工13163人；参加各类技术业务培训的职工达10106人次；实施技术创新万元以上项目89项，技术革新改进285项；提出合理化建议2087条，实施626条。三是增强职工学习发展能力，利用社会资源组织各类培训。与总工会、电视大学等联手举办了初级工商管理资格培训；组织“千名职工网上行”培训，1000名职工取得了上海市信息化办公室颁发的合格证书；与市妇联巾帼园联手组织女干部综合素质培训班。(3)适应变化，破解难题，工会研究和解决新问题的能力有所提高。根据工会维权、工会组织建设、制度建设等方面存在的难点问题列出调研课题，引导各级工会结合实际进行理论研究，有6篇论文被市工运研究会刊物刊登。(4)搭建纺织行业工会联合会平台。纺织工会分别与金山、长宁、青浦、嘉定、松江等区总工会一起，建立5个区域性纺织行业工会联合会，组织形式主要有3种模式，会员单位360多家，覆盖会员80000余人。(王慎微)

上海市医药工会

主　席
陈　欣

【概况】　上海市医药工会辖有子公司工会8个，基层工会104个，职工37680人。会员36112人，其中女会员15563人。工作机构设办公室、组织管理部、法律工作部、经济宣教部、权益保障部、研究室、退管办、财务室。(1)开展具有企业特点的群众性经济技术创新活动。配合集团开展了技能竞赛；组织职工开展科技创新大讨论；建立“员工学校”，开展对员工全方位培训。(2)发挥职代会、平等协商和集体合同制度的作用，加强职工民主管理机制建设，实现有效维权。一是举行了上药集团第8次平等协商，工会和行政通过平等协商，达成了《关于加强技能人才队伍建设的协议》、《关于在集团改革调整中规范企业劳动合同管理的协议》和《关于职工薪酬福利的有关事项的协议》。二是举办了有80余名基层单位人力资源部负责人、分管经理(厂长)和工会主席参加的集体平等协商、工资协商谈判培训班。三是注重源头参与，对改革改制中涉及职工切身利益的分流安置、劳动关系变更等涉及职工切身利益的方案，首先由医药工会实行预审，再提交职工代表大会审议，以无记名投票方式表决。四是发挥法律援助中心作用，全年共接待法律咨询152人次，接受法律援助案件1件，并调解成功；接待处理职工信访(包括集访、联名信)452人次。五是开展对近千名进城务工人员的“提高法律素质，做新一代上海人”的法制宣传教育活动，组织法律知识竞赛，并开展了旨在维护进城务工人员合法权益的劳动法律监督检查。(3)维护稳定大局，深入开展就业援助、帮困救助和职工互助保障工作，为困难职工构筑保护网络。医药系统基层单位全部参加“一日捐”活动，有2.84万名员工参加捐款，捐款金额72.08万元；全年共救助困难职工1606人次，发放帮困金72.57万元；启动“爱心·期望”助学帮困，对困难职工家庭助学111人次，发放助学帮困金5.6万元。(4)增强工会干部的综合素质和工作实效，加强工会自身建设。一是在调研的基础上，起草制定了《关于健全和加强上药集团系统工会组织建设的若干规定》，通过健全工会组织网络，理顺集团工会与下属工会组织的职责和隶属关系。二是注重全委会制度建设，做到工会重大决策通过全委会决定，对基层工会工作进行分类指导、分类服务。三是注重工运理论研究，组织上海医药系统优秀工运论文评选，评出优秀工运论文奖10篇。

（孙明南）

上海市电力公司工会

主　席
沈志荣

【概况】 上海市电力公司工会辖有基层工会20个，职工27263人，其中女职工6306人。工会会员27206人，其中女会员6189人。(1)工会整体工作有所发展和创新。公司工会工作重心下移，对3个供电公司的农电工从政治权益、经济权益、社会保障权益等方面进行调研，形成了《关注农电工的权益问题，推进企业可持续发展》的调研报告，为维护农电职工的合法权益掌握了第一手资料。(2)开展以电力生产、经营、建设为中心的群众生产活动。一是加强劳动保护工作的力度，,进一步完善三级劳动保护监督网络，开展安全生产劳动保护巡查，做到普遍巡查和专项检查相结合。二是注重劳动模范的选树培养，沪南供电分公司等4个集体及5位职工分别获上海市劳动模范集体和上海市劳动模范称号。公司工会会同思政部，组织劳模事迹报告团到22个基层单位作巡回演讲，听讲职工9700多人次。(3)企业民主管理、民主监督向纵深推进。职代会制度步入了规范化的轨道，电力公司职代会年初进行换届，新当选的公司第三届职工代表大会代表具有更加广泛的代表性。11个基层单位对734名中层以上干部开展了民主评议。厂务公开工作进一步深化，加大公开度和透明度，提出了厂务公开工作的指导意见。(4)履行维权基本职责，工会保障工作再上新台阶。以集体协商、签订集体合同为重点，进一步突出工会的维护职能，14个单位签订了新一轮集体合同。认真履行帮扶困难职工第一责任人的职责，公司建立了职工帮困基金会。年初，组织和动员全体职工参与“捐一日工资，献一份爱心”活动，捐款132万元。(5)加强精神文明建设，职工素质工程继续深化。经过基层单位推荐、职工投票评选产生了“十佳”智能型班组和“十佳”知识型员工，公司工会编绘了《上海市电力公司三届一次职代会宣传画》一套，发至基层各班组，加大对企业中心工作的宣传。工会组织了市文明班组班组长、红旗文明岗岗位负责人联谊活动。(6)夯实工会基础工作，自身建设进一步加强。进一步做好工会会员会籍管理工作，动员470名职工加入了工会组织。加强基层工会专兼职干部和职工代表的培训学习，参加培训学习的工会干部和职工代表273人次。开展理论学习和调查研究，形成了一批质量较高的调研报告论文和特色工作成果，其中有4篇被评为华东电力工会调研成果(论文)一等奖。

（郭有成）

上海电力建设有限责任公司工会

主　席
张心定

【概况】 上海电力建设有限责任公司工会，下辖11个基层工会，职工5828人，女职工701人。工会会员5968人(含劳务工会员)，其中女会员703人。(1)强化工会教育职能，不断提高职工整体素质。开展了形势任务教育，下发了《关于进一步推进职工素质工程的实施意见》；开展了“万名技师育高徒”活动，工会专门聘请系统内全国和市劳模以及技术比武前三名的高级技师担任师傅。(2)完善职代会为基本形式的民主管理制度。坚持职工代表对电建公司领导民主评议，评议结果反馈每个职工代表；坚持发挥职代会专门委员会作用，加强学习培训，参与企业重大决策的前期研讨；坚持三级职工(代表)大会制度建设，系统内7个多经企业和17个工地、车间，全部建立了职工(代表)大会制度；召开了厂务公开民主管理研讨会和全系统厂务公开民主管理工作会议。(3)组织职工开展立功竞赛活动，强化工会安全生产监督职能。组织职工开展劳动保护格言和警句的征集活动，5条格言和警句获市“最佳创作奖”；举办了工会劳动保护专兼职人员培训班；组织职工代表进行了施工现场安全巡视检查；召开了班组安全建设劳动保护工作论文发布会。(4)推进送温暖工程经常化和制度化。全系统在职职工住院保险续保4016人，特种重病续保3223人；在节假日，对964名特困和重病职工进行了慰问。(5)加强工会自身建设。召开了电建公司工会第二次代表大会；举办了两级工会主席学习党的十六届四中全会精神学习班。

（张文标）

上海宝钢集团公司工会

【概况】 上海宝钢集团公司工会辖子公司、直属工会20个，基层工会110个，会员109883人，其中女会员23224人。工作机构设办公室、组织民管部、保障部。(1)以开展“创争”活动和学习孔利明为重点，深化职工素质工程。集团工会制定了《关于广泛开展“创

献爱心，做实事”主题活动。（3）加强工会干部的教育培训，提高工会干部整体素质。化工区工会利用双休日组织举办了工会干部岗位培训班，区工会系统93%的工会干部参加培训，32名工会干部通过培训获得了上岗资格证书。

（张　俊）

国药集团医药控股有限公司工会

主　席
沈立年

【概况】　国药控股有限公司是由中国医药集团总公司控股，与民营企业上海复星高科技（集团）有限公司共同出资组建的跨所有制、跨地区的大型医药集团性企业。公司规模由初创时的6家子公司迅速发展到22家子分公司，职工人数1万余名，其中上海地区直属子分公司7家，职工1734人。（1）参与全面推进以“关爱生命，呵护健康”为主题的企业文化建设。开展“我是国药控股人”活动，通过评选和表彰，大力弘扬各个岗位涌现出的劳动模范、“三八”红旗手、“三学”状元、巾帼文明岗、销售明星及科技创新领军人物的先进事迹和职业精神。（2）突出“以人为本”理念，在实施“人才强司、人才兴司”战略中发挥工会应有作用。配合行政，从强化全员培训着手，共组织1071人次参加了各类培训，投入培训经费400余万元。组织分布在全国700余家“国大药房”和“一致药店”中的5000余名职工参加“国大·一致杯”技能大赛。（3）切实履行基本职责，维护职工合法权益。公司成立了帮困基金会，探索建立帮困长效机制。（4）加强自身建设。适时地做好基层工会的换届改选和新建企业工会组建工作，积极发展新进职工入会。

（徐恒昌）

长江计算机（集团）公司工会

主　席
董信泰

【概况】　长江计算机（集团）公司工会辖有基层工会17个，职工1369人。会员1567人（含劳务工会员），其中女会员642人。（1）紧紧围绕发展大局，深化职工素质工程。开展劳动竞赛33项，提出合理化建议共118条，实施建议20条。评选表彰了长江集团“十佳”创新能手、“十佳”创优团队。组织职工广泛开展“读一本好书”活动，召开读书活动现场交流会。开展职工技能培训，组织10位职工参加了上海市职业技能竞赛。（2）适应企业制度创新，健全维权机制，深化职工民主管理。集团工会深入基层了解改革进展情况，与集团行政联合制定《关于规范国有及国有控股企业改制程序的通知》，从源头上积极参与。开展《劳动管理规范》的执行检查，继续做好企业劳动保护、安全生产和劳动卫生的监督工作。继续开展“送温暖、送清凉、帮就业、督保障”活动，共慰问救助390人次，慰问救助金额9万余元。（3）加强基层组织建设，加大建会力度。集团工会对一些小型企业工会组建采取了挂靠、联合等办法，共新组建工会3家。注重提高工会干部素质，抓好学习培训，举办了工会财务、经审专业知识培训和新任工会主席的上岗培训。

（朱毅敏）

上海有色金属（集团）有限公司工会

主　席
陈明奋

【概况】　上海有色金属（集团）有限公司工会所属基层工会25个，职工14259人，其中女职工2550人。工会会员13529人，其中女会员2479人。公司工会设办公室、生产部、生活保障部及女工疗休养部。（1）推进国有控股公司产权多元化改革，坚持职工代表大会制度。公司工会加强了对基层企业改革、改制工作的指导帮助，在全系统进行了第二次厂务公开基本情况的调研检查。（2）广泛开展群众性经济技术创新和各种形式的劳动竞赛及“安康杯”安全生产宣传月活动。（3）关心职工，坚持送温暖。慰问困难职工4603人次，慰问金59.5万元。（4）加强职工队伍建设，深化“建、创、做”。开展“金三角”3厂读书联谊会活动，在全系统内征集有色职工格言。（5）加强工会自身建设。抓好工会领导班子任期考核，对4个基层工会进行了调整充实，与13个基层工会签订《工会工作目标责任书》。在组建方面，吸收70名农民劳务工加入了工会组织。

（陈益林）

鲁中冶金矿业集团公司工会

主　席
沙宝珍

【概况】　鲁中冶金矿业集团公司工会辖有基层工会16个。工会设办公室、民管部（业主委员会办公室）、保障（女工、财务)部、宣教生产部、文体俱乐部。(1)围绕企业生产经营中心,开展形式多样的劳动竞赛。集团工会协同行政,在小官庄铁矿、张家洼铁矿联合开展了二期工程超产和优质工程竞赛,以"作业环境整洁化、设备设施标准化、员工操作规范化"为主要内容的"三化"竞赛活动。参与公司安全大检查,共查处事故隐患335起。(2)以"创争"活动为抓手,积极推进素质工程。会同人力资源部组织了钳工、轧钢工、凿岩爆破工3个工种的技术比武。会同技术开发中心,开展了"金点子"合理化建议征集活动,共征集建议2000余条,组织专家评选出"金点子"12条。会同人力资源部,对各类先进及技术比赛奖励标准进行了修订,对在技术比武、技能大赛中涌现出的优秀选手和一专多能人才,给予提薪、晋级,为符合条件的3名员工分别落实了技师和高级技师待遇。(3)坚持和完善职工代表大会、厂务公开制度。十一届一次职代会对40名机关中层以上管理人员进行了民主评议。在各单位召开的半年度职代会上,对厂务公开工作满意度进行了测评,年底,对各单位厂务公开工作进行了检查考核。(4)履行困难员工"第一责任人"职责,深入开展帮困送温暖。工会拓展帮困救助渠道,下发了《关于维护困难员工群众合法权益,实施帮困送温暖工程的意见》,对帮困基金使用管理办法作了修订,进一步完善了三级帮困网络和困难员工档案。开展了"帮困一日捐"活动,包括行政拨款和工会经费出资,共筹集帮困资金97.6万元。继续推行特困证制度,为41户特困家庭办理了特困证。(5)开展宣教文体活动,丰富员工业余文化生活。举办了"在岗位上闪光"先进人物事迹摄影展和"新世纪、新风采"先进人物事迹演讲比赛,先后到基层单位巡回演讲11场。举办了职工田径运动会、庆祝建国55周年书画展等活动。(6)不断加强自身建设,夯实工会工作基础。举办了6期共180人参加的工会干部计算机基础知识学习班。抓好基层工会的组建,帮助磁业公司筹建了工会组织,吸纳新进员工加入工会。对各单位《工会法》执行情况进行了检查。 (杨庆荣)

上海航天局工会

主　席
吴海中

【概况】 上海航天局工会辖有基层工会组织49个,职工20240人。会员19825人,其中女会员7010人。工作机构设办公室、组织部、民管部、文体宣传部、经济工作部、法律部、生活保障部、财务女工部。(1)开展课题调研,抓好学习型工会创建和工会干部培训,提高工会自身素质。(2)提高班组管理水平,确保航天产品质量。以提高经济效益为中心,深入开展了QC小组活动,"突破批产瓶颈"合理化建议活动,"降本增效献新招"献计献策活动,职工经济技术创新活动取得新成果。(3)抓先进典型的宣传学习。以唐建平班组为典型,开展学先进活动。寓教于乐,举办了上海航天首届职工文化艺术节。(4)认真履行工会的维护职能。推进厂务公开,在企业改制中注重确保职工的知情权、参与权。(5)抓好劳务工入会工作。落实责任,分解目标,加强指导,检查督促,已吸收502名劳务工加入工会。(6)为职工办实事、办好事。组织职工参加市总的各项医疗保障计划,参保率50%以上。坚持开展"一日捐"活动,募集帮困金20余万元。 (张爱娣)

上海船舶工业公司工会

【概况】 上海船舶工业公司工会辖有30个基层企业工会,会员41006人,其中女会员9481人。设办公室、经济工作部、组织民管部、生活女工部和宣传教育部。(1)抓职工素质提高和技术

主　席
谢中全

创新工程。一是加强培训,提升技能。举办了钳工和铣工技能选拔赛、外来务工人员电焊比赛,2700余人次参加了技术练兵、技术比武活动,近9400人次参加了职工技术培训。二是推进群众性经济技术创新活动,全系统有19个企业开展了职工技术创新工程活动,职工技协技术合同成交12项,合同成交金额198万元。技术革新150项。(2)加强民主管理,加大维权力度。公司系统建立职代会和员工大会制度企业25个,占单位总数83.3%。企业重大决策、改革方案、生产经营方面的重要问题以及涉及职工切身利益的重要事项都提交职代会审议通过。发挥信访网络作用,公司工会接待信访6起,办结率100%。(3)做好职工生活保障工作。实现帮困工作动态化管理,坚持冬送温暖夏送清凉。所属16家单位开办了职工互助合作保险机构,3.6万余名职工参加合作保险。(4)抓班组建设。组织了"班组建设创新奖"评选。制定了《上海船舶系统标兵班组管理和评比的办法》,评出10个标兵班组,再从中选出了1个班组,以组长全国劳模刘维新姓名进行命名,树立学习典型。 (林创廷)

上海航空工业(集团)有限公司工会

【概况】 公司下属基层工会14个,职工8849人。会员8569人,女会员2660人。(1)牢牢把握建设与发展主题,组织开展以"确保重点型号任务"、"确保支柱民品上规模夺效益"为重点的劳动竞赛。(2)履行维权职责,加强源头参与,落实职代会职权。公司工会深入基层工厂,走访车间,对改制工

主　席
叶森明

作进行调研，探索现代企业制度下职工民主管理的有效途径。（3）加大帮困力度，急职工所急，为职工做好事、办实事。一年来公司系统共访问慰问职工1713人，慰问补助金18.4万元。（4）弘扬劳模精神和航空人精神，深化职工素质工程。发出向先进劳模学习的倡议书并命名一批公司文明班组，树立典型。深化"创建学习型班组、争当知识型职工"活动，配合行政开展岗位练兵、技术比武和班组长培训。组织开展了"技师育高徒"活动，共有90对师徒结对。（5）加大建会工作力度，完善工会组织体系。召开了上海航空工业（集团）有限公司第四次会员代表大会。对特种车辆公司、中商公司工会筹建工作进行了指导帮助。召开组织工作会议，研究农民工入会问题。（6）开展健康、向上的文体活动。举行了"上航杯"首届职工保龄球团体赛和第二届"航空杯"职工乒乓球赛。

（季玉进）

上海工业技术发展基金会工会

主　席
沈繁康

【概况】　上海工业技术发展基金会辖有基层工会10个，工会会员396人，其中女会员132人。（1）支持改革，做好稳定工作。工会认真处理群众来信来访，加强疏导沟通，避免矛盾激化。（2）思想不乱，工作不断。工会工作不因改革转制而放松，帮助指导长江电梯等转制企业规范民主操作程序并落实工会经费的收缴。（3）做好生活保障工作，向困难职工帮困送温暖，组织职工参加补充医疗保险。　（朱临斌）

上海市烟草工会

主　席
谢华庆

【概况】　上海烟草工会辖有基层工会6个，职工9153人，其中女职工3312人。会员9153人。工作机构设办公室、一科、二科、退管会办公室、职工活动中心。（1）围绕提高企业综合竞争力，推进职工素质工程建设。全面推行"员工形象塑造、文化理念培育、先进管理理念应用"进班组，把品牌建设作为班组管理创新方向，协调各方力量，设载体，搭平台，抓落实。一手抓观念思维创新、一手抓职业技能竞赛，提升职工的职业精神和职业技能。（2）围绕企业改革发展要求，着力抓好民管机制建设。召开了厂务公开民主管理专题推进会，围绕京津沪卷烟的战略重组和企业改革，重新修订完善了行业民主管理工作7项制度。加强了以维护职工合法权益为重点的维权表达途径；以制度规范为目标的维权实现途径；以建立预测、预报、预防工作机制为抓手的职工诉求反映渠道的探索。为职工提供法律咨询服务100多人次。（3）围绕构筑和谐的企业氛围，以人为本，强化帮困体系建设。做到在内涵上不断延伸"助"的范围，拓展"助"的内容，加大关爱的力度。探索了物质支助与精神支助相结合帮困办法，在为患大病患者提供物质援助时，赠送健康知识书籍；在助学帮困对象中组建了一支由10名受助学生组成的"志愿服务队"，开展学习互助活动。（4）围绕提高服务指导能力，重视加强工会自身建设。组织行业工会干部深入学习党的十六届三中、四中全会精神，探索了"宽带式、个性化、课题制"的工会干部教育培训模式。进一步规范了职工之家创建活动的考核管理办法。

（江洪生）

上海汽车工业（集团）总公司工会

主　席
吴诗仲

【概况】　上汽集团总公司工会辖有基层工会46个，会员62651人。工作机构设办公室、组织民管部、基层工作部、权益保障部和企业办公室。（1）紧扣发展主旋律，充分调动职工的积极性和创造性。开展"确保全年各项经济指标完成、确保安全质量服务无重大事故"立功竞赛活动。25家企业结合实际开展立功竞赛，共组织专项竞赛和考核项目137个，职工提合理化建议和改进措施近6万条，实施18240条。重视职工综合素质的提升，制定了《2005年上汽集团深化人本管理工程——在职职工综合素质提升实施计划》。召开集团职工技术比武总结表彰会暨名师育高徒签约仪式，有1221名选手参赛，364名选手晋级，晋升人数约占参赛人数的30%，组织30对师徒进行了签约。（2）加强保障体系建设，探索工会保障工作新途径。注意构筑"五助"保障机制，重点做好"四个一百"助困工作。各级工会全年救助困难职工4343人次，救助金额175万元；开展助学帮困1099人次，帮困金额67.5万元；开展医疗帮困人数1431人次，帮困金额145万元。组织开展了服务社会的慈善募捐活动，共募捐资金266万元。建立了上汽集团慈善专项基金,与上海市慈善基金会签订《关于共同设立上海市慈善基金会上汽慈善专项基金的协议》及补充协议。(3)推进企业文化建设,开展特色文体活动。举行上汽集团第二届职工健身运动会,以“健身强体、促进发展”为主题,设12个参与面广的群众性比赛项目,分别由11家单位承办,共有36家基层单位组队参赛。(4)加强工会组织建设,增强基层工会活力。下发了《关于进一步加强特殊劳动关系从业人员会籍管理工作的意见》和《上海汽车工业(集团)总公司劳务人员临时工会会籍管理实施办法》,有5024名劳务人员加入了工会组织,6家基层工会被集团工会评为工会组建工作先进单位。深入开展建家创特色工作,召开了职工之家、职工小家特色成果发布会,评选出集团先进职工之家10个,先进职工小家19个。(沈正尧)

上海工业投资(集团)有限公司工会

主　席
周融江

【概况】　上海工业投资(集团)有限公司工会有基层工会28个,会员2468人,其中女会员661人。(1)以建设职工之家为抓手,提高基层工会工作水平。建立定期工会主席会议制度,健全两级工会组织和联系网络。在集团系统广泛推进创建合格职工之家活动。(2)加强班组(部室)建设。组织工会干部到兄弟单位学习取经,并结合集团实际起草了《关于进一步加强班组(部室)建设的实施意见》,组织开展标杆班组和标兵职工的评选。(3)坚持在企业改制中切实维护职工权益,开好职代会、充分听取群众意见。(4)落实进城务工人员的劳动保障、权益保护,吸收劳务工加入工会组织,已有103人入会。(5)深化帮困送温暖。慰问困难职工174人次;开展“关注健康,为女性发展助推”活动;安排女职工体检;组织90%以上女职工参加市女职工团体互助医疗保障。(6)注重提高员工素质。集团工会与团委一起组织“劳动模范与当代青年,注重提高员工素质”座谈会。开展群众性读书活动,组织“推介一本书”征文活动,收到职工读书心得60篇,编印成册。组织职工代表赴云南瑞丽为工投希望小学捐赠校服,扶贫助学。(余君伟)

上海久事公司工会

主　席
曹旭东

【概况】　上海久事公司是国有独资的综合性投资公司,现有全资子公司2家,控股公司3家,职工201人。工会会员186人。(1)深化民主管理。召开了公司四届二次职代会,对物业公司转制及公司员工内退等方案进行民主审议。会同人力资源部开展了《劳动法》执法情况检查。(2)开展积极向上的企业文化活动,提高员工素质。举办了“心灵憩息的港湾”——员工书画、摄影、收藏作品展;举行了公司第七届职工健身运动会;会同人事部、信息部开展了职工计算机知识培训;对工会财务、经审人员进行了业务培训;组织公司职工代表队参加了“恒源祥杯”上海市知识产权知识竞赛,从参赛的81个代表队中脱颖而出,荣获金奖。(3)建设凝聚力工程,为广大员工办实事、办好事。坚持做好员工生日慰问工作;一年一度的女职工体检工作;为每个职工办理补充养老保险;采用行政支持一点,工会拨一点,员工捐一点的办法,建立了公司补充医疗基金。(4)加强工会自身建设。围绕“建起来,转起来”的要求,抓好新建控股公司工会工作的正常运转。加强了工会会员的会籍管理,重新发放会员证,员工入会率达100%。(曹旭东)

上海广电(集团)有限公司工会

主　席
江　兵

【概况】　上海广电(集团)有限公司工会辖有13个直属公司工会,58个基层工会,会员26919人。工作机构设办公室、经济工作部、组织部。(1)增强工会干部综合素质。集团工会制定了工会干部培训计划,组织了3期工会干部培训班,参加人数260人次。(2)深化职工素质工程。一是注重提升职工技能,开设了计算机操作员、基础英语和班组长岗位知识培训,有588名职工参加;举办了“为广电发展再创业绩”为主题的女职工英语风采大赛。二是注重评选先进,开展了评选集团先进生产(工作)者和推荐劳模活动;召开了集团公司先进表彰大会;编印了先进特刊发到班组。三是开展群众性文化活动,举办广电集团首届“SVA卓越杯”乒乓球比赛;广电信息、广电电子分别举办了“健康活力”、“健与美”系列活动。(3)发挥职代会作用。集团公司首次将年度干部大会与职代会两会合一,并以干部列席职代会会议的方法,召开了集团公司一届三次职代会;抓好职工代表巡视;组织了厂务公开自查和抽查。(4)突出职工权益的维护。针对职工普遍关注的问题与行政进行协商,制定了《女职工四期保护的有关规定及办理流程》、《女职工维权信息上报制度》、《女职工干部培训制度》等3项制度。继续为1333

位协保人员投保了特种重病团体互助医疗保险，为16424位退休职工办理了退休职工住院保险，投保率达到98.2%。全年帮困补助金额122.15万元，受益职工6899人次。（5）加强工会组建，抓好进城劳务人员入会工作。共有7家企业（筹）组建了工会组织，有10家企业工会进行了换届改选。采取明确目标，责任到人，托管代管的方式，发展了4165名进城务工人员入会。（朱金妹）

上海光通信公司系统工会

主　席
倪子江

【概况】　上海光通信公司系统工会辖有6个直属企业公司工会，其中中外合资企业工会3个，员工434人。工会会员428人，其中女会员125人。（1）加强思想组织建设。坚持每季度一次的工会主席联席会议；举办了系统工会干部学习班；积极从外来临时工中发展工会会员，在1家中外合资企业中发展了60多名新会员，扩大了工会队伍。（2）推进企业职业道德建设。以"建文明班组、创文明岗位、做文明职工"为抓手，深化"创争"活动，在系统内培育以"敬业、诚信、创新、合作、自律"为内涵的光通信职业精神，年底评选出系统"十佳"好人好事。（3）协调劳资关系。当企业和员工在劳动关系、薪酬待遇等方面出现矛盾时，工会依法协调，避免了矛盾的激化，有效维护了企业和员工的合法权益。（4）努力为员工办好事、办实事。协助行政为员工参加了补充养老保险和补充医疗保险；定期为员工进行体检；退休职工100%参加了市互助保障会的补充医疗保险；有病探望，年底慰问已形成制度；发动员工开展困难自救活动，全体员工爱心捐款2万元。（5）广泛开展文化娱乐活动。组织职工摄影采风活动、职工垂钓比赛、羽毛球比赛；结合女职工特点，开展了木兰拳操培训。（倪子江）

上海市质量技术监督局工会

主　席
周荣英

【概况】　上海市质量技术监督局工会辖有基层工会8个、职工1688人。会员1688人，其中女会员506人。（1）加强政治理论学习。组织工会干部学习党的十六届四中全会精神，参加专题学习讲座。坚持每月一次的工会干部学习会制度。（2）深化职工民主管理。修订《上海市质量技术监督局职工（代表）大会工作规范》。在《劳动法》颁布十周年之际，组织职工进行"二法一条例"学习，并开展知识答题活动。（3）推进职工素质工程建设。深入开展"争创学习型组织，争当知识型职工"活动，下发《关于开展以"文明与科学同行"为主题，进一步推进"建、创、做"活动的通知》。组织班组长参加工商管理（初级）资格培训暨开放式大专学历培训。开展以"我爱您，中国"为主题的国庆55周年歌咏活动。（4）尽心尽职为职工办实事，做好冬送温暖、夏送清凉工作。元旦、春节等节假日精心组织送温暖活动，补助慰问困难职工（含退休职工）923人次，发放慰问金36.4万元；组织开展"一日捐"活动，捐款1.85万元；组织职工参加市职工保障互助会的4项医疗保障计划，做好续保和理赔给付工作。（陈汉新）

上海市漕河泾新兴技术开发区发展总公司工会

主　席
陈　克

【概况】　上海市漕河泾新兴技术开发区发展总公司工会辖有17个基层工会，职工2486人。会员1938人，其中女会员848人。（1）做好对进城务工人员合法权益的维护工作。制定了对外来务工人员维权的具体办法，对进城务工人员的劳动福利保障通过集体合同的方式予以确立。（2）抓好集体合同新签与续签工作。新增2家单位与行政建立了集体协商制度并签订了集体合同。有3家单位开展了工资集体协商谈判的试点工作。（3）深化厂务公开。组织了工会与行政的"司务公开"对话会，就职工关心的热点进行了对话。各基层工会与本单位的行政也开展了"司务公开"对话活动。（4）配合党委行政开展总公司系统"十佳"员工的评选、组织了"员工形象大讨论"和文明单位评比检查。（5）抓好职工生活保障工作。会同党政对128个困难职工、退休职工家庭进行走访慰问，慰问补助6.7万元；开展了"一日捐"活动；做好职工住院补充医疗保险及特种重病医疗保险的理赔工作；出资援建革命老区江西省泰和县桥头镇津洞希望小学。（汪海燕）

中国能源化学工会华东电力工作委员会

【概况】　华东电力工委是中国能源化学工会在华东地区的派出机构，上海地区直属工会7个，职工1966人。设组

主 席
庄毅群

织民管部、生产生活部、宣传文体部、办公室。(1)加快农电工会组建步伐。工委把解决农电工入会作为工作重点,先后在绍兴、杭州,淮安、扬州,上海嘉定、南汇等供电企业调研座谈,了解情况,推动各单位最大限度地把农电工吸收到工会组织中来,已有30%的农电工加入了工会。(2)开展群众性经济技术创新活动。会同行政组织华东电网技术技能竞赛,四省一市10支队伍参赛。会同行政组织了在建抽水蓄能电站工程"六比"竞赛,发动直属单位组织了"安全行车,文明服务"竞赛活动。(3)重视民主管理制度建设和创新。召开华东电网多经企业民主管理研讨会,提出按程序、讲规范、重实际、求实效的指导意见。在公司本部推行职工代表听证会制度,就职工关心的问题广泛听取意见,为民主决策提供参考。(4)推进"创建学习型组织、争做知识型员工"活动,在江苏泰州召开创建学习型工会现场经验演示会。举办华东电网员工五项全能竞赛,设基础英语、计算机、百科知识、中长跑、保龄球比赛项目,省市电力公司7支队伍参赛。在职工之家网站组织了"创争"活动专题论坛,组织了"职场女性形象"征文活动。(5)以建设职工之家活动为载体,评选出先进职工之家25个,先进职工小家36个,优秀工会工作者25名。(6)对重病和特困职工家庭给予扶助,划拨94.5万元给省市电力工会和直属单位开展送温暖活动。 (包伟良)

申能(集团)有限公司工会

【概况】 申能(集团)工会辖有基层工会11个,职工11209人,其中女职工

主 席
仇伟国

2932人。会员11209人。(1)加强工会组织建设。按照工会章程新组建3个基层工会;吸纳200多名劳务工加入了工会组织。(2)开展以公司重点目标、重点工程、安全生产为主要内容的各类竞赛活动。如百日安全生产竞赛、"金点子、银点子"活动、"争做名牌,树形象"竞赛等。(3)坚持把加强民主管理,推进厂务公开作为工作重点,探索在源头上参与的机制、方法、途径。(4)深化送温暖和办实事活动。建立了三级帮困网络,落实帮困基金,坚持做到"五必访",真心实意为职工解决实际困难。(5)开展群众性文体活动,举办了6项庆国庆文体系列活动。(6)结合公司实际,制订规划,筹措资金,组织各类教育培训。开展了办公自动化、财务、投资、班组长初级工商管理培训,提升员工专业技能与综合素质。 (寿美娟)

上海机械设备成套(集团)有限公司工会

主 席
张建平

【概况】 上海机械设备成套(集团)有限公司工会辖有基层工会3个,会员169人,其中女会员55人。(1)召开职代会,广泛组织职工审议集团行政工作报告。(2)开展形式多样的学习教育活动。组织学习党的十六届四中全会《决议》与《中华人民共和国宪法》,并开展知识竞赛,职工参与面98.7%;组织了庆祝建国五十五周年歌咏比赛;组织职工观看了《走近毛泽东》、《邓小平在一九二八》、《张思德》3部电影。(3)开展上海市重点工程立功竞赛活动,评出市级先进集体1个,先进个人10名。(4)继续做好"夏送清凉、冬送温暖"和"三个必访",家访职工196人次,补助金额4.3万元;继续做好职工互助保障工作,在职职工全部参加续保;组织了集团职工的体检和女职工的妇检。 (钟云昌)

上海电器科学研究所(集团)有限公司工会

主 席
包 革

【概况】 上海电器科学研究所(集团)有限公司工会辖有8个部门(分所)工会,有合资子公司工会3个,现有职工660人,其中女职工193人。工会会员645人。(1)注重源头参与改制,履行维权职能。在改制实施过程中,工会把维护职工权益作为改制工作中的一项重要原则,严格制定工作程序,建立沟通协商机制。公开改制方案,对改制方案的条文以召开职工座谈会的形式予以说明,坚持做到公开改制进程操作情况,及时做好职工稳定工作,保证了改制工作稳步进行。公司进行的投资主体多元化股份制改革被评为2004年度上海市十大科技新闻。(2)坚持所务公开制度,对福利基金、养老、医疗、住房、失业、工伤等基金交纳情况执行每半年向职代会、工会联席会议报告制度。(3)关心职工生活,坚持帮困送温暖。家访慰问生病、住院职工210人次(含退休职工),各项帮困费用3.8万元;为职工办理商业保

险647人；由行政全额出资办理退休职工补充医保841人，投保率100%，理赔金额近7万元。 （杨明麒）

上海华虹（集团）有限公司工会

主 席
顾晓春

【概况】 上海华虹（集团）有限公司工会辖有基层工会9个，职工3657人，其中女职工1073人。工会会员2911人。(1)深入学习、统一认识，提高工会干部理论水平。组织工会干部参加集团党委组织的“提升技能、创新机制、企业文化建设、提升核心竞争力”4个专题的学习培训；组织到夏新电子等同行业先进企业学习考察。(2)增强员工主人翁意识。开展各类劳动竞赛和合理化建议活动，推进企业降本增效、提高效率，引导职工创造性地劳动；组织员工参与“奋发有为、奉献华虹”主题活动，在重大项目、重点任务的攻坚破难中，提升职工的岗位核心技能；培育一批全国行业、上海市劳模典型和业务能手，树立学习先进、赶超先进的良好氛围。(3)推进厂务公开，源头参与，维护好职工权益。推进集团及各子公司厂务公开工作的落实；健全平等协商等维权制度；组织职工代表参与领导班子成员的民主测评；参与企业重大决策和法人治理结构的完善，充实、调整了部分企业的职工监事。(4)丰富员工文体生活，增强凝聚力。组织职工参与企业文化建设三年规划的推进；组织集团第二届职工运动会系列比赛和“华虹之春”演唱比赛；募集设立“华虹希望小学基金”，员工首次捐款近5万元；开展了2004年度江西华虹希望小学助学回访活动。(5)健全组织，提高能力，提升工会工作水平。组织工会干部参加岗位培训，提高业务能力；评选表彰集团工会工作先进；组织与上海贝尔—阿尔卡特工会工作的交流研讨。 （张 平）

中国铁路工会上海铁路局委员会

主 席
陆海霞

【概况】 中国铁路工会上海铁路局委员会受中华全国铁路总工会和上海市总工会双重领导，以中华全国铁路总工会领导为主。全局辖区分布上海、浙江、江苏、安徽三省一市，有分局（大口）级工会7个，其中上海地区基层工会48个，会员37085人，其中，女会员7344人。局工会机关设办公室、组织部、生产部、宣传教育部、保障和女工工作部、财务部、经济事业管理办公室，代管中国火车头体育协会上海理事会、局退休职工管理委员会。(1)围绕中心，开展了以“学技能、保安全、创效益”为主要内容的“两保一增”竞赛，突出确保铁路第五次提速。组织了“确保安全、挖潜提效”合理化建议活动，共征集合理化建议47575条。出版了工会劳动保护经验专刊，继续开展了“安康杯”竞赛活动。(2)围绕铁路主辅分离、辅业改制工作，坚持以职代会为主要形式的基层民主管理。严格做到通过职代会等民主程序审议改革方案。会同有关部门专项检查了各分局（大口）和19个基层站段厂务公开制度执行情况，提出了《关于进一步深入推进全局厂务公开工作的实施意见》。开通了维权热线，建立劳动关系预警机制。(3)实施送温暖工程。元旦、春节期间，全局共筹措送温暖资金937万元，各级党政工领导走访慰问了22071户困难家庭。国庆前夕，共筹资42.62万元，对1550名困难职工给予了一次性慰问。按照新的《职工互助合作保障基金管理办法》，助学、助医356名职工，金额57.01万元。(4)局党政工团联合提出了深入推进“创争”活动的实施意见。近3万人次职工参加了全总组织的“创争”知识竞赛，100名上海地区职工参加了市读书节市民综合知识万人测试活动；拍摄制作了10部“创争”活动专题片；实施了为基层站段配书计划；选送120名职工参加上海市(EBA)资格培训；举办以“跨越之歌”为主题的庆祝国庆暨建局55周年职工文艺演出。(5)按照“组织起来，切实维权”的要求，提出了上海铁路局务工人员入会的指导意见。 （陆梅红）

中国海员工会中国海运（集团）总公司委员会

主 席
陈德诚

【概况】 中国海运集团公司是一家直属中央的跨地区、跨行业、跨所有制、跨国经营的国有特大型航运企业。工会受国资委群工局、上海市总工会、中国海员建设工会的领导，管理上海、广州、大连、北京、海南等省、地区的4.6万余名职工。上海地区有36个一级、二级单位工会，182个船舶工会。上海地区会员25338人，其中女会员3750人。(1)围绕集团中心工作，深入开展以“树新风、创一流”为主题的第七届“中海杯”劳动竞赛。(2)适应企业发展需要，大力推进职工素质工程建设。在船舶和基层单位全面开展“争创学习型组织，争当知识型职工”活动，引导职工努力学技术，学业务，学新知识。(3)进一步加强企业民主管理。坚持和不断完善职代会制度，进一步推行厂务公开，涉及职工切身利益的改革方案坚持按规定的民主程序审议，基层厂务公开和船舶船务公开的实施面达到了100%。(4)丰富职工文体活动，举办了集团第二届职工体育运动会。(5)进一步加大帮困送温暖工作力度。上海地区有10889名职工参加了帮困献爱心“一日捐”活动，捐款金额32.8万元，全部用于扩大基层帮困基金；慰问和帮困补助职工13066人次，发放帮困金和慰问金419.5万元；为15794名职工办理了上海市职工特种重病补充医疗互助保障，为20877名职工办理了住院补充医疗保障，参保率为77.58%和97.58%；为9849名退休职工办理了退休职工住院补充医疗保障，参保率达100%；开展助学帮困2044人次，助学金额72.9万元。(6)加强自身建设。举办工会干部学理论、学业务培训班，对新任专兼职工会干部进行上岗资格培训。 (陆洪新)

上海国际港务(集团)有限公司工会

主　席
王晓华

【概况】 上海国际港务(集团)有限公司工会现有直属基层工会44个，工会会员40814人，其中女会员5696人。工作机构设办公室、基层工作部和生活保障部。(1)组织开展集装箱分赛区立功竞赛。健全竞赛组织，成立了竞赛领导班子和工作小组，制定工作计划和评比考核办法；集团工会设立100万元立功竞赛奖励基金，并制定了《上海国际港务(集团)有限公司工会集装箱分赛区立功竞赛奖励基金管理办法》。(2)厂务公开的运行质量进一步提高。配合集团党委制定了《集团进一步深化厂务公开的实施意见》；下发了357份职工评鉴表，对集团厂务公开综合评价满意率、基本满意率为98.8%。(3)进一步弘扬先进，提升职工素质。广泛开展“远学李斌、许振超，近学身边劳模先进”活动；组织“企业精神大讨论”；开展技术练兵、比武和拜师学艺活动；集团工会设立了中高级技术人员专项教育培训奖励基金。(4)开展征集“金点子”活动。征集到51条合理化建议，其中较有价值的6条建议被评为“金点子”。(5)落实各项帮困措施，做好企业稳定工作。在全集团推进构建帮困救助活动公示制度，已有28家基层单位实施了帮困救助活动公示制度，建制率达82%。各基层落实助学帮困3619人次，总金额84.89万元；继续做好节日期间帮困送温暖活动，共慰问困难职工5822人次，慰问金额171.8万余元；集团工会设立了100万元再就业专项培训基金，并制定了《集团工会职工转岗就业培训基金管理条例》；组织职工参与第八次“8.15”爱心捐献活动，捐款174万元。(6)推进进城务工人员入会工作。召开进城务工人员入会工作研讨会；下发《关于做好进城务工人员加入工会组织工作的实施意见》、《上海国际港务集团进城务工人员入会工作暂行规定》，吸收6431名进城务工人员加入工会组织。(7)加强工会组织自身建设。举办了“学习贯彻全总十四大精神，推进集团工会工作”专题工运论文发布会；与市工会管理干部学院联合举办了2期部门工会主席培训班。 (张晨琦)

中国海员工会上海长江轮船公司委员会

主　席
徐志梅

【概况】 上海长江轮船公司工会辖有基层工会12个，工作机构设办公室、组宣民管部和生产生活女工部。(1)以促进企业发展为主线，调动和发挥广大员工的积极性。一是围绕发展主题，继续深入开展以“营销杯、质量杯、创新杯、安康杯”为主要载体的系列劳动竞赛和合理化建议活动。二是深化职工素质工程，开展创建“学习型红旗船舶(班组)、争当学习型先进职工”活动，树立了衢海轮、周德池等一批“创争”先进典型；举办了文化技能节和岗位规范操作技能比赛；开展争先创优评比活动，组织评选公司“双十佳”。三是加强职工劳动保护，开展船舶(班组)安全竞赛，组织职工代表开展安全巡查。(2)以构建和谐企业为目标，切实履行代表和维护职工权益的职责。一是坚持和完善职代会制度，制定了《关于进一步规范和健全职代会制度的通知》。二是进一步深化集体协商和集体合同制度，集体合同到期续签率100%；开展了集体合同履约情况督查活动。三是推进厂务公开，组织了厂务公开大检查和职工问卷调查；召开了厂务公开工作推进会，制定实施了《关于进一步推进和深化厂务公开工作的意见》和《厂务公开工作考核办法》。(3)以维护企业稳定为重点，扎扎实实为职工办实事。一是积极推动两级职代会确定的实事项目的落实，制定了《关于认真贯彻职代会精神，进一步加强服务基层、服务职工，努力为职工办实事工作的意见》，并通过职工代表巡查加强过程监督。二是扎实开展帮困送温暖活动，“下百家基层、访百户职工”送温暖活动继续深入开展，走访慰问300多人次；对73名特困职工子女发放助学金5.51万元；对21名患大病、丧失劳动能力的特困职工实行每月定期补助；公司近98%的在职和退休职工参加市总医疗互助保险。三是推进职工文化体育设施建设，建立了上海长航职工乒乓球俱乐部、上海长航青年公寓文化健身俱乐部；帮助营运船舶建立文化室、活动室，并配备了书籍和150多件健身器材；安排1570名职工进行了健康体检。(4)以改革创新的精神推进工会自身建设。一是公司工会建立了联系基层、船舶工作制度和工会干部每周走访困难职工家庭制度。二是成功召开了公司工会第九次代表大会，选举产生了新一届工会委员会。

(黄铁明)

上海市运输工会

主　席
黄伟建

【概况】 上海市运输工会有基层工会93个，工会会员28406人，其中，女会员5643人。工作机构设办公室、宣教部、保障部、事业部及女职工委员会和退休职工委员会，所属事业单位有交运俱乐部、松江休养院和青浦休养院。(1)加强政治理论学习。突出学习科学发展观和党的十六届三中、四中全会精神，召开直属单位工会主席专题座谈会；组织两级工会就“加强企业改革改制中的工会工作”等专题进行研讨。(2)主题竞赛紧扣以人为本，全面发展要求。组织开展以“争当新人，争做新事，争创新业绩”为主题的立功竞赛活动，强化竞赛的全过程管理，做到年初抓发动指导，年中抓督查落实，年底抓成果发布，全年抓竞赛考核。开展“百人创新行动计划”，召开现场推进会；开展汽车维修、汽车驾驶高级工技能竞赛，116名职工技能上高等级；培育首席员工200名，岗位技术能手457名。(3)民主管理工作紧贴企业改革改制的热点难点。一是加强职代会制度建设，深化厂务公开民主管理工作，召开推进厂务公开民主管理工作会议，编印厂务公开民主管理经验材料下发基层。二是进一步深化平等协商和签定集体合同工作，成立平等协商议事组，与集团行政进行了第三次集体协商。(4)组织建设紧随形势发展需要。召开了第八次工会代表大会，选举产生了新一届工会委员会。制定和完善了工会会议制度、议事制度和财务管理等制度，在直属单位中实行办实事工作和工会工作评估考核制度。组织600人次工会干部进行了法律政策、业务知识、健康保健等培训。指导公兴搬场公司等单位举行了民工入会仪式，吸收民工入会640名。(5)切实履行基本职责，为职工办实事。发出了关于各级工会为职工办实事的倡议书；通过平等协商、集体合同、公示等形式，落实实事项目、经费和责任人；各单位全年共完成实事167件；家访慰问1536人次，帮困送温暖5878户，给付帮困慰问金、慰问救助物资133.29万余元；为近3000名女职工投保了市女职工医疗保障团体计划。(6)大力弘扬先进典型。加大对劳模的宣传力度，举办“学习李斌先进事迹报告会暨交运劳模论坛”；编印《劳模精神企业魂》专集；制作《企业魂》光盘到基层巡回播放；重视劳模培育工作，制定了《关于做好劳模先进中长期培育工作的通知》。(7)推进诚信建设，塑造企业形象。组织开展“诚信在交运”优质服务竞赛活动，全系统54个服务窗口、43个岗位报名参加，利用局域网组织了优质服务竞赛网上交流会，评出交运集团“十佳”服务窗口、“十佳”诚信示范岗及优秀组织奖；开展了“轮渡杯”精神文明“十佳”好事评选和“联运杯”班组新招发布会。 （顾见华）

中国邮电工会上海市邮政委员会

主　席
沈　华

【概况】 中国邮电工会上海市邮政委员会（简称上海邮政工会）现有基层工会41个，工会会员18853人，其中女会员7856人。工作机构设办公室、组织宣传部、基层工作部和权益保障部。(1)围绕企业中心，深化劳动竞赛。配合行政开展了邮政汇兑业务和“爱我邮政，刷我绿卡”劳动竞赛；开展了“安康杯”劳动保护竞赛，39个直属单位参加，召开了竞赛活动推进会；开展了以“营销争达标，活动创特色”为内容的“营销员之家”竞赛活动。(2)注重提升职工技能素质。制定下发《2004年度深入开展“万名职工业务技术大练兵”活动的实施意见》；组织实施了计算机操作人员汉字输入及操作技能达标工作；举行了窗口人员计算机汉字输入操作大赛、营销业务知识和营销业务技能操作比赛和营业支局长业务技能操作比赛。(3)宣传劳模，弘扬先进。组织以许振超、李斌先进事迹为主题的大学习、大讨论；开展了“赞上海邮政风采、颂先进劳模精神”征文和演讲活动，组织上海邮政先进劳模事迹报告团到各基层单位进行巡回演讲；以表彰劳模为契机，建立了先进劳模联系制度，对劳模和在邮政工作满25年以上的投递员、押运员颁发了荣誉奖章；举办了以“展绿衣风采，创邮政辉煌”为主题的上海邮政第二届职工文化艺术节。(4)加强民主管理。以企业经营发展和安全生产为主题组织了职工代表巡视检查；开展了局务公开民主管理工作调研检查活动，举行了“局务公开与企业管理”成果发布。(5)深化帮困送温暖工作。建立了376名困难职工档案，并落实专人动态跟踪管理；日常帮困救助和定期帮困救助金额172.5万元，救助困难职工4950人次。(6)促进工会工作制度化、规范化。制定了《基层工会创建“先进职工之家”实施办法》，建立了《工会重大财务事项报告和联系制度》、《限期处理、解决重大信访问题的承诺制度》。 （陈千涛）

中国移动通信集团工会上海市委员会

【概况】 中国移动通信集团工会上海市委员会（简称上海移动通信工会），下属16个一级工会，20个二级工会，会员4476人，其中女会员2148人。工作机构设基层工作部、权益保障部、办公室。(1)健全和完善民主管理制度，搭建沟通参与平台。一是健全职代会制度。召开了公司一届五次职工代表大会，收

主　席
张新康

到职工代表提案 88 条，处理满意率 86%；按民主程序组织职工代表对《公司薪酬管理办法》和《劳动用工管理办法》，以无记名投票方式予以审议表决。二是开展平等协商。召开公司行政工会第三次集体协商会议，针对集体合同履行过程中需要完善的五个方面和个别条款进行协商，达成共识。三是深化公司层面的司务公开工作，建立"司务公开"网上公开的渠道。(2)围绕企业发展大局，搭建经济创新平台。一是开展劳动竞赛和"创新、献策、增效"合理化建议活动，并协助计划部门对公司合理化建议流程和实施细则进行修订和完善。二是组织新业务知识竞赛，下发《上海移动"新业务知识竞赛"实施细则》，制定阶段目标，以新业务知识竞赛，促进岗位技能的提高。三是开展星级班组创建，评选出三星级班组 22 个、二星级班组个 26 个、一星级班组 47 个。(3)围绕员工综合素质的提高，搭建文化展示平台。一是举办第二届职工文化艺术节，以移动之韵、团队之彩、员工之秀 3 个板块，充分展示员工的艺术才华。二是参与精神文明"十佳"好事评选，弘扬公司文明新风。(4)深化帮困送温暖。开展"献爱心、一日捐"活动；组织 2028 名员工健康体检。(5)加强工会自身建设。进一步完善职工之家考核评比；落实每月工会主席巡回联系日制度；在年底开展了会员意见征询调查，员工对工会工作的满意率 93.8%，对各直属工会的满意率 92.9%。（徐莉萍）

中国电信集团工会上海市委员会

主　席
陈鸿生

【概况】　中国电信集团工会上海市委员会(简称上海市电信工会)辖 70 个基层工会，代管外商投资企业工会 11 家，会员 25568 人，其中女会员 8608 人。电信工会总部设权益维护部、组织宣传部、经济工作部和办公室。工会坚持用"三个代表"重要思想和科学发展观统领工会工作，以积极创新的姿态开展工会各项活动。工会依法代表和维护职工的合法权益，促进建立企业和谐、稳定的劳动关系。工会坚持以职代会为基本形式的民主管理，积极与行政就涉及员工发展、福利保障事项进行平等协商，签订集体合同。工会围绕企业中心工作，积极开展劳动竞赛、合理化建议、岗位练兵和技能比武活动，组织职工代表对安全生产和劳动保护进行巡视，组织劳动保护培训。工会对困难员工实施帮困送温暖，组织员工健康体检、疗休养。注重丰富员工业余文体生活，提高企业文化氛围。（朱东亚）

中国海员工会交通部东海救助局委员会

主　席
吴世昌

【概况】　东海救助局工会下辖厦门、福州、温州、宁波、连云港、上海 6 个救助基地和上海高东救助直升机场等 11 个基层工会，会员 841 人，其中女会员 82 人。工作机构设综合办公室。(1)加强工会组织建设。开展老会员会籍恢复和新职工入会工作，已办理会员登记 856 名，占全局职工的 97%。帮助符合条件的基层工会全部审办了工会法人证书。建立健全了女职工委员会、经费审查委员会、职工医疗互助保障会。制定了工会岗位责任制和工委会会议制度，建立了工会招待费向工代会报告等一系列制度。广泛开展建家活动，合格职工之家创建率 100%，有 4 个单位评为先进职工之家。(2)抓好技能培训。组织海空立体救生、军事训练、消防演习、医疗急救、潜水作业等救助业务领域的职工大训练活动，促进职工技能升级。(3)认真履行帮困扶贫"第一责任人"的职责。开展帮困工作，慰问补助困难职工 80 人次。建立了职工医疗互助保障制度，并制定了《职工互助医疗补充保险试行办法》，落实了 28 名患大病住院职工医疗互助保障的给付。(4)抓好安全月活动和"安康杯"竞赛。制定了《对事故隐患进行登记建档，实行目标跟踪监督管理的实施细则》和《东海救助局工会劳动保护监督检查工作条例》。（陈亚锋）

中国海员工会上海航道局委员会

主　席
于卫良

【概况】　中国海员工会上海航道局委员会下辖基层工会 13 个，会员 5901 人，其中女会员 532 人。工作机构设办公室、劳保部、生产部、宣传部。(1)围绕企业发展大局，以抓争创"优秀公司"为龙头，开展"三创、三重、三提高"立功竞赛，有 4 个单位获"上海市重点工程实事立功竞赛优秀公司"称号。(2)实施职工素质工程，进一步深化创建学习型组织活动。创建活动做到与读书活动、技术创新活动、立功竞赛活动、岗位培训工作相结合。(3)拓宽职工参与民主管理渠道。一是以提案处理为抓手，发动职工群众共同参与，职工代表提案60%得到落实解决。二是坚持企业改制方案必须提交职代会审议，坚持改制方案等重大事项必须向职工公开，建设"阳光工程"，深入推进企务公开。(4)突出工会维护职能，坚持在深化改革中，推动形成多层次的劳动关系协调机制，做好帮困送温暖工作。(5)加强自身建设，与局党群各部门组成调研小组深入基层，广泛调研；开展学习培训，局、基层工会干部坚持双休日一天学习制度。（汪正林）

中国海员工会中港第三航务工程局委员会

主　席
徐以力

【概况】　中国海员工会中港第三航务工程局委员会辖有基层工会14个，职工7282人。会员6577人，其中女会员854人。工作机构设办公室、经济民管部、宣传文体部。(1)推进工会学习型团队建设。组织工会干部专题学习了党的十六届四中全会《决定》；以"贯彻落实科学发展观，不断创新工会工作"为主题组织开展工会主席论坛活动。(2)组织职工投身重点工程建设。组织召开了重点工程立功竞赛务虚会，重点工程立功竞赛规划发布评审会。(3)继续推进职工素质工程。以上海分公司安装处建设学习型团队为典型，大力倡导创建学习型组织活动。深化振兴中华读书活动，工会送书到班组，举办各类培训班41期，培训人数2000余人次。举办了三航局第十一届职工技术操作运动会，组织测量、试验、架子工等3个紧缺工种进行了技术比武。(4)进一步落实职代会制度。职代会共收到代表提案66条，其中立案30条。局和基层两级职代会对65名领导班子成员进行了民主评议。配合局安全处组织了首次职工代表安全检查活动。(5)做好困难职工的日常帮扶工作。专题召开了职工保障专题工作会；家访慰问960人次，帮困金额34.7万元；困难补助2030人次，困补金额40万元。(6)探索外来务工人员的维权工作。新组建了2个劳务工工会，共吸纳504名进城务工人员加入工会组织。(7)参与企业文化建设。以班组和项目部为载体在职工中广泛宣传三航企业文化建设纲要；结合局庆50周年，举行了"我与三航50年"职工文学作品征文活动，编辑了《风云50年》专集；组织举办了局第九届"青工杯"足球赛；举办了第十九届精神文明"十佳"好事推荐评选活动。（唐钧达）

中国海员工会中远集装箱运输有限公司委员会

主　席
房迪坤

【概况】　中国海员工会中远集装箱运输有限公司委员会（简称中远集运工会）隶属中国海员工会中国远洋运输集团委员会，辖有28个基层工会，会员15956人，其中女会员2684人。机构设综合宣教部、组织劳保部。(1)立足依法维护职工合法权益，围绕"如何在主辅分离、辅业改制中发挥工会作用"专题开展调研。(2)开展"创建学习型组织、争做知识型职工"活动。组织职工技能选拔赛，在集团职工技能竞赛中，取得团体总分第二；组织6000多名职工参加"安康杯"知识竞赛；举办船舶劳动保护检查员培训班，501人参加了培训。(3)坚持职代会制度，保障职工民主权益。召开公司四届二次职代会，征集处理职工代表提案14件，民主评议干部49人。召开3次职代会联席会议，审议通过了《中远集运"兴运项目"组织架构重组方案》。组织职工代表对公司集体合同履行情况，职代会决议落实情况，重大改革措施执行情况进行巡视检查。(4)开展帮困结对"多助一"助学活动，同33名特困家庭的子女结成帮困对子，并签订《中远集运帮困助学"多助一"工作协议书》。组成11个慰问组，对福建、江苏、安徽、河南、天津5个省市57个县(市)472户船员家庭进行慰问。

（钱　华）

中国海员工会中波轮船股份公司委员会

主　席
夏立建

【概况】　中国海员工会中波轮船股份公司委员会（简称中波轮船公司工会）下属陆上企业工会6家，员工1365人。会员1288人，其中女会员91人。(1)在员工中开展以"开拓创新，加强管理，力争实现'二个一'目标"（航运主业营收达到一亿美元、利润达到一千万美元）为主要内容的劳动竞赛。结合船舶工作特点，开展岗位练兵和技术比武；组织员工参加"安全在我身边，降本增效从我做起"活动；完善工会安全检查监督工作网络，坚持下基层检查考核制度。(2)修订《凝聚力工程实施细则》，加大送温暖工作力度。开展困难职工情况的调查，做好帮困扶贫；元旦、春节和节假日，慰问员工家庭145户；补助离退休职工、困难职工75人次，补助金12.8万元；对困难职工子女就学资助30余人次,金额2.5万元。(3)加强工会自身建设。一是加强对基层工会的指导,修订了《中波公司陆上企业工会工作条例》和《陆上企业工会工作考核表》。二是发放了新会员证,进行会籍登记。三是抓好信息员队伍建设,制定《中波公司信息员工作条例》,对信息工作实行量化考核。 (朱卫平)

中国海员工会上海海事局委员会

主　席
吴锦红

【概况】 中国海员工会上海海事局委员会辖有基层工会19个。会员2730人,其中女会员237人。(1)结合局新三年发展战略目标,开展形势任务教育。结合完善航标管理机制改革,局工会深入基层,调查研究,了解职工的思想动态,及时向党政反映,表达好职工的利益需求。(2)在航政部门中推行以处务公开为主要形式的民主管理制度,确保职工对改革的知情权、参与权、选择权和监督权。(3)围绕"创新兴局、科技强局"的发展方针,制定职工素质工程的阶段性目标和实施计划,规范工作机制和工作程序。配合职能部门组织各类职工培训班22期,参加职工1000余人次。举办了船舶安检人员、法规员和信息员技术比武。配合《行政许可法》的颁布实施,会同有关处室举办了《行政许可法》知识竞赛。开展了"远学许振超、近学闪光点"的活动,形成崇尚先进、学习先进、赶超先进的良好氛围。(4)坚持为职工办实事,建立特困人员档案,完善帮困工作制度,开展帮困送温暖活动。家访慰问341人次,帮困总金额15万余元;组织1673名职工体检;修订了《上海海事局退休职工管理办法》。(5)加强工会自身建设。坚持局工会和基层工会主席学习活动日制度;制定了《上海海事局工会工作办法》,健全工会工作制度,规范工会工作程序。 (朱卫平)

上海市锦江航运有限公司工会

主　席
陆荣鹤

【概况】 上海市锦江航运有限公司是从事国际集装箱运输的国有企业,归口上海市国资委管理。现有职工305人,其中女职工20人。会员305人。(1)加强职业道德建设,提高职工整体素质。开展"荣誉、命运、利益共同体"的公司理念教育,实施"以人为本、以法管理"企业方针,开展和推广"干事创业、岗位成才"和"创建双文明星级船舶、双文明星级部室"评比。(2)关心职工疾苦,开展多层次全方位的慰问和帮困,把送温暖工作延伸到每个职工的家庭。(3)加大企业民主化管理的力度。建立了集体劳动合同,开展了工资协商,涉及公司前途的重大事项和关系职工切身利益的问题,均由公司职代会全体会议审议通过。每年开展对公司领导干部的民主评议,进行述职述廉评议和信任投票。(4)加强工会自身建设。有针对性地采取各种方式开展工会干部培训教育,提高工会服务船舶、服务基层、服务职工的自觉性。(5)努力为职工办好事、实事。工会每年安排50名职工疗休养;为船舶建立流动图书馆;为船舶工会提供活动经费和健身器材;为每位职工送生日贺卡和蛋糕。(6)大力弘扬先进。每年开展评比"优秀员工"活动,优秀员工均由公司职代会代表投票产生。 (沈荣荣)

中国民航工会华东地区管理局委员会

主　席
樊保田

【概况】 中国民航华东地区管理局工会所辖直属工会有华东6省的航空安全监督管理办公室工会、31个省会机场集团公司和独方运行的机场公司工会及7个上海地区的基层工会。管理局工会的职责是协调工会关系,指导工会工作。民航上海地区现共有会员3362人,其中女会员1450人。(1)加强工会组织建设,理顺工会关系,健全完善工会组织体系。在上海召开了第三届一次全委(扩大)会议,根据联合制、代表制原则,会议选举产生了中国民航工会华东地区管理局第三届委员会。管理局工会注重加强民航改革、民航直属机场下放地方后的工会组织建设工作,帮助指导华东6个省的航空安全监督管理办公室建立健全工会组织,理顺了民航产业工会与属地化管理的企事业单位工会组织关系。(2)加强民主管理,坚持完善职代会制度。调整、充实了管理局厂务公开领导小组成员,推进了机关政务公开活动的开展。(3)广泛开展形式多样的文体活动。组织职工庆"七一"、迎"十一"大型文艺汇演;组织机关百名干部参加以"勇攀新高峰"为主题的登山活动。(4)开展了"安康杯"竞赛活动。(5)认真组织了各类先进评选。通报表彰了管理局先进集体10个、先进工作者11人、先进工会工作者7人、先进工会集体9个。(6)做好"冬送温暖、夏送清凉"活动。春节前夕,全局上下共筹款95万元,深入一线慰问基层职工,看望重病、孤老及离退休人员300

余人；为职工办理大病理赔保障金1.4万元；组织全局女职工参加了全国民航工会的“民航女职工大病互助基金”，共募集互助金12.5万元。（7）加强职工技协工作。健全、完善基层技协组织，培训技协干部21人次，推荐上报上海市职工技术创新成果2项。

（刘敬华）

中国东方航空集团公司工会

主　席
钟　雄

【概况】　中国东方航空集团公司工会所辖直属工会14个，基层工会51个（其中上海市38个，外省市13个），分会4161个。工会会员27188人（上海地区9764人），其中女会员8850人（上海地区3394人）。（1）加强改革重组中的工会组织建设。召开了集团工会一届二次全委扩大会议，部署全年工作。随着集团辅业板块的相继组建，集团工会指导所属单位适时建立了工会组织。（2）加强民主管理，开展职工权益调研。东航股份公司工会召开了四届一次职代会，从代表的112件提案中整理出47份，会同有关部门将处理意见通报答复，并在局域网工会栏上发表。（3）组织开展“创争”知识竞赛活动，各级工会组织职工踊跃参加。（4）关心困难职工，做好慰问工作。元旦、春节期间，走访慰问了生产一线员工、离退休老干部和困难职工，行政和工会共拨款26万，用于慰问工作。东航集团和股份工会共支出慰问款14.43万元，慰问上海地区参加无偿献血的481名职工。经集团工会一届二次全委扩大会议讨论通过并报集团党组同意，下发了《关于设立并起动职工特种重病互助金项目的通知》。（5）组织参加“安康杯”竞赛活动。与安监部联合召开了“安康杯”经验竞赛交流会，并将经验材料汇编成册下发到班组。（6）开展文体活动。举办了东航集团第二届“春燕杯”网球比赛，民航华东地区钓鱼比赛和第五届职工书画影展。

（贺　晔）

上海机场（集团）有限公司工会

主　席
蔡　军

【概况】　上海机场（集团）有限公司工会所辖模块工会4个，直属工会4个，模块公司工会下属投资企业工会8个，基层（分公司、部门、机关）工会19个，工会会员10636人（其中劳务工会员4962人）。（1）推进企业民主管理。坚持以职代会为基本形式的企业民主管理制度，坚持职代会闭会期间常设机构日常工作制度，代表团长联席会议制度和职工代表恳谈会制度，形成了组织和工作体系的网络化。开展厂务公开民主管理工作情况的调研检查，组织职工代表对集团厂务公开工作进行测评，职工代表综合评价满意和基本满意率为98.5%。（2）做好劳务工入会工作，维护职工合法权益。与行政有关部门召开了进城务工人员加入工会组织的研讨会，建立了工会为主、行政有关部门协助的管理机制。发展劳务工会员4962人，入会率达94%。（3）组织多种形式的岗位练兵活动和劳动竞赛，广泛征集职工岗位格言和合理化建议。（4）以“安康杯”劳动保护竞赛活动为抓手，搭建安全生产劳动保护的平台，提高竞赛活动的质量和实效。（5）丰富职工文化生活。以推动全员健身为目标，在虹桥机场设立了职工活动中心，组织开展了“我和2008奥运”活动方案征集和“爱我机场”作品征集活动；举办了职工羽毛球赛、篮球赛、网球赛。（6）开展送温暖工作。组织集团职工参加医疗互助保障计划，为2871名职工办理大病重病保险；全年各级工会慰问困难职工400多人次，困难补助金额30万元；上海机场开展了“蓝天爱心计划”，募集善款44万余元。（陆敏峰）

上海航空股份有限公司工会

主　席
钱怀民

【概况】　上海航空股份有限公司工会辖有基层工会8个，工会会员5023人。（1）组织开展了“百日正点安全竞赛”活动和主题为“以人为本，安全第一”安全生产月活动。举办《工伤条例》知识培训班；开展安全消防演练；会同有关部门对公司的安全生产关键节点进行安全生产大检查。（2）结合“争创学习型企业，争做知识型职工”活动，组织开展多种形式的劳动竞赛、技术练兵和提合理化建议活动。推出了一批营运保障、优质服务、增收节支、改进工艺、改进流程的QC项目成果；发出了开展增收节支活动的号召，提出了“我为上航节约每分每厘”倡议。（3）深入开展“建、创、做”活动。召开了劳模先进表彰大会，以先进示范，典型引路；结合班组建设实际，编写了《班组建设》培训教材，培训了24名班组长；对班组“建、创、做”工作进行了年终检查和分类指导。（4）深化民主管理，民主审议通过了《企业年金试行方案》、《建立企业年金的补充规定》。（5）开展丰富多彩的职工文体活动。举办“上航杯”上海市知名企事业单位乒乓球联赛；发挥好虹桥基地图书馆的作用,在浦东机务基地新开设了图书分馆。(6)深入开展帮困送温暖。慰问困难职工700人次;为云南德宏州梁河县上航中营博爱小学助学帮困240名学生。（郭建平）

上海市建设工会

主　席
周　炜

【概况】 上海市建设工会现有直属单位(包括部属企业)36个,职工12530人,其中女职工3501人。会员9514人,其中女会员2717人。(1)以评选劳模为抓手,通过座谈会、报告会等多种形式,在职工中开展学劳模、学先进教育活动。(2)动员和组织职工在上海的经济发展和城市建设、城市管理中发挥工人阶级主人翁作用,以立功竞赛活动为载体,组织职工在重大工程建设中建功立业。(3)坚持贯彻落实“组织起来、切实维权”的总体要求,以职工利益代表者和维护者的身份,全力推进维权机制建设。一是建立了建设系统劳动关系三方协商会议制度。二是成立上海市进沪建筑施工企业工会工作促进会。三是开展“职工最满意企业”评选活动,让职工当评委,培育职工主人翁精神。(4)坚持以改革和创新精神加强和改进工会自身建设。一是深化建家工作,召开深入推进职工之家建设现场交流会,以典型示范,在基层工会全面开展职工之家创建活动。二是开展创特色活动,评选特色成果,不断增强基层工会组织活力。三是组织工会干部“中国注册策划师资质认证”、“创建学习型组织”、“集体合同规定”等专题培训学习,提高工会干部综合能力。(5)坚持以科教兴市和提高职工队伍知识化进程为战略任务,深入推进职工素质工程。在基层职工中全面开展“职业精神网上论坛”优秀论文评选,汇编成书发到职工中宣传学习。(6)坚持开展帮困送温暖活动。开展困难职工情况调查,组织捐赠活动、帮困助学活动,真心实意为职工办实事、做好事、解难事。（汪建然）

上海建工(集团)总公司工会

主　席
肖长松

【概况】 上海建工(集团)总公司工会辖直属工会23个,职工79699人。会员78371人,其中女会员6206人。(1)服务大局,建功立业活动进一步深化。开展了“战略机遇期与集团可持续发展”大讨论。围绕重大工程建设,在公共卫生中心、上海国际赛车场、上海铁路南客站等重大工程工地组织“精品杯”立功竞赛,并召开“双献五小合理化建议”现场经验交流。加大素质工程建设力度,共完成各类职工教育培训49487人次。(2)源头参与,民主管理途径进一步拓展。制定了《上海建工(集团)总公司基层职工(代表)大会质量评估制度》。提出了以推进职工满意企业建设为抓手的厂务公开工作新要求,制定了集团评选“职工最满意企业”的12条标准。(3)加强调研,配合集团开展的“高兴放心”活动,组织了职工思想状况调研,会同人力资源部对职工工资水平进行调查统计,提出关于制定“集团在岗职工最低工资标准”的平等协商议题。组织了职工劳动保护落实情况的检查督促和企业平等协商、集体合同履行情况的中途检查。集团工会还以“托起明天的希望”为倡导,组织总公司处室与22名特困职工子女结对助学。(4)抓好组建,基层工会组织进一步发展。下发《关于进一步做好进城务工人员组建工会工作的意见》,运用直接吸纳、团体入会、组织挂靠和成立项目联合工会等形式,顺利完成41534名进城务工人员入会任务,被评为上海市工会组建工作先进单位。集团工会下发《关于深入开展创建职工之家活动的实施意见》等文件,进一步明确新形势下工会自身建设的新要求。（乔　瑜）

上海市市政工程管理局工会

主　席
余忠兴

【概况】 上海市市政工程管理局工会辖直属工会18个,基层工会29个,会员5707人。(1)突出维护职能,加强规范化、制度化建设。局工会下发文件,规范企业转制工作中的民主程序,维护职工的合法权益。开展了关于厂务公开工作“好制度、好案例、好论文”征集活动,将16篇文章汇编成册。开展劳务工入会工作,全局共接纳800名劳务工入会,占劳务工总数的80%。(2)服务大局、深化竞赛活动。根据市政工程建设任务,设立市政综合、中环、高速和越江等4个赛区,竞赛活动坚持重考核、重过程、重管理、重宣传、重典型。举办了市政道路服务窗口技术操作比赛、安全月活动、“百日无事故”竞赛和为排堵保畅献“金点子”活动。(3)加大宣传力度,推进职工素质工程。开展了市政局(行业)职工精神文明“十佳”好事评比,其中5件好事选入上海市职工精神文明百件好事。深化“建、创、做”活动,从以一线生产班组和施工班组为重点,逐步转到一线管理班组和管理科室。局女职工委员会组织了3次知识讲座,170余名女职工参加。(4)切实关心职工,营造帮困送温暖机制。全局有14109名职工参加“一日捐”活动，捐款39.7万元；发放帮困金16.5万元；发放公惠医院帮困治疗卡46张；各级退管会慰问1013名退休职工。（5）注重自身建设。帮助和指导5个局属单位工会换届改选；平稳做好燃气主体单位、城建集团工会移交工作；开展理论研究，完成6个调研课题；做好市政政务网上传信息工作，上传信息157条。（经根宝）

上海市城市交通管理局工会

主　席
李介麟

【概况】 上海市城市交通管理局工会辖有集团公司工会4个，直属单位工会11个，基层工会72个，职工102234人。工会会员96827人。（1）突出维护，服务大局。研究制定局职代会和民主管理评估考核办法，下发《职工民主管理工作评估制度的实施意见》。与局纪委联手开展厂务公开工作检查，开展进城劳务工维权问题的专题研讨，完成了劳务工入会考核指标。开展劳动保护调研，召开劳动保护工作会议，表彰“安康杯”竞赛和“绿十字奖”先进集体和个人。征集职业安全生产格言警句，配合安全部门对安全生产隐患开展检查，提出整改意见。（2）抓好职工素质工程。下发《交通局2004年职工素质工程分步实施意见》，明确全年任务和量化指标；召开局提升职工素质工程表彰交流会；组织“我为世博添光彩，我为岗位作贡献”十佳好事实例评选；举办“强素质，树形象，我为交通添光彩”交通职工素质工程论坛；做好职工读书指数调查，开展了“我与交通行业同成长”读书征文活动；局女职工委员会组织了太原、哈尔滨、牡丹江、上海四城市公交巾帼文明示范岗交流活动；局女职工周末学校开通了女性成长专版。（3）坚持为职工办实事、做好事，抓好帮困送温暖。组织开展“一日捐”活动，全局帮困慰问21168人次，帮困金额688万元；局工会从历年结余经费中拨款10万元，建立困难劳模帮困基金；制定《交通局工会意外事故互助保障办法》，对驾驶员因交通事故和乘客伤害死亡开展慰问；强化电脑管理，建立帮困网络；将各基层帮困送温暖的先进材料汇编了《建立机制、健全网络、情系职工》专集；关心劳模，请专家为劳模体检。

（姬承云）

上海申通集团有限公司工会

主　席
胡洪威

【概况】 上海申通集团有限公司工会辖有4个基层工会，现有职工374人。工会会员374人，其中女会员93人。2004年6月根据沪府[2004]22号文精神，集团公司重组改革，工会组织进行了调整充实。（1）在员工中开展树立和落实科学发展观教育，提高员工对上海“科教兴市”战略的认识。（2）建设企业文化，成立了员工合唱队、舞蹈队、开展形式多样的文体活动。（3）一手抓工会组建，一手抓作用发挥，通过民主选举，配齐配好工会干部，制定了工作制度和工作职责，细化责任目标，使重组改革后的工会工作出现了新局面。（4）开展以职代会为基本形式的民主管理，召开职工代表大会，畅通民主管理渠道，发挥职工参与企业发展的积极性。（5）建立了企业帮困网络，为发生突发不幸事件的员工，及时伸出援助之手。（李君俊）

上海市城市建设投资开发总公司工会

主　席
童素正

【概况】 上海市城市建设投资开发总公司现有工会组织18个，其中直属工会5个，工会会员644人。（1）配合党委深入开展“让人民高兴、让党放心”主题活动，为企业发展营造良好氛围。（2）制定发展规划，组织职工献计献策，把员工积极性凝聚到公司新一轮发展中去。（3）开展丰富多彩的职工文体活动，举办“高兴、放心——让都市生活更美好”金秋歌会、“银企合作”联谊会、“城投—国开行”乒乓球联谊赛、城投足球邀请赛等群众性文体活动。（4）培育和宣传先进典型，开展“十佳”员工先进事迹宣传，营造“学、比、赶、超”先进典型的良好氛围。（5）加强企业民主管理，建立领导干部述职和职工民主评议领导干部制度。

（包征敏）

上海市房屋土地资源管理局工会

副主席
王志兴

【概况】 上海市房屋土地资源管理局有直属基层工会17个，职工2334人，其中女职工736人。工会会员2076人,其中女会员625人。(1)推进职工素质工程,注重职工队伍综合素质的提高。深入开展职工读书活动和“创争”活动,组织了职工业务知识培训、岗位练兵、技能比赛和优质规范服务达标竞赛,并编写了《为了百姓的安居乐业——上海市房地资源系统劳模风采录》。(2)认真履行维权职能。一是推进民主管理,下发了《关于深入推进局属事业单位内部事务公开、加强民主管理工作的意见》。二是关心职工生活,全年慰问困难职工35人次,金额2.2万元;发动职工“一日捐”,爱心捐款5.8万元。(3)抓好工会组织建设。指导4个单位工会换届选举;帮助2个事业单位建立了工会组织;全局18个事业单位和局机关全部建立健全了工会,在职职工入会率达到100%;对符合条件的296名进城务工人员办理了入会手续。 (饶 斌)

上海建筑材料(集团)总公司工会

主 席
王嘉余

【概况】 上海建筑材料(集团)总公司工会辖有基层工会42个,职工16897人。工会会员16198人,其中女会员4475人。(1)围绕集团中心工作,开展建功立业活动。发动职工提出合理化建议628条,总结推广先进操作法5项,为企业降本节支500多万元。组织16家企业参加市重点工程实事立功竞赛活动,参与轨道交通及洋山深水港等30多项重大工程项目建设和配套服务,涌现3个优秀公司、4个优秀集体、2名建设功臣。(2)加强职代会制度建设,提升企业民主管理水平。起草《关于上海建材(集团)总公司所属国有及国有控股企业在改革、改制和调整过程中切实维护职工合法权益的意见》,经行政与工会双方平等协商后下发至司属单位,规范程序,依法操作。(3)加强工会法律监督,提高依法维权水平。开展《工会法》执行情况的检查;指导企业开展工资集体协商;组织集团职工工资情况调查;会同有关部门开展职工劳动保护状况的联合检查;参与集团新建、改建、扩建项目论证。(4)关心职工生活,切实为广大职工办实事。组织开展“一日捐”活动;组织集团党政领导与困难职工子女结对助学活动;加大帮困力度,扩大助学规模,各级工会发放各类帮困金103万元,受助职工4942人次;落实各项互助医疗保障计划的参保和续保工作。(5)抓好工会组织建设。完成12家基层企业工会换届改选和组建工作;发展2590名进城务工人员加入工会组织。 (沈培荣)

上海海洋石油局工会

主 席
张新民

【概况】 上海海洋石油局工会辖工会组织11个,工会会员1370人,其中女会员326人。(1)发挥职代会作用。召开2次职代会联席会议,专题讨论审议了有关劳模评选、下岗职工安置及职工住房补贴等涉及职工切身利益的事项。(2)继续开展“建、创、做”活动,命名表彰了一海大队勘407甲板部等13个局文明班组和一海大队奋斗七号大副岗等12个局级文明岗。以推进职工素质工程为契机,开展工会干部业务知识培训,配合有关部门对职工进行了英语、电脑知识培训。(3)关心职工生活。做好帮困和夏送清凉、冬送温暖工作,走访和慰问困难职工家庭、海上作业船只、陆上建筑工地及生产第一线职工。各基层单位为职工安排了身体普查。(4)开展职工文体活动。举行了乒乓球、保龄球、游泳及迎“七一”职工卡啦OK赛;组织成立了上海摄影家协会海洋石油局工业分会,首批有9名职工加入。 (耿卫军)

上海市绿化管理局(市林业局)工会

主 席
徐文发

【概况】 上海市绿化管理局(市林业局)工会所辖基层工会35个,工会小组96个,会员10958人,其中女会员4537人。上海市绿化管理局(市林业局)工会是新组建的工会,于2004年12月20日召开了上海市绿化管理局(市林业局)工会第一次代表大会,大会选举产生了上海市绿化管理局(市林业局)第一届工会委员会和经审委员会。会上,新组建的局工会提出了要切实抓好五方面工作的方针目标,即一要适应新形势、新要求,切实增强做好工会工作的政治责任感;二要积极围绕党政中心工作,充分发挥广大绿化、林业职工的积极性、创造性;三要不断深化职工素质工程,努力建设一支高素质的绿化、林业职工队伍;四要进一步推进民主政治建设,从制度上保证职工民主参与、民主管理、民主监督;五要加强工会组织和工会干部的能力建设,提高工会工作水平。

(王均富)

上海市市容环境卫生管理局工会

【概况】 上海市市容环卫局工会辖有

主　席
徐爱珍

基层工会组织 43 个，职工 6730 人，其中女职工 1979 人。工会会员 6636 人。(1)在行业改革中表达和维护好职工的合法权益。规范职代会操作程序，把握好“事转企”政策落实工作，发挥职工民主参与、管理、监督的作用。(2)围绕行业发展，开展“我为管理献一计，我为发展献一策”活动。(3)深化素质工程。联合市建设和管理委员会、上海绿地集团和新民晚报社开展“绿地杯”上海市市容环境服务“十佳”明星评选活动，在全行业掀起学习明星热潮。结合行业特点，开展以“科教兴市战略为主线、设施建设为基础、便民措施为重点、文明窗口树形象”为主题的立功竞赛活动。(4)在行业改革中，坚持帮困工作不松懈。特困救助、助学帮困和医疗帮困共 1587 人次，金额 44 万元；开展对全系统外来务工人员的专项情况调研，维护特殊群体利益；组织受助学生自编、自导和自演了“献出我们的情、回报我们的爱”联欢会。　（张慧萍）

上海闵行经济技术开发区工会

主　席
沈旅铄

【概况】　上海闵行经济技术开发区工会辖有基层工会组织 28 个，工会会员 4333 人，其中女会员 2457 人。(1)加强工会组建。在 10 家外商独资企业中组建了工会组织，新发展会员 2630 名。(2)维护职工权益。与投资方协商谈判，成功协调了因解除劳动合同、工资待遇、奖金分配等引发的劳动纠纷，接待员工来访 57 起，调处百人以上罢工事件 2 起，协调成功率 100%。在企业中开展了“欠薪”、“欠保”行为查、纠活动，督促企业合法经营，维护了员工的合法权益。(3)开展了《职业病防治法》、《安全生产法》的宣传教育和“安全月”活动。坚持在重大节假日对安全生产的重点单位、重要岗位进行检查，查出事故隐患 46 起，落实了整改措施。(4)开展了“帮困送温暖，人人献爱心”募捐和义卖活动，共募集资金 2.7 万元。慰问了 71 名生活困难和重病员工，救助资金 7.3 万元。(5)组织了开发区第三届乒乓球邀请赛，推动了企业群众性健身活动。　（叶　敏）

上海虹桥经济技术开发区联合发展有限公司工会

主　席
黄健健

【概况】　上海虹桥经济技术开发区联合发展有限公司工会有下属基层工会 4 个，工会小组 36 个，会员 608 人。(1)抓好工会组织建设。一是按民主程序完成了工会换届改选，成立了公司第四届工会委员会。二是开展区域性工会组建工作。公司工会对开发区内近 2000 家中外企业、代表处和跨国公司的工会组织情况展开调查摸底，多次召开座谈会探索适应商贸区特点的工会组建形式。(2)开展爱心捐助活动。组织公司各部室的 100 名职工进行“爱心捐款、帮困助学”，捐款 5.21 万元，支助公司援建的井冈山希望小学。发动职工在盛夏来临之际为虹桥街道孤寡老人安装空调，开展敬老服务。(3)配合公司党政，开展“贯彻落实科学发展观，完善开发区形象”的宣传教育活动和优质服务竞赛。公司工会运用《虹开发物业报》，宣传报道职工先进事迹，推广竞赛活动经验。　（侯秀琴）

上海市水务局工会

主　席
陈美芳

【概况】　(1)坚持职代会制度。开展职工代表培训；抓好职代会提案征集；对领导干部开展民主评议；指导基层实施厂务公开，开展平等协商，签订集体合同。(2)加强基层组织建设。对全局施工单位外来务工人员情况进行了调查摸底，研究和探索外来务工人员入会工作。指导基层深入开展了“先进职工之家”创建活动。(3)开展送温暖活动。发动职工“一日捐”，参加人数 11855 人，捐款金额 36.8 万元，所捐款项全部充实职工帮困互助救济基金会。运用定向帮困、结对帮困、助学帮困等形式，在元旦春节开展送温暖活动，慰问职工 1149 人次，慰问金额 60 万元。高温期间，局工会深入 20 多个基层厂、所、工地、班组慰问战高温的 2000 多名职工。各级工会为职工购买了住院补充医疗保险、女职工特殊医疗保险，建立了职工医疗急救互助基金会。(4)开展以服务为抓手的“五创五提高”立功竞赛活动，各单位制定创优计划，召开推进会、交流会，确保竞赛顺利进行。　（陈美芳）

上海大屯能源股份有限公司工会

【概况】　上海大屯能源股份有限公司

主　席
姚惠兴

工会现有9个基层工会，会员20772人。公司工会设办公室、组织部、民管部、生活女工部、生产保护部、宣教部、法律工作部、财务部。(1)职工素质工程取得成效。党政工联合制定下发了《实施职工素质工程三年意见》。从加强班组建设入手，制定了班组建设实施办法和考核细则。开展了102个工种的岗位练兵和比武活动，有15000多人次参加。推行了班组岗位练兵、一带一技术学习、选树首席技工活动。(2)深化群众经济技术创新工程。职工提合理化建议58000多条；开展各类节支降耗1000余项次；技术创新立项1100多个；1212个自主管理小组开展小改小革活动1400多项次；群众经济技术创新创效益8000多万元。(3)推动维权制度建设。召开了维权工作专题现场会；开展经常性劳动法律监督检查；开展法律宣传月活动，教育职工学法、用法、守法，依法维护自身权益。(4)扶贫解困送温暖机制进一步完善。修订了《"助病、助困、助学"基金管理办法》，出台了新的扶贫解困措施。建立了《扶贫解困信息反馈预警制度》，做到对困难职工实行动态监控、及时预警、救助。做好助学工作，全矿区有601名考入大中专院校的困难职工子女得到资助，资助用款32万元。两级工会走访慰问职工(包括离退休职工)近2万人次，用于"三助"和节日慰问及日常困补的金额200多万元。发动职工为遇突发事件造成困难的15户职工募捐，捐款近20万元。(5)加强群众安全生产工作。抓职工安全教育系列活动；强化职工代表安全巡视力度；参加"安康杯"竞赛；开展家属协管安全工作，给井下一线职工送安全家信和安全嘱托；开展"上标准岗、干标准活、干部无违章指挥、工人无违章作业"活动。(6)民主管理不断深化。开展了新形势下深化民主管理的专题研究；制定了《关于加强和改进民主管理工作意见》、《公司厂务公开实施办法》和《职工代表大会工作规范》3项制度；组织开展了集体合同履行情况自查；深入推进厂务公开，对10个基层单位42个区队进行了厂务公开工作检查。(7)加强自身建设，增强工会活力。采取送出去、请进来的方式加强工会干部培训，矿区300余名工会干部参加了培训；在工会干部中开展"学、创、树"活动；加强调研和理论研讨，组织了3次有针对性的专题调研；召开了深化建家工作交流会。

（王诗合）

上海现代建筑设计(集团)有限公司工会

主　席
姚延康

【概况】　上海现代建筑设计(集团)有限公司工会所辖基层工会15个，工会会员2873余人。(1)完善工会组织体制。召开了集团工会第二次代表大会；规范入会手续，加强会籍管理，新发展会员735人。(2)规范企业改制民主程序。指导和协调6家改制重组的子公司召开了职代会(职工大会)，注重在源头上参与各项政策规定的制定。(3)推进职工素质工程。深入开展以"三抓三出三创新"为主要内容的市重点工程立功竞赛，指导参赛单位有重点、分阶段逐项抓好落实，培育评选先进，营造学赶先进、争当先进良好氛围。(4)培育企业文化，因地制宜开展各种小型多样、群众性文体活动。编发《职工健康手册》；召开了职工文体工作研讨会；开展《企业之歌》征集活动；坚持举办每年一届的职工文化艺术节(健身节)。(5)为职工办实事。落实职工补充医疗互助保障计划，抓好帮困救助工作，开展互助关爱活动。

（谢志群）

中国建筑第八工程局工会

主　席
董勤顺

【概况】　中国建筑第八工程局工会辖有8个子公司工会，9个直属公司工会。基层工会30个，会员23906人，其中女会员2883人。局工会设办公室、生产组织部、女职工委员会。(1)工会组建工作有新突破。制定下发了《关于外施队伍建立工会组织的实施方法》；举办了有各单位工会主席、局有关部门负责人参加的"推进外施队伍建会工作学习班"；贯彻实施了边试点、边推开、边完善、边提高的工作方针，帮助指导4个公司、7个区域公司、71个工程项目部成立了工会联合会，共吸纳外施队伍工会团体会员近3万人。(2)企业民主管理有新进展。一是坚持企业生产经营的重大问题，涉及职工切身利益的重要方案等都提交职代会审议。二是积极推行平等协商、签订集体合同制度，集体合同覆盖面85%。三是坚持推行企务公开制度，以报告会、职工座谈会、公开栏、报纸通讯等形式，通报企业重大事项，听取广大员工的建议和意见，接受职工群众的监督。(3)实施送温暖。指导各级工会建立扶贫济困专项资金；局工会慰问困难职工180人次，发放慰问金9.2万元。(4)开展各项竞赛活动。继续抓好重点工程劳动竞赛；围绕企业的"零工亡"目标，广泛开展"安康杯"和"百日无事故"安全竞赛活动。

（赵有全）

中国华源集团有限公司工会

主　席
张建瑛

【概况】　中国华源集团有限公司现有海内外企业和控股子公司30余家及华源股份、华源发展、华源制药、华源凯马、上海医药等5家上市公司。(1)紧扣集团"开拓创新,整合挖潜,实现利润倍增"的目标,组织广大职工开展"立足岗位,争创一流,呈现价值"立功竞赛。(2)围绕"创学习型组织,做知识型职工"活动,把职工的文化知识学习、职业道德建设同职工技术比武、岗位练兵、技能晋级活动结合起来,组织了钳工、铣工、车工、制图员(CDA)技能比赛。(3)完善以职代会为基本形式的民主管理制度。与工会管理学院联合举办了在沪企业职工代表培训班;建立健全职代会提案制度;帮助指导基层单位推行集体合同制度和完善协商机制。(4)加强基层工会组织建设。抓好工会组建和职工入会工作,工会组建率达到了100%,职工入会率达95%以上;开展了评选先进职工之家、优秀工会工作者和职工之友的活动。　(陈卫中)

上海百联集团有限公司工会

主　席
刘晓敏

【概况】　上海百联集团有限公司工会下属基层工会142个,工会会员36667人,其中女会员17230人。(1)健全组织网络、夯实基础建设。召开了百联集团工会第一次代表大会,明确了今后五年集团工会工作目标和主要任务。(2)依法履行维护职责。结合集团整合工作,探索表达职工诉求的渠道,注重劳动关系协调机制的建立完善,召开了自主决定工资企业工会主席联席会议,就所属国有企业、外商企业签订集体合同情况展开调研。(3)开展群众性生产活动。组织开展了"比服务,比创新,比业绩,争当优秀员工,争做岗位能手"劳动竞赛;"金点子"征集和"开门红"营销等群众性生产活动。(4)深化文明创建活动。围绕集团开展的"爱我百联,建我百联"主题教育,组织职工认真学习《百联员工必读》;组织了"百联职工看百联"的参观活动;举办了"激情在百联"职工文艺汇演;制定了《百联集团有限公司劳模沙龙管理实施办法》,筹备建立集团的劳模沙龙,营造学劳模、比贡献氛围。(5)切实做好帮困送温暖。元旦、春节等节日期间,共组织慰问困难职工近4000人次,发放节日救助款100多万元。会同有关部门开展了下岗困难职工再就业培训;召开了百联集团再就业工作推进大会,宣传再就业典型事迹。　(蒋国鑫)

上海水产(集团)总公司工会

主　席
徐伟俊

【概况】　上海水产(集团)总公司工会辖有基层工会17个,职工9180人。会员9066人,其中女会员2092人。(1)抓好工会组建工作。指导和帮助远洋渔业一、二、三、四号轮和联合部完成工会组建任务。做好进城务工人员入会工作,吸收891名进城务工人员加入了工会组织,入会率达到66%。(2)深入开展劳动竞赛活动。围绕集团经济建设中心,配合行政,开展以"夺高产,创效益,降成本,保安全"为主题的劳动竞赛。(3)开展集团发展规划宣传活动。参与组织编写了集团国资战略规划宣传提纲;组织工会干部和广大职工学习集团国资战略规划;举办了"上海水产之歌"演唱会,宣传集团国资战略规划。(4)弘扬劳模先进精神。召开劳模先进表彰大会;举办劳模座谈会;通过《劳动报》、《上海水产》等媒体宣传上海水产劳模的先进事迹。(5)深化企业民主管理。对深入推进集团厂务公开工作提出了实施意见,各基层工会结合本单位实际,制定厂务公开计划并认真落实。(6)关心帮助困难职工。全年筹措各类帮困资金118.17万元,慰问职工6211人次;职工参加市总医疗保障计划参保率100%。坚持"工情会议制度",用多种方式及时了解职工的思想脉搏,参与做好群访接待与疏导工作。(汤宝龙)

上海蔬菜(集团)有限公司工会

主　席
姚黄平

【概况】　上海蔬菜集团系统工会辖有基层工会12个,会员3350人,其中女会员1143人。(1)抓宣教,提高职工素质。设立了公司《员工》通讯专栏,宣传报道集团改革发展形势;组建了一支《员工》通讯员队伍,对集团热点事件进行集中报道;针对蔬菜市场特点,开展夜访宣传,为职工解疑释惑,掌握思想动态;针对职工关心的热点、难点,召开集团系统职工思想教育经验交流会;开展了“争创十佳班组”和“争当知识型、技能型职工”的评比;采用各种方式对职工进行全方位培训,提升职工的综合素质。(2)抓帮扶,维护职工利益。建立了帮扶人员档案,做好重大节日帮困工作,慰问了各类困难职工377人次,慰问金额12.5万元;对特困职工在落实两级党政领导结对子帮困的基础上,又增加集团部室负责人加入结对子帮困队伍;继续做好职工住院补充保险和特种重病保险工作,各类保险共理赔814人次,金额37万元。(3)抓管理,落实民主制度。健全职代会制度,坚持采用无记名投票表决方式;落实职工代表巡视制度,组织了部分职工代表对重点项目进行了巡视;进一步推进厂务公开制度,扩大了职工知情权、参与权。

(姚黄平)

上海糖业烟酒(集团)有限公司工会

主　席
徐静和

【概况】　上海糖业烟酒(集团)有限公司有直属工会8个,基层工会18个,职工4452人。工会会员4358人,其中女会员1496人。(1)提高职工思想道德和生产业务素质。抓好班组长培训,推荐120余名班组长参加各类培训;召开文明班组表彰会,编印《企业群星》小册子,召开劳模、先进座谈会;开展合理化建议活动,开展了“合建活动在班组”征文比赛;会同各职能部门联合举办了安全生产百日无事故竞赛、财务知识竞赛。(2)为困难职工排忧解难。进一步健全帮困基础工作,及时调整困难职工档案;做好节日慰问送温暖,为困难职工提供帮困金17余万元,受惠职工560余人次。(3)坚持职代会制度。召开了公司一届十四次、十五次职工代表大会;开展了“百名职工代表看烟糖,话烟糖”活动。

(杨奕敏)

中国上海外经(集团)有限公司工会

主　席
励国良

【概况】　(1)运用多种形式,提高职工素质。开展“创建学习型组织,争当知识型职工”活动,评选表彰了24名先进个人、7个先进集体,在职工中形成学先进,创先进的良好风气;举办了首届“外经杯”英语演讲比赛,评出英语最佳演讲奖、最佳答辩奖、最佳形象奖,充分展示外经人奋发向上的风采;举办了集团女职工手工艺术展。(2)为职工办实事。送温暖活动逐步走向制度化、经常化,对困难职工和退休职工坚持节日慰问和日常家访相结合;为职工新办和续办了医疗保险;为女职工组织了专项妇科体检;对献血职工及时慰问。(3)加强工会组织建设。指导各子公司工会稳妥完成了换届选举;对新进员工,积极动员入会;举办了工会干部“电子演讲稿制作”等业务培训班。

(韩迎枫)

上海兰生(集团)有限公司工会

主　席
徐尚仁

【概况】　上海兰生集团有限公司工会辖有二级子公司工会13个,基层工会23个,会员3847人。(1)抓好思想政治学习。党的十六届四中全会召开后,集团工会及时举办了辅导班,组织工会干部学好《决定》。各级工会利用班组学习、宣传画廊等,组织职工认真学习。(2)坚持以创新工程为抓手,开展富有行业特色的群众性经济技术活动。把劳动竞赛向更广的领域延伸,重点开展了评比出口增长率和出口经营利润率标兵活动。(3)坚持职代会制度,推进企业民主管理。一是抓职代会制度建设,提高职工参与企业管理的责任感。二是抓厂务公开的深化,确保职工对企业重大事项的知情权和参与权。三是指导和帮助职工签订好劳动合同,督促企业履行好集体合同。集团工会参与了6家企业的工资集体协商。(4)精心组织好送温暖,切实帮助职工解决实际困难。一是继续推进和完善困难职工帮扶工作,调整帮扶对象,健全管理档案,对重点帮助对象分别进行了家访慰问。二是积极做好医疗保障计划的续保工作。三是继续协助行政推进再就业,开展政策咨询,信息服务,职业介绍等工作。(5)组织起来,切实维权,最大限度地把职工组织到工会中来。一是统一思想、形成共识,营造合力推进的良好氛围。二是强化制度,健全机制,集团工会制定了《关于工会组织工作的有关意见》,健全了工会主席例会制度,理顺工会组织体系。

(张　帆)

上海市金融工会工作委员会

【概况】　(1)深化宣传教育,提高队伍素质。一是针对群众关注的热点,难点开展形势任务教育和各种宣传辅导

主　席
吴建融

活动。二是制定了《关于实施上海金融系统员工素质工程的若干意见》，成立上海市金融员工教育服务中心。三是在全系统内开展“金融理财师”系列培训，并利用社会资源为各单位组织培训提供咨询、师资、教材等服务。四是开展学习型组织创建活动，加大职工教育培训投入，采取多种教育方式，开展有金融行业特点的合理化建议活动、金融产品理财知识比赛、柜面综合技能和迎世博英语会话比赛等。五是总结具有时代特征和金融行业特点的劳模精神，组织撰写报告文学，在《劳动报》专版宣传，开展“上海金融女职工队伍发展状况”专题调研。（2）加强工会自身建设，增强基层工会活力。一是召开工会工作会议，专题研讨班，就新形势下金融工作进行探索。二是加强新进、新建金融机构的工会组建和日常管理服务工作，全年新建工会4个。三是广泛开展创建“合格职工之家”活动，组织检查验收。四是按银行、保险、证券行业分组召开工会负责人片会，组织交流研讨。（赵　彪）

上海市财政税务工会

主　席
周振家

【概况】（1）开展送温暖，关心职工生活。制定了“关心身边人，爱心一日捐”制度，市局工会制定了《上海财税系统职工互助爱心基金的管理办法》。各单位建立了专项爱心基金，将捐得的款项专款专用，帮助困难职工；组织职工参与社会献爱心活动，开展了“我们和灾区人民心连心”为主题的扶贫济困送温暖募捐活动，共有5118人参加，捐款23.4万元。（2）抓好财税系统文化建设。组织举办了“上海市财税系统职工才艺展”，有250多名职工的540幅（件）摄影、绘画、书法篆刻和手工艺小制作等作品参展；组建了财税系统职工艺术合唱团；举办了庆祝建国五十五周年“祖国在我心中”职工歌咏比赛，全系统有42个单位组织歌咏队参加合唱比赛。（田欢乐）

上海市劳动和社会保障局工会

主　席
高延平

【概况】 上海市劳动和社会保障局工会下辖基层工会33个，其中机关1个，责任有限公司（企业）2个，事业单位30个，会员1787人。（1）加强工会组建，做好换届选举工作。认真组织，统筹安排，对任期满三年的近50%基层工会，进行了换届选举。召开了上海市劳动和社会保障局工会第二届代表大会。（2）丰富职工文化生活。举办了庆祝建国55周年职工书法、绘画、摄影作品展览；成立局职工艺术团合唱团；举办“国庆杯”基层工会羽毛球对抗赛。（3）加强女职工工作，提高女职工素质。局女工委探索建立“基层女工工作服务品牌示范区（点）”，召开工会女职工工作服务品牌现场推进会，交流评比示范单位和示范工作区。完善基层女工干部分块（组）活动工作制度，搭建一个具有丰富女性信息资源和工作交流平台。召开局系统女职工“读书，让生活更美好”演讲比赛，组织女职工插花比赛。继续落实女职工保障措施，组织女职工专项检查，随访治疗，保健宣传“一门式”服务。（赖　颖）

中国教育工会上海市委员会

主　席
夏玲英

【概况】 中国教育工会上海市委员会下属大专院校和直属工会49个，会员65148人，其中女会员28775人。连同区县总工会所属的19个教育工会，共含有大、中、小学校，幼儿园、职校、成人教育等教育机构的会员，约24万人。工会设办公室、基层工作部、生活文体部和女职工部。（1）认真学习党的十六届三中、四中全会精神，举办了工会理论学习系列讲座。加强调研，“普教系统教师生存状态调查与研究”被批准为国家“十五”课题与上海市重点课题。（2）全面推进民主管理，校务公开更加深入。一是部分高校实行学院（部门）两级管理，在高校和区县聘任60多位信息员，加强校务公开信息工作。二是教代会制度更加完善、规范，全市高校两级教代会建制率在80%以上，部分民办高校也相继建立教代会制度，对涉及教职工切身利益的重大方案，通过教代会民主审议。（3）弘扬先进，加强教职工队伍建设。以评选市劳模、师德标兵为契机，组织“话师德、育新人”上海市教育系统劳动模范、优秀教师座谈会；举行了“忠诚于人民的教育事业”的新老师入师教育活动；开展了上海市教育系统文明组室文明岗评选。（4）多层次多方位建立教职工权益保障体系。各级教育工会纷纷建立了各种形式的互助帮困基金，为特困教职工建档立卡12463人，其中2321人列为定向帮困对象，共走访困难教职工70782人次，发放慰问品和慰问金3357.5万元；组织教职工参加上海市医疗互助保障，在职教工住院保障参保率100%，大病重病保障参保率74.98%；工会与平安保险公司、新华人寿分别签署了《上海市教育系统补充医疗保障计划》，共有15.4万教工参保；建立了上海市和区县、高校教师重大疾病援助基金；为1000名优秀教师建立健康档案，实行健康跟踪。(5)建立维护女性权益与成才工作体系。举办了妇女干部心理咨询培训和业务学习培训，开设专题讲座；举办了《十年回眸——上海市教育系统女教授联谊会成立十周年风采图片展》；建立"优秀青年女教师成才资助金"；举行了"教苑英姿"上海女教师健身活动展示会。(6)开展群众性文艺活动。庆祝第20届教师节，组织了"绿叶情怀"大型文艺晚会；"阳光、大地、绿叶"文艺汇演形成品牌。 （李　弢）

上海市医务工会

主　席
马　强

【概况】　上海市医务工会辖有直属基层工会56个，会员46296人，其中女会员30341人。(1)紧密围绕医务中心，参与各项工作。会同局人事处对部分基层单位进行劳动用工制度检查；配合局规建处举办安全、消防和工会劳动保护监督员培训班，并对32家市级医疗卫生单位进行夏季安全、防暑降温和劳动保护工作检查。(2)推进职工素质工程。召开"弘扬劳模精神，推进政风行风建设报告会"；组织开展"安利杯"上海市医务职工精神文明"十佳"好事评选；创办《上海医工报》和开通医务工会邮箱，扩大医务工会信息化网络；组织113名班组长参加上海市初级工商管理资格培训；举办主题为"加强医院文化建设，展示白衣天使风采"的第六届文化艺术节。(3)健全基层民主管理制度。院务公开实施面，市级卫生事业单位51家，占98.2%，区县卫生局所辖单位447家，占98.9%；制定了《关于进一步深入推进院务公开工作的实施意见》与《关于建立上海市卫生系统院务公开工作评估体系》等文件。(4)强化维护职能，切实保障医务职工的合法权益。成立上海市医务工会法律咨询室；重新修订《上海市医务职工救急济难帮困基金章程》；继续做好元旦春节送温暖工作。(5)推进工会自身建设。开展先进职工之家评审和合格职工之家验收；扩大工会覆盖面，非在编职工的动态入会率基本保持在80%以上；新组建区县所属民营医院工会72个，覆盖会员64.75%。 （童秀妹）

上海市科学技术工会

主　席
吴　捷

【概况】　上海市科技工会有直属基层工会47个，工会会员17872人，其中女会员6073人。(1)以推进基层民主管理为重点，坚持和完善职代会制度建设。全系统职代会建制率97.4%，92%的单位建立了所务公开责任制，72%的单位每年实行职代会民主评议干部。(2)落实工会维护职能，坚持当好"第一责任人"，基本形成职工互助保障长效机制。继续做好职工保障工作和实行住院保障补贴，补贴金额32.5万元，有476人次受益；为364名女职工补办了女职工特种保障，资助金额6.2万元；开展帮困送温暖，一年来实施帮困414人次，金额15万元。(3)弘扬科技系统劳模精神。推荐评选16位市劳动模范、5个市劳模集体；举办科技系统劳模先进事迹演讲会。(4)开展调查研究，探索新形势下工会工作的新途径。完成了"关于科研院所中高层次科研人员的维权需求"、"上海市科技系统转企改制科研单位民主管理工作的探索与思考"等课题调研。(5)营造科技系统健康、向上、进取的精神氛围。庆祝建国55周年，举行了有14支参赛队、140名职工参加的"中国功夫扇"拳操健身比赛。(6)加强工会自身建设。开展先进职工之家评选，评选出8个先进职工之家，124位工会积极分子。组织基层工会财务人员业务培训，对22家基层工会财务进行检查考核。 （陶　薇）

上海市新闻出版工会

主　席
李虹鸣

【概述】　上海市新闻出版工会辖有基层工会61个，集团公司级工会4个，职工9730人，其中女职工4292人。工会会员8145人，其中女会员3476人。(1)加强调查研究。与市委研究室组成课题组，就新闻出版工会组织模式、运行机制、活动方式等进行专题研究；对上海226家中外合资、私营印刷企业进行问卷调查；开展行业内进城务工人员摸底工作，建立档案，制定管理方案。(2)开展合格职工之家考评工作。下发《关于创建"合格职工之家"活动实施办法》，对申报单位进行综合检查，37个基层工会首次评为合格职工之家。(3)加大工会组建力度。一是编印二会组建流程图，指导外资、合资、民营企业的工会组建工作。二是跟踪改制单位工会组织的变化情况，及时调整工会隶属关系。三是关注新建企业工会筹建工作，采用沟通、宣传、指导并举方式，最大限度地把职工吸收到工会组织中来，新发展会员535人。四是召开推进进城务工人员入会现场交流会，根据行业特点，制定维护进城务工人员合法权益办法。（4）源头参与改革，突出维权职能。在改革转制中，建立了集团层面的职代会制度，成立了劳动争议调解委员会。配合事业单位转制，将相关法律、法规及文件汇编成册，供工会干部学习参考。开设法律等专题讲座和培训，开通维权热线。（5）推进职工素质工程，提高职工岗位技能。组织基层工会开展“文明班组、文明岗位”评比和“争做技术型、知识型员工”活动，开展业务能手的帮带工作。（6）多层次拓宽帮困救助渠道。帮困助学 30 万元，资助 320 人次；“六一”期间，向困难女职工子女赠书；为困难职工子女订阅 47 份《文汇报》；组织 258 名女职工进行免费妇科检查。（陈宏华）

解放日报报业集团工会

主　席
王祥安

【概况】 解放日报报业集团工会下辖 11 个基层工会，24 个直属工会小组，工会会员 1877 人，其中女会员 673 人。（1）维护职工权益。制定《解放日报报业集团维护职工劳动保障权益暂行条例》，《条例》内容注重结合行业特点，联系集团实际，突出职工劳动权益和保障权益的维护。举办工会干部培训班，对工会干部进行维护职工劳动权益专题培训。召开了职工代表座谈会，征求修改集团全员聘用合同条例的意见。（2）丰富职工文体生活。举办集团第二届文化艺术节，艺术节由 6 个专场组成；举办了游泳、乒乓球、扑克牌和钓鱼比赛；派代表队参加市里组织的乒乓球、游泳、攀岩及演唱朗诵比赛。（单富年）

文汇新民联合报业集团工会

主　席
顾家靖

【概况】 文汇新民联合报业集团工会下辖 8 个基层工会，87 个工会小组，工会会员 2452 人，其中女会员 878 人。（1）落实职代会制度。做好职工代表提案落实工作，召开了职代会代表提案落实的专题协调会，对 25 份提案提出了处理意见。召开了职代会主席团会议，审议了《集团房改补充规定》。（2）发挥工会教育职能。组织了“学劳模、学先进”为主题的劳模先进事迹报告会。弘扬爱国主义精神，组织工会干部到江苏常熟烈士陵园祭扫烈士陵墓。做好职工义务献血工作，与团委、妇委会联合向集团职工发出了献血倡议书，14 位员工通过体检，参加公民义务献血。（3）以人为本，为职工办实事，开展送温暖活动。慰问困难职工 252 人次，补助金额 18 万元；为 64 名住院职工办理了住院理赔，理赔金额 44 万元；为 1758 名职工办理补充养老、住院、大病重病及女职工特种重病等保险。（4）加强工会组织建设。帮助指导印务中心、新民大酒店等基层工会进行了换届改选；举办了工会干部学习党的十六届四中全会精神学习班；组织了工会干部到兄弟省市新闻单位学习交流。（刘玉平）

新华通讯社上海分社工会

主　席
李正华

【概况】 新华通讯社上海分社工会现有会员 108 人，其中女会员 52 人。（1）开展工会骨干培训。组织了由 30 多人参加的工会骨干培训活动，就“如何发挥好工会组织的作用，维护职工的合法权益”等问题，进行了培训和讨论。（2）关心职工生活。继续做好市总医疗互助保障计划的参保工作，职工参保率 100%；组织好每年职工体检工作；为 2 名因家属患病医治，经济发生困难的老职工，开展了献爱心募捐。（丁建康）

上海市文化广播影视管理局工会

主　席
苏宝艳

【概况】 上海文化广播影视管理局工会辖有基层工会 12 个，其中包括机关本部和 2 个挂靠单位（广电总局 553 台和中唱上海分公司），职工 950 人，其中女职工 419 人。会员 945 人，其中女会员 417 人。（1）加强基层民主管理。一是建立健全职代会制度，落实好职工的知情权、审议权、表决权和评议监督权。二是召开多层次职工座谈会，广泛听取职工对改革方案的意见。三是开展了对《工会法》、《劳动法》贯彻执行情况的检查。（2）做好帮困送温暖工作。在全局系统组织“帮困送温暖、爱心一日捐”活动，收到捐款 3.7 万元；做好夏送清凉、冬送温暖和元旦、春节期间帮困送温暖活动，将帮困送温暖工作制度化、经常化。(3)工会自身建设进一步加强。召开了年度工会工作会议,坚持工作例会制度;对基层工会开展了达标考核工作和综合评定;举办了工会干部英语培训班;给每个基层工会下发了整套工会工作业务书籍。(4)贯彻《全民健身计划纲要》。组织开展"人人运动,天天健康"文广职工跳绳比赛;在基层单位和机关推广工间广播操活动。　(张国莺)

上海市文化广播影视集团工会

主　席　郭连生

【概况】　上海市文化广播影视集团工会下设上海文广新闻传媒集团、上海电影集团公司、东方明珠(集团)股份有限公司、大剧院总公司、上海文广科技发展有限公司、上海文广实业有限公司等直属单位工会,基层工会57个,工会会员13824人。(1)推进集团民主化管理。一是召开了文广集团首届职工代表大会,标志了集团成立三年多来,在集团层面正式建立了职工代表大会制度。二是为配合职代会的召开,集团工会开展了全系统职工的民情民意调查,下发了1030份《文广集团职工意见和建议调查表》,共回收1022份,回收率占99.2%。三是支持上海电影(集团)公司转制改革,指导开好了转制前的职代会。(2)发挥工会维权职能。一是建立了系统内劳动争议协调机制,各级工会参与职工劳动关系的调解和处理工作。二是坚持开展帮困送温暖,组织节日慰问和"冬送温暖、夏送清凉"活动,加大对劳模先进的关心和对特困职工的帮扶。(3)加强工会自身建设。举办工会干部"学习党的十六届四中全会精神,提升工会工作水平"培训班,组织基层工会主席"应知应会"考试。强化工会经审工作,年内对9家基层单位工会主席进行离任审计。开展工会工作的调研,提出30个调研课题,深入基层,探索新形势下工会工作的新思路,形成47篇调研报告(论文)。加强工会的组织建设,最大限度地吸纳职工入会,发展700余名职工加入了工会组织。(4)推进企业文化建设。组织了庆"五一"文广职工风采摄影展;举办了迎国庆歌咏比赛,共有60多个单位近千名职工积极参与。　(夏仁庠)

上海市文物管理委员会工会

主　席　李　平

【概况】　上海市文物管理委员会工会辖有基层工会6个,工会会员696人,其中女会员310人。(1)完善职代会制度,依法维权。规范职代会操作程序,对涉及体制改革的事项和涉及职工切身利益的事项,均由职代会表决通过。(2)围绕中心工作,开展工会特色活动。优质服务竞赛活动是工会组织的品牌活动,各单位根据自己的特点,开展岗位练兵、技能培训和优质服务活动,培育身边的典型,共推出了28位优质服务示范员、岗位能手。(3)切实帮助职工创造学习条件,不断提高职工的综合素养。工会利用上博学术报告厅组织放映了3次10场的学术资料影片,供系统职工学习借鉴。会同人事部门组织了新进系统工作的22位职工进行政治理论、职业道德、政策法规等方面的培训。(4)为职工办实事,做好事。各单位职工弘扬互助互济精神,集资建立了爱心互助会,入会率达87%。工会联系医务人员到各馆进行公益服务活动,为职工提供健康咨询服务。(5)组织文体活动;参与社区文化建设。组织了上博广播操邀请赛;举办"欢乐五月"职工文体活动;组织了庆祝建国55周年"祖国颂"歌咏会。　(朱世平)

上海社会科学院工会

副主席　毛雷杰

【概况】　上海社会科学院工会辖基层工会19个,其中,局级所工会8个,直属单位和处级研究所(机关)工会10个,挂靠单位1个,工会会员792人,其中女会员272人。(1)抓自身学习。坚持学习例会制度,创新学习方式,组织工会干部到有关科研院所学习取经,到全国文明村——浦东高桥镇解放村参观学习。(2)抓工会组建。做好挂靠单位基层工会组织的组建工作,会员发展覆盖率达100%。(3)抓凝聚力工程。参加市总医疗保障覆盖面100%,有43人受益,兑付保障金7.2万元;坚持做好元旦春节送温暖工作。(4)抓民主管理。召开了院第一届职工代表大会临时会议,以无记名投票方式,审议通过了涉及职工切身利益的《岗位津贴标准及发放办法》。　(魏良健)

上海市体育局工会

【概况】　(1)推进基层民主管理。制定了局系统职工(代表)大会工作规范,各基层严格按规范召开职代会,审议企业重大事项,职工有了更多的知情权、参与权、表决权。(2)围绕中心,推进职工素质工程。举办了知识讲座、技能培训、计算机操作比赛和运动员膳食营养知识竞赛;与行政部门配

主　席
颜雅珍

合出台了鼓励职工参加业务学习的措施，用于职工素质培训的费用逐年增加。（3）加强工会自身建设。组织工会主席学习培训，举办工会干部学习《工会法》、《劳动法》讲座；继续开展优秀运动员加入工会的工作；指导部分基层工会按规定进行了换届选举。（4）开展帮困送温暖。对患大病重病职工开展帮困，为特困家庭发放帮困助学金；局系统直属单位参加市总互助医疗保障参保率和参保人数逐年提高；局工会参与了局系统劳动争议情况调研，组织了职工疗休养和高温慰问。（乐俊平）

上海农工商（集团）有限公司工会

主　席
徐永炘

【概况】　上海农工商（集团）有限公司工会辖有基层工会31个，会员73918人（包括外来务工人员），其中女会员31938人。（1）以组建工作为切入点，把发展外来务工人员入会作为工会攻坚工程。将“三明确”、“一考核”作为工作责任制，分类指导，确保重点，超额完成入会目标，共新增会员27621人，其中外来务工人员22787人。集团工会被市总工会评为组建工作优秀单位。（2）继续开展以“增收节支比贡献，乘胜前进创佳绩”为主题的群众性合理化建议和经济技术创新活动。职工提出合理化建议2919项，其中被采纳1252项，已实施241项，产生经济效益1636.82万元。开展了“师徒结对”传教授艺活动，做到职业技能竞赛与技术比武、技能晋级相结合。（3）以长效帮困为重点，深化送温暖和再就业工作。建立困难职工档案，实施动态管理，帮困送温暖活动形成了“节日慰问，重点救助，助学帮困，助医扶贫，就业援助”的新格局，全年帮困总人数17496人次，金额458.66万元。（4）以规范程序为抓手，推进企业民主管理。开展厂务公开工作调研检查；推进基层企业平等协商、集体合同工作；宣传“两法一条例”，开展农民工劳动保障权益保护专项检查。（5）加强工会自身建设。就工会组建、维权、帮困及职工思想动态等开展专题调研；举办工会女工、财务和经审干部培训班；指导3家基层工会换届改选。（桑树德）

上海良友（集团）有限公司工会

主　席
倪粹华

【概况】　上海良友（集团）有限公司工会下辖直属工会15个，基层工会31个，会员10491人，其中女会员4845人。（1）抓企业精神学习，激发职工爱岗敬业的工作热情。以学习宣传《员工手册》为抓手，切实抓好对广大职工群众的思想教育，组织“学习‘三个代表’重要思想，争做合格良友员工”知识竞赛、班组长学习会、千人岗位格言征集等活动，使“用心做事每一件，创新良友每一天”的企业精神深入人心。（2）抓岗位技术练兵，提高职工队伍的技能素质。集团工会组织多媒体演示操作比赛、会计技能比赛和技师带徒弟活动，开展以“五个一”为主要内容的群众性岗位练兵和合理化建议征集活动。（3）依法维护职工的合法权益。集团工会参与了关于劳动合同续签工作的调研，组织职代会代表对系统内11家单位职工教育经费使用和管理情况开展巡视检查。深化多层次、多渠道帮困救助活动，各级工会出资48.6万元，对2290人次困难职工实施定期和助学帮困，职工住院互助保障计划、特种重病互助保障计划续保率达100%。（4）抓工会组织建设。指导转制企业建立工会组织，做到了企业开业和工会组建同步进行。开展了工会会员的重新登记和吸收新进人员、劳务工入会工作。（谢国英）

上海市民政局工会

主　席
周其军

【概况】　上海市民政局工会下辖基层工会40个，职工7175人。会员6650人，其中女会员3107人。（1）搭建提高职工综合素质的平台，通过开展劳动竞赛、合理化建议、技能比赛等活动，促进职工技能、服务水平的提高。（2）开展劳模评选和劳模事迹演讲，开展民政职业精神大讨论，在全局范围营造学习劳模，崇尚劳模，争当劳模的良好氛围。（3）举办第九届“民政之花”文艺汇演、职工乒乓球比赛、营造蓬勃向上的文化氛围。（4）探索帮困解难新途径，加大助学、医疗帮困的力度，多渠道、多层面、多形式为职工办实事、做好事。元旦、春节期间广泛开展帮困送温暖活动，全局各单位走访慰问困难职工2600多户，向160人次大病、重病职工实施医疗救助；为170余人次职工发放医疗卡；为650户困难职工子女送上助学款，计拨助学金

15万元;落实参加市总医疗互助保障计划,确保了市属福利企业职工参保覆盖面达95%以上。(6)加大厂务公开力度,开展平等协商。平等协商,签订集体合同制度已在市属福利企业、殡葬单位试点推行。27家企事业单位实行了厂务公开,占单位总数的84%。

(胡　芳)

上海市监狱管理局工会

主　席
蔡晓兰

【概况】　上海市监狱管理局工会辖有18个基层工会,共有干警、职工9044人。会员8880人,其中女会员2405人。局工会设组织宣传部和综合部(女工委、办公室)。(1)围绕监狱体制改革,做好职工队伍稳定工作。两级工会配合行政做好职工的分流安置工作,局工会参与方案制定,并开展调研。(2)抓好培训,推进职工素质工程。局工会为基层工会下拨6万元,建立职工教育培训补充奖励基金。会同局政治部召开了企业创建学习型组织研讨会。(3)发挥宣传教育优势,加强信息化管理。对"上海市监狱管理局工会网站"进行了改版,加大了信息量,11个基层工会也建立了网站;召开了"工会宣传工作暨《知心》杂志创刊十周年座谈会",表彰了6个先进集体和22名积极分子。(4)加大劳动保护监督力度,确保企业(监狱)生产安全。局工会三级安全生产监督网络签订《劳动保护监督检查责任书》。在"安全生产月"活动和高温期间,配合职能部门多次下基层开展"单位查隐患、岗位纠违章"的安全生产检查。举办了《工伤保险条例》培训班。(5)推进厂务公开,维护群众权益。对局属企业单位开展厂务公开民主管理工作调研检查。企业重大决策、涉及职工切身利益等方案都经职代会审议通过。坚持每月一期《热点透视》专刊,及时反映职工思想动态。(6)关心弱势群体,做好帮困工作。各级工会对2378名困难干警职工进行了帮困送温暖,金额61.6万元;局工会帮困助学460人次,金额21.1万元;为全局14249名干警职工续保了市总医疗互助保障计划,投保金额115.7万元;为3539名干警职工参保了市总职工团体意外伤害互助保障计划,投保金额8.4万元。(7)加强工会自身建设。坚持各项例会和联络员制度;完成了2家新建工会的组建工作;指导3家基层工会进行了换届选举;举办了基层工会主席、女工主任培训班。

(江海群)

锦江国际(集团)有限公司工会

主　席
张树奎

【概况】　锦江国际(集团)有限公司工会下辖8个事业部工会,基层工会127个,工会会员48516人,其中女会员15907人。(1)深入学习,抓好调研。组织工会干部会同有关部门对所属20多家企业开展了转改制企业中民主管理工作、多元投资企业工会工作、困难职工情况等调研,形成调研报告,为领导决策服务。(2)加强组织建设,夯实工作基础。完成了8个事业部的工会组建,指导5家新建企业建立了工会组织。摸清情况,层层落实,发展了3450名劳务工入会,入会率达100%。(3)开展学习培训和技术创新活动。组织班组骨干参加各类业务技能培训;组织参加市总"万名技师育高徒"活动;组织430名女职工参加市总工会举办的"SVA杯"首届上海职业女性"迎世博"英语风采大赛。(4)维护职工切身利益,做好帮困送温暖工作。集团行政和工会累计拨款1838万元,建立了"集团—事业部—所属企业"三级帮困基金、职工补充医疗保险基金、劳模基金等,对5886人次进行生活、医疗、助学、救难等重点帮困,金额240多万元。(5)深入开展文明单位、文明班组、文明职工创建活动。开展了职业道德、诚信教育和法制宣传。召开劳模座谈会;建立集团劳模基金。

(高京生)

上海市东湖(集团)公司工会

主　席
陆浩东

【概况】　上海市东湖(集团)公司工会辖有基层工会18个,职工3273人。工会会员3224人,其中女会员1220人。(1)开展职业精神培育主题教育活动。在集团《东湖报》开设了《班组学习系列/职业精神培育系列》专栏,刊发学习辅导文章。围绕集团成立20周年,召开了"东湖培育我成长,我为东湖作贡献"职工座谈会。编印了《东湖报——庆祝东湖集团成立20周年纪念专版》,作为职工素质工程读本发给每个职工学习。(2)送温暖工作经常化、制度化。在元旦春节期间广泛开展送温暖和"一日捐"活动,对60多位患大病重病职工进行定向医疗救助。组织实施在职职工重病、职工住院、意外身故、退休职工住院和女职工重病五项保障计划,确保了参保率、续保率和覆盖面。组织150名在集团各单位工作的女性进城务工人员参加免费妇科检查。(3)抓好职工业务技能竞赛。举办了东湖集团"食之有道"高档宴请

策划、烹饪、服务综合实战比赛;举办了"酒店预算月度分析"实战比赛,比赛采取文本和现场演示报告相结合的形式。 (徐中尼)

上海市衡山(集团)公司工会

主 席
胡玲娣

【概况】 上海市衡山(集团)公司工会辖有9个基层工会,职工3578人。会员3397人,其中女会员808人。(1)以班组建设为抓手,提高员工职业素质。一是组织班组文化建设学习交流会和新建企业班组交流会。二是以劳模先进为榜样,召开了"学劳模,找差距,提升职业素质"座谈会,开展外学许振超、李斌,内学劳模先进群众性自我教育活动。三是联合团委,在一线员工中开展争创"客人满意服务明星"和青年拜师学艺活动,评出10位服务明星,在职代会上进行表彰。(2)以建设"职工之家"为抓手,增强基层工会活力。一是在基层工会广泛开展创建"先进职工之家"活动,下发了《关于评选2004年集团先进职工之家和合格职工之家的通知》,年底召开基层工会建家工作考评会,进行无记名测评,以职工满意度作为重要依据,评出先进职工之家2个,合格职工之家7个。二是加大了劳务工入会力度,并列入职工之家考核内容,下发了《关于加快劳务工入会的有关意见》,明确工会主席是第一责任人。共吸收661名劳务工入会。(3)突出工会维权职能,推进企业民主管理。一是开展了集团第二次厂务公开的调研,组织召开集团厂务公开民主管理工作专题会议,制定下发《集团所属企业关于完善改制企业民主程序》的意见。二是开展了"依法维权"专项检查,与人事部门共同抽查了基层有关农民工权益保障和《工会法》贯彻情况。(4)关心职工,加大互助保障力度。集团所属企业参加在职职工住院医疗保障2627人,参加特种重大疾病保障1811人;建立帮困长效机制,帮困助学、生活困难补助和医疗补助387人次,金额16.7万元。 (高耀敏)

上海市市级机关工会工作委员会

主 席
林 锋

【概况】 上海市市级机关工会工作委员会有工会组织274个,其中系统工会23个,直属基层工会84个,基层工会167个。工会会员33554人,其中女会员12046人(1)深入开展帮困送温暖。送温暖"一日捐"在市级机关系统已成为一项重要的献爱心活动,组织所属工会参加"一日捐"活动,15756人参加,共捐款76.4万元;走访慰问了3516户困难家庭,慰问救助金额122.5万元;向上海市职工救急济难基金会捐款10万元,向上海青年管理干部学院、上海工会管理干部学院各捐款2万元,以帮助在校困难学生;完成市级机关"红十字"人道救助活动,有70家单位的23000多名干部职工参加捐款,捐款金额149.3万元。(2)广泛动员,精心组织大众健身和文艺活动。以"健康——让事业更辉煌"为主题,举行了纪念"三八"健身操比赛暨公务员三年健身行动计划启动仪式,向市级机关系统干部职工发出了"健身—让生活更美好,健康—让事业更辉煌"的倡议。组织市级机关系统41家单位的2000名机关干部职工参加了"人人运动,公务员带头,上海市公务员万人健步行"活动。举办了庆祝建国55周年文艺汇演。 (邱永前)

上海市信息化工作系统工会工作委员会

主 席
黄肇达

【概况】 上海市信息化工作系统工会工作委员会现有直属工会14个,其中企业工会7个,事业工会6个,机关工会1个,会员5515人,其中女会员2297人。(1)推进工会组建工作,完善工会组织体系。研究制定了《关于上海信息化工作系统各级工会组建工作的方案》,把建会重点转到市信息化协会系统所属的非公企业领域。加强工会基层组织建设,重点做好市信息委机关工会的换届选举工作。(2)突出维护职能,切实关心职工群众生活。研究制定了《上海市信息化工作系统送温暖基金使用暂行办法》。元旦、春节,送温暖基金向各单位回拨16.22万元专款,用于各单位帮困送温暖。防暑降温工作制度化,并向各单位划拨专项补助6.4万元,用于基层职工的劳动保护工作。(3)推进职工素质工程。以市总工会举办的各类技能竞赛活动为载体,动员职工参加了"职业女性英语风采大赛"、"职工优秀技术创新成果和先进操作法"等竞赛。组织近200名女工干部和女职工参加"百万家庭(职工)网上行"培训班。成立了系统评模委员会及办公室,结合信息化行业特点,细化评选标准,规范评选程序。(4)组织群众性文体活动。举办了职工业余围棋快棋赛、职工乒乓球团体赛等大众体育活动,直属工会的参与率达到100%。 (饶晨华)

上海市工业合作联社工会

主　席
何润培

【概况】　上海市工业合作联社为集体所有制的联合经济组织，联社系统共有成员单位76家，联社直接投资控股经营的新工联（集团）有限公司为联社直属单位，新工联集团现有基层工会19个，会员1155人。（1）抓好职工素质工程。各级工会协助党政，以培育和塑造集团公司及本单位企业文化为重点，开展群众性的特色活动。开展了文明班组、文明职工的评选活动；开展新工联“创业明星”、“创业先进集体”评选；召开职工自学成才颁奖座谈会，对系统内22名自学成才的员工进行奖励表彰；各单位工会协助行政加大对员工的业务培训。（2）参与民主管理，注重从源头上抓维权。建立完善了员工代表与领导的对话制度，召开了3次对话座谈会，干群形成了共识。（3）密切联系群众，为员工排忧解难。市联社拨款建立了职工“急难互助”、“就业扶持”、“自学成才”等3个基金会，有效地开展帮困送温暖工作。参加市总工会女职工特种保险率85%；在职职工办理参加工会系统补充医保的参保面95%；为全部退休职工办理了退休职工住院补充医保。（4）协调劳动关系，维护职工权益。联社工会对系统内职工用工制度执行情况进行了调研，落实了工会和行政平等协商制度。（5）寓教于乐，开展健康有益的群体活动，举行了“新工联杯”职工乒乓球比赛。

（陈凤卿）

上海市经济工作系统工会工作委员会

主　席
张金康

【概况】　上海市经济工作系统工会工作委员会于2004年6月18日挂牌成立。现有直属工会45个，基层工会204个，职工23895人，其中女职工8875人。会员23330人，其中女会员8728人。系统工会组建后，遵照市经济工作党委“理顺组织，建章立制，开展调研，分类指导”的要求，主要做了以下工作：（1）理顺关系，完善组织构架。通过协调，原属经委、商委、外经贸委、农委、旅游委等系统工会的归口单位工会组织关系划转到系统工会。（2）规范制度，建立运作机制。制定了《系统工会会议制度》、《系统工会议事规则》、《系统工会加强和改进作风建设的意见》等规范性文件及《工会主任分工范围》、《内部机构设置意见》等内部规章制度，定期召开主任会议，并成立了工会机关党支部。（3）调查研究，加强沟通联系。半年来，走访24家单位工会，对归口单位组建工会及换届选举工作给予指导帮助。创办了《经济工作系统工会通讯》，加强与系统内工会的信息沟通和交流。（4）举办了学习贯彻党的十六届四中全会精神研讨班。

（陶鸿坤）

上海市综合系统工会工作委员会

主　席
张世虎

【概况】　上海市综合系统工会工作委员会于2004年7月28日正式成立。现有直属工会17个，基层工会96个，在职职工9467人，其中女职工2729人。会员9347人，其中女会员2645人。系统工会成立后，主要做了以下工作：（1）理顺关系。市综合工作党委系新建的大口工作党委，共有42家单位党的工作归口在市综合工作党委。市综合系统工会成立后，经与市总工会、市级机关工会及有关单位的党委、工会协商，现已基本理顺了关系，除5个直挂市总工会的工会暂不划归综合系统工会外，其余的都已归口市综合系统工会。（2）学习文件。市综合系统工会成立后召开了委员会会议，学习党的十六届四中全会精神，讨论了工会工作计划和委员分工。（3）开展工作。一是通过调查表等形式对所属单位工会的现状进行调查了解。二是开展送温暖活动，对8个委办局的15名困难职工进行了慰问。三是召开劳模座谈会，建立了劳模档案。四是对归口单位工会换届改选工作给予指导。五是配合党委，举行了“祖国颂”文艺汇演。

（夏自健）

上海市社会系统工会工作委员会

主　席
施南昌

【概况】　上海市社会系统工会工作

委员会于2004年5月31日成立。市社会系统工会受市社会系统工作党委和市总工会的领导，主要负责指导、协调“两新”组织领域的工会工作。市社会系统工会现有归口单位：国药集团医药控股有限公司、均瑶集团有限公司、华东电器集团有限公司、福禧投资控股有限公司。（1）召开了第一次上海市社会系统工会工作委员会工作会议，审议系统工会工作职责和任务，交流各单位工会工作。（2）开展了“企业爱员工，员工爱企业”评选活动，通过层层推选和考核，2人被评选为爱企业的优秀员工，3人评为优秀员工之友。（许瑞薰）

上海城建（集团）公司工会

主　席
汤文洲

【概况】　上海城建（集团）公司工会辖直属工会11个，会员12602人，其中女会员2471人。（1）加强思想政治教育。一是抓好各级工会干部的理论学习，通过研讨会和形势任务系列报告会，深入学习党的十六届三中、四中全会和中国工会十四大精神。二是各级工会联系本单位实际，深入基层、班组，开展职工学习教育活动，深化学习型组织的创建工作。（2）以“管理、科技、效益”为主题，深入开展群众性经济技术创新活动、“安康杯”劳动保护竞赛活动。集团有2个子公司荣获2004年上海市立功竞赛金杯公司，有3个单位荣获上海市立功竞赛金杯集体。（3）弘扬劳模精神，提高职工队伍整体素质。举行劳动模范和劳模集体事迹报告会，制作了20块展示劳模先进事迹的展版到各子公司重点工程工地巡回展出。开展了精神文明“十佳”好事评选，组织EBA培训、组长培训、岗位技能操作比赛、班组长联谊会，深入推进班组“建、创、做”活动。庆祝国庆55周年，举办了“我和伟大的祖国”征文、摄影展。（4）职代会制度进一步完善，维护机制进一步加强。一是各级工会坚持职代会和民主评议领导干部制度，在职代会闭幕期间，实施了职工代表巡视制度，职工代表列席企业干部会议，参与企业经营管理工作。二是各子公司认真落实“三条保障线”，完善三级帮困网络，实施动态管理。（5）以创建先进职工之家为目标，加强建家活动的动态管理。制定了《上海城建集团开展建设职工之家的管理办法》，细化和量化了职工之家考核内容及评分标准。（徐新康）

上海地产（集团）有限公司工会

主　席
郑建令

【概况】　上海地产（集团）有限公司工会所属基层单位68个，员工4656人。地产集团是一家新建立的大型集团企业，承担市政府直接控制土地一级储备管理的重要职责。集团工会以“组织起来，切实维权”为工作方针，坚定围绕集团经济建设中心，进一步适应新形势，迎接新挑战，寻求新对策。围绕企业发展大局，积极发挥工会作用；加强企业民主管理，维护职工权益；倡导企业先进文化，营造企业和谐氛围；加强工会自身建设，提高工会工作水平；最大限度地发挥职工群众的主人翁精神，调动生产积极性。（林青云）

上海市申江两岸开发建设投资（集团）有限公司工会

主　席
陈晓平

【概况】　2004年9月，申江集团工会第一届委员会正式成立，现有员工38人，大专以上学历人数占全员87%以上，90%以上为管理人员和专业技术人员。（1）围绕黄浦江两岸综合开发的目标，协助行政参与浦江两岸开发制度化、规范化管理的调研。（2）围绕企业发展大局，配合行政重视做好人才队伍的培育工作，坚持选人、育人、用人相结合，以岗位为舞台，努力培养好中、青年管理人员和专业技术人员。（3）围绕以人为本的科学发展观，做好关心职工生活，保障职工健康的服务工作。组织员工健康体检、疗休养，为职工投保了意外、重大疾病保险，慰问有困难、患疾病的职工家属，增强企业凝聚力。（王卫卫）

上海世博（集团）有限公司工会

主　席
高文伟

【概况】　上海世博（集团）有限公司成立于2004年2月18日。集团工会于

9月份正式建立，目前辖有基层工会29个，职工2885人，其中女职工1202人。工会会员2798人，其中女会员1162人。(1)抓好各级工会组织的组建工作，保证工会工作顺利开展。经积极筹备，集团工会第一次代表大会于9月6日召开，选举产生了第一届工会委员会和第一届经费审查委员会。集团工会成立后，抓紧新建企业工会组织的筹建工作，理顺改制企业的工会建制，做好工会会员的发展工作。(2)围绕"办一届成功、精彩、难忘的世博盛会，建一流现代服务贸易的旗舰企业"的战略目标，带领全体员工积极参与集团党政组织发起的"世博与世博集团的使命"大讨论。大讨论中，组织职工开展合理化建议征集活动，为集团的发展献计献策。(3)强化职代会作用，加强民主监督和管理，推行企务公开。帮助指导23个基层建立职代会和职工大会制度；已建立集体合同的单位有18家；将女职工特殊保护条款纳入劳动合同和集体合同的有17家单位；进行工资集体协商制度的有19家单位。(4)从维护企业发展的大局出发，支持改革，反映职工的意愿。帮助职工提高就业本领，鼓励职工自谋职业，召开现场会，交流自主就业员工的创业之路。 （陈振宇）

中国联通有限公司上海分公司工会委员会

主　席
张静心

【概况】 中国联通有限公司上海分公司工会委员会辖有9个部门工会，会员587人，其中女会员218人。(1)围绕公司中心任务，组织开展了"发展CDMA高端用户"的全员劳动竞赛；围绕管理创新、服务创新、提高效益，组织开展了"我为联通献一计"合理化建议活动。(2)进一步加强工会组织建设，新增了2个部门工会，开展了劳务工入会工作。(3)组织成立了由员工代表、工会代表和行政代表组成的分公司劳动争议调解委员会和办事机构。配合相关部门对厂务公开情况与分公司集体合同执行情况进行了检查。(4)组织开展了创建"职工之家"活动，经过考核，分公司评出优秀职工之家3个。(5)推进员工素质工程，组织开展了"创建学习型组织，争做知识型职工"活动。组织了"情系上海，联通十年"先进事迹报告会；评选出分公司学习型班组11个和"十佳"员工10名。(6)关心员工生活，办好实事工程。组织开展了"捐一日工资，献一份爱心"的募捐活动；做好帮困慰问；继续为员工办理医疗保险；组织员工和优秀劳务人员进行体检。(7)开展形式多样的文化体育活动，组织成立了上海联通小乐队、上海联通合唱队、上海联通踢踏舞队。 （蓝江群）

上海市合作交流系统工会工作委员会

主　席
杨明珠

【概况】 上海市合作交流系统工会工作委员会下属单位45家，工会会员1326人，其中女会员528人。系统工会经上海市总工会批准，于2005年1月成立。系统工会成立后按照"服务全国、发展上海"的要求，引导工会会员在促进长江三角洲相互联动，推进长江流域的发展，完成对口支援任务，参与东北老工业基地的建设等各项工作中发挥工会组织的作用。(1)开展工会组织建设的调研，有计划、分步骤地建立和完善各级工会组织，探索具有合作交流工会特点的工会组织工作新路子。(2)开展合作交流系统文化建设，举办系统书法、绘画、摄影展示活动，进一步营造有合作交流特色的文化氛围。(3)结合合作交流工作特点，多渠道，多形式地培训工会干部和工会积级分子。(4)维护女职工的合法权益，组织女性专项健康检查，举办专题讲座。 （葛　平）

局(产业)工会主席(主任)、副主席(副主任)名录

单位名称	主席(主任)	副主席(副主任)
上海市机电工会	左山虎	周之龙　王立章　陆雅娟(女)　随幼君(女)
上海市仪表电子工会	黄鸿强	陶丽娟(女)
上海市化学工会	陈惠莹	沈德蒂(女)　储征宇
上海市轻工业工会	胡云芳(女)	姚志贤
上海市纺织工会	王水官	谭军梅(女)　王树珍(女)
上海市医药工会	陈　欣(女)	夷征宇(女)
上海电力公司工会	沈志荣	王　芸(女)

续　表

单　位　名　称	主席（主任）	副主席（副主任）
上海电力建设有限责任公司工会	张心定	李士根
上海宝钢集团公司工会	卞恩君	刘金喜
上海宝钢冶金建设公司工会	袁斌臣	王　琦（女）
上海宝冶建设有限公司工会	刘安义	顾伟兴
上海高桥石油化工公司工会	张安利	徐宝林　胡家春
上海石油化工股份有限公司工会	高金平	朱为炎　王艳君（女）
长江计算机（集团）公司工会	董信泰	陈国杰
上海有色金属（集团）有限公司工会	陈明奋	陈益林
上海航天局工会	吴海中	张爱娣（女）　侯继军
上海船舶工业公司工会	谢中全	方争音（女）　任芳德
上海航空工业（集团）有限公司工会	叶森明	颜德胜
上海工业技术发展基金会工会	沈繁康	
上海市烟草工会	谢华庆（女）	吴俊春　周明德
上海汽车工业（集团）总公司工会	吴诗仲	李国明　马龙英（女）
上海市工业投资（集团）有限公司工会	周融江	沈金生
上海广电（集团）有限公司工会	江　兵	邬培斐（女）　林华勇
上海市质量技术监督局工会	周荣英（女）	陈汉新
上海市漕河泾新兴技术开发区发展总公司工会	陈　克	庄佩华（女）
中国能源化学工会华东电力工作委员会	庄毅群	陈仲里
上海机械设备成套（集团）有限公司工会	张建平（女）	
上海华虹（集团）有限公司工会	顾晓春	张　平
上海市工业合作联社工会	何润培（女）	冯九如　周炯儿
上海化学工业区工会	陈兆麟	严国基　李庆红（女）
国药集团医药控股有限公司工会	沈立年（女）	徐恒昌
上海百联（集团）有限公司工会	刘晓敏（女）	王逢祥　薛怡卿（女）
上海水产（集团）总公司工会	徐伟俊	马红华（女）　陈鸣凤（女）　徐明华
上海申通（集团）有限公司工会	胡洪威	
上海久事公司工会	曹旭东	
上海城市建设投资开发总公司工会	童素正（女）	赵　勇
上海申能（集团）有限公司工会	仇伟国	周燕飞（女）　谈金龙
上海光通信公司工会	倪子江	
上海电器科学研究所（集团）有限公司工会	包　革	
上海良友（集团）有限公司工会	倪粹华	谢国英（女）
上海市糖业烟酒（集团）有限公司工会	徐静和	梅凯年
上海兰生（集团）有限公司工会	徐尚仁	
中国上海外经（集团）有限公司工会	励国良	
东方国际（集团）有限公司工会	陈苏明	何志刚

续 表

单 位 名 称	主席(主任)	副主席(副主任)
上海市锦江航运有限公司工会	陆荣鹤	章 薇(女)
上海蔬菜(集团)有限公司工会	姚黄平	朱薇薇(女)
中国华源集团有限公司工会	张建瑛(女)	
中国铁路工会上海铁路局委员会	陆海霞(女)	
中国海员工会中国海运(集团)公司委员会	陈德诚	陆洪新
上海国际港务(集团)有限公司工会	王晓华	胡庭亮
中国海员工会上海长江轮船公司委员会	徐志梅(女)	
上海市运输工会	黄伟建	应为健
中国邮电工会上海市邮政委员会	沈 华	俞燕萍(女)
中国移动通讯集团工会上海市委员会	张新康	王立芳(女)
中国电信集团工会上海市委员会	陈鸿生	郑 缨(女)
中国海员工会交通部东海救助局委员会	吴世昌	任能仕 徐 华
中国海员工会交通部上海打捞局委员会	姚世光	张建浩
中国海员工会上海航道局委员会	于卫良	温 弢
中国海员工会中港第三航务工程局委员会	徐以力	张 辉(女)
中国海员工会中远集装箱运输有限公司委员会	房迪坤	高 才
中国海员工会中波轮船股份公司委员会	夏立建	
中国民航工会华东地区管理局委员会	樊保田	韩平章
中国东方航空集团公司工会	钟 雄	
上海机场(集团)有限公司工会	蔡 军	
上海航空股份有限公司工会	钱怀民	
中国海员工会上海海事局委员会	吴锦红	刘克勤
上海市信息化工作系统工会工作委员会	黄肇达	王永涛
中国海员工会中远三林置业集团有限公司委员会	李抗元	
上海市建设工会	周 炜(女)	
上海建工(集团)总公司工会	肖长松	胡健芳(女) 陈伟民 苏向明 黄 薪
上海市市政工程管理局工会	余忠兴	唐海寅
上海市城市交通管理局工会	李介麟	李荣华 丁 凌(女)
上海市房屋土地资源管理局工会		王志兴 张新华(女)
上海建筑材料(集团)总公司工会	王嘉余	张志远 周 毅
上海海洋石油局工会	张新民	钱碧云(女)
上海市绿化管理局(市林业局)工会	徐文发	宋丽娜(女)
鲁中冶金矿业(集团)公司工会	沙宝珍	李秀娥(女)
上海市市容环境卫生管理局工会	徐爱珍(女)	张艳林(女)
上海闵行经济技术开发区工会	沈旅铄	林建白 初丽娴(女)
上海虹桥经济技术开发区联合发展有限公司工会	黄健健	沈志萍(女)
上海市水务局工会	陈美芳(女)	黄 吉

续 表

单 位 名 称	主席(主任)	副主席(副主任)
上海大屯能源股份有限公司工会	姚惠兴	任正军 李成国
上海现代建筑设计(集团)有限公司工会	姚延康	韩 晖 姚佩雯(女)
中国建筑第八工程局工会	董勤顺	蒋来喜 王克复
上海市金融工会工作委员会	吴建融	孙大明(女)
上海市发展计划委员会系统工会工作委员会		吴根福
上海市财政税务工会	周振家	席振平(女)
上海市劳动和社会保障局工会	高延平	邵岭华(女)
上海市科技教育工会	夏玲英(女)	刘建平 张中韧
上海市医务工会	马 强	周崇礼 陈 蓓(女) 王玉琦
上海市新闻出版工会	李虹鸣(女)	
解放日报报业集团工会	王祥安	单富年 忻玉华 马笑虹(女) 李克芳(女)
文汇新民联合报业集团工会	顾家靖	严惠芬(女) 潘克连 董之一
新华通讯社上海分社工会委员会	李正华	高兴永
上海市文化广播影视管理局工会	苏宝艳(女)	
上海文化广播影视集团工会	郭连生	夏仁庠 袁家福 宋忆宁(女)
上海市文物管理委员会工会	李 平	程志行 孙 慧(女)
上海社会科学院工会		毛雷杰 巫志南
上海市体育局工会委员会	颜雅珍(女)	周幼华(女) 刘昌乐
上海市农工商(集团)总公司工会	徐永炘	郭志刚 祝一萍(女) 杨春花(女)
上海市民政局工会	周其军	刘益平(女)
上海市监狱管理局工会	蔡晓兰(女)	王春华 杨 兵 王 毅
锦江国际(集团)有限公司工会	张树奎	戚大安
上海市东湖(集团)公司工会	徐中尼	
上海市衡山(集团)公司工会	胡玲娣(女)	
上海市市级机关工会工作委员会	林 锋	何惠娟(女)
上海市经济工作系统工会工作委员会	张金康	汪新民 李绍胜
上海市综合系统工会工作委员会	张世虎	王爱国
上海市社会系统工会工作委员会	施南昌	袁建国
上海城建(集团)公司工会	汤文洲	范惠芳(女)
上海地产(集团)有限公司工会	郑建令	陈 力
上海市申江两岸开发建设投资(集团)有限公司工会	陈晓平	曾 风
上海世博(集团)有限公司工会	高文伟	周 正
上海市合作交流系统工会工作委员会	杨明珠(女)	方 城
中国联通公司上海分公司工会	张静心(女)	蓝江群(女)

说明:1. 任职名单以2005年1月底为准。

2. 上述人员职务以市总工会批复为准。

(市总工会组织部)

概　　况

上海工会管理干部学院

【概况】　上海工会管理干部学院是一所经上海市政府批准，国家教育部备案，由上海市总工会和上海市教委直接领导的独立设置的高等院校。现已发展成为集工会干部培训、成人学历教育和高职学历教育等多种功能为一体的综合性学院。2004 年，学院按照建设“一流的工会干部培训基地，一流的工会理论研究基地，一流的工会对外交流基地”的总体要求，在全院教职员工的共同努力下，各项工作取得较好成绩。一是工会干部的教育培训工作继续发展。学院本着为基层工会服务、为工会干部服务的办学理念，根据不同层面的工会组织和不同类型企业工会干部的特点和需要，通过“走出去、请进来”的开放式培训方法，运用时事讲座、专题研讨等培训形式，年内共培训 27644 人次。2004 年，学院投入 100 多万元更新添置设备，教学条件、教学环境大大改善，干部培训已全部实现多媒体化，学历教育的电教化水平也大为提高。通过“教师争创优秀课程，行政人员争创优秀岗位、科研人员争创优质成果”活动，进行了一系列教学、管理上的改革创新，取得较好效果。为提高教培质量，学院投入大量人力，结合当前工会工作的热点问题，广泛收集各级工会在工作实践中遇到的实际情况和成功做法，编撰了 80 多个工会工作的典型案例，另外，通过与软件制作公司合作研制了集电脑演示、能力测试和资料查阅等功能为一体的，并具有个性化教育特性的多媒体教学软件。二是学历教育规模不断扩大。学院坚持“以学生为本，为学生成才服务”的教育理念，将社会需要和行业优势相结合，注重实践能力与就业导向的统一，以劳模精神育人，德才并重，知行合一，为工会和社会经济发展培养一批高技能应用性人才，形成了别具一格的办学特色，毕业生深受社会欢迎。学院有教职工 140 多人，设有 13 个专业，5 个专业方向，共有各类学历学生 4000 人。学院的学历教育在社会上的影响力逐渐增强，报考考生越来越多，2004 年比上年增加了近 1 倍，比前年增加了近 3 倍。三是理论研究又获丰收。学院《工会理论研究》在历年获奖的基础上，今年又被推荐为“国家期刊奖”候选学报。学院有 4 篇论文获全国工运研究会优秀科研成果奖，3 篇论文获上海市工运研究会优秀科研成果奖。学院与复旦大学合作筹建的“上海劳动关系研究中心”举办过多次国际研讨会、专题研讨会。

（马景红）

上海国际海员俱乐部海鸥饭店

【概况】　上海国际海员俱乐部海鸥饭店坐落在外滩黄浦江与苏州河交汇处，是上海著名的景观酒店。全体干部和员工发扬“优美的海鸥在风浪中争第一”的企业精神，在经营、管理和队伍建设等方面，追求更高、更优、更新、更好的目标，继荣获上海市文明单位后，2004 年，饭店又被国家星级饭店评定委员会授予“四星级旅游饭店”称号。一年来，饭店克服了因苏州河河口水闸施工带来的困难，在认真分析旅游市场形势的基础上，采取有效的经营策略，使经营工作始终保持旺盛的势头。全年营业收入达 5900 万元；比上年净增 900 万元；各项经济指标均创历史新高；客房、餐饮、会议康乐三大主体经营都取得了突出的业绩。在抓好经营的同时，饭店以“高质量、高效率、高效益”为目标，不断完善适应市场运作的管理机制和管理制度，发挥最佳的管理效应，开源节流，降低成本，特别在加强能源管理方面取得了较好的成绩。通过采取各种节能措施，与上年度相比，饭店用电下降了近 11 万度、用水节省了 2900 立方米、用油减少了 53 吨。饭店根据自身的特点，着力塑造有“海鸥”特色的人性化、个性化服务，创立小型、舒适、温馨、高雅的酒店特色和服务产品。在2004年，饭店继续认真开展创建新一轮上海市文明单位活动。为了提高员工队伍综合素质，大力开展教育培训，开展班组“建、创、做”活动，全面质量管理活动，达到全员参加，全过程管理，注重每一个细节，做精做好每一项工作。近年来，海鸥饭店管理了上海市总工会对外交流中心、黄山休养院和海鸥之星酒店，饭店还有下属企业海鸥汽车服务公司。（闻学连）

上海市工人文化宫

【概况】 2004年，上海市工人文化宫紧紧围绕上海工会工作的中心，坚持正确的办宫宗旨，坚守服务社会的承诺，坚定走文化事业与文化产业同步协调发展的道路，注重社会和经济效益的全面提升。抓住机遇，迎接挑战，求实奋进，开拓创新，在全体干群的共同努力下，全年经济收入2089万元，其中上交市总资产占用费163.28万元，实现毛结余394万元，较好地完成了各项工作任务。根据建设素质工程的要求，市宫培训中心全年开设电脑、外语等培训班十大类，开班449个，培训职工近1.2万人次；并与多家知名办学机构合作开班119个，培训学员1850人次；图书馆全年阅览7.5万人次，图书外借2.5万人次。会展场租利用率95%，承接大型演艺活动及布展计166场次。市宫电视制作中心全年共拍摄制作了上海工会新闻102条，创作并完成了20集电视连续剧《褐色美人蕉》拍摄和连续剧《太阳作证》的筹备工作，完成了10部专题片的拍摄。文化宫艺术部全年下基层演出85场，创作排演了话剧《谁主沉浮》，该剧剧本获2003—2004年度国家舞台艺术精品工程剧本奖。（刘　骏）

劳动报社

【概况】 劳动报社是上海市总工会的事业单位，共有职工234人，其中采编人员113人。2004年总收入7582万元，其中发行收入2320万元，广告收入2900万元，印刷等其他收入2362万元，上缴市总工会651.6万元。2004年共编辑出版365期《劳动报》、12期《上海工运》。(1)弘扬职业精神，建设一支高素质的新闻队伍。开展以“弘扬职业精神，恪守职业道德，维护队伍形象”为主要内容的新闻战线自律活动，努力改进队伍作风，树立良好的职业形象，涌现出为确保新印务中心按期建成而日日夜夜奋战在工地上的“325”工程小组、24小时接听新闻热线电话的青年记者和为群众排忧解难的信访办等先进集体和个人。同时，注重把参与新闻竞争，建立快速反应机制，作为培训新闻人才的平台，鼓励青年记者岗位成才，提高整个队伍素质。报社《品位周刊》部主任胡绳梁被评为第五届上海市“十佳”新闻工作者。(2)参与重大新闻报道，体现主流媒体作用。先后参与了“两会”、奥运会、邓小平百年诞辰、俄罗斯人质事件等重大新闻采访报道，获得了好评。坚持《劳动报》是“工会的报纸、工人阶级的报纸”的方针，有重点、分阶段地对李斌、唐建平等劳动模范和先进班组作了专题报道，特别是“五一”劳动节期间，集中力量，推出了10多个专版。5月2日，头版《劳动创造辉煌和未来——市总工会领导昨天看望本市部分新劳模》的新闻图片引起中共上海市委书记陈良宇的重视，并在当天作出了“党和政府要全方位关心劳模，特别是生活困难的老劳模要予以重点照顾”的批示。7月3日《劳动报》报道的《13岁女孩每天做15小时》（消息）获第十三届上海新闻奖二等奖。(3)服务工会，维护职工，凸现工人报刊特色。《劳动报》的《劳权周刊》、《维权信箱》等成为在全市媒体中有影响力的特色品牌。《劳动报》还积极关注长三角地区工会工作的创新和发展，分别与《浙江工人日报》和《江苏工人报》共商开辟了“学苏浙之长，促上海发展”和“工会三角州”专栏，报道苏浙两省的工会工作，形成互动。(4)扩版筹备工作进展顺利，两次试刊取得预期效果。确立了以坚持报纸的新闻性、服务性和可读性，着力市场化为出发点和“耐读好看，体现特色，成为职业人士需要的报纸，现代社会实用的媒介”的扩版目标，并且在11月16日和12月25日进行了试刊，取得了预期效果。(5)新印务中心按期建成投产，报社资产规模上了新台阶。劳动报社新印务中心，通过国际网公开招投标，引进法国高斯环球75型彩色印报机组，经过全力建设，于2004年10月21日正式落成。同时，还建立健全新印务中心的生产管理体系，培养技术工人队伍，加大市场营销力度，使印刷业务成为报社一个新的利润增长点。（刘为明）

上海市总工会休养度假中心

【概况】 上海市总工会休养度假中心是上海市总工会直属的事业单位，拥有在广大职工中具有独特影响力的旅游基地——上海市总工会沙家浜度假村。度假村坐落在风光秀丽的昆承湖畔，拥有欧美式别墅百余幢，并拥有三星级标准的娱乐中心。随着江苏省宁太沿江高速公路的开通，上海至沙家浜的交通路程大大缩短，极大的方便了上海及周边地区的游客。国庆前后，度假村放映了由上海东方卫视台拍摄的《欢乐沙家浜》和中央电视台拍摄的《乡村大世界》专栏节目，参与了全国电影电视“神农奖”颁奖仪式的接待工作。年内，度假村共接待了团队483批，人员达31863人次，总收入为734.75万元。沙家浜度假村不愧是一个集度假、教育培训、旅游娱乐、会务、体检为一体的理想的休养基地。（陈文丽）

上海市工人疗养院

【概况】 上海市工人疗养院下设科室9个，职工160人。(1)开源节流，降低能源消耗，全院总收入2832万元，结余147万元。为加强业务窗口部门服务质量，成立了业务科，强化营销工作，重点开拓私营企业协会和郊区体检市场，组合了12套体检套餐，新添远红外检查，蛋白芯片诊断等新项目。(2)适应新时期职工健康保健的市场需求，通过分析收集各类信息，开展市场调查，了解国内外疗休养和保健的发展现状及趋势，加强药事委员会指导和计量三级网络管理工作以及检验、高压氧和康复医学的质量控制工作。(3)组织医务人员参加卫生局继续教育和业务培训班，坚持每月举行医疗讲座，邀请该院或外院资深教授、主任专家讲课。加强对护工的业务培训，开展了对行政管理人员和后勤技术工种人员的专业技术职称的聘任。

（卓介江）

上海市总工会屏风山工人疗养院

【概况】 上海市总工会屏风山工人疗养院共有4个分院。1、2分院占地110亩，3、4分院及花圃等占地252亩。3分院于1997年与浙江省邮电管理局合作联营，期限28年。1分院拥有客房94间，183个床位；2分院拥有客房119间，234个床位。4分院与宝钢合作于2004年9月30日期满收回。疗养院主要以住宿、餐饮、会务为主，职工150人。全院床位收入377.27万元，餐饮收入307.57万元，交通、会场及其他收入88.13万元。为提高疗养院经济效益，纠正在用工和分配方面存在的问题，在年底前疗养院进行了一系列的用工制度、分配制度的改革，从实际出发，按工作需要设置部门岗位，按岗位性质确定工资标准，基本扭转了人浮于事的局面。

（谢志江）

上海市总工会洞庭西山休养院

【概况】 上海市总工会洞庭西山休养院坐落在苏州太湖国家旅游度假区西山岛上，濒临浩瀚的太湖，相距苏州古城35公里、上海130公里，经沪宁高速全程只需2小时即可到达。休养院倚湖而建，环境优雅，沐浴着浓郁的湖光山色。总占地面积48亩，建筑面积2万多平方米；有客房145间，318张床位；休养院与上海同济大学附属东方医院合作建立的体检中心，可为宾客提供各类体检服务；与上海行动者管理咨询有限公司合作建立的体验式培训基地，可为宾客提供拓展体验培训；是一所集休养、体检、会务、度假、美食于一体的综合接待服务场所。休养院现有职工119人，下设“六部一室”。以“保工薪本色，为工友服务；以休养价格，为大众享受”为服务理念，使休养院具有“住湖边、吃湖鲜、观湖景、玩湖水”的休养特色。

（沈建良）

上海职工休养旅游服务总社

【概况】 上海职工休养旅游服务总社是上海工会系统最大的为职工、离退休人员、社会各行业人士服务的窗口，现已开辟休闲、旅游、会务、体检等活动的线路百余条，曾被评为上海市直机关系统文明单位，全国旅游百强和上海市五十强单位之一。2004年在上海旅游行业服务质量游客满意度指数市场跟踪抽样调查中继续名列前茅。2004年，旅游市场蓬勃发展，竞争激烈。总社全体干部、职工，振奋精神，齐心协力，抓住机遇，克服困难，规范服务打品牌，艰苦奋斗求发展，全年经济效益、社会效益比上年大幅度提高，全年各项经济技术指标创历年来新高。

（王胜普）

上海樱花度假村

【概况】 上海樱花度假村建立于1985年，是一座具有园林特色的涉外旅游宾馆，位于虹桥开发区和古北新区之间。为增强宾馆的市场竞争能力，适应上海新一轮发展和国际、国内旅游业、国际会展业的蓬勃发展，全面提升宾馆的硬件设备和服务设施，实现企业可持续发展和强有力的竞争优势，樱花度假村于2003年至2005年在原址上改扩（新）建一幢五星级宾馆。新樱花宾馆建筑设计充分体现了融合自然的理念，显示出对园林绿化、宁静环境的重视，展现出既优雅又充满活力的形象。宾馆的建筑结构、功能布局，硬件设备、服务设施按照五星级标准设计、建造。改扩（新）建建筑面积达44795平方米，其中地上建筑面积达39300平方米，地下建筑面积达5495平方米。宾馆主楼地上建筑层数十三层（地下一层），建筑总高度54米。2004年9月6日建筑已完成结构封顶，2005年起工程项目将进入机电设备安装、外立面幕墙施工、室内精装修等，整个改扩（新）建项目计划于2005年底全面竣工。新樱花宾馆建成以后，拥有客房375间（标准间、行政商务间、套间、总统套房）、中西餐厅、酒吧、国际会议（报告）厅、大小会议厅、贵宾接待、商务行政酒廊及洽谈、室内泳池、桑拿及健身中心、有线卫星电视、宽带高速上网等设施。为顺应当前高星级酒店行业国际化经营发展，拓展国际商务客源渠道，全面提升五星级宾馆核心竞争力和专业化酒店管理水平，新樱花酒店建成以后，经营管理将引进国际知名品牌酒店管理集团，实行全权委托管理。

（沈瑞生）

上海市职工技协服务中心

【概况】 上海市职工技协服务中心是上海市总工会的直属事业单位，也是上海市职工技术协会和上海市总工会第三产业管理委员会的办事机构，下设技协基层科、三产基层科、经济发展部、财务科、信息协作科、办公室和上海市职工技术成果转化服务中心。(1)会同市知识产权局等有关单位举办了第十八届市优秀发明选拔赛。选拔赛共收到发明、创新成果543个，评出优秀发明成果一、二、三、四等奖和发明产品实施推广奖391个，职工技术创新奖34个。组团参加第五届中国国际发明展，61个发明项目参展，有

45项获奖，获奖率达74%，其中金奖8项、银奖14项、铜奖22项，韩国发明振兴会特别奖1项。(2)组织参加市和全国职业优秀技术创新成果的评选。收到57家区县局(产业)工会上报的优秀技术创新成果146项，挑选10个成果参加全国职工优秀技术创新成果的评选，包起帆领衔开发的"集装箱智能管理技术"被评为全国职工优秀技术创新成果唯一的一等奖，李斌开发的"数控机床系统优化技术"被评为三等奖。(3)继续组织全市各级职工技协利用各自优势开展多种群众性经济技术活动。全年职工技协共提出合理化建议17万多条，完成技术革新、攻关和开发项目近12000个，开展技术交流、技术培训等超过1400次。(4)会同杨浦区总工会成立了"上海市职工技术成果转化服务中心"，探索推进职工技术成果转化的新机制。(5)组织基层职工技协，把在开展有偿技术服务中积累的资金集中起来，成立了上海职工技术创新基金，为职工和中小企业发明创造和项目开发提供资金扶助，奖励职工创新、发明成果。(6)加强区域性经济技术协作。会同江苏、浙江两省职工技协建立了三省市职工技协合作交流机制，形成三地职工技协工作信息协作网络。(7)全力抓好职工技协的管理和规范运作，加强经营活动的检查、监督，举办了技协干部培训班、合同初审员培训班和技术经纪人培训班。(8)继续加强职工技协的组织建设，发展新的团体会员。

(王小龙)

上海市总工会幼儿园

【概况】 位于虹桥开发区的上海市总工会幼儿园隶属于上海市总工会，是一所具有浓厚环保气息和教育特色的一流寄宿制幼儿园。它占地15201平方米，建筑面积9300平方米。教职工30多人，中外幼儿近600名，设有18个班，招收3—6岁幼儿。教师100%是大专、本科毕业生，绝大部分是毕业于华东师范大学学前教育系专科生。新建了150多平方米的娃娃城，设有美国进口大型室外组合运动器具、五彩缤纷的幼儿玩具及咪咪家、娃娃餐厅。大草坪上耸立的三幢宽敞明亮的教育生活楼里，全方位配有进口小型中央空调，设施齐全，设备先进。"一切为了幼儿身心健康全面和谐的发展"是该园的办园宗旨。幼儿园以"纲要"及"幼教"两法为准绳，建立和完善了23项制度，运用现代管理学和现代教育学理论，对日常管理和保教工作从制度上严格规范，有效控制管理全过程。

(刘莉萍)

上海市职工对外交流中心

【概况】 上海市职工对外交流中心成立于1984年10月，是上海市总工会直属的外事专职机构，是上海职工与外国及台、港、澳地区职工进行友好交流的窗口。内部机构有秘书长室、办公室、财务部、外联接待部、台港澳部、并有全资企业——上海市总工会境外劳务服务公司、上海申工境外就业服务有限公司、上海工益技工贸有限公司，以及中日合作企业——上海森山制衣有限公司。上海职工对外交流中心依托工会和网络优势，积极进行各种形式的中、外交流和合作，接待国外和台港澳地区的工会及其他团体所组织来访的参观访问团队；为上海市有关产业(局)工会和基层工会开展对外交流交往活动提供多方面的服务；为经贸投资、文体科教和劳务研修等方面的中外合作项目提供咨询服务等。2004年在有关方面的支持下，首次组团赴台湾地区进行了交流活动获得成功。在做好外事接待和交流工作的同时，积极开拓国内各地区工会组织之间的交流考察活动，也取得了较好的效果。下属的境外劳务公司，积极拓展业务，在稳妥、可靠的前提下，先后向俄罗斯、马来西亚、尼日利亚等国输出了50余名劳务人员。

(石金海)

上海市总工会培训中心

【概况】 上海市总工会培训中心面对劳动力市场供求变化的基本态势，面对再就业困难对象在劳动力市场就业的特殊要求，从工会实际状况出发，开展了四方面工作：(1) 整合资源、上下联动，共同打造工会品牌。在下岗失业人员比较集中的地区，选择4—5个点，成立了上海市总工会培训中心闸北、静安、嘉定、机电等4个分中心，签订了技能培训和劳务输出援助协议，联手开展对下岗失业人员和在职职工的各项服务工作。(2)培训工作再攀新高。举办了物业管理、房产中介员、中式烹调、中式面点、家庭服务员、后勤管理师、贵金属手饰加工、择业创业等培训班66期，培训了4406人次。其中，根据市场的需要为下岗、失业人员举办了再就业职业技能培训班48期，培训了2239人次；为下岗失业人员、低保困难职工、外来务工人员举办了择业、创业技能培训班，共培训学员2034人次；为预备制学员开展了厨师、点心师和计算机技能的培训。(3)组织人才、劳务职场，开展送温暖活动。一是以大市场带动小市场的方式，与普陀区、静安区总工会联手举办劳务专场；与闸北区总工会合作举办了再就业援助专场；加强与地区劳动部门的协作，协助杨浦区劳动局组织了大型送温暖招聘会、虹口区劳动局组织了大型就业援助会。各类劳务就业专场共组织了2688家用工单位进场招聘，108000人次进场洽谈，27700人次达成用工意向。二是维护职工的合法权益，在职介、劳务、劳动政策、法律咨询、维权咨询、求职指导等方面，进行了探索、研究。三是组建劳务公司工会组织。成立了上海工会人力资源有限公司劳务工会(筹)和上海富华人力资源公司联合劳务工会(筹)，劳务公司工会经与公司行政协商就劳务人员的基本权益达成意见。(4)完善管理制度，提高管理水平。修改完善规章制度，加大对人事管理、资金管理的力

度,注重提高后勤服务质量。在管理上做到责任到人,层层负责,分级管理。（郑安苓）

上海市公惠医院

【概况】 上海市公惠医院工会下属部门工会4个,职工326人,其中女会员234人。(1)坚持一年两次职代会制度,年初开展民主评议党政领导干部,下半年召开职代会审议通过了《公惠医院奖惩条例》、《公惠医院中层干部年度考核办法》、《公惠医院奖金分配方案》等7个文件。(2)把新一轮“建、创、做”活动与医院党政提出的“争创文明单位,争做文明职工”的要求结合起来,全院评选出优秀文明班组、优秀文明岗位11个,优秀文明职工11人。医院外科病区被评为上海市总工会系统文明班组。(3)开展“院训在我心中”演讲比赛活动,有13位职工上台演讲。(4)开展“五好家庭”推荐评选活动,医院职工孙绿梅家庭被评为上海市“五好家庭”。(5)在挂号、收费、住院处窗口部门开展岗位技能操作竞赛和百日竞赛活动。(6)帮困送温暖工作制度化。通过“一日捐”,扩大帮困基金,对困难职工补助1.11万元。(7)开展摄影作品评选、牌类比赛;结合国庆55周年,组织“迎国庆爱岗敬业”交流会。（王蕙菁）

上海市职工保障互助会

【概况】 2004年,上海市职工保障互助会迎来了职保会成立十周年的喜庆,开始了规模最大的改扩建和计算机设备的更新,各项工作再创新高。(1)稳妥调整“退休职工住院互助保障计划”缴费标准。根据“退休住院保障计划”的支付缺口,市总工会与政府有关部门进行了沟通,确定了在市有关部门仍然给予补贴的基础上,2004年“退休住院保障计划”缴费标准从每人每年50元调整到75元。因事先作了精心准备,至年底,参续保退休职工达239万人,同比上升2.68%。(2)继续做好“散户”参续保工作。为照顾部分破产、无主管企业的下岗、协保职工及社会失业后退休的职工(已参加上海市城镇职工医保),也能参加互助保障计划,于4月份通过132个街道、镇(社区)工会服务点接受这部分职工参保,全年“散户”参保达到2.8万人。(3)成立资金管理部,进一步规范资金运作程序,使资金运作工作更专业、规范、稳健。(4)为配合在外来务工人员中组建工会,满足本市不同单位的需求,9月1日,推出了“从业人员意外伤残团体互助保障计划”。至年底,参保者达41.3万人,参保金额57.96万元。(5)充分依托社会力量,提升专业管理水平。与复旦大学数学系精算中心建立了长期合作关系,对各项互助保障计划进行综合评估和预测,已就“从业人员意外保障计划”等项目开展了多方位的合作。同时为更好地做好“从业人员意外保障计划”的鉴定工作,依托二医大所属的瑞金、新华、仁济、九院的医疗专家组建了伤残鉴定专家小组和专家委员会,为该保障计划公平、有效的给付创造了良好的条件。(6)开展“职保会成立十周年”纪念活动。组织了“上海市职工保障互助会成立十周年迎新音乐会”、“咨询服务活动日”、“劳动报征文活动”等三大主题活动,拍摄制作了多媒体“用爱撑起一片蓝天”。(7)工作场地扩大、装修及计算机系统更新工作顺利完成。扩大了办公场地,一期的接待服务大厅于10月18日正式投入使用,共开设了20多个窗口,并配以电脑排队叫号系统,二期办公场地于11月底完工投入使用。(8)继续提取100万元为患病住院困难会员提供助医帮困,并继续向50名困难会员子女提供助学帮困,给弱势群体送去工会的关心和温暖。（周红燕）

上海市总工会直管单位法人代表名录

单位名称	职务	姓名
上海工会管理干部学院	院长	傅小龙
上海国际海员俱乐部(海鸥饭店)	主任(总经理)	杨伟健
上海市工人文化宫	主任	沈剑川(女)
劳动报社	总编	吴由之
上海市总工会休养度假中心	主任	郭金蓉(女)
上海市工人疗养院	院长	杨伟健(兼)
上海市总工会屏风山工人疗养院	院长	夏懋璋
上海市总工会黄山休养院	副院长	胡俊道
上海市总工会洞庭西山休养院	副院长	刘继明
上海市总工会东钱湖休养院	副院长	李荣泉
上海职工休养旅游服务总社	主任	张树林

续 表

单 位 名 称	职 务	姓 名
上海樱花度假村	总经理	
上海市职工科技中心	主 任	高兴国(兼)
上海市职工技协服务中心	主 任	高兴国
上海市总工会幼儿园	园 长	周稼超(女)
上海职工对外交流中心	秘书长	倪惠明
上海市总工会培训中心	主 任	潘金叶(女)
上海市公惠医院	院 长	赵宗慕(女)
上海市职工住宅合作社	主 任	
上海上工文化体育发展总公司	副总经理	胡雯龙
上海市职工保障互助中心	主 任	彭剑明(女)
上海市退休职工管理委员会办公室	主 任	徐中原

说明:法人代表名录以2004年12月底为准。

表 彰

上海市“全国五一劳动奖状获得单位”（集体）20 个

上海锦江汽车服务有限公司
上海易初通用机器有限公司
上海市第五建筑有限公司
上海汽轮发电机有限公司
上海瀛通（集团）有限公司
上海宝钢国际经济贸易有限公司
上海国际港务（集团）有限公司
上海宝冶建设有限公司
上海东方商厦有限公司
上海市邮政局市南区局
上海市政工程设计研究院
上海市社会保险事业基金结算管理中心
上海市徐汇区向阳小学科技常识教研组
上海市公路养路费征收管理办公室
中石化上海石油化工股份有限公司塑料事业部聚丙烯联合装置班组
上海中医药大学附属龙华医院中医外科
复旦大学应用表面物理国家重点实验室
上海移动通信有限责任公司客户服务中心
上海建筑材料集团水泥有限公司销售中心
上海中心水产品批发交易市场江浦冷冻厂仓储管理组

上海市“全国五一劳动奖章”（个人）46 名

翟　梁　徐培成　夏　峰　陈小英（女）
徐家平　陆念祖　孟德海　何家扬
顾文忠　沈启龙　赵黎明　董运江
岳　群　李光辉　孔智敏　葛宪平
李　俊　徐汉明　朱永平　李相荣（朝鲜族）
黄文飞　董良广　沈跃江　赵道荣
刘智辉　王惠民　吴树雄　黄立雄
邢同和　秦永虎　万家禄　费荣祥
孙　彪　尚长荣　陈　钢　田小萍（女）
陈信元　巩骏骅（回族）　苏肇伉
巫善明　卢永锦　姜允肃　袁月全（女）
陆凯忠　王安忆（女）姚　明

2001—2003 年度上海市劳动模范和劳模集体

上海市劳动模范（872 名）

浦东新区（33 名）

孔德金　陆　萍（女）金　鑫　王兰忠
江海洋　俞齐祥　李　兵（女）袁晓军
唐振利　施品潮　孙惠定　刘向阳
王汇文　翁国强　包新昌　张国通
石惠新（女）顾志群　薛循革　陈建涛
卫明康　江君芬（女）马友良　李旭峰
胡雨芳（女）姜志明　裴　蓁　陈传年
吕焕皋　彭伟忠　周　崎　何新源
朱国祥

徐汇区（15 名）

李耀生　何玲玲（女）汪劲松　傅坚敏（女）
殷洪骏（女）茹国明　鲍增荣　杨　伟
施冬云　余　琛　沈文龙　马如意（女）
王瑞福　王　缦（女）李阿凤（女）

长宁区（14 名）

冯燮坤　徐锦鑫　邵春安　倪炳生
朱国萍（女）崔爱平（女）刘　健　庄一平
仇笑芳（女）茅爱武　曹桂芳（女）刘小红
张继兵　徐伟人

普陀区（14 名）

周伟灿　王岳祥　肖兆明　梁信军
张　翔　孟　晋（女）董素铭　于井子（女）

周　逢(女) 杨林扣 丁佐宏 陈龙宝
彭　寿 汤　亮

闸北区(13 名)

陈　斌 沈黎明(女) 钟　波(女) 张春花(女)
郭浩根 吴毅卫 钟文虎 高有存
季小方 庞文俊 庞连智 冯亦怀(女)
徐倍倍(女)

虹口区(16 名)

张善美(女) 刘长松 林永栋 祁承辉
顾晓红(女) 梁庆祥 杨伟康 陈子意
顾菊英(女) 严　伟(女) 沈建国 袁　立
唐宗仁 胡美龙 张永生 叶　冲

杨浦区(16 名)

吴美娟(女) 胡洪平 张世永 卞松泉
应彩云(女) 金晓萍(女) 徐良衡 陈允硕
程忠平 王晨波 王金柱 丁美凤(女)
曹中柱 朱炳明 李贻明 吕玲娣(女)

黄浦区(26 名)

包祖健(女) 茅　宏 包增伟 王伯杰
王佩华(女) 陈贵德 董　焰(女) 徐惠黎(女)
吴明烈 宋海忠 周亚勤(女) 陈景瑞
冯志根 夏志明 张文荣 傅锦疆
庄起黎 黄莉莉(女) 严庆荣 樊雨良
徐凤娟(女) 王健华 陶　震 顾凤惠(女)
赵　赟 李　娜(女)

卢湾区(12 名)

郭宗莉(女) 刘美珍(女) 何金娣(女) 王　斌
邓洁莲(女) 郝秀英(女) 俞庆宪 孙海燕(女)
袁家麟 邹关华 许建苗(女) 陈国旋

静安区(13 名)

曹稼桢 徐顺虎 吴宇雯(女) 傅　俊
惠锦源 夏优良 陈元隆 王　虹
邹建萍(女) 凌大卫 王　力 张人利
徐志英(女)

宝山区(19 名)

沈祚敏 徐　颖(女) 张连东 李明珠(女)
董小兰(女) 周瞿英(女) 朱希逸 曹学明
李炳刚 卓龙妙(女) 章贾明 孟庆树
张玉祥 朱建飞 卞美娟(女) 陶建秋
沈子华 金惠明 陶华强

闵行区(23 名)

夏根福 许惠兴 张曙阳 黄克元
曹永兴 沈金忠 周洁碧(女) 岑　鼎
杜金鑫 胡文龙 张中涛 邹振东
钱正坤 胡　兵(女) 夏国海 费公元
杜清龙 杨伟新 张　杰 徐子平
黄仲康 王福连 冯颖俊

嘉定区(22 名)

费小妹(女) 沈兴才 荣文伟 唐庆余
苏兴华 陈建荣 乐天恩 邓文珍(女)
蔡桂发 许六奎 许　榕 汪秀娥(女)
严其良 郑春方 胡春晖 王文娟(女)
顾红飞(女) 徐光明 陈延龄 管富根
王建平 刘海翔

金山区(19 名)

卢忠明 倪素芳(女) 孙仁云 俞明希
夏金龙 周治平 陆通林 蔡金龙
张亦明 刘妙芳 朱小毛 赵八妹(女)
黄建新 戈金宝(女) 季耀东 顾明欢
史永达 陈　勐 徐连生

松江区(19 名)

张桂珍(女) 蒋才根 徐明高 张友良
钱光强 周龙珍(女) 王辉林 袁永林
陈时运 张云海 沈丽娟(女) 于　宁
虞剑芬(女) 吴　芳(女) 朱永泉 周伯华
乔世伟 王立明 张云根

青浦区(17 名)

胡剑平 陆飞昌 唐建国 沈仁根
陈永泉 俞春荣 朱雪芬(女) 衣亚平
於全林 李俭清 陆志雄 徐绥琪
陈忠辉 沈纪官 王亚云 丁　明(女)
冯康泉

南汇区(17 名)

冯　新 陶　勇 顾锦标 王静恩
张安明 蒋正安 苏立新 严伟青(女)
顾守凡 邵云龙 郑雄敏 颜茂华
朱正国 许云生 沈玉明 包美红(女)
康振英

奉贤区(17 名)

顾德平 顾春江 卫雪江 盛秀珍(女)
朱玉林 黄建才 王新其 褚继平
施荣飞 顾品华(女) 蒋益峰 程春华
邵兴华 邵联勤 姚建国 唐德根
蔡银华

崇明县(14名)

陈伟峰　顾永泉　徐柏平　石思九
黄　春　顾圣群　彭桂芳(女)黄亚忠
孙善良　施永新　季克荣　柴春熊
盛建平　张成刚

上海电气(集团)总公司(38名)

李　斌　徐自忠　张台英(女)黄继烈
李国强　徐雪元　李　焱(女)尹益骥
薛　英(女)李龙扣　周　民　叶　明
刘赟华　刘葆青　陈祖权　纪丽伟
吴　斌　丁国强　孙建秋　杨　军
夏荣芳　陆国平　潘翌珺　许国华
郑谋胜　曹建峰(女)赵争鸣　王　茂
盛黎敏　周裕松　陈　竹　蒋家骁
陈红洁　吕亚臣　许郁生　俞铮庆
唐红英(女)李培忠

上海仪电控股(集团)公司(13名)

仲宗尧　周益明(女)郁建福　刘家雄
赵念斯　陶美华(女)朱　强　左向群(女)
赵叶辉　周凤妹(女)谢葆晨　贾良才
施慧君(女)

上海华谊(集团)公司(13名)

王　霞(女)王　朋　包静萍(女)薛鸿林
范永福　杨伟民　邵敬铭　曹虎文
俞剑峰　仇贵生　金红权　李良君
粟小理(女)

上海轻工控股(集团)公司(33名)

石力华　黄勇武　张　琳　蒋渭民
沈国兴　翁跃康　钱根跃　李盛麟
乐文祥　范肥林　朱苗青　张友保
杨荣平　江国钧　杨中毅　王碧君
胡善友　陈海明　沈　军　李　泓(女)
李国梁　袁广俊　陆梓刚　陆国维
许　庆　李海滨　顾云龙　谢瑞虎
戚永宜　惠明森　张　勃(女)邱开植
胡志凤(女)

上海纺织控股(集团)公司(21名)

刘德琼(女)吴志强　孙晓琪(女)李耀生
王进华　胡建国　王根娣(女)解德诚
龚凤娣(女)刘福根　姚希毅(女)丁发根
曾海勇　蔡珊瑛(女)董国华　陈　仲
徐定玉(女)庞申娟(女)朱三弟　武祥珊(女)
戴行军

上海医药(集团)有限公司(6名)

崔祝平　林宝德　陈保华　樊水玉(女)
王建新　傅恩萍(女)

市电力公司(6名)

蒋银根　顾建钦　封根喜　陈国恩
毛　俊　汪俭森

上海电力建设有限公司(2名)

胡天强　孙鸿玉

上海宝钢集团公司(34名)

王海泳　杜国华　朱进兴　丁为国
王伟民　郑　磊　许健勇　丁石勇
杨和平　曹身亮　冯春荣　沈建国
伏中哲　谢荣凯　唐惠强　王明华
邵国平　胡建国　陈必武　张海滨
王立荣　陆江帆　卢锅定　张　建
沈利坤　徐　楠　秦　荣　沈瑞娣(女)
顾雪全　朱孔林　严江生　宋健海
魏国瑞　刘　安

上海宝冶建设有限公司(2名)

章荣辉　刘小滨

上海宝钢冶金有限公司(2名)

王新芝(女)顾红飞

中国石化上海高桥石油化工公司(3名)

顾若愚　宋虹霞(女)张　静

中国石化上海石油化工股份有限公司(6名)

黄耀明　朱　虹(女)沈文华　黄　萍(女)
蒋宇人　陈　铭

长江计算机(集团)公司(1名)

伍智濂

上海有色金属(集团)有限公司(2名)

韩明海　陈卫春

上海航天局(7名)

何文松　林思江　魏钟铨　仓　飚
丁秀峰(女)侯凯宇　李同顺

上海船舶工业公司(13名)

汤春晖　王　琳　张国新　张翼飞
朱根荣　章　炜　傅晓鸣　丁　红
陈民俊　陈云琪(女)杨民荣　万水生
汤瑞良

上海航空工业(集团)有限公司(2 名)

李志峰 吴铭望

市烟草专卖局(2 名)

郭 亮 黄留展

上海汽车工业(集团)总公司(11 名)

赵启华 徐小平 赵爱民 余秀慧(女)
丁美玲(女)马森林 郝达军 陆恩斌
黄荫新 童惠康 金强华

上海广电(集团)有限公司(7 名)

姚小波 张洪棣 孙雅珍(女)王国中
郑永福 季 凡 谭伟嘉

市质量技监局(1 名)

蒋秀兰(女)

上海漕河泾开发公司(1 名)

陈青洲

上海华虹(集团)有限公司(1 名)

肖胜安

上海建筑材料(集团)总公司(2 名)

张嘉仁 孙大海

中国华源(集团)有限公司(1 名)

瞿智鸣

国药集团医药控股有限公司(1 名)

凌志红(女)

上海铁路局(6 名)

张庆桓 吕 明 徐盛火 薛 锋
王海熊 周勇平

上海海运(集团)公司(5 名)

陆永鑫 黄小文 刘柳南 陆文兴
杨福弟

上海国际港务(集团)有限公司(8 名)

陶惠福 浦玉明 朱桂生 蒋工圣
诸葛宇杰 范建共 张鸿祥 顾建川

上海长江轮船公司(2 名)

费家乐 郭汉忠

上海交运(集团)公司(10 名)

朱启平 徐明放 王国华 马良骅
邵生力 虞仁麟 倪伟江 曹启民
陈 涛 章正明

市邮政局(5 名)

余振寰 杨顺民 胡建菁(女)吕国羊
王 樑

上海移动通信有限公司(1 名)

周乔奇

上海电信有限公司(8 名)

傅志仁 蒋 力(女)施 恩 夏伯余
徐 栋 徐 珺 徐震宇 郑安康

上海打捞局(1 名)

杨书甜

东海救助局(1 名)

张建新

上海航道局(3 名)

徐承侃 赵龙根 樊祥生

第三航务工程局(3 名)

黄 平 黄兆周 徐仲贤

中远集装箱运输有限公司(4 名)

郁国华 仇鑫尧 万 敏 罗海林

上海中远三林置业集团有限公司(2 名)

陈缄三 申延财

中波轮船股份公司(1 名)

李一平

民航华东管理局(1 名)

宋 瑜

中国东方航空集团公司(2 名)

李文丽(女)王永淳

上海机场(集团)有限公司(1 名)

顾鹏飞

上海航空股份有限公司(1 名)

顾学书

上海海事局(1 名)

蒋 伟

市建委直属(6名)

浦伟庆　顾国荣　李庆华　张利鸣(女)
姚东宁　杨志杰

上海建工(集团)总公司(16名)

费跃忠　顾海金　顾永林　马建荣
吴钟鸣　陈明生　张明生　徐　飚(女)
周恩度　王汝敏　杨志强　陈月鸣
郑逸德　姚旭东　赵瑞兰(女)朱黎民

市市政局(10名)

李文湘　王　炯　杨　磊　赵志斌
刘凤鸣(女)曹文宏　吴金宝　钟红光
朱继文　许　生

市交通局(15名)

徐　忠　潘春燕(女)秦　蓉(女)邵爱珍(女)
许公仪(女)王力群　王海根　王新生
裘玉萍(女)吴伟民　马卫星(女)徐红英(女)
郭奇章　周　霞(女)闻洪涛

市房地资源局(3名)

汪一琛　詹运洲　赵龙扣

上海海洋石油局(1名)

黄小兵

市绿化局(3名)

张镛福　庞炳根　朱祥明

上海住总(集团)总公司(1名)

詹　沛(女)

上海现代建筑设计集团(2名)

陈文莱　刘恩芳(女)

鲁中冶金矿业集团公司(1名)

王凤林

市市容环卫局(2名)

朱晓平　秦　峰

市水务局(7名)

卢永金　邹明荣　叶丰鸣　杨彩凤(女)
周　烨　王国亮　黄建平

市环保局(1名)

高永善

中国建筑第八工程局(3名)

闫克启　刘进贵　杨京吉

上海大屯能源股份有限责任公司(4名)

张召彬　戴洪标　章丽琴(女)常学亮

商业系统(10名)

万国良　申川平(女)宋文官　张根玉
汪建华　赵建荣　吴妙英(女)梁自伟
严顺昌　钱兴龙

上海百联(集团)有限公司(12名)

李惠麟　许　宁(女)郭　强　傅拗芳(女)
王　震　黄佩雄　黄洪声　王红兵
蓝金康　吕祖芳(女)范本明　邵开平

上海外经贸投资(集团)有限公司(1名)

许小兵

上海市五金矿产进出口公司(1名)

刘寿培

上海外经贸商务展览有限公司(1名)

唐鹏融

中国外运华东有限公司(1名)

李小龙

东浩集团上海市对外服务有限公司(1名)

葛　平

东方国际上海市家用纺织品进出口有限公司(1名)

杨国铭

金融系统(7名)

杨韶敏(女)陈其昌　孟嫣丽(女)谢　莎(女)
郭怡峰　喻　健　朱晓峰

市规划局(1名)

苏功洲

市劳动保障局(1名)

陈锡娥(女)

教育系统(19名)

袁秉达　马　兰(女)赵东元　吴毅雄
李　杰　何鸣元　张嗣良　庄智象
潘　鼎　陈启杰　张　雷　王大伟
史美创　方　蕾(女)李家珉　桑文斌
陈国强　袁　济　王峥涛

卫生系统（13名）

巫善明　王正敏　翁心华　吴志全
曹谊林　陈　楠（女）徐志伟　房　敏
陈义汉　肖明弟　李明华　朱　威
李惠萍（女）

科技系统（16名）

张永莲（女）韩　斌　杨根庆　郑亲波
蒋锡夔　邵培南　高永安　龚　恢
杜选民　徐训古　蒋卫良　徐　斌
李瑞麟　王　晔　李亦学　赵振堂

市体育局（5名）

姚　明　孙海平　刘治仁　胡斌渊
胡荣华

市信息委（2名）

张雪祁　陈天桥

市农委直属（3名）

王国忠　孙超才　赵才标

上海市农工商（集团）总公司（6名）

王德民　杨　毅　李　萍（女）钟雪华（女）
王永刚　高建国

市民政局（2名）

章淑萍（女）蔡茗升

市民防办（1名）

吴玮民

锦江国际（集团）有限公司（9名）

严惠琴（女）王志成　徐祖荣　汤蓦亮
王庆祥　徐行墨　马志英　陆根明
钱晓东

上海市东湖（集团）公司（1名）

贾春林

上海市衡山（集团）公司（1名）

曹文胄（女）

市级机关（5名）

王　迅　董鑑华　陈心豪　彭　非
叶志平

政法系统（15名）

葛国勇　阎建军　王永道　曹慰根
费兴耀　姚　华　张德宝　张智毅
陆达新　袁月全（女）徐玉弟　刘廷碧
吕红兵　徐炳和　李　宗

宣传系统（15名）

包南麟　薛　克　董　强　袁　雷
何　麟　惠新标　劳丽达（女）汪庆正
曹利群（女）林荫茂（女）季　颖　吴忠侠
吴荷芬（女）范　兵　方亚芬（女）

市发展改革委（1名）

徐国宝

市工商局（1名）

侯文明

市财政局、市地税局（1名）

谢　琦

市委统战部（2名）

刘幸偕　季　琦

市私营企业协会（4名）

成党生　王元洪　顾忆明　闵炳忠

市经委直属（2名）

吴国迪　栾广富

上海市劳模集体（380个）

浦东新区（16个）

中钞油墨有限公司生产制造部
上海期货交易所发展研究中心博士后工作站
上海金茂君悦大酒店烹饪美食兴趣小组
德尔福（上海）动力推进系统有限公司飞跃班组
上海中药制药技术有限公司项目组
上海外高桥保税区开发股份有限公司投资管理部
上海富都物业管理有限公司海富花园管理处保洁组
上海浦东新区东宝市政实业有限公司根章班组
上海养和堂药业连锁经营有限公司川沙店
上海市浦东土地发展（控股）公司计划财务部
浦东新区畜牧兽医站兽医卫生监督组
浦东新区公路养护管理一所养护管理科
浦东新区人民医院急诊科
腾达建设集团股份有限公司第三项管部
川沙镇中心幼儿园语言组
上海西木钢铁贸易发展有限公司信息部

徐汇区（4个）

徐汇区社会福利院二楼专护组
徐汇区劳动和社会保障局就业促进中心
徐汇区疾病预防控制中心防疫计免科

徐汇区向阳小学科技常识教研组

长宁区(6个)

上海市延安中学数学教研组
上海市环境卫生汽车服务有限公司长联运输一队红旗车组
新长宁(集团)有限公司临空经济园区开发部
长宁区天山路街道纺大居民区
长宁区中心医院麻醉手术科
上海南天电脑系统有限公司系统集成部

普陀区(5个)

上海市普陀行道树绿化养护有限公司
普陀区市容环境作业一队陈扣娣班组
上海市晋元高级中学信息技术教研组
普陀区中心医院心内科
普陀区民防车库管理中心大渡河路班组

闸北区(5个)

上海市青云中学外语教研组
闸北区园林管理所园林建设发展公司
闸北电器五金工业公司富业分公司本部
复旦大学附属华山医院永和分院第四病区
闸北区环卫运输场清洁机动班

虹口区(4个)

虹口区崇明路小学艺术苑
上海九洲黄金有限公司足金柜组
虹口区人民政府曲阳路街道办事处城建科
上海市中西医结合医院心内科

杨浦区(5个)

杨浦区疾病预防控制中心防疫科
上海环保(集团)有限公司工程部
上海市杨浦高级中学语文组
杨浦区五角场镇人民政府招商服务中心
上海桥升商贸置业有限公司动迁部

黄浦区(10个)

上海新世界股份有限公司新世界城一楼商场
上海群力草药店中医门诊部
上海培罗蒙西服公司服装智能CAD定制中心
上海老庙黄金有限公司银楼一楼班组
上海市光明中学外语组
上海市大同中学教科教研室
上海市第二人民医院"李琦换药室"
黄浦区环境卫生机械清扫公司南京路步行街保洁组
上海汇绿绿地管理有限公司广场公园
上海南房集团应急维修服务中心

卢湾区(4个)

上海红房子西菜馆淮海店
卢湾区环境卫生工具厂淮海中路清道班
上海卢湾市政机具材料有限公司抢险突击队
卢湾区职业介绍所

静安区(4个)

静安区第六粮油食品商店有限公司总店
上海市静安公园
静安区人民防空通信站
中共静安区委、静安区人民政府信访办公室接访科

宝山区(6个)

宝山区医疗保险事务中心社会服务部
宝山区对外经济委员会项目协调科
上海汇集新材料股份有限公司技质部
上海月浦工业园区发展有限公司项目工程部
上海中集冷藏箱有限公司生产部发泡班
宝山区杨行镇宝山敬老院护理部

闵行区(7个)

上海市七宝中学新疆部
闵行区社会福利院护理组
上海七一电机有限公司金工车间
上海马桥电缆厂电缆车间
上海市第五人民医院泌尿外科
闵行区就业促进中心职业介绍所
闵行区卫生局卫生监督所食品卫生科

嘉定区(5个)

嘉定区马陆镇劳动保障事务所劳动就业科
嘉定区黄渡镇联西村村民委员会
上海江南建筑设计院有限公司综合设计一所
嘉定区疾病预防控制中心传染病防治科
上海南翔经济城实业有限公司招商部

金山区(4个)

金山区农村保险基金管理委员会
金山区血站流动采血组
上海石化工业学校数学教研组
上海市金山殡仪馆业务组

松江区(6个)

松江区供电分公司
上海交大昂立股份有限公司生产厂
松江区中山小学"大语文"教育研究课题组
松江区市政管理局交通市容科
松江区方松街道方南居委会
上海龙工机械有限公司总调度室

青浦区（5 个）

青浦区疾病预防控制中心流行病学调查组
上海青浦赵屯草莓研究所
上海青浦工业园区发展集团有限公司经济贸易部
上海新朋实业有限公司新朋电机分厂
上海市青浦高级中学高三年级组

南汇区（4 个）

南汇区人事局人才服务中心
南汇区广播电视台新闻部
南汇区致立学校管理部
上海老港申菱电子有限公司操纵盘小组

奉贤区（4 个）

奉贤区畜牧兽医站
上海奉贤公路建设发展有限公司沥青摊铺队
上海南桥变压器有限责任公司售后服务部
奉贤区南桥镇卫生所

崇明县（4 个）

上海隧桥特种橡胶厂供销科
崇明县竖新镇前卫村“农家乐”生态旅游开发部
上海崇明公路工程养护有限公司马桥道班
上海海龙工程技术发展有限公司市政工程项目监理组

上海电气（集团）总公司（17 个）

上海汽轮机有限公司《百万等级超超临界汽轮机》项目投标组
上海电机厂技术开发中心异步组
上海锅炉厂有限公司空预公司设计组
上海电站辅机厂有限公司容器车间军工组
上海电气（集团）总公司孟加拉电站项目部
上海机床厂有限公司精密机械制造有限公司数控班
上海工具厂有限公司齿轮刀具厂特殊精加工小组
上海高斯印刷设备有限公司金工车间三班
上海纺织机械总厂万佳电气组
上海柴油机股份有限公司制造二分公司装配车间总装二组
彭浦机器厂技术部结构件室
上海联合电机（集团）有限公司南洋电机厂交流车间电工组
上海鼓风机厂有限公司技术开发部轴流组
上海重型机器厂重型机械研究所设计四室
上海日立家用电器有限公司 JIT 改善小组
上海华通开关厂有限公司军工部调试室
上海 MWB 互感器有限公司设备科

上海仪电控股（集团）公司（7 个）

上海金陵出租汽车服务有限公司安全服务科
上海汇盛电子机械设备有限公司技术开发中心
上海亚明灯炮厂有限公司双灯分公司技术开发部
上海自动化仪表有限公司温度仪表制造部金工车间
上海帕瓦尔半导体有限公司抛光组
上海精密科学有限公司科技开发中心物理光学仪器研究室
飞利浦亚明照明有限公司 HID 五车间灯芯班组

上海华谊（集团）公司（6 个）

上海氯碱化工股份有限公司技术中心聚合科研班组
上海吴泾化工有限公司醋酸厂主装置工段
上海试四赫维化工有限公司 EK 班组
上海轮胎橡胶（集团）股份有限公司销售部
上海焦化有限公司动力分公司三总变班组
上海一品国际颜料有限公司技术测试部

上海轻工控股（集团）公司（12 个）

上海白猫有限公司洗洁精机灌工段
中国海诚工程科技股份有限公司第一咨询设计所
上海轻工装备（集团）有限公司进出口分公司
上海安字实业有限公司成品仓库小组
中国第一铅笔股份有限公司方正小组
上海工艺美术总公司进出口部
上海冠生园华光酿酒药业有限公司市内销售部
上工股份有限公司技术中心机壳零件试制组
上海日立电器有限公司品证部试验班组
上海梅林食品有限公司钳工组
冠生园（集团）有限公司资产管理部
利用锁厂制造部装配一组

上海纺织控股（集团）公司（12 个）

上海纺运公司杨浦第十四机动车安全检测站
上海汽车地毯总厂压模一车间保全组
上海针织厂设备电工组
上海第七棉纺厂后加工乙班倍并小组
上海申一毛条有限公司市场营销部
上海嘉丰飞龙纺织有限公司织部车间布机甲班一组
上海第十七棉纺织总厂三纺细纱丙班二组
上海针织九厂针织车间保全组
上海针织九厂成衣一车间保全组
中华第一棉纺针织厂成衣 38 支名牌小组
上海第十化学纤维厂保全小组
上海杨浦区金秋敬老院

上海医药（集团）有限公司（3 个）

上海华联制药有限公司倍他米松班组
上海市医药股份有限公司新药分公司
上海雷允上药业有限公司三分厂片剂车间

市电力公司(4个)

上海市电力公司市区供电公司沪南供电分公司
上海市电力公司市南供电公司嘉定供电分公司
上海市电力公司市东供电公司地区调度组
上海电力股份有限公司吴泾热电厂锅炉检修部加热面班

上海电力建设有限公司(1个)

上海电力安装第一工程公司汽机本体班

上海宝钢集团公司(23个)

宝山钢铁股份有限公司炼铁厂原烧设备车间烧结电气作业区一烧结组
宝山钢铁股份有限公司条钢厂轧钢分厂甲班初轧机组
宝山钢铁股份有限公司制造管理部检测中心一板材2030化学丙班
宝山钢铁股份有限公司能源部制氧分厂运行作业二区日班
宝山钢铁股份有限公司设备部冶炼室连铸计算机一组
宝钢集团上海梅山有限公司炼铁厂三号高炉值班室
宝钢集团上海梅山有限公司热轧板厂工艺质量室
宝钢集团上海梅山有限公司采矿场支护车间喷浆二班
宝钢集团上海第一钢铁有限公司不锈钢工程指挥部
宝钢集团上海第一钢铁有限公司炼铁厂750M3高炉中控室
宝钢集团上海第一钢铁有限公司炼钢厂连铸车间综合组
宝钢集团上海浦东钢铁有限公司中板厂热轧车间轧钢丙班
宝钢集团上海浦东钢铁有限公司厚板厂轧钢车间热轧甲班
宝钢集团上海浦东钢铁有限公司炼钢厂装备科
宝钢集团上海五钢有限公司特冶分公司材料一室
宝钢集团上海五钢有限公司炼钢厂浇钢车间甲班连铸组
宝钢集团上海五钢有限公司钢铁研究所技术中心产品工艺研究室
宝钢集团上海五钢有限公司二钢公司高速线材厂甲班作业区
宝钢集团企业开发总公司综合开发公司宝钢印务公司电脑排版组
宝钢集团企业开发总公司建筑维修公司消防分公司设备点检二区一班
上海宝钢国际经济贸易有限公司钢贸公司营销三部
上海宝钢建设有限公司第五工程管理部
上海宝钢设备检测公司检测工程二部测量一组

上海宝钢冶金建设公司(1个)

上海宝钢冶金建设公司协力分公司铸钢车间一转炉C班

上海宝冶建设有限公司(2个)

上海宝冶建设有限公司电气设备安装分公司
上海宝冶建设有限公司建筑分公司

中国石化上海高桥石油化工公司(2个)

中国石油化工股份有限公司上海高桥分公司炼油事业部重整二车间
中国石油化工股份有限公司上海高桥分公司化工事业部仪表运保部

中国石化上海石油化工股份有限公司(4个)

中国石化上海石油化工股份有限公司炼油化工部2号炼油联合装置
中国石化上海石油化工股份有限公司塑料事业部聚丙烯联合装置
中国石化上海石油化工股份有限公司化工事业部动力联合装置纯水班组
上海石化机械制造有限公司压力容器厂风割组

长江计算机(集团)公司(1个)

上海金鑫计算机系统工程有限公司上海博物馆信息化工程项目组

上海有色金属(集团)有限公司(2个)

上海隆泰铜业有限公司铜带车间
上海金泰铜业有限公司新线车间熔铸机电组

上海航天局(5个)

上海航天设备制造总厂六车间
上海飞奥燃气设备有限公司营销组
上海仪表厂有限责任公司装配事业部
上海航天局第805研究所电源系统研究室
上海航天局第803研究所十车间位标器装调组

上海船舶工业公司(4个)

江南造船(集团)有限责任公司造船事业二部机装车间钳工二组
沪东中华造船(集团)沪东重机股份有限公司加工车间数控组
上海外高桥造船有限公司总装部调试中心
上海船厂造船事业部加工组立车间一工段二班

上海航空工业(集团)有限公司(1个)

上海飞机制造厂制造工程部材料工艺组

市烟草专卖局(3个)

上海烟草(集团)公司上海卷烟厂二车间
上海烟草(集团)公司上海烟草储运公司国权北路仓库保管一组
上海烟草工业印刷厂凹印车间820甲班

上海汽车工业(集团)总公司(10个)

上海大众汽车有限公司汽车三厂油漆车间设备维修股
上海上汽大众汽车销售有限公司华北销售服务中心
上海通用汽车有限公司整车平台价值工程项目组
上海汽车股份有限公司汽车配件厂铝质车间总成装配组
上海纳铁福传动轴有限公司康桥工厂二车间实轴组
联合汽车电子有限公司电子控制器班组
上海延锋江森座椅有限公司机械零件厂WITS小组
安吉天地汽车物流有限公司SGM整车物流管理供应商替代项目组
上海汇众汽车制造有限公司轿车车桥厂一车间机修组
上海幸福摩托车总厂发动机厂动力转向泵专机组

上海广电(集团)有限公司(4个)

上海松下微波炉有限公司技术开发设计一科
上海JVC电器有限公司计画仓库
上海索广映像有限公司显像管制造部1#生产线涂屏C班
上海广电电子股份有限公司电器分公司电子枪工场总装班

华东电网有限公司(1个)

华东电力试验研究院发电部

上海华虹(集团)有限公司(1个)

上海华虹NEC电子有限公司制造部制作科C系于刻组

上海建筑材料(集团)总公司(2个)

上海玻璃钢研究所天翔公司
上海建材集团水泥有限公司销售中心

上海电气科学研究所(集团)有限公司(1个)

上海电器科学研究所(集团)有限公司自动化工程分所

上海铁路局(4个)

上海铁路局工务处机械施工科
上海铁路局上海客运分公司T13/1次“东方号”车队
上海铁路分局南翔机务段沪杭线第十四包指导组
上海铁路分局苏州工务段外跨塘养路工区

上海海运(集团)公司(4个)

中海集装箱运输有限公司预配中心
中海发展股份有限公司货轮公司长建轮
中海发展股份有限公司油轮公司枫林湾轮
上海万度力机械有限公司电焊组

上海国际港务(集团)有限公司(4个)

上港集箱外高桥码头分公司
上海浦远船舶有限公司新“双峰海”轮
上海港军工路港务公司业务部库场队进货组
上海港引航站引航七班

上海长江轮船公司(1个)

上海长江轮船公司“船长号”游船

上海交运(集团)公司(3个)

上海市浦东汽车运输总公司机场物流中心
上海市长途汽车运输公司公兴搬场运输公司
上海浦江游览有限公司“浦江游览”号

市邮政局(4个)

上海市邮政局市南区局龙门路邮政支局
上海市邮政局宝山区局翔殷路邮政支局投递组
上海市邮政局邮区中心局邮件押运科沪京线
上海市邮政局汽车运输局

上海移动通信有限公司(1个)

上海移动通信有限责任公司市场营销中心大客户服务部

上海电信有限公司(3个)

上海理想信息产业(集团)有限公司系统集成事业部
上海邮电设计院有限公司设计五部
上海市电信有限公司长途通信部长途电信线务局

上海打捞局(1个)

交通部上海打捞局拖轮船队“德意”轮

上海航道局(1个)

中港疏浚股份有限公司新海龙轮

第三航务工程局(1个)

上海港湾工程设计研究院综合研究室

中远集装箱运输有限公司(4个)

中远集装箱运输有限公司欧洲贸易区
中远集装箱运输有限公司企业资讯发展部
上海远洋对外劳务有限公司
中日国际轮渡有限公司

中国东方航空集团公司(1个)

中国东方航空股份有限公司上海保障部客运部"温馨服务组"

上海机场(集团)有限公司(1个)

上海国际机场股份有限公司浦东安检护卫分公司国际科

上海航空股份有限公司(1个)

上海航空股份有限公司客舱服务部吴尔愉示范乘务组

上海海事局(1个)

上海海事局外高桥海事处监督员班组

市建委直属(1个)

上海核工程研究设计院 CMT 工程项目管理公司

上海建工(集团)总公司(9个)

上海市第一建筑有限公司机电设备安装公司
上海市第二建筑有限公司袁建国项目管理部
上海市第四建筑有限公司市政工程部
上海市第七建筑有限公司李家欣项目部
上海市安装工程有限公司第五分公司
上海市基础工程公司卢浦大桥主桥项目部
上海市机械施工公司第二分公司
上海市建筑构件制品有限公司浦东预拌混凝土厂试验室
上海建工房产有限公司房地产开发管理部

市市政局(6个)

上海浦江桥隧运营管理有限公司延安东路隧道分公司
上海隧道工程股份公司越江工程项目管理部
上海第二市政工程有限公司隧道交通施工一分公司
上海隧道工程轨道交通设计研究院越江隧道设计总体组
上海燃气市北销售有限公司输配所真加储配站
上海市建设工程管理有限公司工程前期部

市交通局(8个)

上海强生控股股份有限公司 62580000 调度服务中心
上海巴士高速客运有限公司上海站总站服务一班
上海巴士新新汽车服务有限公司 911 路甲班
上海巴士电车二分公司 25 路
上海交通供电建设发展有限公司供电调度中心
上海市陆上运输管理处上海市枫泾交通运政检查站
上海市出租汽车管理处"63232150"热线
上海申新巴士有限公司 49 路车队

市房地资源局(2个)

上海市房屋土地资源管理局住宅产业管理处
上海市地质调查研究院地面沉降和水资源研究所

上海海洋石油局(1个)

上海海洋石油局钻井分公司"勘探三号"钻井平台

市绿化局(1个)

上海园林绿化建设有限公司第三项目部

上海现代建筑设计集团(1个)

上海现代建筑设计集团华东建筑设计院创作室

市市容环卫局(2个)

上海东飞环境工程服务有限公司浦东项目部
上海市市容环境卫生车辆设备厂压缩机班组

上海虹桥经济技术开发区(1个)

上海虹桥经济技术开发区物业经营管理有限公司东方国际大厦管理处

市水务局(4个)

上海市河道(水闸)管理处河道工程科
上海市自来水市南有限公司"小郭热线"服务中心
上海市自来水闵行有限公司第二水厂
上海市城市排水市中运营有限公司防汛分公司两港截流班组

市环保局(1个)

上海市环境保护局办公室信访室

中国建筑第八工程局(2个)

中国建筑第八工程局青岛公司
中国建筑第八工程局大连公司

上海大屯能源股份有限责任公司(3个)

上海大屯能源股份有限公司徐沛铁路管理处车辆段
上海大屯能源股份有限公司姚桥煤矿采煤一队
上海大屯能源股份有限公司龙东煤矿掘进二队

商业系统(3个)

上海捷强烟草糖酒集团配销中心卷烟营销部
上海市江桥批发市场有限公司蔬菜部
上海江浦冷冻厂仓储管理组

上海百联(集团)有限公司(5个)

上海商业储运有限公司市中物流分公司提蓝桥仓库
华联超市股份有限公司 962828 送货服务热线
上海华联商厦楼帼玲温馨家居工作室
联华超市股份有限公司四平店
上海市旧机动车交易市场办证部

市轻工业品进出口有限公司(1个)

上海市轻工业品进出口有限公司丰收贸易分公司

上海外经(集团)有限公司(1个)

中国上海外经(集团)有限公司日本研修协调部

中国抽纱上海进出口公司(1个)

中国抽纱上海进出口公司上海协大国际贸易公司

金融系统(3个)

中国银监会上海监管局外资银行监管处
交通银行上海分行客户服务中心
上海浦东发展银行产品开发中心

市劳动保障局(1个)

上海市就业促进中心

教育系统(4个)

复旦大学教育部卫生部医学分子病毒学重点实验室
上海交通大学安泰管理学院
同济大学海洋与地球科学学院古环境研究组
上海理工大学低温与食品冷冻研究所

卫生系统(6个)

复旦大学附属肿瘤医院乳腺外科
复旦大学附属儿科医院新生儿科
上海第二医科大学附属仁济医院麻醉科
上海中医药大学附属龙华医院中医外科
上海市第一人民医院肝移植医护组
上海市传染病医院感染科

市医保局(1个)

上海市医疗保险局信访接待处

科技系统(5个)

中科院上海光学精密机械研究所 OPCPA 研究项目组
中科院上海硅酸盐研究所无机热控涂层课题组
中科院上海药物研究所药物发现与设计中心
中国电子科技集团公司第五十一研究所 302 课题组
国家人类基因组南方研究中心疾病基因组学研究课题组

市体育局(2个)

上海市体育运动学校上海市女子足球队
上海市水上运动中心上海市帆船队

市信息委(1个)

电信科学技术第一研究所小卫星项目组

市农委直属(1个)

上海中心气象台

上海市农工商(集团)总公司(2个)

上海牛奶棚食品有限公司江宁店
上海农工商绿化有限公司工程部

市民政局(2个)

上海市社区服务中心热线部
上海市龙华烈士陵园(龙华烈士纪念馆)群工部

市民防办(1个)

上海市民防信息中心系统运行部

锦江国际(集团)有限公司(5个)

锦江饭店小礼堂班组
上海宾馆应接行李班组
上海锦江汽车服务有限公司出租调度中心
上海锦江汽车服务有限公司国宾车队
上海中国国际旅行社股份有限公司英语部青年导游小组

上海市衡山(集团)公司(1个)

上海大厦十七楼宴会厅班组

市级机关(2个)

中共上海市委办公厅机要交通处
上海市人民政府机关服务中心通信科

政法系统(11个)

上海市公安局治安总队广场办公室
上海市公安局静安分局南京西路派出所
上海市公安局嘉定分局交巡警支队高速大队
上海市人民检察院第一分院公诉处
宝山区人民检察院侦查监督科
虹口区人民检察院未成年人案件刑事检察科
宝山区人民法院刑事审判庭
浦东新区人民法院陆家嘴法庭
上海市青浦监狱
上海市女劳动教养管理所
上海市国家安全局“2704”单位

宣传系统(7个)

上海日报社编辑发稿中心
中国福利会少年宫东方小伙伴艺术团
上海科学技术出版社医学编辑部
上海译文出版社版权室
解放日报报业集团新闻晨报
上海东方电视台文艺频道
上海京剧院

2004 年上海市工会组建工作先进单位(10 个)

上海市浦东新区总工会
上海市闵行区总工会
上海市奉贤区总工会
上海市普陀区总工会
上海市松江区总工会
上海市徐汇区总工会
上海市嘉定区总工会
上海市青浦区总工会
上海建工(集团)总公司工会
上海市城市交通管理局工会

2004 年上海市工会组建工作优秀单位(25 个)

上海市金山区总工会
上海市南汇区总工会
上海市杨浦区总工会
上海市长宁区总工会
上海市黄浦区总工会
上海市宝山区总工会
上海市静安区总工会
上海市闸北区总工会
上海市卢湾区总工会
上海市虹口区总工会
上海市崇明县总工会
上海农工商(集团)有限公司工会
锦江国际(集团)有限公司工会
中国建筑第八工程局工会
上海市机电工会
上海国际港务(集团)有限公司工会
上海宝钢集团公司工会
中国铁路工会上海铁路局委员会
中国电信集团工会上海市委员会
上海广电(集团)有限公司工会
上海市医务工会
上海机场(集团)有限公司工会
上海市仪表电子工会
上海大屯能源股份有限公司工会
上海汽车工业(集团)总公司工会

第十九届上海市职工精神文明“十佳”好事

单　　位	姓　名	好事名称
中远集运上海远洋船舶供应公司	方庆元	帮困助学十年情
大众巴士公司二分公司党支部 第一党小组、大众出租姜美钟、陈昌明	(集体)	爱心在大众延续
上海市胸科医院小儿心外科	(集体)	义救患儿见真情
东方商厦食品百货商场	(集体)	七年义务送西梅
长途通信部电报维护中心“为民服务小组”	(集体)	为民服务二十载
东方卫视新闻中心	(集体)	千里送药救病员
上海至诚环境服务公司	(集体)	拾金不昧三百万
上海石化股份有限公司	(集体)	400 员工献血抗“非典”
普陀区人民医院	于井子	护士献血捐骨髓
上海机床厂	徐惠芬	捐款送女赴“抗非”

2004 年度双爱双评十佳先进企业

上海罗氏制药有限公司
上海日用—友捷汽车电气有限公司
上海科尔本施密特活塞有限公司
上海汽轮发电机有限公司
上海乐金广电电子有限公司
上海永新彩色显像管股份公司
上海华日服装有限公司
上海淘大食品有限公司
上海梅园村餐饮管理有限公司
上海春秋国际旅行社有限公司

2004 年度双爱双评先进企业(26 家)

上海 MWB 互感器有限公司
上海东岛碳素化工有限公司
上海宝菱冶金设备工程技术有限公司
上海新晃空调设备有限公司
上海肯德基有限公司
上海劳伦茨橡胶制品有限公司
上海森林电器有限公司
上海龙马神汽车座椅有限公司
上海金士达卫宁医疗信息技术有限公司
上海精艺纺织制品厂

太阳岛花园浴场
上海亚尔光源有限公司
上海东鑫电力工程安装有限公司
上海世家装饰实业有限公司
上海施能电器设备厂
上海腾发建筑工程有限公司
上海联合吉纤有限公司
后藤电子(上海)有限公司
上海华明电力设备制造有限公司
上海保隆实业有限公司
上海胜华电缆(集团)有限公司
金光纸业(中国)投资有限公司
上海志昌塑胶电器有限公司
上海国福龙凤食品股份有限公司
上海小绵羊电器有限公司
嘉定通用机械有限公司

2004年度双爱双评优秀员工之友(58名)

田宫英明 上海卓多姿中信化妆品有限公司总经理
陈祖贤 上海恰尔斯安装工程有限公司总经理
顾人德 上海兰恒信息系统有限公司总经理
白中琪 上海高德机械有限公司总经理
李国亮 上海减速机械厂有限公司董事长
潘玉礼 上海新泉出租汽车有限公司总经理
彼得·雷根纳 上海申克机械有限公司总经理
史益敏 上海北盛建设工程发展有限公司董事长
谢 诚 上海致达数字设备有限公司董事总经理
西村修一 上海中尾五金有限公司总经理
华智良 上海集振印刷厂有限公司董事长
袁 立 上海富大胶带制品有限公司董事长
胡 根 上海光明针织总厂董事长
雷雨成 上海同济同捷科技股份有限公司董事长
许文智 上海(三湘)集团有限公司副总裁
毛晓峰 上海顺安通讯防护器材有限公司总经理
朱国敏 上海卧室用品有限公司总经理
孙求生 上海双菱电梯工程有限公司董事长
程 简 上海避风塘美食有限公司董事长
翁联辉 上海世好餐饮管理有限公司董事长
岛森丰司 上海梅陇镇伊势丹百货有限公司董事总经理
朱政平 上海盛顺服装有限公司董事长
段林发 上海牡丹酒家经营管理有限公司董事长
魏 莱 罗地亚(中国)投资有限公司总裁
曹建华 上海大华电器设备有限公司董事长
沈文达 上海腾达企业发展有限公司董事长
福岛久仁夫 上海东洋电装有限公司总经理
徐益忠 上海益忠电器有限公司董事长
洪建设 上海东龙服饰有限公司董事长
曹炎根 上海神仙酒厂厂长
陆国荣 上海海龙工程技术发展有限公司总经理
叶茂盛 上海ABB变压器有限公司总经理
吉姆·洛德基 上海高斯印刷设备有限公司总经理
石黑勉 上海三菱电机·上菱空调机电器有限公司总经理
孙强毅 上海福克斯波罗有限公司总经理
高登·史蒂文森 飞利浦亚明照明有限公司总经理
林友和 上海亚太酿酒有限公司总经理
田中聪行 上海欣红纺织有限公司总经理
王新光 上海罗氏制药有限公司副总经理
周俊杰 上海和黄药业有限公司总经理
唐建中 罗氏(上海)维生素有限公司副总经理
陈敏生 上海强生有限公司总经理
徐羕儿 上海实达精密不锈钢有限公司总经理
邹长征 上海宝井钢材加工配送有限公司总经理
张海涛 上海纳铁福传动轴有限公司总经理
汤瑞良 上海华润大东船务工程有限公司总经理
卢光锡 上海乐金广电电子有限公司董事长
汪 森 上海新芝电子有限公司总经理
郑 觉 上海龙马神汽车座椅有限公司副总裁
米盖斯 上海浦东威立雅自来水有限公司总经理
朱国范 上海三印时报印刷有限公司副总经理
左 申 上海新亚汤臣大酒店有限公司总经理
清水昇 上海富士工器有限公司副总经理
邬纫云 上海东岛碳素化工有限公司副总经理
龚国权 上海嘉建混凝土有限公司总经理
李永进 上海嘉金高速公路发展有限公司总经理
郑荣德 上海华东电器集团有限公司董事长
梁龙宇 上海均瑶集团置业投资有限公司副总经理

2004年度双爱双评优秀员工(32名)

杨 娟 金士顿科技电子(上海)有限公司技术员
张 新 上海卓多姿中信化妆品有限公司科长
乔金凤 上海大众汽车徐汇特约维修站工会主席
王玳玳 美佳物业公司金桥花园管理处工会主席
张静生 上海香雪海经贸有限公司工会主席
沈建春 上海月星家居广场有限公司工会主席
徐培德 上海电气集团恒联企业发展有限公司副部长
承月芳 上海锐力体育用品有限公司办公室主任
金 强 上海赛胜科技有限公司工会主席
严德新 上海三意楼宇实业有限公司分公司副经理
蔡梅灵 上海卫康光学有限公司稽核
王 勇 第九城市计算机技术咨询(上海)有限公司市场销售总监
邱玉毛 上海金刚冶金材料有限公司工人
周 方 新华控制工程有限公司部门经理
沈华英 上海宜华实业有限公司工会主席
金春峰 青岛啤酒上海松江有限公司主管
王剑威 汉高股份有限公司生产经理
周保根 上海实业振泰化工有限公司部门经理

赵斌杰　上海三菱电梯有限公司组长
陈　俊　上海耐莱斯·詹姆斯伯雷阀门有限公司工会主席
陆维嘉　上海天原国际货运报关物流有限公司工会主席
徐起平　上海大申纤维素塑料有限公司工会主席
屠芳辉　上海寅丰服装有限公司生产部部长
黄韧皓　上海罗氏制药有限公司生产经理
计俊平　上海三钢—梅塞尔气体产品有限公司车间副主任
葛长发　上海法雷奥汽车电器系统有限公司项目经理
陈　坚　上海嘉里粮油工业有限公司工会主席
朱德良　海仑宾馆保安部经理
朱建民　上海万通工程营造有限公司总经理助理
李蕴明　上海嘉金高速公路发展有限公司组长
倪和飞　上海华东电器集团有限公司业务员
曲　宇　上海慧龙计算机系统有限公司部门副经理

2004 年上海市职工职业道德先进个人(45 名)

柳百建　上海科普事业中心
章正明　上海交通大宇高速运业有限公司
顾仲华　上海航道仓储公司
常志强　上海三航工程船舶公司
彭朝晖　上海市社会保障卡服务中心
陈爱国　上海邮电通信设备股份有限公司
谢晨洁　徐汇区虹梅地段医院
胡　平　天山新村第一小学
王　雷　上海大雷鑫清洁有限公司
蒋浩英　上海新晨信息集成系统有限公司
常梅珍　上海钟山旅行社有限公司
颜　洁　上海长润信息技术有限公司
王凤琦　新华街道市政管理科
周依芬　天山路街道三村居民区
王　磊　普陀区中心医院
孙鸿祖　上海奥力福实业有限公司
鲍安康　上海城市齐爱出租汽车有限公司
曹　琳　上海药房连锁有限公司劲松参药店
应　宏　上海第九百货商店有限公司
曹玫红　上海市公安局宝山分局
安　瑜　上海市食品药品监督管理局闵行分局
季耀东　金山医院神经外科
唐建国　上海建国畜禽养殖场
周才宝　上海南汇交通实业总公司
顾　军　上海南汇巴士汽车服务有限公司
张行倩　孔庄煤矿选煤厂
张红波　上海金叶商厦五搪化妆区
傅建国　上海化学工业区中法水务发展有限公司
汪忠辉　上海石化炼油化工部
姚　文　上海石化股份公司热电总厂
张　伟　上海航天局第八一二研究所
宋　萍　外高桥造船有限公司工务保障部
谢明远　上海卷烟厂
丁美玲　泛亚汽车技术中心有限公司
周承章　上海邮政局龙门路邮局
周恩度　上海市第二建筑有限公司工程经理部
陶崇文　强生集团申强出租公司
唐德孔　大屯能源股份有限公司选煤厂
闫军山　大屯能源股份有限公司徐庄煤矿
张伟鹏　上海电子商务安全证书管理中心有限公司
陈春东　电信科学技术第一研究所
龚大年　上海信息系统工程监理有限公司
王志华　上海电话设备厂
谢友庆　农工商出租七分公司
李小珍　上海晶通染料公司

2004 年上海市职工职业道德先进单位(33 名)

上海市松江电信局
南汇区自来水公司惠南自来水厂
金山区枫泾镇文广中心
上海铁路局客运公司上海客运分公司沪京直快车队
上海市环境卫生水上综合服务中心
浦东新区环境保护监测站分析室
徐汇区第二社会福利院食堂班组
长宁区疾病预防控制中心防疫科
天山路街道工会
普陀区启星学校
杨浦区房地产交易中心
上海药房连锁总店邓洁莲柜组
上海复欣物业管理发展有限公司
上海市闵行区社会福利院
上海南粮粮油购销有限公司
奉贤区教师进修学校
上海第一钢铁有限公司
上海高桥石油化工公司精细化工事业部
外高桥造船有限公司档案室
上海卷烟厂
上海铁路局疾病预防控制中心
上海大众汽车虹口特约维修站有限公司
上海浚浦物业发展有限公司
三航上海分公司安装处
上海市第二建筑有限公司
强生普陀公司 501 小队
上水市南营业所英姿表务队
上海市疾病预防控制中心
上海市益善殡仪馆
万达信息股份有限公司
上海超级计算中心应用推广部
上海电话设备厂电子事业部
上海牛奶棚食品有限公司

2003 年上海市“职工最满意的企业”

上海纺织机械总厂
上海汽轮发电机有限公司
上海柴油机股份有限公司
上海 MWB 互感器有限公司
上海重型机器厂
上海锅炉厂有限公司
上海飞乐股份有限公司
上海沪工汽车电器有限公司
上海华谊丙烯酸有限公司
上海轮胎橡胶(集团)股份有限公司双钱载重轮胎公司
上海冠生园食品有限公司
上海梅林食品有限公司
上海日立电器有限公司
上海家化联合股份有限公司
上海联吉合纤有限公司
上海罗氏制药有限公司
上海华宇药业有限公司
上海华氏大药房有限公司
上海电力建设启动调整试验所
上海宝钢化工有限公司
上海宝钢国际经济贸易有限公司
宝钢集团上海第一钢铁有限公司
上海高桥石油化工公司炼油事业部
上海石油化工股份有限公司化工事业部
上海申佳铁合金有限公司
上海第一铜棒厂
上海航天局第 808 研究所
上海航天局第 805 研究所
上海航天设备制造总厂
上海烟草(集团)公司上海卷烟厂
上海纳铁福传动轴有限公司
上海新芝电子有限公司
上海旭电子玻璃有限公司
上海永新彩色显像管股份有限公司
上海 JVC 电器有限公司
上海索广映象有限公司
上海港务工程公司
上海交运股份有限公司
上海市邮政局汽车运输局
中港第三航务工程局上海分公司
中日国际轮渡有限公司
上海市政工程设计研究院
上海地铁建设有限公司
交通部第三航务工程勘察设计院
上海市第七建筑有限公司
上海燃气浦东销售有限公司
上海巴士实业(集团)股份有限公司
上海耀华皮尔金顿玻璃股份有限公司
上海市园林工程有限公司
上海现代建筑设计(集团)有限公司
上海华设工程咨询有限公司
上海市自来水闵行有限公司
解放日报报业集团印务中心
上海云峰(集团)有限公司
联华超市股份有限公司
上海华联家维技术服务有限公司
东方商厦有限公司
上海新华联大厦有限公司
上海外高桥汽车交易市场有限公司
上海市浦东新区建设(集团)有限公司
天安保险股份有限公司
上海陆家嘴物业管理有限公司
上海美罗文化娱乐有限公司
中国标准缝纫机公司上海惠工缝纫机三厂
上海天山商厦有限公司
上海市快乐(集团)有限公司
上海西部企业(集团)有限公司
上海桥升商贸置业有限公司
上海市烟草集团杨浦烟草糖酒有限公司
上海大富贵酒楼
上海色柯拉房产代理有限公司
上海卧室用品有限公司
上海黄浦投资(集团)发展有限公司
沪光变压器有限公司
上海新黄浦(集团)有限责任公司
上海群力草药店
上海卢湾区市政机具材料有限公司
上海达安企业发展有限公司
上海日之升新技术发展有限公司
上海虹桥嘉乐制衣有限公司
上海市嘉定自来水有限公司
上海松江大众公共交通有限公司
上海青浦爱思箱包有限公司
上海香花桥服装有限公司
上海三景服装实业有限公司
上海庄印实业有限公司
上海瀛通(集团)有限公司

2003 年上海市“职工最满意的十佳企业”

上海市电信有限公司
上海三菱电梯有限公司
宝山钢铁股份有限公司
上海通用汽车有限公司
上海市第四建筑有限公司
上海新世界股份有限公司
上海复星高科技(集团)有限公司
上海市自来水市南有限公司
上海交通供电建设发展有限公司
上海亚尔光源有限公司

2003 年上海市员工信赖的好经理（厂长）

于在志　上海金外滩（集团）发展有限公司总经理
山佳明　上海由由（集团）股份有限公司董事长、总裁
马作宇　上海黄浦投资（集团）发展有限公司总经理
王力群　上海巴士实业（集团）股份有限公司总经理
王友龙　上海远实房地产开发有限公司总经理
王文海　上海宝信软件股份有限公司总经理
王连云　上海市第七建筑有限公司总经理
王晓秋　上海皮尔博格有色零部件有限公司中方总经理
王瑞福　上海惠工缝纫机三厂厂长
王增国　上海医疗器械（集团）有限公司总经理
卢　杰　上海航道仓储公司经理
史再裕　上海新华书店普陀区店经理
史佩浩　上海永利工业制带有限公司总经理
石渔然　上海卢湾混凝土制品有限公司总经理
任建宏　上海宽频科技股份有限公司总经理
任英广　上海机用皮带扣厂厂长
刘家平　漕河泾新兴技术开发区发展总公司总经理
孙建华　上海航天设备制造总厂厂长
孙鸿祖　上海奥力福实业有限公司总经理
巩宏良　上海申花钢管有限公司总经理
朱火明　上海南桥变压器有限责任公司总经理
许虎烈　中国烟草上海进出口有限责任公司总经理
吴天明　上海申瑞电力自动化科技有限公司总经理
吴宏良　金山石油化工建筑公司经理
吴鼎洪　上海京瓷电子有限公司中方总经理
张亚军　上海电话设备厂厂长、党委书记
张克南　上海宝钢设备检测公司总经理
张国林　上海华灵工具厂厂长
张建平　上海阳普集团新阳普超市有限公司总经理
张胜飞　上海胜华电缆（集团）有限公司董事长、总裁
张惠荣　上海永平置业有限公司总经理
李文华　上海市邮政局邮政储汇局局长
李北光　上海大屯能源股份有限公司龙东煤矿矿长
李汉卿　上海东鑫电力工程安装有限公司总经理
李华强　上海高压容器有限公司总经理
李　钟　上海对外经济贸易工程公司总经理
李恩生　上海日舒棉纺织厂厂长
杨文灿　上海自来水给水设备工程有限公司总经理
杨　弘　上海华宇药业有限公司总经理
杨国平　大众交通（集团）股份有限公司总经理
杨德君　上海法雷奥汽车电器系统有限公司总经理
江宝国　上海市建设工程管理有限公司总经理
沈　迪　华东建筑设计研究院有限公司总经理
陆永泉　上海安亭科学仪器厂书记、厂长
陆乔年　上海高桥石油化工公司精细化工厂厂长
陆通林　上海众豪服装有限公司总经理
陈　久　上海老庙黄金有限公司总经理
陈永泉　上海鹤球服装公司书记、总经理
陈伟峰　上海瀛通（集团）有限公司董事长
陈巍华　上海市第二污水管理所所长
周永彰　上海沪光变压器有限公司总经理
范义正　上海三航工程船舶公司经理
郑元骅　上海申佳铁合金有限公司总经理
俞铮庆　上海起重运输机械厂有限公司总经理
姚　莉　上海市锦江航运有限公司总经理
胡永康　上海吴泾化工有限公司总经理
胡伟坚　上海烟草集团闸北烟草糖酒有限公司总经理
倪伟江　交运股份有限公司汽车零部件分公司总经理
唐建荣　上海市快乐（集团）有限公司总经理
徐家平　上海新世界股份有限公司总经理
徐　楠　宝钢集团企业开发总公司总经理
徐德君　上海浦东巴士交通股份有限公司总经理
郭广昌　上海复星高科技（集团）有限公司董事长
郭回宏　上海双盾劳防制品有限公司总经理
顾建忠　上海金属结构厂董事长、厂长
顾智毅　上海电气液压气动有限公司总经理
顾震华　上海康培尔佘山服装有限公司总经理
高　峰　上海汇丰医药药材有限公司董事长
高　峰　上海华冶钢铁集团有限公司总经理
曹志强　上海锦江城预拌混凝土有限公司总经理
梁龙洲　上海美天副食品有限公司玉屏菜场经理
眭冠良　上海福克斯波罗有限公司中方总经理
黄有为　上海振华造漆厂厂长
嵇东明　上海扬子饭店书记、总经理
程锡元　上海市电信有限公司党委书记、总经理
童浩华　上海市食品进出口公司总经理
葛志远　上海市宝山区公路工程总公司总经理
董　放　上海静安区建设总公司总经理
薛光明　上海新锦华（集团）有限公司董事长、总经理
戴光华　上海振宏市政工程有限公司总经理

工会组织一览表

单 位	基层工会	基层工会涵盖独立法人单位	职工	女职工	工会会员	女会员
	个	个	人	人	人	人
总计	30468	99258	4654502	1856697	4529183	1778569
浦东新区工会	7019	7465	431438	176169	399762	154709
徐汇区总工会	1081	7612	130158	59860	120871	55751
长宁区总工会	896	1954	64499	32297	85087	35110
普陀区总工会	2709	4504	131561	58833	138131	61187
闸北区总工会	554	1471	76457	35664	75060	35112
虹口区总工会	1208	2741	98779	49638	95523	47674
杨浦区总工会	750	2267	85760	48576	84415	47344
黄浦区总工会	1088	3777	98418	45940	130287	60388
卢湾区总工会	597	2344	58865	26915	57817	26599
静安区总工会	644	2363	62243	27103	60048	25786
宝山区总工会	972	5361	164817	61339	154788	58316
闵行区总工会	1571	4749	239660	112528	216577	98804
嘉定区总工会	1245	9112	197741	84460	189124	79549
金山区总工会	851	1694	125072	64265	119373	60629
松江区总工会	983	8044	192662	93581	172382	83106
青浦区总工会	785	22411	216378	88869	205247	84447
南汇区总工会	1151	2742	140008	75191	135394	73802
奉贤区总工会	1184	2529	141640	69361	130860	64293

续 表

单 位	基层工会	基层工会涵盖独立法人单位	职工	女职工	工会会员	女会员
	个	个	人	人	人	人
崇明县总工会	612	1166	88530	36821	85088	34936
机电工会	278	278	127640	37518	125937	36933
仪表电子工会	89	89	50489	25858	39670	19136
化学工会	147	147	63897	17229	67196	18833
轻工工会	189	189	58333	22501	55653	21723
纺织工会	296	296	71949	36551	68277	34545
医药工会	104	108	37684	16058	36116	15563
电力工会	20	20	27263	6306	27206	6189
电力建设工会	11	11	5828	701	5968	703
宝钢集团工会	110	114	111678	23822	109883	23224
宝冶	3	3	6424	302	3931	268
宝冶建设	12	12	6196	1254	6002	1237
高桥石化工会	13	13	13676	4408	13670	4407
石化股份工会	27	27	37820	12260	36813	12157
长江计算机工会	17	18	1369	559	1567	642
有色金属工会	25	25	14259	2550	13529	2479
航天局工会	49	50	20240	6835	19825	7010
船舶工会	30	30	41006	9863	40713	9481
航空工业工会	14	14	8849	2912	8569	2660
工业技术工会	10	10	396	132	396	132
烟草工会	6	6	9153	3312	9153	3312
汽车工业工会	46	46	63445	18374	62651	17920
市工业投资工会	23	28	3186	766	2468	661
广电集团	58	58	26212	11415	26919	11338
技监局工会	8	8	1688	563	1552	506
漕河泾工会	17	17	2486	1018	1938	848
华东电力工会	7	7	1966	547	1964	546
机械成套工会	3	3	169	55	169	55
华虹	9	9	3657	1073	2911	807
华源工会	14	16	1921	791	1826	755
工业合作联社	19	19	1210	425	1155	401
化工园区	10	11	871	257	836	252
国药集团	6	7	1734	874	1654	868

续表

单位	基层工会	基层工会涵盖独立法人单位	职工	女职工	工会会员	女会员
	个	个	人	人	人	人
铁路工会	48	48	36946	7647	37085	7344
海运集团工会	29	29	26917	3760	25338	3750
国际港务工会	44	44	32479	5790	40814	5696
长江轮船工会	12	12	2817	567	2572	520
运输工会	93	97	28222	5519	28406	5643
邮政	41	41	26123	9563	18853	7856
移动	1	1	4476	2148	4476	2148
电信工会	70	70	26910	9775	25568	8608
东海救助局	11	11	841	82	841	82
海上救捞工会	9	9	1443	178	1443	178
航道局工会	13	13	5910	532	5901	532
第三航务工会	14	14	7282	867	6577	854
中远集运工会	28	28	16094	2712	15956	2684
中远置业工会	5	5	360	166	314	141
中波轮船工会	6	6	1365	98	1288	91
民航华东工会	7	7	3556	1531	3362	1450
东方航空工会	22	22	13507	5217	9226	3595
上海机场工会	19	19	6735	2573	10636	3151
航空公司工会	1	1	3685	1408	5023	1514
上海海事工会	19	19	2730	237	2730	237
建设工会	36	69	12530	3501	9514	2717
建工工会	132	328	79699	6347	78371	6206
市政工会	29	29	4710	1482	5707	2036
城市交通	72	73	102234	24056	96827	20407
房地资源	17	23	2334	736	2076	625
建材工会	42	43	16897	4707	16198	4475
海洋石油工会	11	11	1377	329	1370	326
绿化工会	35	35	11468	4844	10958	4537
现代设计	15	17	2873	1072	2873	1072
鲁中冶金工会	16	16	6134	1429	5457	1429
市容环卫工会	43	43	6730	1979	6636	1977
闵开发工会	28	28	6786	3700	4333	2457
虹开发工会	4	4	780	267	608	202

续 表

单 位	基层工会	基层工会涵盖独立法人单位	职工	女职工	工会会员	女会员
	个	个	人	人	人	人
水务局工会	82	91	15039	5207	15033	5201
环保局工会	11	11	661	268	661	268
中国建筑第八工程局	30	71	25254	2977	23906	2883
大屯能源	9	9	20928	2867	20772	2830
金融工会	48	84	35383	16594	34755	15332
财税工会	13	13	1970	912	1970	941
劳动和社会保障工会	33	33	1841	760	1787	733
教育工会	49	49	65809	29256	65148	28775
医务工会	56	56	44402	29504	46296	30341
科技工会	47	47	18225	6178	17872	6073
新闻出版工会	61	61	9730	4292	8145	3476
解放日报工会	11	11	1884	675	1877	673
文新报业工会	8	8	2529	945	2452	878
新华社上海分社	1	1	108	52	108	52
文广影视局工会	12	12	950	419	945	417
文广影视集团工会	57	57	14023	5303	13824	5229
文管会工会	6	6	712	315	696	310
社科院工会	19	19	792	272	792	272
体育局工会	31	31	3490	1346	3181	1196
信息化系统工会	24	24	5785	2398	5515	2297
农工商集团工会	31	31	51390	19733	73918	31938
民政局工会	40	40	6744	3120	6650	3107
监狱管理局工会	18	18	9044	2443	8880	2405
锦江集团工会	127	135	48516	15907	48516	15907
东湖集团工会	18	18	3273	1227	3224	1220
衡山集团工会	9	9	3578	851	3397	808
市级机关工会	274	274	35389	13434	33554	12046
百联集团	142	142	45712	21889	36667	17230
水产集团	17	17	9180	2140	9066	2092
申通集团	4	15	374	93	374	93
久事公司	4	4	201	56	201	56
城建投资	18	24	644	204	644	204
申能集团	18	18	11209	2934	11209	2934

续 表

单 位	基层工会	基层工会涵盖独立法人单位	职工	女职工	工会会员	女会员
	个	个	人	人	人	人
光通信	6	6	434	125	428	125
电器科研所	1	1	660	193	645	178
良友集团	31	36	9379	3627	10491	4845
糖业烟酒	18	18	4452	1534	4358	1496
兰生集团	23	23	4942	2380	3847	1595
外经集团	7	7	277	87	277	85
东方国际集团	12	12	11062	6493	10993	6417
锦江航运	1	1	305	20	305	20
蔬菜集团	12	12	3199	1132	3350	1143
经济工作委员会	204	205	23895	8875	23330	8728
上海市综合系统工会	96	101	9467	2729	9347	2645
社会系统工作委员会	2	2	90	44	73	30
城建集团	86	86	13075	2521	12602	2471
上海地产	68	68	4656	1616	4391	1509
申江两岸开发集团	1	1	38	12	38	12
上海世博	29	29	2885	1202	2798	1162
联通上海	1	1	587	218	587	218

工会组织建设状况（一）

单 位	专职工会工作人员	女性	兼职工会工作人员	建立女职工组织	本级工会女职工工作人员		建立了工会经费审查组织的基层工会所在单位
					专职	兼职	
	人	人	人	个	人	人	个
总计	9965	3614	98429	17474	975	29160	17809
浦东新区工会	726	254	13525	1730	33	2329	3744
徐汇区总工会	180	92	2908	674	13	1019	688
长宁区总工会	123	69	1999	646	9	799	383
普陀区总工会	198	94	5906	1212	13	1622	1037
闸北区总工会	238	95	1702	335	20	652	406
虹口区总工会	151	59	3422	547	11	777	489
杨浦区总工会	321	142	2621	432	19	805	320
黄浦区总工会	442	181	3735	781	27	1148	608

续 表

单 位	专职工会工作人员	女性	兼职工会工作人员	建立女职工组织	本级工会女职工工作人员 专职	本级工会女职工工作人员 兼职	建立了工会经费审查组织的基层工会所在单位
	人	人	人	个	人	人	个
卢湾区总工会	82	37	1512	461	20	595	256
静安区总工会	227	141	2428	522	35	734	325
宝山区总工会	57	17	6980	644	4	833	464
闵行区总工会	325	103	7053	1100	41	2457	1233
嘉定区总工会	196	52	3391	742	22	1072	495
金山区总工会	182	62	2775	662	16	936	720
松江区总工会	272	84	3277	682	15	898	568
青浦区总工会	66	22	2816	699	3	1304	785
南汇区总工会	120	25	3064	981	8	1447	597
奉贤区总工会	11	3	1255	629	0	638	426
崇明县总工会	66	12	2240	567	10	735	526
机电工会	437	119	1399	230	49	582	241
仪表电子工会	55	26	475	70	5	187	81
化学工会	263	94	820	126	30	312	125
轻工工会	259	99	472	156	17	186	176
纺织工会	225	112	870	280	40	434	296
医药工会	101	43	598	79	16	192	93
电力工会	116	38	261	20	12	69	19
电力建设工会	30	9	100	11	7	43	10
宝钢集团工会	349	126	903	89	52	335	80
宝冶	0	0	24	3	0	15	3
宝冶建设	14	4	113	12	3	71	12
高桥石化工会	68	20	98	12	0	60	11
石化股份工会	156	69	404	25	20	117	27
长江计算机工会	17	11	40	14	3	15	13
有色金属工会	50	12	118	24	5	48	21
航天局工会	83	37	232	41	19	114	48
船舶工会	155	41	602	26	8	176	25
航空工业工会	31	16	72	9	7	32	10
工业技术工会	0	0	22	4	0	6	2
烟草工会	36	17	102	5	6	52	5
汽车工业工会	181	72	626	44	25	211	46

续 表

单 位	专职工会工作人员	女性	兼职工会工作人员	建立女职工组织	本级工会女职工工作人员		建立了工会经费审查组织的基层工会所在单位
					专职	兼职	
	人	人	人	个	人	人	个
市工业投资工会	5	0	85	8	0	15	12
广电集团	22	7	242	40	3	68	54
技监局工会	4	3	49	8	1	19	5
漕河泾工会	5	2	80	13	1	27	17
华东电力工会	9	2	43	5	3	13	7
机械成套工会	0	0	11	2	0	2	2
华虹	5	2	129	6	0	27	8
华源工会	7	4	53	14	2	24	14
工业合作联社	3	0	67	11	0	18	18
化工园区	0	0	52	6	0	14	7
国药集团	5	4	17	3	1	4	1
铁路工会	85	24	282	42	1	101	44
海运集团工会	21	7	146	19	4	51	28
国际港务工会	141	45	333	40	13	81	37
长江轮船工会	12	1	59	7	1	13	10
运输工会	167	25	296	49	8	96	53
邮政	67	32	206	41	0	112	41
移动	12	9	11	1	2	11	1
电信工会	102	46	995	60	6	215	68
东海救助局	6	0	45	1	0	3	6
海上救捞工会	8	2	62	5	0	9	7
航道局工会	33	1	123	12	0	24	13
第三航务工会	27	7	73	10	1	16	12
中远集运工会	43	14	153	22	4	47	22
中远置业工会	0	0	10		0	0	5
中波轮船工会	2	0	72	2	0	4	
民航华东工会	18	8	41	7	1	15	
东方航空工会	60	31	124	17	11	48	20
上海机场工会	18	8	85	18	2	33	19
航空公司工会	10	5	10	1	1	10	1
上海海事工会	16	5	68	12	3	15	19
建设工会	20	9	379	35	5	110	30

续　表

单　　位	专职工会工作人员	女性	兼职工会工作人员	建立女职工组织	本级工会女职工工作人员		建立了工会经费审查组织的基层工会所在单位
					专职	兼职	
	人	人	人	个	人	人	个
建工工会	195	40	647	102	0	198	61
市政工会	15	4	237	23	1	55	29
城市交通	128	36	559	65	16	175	64
房地资源	19	5	57	17	0	30	17
建材工会	29	10	179	36	5	70	39
海洋石油工会	8	2	41	7	1	14	9
绿化工会	9	1	87	27	1	36	21
现代设计	3	3	126	12	2	41	2
鲁中冶金工会	23	6	136	15	5	32	14
市容环卫工会	45	12	99	28	8	36	40
闵开发工会	4	2	107	17	0	33	24
虹开发工会	1	1	23	4	1	7	4
水务局工会	96	33	457	69	11	168	78
环保局工会	4	1	39		0	0	9
中国建筑第八工程局	49	14	273	18	9	82	13
大屯能源	90	18	149	9	13	74	9
金融工会	46	25	548	38	11	129	37
财税工会	11	7	96	6	2	23	10
劳动和社会保障工会	2	0	130	33	0	68	25
教育工会	154	64	1565	43	29	451	46
医务工会	102	59	397	51	27	140	56
科技工会	69	25	384	47	10	151	46
新闻出版工会	21	10	212	57	1	92	54
解放日报工会	0	0	54	10	0	12	5
文新报业工会	5	3	50	3	0	6	8
新华社上海分社	1	0	6	1	0	1	1
文广影视局工会	3	3	61	12	0	20	11
文广影视集团工会	21	8	289	38	4	92	44
文管会工会	2	1	24	3	0	3	4
社科院工会	0	0	62		0	0	19

续 表

单 位	专职工会工作人员	女性	兼职工会工作人员	建立女职工组织	本级工会女职工工作人员		建立了工会经费审查组织的基层工会所在单位
					专职	兼职	
	人	人	人	个	人	人	个
体育局工会	5	2	117	16	1	27	22
信息化系统工会	21	10	189	17	3	41	19
农工商集团工会	51	23	341	28	11	112	30
民政局工会	27	11	159	40	1	62	40
监狱管理工会	49	26	473	18	12	76	17
锦江集团工会	105	28	598	62	7	211	85
东湖集团工会	12	5	64	9	1	13	15
衡山集团工会	10	3	51	9	1	13	9
市级机关工会	70	21	1144	131	7	279	189
百联集团	152	31	806	46	11	103	121
水产集团	14	4	47	15	1	27	14
申通集团	0	0	16	3	0	3	3
久事公司	2	0	15	3	0	6	4
城建投资	1	0	46	10	0	10	12
申能集团	39	12	98	12	4	29	16
光通信	0	0	25	5	0	8	6
电器科研所	3	0	14	1	2	8	1
良友集团	79	25	81	30	1	39	30
糖业烟酒	75	39	74	12	1	22	15
兰生集团	11	3	54	7	2	10	12
外经集团	0	0	28	7	0	7	7
东方国际集团	26	14	85	12	5	29	12
锦江航运	1	0	6	1	0	2	1
蔬菜集团	18	7	24	11	2	11	12
经济工作委员会	398	112	456	161	16	220	162
上海市综合系统工会	24	8	363	47	5	84	64
社会系统工作委员会	0	0	8	2	0	2	1
城建集团	45	13	261	74	3	90	30
上海地产	22	7	181	34	3	39	37
申江两岸开发集团	0	0	8	1	0	2	1
上海世博	6	3	104	15	1	27	27
联通上海	2	2	38	1	0	7	1

工会组织建设状况（二）

行　　业	基层工会	基层工会涵盖独立法人单位	职工	女职工	工会会员	女会员
	个	个	人	人	人	人
总计	30468	99258	4654502	1856697	4529183	1778569
按国民经济行业分组						
01. 农、林、牧、渔业	705	1573	101021	40781	98355	38809
02. 采矿业	40	40	26100	4101	25327	4088
03. 制造业	9607	28510	1911911	824672	1816269	771499
04. 电力、燃气及水的生产和供应业	289	314	76890	20549	76334	20313
05. 建筑业	1084	1474	225188	29283	223147	28966
06. 交通运输、仓储及邮政业	1011	1070	396599	90335	389433	83005
07. 信息传输、计算机服务和软件业	498	956	63686	29430	61473	28067
08. 批发和零售业	2639	11102	264424	121253	277881	132131
09. 住宿和餐饮业	1293	2408	118116	58064	116558	56785
10. 金融业	128	179	41607	19187	40921	17897
11. 房地产业	1020	1456	78247	27702	72538	25264
12. 租赁和商业服务业	1488	13034	205940	81154	199798	77320
13. 科学研究、技术服务和地质勘查业	513	864	61880	20998	58887	20715
14. 水利、环境和公共设施管理业	625	683	52010	16950	52934	17148
15. 居民服务和其他服务业	3706	22387	311221	117631	310985	113688
16. 教育	2404	2421	238696	139722	234583	135707
17. 卫生、社会保障和社会福利业	827	869	152329	96293	153725	95090
18. 文化、体育和娱乐业	631	737	48117	19880	46980	19373
19. 公共管理和社会组织	1960	9181	280520	98712	273055	92704
按经济类型分组						
110. 国有企业	3223	5467	1239738	375737	1227270	372663
120. 集体企业	2729	7900	376866	160714	369947	154736
130. 股份合作企业	1366	1534	145146	63611	136957	59206
140. 联营企业	191	554	34589	15154	33502	14186
151. 国有独资企业	109	121	28963	8080	30055	8209
159. 其他有限责任公司	1968	4653	259122	93872	252148	91618
161. 股份有限公司中的国有控股公司	407	417	252440	85606	254359	84197

续表

行业	基层工会	基层工会涵盖独立法人单位	职工	女职工	工会会员	女会员
	个	个	人	人	人	人
169. 其他股份有限公司	536	794	97396	38364	96371	36055
170. 私营企业	10342	60723	846956	351451	823331	338268
190. 其他内资企业	205	879	24644	10598	22729	9657
200. 港澳台商投资企业	892	935	155326	76850	142612	68991
300. 外商投资企业	1811	1969	451503	219098	404812	191095
400. 事业	5512	9331	584262	301528	578826	294618
500. 机关	1177	3981	157551	56034	156264	55070

工会组织建设状况（三）

行业	专职工会工作人员	女性	专职工会工作人员年龄构成		
			35岁及以下	36—50岁	51岁及以上
	人	人	人	人	人
总计	9965	3614	1047	5555	3363
按国民经济行业分组					
01. 农、林、牧、渔业	219	57	37	112	70
02. 采矿业	111	26	9	75	27
03. 制造业	3514	1210	342	1971	1201
04. 电力、燃气及水的生产和供应业	315	103	30	202	83
05. 建筑业	529	129	63	297	169
06. 交通运输、仓储及邮政业	1043	300	102	550	391
07. 信息传输、计算机服务和软件业	136	63	34	68	34
08. 批发和零售业	703	289	48	440	215
09. 住宿和餐饮业	329	141	31	199	99
10. 金融业	55	29	8	28	19
11. 房地产业	266	80	28	153	85
12. 租赁和商业服务业	398	171	55	232	111
13. 科学研究、技术服务和地质勘查业	254	99	32	134	88
14. 水利、环境和公共设施管理业	229	73	28	138	63
15. 居民服务和其他服务业	490	267	32	275	183

续 表

行　业	专职工会工作人员	女性	专职工会工作人员年龄构成		
			35岁及以下	36—50岁	51岁及以上
	人	人	人	人	人
16. 教育	279	126	30	130	119
17. 卫生、社会保障和社会福利业	278	154	14	154	110
18. 文化、体育和娱乐业	97	41	14	55	28
19. 公共管理和社会组织	720	256	110	342	268
按经济类型分组					
110. 国有企业	3805	1317	308	2208	1289
120. 集体企业	666	228	85	370	211
130. 股份合作企业	392	126	39	238	115
140. 联营企业	50	19	8	22	20
151. 国有独资企业	128	39	12	74	42
159. 其他有限责任公司	654	200	62	368	224
161. 股份有限公司中的国有控股公司	746	284	87	446	213
169. 其他股份有限公司	183	68	13	98	72
170. 私营企业	802	351	123	433	246
190. 其他内资企业	34	23	0	30	4
200. 港澳台商投资企业	182	61	30	89	63
300. 外商投资企业	499	173	75	246	178
400. 事业	1313	557	133	689	491
500. 机关	511	168	72	244	195

工会组织建设状况（四）

行　业	专职工会工作人员文化程度构成						兼职工会工作人员	建立女职工组织	本级工会女职工工作人员	
	研究生	大学本科	大专	中专、中技	高中	初中及以下			专职	兼职
	人	人	人	人	人	人	人	个	人	人
总计	154	1628	4325	1789	1398	671	98429	17474	975	29160
按国民经济行业分组										
01. 农、林、牧、渔业	3	32	70	41	34	39	1616	406	10	534
02. 采矿业	1	16	46	11	29	8	304	35	17	97
03. 制造业	49	439	1493	728	503	302	27952	5851	375	9389

续 表

行 业	专职工会工作人员文化程度构成						兼职工会工作人员	建立女职工组织	本级工会女职工工作人员	
	研究生	大学本科	大专	中专、中技	高中	初中及以下			专职	兼职
	人	人	人	人	人	人	人	个	人	人
04. 电力、燃气及水的生产和供应业	1	74	145	67	18	10	1171	190	40	384
05. 建筑业	4	76	239	99	73	38	4045	590	33	961
06. 交通运输、仓储及邮政业	5	147	483	213	145	50	4117	635	81	1175
07. 信息传输、计算机服务和软件业	5	54	53	20	3	1	1772	261	6	446
08. 批发和零售业	13	78	303	160	107	42	7018	1197	66	1618
09. 住宿和餐饮业	1	31	148	50	77	22	3139	599	20	897
10. 金融业	9	19	25	1	1	0	733	66	13	174
11. 房地产业	11	40	143	36	27	9	2848	570	20	745
12. 租赁和商业服务业	4	38	171	83	65	37	6844	692	33	1321
13. 科学研究、技术服务和地质勘查业	15	82	94	28	30	5	2024	296	26	736
14. 水利、环境和公共设施管理业	0	42	111	26	40	10	1775	413	26	598
15. 居民服务和其他服务业	6	37	178	82	143	44	9400	1118	44	1673
16. 教育	11	110	101	35	15	7	11198	2265	44	4212
17. 卫生、社会保障和社会福利业	4	76	120	43	16	19	3334	683	59	1368
18. 文化、体育和娱乐业	0	22	46	13	11	5	1776	357	7	509
19. 公共管理和社会组织	12	215	356	53	61	23	7363	1250	55	2323
按经济类型分组										
110. 国有企业	46	578	1815	790	444	132	15173	2260	401	5164
120. 集体企业	2	38	202	166	136	122	7838	1602	45	2383
130. 股份合作企业	2	27	117	90	99	57	3169	814	32	1025
140. 联营企业	1	5	16	10	11	7	786	119	6	176
151. 国有独资企业	3	38	55	14	10	8	383	74	12	166
159. 其他有限责任公司	6	80	282	133	100	53	5767	1219	49	1722
161. 股份有限公司中的国有控股公司	23	143	380	119	58	23	2714	321	106	856
169. 其他股份有限公司	8	21	85	29	28	12	2209	326	23	508
170. 私营企业	4	42	263	132	243	118	25189	3890	41	5373
190. 其他内资企业	0	0	6	5	16	7	537	84	0	163
200. 港澳台商投资企业	2	27	86	32	18	17	2571	576	9	869
300. 外商投资企业	16	88	218	74	54	49	6179	1137	38	1948
400. 事业	29	377	531	168	156	52	21724	4226	176	7599
500. 机关	12	164	269	27	25	14	4190	826	37	1208

工会保障工作（一）

行　　业	工会所在单位本年度经济性裁员		建立困难职工档案的工会	困难职工
	裁员人数	其中：得到经济性补偿		
	人	人	个	个
总计	28173	26695	6929	90325
按国民经济行业分组				
01. 农、林、牧、渔业	1981	1808	215	6456
02. 采矿业	0	0	26	273
03. 制造业	19116	18412	2438	38617
04. 电力、燃气及水的生产和供应业	172	172	49	328
05. 建筑业	395	283	367	5131
06. 交通运输、仓储及邮政业	3531	3153	419	7648
07. 信息传输、计算机服务和软件企业	20	20	53	368
08. 批发和零售业	1373	1373	640	8565
09. 住宿和餐饮业	314	314	204	2002
10. 金融业	1	1	13	194
11. 房地产业	323	323	190	1023
12. 租赁和商业服务业	669	582	322	4664
13. 科学研究、技术服务和地质勘查业	18	18	56	395
14. 水利、环境和公共设施管理业	36	12	146	931
15. 居民服务和其他服务业	72	72	293	3738
16. 教育	26	26	918	3386
17. 卫生、社会保障和社会福利业	75	75	210	2950
18. 文化、体育和娱乐业	1	1	86	383
19. 公共管理和社会组织	50	50	284	3273
按经济类型分组				
110. 国有企业	21538	20429	1627	44580
120. 集体企业	1107	965	930	11543
130. 股份合作企业	592	439	398	2408
140. 联营企业	28	28	50	289
151. 国有独资企业	45	45	35	897
159. 其他有限责任公司	966	966	630	6400
161. 股份有限公司中的国有控股公司	1929	1929	200	5438
169. 其他股份有限公司	697	697	186	2513
170. 私营企业	691	671	751	3944

续 表

行业	工会所在单位本年度经济性裁员		建立困难职工档案的工会	困难职工
	裁员人数	其中：得到经济性补偿		
	人	人	个	个
190. 其他内资企业	33	33	11	66
200. 港澳台商投资企业	151	151	146	797
300. 外商投资企业	284	254	358	2703
400. 事业	112	88	1442	6433
500. 机关	0	0	165	2314

工会保障工作（二）

行业	参加联系生活困难职工户活动领导干部	领导干部联系困难职工家庭	工会所在单位离退休人员	发放统筹外养老金的基层工会所在单位	本年度发放统筹外养老金金额
	人	户	人	个	元
总计	18813	20649	2121854	3062	718261340
按国民经济行业分组					
01. 农、林、牧、渔业	523	556	54248	91	7074558
02. 采矿业	82	59	5977	19	3159725
03. 制造业	6056	7615	1134725	245	114015631
04. 电力、燃气及水的生产和供应业	139	121	24994	34	13717675
05. 建筑业	1025	1317	59910	54	9952492
06. 交通运输、仓储及邮政业	1283	1396	115440	131	33382080
07. 信息传输、计算机服务和软件业	97	103	7835	39	31985082
08. 批发和零售业	1335	1975	130625	111	11749289
09. 住宿和餐饮业	359	526	28908	36	5011827
10. 金融业	109	83	1019	5	371230
11. 房地产业	410	435	16835	62	5458382
12. 租赁和商业服务业	725	798	68800	49	10137159
13. 科学研究、技术服务和地质勘查业	91	88	37513	82	56437914
14. 水利、环境和公共设施管理业	369	386	19771	141	9210775
15. 居民服务和其他服务业	651	1030	44348	60	7502127
16. 教育	3406	2059	251117	1127	275397074

续 表

行业	参加联系生活困难职工户活动领导干部	领导干部联系困难职工家庭	工会所在单位离退休人员	发放统筹外养老金的基层工会所在单位	本年度发放统筹外养老金金额
	人	户	人	个	元
17. 卫生、社会保障和社会福利业	472	404	57739	354	64880614
18. 文化、体育和娱乐业	195	237	17505	210	32504158
19. 公共管理和社会组织	1486	1461	44545	212	26313548
按经济类型分组					
110. 国有企业	4772	6115	1028153	521	166085282
120. 集体企业	1826	2516	244405	81	16600329
130. 股份合作企业	706	764	48922	35	3607259
140. 联营企业	116	123	686	5	139706
151. 国有独资企业	149	257	19356	15	5575775
159. 其他有限责任公司	1515	2082	142101	81	15182853
161. 股份有限公司中的国有控股公司	1241	1599	124361	43	22724684
169. 其他股份有限公司	396	408	41337	19	669534
170. 私营企业	1298	1365	32077	19	873321
190. 其他内资企业	28	29	782		0
200. 港澳台商投资企业	245	231	6223	8	2186421
300. 外商投资企业	687	759	31619	29	35815768
400. 事业	4687	3298	369135	1996	426995852
500. 机关	1147	1103	32697	210	21804556

工会保障工作（三）

行业	参加失业保险的基层工会所在单位	参加失业保险的人数	开办职工互助合作保险的工会
	个	人	个
总计	15625	2597570	1477
按国民经济行业分组			
01. 农、林、牧、渔业	300	51822	36
02. 采矿业	33	25413	5
03. 制造业	3862	972930	381
04. 电力、燃气及水的生产和供应业	145	64477	27

续 表

行 业	参加失业保险的基层工会所在单位	参加失业保险的人数	开办职工互助合作保险的工会
	个	人	个
05. 建筑业	604	106900	61
06. 交通运输、仓储及邮政业	733	302831	143
07. 信息传输、计算机服务和软件业	245	34583	17
08. 批发和零售业	1574	172526	90
09. 住宿和餐饮业	410	62178	35
10. 金融业	74	30938	6
11. 房地产业	721	45005	68
12. 租赁和商业服务业	698	71442	40
13. 科学研究、技术服务和地质勘查业	361	47423	30
14. 水利、环境和公共设施管理业	475	42198	75
15. 居民服务和其他服务业	832	75809	55
16. 教育	2266	206590	151
17. 卫生、社会保障和社会福利业	721	138665	112
18. 文化、体育和娱乐业	455	35089	42
19. 公共管理和社会组织	1116	110751	103
按经济类型分组			
110. 国有企业	2756	996037	389
120. 集体企业	1068	139042	99
130. 股份合作企业	568	49178	45
140. 联营企业	61	9971	8
151. 国有独资企业	94	25386	12
159. 其他有限责任公司	1290	163344	130
161. 股份有限公司中的国有控股公司	371	208404	42
169. 其他股份有限公司	312	57698	34
170. 私营企业	2366	105141	82
190. 其他内资企业	35	3905	1
200. 港澳台商投资企业	457	65567	28
300. 外商投资企业	1017	230507	94
400. 事业	4334	449402	421
500. 机关	896	93988	92

工会保障工作（四）

行业	参加本级工会开办的职工互助合作保险人数	医疗	养老	工伤	享受职工互助合作保险待遇	
					本年度累计人数	本年度累计金额
	人	人	人	人	人	元
总计	536657	423174	93377	61118	58831	24501419
按国民经济行业分组						
01. 农、林、牧、渔业	1682	1368	194	67	145	65209
02. 采矿业	1864	1341	0	0	1	2066
03. 制造业	236375	181409	36887	27334	15584	8002432
04. 电力、燃气及水的生产和供应业	14746	6690	2815	4367	1397	452934
05. 建筑业	17390	11876	3565	3323	1961	880002
06. 交通运输、仓储及邮政业	120213	106693	21045	6480	23474	6584614
07. 信息传输、计算机服务和软件业	2619	2378	1833	1575	44	130780
08. 批发和零售业	15690	13824	1884	2699	2243	684377
09. 住宿和餐饮业	8634	7933	888	921	556	223920
10. 金融业	2091	1983	1283	1283	122	52672
11. 房地产业	5662	4360	1552	1194	1261	939571
12. 租赁和商业服务业	4828	3079	1048	566	449	351027
13. 科学研究、技术服务和地质勘查业	10799	9846	1400	1651	690	310984
14. 水利、环境和公共设施管理业	7430	4092	2513	857	684	197758
15. 居民服务和其他服务业	4323	3110	1513	1257	1389	193603
16. 教育	35844	25191	2896	862	3845	3457303
17. 卫生、社会保障和社会福利业	28387	25077	7854	4113	3235	1274934
18. 文化、体育和娱乐业	5516	4804	1499	1172	549	285950
19. 公共管理和社会组织	12564	8120	2708	1397	1202	411283
按经济类型分组						
110. 国有企业	291400	241453	43323	28967	35055	12805999
120. 集体企业	13134	9416	3346	2936	2262	434452
130. 股份合作企业	4452	3436	1153	1106	1097	167812
140. 联营企业	1544	741	137	71	15	17300
151. 国有独资企业	9457	8877	0	5255	1203	773836
159. 其他有限责任公司	31974	26582	2400	1983	3734	1704119
161. 股份有限公司中的国有控股公司	45249	26168	15599	4125	3254	1364507

续 表

行 业	参加本级工会开办的职工互助合作保险人数	医疗	养老	工伤	享受职工互助合作保险待遇 本年度累计人数	本年度累计金额
	人	人	人	人	人	元
169. 其他股份有限公司	8625	7823	718	718	333	175458
170. 私营企业	5566	2634	2435	1213	307	348021
190. 其他内资企业	22	22	0	0	22	6580
200. 港澳台商投资企业	10483	7060	1599	1286	665	374110
300. 外商投资企业	25549	21385	4681	5287	1136	587813
400. 事业	76623	58792	14451	7382	8274	5309591
500. 机关	12579	8785	3535	789	1474	431821

工会保障工作（五）

行 业	职工互助合作保险金结存额	工会送温暖工程工作 建立送温暖工程基金的工会	送温暖工程基金结存额	参加住房公积金的基层工会所在单位	建立住房补贴的基层工会所在单位
	元	个	元	个	个
总计	93280172	2958	242943171	12320	2278
按国民经济行业分组					
01. 农、林、牧、渔业	18255	50	12772950	244	23
02. 采矿业	199543	6	1203076	17	17
03. 制造业	40850758	600	63330302	2626	568
04. 电力、燃气及水的生产和供应业	2056860	49	9419985	122	41
05. 建筑业	3350775	109	12838123	503	50
06. 交通运输、仓储及邮政业	20596761	198	43772707	658	165
07. 信息传输、计算机服务和软件业	188010	52	24919138	168	78
08. 批发和零售业	2957146	142	8953593	973	78
09. 住宿和餐饮业	1888808	68	2617306	282	26
10. 金融业	95500	16	372403	75	31
11. 房地产业	5247694	101	7159333	661	119
12. 租赁和商业服务业	351744	85	5993976	454	44
13. 科学研究、技术服务和地质勘查业	1122515	61	5180934	228	64
14. 水利、环境和公共设施管理业	1202408	89	2714968	427	70
15. 居民服务和其他服务业	40165	100	4566863	490	69

续 表

行 业	职工互助合作保险金结存额	工会送温暖工程工作		参加住房公积金的基层工会所在单位	建立住房补贴的基层工会所在单位
		建立送温暖工程基金的工会	送温暖工程基金结存额		
	元	个	元	个	个
16. 教育	8186886	859	17621105	2255	397
17. 卫生、社会保障和社会福利业	4240997	207	10511491	667	119
18. 文化、体育和娱乐业	244954	48	2555083	418	75
19. 公共管理和社会组织	440393	118	6439835	1052	244
按经济类型分组					
110. 国有企业	54840007	754	137836040	2620	560
120. 集体企业	650123	130	2533499	648	61
130. 股份合作企业	78011	57	2139371	427	43
140. 联营企业	40870	13	211375	45	8
151. 国有独资企业	1565227	15	2783197	93	19
159. 其他有限责任公司	3870738	215	11250279	1068	124
161. 股份有限公司中的国有控股公司	5753786	104	24885089	360	70
169. 其他股份有限公司	413584	44	2990588	262	36
170. 私营企业	815662	136	991788	528	59
190. 其他内资企业	0	2	91000	24	2
200. 港澳台商投资企业	900718	39	1786262	305	65
300. 外商投资企业	6688060	106	10893162	783	260
400. 事业	17350844	1248	38244578	4238	747
500. 机关	312542	95	6306943	919	224

工会集体合同工作(一)

行 业	单独建立平等协商、集体合同制度(55)		单独建立平等协商、集体合同制度同时被区域性集体合同覆盖的已建工会组织独立法人单位(56)	
	单位	职工	单位	职工
	个	人	个	人
总计	45714	2554181	31367	649214
按国民经济行业分组				
01. 农、林、牧、渔业	540	56358	299	26346
02. 采矿业	16	18879	6	754
03. 制造业	15411	1315771	11137	321442

续表

行业	单独建立平等协商、集体合同制度(55)		单独建立平等协商、集体合同制度同时被区域性集体合同覆盖的已建工会组织独立法人单位(56)	
	单位	职工	单位	职工
	个	人	个	人
04. 电力、燃气及水的生产和供应业	177	65371	43	7890
05. 建筑业	683	130235	182	13738
06. 交通运输、仓储及邮政业	586	320730	119	64433
07. 信息传输、计算机服务和软件业	435	34945	279	6208
08. 批发和零售业	6709	144779	5940	50285
09. 住宿和餐饮业	1335	49451	980	15479
10. 金融业	38	7140	7	259
11. 房地产业	539	38997	121	6517
12. 租赁和商业服务业	6856	102312	5357	47822
13. 科学研究、技术服务和地质勘查业	404	25134	137	4737
14. 水利、环境和公共设施管理业	193	14103	74	3376
15. 居民服务和其他服务业	9887	130099	5744	48135
16. 教育	228	30268	65	6176
17. 卫生、社会保障和社会福利业	124	11561	42	1402
18. 文化、体育和娱乐业	169	10276	69	2503
19. 公共管理和社会组织	1384	47772	766	21712
按经济类型分组				
110. 国有企业	3481	908226	1823	140500
120. 集体企业	3182	202256	1310	58347
130. 股份合作企业	805	90992	295	28522
140. 联营企业	390	22075	244	7166
151. 国有独资企业	49	19595	7	928
159. 其他有限责任公司	1843	160118	309	30471
161. 股份有限公司中的国有控股公司	278	197429	49	38300
169. 其他股份有限公司	303	58849	89	8339
170. 私营企业	31862	423001	25419	239461
190. 其他内资企业	339	11595	300	4334
200. 港澳台商投资企业	507	96990	135	19182
300. 外商投资企业	1026	293774	304	53086
400. 事业	1649	69281	1083	20578
500. 机关				

工会集体合同工作(二)

行业	单独建立平等协商、集体合同制度同时被行业性集体合同覆盖的已建工会组织独立法人单位		将女职工特殊保护条款纳入劳动合同和集体合同的已建工会组织独立法人单位	
	单位	职工	单位	职工
	个	人	个	人
总计	4321	794202	40434	987127
按国民经济行业分组				
01. 农、林、牧、渔业	40	3816	574	24346
02. 采矿业	9	15063	30	3808
03. 制造业	1260	436357	12079	507410
04. 电力、燃气及水的生产和供应业	50	38867	161	16729
05. 建筑业	156	41624	596	21179
06. 交通运输、仓储及邮政业	189	97413	620	77944
07. 信息传输、计算机服务和软件业	94	16791	387	12667
08. 批发和零售业	620	40730	5980	70278
09. 住宿和餐饮业	160	15566	1346	29136
10. 金融业	7	1131	62	6439
11. 房地产业	104	7839	606	12389
12. 租赁和商业服务业	170	22562	6727	48086
13. 科学研究、技术服务和地质勘查业	192	9877	455	9860
14. 水利、环境和公共设施管理业	49	4289	213	5352
15. 居民服务和其他服务业	833	14045	7964	43954
16. 教育	77	13771	601	40666
17. 卫生、社会保障和社会福利业	13	3135	256	26692
18. 文化、体育和娱乐业	36	1497	220	7151
19. 公共管理和社会组织	262	9829	1557	23041
按经济类型分组				
110. 国有企业	914	387054	3669	273015
120. 集体企业	358	40309	3145	94212
130. 股份合作企业	128	14607	777	39114
140. 联营企业	96	2273	372	9008
151. 国有独资企业	22	10424	82	6331
159. 其他有限责任公司	300	50131	1860	58789
161. 股份有限公司中的国有控股公司	112	85135	308	71412
169. 其他股份有限公司	84	16254	336	21925

续 表

行业	单独建立平等协商、集体合同制度同时被行业性集体合同覆盖的已建工会组织独立法人单位		将女职工特殊保护条款纳入劳动合同和集体合同的已建工会组织独立法人单位	
	单位	职工	单位	职工
	个	人	个	人
170. 私营企业	1669	37724	25848	147696
190. 其他内资企业	3	239	328	2813
200. 港澳台商投资企业	98	19213	521	50696
300. 外商投资企业	252	110084	963	130392
400. 事业	285	20755	2225	81724
500. 机关				

民主管理工作（一）

行业	基层工会所在单位建立职代会制度情况（个）			
	0. 未建立	1. 建立职代会制度	2. 建立职工大会制度	3. 总计
总计	13232	8972	7087	29291
按国民经济行业分组				
01. 农、林、牧、渔业	367	156	171	694
02. 采矿业	9	30	1	40
03. 制造业	4184	3210	2212	9606
04. 电力、燃气及水的生产和供应业	83	126	80	289
05. 建筑业	375	426	283	1084
06. 交通运输、仓储及邮政业	278	496	231	1005
07. 信息传输、计算机服务和软件业	300	70	124	494
08. 批发和零售业	1264	682	692	2638
09. 住宿和餐饮业	748	205	340	1293
10. 金融业	65	23	39	127
11. 房地产业	319	258	432	1009
12. 租赁和商业服务业	857	360	269	1486
13. 科学研究、技术服务和地质勘查业	200	124	181	505
14. 水利、环境和公共设施管理业	172	182	217	571
15. 居民服务和其他服务业	2751	356	576	3683
16. 教育	171	1550	676	2397
17. 卫生、社会保障和社会福利业	208	415	173	796
18. 文化、体育和娱乐业	282	146	183	611

续 表

行 业	基层工会所在单位建立职代会制度情况(个)			
	0. 未建立	1. 建立职代会制度	2. 建立职工大会制度	3. 总计
19. 公共管理和社会组织	599	157	207	963
按经济类型分组				
110. 国有企业	715	1800	708	3223
120. 集体企业	1279	865	585	2729
130. 股份合作企业	473	485	408	1366
140. 联营企业	95	66	30	191
151. 国有独资企业	29	44	36	109
159. 其他有限责任公司	626	729	613	1968
161. 股份有限公司中的国有控股公司	78	257	72	407
169. 其他股份有限公司	194	212	130	536
170. 私营企业	6621	1316	2405	10342
190. 其他内资企业	152	23	30	205
200. 港澳台商投资企业	448	245	199	892
300. 外商投资企业	947	514	350	1811
400. 事业	1575	2416	1521	5512
500. 机关				

民主管理工作(二)

行 业	本年度召开过职代会的基层工会所在单位	职代会职工代表	女职工代表	实行业务招待费使用情况向职代会报告制度的基层工会所在单位	开展民主评议企事业领导干部的基层工会所在单位	实行厂务公开的基层工会所在单位
	个	人	人	个	个	个
总计	11318	290944	98836	7155	8469	11540
按国民经济行业分组						
01. 农、林、牧、渔业	264	3899	1163	155	175	252
02. 采矿业	29	1883	279	26	25	32
03. 制造业	3233	106466	29990	1671	1816	3055
04. 电力、燃气及水的生产和供应业	149	6556	1525	123	119	163
05. 建筑业	440	13814	1858	330	359	476
06. 交通运输、仓储及邮政业	611	21296	4090	492	519	624
07. 信息传输、计算机服务和软件业	121	3557	1009	58	80	146

续 表

行 业	本年度召开过职代会的基层工会所在单位	职代会职工代表	女职工代表	实行业务招待费使用情况向职代会报告制度的基层工会所在单位	开展民主评议企事业领导干部的基层工会所在单位	实行厂务公开的基层工会所在单位
	个	人	人	个	个	个
08. 批发和零售业	949	16547	6290	610	590	1108
09. 住宿和餐饮业	272	6944	2663	152	160	273
10. 金融业	36	1938	905	23	45	45
11. 房地产业	524	6275	1386	374	445	539
12. 租赁和商业服务业	454	8975	3032	309	304	457
13. 科学研究、技术服务和地质勘查业	214	5358	1499	118	139	259
14. 水利、环境和公共设施管理业	341	5244	1352	274	290	344
15. 居民服务和其他服务业	426	8944	2070	192	271	546
16. 教育	2177	48183	27052	1496	2167	2135
17. 卫生、社会保障和社会福利业	529	17453	9978	445	530	540
18. 文化、体育和娱乐业	266	3950	1428	175	250	256
19. 公共管理和社会组织	283	3662	1267	132	185	290
按经济类型分组						
110. 国有企业	2078	78348	19881	1866	1981	2257
120. 集体企业	987	20280	6867	690	711	1125
130. 股份合作企业	601	11828	3780	336	325	587
140. 联营企业	61	1877	637	37	41	61
151. 国有独资企业	65	1703	394	56	66	76
159. 其他有限责任公司	947	19212	4922	639	692	939
161. 股份有限公司中的国有控股公司	283	13529	4043	257	274	308
169. 其他股份有限公司	216	6488	1722	149	151	229
170. 私营企业	1627	31404	8010	368	420	1635
190. 其他内资企业	24	635	113	11	14	22
200. 港澳台商投资企业	286	6937	2346	86	134	213
300. 外商投资企业	477	20453	5590	143	219	441
400. 事业	3666	78250	40531	2517	3441	3647
500. 机关						

民主管理工作(三)

行业	建立董事会的基层工会	董事	职工董事	女职工董事	工会主席进入董事会的单位	建立监事会的基层工会	监事	职工监事	女职工监事	工会主席进入监事会的单位
	个	人	人	人	个	个	人	人	人	个
总计	5037	24443	2443	1090	1754	2975	7779	1567	731	1054
按国民经济行业分组										
01. 农、林、牧、渔业	82	376	49	22	45	56	150	38	13	18
02. 采矿业	7	42	5	3	1	5	18	6	4	4
03. 制造业	2289	11266	871	417	670	1032	2810	560	286	417
04. 电力、燃气及水的生产和供应业	66	355	49	17	30	54	173	39	17	17
05. 建筑业	343	1696	224	65	168	263	712	157	58	88
06. 交通运输、仓储及邮政业	279	1549	162	59	105	206	545	113	40	73
07. 信息传输、计算机服务和软件业	89	494	32	6	14	62	168	25	8	13
08. 批发和零售业	478	2148	299	159	192	362	838	161	80	117
09. 住宿和餐饮业	132	586	79	39	47	67	180	40	24	33
10. 金融业	44	316	18	3	8	37	128	31	13	11
11. 房地产业	435	2070	233	88	176	330	837	164	60	90
12. 租赁和商业服务业	279	1250	149	70	115	190	432	76	44	67
13. 科学研究、技术服务和地质勘查业	59	300	42	18	26	38	97	21	10	16
14. 水利、环境和公共设施管理业	61	225	33	15	30	54	111	19	10	16
15. 居民服务和其他服务业	180	824	105	48	66	120	291	55	26	34
16. 教育	76	290	21	9	13	20	69	20	15	11
17. 卫生、社会保障和社会福利业	23	95	7	5	8	14	36	6	4	4
18. 文化、体育和娱乐业	47	227	18	15	10	20	50	10	4	9
19. 公共管理和社会组织	68	334	47	32	30	45	134	26	15	16
按经济类型分组										
110. 国有企业	714	3655	350	142	264	540	1543	291	128	185
120. 集体企业	312	1360	196	101	166	207	525	103	63	74
130. 股份合作企业	580	2658	444	210	295	443	1096	262	130	197
140. 联营企业	46	225	14	7	15	22	60	11	8	9
151. 国有独资企业	52	253	22	7	23	41	117	17	2	6

续 表

行 业	建立董事会的基层工会	董事	职工董事	女职工董事	工会主席进入董事会的单位	建立监事会的基层工会	监事	职工监事	女职工监事	工会主席进入监事会的单位
	个	人	人	人	个	个	人	人	人	个
159. 其他有限责任公司	965	4520	628	258	403	773	1889	376	157	233
161. 股份有限公司中的国有控股公司	213	1566	85	32	62	188	639	158	56	79
169. 其他股份有限公司	219	1202	120	48	95	178	475	91	35	71
170. 私营企业	572	2239	306	156	210	353	771	147	83	125
190. 其他内资企业	15	71	6	2	5	9	29	5	3	3
200. 港澳台商投资企业	406	2015	91	43	55	64	178	23	15	16
300. 外商投资企业	830	4266	144	66	144	111	312	43	24	35
400. 事业	113	413	37	18	17	46	145	40	27	21
500. 机关										

工 会 劳 动 保 护 工 作(一)

行 业	劳动保护监督检查委员会	建立分公司、分厂、车间一级工会劳动保护监督检查委员会	工会小组劳动保护检查员	本级工会劳动保护监督组织受理举报案件	提请劳动安全卫生监督部门处理案件	工会参加安全生产检查
	个	个	人	件	件	次
总计	6663	11368	58985	388	160	72393
按国民经济行业分组						
01. 农、林、牧、渔业	199	312	539	14	4	1439
02. 采矿业	30	153	857	1	1	426
03. 制造业	3044	5704	33076	204	84	30271
04. 电力、燃气及水的生产和供应业	116	358	2579	30	14	1937
05. 建筑业	338	922	3219	21	16	5335
06. 交通运输、仓储及邮政业	435	1479	7768	12	5	5416
07. 信息传输、计算机服务和软件业	77	133	801	4	1	1013
08. 批发和零售业	433	438	1692	18	12	5188
09. 住宿和餐饮业	165	173	727	2	0	1717

续 表

行 业	劳动保护监督检查委员会	建立分公司、分厂、车间一级工会劳动保护监督检查委员会	工会小组劳动保护检查员	本级工会劳动保护监督组织受理举报案件	提请劳动安全卫生监督部门处理案件	工会参加安全生产检查
	个	个	人	件	件	次
10. 金融业	9	11	15	0	0	81
11. 房地产业	271	134	733	5	2	2484
12. 租赁和商业服务业	227	170	514	6	5	2611
13. 科学研究、技术服务和地质勘查业	75	246	1033	13	0	763
14. 水利、环境和公共设施管理业	167	174	591	1	1	1822
15. 居民服务和其他服务业	324	213	1349	20	5	2709
16. 教育	260	231	849	8	5	4264
17. 卫生、社会保障和社会福利业	281	199	1783	19	0	1839
18. 文化、体育和娱乐业	53	17	141	0	0	1843
19. 公共管理和社会组织	159	301	719	10	5	1235
按经济类型分组						
110. 国有企业	1559	5561	29678	123	52	19235
120. 集体企业	737	686	1821	30	12	6416
130. 股份合作企业	451	320	1140	32	5	4287
140. 联营企业	62	75	331	0	0	703
151. 国有独资企业	40	123	1155	0	0	623
159. 其他有限责任公司	620	727	3286	18	11	6938
161. 股份有限公司中的国有控股公司	199	1037	7355	29	25	2099
169. 其他股份有限公司	164	210	1054	4	3	1436
170. 私营企业	1088	735	3381	33	12	9944
190. 其他内资企业	18	12	45	3	0	260
200. 港澳台商投资企业	256	213	915	10	3	3670
300. 外商投资企业	579	917	4711	52	25	6272
400. 事业	890	752	4113	54	12	10510
500. 机关						

工会劳动保护工作(二)

行　业	工会参加处理工伤事故	工会参加“三同时”审查验收项目	女职工劳动保护 执行禁止安排女职工从事矿山井下及体力劳动强度的有关规定的基层工会所在单位	执行女职工在经期不得安排从事高处、低温、冷水作业及体力劳动强度的有关规定的基层工会所在单位	执行女职工在怀孕、哺乳期间关于体力劳动强度等方面的有关规定的基层工会所在单位
	件	项	个	个	个
总计	1996	1338	12528	13181	14085
按国民经济行业分组					
01. 农、林、牧、渔业	34	24	317	339	359
02. 采矿业	30	27	35	36	36
03. 制造业	1267	501	4718	4983	5219
04. 电力、燃气及水的生产和供应业	28	106	167	176	181
05. 建筑业	147	192	599	617	640
06. 交通运输、仓储及邮政业	153	87	583	603	639
07. 信息传输、计算机服务和软件业	5	102	189	205	213
08. 批发和零售业	51	40	1264	1322	1367
09. 住宿和餐饮业	36	6	483	502	526
10. 金融业	0	0	35	36	43
11. 房地产业	25	79	501	543	583
12. 租赁和商业服务业	31	21	518	540	581
13. 科学研究、技术服务和地质勘查业	18	10	261	275	282
14. 水利、环境和公共设施管理业	40	26	276	309	339
15. 居民服务和其他服务业	41	32	610	638	705
16. 教育	17	13	1048	1073	1218
17. 卫生、社会保障和社会福利业	23	34	352	381	499
18. 文化、体育和娱乐业	11	16	207	224	255
19. 公共管理和社会组织	39	22	365	379	400
按经济类型分组					
110. 国有企业	561	557	1825	1979	2133
120. 集体企业	118	92	1231	1308	1351
130. 股份合作企业	78	46	741	772	794
140. 联营企业	16	11	73	78	95

续 表

行业	工会参加处理工伤事故	工会参加"三同时"审查验收项目	女职工劳动保护		
			执行禁止安排女职工从事矿山井下及体力劳动强度的有关规定的基层工会所在单位	执行女职工在经期不得安排从事高处、低温、冷水作业及体力劳动强度的有关规定的基层工会所在单位	执行女职工在怀孕、哺乳期间关于体力劳动强度等方面的有关规定的基层工会所在单位
	件	项	个	个	个
151. 国有独资企业	9	5	72	74	79
159. 其他有限责任公司	164	166	999	1059	1144
161. 股份有限公司中的国有控股公司	138	60	256	284	315
169. 其他股份有限公司	46	30	230	243	264
170. 私营企业	207	141	3366	3464	3542
190. 其他内资企业	2	1	38	40	40
200. 港澳台商投资企业	199	34	524	540	573
300. 外商投资企业	368	108	936	988	1061
400. 事业	90	87	2237	2352	2694
500. 机关					

工会法律工作（一）

行业	建立工会劳动法律监督组织	工会劳动法律监督员	本年度工会劳动法律监督组织受理违法、违规案件	工会劳动法律监督组织自行处理违法违规案件	建立劳动争议调解委员会的基层工会所在单位	劳动争议调解委员会委员	劳动争议调解委员会中工会和职工代表	本年度劳动争议调解委员会受理劳动争议	集体劳动争议
	个	人	件	件	个	人	人	件	件
总计	4136	13362	558	504	7655	29955	18797	3852	77
按国民经济行业分组									
01. 农、林、牧、渔业	109	278	8	8	151	486	278	15	8
02. 采矿业	15	164	3	3	19	104	68	13	2
03. 制造业	1637	5830	90	63	2886	11205	6697	1972	27
04. 电力、燃气及水的生产和供应业	54	297	2	0	100	570	374	6	5
05. 建筑业	160	537	4	4	423	1681	1047	146	16
06. 交通运输、仓储及邮政业	242	1460	2	2	406	2034	1314	149	2

续 表

行 业	建立工会劳动法律监督组织	工会劳动法律监督员	本年度工会劳动法律监督组织受理违法、违规案件	工会劳动法律监督组织自行处理违法违规案件	建立劳动争议调解委员会的基层工会所在单位	劳动争议调解委员会委员	劳动争议调解委员会中工会和职工代表	本年度劳动争议调解委员会受理劳动争议	集体劳动争议
	个	人	件	件	个	人	人	件	件
07. 信息传输、计算机服务和软件业	48	125	0	0	73	298	201	11	0
08. 批发和零售业	258	575	2	0	405	1366	861	314	3
09. 住宿和餐饮业	123	302	7	2	170	636	428	34	1
10. 金融业	11	36	0	0	27	107	64	53	4
11. 房地产业	212	386	0	0	313	1044	636	153	0
12. 租赁和商业服务业	161	403	6	1	257	884	555	45	0
13. 科学研究、技术服务和地质勘查业	48	191	0	0	102	539	330	28	0
14. 水利、环境和公共设施管理业	74	176	2	0	131	491	313	136	0
15. 居民服务和其他服务业	233	626	419	415	376	1144	711	49	2
16. 教育	400	918	3	1	1109	4302	2906	155	3
17. 卫生、社会保障和社会福利业	174	624	3	0	418	2074	1406	135	1
18. 文化、体育和娱乐业	58	131	3	1	102	360	213	258	0
19. 公共管理和社会组织	119	303	4	4	187	630	395	180	3
按经济类型分组									
110. 国有企业	989	4925	20	12	1510	7280	4625	1073	29
120. 集体企业	455	1062	427	418	742	2342	1385	116	13
130. 股份合作企业	186	453	3	1	330	1077	652	306	0
140. 联营企业	33	92	3	0	56	199	106	10	0
151. 国有独资企业	18	92	0	0	36	175	101	8	0
159. 其他有限责任公司	356	883	14	9	642	2395	1519	447	5
161. 股份有限公司中的国有控股公司	119	636	10	8	201	1036	682	65	5
169. 其他股份有限公司	87	261	29	28	171	641	404	36	3
170. 私营企业	592	1508	12	9	1131	3568	2054	519	1
190. 其他内资企业	6	17	0	0	24	90	58	2	0
200. 港澳台商投资企业	167	358	5	5	256	874	497	293	7
300. 外商投资企业	321	1025	21	11	608	2334	1431	287	10
400. 事业	807	2050	14	3	1948	7944	5283	690	4
500. 机关									

工会法律工作（二）

行业	本年度劳动争议调解委员会受理劳动争议	受理的劳动争议案件按引发原因分类										本年度劳动争议调解委员会调解成功劳动争议
		变更、解除、终止、续订劳动合同	开除、除名、辞退职工	职工自动离职、辞职	劳动报酬	保险福利	工作时间和休息休假	劳动安全卫生	职业培训	未成年工和女职工特殊保护	其他原因	
	件	件	件	件	件	件	件	件	件	件	件	件
总计	3852	2529	170	636	104	50	21	24	48	7	263	892
按国民经济行业分组												
01. 农、林、牧、渔业	15	3	0	0	4	3	0	0	0	0	5	5
02. 采矿业	13	3	0	3	4	0	0	0	0	1	2	9
03. 制造业	1972	1371	55	310	59	16	9	17	6	4	125	601
04. 电力、燃气及水的生产和供应业	6	5	0	1	0	0	0	0	0	0	0	0
05. 建筑业	146	88	13	23	3	1	1	1	5	0	11	39
06. 交通运输、仓储及邮政业	149	92	12	17	7	2	1	1	0	0	17	48
07. 信息传输、计算机服务和软件业	11	0	0	8	0	0	0	0	0	0	3	4
08. 批发和零售业	314	270	11	11	4	8	3	3	0	0	4	16
09. 住宿和餐饮业	34	7	5	12	1	2	1	0	0	0	6	9
10. 金融业	53	1	3	45	0	0	0	2	0	0	2	0
11. 房地产业	153	117	2	5	2	0	0	0	27	0	0	31
12. 租赁和商业服务业	45	12	4	18	2	1	0	0	0	0	8	6
13. 科学研究、技术服务和地质勘查业	28	17	1	6	0	3	0	0	0	0	1	5
14. 水利、环境和公共设施管理业	136	62	29	45	0	0	0	0	0	0	0	1
15. 居民服务和其他服务业	49	24	3	2	6	4	2	0	0	0	8	11
16. 教育	155	70	3	19	5	3	0	0	0	2	53	45
17. 卫生、社会保障和社会福利业	135	61	4	45	7	4	3	0	9	0	2	37
18. 文化、体育和娱乐业	258	178	25	54	0	0	1	0	0	0	0	16
19. 公共管理和社会组织	180	148	0	12	0	3	0	0	1	0	16	9
按经济类型分组												
110. 国有企业	1073	718	43	158	27	8	8	9	0	1	101	568
120. 集体企业	116	68	4	7	5	3	0	8	2	0	19	23
130. 股份合作企业	306	248	2	40	1	3	0	0	1	0	11	5
140. 联营企业	10	3	1	6	0	0	0	0	0	0	0	3

续 表

行业	本年度劳动争议调解委员会受理劳动争议	受理的劳动争议案件按引发原因分类										本年度劳动争议调解委员会调解成功劳动争议
		变更、解除、终止、续订劳动合同	开除、除名、辞退职工	职工自动离职、辞职	劳动报酬	保险福利	工作时间和休息休假	劳动安全卫生	职业培训	未成年工和女职工特殊保护	其他原因	
	件	件	件	件	件	件	件	件	件	件	件	件
151. 国有独资企业	8	1	0	4	0	2	0	0	0	0	1	2
159. 其他有限责任公司	447	332	14	68	10	5	1	0	0	0	17	46
161. 股份有限公司中的国有控股公司	65	24	7	10	12	2	0	1	0	0	9	19
169. 其他股份有限公司	36	9	9	4	2	2	1	0	5	0	4	22
170. 私营企业	519	288	28	152	20	4	2	3	5	0	17	59
190. 其他内资企业	2	0	0	0	2	0	0	0	0	0	0	2
200. 港澳台商投资企业	293	222	6	55	3	1	0	0	2	0	4	10
300. 外商投资企业	287	183	20	42	7	7	3	3	2	4	16	49
400. 事业	690	433	36	90	15	13	6	0	31	2	64	84
500. 机关												

工会经济技术工作（一）

行业	开展经济技术创新工程活动的基层工会	本年度职工提出合理化建议	本年度已实施合理化建议	已实施合理化建议创造（节约）价值折算金额	工会所在单位本年度技术革新项目	本年度技术革新创造（节约）价值折算金额	工会所在单位本年度技术发明项目	申请专利项目	本年度技术发明创造经济效益金额
	个	件	件	元	项	元	项	项	元
总计	5624	348248	171244	1358422356	6334	730909900	1422	651	605300085
按国民经济行业分组									
01. 农、林、牧、渔业	105	2124	270	5897944	13	325000	1	1	2000000
02. 采矿业	24	22758	12242	20355578	572	27784753	1	1	2000000
03. 制造业	1775	257666	143460	1110741566	5042	624519611	1082	459	289635133
04. 电力、燃气及水的生产和供应业	92	9217	1386	44615292	130	32180601	22	10	135433700
05. 建筑业	253	3304	1586	40619972	122	14667890	64	38	98843000
06. 交通运输、仓储及邮政业	426	19410	3572	51473958	222	14958110	41	28	10970122

续 表

行　业	开展经济技术创新工程活动的基层工会	本年度职工提出合理化建议	本年度已实施合理化建议	已实施合理化建议创造（节约）价值折算金额	工会所在单位本年度技术革新项目	本年度技术革新创造（节约）价值折算金额	工会所在单位本年度技术发明项目	申请专利项目	本年度技术发明创造经济效益金额
	个	件	件	元	项	元	项	项	元
07. 信息传输、计算机服务和软件业	91	8494	1383	19944408	35	5028000	82	26	45099755
08. 批发和零售业	377	4940	948	4235046	4	602000	23	3	30000
09. 住宿和餐饮业	164	3025	974	4240112	16	2165300	2	0	100000
10. 金融业	17	234	27	22359858	2	500000	0	0	0
11. 房地产业	278	1461	375	15656055	13	2216500	1	0	180000
12. 租赁和商业服务业	145	2245	622	2543919	16	364230	0	0	0
13. 科学研究、技术服务和地质勘查业	90	3883	162	2453500	33	1430000	44	32	8371125
14. 水利、环境和公共设施管理业	167	1319	158	3428386	15	1625000	1	1	50
15. 居民服务和其他服务业	191	1004	318	2732326	9	308000	3	2	81000
16. 教育	940	5153	2976	1450966	77	47905	18	18	10356200
17. 卫生、社会保障和社会福利业	292	1490	587	2917654	6	230000	7	2	200000
18. 文化、体育和娱乐业	98	273	100	1542316	3	1002000	0	0	0
19. 公共管理和社会组织	99	248	98	1213500	4	955000	30	30	2000000
按经济类型分组									
110. 国有企业	1323	134641	46619	349191673	2088	297672670	496	246	368124716
120. 集体企业	319	1251	551	5105089	55	29303800	14	4	7336000
130. 股份合作企业	278	1433	619	6229224	132	22442500	16	11	17654100
140. 联营企业	66	382	182	1910200	25	3385500	24	2	5300000
151. 国有独资企业	46	3440	1045	2184960	22	582360	2	1	2100
159. 其他有限责任公司	495	19997	4013	40619344	597	32520938	39	19	31627000
161. 股份有限公司中的国有控股公司	219	41592	29585	607807731	266	82842600	426	163	74029200
169. 其他股份有限公司	114	2833	1532	152170933	34	6238000	8	4	7850000
170. 私营企业	551	2500	1192	14450629	917	39332889	183	42	43921245
190. 其他内资企业	7	99	21	170000	2	185000	5	5	2500000
200. 港澳台商投资企业	143	3543	667	21926450	256	46851000	50	48	7633200
300. 外商投资企业	429	129985	81984	146375046	1804	165855738	124	76	27246274
400. 事业	1634	6552	3234	10281077	136	3696905	35	30	12076250
500. 机关									

工会经济技术工作(二)

行业	工会所在单位本年度总结推广先进操作法	总结推广先进操作法创造(节约)价值折算金额	本年度参加劳动竞赛职工	本年度参加技术练兵、技术比武职工	本年度参加职工技术培训	建有职工技协组织的基层工会	技协会员	本年度技协开展技术攻关、技术开发项目	技协开展技术攻关技术开发创经济效益
	项	元	人次	人次	人次	个	人	项	元
总计	781	214157951	1019204	507248	1168671	1248	108965	1220	92812364
按国民经济行业分组									
01. 农、林、牧、渔业	2	100000	6783	2293	5649	23	394	10	220000
02. 采矿业	19	3100000	21253	11249	16997	4	413	4	448000
03. 制造业	430	181253112	363844	199522	370248	286	27569	420	28243269
04. 电力、燃气及水的生产和供应业	15	9557395	42130	11360	32187	73	15432	66	7001297
05. 建筑业	115	12492529	104309	14204	40620	98	6629	77	17281084
06. 交通运输、仓储及邮政业	71	4555201	241132	110841	284340	139	10346	270	4282777
07. 信息传输、计算机服务和软件业	5	207500	25609	18313	35839	47	8002	36	6143325
08. 批发和零售业	3	13000	63494	34854	62584	33	926	1	110000
09. 住宿和餐饮业	1	6000	16448	10635	42526	12	555	5	60067
10. 金融业	6	5100	2036	637	2563	10	845	17	848346
11. 房地产业	5	131600	13394	5963	9929	125	3459	79	10845621
12. 租赁和商业服务业	16	34180	10631	3633	13496	23	1256	11	534000
13. 科学研究、技术服务和地质勘查业	3	2000	9751	2853	40890	64	13475	63	2680161
14. 水利、环境和公共设施管理业	5	104681	16216	4739	17248	135	7059	66	4196975
15. 居民服务和其他服务业	8	101032	10314	3945	9479	36	1127	7	654956
16. 教育	65	24621	32132	36155	75042	21	4236	21	823422
17. 卫生、社会保障和社会福利业	9	460000	34475	32874	99907	61	5332	39	4666185
18. 文化、体育和娱乐业	1	2000000	1757	1007	3301	13	535	23	2972879
19. 公共管理和社会组织	2	10000	3496	2171	5826	45	1375	5	800000
按经济类型分组									
110. 国有企业	331	100181658	513493	289714	520109	537	65963	501	45003504
120. 集体企业	6	150000	13570	4941	17342	27	517	10	861500
130. 股份合作企业	21	3936010	12757	4381	13363	29	596	1	65000
140. 联营企业	2	1000	7959	2477	5280	7	89	23	220000
151. 国有独资企业	18	569320	23107	5477	13394	29	3903	131	600000

续 表

行业	工会所在单位本年度总结推广先进操作法	总结推广先进操作法创造（节约）价值折算金额	本年度参加劳动竞赛职工	本年度参加技术练兵、技术比武职工	本年度参加职工技术培训	建有职工技协组织的基层工会	技协会员	本年度技协开展技术攻关、技术开发项目	技协开展技术攻关技术开发创经济效益
	项	元	人次	人次	人次	个	人	项	元
159. 其他有限责任公司	61	1565810	65218	15486	46007	99	3800	29	2179223
161. 股份有限公司中的国有控股公司	44	86601172	144014	50785	108491	78	7382	196	16327390
169. 其他股份有限公司	7	25600	21068	6880	20295	17	1569	4	362000
170. 私营企业	32	2570499	16328	8464	28130	29	561	15	2041000
190. 其他内资企业	2	100000	403	215	966	2	25	0	0
200. 港澳台商投资企业	24	481544	20666	11044	23718	9	409	20	1227500
300. 外商投资企业	156	17449506	95671	33949	144166	40	5092	71	5935584
400. 事业	77	525832	84950	73435	227410	345	19059	219	17989663
500. 机关									

工会经济技术工作（三）

行业	本年度技协推广新技术项目	本年度应用技协推广新技术创经济效益	本年度技协技术合同成交项目	本年度技协技术合同成交金额	本年度技协组织技术比赛	本年度参加技协组织技术比赛	本年度技协举办技术培训（讲座）	参加技协技术培训（讲座）	本年度技协帮扶困难企业	本年度技协帮扶困难企业项目
	项	元	项	元	场次	人次	次	人次	个	项
总计	206	30251453	10920	379668772	355	84964	722	76231	22	23
按国民经济行业分组										
01. 农、林、牧、渔业	7	5335000	29	1433800	4	22	40	495	11	11
02. 采矿业	0	0	3	1130000	0	0	0	0	0	0
03. 制造业	90	11990580	1854	111076395	78	5646	148	5420	3	4
04. 电力、燃气及水的生产和供应业	8	3551058	1213	43445365	14	410	30	4502	0	0
05. 建筑业	49	5090600	596	29794954	4	330	40	925	0	0
06. 交通运输、仓储及邮政业	6	1890000	576	19501170	160	76103	30	1253	2	2
07. 信息传输、计算机服务和软件业	23	919000	704	37640425	29	826	56	1500	2	2
08. 批发和零售业	0	0	29	3826072	8	230	13	140	0	0

续 表

行 业	本年度技协推广新技术项目	本年度应用技协推广新技术创经济效益	本年度技协技术合同成交项目	本年度技协技术合同成交金额	本年度技协组织技术比赛	本年度参加技协组织技术比赛	本年度技协举办技术培训（讲座）	参加技协技术培训（讲座）	本年度技协帮扶困难企业	本年度技协帮扶困难企业项目
	项	元	项	元	场次	人次	次	人次	个	项
09. 住宿和餐饮业	0	0	0	0	0	0	0	0	0	0
10. 金融业	0	0	1	80000	0	0	0	0	0	0
11. 房地产业	6	600000	930	22923852	10	123	104	1315	1	1
12. 租赁和商业服务业	0	0	23	3470005	12	112	6	58	0	0
13. 科学研究、技术服务和地质勘查业	6	180000	504	19623873	4	350	18	917	0	0
14. 水利、环境和公共设施管理业	3	119000	1933	36957917	4	128	53	927	0	0
15. 居民服务和其他服务业	0	0	131	4007488	7	208	13	580	0	0
16. 教育	0	0	32	1350235	0	0	16	305	0	0
17. 卫生、社会保障和社会福利业	6	576210	1306	22858994	11	310	126	57199	0	0
18. 文化、体育和娱乐业	2	5	27	1323261	5	50	3	59	1	1
19. 公共管理和社会组织	0	0	1029	19224966	5	116	26	636	2	2
按经济类型分组										
110. 国有企业	61	8975063	3817	161246238	266	80343	185	9276	3	4
120. 集体企业	1	5000	68	2120967	1	12	13	545	0	0
130. 股份合作企业	2	600000	36	2043881	2	36	9	311	0	0
140. 联营企业	20	233700	27	853700	1	20	1	60	0	0
151. 国有独资企业	0	0	69	8871046	0	0	1	22	0	0
159. 其他有限责任公司	14	1430000	299	19240972	9	363	46	1185	2	2
161. 股份有限公司中的国有控股公司	7	4181000	380	11180985	30	2484	39	931	0	0
169. 其他股份有限公司	0	0	547	2610728	2	107	41	515	0	0
170. 私营企业	9	65180	27	2859400	10	851	53	2587	0	0
190. 其他内资企业	0	0	1	48000	0	0	0	0	0	0
200. 港澳台商投资企业	0	0	54	2156050	2	168	12	444	0	0
300. 外商投资企业	33	5328400	181	52205387	4	67	16	270	3	3
400. 事业	59	9433110	5414	114231418	28	513	306	60085	14	14
500. 机关										

职工文化体育工作

行业	工会直属文化宫、俱乐部	工会直属图书馆（藏书1万册以上）	工会直属体育场、体育馆
	个	个	个
总计	246	138	55
按国民经济行业分组			
01. 农、林、牧、渔业	7	4	4
02. 采矿业	4	4	1
03. 制造业	76	50	16
04. 电力、燃气及水的生产和供应业	7	5	0
05. 建筑业	4	0	0
06. 交通运输、仓储及邮政业	14	7	4
07. 信息传输、计算机服务和软件业	2	0	1
08. 批发和零售业	5	1	3
09. 住宿和餐饮业	14	4	2
10. 金融业	2	2	0
11. 房地产业	4	1	2
12. 租赁和商业服务业	6	4	4
13. 科学研究、技术服务和地质勘查业	5	2	2
14. 水利、环境和公共设施管理业	4	2	0
15. 居民服务和其他服务业	2	2	1
16. 教育	40	24	10
17. 卫生、社会保障和社会福利业	22	9	0
18. 文化、体育和娱乐业	13	4	4
19. 公共管理和社会组织	15	13	1
按经济类型分组			
110. 国有企业	68	42	13
120. 集体企业	17	9	10
130. 股份合作企业	3	3	3
140. 联营企业	2	1	2
151. 国有独资企业	1	0	0
159. 其他有限责任公司	10	2	1
161. 股份有限公司中的国有控股公司	15	17	4
169. 其他股份有限公司	5	2	1
170. 私营企业	9	0	1
190. 其他内资企业	1	1	1

续表

行业	工会直属文化宫、俱乐部	工会直属图书馆（藏书1万册以上）	工会直属体育场、体育馆
	个	个	个
200. 港澳台商投资企业	6	6	2
300. 外商投资企业	19	6	3
400. 事业	85	42	14
500. 机关	5	7	0

工会经审和财务工作

行业	建立工会经费审查组织的基层工会所在单位	工会经费审查委员会人数	工会经费审查委员会开展本级经费年度预、决算审查的基层工会
	个	人	个
总计	17809	35844	9615
按国民经济行业分组			
01. 农、林、牧、渔业	413	834	205
02. 采矿业	35	114	30
03. 制造业	6120	12810	2562
04. 电力、燃气及水的生产和供应业	210	570	114
05. 建筑业	683	1514	357
06. 交通运输、仓储及邮政业	739	1772	462
07. 信息传输、计算机服务和软件业	285	547	112
08. 批发和零售业	1161	2103	567
09. 住宿和餐饮业	467	922	199
10. 金融业	95	209	52
11. 房地产业	697	1247	420
12. 租赁和商业服务业	737	1337	337
13. 科学研究、技术服务和地质勘查业	310	582	172
14. 水利、环境和公共设施管理业	443	920	294
15. 居民服务和其他服务业	1173	1969	320
16. 教育	2076	4156	1889
17. 卫生、社会保障和社会福利业	642	1384	539
18. 文化、体育和娱乐业	398	659	261
19. 公共管理和社会组织	1125	2195	723

续 表

行　业	建立工会经费审查组织的基层工会所在单位	工会经费审查委员会人数	工会经费审查委员会开展本级经费年度预、决算审查的基层工会
	个	人	个
按经济类型分组			
110. 国有企业	2377	6040	1811
120. 集体企业	1627	3168	656
130. 股份合作企业	827	1612	349
140. 联营企业	115	263	49
151. 国有独资企业	83	182	67
159. 其他有限责任公司	1271	2464	661
161. 股份有限公司中的国有控股公司	325	891	270
169. 其他股份有限公司	367	777	182
170. 私营企业	4137	6890	801
190. 其他内资企业	66	117	16
200. 港澳台商投资企业	595	1213	298
300. 外商投资企业	1272	2767	632
400. 事业	4006	7937	3268
500. 机关	741	1523	555

法律、法规

上海市小城镇社会保险暂行办法

第一章　总则

第一条（目的）

为进一步完善本市社会保障制度，保障小城镇从业人员的合法权益，加快城市化进程，根据《上海市人大常委会关于同意〈上海市小城镇社会保险制度的实施方案〉的决定》，结合本市实际，制定本办法。

第二条（含义）

本办法所称的小城镇社会保险（以下简称“镇保”）是本市社会保障体系中的一项实行社会统筹和个人帐户相结合的社会保险基本制度，包括养老、医疗、失业、生育、工伤等基本社会保险和补充社会保险。

基本社会保险由政府强制征缴，实行社会统筹，保障基本生活；补充社会保险由政府指导鼓励，建立个人帐户，实行多种用途。

第三条（适用范围）

本办法适用于本市郊区范围内用人单位及其具有本市户籍的从业人员，以及经市政府批准的其他人员。

原已参加本市农村社会养老保险（以下简称“农保”）的用人单位及其从业人员，应当适时参加本办法规定的社会保险。

已与参加本市城镇社会保险（以下简称“城保”）的用人单位建立劳动关系，并参加城保的从业人员；用人单位招用原参加城保，并经协商一致继续参加城保的从业人员，不适用本办法。

第四条（组织机构）

市劳动和社会保障局（以下简称“市劳动保障局”）、市医疗保险局（以下简称“市医保局”）是本市镇保的行政主管部门。

本市镇保经办机构（以下简称“经办机构”）是具体承办镇保事务的机构。

第五条（征缴规定）

镇保的基本社会保险费征缴按照《社会保险费征缴暂行条例》和《上海市城镇职工社会保险费征缴若干规定》执行。

第二章　基本社会保险的缴费和管理。

第六条（登记手续）

参加镇保的用人单位，应当向市劳动保障局指定的经办机构办理基本社会保险登记手续；新设立的用人单位应当在30天内办理登记手续。

用人单位的基本社会保险登记事项发生变更或者依法终止时，应当在30天内向原受理登记的经办机构办理变更登记或者注销手续。

第七条（缴费主体）

基本社会保险费由用人单位按月缴纳。

第八条（缴费基数和比例）

用人单位缴纳基本社会保险费的基数，按上年度全市职工月平均工资的60%乘以本单位应当缴费的人数确定。

用人单位缴纳基本社会保险费的比例为24%。其中，养老保险缴费比例为17%；医疗保险缴费比例为5%；失业保险缴费比例为2%；生育保险费暂不缴纳；工伤保险费另行规定。

基本社会保险费缴费基数和比例的调整，由市劳动保障局、市医保局提出，报市政府批准后执行。

第九条（缴费记录）

用人单位按规定足额缴纳基本社会保险费后，经办机构应当为参加基本社会保险的从业人员做好相应的缴费记录,并定期告知从业人员。

第十条(费用列支渠道)

用人单位按规定缴纳的基本社会保险费可列入成本,税前列支。

第十一条(社会保险关系的接续)

从业人员变动工作单位,经办机构按规定为其接续社会保险关系。从业人员在城保、镇保、农保的缴费年限可按规定衔接或者折算,具体办法由市劳动保障局、市医保局另行规定。

第三章　基本养老保险待遇

第十二条(按月领取养老金条件)

同时具备下列条件的人员,可以按月领取养老金;

(一) 男性年满60周岁,女性年满55周岁;

(二) 缴费年限(含按国家和本市规定认定的1992年底前的连续工龄)不低于15年,其中参加基本社会保险后按月缴费年限(以下简称"按月缴费年限")不低于5年。

第十三条(申领和核准)

符合本办法第十二条规定条件的人员可以向经办机构申请办理按月领取养老金的手续,经核准后,从次月起按月领取养老金。

第十四条(续缴、补缴规定)

不符合本办法第十二条第二项规定条件的人员,可延续缴费至符合按月领取养老金条件后,再办理按月领取养老金手续。

男性延续缴费至65周岁、女性延续缴费至60周岁,缴费年限仍不满15年,但按月缴费年限已满5年的,可一次性补缴不足15年部分的基本养老、医疗保险费后,办理按月领取养老金手续。

补缴基数和比例按本人办理手续时本市规定的基本养老、医疗保险缴费基数和比例确定。

第十五条(养老金计发办法)

按月领取的养老金根据从业人员缴费年限确定。缴费年限满15年的,养老金按其办理手续时上年度全市职工月平均工资的20%计发,缴费年限每增加1年,相应增加上年度全市职工月平均工资0.5%的养老金,但最高不超过上年度全市职工月平均工资的30%。

第十六条(养老金调整)

按本办法规定按月领取的养老金,根据本市职工平均工资增长幅度和居民消费价格指数的变化情况定期予以调整,具体办法由市劳动保障局提出,报市政府同意后实施。

第十七条(社会化发放)

经办机构通过银行、邮局等机构向按月领取养老金的人员发放养老金。

第十八条(复核和注销)

按月领取养老金的人员应当按规定到经办机构办理复核手续。

按月领取养老金的人员死亡后,社会保险关系终止,其直系亲属或者相关人员应当在30日内向经办机构办理注销手续。

第十九条(中止发放的情形)

按月领取养老金的人员有下列情形之一的,中止发放养老金:

(一) 未按本办法第十八条第一款规定办理复核手续;

(二) 被人民法院宣告失踪;

(三) 被判刑收监执行;

(四) 法律、法规规定的其他情形。

第二十条(其他支付)

按月领取养老金人员死亡的,其家属可以向经办机构申领丧葬补助费、供养直系亲属救济金、抚恤金等,具体办法参照《上海市城镇职工养老保险办法》规定执行。

第四章　基本医疗保险待遇

第二十一条(享受条件、范围)

用人单位按本办法规定足额缴费后,从缴费的次月起,从业人员或者按月领取养老金人员(以下简称"参保人员")发生住院(含急诊观察室留院观察)、门诊大病(即:在门诊进行重症尿毒症透析、恶性肿瘤门诊化学治疗和放射治疗、精神病治疗)的,可以享受医疗保险待遇。

第二十二条(支付办法)

小城镇医疗保险基金(以下简称"医保基金")支付的参保人员住院所发生的医疗费用,设起付标准。在一个医疗保险年度内,第一次起付标准为上年度全市职工年平均工资60%的10%;第二次及其以上起付标准为上年度全市职工年平均工资60%的5%。

从业人员每次住院所发生超过起付标准以上的部分,由医保基金支付70%;按月领取养老金人员每次住院所发生超过起付标准以上的部分,由医保基金支付80%,其余部分由参保人员自负。

医保基金支付的参保人员门诊大病所发生的医疗费用,不设起付标准。从业人员所发生的医疗费用,由医保基金支付70%;按月领取养老金人员所发生的医疗费用,由医保基金支付80%,其余部分由参保人员自负。

按月领取养老金的人员,在享受本办法规定的医疗保险待遇基础上,根据其缴费年限的长短,可以再享受相应的医疗待遇,具体办法由市医保局另行制定。

第二十三条(最高支付限额)

医保基金支付参保人员的医疗费用设最高支付限额。在一个医保年度内,最高支付限额为上年度全市职工年平均工资60%的4倍。

第二十四条(部分特殊病种的医疗费用支付)

参保人员因工伤、职业病住院所发生的医疗费用,超过起付标准以上的部分,由医保基金支付50%,其余部分根据国家和本市的有关规定由用人单位负担。

参保人员因计划生育手术及其后遗症所发生的费用,按本市有关规定执行。

第二十五条(不予支付的情形)

参保人员有下列情形之一的,医保基金不予支付;

(一) 不符合本市基本医疗保险诊疗项目、医疗服务设施、用药范围和支付标准的医疗费用；

（二）自杀、自残、斗殴、吸毒、医疗事故、交通事故等所发生的医疗费用；

（三）国家和本市规定的其他情形。

第二十六条（定点医疗、支付、结算办法）

医疗保险实行定点医疗制度，具体办法及医疗保险的医疗费用支付与结算办法，由市医保局另行制定。

第二十七条（未尽事宜）

本办法未尽的其他有关医疗保险的基本诊疗项目、医疗服务设施、用药范围和支付标准、以及定点医疗机构管理等事项，按照本市城镇职工基本医疗保险的有关规定执行。

第五章　失业保险待遇

第二十八条（领取条件）

同时具备下列条件的失业人员，可以领取失业保险金：

（一）未到达按月领取养老金年龄中断就业但本人有就业愿望；

（二）缴纳失业保险费满一年；

（三）具有本市城镇户籍；

（四）已办理失业、求职登记手续。

第二十九条（申领和核准）

符合本办法第二十八条规定条件的人员可以向就业服务机构申请办理领取失业保险金手续，经核准后，从次月起领取失业保险金。

第三十条（领取期限）

失业人员领取失业保险金的期限根据其失业前缴纳失业保险费年限（扣除已领取失业保险金的缴费年限）确定。缴费年限满1年不满2年的，领取失业保险金期限为1个月，以后缴费年限每增加1年，领取期限增加1个月。一次连续领取失业保险金期限最长不超过24个月。失业人员未领取失业保险金的期限可以保留。

按本办法规定核定的个人领取失业保险金期限与按《上海市失业保险办法》核定的期限可以接续。

第三十一条（领取标准）

失业人员第1至第12个月领取的失业保险金标准，根据其缴费年限和年龄确定；第13至第24个月领取的失业保险金标准，为其第1至第12个月的标准的80%。

失业保险金标准不高于本市当年月最低工资标准，不低于当年城镇居民最低生活保障标准，具体标准按照《上海市失业保险办法》规定执行。

第三十二条（中止发放的情形）

失业人员有下列情形之一的，中止发放失业保险金：

（一）应征服兵役；

（二）考入全日制中等以上学校学习；

（三）从事有劳动报酬的工作；

（四）被判刑收监执行；

（五）法律、法规规定的其他情形。

第三十三条（停止发放的情形）

失业人员有下列情形之一的，停止发放失业保险金；

（一）到达按月领取养老金年龄；

（二）移居境外；

（三）无正当理由3次拒绝就业服务机构提供适当的就业机会。

第三十四条（失业补助金）

不具备领取失业保险金条件，但有下列情形之一的人员，可以向户籍所在地的就业服务机构申领失业补助金：

（一）领取失业保险金期满，因患严重疾病短期内难以就业或者因其他原因造成生活确有特殊困难的，可申领1至6个月的失业补助金；

（二）具有本市农村户籍的从业人员与用人单位终止或者解除劳动合同关系后，可领取失业补助金。领取失业补助金期限根据用人单位为其缴费年限计算。缴费每满1年，领取失业补助金期限为1个月，最长不超过6个月。

失业补助金的标准为本市当年城镇居民最低生活保障标准。

第三十五条（医疗补助金）

领取失业保险金或者失业补助金的人员，在领取期间，因患大病或者住院，且符合《上海市失业保险办法》规定条件的，可以领取医疗补助金。医疗补助金标准为因患大病或者住院所发生医疗费用的70%。

第三十六条（丧葬补助费和抚恤金）

失业人员在领取失业保险金期间死亡的，其家属可以向就业服务机构申领丧葬补助费、供养直系亲属一次性抚恤金。具体办法参照《上海市失业保险办法》规定执行。

第六章　生育保险待遇

第三十七条（享受范围）

按本办法规定参加社会保险，属于计划内生育的妇女（以下简称“生育妇女”）生产或者流产后可以享受生育保险待遇。

第三十八条（项目）

生育保险待遇项目包括生育生活津帖、生育医疗费补贴。

第三十九条（月生育生活津贴标准和享受期限）

从业的生育妇女缴费年限满一年的，月生育生活津贴标准为上年度全市职工月平均工资的60%；缴费年限不满一年的，月生育生活津贴标准为本人生产或者流产当月本市月最低工资标准。其享受的生育生活津贴不足应当享受的工资性收入的，不足部分的发放，按照国家和本市有关规定执行。

与用人单位终止或者解除劳动合同关系的生育妇女，其月生育生活津贴标准为本人或者本市同类人员当月享受的失业保险金或者失业补助金标准。

享受生育生活津贴期限参照《上海市城镇生育保险办法》的规定计算。

第四十条（医疗费补贴标准）

生育医疗费补贴标准参照《上海市城镇生育保险办法》规定执行。

第七章　被征用土地人员特别规定

第四十一条(参保规定)

本市被征用土地人员(以下简称"被征地人员")中的征地劳动力,应当参加本办法规定的社会保险。

被征地人员中,男性年满55周岁、不满60周岁,女性年满45周岁、不满55周岁的,可以参加本办法规定的社会保险。

第四十二条(一次性缴纳和补缴)

被征地人员按本办法规定参加社会保险,其安置补助费首先应当用于支付一次性缴纳不低于15年的基本养老、医疗保险费。

本办法实施前的征地劳动力按本办法规定参加社会保险的,原参加城保或者农保,但按规定衔接或者折算后镇保缴费年限不满15年的,应当一次性缴足不低于15年的基本养老、医疗保险费;原未参加社会保险的,应当一次性缴纳不低于15年的基本养老、医疗保险费。原安置补助费应当用于缴纳本办法规定的基本养老、医疗保险费,不足部分由各区县政府制定具体办法予以落实。

被征地人员一次性缴费的基数和比例,按照办理缴费手续时本市规定的基本养老、医疗保险缴费基数和比例确定。

第四十三条(就业期间的缴费规定)

被征地人员在一次性缴费年限内就业的,基本养老、医疗保险费可以免缴,但用人单位应当按照规定缴纳其他基本社会保险费。

被征地人员在一次性缴费后就业,并由用人单位继续缴纳基本养老、医疗、失业等社会保险费的,其缴费年限累计计算。

第四十四条(基本保险待遇)

被征地人员自一次性缴费次月起,在缴费年限内可以享受基本医疗保险、生育保险等待遇。一次性缴费期满后继续缴费的,或者到龄办理按月领取养老金手续的,可以继续享受相应的基本社会保险待遇。

第八章　补充社会保险规定

第四十五条(参保原则)

按规定履行基本社会保险缴费义务的用人单位、从业人员,根据经济能力及有关规定参加补充社会保险。

第四十六条(登记手续)

用人单位、从业人员参加补充社会保险的,应当到经办机构办理登记手续。

第四十七条(缴费基数、比例、列支渠道)

用人单位缴纳补充社会保险费的基数,按本单位上年度职工工资总额确定;从业人员个人缴纳补充社会保险费的基数,按本人上年度工资收入确定。

缴纳补充社会保险费的比例由用人单位和从业人员个人自主确定。其中,缴费比例在23.5%(城保基本社会保险缴费比例减去镇保基本社会保险缴费比例后的部分)以内,由用人单位缴纳并符合有关规定的部分,在税前列支;由从业人员个人缴纳并符合有关规定的部分,不计入个人所得税计税基数。

第四十八条(被征地人员特别规定)

被征地人员安置补助费用于一次性缴纳基本社会保险费后的剩余部分,应当首先用于缴纳补充社会保险费。具体缴费水平及实施办法由各区县政府确定。

第四十九条(个人帐户)

用人单位、征地单位、从业人员按规定缴纳补充社会保险费后,经办机构应当为参加补充社会保险的从业人员、被征地人员建立个人帐户。用人单位、征地单位为从业人员、被征地人员缴纳的补充社会保险费和从业人员个人缴纳的补充社会保险费全额记入个人帐户。

第五十条(补充社会保险金的用途)

补充社会保险金主要用于:

(一) 补充养老金;

(二) 补充医疗保险金;

(三) 被征地人员生活补贴费;

(四) 本市规定的其他用途。

第五十一条(补充社会保险具体管理办法)

补充社会保险具体管理办法由市劳动保障局、市医保局另行规定。

第九章　基金的使用和管理

第五十二条(基金来源)

镇保基金的来源包括:

(一) 用人单位和从业人员缴纳的社会保险费;

(二) 镇保基金的利息收入;

(三) 镇保基金的增值运营收入;

(四) 依照规定所收取的滞纳金;

(五) 依法纳入镇保基金的其他资金。

第五十三条(支付范围)

镇保基金的支付范围包括养老、医疗、失业、生育等保险待遇以及按规定应当支付的其他费用。工伤保险待遇支付另行制定。

第五十四条(基金的管理)

镇保基金实行市级统一管理,设立专户,专款专用,任何单位和个人不得擅自运用。

第五十五条(基金的监督)

市劳动保障局、市医保局对镇保基金实施监督管理。市财政、市审计部门按照各自的职责,对镇保基金实施监督。

第十章　法律责任

第五十六条(欺诈行为处理)

用人单位、个人以虚假材料办理参保缴费的,由经办机构予以纠正,用人单位、个人已经缴纳的社会保险费不予退还,纳入社会保险基金。

用人单位、个人骗取社会保险待遇的,由经办机构责令退还。构成犯罪的,依法追究刑事责任。

第五十七条(经办机构及其工作人员违法行为的处理)

经办机构未经严格审核,将不符合参保条件的用人单位或者个人纳入镇保范围、以及向不符合条件的个人支付镇保待遇的,由劳动保障行政部门、市医保局责令改正。

经办机构工作人员违规操作致使镇保基金流失的,由劳动保障行政部门、市医保局负责追回。对负有责任的个人给予行政处分。构成犯罪的,依法追究刑事责任。

第五十八条(定点医疗机构违法行为的处理)

定点医疗机构违规结算医疗费用的,由市医保局责令改正,追回已经支付的费用。构成犯罪的,依法追究刑事责任。

第十一章　附则

第五十九条(个体工商户及其帮工、自由职业者、非正规劳动组织从业人员的社会保险办法)

本办法实施后,本市行政区域内具有本市户籍的个体工商户及其帮工、自由职业者、非正规劳动组织从业人员可以参照本办法规定参加社会保险。

第六十条(工伤保险)

工伤保险的具体办法由市政府另行规定。

第六十一条(争议仲裁)

用人单位和与之建立劳动关系的从业人员因社会保险费缴纳等发生争议,可依法申请仲裁,市劳动争议仲裁委员会设立的各社会保险争议仲裁庭负责处理具体事务。当事人对劳动争议仲裁委员会裁决不服的,可以依法向人民法院提起诉讼。

第六十二条(施行日期)

本暂行办法自2003年10月20日起施行。上海市人民政府《关于本市郊区开展小城镇社会保险试点意见的通知》(沪府〔2002〕68号)同时废止。

二〇〇三年十月二十日

上海市失业登记办法
[沪劳保就发(2004)5号]

各区、县劳动和社会保障局:

为完善对本市失业登记工作的管理,及时掌握失业人员状况,有效提供就业服务,促进就业,现根据《劳动法》和有关法律、法规的规定,制定如下办法。

一、失业登记范围

本市城镇户籍的劳动者,在法定劳动年龄内,有劳动能力,有就业要求,且本人自愿并符合下列条件之一的,应到户籍所在地的街道、乡镇就业服务机构进行失业登记;

(一) 年满16周岁,未继续升学的各类学校毕(肄)业生;

(二) 与用人单位终止、解除劳动关系(含解聘工作关系)的人员;

(三) 由农业户口转为非农业户口,并失去承包土地的人员;

(四) 退出现役、且未纳入国家统一安置的军人;

(五) 刑满释放或假释、劳动教养期满或提前解除劳动教养人员;

(六) 其他符合本办法规定条件的失业人员。

二、办理机构

各区县的劳动保障部门负责组织实施本行政区域内的失业登记工作。街道、乡镇就业服务机构,具体办理本行政区域内的失业登记工作。

各区县残疾人劳动服务所(中心),可受同级劳动保障行政部门委托,为符合条件的残疾人办理失业登记,并提供相应服务。

三、失业登记的凭证和程序

失业登记时应当出具《劳动手册》。未办理过《劳动手册》的,应当按有关规定办理《劳动手册》,并可与失业登记手续一并办理。

受理失业登记的就业服务机构,应当在《劳动手册》上做好失业登记日期的记载,并纳入地区失业人员的登记管理范围。

四、失业登记的期限

一次失业登记的有效期限为6个月,在有效期满后仍然符合失业登记条件的失业人员,应当重新办理失业登记。

五、失业登记人员的权力与义务

(一) 失业登记人员可享受以下权利:

1. 接受公共职业介绍机构提供的免费职业介绍、职业指导服务;

2. 参加适应市场需求的职业培训,并按规定减免培训费用;

3. 按规定享受各项就业扶持政策;

4. 符合失业保险金申领条件的,按规定申领失业保险金和其他的失业保险待遇。

(二) 失业登记人员需履行以下义务:

1. 如实向失业登记机构反映积极求职情况;

2. 积极应聘公共就业服务机构推荐的就业岗位,并接受职业指导;

3. 积极参加劳动保障部门组织的免费职业培训和各类就业促进项目;

4. 接受和配合地区就业援助员关于失业登记人员求职活动,求职意愿,参加培训等情况的调查;

5. 失业登记有效期满仍未就业的,应及时办理续登手续。

六、退出失业登记

失业登记人员出现下列情况之一的,退出失业登记:

(一) 已办理过就业登记的;

(二) 领取工商营业执照或其他有关从业证照的;

(三) 已按月缴纳社会保险费的;

(四) 经本人确认从事有收入的劳动的;

(五) 享受养老保险待遇的;

(六) 入学、应征服兵役的;

(七) 移居境外、市外的;

(八) 被判刑收监执行或被劳动教养的;

(九) 经有关部门鉴定为完全丧失劳动能力的;

(十) 经本人确认患有严重疾病等情况,暂不要求就业的;

(十一) 超过法定劳动年龄、失踪、死亡的;

(十二) 失业登记期满,未重新办理失业登记的;

（十三）其他已不再处于失业状态的人员。

七、管理与服务

就业服务机构应加强对失业登记人员的日常管理，提供相应服务：

（一）按规定免费受理失业登记、续登手续；

（二）对失业人员进行职业指导，推荐职业培训，提供就业岗位需求信息等各类公共就业服务；

（三）指导符合失业保险金申领条件的人员办理有关申领手续；

（四）组织社区就业援助员，按季调查失业登记人员的动态变化状况，及时了解辖区内失业登记人员的有关情况，并在劳动保障信息系统做好相应记载；

（五）免费保管失业登记人员的档案；

（六）对符合失业登记条件而未进行失业登记的人员、协议保留社会保险关系人员以及已办理《农村富余劳动力求职登记卡》的农村富余劳动力参照本办法做好调查摸底等管理和服务工作；

（七）本市劳动保障行政部门规定的其他职责。

本办法自二○○四年三月一日起实施。此前有关规定与本办法不一致的，以本办法为准。

上海市劳动和社会保障局

二○○四年一月二十九日

上海市工伤保险实施办法

第一章　总则

第一条（依据）

根据国务院《工伤保险条例》，结合本市实际情况，制定本办法。

第二条（适用范围）

本办法适用于本市行政区域内的企业、事业单位、国家机关、社会团体和民办非企业单位、有雇工的个体工商户（以下统称用人单位）及其从业人员。

第三条（征缴管理）

工伤保险费的征缴按照国务院《社会保险费征缴暂行条例》、《上海市城镇职工社会保险费征缴若干规定》的有关规定执行。

第四条（公示与救治）

用人单位应当将参加工伤保险的有关情况在本单位内公示。

从业人员发生工伤时，用人单位应当采取措施使工伤人员得到及时救治。

第五条（管理部门）

上海市劳动和社会保障局（以下简称市劳动保障局）是本市工伤保险的行政主管部门，负责本市工伤保险的统一管理。

区、县劳动和社会保障局（以下统称区、县劳动保障行政部门）负责本行政区域内工伤保险的具体管理工作。

市和区、县工伤保险经办机构（以下简称经办机构）具体承办工伤保险事务。

第六条（监督）

市劳动保障局等部门制定工伤保险的政策、标准，应当征求工会组织、用人单位代表的意见。

工会组织依法维护工伤人员的合法权益，对用人单位的工伤保险工作实行监督。

第二章　工伤保险基金

第七条（基金来源）

工伤保险基金由用人单位缴纳的工伤保险费、工伤保险基金的利息和依法纳入工伤保险基金的其他资金构成。

工伤保险基金在不足支付重大事故工伤保险待遇时，由市财政垫付。

第八条（缴费原则）

用人单位应当按时缴纳工伤保险费。从业人员个人不缴纳工伤保险费。

工伤保险费根据以支定收、收支平衡的原则，确定费率。

第九条（缴费基数）

用人单位缴纳工伤保险费的基数，按照本单位缴纳城镇养老保险费或者小城镇社会保险费的的基数确定。

第十条（费率）

用人单位缴纳工伤保险费实行基础费率，基础费率统一为缴费基数的0.5%。

对发生工伤事故的用人单位在基础费率的基础上，按照规定实行浮动费率。

浮动费率根据用人单位工伤保险费使用、工伤事故发生率等情况确定。浮动费率分为五档，每档幅度为缴费基数的0.5%，向上浮动后的最高费率（基础费率加浮动费率）不超过缴费基数的3%，向下逐档浮动后的最低费率不低于基础费率。浮动费率每年核定一次。

工伤保险费率浮动的具体办法由市劳动保障局会同财政、卫生、安全生产监管等部门拟订，报市政府批准后执行。

第十一条（支付范围）

工伤保险基金用于本办法规定的工伤保险待遇、劳动能力鉴定以及法律、法规规定的用于工伤保险的其他费用的支付。

第十二条（基金管理和监督）

工伤保险基金实行全市统筹，设立专户，专款专用，任何单位和个人不得擅自动用。

市劳动保障局依法对工伤保险费的征缴和工伤保险基金的支付情况进行监督检查。

市财政、审计部门依法对工伤保险基金的收支、管理情况进行监督。

第十三条（经办机构经费）

经办机构开展工伤保险所需经费，由财政部门按规定核定，纳入预算管理。

第三章　工伤认定

第十四条（认定工伤范围）

从业人员有下列情形之一的，应当认定为工伤：

（一）在工作时间和工作场所内，因工作原因受到事故伤害的；

（二）工作时间前后在工作场所内，从事与工作有关的预备性或者收尾性工作受到事故伤害的；

（三）在工作时间和工作场所内，因履行工作职责受到暴力等意外伤害的；

（四）患职业病的；

（五）因工外出期间，由于工作原因受到伤害或者发生事故下落不明的；

（六）在上下班途中，受到机动车事故伤害的；

（七）法律、行政法规规定应当认定为工伤的其他情形。

第十五条（视同工伤范围）

从业人员有下列情形之一的，视同工伤：

（一）在工作时间和工作岗位，突发疾病死亡或者在48小时之内经抢救无效死亡的；

（二）在抢险救灾等维护国家利益、公共利益活动中受到伤害的；

（三）从业人员原在军队服役，因战、因公负伤致残，已取得革命伤残军人证，到用人单位后旧伤复发的。

从业人员有前款第（一）项、第（二）项情形的，按照本办法的有关规定享受工伤保险待遇；从业人员有前款第（三）项情形的，按照本办法的有关规定享受除一次性伤残补助金以外的工伤保险待遇。

第十六条（工伤排除）

从业人员有下列情形之一的，不得认定为工伤或者视同工伤：

（一）因犯罪或者违反治安管理伤亡的；

（二）醉酒导致伤亡的；

（三）自残或者自杀的。

第十七条（认定申请）

从业人员发生事故伤害或者按照职业病防治法规定被诊断、鉴定为职业病，所在单位应当自事故伤害发生之日或者被诊断、鉴定为职业病之日起30日内，向用人单位所在地的区、县劳动保障行政部门提出工伤认定申请。遇有特殊情况，经报区、县劳动保障行政部门同意，申请时限可以适当延长。

用人单位未按前款规定提出工伤认定申请的，从业人员或者其直系亲属、工会组织在事故伤害发生之日或者被诊断、鉴定为职业病之日起1年内，可以直接向用人单位所在地的区、县劳动保障行政部门提出工伤认定申请。

用人单位未在本条第一款规定的时限内提出工伤认定申请的，在此期间发生符合本办法规定的工伤待遇等有关费用由该用人单位负担。

第十八条（工伤认定申请材料）

提出工伤认定申请应当提交下列材料：

（一）工伤认定申请表；

（二）与用人单位存在劳动关系（包括事实劳动关系）的证明材料；

（三）医疗诊断证明或者职业病诊断证明书（或者职业病诊断鉴定书）。

工伤认定申请表应当包括事故发生的时间、地点、原因以及从业人员伤害程度等基本情况。

提出工伤认定申请，除提交本条前款要求的材料外，还可以提交用人单位、相关行政机关或者人民法院已有的证明材料。

第十九条（受理）

工伤认定申请人在本办法规定时限内提出工伤认定申请，并且提供的申请材料完整的，区、县劳动保障行政部门应当自收到工伤认定申请之日起10个工作日内发出受理通知书。不符合受理条件的，区、县劳动保障行政部门不予受理，并书面告知工伤认定申请人。

工伤认定申请人在本办法规定时限内提出工伤认定申请，但提供材料不完整的，区、县劳动保障行政部门应当自收到工伤认定申请之日起10个工作日内，一次性书面告知工伤认定申请人需要补正的全部材料。工伤认定申请人在30日内按照要求补正材料的，区、县劳动保障行政部门应当受理。

第二十条（调查核实和举证责任）

区、县劳动保障行政部门受理工伤认定申请后，根据审核需要可以对事故伤害进行调查核实，用人单位、从业人员、工会组织、医疗机构以及有关部门应当予以协助。职业病诊断和诊断争议的鉴定，依照职业病防治法的有关规定执行。对依法取得职业病诊断证明书或者职业病诊断鉴定书的，区、县劳动保障行政部门不再进行调查核实。

区、县劳动保障行政部门进行工伤认定时，从业人员或者其直系亲属认为是工伤，用人单位不认为是工伤的，由用人单位承担举证责任。

第二十一条（认定程序）

区、县劳动保障行政部门应当自受理工伤认定申请之日起60日内作出工伤认定决定，并在10个工作日内将工伤认定决定送达申请工伤认定的从业人员或者其直系亲属和该从业人员所在单位。

在工伤认定期间，安全生产监管、公安、卫生、民政等部门对相应事故尚未作出结论，且该结论可能影响工伤认定的，工伤认定程序可以中止。

第二十二条（工伤认定决定载明事项）

工伤认定决定应当载明下列事项：

（一）用人单位和工伤人员的基本情况；

（二）受伤部位、事故时间和诊治时间或者职业病名称、伤害经过和核实情况，以及医疗救治基本情况和诊断结论；

（三）认定为工伤、视同工伤或者认定为不属于工伤、不视同工伤的依据；

（四）认定结论；

（五）不服认定决定申请行政复议的部门和期限；

（六）作出认定决定的时间。

工伤认定决定应加盖劳动保障行政部门工伤认定专用印章。

第二十三条（告知义务）

区、县劳动保障行政部门在将工伤认定决定送达申请工伤认定的从业人员或者其直系亲属和该从业人员所在单位时，应当书面告知劳动能力鉴定的申请程序。

第四章　劳动能力鉴定

第二十四条(劳动能力鉴定)

从业人员发生工伤，经治疗伤情相对稳定后存在残疾、影响劳动能力的，应当进行劳动功能障碍程度和生活自理障碍程度的劳动能力鉴定。

劳动功能障碍分为十个伤残等级，生活自理障碍分为三个等级。

劳动能力鉴定标准按照国家有关规定执行。

第二十五条(鉴定机构)

市和区、县劳动能力鉴定委员会(以下简称鉴定委员会)由同级劳动保障、人事、卫生等部门以及工会组织、经办机构代表、用人单位代表组成。市和区、县鉴定委员会办公室设在同级劳动保障行政部门，负责鉴定委员会的日常工作。

市劳动能力鉴定中心受市鉴定委员会的委托，负责职业病人员的劳动能力鉴定及工伤人员的再次鉴定等具体事务。

区、县劳动能力鉴定委员会负责本行政区域内的工伤人员劳动能力鉴定。

鉴定委员会依法建立医疗卫生专家库，进行劳动能力鉴定。

第二十六条(劳动能力鉴定申请材料)

工伤人员的劳动能力鉴定，可以由用人单位、工伤人员或者其直系亲属向鉴定委员会提出申请。

提出劳动能力鉴定申请的，应当提交下列材料：

(一) 填写完整的劳动能力鉴定申请表；

(二) 工伤认定决定；

(三) 医疗保险契约定点医疗机构诊治工伤的有关资料。

第二十七条(鉴定程序)

鉴定委员会收到劳动能力鉴定申请后，应当依法组成专家组，并由专家组提出鉴定意见。鉴定委员会根据专家组的鉴定意见，在收到劳动能力鉴定申请之日起60日内作出工伤人员劳动能力鉴定结论。必要时，作出劳动能力鉴定结论的时限可以延长30日。劳动能力鉴定结论应当及时送达申请劳动能力鉴定的用人单位、工伤人员或者其直系亲属。

鉴定委员会在送达劳动能力鉴定结论时，应当书面告知申请劳动能力鉴定的用人单位、工伤人员或者其直系亲属办理享受工伤保险待遇的手续，并提供工伤保险待遇申请表。

第二十八条(再次鉴定)

申请劳动能力鉴定的用人单位、工伤人员或者其直系亲属对劳动能力鉴定结论或者职业病鉴定结论不服的，可以在收到该鉴定结论之日起15日内向市鉴定委员会提出再次鉴定申请。

对职业病鉴定结论不服的再次鉴定申请，市鉴定委员会应当另行组织专家组，进行再次鉴定。

市鉴定委员会作出的再次鉴定结论为最终结论。

第二十九条(复查鉴定)

自劳动能力鉴定结论作出之日起1年后，工伤人员或者其直系亲属、用人单位或者经办机构认为伤残情况发生变化的，可以提出劳动能力复查鉴定申请。

第三十条(鉴定费用)

工伤人员的初次劳动能力鉴定费用由工伤保险基金支付。

用人单位、工伤人员或者其直系亲属提出再次鉴定或者复查鉴定申请的，再次鉴定结论维持原鉴定结论，或者复查鉴定结论没有变化的，鉴定费用由提出再次鉴定或者复查鉴定申请的用人单位、工伤人员或者其直系亲属承担；再次鉴定结论或者复查鉴定结论有变化的，鉴定费用由工伤保险基金承担。

第五章　工伤保险待遇

第三十一条(就医原则)

从业人员因工作遭受事故伤害或者患职业病进行治疗，享受工伤医疗待遇。

工伤人员治疗工伤应当在本市医疗保险契约定点医疗机构或者职业病定点医疗机构就医，情况紧急时可以先到就近的医疗机构急救，伤情稳定后应及时转往医疗保险契约定点医疗机构治疗。确需转往外省市治疗的，工伤人员应当到经办机构办理相关手续。

第三十二条(医疗待遇)

治疗工伤所需医疗费用应当符合国家和本市的工伤保险诊疗项目目录、工伤保险药品目录、工伤保险住院服务标准。工伤医疗费用除按照本市规定由医疗保险基金承担的部分外，其余由工伤保险基金承担。

本市的工伤保险诊疗项目目录、工伤保险药品目录、工伤保险住院服务标准，按照本市有关基本医疗保险诊疗项目范围、用药范围以及医疗服务设施范围等规定执行。

工伤人员治疗非工伤引发的疾病，所需医疗费用不列入工伤保险基金支付范围。

第三十三条(住院伙食费、交通食宿费标准)

工伤人员住院治疗工伤的，由所在单位按照本单位因公出差伙食补助标准的70%发给住院伙食补助费；经批准转往外省市就医的，所需交通、食宿费用由所在单位按照本单位从业人员因公出差标准报销。

第三十四条(辅助器具)

工伤人员因日常生活或者就业需要，经鉴定委员会确认，可以安装假肢、矫形器、假眼、假牙和配置轮椅等辅助器具，所需费用按照国家和本市规定的标准和辅助器具项目从工伤保险基金支付。

第三十五条(停工留薪期待遇)

从业人员因工作遭受事故伤害或者患职业病需要暂停工作接受工伤治疗的，在停工留薪期内，原工资福利待遇不变，由所在单位按月支付。

停工留薪期一般不超过12个月。伤情严重或者情况特殊，经鉴定委员会确认，可以适当延长，但延长不得超过

12个月。工伤人员评定伤残等级后,停发原待遇,按照本办法的有关规定享受伤残待遇。工伤人员停工留薪期满后仍需治疗的,继续享受工伤医疗待遇。

生活不能自理的工伤人员在停工留薪期需要护理的,由所在单位负责。

第三十六条(生活护理待遇)

工伤人员已经评定伤残等级并经鉴定委员会确认需要生活护理的,从工伤保险基金按月支付生活护理费。

生活护理费按照生活完全不能自理、生活大部分不能自理或者生活部分不能自理3个不同等级支付,其标准分别为上年度全市职工月平均工资的50%、40%或者30%。

第三十七条(致残1-4级待遇)

工伤人员因工致残被鉴定为一级至四级伤残的,保留劳动关系,退出工作岗位,享受以下待遇:

(一)从工伤保险基金支付一次性伤残补助金。一级伤残的,为24个月的工伤人员负伤前一月本人缴费工资;二级伤残的,为22个月;三级伤残的,为20个月;四级伤残的,为18个月;

(二)从工伤保险基金按月支付伤残津贴。一级伤残的,为工伤人员负伤前一月本人缴费工资的90%;二级伤残的,为85%;三级伤残的,为80%;四级伤残的,为75%;

(三)工伤人员办理按月领取养老金手续后,停发伤残津贴,享受养老保险待遇。基本养老金低于伤残津贴的,由工伤保险基金补足差额。工伤人员到达法定退休年龄又不符合按月领取养老金条件的,由工伤保险基金继续支付伤残津贴;

(四)参加本市基本医疗保险的用人单位和工伤人员以伤残津贴为基数,按月缴纳基本医疗保险费,享受基本医疗保险待遇。工伤人员到达法定退休年龄后继续享受基本医疗保险待遇。

第三十八条(致残5-6级待遇)

工伤人员因工致残被鉴定为五级、六级伤残的,享受以下待遇:

(一)从工伤保险基金支付一次性伤残补助金。五级伤残的,为16个月的工伤人员负伤前一月本人缴费工资;六级伤残的,为14个月;

(二)保留与用人单位劳动关系的,由用人单位安排适当工作。难以安排工作的,由用人单位按月发给伤残津贴。五级伤残的,为工伤人员负伤前一月本人缴费工资的70%;六级伤残的,为60%。并由用人单位和工伤人员继续按照规定缴纳各项社会保险费。伤残津贴实际金额低于本市职工最低月工资标准的,由用人单位补足差额。

经工伤人员本人提出,该工伤人员可以与用人单位解除或者终止劳动关系,由用人单位支付一次性工伤医疗补助金和伤残就业补助金。五级伤残的,两项补助金标准合计为30个月的上年度全市职工月平均工资;六级伤残的,为25个月。

因工伤人员退休或者死亡使劳动关系终止的,不享受本条第二款规定的待遇。

第三十九条(致残7-10级待遇)

工伤人员因工致残被鉴定为七级至十级伤残的,享受以下待遇:

(一)从工伤保险基金支付一次性伤残补助金。七级伤残的,为12个月的工伤人员负伤前一月本人缴费工资;八级伤残的,为10个月;九级伤残的,为8个月;十级伤残的,为6个月;

(二)劳动合同期满终止,或者工伤人员本人提出解除劳动合同的,由用人单位支付一次性工伤医疗补助金和伤残就业补助金。七级伤残的,两项补助金标准合计为20个月的上年度全市职工月平均工资;八级伤残的,为15个月;九级伤残的,为10个月;十级伤残的,为5个月。

因工伤人员退休或者死亡使劳动关系终止的,不享受本条第一款第(二)项规定的待遇。

第四十条(工伤复发)

工伤人员工伤复发,经鉴定委员会确认需要治疗的,享受本办法第三十一条至三十六条规定的工伤保险待遇。

与用人单位解除或者终止劳动关系的工伤人员,并按照本办法规定享受一次性工伤医疗补助金和伤残就业补助金的,不再享受本办法第三十一条至三十六条规定的待遇。

第四十一条(因工死亡待遇)

从业人员因工死亡,其直系亲属按照下列规定从工伤保险基金领取丧葬补助金、供养亲属抚恤金和一次性工亡补助金:

(一)丧葬补助金为从业人员因工死亡时6个月的上年度全市职工月平均工资;

(二)供养亲属抚恤金按照从业人员本人因工死亡前一月缴费工资的一定比例发给其生前提供主要生活来源、无劳动能力的亲属。其中,配偶每月40%,其他亲属每人每月30%;孤寡老人或者孤儿每人每月在上述标准基础上增加10%。核定的各供养亲属的抚恤金之和不应高于从业人员因工死亡前一月的缴费工资;

(三)一次性工亡补助金标准为从业人员因工死亡时50个月的上年度全市职工月平均工资。

工伤人员在停工留薪期内因工伤导致死亡的,其直系亲属享受本条第一款规定的待遇。

一级至四级伤残的工伤人员在停工留薪期满后死亡的,其直系亲属可以享受本条第一款第(一)项、第(二)项规定的待遇;其中,在按月领取养老金以后死亡的,其直系亲属享受的由养老保险基金支付的丧葬补助金低于本条第一款第(一)项标准的,应当由工伤保险基金补足差额。

供养亲属的具体范围按照国家有关规定执行。

第四十二条(关于缴费工资的特别规定)

本办法第三十七条第一款第(一)项和第(二)项、第三十八条第一款第(一)项、第三十九条第一款第(一)项以及第四十一条第一款第(二)项所规定的工伤人员或者因工死亡人员负伤前或者死亡前一月缴费工资,低于上年度全市职工月平均工资标准的,按照工伤人员或者因工死亡人员负伤前或者死亡时上年度全市职工月平均工资标准确定。

第四十三条(待遇调整)

伤残津贴、供养亲属抚恤金、生活护理费的标准由市劳动保障局根据全市职工平均工资和居民消费价格指数变化等情况适时调整。调整办法由市劳动保障局拟订,报市政府批准后执行。

第四十四条(与其他赔偿关系)

因机动车事故或者其他第三方民事侵权引起工伤,用人单位或者工伤保险基金按照本办法规定的工伤保险待遇先期支付的,工伤人员或者其直系亲属在获得机动车事故等民事赔偿后,应当予以相应偿还。

第四十五条(因工外出发生事故或在抢险救灾中下落不明人员的待遇)

从业人员因工外出期间发生事故或者在抢险救灾中下落不明的,从事故发生当月起3个月内照发工资,从第4个月起停发工资,由工伤保险基金按照本办法第四十一条第一款第(二)项所规定的标准,向其供养亲属按月支付供养亲属抚恤金。生活有困难的,可以预支一次性工亡补助金的50%。从业人员被人民法院宣告死亡的,按照本办法第四十一条规定处理。

第四十六条(待遇停止)

工伤人员有下列情形之一的,停止享受工伤保险待遇:

(一) 丧失享受待遇条件的;

(二) 拒不接受劳动能力鉴定的;

(三) 拒绝治疗的;

(四) 被判刑正在收监执行的。

第四十七条(保险责任确定)

用人单位分立、合并、转让的,承继单位应当承担原用人单位的工伤保险责任。

用人单位实行承包经营的,工伤保险责任由从业人员劳动关系所在单位承担。

从业人员被借调期间受到工伤事故伤害的,由原用人单位承担工伤保险责任,但原用人单位与借调单位可以约定补偿办法。

企业破产的,在破产清算时优先拨付依法应由单位支付的工伤保险待遇费用。

第四十八条(境外赔偿)

从业人员被派遣出境工作,依据前往国家或者地区的法律应当参加当地工伤保险的,参加当地工伤保险,其国内工伤保险关系中止;不能参加当地工伤保险的,其国内工伤保险关系不中止,按本办法规定享受工伤保险待遇。

第四十九条(办理享受待遇的手续)

从业人员因工伤亡的,由工伤人员或者其直系亲属、用人单位到经办机构办理工伤保险待遇手续,并提供下列相应材料:

(一) 填写完整的工伤保险待遇申请表;

(二) 工伤医疗费用支付凭证;

(三) 工伤人员与承担工伤责任用人单位存在劳动关系的证明材料;

(四) 待遇享受人的身份证明及与因工死亡人员的供养关系证明;

(五) 下落不明或者宣告死亡的证明材料;

(六) 其他相关材料。

经办机构应当自接到享受工伤保险待遇申请之日起30日内,对工伤人员或者其供养亲属享受工伤保险待遇的条件进行审核。符合条件的,核定其待遇标准并按时足额支付;不符合条件的,应当书面告知。

第六章 特别规定

第五十条(非全日制从业人员缴费)

招用非全日制从业人员的用人单位应当将应缴纳的工伤保险费在劳动报酬中支付给个人,由其本人按照本办法规定的工伤保险费缴费基数和费率自行缴费。

第五十一条(非全日制从业人员工伤待遇)

非全日制从业人员因工作遭受事故伤害或者患职业病后,与用人单位的劳动关系按照《上海市劳动合同条例》的规定执行,享受下列工伤保险待遇:

(一) 按照本办法规定由工伤保险基金支付的工伤保险待遇;

(二) 由承担工伤责任的用人单位参照本办法规定支付停工留薪期待遇,并不得低于全市职工月最低工资标准;

(三) 致残一级至四级的,由承担工伤责任的用人单位和工伤人员以享受的伤残津贴为基数,一次性缴纳基本医疗保险费至工伤人员到达法定退休年龄,享受基本医疗保险待遇;

(四) 致残五级至十级的,由承担工伤责任的用人单位按照本办法规定的标准支付一次性工伤医疗补助金和伤残就业补助金。

第五十二条(协保人员的工伤待遇)

用人单位使用经就业登记的协保人员的,协保人员的工资收入不计入用人单位工伤保险缴费基数。

协保人员发生工伤的,可以按照本办法规定享受工伤保险待遇,但经办机构按照规定核定用人单位下一年度的浮动费率。

第五十三条(非正规就业劳动组织从业人员工伤待遇)

非正规就业劳动组织参照本办法规定的缴费基数和比例缴纳工伤保险费,在缴纳工伤保险费后,其按照规定在劳动保障部门进行登记的从业人员发生工伤的,可以享受本办法规定由工伤保险基金支付的工伤保险待遇。

第七章 法律责任

第五十四条(劳动保障行政部门法律责任)

劳动保障行政部门工作人员有下列情形之一的,依法给予行政处分;情节严重,构成犯罪的,依法追究刑事责任:

(一) 无正当理由不受理工伤认定申请,或者弄虚作假将不符合工伤条件的人员认定为工伤人员的;

(二) 未妥善保管申请工伤认定的证据材料,致使有关证据灭失的;

（三）收受当事人财物的。

第五十五条（有关单位和个人的法律责任）

单位或者个人违反规定挪用工伤保险基金，构成犯罪的，依法追究刑事责任；尚不构成犯罪的，依法给予行政处分或者纪律处分。被挪用的基金由市劳动保障局追回，并入工伤保险基金。

经办机构有下列行为之一的，由市劳动保障局责令改正，对直接负责的主管人员和其他责任人员依法给予纪律处分；情节严重，构成犯罪的，依法追究刑事责任；造成当事人经济损失的，由经办机构依法承担赔偿责任。

（一）未按规定保存用人单位缴费和工伤人员享受工伤保险待遇情况记录的；

（二）不按规定核定工伤保险待遇的；

（三）收受当事人财物的。

第五十六条（骗取基金的法律责任）

用人单位、工伤人员或者其直系亲属骗取工伤保险待遇，医疗机构、辅助器具配置机构骗取工伤保险基金支出的，由市劳动保障局责令其限期退还，并处骗取金额1倍以上3倍以下的罚款；情节严重，构成犯罪的，依法追究刑事责任。

第五十七条（鉴定机构法律责任）

从事劳动能力鉴定的组织或者个人有下列情形之一的，由市劳动保障局责令改正，并处2000元以上1万元以下的罚款；情节严重，构成犯罪的，依法追究刑事责任：

（一）提供虚假鉴定意见的；

（二）提供虚假诊断证明的；

（三）收受当事人财物的。

第五十八条（应参保未参保或者未按规定缴费的规定）

用人单位应当参加工伤保险而未参加或者未按规定缴纳工伤保险费的，由劳动保障行政部门责令改正，并按照国务院《社会保险费征缴暂行条例》、《上海市城镇职工社会保险费征缴若干规定》的有关规定处理。未参加工伤保险或者未按规定缴纳工伤保险费期间用人单位从业人员发生工伤的，该期间的工伤待遇由用人单位按照本办法规定的工伤保险待遇项目和标准支付费用。

第五十九条（争议处理）

工伤人员与用人单位发生工伤待遇方面争议的，按照处理劳动争议的有关规定处理。

第六十条（行政复议和行政诉讼）

有关单位和个人对劳动保障行政部门或者经办机构依照本办法规定作出的具体行政行为不服的，可以依法申请行政复议或者提起行政诉讼。

第八章　附则

第六十一条（关于适用范围的特别规定）

国家对国家机关、社会团体、事业单位以及民办非企业单位的工伤保险另行作出规定的，按照国家规定进行调整。

第六十二条（聘用退休人员规定）

用人单位聘用的退休人员发生工伤的，由用人单位参照本办法规定支付其工伤保险待遇。

第六十三条（老工伤人员的规定）

本办法实施前已遭受事故伤害或者患职业病且由用人单位负责支付工伤保险待遇的工伤人员，其相关工伤保险待遇转由工伤保险基金承担支付的具体办法，由市劳动保障局另行拟订，报市政府批准后实施。

具体办法未实施之前，本条前款规定的工伤人员有关工伤保险待遇仍由用人单位按原办法支付。

第六十四条（外来从业人员规定）

本市用人单位使用外来从业人员发生工伤的，按照《上海市外来从业人员综合保险暂行办法》有关工伤保险的规定执行。

第六十五条（暂不参加的规定）

本市参加农村社会养老保险的用人单位及其从业人员暂不参加本办法规定的工伤保险。从业人员发生工伤的，由用人单位参照本办法规定支付其工伤保险待遇。

第六十六条（实施日期）

本办法自2004年7月1日起施行。

2004年1月1日起本市有关工伤认定、劳动能力鉴定以及工伤保险待遇的享受等事项，按照本办法的规定执行。

二〇〇四年七月一日

文件选编

上海市总工会关于进一步做好维护进城务工人员合法权益工作的意见

各区、县、局（产业）工会：

近年来，随着社会主义市场经济体制的逐步发展和完善，经济结构和产业结构的进一步调整，农村城镇化和城市工业化、现代化步伐的加快，本市和外省市农村富余劳动力进城务工（以下简称“进城务工人员”）日益增多。进城务工人员已经成为推动本市经济和各项社会事业发展的一支重要力量。为全面落实中央和市委的要求，贯彻全总“组织起来，切实维权”的精神，进一步做好维护广大进城务工人员合法权益的工作，现就有关问题提出如下意见：

一、统一思想，提高认识，进一步明确做好维护广大进城务工人员合法权益工作的重要性和紧迫性

农村富余劳动力向非农产业和城镇转移，是我国工业化和现代化进程中一种必然趋势，是深化农村改革，完善社会主义市场经济体制，实现全面建设小康社会目标的必由之路。进城务工人员是新兴的以工资收入为主要生活来源的劳动者，已经和正在成为我国职工队伍中新的成员和重要组成部分。多年来，广大进城务工人员积极投身于

上海的经济建设,为上海经济快速发展和城市面貌巨大变化作出了重大贡献。各级工会组织紧紧围绕党的中心工作和政府工作大局,认真履行维护职工合法权益的基本职责,主动维护进城务工人员的合法权益,取得了一定的成效。但是,在一些企业中,侵害进城务工人员合法权益的现象仍时有发生。进城务工人员的合法权益得不到有效维护,不仅不利于调动他们的积极性和创造性,甚至还会产生严重的社会问题。

因此,各级工会组织一定要从全面贯彻落实"三个代表"重要思想的高度,从不断增强党的阶级基础,扩大党的群众基础,维护工人阶级队伍和工会组织团结统一的高度,从保持上海安定团结的良好政治局面和经济社会的繁荣稳定,为上海新一轮发展创造良好环境的高度,充分认识维护广大进城务工人员合法权益的重要性和紧迫性。以高度的政治责任感和"海纳百川" 的胸襟,义不容辞地承担起维护进城务工人员合法权益的重要职责,采取有力措施,把广大进城务工人员组织到工会中来,切实维护他们的合法权益,动员和组织他们积极投身于上海的新一轮发展,在实现上海新世纪新阶段发展宏伟目标中充分发挥他们的积极性、主动性和创造性,发挥他们的聪明才智,为上海率先基本实现现代化作出贡献。

二、因地制宜,积极探索,依法把广大进城务工人员组织到工会中来

要依法维护进城务工人员参加和组织工会的权利。凡在本市企事业单位(以下简称:用人单位)从事生产、劳动、管理等工作的进城务工人员,已经与用人单位建立劳动或工作关系(含事实劳动或工作关系),不论其是否通过劳务中介机构介绍,不论其户籍所在地在何处,都有依法参加工会的权利,任何组织和个人不得阻扰和限制。

各级工会组织要结合本单位的实际,依据《工会法》、《中国工会章程》和《上海市工会条例》的有关规定和精神,因地制宜,积极探索进城务工人员组建工会、吸纳入会的各种有效形式和方式。要针对进城务工人员分布广泛、就业形式多样、流动性大的特点,采取有效方式将他们吸纳入会。对由劳务公司输入的外来务工人员,可以探索各种形式吸纳入会。可以由劳务中介机构组建工会,积极吸纳进城务工人员入会,在源头上实现组建工会和吸纳职工入会工作的全覆盖;也可由实际用人单位采取各种方式组建工会和吸纳外来务工人员入会。

各级工会要积极探索工会会籍管理的各种有效形式和方式。劳务中介机构向用人单位输出进城务工人员时,应同时将他们的会员关系临时转入用人单位工会,由用人单位工会统一管理,劳务输出合同终止时,再由用人单位工会将他们的会员关系转回劳务中介机构工会。用人单位自行招用的进城务工人员已经是工会会员的,可以凭《会员证》进行会员关系的接转;如不是工会会员的,用人单位工会应主动动员其自愿入会。进城务工人员入会后,原则上应参加其所在工作岗位工会小组的活动,如是整建制地接转到用人单位的,也可以将进城务工人员单独组编成一个或若干个分工会、工会小组,由劳务输出公司工会委托用人单位工会领导和管理。

要认真做好进城务工人员的会员统计工作。在统计上报本单位、本系统职工数和会员数时,应包括进城务工人员。

要做好进城务工人员的会费、经费收缴工作。进城务工人员入会后应按有关规定交纳工会会费,用人单位或劳务中介机构应依法拨缴工会经费。用人单位通过劳务中介机构招用进城务工人员的,工会经费应由用人单位与劳务中介机构在签订劳务协议时协商解决,确保工会经费的正常拨缴。用人单位自行招用进城务工人员的,应由用人单位直接向工会拨缴工会经费。

三、健全机制,强化监督,切实维护进城务工人员的合法权益

各级工会组织要做好维护进城务工人员合法权益的工作,逐步建立各项维权机制。

要主动帮助和指导进城务工人员与劳务中介机构、用人单位依法签订劳动合同或劳务合同。督促用人单位严格执行并落实《工会法》、《劳动法》等有关法律、法规赋予劳动者的各项权利。督促用人单位按规定进行申报、招用、办理登记、领取和发放就业证,规范使用进城务工人员。

要进一步健全和完善劳动关系三方协调机制,开展平等协商签订集体合同制度。签订集体合同时,必须明确工资支付标准、支付项目、支付形式以及支付时间等内容,督促用人单位或劳务中介机构按时足额发放工资或劳务费,及时清欠被拖欠的工资、加班加点费等费用。对外来进城务工人员,集体合同必须明确应为他们按时足额缴纳《上海市外来从业人员综合保险》的有关费用。

要做好进城务工人员基本生活保障工作。用人单位工会或劳务中介机构工会要建立进城务工人员医疗互助帮困基金,对患大病和重病的人员给予一定的救助,对他们在工作和生活中遇到的困难要主动给以帮扶,为他们排忧解难。

要配合用人单位做好进城务工人员劳动保护工作,重视女职工的特殊保护。要加强工会劳动保护监督检查工作,落实工会劳动保护监督检查《三个条例》,督促用人单位认真执行国家有关职业安全卫生的法律法规和标准,严格执行安全生产责任制,为进城务工人员提供符合国家规定的生产、生活环境,预防各类人身伤亡事故和职业病的发生。

要健全和完善职工代表大会制度。用人单位在召开职工代表大会时,应有进城务工人员代表参加,通过发挥职工代表大会作用,切实维护进城务工人员的合法权利益。

各级工会组织应将进城务工人员的各类劳动争议和劳务纠纷纳入劳动争议调解委员会中调处。各级职工法律援助中心应主动为进城务工人员提供法律咨询服务,在用人单位因违反法律法规,侵害进城务工人员合法权益而引起劳动争议时,主动为进城务工人员提供法律服务和援助。

各级工会劳动法律监督组织要积极推动、配合有关劳动监察部门加大对进城务工人员劳动保障、安全生产的监察检查力度，对进城务工人员的劳动用工、劳动报酬、工作时间、安全卫生和综合保险等方面进行专项监督检查，及时查处、纠正违反劳动法律法规，侵害进城务工人员合法权益的现象。

四、加强领导，形成合力，努力推动维护进城务工人员合法权益工作取得新进展

各级工会组织要进一步加强组织领导，切实把吸纳进城务工人员入会和维护他们合法权益工作摆上重要议事日程。主要领导要担负起维护进城务工人员合法权益第一责任人的职责，站在讲政治、讲大局、讲稳定的高度，带头抓好此项工作，并明确专人负责，落实各项责任，努力形成工作合力。各级工会要积极主动地争取党组织的领导和政府行政部门的支持，坚持以党建带工建，以工建服务党建的原则，将吸纳进城务工人员入会，维护他们的合法权益工作纳入党建工作的范围之内，为加强党的建设，密切党与进城务工人员的联系服务，为政府行政部门的中心工作服务。

各区、县总工会都要会同妇联和共青团组织等，建立"进城务工人员权益保障服务站"，统一受理进城务工人员的维权请求。

要加强对进城务工人员进行《劳动法》、《工会法》等法律法规的普法教育和技能培训工作，帮助他们增强会员意识、法制意识、自我保护意识和就业竞争能力。

要加强工作考核，各级工会在开展创建合格"职工之家"活动中，必须将维护进城务工人员合法权益作为工会的重要工作抓紧抓好。上级工会在考核下级工会工作或验收合格"职工之家"创建工作时，必须将包括进城务工人员在内的职工入会率作为主要的考核指标之一。

要加强调查研究工作，积极向党和政府反映进城务工人员的意见和呼声，针对进城务工人员权益保障方面的问题，提出工会的政策主张，推动涉及进城务工人员权益保障方面法律法规的制定和出台。要进一步健全工会和政府及其有关部门的联席会议制度，将维护进城务工人员的合法权益作为协商的主要议题，督促、配合有关部门做好工作。要及时总结实践中创造的经验，推动维护进城务工人员合法权益工作不断取得新的进展和成效。

二〇〇四年二月二十八日

上海工会推进职工素质工程实施纲要（试行）

序　言

职工素质工程是上海工会认真贯彻"三个代表"重要思想，切实维护广大职工的学习权和发展权，全面提高职工队伍整体素质的一项战略任务。近年来，上海工会实施和推进职工素质工程，在促进上海的经济发展和社会进步，提高职工队伍综合素质，进一步推进工人阶级知识化进程中发挥了重要作用。党的十六大提出了全面建设小康社会的奋斗目标，并把提高全民族的思想道德素质、科学文化素质和健康素质、促进人的全面发展作为全党的一项紧迫任务。为进一步树立和落实科学发展观，增强党的执政基础和执政能力，全面实施和推进科教兴市主战略，充分发挥上海工人阶级在新世纪新阶段发展中的主力军作用，为上海经济和社会全面、协调、可持续发展提供有力的智力支持和人才保证，上海市总工会在各级工会广泛开展职工素质工程的实践基础上，决定制定上海工会推进职工素质工程实施纲要。

一、推进职工素质工程的重要性和紧迫性

1. 进入新世纪新阶段，经济全球化和知识经济的影响日益深入，科学技术迅猛发展，新知识新技术层出不穷，人才竞争日趋激烈。在全面建设小康社会和完善社会主义市场经济体制的新形势下，进一步树立和落实科学的发展观，大力实施人才强国战略，依托科技教育推动经济和社会发展，大力开发人力资源，构筑人才高地，不断提高劳动者整体素质和人才竞争力，是一项十分艰巨而又紧迫的任务。推进职工素质工程，对于全面实施科教兴市主战略，不断增强企业核心竞争力、国有经济主导竞争力、区域整体竞争力和城市综合竞争力，提升城市的国际化、信息化、市场化和法治化水平，适应上海产业结构调整和优先发展现代制造业、现代服务业的要求，努力培养数以百万计的高素质劳动者、一大批专业人才和拔尖创新人才，促进职工的全面发展，努力发挥上海工人阶级在上海新世纪发展中的主力军作用，具有极为重要的意义。

2. 随着改革开放和现代化建设的进程，上海职工队伍也正在不断发展壮大。社会转型和经济转轨，使职工队伍的组成结构、就业形式、分配方式和思想观念等发生了深刻变化，尤其是大批进城务工者成为上海职工队伍的新生力量，使职工队伍建设出现了许多新情况、新特点。不同的职工群体形成了不同的素质层次，产生了不同的发展需求，这给职工素质工程的开展既带来了新的机遇，也带来了新的挑战。面对进一步提高职工队伍整体素质的新任务、新课题，各级工会必须进一步增强使命感、紧迫感和责任感，以新的思路、新的举措和新的作为，齐心协力把职工素质工程推向新的发展阶段。

二、推进职工素质工程的指导思想和目标任务

3. 指导思想：牢固树立科学的发展观，确立"科学技术是第一生产力"、"人才是第一资源"的思想，紧紧围绕科教兴市主战略，以加快工人阶级知识化进程为目标，着眼于提高职工队伍整体素质，促进职工的全面发展，增强职工适应经济和社会发展的学习能力、竞争能力和创造能力，努力培养数以百万计的高素质劳动者、一大批专业人才和拔尖创新人才，为上海新世纪发展提供坚强的智力支持和人才保证。

4. 目标任务：今后五年，要在全市广大职工中广泛深入地开展"创建学习型组织、争做知识型职工"活动、"建文明班组、创文明岗位、做文明职工"活动以及各种思想道德、科学文化和劳动技能等教育培训活动。职工参与

各种教育培训活动人数达到90%以上；以初级工商管理（EBA）资格培训为主要内容的班组长岗位培训参与率达到30%以上；力争全市10万班组成为文明班组、红旗班组；每年有10%的技术工人技能上一个等级，5%的技术工人拥有第二技能，8%的技术工人成为岗位或职业技能复合型人才；中青年职工"三会"（会多岗位技能，会熟练掌握电脑基本知识，会外语基本会话）比例达到55%；技术工人队伍中的高级工和高级技师比例达到15%以上；继续选树一批工人发明家及技术创新能手。

要以大力推进职工的知识化和技能化为重点，以实践城市精神和塑造职业精神为动力，不断加大职工素质工程的推进力度。要在工会组织和社会各方的合作互动上下功夫，在搭建操作平台和加强机制建设上下功夫，在指导服务基层和办实事求实效上下功夫。要通过开展更丰富多样、更生动实在、更具吸引力的群众性活动，进一步激发广大职工的参与热情和创造潜能。通过全会努力，各级工会基本形成领导重视、目标明确、机制健全、工作规范的职工素质工程推进体系；各行各业基本形成有利于职工勤奋学习、勇于创新、岗位成才、争作贡献的良好环境和氛围；上海职工队伍基本具备政治坚定。诚实守信、技能一流、身心健康的优良素质。

三、推进职工素质工程的主要内容

5. 进一步提高职工的思想道德素质。引导广大职工努力实践"三个代表"重要思想，树立建设中国特色社会主义的共同理想，树立为全面建设小康社会而努力奋斗的坚定信念，树立科学发展观和人才观，积极投身改革和发展的实践，自觉塑造职业精神和遵守道德规范，不断增强主人翁积极性、主动性和创造性。

6. 进一步提高职工的科学文化素质。引导广大职工围绕科教兴市主战略，适应知识经济和科技发展的要求，增强科技创新和市场竞争意识，刻苦学习科学文化知识，增强知识储备，确立终身学习、团队学习理念，养成勤于学习和思考的习惯，进一步更新观念、丰富知识、提升能力。

7. 进一步提高职工的职业技能、创新能力素质。牢固确立"技术工人也是人才"的观念，不断增强职工的创新意识，组织和鼓励职工参加职业培训、技术练兵、操作比赛和技能晋级等活动，帮助职工不断提高自我学习能力、岗位操作能力、复合技术能力、创新思维能力和创造发明能力，全面提高职工的技能和创新水平。

8. 进一步增强职工的民主意识和法制观念。积极探索扩大基层民主和保障职工民主权利的有效途径，努力增强职工的民主意识和参与民主管理的能力。不断增强职工的法制观念，帮助职工正确行使法律法规所赋予的权利和应履行的义务，努力提高职工依法维护自身合法权益的能力。

9. 进一步提高职工的心理和健康素质。积极开展职工思想政治工作，帮助职工树立良好稳定的心态，不断提高对改革和发展的适应能力和心理承受能力。积极倡导科学、文明、健康的生活方式，大力开展群众性职工文体活动，丰富职工精神文化生活，陶冶职工情操，增强职工体魄，促进职工身心健康。

四、推进职工素质工程的基本途径

10. 加强理论学习和思想教育。按照武装头脑、指导实践、推动工作的要求，在职工中进一步兴起学习贯彻"三个代表"重要思想新高潮，不断创新群众性思想理论学习的载体和方式，进一步提高广大工会干部和职工群众的学习能力、理论联系实际的能力和解决实际问题的能力。围绕上海改革开放和现代化建设的发展目标，采取职工群众喜闻乐见的形式，广泛开展以全面建设小康社会、发展先进文化、弘扬民族精神、加强思想道德建设等为主题的思想教育和形势任务教育，引导职工形成对上海新世纪发展目标任务的共识，激励广大职工群众求真务实、奋发进取、扎实工作。引导职工树立正确的世界观、人生观和价值观，以发展先进文化为导向，不断丰富职工的精神世界，增强职工的精神力量，以弘扬民族精神为动力，激励职工自强不息、奋发有为，保持昂扬向上的精神风貌。

11. 实施职工创新行动、技能登高计划。积极贯彻《上海实施科教兴市行动纲要》，立足于提高职工的科技创新意识和创造能力，大力实施"职工创新行动计划"，深入开展技术发明、技术创新、技术攻关和合理化建议等活动。以提高职工智能化水平和核心技能、创造才能为着力点，围绕"十、百、千、万"（即展示职工先进操作法10项、优秀发明100项、优秀技术创新1000项、优秀技术攻关10000项）目标，开展十大工人发明家、技术创新标兵评选活动，举办职工技术创新成果展，推广先进操作法，为培养知识型、创新型紧缺人才打下扎实基础。以促进职工技能升级为出发点，大力实施"职工技能登高计划"，广泛开展"百万职工大练兵"、"百项技能比赛"、"百佳技师传艺授技"活动，加快培养高技术人才和复合型技术人才，积极开展重点工程立功竞赛、技术比武和技术交流、绝技高招展示和优秀进城务工者评选等活动，帮助职工掌握先进技术、先进设备和先进工艺，不断提升技能层次，成为岗位技术操作能手。

12. 深化职业道德建设和精神文明创建活动。建立与社会主义市场经济相适应、与社会主义法律规范相协调、与中华民族传统美德相承接的职业道德建设体系。以弘扬新时期劳模精神为核心，以"爱岗敬业、诚实守信、办事公道、服务群众、奉献社会"为基本内容，以建设个人职业诚信为重点，以职业规范养成为切入点，通过举办职业精神论坛、签订职业道德倡导公约、征集职业道德格言、开展职业生涯设计、评选职业道德"双十佳"等活动，引导广大职工努力塑造职业精神，提高职业道德水平。围绕上海精神文明建设"而提高"目标，推动"建文明班组、创文明岗位、做文明职工"活动的深化和拓展，进一步增强创建活动的道德、文化、科技含量，把创建活动的重点逐步从形态文明、功能文明转到素质文明上来，通过命名文明班组、红旗文明岗、示范推广创建活动典型经验、评选职工精神文明"十佳"好事等活动，全面提升班组、岗位和职工的文明程度。

13. 推进群众性“创争”活动和教育培训工作。围绕创建学习型社会和学习型城市的要求，以创建现代企业的学习环境、学习氛围、学习组织和学习机制为主要内容，以开发人力资源、提高职工的学习能力、思维能力、创新能力为主要目标，进一步深化“创建学习型组织，争当知识型职工”活动，普及终身学习理念，构筑多样化职工学习平台，加强学习型团队建设，努力促进职工学习自主化。广泛开展以创建学习型组织为主要内容的振兴中华读书活动，办好每年一届的上海读书节和上海职工发展论坛，进一步巩固读书活动进企业、进班组、进社区、进双休日的“四进”格局，积极推进读书活动的社会化、信息化、网络化运作。大力开展职工教育培训，充分发挥工会教育培训阵地的积极作用，为职工参加文化技能培训提供服务。积极开发和利用社会教育培训资源，形成职工远程教育、网络教育、继续教育一体化的职工教育培训体系。注重为下岗、失业人员和进城务工者提供教育培训机会，确保他们共享教育培训的权利。切实加强职工教育培训基地建设，在继续扩大基地数量的同时，不断提高基地的办学质量。

14. 拓展群众性职工文体活动。以引领先进职工文化和推进企业文化建设为目标，广泛开展丰富多彩的群众性职工文化娱乐活动，努力办好职工文化艺术节，加强职工文艺骨干队伍建设，发挥职工文艺创作奖励基金的作用，全面建设职工文化精品工程，促进优秀职工文化产品的创作和传播。进一步贯彻《上海市民体育健身条例》，以弘扬奥运精神、人人参与健身为宗旨，积极推广大众化健身项目，组织职工因地制宜开展各种小型多样、简便易行的群众性体育健身活动，不断增强职工的健身意识，提高职工的身体素质。加强职工文体事业建设，积极探索和构建以产权为核心的产业管理体制、职工文体事业投资多元化发展模式和职工文体事业市场化运作机制，进一步拓展职工文体事业的服务功能、经营功能和导向功能。

15. 搭建女职工素质提升平台。引导广大女职工进一步弘扬“自尊、自信、自立、自强”精神，树立自主意识和发展意识，实施《职业女性能力建设行动计划》，依托女职工周末学校、东方女性网络学校等载体，组织女职工参加各种文化技能培训活动，积极开展“为小康立新功，为世博添异彩”女职工双文明立功竞赛，设立职业女性创业、创新论坛，为不同职业、岗位、层次的女职工提升素质、展示才华搭建舞台，帮助女职工增强学习、竞争、创业、创新能力和依法维护自身合法权益的能力。

五、推进职工素质工程的保障措施

16. 切实加强领导。深化和推进职工素质工程，是新形势下工会的战略任务和重点工作。各级工会要进一步增强大局观念和责任意识，充分发挥主动性、积极性和创造性，切实把推进职工素质工程的目标任务和各项措施落到实处。要进一步加强开展职工素质工程的组织领导，完善以一把手为主要责任人的职工素质工程领导机构和工作班子，统筹协调、形成合力，落实责任制。制定推进职工素质工程的工作规划，明确目标，分解任务，落实措施，使开展职工素质工程与履行工会各项职能紧密结合，为推进职工素质工程提供有力的组织保证。

17. 推进机制建设。建立合作机制，积极寻求政府部门对职工素质工程的政策支持，争取社会各方面对职工素质工程的参与、支持和配合，形成推进职工素质工程的合力和持续发展的动力。建立激励机制，完善人才扶持政策和先进奖励制度，建立职工优秀人才信息库，为企业发展提供人才储备。与政府部门和企业行政协作，对职工文化层次、技术等级和专业技能的不断提升予以认定，并与职工工资收入挂钩。建立保障机制，设立职工素质工程基金，完善职工教育经费使用监管制度，1.5%的职工教育培训经费使用情况必须经职工代表大会审议通过。在国有企业和已推行职工代表大会制度的非公企业，签订集体合同应列入职工使用教育培训经费的内容。稳步发展职工教育保障计划，确保每年有职工素质工程的专项经费投入使用。

18. 强化过程管理。联系不同行业、不同所有制企业、不同层次职工的实际，加强对基层推进职工素质工程的指导，为基层开展工作提供有效的服务。加强对职工素质工程的过程管理，形成总体规划、阶段目标、实施内容、工作措施、考核标准相互衔接的工作机制。不断拓展工作途径，创新活动载体，精心设计和组织开展各种时代感强、形式新颖、内容丰富的活动，充分调动职工群众的参与积极性。加强对职工素质工程的宣传，积极运用工会宣传阵地和舆论工具，大力宣传职工素质工程取得的丰硕成果和推进职工素质工程中涌现出来的先进典型，发挥榜样的示范作用，扩大职工素质工程的社会影响。积极探索和把握职工素质工程的发展规律，不断总结经验，加强理性思考，进一步推动职工素质工程的创新和发展。

19. 力求工作实效。推进职工素质工程重在实效。各级工会要以求真务实的精神来推动职工素质工程各项工作的落实。制定目标、采取措施、安排内容都要符合实际，力求实效。加强对职工素质工程落实情况的监督检查和全面考评，通过社会反馈、工作考核和质量评估，检查和评定职工素质工程的成果和实效。并把考评结果作为先进评比和奖励的重要依据。畅通社会信息反馈渠道，认真听取社会和职工群众对职工素质工程开展情况的反映；制定职工综合素质的评估原则、评估标准和评估方法，对职工思想道德、科学文化、职业技能、创造能力、健康等综合素质进行科学的分析和评估，并建立职工个人素质档案，为不断提高职工综合素质、促进职工全面发展服务。

推进职工素质工程是上海工会围绕大局、促进发展、服务职工和进一步履行维权职责的必然选择。要实现全面提高职工队伍整体素质的目标，任务艰巨，责任重大，全市各级工会要以“三个代表”重要思想和党的十六大精神为指导，解放思想、与时俱进、同心协力、开拓创新，为进一步提高上海职工队伍整体素质，促进职工全面发展，把上海建设成为国际经济、金融、贸易、航运中心之一而作出新的贡献。

二〇〇四年四月八日

上海市总工会关于建立上海市职工民主管理工作评估制度的实施意见(试行)

各区、县、局(产业)工会:

为贯彻落实党的十六大和十六届三中全会精神,进一步加强基层民主建设、发展社会主义民主政治、建设社会主义政治文明;进一步探索现代企业制度下职工民主管理的有效途径,扩大民主参与,丰富民主形式,保障民主权益,使民主管理在制度化、规范化、程序化建设方面取得新突破;进一步推进职工民主管理长效机制建设,不断增强民主管理的实效,更好地适应新时期职工民主管理发展的新趋势、新要求。依据国家有关法律法规,并结合近年来上海职工民主管理的丰富实践,按照依法有序,与时俱进的要求,特建立上海市职工民主管理工作评估制度,具体意见如下。

一、建立评估制度的意义

建立和实施职工民主管理工作评估制度,是工会实践"三个代表"重要思想,坚持以人为本、树立和落实科学发展观的需要;是坚持和发展以职工(代表)大会为基本形式的民主管理、探索现代企业制度下职工民主管理的有效途径的需要;是加强工会组织群众化、民主化、法制化建设,切实表达好、维护好、发展好广大职工群众根本利益的需要;是充分调动和发挥广大职工群众的积极性、主动性、创造性,推进企业和员工全面发展的需要。评估制度的实行,有利于把坚持党的领导、充分发扬民主、切实依法办事有机统一于基层民主政治建设的实践之中;有利于科学总结职工民主管理丰富的实践经验和创新成果;有利于突出重点,针对职工民主管理工作中存在的突出问题和薄弱环节,采取切实有效措施,不断改进工作;有利于健全和完善协调劳动关系的有效机制,进一步增强和扩大职工民主管理工作的实效性和社会认同度。

二、建立评估制度的基本原则

1. 依法有序,职工评价的原则。按照《工会法》、《上海市工会条例》、《上海市关于进一步深入推进厂务公开工作的实施意见》、《上海市职工(代表)大会工作规范》、《上海市总工会关于在非公有制企事业单位实行职工(代表)大会制度的若干意见(试行)》等相关法律、法规、政策和有关规定,提出职工民主管理工作评估的内容、标准、工作要求。职工民主管理工作的评价主体是企事业单位职代会代表或职工群众。要坚持走群众路线,广泛听取和尊重职工群众的意见,把职工群众的评价意见作为分析问题、改进工作的重要依据,作为对企事业单位领导人员业绩考核的重要内容。

2. 突出重点,鼓励创新的原则。要以坚持和发展职工(代表)大会制度为重点,把职代会职能履行、作用发挥、运行质量、实际效果作为评估的重点内容。同时,要积极探索现代企业制度下职工民主管理的有效途径,努力推动职工民主管理在与政治文明建设。现代企业制度建设、企业文化建设、工会维权机制建设的有机结合中取得新突破。

3. 与时俱进,深入发展的原则。职工民主管理工作评估内容和标准的制定,既要突出职代会制度广泛的代表性、先进性,体现民主管理的先进水平,并使之不断深化,以发挥示范和导向作用;又要体现其它形式民主管理的适用性、有效性,不断扩大民主管理的实施面,并在实践中使之不断完善、提高,使民主管理的内涵不断深化、范围不断扩大、领域不断拓展,使评估制度能更好地适应不同所有制、不同类型、不同发展水平的企事业单位民主管理的发展要求,形成具有时代特征、上海特色的职工民主管理工作的新机制、新格局。

4. 科学规范,注重实效的原则。职工民主管理工作的评估在操作上要科学规范、简便易行、注重实效。既要突出职工代表作为民主管理工作评价主体的作用,又要注重对所在单位民主管理工作的整体考核;既要突出职代会作为民主管理基本制度的作用及其规范要求,又要反映其他形式民主管理的基本要素、特点和要求,并从制度上加以规范;既要对评估结果作定性定量分析,又要加强评估后改进和提高措施的落实,要体现不同领域、范围、层次的不同特点,全面客观地反映上海职工民主管理的现状和发展趋势,进一步提高企事业单位民主管理的整体水平。

三、评估制度的内容和标准

根据职工民主管理评估制度确立的基本原则,评估的主要内容和标准,突出加强以职工(代表)大会为基本形式的民主管理,并汲取近年来适应不同性质、规模、行业的企事业单位实行民主管理的丰富实践经验,形成以职工民主管理的"主体"、"基本权利"、"基本制度"、"多种实现形式"等四个方面要素构成的评价内容和标准,(详见附件一:《上海市职工民主管理工作评估内容和标准》)与此相对应,通过建立代表两个不同发展水平的、可逐年优化升级的测评标准供选择,其中"A 标"系以职代会为基本形式的规范的民主管理,适用于国有及控股的企事业单位及混合所有制和非公企业民主管理基础比较好的单位;"B 标"系其他形式的民主管理,适用于混合所有制及非公有制企业基础阶段的民主管理,(附件二《上海市职工民主管理工作企事业单位自查表〈2004 版 A 标〉》、《上海市职工民主管理工作职代会代表测评表〈2004 版 A 标〉》;《上海市职工民主管理工作企事业单位自查表〈2004 版 B 标〉》、《上海市职工民主管理工作职工代表测评表〈2004 版 B 标〉》另发)以此引导国有及控股企事业单位继续在民主管理方面不断深化,更好地发挥示范、带头作用;促进混合所有制及非公有制企业民主管理的普及,并在原有基础上得到进一步发展。

四、评估制度的实施办法

为体现评估制度的科学性,评估采取本级评估与上级评估相结合;职工评估与单位评估相结合;扩大实施面与推动深化相结合;规范管理与鼓励创新相结合的办法,具体如下:

(一)职工民主管理工作的本级评估

本级评估一般每年进行一次,可安排在职代会结束后，由本单位工会组织实施，具体可按以下程序进行：

1. 组成职工民主管理工作评估工作小组；

2. 选择测评标准（2004 版 A 标或 B 标）；

3. 组织职代会代表或职工代表填写《测评表》，汇总数据；

4. 召开职工代表座谈会，听取并分析评价项目满意率较低的原因；

5. 召开党、政、工专题会议，研究提出改进意见和措施；

6. 向职代会联席会议和有关会议报告，并实施整改；

7. 在下一次职代会或职工大会上报告测评结果，以及实施整改措施的情况；

8. 有关资料整理归档。

（二）职工民主管理工作的上级评估

职工民主管理工作上级评估由上级工会不定期组织实施，一般两年为一个周期。具体可按下列程序进行：

1. 组成职工民主管理工作评估小组，成员可由上级党组织、工会和上级职代会民主管理专门委员会（小组）成员组成；

2. 选择测评标准（2004 版 A 标或 B 标）；

3. 安排企事业单位工会填写《企事业单位自查表》；

4. 随机抽样确定参加测评和座谈会的职代会代表名单；

5. 组织职代会代表或职工代表填写《测评表》，汇总数据；

6. 召开职工代表座谈会，核实被测评单位职工民主管理的基本情况，听取职工代表对本单位职工民主管理工作的评价意见；

7. 评估小组汇总测评结果和座谈会情况；

8. 向被测评单位反馈情况，提出改进意见；

9. 综合分析所属企事业单位评价情况，向同级党组织报告，研究并提出本系统、地区加强职工民主管理工作的措施和意见；

10. 评估资料整理归档。

（三）职工民主管理工作评估的等级及表彰

职工民主管理工作评估的等级分市和区县、局（产业）、集团两级，分别由市和区县、局（产业）、集团两级工会组织测评，并择优授予市或区县局（产业）职工民主管理工作优秀或先进单位称号，一般每两年表彰一次。

五、评估工作的组织领导

1. 企事业单位党组织，要从发展社会主义民主政治、建设社会主义政治文明和加强和改进党的领导方式的高度，切实加强对职工民主管理评估工作的领导，并把他作为新时期深化基层民主政治建设，加强职工民主管理，保障职工民主权利的重要抓手，加强组织协调，推动评估工作的顺利进行。

2. 企事业单位行政要从以人为本、全心全意依靠职工办企事业的高度，从加强现代企业制度建设和发展企业文化的角度，重视和支持工会开展职工民主管理评估工作，对评估测评中提出的整改意见和措施，要积极督促检查、落实。

3. 企事业单位工会组织对职工民主管理评估工作负有组织实施责任。要从实际出发，坚持和发展以职工（代表）大会为基本形式的民主管理制度，并选择符合本单位实际的测评标准或予以深化、细化；要精心组织，积极探索、具体落实职工民主管理工作评估的各项工作，通过评估工作，不断完善和提高本单位职工民主管理工作的运行质量，更好地激发、调动和发挥广大职工群众的积极性、创造性，进一步促进企业和员工的全面发展。

4. 各地区、系统工会对职工民主管理评估工作负有指导推进责任。各地区、系统工会可选择民主管理基础较好的企事业单位先行试点，在取得经验的基础上逐步全面推行。对基层单位评估中发现的民主管理工作上存在的突出问题和不足，要帮助其改进、提高；对带有普遍性的问题，要研究制定加强和改进的指导性意见。要把职工民主管理工作评估中职工满意率较高的企事业单位，优先推荐为各类先进参加评选，更好地促进民主管理工作的全面发展，进一步开创上海职工民主管理工作的新局面。

二〇〇四年七月二十一日

上海市职工民主管理工作评估制度的内容和标准

一、职工民主管理的主体

企事业单位广大职工群众和经民主选举产生的职工代表，是职工民主管理的主体，其评价的主要内容包括职工（代表）享有的权利、职工代表的产生、培训、管理和职责履行。

1. 职工代表享有的基本权利

（1）享有政治权利，并与企事业单位建立劳动关系的职工群众，均享有平等参与民主管理的权利。

（2）职工（代表）均有平等的选举权、被选举权，及其相应的表决权。

（3）职工（代表）均有平等接受培训，提高参政能力和水平的权利。

2. 职工代表的产生

职工代表均应按规范的程序和要求民主选举产生，包括职工代表大会代表、职工董事、监事、集体协商代表等。

3. 职工代表的培训

工会每年组织安排一次以上职工代表就民主管理知识、相关法律法规政策，及有关业务知识培训，提高职工代表的参政议政能力，参与率不低于 80%。

4. 职工代表的管理

（1）按规范的要求和程序及时做好职工代表的更替工作。

（2）推行职工代表评议制度。职工代表每年应向所在选区职工述职报告履行代表职责情况，接受选区代表评议。

（3）推行职工代表激励制度。评选优秀职工代表，并给予必要的精神和物质奖励。

（4）试行职工代表撤换制度。对职工代表评议信任率达不到60%的，按规范程序撤免，并更替补选。

5. 职工代表职责履行

（1）职工代表应征集所在选区职工群众的意见和要求，并在参政议政中代表选区职工群众提出积极的意见或建议。

（2）职工代表对形成的决议、决定应及时向所在选区的职工群众宣传、讲解，并带头贯彻执行。

（3）积极参加职工（代表）大会闭会期间的民主管理活动。

二、职工民主管理的基本权利

企事业单位职工群众和职工代表依照法律法规和政策规定享有民主参与、民主协商、民主决策、民主监督的权利，不论何种所有制性质，不论实行何种民主管理形式的企事业单位都应保障和落实职工群众的基本权利，其主要内容包括：

1. 知情参与权

企事业单位生产经营重大决策、发展规划、年度工作、企业转改制方案、重大投资决策等，职工群众享有知情权，企事业单位应通过各种途径和形式听取职工群众的意见和建议。

2. 协商共决权

企事业单位的收入分配、规章制度的制定、劳动合同变更、人员分流安置、经济性裁员及补偿等涉及职工切身利益的问题，职工群众享有与企事业单位平等协商和共决的权利，经双方达成一致意见后执行。

3. 选举罢免权

依法选举或罢免职工董事、监事、集体协商代表等。

4. 审议监督权

企事业单位职工教育培训计划和教育培训经费提取使用情况、社会保险金交纳情况、劳动安全卫生保障执行情况等，职工群众享有审议监督权，企事业单位应接受职工群众的监督。

三、职工民主管理的基本制度

1. 职工（代表）大会制度

（1）职工（代表）大会制度是企事业单位民主管理的基本形式，应纳入公司章程，作为现代企业制度的重要组成部分，以及企业文化建设的重要内容。

（2）建立和健全多级职工（代表）大会制度，每年正常召开，并根据职权范围内的事务行使民主管理的职责和权利。

（3）职工（代表）大会职权落实和保障。国有及国有控股企事业单位职工（代表）大会，依据有关法律和规定，行使各项职权。非公有制企事业单位职工（代表）大会，按照市总工会《关于在非公有制企事业单位实行职工（代表）大会制度的若干意见试行）》逐步推进落实各项职权。

（4）职工（代表）大会联席会议与职工（代表）大会的权责分明，严格把握联席会议的内容、时间、程序三个限制。

（5）按规范要求有序进行职工（代表）大会筹备、组织召开预备会议、临时会议、联席会议等。

（6）职工（代表）大会正式会议重点突出、程序民主、表决规范。会务周密。

（7）职工（代表）大会按规定按时换届，特殊原因需要延期换届，应向同级党委、上级工会报告，并征得同意。

2. 集体协商制度

（1）集体协商、集体合同制度与职工（代表）大会制度有机结合，成为协调劳动关系的有效机制。

（2）集体协商的议题经广泛听取职工代表意见后确定。

（3）集体合同（草案）经职工（代表）大会审议通过后生效执行。

（4）集体合同履约情况向职工（代表）大会报告。

（5）组织职工代表对集体合同的履行情况开展检查，并反馈整改措施。

3. 厂务公开制度

（1）建立厂务公开工作领导小组和工作小组，定期分析研究深入推行厂务公开的措施和要求。

（2）建立厂务公开责任制，明确厂务公开实行的责任部门、责任人、公开的内容、公开的形式、公开的渠道，以及违反厂务公开的责任追究，实现厂务公开的制度化、规范化、程序化。

（3）突出厂务公开重点。

——国有、集体企业及其控股企业按照中央两办《通知》要求，就企业重大决策问题、企业生产经营管理方面的重要问题、涉及职工切身利益方面的问题、领导班子建设和党风廉政建设密切相关的问题实行公开。

——非公有制企业职工养老、失业、医疗等社会保险金交纳情况、企业执行国家和政府规定的劳动安全卫生保护情况、集体合同及工资集体协议的签订、修订、续订、履行情况、企业制定的规章制度，辞退和处分职工的情况和依据，以及涉及职工权益的有关事项实行公开。

——厂务公开与现代企业制度建设有机结合，并向企业投资决策、物资采购、工程招投标、资金管理等管理领域延伸，推动企事业单位不断健全和完善管理制度，促进企事业不断提高科学管理水平。

——厂务公开与干部任用制度改革有机结合，在不断扩大市场选人、用人的同时，不断加大职工群众在选人，用人上的知情权、参与权、选择权和监督权。

（4）畅通厂务公开渠道。企事业重大决策和重要事项通过职工（代表）大会予以公开，并建立厂务公开栏、厂情通报会、职工代表座谈会、内部信息网络、广播、电视、报刊、墙报等公开形式渠道。

4. 职工董、监事制度

（1）公司制企业依法建立职工董事、监事制度。法律尚未明确的鼓励探索建立职工董事、监事制度。在企业涉及职工切身利益重大决策中，听取和尊重职工董事、监事的意见。

(2)建立有利于职工董事、监事职责履行的工作制度,如:职工董事、监事列席或参加行政重大事项的决策会议,有权查阅企业有关资料和到相关部门开展调查研究、设立职工董、监事信箱和接待日等。

(3)建立职工董事、监事培训制度。有的放矢地选送职工董事、监事参加经济、管理、法律等内容的培训,提高他们的参政、议政能力。

(4)建立职工董、监事述职评议制度。职工董、监事定期向职工(代表)大会报告履行职责的情况,接受职工代表的评议。

四、职工民主管理的多种形式

要坚持在以职工(代表)大会为基本形式的民主管理基础上,丰富和发展职代会的日常民主管理形式,实现职代会民主管理的经常化、制度化、规范化。要结合本单位实际,根据新形势下职工民主管理提出的新课题、新任务、新要求,积极探索和创新职工民主管理的多种有效途径。

1. 建立和健全职工民主管理专业委员会(小组)

企事业单位根据规模大小、性质特点,建立和健全生产经营管理、集体协商、生活福利、民主评议等职工民主管理专业委员会(小组),定期组织开展活动。

2. 建立和开展职工代表调研巡视制度

每年围绕企业生产经营管理的重点、难点问题,集体协商议题征集、集体合同履约情况和涉及职工群众切身利益的热点问题,组织职工代表调查研究、巡视检查。

3. 建立职工代表提案制度

每年组织职工群众对加强企业管理,促进企业发展,维护职工合法权益等方面提出议案,并做到每案有答复,立案抓落实。

4. 建立职工民主管理质量评估制度

每年组织职工代表或职工群众就本单位民主管理的工作质量进行评估,针对薄弱环节,采取改进措施,评估和整改情况向职工(代表)大会报告。

5. 开展员工最满意企业创建活动

企事业单位每年进行员工满意度测评和员工座谈会,分析并提出实施提升员工满意度的措施、测评和座谈会情况,以及采取的提升员工满意度措施向职代会报告。

6. 探索实践适合本单位实际的民主管理形式

通过建立听证会、共商会、议事会、职工管理委员会等形式,组织职工知情参与企事业事务管理。

二〇〇四年七月二十一日

关于进一步坚持和完善国有企业改制工作民主程序的若干意见

各归口单位党组织、行政、工会:

为了全面贯彻落实党的十六大和十六届三中全会精神,认真落实中共中央办公厅、国务院办公厅《关于在国有企业、集体企业及其控股企业深入实行厂务公开制度的通知》和国务院办公厅转发国有资产监督管理委员会《关于规范国有企业改制工作的意见》等文件的有关规定,现就进一步坚持和完善国有企业改制工作的民主程序,提出如下意见:

一、充分认识坚持和完善国有企业改制工作民主程序的重要性

各级党组织、行政和工会组织要充分认识在国有企业改制中,坚持和完善民主程序是贯彻落实“三个代表”重要思想,切实维护好、实现好、发展好广大职工群众根本利益的需要;是推进社会主义政治文明建设,尊重和保障广大职工群众民主权利的需要;是团结、动员、依靠广大职工群众,确保国有企业改制工作顺利进行的需要;是营造深化改革、促进发展的良好氛围,维护企业和社会稳定的需要,各级组织要充分认识其重要性和必要性,增强责任感、使命感,形成合力,共同推进。

二、正确把握坚持和完善国有企业改制工作民主程序的基本原则

1. 坚持党的领导的原则。要坚持在党组织的统一领导下,以职工代表大会为基本形式,党、政、工等部门分工负责,齐抓共管,切实加强改制企业职工民主管理。党组织要积极发挥组织、协调、监督作用,支持工会规范企业改制的民主程序,切实行使好职工代表大会的各项职权。

2. 坚持对国有资产负责和对职工负责一致性的原则。在企业改制中,要严格按照有关法律法规和政策规定规范运作,实行厂务公开,防止国有资产流失,防止侵犯职工的合法权益。

3. 坚持依靠职工群众的原则。要坚持把职工作为推进企业改制的重要力量,尊重职工群众的意愿,调动职工群众支持和参与企业改制的积极性、主动性,切实维护好、实现好、发展好职工群众的根本利益。

4. 坚持有利于推进改革、促进稳定的原则。在履行民主程序的过程中,要正确处理好“改革、发展、稳定”的关系。既要着眼于加快经济发展、加大改革力度,推进企业改制,又要考虑企业和职工的实际情况,统筹兼顾,努力取得职工群众的理解和支持,以规范的民主程序积极稳妥地推进国有企业改制。

5. 坚持注重实效、勇于创新的原则。坚持和完善国有企业改制工作的民主程序,既要依法办事,又要根据实践的发展,鼓励和支持改革创新。要根据企业改制情况的发展变化,不断总结实践中的成功经验,不断规范和完善国有企业改制工作的民主程序。

三、严格规范国有企业改制工作的民主程序

1. 加强企业改制的宣传引导工作。要广泛深入宣传改制的目的、意义和要求,宣传改制的有关方针、政策和原则,提高职工群众对改制重要性和必要性的认识。要切实做好职工群众的思想政治工作,夯实推进改制工作的群众基础。

2. 积极发挥改制企业工会的作用。改制企业的工会负责人应进入同级企业的改制领导小组,工会代表要进入企业改制工作班子,全面、全过程参与有关改制的各项工作,从源头上维护好职工的合法权益。

3. 建立企业改制方案预报制度。企业改制方案、职工安置分流方案、履行民主程序方案等草案,都应在提交职工代表大会审议前向上级党组织、改革改制领导小组及工会预报。其中,履行民主程序的方案应包括:职代会换届年限、职工代表人数、结构比例及资格认定、职代会的议程、表决的方式等内容。对历史原因致使职代会和职工代表没有按期改选的问题,要在上级工会指导下,由改制企业党组织和工会先行研究解决。

4. 建立企业重大事项公示制度。企业改制的重大事项,特别是与职工利益密切相关的重大事项,包括:企业改制方案、职工安置分流方案、解除劳动合同的经济补偿方案要在企业范围内实行公示,公示时间通常为一周。有关资产评估、产权交易等要严格按照国资监管办法执行,接受职工群众监督,防止国有资产流失,确保职工群众合法权益的落实和企业的生存与发展。

5. 依法规范和履行企业改制的民主程序。必须将改制方案提交职工代表大会审议,充分听取职工代表意见。其中,凡涉及到劳动合同的变更、职工安置分流、解除劳动合同经济补偿等职工安置方案需经企业领导班子集体讨论,并听取职工代表的意见后,按规定提交职工代表大会审议通过。提交职代会审议通过的方案(草案),应以书面形式至少提前一周交给职工代表,并根据职工代表提出的合理意见进行修改。经职代会审议通过的有关改制方案的决议及有关附件,应及时报上级工会备案。

6. 切实维护职工的合法权益。对改制企业职工的养老保险金、医疗保险金、失业保险金、住房公积金缴纳情况,应当通过职工代表大会、厂情发布会、厂务公开栏等形式向职工公布,接受群众监督,保障职工群众的知情权,维护职工群众的利益。

7. 规范企业经营者的选择方式。对改制企业的经营者要以市场配置为主,要规范操作程序,加强群众监督。采取组织配置方式的,要发扬民主,尊重并听取职工群众的意见和建议。

8. 切实加强对改制方案实施情况的监督。上级工会组织可与企业工会或职工代表组成监督小组,对改制方案中涉及的劳动合同变更、人员安置、经济补偿等落实情况进行监督检查,以保证改制的顺利推进。

四、建立和完善改制企业劳动关系的协调机制

1. 要建立和完善改制企业劳动关系的协调机制,依法在企业章程中明确组建工会组织,建立集体协商、集体合同、职工民主管理以及职工董事、监事等制度的内容。上级有关部门在对企业改制方案审批时应予以审议把关。

2. 要建立和健全以职工代表大会制度为基本形式的职工民主管理制度,并以此作为表达和维护职工合法权益,协调利益关系,推进企业发展的重要载体和有效途径。

3. 要建立和完善集体协商、集体合同制度,依法协调劳动关系。改制企业建立集体合同制度的,所签订的集体合同草案必须按规定提交职工代表大会或全体职工讨论通过。

4. 要积极探索建立职工董事、监事制度。国有和国有控股、参股企业都应依法探索建立职工董事、监事制度。在企业作出涉及职工切身利益的重大决策时,应尊重、听取职工董事、监事的意见和建议,并为其履行职责创造条件。

五、切实加强对改制企业履行民主程序工作的领导

1. 各级企业改制领导小组对规范国有企业改制的民主程序负有重要责任。上级企业改制领导小组对所属企业改制民主程序要提出明确要求,对改制方案中有关民主程序的问题要重点审核、严格把关。企业的改制领导小组,对改制方案民主程序的履行要精心运作、稳妥实施。对其过程中出现的新情况、新问题要及时分析研究,采取措施,化解矛盾。

2. 要发挥企业上级工会在企业改制履行民主程序中的作用。企业上级工会应及时了解和掌握下属企业改制的动态,督促企业工会积极参与改革方案、政策的制定,认真审议改制企业上报的方案(草案),重点把好改制方案中履行民主程序关和涉及处理职工切身利益的政策关,切实做到关口前移、前期介入。

3. 要建立责任追究制度。在企业改制中,因领导失职不履行必要的民主程序而损害职工群众应有的权益,导致矛盾激化、影响企业和社会稳定的,要追究相关人员的责任。

本意见自下发之日起施行。各区、县、局(产业)相关部门参照本意见制订相应的规定;实行企业化管理并改制的事业单位,参照本意见执行。

二〇〇四年四月三十日

上海市总工会关于加快建立上海工会系统职工援助服务中心的意见

各区、县总工会:

为认真实践“三个代表”重要思想,贯彻落实党的十六大精神,更好地履行工会维护的基本职责,努力为职工群众特别是困难职工群体办实事、办好事,根据全总有关文件精神和市总工会的工作要求,结合上海的实际情况,现就加快在各区、县建立上海工会系统职工援助服务中心提出如下意见:

一、基本原则和工作目标

职工援助服务中心是上海工会在新形势下履行维护职能的重要窗口,是表达和维护职工合法权益的有效载体,是深入开展困难职工帮扶工作和深化送温暖工程的重要组成部分,是工会服务大局,维护稳定,服务基层,服务职工的重要举措。各级工会组织要坚持面向职工、及时服务、快捷准确、释疑解惑、因地制宜、长期坚持的原则,努力把职工援助服务中心建成宣传党的路线方针政策的阵地、展示工会形象的窗口,调解劳动关系矛盾的渠道,依法维护职工合法权益的载体。

二、基本职责和服务对象

职工援助服务中心的基本职责:通过建档立卡、信访

接待、政策咨询、就业援助、法律援助、帮困救助、互助保障等多种形式，积极与政府有关部门沟通、协调，帮助解决部分职工在就业、医疗、生活、子女上学等方面遇到的困难和问题，为困难职工提供直接、快捷、方便的帮助和服务，依法保障本市职工和外来务工人员合法权益。各区、县总工会还可以根据自己的实际情况和自身能力，赋予职工援助服务中心其它相应的职责。

职工援助服务中心服务对象，当前的重点是被列入工会特困职工档案的特困职工；低保职工家庭及人均收入接近城镇居民最低生活保障标准的困难职工家庭；因遭受意外灾害、本人或家庭成员患大（重）病等原因造成的困难职工；年龄偏大、技能单一、就业困难的下岗、离岗职工、协保人员和失业人员；合法权益受到严重侵害的困难职工、外来务工人员，以及因履行工会职责受到非法侵害的工会工作者。

三、服务内容和制度建设

职工援助服务中心要积极整合和完善工会内部帮困档案管理、信访接待、政策咨询、就业援助、法律援助、帮困救助、互助保障等项制度，通过职工援助服务中心这一有效载体，为广大职工特别是困难职工提供"一门式"、"一条龙"援助服务。

职工援助服务中心要落实工作责任制，实行规范化管理，提高服务质量、帮扶水平和办事效率。要建立信息沟通与联系制度，加强同政府有关部门和职工所在单位联系，就解决职工权益保障问题进行沟通协商，提出解决问题的办法和对策。

四、机构设置和人员配备

职工援助服务中心作为工会维权的常设机构和形象窗口，要有相对固定的场所、人员和经费来源。各区、县可根据实际，确定职工援助服务中心设置形式，具体方案由各区、县总工会确定。

职工援助服务中心的工作人员应由具有一定理论政策水平和群众工作经验，具备相关专业知识和工作能力的人员担任，主任由各区、县工会负责同志兼任，其他工作人员从工会机关选派，也可面向社会招聘。

五、职工援助服务中心和区县局（产业）工会职工法律援助分中心、外来务工人员权益保障服务中心之间的关系

职工援助服务中心是上海工会在新时期探索开展工会保障工作有效的组织形式，其核心是为维护职工合法权益搭建较为完善的工作平台。区县局（产业）工会职工法律援助分中心是履行工会依法开展维权活动的职责，其所提供的法律援助作为职工援助服务中心的一项重要内容，将继续发挥有效的作用；外来务工人员权益保障服务中心所开展的是面向外来务工人员这一特殊群体的维权保障工作，在工作内容上是一致的。作为隶属于职工援助服务中心的独立窗口和服务机构，各区县法律援助分中心、外来务工人员权益保障服务中心要充分利用职工援助服务中心的组织平台和资源集聚效应，有效地发挥法律维权的作用和对外来务工人员的权益保障。对已加入工会的外来务工人员的权益保障，法律援助分中心和外来务工人员权益保障服务中心要继续履行好工作职责，逐步形成条块结合，相互配合、相互支持的格局。

六、资金筹集和使用管理

稳定的资金来源是职工援助服务中心开展工作的可靠保证。要通过政府拨款、工会经费投入、社会捐助等方式筹集资金。要积极争取地方政府、社会各界对职工援助服务中心的资金支持，通过多种形式筹集社会资金，努力拓宽资金和物资筹措渠道。

要严格资金使用和管理，严格遵守财经纪律，帮困资金实行专户管理，接受政府财政、审计和工会审计监督。要完善财务登记、统计制度，帮扶款物发放要严格申请、审批程序，做到日清、月结，确保帮困资金和物品用于最困难、最需要帮扶的职工。

七、时间要求和组织领导

没有建立职工援助服务中心的区、县务必于2004年4月底之前建立。各区、县总工会要加强对职工援助服务中心的组织领导。各区县工会都要在建立的职工援助服务中心下开设外来务工人员权益保障服务窗口。区县总工会要定期研究职工援助服务中心工作，对职工群众遇到的热点、难点问题和职工援助服务中心工作及时进行研究，提出解决的办法和建议。

上海市总工会保障工作部负责对各区、县职工援助服务中心的业务指导。上海市总工会各有关部室都要对相应的工作予以配合。市、区县工会机关各有关单位和部门要树立服务意识和大局观念，加强对职工援助服务中心的工作支持和指导。

二〇〇四年三月二日

2004年《劳动报》有关工会报道一览表

序号	日期	篇目	作者	版面
1	1月2日	送上工会的新年问候 市总领导昨慰问劳模和困难职工	孙明敏	1版
2	1月3日	拨款20万元　情暖老人心 市慈善基金会昨向困难老劳模“送温暖”	张　路	1版
3	1月4日	把送温暖措施落到实处 市领导赴崇明慰问困难党员和群众	本报讯	1版
4	1月7日	社会不会忘记你们 陈豪慰问农业劳模和工会干部	张　路	1版
5	1月12日	严寒之中送温暖 全总领导慰问本市职工	孙明敏	1版
6	1月12日	建言献策　掷地有声 工会界别市政协委员提案扫描	刘　骏	7版
7	1月17日	点亮心灯成就未来 ——上海工会帮困助学十周年综述	张　路 陈　晖	2版
8	1月19日	送希望　送政策　送岗位 ——上海工会元旦春节“送温暖”纪实	陈　晖 张　路	11版
9	1月19日	共贺猴年新春佳节 市领导与劳模欢聚一堂	孙明敏	1版
10	1月30日	求真务实　服务基层 抓紧抓好工会工作开局	孙明敏	1版
11	2月4日	生产事故频仍　安全又敲警钟 市总要求各级工会迅速行动起来，开展安全大检查，真正做到“四个落实”	张新民 张　川	13版
12	2月10日	上海工会向进城务工人员敞开大门 今明两年发展新会员110万	张　路 杨伟良	1版
13	2月20日	市总工会部署宣教文体工作 继续推进职工素质工程	程友谨 孙明敏	13版
14	2月24日	万名困难女工三八节免费体检 今年首次惠及进城务工女性	孙明敏	1版
15	2月28日	陈豪会见台湾高雄市总工会参访团	孙明敏	1版
16	3月1日	上海加快进城务工人员加入工会步伐 让希望变成现实	张　路	11版
17	3月2日	九成职工参加各种学习活动 市总举行交流会推进“创争”活动	孙明敏 刘宝华	1版
18	3月2日	陈豪会见日本工会客人	孙明敏	2版

续 表

序号	日 期	篇 目	作 者	版 面
19	3月6日	突出作为职业女性群众组织的特征 新一届女职工委员会成立	孙明敏 程友谨	1版
20	3月8日	上海市职工精神文明十佳好事评选	本报讯	11版
21	3月8日	献给上海妇女的节日礼物 女职工创业再就业援助基金建立	孙明敏	2版
22	3月10日	市总女职工委员会围绕大局抓大事 女职工工作新格局：开放式、社会化	孙明敏	13版
23	3月10日	五大侵权问题较突出 张俊九呼吁要进一步维护好民工的合法权益	本报讯	1版
24	3月14日	学各地之长　促经济发展 上海工会代表团赴浙江学习考察	孙明敏	1版
25	3月16日	上海市2004年度全国五一劳动奖章(状)候选名单	本报讯	2版
26	3月17日	一路学习　一路探讨　一路收获 ——上海工会代表团赴浙江学习考察纪行	孙明敏	13版
27	3月17日	为职工办实事解难事做好事 市总要求各区县建立职工援助服务中心	张　路	2版
28	3月21日	王兆国在天津考察时强调 加强党的领导　发挥工会作用	新华社	1版
29	3月22日	异乡的阳光也温暖 ——上海关心进城务工人员实录	张　路	11版
30	3月24日	面对鲜血别闪了腰 ——工会劳动保护工作的现状与思考	老　海	13版
31	4月7日	市总举办新委员专题培训班	张　路 李　鸣	13版
32	4月8日	“四轮联动”创建区域性职代会 市总在长风社区举行现场观摩会	孙明敏	2版
33	4月9日	学他山之石 上海工会代表团考察江苏	张　路	1版
34	4月12日	挪他山之石，共谋新发展，上海工会代表团——走近江苏工会	张　路	11版
35	4月14日	市总法律授助机构采用“柔性处理法”化解劳动争议 不让职工赢了官司丢了工作	张　路	1版
36	4月14日	礼花，为劳动英雄绽放 市总将举行“五一”大型焰火晚会	孙明敏 黄雨清	1版
37	4月20日	本届市劳模中“新上海人”占了一成 评劳模只讲贡献不论户籍	张　路	1版

续 表

序号	日 期	篇 目	作 者	版 面
38	4月20日	本市职工科技成果转化服务中心诞生	张 路	2版
39	4月21日	冯国勤与工会干部、职工代表座谈强调 发挥工会监督作用 加强国企廉政建设	孙明敏	1版
40	4月22日	肩负起新的历史使命 创造出新的历史功勋 本市隆重表彰劳模和劳模集体	张 路	1版 3版
41	4月22日	上海市劳动模范名单(2001—2003年度) 上海市劳模集体名单(2001—2003年度)	本报讯	2版 7版
42	4月26日	李斌:用知识书写新时代产业工人的"神奇"	黄全权 冯亦珍	1版 2版
43	4月28日	曾庆红在上海考察时希望全国产业工人学习李斌争创"四个一流"	新华社	2版
44	4月28日	走进李斌的世界	张 路	5版
45	4月29日	全国"五一"劳动奖状奖章颁发 中宣部全总作出向李斌学习的决定	新华社	1版
46	4月30日	关爱低收职工 市总工会推出住院帮困新举措	张 路	1版
47	5月1日	胡锦涛在江苏看望劳动模范时强调 在全社会大力弘扬伟大的劳模精神	新华社	1版
48	5月1日	本市举行庆"五一"文艺晚会 市领导与劳模、先进代表欢聚一堂	孙明敏	1版
49	5月2日	陈良宇韩正等深入基层视察慰问 向劳模和职工表示节日问候	本报讯	1版
50	5月2日	劳动创造辉煌和未来 市总工会领导昨天看望本市部分新劳模	本报记者 集体采写	1版
51	5月4日	时代需要什么样的劳动者 ——李斌与市民空中对话	张 路	1版
52	5月7日	工会职工援助服务中心遍布申城	张 路 陈 晖	2版
53	5月11日	陈豪会见西班牙工会客人	孙明敏	1版
54	5月21日	组织起来 切实维权 申城工会组建势头喜人	张 路	1版
55	5月13日	市总启动新一轮职工素质工程 目标:九成以上职工齐参与	程友谨	1版
56	5月13日	陈豪会见德工联代表团	孙明敏	1版

续 表

序号	日 期	篇 目	作 者	版 面
57	5月15日	王兆国在上海考察时强调深刻认识工人阶级重要性 充分发挥工人主力军作用	新华社	1版
58	5月15日	一枝一叶总关情 ——王兆国同志在上海考察工会工作纪实	张 路	5版
59	5月18日	学习贯彻王兆国在沪考察调研的讲话精神 大胆创新大胆实践开创上海工会工作新局面	张 路	1版
60	5月19日	市总工会市国资委党委市国资委发出指导意见 国企改制必须履行民主程序	张 路	1版
61	5月19日	用劳模的模范行为带动全社会 本市举行李斌先进事迹报告会	张 路 程友谨	2版
62	5月23日	陈豪会见丹麦总工会代表团	孙明敏	1版
63	5月26日	让“振超精神”在上海开花结果 “许振超先进事迹报告团”在沪举行报告会	孙明敏	1版
64	5月27日	加强体制创新 贯彻切实维权 市总要求把开发区工会建成区域性一级工会组织	张 路 李 鸣	1版
65	5月27日	当新时代有责任感的知识工人 ——“学习许振超、李斌同志先进事迹座谈会”侧记	孙明敏	2版
66	5月28日	树立学习创造奉献的价值观 市总工会举行“学习李斌的时代意义”座谈会	张 路 新 宇 宝 华	1版
67	6月2日	不折不扣帮助再就业困难职工 上海工会力促二万人再就业	张 路 洪 培	2版
68	6月4日	今年预计35℃以上高温天数比常年偏多 市总工会:确保职工安度酷暑	张 路 沈兰萍	2版
69	6月11日	全国乡镇(街道)工会工作座谈会在沪召开 加强乡镇(街道)工会建设	张 路	1版
70	6月15日	人人从小事做起 从身边事做起 市总工会隆重表彰职工精神文明十佳好事	张 路 帼 英 友 谨	2版
71	6月29日	认清形势 统一思想 服务全局 市总工会专题传达学习市委八届五次全会精神	张 路	1版
72	7月3日	市总工会召开十一届三次全委(扩大)会议 以科学发展观和求真务实精神开创工会工作新局面	张 路 程友谨	1版
73	7月9日	王安顺在市总工会调研时指出 坚持改革创新 切实履行职责	张 路	1版

续 表

序号	日 期	篇 目	作 者	版 面
74	7月9日	市总探索工资集体协商新机制引起关注 全国人大来沪调研《工会法》实施情况	黄雨清 张 路	2版
75	7月10日	外企工会工作同样有声有色 全国人大《工会法》调研组视察上海通用	黄雨清 张 路	1版
76	7月20日	全市工会拉开"送清凉"序幕 陈豪慰问复兴东路隧道建设者	张 路	1版
77	7月26日	王兆国叮嘱工会干部要有"妈妈心、婆婆嘴、闲不住的两条腿" 帮助职工群众解决实际问题	新华社	1版
78	7月26日	对"过场民主"说"不" 本市将建立职工民主管理工作评估制度	张 路	2版
79	7月28日	情谊割不断　牵挂在心头 ——市总工会主席陈豪一行赴大屯煤矿慰问侧记	张 路	1版
80	8月21日	"因为有你,上海特别吸引人" 全总副主席黄彦蓉昨在沪看望李斌考察唐建平班组	张 路	1版
81	8月26日	陈豪会见意大利客人	张 路	1版
82	8月28日	陈豪会见亚洲工会兄弟会代表团	张 路	1版
83	8月31日	表彰我国体育健儿在雅典奥运会上取得的优异成绩 全总授予金牌得主五一劳动奖状奖章	新华社	1版
84	9月1日	上海市工运研究会会员大会暨年会提出 深入研究上海工会工作的重大课题	张 路 腾莺莺	1版
85	9月7日	全国人大常委会执法组来沪检查《工会法》 八成职工认可工会维权作用	黄雨清	1版
86	9月11日	上海工会工作有特色 全国人大在沪进行《工会法》执法检查	黄雨清	1版
87	9月24日	有了孩子不会再有丢位子 本市推进女职工特殊利益专项集体合同	张 路	2版
88	9月25日	陈豪在市总传达学习贯彻十六届四中全会精神大会讲话时强调 要从加强党的执政能力建设的高度出发推进工会工作新实践	张 路	1版
89	9月30日	定向帮困节日帮困保障计划面面俱到 把温暖送到困难职工手中	张 路 陈 晖	1版
90	10月5日	自豪吧,共和国的脊梁 ——党和国家关心劳模和劳模工作纪实	新华社	12版
91	10月11日	茉莉飘香　情系鲁中 ——市总副主席汪兰洁与茉莉花艺术团在鲁中矿山慰问侧记	张 路	1版

续 表

序号	日 期	篇 目	作 者	版 面
92	10 月 12 日	胡锦涛会见外国工会组织领导人时表示 工会是维护和平促进发展的重要力量	新华社	1 版
93	10 月 12 日	市总工会十一届四次全委会提出 认真学习贯彻四中全会精神　努力推动工会工作新的发展	张 路 程友谨	1 版
94	10 月 12 日	陈豪会见澳大利亚工会客人	张 路	2 版
95	10 月 13 日	职工有困难可拨“12351” 全国工会职工维权热线 15 日开通	新华社	2 版
96	10 月 16 日	陈豪对职工技协提出要求 投身科教兴市　参与技术创新	张 路	1 版
97	10 月 18 日	王兆国强调把“创争”活动引向深入 全社会参与建设高素质职工队伍	新华社	1 版
98	10 月 19 日	陈豪会见瑞典工会客人	张 路	1 版
99	10 月 19 日	市总工会号召全市各级工会 认真学习贯彻四中全会精神	张 路 程友谨	1 版
100	10 月 20 日	全总表彰“创争”示范单位个人 宝钢集团李斌班组唐建平班组等榜上有名	张 路	2 版
101	10 月 22 日	厂务是否真正公开 陈豪带队检查调研	张 路	1 版
102	10 月 27 日	顾秀莲通报工会法实施情况	邹声文 沈路涛 张旭东	4 版
103	11 月 4 日	研讨经济全球化背景下工会运动面临的新课题 亚洲五城市在沪研讨工会工作	张 路	1 版
104	11 月 8 日	经济全球化背景下的工会运动 ——亚洲 5 城市工会工作研讨会发言摘要	本报讯	12 版
105	11 月 12 日	5000 家外企已组建工会 上海决心攻克外企建会难堡垒	张 路	1 版
106	11 月 15 日	他，牵动了工会主席的心 ——上海工会帮助一位烧伤打工者纪事	张 路	1 版
107	11 月 15 日	《劳动保障监察条例》下月施行	新华社	1 版
108	11 月 16 日	陈豪会见希腊劳工代表团	张 路	1 版
109	11 月 21 日	陈豪在市总工会工作务虚会上要求 以求真务实精神推动明年工作	张 路	1 版 2 版
110	11 月 25 日	沃尔玛不再以“惯例”为由拒建工会 全总表示将帮助包括沃尔玛在内的外企职工尽快建立工会	新华社	1 版 2 版

续　表

序号	日　期	篇　　　目	作　者	版　面
111	11月27日	市总工会聘请医疗专家 “从业人员意外伤残”专家鉴定委员会成立	张　路	2版
112	12月3日	陈豪会见埃及客人	张　路	1版
113	12月3日	市总工会和相关部门联手开展专项检查 重点:农民工工资支付情况	张　路	2版
114	12月7日	本市工会会员总数已达450万人 市总工会提出明年组建工作重点突破三类企业	张　路 李　鸣	1版 2版
115	12月12日	让职工生活得更美好 ——上海市职工保障互助会咨询服务日活动侧记	张　路	1版
116	12月15日	市总工会要求搞好元旦春节送温暖活动 关注六类职工　做好五项工作	张　路	1版
117	12月18日	文明都市盛开职业道德之花 市职工“双十佳”揭晓	金帼英 程友谨 张　路	1版
118	12月24日	用挚爱撑起一片天空 市职工保障互助会纪念成立十周年	张　路	2版
119	12月25日	王兆国要求各级工会 多做雪中送炭排忧解难工作	本报讯	1版
120	12月25日	本市厂务公开领导小组第五次会议部署明年工作 突出重点　努力探索　抓好落实	张　路	1版
121	12月27日	发挥工会在提高党的执政能力、促进上海发展中的重要作用 市总召开十一届五次全委(扩大)会议	程友谨 张　路	1版
122	12月27日	“他是职工中的光荣一员” 陈豪慰问因公殉职的陈双龙家属	张　路	1版
123	12月27日	在市总工会十一届五次全委(扩大)会议上的讲话	王安顺	2版 3版
124	12月28日	市总工会十一届五次全委(扩大)会议闭幕 将加强基层工会工作作为重中之重	张　路 程友谨	1版
125	12月28日	上海市总工会常委会工作报告(摘要)	陈　豪	3版
126	12月30日	市慈善基金会捐资20万元 2005年关爱劳模行动已经开始	张　路	1版

《工会理论研究》2004年要目

·期·页·栏目·题目·　　　　作者

卷首篇

1/1 切实维护进城务工农民的合法权益　本刊评论员
2/1 人才战略与素质工程　本刊评论员
3/1 认真贯彻《实施纲要》全面提高职工素质　本刊评论员
4/1 构建和谐劳动关系　本刊评论员
5/1 提高工会维权能力　夯实党的执政基础　本刊评论员
6/1 要重视工会理论研究　本刊评论员

特稿

1/4 转变观念　开拓创新　吴申耀
2/4 造就数以百万计的高素质劳动者　陈　豪
3/4 加强工会组建　增强工会活力的若干思考　上总组织部
4/4 学习邓小平理论　深刻认识工人阶级的重要地位　沈建中
5/4 精心组织　稳步推进　陈　豪

专家论坛

1/7 清欠当自政府始　顾　骏
2/6 人力资本理论与发展观转变　卢汉龙
3/9 论民营企业工会的组建与运转　胡果文
4/6 新时期企业管理法制与 SA8000　胡鸿高
5/5 浅议国企改革中的民主权利　陈　骥
6/4 社会团体与团体社会　董保华
6/8 关于实行 SA8000 宗旨的理论浅说　胡鸿高

热点透视

1/8 进城务工人员的社会调查与思考　董静安
1/12 农民工维权的思考　翁理忠
1/16 进城务工人员权益维护刍议　静安区总工会
1/18 德国农民工的权益保护　顾协国
1/18 印度农民工的权益保护　哈　克　陈传显
2/9 做新时代的知识型工人　李　斌
2/10 论建设高素质职工队伍的重大意义　孙　磊
2/13 略论建设职工人才新高地　叶小英
2/15 浅议科教兴市与职工素质工程的实施路径　高建华
2/16 加快中、高级技工培训的思考　缪必蓉
3/10 浅谈新建企业工会的组建与运作　吴　飚
3/13 楼宇工会的启示　邓肇基
3/15 浅谈外资企业工会的组建与运作　宋志康
3/17 组织起来，切实维权的实践与思考　黄金泉
3/19 探索建会方式、创新维权机制刍议　朱春洪
3/21 国外工会的组建及运作　庄音豪
4/8 转变政府职能　建立具有上海特色的劳动关系协调机制　裘国梁
4/11 探索民营企业劳动关系的新视角　冯同庆
4/13 论和谐劳动关系的构筑　李凌云
4/15 浅谈伦理价值与劳动关系之和谐　谢卫东
4/17 实现劳资两利的探索　武剑华
4/19 对战后西方国家协调劳资关系的若干思考　谢华平
4/20 法国工会协调劳资关系的举措　张国峰
5/11 围绕企业发展战略　不断深化民主监督　黄鸿强
5/14 试析企业民管工作的新态势　陈增祺
5/15 职工民主管理的本质与特征　欧阳华
5/18 论非公有制企业的民主管理　杨海晔
5/20 简述西欧国家职工民主参与　列　青
6/13 经济伦理与 SA8000　唐建荣
6/15 政府与企业如何应对社会责任标准认证　叶　毅
6/17 实施 SA8000 是工会工作的新机遇　刘　瑛
6/19 被夸大了的 SA8000　李　翔

专稿

5/9 开拓发展　探索创新
——上海工会干部学习党的十六届四中全会精神　彭成兰等
6/10 谈社会主义和谐社会的构建
——正确处理不同类型职工的利益　卞恩君

工运广角

1/19 浅谈转制改制企业劳动关系的调处　陶国林
1/22 工会关注企业转改制工作的若干问题　秦允宗
1/25 健全机制　落实维护　左山虎
1/27 找准定位　有所作为　王连祥
1/29 台湾工会现状　张国峰
2/19 现代企业制度下职工民主管理的途径与方式初探　卞恩君
2/22 求真务实　推进工会工作新发展　宋美红
2/24 加强工会资产管理的思考　许妙根
2/26 将性别意识纳入决策立法　何惠娟
2/28 浅论国有企业的利益转化与工会的职工教育　姚立建
3/31 创建“学习型组织”的启示　俞宝麟
3/33 关于增强企业凝聚力的思考　毛爱琳
3/35 浅谈工会主席的权益保障　钟　敏
3/37 工会工作中需要研究的几个效应　熊夏明
4/21 国际劳工组织的核心劳工标准与我国有关劳动立法的比较研究　赵顺章
4/26 论科学发展观与新时期的工会工作　陶七一
4/27 关于国有企业改制的若干思考　钟慧存
4/30 略谈工会干部的基本素质　开建中
5/22 推进非在编职工入会的实践与探索　周崇礼
5/25 转型期群体性劳动争议的成因与思考　朱　超
5/28 依法维护进城务工人员合法权益　陶国林
5/30 推进工会民主化进程的探索　张　颉
5/32 坚持“四心”开拓创新　高建枢
6/20 全面加强工会维权机制建设　陶七一
6/22 加强党的执政能力建设　推进工会工作全面发展　沈志荣
6/25 浅谈维护铁路职工权益的制度机制建设　孙德华
6/27 外来务工者的利益诉求应予关注　程友谨

职工素质工程

1/36 浅议工会在促进人的全面发展中的作用　胡果文
1/37 在群体活动中推进教师素质工程　倪菊娣
3/23 上海工会贯彻职工素质工程《实施纲要》　徐少伯　周崇礼　王晓华
4/37 企业文化与职工素质　陈杏生
4/39 学习力是企业成功的保证　刘　英

探索与创新

1/30 略论劳资矛盾的工会协调　孙明南
1/33 “三高群体”工会工作初探　吕诚陆
1/34 社区工会网格化管理初探　王剑明
2/33 困难职工群体状况分析及对策　邵　泉
2/36 切实保障困难职工的生活　高　适

2/37 试论学习型组织的理论与实践对培育职业精神的作用 陆建秋
2/39 关于工会建设学习型企业的思考 雷焕章
2/40 在外来劳务工中建立工会的探索 陈进修
3/25 关爱进城务工人员的探索与实践 马国蓉
3/26 进城务工人员维权刍议 斯 阳
3/29 基层工会信息化建设中的问题及思考 陆志兴
4/32 关于城市产业工会若干问题的思考 陈惠莹
4/34 论工会干部职业化的必要性和实现途径 任贤胜
6/35 推进民营医院工会组建的对策 周崇礼
6/37 切实抓好工会组建工作规范化建设 江洪生
6/29 关于工会协调劳动关系的探索与思考 陆 雄
6/31 对《公司法》立法中有关职工民主管理问题的思考 周永宝

院校工会

1/38 浅谈“建家”活动的理念与机制 张渭明
1/40 高职教育发展中的若干问题之我见 谢 鹰
2/41 浅谈工会与“轻体育” 徐忠荣
3/43 老有所为:社会人口老龄化的对策 陈艳美
5/41 关于重塑高校系统职业精神的思考 倪 浩
6/38 教师职业道德建设刍议 颜 琴

法律法规

2/30 论分支机构在劳动法律关系中的地位 陆 胤
3/40 贯彻高院《解释》是实施《工会法》的重要保障 冯国连
5/34 当前《工会法》实施中的问题及对策思考 吴申耀
5/37 完善对女职工劳权保护的法律制度 王菊芬

调查报告

2/43 关于建立平等协商与集体合同制度的调研 周 炜 汪建然
4/41 进城务工人员劳权保障状况及建议 纺织工会
5/43 共谋发展 实现“双赢” 吴红星

企业家论坛

5/40 外企老总谈工会 海 志
6/44 民营企业老总谈工会 杨有为

社科论苑

6/41 略谈工会年鉴创新的现实意义 华山青
6/43 浅谈高职教育发展与企业的关系 杨黎明

国际工运

1/43 国外非充分就业的发展与工会的对策 姜列青
2/46 意大利工会的劳工对策 张国峰
3/46 英国的员工安全生产顾问挑战基金 沈雄德
4/44 浅议俄罗斯劳动市场的改革 林红霞
5/46 新加坡工会与政府关系刍议 孙景峰
6/46 澳新两国工会工作的启示 谭必元

上海市总工会职工保障互助会各区县总工会服务处、街道工会服务点一览表

服点处、点名称	地 址	电 话
浦东新区总工会服务处	浦东大道141号2号楼107室	58872528、58877988*2107
上钢社区工会服务点	昌里路335号103室	58864091
南码头社区工会服务点	沂南路111号	50905272
塘桥社区工会服务点	浦建路211弄12号113室	58737200
周家渡社区工会服务点	南码头路1136弄35号乙	50788875
金杨社区工会服务点	银山路330号	50710516
洋泾社区工会服务点	博山路51弄60号	58603276
浦兴社区工会服务点	凌河路69号	50263779
梅园社区工会服务点	乳山路130弄21号	68756628
东明社区工会服务点	上南路4206弄1号	50842255
沪东社区工会服务点	柳埠路142弄43号	50380625
潍坊社区工会服务点	浦电路149弄182号	58306497
花木镇工会服务点	梅花路289号	50452710*8118
川沙镇工会服务点	川环南路716号	68392012
高桥镇社区工会服务点	海高路5号	50409668*16
徐汇区总工会服务处	桂林路46号103室	54189734、54204718
湖南路街道工会服务点	五原路291号101室	64330573

续　表

服点处、点名称	地　址	电　话
天平路街道工会服务点	衡山路 17 弄 1 号	64673312
斜土路街道工会服务点	茶陵路 38 号	64166061
田林街道工会服务点	田林十三村 17 号	64366322
康健新村街道工会服务点	桂林西街 25 号	54210576 * 8007
凌云路街道工会服务点	老沪闵路 1039 弄 48 号	64552736
长桥街道工会服务点	罗秀新村 112 号	64779165 * 8307
龙华街道工会服务点	龙华西路 21 弄 80 号	64562305
华泾镇街道工会服务点	龙吴路 2388 弄 120 号	54827813
徐家汇街道工会服务点	宜山路 50 弄 1 号	54244006
枫林路街道工会服务点	中山南二路 838 号	64698697
虹梅路街道工会服务点	虹梅路 2019 号 301 室	64018663
漕河泾街道工会服务点	康健路 135 号	64750992
长宁区总工会服务处	长宁路 690 弄 3 号 3 楼	62133699
天山路街道工会服务点	天山二村 64 号乙	62598183
北新泾街道工会服务点	新泾一村 144 号	52184379
华阳路街道工会服务点	长宁路 396 弄 79 号	62266219
新华路街道工会服务点	番禺路 222 弄 51 号	62810498
江苏路街道工会服务点	愚园路 909 弄 2 号	62520234 * 401
周家桥街道工会服务点	玉屏南路 560 弄 15 号	62331380
仙霞新村街道工会服务点	虹古路 206 号	62959244
虹桥街道工会服务点	虹桥路 1115 弄 19 号	62097327
程家桥街道工会服务点	程家桥路 80 弄 5 号	62428608
新泾镇工会服务点	哈密路 431 号	62382506
普陀区总工会服务处	武宁路 205 号(乙)	62445369
曹杨新村街道工会服务点	棠浦路 52 号二楼	62439020
甘泉路街道工会服务点	志丹路 125 号 201 室	66770313
长寿路街道工会服务点	常德路 1239 号 5 楼	62983475
真如镇工会服务点	兰溪路 280 弄 72 号	62220585
长风新村街道工会服务点	枣阳路 251 弄 100 号	62430029
宜川路街道工会服务点	华阴路 298 号底楼	66610109
石泉路街道工会服务点	管弄路 268 号 303 室	32060081
桃浦镇工会服务点	武威路 1168 号 107 室	66278058
长征镇工会服务点	清峪路 127 号(社保中心二楼)	52706708

续　表

服点处、点名称	地　　址	电　　话
闸北区总工会服务处	芷江西路796号511室	56552033
彭浦新村街道工会服务点	彭浦新村62号社区事务受理中心	36060694
大宁路街道工会服务点	共和新路1700弄70号甲2楼社保中心	56033336
宝山路街道工会服务点	宝通路537号	66283557
芷江西路街道工会服务点	中兴路1385弄6号101室	66543570
彭浦镇工会服务点	灵石路725号	56772537
临汾路街道工会服务点	保德路345号	66983001
共和新路街道工会服务点	平型关路487号	56336621
北站街道工会服务点	国庆路43号、蒙古路28弄3号	63804760、63800303＊1113
天目西路街道工会服务点	中兴路1731号	56720068
虹口区总工会服务处	三河路300号	35011013
凉城街道工会服务点	凉城路465弄41号甲	65287439
曲阳路街道工会服务点	伊敏河路88号	65527184
欧阳路街道工会服务点	曲阳路483弄1号	65083927
四川北路街道工会服务点	四川北路1208弄16－18号	65873014、56965653
新港路街道工会服务点	东余杭路1332号	65410099－104
嘉兴路街道工会服务点	天宝路80号三楼	65797605
广中路街道工会服务点	水电路609弄14号	65161028
乍浦路街道工会服务点	北海宁路58弄20号	63646123
提篮桥街道工会服务点	临潼西村附41号	65462821
江湾镇工会服务点	奎照路419号	65607726
杨浦区总工会服务处	通北路540号	65846612
四平路街道工会服务点	抚顺路368号	65139206
江浦路街道工会服务点	周家嘴路2299号1楼	65145210
长白街道工会服务点	图门路10弄6号	35090023
延吉新村街道工会服务点	控江路600号	65491674
定海路街道工会服务点	长阳路2094号	35120446
平凉路街道工会服务点	江浦路392号	35093525
五角场街道工会服务点	政通路100弄11号	35090414
控江路街道工会服务点	黄兴路605号	35010336
大桥街道工会服务点	平凉路1730号	65191987
殷行街道工会服务点	开鲁路286弄7号	65881593
五角场镇工会服务点	黑山路198号106室	65487305＊319

续　表

服点处、点名称	地　址	电　话
黄浦区总工会服务处	江西中路 261 号 402 室	63390671
豫园街道工会服务点	县左街 24 弄 16 号	63743077
人民广场街道工会服务点	凤阳路 286 号二楼	63753775＊8025
南京东路街道工会服务点	新闸路 274 号	63752131
小东门街道工会服务点	黄家路 30 号 3 楼	63772971
老西门街道工会服务点	蓬莱路 283 号	33050114
外滩街道工会服务点	河南中路 575 弄 4 号	63523184
金陵东路街道工会服务点	广东路 487 号 3 楼	63509716
半淞园路街道工会服务点	保屯路 213 号	63139448
董家渡街道工会服务点	南车站路 501 号	63149900＊303
卢湾区总工会服务处	淡水路 464 号	53832096
五里桥街道工会服务点	瞿溪路 800 弄 2 号	63024983
淮海中路街道工会服务点	浏河口路 88 号	53822001＊820
瑞金二路街道工会服务点	复兴中路 553 弄 97 号	64679199
打浦桥街道工会服务点	南塘浜路 103 号	63041102＊8109
静安区总工会服务处	胶州路 699 号 B 幢一楼	32170107
南京西路街道工会服务点	延安中路 929 号	62472222
江宁路街道工会服务点	常德路 681 号 102 室	62159930
石门二路街道工会服务点	奉贤路 193 号	62675858
静安寺街道工会服务点	万航渡路 92 号	32180472
曹家渡街道工会服务点	万航渡路 676 弄 46 号	52392384
宝山区总工会服务处	友谊路 50 号	36071834
泗塘新村街道工会服务点	泗塘二村 108 号 114 室	36090354
吴淞街道工会服务点	同济路 60 弄 48 号	56671312
大场镇工会服务点	大场镇怡华苑路 176 号	66371560
月浦镇工会服务点	月浦四村 4 号 2 楼 201 室	56937964
淞南镇工会服务点	淞南路 312 号 207 室	66151597
海滨新村街道工会服务点	青岗路 69 号	56564030
友谊路街道工会服务点	友谊支路 68 号	56101036
通河新村街道工会服务点	呼玛路 800 号	66210178
闵行区总工会服务处	莘建东路 201 号	64133704、64134994
江川路街道工会服务点	瑞丽路 63 号	64632352
浦江镇工会服务点	浦江镇陈南路 46 号	54330698
梅陇镇工会服务点	梅陇路 396 号	54289346
华漕镇工会服务点	华漕镇吴漕路 1045 号	62203496

续 表

服点处、点名称	地　址	电　话
古美路街道工会服务点	龙茗路1315号	54164190
七宝镇工会服务点	沪松公路62弄42号	54791001＊8028
吴泾镇工会服务点	龙吴路5530弄40号	64520590
龙柏街道工会服务点	航东路355号	64215151＊120
虹桥镇工会服务点	吴中路1068号	64466441
莘庄工会服务点	莘浜路18号	64880519
嘉定区总工会服务处	清河路34弄37号	59523738
嘉定镇工会服务点	塔城路360弄8号	59917589
新成路街道工会服务点	新成路155号	59985805
真新街道工会服务点	曹安路1488号	69105012
菊园新村街道工会服务点	环城路601号	59927637
南汇区总工会服务处	惠南镇人民西路西水关桥堍	68001428
奉贤区总工会服务处	南桥镇南桥路188号7楼	57106326
奉城镇工会服务点	东街85号	57526913
松江区总工会服务处	中山中路364号工人文化宫	57819333
永丰街道工会服务点	松汇西路1188号305室	37811540
中山街道工会服务点	茸梅路8号305室	57781029
泖港镇工会服务点	泖港镇宾乐路358号	57861437
小昆山镇工会服务点	秦安街55号310室	57761013
泗泾镇工会服务点	彭浪路590号403室	57613864
岳阳街道工会服务点	中山二路凤凰四村36号	57822225
方松街道工会服务点	思贤路1018弄161号206室	57921094
金山区总工会服务处	金山大道2000号	57921040
石化街道工会服务点	临潮二村18号	57951843
朱泾镇工会服务点	万安街709号	57320225
张堰镇工会服务点	张堰镇张漕公路8号	57213266
青浦区总工会服务处	青松路35号	59732688
盈浦、夏阳工会服务点	青浦镇盈浦街道盈中新村综合大楼二楼	69201185
崇明县总工会服务处	朝阳门路16号	39622067
堡镇镇工会服务点	堡镇灵山路88号3楼	59426492
庙镇镇工会服务点	庙镇大街10号2楼	59361150
上海市职工保障互助会 www.shzbh.org.cn E－mail:bzhzh@shzgh.org	上海市西藏中路120号二楼	63520668转各分机 咨询:63503375　63604018

（周红燕）

2001—2003 年度上海市劳动模范和劳模集体评选揭晓 96
2004 年上海读书节盛况空前 142
40 名老劳模享受廉租房政策 99
SA8000 的实施与中国工会的应对 239

A

埃及公用事业工会代表团首次访华 270
澳大利亚的补充养老情况及资金的投资管理 270
澳大利亚工会理事会昆士兰州分会代表团访华 269

B

百乐门大酒店工会将进城务工人员融入酒店大家庭 160
百联集团百货事业部工会组建劳模(先进)俱乐部 101
百联集团商储公司开展职工代表巡视活动 170
百联南方购物中心创建"企情民意气象站 180
百联汽车组建学习型团队 76
包起帆、李斌的优秀技术创新成果在全国荣获大奖 89
宝钢工会推进经审实务审计的规范化运作 262
宝钢(股份)工会成立女职工服务中心 216
宝钢股份工会推进 OHSAS18001 贯标劳动保护工作 210
宝钢股份工会扎实推进孔利明式科技创新小组 91
宝钢合唱团连获佳绩 140
宝钢集团工会对现代企业制度下的民主管理有效途径进行研讨 237
宝钢集团工会内外结合落实经审干部培训 261
宝钢集团工会以开展"创争"活动促进职工技能上台阶 74
宝钢集团公司成立"四师"联谊会 78
宝钢集团公司工会职介所开业初见成效 191
宝钢集团公司开展厂务公开民主管理工作的专项检查 176
宝钢集团公司完善和规范改制企业民主程序 168
宝钢集团公司召开首届一次职工代表大会 168
宝钢集团进行改制中维护职工合法权益专项检查 157
宝钢集团首届职工技能大赛成效显著 84
宝钢集团职工运动会弘扬企业精神 145
宝钢群众性技术创新活动成效明显 91
宝山港务公司工会开展推广先进工作操作法活动 92
宝山港务公司工会开展星级文明班组创建活动 134
宝山区顾村镇工会在工业园区内建立工会工作站 118
宝山区教育局规范校务公开 175
宝山区退管会为退休职工办实事 217
宝山区吴淞街道工会在非公企业中全面开展"双爱双评"主题活动 122
宝山区医务工会推进职工素质工程措施实在 124
宝山区职工技协加强规范管理 93
宝山区制定非正规就业组织和劳务公司建立工会的实施意见 107
宝山区总工会举办职工文体系列活动 138
宝山区总工会开展劳模、先进个人疗休养活动 100
宝山区总工会"七送"活动维护女职工权益 215
宝山区总工会首次与基层工会签订重点工作目标考核责任书 118
宝山区总工会推进工会组建工作的"三抓一借" 108
宝山区总工会制定《关于加强工会经费审查监督工作的实施办法》 261
宝山区总工会制定开展"创争"活动的实施意见 72
北新泾街道工会建立社区就业服务体系 189

C

长航医院积极探索国有民营合作医院厂务公开工作 177
长江计算机集团工会在推进和支持企业改革中积极发挥作用 187
长江计算机集团工会召开庆五一暨劳模、双十佳表彰大会 97

长江轮船公司工会召开第九次代表大会 222
长江轮船公司开展为职工"送清凉、送健康、送知识"活动 212
长江轮船公司组织"海夫人"疗休养 219
长宁区IT行业工会以协议形式保障女职工特殊权益 214
长宁区虹古小区成立外来务工者俱乐部 138
长宁区教育工会构建教工医疗互助保障体系 202
长宁区设立再就业创业基金 189
长宁区天山街道工会探索社区工会工作四种模式 116
长宁区退管会开展敬老尊老活动 217
长宁区新华街道工会开展"想起来,动起来,活起来"主题活动 116
长宁区医务工会建立两项制度 规范工会基础工作 221
长宁区医务工会探索职工代表竞选试点工作 165
长宁区中心医院致力于职工代表综合素质的提高 165
长宁区总工会强化信访工作三个注重 253
长宁区总工会切实维护进城务工人员合法权益 159
长宁区总工会提出职工素质工程三项新目标 82
长宁区总工会与华东政法学院联合建立劳动法律服务中心 159
城建集团工会深化考评职工之家 121
城建(集团)公司工会重大工程建设立功竞赛活动成绩显著 81
城建集团上海煤气第一管线工程有限公司坚持民主管理的做法 171
城建集团上煤管线二公司深化巡视制度 171
城市建设设计研究院注重搭建职工与领导的沟通平台 180
崇明工业园区重视三方协商机制建设 149
崇明开展工会"三级联创"达标竞赛 120
崇明评选职工满意工会干部 224
崇明实施"三万二百"工程 83
崇明探索进城务工人员维权服务工作新路子 161
崇明为农业特困劳模实施终身养老保障 101
崇明县参加退休职工住院保障计划突破三万名 217
崇明县试行会员代表常任制 221
崇明县卫生系统职工体育蓬勃开展 145
崇明县总工会举办职工文化艺术节 139
崇明县总工会致力于建立特困职工帮扶长效机制 195
船舶工会加大劳动保护监督检查力度 211
船舶工会做好信访工作 255
从高校与企业的区别看高校工会的维权 247

D

第十八届上海市优秀发明选拔赛评选揭晓 90
电力公司工会对各供电公司下属的农电企业开展调研 237
电力公司工会开展"八小时内、外"知识竞赛 84
电力建设安装一公司开展星级班组立功竞赛 73
电力建设公司工会组织职工代表进行安全巡视 210
电力建设公司建立三级职代会制度 167
电力建设落实工会组建任务 112
电力建设送变电工会编织职工思想信息网络 126
电力建设系统深化厂务公开 176
电气集团汽轮机有限公司落实"四个强化"促进"安康杯"竞赛 209
电气集团上海汽轮机有限公司通过厂务公开增强职工参与意识 175
电器所工会坚持为退休职工服务 218
电信工会宽带技术攻关小组技术交流活动向网络化发展 92
电信工会全面做好助学帮困活动 199
电信集团工会"小灵通"天线劳动竞赛显成效 80
东方书画院开展"五一"书画义卖活动 142
督查工作 250
对合资企业职工民主管理几个问题的思考 248
对转改制企业规范操作民主程序的思考 244

E

二纺机工会采取"八个一"维护进城务工人员权益 162

F

法国工会的主张和协调劳资关系的举措 274
纺织服装进出口公司坚持民主管理"四让" 176
纺织工会帮困送温暖八条措施见实效 196
纺织工会采取措施依法收缴工会经费 258
纺织工会搭建职工技能交流平台 130
纺织工会关心进城务工人员做到"三到位" 163
纺织工会建立三项机制推进三项投保 204
纺织工会开展"5S"班组管理活动 133
纺织工会评选岗位规范十佳用语 126
纺织工会完善化解集访矛盾工作机制 254
纺织工会学习研究SA8000标准 未雨绸缪提对策 226
纺织工会严把转改制企业民主程序关 186
纺织工会以三大载体推进职工培训工作 136
纺织工会与地区联手建立区域性纺织行业工会 112
纺织工会与服装行业协会联手举办技能大赛 84
纺织工会再就业工作获国务院、全国总工会表彰 191
纺织工会在企业改革中强调四项组织制度 120
纺织工会职工互助保障为纺织改革保驾护航 204
纺织工会职介所主动为转制企业提供3000条就业信息 191
纺织工会做好信访前备案工作 254
纺织集团上海服装机械有限公司工会组织职工"三找三照"强化安全意识 210
纺织集邮协会建会20年 139
纺织"十佳"好事评选坚持十二年 126
纺织"四女联谊会"活动独具特色 130
纺织再就业明星承诺帮助姐妹重新上岗 190

纺织职工兴趣协会成为培养人才摇篮 139
飞乐音响公司工会抓技能升级实现三个转变 83
飞乐音响公司外来务工人员入会取得突破性进展 112
奉贤区第一家跨省基层工会在湖南郴州成立 111
奉贤区工业总公司工会积极推行工会代表常任制,充分发挥会员代表作用 221
奉贤区海滨电器集团有限公司签订《女职工专项集体合同》 216
奉贤区金汇镇工会开展“六个一”普法系列活动 161
奉贤区青村镇工会办好《工会信息简报》 249
奉贤区庄行镇积极组织实施“万、千、百、十”行动计划 83
奉贤区总工会举办李斌先进事迹报告会 96
赴日工作访问报告 268

G

港务工程公司工会开展“诚信立企”主题劳动竞赛 131
港务集团工会建立经审工作向工会全委会报告制度 262
港务集团工会开展群众性立功竞赛活动 79
港务集团工会为劳模集体送书画 140
港务职工邮协开展活动体现行业特点 140
高化公司精细化工事业部工会发挥职工群众主力军作用 88
高化公司事业部工会开发“劳模资源”产生巨大效应 98
高桥石化公司工会叫响“有困难找工会”口号 197
高桥石化公司工会以创新精神进行助学帮困 197
高桥石化公司华东分公司工会与社区联手共建“学习型”团队 74
高桥石化炼油事业部工会注重“四下一突出” 增强基层工会活力 228
工会干部队伍职业化问题研究 241
工会四项互助医保计划参(续)保、给付情况 206
工会学院举行党的十六届四中全会专题培训 225
工会学院聘请劳模导师培育学生 96
工会学院着力构建工会理论研究高地 233
工资集体协商“上代下”模式及其发挥劳动关系协调作用的思考 241
公惠医院评选“星级护士” 132
公惠医院为困难职工提供医疗帮困 201
供电工会开展“两珍惜、两关爱”主题活动 126
关于城市产业工会问题的思考 243
关于工会协调处理劳动关系矛盾冲突的调研及其对策 244
关于国有资产管理改变后产业工会组织体制改革的调研报告 242
关于黄浦区国有商业、工业企业一线职工工资收入状况的调查 246
关于建立产业与地区相衔接的区域性行业工会,实现组织体制创新的实践与思考 243
关于建立和完善工会维权表达机制的基本理论研究 238
关于进城“崇明的哥”的现状及做好维权工作的思考 241
关于经营者收入和职工收入的现状、思考及对策的调研报告 243
关于区域性职代会制度的探索与思考 239
关于区属企业改制中履行民主程序不规范而引发职工上访矛盾的调研 242
关于上海纺织外来务工人员权益保障情况的调研 244
关于试行自主决定工资水平办法的企业调查与思考 240
关于在上海建工所属企业使用的进城务工人员中组建工会组织的情况调查及建议 245
关于在主辅分离、辅业改制中正确处理不同类型职工的利益关系的认识和思考 245
冠生园集团工会实施多层次再就业工程 190
广电集团工会实施实务审计预报、备案制度 262
国际港务集团工会动员组织职工为“科技兴港”建功立业 93
国际港务集团工会规范落实职代会提案 168
国际港务集团工会建立职工互助保障计划参保长效管理机制 205
国际港务集团工会建立职工转岗再就业培训基金 191
国际港务集团工会举办新上岗部门工会主席培训班 227
国际港务集团工会请职工代表为集团职代会打分 184
国际港务集团工会提前完成进城务工人员入会工作目标 113
国际港务集团工会续写与日本、韩国等友好港口工会交往的新篇章 270
国际港务集团工会组织优势企业开展结对助学活动 198
国际港务集团工运研究会围绕重点工作开展工运研究 232
国际港务集团公司工会开展困难职工及其帮困工作基本情况的调研 237
国际港务集团退管会开展“十佳块组长”评选活动 218
国际港务集团退管会组团参加市老年人运动会取得好成绩 218
国企职工代表如何适应现代企业制度发展要求的思考 248

H

海事局海测大队工会维护外来劳务工合法权益 163
海事局海测大队工会注重培养“实用型人才” 131
海事局金山海事处开展班组“项目团队”建设 76
海洋石油局工会帮困送温暖活动建立全面的长效工作机制 200
海运工会赴军港展出邮集 140
航道局仓储公司工会在“协解”工作中坚持维护职工合法权益 156
航道局仓储公司扎实推进“双争”活动 76
航道局船运公司开展“十个一”活动,推进“安康杯”劳动保护竞赛 213

航道局工会加强劳务工管理　163
航道局工会坚持企业改制方案必须提交职代会审议的规定　187
航道局工会开展“三创、三重、三提高”竞赛活动　80
航道局工会输送12名专职工会干部参加全国总工会学习　227
航道局积极推进项目管理公开　179
航道局交建公司开展“安康杯”竞赛活动求实效　212
航道局交建公司以“双争”为载体，深化创建活动发展　76
航道局交建公司在重点工程立功竞赛中抓好“四个结合”　78
航道局实现职工特种重病保障计划全覆盖　205
航空发动机公司工会利用科学管理体系确保维权作用发挥　211
航空发动机制造股份公司工会在企业改制中发挥参与作用　187
航天工会积极发挥劳模示范辐射效应　134
虹口区采取措施加强小区工会建设　105
虹口区发挥职工援助服务中心作用开展帮困送温暖活动　192
虹口区举办工资集体协商及职工董、监事培训班　180
虹口区开展厂务公开调研检查　174
虹口区注重企事业单位转改制过程中的民主管理工作　185
虹口区总工会举办职工科技论坛　88
虹口区总工会举行劳模创业基地授牌仪式　98
沪东集装箱码头有限公司工会全方位开展立功竞赛活动　78
沪东中华造船集团工会加强职代会建设　186
沪宁实业公司工会推行“细微服务”　132
沪、苏、浙职工技协建立合作交流机制　94
华联吉买盛建立关心外派人员工作网络　229
华阳街道工会“五大机制”编织职工保护网　192
华谊集团劳伦茨橡胶工会依法维权　183
华谊集团上海焦化公司工会规范职工代表巡视活动　166
华谊集团上海涂料有限公司工会探索多种民主管理形式有实效　167
化学工会创新职工代表巡视形式　166
化学工会积极推进工资集体协商　152
化学工会经审会开展经审文书规范化评比　261
化学工会开展“华谊职工看华谊”活动　126
化学工会开展立功竞赛有成效　78
化学工会努力构筑职工互助保障工作机制　204
化学工会推出华谊职工素质工程三年行动计划　130
化学工会推进帮困工作的经常化、制度化和规范化建设　195
化学工会以创新精神开展职工技能比赛取得实效　84
化学工会指导基层工会企事业建立健全财务制度　257
化学工会重视工会自身建设　221
黄浦教育系统退休职工连续四年参加市总保障计划　203
黄浦金外滩集团公司工会重视经审工作　260
黄浦区成立华普科技大厦商务楼宇工会联合会　106
黄浦区成立区综合经济工会工作委员会　221
黄浦区创建学习型城区结硕果　72
黄浦区大都市总公司工会构筑三条防线解决职工看病难　203
黄浦区第一支自强不息大学生帮困助学志愿者服务队成立　122
黄浦区董家渡社区工会千言万语讲组建，千方百计抓入会　106
黄浦区董家渡社区工会与街道行政联席会议形成八点共识　151
黄浦区工人文化宫成为职工素质工程基地　138
黄浦区劳模进修学校帮困扶贫教育取得成效　98
黄浦区粮油食品发展有限公司坚持企务公开　181
黄浦区南外滩集团有限公司工会推出安全生产大检查七项措施　209
黄浦区设立劳模发展帮扶专项资金　100
黄浦区实施《机关工会联合会帮困基金管理使用办法》　193
黄浦区外滩社区工会形成“两级平台、三个延伸、四个层面”格局　106
黄浦区外滩社区形成“三心三勤”外商投资企业工会女职工委员会组建工作法　182
黄浦区外滩医院工会建立职工意见反映制度　253
黄浦区外资企业职工拥有自己的家　182
黄浦区新世界城一楼商场厂方工会为劳企利益全面双赢　118
黄浦区新世界集团工会经审工作夯实基础　261
黄浦区新世界粮油发展有限公司拓展集体协商渠道　151
黄浦区医务工会探索建立以行业为特征的个体开业医师联合工会　106
黄浦区豫园旅游商城工会建立职工智囊团　166
黄浦区转改制企业坚持厂务公开民主管理成效明显　182
黄浦区总工会帮助劳模解困、发挥劳模作用两手抓　100
黄浦区总工会标、本兼治缓解职工经济困难　193
黄浦区总工会动员公务员开展长期助学帮困　193
黄浦区总工会发动职工为黄浦经济发展作贡献　77
黄浦区总工会工会加强经审二作　260
黄浦区总工会工资集体协商顾问团指导企业工资协商有成效　151
黄浦区总工会狠抓非公企业工会组建出成效　117
黄浦区总工会加强组建工作，实现十大突破　106
黄浦区总工会进城务工人员法律援助工作受欢迎　160
黄浦区总工会培育基层工会女职工工作形成特色　215
黄浦区总工会强化工会自身建设　223
黄浦区总工会全过程参与区属企事业单位的转改制工作　186
黄浦区总工会全面铺开“双爱双评”活动　122

黄浦区总工会深化为职工办实事工程 194
黄浦区总工会深化学习型企事业创建活动 71
黄浦区总工会依托社区举办新春就业援助招聘咨询专场 190
黄浦区总工会与区劳动保障局联合开展进城务工人员权益保障情况专项检查 157
黄浦区总工会源头参与 全力帮助提高一线职工收入 148
黄浦区总工会在企业改革中坚持"两个注重" 186
黄浦区总工会正确引导劳动关系和谐发展 157
黄浦区总工会主动拓展工会宣传新阵地 252
黄浦区组建第一家由外来私营和个体经商务工人员组成的都市楼宇工会 106

J

机场集团工会将"安康杯"作为安全管理和劳动保护有效载体 213
机电工会采取四项举措强化经费收缴 257
机电工会工运研究会强化三项课题研究 232
机电工会坚持履行民主程序的刚性规定 186
机电工会就向李斌同志学习提出六条要求 96
机电工会举办劳务工技术比赛 136
机电工会上海输配电股份有限公司从四方面加强合资企业工会工作 183
机电工会"五个到位"推进职工团体补充保障工作 203
机电工会召开工会工作务虚会 226
机电工会制定《关于进一步做好进城务工人员加入工会组织的暂行办法》 111
机电工会重奖自学成才职工 129
机电工会组织集团职代会代表监督检查集体协商协议落实情况 151
嘉定区新成路街道工会切实维护进城务工人员合法权益的三条措施 160
嘉定区医务工会推行会务公开 224
嘉定区总工会采用"递进法"方式推进工会组建 108
嘉定区总工会双管齐下促进非公企业工会经费收缴 257
建工工会加大进城务工人员建会和维权工作力度 114
建工工会配合"高兴放心"活动开展职工思想动态调研 237
建工工会深化"精品杯"系列立功竞赛 81
建工工会推出建家活动实施意见 121
建工工会召开助学结对座谈会 200
建工工会组织民营属地企业回访座谈 184
建工集团表彰退管工作先进集体和个人 218
建工集团厂务公开民主管理形成新特点 179
建工集团工会强化以审计为基础的审查监督活动 262
建工集团职代会听取民管工作报告 169
建工集团职工教育培训工作取得新进展 137
建工集团制订在岗职工最低工资标准 154
江南造船集团工会制定"八个坚持八个反对",强化干部作风建设 224
江桥镇工会开展"异乡寻梦"活动为外来务工人员搭建施展才华的平台 139
教育工会发布教师健康信息 213
金融工会大力弘扬先进行业文化 141
金融体协广泛开展群众性体育活动 146
金山区纺织行业工会开局初见成效 119
金山区工会帮助农口劳模解决生活保障问题 100
金山区工会会员总数突破14万人 108
金山区工人俱乐部破土动工 264
金山区山阳镇工会运用"外循环"实现组建工作新突破 109
金山区腾达发展有限公司企业民主管理中的"四个结合" 183
金山区医务工会探索非在编职工入会途径 109
金山区总工会大力推进职工互助保障工作 203
金山区总工会开展"责任意识"主题教育活动 125
金外滩集团创建学习型企业喜结四个硕果 71
金外滩(集团)发展有限公司工会主动开展"双层次"帮困 193
进城务工人员维权刍议 245
经济工作系统工会开展"红色之旅"学习考察活动 228
静安区宝名国际集团建立员工企业对话机制 174
静安区工业局工会在转制过程中建立健全帮困机制 194
静安区公安分局工会创建学习型机关有新招 72
静安区恒安大厦工会创建科普楼宇 129
静安区恒安大厦以民主共商会为载体,签订集体合同 148
静安区建设工会积极组建工地工会 107
静安区教育系统提升民主管理水平 166
静安区梅龙镇集团建立职代会"质询制" 166
静安区梅园邨酒家建立职工培训基金 135
静安区商业工会女职工委员会创新女职工工作 215
静安区商业工会抓好"六比"劳动竞赛 促进南京路商业功能升级换代 77
静安区太阳岛花园浴场进城务工人员维权有了制度保证 183
静安区探索发展区域性民主管理工作 182
静安区图书馆与新经济组织共建职工图书室 144
静安区医务工会在竞赛中提高职工素质 72
静安区政府与区总工会召开第五次联席会议 149
静安区置业集团宝翔物业公司公开竞选职工代表 166
静安区置业集团工会抓职工素质工程"五落实" 72
静安区总工会加大工会组建力度 107
静安区总工会健全工运研究会组织网络 完善活动机制 231
静安区总工会切实抓好防暑降温工作 209
静安区总工会心系困难职工 情暖千家万户 194
静安区总工会招聘楼宇工会工作者 223
静安区做到厂务公开工作"一个提高"、"四个促进"

175
久事公司女职工委员会精心组织“三心”活动 216

L

劳模之家成丰富劳模生活的活动阵地 99
李斌事迹和精神在全国广为宣传 97
良友集团储运仓储公司工会编撰员工工作格言录 128
良友集团福新面粉公司工会构筑学习型班组创建平台 135
良友集团福新面粉公司工会构筑学习型班组创新平台 87
良友集团开展消防演练活动 214
良友集团淘大食品公司爱心捐助希望小学 201
良友集团职工代表巡视检查职工教育培训情况 137
卢湾区打浦街道让新建企业工会转起来,活起来 118
卢湾区教育工会女职工委员会全方位落实女职工维权工作 215
卢湾区金玉兰广场成立楼宇工会联合会 107
卢湾区举办庆“八一”军民长跑活动 145
卢湾区市政机具材料有限公司民主管理企务公开与职工零距离相拥 174
卢湾区总工会以援助服务中心规范信访接待工作 253
卢湾区总工会组建工作有新突破 107
鲁矿集团工会全力当好第一知情人、第一责任人、第一帮助人 197
鲁中工会全力推动职代会制度规范化运作 168
鲁中工会提高“安康杯”竞赛效果 210
鲁中物业管理公司厂务公开工作上水平 177
鲁中冶金矿业集团公司工会以技能竞赛提高员工素质 74
鲁中冶金选矿厂工会积极开展“创争”活动 74
论现行工会体制改革的路径选择 241

M

梅山工会大力推动群众性经济技术创新活动 91
美国老年生活之一瞥 270
闵南船厂工会从严求精开展“双争”活动 75
闵南船厂实施特殊岗位津贴 促职工技能提高 85
闵行区厂务公开民主管理工作取得新突破 175
闵行区创建区级“安康杯”竞赛平台 209
闵行区大力推进非公企业厂务公开 183
闵行区工会会员总数首次突破20万 108
闵行区积极推进民办事业单位的工会组建 108
闵行区江川路街道工会借助网络推动非公企业工会组建 108
闵行区教师合唱团荣获全国比赛金奖 139
闵行区教育工会征集师德“心语” 125
闵行区教育系统基层工会主席纳入党组织干部管理 223
闵行区七宝镇工会实施“零距离接触”帮困新模式 194
闵行区七宝镇九星综合市场工会探索市场工会的新路子 119
闵行区首家外来建筑务工人员工会成立 108
闵行区小川服装公司设立厂务公开八大通道 175
闵行区莘庄餐饮业联合工会关心外来务工人员学习 136
闵行区颛桥建筑公司结合自身特点创建学习型企业 73
闵行区总工会大力推进EBA培训 136
闵行区总工会大力推进学习型企业创建工作 72
闵行区总工会加大进城务工人员的法律援助力度 160
闵行区总工会建立法院审判劳动争议案件旁听制度 155
闵行区总工会建立职工之家创建评估体系 120
闵行区总工会新版网站开通 229
闵行区总工会有计划开展基层工会干部培训 225
闵行莘庄工业区聘用志愿者担任工会联络员 119

N

南汇区工会组建工作有新突破 111
南汇区惠南镇工会组建工作落实“两个进一步” 111
南汇区建管委工会召开创建“职工之家”现场会 120
南汇区商委工会全面启动工会主席直接选举工作 224
南汇区水务局工会健全扶贫帮困长效机制 195
南汇区宣桥镇工会采用多种形式强化工会干部综合素质 225
南汇区总工会编制基层工会工作手册 119
南汇区总工会大力开展创建合格职工之家活动 120
南汇区总工会树立女职工创业典型 190
南汇区总工会助学帮困形式多样 195
农工商东海公司工会以特色工作为抓手 增强基层工会活力 251
农工商集团扶贫帮困形成长效机制 201
农工商集团海丰工会注重源头维护创新途径 171
农工商集团基层工会素质工程渗透人本理念 76
农工商集团技能大赛为职工岗位成才搭台 87
农工商集团申光公司工会贴近经济开展读书活动 144
农工商集团组建工作实现新突破 115
农工商老年护理院工会擦亮“文明窗口” 135
农工商上海电工合金厂在企业改制中坚持维护职工权益 187
农工商员工大赛显身手 93
挪威奥斯陆市总工会代表团第二次访华 268

P

评选表彰“上海市五一新闻奖” 251
评选推荐全国“百佳班组” 132
屏风山工人疗养院实行聘用上岗 264
浦东新区成立上海市首家星级酒店工会联合会 103
浦东新区国家级开发区域全面建立工会工作委员会(工会联合会)和职工(会员)服务中心 116
浦东新区建筑工地全面建立临时工会 104
浦东新区社会事业工会探索劳务工会籍管理新模式 103
浦东新区总工会多渠道多方法推进工会组建 103

浦东新区总工会举办职业技能竞赛 82
浦东新区总工会重视基层工会干部培训 225
普陀区基层工会工作研究会以“一会一品”推动调研成果转化 231
普陀区建立经济园区专委会制度 117
普陀区开展进城务工青年读书活动 143
普陀区“青工 e 坊”成为职工思想宣传工作新载体 124
普陀区营造和谐劳动关系的“四轮联动”机制 148
普陀区职工优秀人才发展促进会集聚人才展示风采 82
普陀区职工援助服务中心实体运作见成效 159
普陀区总工会举办第三届职工体育节 145
普陀区总工会深化工资集体协商工作 150
普陀区总工会实现实务审计新跨跃 260
普陀区总工会信访工作注重实效 253
普陀区总工会以创新意识搞好职工疗休养 219

Q

青浦区成立纺织行业工会联合会 110
青浦区各级工会广泛开展经济技术创新活动 90
青浦区全方位推进新建企业工会组建工作 111
青浦区退休职工住院医疗互助保障计划参保率达到 99.2% 203
青浦区新城经济区工会联合会在组建女职工委员会中实行“四化” 110
青浦区职工素质工程取得新收获 129
青浦区职工援助服务中心成立 253
青浦区总工会农民工权益保障工作有实效 161
青浦区总工会为困难职工做好事、办实事、解难事 195
青浦区总工会维权机制建设取得突破 149
青松废旧物资回收经营部实现“三满意” 94
轻工 5 家公司工会落户金山 109
轻工白猫集团工会开展工资集体协商“三到位” 152
轻工工会保障工作做到“三突出” 196
轻工工会构建信访工作三项机制 254
轻工工会探索产业工会工作新路子 119
轻工工会属地化后维权工作“三不变” 196
轻工业工会坚持“建、创、做”活动三结合 73
轻工置业公司工会推出员工培训“五步法” 130
全程参与企业改革,发挥民主管理作用 246
全国人大常委会对上海《工会法》实施情况进行执法检查 57
全国人大常委会《工会法》执法检查组在浦东检查并召开座谈会 56
全总授予上海工会系统 15 家单位“全国工会促进再就业工作示范单位(示范点)”称号 189

R

日本工会总联合会确立 2004 年春季运动方针 271
瑞典哥德堡市总工会代表团访华 269

S

三航局工会举办工会主席论坛 233
三航局工会举办职工技术操作运动会 86
三航局工会组织职工代表检查安全生产 213
三航南京分公司工会把送温暖工程建成维权工程、纽带工程和稳定工程 199
三航南京分公司工会开展三项“安康杯”主题活动 213
三航宁波分公司工会开展班组星级竞赛 134
三航宁波分公司工会开展首届明星职工评选受欢迎 131
三航宁波分公司工会开展形势任务教育 127
三航浦东分公司工会开展“五结合五开展三坚持”竞赛 80
三航浦东分公司工会组建三航局首家劳务工工会 114
三航上海分公司工会开展“岗位排头兵”评选活动 127
三航物资公司工会加大稳定工作力度 255
三航厦门分公司工会开展“金秋助学”活动 199
三航厦门分公司工会突出十项“安康杯”竞赛措施 213
三航兴安基公司工会为待岗职工构建“三送”平台 191
三添公司开展“军营一日”活动 128
上船澄西船舶有限公司工会落实劳动保护“保障好”职能 211
上飞厂工会开展波音平尾“技术攻关、精益制造”劳动竞赛 81
上锅工会开展“科技进班组”活动 133
上锅公司工会夯实创建学习型企业基础 73
上海部分高校教职工健康状况的调查与思考 247
上海参加第五届中国国际发明展成绩显著 90
上海城建(集团)公司工会等六家单位挂靠市总工会 220
上海船舶工会做好外来务工人员的入会和管理工作 112
上海地区高级科技人员维权需求调查 247
上海电建发挥职代会专委会作用提高集体合同履约率 153
上海电建工会开展“名师育高徒”活动 131
上海电力安装二公司工会开展职工技能登高活动 84
上海电力安装一公司因企制宜坚持职代会制度 167
上海电力安装一公司职工提高技能作贡献 91
上海电气出台劳模管理意见 101
上海电气集团学李斌形成标志工程 73
上海电气“李斌杯”职工技能大赛取得圆满成功 83
上海电气“十佳”好事评选揭晓 125
上海电气实现技术工人培训基地化 136
上海电气学习李斌活动突出四个重点 97
上海电气液压气动有限公司工会开展职代会运行质量测评 184
上海电器科学研究所(集团)公司工会在改制中规范民主程序见成效 187
上海电信长途通信部从“五个明确”入手建立评估基本运作模式 185

上海电信工会规范劳务工会籍管理　113
上海电信工会建立职工代表管理长效机制　169
上海电信工会开展巾帼奉献日活动　82
上海电信工会提炼“五个一流”职业精神　126
上海电信举办员工合唱团专场音乐会　141
上海电信举行第15次双月沟通活动　251
上海电信员工劳动保障、收入分配现状抽样调查报告　245
上海调整厂务公开工作领导小组组成人员　173
上海纺织实施“百、千、万”职工技能提升计划　84
上海非公企业以职工(代表)大会为基本形式的民主管理制度建设继续得到提高　180
上海港机厂工会开展“质量警示语”征集活动　89
上海各级工会开展群众性体育活动　144
上海各级工会开展文化艺术活动　137
上海各区县总工会普遍建立“工会集体协商顾问团”　150
上海工会创争活动发展迅猛　70
上海工会互助保障三级网络发挥重要作用　207
上海工会积极探索多元化劳动争议调解机制　154
上海工会继续拓展EBA培训　129
上海工会开展第七届上海工会劳动保护“绿十字奖”评审活动　208
上海工会开展《工会法》实施情况大检查　52
上海工会开展新闻宣传系列活动　251
上海工会全面实施《职工素质工程实施纲要》　53
上海工会认真学习贯彻党的十六届四中全会精神　52
上海工会深入开展2004年元旦、春节送温暖活动　191
上海工会提升非公企业民主管理的运行质量　181
上海工会学院“做可爱的上海人”职工培训系列课程受欢迎　135
上海工会以“文明与科教兴市同行”为主题深化“建、创、做”活动　133
上海锅炉厂高技能人才培育结硕果　129
上海海事局工会推进局务公开　179
上海航天局第811所创建学习型组织加强自身建设　75
上海和米兰工会就如何吸引白领阶层加入工会举行座谈　269
上海华谊(集团)公司退管会注重服务讲实效　218
上海华谊集团振华造漆厂通过工资集体协商提高一线职工收入　152
上海化工环保监测站职工技协开展技术服务有实效　93
上海化学工业区组建第一届女职工委员会　222
上海惠工缝纫机三厂关爱进城务工人员　158
上海机场工会开展向身边劳模学习活动　97
上海机场“建、创、做”活动体现三个特点　135
上海及时发放2004年度全国劳模“三金”　99
上海加大推进区域性、行业性职代会制度建设力度　181
上海建设工会举办《中国注册策划师资质认证》培训班　227
上海建筑构件制品公司抓实职代会质量评估　185
上海教师绿叶艺术团建团10周年成果斐然　141
上海卷烟厂工会充分发挥高级工协会作用　91
上海卷烟厂工会重在培育班组“三个”能力　134
上海开展第二次厂务公开调研检查　173
上海开展“万名技师育高徒活动”　129
上海氯碱化工综合公司技术创新有实效　91
上海轮渡公司工资集体协商实现双赢　153
上海轮胎公司工会注重生活保障干部队伍建设　226
上海梅林正广和集团进城务工人员服务队工作有成效　162
上海评选市容环卫“十佳”明星　127
上海汽轮机公司工会举办文化艺术月　139
上海汽轮机有限公司开展女职工素质工程　77
上海石化充分发挥四大载体作用推动素质工程建设　85
上海石化工会加强对转改制企业的工作指导　186
上海石化工会开展“三八”系列纪念活动　126
上海石化工会推进班组长联谊会建设　134
上海石化工会组织职工参加市职保会保障计划　205
上海石化规范职代会的运作程序　168
上海石化开展“百日无事故”安全竞赛活动　210
上海石化开展厂务公开大检查　176
上海石化开展对工会干部的教育培训工作　226
上海石化为职工保障撑起四把“保护伞”　204
上海石化以技能竞赛活动提升职工技能素质　85
上海石化职工素质工程形成新格局　126
上海石油分公司工会积极开展“安康杯”竞赛活动　214
上海市厂务公开建制情况　172
上海市电力公司工会开展建设职工之家系列活动　121
上海市电信公司厂务公开获好评　178
上海市对外经济贸易工会撤销　220
上海市高校二级教代会状况的调查与思考　247
上海市工运研究会召开第七次会员大会暨年会　230
上海市工资集体协商工作取得新突破　150
上海市劳模代表进京参加国庆55周年活动　100
上海市失业人员基本状况调查　238
上海市推进集体合同工作取得新进展　150
上海市退管会工作综述　48
上海市政工程材料公司创办与职工沟通的“心语沙龙”　180
上海市职代会制度得到坚持和发展　165
“上海市职工保障互助会成立十周年”纪念活动　207
上海市职工技术创新基金建立　90
上海市职工技术协会工作综述　47
上海市职工因工死亡事故情况　208
上海市总工会代表团第四次访法　267
上海市总工会代表团访问俄罗斯　266
上海市总工会代表团访问韩国和日本　266
上海市总工会代表团访问挪威和丹麦　266
上海市总工会工作综述　46

上海市总工会经审委员会工作综述 46
上海市总工会领导及各部室负责人名录 45
上海市总工会女职工委员会工作综述 47
上海市总工会首次组团访加 267
上海首次公布城市读书指数 142
上海四大口建立系统工会工作委员会 220
上海铁路局不断推进厂务公开 177
上海铁路局工会努力构建劳动法律维权体系 156
上海铁路局工会企事业做好"分离改制"整合工作 264
上海铁路局工会推进"创争"活动注重实效 75
上海铁路局工会围绕安全效益激活职工潜能 88
上海铁路局建立和坚持局工会常委联系基层工会制度 228
上海铁路局建立劳动争议调解工作两级考核机制 155
上海铁路局举办建局55周年职工文艺汇演 140
上海铁路局职工技协稳步发展 94
上海万安企业总公司开展多种形式劳动竞赛 81
上海吴泾公司工会帮困工作健全制度求实效 196
上海仪电工会以技能升级为重点深化素质工程 83
上海仪电开展杰出员工、优秀员工(集体)评选活动 125
上海仪电制定实施员工技能培训推进计划 83
上海移动工会班组建设注重"五个依托" 134
上海移动通信工会从机制建设上抓好安全生产 212
上海移动通信工会拓展劳动竞赛内容 79
上海移动通信工会完善工会主席巡回联系日制度 228
上海移动通信公司因时制宜推进司务公开 178
上海移动文化艺术节内涵丰富 140
上海邮政不断深化厂务公开民主管理 178
上海邮政举行第二届职工文化艺术节 140
上海邮政开展局务公开民主管理工作调研检查 178
上海邮政系统职工重病医疗互助保障会进入新一轮运作 205
上海邮政邮区中心局工会制订实施科务公开评价标准 178
上海有多名职工获全国职工创新示范岗、全国职工创新能手的荣誉称号 90
上海召开厂务公开民主管理工作会议 172
上海召开厂务公开民主管理工作会议 50
上海召开第四次厂务公开领导小组会议 172
上海召开第五次厂务公开领导小组会议 172
上海召开学习型社区展示暨街道读书活动推进会 143
上海职工技术成果转化服务中心成立 54
上海重型机器厂工会"五同步"关心外来劳务工 161
上海逐步建立和推行职工民主管理工作评估制度 184
上煤管线一公司的集体合同工作坚持三沟通、二参与、一监督 154
上汽集团工会开展女职工"网上行"活动 136
上汽集团工会开展职工技术比武活动 85
上汽集团工会"全透明"开展职工职业生涯设计 131
上汽集团工会群众性经济技术创新活动有成果 88
上汽集团举办第二届职工健身运动会 145
上汽集团探索跨地区企业工会"三隶属"管理模式 222
上汽集团延锋伟世通公司编撰《工会办事指南》 120
社区工会实施网格化管理的思考 240
申城职工合理化建议喜结硕果 87
石化工会大力实施送温暖工程 197
石化工会开展困难职工情况和帮困工作现状调研 197
石化职工周末学校成为职工素质"加油站" 136
市房地局工会积极开展"奖优帮困、关爱学生"活动 200
市房地资源局工会弘扬新时期劳模精神 97
市房地资源局工会认真探索行业工会工作新路子 120
市工人文化宫创作话剧《谁主沉浮》剧本获奖 142
市工人文化宫"茉莉花"艺术团下基层慰问演出 142
市工人文化宫完成电视剧"花"系列 142
市公路处工会积极吸纳劳务聘用人员入会 114
市公路处工会围绕管理主题广纳建议良策 89
市机电工会采取四项措施凝聚劳务工 162
市机电工会评选特色工作 250
市机电工会推进经审工作 261
市机电工会信访工作三项举措取得实效 253
市机电工会整合资源成立职工服务中心 195
市级机关公务员参加万人健步行活动 146
市级机关开展庆祝建国55周年文艺汇演 141
市技协召开四届四次全委(扩大)会议 94
市监狱局工会加强信息化建设 229
市建设工会实现帮扶工作制度化、规范化 200
市教育工会创办"教育劳模沙龙" 99
市教育工会代表团访美 267
市教育工会举行新教师入师教育活动 132
市教育工会为基层干部举行理论学习讲座 227
市教育工会召开民办高校工会工作交流会 115
市经济工作系统工会努力梳理工会组织网络 222
市劳动和社会保障局工会按时做好换届选举工作 222
市民政局工会探索救助新模式加大帮困力度 201
市民政局工会征集"民政职业精神优秀格言" 128
市民政局加大推进厂务公开力度 180
市民政局开展群众性体育活动 146
市南供电公司工会实施职工代表八项权利和八项责任制度 167
市容环卫局举办行业"双献"活动 89
市容环卫外来务工人员的调查报告 240
市水务局扎实推进厂务公开 180
市体育局工会会同人事部门开展事业单位人员聘用工作规范情况检查 157
市退管办建立重点帮困与长效救助相结合的工作机制 216
市退管会努力推进退管经济发展 264
市退管会注重依法维权办实事 216
市卫生系统创建女性人才工程示范点 132
市委市府两办转发市总工会等五部委《关于进一步深入

推进本市厂务公开工作的实施意见》 171
市新闻出版工会抓住信访工作三个环节 255
市信息化工会创新群众性文体活动组织机制 146
市信息化工作系统工会探索非公企业工会组建新途径 115
市信息系统工会把握审计工作三环节 262
市医务工会举办十六届四中全会精神学习班 228
市医务工会评审年度先进职工之家 121
市医务工会评选十佳好事典范奖 128
市医务工会《上海医工报》创刊 252
市医务工会推进进城务工者入会取得成效 115
市医务职工第六届文化艺术节独具特色 141
市医药工会建立虚拟"员工学校" 130
市医药工会健全劳动关系预警协调机制 155
市医药工会将改转制过程中的劳动合同管理定为平等协商内容 153
市医药工会开展"巾帼建功"活动 78
市医药工会为员工技能升级搭建平台 84
市医药工会维护改制重组企业职工合法权益 186
市医药工会运用情景模拟方式培训工会干部 226
市医药工会重视进城务工人员教育培训 136
市邮政局集体合同实事项目履约率达到100% 154
市政工会开展市政道路收费服务窗口技术大比武 86
市政管理局培训中心工会发挥职工民主质询会的作用 170
市政局工会开展我为排堵保畅献金点子活动 89
市政培训中心工会积极开展职工读书活动 144
市政一公司工会开展同业务竞赛活动 81
市职保会场地装修及计算机系统更新工作顺利完成 208
市职保会和复旦大学职工互助保障与保险精算中心加强合作 206
市职保会推出《从业人员意外伤残团体互助保障计划》 207
市职保会稳妥调整"退休职工住院互助保障计划"缴费标准 207
市总表彰奖励职工优秀技术成果 90
市总工会编辑出版《点亮心灯——上海工会十年帮困助学活动记述》 192
市总工会表彰"2003 年上海市员工信赖的好经理(厂长)" 53
市总工会表彰2004 年度上海市双爱双评活动先进企业、先进个人 122
市总工会表彰首届上海市"职工最满意的企业" 53
市总工会表彰职工精神文明"十佳"好事 123
市总工会表彰职工职业道德"双十佳" 124
市总工会承办世界著名在华企业健身大赛 144
市总工会代表团访问越南和澳大利亚 266
市总工会代表团赴台访问 267
市总工会等单位组织开展"2004 年上海市职业技能竞赛活动" 82
市总工会等联合开展评选上海市用户满意服务明星活动 124
市总工会公开招录机关工作人员 223
市总工会公务网试运行 229
市总工会机关年轻干部下基层挂职锻炼 225
市总工会积极参与立法 从源头上维护广大职工的合法权益 148
市总工会积极运作多层次的劳动关系三方协商机制 148
市总工会加大工会劳动法律监督力度,依法维护职工群众合法权益 156
市总工会加强新建企业工会女职工组织建设 103
市总工会建立民主管理百家示范基地 165
市总工会举办上海市庆祝"五一"国际劳动节文艺晚会 138
市总工会举办上海职工合唱节 138
市总工会举办亚洲五城市工会工作研讨会 272
市总工会举办"祖国·母亲"职工文艺专场演出 137
市总工会举行新经济组织读书论坛 143
市总工会开发运行《上海工会组织信息管理系统》 228
市总工会开展"安康杯"劳动保护竞赛 208
市总工会开展对完善社会主义市场经济体制中城市工会组织体制创新问题的调研 235
市总工会开展建家二十周年系列活动 120
市总工会开展进城务工女性权益保障状况的调查 235
市总工会开展进城务工人员参与企业民主管理情况的调研 234
市总工会开展进城务工人员权益保障问题的研究 233
市总工会开展进城务工人员思想动态和利益诉求的调查 234
市总工会开展进城务工人员职业安全卫生问题的调查 235
市总工会开展女职工"迎世博活动" 77
市总工会开展企业职工收入分配现状的调查 236
市总工会开展庆"五一"系列活动 138
市总工会开展上海市劳动模范生活状况调查 99
市总工会开展"我与上海同发展"上海市非公企业立功竞赛活动 76
市总工会开展职工技术创新成果参与分配情况的调研 236
市总工会女职工委员会推动女职工特殊利益专项集体合同签约工作 54
市总工会评选表彰上海市职工先进操作法、上海市职工优秀创新成果 54
市总工会强化对下审计 259
市总工会沙家浜度假村被首批列入全国劳动模范疗休养基地 219
市总工会十一届经审会工作情况 259
市总工会十一届三次全委(扩大)会议 49
市总工会十一届四次全委会 49
市总工会十一届五次全委(扩大)会议 50

市总工会实行联合审计 259
市总工会实行特约经审制度 260
市总工会、市国资委联合发文坚持和完善国有企业转改制工作民主程序 185
市总工会推进区县职工援助服务中心建设 202
市总工会信访办举办信访工作研讨会 253
市总工会与市委党校联合举办市总工会委员轮训班 225
市总工会在现代企业制度建立过程中坚持和完善职工董、监事制度 180
市总工会召开创争活动推进会 51
市总工会召开工会组建工作总结表彰会议 51
市总工会召开贯彻全国工会促进再就业经验交流会工作会议 50
市总工会召开经审工作研讨会 260
市总工会召开开发区工会工作座谈会 51
市总工会召开区域性职代会的现场观摩会 181
市总工会召开新上海人读书活动展示交流会 143
市总工会职工法律援助范围进一步拓展 158
市总工会制定《关于加强工会经费审查监督工作的意见》 260
市总工会组织开展上海市物业管理优质服务竞赛活动 77
市总工作领导下基层慰问高温一线职工 209
市总开展红旗班组(职工创新示范岗)评选活动 133
市总开展“组织起来、切实维权”大调研工作 52
市总培训中心组建劳务公司工会 115
试论适应上海现代化国际大都市新城特点开展工会工作 242
适应经济全球化是工会发展的必由之路——北欧两国考察之行的启示 272
水产工会宣传集团国资战略规划 127
水产集团工会通过四项举措做好劳模工作 97
水务局工会推进职工技能培训计划重实效 86
水务局坚持职代会民主评议领导干部制度 170
水务局立功竞赛活动蓬勃开展 81
水务局闵行公司工会把好职工民主参与入口关 170
水务局完善职代会制度建设 170
四七二四厂总结先进操作法 93
松江区成立首家纺织行业工会联合会 110
松江区成立首家建筑行业工会联合会 110
松江区女职工委员会“四同步”工作法 215
松江区深化厂务公开 175
松江区退管会为退休职工办实事做到“七个坚持” 217
松江区总工会从四方面加强经费收缴工作 257
松江区总工会开展职工互助保障工作成效显著 203
松江区总工会稳步发展工会经济事业 264
松江区总工会协调劳动关系突出依法维护 149
松江区总工会新增会员 4.5 万名 110
松江区总工会形成帮困送温暖工作机制 194
松江区总工会抓实劳模管理服务 100

T

糖业烟酒集团工会尽“第一责任人”之责 201
体育局工会参加职工保障互助 206
铁路局工会推行职代会安全督察员工作制度 211
推进发展非在编职工入会工作的实践与思考 246

W

外高桥海事处工会开展一专多能岗位培训 137
王兆国、陈良宇盛赞李斌精神 56
王兆国到静安区视察工建工作 56
王兆国视察浦东新区工会 55
王兆国同志亲切接见参加北戴河疗休养的上海劳模 100
卫生系统工会理论研究会以调研推动工会重点工作 232

X

西班牙工人总联盟加泰罗尼亚大区分会代表团访华 268
西藏日喀则地区第三批工会干部来沪挂职锻炼圆满结束 225
希腊比雷埃夫斯市劳工中心代表团第三次访华 269
小官庄铁矿实行矿长与职工联系制度 255
新闻出版工会多层次拓宽帮困救助渠道 201
新闻出版工会合格职工之家考评工作全面展开 121
新闻出版工会积极开展职工健身活动 146
新闻出版局工会为退休劳模办实事、办好事 101
新闻出版新华发行集团工会强化企业民主管理 170
新新集团龚路工业园区工会联合会为进城务工人员服务 160
新形势下韩国工会参与形式的探索实践及启示 273
徐汇公安分局工会加大干警培训力度 135
徐汇区厂务公开工作重规范显实效 173
徐汇区工运研究会建立调研申报制度推动理论和工作创新 231
徐汇区技协采取多项措施加强基层技协建设 93
徐汇区世界外国语小学重视校务公开“五个点” 173
徐汇区退管会以“五步曲”推进退管工作 216
徐汇区烟糖公司建立工资集体协商机制 150
徐汇区职工互助保障工作形成长效运行机制 202
徐汇区总工会多项并举切实做好工会组建工作 104
徐汇区总工会积极探索工会干部职业化道路 223
徐汇区总工会建立“职工素质教育奖励资金” 129
徐汇区总工会开展进城务工人员提高法律素质主题活动 158
徐汇区总工会隆重纪念邓小平百年诞辰 138
徐汇区总工会为劳模提供全方位服务 100
徐汇区总工会围绕资产运作发挥经审参谋和监督职能 260
徐汇区总工会以发展行业工会来推进工会组建 104
徐汇区总工会抓好三个环节加强女职工工作 214

Y

亚洲五城市工会工作研讨会在沪举行 51
烟草储运公司职工素质工程狠抓三个提升 131
烟草工会“建家”活动重过程求实效 121
烟草工会举办第四届职工运动会 145
烟草工会强化自身能力建设推出“三项”措施 226
烟草工会退管会以活动促服务 218
烟草工会引导职工塑形象、增本领 131
烟草工会用爱心温暖外派员工 198
烟草工会职工生活保障工作实现“三个”不断拓展 205
烟草工会重视职工利益诉求 增强维权工作实效 250
烟草机械公司工会成立“黄留展技术交流培训中心” 85
烟草集团加强厂务公开七项制度建设 177
烟草系统职业技能竞赛获硕果 134
烟草印刷厂工会群众性技术创新活动有成果 92
烟草印刷厂工会为职工办好六件实事 198
烟糖工会加大班组培训力度 135
烟糖工会开展“百名代表看烟糖、话烟糖”活动 128
烟糖集团召开劳模、先进代表座谈会 97
延东隧道中控室提炼“工作十要点” 135
杨浦工会形成“1+3”职工援助联动体系 193
杨浦区打造工会促进再就业、帮困送温暖新品牌 193
杨浦区大力推进非公企业民主管理工作 181
杨浦区加强工会干部队伍建设 223
杨浦区建立进城务工者权益保障机制 160
杨浦区提出并实施社区工会网格化管理 117
杨浦区扎实推进非公企业工会组建 105
杨浦区总工会唱响发展杨浦主旋律 96
杨浦区总工会搭建工会服务经济可持续发展平台 93
杨浦区总工会加快工会企事业发展 264
杨浦区总工会推进区属企业改革改制 185
杨浦区总工会下大力促进工会组建全覆盖 105
杨浦区总工会职工培训工作量大质优 135
杨浦区总工会走市场化发展的职介培训道路 190
杨浦区总工会组织开展三项立功竞赛活动 77
一百置业工会做好劳务工工作见成效 163
医务工会疗休养工作改革取得突破性进展 219
医务工会三条措施加强疗休养管理 219
医务工会实质性启动民营医院工会组建工作 114
医务工会推出“中信STAR信用卡”职工保障计划 205
医药工会探索多种帮困救助形式 197
医药工会重视信访工作理论研讨 254
医药集团罗氏制药有限公司以民主管理创建和谐的企业内部环境 184
仪电工会采取措施落实外来务工人员依法管理 112
仪电工会规范组织关系转移工作 119
仪电工会加强信访工作源头参与 254
仪电工会监督检查形成“年协商、季巡视、月通报”活动机制 157
仪电工会健全经审组织 完善经审管理 261
仪电工会经费收缴率达百分之百 257
仪电工会扩大信息“互联通道” 250
仪电工会强化劳动保护安全监督 210
仪电工会提高集体合同的建制率、履约率、续签率 152
仪电工会完善保障机制强化帮困工作 195
仪电工会总结先进操作法推广管理改善活动 91
仪电集团亚尔公司对外来务工人员实行“十个一视同仁” 162
仪电亚明公司坚持全员参与双向沟通制度 176
仪电置业公司工会健全民主管理五项机制 176
移动通信工会以“名誉会员”的形式发展会员 113
印度工会维护摊贩的正当权益 273
邮政工会加强劳模队伍管理建设 99
邮政工会加强稳定工作机制建设 255
邮政工会建立限期处理、解决重大信访问题承诺制度 255
邮政工会建立重大财务事项报告制度 258
邮政工会开展以发展核心业务为主题的劳动竞赛活动 79
邮政工会开展职工生产生活大调查活动 212
邮政工会完善帮困救助工作体系和长效机制 199
邮政工会万名职工业务技术大练兵活动突出“精、实、活、新” 86
邮政工会以“六个结合”为抓手创建学习型组织 75
邮政工会组织职工代表开展专题巡视检查活动 169
邮政工会组织职工代表开展专题巡视检查活动 212
运输工会大力开展为职工办实事工作 198
运输工会建立劳模先进中长期培育机制 99
运输工会开展“百人创新行动计划”见实效 85
运输工会开展“诚信在交运”优质服务竞赛活动 79
运输工会开展学习教育活动 227
运输工会认真抓好合理化建议的实施 88
运输工会深入开展集体协商 153
运输工会在企业转改制中规范履行民主程序 187
运输工会组织工会志愿者服务队 122

Z

在进城务工人员中开展“提高法律素质,做新一代上海人”宣传教育活动 53
曾庆红视察上海船舶企业 对产业工人提出殷切期望 55
闸北工会启动“百企千岗进社区”行动计划 189
闸北区工会全方位开展帮困救助工作 192
闸北区落实“八字”工作方针 完成组建入会任务 104
闸北区深化读书活动 143
闸北区实施“五步递进法”稳步推进学习型组织创建 71
闸北区总工会保障进城务工人员权益推出三项新举措 160
闸北区总工会采取措施加强财务管理 256

闸北区总工会强化工会劳动法律监督检查工作 156
张华浜港务公司工会开展“安康杯”竞赛活动注重“六个结合” 211
张家洼铁矿以公开促维护 177
职工最满意的企事业评选成为普陀区推进企事业管理的品牌 174
中波船员公司工会“以点带面”推进船员队伍建设 86
中德合资企业工会工作座谈会在沪举行 274
中海电信工会结合企业中心工作开展劳动竞赛 79
中海环球空运公司进口操作部精心服务、塑造品牌 79
中海货运船工二部工会创建学习型船舶活动取得成效 75
中海集团工会举办第二届职工运动会 145
中海集团工会为困难职工子女架起“希望的桥梁” 198
中海上海海运工会为退休劳模杨怀远出书立传 96
中海油运工会开展立功竞赛有新举措 79
中交第三航务工程勘察设计院工会立功竞赛坚持创新 80
中远集运工会坚持和完善职代会制度 169
中远集运工会开展安全、效益主题活动 80
中远集运工会开展帮困结对“多助一”助学活动 200
中远集运工会开展特色工作评选 251
中远集运工会认真开展“创争”活动 76
中远集运工会认真做好元旦、春节期间的慰问工作 199
中远集运工会走访慰问网点职工 127
中远集运工会组织职工代表巡视检查 169
中远集运积极开展企务公开 179
中远集运锦云河轮、苏州号轮喜获殊荣 127
自仪公司工会围绕“系统做大、仪表做强”开展创新活动 91
综述 252
综述 258
组织概况 45

上海吴淞自来水厂

交流企业思想政治工作经验

吴淞水厂以人为本，创建本土化的现代企业文化。领导带动，载体互动，全员活动，探索和实践思想政治工作新方法。创刊《真情理念集》，搭建青年职工思想交流平台；班组轮流自编《青草地》刊物，搭建班组团队学习平台；创刊《本土文学》，搭建文学爱好者成才平台；创刊《好儿女字画刊》，搭建职工子女成长平台；成立“人人读书会”，搭建振兴中华读书活动平台；开展“日日有活动，月月有比赛，轮流当主持”活动，搭建全民健身活动平台；开办“女工讲习堂”等七大载体，提高职工队伍整体素质，推动了企业改革的和谐发展。企业荣获全国建设系统基层思想政治工作先进单位、上海工会精神文明创建活动“十佳”示范单位等荣誉称号。

组织职工读书交流

举办企业文化成果展

开展军民共建文明活动

组织创建学习型班组研讨

中日国际轮渡有限公司

公司员工“合家欢”

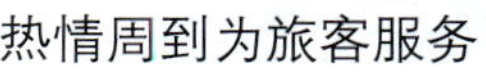

热情周到为旅客服务

欢迎海员家属上船作客

中日国际轮渡有限公司以准时开船、准时抵达、准时交货，服务精心精到、全程全面的经营理念，加强公司经营管理，取得了连续10年安全航行、实现盈利的好成绩，被评为上海市2001—2003年度劳模集体和2003年度上海市“职工最满意企业”。所属“新鉴真”轮是航行于上海—大阪—神户—上海的周班豪华客轮，以优质服务，赢得中外旅客和货主的信誉，多次被评为上海市交通邮电系统“最佳优质服务窗口”、交通部一级“五星文明客船”，荣获全国海员建设工会“金锚奖”和全国“五一”劳动奖状。

组织消防救生演习

开展丰富多采的企业文化活动

复旦大学附属上海市第五人民医院工会

院领导班子开拓创新，研讨院发展规划

关心职工，深入开展送温暖

复旦大学附属上海市第五人民医院工会在院党委和上级工会的领导下，以创建“模范职工之家”为载体，加强民主管理，切实维护职工合法权益，有步骤地推行并完善院务公开制度；以开展劳动竞赛为抓手，全面推进职工素质工程；建立职工帮困档案，组建了职工帮困互助基金；开展丰富多彩的职工文娱活动，进行爱国主义和集体主义教育；增强团队意识和凝聚力，充分调动广大职工的积极性和创造性，推进了医院两个文明建设。医院连续四届被评为上海市文明单位。院工会被评为2002年度上海市“模范职工之家”。

注重企业文化建设，丰富职工文体活动

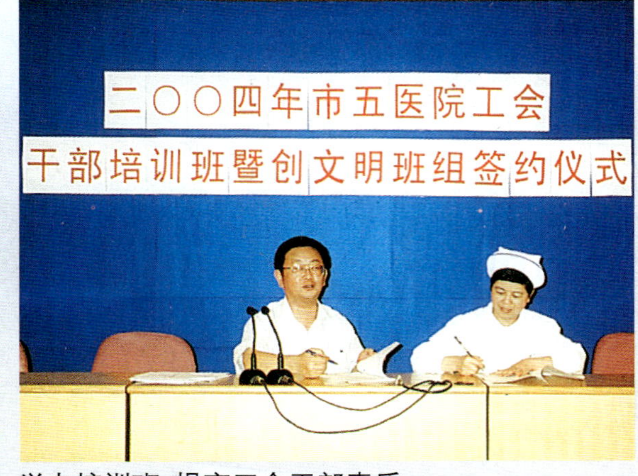

举办培训班，提高工会干部素质

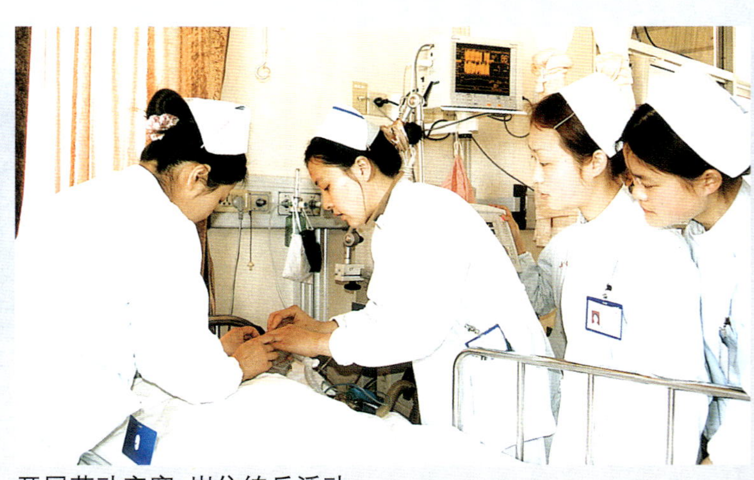
开展劳动竞赛，岗位练兵活动

上海市政工程设计研究院

荣誉奖牌

上海市政工程设计研究院是国家级甲级综合设计研究院，创建于1954年。市政院长期来坚持“两手抓、两手硬”方针，坚持全心全意依靠全院职工办企业，以经济建设为中心，狠抓两个文明建设，确保各项工程建设顺利进行。历年来，有300多项目(次)获国家、部、市级优秀设计和科技进步奖及詹天佑工程大奖。研究院连续七届被市政府命名为上海市文明单位，同时，被评为上海市“职工最满意企业”、荣获全国“五一”劳动奖状。院工会被评为全国“模范职工之家”。

党委书记莫峻和院长汤伟到基层检查指导工作

开展群众歌咏活动

院领导进行高温慰问

举办职工游泳比赛

上海锦江饭店

上海锦江饭店是锦江国际集团所属的一家具有欧洲建筑风格的五星级高档商务酒店，饭店连续七届荣获上海市文明单位。2004 年，饭店工会围绕大局，服从经济，服务职工，扎实工作。饭店评选出季度文明礼貌优胜班组 36 个(次)，年度文明班组 13 个，文明职工 47 人，季度文明礼貌标兵 50 人次，评出“微笑大使”19 人，“业务明星”27 人，在饭店较好地营造了争先创优的良好氛围。饭店还特别重视做好关心职工生活的工作，专门建立了“凝聚力工程基金”。一年中，为各类困难职工补助 270 余人次，补助金额 14.5 万元。饭店还出资为全店在编职工办理了职工住院互助医疗保险和大病互助医疗保险，为全体女职工办理了妇科大病医疗保险，解决了职工生病的后顾之忧，增强了凝聚力。

开展职工技能比赛

召开百日优质服务竞赛总结表彰大会

组织职工卡啦 OK 歌咏比赛

饭店领导与季度文明礼貌标兵合影

组织职工乒乓球比赛

上海市城市排水市南运营有限公司
第二污水管理所

上海市城市排水市南运营有限公司第二污水管理所担负着污水治理二期工程的防汛排水和污水输送任务。建所以来，所党政工领导坚持“以人为本，科教兴所”的管理理念，以求真务实的工作态度，锐意进取的开拓精神，深化改革，强化管理，不断提高员工的综合素质，不断增强企业文明程度；坚持科技进步，将科研成果转化为生产力，开办教育基地，编写技术书籍，提高员工技能水平；将文明创建与企业民主管理相结合，推出“2+X”民主管理新模式，树立了良好的企业形象。所长陈巍华被评为2003年度上海市“员工信赖的好厂长（经理）”。

所长陈巍华

来宾参观污水处理中控室

欢迎新疆夏令营小朋友到所参观

工人自行编写的技术操作规程

与青浦监狱服刑人员结对帮教

上海永平置业有限公司工会

上海永平置业有限公司工会围绕企业的中心工作，坚持维护、建设、参与、教育职能，注重提高队伍素质，坚持职代会制度，加强监督机制，以内容、形式、程序、制度的完善和规范，保证企务公开工作的深入推行。凝聚了全体员工，融洽了干群关系，起到了纽带桥梁作用，推动了企业发展。公司连续多届评为徐汇区文明单位和先进职工之家。总经理张惠荣被评为上海市 2003 年度“员工信赖的好经理”，公司被评为徐汇区厂务公开先进示范单位、上海市民主民主管理百家示范单位。

召开“司情沟通”座谈会

公司领导和职工代表对话

表彰先进

组织公司职工合唱团

组织职工文化业余活动

上海宝山钢铁股份有限公司冷轧厂

月月有活动，季季有赛事

厂领导与员工代表对话交流

2004 年，宝钢股份公司冷轧厂生产、建设、发展三条战线齐头并进，产量首次突破 500 万吨，主要生产技术指示创历史最好水平。厂工会始终坚持围绕中心工作任务，大力推进职工素质工程建设，促进员工队伍整体素质的提升，成立了 35 个“孔利明式科技创新小组”，形成专利 15 项，总结提炼了 21 项先进操作法。在广大员工中宣传“紧张工作，健康生活”的理念，并实施员工“健康计划”。同时，班组建设、劳动竞赛、厂务公开等方面工作，都得到有效推进和不断深化，在企业改革建设中发挥了积极作用。

3# 彩涂机组实现当年投产、当年出效益

“孔利明式科技创新小组”发挥攻关解难作用

上海金属结构厂

厂长顾建忠在厂工会会员大会上讲话

上海金属结构厂是一家专业制造、安装大中型钢结构的企业，创建于1958年，现有员工358人，1998年由国有企业转制为股份合作制企业。转制后，在新型的管理机制动作下，广大员工励精图治，艰苦创业，企业的面貌发生了显著变化，走出了改制前连年亏损的困境，经济效益逐年上升。2004年的经济指标与1998年相比，产量翻了4倍多、产值上升2倍，员工收入提高了70%。企业被评为建工集团优秀企业、守合同重信誉AA级企业、A类纳税企业。通过了ISO2000版质量认证，“上金”品牌在行业中获得了一定的信誉。企业荣获上海市非公有制企业“五好”党组织、闵行区文明单位荣誉称号。厂长顾建忠被评为上海市“员工信赖的好厂长”。

组织职工技能培训

开展职工文体联欢活动

召开厂第三届股东大会

举办职工消防运动会

上海锦江城预拌混凝土有限公司

公司领导为先进班组授奖

上海锦江城预拌混凝土有限公司建于 1994 年，位于本市西南部梅陇镇淀浦河南岸，是经市建管办批准的二级资质的商品砼生产实体，年产量达 100 万立方。近年来，公司生产持续发展，被评为市劳模集体、市文明单位、荣获全国“五一”劳动奖状和国家工商总局颁发的“重合同、守信用企业”公示证书。已连续 3 年获市行业协会“质量诚信”评比优胜奖，取得了良好的经济效益和社会效益。公司注重提升企业文化，推行民主管理，员工主人翁意识不断增强。ISO9001:2000、ISO4001:1996、OHSAS18001—1999“三合一”管理体系覆盖生产经营全过程。优质的产品、优质的服务，赢得顾客的好评，在行业中树立了良好声誉。

召开团员青年座谈会

员工在职工之家健身房锻炼

定期为职工食堂清洁消毒

员工在职工之家图书馆阅读

上海自来水给水设备工程有限公司

公司所属水表仪器厂松江水表基地

上海市员工信赖的好经理 杨文灿

上海自来水给水设备工程有限公司下属有从事工程建设、给水产品以及房产、装潢、旅游、纯净水、化工等近20家企业。公司通过ISO9001:2000质量体系认证，具有国家建设部市政公用工程施工总承包、管道工程专业承包一级和水利水电施工总承包二级资质。近年来，公司坚持“建一个工程，出一个精品，育一批人才”的理念，为上海城市建设作出了应有贡献。公司承接的共和新路高架、外环线自来水配套工程、杨树浦水厂管网改扩建工程获得了上海市市政金奖工程。公司被评为上海市实事工程立功竞赛优秀公司，所属企业连续4年荣获市重大工程建设“小金杯”称号。

公司青年突击队在文明施工

公司承接的福州乌龙江过江管供水工程

公司首创世界最大口径DN1500压力管非开挖逆反转内衬管施工工艺，在四平路工地获得成功

上海永利工业制带有限公司

上海永利公司是轻型输送带行业集研发、制造、经营为一体的专业公司，创办于1991年。其 产品广泛用于物流、轻工电子、食品行业、木材、石才加工业等领域。目前公司生产规模在 国内占主导地位，市场占有率达到30%以上，尤其在新材料新产品的应用、研发上填补了国 内多项空白。永利公司的宗旨是：求精做强。公司现有员工270名，其中大专以上占25%，公司重视以人为 本的指导方针，制定了中长期的适合公司发展的人才发展战略。在公司全体员工努力下，荣获上海市文明单位、先进私营企业、黄浦区文明单位、黄浦区"十佳"私营民营企业工会等称号。史佩浩总经理被评为上海市"职工信赖的好厂长(经理)。

公司总经理史佩浩

召开公司职工代表大会

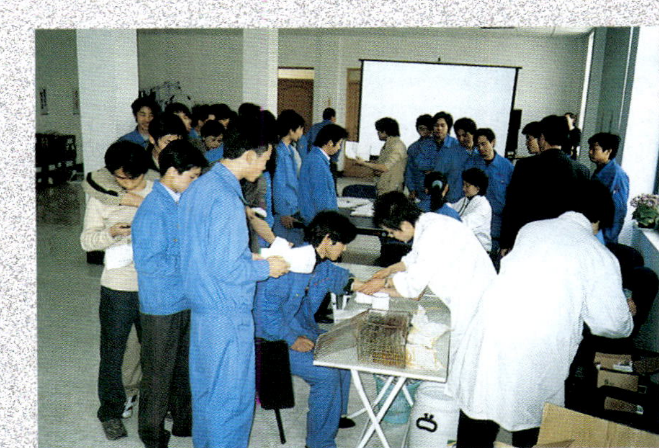

组织职工参加体检

公司产品样本

公司厂景

上海三电贝洱汽车空调有限公司

上海三电贝洱汽车空调有限公司是生产汽车空调系统、汽车空调压缩机等第列产品的中外合资企业。公司年产销量150万台套，年销售收入16亿以上，国内市场占有率超过70%，综合经济指标在同行业中位居国内第一、国际前十位。公司坚持经济建设、员工素质全面协调发展，倡导"企业不断满足员工日益增长的物质和文化需要"的人本管理理念，实施"开规模赢利之源、率科技创新之先、立成本无敌之策、树诚信立业之本"的发展战略，推进以"用户满意工程"为首的四大工程，构筑以计算机信息网络为平台的厂务公开民主管理运行机制，制定了《全心全意依靠员工办企业的工作条例》，使依靠员工办企业落实到实处。尤其是企业实施的"人人成为经营者"管理模式得到行业内外的广泛认可和推广。近年来，公司先后荣获全国"五一"劳动奖状、全国厂务公开先进单位、全国机械行业首家现代化管理企业等称号。

召开工会会员代表大会

公司荣获全国"五一"劳动奖状

开展员工健身长跑活动

公司压缩机装配流水线

公司厂景

上海振华造漆厂

黄有为厂长在名牌产品、新产品发布会上交流发言

上海振华造漆厂是一个具有 89 年历史的国有老企业，2001 年以来，在激烈的市场竞争中，企业努力在政治上保证、制度上落实、素质上提高、权益上维护，积极贯彻全心全意依靠职工办企业的方针，深化改革创新，推进科技进步，促进企业发展。全厂职工奋力拼搏，企业效益止跌回升，职工收入逐年提高，使振华厂步入了良性循环发展的轨道。振华厂连续 3 年被宝钢评为“A”类供应商，荣获上海市建设工业新高地优秀企业和上海市文明单位称号。厂长黄有为被评为 2003 年度上海市“职工信赖的好厂长(经理)”。

职代会民主协商，共谋发展

与宝钢开展技术交流

参加职工艺术展

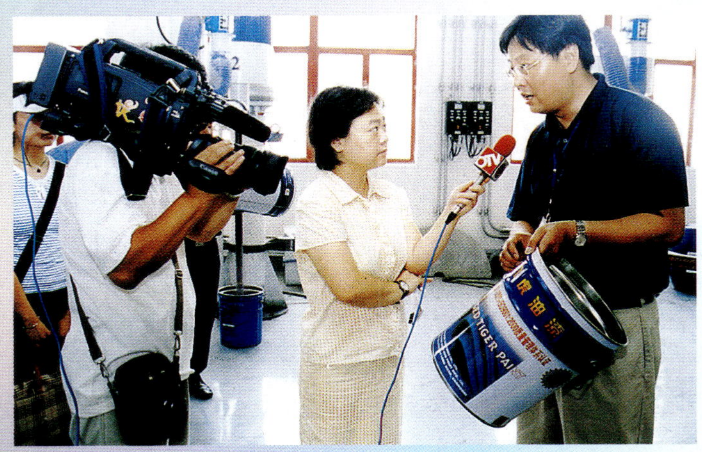

与东视新闻共同打假

上海惠工缝纫机三厂

召开职工代表大会

上海惠工缝纫机三厂成立于1992年2月，企业现有职工495人。工会会员495人，职工入会率100%。企业所生产的5大类200多个品种的工业缝纫机接近和达到了国内外先进水平。产品畅销50多个国家和地区，2004年销售产值3.08亿元，出口创汇1250万美元。企业始终坚持和完善职工代表大会制度，坚持厂务公开制度，充分发扬民主。工会积极配合企业开展职工培训和形式多样的文体活动，增加职工对企业的满意感、自豪感。企业获全国轻工质量效益型先进企业、上海市文明单位、上海市职工最满意企业、上海市工业企业500强荣誉称号。“海菱”牌商标被评为上海市著名商标。王瑞福厂长被评为上海市“职工信赖的好厂长(经理)”。

组织技术攻关

职工信赖的好厂长　王瑞福

开展职工读书活动

丰富职工文体生活

上海港集装箱股份有限公司外高桥码头分公司

公司办公大楼外景

上海港集装箱股份有限公司外高桥码头分公司自1999年9月正式生产营运后，集装箱吞吐量从63万标准箱到2004年底已达到431万标准箱，为上海港集装箱吞吐量排名升至世界第三位作出了重要贡献。公司重视企业文化建设，在党政工团齐抓共管的同时，工会为营造浓厚的文化氛围，为员工建造了“员工活动中心”和足球场、篮球场、羽毛球场等活动场所，并组织建立了由员工自愿报名参加的集邮、摄影、演讲、读书影评、英语、足球、篮球、羽毛球等协会。公司以文明创建为突破口，以提高员工素质为抓手，取得了优异成绩，被评为上海市文明单位。

开展群众体育锻炼

繁忙的公司装卸码头

职工足球比赛

组织摄影爱好者活动

上海东洋电装有限公司

上海东洋电装有限公司坐落在上海市松江工业区内，是最早进入松江工业区的中日合作企业，公司现有员工1500余名。2004年实现销售收入8.49亿元，连续8年进入上海市产品销售收入前500家工业企业的行列。公司1994年8月正式投产，并于当年12月成立了工会，确立了“维护员工权益，共谋企业发展”的宗旨。公司从1995年起逐步建立起了一套完善的集体协商谈判制度，并于1995年底，成为工业区首家正式签订集体合同的外资企业，1998年获全国集体合同建制先进企业。公司坚持抓好一年一度的体育运动会、覆盖全体员工的旅游活动和迎春联欢活动，广大职工积极参与。公司被评为松江区和上海市文明单位。

召开公司三届一次会员代表大会

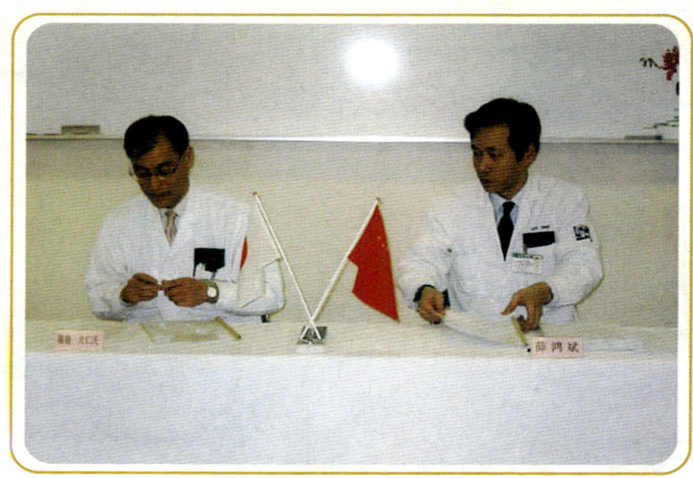

公司行政和工会签订集体合同

员工代表认真审议集体合同文本

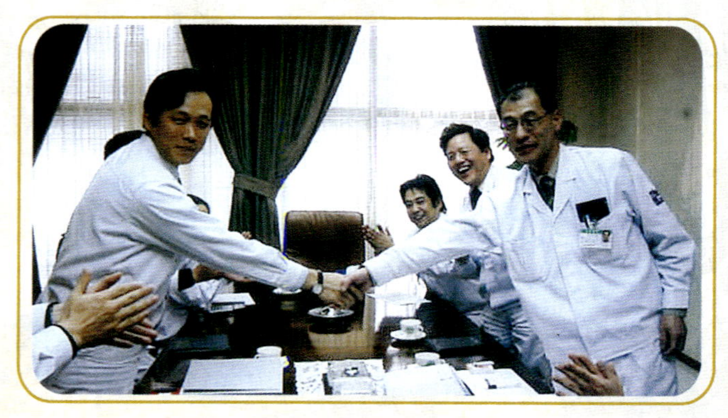

公司行政和工会开展工资谈判

上海液化石油气经营有限公司

职工代表投票表决企业改革方案

上海液化石油气经营有限公司是目前我国规模最大，技术设备最先进，储存能力最强的集液化气储存、灌装、运输和销售服务于一体的复合型液化气产品销售企业。公司作为液化气行业中的骨干企业，其销量占据了上海液化气市场的半壁江山。公司于1996年3月正式成为“世界液化石油气协会”（WLPGA）会员单位，1998年12月通过国际著名的认证机构BSI公司ISO9001质量体系认证。2003年，2004年连续被评为全国“安康杯”竞赛活动优胜企业。近年来，公司工会在公司党委和上级工会的领导下，努力实践“三个代表”重要思想，紧紧围绕企业改革发展的大局，认真履行维护职能，在实践中积极探索新的工作思路，创新工作载体，充分发挥工会组织的桥梁和纽带作用，为确保企业改革、稳定和发展发挥了作用。

在职代会上表彰先进

召开工会维权工作研讨会

组织外来务工人员送液化钢瓶技能竞赛

组织职工广播操比赛

上海市房地产交易中心网上房地产管理部

开展操作业务交流

上海市房地产交易中心网上房地产管理部，是为了适应新时期的发展要求，在房地产开发商和购房者之间搭建一个公开、公平、公正的房地产交易信息平台，营造健康、规范的房地产交易环境，于 2000 年建立的一个全新服务窗口。管理部牢固树立为市场服务、为市民服务的宗旨，坚持观念创新、管理创新和服务创新，于 2004 年 3 月 30 日推出了“新建商品房销售合同网上备案系统”，使房地产交易信息更加透明，销售行为更加规范。管理部于 2004 年 10 月被全国总工会授予“全国职工创新示范岗”荣誉称号。

计算机操作系统

交易员在认真作业

网上房地产交易信息

上海外高桥保税区开发股份有限公司

召开职工代表大会

2004年，上海外高桥保税区开发股份有限公司工会在公司党委和上级工会的领导下，以党的十六大和十六届三中、四中全会和全总十四大精神为指导，围绕公司中心工作，认真履行工会职责，维护员工权益，努力构建和谐劳动关系，推进企业文化建设，营造文明和谐环境，维护公司发展稳定大局，团结依靠全体员工，为全面实现年度经营目标和工作任务，为公司的改革发展作出了应有贡献。

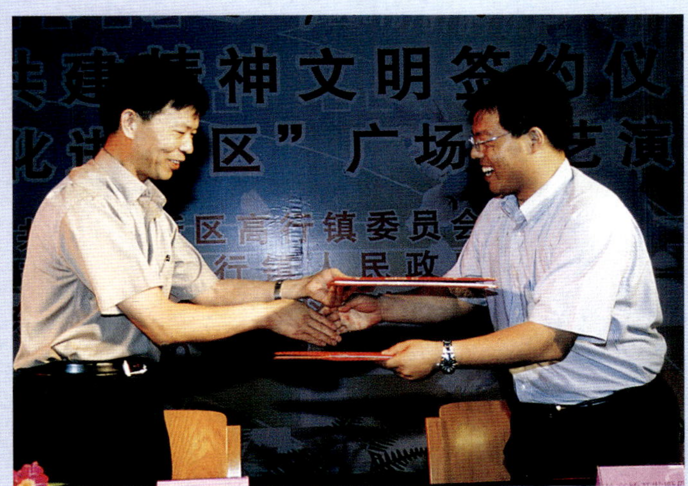
公司和社区共建文明

组织员工业务技能比赛

迎新春员工文艺汇演

公司青年志愿者服务队

上海市地矿建设有限责任公司

召开公司股东大会

开展员工业务培训

上海市地矿建设有限责任公司是隶属于上海市房屋土地资源管理局下属事业单位上海地矿工程勘察院的改制企业，是一家资深的地勘单位，经改制设立的国家一级地基与基础施工骨干企业。专业从事各类桩基与基础施工、基坑围护与地基加固、房层纠偏等工程业务。公司以“让职工成为创业的主体，利润的源泉”作为企业发展的动力。在生产经营和管理工作中，公司工会紧紧围绕企业经济建设这一中心工作，注重队伍建设；坚持以公司职代会和股东会为载体，开展民主管理；在职工中组织了新进大学生拜师等活动，以进一步提高职工队伍的整体素质，充分发挥职工群众的积极性和创造性。公司曾荣获2001年度全国“安康杯”竞赛（上海赛区）优胜企业。

组织大学生拜师学艺

参与世博会安置基地建设

施工现场

上海浦东国际集装箱码头有限公司

上海浦东国际集装箱码头有限公司成立于2003年3月，是由上海外高桥保税区港务公司、香港和记港口浦东有限公司、中远太平洋(中国)投资有限公司及上实基建控股有限公司四方合资经营的码头公司。公司地处长江南岸、外高桥保税区A区，毗邻上海外环线、浦东杨高路和筹建中的沪、崇、苏越江工程，水、陆交通便捷，集、疏、运条件极其优越。公司码头岸线全长900米，前沿水深负12米，拥有3个全集装箱泊位，可停靠第五、六代集装箱船舶。陆域面积50万平方米，平面集装箱箱位8200余只，其中冷藏箱位800余只。风雨兼程，薪火相继。时至今日，上海浦东国际集装箱码头有限公司正一步一个脚印，逐步发展成为一个稳健的现代化集装箱装卸经营企业。

壮观的公司集装箱码头

召开员工代表大会

组织职工集邮展览

职工引吭高歌"浦东国际我的家"

开展职工操作技能竞赛

上海浦东煤气制气有限公司

召开职工(会员)代表大会

上海浦东煤气制气有限公司建于八十年代初，是国内最大的城市煤气生产企业之一，现已形成日供煤气230万立方米的生产能力。公司工会坚持以邓小平理论和“三个代表”重要思想为指导，切实贯彻《工会法》，突出维护职责，以推进企务公开、平等协商为切入点，不断提高企业民主管理水平。同时，积极开展形式多样，贴近生产，贴近职工的技术比武和劳动竞赛活动。在维护职工的政治权益、经济权益和文化权益方面做了大量有益的探索。1995年、2000年两次被评为上海市“模范职工之家”，2005年获全国“模范职工之家”光荣称号。

公司总经理与工会代表签订集体合同

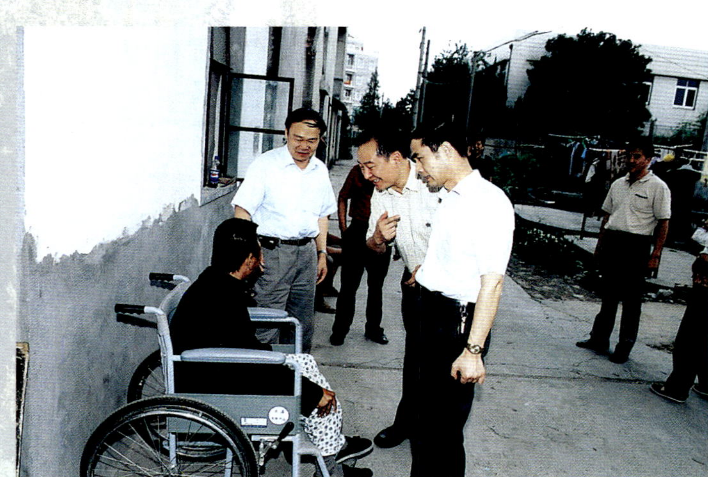
领导慰问困难职工

公司工会和行政举行平等协商

举行厂情发布会

上海工程技术大学工会

坚持教代会制度

上海工程技术大学工会按照“组织起来，切实维权”的工作方针，在学校的建设和发展中，坚持以人为本和科学发展观，组织和动员广大教职工，参与学校的民主政治建设；开展民主管理，努力推进校务公开，深化教育改革，提高教学、科研水平；维护教职工的利益，为教职工构建医疗保障体系；加强师德教育，提高员工素质；坚持开展群众性的文体活动；赢得了广大教职工的赞誉。学校获得2001—2004年保障工作先进集体、先进教工之家、全国推行厂务公开工作先进单位等荣誉称号。

召开松江大学园区工会主席恳谈会

领导家访慰问患病教师

教职工参加拔河赛

庆“三八”表彰先进

上海中城企业集团房地产有限公司

公司领导到工地检查

上海中城企业集团房地产有限公司于1996年9月由上海卢湾区房屋建设开发总公司改制建立，具有国家一级房地产开发企业资质。公司按照“以市场为导向，以效益为中心，以稳健为原则，以管理为基础”的理念，注重企业的精神文明建设，不断完善企业内部各项规章制度，积极参与实施卢湾区市政建设和旧区改造，加大招商引资力度，抓住机遇，积极参加了上海市中低价“四高”示范居住区和上海市重大项目配套商品房基地的投标和开发建设，为改变卢湾区的城区面貌作出了应有的贡献，并取得较好的经济效益。公司连续多年获得上海市住宅建设先进集体、上海市重点工程实事立功竞赛优秀公司、上海市文明单位、首届上海市房地产开发企业50强、守合同重信用企业等荣誉称号。

进行革命传统教育

认真做好动迁工作

干群共同引吭高歌

生产秩序井然的施工工地

上海港复兴船务公司工会

上海港复兴船务公司是上海国际港务(集团)股份有限公司下属企业,主要经营项目为船舶拖带、大件吊装和海上驳运。2004年,公司被市政府命名为"上海市质量金奖"企业;公司OHSAS18000(职业安全健康管理体系)通过了中国船级社质量认证公司的认证;公司被评为全国"安康杯"竞赛活动优胜单位。在新时期新阶段,公司工会提出了"以人为本,融入大局,坚持在促改革发展中维权"的新思路,突出工会维护职能,深化企业民主管理;组织职工参加市重大工程立功竞赛,推进安全生产;履行"第一责任人"职责,切实为职工解忧送温暖;开展形式多样的文化娱乐活动,丰富职工业余生活;加强自身建设,提高工会干部素质,确保了各项工作的顺利开展。

公司工会领导慰问战高温职工

召开立功竞赛中途推进会

公司工会谋划2005年工会工作

开展"爱我祖国、爱我家园"歌咏活动

组织职工游泳比赛

上海瀛通(集团)有限公司

上海瀛通(集团)有限公司列上海市百强私营企业第6位、上海市房地产开发企业50强第8位。2004年竣工的住宅面积达46万平方米,实现产销值21亿元,缴纳税金9700万元。瀛通集团在致力于经济发展的同时,倾情回报社会,从1995年至今,集团为社会慈善及公益事业累计出资达8000多万元,其中2003年底向上海市慈善基金会捐款3000万元,2004年4月再次捐款1000万元;成立了上海市第一家民间慈善基金管理机构"瀛通慈善基金会",致力于崇明地区的"安老、扶幼、助学、济困"等慈善事业。瀛通集团荣获2004年全国"五一"劳动奖状,并登上了2004年度中国内地福布斯慈善排行榜榜首。集团董事长陈伟峰先生荣获2003年度全国"五一"劳动奖章,被评为2004年上海市劳动模范、上海市首届"慈善之星"。

成立瀛通慈善基金会

上海市慈善基金会主席陈铁迪接受公司慈善捐款

签订帮困送温暖保障协议

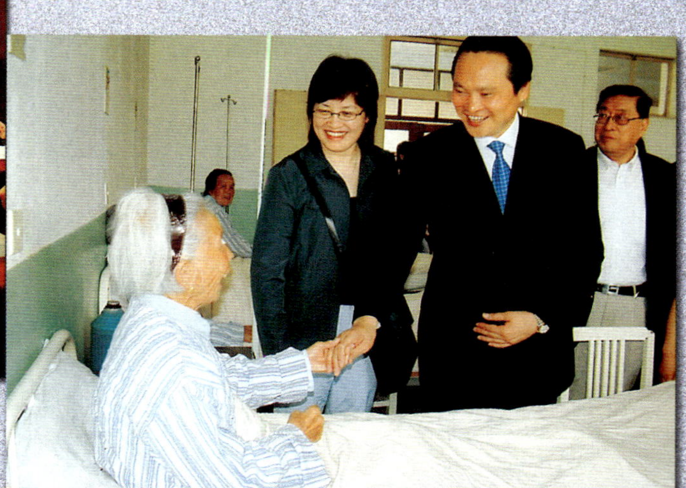

公司领导看望老年患病职工

上海宝冶建设建筑分公司

上海宝冶建设建筑分公司是宝冶建设有限公司属下承揽建筑、装潢、安装等业务的分公司。公司先后承建了宝钢股份“十五”规划重大项目工程、上海广电—NEC液晶显示器厂房工程、浦东中芯集成芯片工程、上海克虏伯不锈钢二期工程等十多个上海市重点项目工程。公司现有员工719名，其中管理人员399名。2004年是建筑分公司快速发展取得突破的一年，公司率先突破十亿元产值大关，创历史最好水平，在中冶集团名列榜首。公司荣获全国“安康杯”竞赛优胜企业、上海市重点工程实事立功竞赛优秀集体、上海市劳模集体等荣誉称号。

研讨公司工会工作

开展创建职工之家工作交流

开展群众性文化娱乐活动

举办职工羽毛球联赛

上海市闵行区医务工会

闵行区医务工会下属基层工会22个，民营医疗机构工会7个，会员4865名。医务工会围绕党在各个历史时期的中心任务，配合上海市闵行区卫生局党政开展各项工作，发挥了工会联系职工群众的桥梁纽带作用，为闵行区的卫生改革与发展作出了贡献。几年来共评选出劳动模范17名，全国“五一”劳动奖章1名。工会干部培训、职代会建设、院务公开、文明班组建设、职工维权等工作都有新的拓展，曾荣获上海市学习型企业创建奖，被评为上海市民主管理先进单位。

医务工会领导慰问困难职工

组织文明班组建设交流展示

坚持开展民主评议领导干部

医务职工自编自演文艺节目

组队参加医务系统庆国庆大型文体活动

金山区教育工会

工会主席孙秀强在职代会上作报告

2004 年，金山区教育工会在局党委和上级工会的领导下，努力探索新时期工会工作的新思路新方法，开展“比师能，展师风”系列活动；开展“找差距，比三德”责任意识专题活动；加强队伍建设，推进直选工会主席工作；以工会片为活动单位，开展形式多样、内容丰富的教工文体活动；组织教工参与“一日捐”和“千名教师助学帮困”活动，强化生活保障机制；为科教兴区和金山教育的改革、发展和稳定作出了应有的贡献。

教工合唱团荣获 2004 年全国校园之春春节联欢晚会演出一等奖。

工会干部在西柏坡学习参观

2004年金山区教工健身健美操比赛

教工健身操比赛

教工舞蹈获市教工文艺会演金奖

上海市第七建筑有限公司

召开公司工会代表大会

职工代表民主评议领导干部

上海市第七建筑有限公司为房屋建筑工程施工总承包特级企业，具有市政公用工程施工总承包一级，建筑装修装饰工程、起重设备安装工程、机电设备安装工程专业承包一级等资质。公司工会根据“与时俱进、奋发有为，动员和凝聚广大职工在企业的持续发展中作出新的贡献”的总体要求，注重从企业的实际出发，创特色求实效，努力推动工会工作。一是以创建重点样板工程为抓手，推动建功立业再上新台阶；二是拓展维权工作的途径，全面提高民主管理水平，2004 年被评为上海市“民主管理百家示范基地”之一；三是抓工会自身建设，促进工会工作更上一层楼，健全公司、基层、工会小组三级网络，吸纳 9006 名外来务工人员入会，扩大了工会队伍。近年来，公司荣获全国“五一”劳动奖章，全国“模范职工之家”等荣誉称号。

民工夜校对外来务工人员开展教育培训

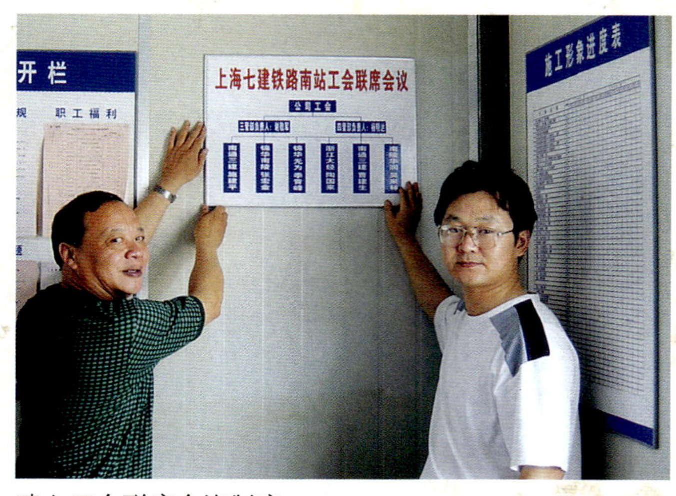

建立工会联席会议制度

企业文化进工地

上海合流污水管理所

组织创建职工小家工作交流

召开劳动竞赛总结表彰会

开展劳动竞赛和技术攻关活动

上海合流污水管理所是具有防汛排水、污水输送双重社会职能的水环境治理单位。服务范围西起丹巴路，东至长江竹园口，合流总管全长33.39公里，贯穿普陀、长宁、静安、黄浦、闸北、虹口、杨浦、宝山、浦东新区等9个区。管理所拥有彭越浦泵站为代表的56座截流、防汛泵站，可接纳45个泄水区内的合流污水，日输送污水170万吨，服务人口225万。现有职工531人，分布在6个分所、厂、站，具有点多、面广、线长、班组分散的管理特点。管理所曾荣获上海市读书活动先进单位、市建委“三学”先进单位、市创建学习型企业创建奖、上海市文明单位等荣誉称号。

深入开展职工读书活动

与街道社区联手共建精神文明

上海市电信有限公司莘闵电信局工会

召开一届二次职工代表大会

莘闵电信局隶属上海市电信有限公司，服务区域覆盖闵行区以及徐汇部分地区，服务面积 400 平方公里，服务人口 143 万，电话客户为 90 万户。莘闵电信局工会下设 12 个部门工会。近年来，莘闵电信工会在区局党委和上级工会的领导下，认真学习并实践"三个代表"重要思想，贯彻落实《工会法》，履行工会四项基本职能，围绕企业改革，开展了各项富有实效的工作，充分调动了广大职工的积极性，职工素质有所提高，民主管理有所加强，建家活动有所创新，职工福利有所改善。通过全局职工的努力，莘闵电信局获得上海市文明单位、2000 年度上海市重点工程实事立功竞赛优秀集体、上海市服务诚信先进单位等称号。局工会被评为 2002 年度上海市"模范职工之家"、2002—2003 年度上海电信"先进职工之家"。

召开企业管理双向沟通会

向灾区人民献爱心

吸收劳务工加入工会组织

组织职工参加"全民健身日"活动

上海铁路分局上海西站工会

站工会委员会成员

上海铁路分局上海西站工会在车站党委和上级工会的领导下，认真实践“三个代表”重要思想，围绕铁路运输生产中心，紧紧依靠全站广大职工，保安全、保稳定、增效益、建路风；以贯彻实施《劳动法》、《工会法》为契机，建立互助保障体系；实施职工素质工程，提升职工队伍素质；加强民主管理，建立有效机制，推进两个文明建设；完善建家工作体系，努力探索一条具有车站特色的建家工作新思路，构筑职工信赖、满意的职工之家。站工会被市总工会评为2002年度上海市“模范职工之家”。

举办员工培训班

召开新进职工座谈会

开展“百日冬锻”活动

职工参加拔河比赛

上海浦东发展(集团)有限公司

研究部署年度工会工作

上海浦东发展(集团)有限公司是1996年经上海市人民政府批准设立的国有独资有限责任公司，主要承担浦东新区重点工程和重大项目的投融资任务，以及国有资产的资本运作和资产管理。2004年，集团公司工会以邓小平理论和“三个代表”重要思想统揽全局，按照新区对集团公司提出的“高举一面旗帜，打响一个品牌和做好三篇文章”的总体要求，在集团党委和新区总工会的领导下，结合集团公司实际，紧紧围绕“发展、开拓、进取”的工作思路，充分发挥桥梁纽带作用及思想政治工作的优势，转变观念，团结奋进，锐意进取，为集团公司的改革发展稳定做出了积极的努力。

召开工会经审工作交流会

召开纪念“三八”妇女节座谈会

庆祝龙阳路立交建成通车文艺汇演

建立职工艺术团

上海市嘉定区妇幼保健院

一年一度的职代会及民主评议干部大会

组织全体员工参观红旗渠精神展览

嘉定区妇幼保健院是一所集医疗、教育、科研、保健四位一体的二级甲等专科医院。是全国妇幼卫生工作先进集体、国际妇科内窥镜诊疗培训中心、上海市文明单位。医院工会被评为上海市"模范职工之家"。医院现有职工 242 名，医院设立了 12 个工会小组并有 40 名职工代表和 7 名工会执委。2004 年组织了 54 名非在编职工加入了医院工会组织，入会率 100%。工会积极开展各项工作，得到了上级工会及职工的肯定。医院经过职代会审议并决定自筹资金 2500 万元扩建综合大楼、妇儿保大楼、外地孕产妇接产点及为职工改造宿舍楼、食堂。近年来医院发展迅速，经济效益和社会效益明显提高，职工的参政议政能力和主人翁精神得到充分体现。

职工健美操比赛

参加公仆礼赞讲故事大赛

院部领导慰问外来孕妇接产新病区医务人员

上海丝绸集团股份有限公司

上海丝绸集团股份有限公司成立于2003年1月5日，是一家实施投资主体多元化、由国有企业改制而成的专业外贸企业。公司以邓小平理论和“三个代表”重要思想为指导，坚持全心全意依靠职工群众办企业的方针，建立职工代表大会制度，推行工资平等协商，实施厂务公开，企业民主管理不断上新的台阶。公司坚持“以人为本”，重视企业文化建设，开展各类岗位的培训和技能比武活动，提高职工整体素质，增强企业凝聚力。在全体员工团结拼搏下，公司确保了出口规模，取得了较好的经济效益。

开展平等协商，签订工资协议

举办业务知识培训班

召开企业发展恳谈会

坚持职工代表大会制度

举办“青年风采”大赛

上海电气集团上海电机厂有限公司工会

坚持集体协商制度

开展工会工作特色成果交流

上海电气集团上海电机厂有限公司系国有大型电站装备企业。企业坚持科学发展观，坚持深化改革，坚持“高起点思考、高标准对标、高质量谋划”，通过重大结构调整深化企业改革，不断增强了市场竞争力。2004年完成销售产值17.3亿元，创出历史新高。公司工会在党委和上级工会的领导下，紧紧围绕企业的中心工作，突出维护职能，深入开展各项工作。创建新载体，构筑新平台，开展集体协商，技术练兵，帮困送温暖等活动，努力提升职工素质，营造了和谐稳定的企业氛围，为振兴电站装备业，实现新一轮跨跃式发展，发挥工会的积极作用。

董事长、总经理祁新平，党委书记沈文祥为职工集藏展剪彩

公司职工冬泳队坚持冬锻并每年参加全国性比赛

组织职工操作技能比赛

中国联通有限公司上海分公司

中国联通有限公司上海分公司成立于1994年9月15日，承载着“发展电信事业、繁荣上海经济”的使命，上海联通作为中国联通组建的第一批分公司之一，在经济改革的大潮中扬帆启航。公司坚持以“三个代表”重要思想为指导，按照“和谐发展、科技创先、服务上海”的方针，形成了一整套符合客观规律且具有自身特色的发展思路，强调内外环境的协调统一，强调科技与人文的完美结合，为客户创造价值、为员工创造机会、为社会创造效益。以新科技引领通信未来，用创新服务满足用户需求，全心全意服务用户、服务上海、服务全国。

军民共建文明

举办迎新联欢

弘扬员工先进事迹

欢快的健身舞

上海医药工业研究院工会

开展工会工作研讨交流

上海医药工业研究院创建于1957年，是国内最大的综合性医药科研开发机构，拥有4个国家级药物研究开发中心以及1家上市公司，是药学一级学科单位。院工会在院党委和上级工会的领导下，认真贯彻“三个代表”重要思想，以经济建设为中心，团结广大职工群众，支持和参与院的科技体制改革，突出工会的维护职能，参与民主管理，推进职代会、院务公开制度的落实，维护好职工的合法权益，真心实意地为职工群众服务，增强了工会组织的凝聚力，在推进研究院改革和发展中发挥了工会组织的作用。

发动职工募捐献爱心

参加医务健康卫生宣传

组织职工疗休养

华东电力试验研究院

华东电力试验研究院承担着华东电网有限公司和上海市电力公司所属发、供电企业和电网的试验研究工作。全院 331 人，其中博士生 4 名、硕士学位 57 名，工程技术人员 207 名，占员工总数的 62.53%。研究院以“诚信、合作、创新”的企业精神为动力，以市场为导向，以优质服务和打造企业品牌为宗旨，以提升企业核心竞争力为目标，开展相关专业领域的超前研究和科技攻关，为推动行业的科技进步和电力工业的发展作出了积极的贡献。研究院获得上海市先进企业、上海市文明单位、上海市 工业新高地争先创优活动优秀企业等称号。

开展平等协商

召开职工代表大会

组织职工代表培训

开展大众体育活动

举办职工文化艺术节

上海第二建筑有限公司工会

召开公司职工代表大会

2004年，公司工会认真贯彻“突出维护职能、贴紧经济、贴紧改革、贴紧群众”的工作方针，紧紧围绕企业经济建设中心，坚持开展重点工程立功竞赛活动；坚持维护职工的合法权益，建立了源头参与、源头维护机制、困难群体帮困送温暖机制、职工互助补充保障机制；积极开展企业民主管理，形成了民主管理、厂务公开8项制度；努力推进企业文化建设和职工素质工程建设，认真实施全员培训，公司教育培训中心被命名为上海市职工素质工程培训基地。公司荣获上海市重大工程建设金杯奖、上海市文明单位、上海市精神文明“十佳”企业称号。公司工会被评为上海市“模范职工之家”。

家访职工家庭

职工参加集体婚礼

组织职工足球比赛

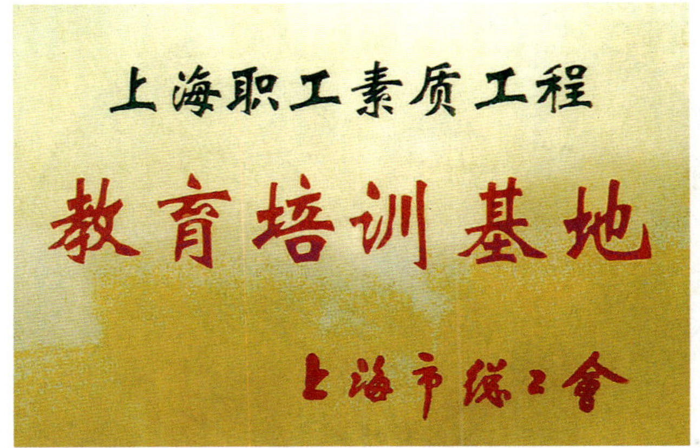

公司职工培训中心被命名为上海职工素质工程教育培训基地

上海不夜城联合发展(集团)有限公司

集团公司工会主席孙竹君在大会上发言

上海不夜城联合发展(集团)有限公司是集房地产开发、物业管理、房地产咨询和动拆迁服务的企业集团。集团以敬业、创新、科学、高效为宗旨,以劳动模范钟文虎和全国“五一”劳动奖状先进班组振沪公司动迁组为榜样,发动职工致力于房地产开发建设事业。在公司党委和上级工会领导下,集团公司工会坚持维护职能,加强企业民主管理,狠抓学习型班组建设,全面推进职工素质工程,为企业推进改革发展作出了努力。

劳模钟文虎参加班组学习

集团公司工会委员会工作例会

为困难职工献爱心

举行职工春节团拜活动

上海法雷奥汽车电器系统有限公司

上海法雷奥汽车电器系统有限公司是由上汽集团(SAIC)与法国法雷奥集团(VALEO)共同投资的生产汽车和工程机械及其它用途的发电机、起动机的专业公司，是上海市高新技术企业。在企业发展历程中，公司工会牢牢把握大局，积极配合党政，围绕“增强公司发展动力，增强员工发展空间”的工作主题，以公司发展中的重点、难点、热点作为工会工作的立足点、结合点、着力点，全面履行各项职能，创新各项工作载体，推动企业上台阶。公司总经理杨德君荣获上海市“员工信赖的好经理“称号”，公司被评为上海市文明单位、上海市用户满意企业。公司工会被评为上汽集团先进职工之家。

召开工代会、职代会，深化“用户满意工程”

员工信赖的好经理　杨德君

开展群众性体育活动，强身健体

围绕经济工作中心，签订立功竞赛协议

表彰“十佳员工”，弘扬先进典型

提高员工素质，开展技术比武

上海市公路养路费征收管理办公室

上海市公路养路费征收管理办公室工会在党支部和上级工会的领导下，坚持以邓小平理论和“三个代表”重要思想为指导，突出维护保障职工的合法权益，坚持为职工办实事。围绕征稽工作，振奋精神，迎难而上，管好队伍，抓好竞赛，不断提高职工队伍素质，促进了征稽工作各项任务的完成。征收办荣获上海市模范集体、全国“五一”劳动奖状荣誉称号。办工会被评为上海市“模范职工之家”。

召开征收办工会代表大会

向社会捐助献爱心

家访慰问困难职工

召开专项整治工作推进会

组织职工疗休养

上海市废弃物老港处置场

地处东海之滨的老港处置场是一个集机械化程度、技术含量和处置任务量较高的大型卫生填埋场，日均处置生活垃圾6千吨左右，约占上海市区生活垃圾日产量的70%。确保安全生产和员工的生命健康，是我场安全管理的永恒命题。场行政、场工会始终把职工的安全健康放在突出位置，以“安康杯”竞赛活动为载体，以贯彻OSHMS标准为抓手，健全安全管理网络，全面推行安全生产标准化管理，抓好安全“五好”班组建设，促进安全生产水平和企业效益的不断提高。2003年、2004年连续两届被评为全国“安康杯”竞赛活动优胜企业。

召开“安康杯”竞赛研讨会

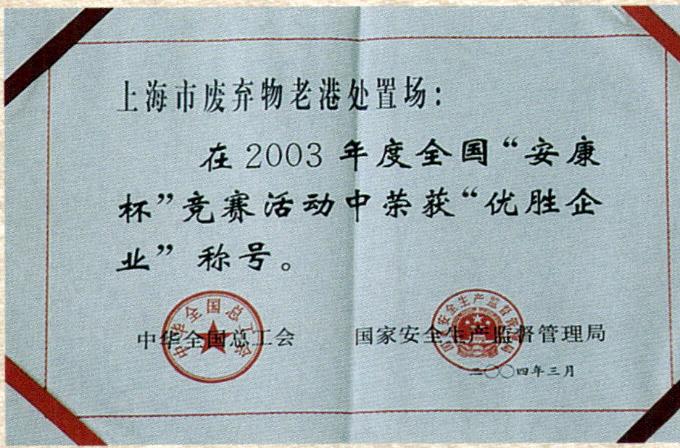
上海市废弃物老港处置场：

在2003年度全国“安康杯”竞赛活动中荣获“优胜企业”称号。

中华全国总工会　国家安全生产监督管理局

二〇〇四年三月

荣誉证书

公司领导进行“安康杯”竞赛动员

职工参加安全生产承诺签字

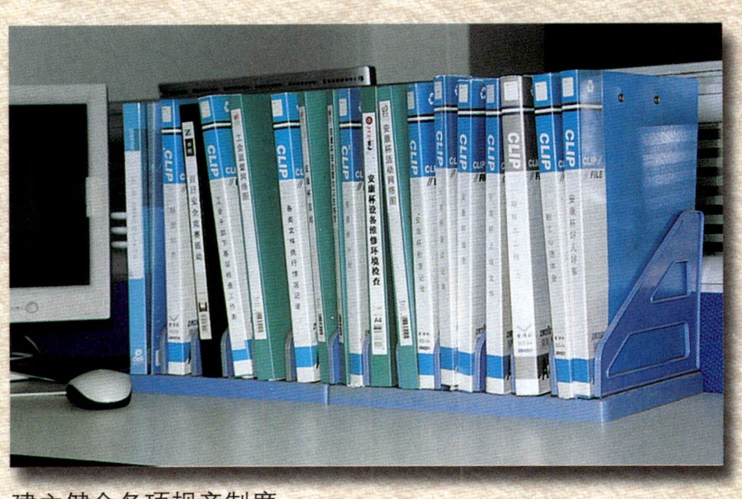
建立健全各项规章制度

国泰君安证券股份有限公司工会

召开第二届职工代表大会

国泰君安证券股份有限公司工会在公司党委和上级工会的领导下，以“三个代表”重要思想为指导，贯彻公司“诚信、亲和、专业、创新”理念，建立健全职代会和司务公开制度，依法维护职工权益；围绕公司中心工作，服务大局，积极开展劳动竞赛；以创建公司钻石文化为载体，宣传、引导公司先进文化理念；开展形式多样、生动活泼、富有实效的群众性活动，进一步增强了公司凝聚力，激发了职工的工作积极性、创造性，促进了公司各项工作的开展。

组队参加龙舟赛

参加上海金融系统庆祝建国55周年文艺会演

员工为龙舟赛队员鼓劲

公司钻石文化艺术节开幕式

解放日报报业集团印务中心

解放日报报业集团印刷厂成立于 1949 年 5 月 28 日，承担了解放日报及各地方和上海地区的报刊、杂志的印刷出版业务，是一个具有悠久历史和文化底蕴的印刷厂，是目前上海设备最好、印刷能力最强的专业报刊印刷基地之一。随着规模的不断扩大，印务中心面对新的机遇和挑战，集团制定了五年发展规划，印务中心要发展成上海一流的报刊印刷基地。面对激烈的市场竞争，在加大对硬件投入的同时，中心注重人事制度的改革，相继实施了中层干部竞聘上岗和全员聘任两项重大改革，优化和提高职工队伍素质，培养职工爱岗敬业的精神，开展了岗位标兵评选活动。印务中心被评为 2003 年度"职工最满意企业"。

表彰岗位先进标兵

先进的印刷设施

开展职工大众体育活动

印务中心外景

上海天原(集团)有限公司

上海天原(集团)有限公司地处上海吴泾化学工业区，主要生产烧碱、聚氯乙烯、氯产品、塑料粒子、汽塑配件、树脂、助剂等，综合实力列全国氯碱行业之首。公司工会下属18个基层工会、3个中外合资企业工会，会员8608名。公司工会围绕公司发展战略，紧贴企业实际，服务经济，服务职工，不断推进职工素质工程，加快职工队伍知识化进程；不断深化民主决策、民主参与、民主管理；不断促进和谐劳动关系，切实维护职工合法权益；积极组织职工群众投身公司的改革发展和经济建设，取得了一定的成效，为公司的持续发展发挥了积极作用。

1班组建设现场交流
2坚持开展“技师带徒”活动
3职工代表巡视企业生活福利情况
4开展“六一”助学帮困义赠义卖活动
5庆“三八”女职工广播体操比赛

上海彭浦机器厂有限公司工会

在职代会上签订集体合同

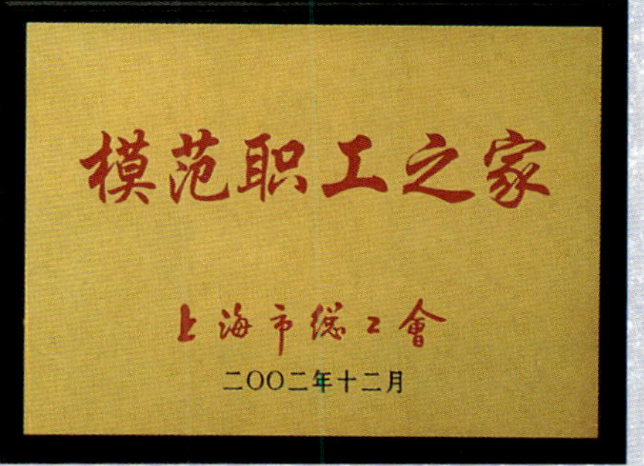

上海彭浦机器厂有限公司工会现有会员1200余名，下属二级基层工会14个。近年来，公司工会在公司党委和上级工会的领导下，围绕企业生产、改革发展的大局，牢牢把握维护职工合法权益的基本职能，坚持以深化企业民主管理为重点，落实职代会和集体合同制度，深化厂务公开；坚持以促进经济发展为主题，开展劳动竞赛、质量攻关、合理化建议等科技创新活动；坚持以争做“智能型职工、争创智能型班组”为抓手，推进名师带徒和创建“星级班组”活动；坚持以保障职工基本生活为前提，深化送温暖工作；坚持以工会目标管理竞赛为抓手，提升工会工作的整体水平。公司工会被评为2002年度上海市“模范职工之家”。

组队参加电气职工歌会

开展名师带徒，技术攻关活动

在名师带徒表彰会上，徒弟向师傅献花

上海建设路桥机械设备有限公司

工会与行政签订集体合同

证书

上海建设路桥机械设备有限公司：　　编号:2003153

贵公司在由中国机械工业企业管理协会主办，国家机械网承办的2003年《中国机械500强》排序活动中，进入2003年中国机械500强之列。

特发此证。

中国机械工业企业管理协会

二〇〇三年七月

荣誉证书

举办职工艺术展

上海建设路桥机械设备有限公司是中国最大的破碎机生产出口基地，是中国建材机械行业龙头企业、上海市优秀企业、上海市文明单位、全国机械行业文明单位和企业文化建设先进单位。公司坚持走规模发展之路，自1989年和路桥(香港)公司合资以来，平均每年以20%的速率增长，2004年销售额已达12亿元。公司产品被广泛运用于矿山、冶金、建材、交通、环保、水利、能源、供暖、轻纺等行业。在公司党委和上级工会的领导下，公司工会紧紧围绕发展经济这个中心，突出维护职能，抓好吸收外来务工人员加入工会组织和技能培训工作，开拓创新，引导职工继续发扬"蚂蚁啃骨头"的企业精神，扎实开展各项工会活动，为公司的发展发挥了应有的作用。

组织工会干部到建材基地走访用户

第三航务工程局上海分公司工会

开展班组建设工作研讨交流

公司领导到生产现场慰问战高温职工

中港三航局上海分公司是专门从事港口、水利、船坞、市政设施的施工企业。自1986年以来，出色地完成南浦大桥主墩基础、南通20万吨船坞、外高桥新港区一至五期码头、外高桥造船基地船坞及舾装码头、长江口深水航道治理一、二期等工程。公司先后荣获全国交通系统先进单位、市文明单位。在市重点工程立功竞赛中获优秀公司“十九连冠”、金杯“五连冠”并被市命名为“建港先锋”。近年来，还先后获全国“五一”劳动奖状和上海市首届“职工最满意的企业”荣誉称号。公司工会紧紧围绕生产，积极推进厂务公开，维护职工合法权益，大力开展劳动竞赛，加强职工素质工程建设，于2000年和2001年先后荣获上海市“模范职工之家”、全国“模范职工之家”称号。

组织重大工程劳动立功竞赛

公司和市精神文明建设先进单位潍坊社区联谊共庆新年

公司承建的外高桥新港区五期A标码头工程

徐汇区中心医院工会

市劳模余辉同志

上海市徐汇区中心医院是一所以治疗心血管、普外、脑外、泌尿、肿瘤等疾病为特色的二级甲等医院。医院工会在院党委和上级工会的领导下，以“三个代表”重要思想指导工会工作，充分发挥党联系职工群众的桥梁纽带作用。以创建“学习型班组”为载体，提高医院的综合竞争力；以提高职工素质工程为抓手，增强医务职工职业道德修养；积极推进民主管理和院务公开工作，切实维护职工的合法权益；突出帮困送温暖工程，努力追求“职工之家”的亲和力；开展丰富多彩的文化娱乐活动，增进职工身心健康和工作活力；充分调动广大职工的积极性和创造性，推进医院的两个文明建设。医院连续四届被评为上海市文明单位。医院工会服务大局，服务职工，努力开创工会工作新局面，被徐汇区总工会评为先进职工之家，院工会俱乐部被评为市工会系统优秀职工俱乐部。

领导班子商讨医院发展大计

组织护理操作培训班

开展职工医务技能操作比赛

上海海龙工程技术发展有限公司

公司董事长张国琮

公司总经理陆国荣

组织安全生产业务知识竞赛

上海海龙工程技术发展有限公司是以工程建设监理为主，并从事工程技术咨询和建设代理业务的甲级监理公司。公司建立了由行业资深专家组成的顾问委员会和400人的监理、咨询队伍。公司本着“竭诚服务、一丝不苟、持续改进、质量创优”的质量方针，突出“以顾客为关注焦点”的指导思想，以严谨的科学态度，高度的负责精神，优良的工作质量，为工程建设提供了全方位、全过程的优质服务，使公司整体质量管理水平不断得到提升，进而树立公司各方面的形象，并初步建立了公司的品牌。监理工程获得了国家鲁班奖、国家优质工程银奖、全国市政工程金奖及上海市白玉兰奖等共二百多项。

开展群众体育活动

荣获市劳模集体的项目监理组成员

上海浦东发展银行

召开浦发银行上海地区工会会员代表大会

上海浦东发展银行是以企业法人和社会公众共同参股的、新型的、全国性的、资本多元化的上市商业银行，总行设在上海。2004 年底，在全国 39 个主要城市设立了 328 家分支机构，现在香港设立了代表处。浦发银行坚持“笃守诚信，创造卓越”理念，积极支持并促进上海经济振兴和国内经济发展，在规模迅速扩大的同时，全行各项业务发展健康、迅速，取得了明显的经济效益。浦发银行总行产品开发部被授予 2001—2003 年度市劳模集体荣誉称号。银行工会在党委领导下，围绕全行发展的总体目标，不断加强自身建设；开展以促进业务发展为主题的劳动竞赛、合理化建议和创新大讨论活动；组织各级工会开展丰富多彩的文体活动；举办业务技术比赛，开展送温暖，为困难职工排难解忧，维护职工合法权益；进一步增强了凝聚力，为实现全行的奋斗目标，发挥了工会的桥梁纽带和促进作用。

2003-2004 年度先进表彰大会

举办全行第四届业务技术比赛

庆祝建行十周年暨第二届职工文艺汇演

组织总行机关部室乒乓球赛

上海宝钢化工有限公司

上海宝钢化工有限公司是宝钢集团的全资子公司，集生产、贸易、科研于一体。2004 年，全体职工发扬了“忠诚、务实、严谨、团结、不断进取”的企业精神，团结拼搏，公司实现了规模效益和经济效益的同步增长，全年实现销售收入 36.38 亿元，利润 7.07 亿元，创下了历史最好水平。宝钢化工公司被评为中国化工行业技术创新示范企业、上海市职工最满意企业。公司经理魏国瑞被评为上海市劳动模范，工会主席曹民被评为全国机械冶金建材系统优秀工会工作者。

公司总经理魏国瑞被评为上海市劳动模范

开展工会工作研讨

公司第三期集体合同签字仪式

公司领导看望困难职工

组织劳动竞赛总结表彰

上海建筑防水材料总公司

上海建筑防水材料总公司是生产“月星”为品牌的系列建筑防水材料的专业企业。公司以实践“三个代表”重要思想为指导，切实贯彻治企方针，做到以人为本，竭尽全力凝聚职工，真心实意地依靠职工办企业，时时刻刻用“职工赞成不赞成、满意不满意、拥护不拥护”作为一把尺子来衡量各方面的工作。公司真正做到了把广大职工的利益放在首位，充分调动了职工的积极性、主动性和创造性，为企业尽快跨出低谷，走出困境打下了扎实的基础。公司总经理王树新被评为 2003 年度上海市“心系职工的好领导”。

王树新总经理在职代会上作工作报告

公司职代会主席团成员合影

公司领导和外商进行技术及业务合作谈判

公司领导下基层高温慰问

上海众豪服装有限公司

公司缝纫车间生产现场

产品样衣陈列室

上海众豪服装有限公司主要生产、销售各种面料的中高档服装。公司实行在董事会领导下的总经理负责制，下设办公室、生产计划、财务科、技质科、供销科等主要管理部门和样品组、样板组、7个车间20条流水线。公司员工有470人，其中一线工人390人。上海众豪服装有限公司是美国、日本几家公司专业生产滑雪运动服基地，也是上海几家外贸进出口公司的定点生产加工企业，公司产品远销美国、西欧、日本、中东、澳洲等地区。公司生产各类品种茄克衫、羽绒衫、压胶衣、风衣、童装及时装等，每月生产能力为5—6万/件套。公司的企业精神是:拓展市场，面向世界，热情优质，求实高效。公司被评为市文明单位，守合同信用企业，ISO9001:2000质量体系认证单位。

公司荣获的各类荣誉证书奖品

杨浦区中心医院工会

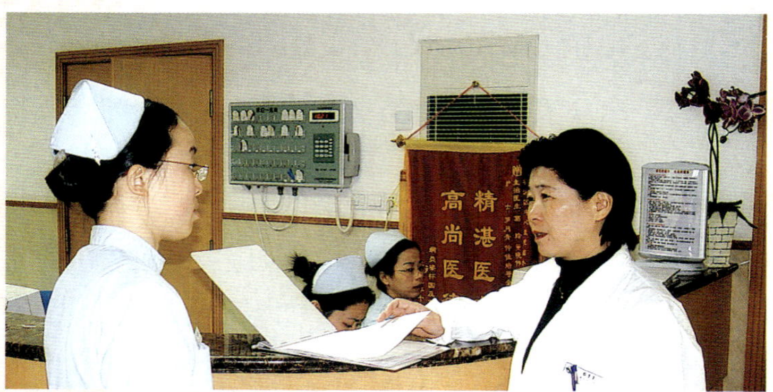

院党委书记邵杏珍关心了解医务工作

护士们在交流业务

上海市杨浦区中心医院是一所区级综合性医院，院工会下属部门工会 8 个，班组 69 个，会员 1100 多人。院工会努力实践“三个代表”重要思想，在党委和上级工会的领导下，结合医院实际，积极探索，与时俱进，全面开展创建“模范职工之家”活动；以“强化民主管理、突出维护职能”为抓手，切实维护职工合法权益，完善职工保障机制；以推进素质工程建设为契机，发挥优势，全面提高职工的整体素质；以“建、创、做”为载体，开展经常性的劳动竞赛和岗位培训；坚持以人为本，积极推进院务公开和职代会制度建设，不断激发职工的积极性和创造性，增强凝聚力。院党委书记邵杏珍被评为上海市“职工信赖的好领导”，医院被评为上海市厂务公开民主管理先进集体，院工会荣获上海市“模范职工之家”称号。

组队参加市医务职工第六届文化艺术节

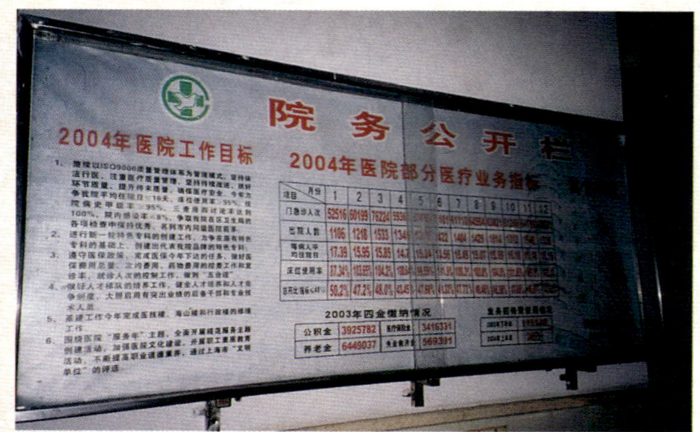

院务公开宣传栏

召开院职工代表大会

上海汇众汽车制造有限公司工会

职工代表参政议政

汇众公司工会以发展为主题，以维护为主线，紧紧围绕企业经济工作，努力开展创建职工之家活动；广泛开展立功竞赛和合理化建议活动；切实推进职工素质工程，努力提升职工技能水平、职业道德和文化素养；着力提高民主管理水平，坚持每年召开职工代表大会和职工代表巡视活动；切实为职工办实事，建立生活保障体系。公司获上海市学习型创建奖。公司工会被评为上海市“模范职工之家”。

组织岗位练兵技术比武交流

培训班组长

开展大众体育活动

生产车间现场

上海集装箱码头有限公司工会

坚持工会代表大会制度

上海集装箱码头有限公司(SCT)是上海港第一家从事集装箱码头装卸服务的沪港合资企业。公司自1993年营运以来，始终遵循“精诚服务，精益求精”的质量方针，为客户提供优质、快捷、便利的服务。工会坚持以邓小平理论和“三个代表”重要思想为指导，在公司党委和上级工会的领导下，关心员工利益，维护合法权益；关心公司发展，紧贴企业生产建设。在实际工作中，履行工会职责，不断探索创新，不断有所作为，为推进公司两个文明建设发挥了作用。

工会领导深入班组调研

与上海海事大学联动共建学习型企业

组队参加健身大赛健美操比赛

开展竞技体育，增强员工体质

上海静安区建设总公司

上海静安区建设总公司是具有房屋建筑工程施工总承包一级、建筑装修装饰工程专业承包一级的企业。公司以邓小平理论和“三个代表”重要思想为指导，认真贯彻党的全心全意依靠工人阶级的指导方针，围绕企业经济建设中心，坚持推行以职代会为主要形式的民主管理制度和厂务公开制度，发挥职工代表参政议政作用；坚持开展立功竞赛活动，充分调动职工的积极性、创造性；坚持开展以“三创一做”为主要内容的精神文明创建活动，提高职工队伍整体素质；坚持开展凝聚力工程建设，维护职工切身权益。公司已连续8年被评为市立功竞赛优秀公司，并先后获得全国和市的“安康杯”劳动保护竞赛优胜企业，市厂务公开民主管理工作先进单位和市民主管理工作百家示范单位等荣誉称号，公司总经理董放被评为上海市“职工信赖的好厂长(经理)”。

领导走访慰问困难职工

职工代表投票表决公司重大事项

召开厂务公开工作会议

组织“安康杯”安全竞赛签名仪式

职工代表巡视集体合同履约情况

上海罗氏制药有限公司

上海罗氏是外商控股的高科技生物制药企业，1997年投产以来，经营业绩每年以16%的速率递增，2004年销售额达13亿人民币。上海罗氏在企业内部持续开展企业文化建设，倡导“客户、供应商和员工是共同成长的伙伴”的核心价值观。行政和工会为员工提供具有市场竞争力的薪资、福利和培训体系，并逐年完善各类补充福利政策与商业保险，营造同心和谐共谋发展的环境与氛围，有效地增强了企业的感召力和凝聚力。公司依法开展年度集体劳动合同协商谈判，举行员工大会，开展文体活动和参与社会公益活动，依法维护好员工的合法权利。公司被评为上海市“职工最满意企业”、双爱双评“十佳”先进企业。

公司被评为2004年上海市“职工最满意企业”

罗氏亚太区总裁和上海罗氏总经理为公司捐资建造的海南三亚罗氏腾飞小学揭牌

公司领导慰问员工家庭

组织职工参加大众体育活动

召开公司工会会员大会

上海汇成(集团)有限公司

召开公司职工代表大会

举行公司首届文化节

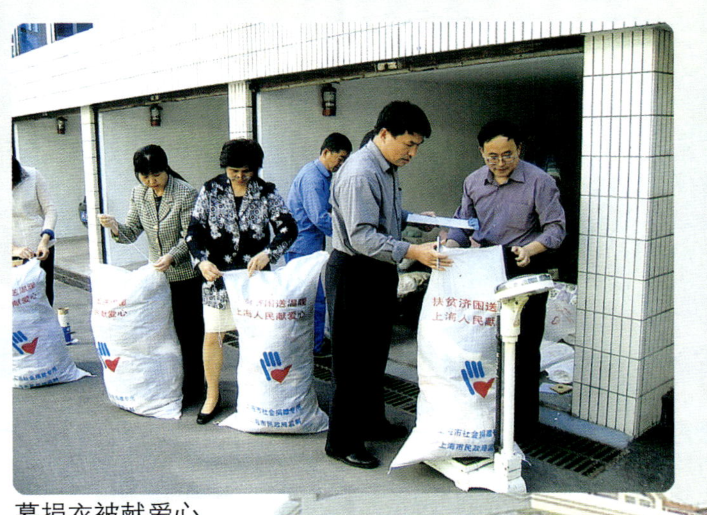

募捐衣被献爱心

上海汇成(集团)有限公司拥有房产经营公司、工程总承包公司、建筑设计公司、建筑装潢公司及物业管理、房屋动迁、房产置换等房地产相关企业20余家。能实现开发、动迁、设计、施工与物业管理等全方位、全过程的服务。集团公司累计开发了80万平方米高档商品房,其中开发的最大小区"汇成苑"座落在徐汇区,面积达40万平方米以上。近期完成的市重大工程配套商品房——"华欣家园"正在创建上海市"四高"优秀小区,正在建设施工的"漕河景苑"荣获2005年上海市"最受欢迎楼盘"综合金奖。

上海汇成（集团）有限公司
优秀公司
上海市重点工程实事立功竞赛领导小组
二〇〇五年一月

公司建成的商品房外景

上海市第十人民医院
暨同济大学附属第十人民医院

召开院一届一次职代会

职代会上，顾上萍院长和周晓杭主席签订集体合同

院领导为先进医务工作者颁奖

上海市第十人民医院暨同济大学附属第十人民医院（原上海铁路局中心医院）是沪北地区唯一的一所三级甲等医院，创建于1910年。医院有核定床位785张，实际开放床位900张。现有员工1400余人，其中高级职称130余人。医院长期坚持质量建院、人才立院、科教兴院的方针，逐渐形成了一批有特色的学科和专业。医院曾多次被评为上海市文明单位以及文明规范行风建设红旗单位，1999年被评为全国“百佳”医院。医院工会在院党委和上级工会的领导下，近年来围绕医院的中心工作，参加医院的人事制度改革、分配制度改革和后勤社会化改革，积极维护职工权益，不断加强工会自身建设，推进职工素质工程教育，调动广大员工的积极性，为医院的发展发挥了重要作用。院工会多次被评为“模范职工之家”。

组织职工冬令拔河比赛

医院合唱队参加迎新文艺汇演

闵行区浦江镇工会

积极推进厂务公开工作

浦江镇工会在镇党委和上级工会的领导下，以“三个代表”重要思想为指导，围绕大局，服务中心，严谨细致，求真务实，团结全镇广大职工发挥主力军作用，不断开创工会工作新局面。一是深入调研，加强组建工作。采用党建带工建，党工共建的联动方式，进一步加大新建企业工会组建的力度，新组建工会组织55家，新发展会员6805人，其中外来务工人员5592人。二是深化素质工程。开展文明班组、星级班组的创建工作，有120个班组参加，参与率30%。开展职工读书活动，有140个基层工会组织参加职工读书活动。三是开展送温暖活动。帮困工作常抓不懈，对奋战在高温第一线的职工进行慰问，加强法律咨询和信访接待，成立了“浦江镇职工维权法律咨询服务站”。四是加强民主管理。签订集体合同单位123家，工资协商单位17家，厂务公开实施率达80%。

认真部署年度工会工作

组织《职工维权》讲座

组织外来务工人员参加艺术节文艺表演

上海港张华浜港务公司

召开深化民主管理工作推进会

上海港张华浜港务公司以"诚纳百船，优质高效"为企业精神，主营内外贸件杂货(捎带集装箱)的装卸、运输、储存、中转等业务。公司地理位置极其优越，技术实力非常雄厚，拥有"重大件品牌"和"装卸效率品牌"，为上海港的发展作出了积极的贡献。公司工会围绕"一流的企业，需要一流的员工"这一宗旨，大力开展素质工程建设，高度重视企业民主管理，积极拓展帮困送温暖工程，不断丰富职工业余文化生活，努力引导公司职工为上海港冲刺世界一流大港、强港建功立业。

职工放声歌唱祖国歌唱党

召开企业精神研讨会

开展丰富多采的职工文体活动

职工献爱心，深化帮困送温暖

上海梅林食品有限公司

工会领导参加班前会

上海梅林食品有限公司是由原上海梅林罐头食品厂转制组建的沪港合资企业，主要生产各类“梅林B2”标志的罐头食品、方便食品及系列调味品，在全国罐头行业中各项经济指标名列前位，是全国“十佳”罐头行业的龙头企业。“梅林牌”产品曾多次获国家质量银奖和国际博览会金奖，连续8年获上海市名牌产品称号。多年来，公司工会紧紧围绕企业的经济工作，以“三个代表”重要思想为指导，切实维护员工的合法权益；以创建“职工最满意企业”为载体，加强企业民主管理，推进了企业两个文明建设。公司荣获上海市文明单位、上海“民主管理百家示范基地”、2003年上海市“职工最满意的企业”等荣誉称号。公司工会被评为上海市“模范职工之家”。

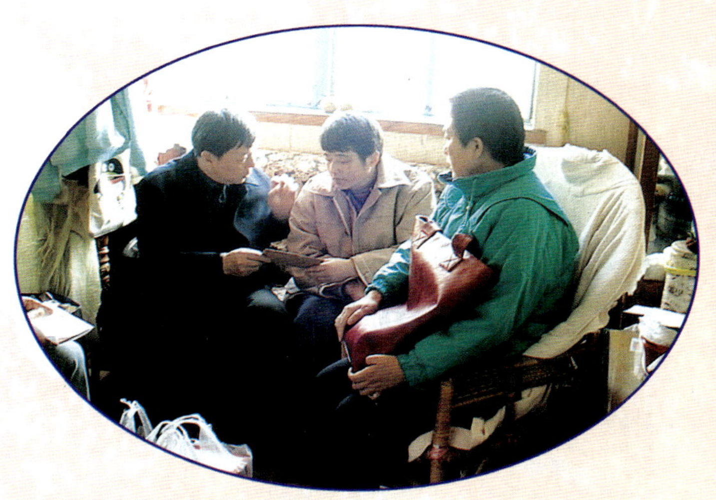
公司领导家访慰问送温暖

组队参加“世界著名在华企业健身大赛”

开展革命传统教育

组织员工度假旅游

上海吴泾化工有限公司

党委书记张和进向困难职工子女发放帮困助学金

上海吴泾化工有限公司是综合性化工企业，现有职工 3500 余名。公司工会在公司党委和上级工会的领导下，依靠广大职工，认真贯彻党的全心全意依靠工人阶级的指导方针，努力实践“三个代表”重要思想，坚持围绕中心，认真切实维权，强化民主管理，推进素质工程，提高企业文化，重视班组建设，发挥了桥梁和纽带作用，提升了企业的凝聚力，推进了企业的改革和发展。公司连续多年被评为市文明单位，近两年相继被评为市建设工业新高地先进单位、市平等协商集体合同工作示范单位和上海市厂务公开民主管理工作先进单位。

工会领导检查“星级班组”创建工作

表彰技术创新功臣

召开厂情通报会

公司职工运动会开幕式

浦东新区川沙镇工会

召开工会会员代表大会

2004年，川沙镇工会紧紧围绕“组织起来，切实维权”的工作方针，在新企业工会组建和吸收外来务工人员入会方面取得了较好的成绩。一抓饮食行业工会组建，在建立48家饮食单位工会基础上，建立了饮食行业工会联合会；二抓建筑工地工会组建，年内新建建筑工地工会10家；三抓经济园区企业工会组建，有6个企业完成了工会组建，5个企业建立了工会筹备组；四抓重点企业工会组建，9家中外合资企业和有一定规模的私营企业组建了工会。全年新建企业工会106家，建会率91.5%；新增会员6091人，入会率91.8%。

签订物业行业集体合同

建立饮食行业联合工会

会员代表民主评议镇工会工作

庆“五一”表彰先进大会

上海港引航管理站

坚持职代会制度

上海港引航管理站是上海港专业引航机构，代表国家行使主权，负责对进出上海港的外国籍船舶实行强制引航，并接受国内远洋、近海航运公司的申请提供引航服务。围绕"维护主权、保障安全、精心引领、服务港航"的宗旨，上海港引航管理站坚持以建设上海国际航运中心为己任，锐意进取，勇当先锋。2004年引航各类船舶达45876艘次，为上海港集装箱吞吐量突破1400万标准箱作出了重要贡献。站工会紧紧围绕改革发展稳定的工作大局，不断创新工作思路和工作方式，不断深化民主管理，大力开展劳动竞赛、合理化建议、安全优质服务等活动，教育职工以良好的精神状态和服务质量，建设一流引航站。站工会多次被评为局、集团优秀职工之家，2002年被评为上海市"模范职工之家"。

青年引航员在探讨引航技术

开展职工技术比武

组队参加体育比赛

开展安全引航劳动竞赛

复旦大学附属中山医院工会

职代会代表分组讨论医院发展规划

在医院党政领导的关心支持下，在全院职工的共同努力下，院工会紧紧围绕医院方针目标，积极主动开展工作。一是依法行使民主管理职能，推进院务公开进程；二是突出工会维护职能，保障职工基本利益，以人为本，创造良好的工作生活环境；三是重视工会教育职能，建设先进的医院文化，塑造形象，树立楷模，弘扬“中山”精神；四是加强院工会自身建设，提高工会工作水平，与时俱进，努力把工会办成职工信赖的职工之家。1988年院工会被评为全国“模范职工之家”(连续三届验收通过)，1997年被评为上海市“模范职工之家”。医院2002年被评为全国厂(院)务公开先进单位。

医院领导亲切慰问老教授

工会领导慰问一线医务人员

组织员工参加医务工会第六届文化艺术节健身操比赛

参加复旦百年校庆合唱比赛，医院合唱队荣获金奖

上海市邮政局培训中心工会

领导与教职工恳谈、共商学校发展

上海市邮政局培训中心于2003年成立，其前身是上海市邮电学校。中心工会下属4个部门工会，24个工会小组，180名工会会员。培训中心工会在党委和上级工会的领导下，切实履行工会维护职能，重在依法治会，有声有色地开展创建“职工之家”活动，工会工作年年跃上新台阶，取得新成绩，被市邮政局工会评为局级先进职工之家。

召开教职工代表大会

教职工踊跃参加研讨活动

组织大众体育健身活动

举办第二届文化艺术节

上海金山石油化工建筑公司

召开公司六届六次职工代表大会

金山石油化工建筑公司是房屋建筑工程施工总承包一级企业。公司秉承“建一流企业，创一流产品”的企业精神，曾多次荣获“鲁班奖”、“白玉兰奖”，2004 年公司第十五次被评为上海市重点工程实事立功竞赛优秀公司。公司工会努力实践“三个代表”重要思想，紧紧围绕企业中心，组织带领职工群众为企业改革、发展、稳定作贡献；坚持以职代会、厂务公开为主要形式的民主管理制度；坚持开展“建、创、做”活动，提高职工队伍综合素质；坚持定期、定向帮困和设立帮困基金会相结合的职工保障体系；以求真务实、开拓进取的创新精神做好各项工作。

公司领导家访慰问劳模

表彰立功竞赛先进

举办卡拉 OK 大家唱联谊晚会

上海宝钢设备检修有限公司

上海宝钢设备检修有限公司是宝钢股份公司主营设备检修、设备运行保障、设备与备件制造的服务性公司。秉承“公司利益服从用户利益，为用户创造更大价值”的理念，2004年公司用户满意度达98.36%。近年来，公司工会认真实践“三个代表”重要思想，以“四贴近、四到位”为载体，深入推进建家活动，开展岗位技能培训和技术创新活动，加强民主管理，建立维权机制，工会工作取得了一定成绩。公司荣获全国“安康杯”竞赛先进企业、上海市文明单位称号。公司工会被评为“模范职工之家”。

集团领导到公司调研

签订集体合同

公司领导与职工代表共商发展大计

召开公司职工代表工会

参加健身操比赛

上海大屯能源股份有限公司姚桥煤矿

矿党委书记徐培忠

矿长韦玉沛

开展技术比武、提高职工素质

上海大屯能源股份有限公司姚桥煤矿，位于苏鲁两省交界的微山湖西畔，是一个设计能力300万吨，拥有4000多名职工的大型现代化矿井。近几年来，姚桥煤矿工会在矿党委和上级工会的领导下，紧紧围绕企业的生产经营中心，认真落实党的全心全意依靠工人阶级指导方针，通过突出维护职能，强化民主管理、民主参与和民主监督，深化矿务公开；大力实施群众性经济技术创新工程、职工素质工程和送温暖工程，促进了企业的协调发展，增强了工会组织的凝聚力。矿工会被徐州市总工会评为“模范职工之家”，2000年被全煤地质工会评为先进基层工会，2002年被上海市总工会评为“模范职工之家”。姚桥煤矿2004年度被上海市总工会授予“厂务公开民主管理先进单位”荣誉称号。

强化民主监督、深化矿务公开

矿工会主席郝敬坤

推进民主管理、坚持职代会制度

上海烟草集团闸北烟草糖酒有限公司

慰问伤残荣誉军人刘琦

上海烟草集团闸北烟草糖酒有限公司是以经营卷烟、酒、食品为主的商业企业。拥有卷烟专营店、超市、便利店、茶庄等 20 余个网点。公司围绕"做精做强"的发展战略，以卷烟网络建设为重点，建立 1000 余家覆盖全区的卷烟销售网络，依托海烟物流集约优势，不断拓展经营规模，2004 年销售 5.1 亿，利润 6000 万元，保持了良好的发展势头。公司积极推进企业民主管理、企务公开和集体协商制度，2003 年通过 ISO9000 认证，提升了企业管理能力和竞争能力。公司被评为 2003-2004 年度上海市文明单位、上海市"三学"先进集体、闸北区先进学习型企业。

职工踊跃参加各类知识培训和竞赛活动

组织企业质量贯标认证知识竞赛

帮困助学送温暖

开展职工大众体育活动

上海电力安装第一工程公司

上海电力安装第一工程公司是具有国家一级总承包资质的电力工程施工企业，主要承建大、中型火力发电机组、燃气轮机组、变电所和各类市政工程、工业设备的安装和专业化调试。公司以雄厚的技术力量和精湛的安装工艺创下了一系列国内电力建设的新记录。工会紧紧围绕企业的中心工作，以维护职能为抓手，切实开展职工民主参与，完善并推进企务公开和集体协商制度，加强劳动保护和班组建设，组织职工投身立功竞赛活动。公司在 2004 年取得了良好经营业绩，职工的收益也得到了明显提高。

坚持集体协商和厂务公开，加强职工民主参与

积极开展争创"安全星级班组"活动

外高桥二期工程获"全国优秀焊接工程一等奖"

大力开展技术创新活动，职工技改成果不断涌现

公司安装的我国第一台百万等级超临界火力发电机组提前 71 天正式移交投入运行

上海华宇药业有限公司工会

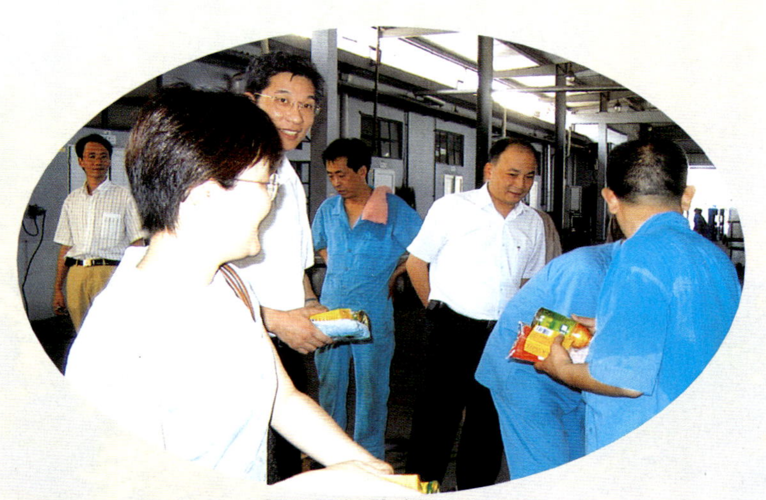
领导慰问战高温职工

在公司转制改革以后，为增强企业的凝聚力，推进企业的改革和发展，公司工会注重推进企业的民主管理，深化厂务公开。通过召开职工代表大会，企业重要工作信息发布会及厂务公开栏等形式进行广泛的宣传，增强了员工的民主管理意识。职工代表参与企业重大决策，如中药材招标采购、公司员工竞聘上岗等。围绕企业"三年发展规划"，工会组织员工进行大讨论，使企业的发展与员工的利益和要求紧密相连，努力使"华宇是我家，生存发展靠大家"的文化理念逐步成为员工的自觉行动。工会还注重企业文化建设，开展了群众所欢迎的职工文化艺术节、职工健身节、业务知识竞赛、献计献策、企业文化格言征集等活动，为企业的改革发展出谋划策，体现出职工的主人翁精神。

举办职工业务技能比赛

丰富多彩的职工文体活动

群众参加文艺演出

公司组建职工足球队

上海起重运输机械厂有限公司

上海起重运输机械厂有限公司是国家机械工业系统的大型骨干企业，公司主要生产各类冶金起重机、核电起重设备以及港口、矿山、物流等输送设备，"大力神"商标为全国起重机械制造行业中的著名品牌。公司创导和弘扬"聚神凝力，尽臻卓越"的大力神精神，为用户提供优质的产品和超值的服务，不断增强企业的核心竞争力。2004年公司提出实现商品总产值5亿的目标，工会紧紧围绕企业经济工作的第一要务，提出开展全力以赴鼓实劲；尽心尽职维实权；畅通渠道摸实情；再接再厉办实事；强化建设尽实职的"五个实"活动，取得了成效，确保公司各项目标的实现，为公司筹划新一轮三年规划打下扎实基础。2004年公司工会被上海市机电工会评为"模范职工之家"。总经理俞铮庆被评为2003年度上海市劳动模范和"职工信赖的好厂长(经理)"。

坚持职工代表大会制度

签订拜师结对协议

开展技能比武，提高员工素质

公司领导到食堂慰问高温作业的员工

重视企业文化建设和群众体育活动

上海电站辅机厂有限公司工会

上海电站辅机厂有限公司工会在公司党政的关心和支持下，努力实践“三个代表”重要思想，坚持以职代会为基本形式的职工民主管理制度，推进厂务公开，集体协商和集体合同，依法维护职工的合法权益；坚持职工队伍建设，开展名师带徒、技术比武、技能培训，争创李斌式职工和李斌式班组活动；坚持以人为本，关心职工生活，为职工办实事；坚持组织开展劳动竞赛，经济技术创新和合理化建议活动，发挥职工的积极性和创造性；坚持开展寓教于乐的群众文体活动，推进企业文化建设；坚持工会自身建设，培训工会干部，努力创建职工之家。工会工作贴近职工，服务职工，为推进企业的两个文明建设发挥了积极作用，公司工会被评为全国“模范职工之家”。公司被评为全国厂务公开先进集体。

坚持以职代会为基本形式的民主管理制度

深入开展学习李斌活动，提高职工队伍素质

全国厂务公开工作

先进单位

全国厂务公开协调小组

二〇〇三年二月

公司领导和参加大众体育比赛的职工合影

宝钢集团上海第一钢铁有限公司

宝钢集团上海第一钢铁有限公司是上海市率先实行厂务公开的试点企业之一。近年来，一钢公司与时俱进，坚持以职代会为基本载体，依法推进厂务公开；以推进厂务公开责任制为主要内容，健全了厂务公开运行机制；以确保企业改革发展稳定为目标，强化企业改革进程中的厂务公开；以加强与职工群众密切联系为抓手，推进民主管理向纵深发展。为了适应新形势，公司制定了《宝钢集团上海第一钢铁有限公司关于现代企业制度下全心全意依靠职工办企业的规定》。

坚持厂务公开制度

欢送工人发明家出访俄罗斯

开展助学帮困送温暖

加强工运理论研究

上海申通集团有限公司工会

上海申通集团有限公司是一家轨道交通投资建设企业，2004年6月，企业进行重组改革。集团工会在党委和上级二会的领导下，紧紧围绕企业中心工作，积极动员广大员工投入轨道交通事业；健全职代会制度，完善民主管理机制；为职工排忧解难，维护合法权益；提高职工综合素质，团结凝聚职工；坚持依法治会方针，开拓工会工作。

领导深入工地，开展调研

坚持帮困送温暖，慰问困难职工

加强工会干部培训，提高素质

召开总结表彰会，增强企业凝聚力